Ihr Vorteil als Käufer dieses Buches

Auf der Bonus-Webseite zu diesem Buch finden Sie zusätzliche Informationen und Services. Dazu gehört auch ein kostenloser **Testzugang** zur Online-Fassung Ihres Buches. Und der besondere Vorteil: Wenn Sie Ihr **Online-Buch** auch weiterhin nutzen wollen, erhalten Sie den vollen Zugang zum **Vorzugspreis**.

So nutzen Sie Ihren Vorteil

Halten Sie den unten abgedruckten Zugangscode bereit und gehen Sie auf **www.galileocomputing.de**. Dort finden Sie den Kasten **Die Bonus-Seite für Buchkäufer**. Klicken Sie auf **Zur Bonus-Seite/Buch registrieren**, und geben Sie Ihren **Zugangscode** ein. Schon stehen Ihnen die Bonus-Angebote zur Verfügung.

Ihr persönlicher **Zugangscode** aw63-uve9-mqrj-gb7d

Andreas Kühnel

Visual C# 2010

Das umfassende Handbuch

Liebe Leserin, lieber Leser,

egal, ob Sie sich detailliert in C# einarbeiten möchten oder ein zuverlässiges Nachschlagewerk für Ihren Alltag als C#-Entwickler suchen – mit diesem bewährten Standardwerk haben Sie eine gute Wahl getroffen. Als erfahrener Entwickler kennt Andreas Kühnel nämlich nicht nur alle nötigen Techniken, Tricks und Kniffe, durch seine langjährige Tätigkeit als Trainer versteht er sie auch erfolgreich zu vermitteln.

Das Themenspektrum dieser aktualisierten und vollständig überarbeiteten fünften Auflage reicht dabei von den Grundlagen bis hin zu professionellen Anwendungen. Die ersten Kapitel bieten beispielsweise eine Einführung in .NET, die Sprachgrundlagen von C# und die objektorientierte Programmierung. Anschließend werden Delegates und Ereignisse, Debugging, LINQ, Multithreading und die Task Parallel Library, XML u.v.m. thematisiert. Im folgenden großen Themenkomplex geht es dann um die Erstellung von Windows-Anwendungen mit der Windows Presentation Foundation. Und weil kaum eine Anwendung ohne Datenbank auskommt, bildet der Datenzugriff mit ADO.NET den nächsten Schwerpunkt des Buchs. Zum Schluss wird dann noch ausführlich erläutert, wie Sie Ihre fertigen Anwendungen verteilen können.

Die einzelnen Kapitel sind so konzipiert, dass Sie sie zur Einarbeitung systematisch der Reihe nach lesen oder – mit dem entsprechenden Vorwissen – auch zum gezielten Nachschlagen verwenden können. Alle Themen werden verständlich erklärt und an anschaulichen Beispielen erläutert, so dass es Ihnen leicht fallen wird, die beschriebenen Konzepte und Techniken in Ihren eigenen Projekten anzuwenden.

Dieses Buch wurde mit großer Sorgfalt geschrieben, geprüft und produziert. Sollte dennoch einmal etwas nicht so funktionieren, wie Sie es erwarten, freue ich mich, wenn Sie sich mit mir in Verbindung setzen. Ihre Kritik und konstruktiven Anregungen sind uns jederzeit herzlich willkommen!

Viel Erfolg mit Visual C# 2010 wünscht Ihnen nun

Christine Siedle
Lektorat Galileo Computing

christine.siedle@galileo-press.de
www.galileocomputing.de
Galileo Press · Rheinwerkallee 4 · 53227 Bonn

Auf einen Blick

Der Name Galileo Press geht auf den italienischen Mathematiker und Philosophen Galileo Galilei (1564–1642) zurück. Er gilt als Gründungsfigur der neuzeitlichen Wissenschaft und wurde berühmt als Verfechter des modernen, heliozentrischen Weltbilds. Legendär ist sein Ausspruch *Eppur si muove* (Und sie bewegt sich doch). Das Emblem von Galileo Press ist der Jupiter, umkreist von den vier Galileischen Monden. Galilei entdeckte die nach ihm benannten Monde 1610.

Lektorat Judith Stevens-Lemoine, Christine Siedle
Korrektorat Friederike Daenecke, Zülpich
Typografie und Layout Vera Brauner
Einbandgestaltung Barbara Thoben, Köln
Herstellung Norbert Englert
Satz III-satz, Husby
Druck und Bindung Bercker Graphischer Betrieb, Kevelaer
Coverbilder oben links: Fotolia: #4505980, Blattstruktur © Christian Jung;
oben rechts: Fotolia: #19859693, network © Stefan Rajewski; unten rechts: © Galileo Press

Gerne stehen wir Ihnen mit Rat und Tat zur Seite:
christine.siedle@galileo-press.de bei Fragen und Anmerkungen zum Inhalt des Buches
service@galileo-press.de für versandkostenfreie Bestellungen und Reklamationen
britta.behrens@galileo-press.de für Rezensions- und Schulungsexemplare

Dieses Buch wurde gesetzt aus der Linotype Syntax Serif (9,25/13,25 pt) in FrameMaker.
Gedruckt wurde es auf chlorfrei gebleichtem Offsetpapier.

Bibliografische Information der Deutschen Nationalbibliothek
Die Deutsche Nationalbibliothek verzeichnet diese Publikation in der Deutschen Nationalbibliografie; detaillierte bibliografische Daten sind im Internet über *http://dnb.d-nb.de* abrufbar.

ISBN 978-3-8362-1552-7

5., aktualisierte und vollständig überarbeitete Auflage 2010, 1., korrigierter Nachdruck 2011

Inhalt

Vorwort zur 5. Auflage

Mit dem Erscheinen des *.NET Framework* im Jahr 2002 wagte Microsoft einen revolutionären Schritt und stellte eine Plattform bereit, die es möglich macht, nahezu alle erdenklichen Anwendungen mit einer Entwicklungssprache nach Wahl zu codieren. Innerhalb dieser Sprachenvielfalt war *C#* die einzige wirklich von Grund auf neu gestaltete Sprache, spezialisiert auf und angepasst an das neue Framework. C# war damit auch frei von allen Altlasten, die teilweise die anderen Sprachen beeinflusst haben, und hat sich als die primäre .NET-Sprache etabliert.

Die Resonanz auf das .NET Framework war anfangs geteilt. Neben der vielfach geäußerten Euphorie gab es auch Skeptiker, die der neu geschaffenen Plattform kritisch gegenüberstanden und an den angepriesenen Vorteilen zweifelten. Im Laufe der Zeit mussten aber auch die Skeptiker erkennen, dass .NET viele Vorteile hat, die die Entwicklung von Programmen vereinfachen, und damit Raum und Zeit schafft, um bessere und effizientere Software zu schreiben.

Inzwischen sind acht Jahre vergangen. Viele kleine und große Softwareschmieden setzen derweil auf .NET. Deutlich erkennbar ist, dass insbesondere Unternehmensanwendungen und Portale mit dem .NET Framework realisiert wurden; *ASP.NET* und *ADO.NET* auf der Basis der Version 2.0 und 3.5 haben eine breite Akzeptanz gefunden, und *LINQ* und die *Windows Communication Foundation* (WCF) sind in vielen jüngeren Anwendungen zu finden.

In der jüngsten Version 4.0 des .NET Framework sind natürlich ebenfalls wieder viele Neuerungen enthalten. Diese sind aber nicht mehr so umfangreich wie bei den vergangenen Versionswechseln. Vielmehr wurde sehr viel Arbeit in die Verbesserung und Ergänzung bestehender Technologien investiert. Erwähnenswert, was den Inhalt dieses Buches angeht, ist die TPL (*Task Parallel Library*), die uns die recht einfache Programmierung für Mehrkernprozessoren ermöglicht. Auch die Sprache C# hat ein paar Neuerungen erfahren. Gerechterweise muss man aber wohl sagen, dass die Neuerungen denen beispielsweise der Version 2.0 im Jahr 2005 nicht das Wasser reichen können.

Visual Studio 2010 ist nun komplett mit der *Windows Presentation Foundation* (WPF) entwickelt worden. Es enthält ein paar Neuerungen und Verbesserungen und wirkt deshalb ausgereifter als seine Vorgänger. Abgesehen von den neu angebotenen Editionen sind aber auch hier insgesamt die Neuerungen im Vergleich zu den bisherigen Versionen gering.

Natürlich kann ich Ihnen in dem vorliegenden Buch nicht alle Neuerungen und schon gar nicht alle Tools vorstellen. Dafür ist die Kombination aus Visual Studio 2010 und .NET

Framework viel zu umfangreich und vielseitig. Mit der neuen, vollständig überarbeiteten 5. Auflage meines Buches zu C# versuche ich daher erst gar nicht, alle denkbaren Tiefen zu ergründen. Stattdessen werde ich – wie auch schon in den ersten Auflagen dieses Buches – versuchen, ein gutes Fundament zu legen. In meinen Augen ganz wesentlich ist dabei das Verständnis der objektorientierten Programmierung, die daher tiefgehend behandelt wird. Im weiteren Verlauf werde ich Sie mit einigen wichtigen Klassen vertraut machen, die in den meisten Anwendungen eine wichtige Rolle spielen. Im Vergleich zu den vorangegangenen Auflagen habe ich weitere Themen aufgenommen, beispielsweise die Thematik *XML*. Da die WPF in der Praxis immer mehr an Bedeutung gewinnt, habe ich in diesem Buch den WPF-Teil deutlich ergänzt. Damit musste allerdings die Entwicklung von *WinForm*-Anwendungen den Platz räumen. Auch wenn das der eine oder andere Leser bedauern und kritisieren mag, der WPF gehört die Zukunft, und auch ohne WinForm-Anwendungen ist das Buch am Rande des technisch umsetzbaren Umfangs angekommen.

Aachen-Oberforstbach,
Andreas Kühnel

Kuehnel@dotnet-training.de

1 Allgemeine Einführung in .NET

Einem Leser, der über fundierte Grundlagenkenntnisse verfügt, eine Thematik nahezubringen, die seine Aufmerksamkeit erregt und ihm neue Kenntnisse vermittelt, ist ein nicht ganz einfaches Unterfangen. Dabei gleichzeitig auch einen Programmieranfänger behutsam in die abstrakte Denkweise der Programmlogik einzuführen, ohne gleichzeitig Frust und Enttäuschung zu verbreiten, dürfte nahezu unmöglich sein. Ich versuche mit diesem Buch dennoch diesen Weg zu beschreiten, auch wenn es manchmal einer Gratwanderung zwischen zwei verschiedenen Welten gleicht. Dabei baue ich schlicht und ergreifend auf den jahrelangen Erfahrungen auf, die ich als Trainer bei den unterschiedlichsten Seminaren mit teilweise ausgesprochen heterogenen Gruppen erworben habe.

1.1 Warum .NET?

Vielleicht wissen Sie überhaupt noch nicht, was sich hinter .NET verbirgt? Vielleicht haben Sie sich für dieses Buch entschieden, ohne die Tragweite Ihres Entschlusses für .NET zu kennen. Ich möchte Ihnen das zunächst einmal erläutern.

Blicken wir ein paar Jahre zurück, sagen wir mal in die 90er-Jahre, und stellen wir uns die Frage, wie damals Anwendungen entwickelt worden sind und wie sich die IT-Welt während dieser Zeit entwickelt hat. Am Anfang des von uns betrachteten Jahrzehnts war der Hauptschauplatz der Desktop-PC; Netzwerke steckten noch mehr oder weniger in den Kinderschuhen. Grafische Benutzeroberflächen hielten langsam Einzug auf den Rechnern, das Internet war einem nur mehr oder weniger elitären Benutzerkreis bekannt und zugänglich. Desktop-PCs wurden mit immer besserer Hardware ausgestattet, ein Super-PC von 1990 galt zwei Jahre später als total veraltet und musste wegen der gestiegenen Anforderungen der Software an die Hardware oft zumindest drastisch aufgerüstet, wenn nicht sogar ersetzt werden.

Sie merken vielleicht an diesen wenigen Worten, wie dramatisch sich die IT-Welt seitdem verändert hat. Die Evolution betraf aber nicht nur Software und Hardware. Software muss, ehe sie den Benutzer bei seiner täglichen Arbeit unterstützen kann, entwickelt werden. Hier kochten viele Unternehmen ein eigenes Süppchen und warben bei den Entwicklern und Entscheidungsträgern mit Entwicklungsumgebungen, die zum einem auf den unterschiedlichsten Programmiersprachen aufsetzten und zudem auch noch mit eigenen Funktionsbibliotheken aufwarteten: Borlands Delphi, Microsofts Visual Basic, für die Puristen C und C++ – um nur die bekanntesten Vertreter zu nennen.

Die Vielfalt betraf jedoch nicht nur die Entwicklung der Software. Immer neue Plattformen, angepasst an den jeweils aktuellen Trend der Zeit, eroberten den Markt und verschwanden nicht selten auch schnell wieder. Die Unternehmensnetzwerke mussten mit der stürmischen Entwicklung Schritt halten, wurden komplexer und komplizierter und öffneten sich zunehmend auch der Welt nach außen.

In dieser Periode begann auch der Siegeszug des Internets. Obgleich es anfangs nur als weltweiter Verteiler statischer Dateninformationen positioniert war, wurden immer mehr Technologien ausgedacht, die die statischen Webseiten durch dynamische ersetzten, die dem Anwender nicht immer dieselben Informationen bereitstellten, sondern genau die, für die er sich interessierte. Datenbanken wurden hinter die Webserver geschaltet und fütterten die Webseiten mit dem aktuellsten Informationsstand.

Kluge Köpfe erkannten auch sehr schnell, dass die Spezifikationen des Internets sich auch dazu eignen, mehrere verschiedene Unternehmen zu koppeln. Damit wurde die Grundlage dafür geschaffen, dass Sie heute im Reisebüro oder im Internet-Browser eine Reise buchen können, die nicht nur den Flug, sondern gleichzeitig auch eine gültige Hotelzimmerbuchung, vielleicht sogar samt Mietwagen, beinhaltet – obwohl hierzu schon drei Informationsquellen mit unterschiedlicher Software abgezapft werden müssen: ein nicht ganz einfaches Unterfangen, wenn Sie bedenken, dass möglicherweise die Schnittstellen, über die die verschiedenen Komponenten sich zwangsläufig austauschen müssen, nicht einheitlich definiert sind.

Bei dieser rasanten Entwicklung der Möglichkeiten, Daten auszutauschen oder auch nur einfach weiterzuleiten, sollten Sie nicht vergessen, dass auch die Hardware eine ähnliche Entwicklung genommen hat. Ein Handy besitzen heutzutage schon die meisten schulpflichtigen Kinder, und Pocket-PCs, PDAs und andere Kleincomputer haben schon lange ihren Siegeszug angetreten, dessen Ende nicht im Entferntesten erkennbar ist.

An der Schnittstelle all dieser Vielfältigkeit steht der Entwickler. Denn was nützen die beste Hardware und die ausgeklügelsten Spezifikationen, wenn die Bits sich nicht den Weg von einem zum anderen Endpunkt bahnen? Für diesen Bitfluss wollen Sie als Entwickler sorgen. Damit fangen aber wegen der oben erwähnten Vielgestaltigkeit der IT-Welt die Probleme an: verschiedene Plattformen, unterschiedliche Programmiersprachen, mehrere Klassenbibliotheken, eine Vielzahl zu beachtender Spezifikationen usw.

Einen ersten Schritt in Richtung Vereinheitlichung beschritt die Firma Sun mit Java. Der Erfolg, den diese plattformunabhängige Sprache hatte und auch immer noch hat, war auch ein Zeichen für Microsoft, um das Entwicklerterrain zu kämpfen. Nach einer eingehenden Analyse der Anforderungen, die gegen Ende der 90er-Jahre an die damalige Software gestellt wurden, sowie einer Trendanalyse der Folgejahre wurde das .NET Framework entwickelt. Dabei konnte Microsoft die Gunst der späten Stunde nutzen und die Nachteile und Schwachpunkte, die jedes Produkt – also auch Java – hat, durch neue Ideen ausmerzen.

Nein, .NET ist natürlich auch kein Heilsbringer und wird sicherlich nicht die Menschheit überdauern. Aber nach heutigen Maßstäben ist .NET das wahrscheinlich effizienteste Framework, in dessen Mittelpunkt die *.NET Klassenbibliothek* steht. Diese bietet Ihnen alles, was Sie zum Entwickeln brauchen – egal, ob es sich um eine einfache Anwendung handelt, die nur ein paar Daten anzeigt, oder um eine Unternehmensanwendung großen Stils. Sie können Desktop-Anwendungen genauso erstellen wie eine hochkomplexe Internet-Anwendung. Sie können die Office-Produkte damit programmieren, fremde Datenquellen anzapfen, Programme für Ihren Pocket-PC schreiben und vieles mehr. Dazu müssen Sie sich nicht immer wieder in neue Programmiersprachen und neue Entwicklungsumgebungen einarbeiten, denn alles ist wie aus einem Guss.

Ich möchte jetzt nicht den Eindruck vermitteln, dass alles ganz einfach ist und Sie demnächst ganz tolle Anwendungen mit den unglaublichsten Features präsentieren können. Dafür ist die .NET-Klassenbibliothek einfach zu umfangreich. Aber Sie können sich darauf verlassen, dass Sie sich nun auf das Wesentliche Ihrer Arbeit konzentrieren können: Sie arbeiten unabhängig vom Typ der zu entwickelnden Anwendung immer in derselben Umgebung, zum Beispiel mit Visual Studio 2010. Sie brauchen sich nicht immer wieder aufs Neue in andere Programmiersprachen einzuarbeiten, sondern können auf gewonnene Kenntnisse aufsetzen. Und Ihnen werden alle Mittel an die Hand gegeben, um auf wirklich einfachste Weise mit fremden Anwendungen zu kommunizieren, wenn sich diese an bestimmten, allgemein anerkannten Spezifikationen orientieren. XML ist hierbei das Zauberwort, das das alles ermöglicht.

Eine Funktionsbibliothek (eigentlich müsste ich an dieser Stelle richtigerweise von einer Klassenbibliothek sprechen) ist nur so gut, wie sie auch zukünftige Anforderungen befriedigen kann. Dass .NET hier architektonisch den richtigen Weg beschritten hat, beweist die derzeit aktuelle Version 4.0.

Genau an dieser Stelle darf ich Ihnen natürlich auch den großen Haken nicht verschweigen, den die ansonsten so hervorragende Umgebung hat: Sie werden mit Sicherheit niemals alle Tiefen von .NET ergründen. Als jemand, der von der ersten Beta-Version an mit dabei war, muss ich sagen, dass ich mich immer wieder aufs Neue davon überraschen lassen muss, welche Fähigkeiten in der .NET-Klassenbibliothek schlummern. Verabschieden Sie sich von der Idee, jemals alle Klassen mit ihren Fähigkeiten erfassen zu können. Die Klassenbibliothek ist einfach zu mächtig.

1.1.1 Ein paar Worte zu diesem Buch

Mit der Einführung von .NET in den Jahren 2001/2002 änderte sich die Philosophie der Anwendungsentwicklung – zumindest im Hause Microsoft. Die Karten wurden neu gemischt, denn das architektonische Konzept war – zumindest Microsoft – neu. Da .NET grundsätzlich plattformunabhängig ist, ähnlich wie Java auch, zeigte Microsoft gleichzeitig zum ersten Mal ernsthaft die Akzeptanz anderer Plattformen.

.NET ist zu 100 % objektorientiert. Das ist Fakt. Obwohl das objektorientierte Programmieren schon seit vielen Jahren in vielen Sprachen eingeführt worden ist, sind nicht alle professionellen Entwickler in der Lage, auf dieser Basis Programme zu entwickeln. Teilweise sträuben sie sich sogar mit Händen und Füßen gegen die Denkweise in Klassen und Objekten, denn ihre Denkweise ist zu sehr in der prozeduralen Programmierung verwurzelt.

Es spielt keine Rolle, ob man einfachste Programme zur Konsolenausgabe entwickelt, lokale Windows-Anwendungen oder Applikationen für das Internet – immer spielen Klassen und Objekte die tragende Rolle. Daher ist es unumgänglich, zunächst die Grundlagen einer .NET-Entwicklungssprache einschließlich des objektorientierten Ansatzes zu beherrschen, bevor man sich in das Abenteuer visualisierter Oberflächen stürzt.

Mit diesem Buch möchte ich Ihnen diese notwendigen Grundlagen fundiert und gründlich vermitteln und danach zeigen, wie mit der *Windows Presentation Foundation* (WPF) Windows-Anwendungen entwickelt werden und wie Sie mit *ADO.NET* auf Datenbanken zugreifen. Das Buch ist in Kapitel aufgeteilt, die logisch aufeinander aufbauen. Jedes Kapitel enthält wiederum einzelne Abschnitte, die ein untergeordnetes Thema abgrenzen. Die Gliederung könnte man wie folgt beschreiben:

- Einführung in die Entwicklungsumgebung
- die Sprachsyntax von Visual C# einschließlich des objektorientierten Ansatzes
- die wichtigsten .NET-Klassenbibliotheken
- die Entwicklung einer grafischen Benutzerschnittstelle mit der Windows Presentation Foundation (WPF)
- Datenzugriffe mit ADO.NET und LINQ to SQL

In diesem Kapitel werden zuerst die elementaren Grundlagen von .NET erörtert. Zwangsläufig werden Sie daher auf Begriffe stoßen, die Ihnen möglicherweise zu diesem Zeitpunkt nicht sehr viel sagen. Ich gebe gern zu, auch ich hasse Bücher, die sich zunächst ausgiebig über eine Technologie auslassen, mit Fachbegriffen jonglieren und sich erst nach einigen frustrierenden Seiten dem eigentlichen Thema widmen. Dennoch ist es unumgänglich, zuerst den Kern von .NET mit seinen Vorteilen für den Programmierer zu erläutern, bevor man sich mit der Sprache auseinandersetzt. Allerdings werde ich mir Mühe geben, Sie dabei nicht allzu sehr zu strapazieren, und mich auf das beschränken, was für den Einstieg als erste Information unumgänglich ist. Lassen Sie sich also nicht entmutigen, wenn ein Begriff fällt, den Sie nicht zuordnen können, und lesen Sie ganz locker weiter – in diesem Buch werde ich nichts als bekannt voraussetzen: Sie werden alles noch intensiv lernen.

Bevor wir uns ab Kapitel 2 der Sprache widmen, wird die überarbeitete Entwicklungsumgebung Visual Studio 2010 vorgestellt (die übrigens jetzt auch mit der WPF designt wurde). Wenn Sie mit einer alten Version von Visual Studio gearbeitet haben, werden Sie sicherlich schnell mit der neuen vertraut. Sollten Sie keine Erfahrungen mitbringen, dürften am Anfang einige Probleme mit dem Handling auftreten. Dazu kann ich Ihnen nur einen Rat geben: Lassen Sie sich nicht aus der Fassung bringen, wenn sich wie von Geisterhand klammheimlich plötzlich ein Fenster in die Entwicklungsumgebung scrollt oder Sie die Übersicht verlieren – vor den Erfolg haben die Götter den Schweiß gesetzt.

In Kapitel 2 beginnen wir mit dem eigentlichen Thema dieses Buches. Ich stelle Ihnen die Syntax der Sprache Visual C# 2010 vor, lasse dabei aber noch sämtliche Grundsätze des objektorientierten Ansatzes weitestgehend außer Acht. Sie sollen zunächst lernen, Variablen zu deklarieren, mit Daten zu operieren, Schleifen zu programmieren usw. In den Kapiteln 3 bis 15 wenden wir uns ausführlich dem objektorientierten Ansatz zu und werden auch ein paar besondere Technologien beleuchten.

XML ist in der modernen Software allgegenwärtig. Daher wird in Kapitel 16 XML näher beleuchtet, und Sie werden die wohl wichtigsten Klassen im Zusammenhang mit der XML-Verarbeitung kennenlernen.

Diese Kapitel gehören sicherlich zu den wichtigsten in diesem Buch, denn Sie werden niemals eine .NET-basierte Anwendung entwickeln können, wenn Sie nicht in der Lage sind, klassenorientierten Code zu lesen und zu schreiben.

Anschließend stelle ich Ihnen die *Windows Presentation Foundation* (WPF) vor. Mit dieser Programmierschnittstelle können Sie Windows-Anwendungen entwickeln, die auf der Beschreibungssprache XAML basieren.

Datenbanken spielen in nahezu jeder Anwendung eine wichtige Rolle. In den letzten Kapiteln werden wir uns daher mit ADO.NET beschäftigen. ADO.NET beschreibt Klassen, um auf Daten aus einer beliebigen Datenquelle, hier insbesondere einer Datenbank, zuzugreifen. Ganz zum Schluss darf natürlich auch eine Beschreibung der Verteilungstechniken einer .NET-Anwendung nicht fehlen.

Vielleicht werden Sie sich fragen, wo denn ASP.NET-Webanwendungen, ASP.NET-Webdienste, .NET-Remoting, die *Windows Communication Foundation* (WCF) usw. ihre Erwähnung finden. Meine Antwort dazu lautet: nirgendwo in diesem Buch. Denn schauen Sie sich nur den Gesamtumfang des Buches an, das Sie gerade in den Händen halten. Die Themen, die hier beschrieben sind, werden nicht nur oberflächlich behandelt, sondern gehen oft auch ins Detail. So bleibt leider einfach kein Platz mehr für die anderen Technologien.

1.1.2 Die Beispielprogramme

Begleitend zu der jeweiligen Thematik werden in jedem Kapitel Beispiele entwickelt, die Sie auf der DVD-ROM finden, die diesem Buch beiliegt. Im Buch sind diese Beispiele am Anfang des Quellcodes wie folgt gekennzeichnet:

```
// ---------------------------------------------------------
// Beispiel: ...\Kapitel 6\EinBeispielprogramm
// ---------------------------------------------------------
```

Dieses Beispiel gehört demnach zu Kapitel 6, und der Name der Anwendung lautet *EinBeispielprogramm*.

Eine allgemeine Bemerkung noch zu den Beispielen und Codefragmenten. Als Autor eines Programmierbuches steht man vor der Frage, welchen Schwierigkeitsgrad die einzelnen Beispiele haben sollen. Werden komplexe Beispiele gewählt, liefert man häufig eine Schablone, die in der täglichen Praxis mit mehr oder weniger vielen Änderungen oder Ergänzungen übernommen werden kann. Andererseits riskiert man damit aber auch, dass mit der Komplexität der Blick des Lesers für das Wesentliche verloren geht und schlimmstenfalls die Beispiele nicht mit der Intensität studiert werden, die zum Verständnis der Thematik erforderlich wäre.

Ich habe mich für einfachere Beispielprogramme entschieden. Einen erfahrenen Entwickler sollte das weniger stören, weil er sich normalerweise mehr für die Möglichkeiten der Sprache interessiert, während für einen Einsteiger kleine, überschaubare Codesequenzen verständlicher und letztendlich auch motivierender sind.

1.2 .NET unter die Lupe genommen

In den folgenden Abschnitten schauen wir uns jetzt ein wenig genauer an, was es mit .NET auf sich hat.

1.2.1 Das Entwicklerdilemma

Mit .NET hat Microsoft im Jahr 2002 eine Entwicklungsplattform veröffentlicht, die inzwischen von vielen Entwicklungsteams akzeptiert und auch eingesetzt wird. Kommerzielle Gründe spielten für Microsoft sicherlich auch eine Rolle, damals einen Neuanfang in der Philosophie seiner Softwareentwicklung herbeizuführen.

In den Jahren zuvor hatte sich bereits abgezeichnet, dass sich die Ansprüche an moderne Software grundlegend ändern würden. Das Internet spielte dabei wohl die wesentlichste Rolle, aber auch die Anforderung, dem erhöhten Aufkommen clientseitiger Anfragen an einen Zentralserver durch skalierbare Anwendungen zu begegnen. Der Erfolg von Java, das sich in den Jahren zuvor als eine der bedeutendsten Programmiersprachen etablierte, mag der Beweis dafür sein, denn Java spielt seine Stärken in erster Linie bei der Entwicklung webbasierter und verteilter Anwendungen aus.

Die damaligen Probleme waren nicht neu, und entsprechende Technologien gab es schon länger – auch bei Microsoft. Mit COM/COM+ ließen sich zwar auch vielschichtige und skalierbare Anwendungen entwickeln, aber unzweifelhaft war die Programmierung von COM+ wegen der damit verbundenen Komplexität als nicht einfach zu bezeichnen. Es gibt nicht sehr viele Entwickler, die von sich behaupten können, diese Technologie im Griff gehabt zu haben. Damit trat auch ein Folgeproblem auf, denn grundsätzlich gilt: Je komplizierter eine Technologie ist, desto fehleranfälliger wird die Software. Man muss nicht unbedingt ein Microsoft-Gegner sein, um zu sagen, dass selbst der Urheber dieser Technologien diese oft nur unzureichend in den hauseigenen Produkten umsetzt.

Die Aussage, dass die Vorteile der .NET-Systemplattform nur der Entwicklung verteilter Systeme wie dem Internet zugutekommen, beschreibt ihre Möglichkeiten nur völlig unzureichend. Selbstverständlich lassen sich auch einfache Windows- und Konsolenanwendungen auf Basis von .NET entwickeln. Die Vorteile beziehen sich aber nicht nur auf Anwendungen selbst, sondern lösten auch ein Dilemma der Entwickler. Die Entscheidung für eine bestimmte Programmiersprache war in der Vergangenheit fast schon eine Glaubensfrage – nicht nur, was die Programmiersprache anging, denn die Festlegung auf eine bestimmte Sprache war auch die Entscheidung für eine bestimmte Funktions- bzw. Klassenbibliothek.

Windows-Programme basieren alle auf der Systemschnittstelle einer Funktionssammlung, die als WinAPI-32 bezeichnet wird. Da diese Funktionssammlung einige Tausend Funktionen enthält, wurden verwandte Funktionalitäten in Klassen zusammengeführt und konnten über Methodenaufrufe angesprochen werden. Dieses Prinzip vereinfachte die Programmierung deutlich, aber bedauerlicherweise gab es nicht eine einzige, sondern gleich mehrere, herstellerspezifische Klassenbibliotheken, die zwar ein ähnliches Leistungsspektrum aufwiesen, aber grundlegend anders definiert waren. Die *Microsoft Foundation Classes* (MFC) für Visual C++ ist die Klassenbibliothek von Microsoft, und Borland-Inprise kochte mit der *Object Windows Library* (OWL) ein eigenes Süppchen. Der Wechsel von einer Programmiersprache zu einer anderen bedeutete in der Regel auch, sich in eine andere Bibliothek einzuarbeiten. Beides kostet nicht nur sehr viel Zeit, sondern bedeutet auch finanziellen Aufwand.

Es mag fast erstaunen (oder auch nicht), dass es neben Windows tatsächlich auch noch andere Betriebssysteme gibt, denen man durchaus auch eine Existenzberechtigung zuschreiben muss. Die Entwickler von Java haben das schon vor Jahren erkannt und mit der *Virtual Machine* (VM) eine Komponente bereitgestellt, die auf verschiedene Betriebssystemplattformen portiert werden kann. Dies ist einer der größten Vorteile von Java und hat sicherlich viele Entscheidungsträger in den Unternehmen beeinflusst. Code lässt sich auf Windows-Plattformen entwickeln und auf einer Unix-Maschine installieren – ein reizvoller Gedanke, Investitionen von einem bestimmten System zu lösen und sie nicht daran zu binden.

1.2.2 .NET – ein paar allgemeine Eigenschaften

Es ist kein Zufall, dass ich im vorigen Abschnitt öfter Java erwähnt habe. Wenn Sie das Konzept von Java kennen oder vielleicht in der Vergangenheit sogar mit Java programmiert haben, werden Sie sehr viele Parallelen zu .NET wiedererkennen. Microsoft ist in der Vergangenheit sicher nicht entgangen, worauf der Erfolg von Java zurückzuführen ist. In Kenntnis der Fakten hat man die Idee, die hinter Java steckt, übernommen und dabei versucht, die bekannten Schwachstellen des Ansatzes bzw. der Sprache auszumerzen. Es darf sich bei Ihnen jetzt allerdings nicht die Meinung festigen, .NET sei nur eine Kopie von Java – .NET hat die Messlatte spürbar höher gelegt.

Wir wollen uns nun ansehen, welche wesentlichen programmiertechnischen Neuerungen .NET mit sich bringt:

- **Objektorientierung**
  .NET ist zu 100 % objektbasiert und bildet eine konsistente Schicht zur Anwendungsentwicklung. Es gibt keine Elemente, die sich nicht auf Objekte zurückführen lassen. Sogar so einfache Datentypen wie der Integer werden als Objekte behandelt. Auch Zugriffe auf das darunterliegende Betriebssystem werden durch Klassen gekapselt.
- **WinAPI-32-Ersatz**
  Langfristig beabsichtigt Microsoft, die Win32-API durch die Klassen des .NET Frameworks zu ersetzen. Damit verwischen auch die charakteristischen Merkmale der verschiedenen Sprachen. Ob eine Anwendung mit Visual Basic .NET programmiert wird oder mit C# oder C++ – es spielt keine Rolle mehr. Alle Sprachen greifen auf die gleiche Bibliothek zurück, sprachspezifische, operative Bibliotheken gibt es nicht mehr. Die Konsequenz ist, dass die Wahl einer bestimmten Sprache nicht mehr mit der Entscheidung gleichzusetzen ist, wie effizient eine Anwendung geschrieben werden kann oder was sie zu leisten imstande ist.
- **Plattformunabhängigkeit**
  Anwendungen, die auf .NET basieren, laufen in einer Umgebung, die mit der virtuellen Maschine von Java verglichen werden kann, in der erst zur Laufzeit einer Anwendung der Maschinencode erzeugt wird. Die Spezifikation der Laufzeitumgebung (*Common Language Runtime* – CLR) ist keine geheime Verschlusssache von Microsoft, sondern offen festgelegt. In letzter Konsequenz bedeutet das aber auch, dass sich die *Common Language Runtime* auch auf Plattformen portieren lässt, die nicht Windows heißen, z. B. auf Unix oder Linux. Als Beweis sei hier das *Mono*-Projekt genannt, mit dem .NET erfolgreich auf die Linux-Plattform portiert worden ist.

- **Sprachunabhängigkeit**
  Es spielt keine Rolle, in welcher Programmiersprache eine Komponente entwickelt wird. Eine in C# 2010 geschriebene Klasse kann aus VB.NET, F# oder jeder anderen .NET-konformen Sprache heraus aufgerufen werden, ohne den Umweg über eine spezifizierte Schnittstellentechnologie wie COM/COM+ gehen zu müssen. Darüber hinaus lässt sich beispielsweise eine in Visual C# implementierte Klasse auch aus einer VB.NET-Klasse ableiten – oder umgekehrt.
- **Speicherverwaltung**
  Die Freigabe von nicht mehr benötigtem Speicher war schon immer ein Problem. Unter .NET braucht sich ein Entwickler darum nicht mehr zu kümmern, da der im Hintergrund arbeitende Prozess des *Garbage Collectors* diese Aufgaben übernimmt und nicht mehr benötigte Objekte erkennt und automatisch aus dem Speicher entfernt.
- **Weitergabe**
  Ein .NET-Programm weiterzugeben ist viel einfacher geworden – insbesondere im Vergleich zu einem auf COM basierenden Programm, das Einträge in die Registrierungsdatenbank vornehmen muss. Im einfachsten Fall reicht es vollkommen aus, ein .NET-Programm (d. h. eine EXE- oder DLL-Datei) in das dafür vorgesehene Verzeichnis zu kopieren. Darüber hinaus ist aber auch die Verteilung mit einem Installationsassistenten und – ganz neu unter .NET 2.0 – mit *ClickOnce* möglich.

1.2.3 Das Sprachenkonzept

Die drei Entwicklungssprachen, die in der Vergangenheit hauptsächlich das Bild in der Anwendungsentwicklung prägten, waren C++, Java und Visual Basic 6.0. Seit dem Jahr 2002 und dem Erscheinen des .NET Frameworks 1.0 gesellten sich noch die .NET-Sprachen dazu, allen voran C#.

Betrachten wir jetzt nur die drei zuerst genannten Sprachen. Nehmen wir an, wir würden mit jeder ein einfaches ausführbares Programm schreiben. Wie sehen die Kompilate dieser drei Sprachen aus, und wie werden die drei Kompilate ausgeführt, wenn wir sie auf einen Rechner kopieren, auf dem nur das Betriebssystem installiert ist?

- Nach der Kompilierung des C/C++-Quellcodes erhalten wir eine *.exe*-Datei, die beispielsweise durch einen einfachen Doppelklick im Explorer des frisch installierten Rechners gestartet werden kann. Das Kompilat wird jedoch auf einer anderen Plattform nicht lauffähig sein, denn dazu wäre zuerst eine Neukompilierung erforderlich.
- Eine mit dem VB6-Compiler erzeugte ausführbare Datei kann auf unserer jungfräulichen Betriebssysteminstallation nicht sofort gestartet werden, obwohl die Dateiendung *.exe* lautet. Wir benötigen zur Ausführung einen Interpreter, d. h. das Laufzeitmodul von Visual Basic, der uns den kompilierten Zwischencode in den ausführbaren nativen CPU-Maschinencode übersetzt. Die Portierung eines VB-Programms auf eine andere Plattform ist nicht möglich.

- Java arbeitet prinzipiell ähnlich wie Visual Basic 6.0. Es wird ein Zwischencode generiert, der sogenannte Bytecode. Die kompilierten Dateien haben die Dateiendung *.class*. Zur Laufzeit wird dieser Code zuerst durch einen Interpreter geschickt, der als *virtuelle Maschine* (VM) bezeichnet wird. Vorausgesetzt, die VM wurde bei der Installation des Betriebssystems installiert, kann man die Java-Anwendung starten. Das Kompilat ist sogar plattformunabhängig und kann auch auf andere Systeme verteilt werden.

Insbesondere die Plattformunabhängigkeit des Kompilats ist bisher ein deutliches Argument für viele Unternehmen gewesen, nicht nur in heterogenen Umgebungen verstärkt auf Java zu setzen.

Entwickeln wir eine .NET-basierte Anwendung, ähnelt der Ablauf der Kompilierung bis zum Start der Laufzeitumgebung dem Ablauf unter Java. Zuerst wird ein Zwischencode erzeugt, der CPU-unabhängig ist. Die Dateiendung lautet *.exe*, wenn wir eine eigenstartfähige Anwendung entwickelt haben. Allerdings ist diese Datei nicht ohne Weiteres lauffähig: Sie benötigt zur Laufzeit einen »Endcompiler«, der den Zwischencode in nativen, plattformspezifischen Code übersetzt. Der Zwischencode einer .NET-Anwendung wird als *MSIL*-Code (*Microsoft Intermediate Language*) oder nur kurz als *IL* bezeichnet, und der Endcompiler wird *JIT*-Compiler (*Just-In-Time*) oder kurz *JITter* genannt.

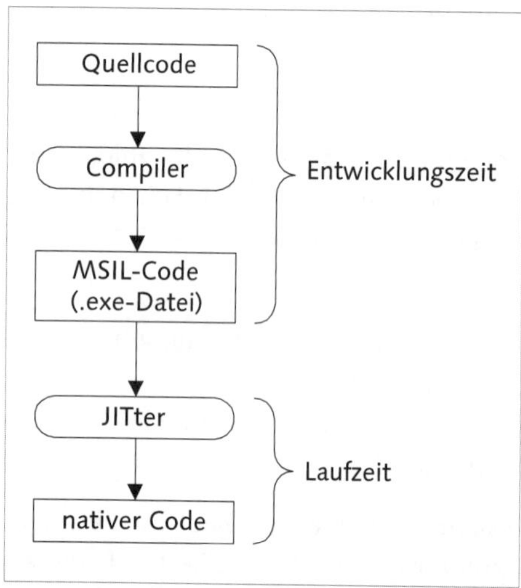

Abbildung 1.1 Der Ablauf der Entwicklung eines .NET-Programms bis zur Laufzeit

1.2.4 Die Common Language Specification (CLS)

Wenn Sie sich in Abbildung 1.1 den Prozessablauf vom Quellcode bis zur Ausführung einer .NET-Anwendung ansehen, müssten Sie sich sofort die Frage stellen, wo der Unterschied im Vergleich zu einer Java-Anwendung zu finden ist – das Diagramm scheint, bis auf die Namensgebung, austauschbar zu sein. Dabei verzichten wir jedoch darauf, andere spezifische Merkmale der beiden Umgebungen zu betrachten, die bei einer genaueren Analyse auch eine Rolle spielen würden.

Vielleicht ist es Ihnen nicht aufgefallen, aber ich habe die Worte ».NET-Anwendung« und »Java-Anwendung« benutzt – eine kleine Nuance mit weitreichender Konsequenz. Eine Java-Anwendung ist, darauf weist schon der Name hin, mit der Programmiersprache Java entwickelt worden; eine .NET-Anwendung hingegen ist nicht sprachgebunden. Sicher, in diesem Buch werden wir uns mit Visual C# beschäftigen, aber es macht praktisch keinen Unterschied, ob die Anwendung in Visual C# 2010, in Visual Basic 2010 oder F# entwickelt worden ist. Ausschlaggebend ist am Ende des Kompiliervorgangs nur ein kompatibler IL-Code, ungeachtet der zugrunde liegenden Sprache.

Um sprachunabhängigen Code erzeugen zu können, muss es Richtlinien geben, an die sich alle .NET-Sprachen halten müssen, um ein Fiasko zu vermeiden. Diese Richtlinien, in denen die fundamentalen Eigenschaften einer .NET-kompatiblen Sprache festgelegt sind, werden durch die *Common Language Specification* (CLS) beschrieben. Die Common Language Specification ist ein offener Standard. Das hatte schon frühzeitig zur Folge, dass lange vor der offiziellen Einführung von .NET viele Softwareunternehmen andere Sprachen, beispielsweise Delphi, Eiffel und Cobol auf .NET portiert haben.

Wenn alle Sprachen tatsächlich gleichberechtigt sind und dasselbe Ergebnis liefern, stellt sich natürlich die Frage, warum es zukünftig nicht nur eine Sprache gibt. Sogar Microsoft bietet mit C#, F#, C++ und VB .NET im Visual Studio vier verschiedene Sprachen an. Der Grund ist recht einfach: Man möchte den Entwicklern nicht eine vollkommen neue Sprache aufzwingen, sondern ihnen die gewohnte sprachspezifische Syntax lassen.

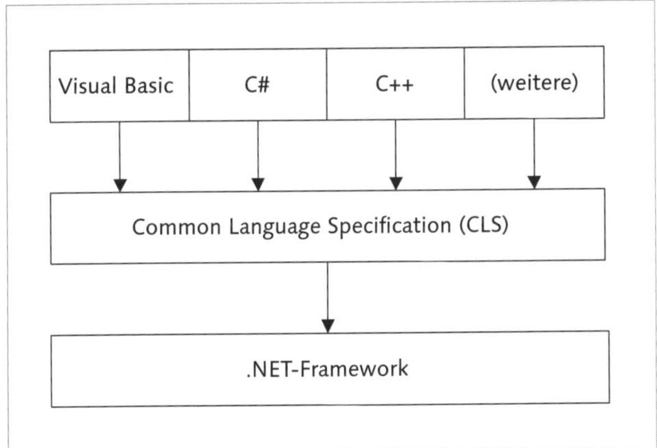

Abbildung 1.2 Die Common Language Specification als Basis der Sprachunabhängigkeit

Wenn Sie nun anmerken sollten, dass es sich bei C# um eine völlig neue Sprache handelt, die mit der Veröffentlichung des .NET Frameworks zur Verfügung gestellt worden ist, haben Sie vollkommen recht. Allerdings assoziiert bereits der Name C# unzweifelhaft, dass die Wurzeln dieser Sprache in C/C++ zu finden sind.

Die Konsequenzen, die sich aus der CLS ergeben, sind weitreichend – nicht für den Endanwender, den es nicht im geringsten interessiert, in welcher Sprache seine Applikation entwickelt wird, sondern vielmehr für ein heterogenes Entwicklerteam in einem Softwareunternehmen. Die Entscheidung, eine Anwendung auf der Grundlage von .NET zu entwickeln, ist keine Entscheidung für oder gegen eine Sprache – es ist eine konzeptionelle Festlegung. Die Bedeutung der einzelnen Sprachen rückt in den Hintergrund, denn die Komponenten, die in einer .NET-konformen Sprache geschrieben sind, können problemlos miteinander interagieren. Eine Klasse, die in C# geschrieben ist, kann von einer Klasse in Visual Basic 2010 beerbt werden. Beide Klassen können Daten miteinander austauschen und Ausnahmen weiterreichen. Es gibt unter .NET keine bevorzugte Programmiersprache.

1.2.5 Das Common Type System (CTS)

Jede Entwicklungsumgebung beschreibt als eines ihrer wichtigsten Merkmale ein Typsystem, in dem einerseits Datentypen bereitgestellt werden und andererseits Vorschriften definiert sind, nach denen ein Entwickler die standardmäßigen Typen durch eigene erweitern kann. Darüber hinaus muss auch eine Regelung getroffen werden, wie auf die Typen zugegriffen wird.

Mit dem *Common Type System* (CTS) der .NET-Plattform wird die sprachübergreifende Programmentwicklung spezifiziert und sichergestellt, dass Programmcode unabhängig von der zugrunde liegenden Sprache miteinander interagieren kann. Damit legt das Common Type System die Grundlage für die im vorhergehenden Abschnitt erläuterte Sprachunabhängigkeit.

Alle Typen, die unter .NET zur Verfügung gestellt werden, lassen sich in zwei Kategorien aufteilen:

- Wertetypen
- Referenztypen

Wertetypen werden auf dem Stack abgelegt. Zu ihnen gehören die in der Entwicklungsumgebung eingebauten ganzzahligen Datentypen und die Datentypen, die Fließkommazahlen beschreiben. *Referenztypen* werden hingegen auf dem Heap abgelegt. Zu ihnen gehören unter anderem die aus den Klassen erzeugten Objekte.

Obwohl Wertetypen im ersten Moment nicht den Anschein erwecken, dass sie von der .NET-Laufzeitumgebung als Objekte behandelt werden, ist dies kein Widerspruch zu der Aussage von vorhin, dass .NET nur Objekte kennt. Tatsächlich erfolgt zur Laufzeit eine automatische Umwandlung von einem Werte- in einen Referenztyp durch ein Verfahren, das als *Boxing* bezeichnet wird.

Typen können ihrerseits Mitglieder enthalten: Felder, Eigenschaften, Methoden und Ereignisse. Dem Common Type System nur die Festlegung von Typen zuzuschreiben, würde die vielfältigen Aufgaben nur vollkommen unzureichend beschreiben. Das CTS gibt zudem die Regeln vor, nach denen die Sichtbarkeit dieser Typmitglieder festgelegt wird. Ein als öffentlich deklariertes Mitglied eines vorgegebenen Typs könnte beispielsweise über die Grenzen der Anwendung hinaus sichtbar sein; andere Sichtbarkeiten beschränken ein Mitglied auf die aktuelle Anwendung oder sogar nur auf den Typ selbst.

Das vom Common Type System festgelegte Regelwerk ist grundsätzlich nichts Neues. Alle anderen Sprachen, auch die, die nicht auf .NET aufsetzen, weisen ein ähnliches Merkmal auf, um ein Typsystem in die Sprache zu integrieren. Aber es gibt einen entscheidenden Unterschied, durch den sich alle Sprachen der .NET-Umgebung vom Rest abheben: Während die Definition des Typsystems bei herkömmlichen Sprachen Bestandteil der Sprache selbst ist, wandert das .NET-Typsystem in die Laufzeitumgebung. Die Folgen sind gravierend: Kommunizieren zwei Komponenten miteinander, die in unterschiedlichen Sprachen entwickelt worden sind, sind keine Typkonvertierungen mehr notwendig, da sie auf demselben Typsystem aufsetzen.

Stellen Sie sich vor, es würde keine Regelung durch das CTS geben und C# würde einen booleschen Typ definieren, der 2 Byte groß ist, während C++ .NET denselben Datentyp definiert, jedoch mit einer Größe von 4 Byte. Der uneingeschränkte Informationsaustausch wäre nicht möglich, sondern würde zu einem Merkmal der Sprache degradiert. Im gleichen Moment würde das ansonsten sehr stabile Framework wie ein Kartenhaus in sich zusammenbrechen – eine fundamentale Stütze wäre ihm entzogen. Dieses Dilemma ist nicht unbekannt und beschert anderen Sprachen große Schwierigkeiten dabei, Funktionen der WinAPI-32 direkt aufzurufen. Ein Beispiel für diese Sprachen ist Visual Basic 6.0.

1.2.6 Das .NET Framework

Ein Framework ist ein Gerüst, mit dem Anwendungen entwickelt, kompiliert und ausgeführt werden. Es setzt sich aus verschiedenen Richtlinien und Komponenten zusammen. Sie haben in Abschnitt 1.2.4 mit der Common Language Specification (CLS) und in Abschnitt 1.2.5 mit dem Common Type System (CTS) bereits einen Teil des .NET Frameworks kennengelernt. Wir müssen aber dieses Anwendungsgerüst noch um zwei sehr wichtige Komponenten ergänzen:

- die *Common Language Runtime* (CLR)
- die .NET-Klassenbibliothek

Sie können in manchen Veröffentlichungen noch weitere Komponentenangaben finden, beispielsweise ADO.NET und ASP.NET. Es ist wohl mehr eine Sache der Definition, wo die Grenzen eines Frameworks gesetzt werden, da sich dieser Begriff nicht mit einer klar umrissenen Definition beschreiben lässt. Die .NET-Klassenbibliothek ihrerseits stellt einen Oberbegriff dar, unter dem sich sowohl ADO.NET als auch ASP.NET eingliedern lassen.

1.2.7 Die Common Language Runtime (CLR)

Die *Common Language Runtime* (CLR) ist die Umgebung, in der die .NET-Anwendungen ausgeführt werden – sie ist gewissermaßen die allen gemeinsame Laufzeitschicht. Der Stellenwert dieser Komponente kann nicht hoch genug eingestuft werden, denn mit ihren Fähigkeiten bildet die CLR den Kern von .NET.

Die CLR ist ein Verwalter – auf Englisch *manager*. Tatsächlich wird der Code, der in der Common Language Runtime ausgeführt wird, auch als *verwalteter Code* bezeichnet – oder im Englischen als *managed code*. Umgekehrt kann mit Visual Studio 2010 auch unverwalteter Code geschrieben werden. In unverwaltetem oder *unmanaged code* sind beispielsweise Treiberprogramme geschrieben, die direkt auf die Hardware zugreifen und deshalb plattformabhängig sind.

Sie müssen sich die Common Language Runtime nicht als eine Datei vorstellen, der eine bestimmte Aufgabe im .NET Framework zukommt, wenn verwalteter Code ausgeführt wird. Vielmehr beschreibt die CLR zahlreiche Dienste, die als Bindeglied zwischen dem verwalteten IL-Code und der Hardware den Anforderungen des .NET Frameworks entsprechen und diese sicherstellen. Zu diesen Diensten gehören:

- der *Class Loader*, um Klassen in die Laufzeitumgebung zu laden
- der *Type Checker*, der unzulässige Typkonvertierungen unterbindet
- der *JITter*, um den MSIL-Code zur Laufzeit in nativen Code zu übersetzen, der im Prozessor ausgeführt werden kann
- der *Exception Manager*, der die Ausnahmebehandlung unterstützt
- der *Garbage Collector*, der eine automatische Speicherbereinigung anstößt, wenn Objekte nicht mehr benötigt werden
- der *Code Manager*, der die Ausführung des Codes verwaltet
- die *Security Engine*, die sicherstellt, dass der User über die Berechtigung verfügt, den angeforderten Code auszuführen
- die *Debug Machine* zum Debuggen der Anwendung
- der *Thread Service* zur Unterstützung multithreading-fähiger Anwendungen
- der *COM Marshaller*, der die Kommunikation mit COM-Komponenten (COM = *Component Object Model*) sicherstellt

Die Liste ist zwar lang, vermittelt aber einen Einblick in die verschiedenen unterschiedlichen Aufgabenbereiche der Common Language Runtime.

1.2.8 Die .NET-Klassenbibliothek

Das .NET Framework, das inzwischen in der Version 4.0 vorliegt, ist ausnahmslos objektorientiert ausgerichtet. Für Entwickler, die sich bisher erfolgreich dem objektorientierten Konzept widersetzt und beharrlich auf prozeduralen Code gesetzt haben (solche gibt es häufiger, als Sie vielleicht vermuten), fängt die Zeit des Umdenkens an, denn an der Objektorientierung führt unter .NET kein Weg mehr vorbei.

Alles im .NET Framework wird als Objekt betrachtet. Dazu zählen sogar die nativen Datentypen der Common Language Specification wie der Integer. Die Folgen sind weitreichend, denn schon mit einer einfachen Deklaration wie

```
int iVar;
```

erzeugen wir ein Objekt mit allen sich daraus ergebenden Konsequenzen. Wir werden darauf in einem der folgenden Kapitel noch zu sprechen kommen.

Die .NET-Klassen stehen nicht zusammenhangslos im Raum, wie beispielsweise die Funktionen der WinAPI-32, sondern stehen ausnahmslos in einer engen Beziehung zueinander, der .NET-Klassenhierarchie. Eine Klassenhierarchie können Sie sich wie einen Familienstammbaum vorstellen, in dem sich, ausgehend von einer Person, alle Nachkommen abbilden lassen. Auch die .NET-Klassenhierarchie hat einen Ausgangspunkt, gewissermaßen die Wurzel der Hierarchie: Es ist die Klasse `Object`. Jede andere Klasse des .NET Frameworks kann darauf zurückgeführt werden und erbt daher deren Methoden. Außerdem kann es weitere Nachfolger geben, die sowohl die Charakteristika der Klasse `Object` erben als auch die ihrer direkten Vorgängerklasse. Auf diese Weise bildet sich eine mehr oder weniger ausgeprägte Baumstruktur.

Für Visual C++-Programmierer ist eine Klassenhierarchie nichts Neues, sie arbeiten bereits seit vielen Jahren mit den MFC (*Microsoft Foundation Classes*). Auch Java-Programmierer haben sich an eine ähnliche Hierarchie gewöhnen müssen.

Eine Klassenhierarchie basiert auf einer Bibliothek, die strukturiert ihre Dienste zum Wohle des Programmierers bereitstellt und letztendlich die Programmierung vereinfacht. Um allerdings in den Genuss der Klassenbibliothek zu kommen, ist ein erhöhter Lernaufwand erforderlich. Wenn man aber aus dieser Phase heraus ist, kann man sehr schnell und zielorientiert Programme entwickeln. Die anfänglichen Investitionen zahlen sich also schnell aus.

Einen kurzen Überblick über den Inhalt der .NET-Klassenbibliothek zu geben, ist schwer, wenn nicht sogar vollkommen unmöglich, denn es handelt sich dabei um einige Tausend vordefinierte Typen. Wenn man sich jetzt vorstellt, dass in jeder Klasse mehr oder weniger viele Methoden definiert sind, also Funktionen im prozeduralen Sinne, dann kommt man sehr schnell in Größenordnungen von einigen Zehntausend Methoden, die insgesamt von den Klassen veröffentlicht werden. Alle zu kennen dürfte nicht nur an die Grenze der Unwahrscheinlichkeit stoßen, sondern diese sogar deutlich überschreiten. Außerdem kann man davon ausgehen, dass im Laufe der Zeit immer weitere Klassen mit immer mehr zusätzlichen und verfeinerten Features in die Klassenhierarchie integriert werden – sowohl durch Microsoft selbst als auch durch Drittanbieter.

1.2.9 Das Konzept der Namespaces

Da jede Anwendung von Funktionalitäten lebt und der Zugriff auf die Klassenbibliothek zum täglichen Brot eines .NET-Entwicklers gehört, ist ein guter Überblick über die Klassen und insbesondere deren Handling im Programmcode sehr wichtig. Hier kommt uns ein Feature entgegen, das die Arbeit deutlich erleichtert: die *Namespaces*. Ein Namespace ist eine logische Organisationsstruktur, die völlig unabhängig von der Klassenhierarchie eine Klasse einem bestimmten thematischen Gebiet zuordnet. Damit wird das Auffinden einer Klasse, die bestimmte Leistungsmerkmale aufweist, deutlich einfacher. Das Konzept ist natürlich auch nicht ganz neu. Ob Java wieder Pate gestanden hat, wissen wir nicht. Aber in Java gibt es eine ähnliche Struktur, die als *Package* bezeichnet wird.

Dass das Auffinden einer bestimmten Klasse erleichert wird, ist nur ein Argument, was für die Namespaces spricht. Einem zweiten kommt eine ebenfalls nicht zu vernachlässigende Bedeutung zu: Jede Klasse ist durch einen Namen gekennzeichnet, der im Programmcode benutzt wird, um daraus möglicherweise ein Objekt zu erzeugen und auf dessen Funktionalitäten zuzugreifen. Der Name muss natürlich eindeutig sein, schließlich können Sie auch nicht erwarten, dass ein Brief, der nur an *Hans Fischer* adressiert ist, tatsächlich den richtigen Empfänger erreicht. Namespaces verhindern Kollisionen zwischen identischen Klassenbezeichnern, sind also mit der vollständigen Adressierung eines Briefes vergleichbar. Nur innerhalb eines vorgegebenen Namespace muss ein Klassenname eindeutig sein.

Die Namespaces sind auch wieder in einer hierarchischen Struktur organisiert. Machen Sie aber nicht den Fehler, die Klassenhierarchie mit der Hierarchie der Namespaces zu verwechseln. Eine Klassenhierarchie wird durch die Definition der Klasse im Programmcode festgelegt und hat Auswirkungen auf die Fähigkeiten einer Klasse, bestimmte Operationen ausführen zu können, während die Zuordnung zu einem Namespace keine Konsequenzen für die Fähigkeiten eines Objekts einer Klasse hat. Dass Klassen, die einem bestimmten Namespace zugeordnet sind, auch innerhalb der Klassenhierarchie eng zusammenstehen, ist eine Tatsache, die aus den Zusammenhängen resultiert, ist aber kein Muss.

Wenn die Aussage zutrifft, dass Namespaces in einer baumartigen Struktur organisiert werden, muss es auch eine Wurzel geben. Diese heißt im .NET Framework `System`. Dieser Namespace organisiert die fundamentalsten Klassen in einen Verbund. Weiter oben habe ich erwähnt, dass sogar die nativen Datentypen wie der Integer auf Klassendefinitionen basieren – im Namespace `System` ist diese Klasse neben vielen weiteren zu finden. (Falls Sie die Klasse jetzt aus Neugier suchen sollten – sie heißt nicht Integer, sondern `Int32`).

Unterhalb von `System` sind die anderen Namespaces angeordnet. Sie sind namentlich so gegliedert, dass man schon erahnen kann, über welche Fähigkeiten die einem Namespace zugeordneten Klassen verfügen. Damit Sie ein Gefühl hierfür bekommen, sind in Tabelle 1.1 auszugsweise ein paar Namespaces angeführt.

Namespace	Beschreibung
`System.Collections`	Klassen, die Auflistungen beschreiben
`System.Data`	Enthält die Klassen, um über ADO.NET auf Datenbanken zuzugreifen.
`System.Drawing`	Klassen, die grafische Funktionalitäten bereitstellen
`System.IO`	Klassen für Ein- und Ausgabeoperationen
`System.Web`	Enthält Klassen, die im Zusammenhang mit dem Protokoll HTTP stehen.
`System.Windows.Forms`	Enthält Klassen, um Windows-basierte Anwendungen zu entwickeln.

Tabelle 1.1 Auszug aus den Namespaces des .NET Frameworks

Die Tabelle gibt kaum mehr als einen Bruchteil aller .NET-Namespaces wieder. Sie sollten allerdings erkennen, wie hilfreich diese Organisationsstruktur bei der Entwicklung einer Anwendung sein kann. Wenn Sie die Lösung zu einem Problem suchen, kanalisieren die Namespaces Ihre Suche und tragen so zu einer effektiveren Entwicklung bei.

Wir können in diesem Buch natürlich nicht alle Namespaces, geschweige denn alle Klassen des .NET Frameworks behandeln. Ob das überhaupt jemals ein Buch zu leisten vermag, darf mehr als nur angezweifelt werden – zu umfangreich ist die Klassenbibliothek.

Sie sollten die wichtigsten Klassen und Namespaces kennen. Was zu den wichtigsten Komponenten gezählt werden kann, ist naturgemäß subjektiv. Ich werde mich daher auf diejenigen konzentrieren, die praktisch in jeder Anwendung von Belang sind bzw. bei jeder eigenen Klassendefinition in die Überlegung einbezogen werden müssen. In diesem Sinne werde ich mich auf die fundamentalen Bibliotheken beschränken, einschließlich der Bibliotheken, die zur Entwicklung einer Windows-Anwendung notwendig sind.

1.3 Assemblys

Das Ergebnis der Kompilierung von .NET-Quellcode ist eine Assembly. Bei der Kompilierung wird, abhängig davon, welchen Projekttyp Sie gewählt haben, entweder eine EXE- oder eine DLL-Datei erzeugt. Wenn Sie nun in diesen Dateien ein Äquivalent zu den EXE- oder DLL-Dateien sehen, die Sie mit Visual Basic 6.0 oder C/C++ erzeugt haben, liegen Sie falsch – beide sind nicht miteinander vergleichbar.

Assemblys liegen im IL-Code vor. Zur Erinnerung: IL bzw. MSIL ist ein Format, das erst zur Laufzeit einer Anwendung vom JITter in nativen Code kompiliert wird. Eine Assembly kann nicht nur eine, sondern auch mehrere Dateien enthalten – eine Assembly ist daher eher als eine Baugruppe innerhalb einer Anwendung zu verstehen.

Assemblys liegen, wie auch die herkömmlichen ausführbaren Dateien, im PE-Format (*Portable Executable*) vor, einem Standardformat für Programmdateien unter Windows. Das Öffnen einer PE-Datei hat zur Folge, dass die Datei der Laufzeitumgebung übergeben und als Folge dessen ausgeführt wird. Daher wird Ihnen beim Starten auch kein Unterschied zwischen einer Assembly und einer herkömmlichen Datei auffallen.

1.3.1 Die Metadaten

Assemblys weisen eine grundsätzlich neue, andersartige Struktur auf. Assemblys enthalten nämlich nicht nur IL-Code, sondern auch sogenannte *Metadaten*. Die Struktur einer kompilierten .NET-Komponente gliedert sich demnach in

- IL-Code und
- Metadaten.

Metadaten sind Daten, die eine Komponente beschreiben. Das hört sich im ersten Moment kompliziert an, ist aber ein ganz triviales Prinzip. Nehmen wir an, Sie hätten die Klasse `Auto` mit den Methoden `Fahren`, `Bremsen` und `Hupen` entwickelt. Wird diese Klasse kompiliert und der IL-Code erzeugt, lässt sich nicht mehr sagen, was der Binärcode enthält, und vor allem, wie er genutzt werden kann. Wenn eine andere Komponente auf die Idee kommt, den kompilierten Code eines `Auto`-Objekts zu nutzen, steht sie vor verschlossenen Türen.

Den Zusammenhang zwischen Metadaten und IL-Code können Sie sich wie das Verhältnis zwischen Inhaltverzeichnis und Buchtext vorstellen: Man sucht unter einem Stichwort im Inhaltverzeichnis nach einem bestimmten Begriff, findet eine Seitenzahl und kann zielgerichtet im Buch das gewünschte Thema nachlesen. Viel mehr machen die Metadaten eines .NET-Kompilats auch nicht, wenn auch die Funktionsweise naturgemäß etwas abstrakter ist: Sie liefern Objektinformationen, beispielsweise die Eigenschaften eines Objekts und die Methoden. Das geht sogar so weit, dass wir über die Metadaten in Erfahrung bringen, wie die Methoden aufgerufen werden müssen.

Das grundsätzliche Prinzip der Aufteilung in Code und Metadaten ist nicht neu und wurde auch schon unter COM angewandt – allerdings mit einem kleinen, aber doch sehr wesentlichen Unterschied: COM trennt Code und Metadaten. Die Metadaten einer COM-Komponente, die man auch als Typbibliothek bezeichnet, werden in die Registry eingetragen und dort ausgewertet. Das ist nicht gut, denn schließlich sollten Sie Ihren Personalausweis immer bei sich tragen und ihn nicht irgendwo hinterlegen. Ebenso sollte auch der Code nicht von seinen Metadaten getrennt werden. COM ist dazu nicht in der Lage; erst innerhalb des .NET Frameworks wird dieser fundamentalen Forderung nach einer untrennbaren Selbstbeschreibung Rechnung getragen.

Die Metadaten versorgen die .NET-Laufzeitumgebung mit ausreichenden Informationen zum Erstellen von Objekten sowie zum Aufruf von Methoden und Eigenschaften. Sie bilden eine klar definierte Schnittstelle und vereinheitlichen den Objektzugriff, was allen .NET-Entwicklern zugute kommt: Unabhängig von der Sprache – vorausgesetzt, sie ist .NET-konform – können problemlos Objekte verwendet werden, die von anderen Entwicklern bereitgestellt werden. Dass die Objekte in einer beliebigen .NET-Sprache entwickelt sein können, braucht fast nicht erwähnt zu werden.

1.3.2 Das Manifest

Die Folgen der Trennung von Code und Selbstbeschreibung einer COM-Komponente sind uns wahrscheinlich allen bewusst: Durch die Installation einer neuen Anwendung werden alte COM-Komponenten überschrieben, die für andere Anwendungen von existenzieller Bedeutung sind. Die Auswirkungen können fatal sein: Eine Anwendung, die auf die Methoden der überschriebenen Komponente zugreifen will, kann sich im schlimmsten Fall mit einem Laufzeitfehler sang- und klanglos verabschieden.

Mit Assemblierungen gehören diese Fehler definitiv der Vergangenheit an. Verantwortlich dafür sind Metadaten, die nicht die einzelnen Objekte, sondern die Assemblierung als Ganzes beschreiben. Diese Daten werden als *Manifest* bezeichnet. Ein Manifest enthält die folgenden Informationen:

- Name und Versionsnummer der Assembly
- Angaben über andere Assemblierungen, von denen die aktuelle Assembly abhängt
- die von der Assembly veröffentlichten Typen
- Sicherheitsrichtlinien, nach denen der Zugriff auf die Assembly festgelegt wird

Das Manifest befreit eine Assembly von der Notwendigkeit, sich in die Registrierung eintragen zu müssen, und die logischen Konsequenzen gehen sogar noch weiter: Während sich COM-Komponenten erst durch eine Setup-Routine oder zusätzliche Tools in die Registrierungsdatenbank eintragen, können Sie mit den primitivsten Copy-Befehlen eine Assemblierung in ein beliebiges Verzeichnis kopieren – Altbewährtes ist manchmal doch nicht so schlecht.

1.4 Die Entwicklungsumgebung

.NET-Anwendungen lassen sich notfalls auch mit einem Texteditor entwickeln, aber das macht natürlich keinen Spaß und ist mühevoll. Auf die Unterstützung, die eine moderne Entwicklungsumgebung bietet, werden Sie vermutlich nicht verzichten wollen. Microsoft bietet mit *Visual Studio 2010* ein Entwicklungstool an, mit dem sich nahezu jede beliebige Anwendung entwickeln lässt.

1.4.1 Editionen von Visual Studio 2010

Es gibt mehrere verschiedene Editionen, die spezifisch auf die unterschiedlichen Anforderungen bei der Anwendungsentwicklung zugeschnitten sind:

- *Visual Studio 2010 Express Edition* (für C# 2010, Visual Basic 2010 ...): Im Wesentlichen beschränken sich die Projektvorlagen auf Konsolen- und Windows-Anwendungen. Viele andere Projektschablonen, beispielsweise Setup-Projekte oder benutzerdefinierte Steuerelemente, werden nicht angeboten.
- *Visual Studio 2010 Professional:* Diese Edition ist für den professionellen Einsatz kleinerer Entwicklerteams schon gut geeignet. Alle möglichen Projektvorlagen für die Entwicklung von Office-Projekten, Webanwendungen, SharePoint, SilverLight usw. sind enthalten.
- *Visual Studio 2010 Premium:* Diese Edition ist für Softwareentwickler und -tester geeignet, die Enterprise Anwendungen entwickeln möchten. Die Erweiterungen im Vergleich zur Professional Edition ermöglichen eine durchgehende Qualitätssicherung.
- *Visual Studio 2010 Ultimate:* Diese höchstwertige Edition gibt auch großen Entwicklerteams Tools zu einer effizienten Lebenszyklusverwaltung an die Hand.

Sie können sich entscheiden, ob Sie eine der kostenlos erhältlichen Express-Editionen einsetzen oder eine der speziell für Entwickler, Tester oder Softwarearchitekten zugeschnittenen Editionen.

1.4.2 Hard- und Softwareanforderungen

Es verwundert nicht, dass die Spirale der Anforderungen an die Hardware wieder ein wenig weiter nach oben geschraubt worden ist.

- *Betriebssysteme*: Windows Server 2003 oder höher bis Windows XP, Windows Vista und natürlich Windows7
- *Architekturen*: 32 Bit (x86) und 64 Bit (x64)
- *Prozessor*: 1,6-GHz-Pentium III+
- *RAM*: >= 1 GB (x86) bzw. 2 GB (x64)
- *Festplatte*: mindestens 3 GB Speicherplatzbedarf
- *DVD-ROM-Laufwerk*
- *DirectX-fähige Grafikkarte*, mindestens 1024 × 768 Pixel Auflösung

Setzen Sie die Express Edition ein, kommen Sie mit etwas geringeren Hardwareanforderungen aus. Allerdings macht das Arbeiten dann auch nicht mehr sehr viel Spaß.

1.4.3 Installation

Die Installation von Visual Studio 2010 verläuft in der Regel problemlos. Daher kann ich mir an dieser Stelle ausgiebige Kommentare sparen.

Nach dem Einlegen der DVD erscheint ein Dialog, in dem Sie aufgefordert werden, die zu installierenden Features auszuwählen. Fällt Ihre Wahl auf VOLLSTÄNDIG, werden alle Features und gleichzeitig auch noch alle in Visual Studio verfügbaren Sprachen installiert.

Wenn Sie sich für eine benutzerdefinierte Installation entscheiden, müssen Sie darauf achten, dass Sie alle Features installieren lassen, die Sie benötigen. Natürlich haben Sie später zu jedem Zeitpunkt auch die Möglichkeit, fehlende Features nachzuinstallieren.

1.4.4 Entwicklungsumgebung von Visual Studio 2010

Hoffentlich haben Sie einen ausreichend großen Monitor mit hoher Auflösung. Visual Studio 2010 bietet nämlich eine große Anzahl verschiedener informativer und hilfreicher Fenster an. Zu den wichtigsten gehören:

- der Codeeditor
- der visuelle Editor
- der Projektmappen-Explorer
- das Eigenschaftsfenster
- die Toolbox
- die Fehlerliste

Hier alle Fenster aufzuführen, mit denen Sie während der Entwicklung einer .NET-Anwendung konfrontiert werden, ist nahezu unmöglich. Ich belasse es deshalb bei den genannten, die Sie, mit Ausnahme des Codeeditors, in Abbildung 1.3 wiederfinden. Dabei entspricht die Anordnung ungefähr der, die Sie nach der Installation vorfinden, wenn Sie eine WPF-Anwendung entwickeln wollen.

Nachfolgend möchte ich Ihnen kurz die wichtigsten Fenster von Visual Studio 2010 vorstellen.

Der Codeeditor

Die wichtigste Komponente der Entwicklungsumgebung ist natürlich das Fenster, in dem wir unseren Programmcode schreiben. Abhängig von der gewählten Programmiersprache und der Projektvorlage wird automatisch Code generiert – gewissermaßen als Unterstützung zum Einstieg in das Projekt. Sie können in den meisten Fällen diesen Code nach Belieben ändern – solange Sie wissen, welche mögliche Konsequenz das nach sich zieht.

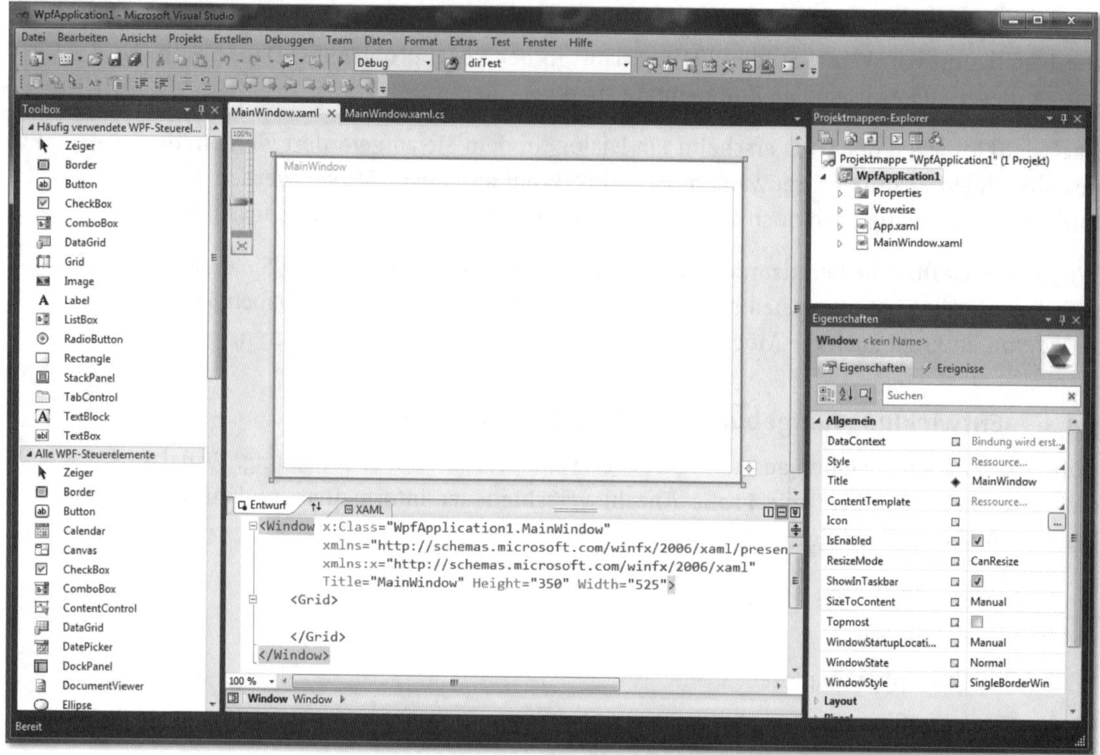

Abbildung 1.3 Die Entwicklungsumgebung

Insgesamt gesehen ist die Handhabung des Codeeditors nicht nur sehr einfach, sondern sie unterstützt den Programmierer durch standardmäßig bereitgestellte Features. Zu diesen zählen unter anderem:

- automatischer Codeeinzug (Tabulatoreinzug). Die Breite des Einzugs lässt sich auch manuell anders festlegen.
- automatische Generierung von Code, beispielsweise zur Kennzeichnung des Abschlusses eines Anweisungsblocks
- Ein- und Ausblendung der Anweisungsblöcke (Namespaces, Klassen, Prozeduren)
- IntelliSense-Unterstützung
- Darstellung jeder geöffneten Quellcodedatei auf einer eigenen Registerkarte
- eigene Vorder- und Hintergrundfarbe der verschiedenen Elemente

Darüber hinaus lassen sich viele Einstellungen auch noch benutzerdefiniert ändern und den eigenen Wünschen anpassen. Dazu öffnen Sie das Menü EXTRAS und wählen hier OPTIONEN... (siehe Abbildung 1.4).

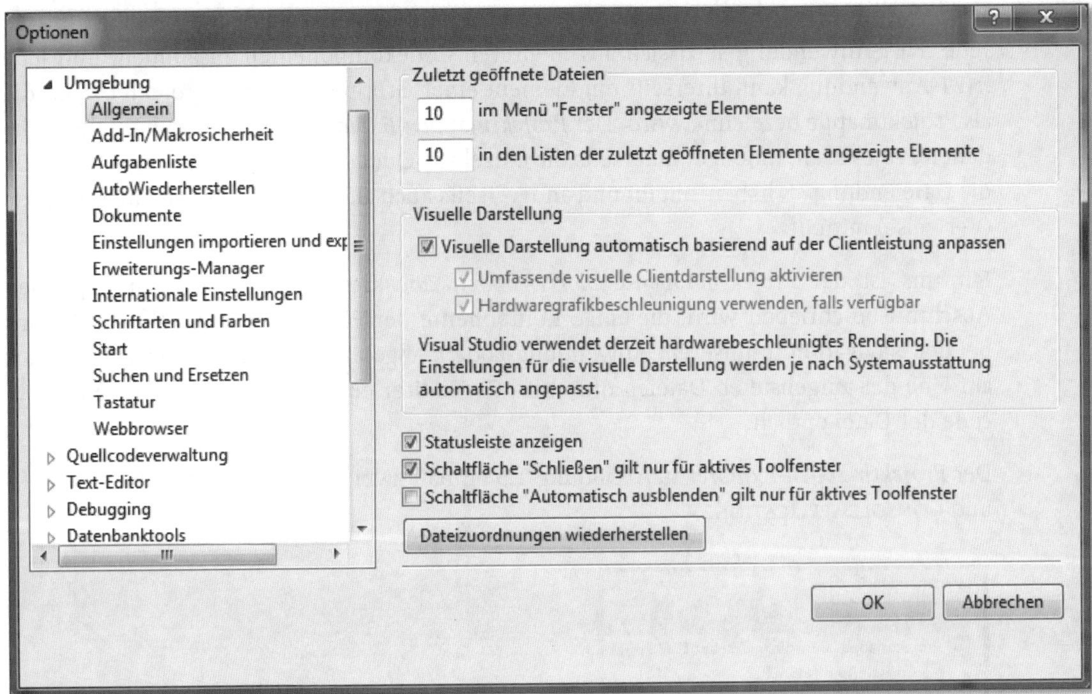

Abbildung 1.4 Der Dialog »Optionen«

Eine Anwendung kann sich aus mehreren Quellcodedateien zusammensetzen. Für jede geöffnete Quellcodedatei wird im Codeeditor eine eigene Registerkarte bereitgestellt. Wird die Anzahl der angezeigten Registerkarten zu groß, lässt sich jede einzelne über das spezifische Kreuz rechts oben auf der Karte wieder schließen.

Quellcode kann sehr lang und damit insgesamt auch unübersichtlich werden. Mithilfe der Zeichen »+« und »-« kann man Codeblöcke aufklappen und wieder schließen. Ist ein Block geschlossen, wird nur die erste Zeile angezeigt, die mit drei Punkten endet. Insgesamt trägt diese Möglichkeit maßgeblich zu einer erhöhten Übersichtlichkeit des Programmcodes bei.

Per Vorgabe zeigt Visual Studio 2010 nur einen Codeeditor im Zentralbereich an. Nicht selten werden Sie aber das Bedürfnis haben, gleichzeitig den Code von zwei Quellcodedateien einsehen zu können, und werden nicht mehr zwischen den Registerkarten hin- und herschalten wollen. Um das zu erreichen, müssen Sie im Editorbereich mit der rechten Maustaste auf eine beliebige Registerkarte klicken und damit das Kontextmenü öffnen. Sie erhalten dann die Auswahl zwischen NEUE HORIZONTALE REGISTERKARTENGRUPPE und NEUE VERTIKALE REGISTERKARTENGRUPPE.

Der Projektmappen-Explorer

Jede .NET-Anwendung setzt sich aus mehreren Codekomponenten zusammen, und jede .NET-Anwendung kann ihrerseits ein Element einer Gruppe von Einzelprojekten sein, die als Projektmappe bezeichnet wird. Der *Projektmappen-Explorer* zeigt die Struktur aller geladenen Projekte an, indem er einerseits die einzelnen Quellcodedateien, die unter Visual C# die Dateiendung *.cs* haben, angibt und andererseits auch alle Abhängigkeiten eines Projekts (Verweise) mitteilt.

Für uns ist der *Projektmappen-Explorer* neben der Klassenansicht, die im folgenden Abschnitt beschrieben wird, diejenige Komponente der Entwicklungsumgebung, die uns bei der Navigation in unserem Anwendungscode maßgeblich unterstützt: ein Doppelklick auf eine der aufgelisteten Dateien öffnet im Codeeditor eine Registerkarte, die den Quellcode der Datei enthält.

Der *Projektmappen-Explorer* in Abbildung 1.5 enthält zwei Projekte: CONSOLEAPPLICATION1 und CONSOLEAPPLICATION2.

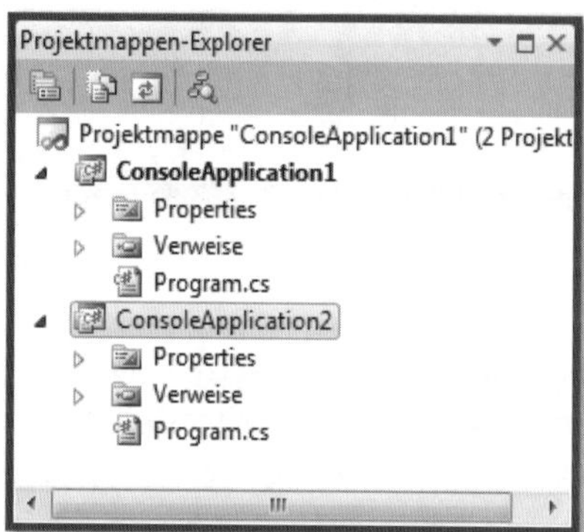

Abbildung 1.5 Der Projektmappen-Explorer

Das Eigenschaftsfenster

Ein Fenster, das sich von Anfang an in der Entwicklungsumgebung einnistet, ist das Fenster EIGENSCHAFTEN. Seine ganze Stärke bei der Anwendungsentwicklung spielt dieses Fenster hauptsächlich dann aus, wenn grafische Oberflächen wie die einer Windows-Anwendung eine Rolle spielen. Man kann hier auf sehr einfache und übersichtliche Art und Weise die Eigenschaften von Schaltflächen, Forms etc. einstellen.

Abbildung 1.6 zeigt den EIGENSCHAFTEN-Dialog, wenn im Projektmappen-Explorer ein WPF-Window markiert ist. Sie könnten nun beispielsweise die Eigenschaft BACKGROUND ändern, um eine vom Standard abweichende Hintergrundfarbe des Fensters festzulegen. Ändern lassen sich natürlich nur die aktivierten Eigenschaften, die in schwarzer Schriftfarbe erscheinen. Eigenschaften in grauer Schriftfarbe sind schreibgeschützt.

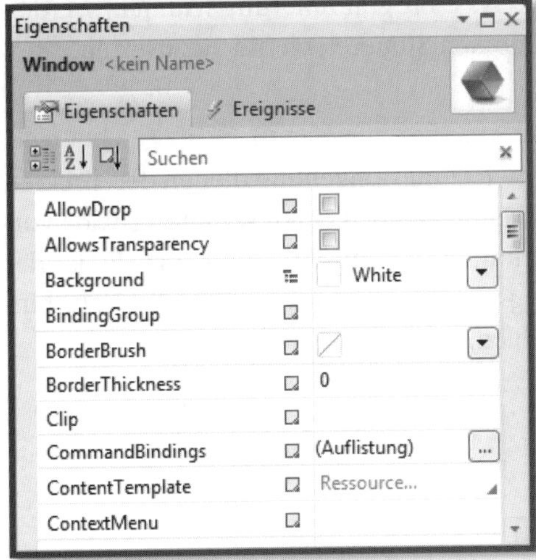

Abbildung 1.6 Das Eigenschaftsfenster

Die Werkzeugsammlung (Toolbox)

Die Toolbox dient einzig und allein zur Entwicklung grafischer Oberflächen. Sie enthält die Steuerelemente, die mit Visual Studio 2010 ausgeliefert werden, und ist registerkartenähnlich in mehrere Bereiche aufgeteilt. Welche Bereiche angeboten werden, hängt vom Projekttyp ab und variiert daher auch. Abbildung 1.7 zeigt die Werkzeugsammlung eines WPF-Anwendungsprojekts. Wenn Sie beispielsweise beabsichtigen, das Layout einer Webform zu gestalten, werden in einer Registerkarte nur die Steuerelemente angeboten, die in einer HTML-Seite platziert werden können.

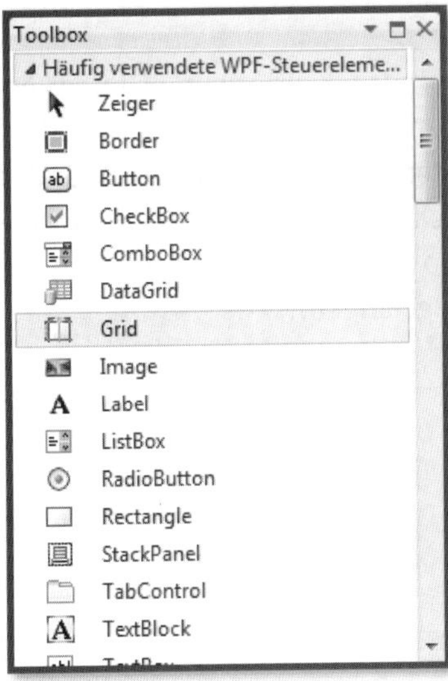

Abbildung 1.7 Die Toolbox

Im zweiten Teil dieses Buches, in dem wir uns der WPF-Programmierung widmen, werden Sie lernen, die meisten der in der Toolbox angebotenen Steuerelemente einzusetzen.

Der Server-Explorer

Die meisten der bisher erwähnten Dialoge der Entwicklungsumgebung dienen der direkten Entwicklungsarbeit. Ich möchte Ihnen aber an dieser Stelle noch einen weiteren Dialog vorstellen, der Sie bei der Anwendungserstellung zumindest indirekt unterstützt: Es ist der SERVER-EXPLORER. Sie können ihn zur Entwicklungsumgebung von Visual Studio 2010 hinzufügen, indem Sie ihn im Menü ANSICHT auswählen.

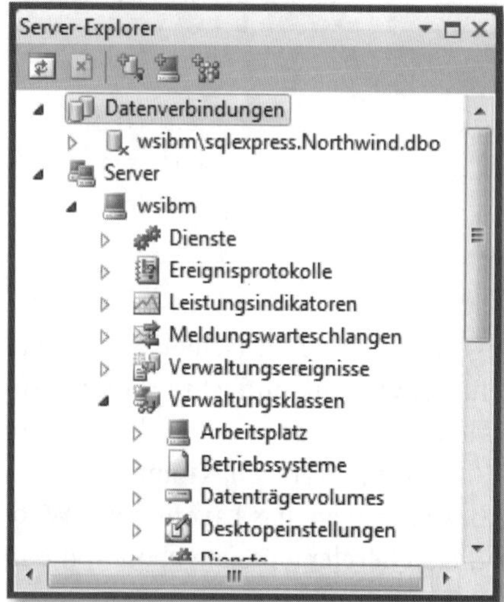

Abbildung 1.8 Der Server-Explorer

Die Leistungsfähigkeit des Server-Explorers ist wirklich beeindruckend, denn er integriert den Zugriff auf Dienste und Datenbanken in die Entwicklungsumgebung – und das nicht nur bezogen auf die lokale Maschine, sondern auch auf Systemressourcen, auf die über das Netzwerk zugegriffen werden kann (entsprechende Berechtigungen natürlich vorausgesetzt). Ihnen bleibt es damit erspart, aus dem Visual Studio heraus immer wieder andere Programme aufzurufen, um an benötigte Informationen zu gelangen.

2 Grundlagen der Sprache C#

Nach der Einführung im ersten Kapitel wenden wir uns nun der Programmierung zu, die sich – losgelöst von allen Einflüssen, die die *Common Language Runtime* (CLR) ausübt – grundsätzlich in zwei Kategorien einteilen lässt:

- fundamentale Sprachsyntax
- Objektorientierung

Ein tiefgehendes Verständnis beider Ansätze ist Voraussetzung, um eine auf .NET basierende Anwendung entwickeln zu können. Wenn Sie keine Programmierkenntnisse haben, auf die aufgebaut werden kann, ist das gleichzeitige Erlernen beider Teilbereiche schwierig und hindernisreich – ganz abgesehen von den Problemen, die der Umgang mit der komplexen Entwicklungsumgebung aufwirft. Wir werden uns daher in diesem Kapitel zunächst der Syntax von C# zuwenden, ohne die Objektorientierung zu berücksichtigen – zumindest weitestgehend, denn ohne den einen oder anderen flüchtigen Blick in die .NET-Klassenbibliothek werden wir nicht auskommen.

2.1 Konsolenanwendungen

2.1.1 Allgemeine Anmerkungen

Um den Einstieg möglichst einfach zu halten, insbesondere für diejenigen Leser, die sich zum ersten Mal mit der Programmierung beschäftigen, drehen wir das Rad der EDV-Geschichte zurück und werden unsere Programmbeispiele zunächst nur als Konsolenanwendungen entwickeln. Konsolenanwendungen werden im DOS-Fenster ausgeführt, das häufig auch als Eingabeaufforderung bezeichnet wird. Sie sind einerseits überschaubarer als Anwendungen mit visualisierter Benutzeroberfläche, andererseits kann man sich mit der Entwicklungsumgebung schrittweise vertraut machen, ohne durch die vielen Dialogfenster und den automatisch generierten Code sofort den Überblick zu verlieren.

Das Ziel dieses Kapitels ist es, Ihnen die fundamentale Sprachsyntax von C# näherzubringen. Erst danach soll der objektorientierte Ansatz in den Kapiteln 3 bis 5 eingehend erläutert werden.

2.1.2 Ein erstes Konsolenprogramm

Nach dem erstmaligen Öffnen eines Projekts vom Typ KONSOLENANWENDUNG wird im Codeeditor eine Codestruktur angezeigt, die der gewählten Vorlage entspricht. Sie sieht wie folgt aus:

```
using System;
using System.Collections.Generic;
using System.Linq;
using System.Text;

namespace ConsoleApplication1
{
  class Program
  {
    static void Main(string[] args)
    {
    }
  }
}
```

Dieser Coderumpf besitzt noch keinerlei Funktionalität, die wir zur Laufzeit des Programms beobachten könnten. Er gibt uns nur den minimalen Rahmen vor, in den wir unseren Code hineinschreiben müssen.

Eine Konsolenanwendung öffnet ein Kommandofenster und schreibt Informationen in dieses. Das wollen wir nun in unserer ersten kleinen Anwendung realisieren und uns die Zeichenfolge »C# macht Spaß.« ausgeben lassen. Dazu ergänzen Sie den Programmcode folgendermaßen:

```
...
static void Main(string[] args)
{
  Console.WriteLine("C# macht Spaß.");
  Console.ReadLine();
}
...
```

Wir haben zwei Zeilen Programmcode eingefügt. Die erste dient dazu, eine Ausgabe in die Konsole zu schreiben. Mit der genauen Syntax dieser Anweisung werden wir uns später noch auseinandersetzen. Würden wir auf die zweite Anweisung verzichten, träte ein hässliches Phänomen auf: Das Konsolenfenster würde sich zwar öffnen, aber auch sofort wieder schließen. Wir könnten kaum die Ausgabe der Zeichenfolge lesen. Mit

```
Console.ReadLine();
```

stellen wir sicher, dass die Konsole so lange geöffnet bleibt, bis der Anwender sie mit der [↵]-Taste schließt. Nahezu gleichwertig können Sie auch

```
Console.ReadKey();
```

schreiben. Der Unterschied ist der, dass ReadKey auf jede Taste reagiert.

Nun wollen wir uns vom Erfolg unserer Aktion natürlich auch überzeugen und das Laufzeitverhalten testen. Dazu gibt es mehrere Möglichkeiten:

- Sie klicken in der Symbolleiste auf die Schaltfläche STARTEN.
- Sie wählen im Menü DEBUGGEN das Element DEBUGGEN STARTEN.
- Sie drücken die [F5]-Taste auf der Tastatur.

Hinweis

Sie können das Projekt aus der Entwicklungsumgebung auch starten, wenn Sie im Menü DEBUGGEN das Untermenü STARTEN OHNE DEBUGGEN wählen. Das hat den Vorteil, dass Sie auf die Anweisung

```
Console.ReadLine();
```

verzichten können. Dafür wird an der Konsole automatisch die Aufforderung Drücken Sie eine beliebige Taste ... angezeigt.

Wenn jetzt die Ausführung gestartet wird, sollte das Konsolenfenster geöffnet werden und wunschgemäß die Zeichenfolge

```
C# macht Spaß.
```

anzeigen. Geschlossen wird die Konsole durch Drücken der [↵]-Taste. Daraufhin wird die Laufzeit beendet, und wir gelangen wieder in die Entwicklungsumgebung zurück.

Nehmen wir an, Sie hätten einen kleinen Fehler gemacht und vergessen, hinter der Anweisung

```
Console.ReadLine()
```

ein Semikolon anzugeben. Wie Sie gleich genauer erfahren werden, muss jede C#-Anweisung mit einem Semikolon abgeschlossen werden. Nun würde ein syntaktischer Fehler vorliegen, den unser C#-Compiler natürlich nicht akzeptieren kann. Sie bekommen eine Meldung zu dem aufgetretenen Fehler in einem separaten Fenster angezeigt, in der sogenannten Fehlerliste (siehe Abbildung 2.1).

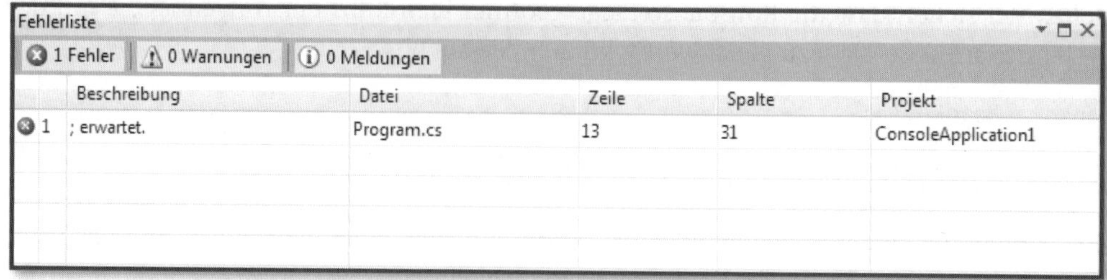

Abbildung 2.1 Die Liste mit den Fehlermeldungen

In unserem Beispiel ist nur ein Fehler aufgetreten. Wären es mehrere, würden diese der Reihe nach untereinander erscheinen. Die Beschreibung des Fehlers ist in den meisten Fällen recht informativ – zumindest dann, wenn man etwas Erfahrung im Umgang mit .NET hat. Da sich .NET-Anwendungen in der Regel aus mehreren Dateien zusammensetzen, wird zudem die betroffene Datei genannt und die Zeile, in der der Fehler aufgetreten ist. Sollten Sie im Codefenster keine Zeilennummern sehen, können Sie die Anzeige über das Menü Extras • Optionen einstellen. Markieren Sie dazu, wie in Abbildung 2.2 gezeigt, in der Liste den Eintrag Text-Editor • Alle Sprachen, und setzen Sie das Häkchen vor Zeilennummern.

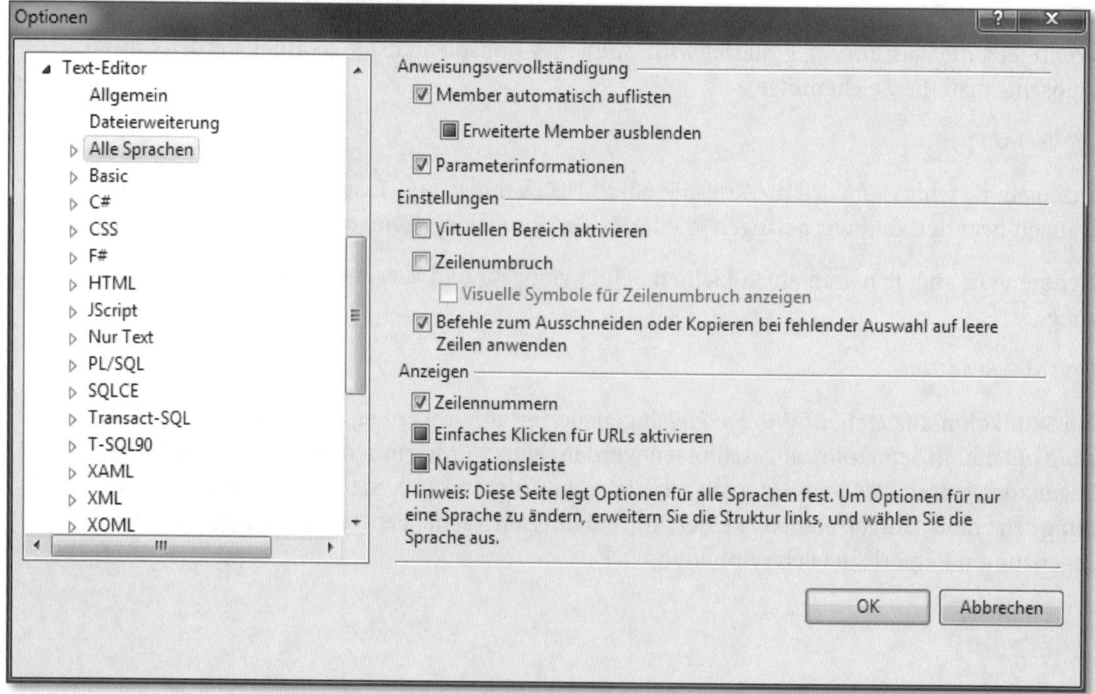

Abbildung 2.2 So setzen Sie die Option zum Anzeigen der Zeilennummern im Codeeditor.

Wenn Sie auf einen Listeneintrag im Fenster FEHLERLISTE doppelklicken, springt der Eingabecursor in die Codezeile, die den Fehler verursacht hat. An dieser Stelle sei schon angemerkt, dass mehrere Fehlereinträge nicht zwangsläufig verschiedene Fehlerursachen haben müssen. Häufig kommt es vor, dass ein einzelner Fehler zu Folgefehlern bei der Kompilierung führt, die ihrerseits alle in der Liste erscheinen.

2.2 Grundlagen der C#-Syntax

2.2.1 Kennzeichnen, dass eine Anweisung abgeschlossen ist

C#-Programme setzen sich, wie auch in anderen Sprachen entwickelte Programme, aus vielen Anweisungen zusammen, die der Reihe nach ausgeführt werden. Anweisungen legen fest, was das Programm zu tun hat und auf welche Art und Weise es das tut. Sie haben im vorherigen Abschnitt bereits Ihr erstes Programm geschrieben, das aus zwei Anweisungen bestand:

```
Console.WriteLine("C# macht Spaß.");
Console.ReadLine();
```

Jede Anweisung verlangt nach einer Kennzeichnung, die das Ende der Anweisung bekannt gibt. Dazu wird in C# das Semikolon eingesetzt. Wenn Sie das Semikolon vergessen, erhalten Sie einen Kompilierfehler. Im vorhergehenden Abschnitt hatten wir das sogar provoziert.

Auch wenn es sinnlos ist, so dürfen Sie durchaus mehrere Semikolons hintereinanderschreiben, ohne dass explizit eine Anweisung dazwischen stehen muss:

```
;;;;
```

Weil durch ein Semikolon eine Anweisung eindeutig abgeschlossen wird, dürfen auch mehrere Anweisungen in eine Zeile geschrieben werden. Im Umkehrschluss kann eine Anweisung auch problemlos auf mehrere Zeilen verteilt werden, ohne dass sich der Compiler daran stört.

Bei der Gestaltung des Programmcodes lässt C# Ihnen sehr viele Freiheiten. Leerzeichen, Tabulatoren und Zeilenumbrüche können nach Belieben eingestreut werden, ohne dass sich das auf die Kompilierung des Quellcodes oder die Ausführung des Programms auswirkt. Daher dürfte der Code unseres Beispiels auch wie folgt aussehen:

```
Console.
   WriteLine("C# macht Spaß.")     ;
  Console.
      ReadLine    (
)
      ;
```

Dass eine Streuung wie die gezeigte die gute Lesbarkeit des Codes enorm beeinträchtigt, steht außer Frage. Aber C# führt diesen Code dennoch genauso aus wie zuvor. Andererseits kann man insbesondere mit den Tabulatoren über Einrückungen zu einer guten Lesbarkeit des Programmcodes beitragen. Vergleichen Sie dazu wieder das Beispiel von oben. Anweisungen, die innerhalb eines Anweisungsblocks in geschweiften Klammern stehen, werden üblicherweise rechts eingerückt. Wenn Sie sich an den Beispielen in diesem Buch orientieren, werden Sie sehr schnell ein Gefühl dafür bekommen, wie Sie mit Einrückungen nicht nur optisch ansprechenden, sondern auch leichter lesbaren Code schreiben. Feste Regeln gibt es dazu allerdings nicht, es sind stillschweigende Konventionen.

2.2.2 Anweisungs- und Gliederungsblöcke

C#-Programmcode ist blockorientiert, d.h., dass C#-Anweisungen grundsätzlich immer innerhalb eines Paars geschweifter Klammern geschrieben werden. Jeder Block kann eine beliebige Anzahl von Anweisungen enthalten – oder auch keine. Somit hat ein Anweisungsblock allgemein die folgende Form:

```
{
   Anweisung 1;
   Anweisung 2;
   ...
}
```

Anweisungsblöcke lassen sich beliebig ineinander verschachteln. Dabei beschreibt jeder Anweisungsblock eine ihm eigene Ebene, zum Beispiel:

```
{
   Anweisung 1;
   {
      Anweisung 2;
      Anweisung 3;
   }
   Anweisung 4;
}
```

Beachten Sie, wie Einzüge hier dazu benutzt werden, optisch die Zugehörigkeit einer oder mehrerer Anweisungen zu einem bestimmten Block aufzuzeigen. Die Anweisungen 2 und 3 sind zu einem Block zusammengefasst, der sich innerhalb eines äußeren Blocks befindet. Zum äußeren Anweisungsblock gehören Anweisung 1 und Anweisung 4 sowie natürlich auch der komplette innere Anweisungsblock.

Außer zur Blockbildung von Anweisungen werden die geschweiften Klammern dazu benutzt, Definitionsbereiche zu bilden. Beispielsweise lassen sich mehrere Klassendefinitionen einem bestimmten Namespace zuordnen. Um dieses Thema zu erörtern, ist es allerdings noch zu früh.

2.2.3 Kommentare

Sie sollten nicht mit Kommentaren geizen. Kommentare helfen, den Programmcode der Anwendung besser zu verstehen. Sie tun nicht nur den Entwicklern damit einen Gefallen, die sich mit Ihrem Code auseinandersetzen müssen, sondern auch sich selbst. Wenn Sie bereits Programmiererfahrung haben, werden Sie wissen, wie schwierig es ist, nach dem dreiwöchigen Mallorca-Urlaub wieder den eigenen Code zu verstehen. Was beschreibt diese Variable, welche Funktionalität steckt hinter jener Methode? Ersparen Sie sich und anderen die unnötige und zeitraubende Suche nach den Antworten.

C# bietet zwei Möglichkeiten, um Kommentare, die vom Compiler während des Kompiliervorgangs ignoriert werden, in den Quellcode einzustreuen. Die am häufigsten benutzte Variante ist die Einleitung eines Kommentars mit zwei Schrägstrichen //:

```
// dies ist ein Kommentar
```

Ein //-Kommentar gilt für den Rest der gesamten Codezeile, kann jedes beliebige Zeichen enthalten und darf auch nach einer abgeschlossenen Anweisung stehen.

```
Console.WriteLine("..."); //Konsolenausgabe
```

Sollen viele zusammenhängende Zeilen zu einem längeren Kommentar zusammengefasst werden, bietet sich die zweite Alternative an, bei der ein Kommentar mit /* eingeleitet und mit */ abgeschlossen wird. Alle Zeichen, die sich dazwischen befinden, sind Bestandteil des Kommentars.

```
/* Console.WriteLine("...");
Console.ReadLine();*/
```

Tatsächlich kann man sogar mitten in einer Anweisung diesen Kommentar schreiben, ohne dass der C#-Compiler das als Fehler ansieht:

```
Console.WriteLine /* Kommentar */("...");
```

Hinweis

Eine weitere Variante eines Kommentars in C# ist durch drei aufeinanderfolgende Schrägstriche /// gekennzeichnet. Codezeilen, die so auskommentiert sind, werden zwar ebenfalls vom C#-Compiler ignoriert, ihnen kommt aber eine weiterreichende Bedeutung zu: Sie dienen zum Erstellen einer XML-basierten Dokumentation.

Die Entwicklungsumgebung des Visual Studio 2010 bietet eine recht interessante und einfache Alternative, um insbesondere größere Blöcke auf einmal auszukommentieren. Sie müssen dazu nur sicherstellen, dass in der Entwicklungsumgebung die Symbolleiste TEXT-EDITOR angezeigt wird. Dazu brauchen Sie nur mit der rechten Maustaste das Kontextmenü einer der aktuellen Symbolleisten zu öffnen. Im Kontextmenü finden Sie alle Symbolleisten der Entwicklungsumgebung aufgelistet. Da die Anzahl als nicht gering bezeichnet werden kann, lassen sich die einzelnen Symbolleisten nach Bedarf ein- oder ausblenden.

Die Symbolleiste TEXT-EDITOR enthält zwei Schaltflächen, um markierte Codeblöcke auszukommentieren oder eine Kommentierung wieder aufzuheben (siehe Abbildung 2.3).

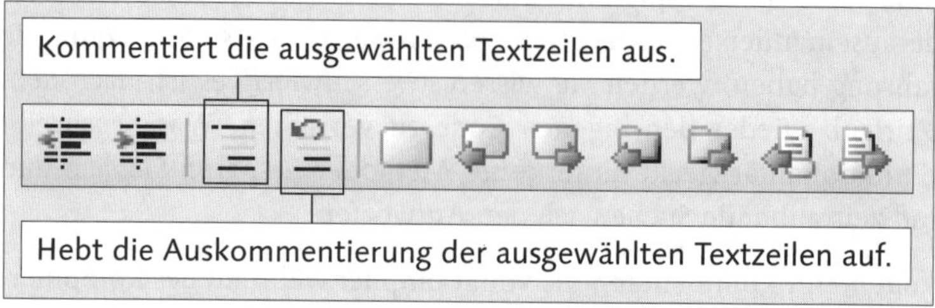

Abbildung 2.3 Kommentare mithilfe der Symbolleiste

Anmerkung

In diesem Buch werden alle Kommentare grau hinterlegt, um auf einen Blick deutlich zwischen Code und Kommentar unterscheiden zu können. Außerdem bezieht sich jeder Kommentar auf die folgende Codezeile.

In der Entwicklungsumgebung erscheinen Kommentare in einer anderen Schriftfarbe als der Programmcode selbst. Sie können die Farbgebung ganz individuell festlegen, wenn Sie den Dialog OPTIONEN öffnen und im Knoten UMGEBUNG den Punkt SCHRIFTARTEN UND FARBEN auswählen. Rechts neben dem Listenfeld bieten sich anschließend mehrere Optionen, um die Darstellung des Programmcodes im Codefenster zu beeinflussen.

2.2.4 Groß- und Kleinschreibung

C# gehört zu der Gruppe von Programmiersprachen, die zwischen Groß- und Kleinschreibung unterscheiden. Falls Sie die Anweisung zur Konsolenausgabe mit

```
Console.Writeline("...");
```

codieren, werden Sie bei der Kompilierung mit einer Fehlermeldung konfrontiert. Korrekt müsste es lauten:

```
Console.WriteLine("...");
```

Es ist Ansichtssache, ob man diese kleinkarierte Interpretation von C# für positiv oder negativ hält, denn beispielsweise macht VB.NET hier keinen Unterschied. Positiv ist jedenfalls zu bemerken, dass zwei gleichlautende Bezeichner, die sich nur durch Groß- und Kleinschreibung unterscheiden, in C# auch für zwei unterschiedliche Programmelemente stehen. Manchmal erleichtert C# die Festlegung eines Bezeichners für eine Variable und kann außerdem zur eindeutigen Zuordnung zweier miteinander in einer logischen Beziehung stehenden Variablen dienen.

2.2.5 Struktur einer Konsolenanwendung

Sehen wir uns noch einmal den Code an, den uns die Entwicklungsumgebung nach dem Öffnen eines neuen Projekts vom Typ Konsolenanwendung anbietet:

```
using System;
using System.Collections.Generic;
using System.Text;

namespace ConsoleApplication1
{
  class Program
  {
    static void Main(string[] args)
    {
    }
  }
}
```

Wir erkennen nun eindeutig mehrere ineinandergeschachtelte Blockstrukturen. Der äußere Block definiert einen Namespace mit dem Namen `ConsoleApplication1`. Namespaces dienen dazu, die Typen der .NET-Klassenbibliothek funktionell orientiert zu organisieren und innerhalb eines Namespace die namentliche Eindeutigkeit zu gewährleisten.

Anmerkung

Der Bezeichner eines Namespace, in unserem Beispiel `ConsoleApplication1`, wird beim Start eines neuen Projekts automatisch vergeben und entspricht dem Projektnamen. Sie können diese Vorgabe ändern, solange der frei gewählte Name seinerseits innerhalb seines Definitionsbereichs eindeutig ist.

Im Namespace eingebettet ist eine Klassendefinition, die einen eigenen Anweisungsblock beschreibt:

```
namespace ConsoleApplication1
{
  class Program
  {
  }
}
```

C# ist eine 100%ig objektorientierte Sprache. Das bedeutet, dass grundsätzlich immer eine Klassendefinition vorliegen muss, um mit einem Objekt arbeiten zu können. Eine Klasse beschreibt einen Typ, und in unserem Fall heißt dieser Typ `Program`. Der Bezeichner `Program` ist nur als Vorschlag der Entwicklungsumgebung anzusehen und darf im Rahmen der Eindeutigkeit innerhalb des aktuellen Namespace (hier also `ConsoleApplication1`) nahezu frei vergeben werden. Über die Einschränkungen werden wir uns später noch Gedanken machen müssen.

Wie Sie sehen, kommen wir schon an dieser Stelle zum ersten Mal mit Klassen in Kontakt, die uns bei allen auf dem .NET Framework basierenden Anwendungen begleiten. Was eine Klasse selbst darstellt und wie man sie einsetzt, wird einen wesentlichen Teil dieses Buches ausmachen. Wir wollen es hier aber zunächst bei dieser kurzen Erwähnung belassen, denn in diesem Kapitel werden Sie die grundlegende Syntax von C# lernen, ohne die Gesichtspunkte des objektorientierten Paradigmas berücksichtigen zu müssen.

Interessanter ist für uns momentan die dritte Blockebene, die innerhalb der Klasse `Program` vordefiniert ist, nämlich die durch `Main` beschriebene:

```
static void Main(string[] args)
{
}
```

Bei `Main` handelt es sich um eine Prozedur, die für uns von herausragender Bedeutung ist: Wenn wir die Laufzeitumgebung einer Anwendung starten, werden zuerst `Main` und die darin enthaltenen Anweisungen ausgeführt. Sie dürfen den Namen dieser Prozedur nicht ändern und müssen natürlich auch die Großschreibweise berücksichtigen, denn beim Start der Laufzeitumgebung wird immer nach `Main` gesucht und nicht nach `main` oder nach `start`.

Weiter oben wurde gesagt, dass Anweisungen immer innerhalb eines Blocks aus geschweiften Klammern codiert werden. Wir können diese Aussage nun präzisieren: Anweisungen werden grundsätzlich immer innerhalb des Anweisungsblocks einer Prozedur implementiert. Wir haben das schon bei unserem ersten Beispiel gesehen:

```
static void Main(string[] args)
{
   Console.WriteLine("C# macht Spaß.");
   Console.ReadLine();
}
```

An dieser Stelle wollen wir uns schon mit einem weiteren Begriff anfreunden, der Ihnen in diesem Kapitel immer wieder begegnen wird, dessen Bedeutung allerdings erst in Kapitel 3 exakt beschrieben wird: Es handelt sich hierbei um den Begriff der *Methode*. In Programmiersprachen, die nicht auf Klassen und Objekten basieren, wird eine Prozedur als eine zusammengehörige Anweisungsfolge definiert, die zur Laufzeit der Reihe nach abgearbeitet wird – nicht anders verhält sich `Main`. Tatsächlich ist die Verwandtschaft zwischen einer Prozedur und einer Methode auch nicht von der Hand zu weisen. Weil `Main` jedoch innerhalb einer Klasse definiert ist, in unserem Fall in `Program`, dürfen wir statt von der `Main`-Prozedur auch von der `Main`-Methode sprechen.

Sehen wir uns nun noch kurz die Definition der `Main`-Methode an. Die beiden dem Bezeichner vorausgehenden Schlüsselwörter `static` und `void` sind zwingend notwendig. Sollten Sie bereits mit C++ oder Java Anwendungen entwickelt haben, werden Sie die Bedeutung dieser beiden Modifizierer kennen: Mit `static` werden Methoden bezeichnet, die beim Aufruf kein konkretes Objekt voraussetzen, und `void` beschreibt eine Methode ohne Rückgabewert. Im Moment soll diese Information genügen, denn eine genauere Kenntnis hätte derzeit keine Auswirkungen auf die ersten Schritte in die Welt der C#-Programme.

Sie starten ein Konsolenprogramm, indem Sie den Namen der Anwendungsdatei mit der Dateierweiterung .EXE an der Konsole eingeben (die anderen sich bietenden Möglichkeiten über den Explorer bzw. über START • AUSFÜHREN seien hier nur am Rande erwähnt). Manchmal ist es notwendig, dem Programm beim Start Anfangswerte mitzuteilen, die vom laufenden Programm zur Ausführung und Weiterverarbeitung benötigt werden. Angenommen, Sie wollen einer Konsolenanwendung mit dem Dateinamen *MyApplication.exe* die drei Zahlen 10, 14 und 17 übergeben, dann sähe der Aufruf an der Eingabeaufforderung wie folgt aus:

```
MyApplication.exe 10 14 17
```

Diese drei Zahlen werden von der Parameterliste, die hinter dem Bezeichner `Main` in runden Klammern angegeben ist, in Empfang genommen:

```
Main(string[] args) ...
```

Wie die übergebenen Daten mittels Programmcode verarbeitet werden, erkläre ich später. Die Angabe der Parameterliste ist optional. Benötigt ein Programm bei seinem Aufruf keine Daten, kann die Parameterliste leer bleiben. Die Angabe der runden Klammern ist aber unbedingt erforderlich:

```
static void Main() ...
```

2.3 Variablen und Datentypen

Dateninformationen bilden die Grundlage der Datenverarbeitung und hauchen einem Programm Leben ein: Daten können anwendungsspezifisch sein, den Zustand von Objekten beschreiben, Informationen aus Datenbanken repräsentieren oder auch nur eine Netzwerkadresse. Daten bilden also gemeinhin die Basis der Gesamtfunktionalität einer Anwendung.

2.3.1 Variablendeklaration

Praktisch jedes Programm benötigt Daten, um bestimmte Aufgaben zu erfüllen. Daten werden in Variablen vorgehalten. Dabei steht eine Variable für eine Adresse im Hauptspeicher des Rechners. Ausgehend von dieser Adresse wird eine bestimmte Anzahl von Bytes reserviert – entsprechend dem Typ des Werts. Das, was eine Variable repräsentiert, kann vielfältiger Art sein: eine einfache Zahl, eine große Fließkommazahl, ein einzelnes Zeichen, eine Zeichenkette, eine Datums- oder Zeitangabe, aber auch die Referenz auf die Startadresse eines Objekts.

Der Variablenname, auch *Bezeichner* genannt, dient dazu, die Speicheradresse im Programmcode mit einem Namen anzusprechen, der sich einfach merken lässt. Er ist also vom Wesen her nichts anderes als ein Synonym oder Platzhalter eines bestimmten Speicherorts.

Variablen müssen deklariert werden. Unter einer *Variablendeklaration* wird die Bekanntgabe des Namens der Variablen sowie des von ihr repräsentierten Datentyps verstanden. Die Deklaration muss vor der ersten Wertzuweisung an die Variable erfolgen. Dabei wird zuerst der Datentyp angegeben, dahinter der Variablenname. Abgeschlossen wird die Deklaration mit einem Semikolon. Damit lautet die allgemeine Syntax:

```
Datentyp Bezeichner;
```

Beispielsweise könnte eine zulässige Deklaration wie folgt aussehen:

```
int value;
```

Damit wird dem Compiler mitgeteilt, dass der Bezeichner `value` für einen Wert steht, der vom Typ einer Ganzzahl, genauer gesagt vom Typ `int` (Integer) ist. Mit

```
value = 1000;
```

wird dieser Variablen ein gültiger Wert zugewiesen. Man spricht dann auch von der *Initialisierung* der Variablen.

Wenn Sie versuchen, auf eine nicht deklarierte Variable zuzugreifen, wird der C#-Compiler einen Fehler melden. Ebenso falsch ist es, den Inhalt einer nicht initialisierten Variablen auswerten zu wollen.

Hinweis

Variablen, die innerhalb einer Prozedur (Methode) wie beispielsweise `Main` deklariert sind, gelten noch nicht als initialisiert. Sie enthalten keinen gültigen Wert, auch nicht 0. Daher kann ihr Inhalt auch nicht ausgewertet werden.

Deklaration und Initialisierung können auch in einer einzigen Anweisung erfolgen:

```
int value = 0;
```

Auf diese Weise vermeiden Sie eine nicht initialisierte Variable.

Müssen Sie mehrere Variablen gleichen Typs deklarieren, können Sie die Bezeichner, getrennt durch ein Komma, hintereinander angeben:

```
int a, b, c;
```

Sie können dann auch eine oder mehrere Variablen sofort initialisieren:

```
int a, b = 9, c = 12;
```

2.3.2 Variablenbezeichner

Ein Variablenname kann nahezu beliebig festgelegt werden, unterliegt aber besonderen Reglementierungen:

- Ein Bezeichner darf sich nur aus alphanumerischen Zeichen und dem Unterstrich zusammensetzen. Leerzeichen und andere Sonderzeichen wie beispielsweise #, §, $ usw. sind nicht zugelassen.
- Ein Bezeichner muss mit einem Buchstaben oder dem Unterstrich anfangen.
- Ein einzelner Unterstrich als Variablenname ist nicht zulässig.
- Der Bezeichner muss eindeutig sein. Er darf nicht gleichlautend mit einem Schlüsselwort, einer Prozedur, einer Klasse oder einem Objektnamen sein.

Zur Verdeutlichung dieser Regeln folgen hier einige Beispiele für korrekte und falsche Variablenbezeichner:

```
// korrekte Variablendeklarationen
long lngMyVar;
byte bResult_12;
int intCarColor;
// fehlerhafte Variablendeklarationen
int 34M;
string strMessage Text;
long longSalary%Tom;
```

Noch ein Hinweis zur Namensvergabe: Wählen Sie grundsätzlich beschreibende Namen, damit Ihr Code später besser lesbar wird. Einfache Bezeichner wie `x` oder `y` usw. sind wenig aussagekräftig. Besser wäre eine Wahl wie `farbe`, `gehalt`, `vorname` usw. Nur den Zählervariablen von Schleifen werden meistens Kurznamen gegeben.

Hinweis

Die hier exemplarisch angegebenen Variablenbezeichner fangen alle mit einem Kleinbuchstaben an. Folgen Sie der allgemeinen .NET-Namenskonvention, sollten Sie bei der Wahl der Groß- und Kleinschreibung des ersten Buchstabens die *Lokalität* der Variablen im Code berücksichtigen. Variablen innerhalb eines Anweisungsblocks (lokale Variablen) mit einem Kleinbuchstaben zu beginnen, entspricht der Konvention. Alle anderen Fälle jetzt aufzuführen, würde momentan den Rahmen sprengen. Deshalb wird auf eine weitergehende Erläuterung an dieser Stelle verzichtet.

2.3.3 Zugriff auf eine Variable

Wir wollen uns jetzt noch ansehen, wie wir uns den Inhalt einer Variablen an der Konsole ausgeben lassen können. Wir deklarieren dazu eine Variable vom Typ `long` und weisen ihr einen Wert zu, den wir danach an der Konsole ausgeben lassen.

```
static void Main(string[] args)
{
  long value = 4711;
  Console.WriteLine("value = {0}", value);
  Console.ReadLine();
}
```

Deklaration und Initialisierung bieten keine Neuigkeiten, im Gegensatz zu der Anweisung, die eine Ausgabe an der Konsole bewirkt:

```
Console.WriteLine("value = {0}",value);
```

Die Ausgabe im Befehlsfenster wird wie folgt lauten:

```
value = 4711
```

Sie haben bereits gesehen, dass mit `Console.WriteLine` eine einfache Konsolenausgabe codiert wird. `WriteLine` ist eine Methode, die in der Klasse `Console` definiert ist. Jetzt fehlt noch die genaue Erklärung der verwendeten Syntax.

2.3.4 Ein- und Ausgabemethoden der Klasse »Console«

Es bleibt uns nichts anderes übrig, als an dieser Stelle schon einen kleinen Ausflug in die Welt der Klassen und Objekte zu unternehmen. Obwohl wir uns erst ab Kapitel 3 intensiv mit diesen Themen auseinandersetzen werden, kommen wir in diesem Kapitel nicht daran vorbei, weil wir immer wieder mit den Methoden verschiedener Klassen arbeiten werden. Es handelt sich dabei meist um Methoden, um an der Eingabekonsole Ein- und Ausgabeoperationen durchzuführen: `Write` und `WriteLine` sowie `Read` und `ReadLine`.

Die Methoden »WriteLine«, »ReadLine«, »Write« und »Read«

Die Klasse `Console` ermöglicht es, über die beiden Methoden `Write` und `WriteLine` auf die Standardausgabeschnittstelle zuzugreifen. Der Begriff »Ausgabeschnittstelle« mag im ersten Moment ein wenig verwirren, aber tatsächlich wird darunter die Anzeige an der Konsole verstanden.

`WriteLine` und `Write` unterscheiden sich dahingehend, dass die erstgenannte Methode dem Ausgabestring automatisch einen Zeilenumbruch anhängt und den Cursor in die folgende Ausgabezeile setzt. Nach dem Aufruf der Methode `Write` verbleibt der Eingabecursor weiterhin in der aktuellen Ausgabezeile.

Ein Zeilenumbruch ist die Kombination aus Wagenrücklauf und Zeilenvorschub und entspricht den ASCII-Werten 13 und 10. Auf der Tastatur erzeugen Sie einen Zeilenumbruch durch Drücken der mit [↵] bzw. [Return] beschrifteten Eingabetaste.

Beide Methoden sind auf vielfältige Weise einsetzbar. Denn unabhängig vom zugrunde liegenden Datentyp werden beide Ausgabemethoden ohne zu murren die gewünschten Daten im Konsolenfenster anzeigen.

Wollen wir die Methode eines Objekts aufrufen, geben wir den Objektnamen an und von diesem durch einen Punkt getrennt – dies ist die sogenannte *Punktnotation* – den Namen der Methode. Hinter dem Methodennamen schließt sich ein Klammerpaar an. Allgemein lautet die Syntax also:

```
Objektname.Methodenname();
```

Sie können sich mit dieser Syntax durchaus schon vertraut machen, denn sie wird Ihnen ab sofort überall begegnen, da sie in objektorientiertem Programmcode elementar ist.

Das runde Klammerpaar hinter der `Read`- bzw. `ReadLine`-Methode bleibt immer leer, und bei den Methoden `Write` und `WriteLine` werden innerhalb der Klammern die auszugebenden Daten einschließlich ihres Ausgabeformats beschrieben. Allerdings dürfen auch bei den beiden letztgenannten Methoden die Klammern leer bleiben.

Im einfachsten Fall kann einer der beiden Ausgabemethoden eine Zeichenfolge in Anführungsstrichen übergeben werden:

```
Console.WriteLine("C# macht Spaß.");
```

Formatausdrücke in den Methoden »Write« und »WriteLine«

Damit sind die Möglichkeiten der `Write`/`WriteLine`-Methoden noch lange nicht erschöpft. Die flexiblen Formatierungsmöglichkeiten erlauben die Ausgabe von Daten an beliebigen Positionen innerhalb der Ausgabezeichenfolge. Dazu dient ein Platzhalter, der auch als *Formatausdruck* bezeichnet wird. Dieser ist an den geschweiften Klammern zu erkennen und enthält zumindest eine Zahl. Hinter der auszugebenden Zeichenfolge werden, durch ein Komma getrennt, die Informationen übergeben, was anstelle des Formatausdrucks auszugeben ist. Sehen wir uns dazu ein Beispiel an:

```
string text1 = "C#";
string text2 = "Spaß";
Console.Write("{0} macht {1}.", text1, text2);
```

Hier sind die beiden Variablen `text1` und `text2` vom Typ `string` deklariert, die mit einer in Anführungsstrichen gesetzten Zeichenfolge initialisiert werden.

Die auszugebende Zeichenfolge wird in Anführungsstriche gesetzt. Getrennt durch Kommata, werden dahinter die beiden Variablen `text1` und `text2` bekannt gegeben. Der Inhalt der zuerst genannten Variablen `text1` ersetzt den Formatausdruck `{0}` innerhalb der Ausgabezeichenfolge, die zweite Variable `text2` ersetzt den Formatausdruck `{1}`. Entscheidend ist, dass dem ersten Parameter die Zahl 0 zugeordnet wird, dem zweiten die Zahl 1 usw. Die Konsolenausgabe lautet:

```
C# macht Spaß.
```

Innerhalb des Ausgabestrings müssen die anzuzeigenden Listenelemente nicht der Reihenfolge nach durchlaufen werden. Man kann sie beliebig ansprechen oder sogar einfach ungenutzt lassen. Die Anweisung

```
Console.Write("{1} macht {0}.", text1, text2);
```

würde demnach zu der folgenden Ausgabe führen:

```
Spaß macht C#.
```

Der Formatausdruck `{}` dient nicht nur zur eindeutigen Bestimmung des Elements, er ermöglicht auch eine weitergehende Einflussnahme auf die Ausgabe. Soll der einzusetzende Wert eine bestimmte Breite einnehmen, gilt die syntaktische Variante:

```
{N, M}
```

Dabei gilt Folgendes:

- `N` ist ein nullbasierter Zähler.
- `M` gibt die Breite der Ausgabe an.

Unbesetzte Plätze werden durch eine entsprechende Anzahl von Leerzeichen aufgefüllt. Sehen wir uns dazu ein Codefragment an:

```
int value = 10;
Console.WriteLine("Ich kaufe {0,3} Eier", value);
Console.WriteLine("Ich kaufe {0,10} Eier", value);
```

Die Ausgabe lautet hier:

```
Ich kaufe  10 Eier
Ich kaufe         10 Eier
```

Die erste Ausgabe hat eine Gesamtbreite von drei Zeichen, die Zahl selbst ist allerdings nur zwei Ziffern breit. Daher wird vor der Zahl ein Leerzeichen gesetzt. Da für die Breite der zweiten Ausgabe zehn Zeichen vorgeschrieben sind, werden links von der Zahl acht Leerstellen eingefügt.

Die Breite darf auch eine negative Zahl sein. Die Ausgabe erfolgt dann allerdings linksbündig, daran schließen sich die Leerstellen an.

Sie können den Formatausdruck so spezifizieren, dass numerische Ausgabedaten eine bestimmte Formatierung annehmen. Das führt uns zu der vollständigen Syntax des Formatausdrucks:

```
// Syntax: Formatausdruck
{N [,M ][: Format]}
```

`Format` spezifiziert, wie die Daten angezeigt werden. In Tabelle 2.1 werden die möglichen Optionen aufgelistet.

Formatangabe	Beschreibung
C	Zeigt die Zahl im lokalen Währungsformat an.
D	Zeigt die Zahl als dezimalen Integer an.
E	Zeigt die Zahl im wissenschaftlichen Format an (Exponentialschreibweise).
F	Zeigt die Zahl im Festpunktformat an.
G	Eine numerische Zahl wird entweder im Festpunkt- oder im wissenschaftlichen Format angezeigt. Zur Anzeige kommt das »kompakteste« Format.
N	Zeigt eine numerische Zahl einschließlich Kommaseparatoren an.
P	Zeigt die numerische Zahl als Prozentzahl an.
X	Die Anzeige erfolgt in Hexadezimalnotation.

Tabelle 2.1 Formatangaben zur Formatausgabe

An alle Formatangaben kann eine Zahl angehängt werden, aus der die Anzahl der signifikanten Stellen hervorgeht. Nachfolgend sollen einige Beispiele den Einsatz der Formatangaben demonstrieren:

```
int value = 4711;
Console.WriteLine("value={0:C}", value);
// Ausgabe: value=4.711,00 DM

Console.WriteLine("value={0:E}", value);
// Ausgabe: value=4,711000E+003

Console.WriteLine("value={0:E2}", value);
// Ausgabe: value=4,71E+003

int value = 225;
Console.WriteLine("value={0:X}", value);
// Ausgabe: value=E1

float value = 0.2512F;
Console.WriteLine("value={0,10:G}", value);
// Ausgabe: value=    0,2512

Console.WriteLine("value={0:P4}", value);
// Ausgabe: value=25,1200%
```

Escape-Zeichen

Ähnlich wie in den Sprachen C++ und Java stellt C# eine Reihe von Escape-Sequenzen zur Verfügung, die dann verwendet werden, wenn Sonderzeichen innerhalb einer Zeichenfolge ausgegeben werden sollen. Beispielsweise kann man mit dem Zeichen `\n` einen Zeilenumbruch erzwingen:

```
Console.Write("C#\nmacht\nSpaß.");
```

An der Konsole wird dann

```
C#
macht
Spaß.
```

angezeigt.

Escape-Zeichen	Beschreibung
\'	Fügt ein Hochkomma in die Zeichenfolge ein.
\''	Fügt Anführungsstriche ein.
\\	Fügt einen Backslash in die Zeichenfolge ein.
\a	Löst einen Alarmton aus.
\b	Führt zum Löschen des vorhergehenden Zeichens.
\f	Löst einen Formularvorschub bei Druckern aus.
\n	Löst einen Zeilenvorschub aus (entspricht der Funktionalität der ↵-Taste).
\r	Führt zu einem Wagenrücklauf.
\t	Führt auf dem Bildschirm zu einem Tabulatorsprung.
\u	Fügt ein Unicode-Zeichen in die Zeichenfolge ein.
\v	Fügt einen vertikalen Tabulator in eine Zeichenfolge ein.

Tabelle 2.2 Die Escape-Zeichen

Mit Escape-Sequenzen lässt sich die Ausgabe von Sonderzeichen sicherstellen. Es ist aber auch vorstellbar, dass Zeichen, die vom Compiler als Escape-Sequenz interpretiert werden, selbst Bestandteil der Zeichenfolge sind. Fügen Sie dazu nur noch einen weiteren Schrägstrich ein. Dazu ein kleines Beispiel. Angenommen, Sie möchten die Ausgabe

```
Hallo\nWelt
```

erzwingen. Sie müssten dann die folgende Anweisung codieren:

```
Console.WriteLine("Hallo\\nWelt");
```

Um die Interpretation als Escape-Sequenz für eine gegebene Zeichenfolge vollständig abzuschalten, wird vor der Zeichenfolge das Zeichen @ gesetzt.

```
Console.Write(@"C#\nmacht\nSpaß.");
```

Jetzt lautet die Konsolenausgabe:

```
C#\nmacht\nSpaß.
```

Die Methoden »ReadLine« und »Read«

Die Methode `ReadLine` liest ein oder mehrere Zeichen aus dem Eingabestrom – in unserem Fall ist das die Tastatur. Die Bereitschaft der Methode, auf Zeichen zu warten, endet mit dem Zeilenumbruch, der jedoch selbst nicht zu den eingelesenen Daten gehört. Die eingelesene Zeichenfolge wird von der Methode als Zeichenfolge vom Typ `string` zurückgeliefert und kann somit einer `string`-Variablen zugewiesen werden.

```
string eingabe = Console.ReadLine();
Console.WriteLine(eingabe);
```

Wir haben bisher die `ReadLine`-Methode dazu benutzt, um die Konsole bis zum Drücken der [↵]-Taste geöffnet zu halten. In diesem Fall war der Eingabestrom immer leer, der Rückgabewert wurde ignoriert und landete im Nirwana.

Werfen wir nun einen Blick auf die `Read`-Methode. Diese nimmt nur ein Zeichen aus dem Eingabestrom und gibt dessen ASCII-Wert zurück. Der Rückgabewert von `Read` ist daher keine Zeichenfolge, sondern eine Zahl vom Typ `int`.

Es gibt aber noch einen weiteren, nicht weniger wichtigen Unterschied zwischen `Read` und `ReadLine`: Die `ReadLine`-Methode liest eine ganze Zeile und benutzt den Zeilenumbruch dazu, das Ende der Eingabe zu erkennen. Danach wird der Zeilenumbruch dem Eingabestrom entnommen und gelöscht. Die `Read`-Methode arbeitet anders, denn der Zeilenumbruch wird nicht aus dem Eingabestrom geholt, sondern verbleibt dort und wird so lange gepuffert, bis er von einer anderen Anweisung gelöscht wird. Das kann wiederum nur die Methode `ReadLine` sein. Schauen Sie sich dazu das folgende Codefragment an:

```
static void Main(string[] args)
{
  int eingabe = Console.Read();
  Console.WriteLine(eingabe);
  Console.ReadLine();
}
```

Nach dem Start des Programms wartet `Read` auf die Eingabe des Anwenders und erkennt am Zeilenumbruch das Eingabeende. Der Zeilenumbruch befindet sich weiterhin im Eingabestrom und harrt geduldig der kommenden Anweisungen. Die Anweisung in der letzten Zeile, die `ReadLine`-Methode, reagiert als Erstes wieder auf den Eingabestrom, erkennt darin den Zeilenumbruch und verarbeitet ihn. Das ist gleichzeitig auch das Signal, mit der nächsten Anweisung fortzufahren. Da aber das Ende der `Main`-Methode erreicht ist, schließt sich das Konsolenfenster sofort. Erst ein zweiter Aufruf von `ReadLine` würde den eigentlich angedachten Zweck erfüllen, nämlich das Fenster geöffnet zu halten und die Ausgabe der `WriteLine`-Methode auf unbestimmte Zeit anzuzeigen.

Wenn mehrere Zeichen an der Konsole eingegeben werden, kann `Read` nur das erste auswerten. Alle weiteren Zeichen bleiben zusammen mit dem Zeilenumbruch im Eingabestrom. Mit

```
Console.WriteLine(Console.ReadLine());
```

könnten Sie sich diese Zeichen anzeigen lassen.

2.3.5 Einfache Datentypen

Die .NET-Laufzeitumgebung verfolgt das Konzept der Objektorientierung nach strengen Maßstäben. Selbst einfache Datentypen werden als Objekte angesehen, die Methoden bereitstellen, um mit einer Variablen bestimmte Aktionen auszuführen. In Tabelle 2.3 sind alle nativen Datentypen von C# zusammenfassend aufgeführt.

.NET-Laufzeittyp	C#-Alias	CLS-kompatibel	Wertebereich
`Byte`	`byte`	ja	0 ... 255
`SByte`	`sbyte`	nein	–128 ... 127
`Int16`	`short`	ja	$-2^{15} \ldots 2^{15}-1$
`UInt16`	`ushort`	nein	0 ... 65.535
`Int32`	`int`	ja	$-2^{31} \ldots 2^{31}-1$
`UInt32`	`uint`	nein	$0 \ldots 2^{32}-1$
`Int64`	`long`	ja	$-2^{63} \ldots 2^{63}-1$
`UInt64`	`ulong`	nein	$0 \ldots 2^{64}-1$
`Single`	`float`	ja	$1{,}4 * 10^{-45}$ bis $3{,}4 * 10^{38}$
`Double`	`double`	ja	$5{,}0 * 10^{-324}$ bis $1{,}7 * 10^{308}$
`Decimal`	`decimal`	ja	±79E27 ohne Dezimalpunktangabe; ±7.9E–29, falls 28 Stellen hinter dem Dezimalpunkt angegeben werden. Die kleinste darstellbare Zahl beträgt ±1.0E–29.
`Char`	`char`	ja	Unicode-Zeichen zwischen 0 und 65.535
`String`	`string`	ja	ca. 2^{31} Unicode-Zeichen
`Boolean`	`bool`	ja	`true` oder `false`
`Object`	`object`	ja	Ein Variable vom Typ `Object` kann jeden anderen Datentyp enthalten, ist also universell.

Tabelle 2.3 Die elementarsten Datentypen

In der ersten Spalte ist der Typbezeichner in der .NET-Klassenbibliothek angeführt. In der zweiten Spalte steht der C#-Alias, der bei der Deklaration einer Variablen dieses Typs angegeben werden kann.

Zu den Angaben in der dritten Spalte (*CLS-kompatibel*) muss ich Ihnen eine Erklärung geben. .NET verfolgt nicht nur ein plattformunabhängiges Konzept, sondern auch ein sprachunabhängiges. Das bedeutet, dass eine Komponente, die in einer fiktiven .NET-Programmiersprache A geschrieben wird, auch den vollen Zugriff auf alle Features einer Komponente haben sollte, die in einer anderen .NET-Sprache, nennen wir sie hier der Einfachheit halber B, implementiert ist.

Das kann nur dann problemlos funktionieren, wenn sich beide auf einen gemeinsamen Nenner hinsichtlich der Sprachfeatures geeignet haben, zu denen auch die elementaren Datentypen zu rechnen sind. Dieser gemeinsame Nenner wird durch die *Common Language Specification* (CLS) vorgegeben. Das bedeutet: Wenn eine .NET-Anwendung CLS-konform codiert wird, ist damit eine Garantie verbunden, dass jeder andere .NET-Code Zugriff auf die (öffentlichen) Komponenten der CLS-konformen Anwendung hat – unabhängig davon, in welcher Sprache sie codiert ist.

Wie Sie sehen, sind nicht alle Datentypen der Tabelle 2.3 CLS-konform. Sie können diese zwar innerhalb Ihrer Anwendung problemlos einsetzen, aber in der öffentlichen Schnittstelle haben sie nichts zu suchen.

Anmerkung

Vielleicht können Sie an dieser Stelle mit dem Begriff der *öffentlichen Schnittstelle* noch nicht allzu viel anfangen. Am Ende von Kapitel 4 werden Sie aber wissen, was damit gemeint ist. So lange muss ich Sie noch vertrösten.

Wie Tabelle 2.3 zu entnehmen ist, basieren alle Typen auf einer entsprechenden Definition im .NET Framework. Das hat zur Folge, dass anstelle der Angabe des C#-Alias zur Typbeschreibung auch der .NET-Laufzeittyp genannt werden kann. Damit sind die beiden folgenden Deklarationen der Variablen `value` absolut gleichwertig:

```
int value;
Int32 value;
```

Wertetypen und Referenztypen

.NET unterscheidet zwei wesentliche Gruppen von Datentypen:

- *Wertetypen:* Zu dieser Gruppe werden die elementarsten Datentypen gezählt, z. B. `Int16`, `Int32`, `Boolean`, `Double` usw. Das entscheidende Kriterium besteht darin, dass die zugrunde liegende Typdefinition von der Klasse `ValueType` abgeleitet ist.

- *Referenztypen:* Zu dieser Gruppe werden alle Typen gezählt, deren Typdefinition nicht von `ValueType` abgeleitet ist. Das ist der überwiegende Teil aller Klassen der .NET-Bibliothek. Kennzeichnend für diese Gruppe ist, dass die Variable eines Referenztyps einen Zeiger auf einen Speicherbereich repräsentiert.

In Tabelle 2.3 sind die wichtigsten und somit auch elementarsten .NET-Datentypen aufgeführt. Bis auf `Object` und `String` sind alle der Gruppe der Wertetypen zuzurechnen. Damit stellt sich auch die Frage, warum .NET diese strikte Trennung bei den Datentypen macht. Die Antwort lautet: um die Effizienz zu steigern. Da .NET konsequent den objektorientierten Ansatz verfolgt, müssen ausnahmslos alle Daten Objekte sein. Da ein Objekt jedoch auch mit einem verwaltungstechnischen Overhead verbunden ist, werden die einfachsten Datentypen erst zur Laufzeit als Objekte betrachtet.

Initialisierung von Variablen

Wenn Sie Variablen im Gültigkeitsbereich einer Methode (beispielsweise `Main`) deklarieren, gilt diese zwar als bekannt, jedoch nicht als mit einem bestimmten Startwert initialisiert. Sie müssen einer methodeninternen, lokalen Variablen daher ausdrücklich einen Wert zuweisen, bevor Sie zum Beispiel mit der Methode `Console.WriteLine` zum ersten Mal darauf lesend zugreifen. Der folgende Code führt deshalb auch zu einem Compilerfehler bei der Kompilierung:

```
static void Main(string[] args)
{
  // fehlerhafter Code, ausgelöst durch eine nicht initialisierte
  // Variable!!!
  long value;
  Console.WriteLine(value);
}
```

Um eine Variable zu initialisieren, können Sie ihr bei der Deklaration einen Startwert zuweisen, z. B.:

```
long value = 0;
```

Oder – um Ihnen schon an dieser Stelle eine andere syntaktische Variante vorzustellen – Sie verwenden den `new`-Operator:

```
long value = new long();
```

Sollten Sie bei der Initialisierung oder während der Laufzeit versuchen, einer Variablen einen Wert zuzuweisen, der größer oder kleiner ist als der durch den Typ beschriebene Wertebereich, erhalten Sie einen Compiler- bzw. Laufzeitfehler.

Ganzzahlige Datentypen

C# stellt acht ganzzahlige Datentypen zur Verfügung, von denen vier vorzeichenbehaftet sind, der Rest nicht. Die uns interessierenden CLS-konformen Datentypen sind:

- `Byte`
- `Int16`
- `Int32`
- `Int64`

`Int16`, `Int32` und `Int64` haben einen Wertebereich, der nahezu gleichmäßig über die negative und positive Skala verteilt ist. Die vorzeichenlosen Datentypen, zu denen auch `Byte` gehört, decken hingegen nur den positiven Wertebereich, beginnend bei 0, ab. Der vorzeichenlose Typ `Byte`, der im Gegensatz zu `SByte` CLS-konform ist, ist insbesondere dann von Interesse, wenn auf binäre Daten zugegriffen wird.

Ganzzahlige Literale können in Dezimal- oder Hexadezimalform übergeben werden. Hexadezimale Zahlen (Basis = 16) erhalten zusätzlich das Präfix `0x`. Die folgende Variable `hexa` beschreibt die Dezimalzahl 225:

```
int hexa = 0xE1;
```

Dezimalzahlen

Versuchen Sie einmal, die beiden folgenden Codezeilen zu kompilieren:

```
float value = 0.123456789;
Console.WriteLine(value);
```

Normalerweise würde man erwarten, dass der C#-Compiler daran nichts zu beanstanden hat. Dennoch zeigt er erstaunlicherweise einen Kompilierfehler an. Wie ist das zu erklären?

Auch ein Literal wie unsere Zahl 0,123456789 muss zunächst temporär in den Speicher geschrieben werden, bevor es endgültig der Variablen zugewiesen werden kann. Um eine Zahl im Speicher abzulegen, muss die Laufzeitumgebung aber eine Entscheidung treffen: Es ist die Entscheidung darüber, wie viel Speicherplatz dem Literal zugestanden wird. Das kommt aber auch der Festlegung auf einen bestimmten Datentyp gleich. Bei Dezimalzahlliteralen ist diese Festlegung immer eindeutig:

Hinweis

Literale, die eine Dezimalzahl beschreiben, werden von der .NET-Laufzeitumgebung als `double`-Typ angesehen.

Nun kommt es bei der Zuweisung unseres Literals an `value` jedoch zu einem Problem: Das Literal ist vom Typ `double`, und die Variable, die den Inhalt aufnehmen soll, ist vom Typ float. Per Definition weist double aber einen größeren Wertebereich als float auf – mit der Folge, dass unter Umständen vom Literal ein Wert beschrieben sein könnte, der größer ist als der, den ein float zu speichern vermag. Der Compiler verweigert deshalb diese Zuweisung.

Es gibt einen sehr einfachen Ausweg aus diesem Dilemma: Man hängt dazu an das Literal ein passendes Suffix an, hier F (oder gleichwertig f), mit dem wir den Typ float für das Literal erzwingen:

```
float value = 0.123456789F;
Console.WriteLine(value);
```

Nun ist der C#-Compiler in der Lage, den Inhalt an der Konsole anzuzeigen – vorausgesetzt, die Zahl entspricht dem Wertebereich eines float.

Suffix	Fließkommatyp
F oder f	float
D oder d	double
M oder m	decimal

Tabelle 2.4 Typsuffix der Fließkommazahlen

Genauigkeit von Dezimalzahlen

Die drei Typen float, double und decimal, mit denen unter C# Fließkommazahlen dargestellt werden können, beschreiben nicht nur unterschiedliche Wertebereiche, sondern auch – was im Grunde genommen noch viel wichtiger ist – unterschiedliche Genauigkeiten. Auf herkömmlichen Systemen beträgt die Genauigkeit eines float-Typs etwa zehn Stellen, die eines double-Typs etwa 16 Stellen. Abhängig ist die Genauigkeit dabei immer von der Anzahl der Ziffern des ganzzahligen Anteils der Dezimalzahl.

Das folgende Codefragment demonstriert die Genauigkeit, die mit einem float erreicht werden kann:

```
// ---------------------------------------------------------------
// Beispiel: ...\Kapitel 2\DezimalGenauigkeit
// ---------------------------------------------------------------
using System;
using System.Collections.Generic;
using System.Linq;
using System.Text;

namespace DezimalGenauigkeit
{
  class Program  {
    static void Main(string[] args) {
```

```
      float x, y;
      x = 0.123456789F;
      y = 0.1234567891F;
      // Prüfung, ob die Inhalte der Variablen x und y gleich sind
      if(x == y)
        Console.WriteLine("Beide Werte sind gleich.");
      else
        Console.WriteLine("Beide Werte sind ungleich.");
      Console.ReadLine();
    }
  }
}
```

Es werden zunächst zwei Variablen vom Typ `float` deklariert. Danach wird beiden ein Wert zugewiesen, der sich nur an der zehnten Nachkommastelle unterscheidet. Mit der Anweisung

```
if(x == y)
```

werden die Inhalte der beiden Variablen auf Gleichheit überprüft. Entspricht der von `x` repräsentierte Wert dem von `y`, soll die Meldung `Beide Werte sind gleich.` ausgegeben werden; weichen die Variableninhalte voneinander ab, sollte die Ausgabe `Beide Werte sind ungleich.` lauten.

Erstaunlicherweise erscheint nach dem Start der Laufzeitumgebung die Meldung, die von den beiden Variablen beschriebenen Werte seien gleich. Diese offensichtliche Falschaussage ist darauf zurückzuführen, dass ein `float` nicht in der Lage ist, alle im vorliegenden Fall angegebenen Nachkommastellen exakt zu interpretieren – der Typ ist schlichtweg überfordert. Für Berechnungen, die eine höhere Genauigkeit erfordern, ist ein `float` daher weniger gut geeignet.

Ein ähnlicher Test, diesmal mit einem `double`-Typ, führt zu demselben Ergebnis – allerdings tritt dieser Effekt erst auf, wenn die Anzahl der Nachkommastellen erhöht wird. Dies ist auch häufig der Grund dafür, sich für den einen oder anderen Dezimaldatentyp zu entscheiden. Die Größenordnung, die bereits ein `float` darstellen kann, ist per Definition schon so groß, dass hier weniger das Entscheidungskriterium zu suchen ist.

Wenn von der Genauigkeit von Fließkommazahlen gesprochen wird, bedeutet das nicht, dass die Genauigkeit auf den Dezimalteil bezogen wird. Vielmehr ist es die Genauigkeit, mit der beispielsweise beim `float` die ersten zehn Zahlen – beginnend links mit der ersten – unterschieden werden können. Um dies zu testen, brauchen Sie nur die beiden Literale des vorhergehenden Beispiels zu ändern, z. B.:

```
static void Main(string[] args) {
  float x, y;
```

```
  x = 10.123456F;
  y = 10.1234567891F;
  if(x == y)
    Console.WriteLine("Beide Werte sind gleich.");
  else
    Console.WriteLine("Beide Werte sind ungleich.");
  Console.Read();
}
```

Wenn Sie diesen Code laufen lassen, werden Sie die folgende Ausgabe erhalten:

```
Beide Werte sind ungleich.
```

Wenn Sie die Zahl 7 als letzte Nachkommastelle an die Variable `x` anhängen, also

```
x = 10.1234567
```

sieht der Compiler beide Variableninhalte als gleich an. Er berücksichtigt demnach die achte Nachkommastelle nicht mehr für den Vergleich. Zum Vergleich: Im Beispiel mit einem einziffrigen ganzzahligen Anteil war es die zehnte Nachkommastelle.

Die Forderung nach sehr hoher Genauigkeit einer Dezimalzahl können die beiden Datentypen `float` und `double` manchmal nicht ausreichend erfüllen. Bei noch höheren Ansprüchen muss die Wahl auf einen deutlich präziseren Datentyp fallen: `decimal`. Damit lassen sich Zahlen darstellen, die eine Genauigkeit von bis zu 28 Nachkommastellen aufweisen.

Während die Zuweisung eines ganzzahligen Literals an eine `decimal`-Variable in bekannter Art und Weise erfolgt, also beispielsweise mit

```
decimal decA = 120;
```

muss bei der Zuweisung einer numerischen Zahl mit hohem Dezimalanteil wieder ein kleiner Trick angewendet werden. Wenn Sie im Texteditor beispielsweise

```
decA = 0.1234567890123456789012;
```

eingeben, erhalten Sie bei der Kompilierung einen Compilerfehler. Nach den Gesetzen der Typkonvertierung, die wir in Abschnitt 2.3.6, »Typkonvertierung«, behandeln werden, kann eine Zahl vom Typ `int` einem `decimal` zugewiesen werden, ohne dass es zu einem Datenverlust kommt. Der `int` wird dabei implizit in `decimal` umgewandelt. Dieselbe Aussage gilt allerdings nicht, wenn ein `double` einem `decimal` zugewiesen werden soll – es kommt zu einer Fehlermeldung in der Entwicklungsumgebung, da der Compiler ein Dezimalzahlliteral als `double`-Typ ansieht. Dieses Verhalten kann wieder durch ein Suffix, hier verwendet man den Buchstaben `M` bzw. `m`, vermieden werden:

```
decA = 0.1234567890123456789012M;
```

Diese Erkenntnis wollen wir nun benutzen, um zum Abschluss die Genauigkeit zu testen, mit der eine Zahl vom Typ `decimal` arbeiten kann. Dazu dient uns der folgende Code:

```
// ---------------------------------------------------------------
// Beispiel: ...\Kapitel 2\DecimalVergleich
// ---------------------------------------------------------------
using System;
using System.Collections.Generic;
using System.Linq;
using System.Text;

namespace DecimalVergleich
{
  class Program {
    static void Main(string[] args) {
      decimal x, y, z;
      x = 0.1234567890123456789012345678M;
      y = 0.1234567890123456789012345678M;
      z = 0.1234567890123456789012345679M;
      // Vergleich der Variablen x und y
      if(x == y)
        Console.WriteLine("x und y sind gleich.");
      else
        Console.WriteLine("x und y sind ungleich.");
      // Vergleich der Variablen x und z
      if(x == z)
        Console.WriteLine("x und z sind gleich.");
      else
        Console.WriteLine("x und z sind ungleich.");
      Console.ReadLine();
    }
  }
}
```

Beachten Sie, dass die beiden Variablen `x` und `y` identisch sind, während sich `x` und `z` in der 28. Nachkommastelle unterscheiden. Wenn Sie das Programm laufen lassen, wird an der Konsole folgende Ausgabe angezeigt:

```
x und y sind gleich.
x und z sind ungleich.
```

Die Laufzeitumgebung erkennt den Unterschied an der 28. Nachkommastelle. Das ist natürlich eine deutliche Steigerung gegenüber `float` und `double`.

Wird der ganzzahlige Anteil eines `decimal` vergrößert, z. B. in

```
decA = 1000.1234567890123456789012346D
```

bewirkt jede weitere Ziffer links vom Komma einen Verlust an Genauigkeit. Im Beispiel von `decA` weist der Dezimalteil nur noch eine Genauigkeit von 25 Stellen rechts vom Komma auf.

Zeichenbasierte Datentypen

Variablen vom Typ `char` können ein Zeichen des Unicode-Zeichensatzes aufnehmen. Unicode ist die Erweiterung des ein Byte großen ASCII- bzw. ANSI-Zeichensatzes mit seinen insgesamt 256 verschiedenen Zeichen. Unicode berücksichtigt die Bedürfnisse außereuropäischer Zeichensätze, für die eine Ein-Byte-Codierung nicht ausreichend ist. Jedes Unicode-Zeichen beansprucht zwei Byte, folglich ist der Unicode-Zeichensatz auch auf 65.536 Zeichen beschränkt. Die ersten 128 Zeichen (0–127) entsprechen denen des ASCII-Zeichensatzes, die folgenden 128 Zeichen beinhalten unter anderem Sonderzeichen und Währungssymbole.

Literale, die dem Typ `char` zugewiesen werden, werden in einfache Anführungsstriche gesetzt, zum Beispiel:

```
char chrZeichen = 'A';
```

Um den ASCII-Wert eines einzelnen Zeichens zu erhalten, braucht man nur den Typ `char` einem Zahlentyp wie beispielsweise `int`, `long` oder `float` zuzuweisen:

```
char chrZeichen = 'A';
int intASCII = chrZeichen;
Console.WriteLine(intASCII); // die Ausgabe lautet 65
```

Die implizite Umwandlung eines `char` in einen Zahlenwert bereitet anscheinend keine Probleme, der umgekehrte Weg – die Umwandlung eines Zahlenwerts in einen `char` – ist allerdings nicht möglich.

`char` beschränkt sich nur auf ein Zeichen. Um eine Zeichenkette, die sich aus keinem oder bis zu maximal ca. 2^{31} Einzelzeichen zusammensetzt, zu speichern oder zu bearbeiten, deklarieren Sie eine Variable vom Datentyp `string`. Die Einzelzeichen werden dabei wie bei `char` als Unicode-Zeichen der Größe 16 Bit behandelt. Zeichenketten werden grundsätzlich in doppelte Anführungsstriche gesetzt:

```
string str = "C# ist spitze."
```

Weitere Datentypen

Variablen vom Typ `bool` (`Boolean`) können nur zwei Zustände beschreiben, nämlich `true` oder `false`, z. B.:

```
bool myBol = true;
```

`false` ist der Standardwert.

Hinweis

In vielen Programmiersprachen wird `false` numerisch mit 0 beschrieben und `true` durch alle Werte, die von 0 abweichen. .NET ist hier sehr viel strenger. Hier ist `true` nicht 1 und auch nicht 67, sondern ganz schlicht `true`. Aus diesem Grund ist auch die folgende Anweisung falsch, die so in anderen Programmiersprachen durchaus möglich ist:

```
bool myBool = 2;
```

Das hat natürlich auch Auswirkungen auf Bedingungsprüfungen, wie Sie später noch sehen werden.

Der allgemeinste aller Datentypen ist `object`. Er beschreibt in seinen vier Byte einen Zeiger auf die Speicheradresse eines Objekts. Eine Variable dieses Typs kann jeden beliebigen anderen Datentyp beschreiben: Es spielt dabei keine Rolle, ob es sich um eine Zahl, eine Zeichenfolge, eine Datenbankverbindung oder um ein anderes Objekt wie zum Beispiel um die Schaltfläche in einem Windows-Fenster handelt. Zur Laufzeit wird eine auf `object` basierende Variable passend aufgelöst und die gewünschte Operation darauf ausgeführt.

Um das zu demonstrieren, ist im folgenden Codefragment eine Variable vom Typ `object` deklariert, der zuerst ein Zahlenliteral und anschließend eine Zeichenfolge zugewiesen wird:

```
object objUniversal;
objUniversal = 5;
Console.WriteLine(objUniversal);
objUniversal = "Hallo Welt.";
Console.WriteLine(objUniversal);
```

Die Variable `objUniversal` schluckt beide Zuweisungen anstandslos – an der Konsole wird zuerst die Zahl 5 und danach die Zeichenfolge angezeigt.

Ganz gleich, was eine Variable vom Typ `object` beinhaltet, sie enthält grundsätzlich immer nur einen Zeiger (auch als Verweis oder Referenz bezeichnet) auf ein Objekt – selbst dann, wenn es sich um eine Zahl handelt. Herkömmliche Betriebssysteme beschreiben 32-Bit-Speicheradressen. Daraus folgt auch die einheitliche Größe dieses Datentyps von vier Byte – unabhängig davon, welcher Typ referenziert wird.

Einfache Datentypen als Objekte

Eine Variable zu deklarieren sieht harmlos und unscheinbar aus. Und dennoch, hinter dem Variablennamen verbergen sich Möglichkeiten, die Sie bisher vermutlich noch nicht erahnen. In der .NET-Laufzeitumgebung wird alles durch die objektorientierte Brille betrachtet – sogar die einfachen Datentypen.

Ein simples `Short` soll ein Objekt sein? Wenn Sie dieser Aussage keinen Glauben schenken wollen, schreiben Sie folgende Codezeile:

```
Int16.
```

Beachten Sie bitte hierbei den Punkt, der auf `Int16` folgt. Sie werden feststellen, dass hinter der Punktangabe eine Liste aufgeklappt wird, die *IntelliSense-Unterstützung* (siehe Abbildung 2.4).

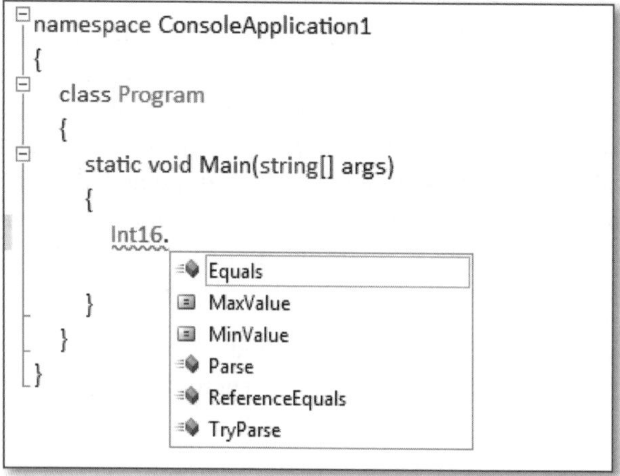

Abbildung 2.4 IntelliSense-Unterstützung in der Entwicklungsumgebung

In dieser Liste sind alle Eigenschaften und Methoden aufgeführt, die ein Objekt vom Typ `Int16` auszeichnen. Sie können aus dem Angebot auswählen, wenn Sie mit den Pfeiltasten zu der gewünschten Funktionalität navigieren und dann die [⇆]-Taste drücken. Der ausgewählte Eintrag aus IntelliSense wird sofort vom Code übernommen, was den Vorteil hat, dass ein Schreibfehler ausgeschlossen ist.

Wenn Sie beispielsweise wissen wollen, wo die wertmäßige Ober- bzw. Untergrenze des `Int16`-Typs liegt, könnten Sie dies mit dem folgenden Codefragment abfragen:

```
Console.WriteLine("Int16(min) = {0}", Int16.MinValue);
Console.WriteLine("Int16(max) = {0}", Int16.MaxValue);
```

An der Konsole erfolgt danach die Anzeige:

```
Int16(min) = -32768
Int16(max) = 32767
```

Wahrscheinlich werden Sie schon festgestellt haben, dass IntelliSense nicht nur im Zusammenhang mit der Punktnotation funktioniert. Sobald Sie in einer Codezeile den ersten Buchstaben eintippen, wird IntelliSense geöffnet und bietet Ihnen alle programmierbaren Optionen an, auf die mit dem eingegebenen Buchstaben zugegriffen werden kann. Die Auswahl erfolgt analog wie oben beschrieben.

2.3.6 Typkonvertierung

Sehen wir uns die folgenden beiden Anweisungen an:

```
int intValue = 12000;
long lngValue = intValue;
```

Hier wird die Variable `intValue` vom Typ `int` deklariert und ihr ein Wert zugewiesen. Im zweiten Schritt erfolgt wiederum eine Variablendeklaration, diesmal vom Typ `long`. Der Inhalt der zuvor deklarierten Variablen `intValue` wird `lngValue` zugewiesen. Der C#-Compiler wird beide Anweisungen anstandslos kompilieren.

Nun ändern wir die Reihenfolge ab, deklarieren zuerst die `long`-Variable, weisen ihr einen Wert von `12000` zu und versuchen dann, `lngValue` der `int`-Variablen zuzuweisen:

```
long lngValue = 12000;
int intValue = lngValue;
```

Diesmal ist das Ergebnis nicht wie vielleicht erwartet – der C#-Compiler quittiert die Zuweisung des `long`-Typs an den `int`-Typ mit einer Fehlermeldung, obwohl der Wertebereich eines `int` die Zuweisung von `12000` eindeutig verkraftet.

Das auftretende Problem beruht auf einer *einengenden Datentypumwandlung*: Der Wertebereich eines `int` ist kleiner als der eines `long`. Im Gegensatz dazu ist die Zuweisung eines `int` an einen `long` eine *aufweitende Operation*, weil der `long` einen größeren Wertebereich als `int` hat.

Immer dann, wenn bei einer Operation zwei unterschiedliche Datentypen im Spiel sind, muss der Typ, der rechts vom Zuweisungsoperator steht, in den Typ umgewandelt werden, der sich auf der linken Seite befindet. Man spricht hierbei auch von der *Konvertierung*.

Prinzipiell werden zwei Arten der Konvertierung unterschieden:

- die implizite Konvertierung
- die explizite Konvertierung

Implizite Konvertierung

Eine implizite Konvertierung nimmt der C#-Compiler selbst vor. Dies setzt eine aufweitende Zuweisungsoperation voraus. Am besten schauen Sie sich dazu Abbildung 2.5 an.

Die Pfeilrichtung gibt eine aufweitende, also implizite Konvertierung vor; entgegengesetzt der Pfeilrichtung wäre eine Konvertierung einengend. Demzufolge wird ein `byte` anstandslos implizit in einen `short`, `int`, `long` usw. konvertiert, aber nicht umgekehrt beispielsweise ein `int` in `byte`. Beachten Sie insbesondere, dass es keine impliziten Konvertierungen zwischen den Gleitkommatypen `float`/`double` und `decimal` gibt.

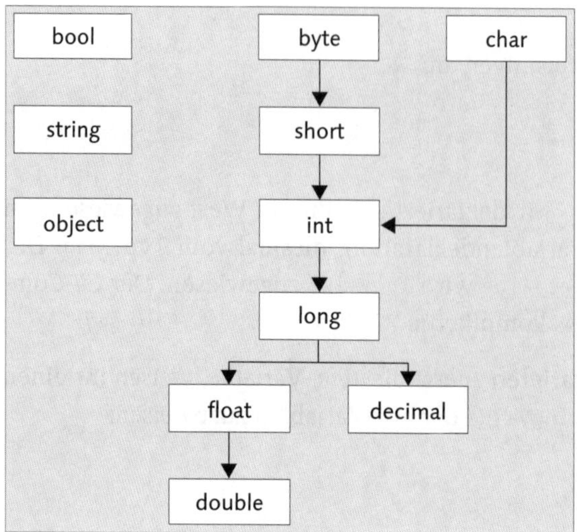

Abbildung 2.5 Implizite Konvertierung einfacher Datentypen

Eine besondere Stellung nehmen `bool`, `string`, `char` und `object` ein. Mit einem `bool` oder einem `string` sind keine impliziten Konvertierungen möglich, ein `char` kann mit Ausnahme von `byte` und `short` jedem anderen Typ zugewiesen werden. Variablen vom Typ `object` wiederum unterliegen Gesichtspunkten, die wir erst ab Kapitel 3 erörtern.

Unter Berücksichtigung der zuvor beschriebenen Gesetzmäßigkeiten sind die folgenden impliziten Konvertierungen möglich:

```
// zulässige implizite Konvertierungen
int intVar = 15;
decimal decVar = intVar;

char chrVar = 'K';
int intValue = chrVar;

short shtVar = 11;
double dblVar = shtVar;
```

Die folgenden drei Versuche werden hingegen vom C#-Compiler abgelehnt:

```
// unzulässige implizite Konvertierungen
float fltVar = 3.12F;
decimal decVar = fltVar;

byte bytVar = 20;
char c = bytVar;

int iVar = 1;
bool bolVar = iVar;
```

Explizite Konvertierung

Unter expliziter Konvertierung versteht man die ausdrückliche Anweisung an den Compiler, den Wert eines bestimmten Datentyps in einen anderen umzuwandeln. Explizite Konvertierung folgt einer sehr einfachen Syntax: Vor dem zu konvertierenden Ausdruck wird in runden Klammern der Typ angegeben, in den die Konvertierung erfolgen soll, also:

```
// Syntax: explizite Konvertierung
(Zieldatentyp)Ausdruck
```

Man spricht bei den so eingesetzten runden Klammern auch vom *Typkonvertierungsoperator*.

Mit der expliziten Konvertierung wären die folgenden beiden Zuweisungen möglich, die weiter oben noch einen Kompilierfehler verursacht haben:

```
float fltVar = 3.12F;
decimal decVar = (decimal)fltVar;

byte bytVar = 20;
char c = (char)bytVar;
```

Obwohl die explizite Konvertierung weitere Möglichkeiten eröffnet, sind ihr naturgemäß auch Grenzen gesetzt, da nur dann in einen anderen Typ umgewandelt werden kann, wenn der Zieldatentyp in Beziehung zum Ursprungsdatentyp steht (siehe Abbildung 2.5). Beispielsweise bleibt ein boolescher Wert unter .NET immer ein boolescher Wert. Damit ist die folgende Konvertierung unter C# falsch, obwohl sie in anderen Programmiersprachen durchaus zulässig ist:

```
int iVar = 1;
// fehlerbehaftete explizite Konvertierung
bool bolVar = (bool)iVar;
```

Sehr ähnlich, jedoch einfacher zu verstehen ist, dass der Konvertierungsversuch eines `string` in einen `int` jeglicher Logik entbehrt:

```
string strText = "Hallo";
int intVar = strText; // FALSCH!!
```

Explizite Konvertierung mit den Methoden der Klasse »Convert«

Die explizite Konvertierung mit dem Typkonvertierungsoperator ist eine Möglichkeit, einen Datentyp zu erzwingen. Eine zweite Möglichkeit bietet die .NET-Klassenbibliothek. Es handelt sich hierbei um die Klasse `Convert` im Namespace `System`, die eine Reihe von Methoden für diesen Zweck bereitstellt.

Methode	Beschreibung
ToBoolean *(Ausdruck)*	Konvertiert den Ausdruck in einen bool-Typ.
ToByte *(Ausdruck)*	Konvertiert den Ausdruck in einen byte-Typ.
ToChar *(Ausdruck)*	Konvertiert den Ausdruck in einen char-Typ.
ToDecimal *(Ausdruck)*	Konvertiert den Ausdruck in einen decimal-Typ.
ToDouble *(Ausdruck)*	Konvertiert den Ausdruck in einen double-Typ.
ToInt16 *(Ausdruck)*	Konvertiert den Ausdruck in einen short-Typ.
ToInt32 *(Ausdruck)*	Konvertiert den Ausdruck in einen int-Typ.
ToInt64 *(Ausdruck)*	Konvertiert den Ausdruck in einen long-Typ.
ToSByte *(Ausdruck)*	Konvertiert den Ausdruck in einen sbyte-Typ.
ToSingle *(Ausdruck)*	Konvertiert den Ausdruck in einen float-Typ.
ToString *(Ausdruck)*	Konvertiert den Ausdruck in einen string-Typ.
ToUInt16 *(Ausdruck)*	Konvertiert den Ausdruck in einen ushort-Typ.
ToUInt32 *(Ausdruck)*	Konvertiert den Ausdruck in einen uint-Typ.
ToUInt64 *(Ausdruck)*	Konvertiert den Ausdruck in einen ulong-Typ.

Tabelle 2.5 Die Konvertierungsmethoden der Klasse »Convert«

Damit ist das Codefragment

```
long lngVar = 4711;
int intVar = (int)lngVar;
```

gleichwertig mit:

```
long lngVar = 4711;
int intVar = Convert.ToInt32(lngVar);
```

In zwei ganz wesentlichen Punkten unterscheidet sich die Konvertierung mit den Methoden der Convert-Klasse von der mit dem Konvertierungsoperator:

- Grundsätzlich werden alle Konvertierungen mit den Methoden der Convert-Klasse auf einen eventuellen Überlauf hin untersucht.
- Es können Konvertierungen durchgeführt werden, die mit dem Typkonvertierungsoperator unzulässig sind.

Den erstgenannten Punkt werden wir im folgenden Abschnitt behandeln, während wir uns an dieser Stelle zunächst nur dem zweiten Punkt zuwenden. Angenommen, wir wollen an der Eingabeaufforderung die Eingabe in einer Integervariablen speichern, muss die Anweisung dazu wie folgt lauten:

```
int intDigit = Convert.ToInt32(Console.ReadLine());
```

Bekannterweise liefert ReadLine die Benutzereingabe als Zeichenfolge vom Typ string zurück. Wäre die Methode Convert.ToInt32 gleichwertig mit dem Typkonvertierungsoperator, würde der C#-Compiler auch die folgende Anweisung anstandslos kompilieren:

```
// FALSCH!!
int intDigit = (int)Console.ReadLine();
```

Allerdings wird uns der Compiler diese Anweisung mit der Fehlermeldung

```
Konvertierung des Typs 'string' zu 'int' nicht möglich
```

quittieren, denn eine explizite Konvertierung des Typs string in einen numerischen Typ mit dem Typkonvertierungsoperator ist auch dann unzulässig, wenn die Zeichenfolge eine Zahl beschreibt. string und int stehen nach Aussage von Abbildung 2.5 in keinerlei Beziehung zueinander. Die Methoden der Klasse Convert sind aber so ausgebildet, dass in diesen Fällen dennoch eine Konvertierung erfolgt.

Wie wir gesehen haben, können sich die Methoden der Convert-Klasse über diese Gesetzmäßigkeit hinwegsetzen, natürlich vorausgesetzt, dass die Konvertierung aus logischer Sicht sinnvoll ist. Solange aber eine Zeichenfolge eine Zahl beschreibt, darf auch eine Zeichenfolge durchaus in einen numerischen Typ überführt werden.

Bereichsüberschreitung infolge expliziter Konvertierung

Eine explizite Konvertierung lässt eine typeinengende Umwandlung zu. Damit drängt sich sofort eine Frage auf: Was passiert, wenn der Wert des Ausgangsausdrucks größer ist als der Maximalwert des Typs, in den konvertiert wird? Nehmen wir dazu beispielsweise an, wir hätten eine Variable vom Typ short deklariert und ihr den Wert 436 zugewiesen. Nun soll diese Variable in den Typ byte überführt werden, der den Wertebereich zwischen 0–255 beschreibt.

```
short shtVar = 436;
byte byteVar = (byte)shtVar;
Console.WriteLine(byteVar);
```

Dieser Code resultiert in der folgenden Ausgabe:

```
180
```

Um zu verstehen, wie es zu dieser zunächst unverständlichen Ausgabe kommt, müssen wir uns die bitweise Darstellung der Zahlen ansehen. Für den Inhalt der Variablen shtVar ist dies:

```
436 = 0000 0001 1011 0100
```

Nach der Konvertierung liegt das Ergebnis 180 vor, beschrieben durch:

```
180 = 1011 0100
```

Vergleichen wir jetzt die bitweise Darstellung der beiden Zahlen, kommen wir sehr schnell zu der Erkenntnis, dass bei einer expliziten Konvertierung mit dem Typkonvertierungsoperator beim Überschreiten der Bereichsgrenze des Zieldatentyps die überschüssigen Bits einfach ignoriert werden. Aus dem verbleibenden Rest wird schließlich die neue Zahl gebildet.

Dieses Verhalten kann zu sehr schwer zu lokalisierenden, ernsthaften Fehlern in einer laufenden Anwendung führen. Wenn Sie in einer Anwendung Code entwickeln und explizit konvertieren müssen, sollten Sie daher die Kontrolle über einen eventuell eintretenden Überlauf haben. Unter C# gibt es dazu drei Alternativen:

- die Operatoren `checked` und `unchecked`
- die Einstellung im *Projekteigenschaftsfenster*
- den Verzicht auf den Typkonvertierungsoperator und stattdessen die Verwendung einer Methode der Klasse `Convert`, die zur Auslösung einer Fehlermeldung führt

Die Operatoren »checked« und »unchecked«

Wenden wir uns zunächst den Schlüsselwörtern `checked` und `unchecked` zu, und schauen wir uns an einem Beispiel den Einsatz und die Wirkungsweise an:

```
// ---------------------------------------------------------
// Beispiel: ...\Kapitel 2\CheckedDemo
// ---------------------------------------------------------
using System;
using System.Collections.Generic;
using System.Linq;
using System.Text;

namespace CheckedDemo
{
  class Program {
    static void Main(string[] args) {
      // Zahleneingabe anfordern
      Console.Write("Geben Sie eine Zahl im Bereich von ");
      Console.Write("0...{0} ein: ", Int16.MaxValue);
      // Eingabe einem short-Typ zuweisen
      short shtVar = Convert.ToInt16(Console.ReadLine());
      // Überlaufüberprüfung einschalten
      byte byteVar = checked((byte)shtVar);
      Console.WriteLine(byteVar);
      Console.ReadLine();
    }
  }
}
```

Nach dem Starten der Anwendung wird der Benutzer dazu aufgefordert, eine Zahl im Bereich von 0 bis zum Maximalwert eines `short` einzugeben. Entgegengenommen wird die

Eingabe durch die Methode Console.ReadLine, die ihrerseits die Eingabe als Zeichenfolge, also vom Typ string zurückliefert. Um die gewünschte Zahl einer short-Variablen zuweisen zu können, muss explizit konvertiert werden. Beachten Sie bitte, dass wir dazu die Methode ToInt16 der Klasse Convert einsetzen müssen, da eine Konvertierung eines string in einen short mit dem Typkonvertierungsoperator nicht zulässig ist:

```
short shtVar = Convert.ToInt16(Console.ReadLine());
```

Gibt der Anwender eine Zahl ein, die den Wertebereich des short-Typs überschreitet, wird ein Laufzeitfehler ausgelöst und die Laufzeit der Anwendung beendet. Falls der Wertebereich nicht überschritten wird, wird die dann folgende Anweisung ausgeführt:

```
byte byteVar = checked((byte)shtVar);
```

In dieser Anweisung steckt allerdings eine Gemeinheit, denn nun soll der Inhalt der short-Variablen einer byte-Variablen zugewiesen werden. Je nachdem, welche Zahl der Anwender eingegeben hat, wird die Zuweisung fehlerfrei erfolgen oder – bedingt durch die Überprüfung mit checked – zu einem Fehler führen. Löschen Sie checked aus dem Programmcode, wird die Zuweisung einer Zahl, die den Wertebereich eines byte-Typs überschreitet, in keinem Fall einen Fehler verursachen.

checked ist ein Operator und wird verwendet, um einen eventuell auftretenden arithmetischen Überlauf zu steuern. Die allgemeine Syntax hierzu lautet:

```
// Syntax: Der checked-Operator
checked(Ausdruck);
```

Tritt zur Laufzeit ein Überlauf ein, weil der Anwender eine Zahl eingegeben hat, die den Wertebereich des Typs überschreitet, in den konvertiert werden soll, wird ein Laufzeitfehler ausgelöst, der unter .NET auch als Ausnahme bzw. Exception bezeichnet wird. Geben wir beispielsweise an der Konsole die Zahl 436 ein, werden wir die Mitteilung aus Abbildung 2.6 erhalten.

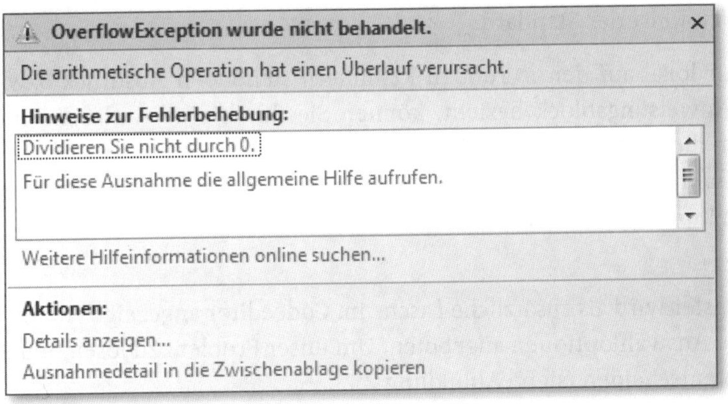

Abbildung 2.6 Fehlermeldung durch Überlauf

Nach dem Schließen der Fehlermeldung wird die unplanmäßige Anwendung beendet. Nun könnten Sie argumentieren, dass das Beenden der Laufzeitumgebung auch nicht das sein kann, was unbedingt erstrebenswert ist. Dieses Argument ist vollkommen richtig, aber Laufzeitfehler lassen sich mittels Programmcode abfangen, und die Anwendung bleibt danach in einem ordnungsgemäßen Laufzeitzustand. Diesem Thema werden wir uns in Kapitel 7, »Weitere Möglichkeiten von C#«, noch ausgiebig widmen.

Falls nicht nur ein einzelner Ausdruck, sondern mehrere Ausdrücke innerhalb eines Anweisungsblocks auf einen möglichen Überlauf hin kontrolliert werden sollen, können Sie hinter `checked` einen Anweisungsblock angeben, innerhalb dessen der unkontrollierte Überlauf durch die Auslösung eines Laufzeitfehlers unterbunden wird.

```
checked {/*...*/}
```

Wie diese Variante von `checked` eingesetzt wird, können Sie dem nachfolgenden Beispiel entnehmen.

```
static void Main(string[] args)
{
  checked
  {
    short shtVar = 436;
    int intVar = 1236555;
    byte byteVar = (byte)shtVar;
    shtVar = (short)intVar;
    Console.WriteLine(byteVar);
    Console.ReadLine();
  }
}
```

Wir können festhalten, dass wir mit `checked` eine gewisse Kontrolle ausüben können, falls zur Laufzeit, bedingt durch die explizite Konvertierung, ein Überlauf eintreten kann. Der Operator `unchecked` ist die Umkehrung der Arbeitsweise von `checked`: Er schaltet die Überprüfung des Überlaufs aus und ist der Standard.

Während `checked` sich nur lokal auf den in runden Klammern stehenden Ausdruck bzw. einen eingeschlossenen Anweisungsblock bezieht, können Sie durch eine Änderung im Projekteigenschaftsfenster die Kontrolle über sämtliche auftretenden Überläufe in einer Anwendung ausüben. Öffnen Sie dieses Fenster, indem Sie im Projektmappen-Explorer das Projekt markieren, dessen Kontextmenü mit der rechten Maustaste öffnen und dann EIGENSCHAFTEN wählen.

Das Projekteigenschaftsfenster wird als zusätzliche Lasche im Codeeditor angezeigt. Am linken Rand werden mehrere Auswahloptionen angeboten. Um unser Problem zu lösen, müssen Sie sich für ERSTELLEN entscheiden (siehe Abbildung 2.7).

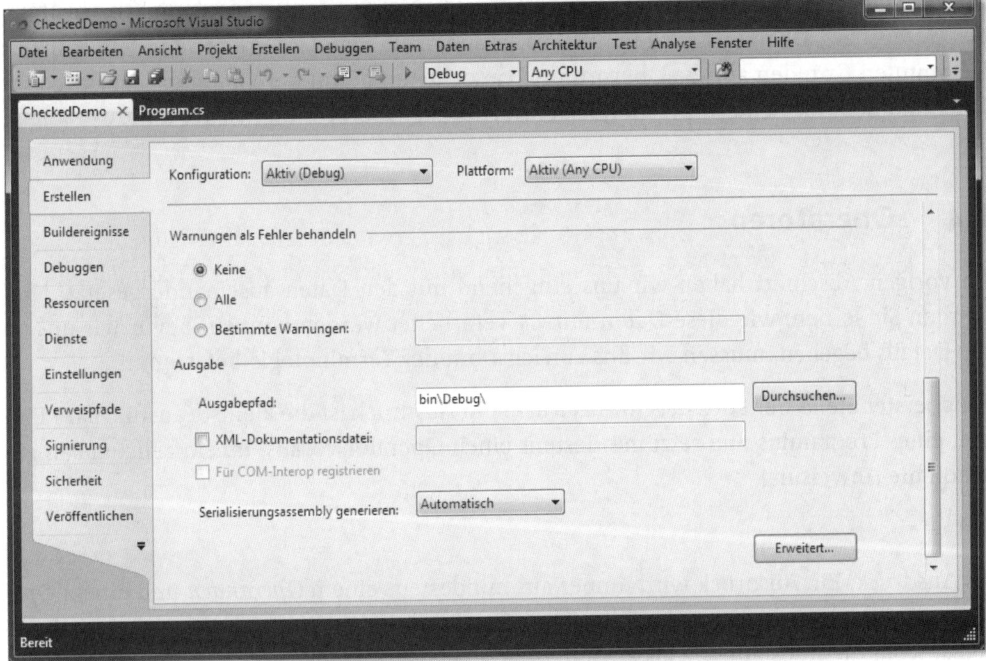

Abbildung 2.7 Das Projekteigenschaftsfenster

Rechts unten sehen Sie die Schaltfläche, die mit ERWEITERT ... beschriftet ist. Darüber wird ein Dialog geöffnet, der die gesuchte Option anbietet: AUF ARITHMETISCHEN ÜBER-/UNTERLAUF ÜBERPRÜFEN (Abbildung 2.8). Markieren Sie das Kontrollkästchen, um sicherzustellen, dass eine generelle Überprüfung auf eine Über- oder Unterschreitung des Wertebereichs erfolgt. Damit vermeiden Sie Datenverlust.

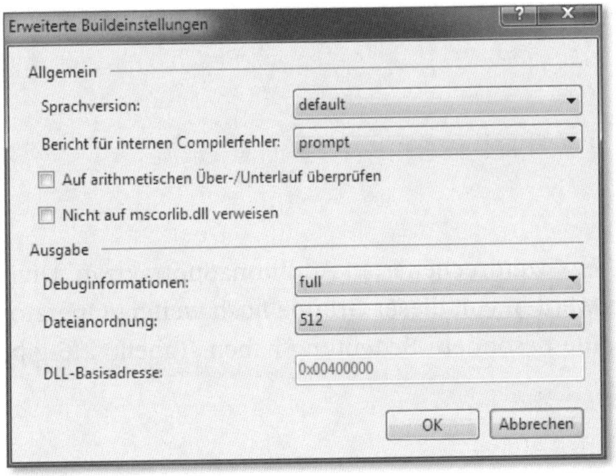

Abbildung 2.8 Einstellen der standardmäßigen Überprüfung des Überlaufs im Projekteigenschaftsfenster

Jetzt können Sie auf alle expliziten Angaben von `checked` verzichten, denn die Überprüfung des Unter- bzw. Überlaufs wird in der Anwendung zum Standard erklärt. Möchte man aus bestimmten Gründen auf die Überprüfung verzichten, kommt der Operator `unchecked` ins Spiel und hebt für den entsprechenden Ausdruck die Überprüfung wieder auf.

2.4 Operatoren

Im vorigen Abschnitt haben wir uns eingehend mit den Daten auseinandergesetzt. Nun werden Sie lernen, wie diese Daten mit C# verarbeitet werden können. Bevor wir uns an die Details begeben, müssen wir uns zunächst mit der Terminologie befassen.

An oberster Stelle steht der Begriff *Ausdruck*. Ein Ausdruck ist die kleinste ausführbare Einheit eines Programms und setzt mindestens einen Operator voraus. Im einfachsten Fall gilt schon die Anweisung

```
value = 22;
```

als Ausdruck. Ein Ausdruck wird immer aus mindestens einem *Operanden* und einem *Operator* gebildet. Der Operator im Beispiel oben ist das Gleichheitszeichen, als Operand gelten sowohl die Konstante 22 als auch die Variable `value`. Operatoren verknüpfen Operanden miteinander und führen Berechnungen durch, ermitteln also als Ergebnis der Operation neue Werte. Nahezu alle Operatoren von C# benötigen zwei Operanden. Das Kernkonstrukt von Ausdrücken sind die Operatoren, die sich entsprechend ihrer Arbeitsweise in verschiedene Gruppen aufteilen lassen:

- arithmetische Operatoren
- Vergleichsoperatoren
- logische Operatoren
- bitweise Operatoren
- Zuweisungsoperatoren
- sonstige Operatoren

2.4.1 Arithmetische Operatoren

C# kennt die üblichen Operatoren der vier Grundrechenarten Addition, Subtraktion, Division und Multiplikation. Darüber hinaus werden von dieser Gruppe noch weitere Operatoren beschrieben, die in ihrem Kontext eine besondere Bedeutung haben. Tabelle 2.6 gibt zunächst einen allgemeinen Überblick.

Operator	Beschreibung
+	Hat zwei Funktionalitäten: ▸ Als Additionsoperator bildet er die Summe zweier Operanden (x + y). ▸ Als Vorzeichenoperator beschreibt er eine positive Zahl (+x), ist also ein einstelliger (unärer) Operator.
-	Hat ebenfalls zwei Funktionalitäten: ▸ Als Subtraktionsoperator eingesetzt, bildet er die Differenz zweier Operanden (x - y). ▸ Als unärer Vorzeichenoperator beschreibt er eine negative Zahl (-x).
*	Multiplikationsoperator; multipliziert zwei Operanden (x * y).
/	Divisionsoperator; dividiert zwei Operanden (x / y) und behält den Nachkommateil der Division.
%	Restwertoperator; dividiert zwei Operanden und liefert als Ergebnis den Restwert der Operation (x % y).
++	Erhöht den Inhalt des Operanden um 1. Das Ergebnis der Operation ++x ist der Wert des Operanden nach der Erhöhung (Präfixinkrementoperation). Das Ergebnis der Operation x++ ist der Wert des Operanden vor der Erhöhung (Postfixinkrementoperation).
--	Verringert den Inhalt des Operanden um 1. Das Ergebnis der Operation --x ist der Wert des Operanden nach der Verringerung (Präfixdekrementoperation). Das Ergebnis der Operation x-- ist der Wert des Operanden vor der Verringerung (Postfixdekrementoperation).

Tabelle 2.6 Arithmetische Operatoren

Der Einsatz der Operatoren zur Formulierung mathematischer Ausdrücke ist trivial. Zwei Operanden werden miteinander verknüpft, und das Ergebnis der Operation wird der links vom Zuweisungsoperator stehenden Variablen zugewiesen.

```
short srtVar1 = 30;
short srtVar2 = 55;
short srtResult = srtVar1 + srtVar2;
```

Eine besondere Stellung nimmt der %-Operator ein, dessen Ergebnis einer Division der ganzzahlige Divisionsrest ist. Dazu ein Beispiel:

```
int x = 100;
int y = 17;
Console.WriteLine("Division mit % - Ergebnis = {0}", x % y);
```

Die Zahl 17 ist fünfmal in der Zahl 100 enthalten (für diejenigen, deren Ausbildungsziel der Hochschulreife schon länger als zwei Jahre zurückliegt, ist hier der mathematische Beweis: 5 * 17 = 85), als Rest, der als Ergebnis an der Konsole ausgegeben wird, verbleibt danach 15.

Dezimalzahlen als Operanden des %-Operators sind ebenfalls zugelassen, die Rückgabe ist dabei selbst eine Dezimalzahl:

```
float x = 100.35;
float y = 17.45;
Console.WriteLine("Division mit % - Ergebnis = {0}", x % y);
```

Wenn Sie diesen Code ausführen, wird im Konsolenfenster die Ausgabe 13,09999 erscheinen.

Widmen wir uns jetzt noch einem Beispiel, an dem die Arbeitsweise der Inkrement- bzw. Dekrementoperationen ersichtlich wird. Zunächst betrachten wir das Codefragment einer Postfixinkrementoperation:

```
int x = 5;
int y = x++;
// y hat den Inhalt 5
```

Zuerst wird der Variablen x der Wert 5 zugewiesen. Im zweiten Schritt wird der aktuelle Inhalt von x an y übergeben und danach der Inhalt der Variablen x um eins erhöht. Nach Beendigung der zweiten Anweisung weist x den Inhalt 6 auf und y den Inhalt 5.

Ein abweichendes Ergebnis erhalten wir, wenn wir den ++-Operator als Präfixinkrementoperator einsetzen.

```
int a = 5;
int b = ++a;
// b hat den Inhalt 6
```

In diesem Fall wird zuerst der Inhalt der Variablen a um eins erhöht, und erst danach erfolgt die Zuweisung an die Variable b. Die Folge ist, dass b denselben Inhalt wie a hat.

Vielleicht wird Ihnen aufgefallen sein, dass Tabelle 2.6 keinen Potenzoperator beschreibt. Das ist keine Unterlassungssünde des Autors, da C# tatsächlich keinen bereitstellt. Stattdessen gibt es in der .NET-Klassenbibliothek eine Klasse namens Math, die diverse Methoden für mathematische Operationen bereitstellt, unter anderem auch die Methode Pow zum Potenzieren. Wollen Sie beispielsweise das Ergebnis von 2^5 berechnen, müssen Sie Folgendes codieren:

```
double value = Math.Pow(2, 5);
```

Besonderheiten einer Division

Bei einer Division zweier ganzer Zahlen gibt es einen Haken, der im ersten Moment nicht offensichtlich ist. Betrachten Sie dazu die beiden folgenden Anweisungen:

```
double value = 3 / 4;
Console.WriteLine(value);
```

An der Konsole wird nicht, wie zu erwarten wäre, das Ergebnis 0,75 angezeigt, sondern 0. Die Begründung dieses Phänomens ist recht einfach. Zur Laufzeit muss für die beiden Literale 3 und 4 Speicher reserviert werden. Die Laufzeitumgebung erkennt, dass es sich um ganze Zahlen handelt, und interpretiert den Typ der beiden Literale jeweils als Integer. Das Ergebnis der Division wird vor der endgültigen Zuweisung an `value` zwischengespeichert. Dazu wird Speicher reserviert, der dem Typ des größten der beiden beteiligten Operanden entspricht, mit der Folge, dass der Dezimalteil des Ergebnisses abgeschnitten wird. Bei der anschließenden Zuweisung an `value` ist das Kind bereits in den Brunnen gefallen – das Ergebnis ist falsch.

Zur Lösung dieser Problematik müssen Sie sicherstellen, dass einer der beiden Operanden als Dezimalzahl erkannt wird. Sie können das erreichen, indem Sie beispielsweise

```
double value = 3.0 / 4;
```

codieren. Die Zahl 3 wird jetzt nicht mehr als Integer, sondern als `double` verarbeitet. Dieser Typ ist erfreulicherweise in der Lage, auch Nachkommastellen aufzunehmen, und das Ergebnis wird korrekt angezeigt.

Eine andere Möglichkeit wäre es, einen der Operanden explizit in eine Dezimalzahl zu konvertieren:

```
double value = (double)3 / 4;
```

2.4.2 Vergleichsoperatoren

Vergleichsoperatoren vergleichen zwei Ausdrücke miteinander. Der Rückgabewert ist immer ein Wahrheitswert, also entweder `true` oder `false`. Vergleiche können auf Gleichheit bzw. Ungleichheit sowie auf größer und kleiner durchgeführt werden.

Operator	Beschreibung
`a = = b`	Der Vergleichsoperator prüft, ob der Ausdruck `a` dem Ausdruck `b` entspricht, und gibt in diesem Fall `true` zurück.
`a != b`	Das Ergebnis der Operation ist `true`, wenn `a` ungleich `b` ist.
`a > b`	Das Ergebnis der Operation ist `true`, wenn `a` größer `b` ist.
`a < b`	Das Ergebnis der Operation ist `true`, wenn `a` kleiner `b` ist.
`a <= b`	Das Ergebnis der Operation ist `true`, wenn `a` kleiner oder gleich `b` ist.
`a >= b`	Das Ergebnis der Operation ist `true`, wenn `a` größer oder gleich `b` ist.

Tabelle 2.7 Vergleichsoperatoren

Sehen wir uns einige boolesche Ausdrücke an:

```
bool bolCompare;
bolCompare = intVar <= 100;
```

Vergleichsoperatoren genießen eine höhere Priorität als der Zuweisungsoperator, daher wird zuerst der Teilausdruck `intVar <= 100` ausgewertet. Das Ergebnis des Vergleichs, je nachdem, ob der Vergleich wahr oder falsch ist, wird der Variablen `bolCompare` zugewiesen. Sie können die boolesche Operation auch direkt zur Initialisierung bei der Deklaration verwenden:

```
bool bolCompare = intVar <= 100;
```

Mit den Vergleichsoperatoren lassen sich auch die Inhalte von zwei `string`-Variablen miteinander vergleichen:

```
string strText1 = "Hallo";
string strText2 = "hallo";
bool bolStringCompare = strText1 == strText2;
```

Der Rückgabewert wird in diesem Fall `false` sein, weil beim Vergleich von Zeichenketten der Groß-/Kleinschreibung Beachtung geschenkt wird.

2.4.3 Logische Operatoren

C# bietet eine Reihe logischer Operatoren an, die ebenfalls als Resultat einen booleschen Wert liefern. Sehen wir uns zunächst Tabelle 2.8 an, bevor wir uns an einigen Beispielen die Wirkungsweise dieser Operatoren verdeutlichen.

Operator	Beschreibung
`!`	Unärer Negationsoperator: Der Ausdruck `!a` ist `true`, wenn `a` einen unwahren Wert beschreibt, und `false`, wenn `a` wahr ist.
`&`	And-Operator, 1.Variante: Der Ausdruck `a & b` ist dann `true`, wenn sowohl `a` als auch `b` `true` sind. Dabei werden in jedem Fall beide Ausdrücke ausgewertet.
`|`	Or-Operator, 1. Variante: Der Ausdruck `a | b` ist `true`, wenn entweder `a` oder `b` wahr ist. Dabei werden in jedem Fall beide Ausdrücke ausgewertet.
`^`	Xor-Operator: Der Ausdruck `a ^ b` ist `true`, wenn die beiden beteiligten Operanden unterschiedliche Wahrheitswerte haben.
`&&`	And-Operator, 2. Variante: Der Ausdruck `a && b` ist `true`, wenn sowohl `a` als auch `b` `true` sind. Zuerst wird `a` ausgewertet. Sollte `a` `false` sein, ist in jedem Fall der Gesamtausdruck unabhängig von `b` auch falsch. `b` wird dann nicht mehr ausgewertet.
`||`	Or-Operator, 2. Variante: Der Ausdruck `a || b` ist `true`, wenn entweder `a` oder `b` `true` ist. Zuerst wird `a` ausgewertet. Sollte `a` bereits `true` sein, ist in jedem Fall der Gesamtausdruck unabhängig von `b` auch wahr. `b` wird dann nicht mehr ausgewertet.

Tabelle 2.8 Logische Operatoren

Das Ergebnis einer Operation, an der logische Operatoren beteiligt sind, lässt sich am besten anhand einer Wahrheitstabelle darstellen.

Bedingung 1	Bedingung 2	And-Operator	Or-Operator	Xor-Operator
false	false	false	false	false
true	false	false	true	true
false	true	false	true	true
true	true	true	true	false

Tabelle 2.9 Wahrheitstabellen

Sehr häufig werden logische Operatoren benutzt, wenn eine Entscheidung darüber getroffen werden muss, welcher Programmcode in Abhängigkeit vom Ergebnis einer Bedingungsprüfung ausgeführt werden soll:

```
if(x != y)
  Console.WriteLine("x ist ungleich y");
```

In diesem einfachen Beispiel, das auch ohne größere Erklärung verständlich sein dürfte, wird die `WriteLine`-Methode dann ausgeführt, wenn die Bedingung

```
x != y
```

erfüllt ist, also `true` liefert.

Bedingungen können durchaus auch komplexer werden und neben logischen Operatoren auch mehrere Vergleichsoperatoren enthalten. Betrachten wir das folgende Codefragment:

```
if(x < 5 || y > 20)
  Console.WriteLine("Bedingung ist erfüllt");
```

In diesem Codefragment haben wir es mit drei verschiedenen Operatoren zu tun. Da stellt sich sofort die Frage, in welcher Reihenfolge sie zur Bildung des Gesamtergebnisses herangezogen werden. Von den drei Operatoren hat der `||`-Operator die geringste Priorität, `<` und `>` sind in dieser Hinsicht gleichwertig (siehe auch Abschnitt 2.4.8, »Operator-Vorrangregeln«). Folglich wird zuerst das Ergebnis aus

```
x < 5
```

gebildet und danach das aus:

```
y > 20
```

Beide Teilergebnisse sind entweder `true` oder `false` und werden am Schluss mit `||` verglichen, woraus das Resultat gebildet wird. Manchmal ist es allerdings wegen der besseren Les- und Interpretierbarkeit einer komplexen Bedingung durchaus sinnvoll, auch unnötige Klammerpaare zu setzen:

```
if((x < 5) || (y > 20))
```

Interessant sind insbesondere die ähnlichen Paare `&` und `&&` bzw. `|` und `||`. Um die Unterschiede in der Verhaltensweise genau zu verstehen, wollen wir ein kleines Beispielprogramm entwickeln, das auch syntaktische Elemente enthält, die bisher noch nicht unser Thema waren.

```
// ---------------------------------------------------------------
// Beispiel: ...\Kapitel 2\LogischeOperatoren
// ---------------------------------------------------------------
using System;
using System.Collections.Generic;
using System.Linq;
using System.Text;

namespace LogischeOperatoren {
  class Program {
    static void Main(string[] args){
      int x = 8;
      int y = 9;
      // wenn die Bedingung wahr ist, dann dies durch eine
      // Ausgabe an der Konsole bestätigen
      if((x != y) | TestFunction())
        Console.WriteLine("Bedingung ist erfüllt");
      Console.ReadLine();
    }
    // benutzerdefinierte Prozedur
    static bool TestFunction() {
      Console.WriteLine("Aufruf der TestFunction");
      return true;
    }
  }
}
```

Neu ist in diesem Beispiel die Definition einer Prozedur, die hier `TestFunction` heißt. `TestFunction` macht nicht sehr viel: Sie schreibt nur eine Meldung in das Konsolenfenster und gibt immer den booleschen Wert `true` als Ergebnis des Aufrufs zurück.

In `Main` werden den beiden Variablen `x` und `y` feste Werte zugewiesen. Daraus folgt, dass die Bedingung

```
x != y
```

immer wahr ist. Verknüpft wird diese Bedingung über den Oder-Operator `|` mit dem Aufruf der benutzerdefinierten Funktion. Da diese einen booleschen Wert zurückliefert, ist der Code syntaktisch korrekt. Führen wir das Programm aus, wird an der Konsole

```
Aufruf der TestFunction
Bedingung ist erfüllt
```

angezeigt. Halten wir an dieser Stelle die folgende Tatsache fest: Zwei Ausdrücke sind mit dem Oder-Operator | verknüpft. Beide Bedingungen werden vollständig geprüft, bevor das Gesamtergebnis der Operation feststeht. Aus der Wahrheitstabelle (siehe Tabelle 2.9) können wir aber entnehmen, dass die Gesamtbedingung in jedem Fall `true` ist, wenn einer der beiden Ausdrücke wahr ist. Folglich wäre es auch vollkommen ausreichend, nach dem Prüfen der Bedingung `x != y` die zweite Bedingung keiner eigenen Überprüfung zu unterziehen, da das Endergebnis bereits feststeht.

Hier betritt nun der zweite Oder-Operator (||) die Bühne. Wenn wir die Bedingung nun mit

```
if((x != y) || TestFunction())
```

formulieren, lautet die Ausgabe an der Konsole nur noch:

```
Bedingung ist erfüllt
```

Der Wahrheitsgehalt der zweiten Bedingung wird erst gar nicht mehr überprüft, da er das Endergebnis nicht mehr beeinflussen kann. Genauso arbeiten auch die beiden Operatoren `&` und `&&`.

In der Praxis kann diesem an sich feinen Unterschied große Bedeutung hinsichtlich der Performance einer Anwendung zukommen. Wenn nämlich die zweite Bedingung eine länger andauernde Ausführungszeit für sich beansprucht und das Ergebnis der ersten Operation die Prüfung der zweiten Bedingung unnötig macht, kann mit `||` bzw. `&&` durchaus ein kleiner Beitrag zur Verbesserung der Gesamtleistung geleistet werden.

2.4.4 Bitweise Operatoren

Bitweise Operatoren dienen dazu, auf die Bitdarstellung numerischer Operanden zuzugreifen. Dabei kann die Bitdarstellung eines numerischen Operanden sowohl abgefragt als auch manipuliert werden.

Operator	Beschreibung
~	Invertiert jedes Bit des Ausdrucks (Einerkomplement).
|	Aus `x	y` resultiert ein Wert, bei dem die korrespondierenden Bits von `x` und `y` Or-verknüpft werden.
&	Aus `x & y` resultiert ein Wert, bei dem die korrespondierenden Bits von `x` und `y` And-verknüpft werden.

Tabelle 2.10 Bitweise Operatoren

Operator	Beschreibung
^	Aus x ^ y resultiert ein Wert, bei dem die korrespondierenden Bits von x und y Xor-verknüpft werden.
<<	Aus x << y resultiert ein Wert, der dadurch entsteht, dass die Bits des ersten Operanden x um die durch im zweiten Operanden y angegebene Zahl nach links verschoben werden.
>>	Aus x >> y resultiert ein Wert, der dadurch entsteht, dass die Bits des ersten Operanden x um die durch im zweiten Operanden y angegebene Zahl nach rechts verschoben werden.

Tabelle 2.10 Bitweise Operatoren (Forts.)

Beachten Sie bitte, dass die Operatoren & und | sowohl als Vergleichsoperatoren als auch als bitweise Operatoren eingesetzt werden können. Als Vergleichsoperatoren werden zwei boolesche Operanden miteinander verglichen und ein Wahrheitswert als Ergebnis der Operation zurückgeliefert, und die bitweisen Operatoren vergleichen die einzelnen Bits einer Speicheradresse und bilden daraus das Ergebnis.

Wir sehen uns jetzt an einigen Beispielen an, wie diese Operatoren eingesetzt werden können.

Beispiel 1

Im Folgenden werden die beiden Literale 13 und 5 mit dem bitweisen &-Operator verknüpft:

```
a = 13 & 5;
Console.WriteLine(a);
```

Die Bitdarstellung dieser beiden Literale sieht wie folgt aus:

```
13 = 0000 0000 0000 1101
 5 = 0000 0000 0000 0101
```

An der Konsole wird als Ergebnis die Zahl 5 angezeigt, was der Bitdarstellung

```
0000 0000 0000 0101
```

entspricht. Wir können unser Ergebnis auch wie folgt interpretieren:

Eine vorgegebene Bitsequenz kann mit dem bitweisen &-Operator daraufhin untersucht werden, ob die vom rechten Operanden beschriebenen Bits in der vorgegebenen Bitfolge gesetzt sind. Das ist genau dann der Fall, wenn das Ergebnis der &-Verknüpfung dasselbe Ergebnis liefert wie im rechtsseitigen Operanden angegeben.

Beispiel 2

Verknüpfen wir nun zwei Literale mit dem bitweisen Oder-Operator |, also beispielsweise:

```
int a = 71 | 49;
Console.WriteLine(a);
```

Die Bitdarstellung dieser beiden Literale sieht wie folgt aus:

```
71 = 0000 0000 0100 0111
49 = 0000 0000 0011 0001
```

Das Ergebnis wird 119 lauten oder in Bitdarstellung:

```
0000 0000 0111 0111
```

Beispiel 3

Dem Xor-Operator ^ kommt ebenfalls eine ganz besondere Bedeutung zu, wie das folgende Beispiel zeigt:

```
int a = 53;
a = a ^ 22;
Console.WriteLine(a);
```

Sehen wir uns zunächst wieder die durch die beiden Literale beschriebenen Bitsequenzen an:

```
53 = 0000 0000 0011 0101
22 = 0000 0000 0001 0110
```

Lassen wir uns das Ergebnis an der Konsole anzeigen, wird 35 ausgegeben. Das entspricht folgender Bitfolge:

```
0000 0000 0010 0011
```

Hier wird also das zweite, dritte und das fünfte Bit des linken Operanden invertiert – so wie es der rechte Operand vorgibt. Analysieren wir das Ergebnis, kommen wir zu dem folgenden Merksatz:

Merksatz

In einer vorgegebenen Bitsequenz können ganz bestimmte Bits mit dem bitweisen ^-Operator invertiert werden. Die Ausgangsbitfolge steht links vom Operator, und die Zahl, die die Bits repräsentiert, die invertiert werden sollen, steht rechts vom Operator.

Wenden wir auf das Ergebnis ein zweites Mal den ^-Operator an, also

```
int a = 53;
a = a ^ 22;
a = a ^ 22;
```

wird die Variable a wieder den ursprünglichen Wert 53 beinhalten.

Beispiel 4

Zum Abschluss nun noch ein Beispiel mit dem Verschiebeoperator <<. Die Bits des Literals 37 sollen um zwei Positionen nach links verschoben werden, und die Anzeige soll sowohl im Dezimal- als auch im Hexadezimalformat erfolgen.

```
c = 37 << 2;
Console.WriteLine("dezimal    : {0}",c);
Console.WriteLine("hexadezimal: 0x{0:x}",c);
```

Die Zahl 37 entspricht der Bitdarstellung:

```
0000 0000 0010 0101
```

Nach der Verschiebung um die geforderten zwei Positionen nach links ergibt sich

```
0000 0000 1001 0100
```

was wiederum der Zahl 148 oder in hexadezimaler Schreibweise 0x94 entspricht, was uns auch die Laufzeitumgebung bestätigt.

Mit

```
c = 37 >> 2;
```

lautet das Ergebnis 9, was zu der folgenden Aussage führt:

Bei der Bitverschiebung eines positiven Operanden mit dem <<- oder >>-Operator werden die frei werdenden Leerstellen mit 0-Bits aufgefüllt.

2.4.5 Zuweisungsoperatoren

Bis auf die Ausnahme des einfachen Gleichheitszeichens dienen alle anderen Zuweisungsoperatoren zur verkürzten Schreibweise einer Anweisung, bei der der linke Operand einer Operation gleichzeitig auch der Empfänger des Operationsergebnisses ist.

<table>
<tr><th>Operator</th><th>Beschreibung</th></tr>
<tr><td>=</td><td>x = y weist x den Wert von y zu.</td></tr>
<tr><td>+=</td><td>x += y weist x den Wert von x + y zu.</td></tr>
<tr><td>-=</td><td>x -= y weist x den Wert von x - y zu.</td></tr>
<tr><td>*=</td><td>x *= y weist x den Wert von x * y zu.</td></tr>
<tr><td>/=</td><td>x /= y weist x den Wert von x / y zu.</td></tr>
<tr><td>%=</td><td>x %= y weist x den Wert von x % y zu.</td></tr>
<tr><td>&=</td><td>x &= y weist x den Wert von x & y zu.</td></tr>
<tr><td>|=</td><td>x |= y weist x den Wert von x | y zu.</td></tr>
</table>

Tabelle 2.11 Zuweisungsoperatoren

Operator	Beschreibung
^=	x ^= y weist x den Wert von x ^ y zu.
<<=	x <<= y weist x den Wert von x << y zu.
>>=	x >>= y weist x den Wert von x >> y zu.

Tabelle 2.11 Zuweisungsoperatoren (Forts.)

2.4.6 Stringverkettung

Den +-Operator haben Sie bereits in Verbindung mit arithmetischen Operationen kennengelernt. Ihm kommt allerdings auch noch eine zweite Aufgabe zu, nämlich die Verkettung von Zeichenfolgen. Ist wenigstens einer der beiden an der Operation beteiligten Operanden vom Typ `string`, bewirkt der +-Operator eine Stringverkettung. Bei Bedarf wird der Operand, der nicht vom Typ `string` ist, implizit in einen solchen konvertiert. Das Ergebnis der Stringverkettung ist wieder eine Zeichenfolge. Nachfolgend finden Sie einige Codefragmente, die Beispiele für Stringverkettungen zeigen.

```
string strText1 = "Leckere";
string strText2 = "Suppe";
string strText3 = strText1 + " " + strText2;
// strText3 hat den Inhalt 'Leckere Suppe'
```

```
int intVar = 4711;
string strText = "Hallo";
strText += intVar;
// strText hat den Inhalt 'Hallo4711'
```

```
string strInt1 = "4";
string strInt2 = "3";
Console.WriteLine(strInt1 + strInt2);
// strText hat den Inhalt '43'
```

2.4.7 Sonstige Operatoren

Wir sind noch nicht am Ende der Aufzählung der Operatoren von C# angelangt. Es stehen Ihnen noch einige besondere Operatoren zur Verfügung, mit denen Sie in den vorhergehenden Abschnitten teilweise auch schon gearbeitet haben oder die Sie im weiteren Verlauf dieses Buches noch kennenlernen werden. Der Vollständigkeit halber sind die Operatoren dieser Gruppe in Tabelle 2.12 aufgeführt.

Operator	Beschreibung
.	Der Punktoperator wird für den Zugriff auf die Eigenschaften oder Methoden einer Klasse verwendet, z. B. `Console.ReadLine();`.

Tabelle 2.12 Sonstige C#-Operatoren

Operator	Beschreibung
`[]`	Der `[]`-Operator wird für Arrays, Indexer und Attribute verwendet, z. B. `arr[10]`.
`()`	Der `()`-Operator dient zwei Zwecken: Er gibt die Reihenfolge der Operationen vor und wird auch zur Typkonvertierung eingesetzt.
`?:`	Der `?:`-Operator gibt einen von zwei Werten in Abhängigkeit von einem dritten zurück. Er ist eine einfache Variante der `if`-Bedingungsprüfung.
`new`	Dient zur Instanziierung einer Klasse.
`is`	Prüft den Laufzeittyp eines Objekts mit einem angegebenen Typ.
`typeof`	Ruft das `System.Type`-Objekt für einen Typ ab.
`checked / unchecked`	Steuert die Reaktion der Laufzeitumgebung bei einem arithmetischen Überlauf.

Tabelle 2.12 Sonstige C#-Operatoren (Forts.)

2.4.8 Operator-Vorrangregeln

Enthält ein Ausdruck mehrere Operatoren, entscheiden die Operator-Vorrangregeln über die Reihenfolge der Ausführung der einzelnen Operationen. In Tabelle 2.13 sind die Operatoren so angeordnet, dass die weiter oben stehenden Vorrang vor den weiter unten stehenden haben.

Gruppe	Operator
1	`x.y` (Punktoperator), `a[x]`, `x++`, `x--`, `new`, `typeof`, `checked`, `unchecked`
2	+ (unär), - (unär), `!`, `~`, `++x`, `--x`, `(<Typ>)x`
3	`*`, `/`, `%`
4	+ (additiv), - (subtraktiv)
5	`<<`, `>>`
6	`<`, `>`, `<=`, `>=`, `is`
7	`==`, `!=`
8	`&`
9	`^`
10	`|`
11	`&&`
12	`||`
13	`?:`
14	`=`, `*=`, `/=`, `%=`, `+=`, `-=`, `<<=`, `>>=`, `&=`, `^=`, `|=`

Tabelle 2.13 Operator-Vorrangregeln

2.5 Datenfelder (Arrays)

Arrays, die auch als Datenfelder bezeichnet werden, ermöglichen es, eine nahezu beliebig große Anzahl von Variablen gleichen Namens und gleichen Datentyps zu definieren. Unterschieden werden die einzelnen Elemente nur anhand einer Indizierung. Arrays kommen insbesondere dann zum Einsatz, wenn in Programmschleifen dieselben Operationen auf alle oder einen Teil der Elemente ausgeführt werden sollen.

2.5.1 Deklaration und Initialisierung eines Arrays

Die Deklaration eines Arrays wird am besten an einem Beispiel verdeutlicht:

```
int[] myArr;
```

Mit dieser Anweisung wird das Array `myArr` deklariert, das Integerzahlen beschreibt. Um wie viele es sich handelt, ist noch nicht festgelegt. Die Kennzeichnung als Array erfolgt durch die eckigen Klammern, die hinter dem Datentyp angegeben werden müssen. Danach folgt der Bezeichner des Arrays.

Das Array `myArr` ist zwar deklariert, aber noch nicht initialisiert. Insbesondere benötigt die Laufzeitumgebung eine Angabe darüber, wie viele Elemente sich im Array befinden. Arrays werden von der .NET-Laufzeitumgebung als Objekt angesehen, deshalb unterscheidet sich die Initialisierung von der einer herkömmlichen Variablen:

```
int[] myArr;
myArr = new int[3];
```

Das Schlüsselwort `new` kennzeichnet die Erzeugung eines Objekts. Dahinter wird der Datentyp genannt. Die Anzahl der Array-Elemente – man spricht auch von der Größe des Arrays – geht aus der Zahlenangabe in den eckigen Klammern hervor: In unserem Fall verwaltet das Array `myArr` genau drei Integerzahlen. Die Angabe in den eckigen Klammern der Initialisierung ist immer eine Zahl vom Typ `int`.

Hinweis

Die Anzahl der Elemente eines Arrays ergibt sich aus der Angabe in den eckigen Klammern bei der Initialisierung mit `new`.

Eine alternativ gleichwertige Deklarations- und Initialisierungsanweisung ist einzeilig und bietet sich insbesondere dann an, wenn bei der Deklaration bekannt ist, wie viele Elemente das Array haben soll:

```
int[] myArr = new int[3];
```

Alle Elemente dieses Arrays sind danach mit dem Wert 0 vorinitialisiert. Steht zum Deklarationszeitpunkt bereits fest, welche Daten die Array-Elemente aufnehmen sollen, bietet sich auch die *literale Initialisierung* an, bei der die Daten in geschweiften Klammern bekannt gegeben werden:

```
int[] myArr = new int[3]{23,9,7};
```

Gleichwertig ist auch diese Initialisierung:

```
int[] myArr = new int[]{23,9,7};
```

Wer es ganz besonders kurz mag, darf auch die folgende Schreibweise einsetzen, bei der die Größe des Arrays automatisch anhand der Anzahl der zugewiesenen Elemente bestimmt wird:

```
int[] myArr = {23,9,7};
```

Die literale Initialisierung setzt voraus, dass allen Elementen ein gültiger Wert übergeben wird. Deshalb ist die folgende Initialisierung falsch:

```
// fehlerhafte literale Initialisierung
int[] myArr = new int[3]{23};
```

2.5.2 Zugriff auf Array-Elemente

Bei der Initialisierung eines Arrays werden die einzelnen Elemente durchnummeriert. Dabei hat das erste Element den Index 0, das letzte Element den Index

```
Anzahl der Elemente - 1
```

Ein Array, das mit

```
long[] lngArr = new long[3];
```

deklariert und initialisiert worden ist, enthält somit drei Elemente:

```
lngArr[0]
lngArr[1]
lngArr[2]
```

Wollen Sie auf ein bestimmtes Element zugreifen, beispielsweise um den Inhalt auszuwerten oder einen neuen Inhalt zuzuweisen, geschieht das ebenfalls über den Index, der hinter dem Array-Namen in eckigen Klammern angegeben wird. Betrachten wir zur Verdeutlichung wieder das mit

```
int[] myArr = new int[3];
```

deklarierte Array, das drei Elemente enthält. Beabsichtigen wir, dem ersten Element des Arrays die Zahl 55 zuzuweisen, müsste die Anweisung wie folgt lauten:

```
myArr[0] = 55;
```

Analog erfolgt auch die Auswertung des Elementinhalts durch die Angabe des Index:

```
int iVar = myArr[0];
```

Im folgenden Beispiel werden zwei Arrays deklariert und mit Werten initialisiert, die anschließend an der Konsole ausgegeben werden.

```
// ---------------------------------------------------------------
// Beispiel: ...\Kapitel 2\ArrayDemo
// ---------------------------------------------------------------
using System;
using System.Collections.Generic;
using System.Linq;
using System.Text;

namespace ArrayDemo {
  class Program {
    static void Main(string[] args) {
      long[] lngVar = new long[4];
      string[] strArr = new String[2];
      //Wertzuweisungen
      lngVar[0] = 230;
      lngVar[1] = 4711;
      lngVar[3] = 77;
      strArr[0] = "C# ";
      strArr[1] = "macht Spaß!";
      //Konsolenausgabe
      Console.WriteLine("lngVar[0] = {0}",lngVar[0]);
      Console.WriteLine("lngVar[1] = {0}",lngVar[1]);
      Console.WriteLine("lngVar[2] = {0}",lngVar[2]);
      Console.WriteLine("lngVar[3] = {0}",lngVar[3]);
      Console.Write(strArr[0]);
      Console.WriteLine(strArr[1]);
      Console.ReadLine();
    }
  }
}
```

Das Array `lngVar` hat eine Größe von insgesamt vier Elementen und ist vom Typ `long`; das Array `strArr` vom Typ `string` enthält zwei Elemente. Bis auf das dritte Element des `long`-Arrays mit dem Index 2 wird allen Elementen ein Wert zugewiesen. Die Ausgabe des Programms zur Laufzeit lautet:

```
lngVar[0] = 230
lngVar[1] = 4711
```

```
lngVar[2] = 0
lngVar[3] = 77
C# macht Spaß!
```

2.5.3 Speicherabbild eines Arrays

Ein Array beschreibt eine bestimmte Anzahl typgleicher Elemente, die im Speicher aufeinanderfolgen. Angenommen, es sei das Array `arr` vom Typ `int` deklariert (der Typ spielt bei unserer theoretisch ausgerichteten Betrachtung keine Rolle) und den einzelnen Feldelementen werden die folgenden Werte zugewiesen:

```
int[] arr = new int[7];
arr[0] = 72;
arr[1] = 23;
arr[2] = 24;
arr[3] = 88;
arr[4] = 10;
arr[5] = 10;
arr[6] = 45;
```

Nehmen wir nun rein hypothetisch an, das erste Element (`arr[0]`) würde die Speicheradresse `4000` für sich reservieren. Dann könnte sich das Abbild des von uns betrachteten Speicherbereichs so präsentieren wie in Abbildung 2.9.

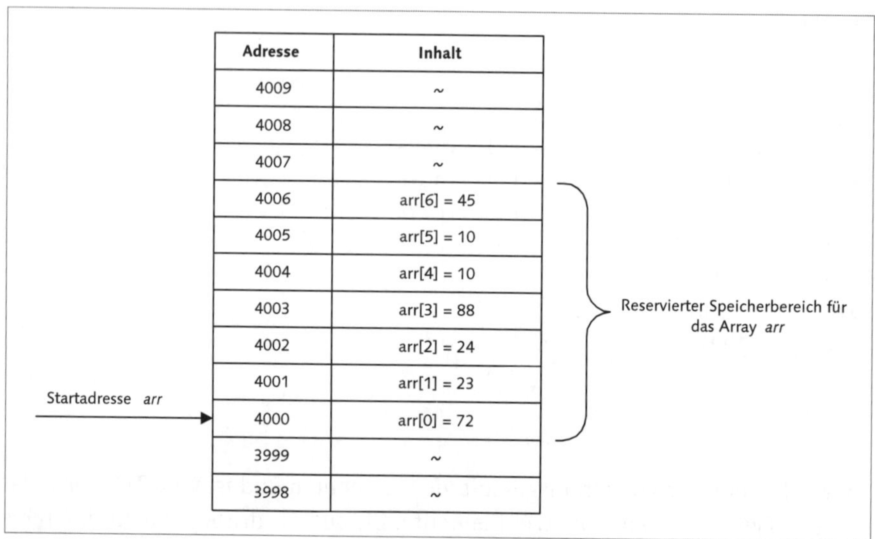

Abbildung 2.9 Speicherabbild eines Arrays

Mit der Zuweisung eines Werts an ein Element des Arrays bzw. mit dem Auswerten des Inhalts erfolgt ein direkter Zugriff auf die Adresse des entsprechenden Elements.

Interessant wird es, wenn Sie das Array einer zweiten Array-Variablen zuweisen wollen. Darunter ist nicht die Schaffung einer Kopie (Clone) zu verstehen, sondern der Zugriff auf die Originaldaten des ursprünglichen Arrays – nur unter einem anderen Bezeichner. Betrachten Sie dazu das folgende Beispiel ArrayAdresse:

```
// ---------------------------------------------------------------
// Beispiel: ...\Kapitel 2\ArrayAdresse
// ---------------------------------------------------------------
using System;
using System.Collections.Generic;
using System.Linq;
using System.Text;

namespace ArrayAdresse {
  class Program {
    static void Main(string[] args) {
      int[] arr = new int[7];
      arr[0] = 72; arr[1] = 23; arr[2] = 24; arr[3] = 88;
      arr[4] = 10; arr[5] = 10; arr[6] = 45;
      // Zuweisung des Arrays arr an das neue Array newArr
      int[] newArr = arr;
      // Konsolenausgabe
      Console.WriteLine("newArr[0] = {0}", newArr[0]);
      Console.WriteLine("newArr[1] = {0}", newArr[1]);
      Console.WriteLine("newArr[2] = {0}", newArr[2]);
      Console.WriteLine("newArr[3] = {0}", newArr[3]);
      Console.WriteLine("newArr[4] = {0}", newArr[4]);
      Console.WriteLine("newArr[5] = {0}", newArr[5]);
      Console.WriteLine("newArr[6] = {0}", newArr[6]);
      Console.ReadLine();
    }
  }
}
```

Zunächst wird das Array arr mit spezifischen Daten initialisiert, danach wird mit

```
int[] newArr = arr;
```

das Array newArr deklariert. Das Besondere ist, dass die Initialisierung nicht mit new oder literal erfolgt, sondern durch die Zuweisung des Array-Bezeichners arr. Anschließend werden die Elemente des Arrays newArr der Reihe nach an der Konsole ausgegeben:

```
newArr[0] = 72
newArr[1] = 23
newArr[2] = 24
...
```

Da die Laufzeitumgebung Arrays als Objekte behandelt, wird der Name eines Arrays ohne die zusätzliche Angabe eines Index der Startadresse des Arrays gleichgesetzt. Die Angabe `arr` steht somit für unsere fiktiv angenommene Adresse 4000, die nun auch zur Startadresse des Arrays `newArr` wird. Deshalb werden mit den Indizes des Arrays `newArr` dieselben Elemente angesprochen wie mit dem Array `arr`.

2.5.4 Mehrdimensionale Arrays

Die bisher behandelten Arrays können Sie sich als eine einfache Folge von Daten auf einer Geraden vorstellen. Sie werden als eindimensionale Arrays bezeichnet. Zur Darstellung komplexer Datenstrukturen, beispielsweise räumlicher, sind eindimensionale Arrays aber nicht besonders gut geeignet. Daher kommen in der Praxis auch häufig zweidimensionale oder noch höher dimensionierte Arrays zum Einsatz.

Ein zweidimensionales Array kann man sich als Matrix oder Tabelle vorstellen. Bekanntermaßen ist jede Zelle einer Tabelle eindeutig durch die Position in einer Reihe und einer Spalte identifizierbar. Um den Inhalt einer Tabellenzelle durch ein bestimmtes Array-Element zu beschreiben, bietet sich ein zweidimensionales Array an: Eine Dimension beschreibt die Reihe, die andere Dimension die Spalte.

Angenommen, eine Tabelle hat vier Reihen und drei Spalten, dann könnte die Deklaration

```
int[,] zelle = new int[4,3];
```

lauten. In Abbildung 2.10 ist dieser Sachverhalt anschaulich dargestellt. In der ersten Dimension, die die Reihen beschreibt, werden vier Elemente bereitgestellt und in der zweiten Dimension, die für die Spalte steht, drei. Damit enthält das Array insgesamt 4 * 3 = 12 Elemente, was auch der Anzahl der Zellen dieser Tabelle entspricht. Die Zuordnung, in der ersten Dimension die Zeilenanzahl und in der zweiten die Spaltenanzahl anzugeben, kann natürlich ebenso gut auch vertauscht werden.

	Spalte 0	**Spalte 1**	**Spalte 2**
Reihe 0	zelle[0,0]	zelle[0,1]	zelle[0,2]
Reihe 1	zelle[1,0]	zelle[1,1]	zelle[1,2]
Reihe 2	zelle[2,0]	zelle[2,1]	zelle[2,2]
Reihe 3	zelle[3,0]	zelle[3,1]	zelle[3,2]

Abbildung 2.10 Grafische Darstellung eines zweidimensionalen Arrays

Zweidimensionale Arrays werden unter C# immer in der folgenden Weise deklariert:

```
// Syntax: Deklaration eines zweidimensionalen Arrays
Datentyp[,] Bezeichner;
```

Bei der Initialisierung werden die Dimensionsgrenzen festgelegt. Das kann explizit die Angabe der Dimensionsgröße sein, beispielsweise mit:

```
int[,] point = new int[2,3];
```

Etwas schwieriger ist die literale Initialisierung eines mehrdimensionalen Arrays. Jede Dimensionsebene wird durch ein Paar geschweifter Klammern dargestellt, bei einem eindimensionalen Array also – wie oben eingangs gezeigt – durch ein Klammerpaar:

```
{Anzahl der Elemente der ersten Dimension}
```

Da ein zweidimensionales Array als ein Feld zu verstehen ist, bei dem jedes Array-Element selbst wieder ein eigenes Feld gleichen Typs definiert, wird jedes Element der Initialisierung eines eindimensionalen Arrays durch ein Paar geschweifter Klammern ersetzt, in dem wiederum Werte des »Unterarrays« angegeben werden:

```
{{Anzahl der Elemente der zweiten Dimension}, { }, ...}
```

Die literale Zuweisung an ein zweidimensionales Array könnte demnach wie folgt aussehen:

```
int[,] point = new int[,]{{1,2,3},{4,5,6}}
```

Zulässig ist auch ebenfalls die kürzere Schreibweise mit:

```
int[,] point = {{1,2,3},{4,5,6}}
```

Diese Systematik setzt sich mit jeder weiteren Dimension fort. Beispielhaft sei das noch an einem dreidimensionalen Array gezeigt:

```
{{{Anzahl der Elemente der dritten Dimension}, { }, ...}, { },  ...}
```

Das folgende Codebeispiel zeigt anhand eines dreidimensionalen Arrays, dass die Initialisierung mit zunehmender Dimensionstiefe schon verhältnismäßig komplex und dazu auch noch schlecht lesbar ist:

```
int[,,] myArr = { { {1,2,3,4},{3,4,5,6},{6,7,8,9}},
                  { {3,4,6,1},{6,19,3,4},{4,1,8,7}}
          };
```

Das Array `myArr` entspricht einem Array `myArr[2,3,4]`. Es weist in der dritten Dimension vier Elemente auf, in der zweiten drei und in der ersten zwei.

Beim Zugriff auf ein mehrdimensionales Array muss man jede Dimension des entsprechenden Elements angeben. Beispielsweise schreibt die Anweisung

```
Console.WriteLine(myArr[1,1,1]);
```

die Zahl 19 in das Konsolenfenster.

2.5.5 Array-Größe zur Laufzeit festlegen

Nicht immer sind wir in der glücklichen Lage, schon zur Entwicklungszeit die Größe eines Arrays zu kennen, da diese sich möglicherweise erst zur Laufzeit ergibt. In dieser Situation kann die Festlegung der Größe auch über eine Variable erfolgen, die zur Laufzeit mit einem konkreten Wert initialisiert wird. Das folgende Beispiel demonstriert das. Die Aufgabenstellung soll dabei sein, jedem Array-Element als Wert das Quadrat seines Index zuzuweisen.

```
// ---------------------------------------------------------------
// Beispiel: ...\Kapitel 2\ArrayInitialisierung
// ---------------------------------------------------------------
using System;
using System.Collections.Generic;
using System.Linq;
using System.Text;

namespace ArrayInitialisierung {
  class Program {
    static void Main(string[] args) {
      int[] myArr;
      // Eingabe der Array-Größe
      Console.Write("Geben Sie die Azzahl der Elemente ein: ");
      int number = Convert.ToInt32(Console.ReadLine());
      // Initialisierung des Arrays
      myArr = new int[number];
      // jedes Element des Arrays in einer Schleife durchlaufen
      for(int i=0; i<number; i++) {
        // dem Array-Element einen Wert zuweisen
        myArr[i] = i * i;
        // das Array-Element an der Konsole ausgeben
        Console.WriteLine("myArr[{0}] = {1}",i, myArr[i]);
      }
      Console.ReadLine();
    }
  }
}
```

Zuerst wird das Array `myArr` deklariert, dessen Größe zunächst noch unbestimmt ist. Im nächsten Schritt wird der Anwender zur Angabe der gewünschten Elementanzahl aufgefordert. Die Eingabe wird von der Methode `ReadLine` entgegengenommen und als Rückgabewert vom Typ `string` geliefert. Da wir das Array mit einem Integer initialisieren müssen, muss die Benutzereingabe vor der Zuweisung an die Variable `number` zuerst in den richtigen Typ konvertiert werden. Wir benutzen dazu wieder die Methode `ToInt32` der Klasse `Convert`.

Jetzt wissen wir, wie groß das Array `myArr` tatsächlich werden soll, und können es mit

```
myArr = new int[number];
```

initialisieren.

Thematisch noch nicht behandelt haben wir bisher Schleifen, um Anweisungen wiederholt auszuführen. Das soll uns aber in diesem Beispiel nicht davon abhalten, schon einmal einen kurzen Blick auf die `for`-Schleife zu werfen, die solche Anforderungen erfüllt. Die Anzahl der Schleifendurchläufe muss dabei vor dem Eintreten in die Schleife bekannt sein. Auf die Details der Syntax kommen wir in Abschnitt 2.7.1, »for-Schleife«, noch zu sprechen.

In unserem Beispiel wird die Schleife vom ersten Index (= 0) bis zum letzten Index durchlaufen, der erst zur Laufzeit der Anwendung festgelegt wird. Innerhalb des Anweisungsblocks wird anforderungsgerecht zuerst das Quadrat des Index ermittelt und das Ergebnis dem entsprechenden Array-Element zugewiesen. Anschließend erfolgt die Ausgabe an der Konsole.

Wenn Sie zur Laufzeit auf Aufforderung hin die Zahl 4 eingeben, wird im Fenster der Eingabekonsole die folgende Ausgabe erscheinen:

```
myArr[0] = 0
myArr[1] = 1
myArr[2] = 4
myArr[3] = 9
```

2.5.6 Bestimmung der Array-Obergrenze

Es kommt häufig vor, dass Sie zur Laufzeit die Array-Obergrenze ermitteln müssen, bei einem mehrdimensionalen Array vielleicht sogar die Obergrenze einer bestimmten Dimension. Insbesondere bei Arrays, deren Größe (ähnlich wie im vorhergehenden Abschnitt gezeigt) erst zur Laufzeit festgelegt wird, kommt dieser Fragestellung besondere Bedeutung zu.

Da ein Array ein Objekt ist, können auf dem Array-Bezeichner Methoden aufgerufen werden. Dazu gehört auch die Methode `GetLength`, die uns für jede beliebige Dimension eines vorgegebenen Arrays die Anzahl der Elemente zurückliefert.

Auch wenn wir thematisch jetzt ein wenig vorgreifen, sollten wir uns kurz die Definition dieser Methode in der Klassenbibliothek ansehen:

```
public int GetLength(int dimension)
```

Der Zugriffsmodifizierer `public` interessiert uns an dieser Stelle noch nicht. In einem anderen Zusammenhang werden wir uns mit ihm noch genau beschäftigen. Die Methode liefert einen `int` als Resultat zurück, gekennzeichnet durch die entsprechende Angabe vor dem Methodenbezeichner. In den runden Klammern ist ebenfalls ein `int` deklariert. Hier erwartet die Methode von uns die Angabe, von welcher Dimension wir die Elementanzahl, also die Größe, erfahren wollen. Dabei gilt, dass die erste Dimension mit 0 angegeben wird, die zweite mit 1 usw.

Haben wir ein zweidimensionales Array mit

```
int[,] myArr = new int[20,45];
```

deklariert, wird uns die Anweisung

```
Console.WriteLine(myArr.GetLength(1));
```

die Größe der zweiten Dimension ausgeben, also `45`.

2.5.7 Gesamtanzahl der Array-Elemente

Liegt ein mehrdimensionales Array vor, können wir die Gesamtanzahl der Elemente ermitteln, indem wir die Methode `GetLength` auf jeder Dimension aufrufen und anschließend die Rückgabewerte multiplizieren – aber es geht auch anders. Die Klasse `Array` bietet mit der Eigenschaft `Length` die Möglichkeit, auf einfache Art und Weise an die gewünschte Information zu gelangen:

```
int[,] myArr = new int[20,45];
Console.WriteLine(myArr.Length);
```

Die Ausgabe dieses Codefragments wird `900` sein, denn das Array enthält insgesamt 20 * 45 Elemente.

Bei einem eindimensionalen Array wird uns `Length` ebenfalls die Anzahl der Elemente liefern. In Schleifen, die für jedes Array-Element einmal durchlaufen werden sollen, benötigen wir jedoch meist den letzten Index des Arrays. Dieser ist um genau eins niedriger als der Wert, der von `Length` zurückgegeben wird, also:

```
letzterArrayIndex = Array-Bezeichner.Length - 1;
```

2.5.8 Verzweigte Arrays

In allen bisherigen Ausführungen hatten unsere Arrays eine rechteckige Struktur. In C# haben Sie aber auch die Möglichkeit, ein Array zu deklarieren, dessen Elemente selbst wieder Arrays sind. Ein solches Array wird als *verzweigtes Array* bezeichnet. Da die Anzahl der Dimensionen eines verzweigten Arrays für jedes Element unterschiedlich groß sein kann, ist ein solches Array äußerst flexibel.

Die Deklaration und Initialisierung eines verzweigten Arrays ist nicht mehr so einfach wie die eines herkömmlichen mehrdimensionalen Arrays. Betrachten wir dazu zunächst ein Beispiel:

```
int[][] myArray = new int[4][];
```

Das Array `myArray` enthält insgesamt vier Elemente, die ihrerseits wieder Arrays sind. Kennzeichnend für verzweigte Arrays ist die doppelte Angabe der rechteckigen Klammern sowohl links vom Gleichheitszeichen bei der Deklaration als auch rechts bei der Initialisierung. Im ersten Moment mag das verwirrend erscheinen, aber vergleichen wir doch einmal: Würden wir ein eindimensionales Array deklarieren und initialisieren, müsste die Anweisung dazu wie folgt lauten:

```
int[] myArray = new int[4];
```

Durch das Hinzufügen einer zweiten Klammer, sowohl im deklarierenden als auch im initialisierenden Teil, machen wir deutlich, dass jedes Array-Element seinerseits ein Array repräsentiert.

Hätten wir es mit einem einfachen Array zu tun, würde dieses als initialisiert gelten. Nun ist der Sachverhalt aber anders, denn jedes Element eines verzweigten Arrays muss seinerseits selbst initialisiert werden. Bezogen auf das oben deklarierte Array `myArray` könnte das beispielsweise wie folgt aussehen:

```
myArray[0] = new int[3];
myArray[1] = new int[4];
myArray[2] = new int[2];
myArray[3] = new int[5];
```

Wenn die einzelnen Elemente aller Arrays bekannt sind, kann alternativ auch literal mit

```
myArray[0] = new int[3]{1,2,3};
myArray[1] = new int[4]{1,2,3,4};
myArray[2] = new int[2]{1,2};
myArray[3] = new int[5]{1,2,3,4,5};
```

oder mit

```
int[][] myArray = {new int[]{1,2,3},
                   new int[]{1,2,3,4},
                   new int[]{1,2},
                   new int[]{1,2,3,4,5}};
```

initialisiert werden.

Beim Zugriff auf das Element eines verzweigten Arrays muss zuerst berücksichtigt werden, in welchem Unterarray sich das gewünschte Element befindet. Danach wird die Position innerhalb des Unterarrays bekannt gegeben. Angenommen, Sie möchten den Inhalt des fünften Elements im Unterarray mit dem Index 3 auswerten, würde auf dieses Element wie folgt zugegriffen:

```
Console.WriteLine(myArray[3][4]);
```

Verzweigte Arrays sind nicht nur auf eindimensionale Arrays beschränkt, sondern können auch mit mehrdimensionalen kombiniert werden. Benötigen Sie zum Beispiel ein verzweigtes, zweidimensionales Array, müssen Sie das sowohl im Deklarations- als auch im Initialisierungsteil berücksichtigen. In jedem Teil dient die jeweils zweite eckige Klammer zur Angabe der Dimensionsgröße:

```
int[][,] myArray = new int[2][,];
```

2.6 Kontrollstrukturen

Es gibt sicherlich kein Programm, das ohne die Steuerung des Programmablaufs zur Laufzeit auskommt. Das Programm muss Entscheidungen treffen, die vom aktuellen Zustand oder von den Benutzereingaben abhängen. Jede Programmiersprache kennt daher Kontrollstrukturen, um den Programmablauf der aktuellen Situation angepasst zu steuern. In diesem Abschnitt werden Sie die Möglichkeiten kennenlernen, die Sie unter C# nutzen können.

2.6.1 if-Anweisung

Die `if`-Anweisung bietet sich an, wenn bestimmte Programmteile nur beim Auftreten einer bestimmten Bedingung ausgeführt werden sollen. Betrachten wir dazu das folgende Beispiel:

```
static void Main(string[] args) {
  Console.Write("Geben Sie Ihren Namen ein: ");
  string name = Console.ReadLine();
  if(name == "")
    Console.WriteLine("Haben Sie keinen Namen?");
  else
    Console.WriteLine("Ihr Name ist \'{0}\'",name);
  Console.ReadLine();
}
```

Das Programm fordert den Anwender dazu auf, seinen Namen einzugeben. Die Benutzereingabe wird von der Methode `ReadLine` der Klasse `Console` entgegengenommen und als Rückgabewert des Aufrufs der Variablen `name` zugewiesen. Um sicherzustellen, dass der Anwender überhaupt eine Eingabe vorgenommen hat, die aus mindestens einem Zeichen besteht, wird der Inhalt der Stringvariablen `name` mit

```
if (name == "")
```

überprüft. Wenn `name` einen Leerstring enthält, wird an der Konsole

```
Haben Sie keinen Namen?
```

ausgegeben. Beachten Sie, dass die zu prüfende Bedingung hinter dem Schlüsselwort `if` grundsätzlich immer einen booleschen Wert, also `true` oder `false`, zurückliefert.

Hat der Anwender eine Eingabe gemacht – ob sie aus logischer Sicht sinnvoll ist oder nicht, sei für uns hier völlig belanglos –, wird die Eingabe mit einem entsprechenden Begleittext an der Konsole ausgegeben.

Das Kernkonstrukt der Überprüfung ist die `if`-Struktur, deren einfachste Variante wie folgt beschrieben wird:

```
// Syntax der if-Anweisung
if (Bedingung)
  // Anweisung1
[else
  // Anweisung2]
```

Die `if`-Anweisung dient dazu, in Abhängigkeit von der Bedingung entweder die `Anweisung1` oder die `Anweisung2` auszuführen. Ist die Bedingung wahr, wird die `Anweisung1` ausgeführt, ansonsten die `Anweisung2` hinter dem `else`-Zweig – falls ein solcher angegeben ist, denn der `else`-Zweig ist optional.

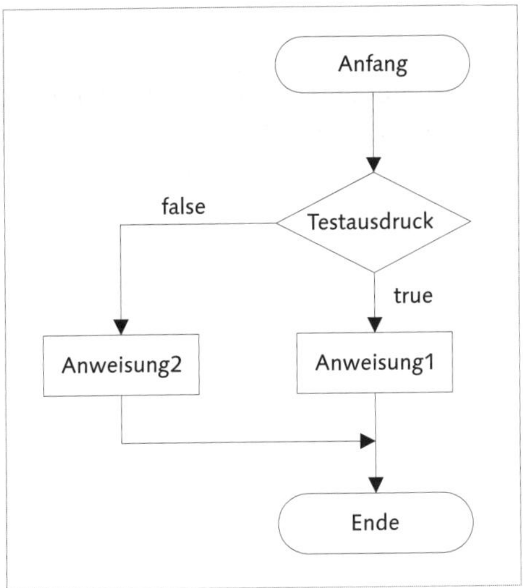

Abbildung 2.11 Ablaufdiagramm der if-Anweisung mit einem else-Zweig

Beachten Sie, dass es sich bei der Bedingung in jedem Fall um einen booleschen Ausdruck handelt. Diese Anmerkung ist wichtig, denn wenn Sie bereits mit einer anderen Programmiersprache wie beispielsweise C/C++ gearbeitet haben, werden Sie wahrscheinlich zum Testen einer Bedingung einen von 0 verschiedenen Wert benutzt haben. In C# funktioniert das nicht! Nehmen wir an, Sie möchten feststellen, ob eine Zeichenfolge leer ist, dann müssten Sie die Bedingung wie folgt definieren:

```
// Deklaration und Initialisierung der Variablen myText
string myText = "";
...
if(0 != myText.Length)
  Console.Write("Inhalt der Variablen = {0}", myText);
```

`Length` liefert, wenn sie auf die Variable einer Zeichenfolge aufgerufen wird, die Anzahl der Zeichen zurück.

Da es in C# keine Standardkonvertierung von einem `int` in einen `bool` gibt, wäre es falsch, die Bedingung folgendermaßen zu formulieren:

```
// ACHTUNG: Unter C# nicht zulässig
if (myText.Length)...
```

In einer `if`-Bedingung können Sie beliebige relationale Operatoren einsetzen, auch in Kombination mit den logischen Operatoren. Das kann zu verhältnismäßig komplexen Ausdrücken führen, beispielsweise:

```
if (a <= b && c != 0)...
if ((a > b && c < d)||(e != f && g < h))...
```

Bisher sind wir vereinfachend davon ausgegangen, dass unter einer bestimmten Bedingung immer nur eine Anweisung ausgeführt wird. Meistens müssen jedoch mehrere Anweisungen abgearbeitet werden. Um mehrere Anweisungen beim Auftreten einer bestimmten Bedingung auszuführen, müssen diese lediglich zu einem Anweisungsblock zusammengefasst werden, beispielsweise:

```
static void Main(string[] args) {
  Console.Write("Geben Sie eine Zahl zwischen 0 und 9 ein: ");
  int zahl = Convert.ToInt32(Console.ReadLine());
  if(zahl > 9 || zahl < 0) {
    Console.WriteLine("Ihre Zahl ist unzulässig");
    Console.Write("Versuchen Sie es erneut: ");
    zahl = Convert.ToInt32(Console.ReadLine());
  }
  else {
    Console.WriteLine("Korrekte Eingabe.");
    Console.WriteLine("Sie beherrschen das Zahlensystem!");
```

```
  }
  Console.WriteLine("Die Eingabe lautet:{0}", zahl);
  Console.ReadLine();
}
```

Variablendeklaration innerhalb eines Anweisungsblocks

Beachten Sie bei der Blockbildung, dass eine Variable, die innerhalb eines Anweisungsblocks deklariert ist, generell als lokale Variable gilt, die nur innerhalb des umschließenden Blocks bekannt ist.

```
...
if(a < b) {
  int zahl=0;
  // weitere Anweisungen
}
else {
  // die Variable 'zahl' ist hier nicht bekannt
  zahl = 125;
  // weitere Anweisungen
}
```

In diesem Codefragment wird die Anweisung im `else`-Zweig zu einem Fehler führen, da die Variable `zahl` im Anweisungsblock direkt hinter dem `if`-Statement deklariert ist. Um diesen Fehler zu vermeiden, müsste die Deklaration vor der `if`-Anweisung erfolgen.

Eingebettete if-Statements

`if`-Anweisungen dürfen ineinander verschachtelt werden, das heißt, dass innerhalb eines äußeren `if`-Statements eine oder auch mehrere weitere `if`-Anweisungen eingebettet werden können. Damit stehen wir aber zunächst vor einem Problem, wie im folgenden Codefragment gezeigt wird:

```
Console.Write("Geben Sie eine Zahl zwischen 0 und 9 ein: ");
int zahl=Convert.ToInt32(Console.ReadLine());
if(zahl >= 0 && zahl <= 9)
if(zahl <= 5)
  Console.Write("Die Zahl ist 0,1,2,3,4 oder 5");
else
  Console.Write("Die Zahl ist unzulässig.");
```

Um die ganze Problematik anschaulich darzustellen, wurde auf sämtliche Tabulatoreinzüge verzichtet, denn Einzüge dienen nur der besseren Lesbarkeit des Programmcodes und haben keinen Einfluss auf die Interpretation der Ausführungsreihenfolge.

Die Frage, die aufgeworfen wird, lautet, ob `else` zum inneren oder zum äußeren `if`-Statement gehört. Wenn wir den Code betrachten, sind wir möglicherweise geneigt zu vermuten, `else` mit der Meldung

```
Die Zahl ist unzulässig.
```

dem äußeren `if` zuzuordnen, wenn eine Zahl kleiner 0 oder größer 9 eingegeben wird. Tatsächlich werden wir aber mit dieser Meldung genau dann konfrontiert, wenn eine Zahl zwischen 6 und 9 eingegeben wird, denn der Compiler interpretiert den Code wie folgt:

```
if(zahl >= 0 && zahl <= 9) {
  if(zahl <= 5)
    Console.Write("Die Zahl ist 0,1,2,3,4 oder 5");
  else
    Console.Write("Die Zahl ist unzulässig.");
}
```

Das war natürlich nicht unsere Absicht, denn rein logisch soll die `else`-Klausel der äußeren Bedingungsprüfung zugeordnet werden. Um das zu erreichen, müssen wir in unserem Programmcode das innere `if`-Statement als Block festlegen:

```
if(zahl >= 0 && zahl <= 9) {
  if(zahl <= 5)
    Console.Write("Die Zahl ist 0,1,2,3,4 oder 5");
}
else
  Console.Write("Die Zahl ist unzulässig.");
```

Unsere Erkenntnis können wir auch in einer allgemeingültigen Regel formulieren:

Regel

Eine `else`-Klausel wird immer an das am nächsten stehende `if` gebunden. Dies kann nur durch das ausdrückliche Festlegen von Anweisungsblöcken umgangen werden.

Das eben geschilderte Problem der `else`-Zuordnung ist unter dem Begriff *dangling* `else` bekannt, zu Deutsch »baumelndes `else`«. Es führt zu logischen Fehlern, die nur sehr schwer aufzuspüren sind.

Es kommt in der Praxis sehr häufig vor, dass mehrere Bedingungen der Reihe nach ausgewertet werden müssen. Unter Einbeziehung der Regel über die Zuordnung der `else`-Klausel könnte eine differenzierte Auswertung einer eingegebenen Zahl beispielsweise wie folgt lauten:

```
Console.Write("Geben Sie eine Zahl zwischen 0 und 9 ein: ");
int zahl = Convert.ToInt32(Console.ReadLine());
```

```
if(zahl == 0)
   Console.WriteLine("Die Zahl ist 0");
else
   if(zahl == 1)
      Console.WriteLine("Die Zahl ist 1");
   else
      if(zahl == 2)
         Console.WriteLine("Die Zahl ist 2");
      else
         if(zahl == 3)
            Console.WriteLine("Die Zahl ist 3");
         else
            Console.WriteLine("Zahl > 3");
```

Um jedes `else` eindeutig zuordnen zu können, weist dieses Codefragment entsprechende Einzüge auf, die keinen Zweifel aufkommen lassen. Das täuscht dennoch nicht darüber hinweg, dass die Lesbarkeit des Codes mit wachsender Anzahl der zu testenden Bedingungen unübersichtlich wird. Unter C# bietet es sich daher an, im Anschluss an das Schlüsselwort `if` sofort ein `else` anzugeben, wie im folgenden identischen Codefragment, das wesentlich überschaubarer wirkt und damit auch besser lesbar ist:

```
if(zahl == 0)
   Console.WriteLine("Die Zahl ist 0");
else if(zahl == 1)
   Console.WriteLine("Die Zahl ist 1");
else if(zahl == 2)
   Console.WriteLine("Die Zahl ist 2");
else if(zahl == 3)
   Console.WriteLine("Die Zahl ist 3");
else
   Console.WriteLine("Zahl > 3");
```

Der ?:-Operator

Manchmal sehen wir uns mit der Aufgabe konfrontiert, eine Bedingung nur auf ihren booleschen Wert hin zu prüfen und in Abhängigkeit vom Testergebnis eine bestimmte Anweisung auszuführen. Eine `if`-Anweisung könnte dazu wie nachfolgend gezeigt aussehen:

```
int x, y;
Console.Write("Geben Sie eine Zahl ein: ");
x = Convert.ToInt32(Console.ReadLine());
if(x == 0)
   y = 1;
else
   y = x;
```

Gibt der Anwender die Zahl 0 ein, wird der Variablen y der Wert 1 zugewiesen. Weicht die Eingabe von 0 ab, ist der Inhalt der Variablen x mit der Variablen y identisch.

In solch einfachen Anwendungsfällen, bei denen einer von zwei Werten in Abhängigkeit von einer Bedingung zurückgegeben wird, kann auch ein von C# angebotener, spezieller Bedingungsoperator eingesetzt werden. Sehen wir uns zunächst dessen Syntax an:

```
// Syntax: der ?:-Operator
Bedingung ? Anweisung1 : Anweisung2
```

Zuerst wird die Bedingung ausgewertet. Ist deren Ergebnis `true`, wird `Anweisung1` ausgeführt, andernfalls `Anweisung2`. Damit können wir das Beispiel von oben vollkommen äquivalent auch anders implementieren:

```
int x, y;
Console.Write("Geben Sie eine Zahl ein: ");
x = Convert.ToInt32(Console.ReadLine());
y = x == 0 ? 1 : x;
```

Im ersten Moment mutet der Code ein wenig eigenartig an. Wenn wir allerdings zusätzliche Klammern setzen, wird die entsprechende Codezeile schon verständlicher:

```
y = (x == 0 ? 1: x);
```

Zuerst wird die Bedingung

```
x == 0
```

geprüft. Ist das Ergebnis `true`, wird `y` die Zahl 1 zugewiesen. Ist das Ergebnis `false`, werden die Inhalte der beiden Variablen gleichgesetzt.

2.6.2 switch-Statement

Mit der `if`-Anweisung können durchaus Bedingungen auf Basis sowohl verschiedener Vergleichsoperatoren als auch verschiedener Operanden formuliert werden. In der Praxis muss jedoch häufig derselbe Operand überprüft werden. Nehmen wir beispielsweise an, eine Konsolenanwendung bietet dem Anwender eine Auswahl diverser Optionen an, mit der der weitere Ablauf des Programms gesteuert werden kann:

```
static void Main(string[] args) {
  string strMeldung, strWahl;
  strMeldung = "Treffen Sie eine Wahl:\n\n";
  strMeldung += "(N) - Neues Spiel\n";
  strMeldung += "(A) - Altes Spiel fortsetzen\n";
  strMeldung += "(E) - Beenden\n";
  Console.WriteLine(strMeldung);
  Console.Write("Ihre Wahl lautet: ");
```

```
  strWahl = Console.ReadLine().ToUpper();
  if(strWahl == "N") {
    Console.Write("Neues Spiel...");
    // Anweisungen, die ein neues Spiel starten
  }
  else if(strWahl == "A") {
    Console.Write("Altes Spiel laden ...");
    // Anweisungen, die einen alten Spielstand laden
  }
  else if(strWahl == "E") {
    Console.Write("Spiel beenden ...");
    // Anweisungen, um das Spiel zu beenden
  }
  else {
    Console.Write("Ungültige Eingabe ...");
    // weitere Anweisungen
  }
  Console.ReadLine();
}
```

Der Ablauf des Programms wird über die Eingabe von »N«, »A« oder »E« festgelegt. Stellvertretend wird in unserem Fall dazu eine Konsolenausgabe angezeigt. Vor der Eingabeüberprüfung sollten wir berücksichtigen, dass der Anwender möglicherweise der geforderten Großschreibweise der Buchstaben keine Beachtung schenkt. Um diesem Umstand Rechnung zu tragen, wird die Eingabe mit

```
strWahl = Console.ReadLine().ToUpper();
```

in jedem Fall in einen Großbuchstaben umgewandelt. Verantwortlich dafür ist die Methode `ToUpper` der Klasse `String`, die direkt auf dem Rückgabewert aufgerufen wird.

Alternativ zur `if`-Struktur könnte die Programmlogik auch mit einer `switch`-Anweisung realisiert werden. Im obigen Beispiel müsste der `if`-Programmteil dann durch den folgenden ersetzt werden:

```
// ---------------------------------------------------------------
// Beispiel: ...\Kapitel 2\SwitchDemo
// ---------------------------------------------------------------
...
switch(strWahl) {
  case "N":
    Console.Write("Neues Spiel...");
    // Anweisungen, die ein neues Spiel starten
    break;
  case "A":
    Console.Write("Altes Spiel laden...");
```

```
        // Anweisungen, die einen alten Spielstand laden
        break;
    case "E":
        Console.Write("Spiel beenden...");
        // Anweisungen, um das Spiel zu beenden
        break;
    default:
        Console.Write("Ungültige Eingabe...");
        // weitere Anweisungen
        break;
}
...
```

Abbildung 2.12 beschreibt dieses Codefragment anhand eines Ablaufdiagramms.

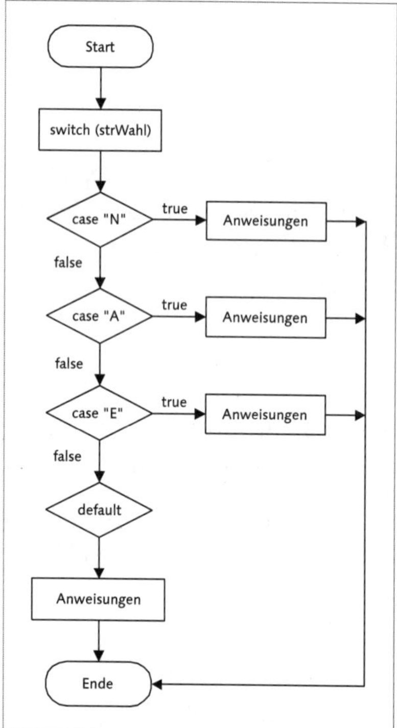

Abbildung 2.12 Ablaufdiagramm des Projekts switch-Anweisung

Sehen wir uns nun die allgemeine Syntax der `switch`-Anweisung an:

```
// Syntax der switch-Anweisung
switch(Ausdruck) {
  case Konstante1 :
```

```
    // Anweisungen
    Sprunganweisung;
  case Konstante2 :
    // Anweisungen
    Sprunganweisung;
  ...
  [default:
    // Anweisungen
    Sprunganweisung;]
}
```

Mit der switch-Anweisung lässt sich der Programmablauf ähnlich wie mit der if-Anweisung steuern. Dabei wird überprüft, ob der hinter switch aufgeführte Ausdruck, der entweder eine Ganzzahl oder eine Zeichenfolge sein muss, mit einer der hinter case angegebenen Konstanten übereinstimmt. Nacheinander wird dabei zuerst mit der Konstante1 verglichen, danach mit der Konstante2 usw. Stimmen Ausdruck und Konstante überein, werden alle folgenden Anweisungen bis zur Sprunganweisung ausgeführt. Wird zwischen dem Ausdruck und einer der Konstanten keine Übereinstimmung festgestellt, werden die Anweisungen hinter der default-Marke ausgeführt – falls eine solche angegeben ist, denn default ist optional. Achten Sie auch darauf, hinter jeder Konstanten und hinter default einen Doppelpunkt zu setzen.

Eine Sprunganweisung ist in jedem Fall erforderlich, wenn hinter dem case-Statement eine oder mehrere Anweisungen codiert sind, ansonsten meldet der Compiler einen Syntaxfehler. Die break-Anweisung signalisiert, die Programmausführung mit der Anweisung fortzusetzen, die dem switch-Anweisungsblock folgt.

Auf die Sprunganweisung kann man verzichten, wenn mehrere case-Anweisungen direkt hintereinander stehen. Die Folge ist dann, dass die Kette so lange durchlaufen wird, bis ein break erscheint. Daher wird im folgenden Codefragment die erste Ausgabeanweisung ausgeführt, wenn intVar den Wert 1, 2 oder 3 hat.

```
int intVar;
intVar = ...;
switch(intVar) {
  case 1:
  case 2:
  case 3:
    Console.Write("intVar = 1, 2 oder 3");
    break;
  case 4:
    Console.Write("intVar = 4");
    break;
}
```

Neben break gibt es mit goto noch eine weitere Sprunganweisung, hinter der eine Marke angegeben werden kann, beispielsweise:

```
goto case "E";
```

Die goto-Anweisung bietet sich insbesondere dann an, wenn für mehrere Konstanten dieselben Anweisungsfolgen ausgeführt werden müssen, z. B.:

```
int intVar = 1;
switch(intVar) {
  case 1:
    Console.WriteLine("Im case 1-Zweig");
    goto case 3;
  case 2:
  case 3:
    Console.Write("intVar = 1, 2 oder 3");
    break;
  case 4:
    Console.Write("intVar = 4");
    break;
}
```

Hier hat die Variable intVar den Wert 1. Eigentlich ist es paradox, mit einem fixen Wert zu arbeiten und diesen in einer switch-Anweisung zu prüfen, aber zum Verständnis des Programmablaufs ist es dienlich, und wir schauen deshalb schmunzelnd über dieses logische Defizit hinweg.

Das Programm reagiert wie folgt: Zuerst wird der case 1-Zweig ausgeführt und danach die Steuerung des Programms an den case 3-Zweig übergeben. Zwei Konsolenausgaben sind also die Folge:

```
Im case 1-Zweig
intVar = 1, 2 oder 3
```

Einschränkungen der switch-Anweisung

In C# gibt es keine Möglichkeit, einen zusammenhängenden Konstantenbereich hinter dem case-Statement anzugeben, wie es in einigen anderen Sprachen möglich ist. Wollen Sie beispielsweise für einen Integerausdruck alle Zahlen im Bereich von 0 ... 10 gleichermaßen behandeln, müssen Sie für jede einzelne eine case-Anweisung implementieren. In solchen Fällen empfiehlt es sich, anstelle der switch-Anweisung das if-Statement zu verwenden.

goto-Anweisung

Die goto-Anweisung kann nicht nur innerhalb eines switch-Blocks angegeben, sondern auch generell dazu benutzt werden, eine beliebige Marke im Code anzusteuern. Solche

Sprünge werden auch als *unbedingte Sprünge* bezeichnet, weil sie an keine besondere Bedingung geknüpft sind. Eine Marke ist ein Bezeichner, der mit einem Doppelpunkt abgeschlossen wird. Im folgenden Beispiel wird die Marke `meineMarke` definiert. Trifft das Programm zur Laufzeit auf das `goto`-Statement, verzweigt es zu den Anweisungen, die sich hinter der benutzerdefinierten Marke befinden.

```
static void Main(string[] args) {
  int myInt = 4711;
  Console.WriteLine("Programmstart");
  goto meineMarke;
  Console.WriteLine("myInt = {0}",myInt);
meineMarke:
  Console.WriteLine("Programmende");
  Console.ReadLine();
}
```

In diesem Beispiel wird es niemals zu der Ausgabe des Variableninhalts von `myInt` kommen. Das ist natürlich kein Fehler, sondern mehr eine programmiertechnische Unsauberkeit, die der Compiler sogar erkennt und im Fenster FEHLERLISTE als Warnhinweis anzeigt.

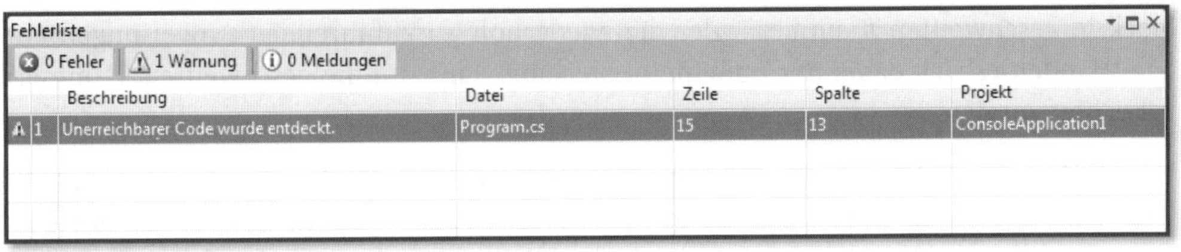

Fehlerliste

0 Fehler | 1 Warnung | 0 Meldungen

	Beschreibung	Datei	Zeile	Spalte	Projekt
1	Unerreichbarer Code wurde entdeckt.	Program.cs	15	13	ConsoleApplication1

Abbildung 2.13 Warnhinweis im Fenster »Fehlerliste«

Neben der Möglichkeit, eine Sprunganweisung innerhalb einer `switch`-Anweisung zu codieren, bietet sich die `goto`-Anweisung auch dazu an, tief verschachtelte Schleifen zu verlassen (mehr dazu im folgenden Abschnitt). In allen anderen Fällen sollten Sie jedoch prinzipiell auf `goto` verzichten, denn es zeugt im Allgemeinen von einem schlechten Programmierstil.

2.7 Programmschleifen

Schleifen dienen dazu, Anweisungsfolgen wiederholt auszuführen. Dabei wird zwischen zwei Schleifentypen unterschieden:

- bestimmte Schleifen
- unbestimmte Schleifen

Ist beim Schleifeneintritt bekannt, wie oft die Anweisungsfolge durchlaufen werden muss, wird von einer *bestimmten Schleife* gesprochen. Ergibt sich erst während des Schleifendurchlaufs, wann die zyklische Bearbeitung abgebrochen werden kann oder muss, spricht man von *unbestimmten Schleifen*. Die Grenzen zwischen diesen beiden Typen sind dabei nicht eindeutig, sondern können durchaus verwischen. Eine bestimmte Schleife kann wie eine unbestimmte agieren, eine unbestimmte wie eine bestimmte.

2.7.1 for-Schleife

Man setzt eine for-Schleife zumeist dann ein, wenn bekannt ist, wie oft bestimmte Anweisungen ausgeführt werden müssen. Die allgemeine Syntax des for-Schleifenkonstrukts sieht dabei wie folgt aus:

```
for(Ausdruck1; Ausdruck2; Ausdruck3)
{
   // Anweisungen
}
```

Die for-Schleife setzt sich aus zwei Komponenten zusammen: aus dem Schleifenkopf, der die Eigenschaft der Schleife beschreibt, und aus dem sich daran anschließenden Schleifenblock in geschweiften Klammern, der die wiederholt auszuführenden Anweisungen enthält. Handelt es sich dabei nur um eine Anweisung, kann auf die geschweiften Klammern verzichtet werden.

Um die Anzahl der Durchläufe einer for-Schleife festzulegen, bedarf es eines Schleifenzählers, dessen Anfangswert durch Ausdruck1 beschrieben wird. Der Endwert wird im Ausdruck2 festgelegt, und im Ausdruck3 wird schließlich bestimmt, auf welchen Betrag der Schleifenzähler bei jedem Schleifendurchlauf erhöht werden soll. Dazu ein Beispiel:

```
for(int counter = 0; counter < 10; counter++) {
  Console.WriteLine("Zählerstand = {0}",counter);
}
```

Der Schleifenzähler heißt hier counter. Sein Startwert beträgt 0, und er wird bei jedem Schleifendurchlauf um den Wert 1 erhöht. Erreicht counter den Wert 10, wird das Programm mit der Anweisung fortgesetzt, die dem Anweisungsblock der Schleife folgt.

Führen wir den Code aus, werden wir an der Konsole die folgende Ausgabe erhalten:

```
Zählerstand = 0
Zählerstand = 1
Zählerstand = 2
Zählerstand = 3
...
Zählerstand = 8
Zählerstand = 9
```

Weil der Schleifenblock nur eine Anweisung enthält, könnte die `for`-Schleife auch wie folgt codiert werden:

```
for(int counter = 0; counter < 10; counter++)
  Console.WriteLine("Zählerstand = {0}",counter);
```

Arbeitsweise der for-Schleife

Stößt der Programmablauf auf eine `for`-Schleife, wird zuerst `Ausdruck1` – auch *Initialisierungsausdruck* genannt – ausgewertet. Dieser initialisiert den Zähler der Schleife mit einem Startwert. Der Zähler der Schleife in unserem Beispiel wird mit dem Startwert 0 initialisiert.

`Ausdruck2`, der *Bedingungsausdruck*, wertet vor jedem Schleifendurchlauf den aktuellen Stand des Zählers aus. Im Beispiel von oben lautet die Bedingung:

```
counter < 10
```

Der Bedingungsausdruck kann unter Einbeziehung der diversen Operatoren beliebig komplex werden, muss aber immer ein boolesches Ergebnis haben. Der Anweisungsblock wird nur dann ausgeführt, wenn `Ausdruck2 true` ist, ansonsten setzt das Programm seine Ausführung mit der Anweisung fort, die dem Schleifenblock folgt.

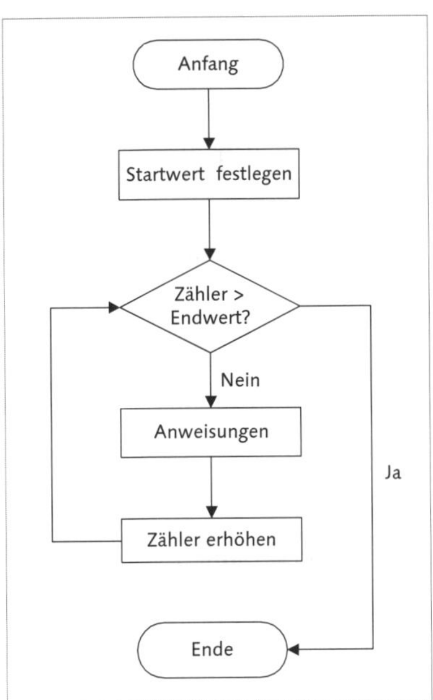

Abbildung 2.14 Das Ablaufdiagramm der for-Schleife

`Ausdruck3` (*Reinitialisierungsausdruck*) übernimmt die Steuerung des Schleifenzählers. Er wird dazu benutzt, den Schleifenzähler entweder zu inkrementieren oder zu dekrementieren. In unserem Fall wird der Zähler jeweils um +1 erhöht. Die Erhöhung erfolgt immer dann, wenn der Anweisungsblock der Schleife durchlaufen ist. Danach bewertet der Bedingungsausdruck den neuen Zählerstand.

Die Zählervariable

Grundsätzlich gibt es zwei Möglichkeiten, die Zählervariable zu deklarieren, die für das Abbruchkriterium herangezogen wird:

- innerhalb des Schleifenkopfs
- vor der Schleife

Welcher Notation Sie den Vorzug geben, hängt davon ab, über welche Sichtbarkeit der Zähler verfügen soll. Betrachten Sie dazu zunächst das folgende Codefragment:

```
static void Main(string[] args) {
  for(int i = 0; i <= 10 ;i++) {
    Console.WriteLine("Zählerstand = {0}",i);
  }
  // die folgende Codezeile verursacht einen Kompilierfehler
  Console.WriteLine(i);
}
```

Eine Zählervariable, die im Schleifenkopf deklariert wird, gilt als lokale Variable der Schleife und ist deshalb auch nur innerhalb des Anweisungsblocks der `for`-Schleife gültig. Der Zugriff auf den Zähler von außerhalb der Schleife führt deshalb auch zu einem Kompilierfehler.

Implementieren Sie innerhalb einer Prozedur wie `Main` mehrere Schleifen, müssen Sie daher auch jedes Mal von Neuem den Zähler deklarieren:

```
static void Main(string[] args) {
  for(int i = 0; i <= 10 ;i++) {}
  ...
  for(int i = 12; i <= 100 ;i += 3){}
}
```

Die bessere Lösung wäre in diesem Fall die Deklaration der Zählervariablen vor dem Auftreten der ersten Schleife:

```
int i;
for(i = 0; i <= 10 ;i++) {/*...*/}
for(i = 12; i <= 100 ;i += 3){/*...*/}
```

Wenn wir an diesem Punkt angekommen sind, stellt sich die Frage, ob beim Vorliegen einer einzigen `for`-Schleife die gleichzeitige Deklaration und Initialisierung im Schleifenkopf der vorgezogenen Deklaration der Zählervariablen vor dem Schleifenkopf vorzuziehen ist. Eine klare Antwort darauf gibt es nicht. Der besseren Übersichtlichkeit wegen scheint es jedoch vorteilhaft zu sein, die Deklaration im Initialisierungsausdruck vorzunehmen.

for-Schleifen mit beliebiger Veränderung des Zählers

In den meisten Fällen erfüllt eine ganzzahlige Schrittweite die Anforderungen vollkommen. Das muss aber nicht immer so sein. Manchmal werden auch kleinere Schrittweiten benötigt, also im Bereich von Fließkommazahlen. Wie Sie jedoch bereits wissen, sind Fließkommazahlen systembedingt ungenau. Das kann bei Schleifen besonders fatale Folgen haben. Sehen Sie sich dazu das folgende Codefragment an:

```
static void Main(string[] args) {
  int i = 0;
  for(double counter = 0; counter <= 2 ;counter += 0.1) {
    i++;
    Console.WriteLine("{0}. Zählerstand = {1}", i, counter);
  }
  Console.ReadLine();
}
```

Normalerweise würden wir auf den ersten Blick keinen Haken vermuten – erst wenn wir das Programm ausführen, werden wir feststellen, dass der letzte Zählerwert fehlt:

```
1. Zählerstand = 0
2. Zählerstand = 0,1
...
18. Zählerstand = 1,7
19. Zählerstand = 1,8
20. Zählerstand = 1,9
```

Die systembedingte Ungenauigkeit der Fließkommazahlen bewirkt, dass der Zählerstand im letzten Schritt nicht exakt 2 ist, sondern ein wenig größer. Damit wird der zweite Ausdruck des Schleifenkopfs zu `false` und bewirkt den vorzeitigen Ausstieg aus der Schleife – der letzte erforderliche Schleifendurchlauf wird überhaupt nicht ausgeführt.

Diese These lässt sich beweisen, wenn die Anweisung zur Ausgabe an der Konsole durch die folgende ersetzt wird:

```
Console.WriteLine("{0}. Zählerstand = {1:E16}", i, counter);
```

Wir erzwingen nun die Ausgabe in Exponentialschreibweise und geben eine Genauigkeit von 16 Nachkommastellen an – denn bekanntermaßen wird der Typ `double` an der 16. Nachkommastelle ungenau. Die Ausgabe an der Konsole sieht dann so wie in Abbildung 2.15 gezeigt aus.

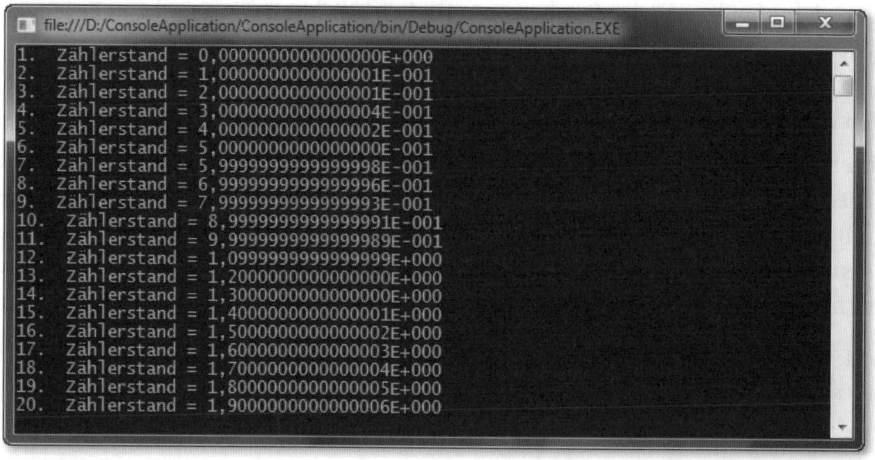

```
file:///D:/ConsoleApplication/ConsoleApplication/bin/Debug/ConsoleApplication.EXE
1.  Zählerstand = 0,0000000000000000E+000
2.  Zählerstand = 1,0000000000000001E-001
3.  Zählerstand = 2,0000000000000001E-001
4.  Zählerstand = 3,0000000000000004E-001
5.  Zählerstand = 4,0000000000000002E-001
6.  Zählerstand = 5,0000000000000000E-001
7.  Zählerstand = 5,9999999999999998E-001
8.  Zählerstand = 6,9999999999999996E-001
9.  Zählerstand = 7,9999999999999993E-001
10.  Zählerstand = 8,9999999999999991E-001
11.  Zählerstand = 9,9999999999999989E-001
12.  Zählerstand = 1,0999999999999999E+000
13.  Zählerstand = 1,2000000000000000E+000
14.  Zählerstand = 1,3000000000000000E+000
15.  Zählerstand = 1,4000000000000001E+000
16.  Zählerstand = 1,5000000000000002E+000
17.  Zählerstand = 1,6000000000000003E+000
18.  Zählerstand = 1,7000000000000004E+000
19.  Zählerstand = 1,8000000000000005E+000
20.  Zählerstand = 1,9000000000000006E+000
```

Abbildung 2.15 Fließkommazahl als Zähler – die Ausgabe an der Konsole

Dieser Konflikt kann vermieden werden, wenn sowohl der Zähler als auch die Schrittweite ganzzahlig gemacht werden. In unserem Beispiel wird mit dem Faktor 10 die Schrittweite auf +1 gesetzt. Analog muss auch die Ausstiegsbedingung angepasst werden. Um den Effekt bei der Ausgabe wieder rückgängig zu machen, dividieren wir das auszugebende Datum am Ende durch denselben Faktor.

```
static void Main(string[] args) {
  int i = 0;
  for(double counter = 0; counter <= 20 ;counter++) {
    i++;
    Console.WriteLine("{0}. Zählerstand = {1}",i, counter/10);
  }
  Console.ReadLine();
}
```

Natürlich bewirkt die Division ihrerseits auch wieder eine Ungenauigkeit, aber das liegt in der Natur der Fließkommazahlen, und wir müssen es akzeptieren. Andererseits haben wir aber die Gewissheit, dass zumindest die Anzahl der Schleifendurchläufe korrekt ist.

Initialisierung von Arrays in einer for-Schleife

Sie haben gesehen, dass mit `for`-Schleifen Anweisungssequenzen wiederholt ausgeführt werden. Dieser Schleifentyp eignet sich daher insbesondere dazu, Array-Elemente mit bestimmten Werten zu initialisieren – vorausgesetzt, zwischen den einzelnen Werten liegt eine mathematische oder logische Beziehung vor.

Machen wir uns das an einem einfachen Beispiel deutlich. Das Array `myArr` soll mit Zahlen initialisiert werden, die dem Quadrat des Index des Elements entsprechen. Den höchsten vertretenen Index soll der Anwender an der Konsole eingeben. Der Code dazu sieht wie folgt aus:

```
static void Main(string[] args) {
  int[] myArr;
  Console.Write("Geben Sie den höchsten Array-Index ein: ");
  myArr = new int[Convert.ToInt32(Console.ReadLine()) + 1];
  for(int i = 0; i < myArr.Length; i++) {
    myArr[i] = i * i;
    Console.WriteLine(myArr[i]);
  }
  Console.ReadLine();
}
```

Nach der Deklaration des Arrays und der sich anschließenden Aufforderung, die Größe des Arrays festzulegen, wird das Array entsprechend der Eingabe des Anwenders initialisiert. Die Anweisung dazu erscheint im ersten Moment verhältnismäßig komplex, ist aber recht einfach zu interpretieren. Dabei geht man – genauso wie es auch die Laufzeitumgebung macht – von der innersten Klammerebene aus, im vorliegenden Fall also von der Entgegennahme der Benutzereingabe:

```
Console.ReadLine()
```

Die Eingabe des Anwenders ist eine Zeichenfolge, also vom Typ `string`. Da die Indexangabe eines Arrays immer ein `int` sein muss, sind wir zu einer Konvertierung gezwungen:

```
Convert.ToInt32(Console.ReadLine())
```

Jetzt gilt es noch zu bedenken, dass per Vorgabe die Eingabe den höchsten Index des Arrays darstellt, wir aber bei einer Array-Initialisierung immer die Anzahl der Elemente angeben. Um unser Array endgültig richtig zu dimensionieren, muss die konvertierte Benutzereingabe noch um 1 erhöht werden, also:

```
Convert.ToInt32(Console.ReadLine()) + 1
```

Mit der daraus resultierenden Zahl kann das Array nun endgültig in der vom Anwender gewünschten Kapazität initialisiert werden.

Jetzt folgt die `for`-Schleife. Da wir jedem Array-Element im Schleifenblock das Quadrat seines Index zuweisen wollen, lassen wir den Schleifenzähler über alle vertretenen Indizes laufen – also von 0 bis zum höchsten Index. Letzteren ermitteln wir aus der Eigenschaft `Length` unseres Arrays, die uns die Gesamtanzahl der Elemente liefert. Diese ist immer um 1 höher als der letzte Index im Array. Daher entspricht die Bedingung

```
i < myArr.Length
```

immer den Forderungen, denn die Schleife wird jetzt so lange durchlaufen, bis die Integerzahl erreicht ist, die kleiner ist als die Anzahl der Elemente. Gleichwertig könnten wir auch Folgendes formulieren:

```
i <= myArr.Length - 1
```

Der Schleifenkopf ist nun anforderungsgerecht formuliert, die Anweisungen des Schleifenblocks werden genauso oft durchlaufen, wie das Array Elemente aufweist. Da bei jedem Schleifendurchlauf der Schleifenzähler ein Pendant in Form eines Array-Index aufweist, können wir den Zähler dazu benutzen, jedes einzelne Array-Element anzusprechen:

```
myArr[i] = i * i;
```

Beim ersten Durchlauf mit `i = 0` wird demnach `myArr[0]` die Zahl 0 zugewiesen, beim zweiten Durchlauf mit `i = 1` dem Element `myArr[1]` der Wert 1 usw.

Argumente der »Main«-Prozedur

Bisher haben wir unsere Programme immer nur durch einen einfachen Aufruf gestartet, entweder direkt aus der Entwicklungsumgebung heraus oder durch die Angabe des Dateinamens an der Eingabekonsole. Verteilen wir eine Anwendung, wird ein Anwender jedoch niemals aus der Entwicklungsumgebung heraus die Applikation starten, sondern entweder durch Doppelklick auf die ausführbare EXE-Datei im Explorer, durch die Eingabe des Namens der ausführbaren Datei an der Eingabekonsole oder über die Option START • AUSFÜHREN...

Die beiden letztgenannten Punkte eröffnen noch weitere Möglichkeiten: Es können der `Main`-Methode auch Befehlszeilenparameter als zusätzliche Informationen übergeben werden, die im Array `args` der Parameterliste der `Main`-Methode entgegengenommen werden:

```
static void Main(string[] args)
```

Nehmen wir an, wir würden eine Anwendung namens *MyApplication.exe* an der Konsole wie folgt starten:

```
MyApplication Peter Willi Udo
```

Die drei Übergabeparameter `Peter`, `Willi` und `Udo` werden von `Main` im `string`-Array `args` empfangen und können von der Anwendung für weitere Operationen benutzt werden. Da das Programm zur Laufzeit jedoch nicht weiß, ob und wie viele Parameter übergeben worden sind, wird das Array `args` zunächst dahingehend abgefragt, ob überhaupt ein gültiges Element enthalten ist. Wenn die Anzahl der Elemente größer 0 ist, kann mit einer `for`-Schleife in bekannter Weise auf jedes Array-Element zugegriffen werden. Sehen wir uns das an einem konkreten Beispiel an:

```
// ---------------------------------------------------------------
// Beispiel: ...\Kapitel 2\Befehlszeilenparameter
// ---------------------------------------------------------------
using System;
using System.Collections.Generic;
using System.Linq;
using System.Text;

namespace Befehlszeilenparameter {
  class Program {
    static void Main(string[] args) {
      // prüfen, ob beim Programmaufruf eine oder mehrere
      // Zeichenfolgen übergeben worden sind
      if(args.Length > 0) {
        // die Zeichenfolgen an der Konsole anzeigen
        for(int i = 0; i < args.Length; i++)
          Console.WriteLine(args[i]);
        }
      else
        Console.WriteLine("Kein Übergabestring");
      Console.ReadLine();
    }
  }
}
```

Das `if`-Statement stellt durch Auswertung der `Length`-Eigenschaft auf `args` fest, ob das Array leer ist oder nicht. Hat der Anwender zumindest einen Parameter übergeben, wird die `for`-Schleife ausgeführt, die den Inhalt des Parameters an der Konsole ausgibt.

Grundsätzlich werden alle übergebenen Parameter als Zeichenfolgen empfangen. Das soll uns aber nicht davon abhalten, im Bedarfsfall der Laufzeitumgebung auch Zahlen zu übergeben. Allerdings dürfen wir dann nicht vergessen, mit einer der Methoden der Klasse `Convert` die Zeichenfolge in den erforderlichen Datentyp zu konvertieren.

Verschachtelte Schleifen

`for`-Schleifen können praktisch beliebig verschachtelt werden. Im nächsten Beispiel wird gezeigt, wie eine verschachtelte Schleife dazu benutzt werden kann, einen Baum beliebiger Größe – hier durch Buchstaben dargestellt – an der Konsole auszugeben.

```
1:      M
2:     MMM
3:    MMMMM
4:   MMMMMMM
5:  MMMMMMMMM
6: MMMMMMMMMMM
```

Jede Ausgabezeile setzt sich aus einer Anzahl von Leerzeichen und Buchstaben zusammen und hängt von der Größe der Darstellung ab. Für die Leerzeichen gilt:

```
Anzahl Leerzeichen = Gesamtanzahl der Zeilen - aktuelle Zeilennummer
```

Die auszugebenden Buchstaben folgen der Beziehung:

```
Anzahl der Buchstaben = aktuelle Zeilennummer * 2 - 1
```

Um die gewünschte Ausgabe zu erhalten, wird in einer äußeren `for`-Schleife jede Stufe (Zeile) des Baums separat behandelt. Darin eingebettet sind zwei weitere Schleifen implementiert, von denen jede für sich zuerst vollständig ausgeführt wird – wir haben es also mit zwei parallelen inneren Schleifen zu tun. Dabei werden in der ersten inneren Schleife zuerst die Leerzeichen geschrieben und in der zweiten die Buchstaben. Die Struktur der Schleifen sieht demnach wie folgt aus:

```
// äußere Schleife beschreibt bei jedem Durchlauf eine Zeile
for(...) {
  // Leerzeichen schreiben
  for(...) {/*...*/}
  // Buchstaben schreiben
  for(...) {/*...*/}
}
```

Sehen wir uns nun den Programmcode an, der den gestellten Anforderungen genügt. Das Programm verlangt, dass der Anwender die Anzahl der Stufen als Befehlszeilenparameter angibt. Unterlässt er dies, wird das Programm mit einem entsprechenden Hinweis beendet.

```
// ------------------------------------------------------------
// Beispiel: ...\Kapitel 2\Baumstruktur
// ------------------------------------------------------------
using System;
using System.Collections.Generic;
using System.Linq;
using System.Text;

namespace Baumstruktur {
  class Program {
    static void Main(string[] args) {
      // prüfen, ob das Array args leer ist
      if(args.Length == 0) {
        Console.Write("Geben Sie beim Start der Anwendung ");
        Console.Write("einen Parameter an.");
      }
      else {
        // das erste Element in den Typ int konvertieren
        int zeile = Convert.ToInt32(args[0]);
```

```
        // jede Stufe des Buchstabenbaums aufbauen
        for(int i = 1; i <= zeile; i++) {
          // Leerzeichen schreiben
          for(int j = 1; j <= zeile - i; j++)
            Console.Write(" ");
            // Buchstaben schreiben
            for(int j = 1; j <= i * 2 - 1; j++)
              Console.Write("M");
            Console.WriteLine();
        }
      }
      Console.ReadLine();
    }
  }
}
```

Vorzeitiges Beenden einer Schleife mit »break«

Situationsbedingt kann es sich zur Laufzeit als erforderlich erweisen, nicht auf das Erfüllen der Abbruchbedingung zu warten, sondern den Schleifendurchlauf vorzeitig zu beenden. C# stellt ein Schlüsselwort zur Verfügung, das uns dazu in die Lage versetzt: `break`.

```
for(int i = 0; i <= 10; i++) {
  if(i == 3)
    break;
  Console.WriteLine("Zähler = {0}", i);
}
```

Dieses Codefragment wird zu der folgenden Ausgabe an der Konsole führen:

```
Zähler = 0
Zähler = 1
Zähler = 2
```

`break` beendet die Schleife unabhängig von der im Schleifenkopf formulierten Abbruchbedingung und setzt den Programmablauf hinter dem Anweisungsblock der `for`-Schleife fort.

Sie können `break` auch in einer verschachtelten Schleife einsetzen. Das wirkt sich nur auf die `for`-Schleife aus, in deren direktem Anweisungsblock der Abbruch codiert ist. Die äußeren Schleifen zeigen sich unbeeindruckt. Im nachstehenden Code wird der Abbruch herbeigeführt, wenn der Zähler `inner` den Wert 2 aufweist. Die innere Schleife wird danach als beendet betrachtet, und das Programm wird mit der Anweisung fortgesetzt, die dem Anweisungsblock der inneren Schleife folgt.

```
for(int outer=0; outer<=10; outer++) {
  Console.WriteLine("outer = {0}",outer);
```

```
  for(int inner = 0; inner <= 10; inner++) {
    Console.WriteLine("inner = {0}",inner);
    if(inner == 2)
      break;
  }
}
```

Die Ausgabe lautet:

```
outer = 0
inner = 0
inner = 1
inner = 2
outer = 1
inner = 0
inner = 1
...
```

Abbruch der Anweisungen im Schleifenblock mit »continue«

Sehr ähnlich wie `break` verhält sich auch die Anweisung `continue`. Die Bearbeitung des Codes in der Schleife wird zwar abgebrochen, aber die Steuerung wieder an den Schleifenkopf übergeben. Mit anderen Worten: Alle Anweisungen, die zwischen `continue` und dem Ende des Anweisungsblocks stehen, werden übersprungen. Das wollen wir uns ebenfalls an einem Codefragment ansehen:

```
for(int i = 0; i <= 10; i++) {
  if(i == 3)
    continue;
  Console.WriteLine("Zähler = {0}", i);
}
```

Die Ausgabe an der Konsole sieht wie folgt aus:

```
Zähler = 0
Zähler = 1
Zähler = 2
Zähler = 4
Zähler = 5
...
```

Steht der Zähler auf `3`, ist die Bedingung erfüllt. Es wird `continue` ausgeführt – mit der Folge, dass die Laufzeitumgebung die folgende Ausgabeanweisung überspringt und die Schleife mit dem Zählerstand `4` fortgesetzt wird.

Merksatz

`break` beendet die Schleife und setzt den Programmablauf hinter dem Anweisungsblock der `for`-Schleife fort. Mit `continue` wird die Abarbeitung der Anweisungen im Schleifenblock abgebrochen und die Kontrolle zur Fortsetzung des Programms an den Schleifenkopf übergeben.

Ausdrücke der for-Schleife

Zum Abschluss der Ausführungen über die Möglichkeiten der `for`-Schleife unter C# kommen wir noch einmal auf die drei Ausdrücke im Schleifenkopf zurück. Was bisher noch nicht erwähnt worden ist, sei an dieser Stelle nachgeholt: Alle drei Ausdrücke sind optional, müssen also nicht angegeben werden. Fehlt aber ein Ausdruck, gilt dieser stets als »erfüllt«. Im Extremfall lässt sich eine Schleife sogar ganz ohne explizit ausformulierten Schleifenkopf konstruieren. Wir erhalten dann die kürzeste `for`-Schleife überhaupt – allerdings handelt es sich dann auch um eine Endlosschleife, da das Abbruchkriterium in dem Sinne als erfüllt gilt, dass die Schleife nicht beendet werden soll:

```
// Endlosschleife
for(;;);
```

2.7.2 foreach-Schleife

Die `for`-Schleife setzt drei Ausdrücke voraus, die erst in Kombination die gewünschte Iteration ermöglichen. C# kennt noch ein weiteres Konstrukt, um ein Array vom ersten bis zum letzten Element zu durchlaufen: die `foreach`-Schleife. Sehen wir uns dazu ein Beispiel an, das genauso wie das oben gezeigte operiert:

```
int[] intArr = {2,4,6,8};
foreach(int tempElement in intArr) {
  Console.WriteLine(tempElement);
}
```

Anstatt jedes Element über seinen Index anzusprechen, wird nun das Array als eine Einheit angesehen, die aus mehreren typgleichen Elementen gebildet wird. Das Array wird vom ersten bis zum letzten Mitglied durchlaufen, wobei die Adressierung nun über eine Laufvariable als temporäres Element erfolgt, das hier als `tempElement` bezeichnet wird. Bei der Iteration wird `tempElement` jedes Mal auf ein anderes Array-Element verweisen. Daher ist die Indexangabe auch überflüssig.

Die allgemeine Syntax der `foreach`-Schleife lautet:

```
// Syntax: foreach-Schleife
foreach(Datentyp Bezeichner in Array-Bezeichner) {/*...*/}
```

Beachten Sie, dass die Deklaration der Laufvariablen in den Klammern nicht optional, sondern unabdingbar ist. Daher führt das folgende Codefragment zu einem Fehler:

```
int tempElement;
// Fehler im foreach-Statement
foreach(tempElement in intArr) {/*...*/}
```

Wenn Sie ein Array von Elementen eines einfachen Datentyps durchlaufen, sind die Daten schreibgeschützt, können also nicht verändert werden, z. B.:

```
int[] intArr = {1,2,3,4,5};
foreach(int temp in intArr)
   temp = 33;  // FEHLER !!
```

An dieser Stelle muss aber schon darauf hingewiesen werden, dass das Array nur schreibgeschützt ist, wenn es Wertetypen beschreibt. Ein Array von Objekten, die auf Referenztypen basieren, verhält sich anders: Die Objektdaten können innerhalb einer `foreach`-Schleife manipuliert werden. Wie das praktisch aussieht, werden Sie ab Kapitel 3, »Das Klassendesign«, erfahren.

2.7.3 do- und while-Schleife

Ist die Anzahl der Iterationen bereits beim Eintritt in die Schleife bekannt, wird zumeist das `for`-Schleifenkonstrukt verwendet. Ergibt sich jedoch erst zur Laufzeit der Anwendung, wie oft der Schleifenkörper durchlaufen werden muss, bietet sich eher die `do`- oder die `while`-Schleife an. Grundsätzlich können jedoch alle auftretenden Anforderungen an wiederholt auszuführende Anweisungen mit einem dieser beiden Typen formuliert werden – sie können also die `for`-Schleife durchaus gleichwertig ersetzen.

while-Schleife

In eine Schleife wird dann eingetreten, wenn bestimmte Bedingungen erfüllt sind. Bei der `for`-Schleife wird diese Bedingung durch den Schleifenzähler festgelegt, bei einer `while`-Schleife wird die Bedingung hinter dem Schlüsselwort `while` in runden Klammern angegeben. Da sich die Anweisungen der Bedingungsprüfung anschließen, spricht man auch von einer *kopfgesteuerten Schleife*. Sehen wir uns daher zunächst die Syntax dieses Schleifentyps an:

```
// Syntax: while-Schleife
while(Bedingung)
{
  // Anweisungen
}
```

Bei der Bedingung handelt es sich um einen booleschen Ausdruck, der aus den Vergleichsoperatoren gebildet wird und entweder `true` oder `false` liefert.

Merksatz

Eine `while`-Schleife wird ausgeführt, solange die Bedingung wahr, also `true` ist. Die Schleife wird beendet, wenn die Bedingung `false` ist.

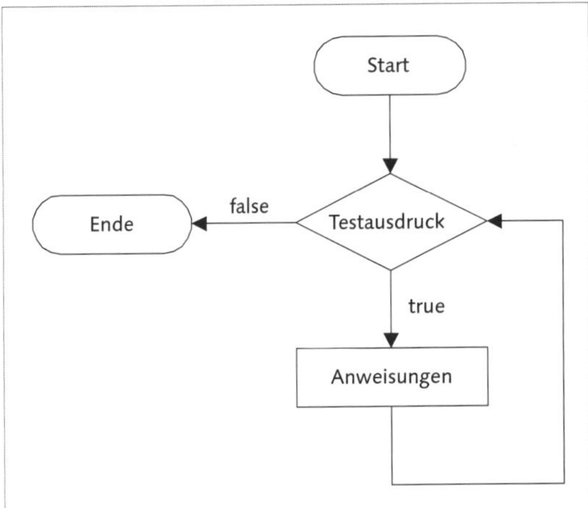

Abbildung 2.16 Ablaufdiagramm der while-Schleife

Ist die Bedingung schon bei der ersten Überprüfung falsch, werden die Anweisungen im Schleifenkörper überhaupt nicht ausgeführt.

Da im Gegensatz zur `for`-Schleife die Bedingung zum Austritt aus der `while`-Schleife nicht automatisch verändert wird, muss innerhalb des Schleifenkörpers eine Anweisung stehen, die es ermöglicht, die Schleife zu einem vordefinierten Zeitpunkt zu verlassen. Wenn Sie eine solche Anweisung vergessen, liegt der klassische Fall einer Endlosschleife vor.

Hinweis

Wenn Sie beim Testen eines Programms aus der Entwicklungsumgebung heraus in eine Endlosschleife geraten, können Sie mit der Tastenkombination `Strg` + `Pause` die Laufzeitumgebung unterbrechen und wieder zur Entwicklungsumgebung zurückkehren.

Im folgenden Beispiel muss der Anwender zur Laufzeit eine Zahl angeben, mit der er die Anzahl der Schleifendurchläufe festlegt. Die zusätzliche Zählervariable `counter` dient als Hilfsvariable, um die Austrittsbedingung zu formulieren. Sie wird innerhalb der Schleife bei jedem Schleifendurchlauf um 1 erhöht und bewirkt, dass die `while`-Schleife zum gewünschten Zeitpunkt verlassen wird.

```
// ---------------------------------------------------------------
// Beispiel: ...\Kapitel 2\WhileDemo
// ---------------------------------------------------------------
using System;
using System.Collections.Generic;
using System.Linq;
using System.Text;

namespace WhileDemo {
  class Program {
    static void Main(string[] args) {
      Console.Write("Geben Sie eine Zahl zwischen\n");
      Console.Write("0 und einschließlich 10 ein: ");
      int zahl = Convert.ToInt32(Console.ReadLine());
      int counter = 1;
      while(counter <= zahl) {
        Console.WriteLine("{0}.Schleifendurchlauf",counter);
        // Änderung der Austrittsbedingung
        counter++;
      }
      Console.ReadLine();
    }
  }
}
```

Genauso wie eine `for`-Schleife kann auch eine `while`-Schleife entweder mit `break` oder mit `continue` unterbrochen werden. Die Auswirkungen sind bekannt:

- Mit `break` wird die gesamte Schleife als beendet angesehen. Das Programm setzt seine Ausführung mit der Anweisung fort, die dem Anweisungsblock der Schleife folgt.
- Mit `continue` wird der aktuelle Iterationsvorgang abgebrochen. Anweisungen, die innerhalb des Schleifenblocks auf `continue` folgen, werden nicht mehr ausgeführt. Die Steuerung wird an die Schleife zurückgegeben.

Daher würde

```
int intVar = 0;
while(intVar < 5) {
  intVar++;
  if(intVar == 3)
    break;
  Console.WriteLine(intVar);
}
```

die Ausgabe

```
1
2
```

haben, während der Austausch von `break` gegen `continue` die Zahlenwerte

```
1
2
4
5
```

ausgibt.

do-Schleife

Die `do`-Schleife unterscheidet sich dahingehend von der `while`-Schleife, dass die Schleifenbedingung am Ende der Schleife ausgewertet wird. Die `do`-Schleife ist eine *fußgesteuerte Schleife*. Die Folge ist, dass die Anweisungen innerhalb des Anweisungsblocks zumindest einmal durchlaufen werden.

```
// Syntax: do-Schleife
do
{
  // Anweisungen
} while(Bedingung);
```

Der Anweisungsblock wird so lange wiederholt ausgeführt, bis die Bedingung `false` ist. Danach wird mit der Anweisung fortgefahren, die sich unmittelbar anschließt.

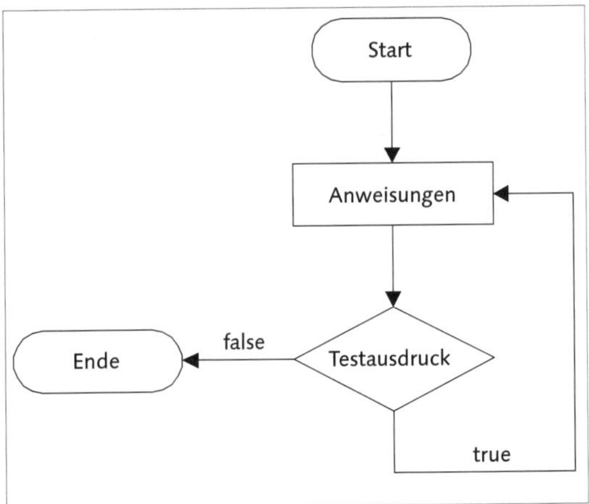

Abbildung 2.17 Ablaufdiagramm der do-Schleife

Die Tatsache, dass die Laufzeit einer Anwendung mindestens einmal in den Anweisungsblock der do-Schleife eintaucht, kann man sich zunutze machen, wenn eine bestimmte Eingabe vom Anwender erforderlich wird. Ist die Eingabe unzulässig, wird eine Schleife so lange durchlaufen, bis sich der Anwender überzeugen lässt. Im folgenden Beispiel wird das demonstriert.

```
// ---------------------------------------------------------------
// Beispiel: ...\Kapitel 2\DoDemo
// ---------------------------------------------------------------
using System;
using System.Collections.Generic;
using System.Linq;
using System.Text;

namespace DoDemo {
  class Program {
    static void Main(string[] args) {
      // Informationsanzeige
      Console.Write("W - Programm fortsetzen\n");
      Console.Write("E - Programm beenden\n");
      Console.Write("----------------------\n");
      // Schleife wird so oft durchlaufen, bis der Anwender
      // eine gültige Eingabe macht
      do {
        Console.Write("Ihre Wahl: ");
        string eingabe = Console.ReadLine();
        if(eingabe == "W")
          // das Programm nach dem Schleifenende fortsetzen
          break;
        else if(eingabe == "E")
          // das Programm beenden
          return;
        else {
          // Fehleingabe!
          Console.Write("Falsche Eingabe - ");
          Console.Write("Neueingabe erforderlich\n");
          Console.Write("----------------------\n");
        }
      } while(true);
      Console.WriteLine("...es geht weiter.");
      Console.ReadLine();
    }
  }
}
```

Zugelassen sind nur die beiden Eingaben »W« und »E«. Jede andere Eingabe führt zu einer erneuten Iteration. Die do-Schleife ist wegen ihrer Austrittsbedingung

```
while(true)
```

als Endlosschleife konstruiert, aus der es ein kontrolliertes Beenden nur mit der Sprunganweisung break gibt, wenn der Anwender mit der Eingabe »W« eine Fortsetzung des Programms wünscht.

Mit der Anweisung return wird das laufende Programm vorzeitig beendet. Diese Anweisung dient per Definition dazu, die aktuell ausgeführte Methode zu verlassen. Handelt es sich dabei aber um die Main-Methode einer Konsolenanwendung, kommt das dem Beenden der Anwendung gleich. In Kapitel 4, »Vererbung, Polymorphie und Interfaces«, werden Sie die return-Anweisung im Zusammenhang mit den Klassenmethoden noch oft benutzen.

3 Klassendesign

Die Grundlagen der Sprache C# haben Sie im letzten Kapitel gelernt. In diesem Kapitel behandeln wir die Grundsätze der Klassendefinitionen – deren Kenntnis ist unabdingbar, da das gesamte .NET Framework objektorientiert ist.

3.1 Einführung in die Objektorientierung

Die beiden wichtigsten Begriffe, die im Mittelpunkt unserer Betrachtungen zur objektorientierten Programmierung stehen, sind die der *Klasse* und des *Objekts*. Was ist darunter zu verstehen?

Stellen Sie sich ein Architekturbüro vor, das ein Einfamilienwohnhaus plant und den Bauplan als Ergebnis aller anfänglichen Forderungen und der daraus resultierenden Berechnungen zeichnet. Der Bauplan enthält die Abmessungen des Grundrisses der einzelnen Etagen, die Angaben, wo Fenster und Türen eingebaut werden, die Mauerdicken, die Lage der Elektroverkabelung, der Heizungsrohre usw. Der fertige Bauplan dient anschließend als Vorlage für die Bauausführung. Vielleicht hat der Architekt sogar die Möglichkeit, den Bauplan mehrfach zu benutzen, um darauf basierend ein zweites oder sogar ein drittes Haus zu erstellen. Die Häuser müssen nicht identisch sein, sie können sich in Einzelheiten unterscheiden: Die Außenfassade des ersten Hauses mag geputzt sein, die des zweiten geklinkert, ein Haus wird mit einer Ölheizung ausgestattet, das andere nutzt Fernwärme.

Der Bauplan dient also nur als Vorlage. Er ist im weitestgehenden Sinn eine Schablone, die zur Realisierung konkreter Häuser dient. Projiziert auf die objektorientierte Welt, ist der Bauplan als eine Klasse zu verstehen und ein fertig gebautes Haus als ein Objekt. Liegt ein Bauplan (Klasse) vor, kann er dazu dienen, beliebig viele Häuser (Objekte) zu erstellen, die sich durchaus unterscheiden dürfen.

In der objektorientierten Programmierung spricht man von einem Objekt oder auch von einem *konkreten Objekt*, wenn aus der Klassendefinition heraus etwas »Gegenständliches« erzeugt wird. Ein weiterer, häufig benutzter Begriff ist der der *Klasseninstanz* oder einfach nur *Instanz*. Sie können diese Begriffe synonym nebeneinander verwenden, sie besagen dasselbe.

Ein Objekt wird durch bestimmte, charakteristische Merkmale beschrieben, die in der Klassendefinition festgelegt werden müssen. Diese werden als *Eigenschaften* bezeichnet. Beispielsweise könnte ein Objekt vom Typ `Person` im Rahmen der anwendungsspezifischen

Forderungen durch den Namen der Person, deren Augenfarbe, Schuhgröße und das Geschlecht ausreichend beschrieben werden.

Im einfachsten Fall wird eine Eigenschaft als Variable innerhalb der Klassenstruktur definiert und als *Feld* bezeichnet, wie beispielsweise `Name` im folgenden Codefragment der Klasse `Person`:

```
class Person {
  public string Name;
}
```

Ein Objekt wäre demnach beispielsweise `itsme`:

```
Person itsme = new Person();
```

Wie in C# üblich, wird zuerst der Datentyp angegeben. Eine Klassendefinition müssen Sie grundsätzlich immer als die Beschreibung eines Datentyps verstehen. `Person` ist daher ein Datentyp, genauso wie `String` oder `Integer`. Der Typangabe folgt der Variablenbezeichner. Mit dem Schlüsselwort `new` wird das Objekt schließlich konkretisiert. Dabei wird ein sogenannter Konstruktor aufgerufen.

Eine Klasse abstrahiert Objekte aber nicht nur in der Weise, dass Objekte gleichen Typs ausschließlich durch die in der Klasse definierten Eigenschaften beschrieben werden. Objekte können auch Operationen ausführen, gewissermaßen also ein Verhalten zeigen. Beispielsweise könnte ein `Person`-Objekt laufen, rufen, essen usw. Dabei handelt es sich um Operationen, die im objektorientierten Sprachgebrauch als *Methoden* bezeichnet werden.

Methoden werden innerhalb einer Klasse definiert. Das folgende Codefragment demonstriert die Klasse `Person` mit den beiden Feldern `Name` und `Alter` sowie der Methode `Laufen`:

```
class Person {
  public string Name;
  public int Alter;

  public void Laufen() {
    // Anweisungen
  }
}
```

Jetzt wollen wir uns ansehen, wie wir mit der Klasse arbeiten. Dazu wird die Methode `Main` wie folgt codiert:

```
static void Main(string[] args) {
  Person peter = new Person();
  // Festlegung des Alters
  peter.Alter = 34;
  // das Person-Objekt laufen lassen
  peter.Laufen();
}
```

Zuerst besorgen wir uns ein Objekt vom Typ `Person`. Das Objekt heißt im weiteren Verlauf `peter` und hat die Eigenschaften `Name` und `Alter`. Alle Eigenschaften müssen nicht unbedingt auf einen objektspezifischen Wert festgelegt werden, sondern nur die, die notwendig sind. Hier ist es nur die Eigenschaft `Alter`, der ein Wert zugewiesen wird. Anschließend wird die Methode `Laufen` aufgerufen. Beachten Sie den Punktoperator, der dazu dient, eine Eigenschaft oder Methode auf ein bestimmtes Objekt aufzurufen. Handelt es sich um eine Eigenschaft, muss ihr mit dem Zuweisungsoperator noch der gewünschte Wert zugewiesen werden.

Spielen mehrere konkrete `Person`-Objekte im Programm eine Rolle, muss die Klasse `Person` wiederholt instanziiert werden. Im folgenden Code liegen zwei Objekte vor: `peter` und `bettina`. Beide unterscheiden sich durch ihr Alter.

```
Person peter = new Person();
peter.Alter = 34;

Person bettina = new Person();
bettina.Alter = 15;
```

3.1.1 Vorteile der objektorientierten Programmierung

Die objektorientierte Programmierung (OOP) mit allen ihren dahinter stehenden Konzepten ist nicht einfach zu lernen. Dennoch hat sich das Konzept in den vergangenen Jahren in nahezu allen Programmiersprachen durchgesetzt. Wenn alle Welt davon spricht und der objektorientierte Ansatz in aller Munde ist, muss es für ihn ein paar schlagkräftige Argumente geben. Die beiden wichtigsten seien an dieser Stelle genannt:

- *Wiederverwendbarkeit:* Klassen modularisieren eine Anwendung in unabhängige Einheiten. Sie verwalten zusammengehörende Daten und gruppieren ähnliche Methoden. Klassen können bausteinähnlich in verschiedenen Programmen – in der .NET-Laufzeitumgebung sogar vollkommen unabhängig von der verwendeten Programmiersprache – gleichwertig eingesetzt werden. Als Konsequenz dessen ändert sich auch der Arbeitsablauf der Programmierung: Programme müssen nicht mehr in allen Einzelheiten neu geschrieben werden, sondern werden zu einem großen Teil aus fertigen Komponenten zusammengesetzt – vergleichbar mit der Entwicklung und dem Zusammenbau eines Motors, bei dem im Wesentlichen genormte Maschinenteile (Schrauben, Bolzen etc.) zum Einsatz kommen.
- *Wartungsaufwand:* Eine Klasse kann als eigene, separate und unabhängige Einheit getestet werden. Es ist vollkommen ausreichend, die Klassenimplementierung nur einmal ausgiebig zu testen. Verläuft der Test positiv, wird die Klasse mit jeder Anwendung zufriedenstellend zusammenarbeiten. Das Testen im Umfeld mehrerer Anwendungen entfällt und stellt damit die Effizienz der Programmierung sicher.

3.2 Klassendefinition

3.2.1 Klassen in Visual Studio anlegen

Eine Klasse ist die grundlegendste Einheit der objektorientierten Programmierung und dient dazu, einen Datentyp zu definieren.

Starten Sie ein neues Projekt vom Typ KONSOLENANWENDUNG, ist die Struktur einer Klasse bereits vordefiniert. Der Quellcode befindet sich in einer Datei mit der Dateierweiterung *.CS*. Dateiname und Klassenbezeichner sind per Vorgabe identisch, müssen es aber nicht sein. In einer Quellcodedatei können Sie auch mehrere Klassen definieren, was allerdings nicht empfehlenswert ist, weil darunter die Übersicht leidet.

Möchten Sie eine zusätzliche Klasse in einer eigenen Quellcodedatei implementieren, haben Sie zwei Alternativen:

- Sie wählen im Menü PROJEKT der Entwicklungsumgebung das Untermenü KLASSE HINZUFÜGEN...
- Sie öffnen mit der rechten Maustaste das Kontextmenü des Projekts im Projektmappen-Explorer, wählen HINZUFÜGEN und danach aus der sich anschließend öffnenden Liste KLASSE HINZUFÜGEN...

Daraufhin öffnet sich das Dialogfenster NEUES ELEMENT HINZUFÜGEN, in dem die Vorlage *Klasse* bereits vorselektiert ist. Sie sollten einen möglichst beschreibenden Klassennamen wählen, der auch gleichzeitig zum Namen der Quellcodedatei wird. Wenn Sie wollen, können Sie später sowohl die Klasse als auch die Quellcodedatei umbenennen.

Zur Bezeichnung von Klassen gibt es Konventionen, an denen Sie sich orientieren sollten:

- Der erste Buchstabe sollte großgeschrieben werden. Setzt sich der Bezeichner einer Klasse aus mehreren einzelnen Begriffen zusammen, wird empfohlen, zur besseren Lesbarkeit jeden Begriff mit einem Großbuchstaben zu beginnen.
- Ein Klassenbezeichner sollte nicht dadurch kenntlich gemacht werden, dass ihm ein »C« oder ein anderes Präfix vorangestellt wird, wie es in anderen objektorientierten Sprachen teilweise üblich ist.

Erscheint Ihnen der Name der Quellcodedatei zu einem späteren Zeitpunkt unpassend, können Sie

- im Projektmappen-Explorer das Kontextmenü der entsprechenden Datei öffnen, UMBENENNEN wählen und den neuen Namen eingeben oder
- im Projektmappen-Explorer die umzubenennende Datei selektieren und im Eigenschaftenfenster unter DATEINAME den neuen Namen eintragen.

3.2.2 Das Projekt »GeometricObjectsSolution«

Wir wollen an dieser Stelle mit einem Projekt beginnen, das uns über einige Kapitel dieses Buches hinweg begleiten wird. Nach und nach wird das Projekt ergänzt und erweitert, und am Ende werden nahezu alle objektorientierten Features von .NET in den zu diesem Projekt gehörenden Klassen enthalten sein. Bei den Klassen handelt es sich um die syntaktischen Beschreibungen geometrischer Objekte wie zum Beispiel um die Beschreibung eines Kreises und eines Rechtecks. Am Ende werden wir feststellen, dass die entwickelten Klassen nicht nur in einer Konsolenanwendung sinnvoll einzusetzen sind, sondern auch anderen Anwendungen als Bibliothek zur Verfügung gestellt werden sollten. Mit anderen Worten: Wir werden am Ende aus der ursprünglichen Konsolenanwendung eine Klassenbibliothek machen.

In einer laufenden Instanz von Visual Studio 2010 können Sie gleichzeitig mehrere Projekte bearbeiten. Diese können miteinander in Beziehung stehen (beispielsweise wie bei einer Client-Server-Lösung), müssen es aber nicht zwangsläufig. Alle Projekte werden von einer sogenannten Projektmappe verwaltet, die die Anwendungen einer laufenden Visual Studio-Instanz in einer SLN-Datei regelrecht zusammenschraubt. Die Dateierweiterung *SLN* steht dabei für *Solution*. Die Projektmappe wird im Dateisystem durch einen Ordner beschrieben, in dem alle zu der Projektmappe gehörenden Projekte als Unterordner enthalten sind.

Wir wollen nun mit dem angekündigten Projekt beginnen, das als Konsolenanwendung bereitgestellt wird. Das Projekt soll *GeometricObjects* heißen. Zudem können Sie bereits beim Anlegen des Projekts eine Projektmappe bereitstellen und dieser einen passenden Namen geben. In unserem Beispiel soll sie *GeometricObjectsSolution* heißen.

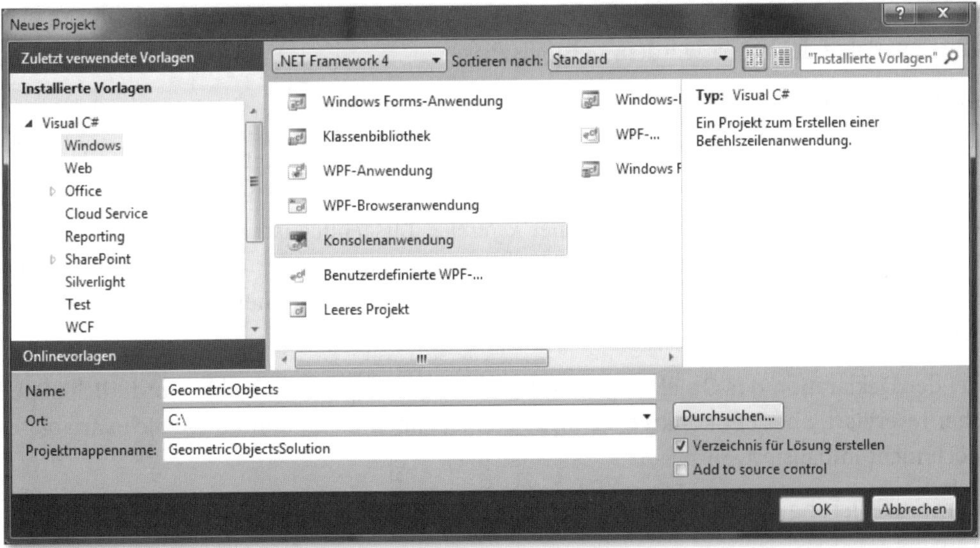

Abbildung 3.1 Anlegen einer neuen Projektmappe

Nachdem wir die Projektmappe *GeometricObjectsSolution* mit der Konsolenanwendung *GeometricObjects* angelegt haben, wollen wir uns der ersten Klasse widmen, die `Circle` heißen soll. Markieren Sie dazu das Projekt *GeometricObjects* im Projektmappen-Explorer, öffnen Sie das Kontextmenü, und wählen Sie HINZUFÜGEN • KLASSE ... Tragen Sie den Namen der Datei im sich daraufhin öffnenden Dialog ein (*Circle.cs*), und bestätigen Sie die Angaben. Das Projekt ist danach um die Klasse `Circle` erweitert worden, weil der Dateibezeichner automatisch als neuer Bezeichner der Klasse verwendet wird. Die Gleichnamigkeit zwischen Datei und Klasse ist aber keine Notwendigkeit.

Die neue Klasse hat die folgende Struktur:

```
namespace GeometricObjects
{
  class Circle
  {
  }
}
```

Weil die Klasse später in Form einer Klassenbibliothek veröffentlicht werden soll, empfiehlt es sich, die Klasse um den Zugriffsmodifizierer `public` zu ergänzen, also:

```
public class Circle
```

3.2.3 Deklaration von Objektvariablen

Eine Klassendefinition beschreibt den Bauplan eines Objekts und gilt als Typdefinition. Um ein Objekt eines bestimmten Typs zu erzeugen, muss zunächst für jedes Objekt eine Objektvariable deklariert werden, beispielsweise:

```
Circle kreis;
```

Eine Objektvariable verweist auf einen Speicherbereich. Man sagt daher auch, dass eine Objektvariable ein Objekt *referenziert*, und spricht bei einer Objektvariablen von einer *Objektreferenz* oder einfach nur von einer *Referenz*. Tatsächlich ist unter einer Referenz ein Zeiger auf die Startadresse des Speicherbereichs zu verstehen, der alle Zustandsdaten enthält. Zustandsdaten sind die Eigenschaften, die das Objekt von einem anderen Objekt desselben Typs unterscheiden.

Bei der Deklaration der Objektvariablen `kreis` wird der für das Objekt erforderliche Speicher reserviert, aber ein konkretes Objekt existiert noch nicht, denn die Objektvariable ist noch nicht initialisiert.

Zur Initialisierung einer Objektvariablen bieten sich zwei gleichwertige Alternativen an:

- die zweizeilige Variante:

```
Circle kreis;
kreis = new Circle();
```

- die insgesamt etwas kürzere, einzeilige Schreibweise:

```
Circle kreis = new Circle();
```

Beide weisen ein gemeinsames Merkmal auf: den Operator `new`, der für die Konkretisierung eines Objekts verantwortlich ist. Erst mit `new` beginnt die Existenz des Objekts. Dahinter verbirgt sich der Aufruf einer ganz bestimmten Methode, die als *Konstruktor* bezeichnet wird. Wir werden uns weiter unten damit noch beschäftigen.

Sie können in einer Anweisung auch mehrere Variablen desselben Typs deklarieren. Dazu werden die Objektvariablen hintereinander geschrieben und durch ein Komma voneinander getrennt:

```
Circle kreis1, kreis2, kreis3;
```

Der C#-Compiler erlaubt auch die folgende Anweisung:

```
Circle kreis1, kreis2, kreis3 = new Circle();
```

Allerdings wird nur die zuletzt angegebene Objektvariable `kreis3` initialisiert. `kreis1` und `kreis2` gelten nur als deklariert und müssen zu einem späteren Zeitpunkt noch mit

```
kreis1 = new Circle();
kreis2 = new Circle();
```

initialisiert werden.

3.2.4 Zugriffsmodifizierer einer Klasse

Wenn Sie eine neue Klasse entwickeln, müssen Sie einem Umstand besondere Beachtung schenken: Entwerfen Sie die Klasse, um sie ausschließlich in der Anwendung zu verwenden, in der die Klasse definiert ist, oder beabsichtigen Sie, die Klasse auch anderen Anwendungen zur Verfügung zu stellen? Diese *Sichtbarkeit* wird durch *Zugriffsmodifizierer* beschrieben. Bei Klassen spielen nur zwei eine Rolle: `public` und `internal`.

Modifizierer	Beschreibung
`public`	Die Instanziierbarkeit einer öffentlichen Klasse unterliegt keinerlei Beschränkungen. Die Klasse kann dann aus jeder beliebigen Anwendung heraus instanziiert werden.
`internal`	Beabsichtigen Sie, die Sichtbarkeit einer Klasse auf die Anwendung zu beschränken, in der die Klasse definiert ist, müssen Sie die Klasse als `internal` deklarieren. Aus einer anderen Anwendung heraus kann dann auch kein Objekt dieser Klasse erzeugt werden.

Tabelle 3.1 Die Zugriffsmodifizierer einer Klasse

Die Angabe des Zugriffsmodifizierers ist optional. Verzichten Sie darauf, gilt die Klasse als `internal`.

3.2.5 Splitten einer Klassendefinition mit »partial«

Klassendefinitionen in .NET lassen sich über mehrere Sourcecodedateien verteilen. Diese Programmiertechnik erlaubt es mehreren Entwicklern, gleichzeitig an der gleichen Klasse zu arbeiten. Das Prinzip der *partiellen Klassen* wird auch von der Entwicklungsumgebung genutzt, denn durch die Aufteilung des Klassencodes auf mehrere Quellcodedateien lässt sich der von Visual Studio automatisch generierte Code sauber von dem Code trennen, den der Entwickler schreibt. Das verschafft nicht nur einen besseren Überblick über den eigenen Code, sondern reduziert auch potenzielle Probleme, die auftreten können, wenn der automatisch erzeugte Code vom Entwickler verändert werden sollte.

Partielle Klassendefinitionen werden dadurch gekennzeichnet, dass man den Modifizierer `partial` vor alle Teildefinitionen setzt. Die Signatur muss natürlich in jeder Teildefinition identisch sein. Nehmen wir beispielsweise an, Sie möchten die Klasse `Circle` auf die beiden Dateien *Circle1.cs* und *Circle2.cs* aufsplitten. Dann müssten die Klassendefinitionen wie folgt lauten:

```
// in der Quellcodedatei 'Circle1.cs'
partial class Circle {
  ...
}

// in der Quellcodedatei 'Circle2.cs'
partial class Circle {
  ...
}
```

Eine Einschränkung des Gebrauchs partieller Typen müssen Sie jedoch beachten: Alle Klassenfragmente müssen sich in derselben Anwendung befinden.

3.3 Arbeiten mit Objektreferenzen

3.3.1 Prüfen auf Initialisierung

Mit

```
Circle kreis;
```

wird eine Objektvariable zwar deklariert, sie ist aber noch nicht initialisiert und hat auch nicht den Zustand `null`. Sehen wir uns nun an, was passiert, wenn wir eine Objektvariable deklarieren und anschließend ohne vorhergehende Initialisierung auf `null` testen.

```
class Program {
  static void Main(string[] args) {
    Circle kreis;
    if (kreis == null) {
      // die Variable kreis referenziert kein Objekt
      Console.WriteLine("Das Objekt existiert nicht!");
      kreis = new Circle();
    }
    else
      // kreis ist eine gültige Objektreferenz
      Console.WriteLine("Das Objekt existiert");
    // weitere Anweisungen
    Console.ReadLine();
  }
}
```

Der C#-Compiler ist intelligent genug, um zu erkennen, dass die Objektreferenz `kreis` vor der Prüfung im `if`-Statement zu keinem Zeitpunkt initialisiert worden ist, und bricht die Kompilierung mit einer Fehlermeldung ab.

Verwechseln Sie `null` nicht mit der Zahl 0. `null` gibt an, dass eine Variable zwar initialisiert ist, aber kein konkretes Objekt referenziert. Das wäre beispielsweise nach der Deklaration mit

```
Circle kreis = null;
```

oder

```
Circle kreis = new Circle();
```

der Fall. Eine Referenz kann nur benutzt werden, wenn sie auf ein konkretes Objekt verweist oder den Wert `null` hat.

Wenn Sie sich über den Zustand der Variablen im Unklaren sind, muss dieser, wie im folgenden Codefragment gezeigt, überprüft werden:

```
if(kreis == null)
  // die Variable obj referenziert kein konkretes Objekt
else
  // obj ist ein gültiges Objekt
```

Ebenso gut können Sie auch mit

```
if(kreis != null) ...
```

prüfen, ob `kreis` ein gültiger Objektverweis ist. Liefert diese Bedingung `true`, kann eine Methode des Objekts aufgerufen oder eine Eigenschaft ausgewertet werden, ohne einen Laufzeitfehler zu riskieren.

3.3.2 Ein Objekt freigeben

Objekte beanspruchen den Speicher. Sie sollten daher ein Objekt freigeben, wenn Sie es nicht mehr benötigen. Dazu weisen Sie der Objektvariablen `null` zu, wie im folgenden Codefragment zu sehen ist:

```
Circle kreis = new Circle();
...
kreis = null;
```

Nun steht Ihnen das Objekt `kreis` nicht mehr zur Verfügung. Allerdings ist die Annahme falsch, dass das Objekt nun auch im Speicher gelöscht ist. Tatsächlich existiert es dort weiter, Sie können es nur nicht mehr aus dem Code heraus ansprechen. Zu einem späteren Zeitpunkt wird ein Mechanismus, die *Garbage Collection*, alle nicht mehr referenzierten Objekte im Speicher erfassen und deren beanspruchten Speicherplatz wieder freigeben. So wird es auch dem Objekt `kreis` ergehen. Auf die Garbage Collection kommen wir in Kapitel 4, »Vererbung, Polymorphie und Interfaces«, noch detailliert zu sprechen.

3.3.3 Mehrere Referenzen auf ein Objekt

Es kommt immer wieder vor, dass mehrere Referenzen auf dasselbe Objekt zeigen. Betrachten Sie dazu das folgende Codefragment:

```
Circle kreis1 = new Circle();
Circle kreis2 = kreis1;
```

Zuerst wird die Variable `kreis1` vom Typ `Circle` deklariert und initialisiert. Anschließend wird `kreis1` der Variablen `kreis2` zugewiesen. Trotz zweier namentlich unterschiedlicher Referenzen liegt nur ein konkretes Objekt vor, das sowohl über `kreis1` als auch über `kreis2` angesprochen werden kann.

Wenn Sie einem Feld über eine der beiden Referenzen einen Wert zuweisen, beispielsweise mit

```
kreis1.Radius = 10
```

können Sie mit der zweiten Objektreferenz den Inhalt der Eigenschaft auswerten:

```
Console.WriteLine(kreis2.Radius)
```

An der Konsole wird »10« angezeigt, da die Referenz `kreis2` auf dasselbe Objekt zeigt wie die Referenz `kreis1`. Wird ein Objekt mehrfach referenziert, spielt es demnach keine Rolle, über welche Referenz der Eigenschaft ein Wert zugewiesen bzw. ein Feld ausgelesen wird – die Operation wird auf demselben Objekt ausgeführt.

Eine mehrfache Referenzierung hat noch weitere Konsequenzen: Geben Sie eine der Referenzen mit `null` frei, können Sie über die zweite Referenz das Objekt immer noch ansprechen, zum Beispiel:

```
Circle kreis1 = new Circle();
Circle kreis2;
kreis2 = kreis1;
kreis2.Radius = 20;
kreis2 = null;
Console.WriteLine(kreis1.Radius);
```

An der Konsole wird immer noch der Inhalt der Eigenschaft `Radius` ausgegeben. Erst mit der Freigabe der letzten gültigen Referenz auf ein Objekt wird dieses tatsächlich unwiederbringlich freigegeben.

3.4 Referenz- und Wertetypen

Das .NET-Typsystem kennt nicht nur Klassen zur Beschreibung von Typen. Insgesamt gibt es fünf elementare Typen, die.NET uns zur Verfügung stellt:

- Klassen (`class`)
- Strukturen (`struct`)
- Delegates (`delegate`)
- Interfaces (`interface`)
- Enumerationen (`enum`)

Im weiteren Verlauf dieses und der nächsten Kapitel werden Sie noch alle kennenlernen. An dieser Stelle soll aber bereits erwähnt werden, dass sich die fünf Typdefinitionen zwei Kategorien zuordnen lassen:

- Wertetypen
- Referenztypen

Zu den *Wertetypen* werden primitive Datentypen wie `int` und `long` sowie alle anderen auf Strukturen und Enumerationen basierenden Typen gezählt. Zu den *Referenztypen* gehören beispielsweise der Typ `String`, alle Arrays und – ganz allgemein ausgedrückt – alle Klassen. Obwohl es im ersten Augenblick den Anschein haben mag, dass hinter Wertetypen nur »normale« Dateninformationen stehen, werden auch diese als Objekte angesehen und hinter den Kulissen der .NET-Laufzeitumgebung als solche behandelt.

Der Unterschied zwischen Referenz- und Wertetypen ist in der Allozierung des Systemspeichers zu finden. Eine Variable, die einen Wertetyp repräsentiert, alloziert auf dem *Stack* Speicher für die Daten. Der Stack ist im RAM angesiedelt, wird aber vom Prozessor durch einen sogenannten *Stack Pointer* direkt unterstützt. Dieser ist in der Lage, auf dem Stack neuen Speicher zu reservieren, kann ihn aber auch freigeben. Dieses Verfahren ist sehr effizient und schneller als das Allozieren von Speicher im Heap für Referenztypen. Als *Heap* wird der Speicher im RAM bezeichnet, der allgemeinen Zwecken zur Verfügung steht.

Wird mit

```
int value = 100;
```

eine `int`-Variable deklariert, wird der Wert in den Stack geschrieben, weil ein Integer als Struktur definiert ist. Beachten Sie bitte, dass bei einem Wertetyp wie dem Integer der `new`-Operator zur Initialisierung nicht angegeben werden muss. Bei einem Referenztyp ist das eine unabdingbare Forderung, denn erst mit

```
Circle kreis = new Circle();
```

wird auf dem Heap ein Speicherbereich alloziert und initialisiert, auf den danach die Referenz `kreis` zeigt.

Ein daraus folgendes, wichtiges Unterscheidungsmerkmal zwischen Referenz- und Wertetypen ist, dass Wertetypen niemals den Inhalt `null` haben können.

Bemerkenswert ist die unterschiedliche Wirkungsweise des Zuweisungsoperators zwischen einem Werte- und einem Referenztyp. Betrachten Sie dazu zunächst das Codefragment eines Wertetyps:

```
long lngFirst = 64;
long lngSecond = lngFirst;
```

Nach der Ausführung des Codes existieren zwei Variablen vom Typ `long`, die denselben Inhalt haben. `long` wird von der Common Language Runtime (CLR) als Wertetyp angesehen und entsprechend behandelt. Die Änderung des Inhalts der Variablen `lngFirst` wird sich nicht auf den Inhalt der Variablen `lngSecond` auswirken, weil zwischen den beiden keine Verbindung existiert. Der Inhalt von `lngFirst` wird nur nach `lngSecond` kopiert. Das ist bei Objekten, die auf Referenztypen basieren, ganz anders und wurde bereits in Abschnitt 3.3.3, »Mehrere Referenzen auf ein Objekt«, erläutert.

3.5 Eigenschaften eines Objekts

3.5.1 Öffentliche Felder

Das Objekt eines bestimmten Typs unterscheidet sich von anderen typgleichen Objekten durch seine charakterisierenden Eigenschaften. So wie sich eine Person von jeder anderen durch den Namen, die Augenfarbe, das Alter, das Geschlecht, den Wohnort und viele andere Werte unterscheidet, unterscheidet sich ein `Circle`-Objekt von anderen `Circle`-Objekten durch seinen Radius, vielleicht auch durch seine Position und seine Farbe.

Eigenschaften werden durch Daten beschrieben. Welche das genau sind, hängt nur von den Anforderungen ab, die an das Objekt gestellt werden. Soll ein Circle-Objekt nicht gezeichnet werden, wird vermutlich die darstellende Farbe keine Bedeutung haben. Auf diese Eigenschaft kann dann verzichtet werden.

Alle im Programm notwendigen Objekteigenschaften müssen in der Klassendefinition Berücksichtigung finden. Ausgedrückt werden sie durch Variablen, die in der Klasse definiert sind. Um ein Circle-Objekt durch einen Radius und seine Positionskoordinaten zu charakterisieren, müssten Sie die Klassendefinition wie folgt schreiben:

```
public class Circle {
  public int XCoordinate;
  public int YCoordinate;
  public double Radius;
}
```

Eigenschaften sind Variablen, die innerhalb einer Klasse definiert sind, und werden auch als *Felder* bezeichnet. Der Zugriffsmodifizierer, hier public, beschreibt die Sichtbarkeit der Eigenschaft. In unserem Beispiel sind die drei Eigenschaften ohne jegliche Einschränkung überall sichtbar. Grundsätzlich kann der Datentyp einer Eigenschaft beliebig sein. Es kann sich um einen elementaren Datentyp wie int oder string handeln, aber durchaus auch um ein Array oder einen benutzerdefinierten Typ, also zum Beispiel um eine Klasse, die Sie selbst in Ihrem Programmcode geschrieben haben.

Ein auf einem elementaren Datentyp basierendes Feld hat von Anfang an einen Standardinitialisierungswert. Damit der Programmcode besser zu lesen ist, ist es nicht unüblich, bei Feldern den Standardwert trotzdem anzugeben. Das führt uns zu den folgenden Felddefinitionen in der Klasse Circle:

```
public class Circle {
  public int XCoordinate;
  public int YCoordinate;
  public double Radius;
}
```

Hinweis

Felder haben immer einen konkreten Initialisierungswert, auch wenn er nicht explizit genannt wird. Beispielsweise weisen alle Datentypen, die Zahlen beschreiben, den Startwert 0 oder 0,0 auf, Referenztypen den Wert null. Ob Sie ein Feld mit

```
public double Radius;
```

oder

```
public double Radius = 0;
```

deklarieren, ist gleich. Manchmal sorgt aber die explizite Zuweisung eines Startwerts für eine bessere Lesbarkeit des Programmcodes.

Der Zugriff auf eine Eigenschaft ist nicht schwierig. Instanziieren Sie zuerst die Klasse, damit Sie ein Objekt haben, und geben Sie danach die Eigenschaft, getrennt durch einen Punkt von der Objektvariablen, an.

```
Circle kreis = new Circle();
kreis.Radius = 10;
```

Jetzt hat das `Circle`-Objekt einen Radius von 10 Einheiten. Sehr ähnlich wird auch der Wert einer Eigenschaft ausgewertet.

```
double dbl = kreis.Radius;
```

Der Aufruf der Eigenschaft bewirkt die Rückgabe des in ihr gespeicherten Werts. Sie können ihn, wie gezeigt, einer Variablen zuweisen oder direkt verarbeiten, beispielsweise durch Ausgabe an der Konsole.

```
Console.WriteLine("Der Kreisradius beträgt {0}", kreis.Radius);
```

3.5.2 Datenkapselung mit Eigenschaftsmethoden sicherstellen

Wenn Sie die Eigenschaft `Radius` etwas genauer analysieren, werden Sie auf Probleme stoßen, denen bisher noch keine Aufmerksamkeit geschenkt worden ist. Was ist beispielsweise, wenn mit

```
kreis.Radius = -12;
```

dem Radius eine negative Zahl übergeben wird? Sie werden mir zustimmen, dass ein negativer Wert nicht akzeptiert werden kann. Was müssen wir also tun, um die Bedingung

```
Radius >= 0
```

zu erfüllen? Grundsätzliche Denkansätze zur Lösung dieses Problems gibt es mehrere:

- Eine erste Idee könnte sein, einen Datentyp zu wählen, der nur den positiven Zahlenbereich abdeckt. Eine solche Lösung ist jedoch schlecht, da diese Datentypen bis auf `byte` nicht CLS-konform sind.
- Die Eingabe könnte auch vor der Zuweisung an die Eigenschaft des Objekts mit einer `if`-Anweisung geprüft werden:

  ```
  int radius = Convert.ToDouble(Console.ReadLine());
  if (radius >= 0)
    kreis.Radius = radius;
  ```

  Dieser Lösungsansatz entspricht zwar der Forderung, dass ein Kreisradius nicht negativ sein kann, ist aber ebenfalls inakzeptabel. Was ist, wenn sich die Bedingung später ändert, weil beispielsweise ein bestimmter Mindestradius vorgeschrieben wird? Alle Zuweisungen des Programmcodes an die Eigenschaft `Radius` müssten entsprechend angepasst werden. Wird nur eine einzige übersehen, arbeitet das Programm fehlerhaft.

- Nach der Argumentation in den vorhergehenden beiden Punkten bleibt nur noch eine Alternative, die auch den optimalen Lösungsansatz darstellt: die Prüfung der Eingabe im Klassencode.

Um den letztgenannten Punkt zu realisieren, bieten sich Eigenschaftsmethoden an. Eigenschaftsmethoden können Sie sich als Container für zwei Subroutinen mit jeweils einem eigenen Anweisungsblock vorstellen: `get` und `set`. Der `get`-Block wird bei der Auswertung der Eigenschaft ausgeführt, der `set`-Block, wenn der Eigenschaft ein Wert zugewiesen werden soll.

Sehen wir uns die vollständige Implementierung der Eigenschaftsmethode `Radius` an, die die Forderung erfüllt, die Zuweisung eines negativen Radius an ein `Circle`-Objekt zu verhindern und nur einen zulässigen Wert zu speichern:

```
public class Circle {
  private double _Radius;

  // Eigenschaftsmethode
  public double Radius {
    get {
      return _Radius;
    }
    set {
      if (value >= 0)
        _Radius = value;
      else
        Console.Write("Unzulässiger negativer Wert.");
    }
  }
  ...
}
```

Der Wert für den Radius wird weiterhin in einem Feld gespeichert. Dieses ist nun allerdings nicht mehr als `public` definiert, sondern als `private`. Damit wird sichergestellt, dass von außerhalb der Klasse `Circle` das Feld weder sichtbar ist noch manipuliert werden kann. Ganz allgemein wird dieses Prinzip als *Datenkapselung* bezeichnet.

Hinweis

Die *Datenkapselung* ist eines der Schlüsselkonzepte der objektorientierten Programmierung, zu der auch noch die später zu behandelnde *Vererbung* und die *Polymorphie* gehören.

Da die öffentliche Eigenschaftsmethode `Radius` lautet, muss das private Feld aus Gründen der Eindeutigkeit umbenannt werden. Üblicherweise beginnen private Felder entweder mit einem Kleinbuchstaben oder es wird der Bezeichner herangezogen, dem ein Unterstrich vorangestellt wird, hier `_Radius`.

Wenn Sie der Eigenschaft Radius mit

```
kreis.Radius = 10;
```

einen Wert zuweisen, wird in der Eigenschaftsmethode automatisch der set-Zweig ausgeführt:

```
set {
  if (value >= 0)
    _Radius = value;
  else
    Console.Write("Unzulässiger negativer Wert.");
}
```

Der zugewiesene Wert, hier 10, wird von einem impliziten Parameter entgegengenommen, der grundsätzlich value heißt. Der Datentyp von value entspricht dem Datentyp der Eigenschaft. In unserem Beispiel ist value demnach vom Typ double. Innerhalb des set-Anweisungsblocks können die Anweisungen programmiert werden, die den zu übergebenden Wert auf seine Zulässigkeit hin überprüfen. Natürlich können Sie auch beliebige andere Operationen in set codieren, beispielsweise eine Überprüfung, ob der aktuelle Benutzer überhaupt berechtigt ist, den Eigenschaftswert festzulegen. Hinsichtlich des operativen Verhaltens sind keine Grenzen gesetzt.

Die Auswertung der Eigenschaft mit

```
double x = kreis.Radius;
```

führt zum Aufruf des get-Blocks innerhalb der Eigenschaftsmethode:

```
get {
  return _Radius;
}
```

Meistens enthält der get-Block, ähnlich wie in unserem Beispiel, nur eine return-Anweisung, die den Inhalt des gekapselten Feldes an den Aufrufer zurückgibt. Aber selbstverständlich dürfen Sie auch beliebige weitere Operationen implementieren.

3.5.3 Ergänzung der Klasse »Circle«

In ähnlicher Weise, wie wir die Eigenschaft Radius implementiert haben, sollten wir auch die beiden öffentlichen Felder XCoordinate und YCoordinate durch Eigenschaftsmethoden ersetzen.

```
public class Circle {

  // ---------- Felder -------------
  private double _Radius;
  private int _XCoordinate;
```

```
  private int _YCoordinate;

  // -------- Eigenschaftsmethoden ----------
  public int YCoordinate {
    get { return _YCoordinate; }
    set { _YCoordinate = value; }
  }

  public int XCoordinate {
    get { return _XCoordinate; }
    set { _XCoordinate = value; }
  }

  public double Radius {
    get { return _Radius; }
    set {
      if (value >= 0)
        _Radius = value;
      else
        Console.WriteLine("Unzulässiger negativer Radius.");
    }
  }
}
```

3.5.4 Lese- und schreibgeschützte Eigenschaften

Es kommt häufig vor, dass eine Eigenschaft entweder schreib- oder lesegeschützt sein muss. Die Realisierung ist denkbar einfach: Sie erstellen eine schreibgeschützte Eigenschaft ohne set-Block. Eine so definierte Eigenschaft kann nur über get ausgewertet werden.

```
...
private int _MyProperty;

// schreibgeschützte Eigenschaft
public int MyProperty {
  get { return _MyProperty; }
}
...
```

Ein Benutzer der Klasse kann einer schreibgeschützten Eigenschaft mit einer üblichen Zuweisung keinen Wert übergeben, daher muss es einen anderen Weg geben. Dieser führt in der Regel über den Aufruf einer anderen Methode der Klasse. Häufig werden die Werte gekapselter Felder von schreibgeschützten Eigenschaften bei der Initialisierung des Objekts im Konstruktor festgelegt.

Soll eine Objekteigenschaft zur Laufzeit einer Anwendung lesegeschützt sein, darf die Implementierung der Eigenschaft nur den set-Block enthalten.

```
...
private int _MyProperty;
// Lesegeschützte Eigenschaft
public int MyProperty {
  set { _MyProperty = value; }
}
...
```

Der Wert einer lesegeschützten Eigenschaft kann selbstverständlich durch eine andere Methode der Klasse zurückgegeben werden, die das gekapselte Feld auswertet.

3.5.5 Sichtbarkeit der Accessoren »get« und »set«

Wird keine andere Angabe gemacht, entspricht die Sichtbarkeit der beiden Accessoren `get` und `set` per Vorgabe der Sichtbarkeit der Eigenschaftsmethode. Ist die Eigenschaftsmethode als `public` definiert, sind `get` und `set` automatisch ebenfalls `public`. Jeder Accessor darf auch eine individuelle Sichtbarkeit aufweisen. Damit lässt sich der jeweilige Zugriff feiner steuern.

```
public int MyProperty {
  internal get {
    return someValue;
  }
  set {
    someValue = value;
  }
}
```

In diesem Codefragment ist die Eigenschaft `MyProperty` öffentlich definiert. Der `set`-Accessor hat keinen abweichenden Zugriffsmodifizierer und ist somit ebenfalls `public`. Im Gegensatz dazu schränkt der Zugriffsmodifizierer `internal` das Auswerten der Eigenschaft auf die aktuelle Anwendung ein.

Beabsichtigen Sie, abweichend vom Zugriffsmodifizierer der Eigenschaftsmethode einen der beiden Accessoren mit einem anderen, individuellen Zugriffsmodifizierer zu spezifizieren, gelten die folgenden Regeln:

- In der Eigenschaftsmethode müssen beide Accessoren definiert sein.
- Nur bei einem der beiden Accessoren darf ein Zugriffsmodifizierer angegeben werden, der vom Zugriffsmodifizierer der Eigenschaftsmethode abweicht.
- Der Zugriffsmodifizierer des Accessors muss einschränkender sein als der der Eigenschaftsmethode.

In der Praxis sind individuelle Zugriffsmodifizierer bei den Accessoren allerdings selten anzutreffen.

3.5.6 Unterstützung von Visual Studio 2010

Es ist etwas mühevoll, die Struktur einer Eigenschaftsmethode zu schreiben. Sie können diese Aufgabe Visual Studio 2010 übertragen, indem Sie zuerst ein öffentliches Feld deklarieren, das bereits den Bezeichner aufweist, den das spätere gekapselte Feld haben soll, beispielsweise:

```
public double _Radius;
```

Gehen Sie anschließend mit dem Eingabecursor in den Feldbezeichner, oder markieren Sie den Bezeichner komplett. Öffnen Sie nun das Kontextmenü mit der rechten Maustaste, und wählen Sie UMGESTALTEN und dann FELD KAPSELN. Nach Bestätigung wird Visual Studio die Eigenschaftsmethode mit den set- und get-Zweigen automatisch genieren. Dabei wird, in diesem Beispiel, die Eigenschaftsmethode den Bezeichner Radius haben. Gleichzeitig wird auch die Grundfunktionalität (Wertübergabe und Wertrückgabe) erzeugt.

3.5.7 Automatisch implementierte Eigenschaften

Daten sollten grundsätzlich gekapselt werden. Mit anderen Worten bedeutet dies, dass Sie ein als private deklariertes Feld anlegen und den Zugriff darauf mit einer Eigenschaftsmethode und deren beiden Accessoren get und set steuern.

Nicht selten werden Sie aber Objekteigenschaften benötigen, ohne dass Code in set und get notwendig ist. Ein gutes Beispiel dafür liefert die Klasse Circle:

```
public class Circle {
  private int _XCoordinate;
  private int _YCoordinate;
  ...
  public int XCoordinate {
    get { return _XCoordinate; }
    set { _XCoordinate = value; }
  }
  public int YCoordinate {
    get { return _YCoordinate; }
    set { _YCoordinate = value; }
  }
}
```

In solchen Fällen lässt sich der Programmcode reduzieren, wenn Sie ein Feature benutzen, das mit C# 3.0 eingeführt worden ist. Es handelt sich dabei um die *automatisch implementierten Eigenschaften*. Mit dieser Spracherweiterung ist es möglich, die oben gezeigten Eigenschaften wie folgt zu implementieren:

```
public class Circle {
  public int XCoordinate {get; set;}
  public int YCoordinate {get; set;}
  ...
}
```

Hierbei wird das notwendige private Feld implizit bereitgestellt. get und set erlauben keinen Programmcode. Sie dürfen aber einen der beiden Zweige mit einem einschränkenden Zugriffsmodifizierer ausstatten, beispielsweise wenn Sie eine schreibgeschützte Eigenschaft bereitstellen wollen.

```
public class Circle {
  public int XCoordinate {get; internal set;}
  public int YCoordinate {get; internal set;}
  ...
}
```

Das Weglassen des get- oder set-Accessors ist nicht erlaubt.

3.5.8 Vereinfachte Objektinstanziierung mit Objektinitialisierern

Um einem Circle-Objekt spezifische Daten zuzuweisen, schreiben Sie den folgenden Code:

```
Circle kreis = new Circle();
kreis.XCoordinate = 23;
kreis.YCoordinate = 100;
kreis.Radius = 5;
```

Es geht aber auch etwas einfacher: Sie können die Startwerte in derselben Anweisungszeile in geschweiften Klammern angeben, wie das folgende Beispiel zeigt:

```
Circle kreis = new Circle() { XCoordinate = 23,
                              YCoordinate = 100,
                              Radius = 5};
```

Dabei müssen Sie nicht zwangsläufig alle Eigenschaften angeben. Felder, denen kein spezifischer Wert übergeben wird, werden mit dem typspezifischen Standardwert initialisiert. Beachten Sie bitte, dass die einzelnen Eigenschaften durch ein Komma voneinander getrennt werden. Sie können mit dieser Notation sogar auf die runden Klammern verzichten, z. B.:

```
Circle kreis = new Circle {XCoordinate = 23,
                           YCoordinate = 100, Radius = 5};
```

Die IntelliSense-Liste unterstützt Sie bei dieser Initialisierung und zeigt Ihnen genau die Eigenschaften an, die noch nicht initialisiert sind.

3.6 Methoden eines Objekts

In Umgebungen, die nicht objektorientiert sind, werden Prozeduren bzw. Funktionen dazu benutzt, bestimmte Operationen auszuführen. In der objektorientierten Programmierung werden Klassendefinitionen dazu benutzt, einen logischen Zusammenhang zwischen Daten und Verhaltensweisen zu beschreiben. Wie Daten innerhalb einer Klasse zu behandeln sind, hat der letzte Abschnitt gezeigt. Nun wenden wir uns den Verhaltensweisen zu, die nichts anderes sind als Prozeduren bzw. Funktionen, die in der objektorientierten Programmierung als *Methoden* bezeichnet werden.

Dabei gilt es, Methoden in zwei Gruppen zu unterteilen:

- Methoden mit Rückgabewert
- Methoden ohne Rückgabewert

3.6.1 Methoden mit Rückgabewert

Sehen wir uns zunächst die allgemeine Syntax einer Methode mit Rückgabewert an:

```
[Modifizierer] Typ Bezeichner([Parameterliste])
{
  ...
  return Wert
}
```

Einer Methode können Argumente übergeben werden, die von den Parametern in Empfang genommen werden. Parameter dienen dazu, die Anweisungen in der Methode mit Werten zu füttern, um auf diese Weise Einfluss auf das Verhalten auszuüben und den Ablauf zu steuern. Da die Parameterliste optional ist, gibt es auch Methoden, die parameterlos sind.

Die optionalen Modifizierer lassen sich in zwei Gruppen aufteilen:

- Modifizierer, die die Sichtbarkeit und damit den Zugriff auf eine Methode beschreiben (Zugriffsmodifizierer)
- Modifizierer, die eine weitergehende Beeinflussung der Verhaltensweise einer Methode bewirken, beispielsweise hinsichtlich der Vererbung

Zugriffsmodifizierer beschreiben die Sichtbarkeit. Wie Sie wissen, kann eine Klasse nur `public` oder `internal` sein. In gleicher Weise wird aber auch die Sichtbarkeit und damit der Zugriff auf die Methoden einer Klasse festgeschrieben. Neben den beiden bekannten Zugriffsmodifizierern `public` und `internal` gibt es noch weitere, die Sie Tabelle 3.2 entnehmen können.

Zugriffsmodifizierer	Beschreibung
public	Der Zugriff unterliegt keinerlei Einschränkungen.
private	Der Zugriff auf ein als private definiertes Mitglied ist nur innerhalb der Klasse möglich, die das Member definiert. Alle anderen Klassen sehen private Member nicht. Deshalb ist darauf auch kein Zugriff möglich.
protected	Der Zugriff auf protected Member ähnelt dem Zugriff auf als private definierte Member. Die Sichtbarkeit ist in gleicher Weise eingeschränkt, jedoch sind als protected definierte Mitglieder in abgeleiteten Klassen sichtbar. Zu diesem Thema folgt später in diesem Kapitel noch mehr.
internal	Der Zugriff auf internal Member ist nur aus den Klassen heraus möglich, die sich in derselben Anwendung befinden.
protected internal	Stellt eine Kombination aus den beiden Modifizierern protected und internal dar.

Tabelle 3.2 Zugriffsmodifizierer der Klassenmitglieder

Sowohl protected als auch die Kombination protected internal spielen in diesem Kapitel noch keine Rolle, weil sie in direktem Zusammenhang mit dem Vererbungskonzept stehen, das in Kapitel 4, »Vererbung, Polymorphie und Interfaces«, behandelt wird.

Die Angabe eines Zugriffsmodifizierers ist optional. Wird darauf verzichtet, gilt die Methode als private deklariert.

Methoden können als Folge ihres Aufrufs ein Ergebnis an den Aufrufer zurückliefern. Das Ergebnis ist von einem bestimmten Datentyp und muss hinter der Liste der Modifizierer angegeben werden. Sehen wir uns das Beispiel der Klasse Circle an, in der ein Feld definiert ist, das den Radius des Kreisobjekts beschreibt. Die Klasse enthält zwei Methoden: GetArea und GetCircumference.

```
public class Circle {
  private double _Radius;
  // Methoden
  public double GetArea() {
    double area = 3.14 * Math.Pow(Radius, 2);
    return area;
  }

  public double GetCircumference() {
    double circumference = 2 * 3.14 * Radius;
    return circumference;
  }
  ...
}
```

Die Bezeichner sind so gewählt, dass sie zweifelsfrei die Funktionalität der Methode verraten. Konventionsgemäß fangen öffentliche Methodenbezeichner mit einem Großbuchstaben an und setzen sich nach Möglichkeit aus mehreren Begriffen zusammen, die ihrerseits zur besseren Lesbarkeit immer mit einem Großbuchstaben beginnen. Der Rückgabewert, also das Ergebnis beider Methoden, ist vom Typ `double`. Beide Methoden sind `public` und somit uneingeschränkt sichtbar.

Hinter `return` wird angegeben, was die Methode als Resultat dem Aufrufer zurückliefert. In `GetArea` ist das der Inhalt der lokalen Variablen `area`, in `GetCircumference` der Inhalt von `circumference`. Sie können hinter `return` auch direkt eine mathematische Operation angeben, um den Code damit etwas kürzer zu formulieren:

```
public double GetCircumference() {
  return 2 * 3.14 * Radius;
}
```

Der Typ des hinter `return` angegebenen Werts muss mit der Typangabe in der Methodensignatur übereinstimmen oder implizit in diesen konvertiert werden können. Andernfalls ist im `return`-Statement eine explizite Konvertierung erforderlich. Sobald `return` erreicht wird, kehrt die Programmausführung zum aufrufenden Code zurück. Alle Anweisungen, die möglicherweise einem `return` folgen, werden nicht mehr ausgeführt.

Methoden mit Rückgabewert sind der einfachste Weg, um zwischen einer Methode und ihrem Aufrufer Daten auszutauschen. Dabei wird ein Methodenaufruf wie eine Variable bewertet, da die Methode einen bestimmten Wert repräsentiert. So wäre es möglich, einen Methodenaufruf in einem Ausdruck als Operand einzusetzen, wie das folgende Codebeispiel zeigt, das die Methode `GetArea` der `Circle`-Klasse dazu benutzt, um das Volumen eines Zylinders zu berechnen:

```
Circle kreis = new Circle() { Radius = 12 };
double hoehe = 30;
double volumen = kreis.GetArea() * hoehe
```

Aufruf einer Methode

Von der Richtigkeit der beiden Methoden in der Klasse `Circle` wollen wir uns auch noch überzeugen. Um die Methode `GetArea` der Klasse `Circle` aufzurufen, muss `Circle` zuerst instanziiert werden. Anschließend legen wir den Radius des Objekts fest. `GetArea` wird auf der Referenz des Objekts mittels Punktnotation aufgerufen und liefert einen Rückgabewert, der in der Variablen `area` entgegengenommen und an der Konsole ausgegeben wird.

Obwohl `GetArea` und `GetCircumference` einen Wert liefern, muss dieser nicht unbedingt in einer Variablen zwischengespeichert werden. Stattdessen reicht es vollkommen aus, das Ergebnis direkt dem Methodenaufruf zu entnehmen. Das wird anhand der Methode `GetCircumference` gezeigt.

```
class Program {
  static void Main(string[] args) {
    Circle kreis = new Circle { Radius = 12 };
    // Kreisfläche abrufen
    double area = kreis.GetArea();
    Console.WriteLine("Fläche = {0}", area);
    // Kreisumfang abrufen
    Console.WriteLine("Umfang = {0}", kreis.GetCircumference());
    Console.ReadLine();
  }
}
```

Der Rückgabewert einer Methode muss nicht zwangsläufig entgegengenommen werden, man kann ihn auch ignorieren:

```
Circle kreis = new Circle { Radius = 12 };
kreis.GetArea();
```

Das Ergebnis des Methodenaufrufs landet nun im Nirwana, weil er weder zwischengespeichert noch ausgegeben wird. Vielleicht werden Sie nun sagen, dass der Methodenaufruf dann keinen Sinn mehr macht. Aber so einfach lässt sich das nicht verallgemeinern. Tatsächlich ist in unserem Beispiel der Aufruf von `GetArea` zweifelsfrei sinnlos, aber es gibt sehr viele Methoden, deren Rückgabewert man in den meisten Fällen getrost ignorieren kann. Bei solchen Methoden kommt es nur auf die Operation der Methode an sich an, während der Rückgabewert nur in einigen bestimmten Situationen von Interesse ist.

3.6.2 Methoden ohne Rückgabewert

Wie ich bereits weiter oben erwähnt habe, gibt es Methoden, die keinen Rückgabewert liefern:

```
[Modifizierer] void Bezeichner([Parameterliste])
{
  ...
}
```

Bei diesen Methoden muss anstelle des Rückgabedatentyps das Schlüsselwort `void` angegeben werden. `Main`, der Einstiegspunkt der Laufzeit in eine Konsolenanwendung, ist ein typisches Beispiel dafür. Dem Methodennamen folgt in runden Klammern optional eine Parameterliste, um gegebenenfalls dem Methodenaufruf Daten zu übergeben, die die Methode zur Ausführung benötigt.

Die `return`-Anweisung ist nicht nur auf Methoden mit Rückgabewert beschränkt. Auch Methoden ohne Rückgabewert (`void`) können damit vorzeitig verlassen werden. Bei `void`-Methoden ist die Angabe von `return` jedoch optional.

3.6.3 Methoden mit Parameterliste

Viele Methoden, unabhängig davon, ob sie einen Rückgabewert haben oder nicht, benötigen Dateninformationen, die den Ablauf oder die Steuerung der Operation beeinflussen. Diese Daten werden der Methode beim Aufruf als Argumente übergeben. Die Methode nimmt die Argumente in ihrer Parameterliste in Empfang.

Nehmen wir an, wir wollten in der Klasse `Circle` eine Methode definieren, die den Bezugspunkt des `Circle`-Objekts in X- und Y-Richtung relativ verschiebt. Die Methode soll `MoveXY` heißen. In diesem Fall müssen beim Aufruf der Methode die Werte, die die Verschiebung beschreiben, als Argumente übergeben werden:

```
public void MoveXY(int dx, int dy) {
  XCoordinate += dx;
  YCoordinate += dy;
}
```

Die Deklaration eines Parameters erinnert an die Deklaration einer Variablen: Zuerst wird der Typ angegeben, danach folgt der Bezeichner. Beschreibt eine Methode mehrere Parameter, werden diese durch ein Komma getrennt.

Wir sollten noch einen Blick auf die Implementierung der Methode werfen. Dabei ist zu bemerken, dass die Verschiebung über den `set`-Accessor der entsprechenden Eigenschaftsmethoden führt. Natürlich hätten wir auch mit

```
public void MoveXY(int dx, int dy) {
  _XCoordinate += dx;
  _YCoordinate += dy;
}
```

den privaten Feldern die neuen Werte direkt mitteilen können. Das wäre allerdings wenig weitsichtig und könnte zu einem späteren Zeitpunkt zu einer fehlerhaften Klasse führen.

Warum das? Ganz einfach: Momentan werden zwar alle X- und Y-Koordinatenwerte ohne Einschränkung akzeptiert, aber das muss nicht zwangsläufig immer so bleiben. Vielleicht wird zu einem späteren Zeitpunkt gefordert, dass der Bezugspunkt des Objekts nicht im dritten oder vierten Quadranten des kartesischen Koordinatensystems liegen darf. In diesem Fall müssen die Eigenschaftsmethoden überarbeitet werden, um der neuen Anforderung zu genügen. Trägt die Methode `MoveXY` die neuen Koordinatenwerte jedoch direkt in die privaten Felder ein, wären die neuen Werte ungeprüft und somit möglicherweise ungültig. Das `Circle`-Objekt könnte dann einen unzulässigen Bezugspunkt aufweisen. Rufen Sie in `MoveXY` jedoch den `set`-Zweig in der Eigenschaftsmethode auf, kann Ihnen das Malheur nicht passieren: Bevor den Feldern die neuen Werte übergeben werden, durchlaufen sie den prüfenden Code des `set`-Zweigs in `XCoordinate` und `YCoordinate`.

Gleiches gilt natürlich auch für das Abrufen eines Eigenschaftswertes. Meistens enthalten die get-Accessoren nur eine return-Anweisung und liefern den Wert ohne Umschweife an den Aufrufer. Aber sind Sie sich wirklich sicher, dass zukünftig nicht auch noch eine Überprüfung codiert wird, ob es dem aktuellen Benutzer der Anwendung überhaupt gestattet ist, den Eigenschaftswert auszulesen?

Sie sollten daher immer den folgenden Tipp beherzigen:

Tipp

Sie sollten prinzipiell nie direkt in private Felder schreiben oder Felder direkt auswerten. Benutzen Sie dazu immer die Eigenschaftsmethoden. Damit garantieren Sie eine robuste Klassendefinition, die auch nach einer Änderung fehlerfrei arbeitet.

Nun wollen wir auch die parametrisierte Methode testen. Dazu schreiben wir den folgenden Code:

```
static void Main(string[] args){
  Circle kreis = new Circle { Radius = 12,
                              XCoordinate = -100,
                              YCoordinate = 90 };
  kreis.MoveXY(120, -200);
}
```

Anstatt eines Literals können Sie auch eine Variable angeben, die zur Laufzeit durch die entsprechenden Werte ersetzt wird:

```
int x = 120;
int y = -200;
kreis.MoveXY(x, y);
```

Bei Methoden, die mehr als einen Parameter erwarten, müssen Sie immer die Reihenfolge der übergebenen Argumente beachten: Das erste Argument wird dem ersten Parameter zugewiesen, das zweite Argument dem zweiten Parameter usw.

Eine weitere Methode in der Klasse »Circle«

Lassen Sie uns an dieser Stelle der Klasse Circle noch eine weitere Methode hinzufügen. Die Methode soll Bigger heißen und zwei Circle-Objekte miteinander vergleichen. Der Aufruf soll wie folgt aussehen:

```
static void Main(string[] args) {
  Circle kreis1 = new Circle { Radius = 12 };
  Circle kreis2 = new Circle { Radius = 23 };

  if (kreis1.Bigger(kreis2) == -1)
    Console.WriteLine("Objekt 'kreis1' ist kleiner als Objekt 'kreis2'");
```

```
  Console.ReadLine();
}
```

Der Rückgabewert der Methode sei 1, wenn das Objekt, auf dem die Methode aufgerufen wird, größer ist als das Objekt, das dem Parameter übergeben wird. Sind beide Objekte gleich groß, sei der Rückgabewert 0, ansonsten -1.

Die Methode `Bigger` zu codieren, ist nicht weiter schwierig. Wir übergeben das `Circle`-Objekt, mit dem das aktuelle Objekt (hier: `kreis1`) verglichen werden soll, an einen Parameter vom Typ `Circle` und können in der Methode den Radius des übergebenen Objekts zur Auswertung heranziehen.

```
public int Bigger(Circle kreis) {
  if (Radius < kreis.Radius)
    return -1;
  else if (Radius == kreis.Radius)
    return 0;
  else
    return 1;
}
```

Hinweis

Das .NET Framework stellt uns Methoden bereit, die sehr ähnlich wie die hier vorgestellte Methode `Bigger` operieren.

3.6.4 Methodenüberladung

Im Verlauf der weiteren Entwicklung der Klasse `Circle` könnte sich herausstellen, dass auch noch eine Methode erforderlich ist, die nicht nur den Bezugspunkt des Objekts relativ verschieben soll, sondern darüber hinaus auch noch den Radius ändern soll. Die Änderung des Radius soll ebenfalls einem Parameter übergeben werden.

Sie könnten jetzt eine Methode bereitstellen und dieser einen Namen geben, der in der Klasse `Circle` eindeutig ist. Sie dürfen die neue Methode aber auch `MoveXY` nennen, obwohl wir bekanntlich bereits eine Methode mit diesem Bezeichner in der Klasse haben.

Jetzt kommt die Technik der *Methodenüberladung* ins Spiel, die es erlaubt, mehrere gleichnamige Methoden in einer Klasse zu definieren. Mit anderen Worten bedeutet dies, dass Sie die beiden Methoden

```
public void MoveXY(int dx, int dy, int dRadius) {
  XCoordinate += dx;
  YCoordinate += dy;
  Radius += dRadius;
}
```

und

```
public void MoveXY(int dx, int dy) {
  XCoordinate += dx;
  YCoordinate += dy;
}
```

in der Klasse `Circle` bereitstellen dürfen, ohne dass dadurch ein Kompilierfehler verursacht wird.

Die Methodenüberladung wird üblicherweise dann eingesetzt, wenn die gleiche oder eine ähnliche Basisfunktionalität mit unterschiedlichem Coding bereitgestellt werden soll.

Von einer gültigen Methodenüberladung wird gesprochen, wenn

- sich gleichnamige Methoden in der Anzahl der Parameter unterscheiden.
- bei gleicher Parameteranzahl zumindest ein Parameter einen anderen Typ beschreibt.

Gemäß den Regeln der Methodenüberladung gelten die folgenden Methodendefinitionen einer fiktiv angenommenen Klasse als überladen:

- `public void MyMethod() {}`
- `public void MyMethod(byte x) {}`
- `public void MyMethod(long x) {}`
- `public void MyMethod(long x, long y) {}`

Eine Methode gilt nicht als überladen, wenn

- sich die Parameter nur im Bezeichner unterscheiden.
- die Rückgabewerte der Methoden verschiedene Datentypen haben.

Der Compiler trifft anhand der Parameterliste die Entscheidung, welche Methode jeweils aufzurufen ist. Das kann unter Umständen zu Irritationen führen, wenn in einer Klasse zwei Methoden wie folgt deklariert sind:

```
public void MyMethod(int x){ ... }

public void MyMethod(long x){... }
```

Wird im aufrufenden Code ein Literal (also eine Zahl) übergeben, wird diese standardmäßig als `int` interpretiert. Das bedeutet, die Methode mit dem `long`-Parameter würde nie aufgerufen. Unter Umständen ist dann eine explizite Konvertierung notwendig.

Wird an die Methode eine Variable vom Typ `Byte` übergeben, wird der Compiler die Methode mit dem passendsten Parameter suchen: In diesem Fall würde das die Methode mit dem `int`-Parameter sein.

3.6.5 Variablen innerhalb einer Methode (Lokale Variablen)

Variablen, die im Anweisungsblock einer Methode deklariert sind, gelten als *lokale Variablen*.

```
public void MyMethod() {
  long lngVariable = 34;
  ...
}
```

Lokale Variablen sind nur in der Methode sichtbar, in der sie deklariert sind. Programmcode, der sich außerhalb der Methode befindet, kann lokale Variablen weder sehen noch manipulieren oder gar auswerten. Das gilt auch für Aufrufverkettungen, wenn beispielsweise aus der Methode heraus eine zweite und aus dieser heraus wieder eine dritte Methode aufgerufen wird.

Die Lebensdauer einer lokalen Variablen ist auf die Dauer der Methodenausführung begrenzt. Ist diese beendet, wird auch jede in ihr deklarierte lokale Variable aufgegeben, und der Inhalt geht verloren. Ein wiederholter Methodenaufruf hat zur Folge, dass die lokale Variable neu erzeugt wird.

In C# wird eine lokale Variable nicht automatisch mit einem typspezifischen Standardwert initialisiert. Sie sollten daher alle lokalen Variablen möglichst sofort initialisieren und ihnen unter Berücksichtigung des Datentyps einen gültigen Startwert zuweisen. Der Zugriff auf eine nicht initialisierte Variable verursacht eine Fehlermeldung.

```
public void MyMethod() {
  int intVar;
  // die folgende Anweisung verursacht einen Compilerfehler,
  // weil intVar nicht initialisiert ist
  Console.WriteLine(intVar);
}
```

Der Begriff *lokale Variable* lässt sich noch weiter ausdehnen, da nicht jede Variable, die innerhalb einer Methode deklariert ist, auch eine Sichtbarkeit aufweist, die sich über den gesamten Anweisungsblock der Methode erstreckt. Sehen Sie sich dazu den folgenden Code an:

```
class Demo {
  public void SomeVariables() {
    int intVar = 0;
    ...
    if(intVar > 0)
    {
      int intX = 1;
      ...
      for(int i = 0; i <=100; i++)
```

```
        {
          double dblVar = 3.14;
          ...
        }
      }
    }
}
```

In der Methode `SomeVariables` sind einige Anweisungsblöcke ineinander verschachtelt. Anweisungsblöcke dienen nicht nur dazu, Anweisungssequenzen zusammenzufassen, sondern beschreiben darüber hinaus auch die Sichtbarkeit lokaler Variablen. Dabei wird die Sichtbarkeit von dem am nächsten stehenden, äußeren geschweiften Klammerpaar begrenzt. Deshalb beschränkt sich die Sichtbarkeit von `dblVar` auf den Anweisungsblock der `for`-Schleife und die Sichtbarkeit von `intX` auf den Anweisungsblock des `if`-Statements, kann aber auch innerhalb der `for`-Schleife verwendet werden. Die lokale Variable `intVar` ist in der gesamten Methode `SomeVariables` bekannt.

3.6.6 Referenz- und Wertparameter

Parameter ohne zusätzlichen Modifizierer

Sehen Sie sich das folgende Beispiel an:

```
// ---------------------------------------------------------------
// Beispiel: ... \Kapitel 3\Wertuebergabe
// ---------------------------------------------------------------
class Program {
  static void Main(string[] args) {
    Demo myDemo = new Demo();
    myDemo.Init();
  }
}

class Demo {
  public void Init() {
    int intVar = 3;
    Console.WriteLine("intVar vorher = {0}", intVar);
    TestProc(intVar);
    Console.WriteLine("intVar nachher = {0}", intVar);
    Console.ReadLine();
  }

  public void TestProc(int intPara) {
    intPara = 550;
    Console.WriteLine("intPara in 'TestProc' = {0}", intPara);
  }
}
```

Aus Main heraus wird die Klasse Demo instanziiert, und auf dem Objekt wird die Methode Init aufgerufen. In Init ist die lokale Variable intVar deklariert. Nach der ersten Ausgabe des Variableninhalts an der Konsole wird aus Init heraus die Methode TestProc ausgeführt, der als Argument die lokale Variable intVar übergeben wird, die im Parameter intPara entgegengenommen wird.

In der ersten Anweisung der Methode TestProc wird der Inhalt von intPara in 550 geändert und anschließend an der Konsole ausgegeben. Danach wird die Kontrolle des Programmablaufs an die aufrufende Methode Init zurückgegeben, die ein weiteres Mal den Inhalt der lokalen Variablen intVar anzeigt. Wenn Sie das Programm starten, lautet die Ausgabe an der Konsole:

```
intVar nachher = 3
```

Festzuhalten bleibt, dass sich der Inhalt der lokalen Variablen intVar auch nach dem Aufruf der Methode TestProc nicht verändert hat.

Um zu verstehen, was sich bei diesem Methodenaufruf abspielt, müssen wir einen Blick in den Teilbereich des Speichers werfen, in dem die Daten vorgehalten werden. Zunächst wird für die Variable intVar Speicher alloziert. Nehmen wir an, es sei die Speicheradresse 10042 (10042 = &intVar). In diese Speicherzelle (genau genommen sind es natürlich vier Byte, die ein Integer für sich beansprucht) wird die Zahl 3 geschrieben.

Ein Parameter unterscheidet sich nicht von einer lokalen Variablen. Genau das ist der entscheidende Punkt, denn folgerichtig ist ein Parameter ebenfalls ein Synonym für eine bestimmte Adresse im Speicher. Mit der Übergabe des Arguments intVar beim Methodenaufruf wird von TestProc zunächst Speicher für den Parameter intPara alloziert – wir gehen von der Adresse 10050 (= &intPara) aus. Danach wird der Inhalt des Arguments intVar (also 3) in die Speicherzelle 10050 kopiert.

Ändert TestProc den Inhalt von intPara, wird die Änderung in die Adresse 10050 geschrieben. Damit weisen die beiden in unserem Beispiel angenommenen Speicheradressen die folgenden Inhalte auf:

```
10042 = &intVar => 3
10050 = &intPara => 550
```

Nachdem der Programmablauf zu der aufrufenden Methode zurückgekehrt ist, wird der Inhalt der Variablen intVar, also der Inhalt der Speicheradresse 10042, auf der Konsole ausgegeben: Es ist die Zahl 3. Diese Technik der Argumentübergabe wird als *Wertübergabe* (engl. *Call by Value*) bezeichnet. In Abbildung 3.2 ist der Prozess der beschriebenen Wertübergabe schematisch dargestellt.

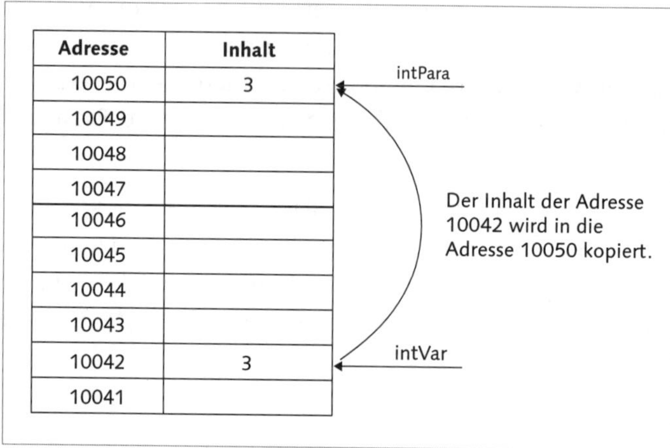

Abbildung 3.2 Wertparameter (Call by Value)

Parameter mit dem Modifizierer »ref«

Nehmen wir nun zwei kleine Änderungen vor. Zuerst wird der Methodenaufruf in `Init` wie folgt codiert:

```
TestProc(ref intVar);
```

Im zweiten Schritt ergänzen wir in ähnlicher Weise auch die Parameterliste von `TestProc`:

```
public void TestProc(ref int intPara) {...}
```

Wenn Sie jetzt das Beispiel noch einmal starten, wird dies an der Eingabeaufforderung zu folgender Ausgabe führen:

```
intVar nachher = 550
```

Die Ergänzung sowohl des Methodenaufrufs als auch der Parameterliste um das Schlüsselwort `ref` hat also bedeutende Konsequenzen für die lokale Variable `intVar` in der Methode `Init` – sie hat nach dem Methodenaufruf genau den Inhalt angenommen, der dem Parameter `intPara` zugewiesen worden ist. Wie ist das zu erklären?

Beim Aufruf von `TestProc` mit

```
TestProc(ref intVar);
```

wird nicht mehr der Inhalt der Variablen `intVar` übergeben, sondern deren Speicheradresse `&intVar`, also 10042. Der empfangende Parameter `intPara` muss selbstverständlich wissen, was ihn erwartet (nämlich die Speicheradresse eines `int`), und er wird daher ebenfalls mit `ref` deklariert. Für `intPara` muss die Methode natürlich auch weiterhin Speicher allozieren – gehen wir auch in diesem Fall noch einmal von der Adresse 10050 aus.

`intPara` wird ein Zeiger auf die Adresse 10042 der Variablen `intVar` übergeben. Alle Aufrufe an `intPara` werden nun an die Adresse `&intVar`, also 10042, umgeleitet. Die Methode `TestProc` weist dem Parameter `intPara` die Zahl 550 zu, die nun in die Adresse 10042 geschrieben wird. Damit gilt:

```
intPara = intVar = 550
```

Nachdem der Programmablauf an die aufrufende Methode zurückgegeben worden ist, wird an der Konsole der Inhalt der Variablen `intVar` – also der Inhalt, der unter der Adresse 10042 zu finden ist – angezeigt: Es handelt sich um die Zahl 550. Diese Technik der Parameterübergabe wird als *Referenzübergabe* (engl. *Call by Reference*) bezeichnet (siehe auch Abbildung 3.3).

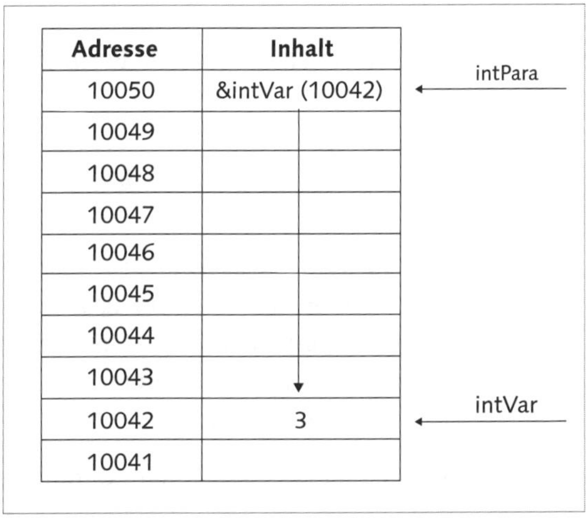

Adresse	Inhalt	
10050	&intVar (10042)	← intPara
10049		
10048		
10047		
10046		
10045		
10044		
10043		
10042	3	← intVar
10041		

Abbildung 3.3 Referenzparameter (Call by Reference)

Fassen wir an dieser Stelle kurz zusammen:

- Wir sprechen von einer *Wertübergabe* (*Call by Value*), wenn der Parameter einer Methode eine Kopie des Arguments erhält und sich Änderungen nur auf die Kopie, nicht aber auf das Original auswirken. Ein solcher Parameter wird auch als *Wertparameter* bezeichnet.
- Geht der Definition eines Methodenparameters das Schlüsselwort `ref` voraus, erhält der Parameter einen Verweis auf die Speicheradresse des übergebenen Arguments. Änderungen werden in das Original geschrieben. Diese Parameter werden als `ref`- oder *Referenzparameter* bezeichnet und die Übergabe als *Referenzübergabe* (*Call by Reference*).

Während die Übergabe an einen Wertparameter keinen besonderen Regeln unterliegt, ist die Übergabe an einen Referenzparameter an mehrere Bedingungen geknüpft:

- In der Parameterliste der Methode muss der Parameter mit dem Schlüsselwort `ref` gekennzeichnet werden.
- Im Methodenaufruf muss dem zu übergebenden Argument das Schlüsselwort `ref` vorangestellt werden.
- Das zu übergebende Argument muss initialisiert sein, das heißt, es muss einen gültigen Wert aufweisen.
- Das Übergabeargument darf keine Konstante sein. Lautet die Signatur einer Methode beispielsweise

  ```
  public void ProcA(ref int x)
  ```

  ist der folgende Methodenaufruf falsch:

  ```
  obj.ProcA(ref 16);
  ```

- Das Übergabeargument darf nicht direkt aus einem berechneten Ausdruck in Form eines Methodenaufrufs bezogen werden, z. B.:

  ```
  obj.ProcA(ref a, ref obj.ProcB());
  ```

Parameter mit dem Modifizierer »out«

Zusätzlich zu diesen beiden Übergabetechniken kann ein Parameter auch mit `out` spezifiziert werden, der in derselben Weise wie `ref` verwendet wird: Er muss sowohl als Modifizierer des Übergabearguments wie auch als Modifizierer des empfangenen Parameters in der Methodendefinition angegeben werden. Obwohl der Effekt, der mit `out` erzielt werden kann, derselbe wie bei `ref` ist, gibt es zwischen den beiden zwei Unterschiede:

- Während die Übergabe einer nicht initialisierten Variablen mit `ref` zu einem Kompilierfehler führt, ist dies bei `out` zulässig.
- In der Methode muss einem `out`-Parameter ein Wert zugewiesen werden, während das bei einem `ref`-Parameter nicht zwingend notwendig ist.

In der folgenden Definition der Klasse `Demo` nimmt die Methode `ProcA` einen `out`-Parameter entgegen und weist ihm einen Wert zu.

```
class Demo {
  public void ProcA(out int x) {
    x = 17;
  }
}
```

Diese Methode kann wie folgt aufgerufen werden. Beachten Sie, dass `intVar` nicht initialisiert ist.

```
int intVar;
Demo obj = new Demo();
```

```
obj.ProcA(out intVar);
Console.WriteLine(intVar);
```

Die abschließende Konsolenausgabe lautet 17.

Einem out-Parameter können Sie eine initialisierte Variable übergeben:

```
int a = 2;
Demo obj = new Demo();
obj.ProcA(out a);
```

Allerdings müssen Sie einen wichtigen Punkt bedenken: In der aufgerufenen Methode wird dem out-Parameter in jedem Fall ein neuer Wert zugewiesen. In der aufrufenden Methode hat das ziemlich brutale Folgen: Die Variable, die als Argument übergeben wird, hat nach dem Methodenaufruf garantiert einen anderen Inhalt.

Die Definition eines Referenzparameters birgt gewisse Risiken, derer man sich bewusst sein sollte: Ein ref-Parameter kann den Originalwert manipulieren – was möglicherweise im laufenden Programm zu falschen Ergebnissen führt, wenn dies unkontrolliert geschieht; ein out-Parameter wird das in jedem Fall tun. Richtig eingesetzt, erhöhen Referenzparameter die Flexibilität der Programmierung.

Übergabe von Objekten

Wie Sie wissen, ordnet .NET alle Datentypen zwei Gruppen zu: entweder den Werte- oder den Referenztypen. Zu den Wertetypen gehören beispielsweise bool, byte, int, double usw., zu den Referenztypen alle Typen, die auf einer Klassendefinition basieren.

Bei der Übergabe von Objekten an die Parameter wird deutlich, wie wichtig die Unterscheidung zwischen Referenz- und Wertetypen ist. Ein Beispiel soll das zeigen.

```
class Program {
  static void Main(string[] args) {
    Demo objA = new Demo();
    Demo2 objB = new Demo2();
    objB.ChangeObject(objA);
    Console.WriteLine(objA.TestValue);
    Console.ReadLine();
  }
}

class Demo {
  public int TestValue = 500;
}
```

```
class Demo2 {
  public void ChangeObject(Demo obj) {
    obj.TestValue = 4711;
  }
}
```

Hier sind die beiden Klassen Demo und Demo2 definiert. Demo2 hat eine Methode, der im Parameter obj ein Objekt vom Typ Demo übergeben wird. In der Methode wird das Feld TestValue des Demo-Objekts manipuliert. In Main wird je ein Objekt der beiden Klassen erzeugt. Dem Aufruf der Methode ChangeObject des Demo2-Objekts wird das Objekt vom Typ Demo übergeben. Nach dem Methodenaufruf wird an der Konsole der Inhalt des Feldes TestValue des Demo-Objekts angezeigt – es ist der Wert 4711.

Die Zuweisung eines Objekts an einen Parameter bedeutet, dass die Referenz auf das Objekt als Argument übergeben wird, nicht irgendein Wert. Eine Referenz beschreibt aber die Startadresse des Objekts, wodurch Änderungen an den Werten des Objekts im ursprünglichen Objekt gespeichert werden. Die Übergabe eines Objekts entspricht demnach immer der Übergabe by reference. Wollen Sie diesen Effekt vermeiden, müssen Sie eine Kopie des Objekts an den Parameter übergeben.

Nun nehmen wir eine Ergänzung in der Methode der Klasse Demo2 vor:

```
class Demo2 {
  public void ChangeObject(Demo obj) {
    obj = new Demo();
    obj.TestValue = 4711;
  }
}
```

obj wird beim Aufruf von ChangeObject der Verweis auf das Originalobjekt übergeben. In der Methode wird der Verweis jedoch umgebogen, indem ihm der Verweis auf ein neues Demo-Objekt zugewiesen wird. In diesem Moment liegen zwei Objekte vom Typ Demo vor. Der Aufrufer merkt von diesem Vorgang nichts. Er behält weiterhin die Referenz auf das Original, das sich nach Beendigung der Methode auch eindeutig durch das unveränderte Feld (500) zu erkennen gibt.

Eine Änderung des Parameters obj in der Weise, ihm das Schlüsselwort ref voranzustellen, hat allerdings Konsequenzen für den Aufrufer. Denn nun wird das Originalobjekt zerstört und durch das neue ersetzt. Das lässt sich sehr einfach nachweisen, weil an der Konsole der Inhalt von TestValue als 4711 ausgegeben wird.

Zusammenfassend lässt sich feststellen, dass sich eine Wert- oder Referenzübergabe bei Referenztypen nur dann auswirkt, wenn in der aufgerufenen Methode der Parameter durch Zuweisung einer neuen Referenz überschrieben wird. Es gelten dabei dieselben Gesetze wie bei den Wertetypen.

Methodenüberladung und Parametermodifizierer

Weiter oben haben Sie gelernt, was unter der Methodenüberladung verstanden wird. An dieser Stelle ist noch eine kleine Ergänzung dazu notwendig.

Eine gültige Methodenüberladung ist nämlich auch dann gegeben, wenn der Parameter in der ersten Methode als Wertparameter definiert ist und in der überladenen Methode als Referenzparameter mit `out` bzw. `ref`. Damit ist die folgende Überladung richtig:

```
public void MyMethod(int x) { }
```

```
public void MyMethod(ref int x) { }
```

Eine unzulässige Methodenüberladung liegt dann vor, wenn sich die beiden typgleichen Parameter nur dadurch unterscheiden, dass der erste mit `ref` und der andere mit `out` definiert ist, beispielsweise:

```
// unzulässige Methodenüberladung
public void MyMethod(out int x) { }
public void MyMethod(ref int x) { }
```

Besondere Aspekte einer Parameterliste

Typ des Arguments beachten

Nehmen Sie an, Sie hätten die Methode `MyMethod` in der Klasse `Demo` wie folgt definiert:

```
class Demo {
  public void MyMethod(int x, float y) {
    ...
  }
}
```

Die Idee, diese Methode unter Übergabe von Literalen aufzurufen, liegt nahe:

```
Demo myObj = new Demo();
myObj.MyMethod(7, 3.12);
```

Der C#-Compiler wird diesen Code jedoch nicht kompilieren, denn die Übergabe des zweiten Arguments ist falsch. Im ersten Moment mag das unverständlich sein, bei einer genaueren Analyse wird es aber klar, da die Übergabe eines Arguments an einen Parameter nichts anderes ist als eine Zuweisungsoperation:

```
float y = 3.12
```

Ein Literal vom Typ einer Fließkommazahl wird von der Laufzeitumgebung grundsätzlich als `double` interpretiert. Jetzt kommen die Richtlinien der impliziten Konvertierung ins Spiel, nach denen ein `double` implizit nicht in einen `float` konvertiert werden kann. Das Literal muss daher zuerst in einen `float` umgewandelt werden:

```
obj.MyMethod(7, (float)3.12);
```

Eine Alternative wäre es, in der aufrufenden Methode eine Variable vom Typ `float` zu deklarieren, ihr den Wert `3.12` zu übergeben und dann die Variable selbst als Argument anzugeben:

```
float fltVar = 3.12F;
obj.MyMethod(7, fltVar);
```

Denken Sie daran, hier das Typsuffix `F` bzw. `f` bei der Zuweisung des Dezimalzahl-Literals an die `float`-Variable anzugeben.

Übergabe eines Arrays an die Parameterliste

Das nächste Beispiel ist ein wenig komplexer. Bisher haben wir jeweils nur einfache Daten als Argument übergeben, nun sollen es mehrere typgleiche sein. Dazu benutzen wir einen Parameter vom Typ eines Arrays.

```
// ---------------------------------------------------------------
// Beispiel: ... \Kapitel 3\ArrayUebergabe
// ---------------------------------------------------------------
class Program {
  static void Main(string[] args) {
    Demo myObj = new Demo();
    int[] myArr = { 3, 6, 9, 4, 13, 22, 2, 29, 17 };
    Console.Write("Der Maximalwert beträgt ");
    Console.Write(myObj.GetMaxValue(myArr));
    Console.ReadLine();
  }
}

// Klassendefinition
class Demo {
  public int GetMaxValue(int[] arr) {
    int maxValue = arr[0];
    foreach (int element in arr)
      if (element > maxValue)
        maxValue = element;
    return maxValue;
  }
}
```

Die Methode `GetMaxValue` hat die Aufgabe, aus dem im Parameter übergebenen Array den größten Wert zu ermitteln. Dazu wird in der Methode zuerst die `int`-Variable `maxValue` deklariert und ihr der Inhalt des 0-indizierten Array-Elements zugewiesen. In einer `foreach`-Schleife werden danach alle Array-Elemente durchlaufen und deren Inhalt geprüft.

Ist der Inhalt größer als der von maxValue, ersetzt der Array-Wert den alten Inhalt von maxValue. Am Ende wird maxValue an den Aufrufer zurückgegeben. Die foreach-Schleife bewirkt, dass das erste Array-Element insgesamt sogar zweimal ausgewertet wird: bei der Zuweisung an maxValue und in der Schleife. Wenn Sie das vermeiden wollen, können Sie auch eine einfache for-Schleife codieren:

```
for(int index = 1; index < arr.Length; index++) {/*...*/}
```

Der Parameter arr der Methode erwartet die Referenz auf ein Array. Da die Angabe des Array-Namens dieser Forderung entspricht, reicht die Übergabe von myArr beim Aufruf der Methode aus:

```
myObj.GetMaxValue(myArr);
```

Der Modifizierer »params«

Stellen Sie sich vor, Sie beabsichtigen, eine Methode zu entwickeln, um Zahlen zu addieren. Eine Addition ist nur dann sinnvoll, wenn aus wenigstens zwei Zahlen eine Summe gebildet wird. Daher definieren Sie die Methode wie folgt:

```
public long Addition(int value1, int value2) {
  return value1 + value2;
}
```

Vielleicht haben Sie danach noch die geniale Idee, nicht nur zwei Zahlen, sondern drei bzw. vier zu addieren. Um dieser Forderung zu genügen, könnten Sie die Methode Addition wie folgt überladen:

```
public long Addition(int value1, int value2, int value3)
{/*...*/}

public long Addition(int value1, int value2, int value3, int value4)
{/*...*/}
```

Wenn Ihnen dieser Ansatz kritiklos gefällt, sollten Sie sich mit der Frage auseinandersetzen, wie viele überladene Methoden Sie maximal zu schreiben bereit sind, wenn möglicherweise nicht nur vier, sondern 10 oder 25 oder beliebig viele Zahlen addiert werden sollen.

Es muss für diese Problemstellung eine bessere Lösung geben – und es gibt sie auch: Sie definieren einen Parameter mit dem Modifizierer params. Dieser gestattet es, einer Methode eine beliebige Anzahl von Argumenten zu übergeben. Die Übergabewerte werden der Reihe nach in ein Array geschrieben.

Nun kann die Methode Addition diesen Feinschliff erhalten. Da eine Addition voraussetzt, dass zumindest zwei Summanden an der Operation beteiligt sind, werden zuerst zwei konkrete Parameter definiert und anschließend ein params-Parameter für alle weiteren Werte.

```
public long Addition(int value1, int value2, params int[] liste) {
  long summe = value1 + value2;
  foreach(int z in liste)
    summe += z;
  return summe;
}
```

Werden einem params-Parameter Werte zugewiesen, wird das Array anhand der Anzahl der übergebenen Argumente implizit dimensioniert. In unserem Beispiel werden alle Elemente des Arrays in einer Schleife addiert und in der lokalen Variablen summe zwischengespeichert. Nachdem für das letzte Element die Schleife durchlaufen hat, wird mit return das Ergebnis an den Aufrufer übermittelt.

Mit einem params-Parameter sind ein paar Regeln verbunden, die eingehalten werden müssen:

- In der Parameterliste darf nur ein Parameter mit params festgelegt werden.
- Ein params-Parameter ist immer das letzte Element einer Parameterliste.
- Eine Kombination mit den Modifikatoren out oder ref ist unzulässig.
- Ein params-Parameter ist immer eindimensional.

Wenn Sie eine Methode aufrufen, die einen params-Parameter enthält, haben Sie zwei Möglichkeiten, diesem Werte zuzuweisen:

- Sie übergeben die Referenz auf ein Array, z. B.:

  ```
  int[] myList = {1,2,3};
  Console.WriteLine(obj.Addition(15, 19, myList));
  ```

- Sie übergeben diesem Methodenparameter eine Liste von Elementen:

  ```
  obj.Addition(1, 2, 3, 4, 5, 6);
  ```

Vielleicht stellen Sie sich an dieser Stelle die Frage, ob nicht die einfache Deklaration als Array dieselbe Leistung erbringen würde? Mit anderen Worten: Wo liegt der Unterschied zwischen den beiden Methoden

```
public long Addition(params int[] liste) {/*...*/}
```

und

```
public long Addition(int[] liste) {/*...*/}
```

wenn beide die Übergabe eines Arrays ermöglichen? Die Antwort ist sehr einfach: Einem params-Parameter muss nicht zwangsläufig ein Wert oder Array übergeben werden, bei einem herkömmlichen Array ist das jedoch Pflicht.

Optionale Parameter

Sehr viel Spektakuläres hat sich mit dem Erscheinen von C# 4.0 im Vergleich zu C# 3.0 nicht getan. Vielmehr wurden ein paar wenige Spracherweiterungen ergänzt, die das Leben des Entwicklers in einigen wenigen speziellen Sonderfällen erleichtern. Dazu gehören die optionalen und die benannten Parameter.

Im Vergleich zu Visual Basic .NET war C# immer um eine kleine Nasenlänge voraus. In einem Punkt aber war das nicht der Fall: VB.NET kannte schon immer optionale Parameter. Diese sind nun mit der Version 4 auch in C# eingeführt worden.

Als *optionale Parameter* werden Methodenparameter bezeichnet, die beim Aufruf in der Parameterliste nicht angeführt werden müssen. Optionale Parameter, die im Coding nicht angegeben sind, können dennoch einen Standardwert erhalten.

Folgendes Codefragment zeigt die Implementierung der Methode `TestMethod`, die einen optionalen Parameter `value` des Datentyps `Integer` mit dem Standardwert `25` enthält.

```
public void TestMethod(string name, int value = 25)
{
  ...
}
```

Sie können die Methode aufrufen und dabei den optionalen Parameter ignorieren, z. B.:

```
obj.TestMethod("Hallo");
```

Wollen Sie den optionalen Parameter nutzen, weisen Sie ihm ein Argument zu:

```
obj.TestMethod("Hallo", 100);
```

Soll eine Methode sowohl fixe als auch optionale Parameter haben, müssen Sie zuerst die fixen und danach die optionalen angeben.

Mit optionalen Parametern lässt sich die Überladung einer Methode durch ein Hintertürchen umgehen. Im Einzelfall ist zu prüfen, welcher Variante der Vorzug gegeben werden soll. Ein Problemfall ist bei den optionalen Parametern sicherlich der Standardwert. Eine Änderung des Standardwerts in der neuen Version einer Bibliothek ist nicht zulässig, da das ursprünglich spezifizierte Verhalten der Methode damit zu einem inkonsistenten Verhalten der Anwendung führen kann. Optionale Parameter spielen aber ihre Vorzüge beim Zugriff auf die Klassen der Microsoft-Office-Objektbibliotheken aus. Unter C# mussten Entwickler bisher optionale Parameter durch eine Instanz der Klasse `Missing` einsetzen, was zu mehrzeiligen Befehlen führte. Hier hatte bisher VB.NET Vorteile: Die Methodenaufrufe fielen deutlich kürzer aus.

Aufruf mittels benannter Argumente

Ein weiteres neues Sprachfeature von C# 4.0 ist, dass Sie bei Methodenaufrufen auch benannte Argumente angeben können. Die folgende Anweisung zeigt den Aufruf der Methode MoveXY der Klasse Circle mit benannten Argumenten:

```
kreis1.MoveXY(dx: 100, dy: -200);
```

Dazu geben Sie bei der Argumentübergabe den Bezeichner des Parameters an und dahinter, getrennt durch einen Doppelpunkt, das Argument. Die Reihenfolge der Argumente spielt keine Rolle, da Sie den Argumenten namentlich eindeutig den Zielparameter nennen:

```
kreis1.MoveXY(dy: -200, dx: 100);
```

Sie können unbenannte und benannte Argumente bei einem Methodenaufruf verwenden. Allerdings sind die benannten immer nach den unbenannten anzugeben.

Eine besondere Rolle kommt den benannten Argumenten im Zusammenhang mit Methoden zu, die mehrere optionale Parameter haben. Angenommen, eine Methode definiert vier optionale Parameter, beispielsweise:

```
public void TestMethod(int a = 10, int b = 3, int c = -5, int d = 5) {...}
```

Soll nur dem letzten Parameter ein spezifischer Wert übergeben werden, dürfen Sie die Methode nicht mit

```
obj.TestMethod( , , , 4711); // falsch!
```

aufrufen. Ohne die syntaktische Fähigkeit benannter Argumente bliebe es Ihnen nur übrig, allen Parametern einen Wert zuzuweisen. Mit

```
obj.TestMethod(d: 4711);
```

wird aber die Zuweisung an den vierten optionalen Parameter zu einer sehr überschaubaren und auch gut lesbaren Angelegenheit.

3.6.7 Zugriff auf private Daten

Eine Objektmethode kann nicht auf die privaten Daten eines anderen Objekts zugreifen. Dies war bisher immer die Aussage, die allerdings nicht uneingeschränkt gültig ist, wie das folgende Beispiel der Klasse TestClass zeigen soll:

```
class TestClass {
  private int intVar;
  public void InternProc(TestClass obj) {
    Console.Write("intVar des Objekts = {0}",obj.intVar);
  }
```

```
  public int MyValue {
    get {return intVar;}
    set {intVar = value;}
  }
}
```

In der Klassendefinition ist das Feld `intVar` als `private` deklariert, um den unbefugten, direkten Zugriff von außen zu unterbinden. Dieses Feld kann infolgedessen nur durch eine Eigenschaft manipuliert werden, in unserem Beispiel `MyValue`.

Mit etwas Besonderem wartet die Methode `InternProc` auf. Sie empfängt beim Aufruf im Parameter `obj` die Referenz auf ein anderes Objekt vom Typ `TestClass`. Es mag überraschend klingen, aber diese Referenz soll dazu benutzt werden, um auf die private Variable `intVar` des übergebenen Objekts zuzugreifen. Nach allen bisherigen Aussagen dürfte dieser Zugriff eigentlich nicht erlaubt sein.

Im folgenden Codefragment wollen wir die Klasse `TestClass` testen. Dazu werden zwei konkrete Objekte vom Typ `TestClass` erzeugt und wird der Eigenschaft `MyValue` des ersteren ein Wert zugewiesen.

```
TestClass obj1 = new TestClass();
TestClass obj2 = new TestClass();
obj1.MyValue = 4711;
```

Im nächsten Schritt folgt der Aufruf der `InternProc`-Methode des Objekts `obj2` unter Übergabe der Referenz auf das Objekt `obj1`:

```
obj2.InternProc(obj1);
```

Tatsächlich wird an der Konsole der Inhalt der gekapselten, privaten Variablen angezeigt:

```
intVar des Objekts = 4711
```

Die Kapselung der Variablen wird also aufgebrochen, die Variable ist auswertbar. Dieser Effekt scheint im Widerspruch zu dem zu stehen, was Sie bisher über die Kapselung gehört haben, und bildet die einzige Ausnahme von der Regel.

3.6.8 Namenskonflikte mit »this« lösen

Felder und lokale Variablen dürfen gleichnamig sein, wie das folgende Codefragment demonstriert:

```
class Demo {
  public int myValue;
  public void Method1() {
    int myValue = 0;
```

```
    ...
    myValue = 4711;
  }

  public void Method2() {
    myValue = 25;
  }
}
```

Demo enthält das Feld myValue. Derselbe Bezeichner wurde in der Methode Method1 für eine lokale Variable gewählt. Eine Anweisung in Method1 wie beispielsweise

```
myValue = 4711;
```

verändert den Inhalt derjenigen Variablen, deren Gültigkeitsbereich der der Anweisung am nächsten stehende ist – in diesem Fall wird also der Inhalt der lokalen Variablen geändert und nicht das gleichnamige Feld. Soll in Method1 aber das gleichnamige, auf Klassenebene deklarierte Feld angesprochen werden, muss dem Feldnamen das Schlüsselwort this vorausgehen, z. B.:

```
this.myValue = 245;
```

Method2 manipuliert ebenfalls myValue. Da in Method2 die lokale Variable myValue der Methode Method1 unbekannt ist, wird der Wert direkt dem Feld zugewiesen. Es wäre aber nicht falsch, trotzdem this zu verwenden.

Hinweis

Bei dem Schlüsselwort this handelt es sich um den Zeiger eines Objekts auf sich selbst. Damit kann das aktuelle Objekt seine eigene Referenz abfragen oder weiterleiten.

3.6.9 Trennung von Daten und Code im Speicher

Ein Objekt besteht im Wesentlichen aus Eigenschaften und Methoden. Eigenschaften sind im Grunde genommen nichts anderes als Variablen, also Elemente, die Daten enthalten. Objekte werden meist durch mehrere Felder (Eigenschaften) beschrieben. Für jedes Feld wird entsprechender Speicher reserviert, für einen Integer beispielsweise vier Byte. Alle Eigenschaften eines Objekts sind nicht wild verstreut im Speicher zu finden, sondern in einem zusammenhängenden Block.

Typgleiche Objekte reservieren grundsätzlich gleich große Datenblöcke, deren interne Struktur vollkommen identisch aufgebaut ist. Wenn Sie in Ihrem Code die Objektvariable der Klasse Circle deklarieren, wird Speicherbereich reserviert, der groß genug ist, um alle Zustandsdaten aufzunehmen. Mit

```
Circle kreis = new Circle();
```

zeigt die Objektvariable kreis auf die Startadresse dieses Datenblocks im Speicher: Sie referenziert das Objekt. Daher stammt auch die gebräuchliche Bezeichnung *Objektreferenz*.

Jedes Objekt beansprucht einen eigenen Datenblock. Diese Notwendigkeit besteht nicht für die Methoden, also den Code einer Klasse. Dieser befindet sich nur einmal en bloc im Speicher. Der Code arbeitet zwar mit den Daten eines Objekts, ist aber trotzdem völlig unabhängig von diesen. Im objektorientierten Sprachgebrauch wird dies auch als die *Trennung von Code und Daten* bezeichnet. Der Code der Methoden wird nur einmal im Speicher abgelegt und zwar auch dann, wenn noch kein Objekt dieses Typs existiert.

3.6.10 Methode oder Eigenschaft?

Vielleicht haben Sie sich bei den vorangegangenen Ausführungen gefragt, warum eine relativ komplexe Eigenschaftsmethode angeboten wird. Schließlich könnte man auch über einen herkömmlichen Methodenaufruf einem Feld einen Wert zuweisen bzw. diesen abrufen.

Nehmen wir das Beispiel der Eigenschaft XCoordinate in der Klasse Circle. Um den Paradigmen der Objektorientierung zu entsprechen, wird der Wert, den die Eigenschaft beschreibt, in einem privaten Feld gekapselt und über eine Eigenschaftsmethode der Außenwelt zugänglich gemacht.

```
public class Circle {
  private int _XCoordinate;

  public int XCoordinate {
    get {return _XCoordinate;}
    set {_XCoordinate = value;}
  }
  ...
}
```

Nun wollen wir einen alternativen Weg beschreiten. Identisch mit dem eben gezeigten Programmfragment ist nur die private Variable XCoordinate. Um dieser einen Wert zuzuweisen, wird eine Methode SetXCoordinate definiert. Der Parameter newValue empfängt den neuen Wert und weist ihn XCoordinate zu. Die Rückgabe des Eigenschaftswertes erfolgt über die Methode GetXCoordinate.

```
public class Circle {
  private int _XCoordinate = 0;
  public void SetXCoordinate(int newValue) {
    _XCoordinate = newValue;
  }
```

```
  public int GetXCoordinate() {
    return _XCoordinate;
  }
}
```

Syntaktisch ist am Code nichts zu beanstanden. Der Aufruf von `SetXCoordinate` bewirkt, dass dem Feld `XCoordinate` ein Wert zugewiesen wird, während der Aufruf von `GetXCoordinate` den Inhalt zurückliefert. Aber diese Variante ist nicht empfehlenswert, und das hat zwei Gründe:

- Der Zugriff auf das Feld erfolgt über zwei Methoden mit unterschiedlichen Namen. Würde in allen Klassen so verfahren, wäre der Einarbeitungsaufwand relativ groß, weil die meisten Klassen eine größere Anzahl Felder beschreiben. Zudem verringert sich die Übersichtlichkeit der Klassenfunktionalitäten mit der Anzahl der Klassenmember.
- Die Syntax, um einer Eigenschaft einen Wert zuzuweisen, würde anders lauten. Normalerweise erwartet der Aufrufer einer Klasse, unter Angabe des Zuweisungsoperators einer Eigenschaft einen Wert zuzuweisen:

  ```
  obj.XCoordinate = 100;
  ```

  Würde stattdessen eine Methode ohne Rückgabewert implementiert, müsste der Wert als Argument in Klammern übergeben werden:

  ```
  obj.SetXCoordinate(100);
  ```

Damit ist klar: Um der allgemeinen .NET-Konvention zu folgen und einer Eigenschaft mit dem Zuweisungsoperator einen Wert zuzuweisen bzw. die Eigenschaft auszuwerten, sollten Sie der Definition einer Eigenschaftsmethode den Vorzug geben.

3.6.11 Methoden und Eigenschaften umbenennen

Häufig werden Sie Programmcode schreiben und Variablen- oder Methodenbezeichner wählen, die Sie später ändern wollen. An dieser Stelle sei daher auch noch ein Hinweis gegeben, wie Sie mit der Unterstützung von Visual Studio 2010 auf sehr einfache Weise Methoden oder auch Eigenschaften umbenennen können.

Setzen Sie dazu den Eingabecursor auf den Bezeichner, den Sie umbenennen wollen. Öffnen Sie das Kontextmenü, und wählen Sie hier UMGESTALTEN und dann UMBENENNEN (siehe Abbildung 3.4). Ändern Sie nun den Bezeichner ab. Visual Studio 2010 wird Ihnen auch in einem weiteren Fenster anzeigen, welche Codestellen von der Änderung betroffen sind (z. B. Methodenaufrufe), und diese nach Ihrer Bestätigung ebenfalls an den neuen Bezeichner anpassen.

Alternativ können Sie das Umbenennen eines Bezeichners auch aus dem Menü UMGESTALTEN heraus erreichen.

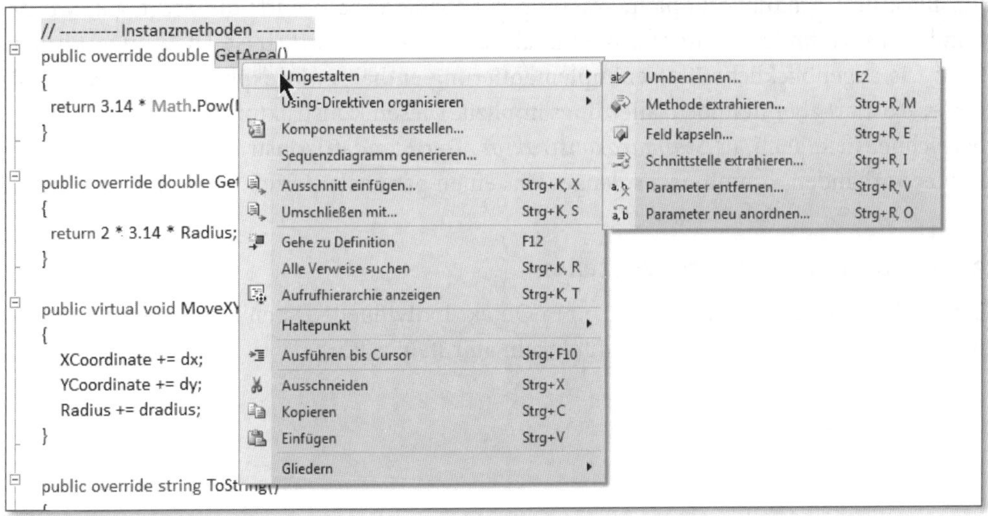

Abbildung 3.4 Umbenennen von Eigenschaften und Methoden

3.7 Konstruktoren

Konstruktoren sind spezielle Methoden, die nur dann aufgerufen werden, wenn mit dem reservierten Wort `new` eine neue Instanz einer Klasse erzeugt wird. Sie dienen zur kontrollierten Initialisierung von Objekten, um beispielsweise Feldern die erforderlichen Anfangswerte zuzuweisen, die Verbindung zu einer Datenbank aufzubauen oder eine Datei zu öffnen. Damit werden unzulässige Objektzustände vermieden, damit einem Objekt nicht nach Abschluss seiner Instanziierung substanzielle Startwerte fehlen.

Genauso wie Methoden lassen sich Konstruktoren überladen; sie können demnach parameterlos oder vielfach parametrisiert sein. Allerdings haben Konstruktoren grundsätzlich keinen Rückgabewert, auch nicht `void`. Bei der Definition eines Konstruktors wird zuerst ein Zugriffsmodifizierer angegeben, direkt dahinter der Klassenbezeichner. Damit sieht der parameterlose Konstruktor der Klasse *Circle* wie folgt aus:

```
public Circle() {  }
```

Wird ein Objekt mit

```
Circle kreis = new Circle();
```

erzeugt, verbergen sich hinter dem Objekterstellungsprozess zwei Schritte:

- Der erforderliche Speicher für die Daten des Objekts wird reserviert.
- Ein Konstruktor wird aufgerufen, der das Objekt initialisiert.

Ein Blick in die aktuelle Implementierung der Klasse Circle wirft die Frage auf, wo der Konstruktor zu finden ist, der für die Initialisierung verantwortlich ist. Die Antwort ist einfach: Die augenblickliche Klassenimplementierung enthält zwar explizit keinen Konstruktor, er existiert aber dennoch, allerdings implizit. Diesen Konstruktor, der parameterlos ist, bezeichnet man auch als *Standardkonstruktor*. Der Standardkonstruktor ist grundsätzlich immer vorhanden – zumindest solange wir keinen parametrisierten definieren.

3.7.1 Konstruktoren bereitstellen

Um nach der Instanziierung dem Circle-Objekt individuelle Daten zuzuweisen, muss der Benutzer der Klasse jede Eigenschaft einzeln aufrufen, z. B.:

```
kreis.Radius = 10;
kreis.XCoordinate = 20;
kreis.YCoordinate = 20;
```

Wäre es nicht sinnvoller, einem Circle-Objekt schon bei dessen Instanziierung den Radius mitzuteilen, vielleicht sogar auch noch gleichzeitig die Bezugspunktkoordinaten? Genau diese Aufgabe können entsprechend parametrisierte Konstruktoren übernehmen.

Das Beispiel der Circle-Klasse wollen wir nun so ergänzen, dass bei der Instanziierung unter drei Erstellungsoptionen ausgewählt werden kann:

- Ein Circle-Objekt kann wie bisher ohne Übergabe von Initialisierungsdaten erzeugt werden.
- Einem Circle-Objekt kann bei der Instanziierung sein Radius übergeben werden.
- Bei der Instanziierung kann sowohl der Radius als auch die Lage des Bezugspunktes festgelegt werden.

Der Code der Circle-Klasse kann, um diese Forderungen zu erfüllen, wie folgt ergänzt werden:

```
public Circle() {}

public Circle(double radius) {
  Radius = radius;
}

public Circle(double radius, int xPos, int yPos) {
  XCoordinate = xPos;
  YCoordinate = yPos;
  Radius = radius;
}
```

Weiter oben haben Sie im Zusammenhang mit der Bereitstellung der Methode MoveXY erfahren, dass die Zuweisung an ein gekapseltes Feld immer über die Eigenschaftsmethode führen sollte. An dieser Stelle wird dieser Sachverhalt bei der Zuweisung des Radius besonders deutlich. Würden Sie den vom Parameter `radius` beschriebenen Wert direkt dem gleichnamigen Feld zuweisen, könnte das `Circle`-Objekt tatsächlich einen negativen Radius haben. Die Überprüfung in der Eigenschaftsmethode garantiert aber, dass der Radius des Kreises niemals negativ sein kann.

Hinweis

In Abschnitt 3.5.7, »Automatisch implementierte Eigenschaften«, haben Sie bereits die vereinfachte Objektinitialisierung kennengelernt. Noch einmal zur Erinnerung: Mit

```
Circle kreis = new Circle() { XCoordinate = 23,
                              YCoordinate = 100,
                              Radius = 5};
```

lassen sich den Eigenschaften ebenfalls sofort innerhalb einer Anweisungszeile Werte zuweisen. Warum also dann noch Konstruktoren? Betrachten Sie die Konstruktoren eher als ein historisch bedingtes Konstrukt, das in jeder ernsthaften OOP-Umgebung anzutreffen ist. Die gezeigte vereinfachte Objektinitialisierung wurde erst mit dem Erscheinen von .NET 3.5 eingeführt, um eine Technologie namens LINQ zu unterstützen, die wir uns in diesem Buch auch noch ansehen werden. Es ist empfehlenswert, eine Klasse mit Konstruktoren auszustatten, da diese allgemein üblich sind und außerdem zu den Metadaten gehören.

3.7.2 Parametrisierte Konstruktoren und die Objektinitialisierung

Weiter oben wurde bereits gezeigt, dass Sie den Aufruf des Konstruktors um die Initialisierung ausgewählter Felder erweitern können:

```
Circle kreis = new Circle { XCoordinate = 23, Radius = 9 };
```

Diese Art der Wertzuweisung beschränkt sich nicht nur auf parameterlose Konstruktoren und kann auch auf parametrisierte angewandt werden:

```
Circle kreis = new Circle(50){ XCoordinate = 23, YCoordinate = 100 };
```

Hier wird der Radius dem einfach parametrisierten Konstruktor übergeben. Die Lagekoordinaten folgen anschließend in geschweiften Klammern. Die Zuweisung im Konstruktor erfolgt dabei vor der Zuweisung der Initialisierungswerte in den geschweiften Klammern. Das ist wichtig zu wissen, denn ein mit

```
Circle kreis = new Circle(50) { Radius = 678 };
```

erzeugtes Objekt hat den Radius `678`.

3.7.3 Konstruktoraufrufe

Im Allgemeinen werden Konstruktoren dazu benutzt, den Feldern eines Objekts bestimmte Startwerte zuzuweisen. Um ein `Circle`-Objekt zu erzeugen, stehen mit der obigen Konstruktorüberladung drei Möglichkeiten zur Verfügung:

- Es wird ein Kreis ohne die Übergabe eines Arguments erzeugt. Dabei wird der parameterlose Konstruktor aufgerufen:

  ```
  Circle kreis = new Circle();
  ```

  Der Kreis hat in diesem Fall den Radius 0, die Bezugspunktkoordinaten werden ebenfalls mit 0 initialisiert.
- Ein neuer Kreis wird nur mit dem Radius definiert, z. B.:

  ```
  Circle kreis = new Circle(10);
  ```

  Es wird der Konstruktor aufgerufen, der ein Argument erwartet. Da den Bezugspunktkoordinaten keine Daten zugewiesen werden, sind deren Werte `0`.
- Einem Kreis werden bei der Erzeugung sowohl der Radius als auch die Bezugspunktkoordinaten übergeben:

  ```
  Circle meinKreis = new Circle(10, 15, 20);
  ```

Bei der Instanziierung einer Klasse muss der C#-Compiler selbst herausfinden, welcher Konstruktor aufgerufen werden soll. Dazu werden die Typen der übergebenen Argumente mit denen der Konstruktoren verglichen. Liegt eine Doppeldeutigkeit vor oder können die Argumente nicht zugeordnet werden, löst der Compiler einen Fehler aus.

3.7.4 Definition von Konstruktoren

Trotz der Ähnlichkeit zwischen Konstruktoren und Methoden unterliegen Konstruktoren bestimmten, teilweise auch abweichenden Regeln:

- Die Bezeichner der Konstruktoren einer Klasse entsprechen dem Klassenbezeichner.
- Konstruktoren haben grundsätzlich keinen Rückgabewert, auch nicht `void`.
- Die Parameterliste eines Konstruktors ist beliebig.
- Der Konstruktor einer Klasse wird bei der Instanziierung mit dem Schlüsselwort `new` aufgerufen.
- Ein Konstruktor kann nicht auf einem bereits bestehenden Objekt aufgerufen werden, beispielsweise um Instanzvariablen andere Werte zuzuweisen.

Enthält die Klasse keinen expliziten Konstruktor, wird bei der Erzeugung eines Objekts ein impliziter, parameterloser Standardkonstruktor aufgerufen. Nun folgt noch eine weitere sehr wichtige Regel:

Regel

Der implizite Standardkonstruktor existiert nur dann, wenn er nicht durch einen parametrisierten Konstruktor überladen wird.

Wenn Sie nur einen einzigen parametrisierten Konstruktor implementieren, dann enthält die Klasse keinen impliziten Standardkonstruktor mehr. Sie können dann mit

```
Circle kreis = new Circle();
```

kein Objekt mehr erzeugen. Wollen Sie das dennoch sicherstellen, muss der parameterlose Standardkonstruktor ausdrücklich codiert werden – so wie im Beispiel der Klasse `Circle`. Aus diesem Grund haben wir auch in `Circle` einen parameterlosen Konstruktor definiert, obwohl er keinen Code enthält. Wir entsprechen damit unserer selbst auferlegten Forderung, ein `Circle`-Objekt ohne Startwerte erzeugen zu können.

3.7.5 »internal«-Konstruktoren

Als `public` deklarierte Konstruktoren stehen allen Benutzern der Klasse zur Verfügung. Eine andere Anwendung kann die öffentlichen Konstruktoren dazu benutzen, ein Objekt nach den Maßstäben zu erzeugen, die in der Parameterliste des Konstruktors festgelegt sind. Manchmal ist es jedoch wünschenswert, einen bestimmten Konstruktor nur in der aktuellen Anwendung offenzulegen (also in der Anwendung, in der die Klasse definiert ist), um damit eine bestimmte Instanziierung aus anderen Anwendungen heraus zu unterbinden. Mit dem Zugriffsmodifizierer `internal` können Sie eine solche Einschränkung realisieren. Denken Sie jedoch daran, dass der implizite Standardkonstruktor grundsätzlich immer öffentlich (`public`) ist.

3.7.6 »private«-Konstruktoren

Sie werden immer wieder Klassen entwickeln, die nicht instanziiert werden dürfen. Um die Instanziierung zu verhindern, muss der parameterlose Konstruktor, der standardmäßig `public` ist, mit einem `private`-Zugriffsmodifizierer überschrieben werden.

```
public class Demo {
  private Demo() { ... }
  ...
}
```

3.7.7 Konstruktorenaufrufe umleiten

Konstruktoren können wie Methoden überladen werden. Jeder Konstruktor enthält dabei typischerweise eine Implementierung, die aufgrund der ihm übergebenen Argumente für ihn spezifisch ist. Manchmal kommt es vor, dass der Konstruktor einer Klasse Programmcode enthält, der von einem zweiten Konstruktor ebenfalls implementiert werden muss. Sehen wir uns dazu die beiden parametrisierten Konstruktoren der Klasse `Circle` an:

```
public Circle(double radius) {
  Radius = radius;
}
```

```
public Circle(double radius, int xPos, int yPos) {
  XCoordinate = xPos;
  YCoordinate = yPos;
  Radius = radius;
}
```

Es fällt auf, dass in beiden Konstruktoren der Radius des `Circle`-Objekts festgelegt wird. Es liegt nahe, zur Vereinfachung den einfach parametrisierten Konstruktor aus dem dreifach parametrisierten heraus aufzurufen.

Da Konstruktoren eine besondere Spielart der Methoden darstellen und über den Operator `new` aufgerufen werden, stellt C# eine syntaktische Variante bereit, mit der aus einem Konstruktor heraus ein anderer Konstruktor derselben Klasse aufgerufen wird. Hier kommt erneut die Referenz `this` ins Spiel:

```
public Circle(double radius) {
  Radius = radius;
}

public Circle(double radius, int xPos, int yPos) : this(radius) {
  XCoordinate = xPos;
  YCoordinate = yPos;
}
```

Die Signatur des dreifach parametrisierten Konstruktors ist um

```
: this(radius)
```

ergänzt worden. Dies hat den Aufruf eines anderen Konstruktors zur Folge, in unserem Fall den Aufruf des einfach parametrisierten Konstruktors. Gleichzeitig wird der vom Aufrufer übergebene Radius weitergeleitet, den der dreifach parametrisierte Konstruktor in seiner Parameterliste entgegennimmt. Der implizit aufgerufene einfach parametrisierte Konstruktor wird ausgeführt und gibt die Kontrolle danach an den aufrufenden Konstruktor zurück.

Eine Umleitung des Konstruktoraufrufs darf auch über mehrere Konstruktoren hinweg erfolgen und muss nicht zwangsläufig in Richtung zu den Konstruktoren mit einer geringeren Anzahl von Parametern erfolgen. Es kann durchaus ein zweifach parametrisierter Konstruktor den drei- oder vierfach parametrisierten Konstruktor derselben Klasse aufrufen.

3.8 Der Destruktor

Ein Konstruktor wird aufgerufen, wenn das Objekt einer Klasse erzeugt wird. Damit beginnt der Lebenszyklus des Objekts, der in dem Moment endet, wenn das Pendant des Konstruktors aufgerufen wird: der *Destruktor*. Im Destruktor sind normalerweise Anweisungen enthalten, um die von einem Objekt beanspruchten Fremdressourcen freizugeben.

Dazu gehören unter anderem Netzwerk- oder Datenbankverbindungen, die in einer objektinternen Referenz vorgehalten werden.

Ein konkretes Objekt wird dann aufgegeben,

- wenn der Gültigkeitsbereich der Objektvariablen verlassen wird oder
- wenn `null` an die Objektreferenz zugewiesen wird.

Das bedeutet jedoch nicht, dass beim Eintreten einer dieser beiden Bedingungen sofort der Destruktor ausgeführt wird. Tatsächlich kann das noch eine unbestimmbare Zeit dauern, da für diesen Vorgang der *Garbage Collector* verantwortlich ist, der normalerweise von der Laufzeitumgebung angestoßen wird. Mit anderen Worten bedeutet das aber auch, dass das Objekt zwar aus Sicht des Programms nicht mehr existiert, sich jedoch immer noch im Speicher befindet und diesen letztendlich belastet.

Ich möchte an dieser Stelle nicht die Aspekte und Hintergründe der Objektzerstörung und der damit verbundenen Garbage Collection erörtern. Dazu bedarf es noch weitergehender Kenntnisse in der Objektorientierung, insbesondere sind damit die Interfaces gemeint, die wir im nächsten Kapitel behandeln werden. Erst im Kontext der Interfaces werden alle Zusammenhänge klar.

Da wir uns in diesem Kapitel aber mit den allgemeinen Kriterien des Klassenkonzepts beschäftigen, sollte der Destruktor zumindest erwähnt werden. Für unsere Klasse `Circle` lautet er wie folgt:

```
~Circle()
{ ... }
```

Eingeleitet wird der Destruktor mit dem Tildezeichen, danach folgt der Klassenbezeichner mit dem obligatorischen runden Klammerpaar, dem sich der Anweisungsblock anschließt. Ein Destruktor enthält weder einen Zugriffsmodifizierer noch eine Parameterliste oder die Angabe eines Rückgabetyps.

Da ein Destruktor nicht aus dem Programmcode heraus direkt aufgerufen werden kann, soll hier diese Information genügen. Weitergehende Informationen rund um die Objektzerstörung erhalten Sie in Kapitel 4, »Vererbung, Polymorphie und Interfaces«.

3.9 Konstanten in einer Klasse

3.9.1 Konstanten mit dem Schlüsselwort »const«

Wenn Sie einen Wert benötigen, der während der Laufzeit der Anwendung nicht geändert werden darf, dann sollten Sie eine Konstante deklarieren. Kennzeichnend für eine Konstante ist das Schlüsselwort `const` zwischen dem Zugriffsmodifizierer und dem Datentyp, beispielsweise:

```
public class Mathematics {
  public const double PI = 3.14;
  ...
}
```

Um eine Konstante auszuwerten, muss der Name der Klasse, in der die Konstante definiert ist, angegeben werden, beispielsweise so:

```
Mathematics.PI;
```

Der Zugriff über eine Objektreferenz ist nicht erlaubt.

Der Wert einer Konstanten wird schon bei der Kompilierung ausgewertet. Da Referenztypen erst zur Laufzeit aufgelöst werden können, kommen für diesen Konstantentyp im Grunde genommen nur Wertetypen wie `int`, `long`, `double` usw. in Frage. Eine Ausnahme bildet nur der Typ `string`, der unter .NET zwar als Referenztyp behandelt wird, aber dennoch als `const`-Konstante angegeben werden darf.

3.9.2 Schreibgeschützte Felder mit »readonly«

Durch die Eliminierung des `set`-Blocks in einer Eigenschaft können Sie diese vor unbefugtem schreibendem Zugriff schützen. Dieses Verhalten kann auch innerhalb einer Felddefinition erreicht werden. Dazu wird die Deklaration um das reservierte Wort `readonly` ergänzt, zum Beispiel:

```
public readonly double PI = 3.14;
```

Anders als bei einer `const`-Konstanten kann die Festlegung des Wertes einer `readonly`-Konstanten sowohl bei der Deklaration als auch innerhalb eines Konstruktors erfolgen. Das Festlegen in einer Methode ist nicht möglich. Eine `readonly`-Konstante ist besonders in den Fällen sehr gut geeignet, wenn die Konstante einen Referenztyp beschreiben soll. Im Gegensatz zu einer `const`-Konstanten wird eine `readonly`-Konstante auf einer Objektreferenz aufgerufen.

Im folgenden Codebeispiel werden in der Klasse `Coordinates` die beiden Konstanten `XCoordinate` und `YCoordinate` beim Aufruf des Konstruktors festgelegt:

```
class Coordinates {
  public readonly int XCoordinate;
  public readonly int YCoordinate;

  public Coordinates(int x, int y) {
    XCoordinate = x;
    YCoordinate = y;
  }
}
```

Die folgenden drei Anweisungen zeigen, wie die beiden Konstanten ausgewertet werden:

```
Coordinates point = new Coordinates(-12, 76);
Console.WriteLine("X: " + point.XCoordinate);
Console.WriteLine("Y: " + point.YCoordinate);
```

3.10 Statische Klassenkomponenten

3.10.1 Begrifflichkeiten

In der Klasse `Circle` sind bisher drei Eigenschaften definiert, die den Zustand eines Objekts dieses Typs beschreiben:

- `XCoordinate`
- `YCoordinate`
- `Radius`

Jede Instanz der Klasse reserviert für ihre Daten einen eigenen Speicherbereich, der vollkommen unabhängig von den Daten anderer Objekte ist. Auch alle bisher implementierten Methoden sind an Objekte gebunden, da sie mit den Objektdaten arbeiten.

Was ist aber, wenn Felder oder Methoden benötigt werden, die für alle Objekte der Klasse `Circle` gleichermaßen gültig sein sollen, also ohne feste Bindung an ein bestimmtes, konkretes Objekt? Stellen Sie sich vor, Sie beabsichtigen, in der Klasse `Circle` einen Zähler zu implementieren, der die Aufgabe hat, die Gesamtanzahl der `Circle`-Objekte festzuhalten. Ein solcher Zähler entspricht der Forderung nach einer allgemeinen, objektunabhängigen Funktionalität.

Um den Objektzähler zu realisieren, brauchen wir aber ein Feld, losgelöst von jedem konkreten Objekt, das nur in einer festen Bindung zur Klasse `Circle` steht. Der Objektzähler wäre damit als eine gemeinsame Eigenschaft aller Objekte dieses Typs zu betrachten.

Probleme dieser Art (also allen typgleichen Objekten klassen-, aber nicht objektgebundene Elemente zur Verfügung zu stellen) werden von C# durch das reservierte Wort `static` gelöst. Bezogen auf die Forderung nach einem Objektzähler, könnte die Problemlösung wie folgt aussehen:

```
public class Circle {
  public static int CountCircles;
  ...
}
```

Als `static` deklarierte Felder sind nicht an ein bestimmtes Objekt gebunden, sondern gehören dem Gültigkeitsbereich einer Klasse an. Sie werden als *Klassenvariablen* bezeichnet. Demgegenüber werden an Objekte gebundene Variablen (Felder) als *Instanzvariablen* bezeichnet. In der Klasse `Circle` sind das `_Radius`, `_XCoordinate` und `_YCoordinate`.

Da Klassenvariablen unabhängig von jedem konkreten Objekt sind, ist es unzulässig, sie auf einer Objektreferenz aufzurufen. Stattdessen werden sie unter Angabe des Typbezeichners angesprochen. In der Klasse `Circle` müssen Sie demnach den Objektzähler mit

```
int x = Circle.CountCircles;
```

auswerten.

Nicht nur Felder, auch Methoden können `static` sein. Für den Aufruf einer *Klassenmethode* gilt wie für ein statisches Feld, dass vor dem Methodenbezeichner der Klassenname angegeben werden muss. Klassenmethoden wurden schon häufig in den Beispielcodes dieses Buches benutzt: Es sind die Methoden `WriteLine` und `ReadLine`, die von der Klasse `Console` bereitgestellt werden. Auch `Main` ist als `static` definiert.

Sind in einer Klasse sowohl statische als auch objektbezogene Eigenschaften und Methoden definiert, unterliegt der wechselseitige Zugriff der beiden Elementtypen den folgenden beiden Regeln:

- Aus einer Instanzmethode heraus lassen sich Klassenvariablen manipulieren und Klassenmethoden aufrufen.
- Der umgekehrte Weg, nämlich aus einer statischen Methode heraus auf Instanzeigenschaften und Instanzmethoden zuzugreifen, ist nicht möglich.

3.10.2 Statische Klassenvariable in der Klasse »Circle«

Für statische Felder gelten dieselben Regeln der Datenkapselung wie für Instanzvariablen. Eine Klassenvariable wie `CountCircles` sollte daher in derselben Weise gekapselt werden, um nicht mit dem objektorientierten Paradigma der Datenkapselung zu brechen. Dazu wird sie als `private` deklariert. Um den Zugriff von außerhalb sicherzustellen, implementieren wir in der Klasse `Circle` zusätzlich eine statische Eigenschaftsmethode. Damit eine Manipulation des Zählers von außen nicht möglich ist, muss die Eigenschaft durch Verzicht auf den `set`-Accessor schreibgeschützt sein.

```
public class Circle {
  // --------- Statisches Feld -------------
  private static int _CountCircles;
  // --------- Klasseneigenschaft ----------
  public static int CountCircles {
    get {return _CountCircles;}
  }
  ...
}
```

Nun enthält die Circle-Klasse den angestrebten Objektzähler. Allerdings ist die Klassendefinition noch unvollständig, denn es fehlt die Programmlogik, um den Zähler mit jeder neuen Objektinstanz zu erhöhen. Dazu bieten sich die Konstruktoren an. Hierbei nutzen wir das Prinzip der Konstruktorverkettung und erhöhen den Objektzähler nur im parameterlosen Konstruktor, der aus den beiden anderen Initialisierungsroutinen aufgerufen wird:

```
// ---------- Konstruktoren ----------
public Circle() {
  _CountCircles++;
}

public Circle(double radius) : this() {
  Radius = radius;
}

public Circle(double radius, int xPos, int yPos) : this(radius) {
  XCoordinate = xPos;
  YCoordinate = yPos;
}
```

Im Zusammenhang mit dem Objektzähler müssen wir uns natürlich auch Gedanken über die Reduzierung des Objektzählers machen. Dazu fällt uns sofort der Destruktor ein, der sich zu diesem Zweck zunächst sehr gut zu eignen scheint. Der Haken ist allerdings, dass Sie den Destruktor nicht aus dem Code heraus aufrufen können. Dafür ist der Garbage Collector verantwortlich. Wann der Garbage Collector aber seine Aufräumarbeiten durchführt, lässt sich nicht vorherbestimmen.

Eine zweite Variante wäre es, den Zähler beim expliziten Aufruf einer Objektmethode zu verringern. Die Garantie, dass diese Methode aufgerufen wird, haben Sie aber ebenfalls nicht. Somit ist auch dies keine Lösung der Problematik.

Beide zuvor genannten Varianten lassen sich auch kombinieren, um die Aktualität des Objektzählers bestmöglich zu gewährleisten. Das ist in unserem Fall die optimale Lösung unseres Zählerproblems, auch wenn wir damit auf ein neues Problem stoßen: Destruktor und Objektmethode müssen synchronisiert werden, damit der Zähler nicht zweimal reduziert wird. Wie dieser Lösungsansatz realisiert wird, werden Sie in Kapitel 4, »Vererbung, Polymorphie und Interfaces«, erfahren.

3.10.3 Klassenspezifische Methoden

Neben den statischen Klasseneigenschaften können auch klassenspezifische Methoden definiert werden. Klassenmethoden sind unabhängig von einer bestimmten Klasseninstanz und werden ebenfalls mit dem Modifizierer static gekennzeichnet. Typischerweise werden statische Methoden dort eingesetzt, wo nicht mit objektspezifischen Daten gearbeitet wird oder allgemeingültige Operationen angeboten werden sollen. Ein typischer Vertreter des .NET Frameworks ist die Klasse `Math`, die ausschließlich statische Methoden enthält.

In `Circle` wollen wir nun auch noch ein paar Klassenmethoden bereitstellen. Hier bietet es sich zunächst an, eine allgemeine `GetArea`-Methode und eine klassenspezifische Methode `GetCircumference` zu implementieren. Damit wird es dem Benutzer der Klasse ermöglicht, die Kreisfläche und den Kreisumfang eines x-beliebigen Kreises zu ermitteln, ohne dafür vorher ein `Circle`-Objekt zu erstellen.

```
public static double GetArea(double radius) {
  return Math.PI * Math.Pow(radius, 2);
}

public double GetCircumference(double radius) {
  return 2 * Math.PI * radius;
}
```

Beide Methoden haben allgemeingültigen Charakter, denn die erforderlichen Dateninformationen werden nicht aus dem Objekt bezogen, sondern über einen Parameter den Methoden mitgeteilt. Damit sind `GetArea` und `GetCircumference` nach den Regeln der Methodenüberladung korrekt implementiert, denn die Parameterlisten unterscheiden sich. Der Modifizierer `static` ist kein Kriterium, das bei der Bewertung, ob eine Methodenüberladung gültig ist oder nicht, eine Rolle spielt.

Darüber hinaus soll die Klasse `Circle` um die Methode `Bigger` ergänzt werden, die in der Lage ist, zwei Kreisobjekte miteinander zu vergleichen. Eine ähnliche Methode ist in `Circle` bereits enthalten, allerdings als Instanzmethode.

```
public static int Bigger(Circle kreis1, Circle kreis2) {
  if (kreis1.Radius < kreis2.Radius)
    return -1;
  else if (kreis1.Radius == kreis2.Radius)
    return 0;
  else
    return 1;
}
```

3.10.4 Statische Konstruktoren (Klasseninitialisierer)

Bei der Instanziierung einer Klasse wird ein Konstruktor aufgerufen. Auf Klassenbasis gibt es dazu ein Pendant, das als *statischer Konstruktor* oder *statischer Initialisierer* bezeichnet wird. Der statische Konstruktor ist eine an die Klasse gebundene Methode, die nur auf die statischen Mitglieder der Klasse Zugriff hat. Der Aufrufzeitpunkt ist zwar nicht bekannt, erfolgt aber auf jeden Fall, bevor das erste statische Member einer Klasse aufgerufen oder eine Instanz der Klasse erzeugt wird. Zudem wird der statische Konstruktor einer Klasse während eines Programmlaufs nur ein einziges Mal aufgerufen.

Die Definition des statischen Konstruktors in `Circle` sieht folgendermaßen aus:

```
static Circle() {...}
```

Beachten Sie, dass ein statischer Konstruktor keinen Zugriffsmodifizierer akzeptiert. Da ein statischer Konstruktor automatisch aufgerufen wird und niemals direkt, macht eine Parameterliste keinen Sinn – die runden Klammern sind daher grundsätzlich leer.

Statische Konstruktoren bieten sich an, um komplexe Initialisierungen vorzunehmen. Dabei könnte es sich beispielsweise um das Auslesen von Dateien oder auch um die Initialisierung statischer Arrays handeln.

Aufrufreihenfolge der Konstruktoren

Statische Klasseninitialisierer und Konstruktoren sind sich in der Funktionsweise ähnlich. Während ein Klasseninitialisierer Klassendaten bereitstellt, versorgen Konstruktoren die objektspezifischen Felder mit Daten. Sobald Sie eine Objektvariable deklarieren, wird der statische Konstruktor ausgeführt und erst danach der Standardkonstruktor. Im Bedarfsfall dürfen Sie also im Konstruktor Code implementieren, der die vorhergehende Initialisierung der statischen Klassenmitglieder voraussetzt.

3.10.5 Statische Klassen

Es gibt Klassen, die nur statische Mitglieder enthalten. Meistens handelt es sich dabei um Klassen, die allgemeingültige Operationen bereitstellen. In der .NET-Klassenbibliothek gibt es davon einige, `System.Math` gehört auch dazu. Typischerweise sind solche Klassen nicht instanziierbar. Vor .NET 2.0 wurde das durch einen als `private` deklarierten Konstruktor realisiert. Seit .NET 2.0 können Sie auch Klassen als `static` definieren, zum Beispiel:

```
public static class MathDefinitions {
  public static double Addition(params double[] values) {
    // Anweisungen
  }

  public static double Subtraktion(params double[] values) {
    // Anweisungen
  }
  ...
}
```

Wenn Sie `static` als Modifizierer einer Klasse angeben, müssen Sie die folgenden Punkte beachten:

- Statische Klassen dürfen nur statische Klassenmitglieder veröffentlichen. Der Modifizierer `static` ist auch bei den Membern anzugeben.

- Statische Klassen enthalten keine Konstruktoren und können deshalb auch nicht instanziiert werden. Der parameterlose Konstruktor ist implizit `private`.

Der Aufruf statischer Klassen erfolgt unter Angabe des Klassenbezeichners, beispielsweise mit:

```
MathDefinitions.Addition(2, 77, 99);
```

3.10.6 Stand der Klasse »Circle«

Ehe wir uns im folgenden Kapitel den nächsten Themen widmen, wollen wir noch alle Codefragmente unserer Klasse `Circle` übersichtlich zusammenfassen.

```
// ---------------------------------------------------------------
// Beispiel: ...\Kapitel 3\GeometricObjectsSolution
// ---------------------------------------------------------------
public class Circle {

  // --------- Felder ------------
  private double _Radius;
  public int XCoordinate { get; set; }
  public int YCoordinate { get; set; }

  // -------- Statisches Feld ----------
  private static int _CountCircles;

  // -------- Konstruktoren --------------
  public Circle() {
    _CountCircles++;
  }

  public Circle(double radius) : this() {
    Radius = radius;
  }

  public Circle(double radius, int xPos, int yPos) :this(radius) {
    XCoordinate = xPos;
    YCoordinate = yPos;
  }

  // ------- Eigenschaftsmethoden ---------
  public double Radius {
    get { return _Radius; }
    set {
      if (value >= 0)
        _Radius = value;
      else
        Console.WriteLine("Unzulässiger negativer Radius.");
```

```
  }
}

// ---------- Klasseneigenschaft -----------------
public static int CountCircles {
  get { return _CountCircles; }
}

// ---------- Instanzmethoden ----------
public double GetArea() {
  return 3.14 * Math.Pow(Radius, 2);
}

public double GetCircumference() {
  return 2 * 3.14 * Radius;
}

public int Bigger(Circle kreis) {
  if (Radius < kreis.Radius)
    return -1;
  else if (Radius == kreis.Radius)
    return 0;
  else
    return 1;
}

public void MoveXY(int dx, int dy) {
  XCoordinate += dx;
  YCoordinate += dy;
}

public void MoveXY(int dx, int dy, int dRadius) {
  XCoordinate += dx;
  YCoordinate += dy;
  Radius += dRadius;
}

// -------- Klassenmethoden ------------
public static double GetArea(int radius) {
  return 3.14 * Math.Pow(radius, 2);
}

public  static double GetCircumference(double radius) {
  return 2 * 3.14 * radius;
}

public static int Bigger(Circle kreis1, Circle kreis2) {
  if (kreis1.Radius < kreis2.Radius)
```

```
      return -1;
    else if (kreis1.Radius == kreis2.Radius)
      return 0;
    else
      return 1;
  }
}
```

4 Vererbung, Polymorphie und Interfaces

Wie eine Klasse definiert wird, haben Sie im letzten Kapitel gelernt. Nun geht es darum, sich mit einem anderen wichtigen Aspekt der Objektorientierung auseinanderzusetzen: der Vererbung. Bei näherer Betrachtung wird die Vererbung Fragen aufwerfen, die uns den Begriff der Polymorphie näherbringen.

4.1 Die Vererbung

4.1.1 Basisklassen und abgeleitete Klassen

Welche Fähigkeit würden Sie von einem `Circle`-Objekt neben den bereits implementierten Fähigkeiten noch erwarten? Wahrscheinlich eine ganz wesentliche, nämlich die Fähigkeit, sich in einer beliebigen grafikfähigen Komponente visualisieren zu können. Bisher fehlt dazu noch eine passende Methode.

Die Klasse `Circle` soll jedoch von uns als abgeschlossen betrachtet werden. Damit simulieren wir zwei Ausgangssituationen, die in der täglichen Praxis häufig auftreten:

- Die Implementierung einer Klasse, wie beispielsweise `Circle`, ist für viele Anwendungsfälle völlig ausreichend. Eine Erweiterung würde nicht allgemeinen, sondern nur speziellen Zusatzanforderungen genügen.
- Die Klasse liegt nur kompiliert vor. Damit besteht auch keine Möglichkeit, den Quellcode der Klasse um weitere Fähigkeiten zu ergänzen.

Wie kann das Problem gelöst werden, eine Klasse um zusätzliche Fähigkeiten zu erweitern, damit sie weitergehenden Anforderungen gewachsen ist?

Die Antwort ist sehr einfach und lautet: Es muss eine weitere Klasse entwickelt werden. Diese soll im weiteren Verlauf `GraphicCircle` heißen. Die zusätzliche Klasse soll einerseits alle Fähigkeiten der Klasse `Circle` haben und darüber hinaus auch noch eine Methode namens `Draw`, um das Objekt zu zeichnen. Mit der *Vererbung*, einem der Stützpfeiler der objektorientierten Programmierung, ist die Lösung sehr einfach zu realisieren.

Eine Klasse, die ihre Member als Erbgut einer abgeleiteten Klasse zur Verfügung stellt, wird als *Basisklasse* bezeichnet. Die erbende Klasse ist die *Subklasse* oder einfach nur die *abgeleitete Klasse*. Dem Grundprinzip der Vererbung folgend, verfügen Subklassen normalerweise über mehr Funktionalitäten als ihre Basisklassen.

Zwei Klassen, die miteinander in einer Vererbungsbeziehung stehen, werden (wie in Abbildung 4.1 gezeigt) durch einen Beziehungspfeil von der abgeleiteten Klasse in Richtung der Basisklasse dargestellt.

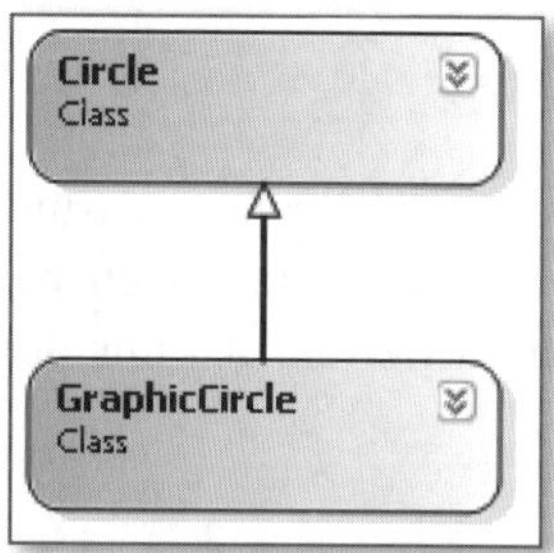

Abbildung 4.1 Die Vererbungsbeziehung zwischen den Klassen »Circle« und »GraphicCircle«

Die Vererbungslinie ist nicht zwangsläufig mit dem Ableiten einer Klasse aus einer Basisklasse beendet. Eine Subklasse kann selbst zur Basisklasse mutieren, wenn von ihr wiederum Klassen abgeleitet werden. Es ist auch möglich, von einer Klasse mehrere Subklassen abzuleiten, die dann untereinander beziehungslos sind. Am Ende kann dadurch eine nahezu beliebig tiefe und weit verzweigte Vererbungshierarchie entstehen, die einer Baumstruktur ähnelt.

Jeder Baum hat einen Stamm. Genauso sind auch alle Klassen von .NET auf eine allen gemeinsame Klasse zurückzuführen: `Object`. Diese Klasse ist auch die einzige in .NET, die selbst keine Basisklasse hat. Wenn Sie bei einer Klassendefinition ausdrücklich keine Basisklasse angeben, ist `Object` immer die direkte Basisklasse. Deshalb finden Sie in der Intellisense-Liste immer die Methoden `Equals`, `GetType`, `ToString` und `GetHashCode`.

Prinzipiell wird in der Objektorientierung zwischen der *Einfach-* und der *Mehrfachvererbung* unterschieden. Bei der einfachen Vererbung hat eine Klasse nur eine direkte Basisklasse, bei der Mehrfachvererbung können es mehrere sein. Eine Klassenhierarchie, die auf Mehrfachvererbung basiert, ist komplex und kann unter Umständen zu unerwarteten Nebeneffekten führen. Um solchen Konflikten aus dem Weg zu gehen, wird die Mehrfachvererbung von .NET nicht unterstützt. Damit werden einerseits zwar bewusst Einschränkungen in Kauf genommen, die aber andererseits durch die Schnittstellen (*Interfaces*) nahezu gleichwertig ersetzt werden. Das Thema Interfaces wird uns im gleichnamigen Abschnitt 4.7 noch beschäftigen.

4.1.2 Ableitung einer Klasse

Wenden wir uns nun wieder unserem Beispiel zu, und ergänzen wir das Projekt `GeometricObjectsSolution` um die Klasse `GraphicCircle`, die die Klasse `Circle` beerben soll. Zudem soll `GraphicCircle` um die typspezifische Methode `Draw` erweitert werden. Die

Ableitung wird in der neuen Klassendefinition durch den Doppelpunkt und die sich daran anschließende Bekanntgabe der Basisklasse zum Ausdruck gebracht:

```
public class GraphicCircle : Circle {
  public void Draw() {
    Console.WriteLine("Der Kreis wird gezeichnet");
  }
}
```

Wir wollen an dieser Stelle das Kreisobjekt nicht wirklich zeichnen, sondern nur stellvertretend eine Zeichenfolge an der Konsole ausgeben.

Die Konsequenz der Vererbung können Sie zu diesem Zeitpunkt bereits sehen, wenn Sie ein Objekt des Typs `GraphicCircle` mit

```
GraphicCircle gc = new GraphicCircle();
```

erzeugen und danach die Punktnotation auf den Objektverweis anwenden: In der IntelliSense-Liste werden neben der neuen Methode `Draw` alle öffentlichen Mitglieder der Klasse `Circle` angezeigt, obwohl diese in der abgeleiteten Klasse nicht definiert sind (siehe Abbildung 4.2). Natürlich fehlen auch nicht die von `Object` geerbten Methoden.

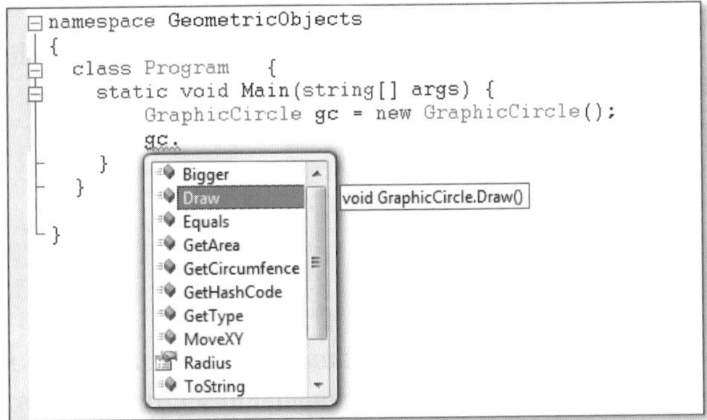

Abbildung 4.2 Die von der Klasse »Circle« geerbten Fähigkeiten

Die Tatsache, dass ein Objekt vom Typ `GraphicCircle` alle Komponenten der Klasse `Circle` offenlegt, lässt unweigerlich den Schluss zu, dass das Objekt einer abgeleiteten Klasse gleichzeitig auch ein Objekt der Basisklasse sein muss. Zwischen den beiden in der Vererbungshierarchie in Beziehung stehenden Klassen existiert eine Beziehung, die als *Ist-ein(e)-Beziehung* bezeichnet wird. Prägen Sie sich die folgende Regel gut ein:

Regel

Ein Objekt vom Typ einer abgeleiteten Klasse ist gleichzeitig auch immer ein Objekt vom Typ seiner Basisklasse.

Das bedeutet weitergehend auch, dass ein Objekt vom Typ `GraphicCircle` gleichzeitig ein Objekt vom Typ `Object` ist – so wie auch ein `Circle`-Objekt vom Typ `Object` ist. Letztendlich ist alles im .NET Framework vom Typ `Object`. Eine weitere wichtige Schlussfolgerung kann daraus auch gezogen werden: In Richtung der Basisklassen werden die Objekte immer allgemeiner, in Richtung der abgeleiteten Klassen immer spezialisierter.

Dass es sich bei der Vererbung um die codierte Darstellung einer *Ist-ein(e)-Beziehung* handelt, sollten Sie sich gut einprägen. Es hilft dabei, Vererbungshierarchien sinnvoll und realitätsnah umzusetzen. Sie werden dann sicher nicht auf die Idee kommen, aus einem Elefanten eine Mücke abzuleiten, nur weil der Elefant vier Beine hat und eine Mücke derer sechs. Sie würden in dem Sinne zwar aus einer Mücke einen Elefanten machen, aber eine Mücke ist nicht gleichzeitig ein Elefant ...

4.1.3 Klassen, die nicht abgeleitet werden können

Klassen, die als »sealed« definiert sind

Basisklassen vererben den Subklassen ihre Eigenschaften und Methoden. Es kommt aber immer wieder vor, dass die weitere Ableitung von einer Klasse keinen Sinn macht oder sogar strikt unterbunden werden muss, weil die von der Klasse zur Verfügung gestellten Dienste als endgültig betrachtet werden.

Um sicherzustellen, dass von eine Klasse nicht weiter abgeleitet werden kann, wird die Klassendefinition um den Modifizierer `sealed` ergänzt:

```
public sealed class GraphicCircle {
  ...
}
```

Statische Klassen und Vererbung

Neben `sealed`-Klassen sind auch statische Klassen nicht vererbungsfähig. Darüber hinaus dürfen statische Klassen auch nicht aus einer beliebigen Klasse abgeleitet werden. Die einzig mögliche Basisklasse ist `Object`.

4.1.4 Konstruktoren in abgeleiteten Klassen

Bei der Erzeugung des Objekts einer Subklasse gelten dieselben Regeln wie beim Erzeugen des Objekts einer Basisklasse:

- Es wird generell ein Konstruktor aufgerufen.
- Die Subklassenkonstruktoren dürfen überladen werden.

Konstruktoren werden grundsätzlich nicht von der Basisklasse an die Subklasse vererbt. Daher müssen alle notwendigen Konstruktoren in einer abgeleiteten Klasse definiert werden. Das gilt auch für den statischen Initialisierer.

Abgesehen vom impliziten, parameterlosen Standardkonstruktor

```
public GraphicCircle(){}
```

ist die Klasse GraphicCircle daher noch konstruktorlos. Um dem Anspruch zu genügen, einem Circle-Objekt auch hinsichtlich der Instanziierbarkeit gleichwertig zu sein, benötigen wir insgesamt drei Konstruktoren, die in der Lage sind, entweder den Radius oder den Radius samt der beiden Bezugspunktkoordinaten entgegenzunehmen. Außerdem müssen wir berücksichtigen, dass Objekte vom Typ GraphicCircle gleichzeitig Objekte vom Typ Circle sind. Die logische Konsequenz ist, den Objektzähler mit jedem neuen GraphicCircle-Objekt zu erhöhen.

Mit diesen Vorgaben, die identisch mit denen in der Basisklasse sind, sieht der erste und, wie Sie noch sehen werden, etwas blauäugige Entwurf der Erstellungsroutinen in der Klasse GraphicCircle zunächst folgendermaßen aus:

```
public class GraphicCircle : Circle {
  public GraphicCircle() {
    _CountCircles++;
  }

  public GraphicCircle(double radius) : this() {
    Radius = radius;
  }

  public GraphicCircle(double radius, int xPos, int yPos) : this(radius) {
    XKoordinate = xPos;
    YKoordinate = yPos;
  }
}
```

Der Versuch, diesen Programmcode zu kompilieren, endet jedoch in einem Fiasko, denn der C#-Compiler kann das Feld _CountCircles nicht erkennen und verweigert deswegen die Kompilierung. Der Grund hierfür ist recht einfach: Das Feld ist in der Basisklasse Circle als private deklariert. Private Member sind aber grundsätzlich nur in der Klasse bekannt, in der sie deklariert sind. Obwohl aus objektorientierter Sicht ein Objekt vom Typ GraphicCircle auch gleichzeitig als ein Objekt vom Typ Circle angesehen wird, kann die strikte Kapselung einer privaten Variablen durch die Vererbung nicht aufgebrochen werden. Nur der Code in der Klasse Circle hat Zugriff auf die privaten Klassenmitglieder.

4.1.5 Der Zugriffsmodifizierer »protected«

Einen Ausweg aus diesem Dilemma, ein Klassenmitglied einerseits gegen den unbefugten Zugriff von außen zu schützen, es aber andererseits in einer abgeleiteten Klasse sichtbar zu machen, bietet der Zugriffsmodifizierer protected. Member, die als protected deklariert sind, verhalten sich ähnlich wie als `private` deklarierte: Sie verhindern den unzulässigen Zugriff von außerhalb, garantieren jedoch andererseits, dass in einer abgeleiteten Klasse direkt darauf zugegriffen werden kann.

Diese Erkenntnis führt zu einem Umdenken bei der Implementierung einer Klasse: Muss davon ausgegangen werden, dass die Klasse als Basisklasse ihre Dienste zur Verfügung stellt, sind alle privaten Member, die einer abgeleiteten Klasse zur Verfügung stehen sollen, als `protected` zu deklarieren. Daher müssen wir in der Klasse `Circle` noch folgende Änderungen vornehmen:

```
// Änderung der Zugriffsmodifizierer der privaten Felder
// in der Klasse Circle
protected double _Radius;
protected static int _CountCircles;
```

Erst jetzt ist die Klasse `Circle` tatsächlich vererbungsfähig, und der C#-Compiler wird keinen Fehler mehr melden.

4.1.6 Konstruktorverkettung in der Vererbung

Wir wollen nun die Implementierung in `Main` testen, indem wir ein Objekt des Typs `GraphicCircle` erzeugen und uns den Stand des Objektzählers, der von der `Circle`-Klasse geerbt wird, an der Konsole ausgeben lassen. Der Code dazu lautet:

```
static void Main(string[] args) {
  GraphicCircle gc = new GraphicCircle();
  Console.WriteLine("Anzahl der Kreise = {0}", GraphicCircle.CountCircles);
}
```

Völlig unerwartet werden wir mit einer Situation konfrontiert, die wir nicht erwartet haben. Mit

```
Anzahl der Kreise = 2
```

wird uns suggeriert, wir hätten zwei Kreisobjekte erzeugt, obwohl wir doch tatsächlich nur einmal den `new`-Operator benutzt haben und sich folgerichtig auch nur ein konkretes Objekt im Speicher befinden kann.

Das Ergebnis ist falsch und beruht auf der bisher noch nicht berücksichtigten Aufrufverkettung zwischen den Sub- und den Basisklassenkonstruktoren. Konstruktoren werden bekanntlich nicht vererbt und müssen deshalb – falls erforderlich – in jeder abgeleiteten Klasse neu definiert werden. Dennoch kommt den Konstruktoren einer Basisklasse eine entscheidende Bedeutung zu. Bei der Initialisierung eines Subklassenobjekts wird nämlich in jedem Fall zuerst ein Basisklassenkonstruktor aufgerufen. Es kommt zu einer Top-down-Verkettung der Konstruktoren, angefangen bei der obersten Basisklasse (`Object`) bis hinunter zu der Klasse, deren Konstruktor aufgerufen wurde.

Die Verkettung der Konstruktoraufrufe dient dazu, zunächst die geerbten Komponenten der Basisklasse zu initialisieren. Erst danach wird der Konstruktor der direkten Subklasse ausgeführt, der eigene Initialisierungen vornehmen kann und gegebenenfalls auch die Vorinitialisierung der geerbten Komponenten an die Bedürfnisse der abgeleiteten Klasse anpasst. Standardmäßig wird dabei immer zuerst der parameterlose Konstruktor der Basisklasse aufgerufen.

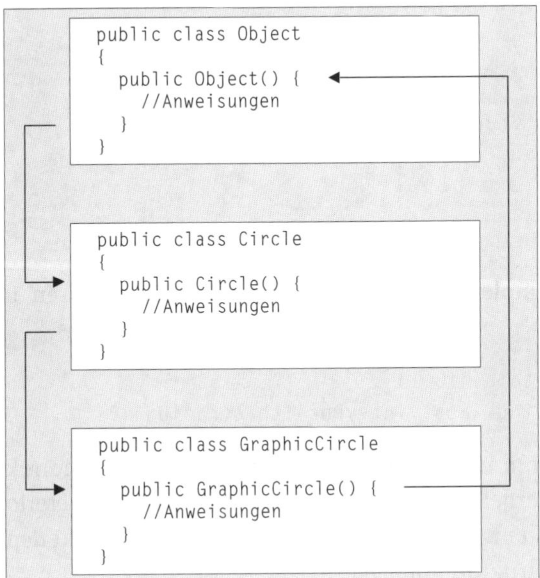

Abbildung 4.3 Die Verkettung der Konstruktoraufrufe in einer Vererbungshierarchie

Die Konstruktorverkettung hat maßgeblichen Einfluss auf die Modellierung einer Klasse, die parametrisierte Konstruktoren enthält. Eine konstruktorlose Klasse hat grundsätzlich immer einen impliziten, parameterlosen Konstruktor. Ergänzt man jedoch eine Klasse um einen parametrisierten Konstruktor, existiert der implizite, parameterlose nicht mehr. Wird nun das Objekt einer ableitenden Klasse erzeugt, kommt es zum Aufruf des parameterlosen Konstruktors der Basisklasse. Wird dieser durch parametrisierte Konstruktoren überdeckt, meldet der Compiler einen Fehler.

Sie sollten sich dessen bewusst sein, wenn Sie eine ableitbare Klasse entwickeln und parametrisierte Konstruktoren hinzufügen. Das Problem ist sehr einfach zu lösen, indem Sie einen parameterlosen Konstruktor ohne Programmcode in der Basisklasse definieren.

Konstruktorverkettung mit »base« steuern

Nun erklärt sich auch das scheinbar unsinnige Ergebnis des Objektzählers im vorhergehenden Abschnitt, der bei der Instanziierung eines Objekts vom Typ `GraphicCircle` behauptete, zwei Kreisobjekte würden vorliegen, obwohl es nachweislich nur ein einziges sein konnte. Durch die Konstruktorverkettung wird zunächst der parameterlose Konstruktor der Basisklasse `Circle` aufgerufen, danach der der Klasse `GraphicCircle`. In beiden wird der Objektzähler erhöht, was letztendlich zu einem falschen Zählerstand führt. Die Ursache des Problems ist die Duplizität der Implementierung der beiden parameterlosen Konstruktoren, nämlich in `Circle`:

```
public Circle() {
  countCircles++;
}
```

und in der von `Circle` abgeleiteten Klasse `GraphicCircle`:

```
public GraphicCircle() {
  countCircles++;
}
```

Betrachten wir auch noch einmal die Implementierung der anderen Konstruktoren in `GraphicCircle`:

```
public GraphicCircle(double radius):this(){...}
public GraphicCircle(double radius, int xPos, int yPos):this(radius){...}
```

Alle Aufrufe parametrisierter Konstruktoren werden derzeit mit `this` direkt oder indirekt an den parameterlosen Konstruktor weitergeleitet, der dann seinerseits den parameterlosen der Basisklasse `Circle` aufruft. Zudem entspricht der Code in `GraphicCircle` exakt dem Code in den gleich parametrisierten Konstruktoren in `Circle`.

Es bietet sich an, anstelle des klassenintern weiterleitenden `this`-Aufrufs den Aufruf direkt an den Konstruktor der Basisklasse zu delegieren, dessen Parameterliste identisch ist. Dabei müssen die dem Konstruktor übergebenen Argumente an den gleich parametrisierten Konstruktor der Basisklasse übergeben werden.

Um eine Methode in der Basisklasse aufzurufen (und als eine solche werden auch die Konstruktoren angesehen) bietet C# das Schlüsselwort `base` an, mit dem innerhalb einer abgeleiteten Klasse auf Mitglieder der direkten Basisklasse zugegriffen werden kann. Sie können beim Aufruf von `base` Argumente übergeben. Aufgrund von Anzahl und Typ der Argumente ist damit auch die aufzurufende Basisklassenmethode festgelegt.

Das gilt gleichermaßen auch für die Konstruktoren. Da das objektorientierte Paradigma vorschreibt, dass aus einer Subklasse heraus mittels Aufrufverkettung immer zuerst ein Konstruktor der Basisklasse ausgeführt werden muss, haben wir die implizite Verkettung durch eine explizite ersetzt und die Steuerung selbst übernommen: Es kommt zu keinem weiteren impliziten Aufruf mehr, auch nicht an den parameterlosen Basisklassenkonstruktor.

Sehen wir uns nun die überarbeitete Fassung der `GraphicCircle`-Konstruktoren an:

```
public GraphicCircle() {}

public GraphicCircle(double radius) : base(radius) {}

public GraphicCircle(double radius, int xPos,
                    int yPos) : base(radius, xPos, yPos) {}
```

Beim parameterlosen Konstruktor können wir auf die base-Anweisung verzichten, weil der Aufruf auch ohne diese Angabe automatisch an den parameterlosen Basisklassenkonstruktor weitergeleitet wird.

Schreiben wir jetzt eine Testroutine, z. B.

```
GraphicCircle gc = new GraphicCircle();
Console.WriteLine("Anzahl der Kreise = {0}",
      GraphicCircle.CountCircles);
```

dann wird die Ausgabe des Objektzählers tatsächlich den korrekten Stand wiedergeben.

Zugriff auf Member der Basisklasse mit »base«

Mit base kann nicht nur die Konstruktorenverkettung explizit gesteuert werden. Sie können dieses Schlüsselwort auch dazu benutzen, um innerhalb einer abgeleiteten Klasse auf Member der Basisklasse zuzugreifen, solange sie nicht als private deklariert sind. Dabei gilt, dass die Methode der Basisklasse, auf die zugegriffen wird, durchaus eine von dieser Klasse selbst geerbte Methode sein kann, also aus Sicht der Subklasse, die base implementiert, aus einer indirekten Basisklasse stammt, beispielsweise:

```
class BaseClass {
  public void TestMethod() {
    Console.WriteLine("In 'BaseClass.TestMethod()'");
  }
}

class SubClass1 : BaseClass {}
class SubClass2 : SubClass1 {
  public void BaseTest()    {
    base.TestMethod();
  }
}
```

Ein umgeleiteter Aufruf an eine indirekte Basisklasse mit

```
// unzulässiger Aufruf
base.base.TestMethod();
```

ist nicht gestattet.

Handelt es sich bei der über base aufgerufenen Methode um eine parametrisierte Methode, müssen den Parametern die entsprechenden Argumente übergeben werden.

`base` ist eine implizite Referenz und als solche an eine konkrete Instanz gebunden. Das bedeutet konsequenterweise, dass dieses Schlüsselwort nicht zum Aufruf von statischen Methoden verwendet werden kann.

4.2 Der Problemfall geerbter Methoden

Um das objektorientierte Konzept zu erläutern, habe ich mich bisher sehr häufig des Beispiels der beiden Klassen `Circle` und `GraphicCircle` bedient. Sie haben mit diesen beiden Klassen gelernt, wie die Struktur einer Klasse samt ihrer Felder, Methoden und Konstruktoren aufgebaut ist. Sie wissen nun auch, wie durch die Vererbung eine Klasse automatisch mit Fähigkeiten ausgestattet wird, die sie aus der Basisklasse erbt. Nun werden wir uns einer zweiten Klassenhierarchie zuwenden, um weitere Aspekte der Objektorientierung auf möglichst anschauliche Weise zu erklären.

Ausgangspunkt ist die Klasse `Luftfahrzeug`, die von den drei Klassen `Flugzeug`, `Hubschrauber` und `Zeppelin` beerbt wird. In der Klasse `Luftfahrzeug` sind die Felder definiert, die alle davon abgeleiteten Klassen gemeinsam aufweisen: `Hersteller` und `Baujahr`. Die Spannweite ist eine Eigenschaft, die nur ein Flugzeug hat, und sie ist daher in der Klasse `Flugzeug` implementiert. Ein Hubschrauber wiederum hat einen Rotordurchmesser, der Zeppelin ein Gasvolumen. Da alle drei abgeleiteten Typen sowohl starten als auch landen können, sind entsprechende Methoden in der Basisklasse `Luftfahrzeug` implementiert.

Das nachfolgende Codefragment bildet die Situation ab. Um den Code kurz, einfach und überschaubar zu halten, wird die Datenkapselung nicht berücksichtigt und werden die Eigenschaften als öffentliche Felder beschrieben. Zudem enthalten die beiden Methoden nur einen symbolischen Code.

```
public class Luftfahrzeug {
  public string Hersteller;
  public int Baujahr;

  public void Starten() {
    Console.WriteLine("Das Luftfahrzeug startet.");
  }

  public void Landen() {
    Console.WriteLine("Das Luftfahrzeug landet.");
  }
}

public class Flugzeug : Luftfahrzeug {
  public double Spannweite;
}
```

```
public class Hubschrauber : Luftfahrzeug {
  public double RotorDurchmesser;
}

public class Zeppelin : Luftfahrzeug {
  public double Gasvolumen;
}
```

In Abbildung 4.4 sehen Sie die Zusammenhänge auf anschauliche Art.

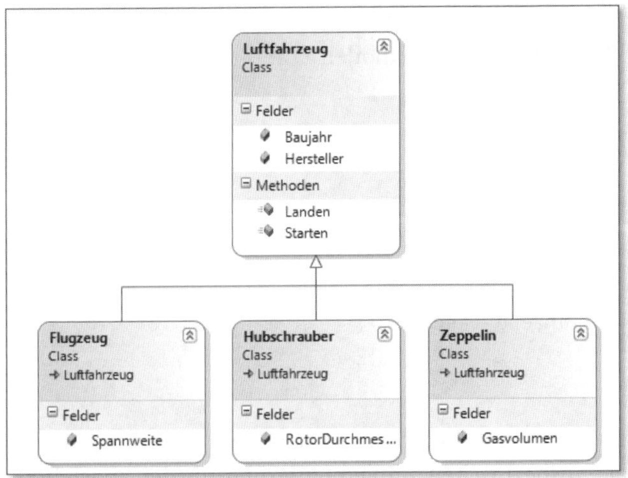

Abbildung 4.4 Die Hierarchie der Luftfahrzeuge

Grundsätzlich scheint die Vererbungshierarchie den Anforderungen zu genügen, aber denken Sie einen Schritt weiter: Ist die Implementierung der beiden Methoden `Starten` und `Landen` in der Basisklasse `Luftfahrzeug` richtig? Ein Flugzeug wird anders starten als ein Hubschrauber und ein Hubschrauber wiederum anders als ein Zeppelin. Ein Flugzeug benötigt eine Startbahn mit einer Mindestlänge, um überhaupt abheben zu können, während für einen Hubschrauber bereits eine freie Fläche in einer Größe genügt, die gewährleistet, dass die Rotorspitzen keine Hindernisse streifen. Um einen Zeppelin zu starten, wird eine Mannschaft benötigt, die das Halteseil löst und das Luftschiff zum Starten freigibt. Ähnliche Überlegungen können auch mit der Methode `Landen` angestellt werden.

Ein neues Problem offenbart sich plötzlich: Wie kann das Start- und Landeverhalten in der Basisklasse implementiert werden, wenn es für die Objekte der abgeleiteten Typen `Zeppelin`, `Hubschrauber` und `Flugzeug` unterschiedlich beschrieben werden muss? Mit der Lösung dieser Problematik, dass gleichnamige Methoden in verschiedenen Klassen unterschiedliche Implementierungen haben müssen, werden wir uns im Folgenden beschäftigen. Prinzipiell bieten sich drei Lösungsansätze an:

- Wir verdecken die geerbten Methoden der Basisklasse in der Subklasse mit dem Modifizierer `new`.
- Wir stellen in der Basisklasse abstrakte Methoden bereit, die von den erbenden Klassen überschrieben werden müssen.
- Wir stellen in der Basisklasse virtuelle Methoden bereit.

Nachfolgend wollen wir alle drei Alternativen genau untersuchen.

4.2.1 Geerbte Methoden mit »new« verdecken

Nehmen wir an, dass in der Basisklasse die beiden Methoden `Starten` und `Landen` wie folgt codiert sind:

```
public class Luftfahrzeug {
  public void Starten() {
    Console.WriteLine("Das Luftfahrzeug startet.");
  }

  public void Landen() {
    Console.WriteLine("Das Luftfahrzeug landet.");
  }
}
```

Unsere drei abgeleiteten Klassen haben sehr wohl ein Interesse an den Methoden `Starten` und `Landen` – allerdings mit einer typspezifischen Implementierung. In der abgeleiteten Klasse müssen daher die geerbten Methoden der Basisklasse ausgeblendet (bzw. verdeckt) und neu codiert werden. Dabei hilft uns der Modifizierer `new` weiter. Exemplarisch sei das an der Klasse `Flugzeug` gezeigt, es gilt aber natürlich in gleicher Weise auch für `Zeppelin` und `Hubschrauber`:

```
public class Flugzeug : Luftfahrzeug {
  public new void Starten() {
    Console.WriteLine("Das Flugzeug startet.");
  }

  public new void Landen() {
    Console.WriteLine("Das Flugzeug landet.");
  }
}
```

Vom *Verdecken* oder *Ausblenden* einer geerbten Basisklassenmethode wird gesprochen, wenn in der abgeleiteten Klasse eine Methode implementiert wird,

- die den gleichen Namen und
- eine identische Parameterliste

besitzt wie eine Methode in der Basisklasse, diese aber durch eine eigene Implementierung vollständig ersetzt. Das ist beispielsweise dann der Fall, wenn die Implementierung in der Basisklasse für Objekte vom Typ der abgeleiteten Klasse falsch ist oder generell anders sein muss. Entscheidend für das Verdecken einer geerbten Methode ist, dass Sie die Methodendefinition in der Subklasse um den Modifizierer `new` ergänzen.

Wird eine Basisklassenmethode in der abgeleiteten Klasse verdeckt, wird beim Aufruf der Methode auf Objekten vom Typ der Subklasse immer die verdeckende Version ausgeführt. Die Anweisungen

```
Flugzeug flg = new Flugzeug();
flg.Starten();
```

führen im Befehlsfenster zu der Ausgabe: `Das Flugzeug startet.`

Hinweis

In gleicher Weise, wie eine geerbte Instanzmethode in einer ableitenden Klasse verdeckt werden kann, lassen sich mit `new` auch Eigenschaftsmethoden, Felder und statische Komponenten einer Basisklasse verdecken und durch eine typspezifische Implementierung ersetzen.

Die Sichtbarkeit eines verdeckenden Klassenmitglieds

Zugriffsmodifizierer beschreiben die Sichtbarkeit. Ein als `public` deklariertes Mitglied ist über die Grenzen der aktuellen Anwendung hinaus bekannt, während der Modifizierer `internal` die Sichtbarkeit auf die aktuelle Assemblierung beschränkt. `private` Klassenmitglieder hingegen sind nur in der definierenden Klasse sichtbar.

Ein verdeckendes Member muss nicht zwangsläufig denselben Zugriffsmodifizierer haben wie das in der Basisklasse. Machen wir uns das kurz an der Klasse `Flugzeug` klar, und verdecken wir die geerbte Methode `Starten` der Klasse `Luftfahrzeug` durch eine `private`-Implementierung in `Flugzeug`.

```
public class Flugzeug : Luftfahrzeug {
  ...
  private new void Starten() {
    Console.WriteLine("Das Flugzeug startet.");
  }
}
```

Die verdeckende Methode `Starten` ist nun nur innerhalb von `Flugzeug` sichtbar. Einen interessanten Effekt stellen wir fest, wenn wir jetzt den folgenden Code schreiben:

```
static void Main(string[] args) {
  Flugzeug flg = new Flugzeug();
  flg.Starten();
}
```

Im Konsolenfenster wird `Das Luftfahrzeug startet.` ausgegeben.

Aus allem, was bisher gesagt worden ist, müssen wir die Schlussfolgerung ziehen, dass das vollständige Ausblenden eines geerbten Mitglieds nicht möglich ist, auch nicht durch »Privatisierung«. Das führt uns zu folgender Erkenntnis:

Merksatz

Grundsätzlich werden alle Member der Basisklasse geerbt. Davon gibt es keine Ausnahme. Auch das Ausblenden durch Privatisierung in der erbenden Klasse ist nicht möglich.

Wollen Sie unter keinen Umständen eine Methode aus der Basisklasse erben, bleibt Ihnen nur ein Weg: Sie müssen das Konzept Ihrer Klassenhierarchie neu überdenken.

4.2.2 Abstrakte Methoden

Mit dem Modifizierer `new` können die aus der Basisklasse geerbten Methoden in der ableitenden Klasse überdeckt werden. Allerdings ist dieser Lösungsweg mit einem Nachteil behaftet, denn er garantiert nicht, dass alle ableitenden Klassen die geerbten Methoden `Starten` und `Landen` überdecken und durch eine typspezifische Implementierung ersetzen. Jede unserer abgeleiteten Klassen sollte aber hinsichtlich der Behandlung einer Basisklasseoperation gleichwertig sein. Wird die Neuimplementierung beispielsweise in der Klasse `Hubschrauber` vergessen, ist dieser Typ mit einem möglicherweise entscheidenden Fehler behaftet, weil er keine typspezifische Neuimplementierung hat.

Wie können wir aber alle Klassen, die von der Klasse `Luftfahrzeug` abgeleitet werden, dazu zwingen, die Methoden `Starten` und `Landen` neu zu implementieren? Gehen wir noch einen Schritt weiter, und stellen wir uns die Frage, ob wir überhaupt dann noch Code in den Methoden `Starten` und `Landen` der Klasse `Luftfahrzeug` benötigen. Anscheinend nicht. Dass wir die beiden Methoden in der Basisklasse definiert haben, liegt im Grunde genommen nur daran, dass wir diese Methoden in den ableitenden Klassen bereitstellen wollen.

Mit dieser Erkenntnis mag die Lösung der aufgezeigten Problematik im ersten Moment verblüffen: Tatsächlich werden `Starten` und `Landen` in der Basisklasse nicht implementiert – sie bleiben einfach ohne Programmcode. Damit wäre aber noch nicht sichergestellt, dass die Subklassen die geerbte »leere« Methode typspezifisch implementieren. Deshalb wird in solchen Fällen sogar auf den Anweisungsblock verzichtet, der durch die geschweiften Klammern beschrieben wird.

In der objektorientierten Programmierung werden Methoden, die keinen Anweisungsblock aufweisen, als *abstrakte Methoden* bezeichnet. Neben den Methoden, die das Verhalten eines Typs beschreiben, können auch Eigenschaften als abstrakt definiert werden.

Abstrakte Methoden werden durch die Angabe des `abstract`-Modifizierers in der Methodensignatur gekennzeichnet, am Beispiel unserer Methoden `Starten` und `Landen` also durch:

```
public abstract void Starten();
```

```
public abstract void Landen();
```

Abstrakte Methoden enthalten niemals Code. Die Definition einer abstrakten Methode wird mit einem Semikolon direkt hinter der Parameterliste abgeschlossen, die geschweiften Klammern des Anweisungsblocks entfallen.

Welchen Stellenwert nimmt aber eine Klasse ein, die eine Methode veröffentlicht, die keinerlei Verhalten aufweist? Die Antwort ist verblüffend einfach: Eine solche Klasse kann nicht instanziiert werden – sie rechtfertigt ihre Existenz einzig und allein dadurch, den Subklassen als Methodengeber zu dienen. Damit wird das Prinzip der objektorientierten Programmierung, gemeinsame Verhaltensweisen auf eine höhere Ebene auszulagern, nahezu auf die Spitze getrieben.

Eine nicht instanziierbare Klasse, die mindestens ein durch `abstract` gekennzeichnetes Member enthält, ist ihrerseits selbst abstrakt und wird deshalb als *abstrakte Klasse* bezeichnet. Abstrakte Klassen machen nur dann Sinn, wenn von ihnen weitere Klassen abgeleitet werden. Syntaktisch wird dieses Verhalten in C# durch die Ergänzung des Modifikators `abstract` in der Klassensignatur beschrieben:

```
public abstract class Luftfahrzeug {
  public abstract void Starten();
  public abstract void Starten();
  ...
}
```

Neben abstrakten Methoden darf eine abstrakte Klasse auch vollständig implementierte Methoden und Eigenschaften bereitstellen. So könnte die Klasse `Luftfahrzeug` beispielsweise eine Methode `Fliegen` enthalten, wie das folgende Codefragment zeigt:

```
public abstract class Luftfahrzeug {
  private string hersteller;

  // abstrakte Methoden
  public abstract void Starten();
  public abstract void Landen();

  // konkrete Methode
  public void Fliegen() {
    ...
  }
}
```

Die Signatur einer Methode und infolgedessen auch der dazugehörigen Klasse mit dem Modifizierer `abstract` kommt einer Forderung gleich: Alle nicht abstrakten Ableitungen einer abstrakten Klasse müssen die abstrakten Methoden der Basisklasse überschreiben.

Wird in einer abgeleiteten Klasse das abstrakte Mitglied der Basisklasse nicht überschrieben, muss die abgeleitete Klasse in jedem Fall ebenfalls als `abstract` gekennzeichnet werden. Als Konsequenz dieser Aussagen bilden abstrakte Klassen das Gegenkonstrukt zu den Klassen, die mit `sealed` als nicht ableitbar gekennzeichnet sind. Daraus folgt auch, dass die Modifizierer `sealed` und `abstract` nicht nebeneinander verwendet werden dürfen.

Hinweis

Eine Klasse, die eine als abstrakt definierte Methode enthält, muss ihrerseits selbst abstrakt sein. Der Umkehrschluss ist allerdings nicht richtig, denn eine abstrakte Klasse ist nicht zwangsläufig dadurch gekennzeichnet, ein abstraktes Mitglied zu enthalten. Eine Klasse kann auch dann abstrakt sein, wenn keines ihrer Member abstrakt ist. Auf diese Weise wird eine Klasse nicht instanziierbar, und das Ableiten von dieser Klasse wird erzwungen.

`abstract` kann nur im Zusammenhang mit Instanzmembern benutzt werden. Statische Methoden können nicht abstrakt sein, deshalb ist das gleichzeitige Auftreten von `static` und `abstract` in einer Methodensignatur unzulässig.

Abstrakte Methoden überschreiben

Das folgende Codefragment beschreibt die Klasse `Hubschrauber`. In der Klassenimplementierung werden die abstrakten Methoden `Starten` und `Landen` der Basisklasse überschrieben. Um zu kennzeichnen, dass eine abstrakte Basisklassenmethode überschrieben wird, verwenden Sie den Modifizierer `override`:

```
class Hubschrauber : Luftfahrzeug {
  public override void Starten() {
    Console.WriteLine("Der Hubschrauber startet.");
  }

  public override void Landen() {
    Console.WriteLine("Der Hubschrauber landet.");
  }
}
```

Sollten Sie dieses Beispiel ausprobieren, müssen Sie `Starten` und `Landen` selbstverständlich auch in den Klassen `Flugzeug` und `Zeppelin` mit `override` überschreiben.

4.2.3 Virtuelle Methoden

Widmen wir uns nun der dritten anfangs aufgezeigten Variante, den virtuellen Methoden. Unser Ausgangspunkt sei dabei folgender: Wir wollen `Starten` und `Landen` wieder in der Basisklasse vollständig implementieren. Damit wären wir wieder am Ausgangspunkt angelangt – mit einem kleinen Unterschied: Wir ergänzen die Methoden `Starten` und `Landen` mit dem Modifizierer `virtual`. Dann sieht die Klasse `Luftfahrzeug` wie folgt aus:

```
public class Luftfahrzeug {

  public virtual void Starten() {
    Console.WriteLine("Das Luftfahrzeug startet.");
  }

  public virtual void Landen() {
    Console.WriteLine("Das Luftfahrzeug landet.");
  }
}
```

Nun sind die beiden Methoden als virtuelle Methoden in der Basisklasse definiert. Eine Subklasse hat nun die Wahl zwischen drei Alternativen:

- Die Subklasse erbt die Methoden, ohne eine eigene, typspezifische Implementierung vorzusehen, also:

  ```
  public class Flugzeug : Luftfahrzeug { }
  ```

- Die Subklasse verdeckt die geerbten Methoden mit new, hier also:

  ```
  public class Flugzeug : Luftfahrzeug {

    public new void Starten() {
      Console.WriteLine("Das Flugzeug startet.");
    }

    public new void Landen() {
      Console.WriteLine("Das Flugzeug landet.");
    }
  }
  ```

- Die Subklasse überschreibt die geerbten Methoden mit override, also:

  ```
  public class Flugzeug : Luftfahrzeug {

    public override void Starten() {
      Console.WriteLine("Das Flugzeug startet.");
    }

    public override void Landen() {
      Console.WriteLine("Das Flugzeug landet.");
    }
  }
  ```

Sie werden sich an dieser Stelle wahrscheinlich fragen, worin sich die beiden letztgenannten Varianten unterscheiden. Diese Überlegung führt uns nach der Datenkapselung und der Vererbung zum dritten elementaren Konzept der Objektorientierung: zur *Polymorphie*. Ehe wir uns aber mit der Polymorphie beschäftigen, müssen Sie vorher noch die Typumwandlung in einer Vererbungshierarchie verstehen.

4.3 Typumwandlung und Typuntersuchung von Objektvariablen

4.3.1 Implizite Typumwandlung von Objektreferenzen

Die Klasse `Luftfahrzeug` beschreibt Eigenschaften und Operationen, die allen Luftfahrzeugen, unabhängig vom Typ, eigen sind. Die Klassen `Zeppelin`, `Flugzeug` und `Hubschrauber` beerben als abgeleitete Klassen die Basisklasse.

Betrachten wir einen Ausschnitt der Klassenhierarchie, nämlich die beiden Klassen `Zeppelin` und `Luftfahrzeug`. Wenn wir unsere Erkenntnisse aus der realen Welt auf unseren Code projizieren, kommen wir zu der Aussage, dass ein Zeppelin ein Luftfahrzeug ist. Andererseits ist aber ein Luftfahrzeug nicht zwangsläufig ein Zeppelin, denn es könnte sich auch um ein Flugzeug oder einen Hubschrauber handeln. Die Tatsache, dass das Objekt einer abgeleiteten Klasse (hier `Zeppelin`) auch gleichzeitig ein Objekt der Basisklasse (hier `Luftfahrzeug`) ist, wird als *Ist-ein(e)-Beziehung* bezeichnet. Diese Aussage ist nicht neu, sie wurde bereits am Anfang dieses Kapitels gemacht.

Die Vererbung hat Konsequenzen hinsichtlich der Zuweisungsoperationen, denn aufgrund dieser Beziehung kann man die Referenz eines Subklassenobjekts einer Basisklassenreferenz zuweisen:

```
Zeppelin zpln = new Zeppelin();
Luftfahrzeug lfzg = zpln;
```

Stehen zwei Klassen miteinander in einer Vererbungsbeziehung, kann eine Referenz vom Typ der abgeleiteten Klasse der Referenz vom Typ einer der Basisklassen mit

```
Basisklassenreferenz = Subklassenreferenz
```

zugewiesen werden. Dabei wird implizit konvertiert.

Die beiden Variablen `zpln` und `lfzg` referenzieren denselben Speicherbereich – jedoch mit einer kleinen Einschränkung: Die Laufzeitumgebung betrachtet `lfzg` nur als Objekt vom Typ `Luftfahrzeug` und nicht als `Zeppelin`. Damit hat die Objektreferenz `lfzg` auch keinen Zugriff auf die Member, durch die sich ein Objekt vom Typ `Zeppelin` auszeichnet.

Bei einer Zuweisung einer Subklassenreferenz an eine Basisklassenreferenz müssen alle Member der links vom Zuweisungsoperator angegebenen Referenz einen konkreten Bezug zu einem Mitglied der Referenz haben, die rechts vom Zuweisungsoperator steht. Betrachten Sie dazu Abbildung 4.5, die diesen Sachverhalt veranschaulicht. Dass dabei das Feld `Gasvolumen` einer `Zeppelin`-Referenz keinen Abnehmer in der `Luftfahrzeug`-Referenz findet, spielt keine Rolle.

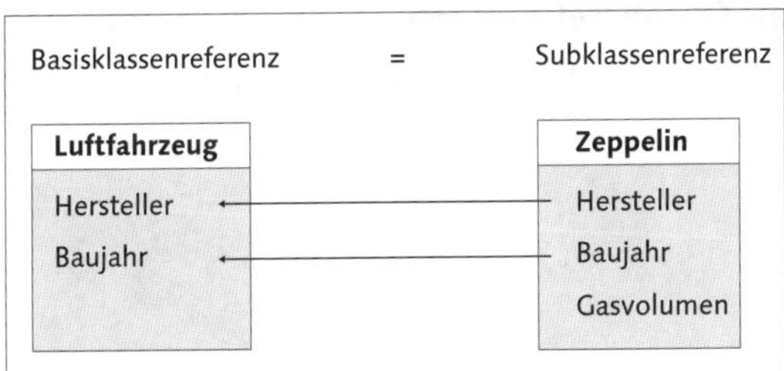

Abbildung 4.5 Zuweisung einer Subklassenreferenz an eine Basisklassenreferenz

Die Tatsache, dass ein Objekt vom Typ einer abgeleiteten Klasse auch gleichzeitig ein Objekt vom Typ seiner Basisklasse ist, kann man sich bei der Typfestlegung eines Parameters zunutze machen:

```
public void TestProc(Luftfahrzeug lfzg) {
  ...
}
```

Die Methode `TestProc` erwartet vom Aufrufer die Referenz auf ein Luftfahrzeug. Ob es sich dabei um ein Objekt vom Typ `Zeppelin`, `Hubschrauber` oder `Flugzeug` handelt, spielt keine Rolle. Ausschlaggebend ist ausschließlich, dass der Typ der übergebenen Referenz von `Luftfahrzeug` abgeleitet ist. `Zeppelin` erfüllt diese Bedingung. Daher kann die Methode `TestProc` folgendermaßen aufgerufen werden:

```
Zeppelin zpln = new Zeppelin();
IrgendEinObjekt.TestProc(zpln);
```

Parameter vom Typ einer Basisklasse werden häufig dann eingesetzt, wenn unabhängig vom genauen Typ innerhalb der Methode auf ein in der Basisklasse definiertes Member zugegriffen wird. Beispielsweise könnte man sich vorstellen, dass in `TestProc` die Methode `Starten` des übergebenen Objekts aufgerufen wird:

```
public void TestProc(Luftfahrzeug lfzg) {
  ...
  lfzg.Starten();
  ...
}
```

Da sowohl ein `Flugzeug`- als auch ein `Zeppelin`- oder `Hubschrauber`-Objekt über diese Methode verfügt, ist diese `TestProc` eine hinsichtlich der Luftfahrzeuge allgemein gehaltene Methode. Das erspart Ihnen, drei verschiedene Methoden `TestProc` zur Verfügung zu stellen. Denn genau das müssten Sie machen, gäbe es die implizite Konvertierung und Vererbung nicht. Zudem ist auch sichergestellt, dass die Methode `TestProc` bei einer späteren Erweiterung der Vererbungshierarchie, beispielsweise durch eine Klasse `Rakete`, auch mit einem Objekt vom Typ `Rakete` einwandfrei funktioniert.

4.3.2 Explizite Typumwandlung von Objektreferenzen

Wenn es erforderlich ist, können Sie auch eine Basisklassenreferenz in eine Subklassenreferenz konvertieren. Also:

```
Zeppelin zep = new Zeppelin();
Luftfahrzeug lfzg = zep;
...
Zeppelin flg = (Zeppelin)lfzg;
```

Bei der expliziten Typumwandlung gilt die folgende Regel:

```
Subklassenreferenz = (Zieldatentyp)Basisklassenreferenz
```

Den Zieldatentyp geben Sie in runden Klammern vor der umzuwandelnden Referenz an. Der Erfolg der Typumwandlung setzt allerdings voraus, dass vorher eine implizite Konvertierung des Subklassentyps in den Typ der Basisklasse stattgefunden hat. Die explizite Konvertierung ist demnach die Umkehrung der impliziten Konvertierung, die nur dann erfolgt, wenn sich die Ausgangs- und Zieldatentypen in einer Vererbungsbeziehung befinden.

Die explizite Konvertierung innerhalb einer Vererbungshierarchie auf horizontaler Ebene in einer Klassenhierarchie, beispielsweise eine Konvertierung vom Typ `Flugzeug` in den Typ `Hubschrauber`, ist nicht gestattet.

4.3.3 Typuntersuchung mit dem is-Operator

Manchmal ist es notwendig, den Typ festzustellen, der sich hinter einer Basisklassenreferenz verbirgt, beispielsweise dann, wenn in Abhängigkeit vom tatsächlichen Typ bestimmte Operationen ausgeführt werden sollen oder ein typspezifisches Member aufgerufen werden soll. Zur Lösung dieser Aufgabe bietet uns C# den `is`-Operator an.

Sehen wir uns dazu ein konkretes Beispiel an, und nehmen wir an, in der Methode `TestProc` soll in Abhängigkeit vom übergegebenen Typ entweder die Spannweite, das Gasvolumen oder der Rotordurchmesser ausgegeben werden. Wir müssen dann die Methode wie folgt ergänzen:

```
public void TestProc(Luftfahrzeug lfzg) {
  if (lfzg != null) {
    if (lfzg is Flugzeug)
      Console.WriteLine("Spannweite: ", ((Flugzeug)lfzg).Spannweite);
    else if (lfzg is Zeppelin)
      Console.WriteLine("Gasvolumen: ", ((Zeppelin)lfzg).Gasvolumen);
    else if (lfzg is Hubschrauber)
      Console.WriteLine("Rotor: ", ((Hubschrauber)lfzg).RotorDurchmesser);
    else
      Console.WriteLine("Unbekannter Typ.");
  }
}
```

In der Methode wird der Parameter `lfzg` drei Überprüfungen unterzogen. Dabei steht links vom `is`-Operator die zu überprüfende Referenz, rechts davon der Typ, auf den hin die Referenz geprüft werden soll. Der Vergleich liefert `true`, wenn der Ausdruck, also die Referenz, in den rechts von `is` stehenden Typ umgewandelt werden kann.

Da der Methodenaufruf auch dann richtig ist, wenn dem Parameter `null` übergeben wird, sollte der Parameter als Erstes mit

```
if (lfzg != null)
```

daraufhin untersucht werden, ob er auch tatsächlich ein konkretes Objekt beschreibt.

Beachten Sie im Codefragment auch die Konsolenausgabe, zum Beispiel:

```
((Flugzeug)lfzg).Spannweite
```

Der Ausdruck `(Flugzeug)lfzg` wurde in runde Klammern gesetzt, um eine Typkonvertierung vor dem Aufruf der Eigenschaft zu erzwingen. Der Grund dafür ist, dass der Punktoperator eine höhere Priorität besitzt als der Konvertierungsoperator. Nach der zusätzlichen Klammerung bezieht der Punktoperator dann seine Informationen aus dem Zieldatentyp der Umwandlung.

4.3.4 Typumwandlung mit dem as-Operator

Eine Referenz kann mit dem `()`-Konvertierungsoperator in einen anderen Typ konvertiert werden, wenn vorher eine implizite Konvertierung stattgefunden hat. Beispielsweise kann eine Instanz der Klasse `Luftfahrzeug` in den Typ `Flugzeug` konvertiert werden:

```
Flugzeug flg = (Flugzeug)lfzg;
```

C# bietet mit dem `as`-Operator noch eine weitere Konvertierungsvariante an:

```
Flugzeug flg = lfzg as Flugzeug;
```

Das Ergebnis ist dasselbe – wenn sich hinter der Referenz `lfzg` auch tatsächlich eine `Flugzeug`-Referenz verbirgt. Beide Möglichkeiten, also der Konvertierungs- und der `as`-Operator, verhalten sich aber unterschiedlich, wenn die Basisklassenreferenz keine `Flugzeug`-, sondern beispielsweise eine `Hubschrauber`-Referenz beschreibt:

- Die Typumwandlung mit dem Konvertierungsoperator löst eine Exception (Ausnahme) aus, wenn die Konvertierung scheitert.
- Der `as`-Operator liefert als Ergebnis `null`.

Der `as`-Operator bietet sich daher auch in einem `if`-Statement als Bedingung an:

```
if(lfzg as Flugzeug != null)
  ...
```

Beachten Sie, dass der as-Operator nur im Zusammenhang mit Referenztypen genutzt werden kann.

4.4 Polymorphie

In Abschnitt 4.2, »Der Problemfall geerbter Methoden«, haben Sie erfahren, dass die beiden Methoden Starten und Landen in der Klasse Luftfahrzeug unterschiedlich bereitgestellt werden können. Es ist nun an der Zeit, darauf einzugehen, welche weitergehenden Konsequenzen die drei verschiedenen Methodenimplementierungen in der Vererbungslinie haben.

Dazu schreiben wir in der Main-Methode zunächst Programmcode, mit dem abstrakt, virtuell und klassisch implementierte Methoden getestet werden sollen.

```
static void Main(string[] args) {
  Luftfahrzeug[] arr = new Luftfahrzeug[5];
  arr[0] = new Flugzeug();
  arr[1] = new Zeppelin();
  arr[2] = new Hubschrauber();
  arr[3] = new Hubschrauber();
  arr[4] = new Flugzeug();
  foreach(Luftfahrzeug temp in arr) {
    temp.Starten();
  }
  Console.ReadLine();
}
```

Zuerst wird ein Array vom Typ Luftfahrzeug deklariert. Jedes Array-Element ist also vom Typ Luftfahrzeug. Weil die Klassen Flugzeug, Hubschrauber und Zeppelin von diesem Typ abgeleitet sind, kann jedem Array-Element auch die Referenz auf ein Objekt vom Typ der drei Subklassen zugewiesen werden:

```
arr[0] = new Flugzeug();
arr[1] = new Zeppelin();
arr[2] = new Hubschrauber();
...
```

Danach wird innerhalb einer foreach-Schleife auf alle Array-Elemente die Methode Starten aufgerufen. Die Laufvariable ist vom Typ Luftfahrzeug, also vom Typ der Basisklasse. In der Schleife wird auf diese Referenz die Starten-Methode aufgerufen.

4.4.1 »Klassische« Methodenimplementierung

Wir wollen an dieser Stelle zunächst die klassische Methodenimplementierung in der Basisklasse testen. Die drei Subklassen sollen die geerbte Methode Starten mit dem Modifizierer new überdecken. Stellvertretend sei an dieser Stelle nur der für uns wesentliche Ausschnitt aus der Klasse Flugzeug angegeben:

```
public class Luftfahrzeug {

  public void Starten() {
    Console.WriteLine("Das Luftfahrzeug startet.");
  }
}

public class Flugzeug : Luftfahrzeug {

  public new void Starten() {
    Console.WriteLine("Das Flugzeug startet.");
  }
}
```

Starten wir die Anwendung, wird die Ausgabe im Konsolenfenster so lauten:

```
Das Luftfahrzeug startet.
Das Luftfahrzeug startet.
Das Luftfahrzeug startet.
Das Luftfahrzeug startet.
Das Luftfahrzeug startet.
```

Das Ergebnis ist zwar nicht spektakulär, hat aber weitreichende Konsequenzen. Wir müssen uns nämlich die Frage stellen, ob die Ausgabe das ist, was wir erreichen wollten. Vermutlich nicht, denn eigentlich sollte doch jeweils die klassenspezifische Methode Starten in der abgeleiteten Klasse ausgeführt werden.

Das ursächliche Problem ist das *statische Binden* des Methodenaufrufs an die Basisklasse. Statisches Binden heißt, dass die auszuführende Operation bereits zur Kompilierzeit festgelegt wird. Der Compiler stellt fest, von welchem Typ das Objekt ist, auf dem die Methode aufgerufen wird, und erzeugt den entsprechenden Code. Statisches Binden führt dazu, dass die Methode der Basisklasse aufgerufen wird, obwohl eigentlich die neue Methode in der abgeleiteten Klasse erforderlich wäre.

Das Beispiel macht deutlich, welchen Nebeneffekt das Überdecken einer Methode mit dem Modifizierer new haben kann: Der Compiler betrachtet das Objekt, als wäre es vom Typ der Basisklasse, und ruft die unter Umständen aus logischer Sicht sogar fehlerhafte Methode in der Basisklasse auf.

4.4.2 Abstrakte Methoden

Nun ändern wir den Programmcode in der Basisklasse Luftfahrzeug und stellen die Methode Starten als abstrakte Methode zur Verfügung. Die ableitenden Klassen erfüllen die Vertragsbedingung und überschreiben die geerbte Methode mit override. Am Testcode in Main nehmen wir keine Änderungen vor.

```
public abstract class Luftfahrzeug {
  public abstract void Starten();
}
public class Flugzeug : Luftfahrzeug {
  public override void Starten() {
    Console.WriteLine("Das Flugzeug startet.");
  }
}
```

Ein anschließender Start der Anwendung bringt ein ganz anderes Ergebnis, als im ersten Versuch:

```
Das Flugzeug startet.
Der Zeppelin startet.
Der Hubschrauber startet.
Der Hubschrauber startet.
Das Flugzeug startet.
```

Tatsächlich werden nun die typspezifischen Methoden aufgerufen.

Anscheinend ist die Laufvariable `temp` in der Lage, zu entscheiden, welche Methode anzuwenden ist. Dieses Verhalten unterscheidet sich gravierend von dem, was wir im Zusammenhang mit den mit `new` ausgestatteten, überdeckenden Methoden zuvor gesehen haben. Die Bindung des Methodenaufrufs kann nicht statisch sein, sie erfolgt dynamisch zur Laufzeit.

Die Fähigkeit, auf einer Basisklassenreferenz die typspezifische Methode aufzurufen, wird als *Polymorphie* bezeichnet, und sie ist neben der Kapselung und der Vererbung die dritte Stütze der objektorientierten Programmierung.

Polymorphie bezeichnet ein Konzept der Objektorientierung, das besagt, dass Objekte bei gleichen Methodenaufrufen unterschiedlich reagieren können. Dabei können Objekte verschiedener Typen unter einem gemeinsamen Oberbegriff (d. h. einer gemeinsamen Basis) betrachtet werden. Die Polymorphie sorgt dafür, dass der Methodenaufruf automatisch bei der richtigen, also typspezifischen Methode landet.

Polymorphie arbeitet mit dynamischer Bindung. Der Aufrufcode wird nicht zur Kompilierzeit erzeugt, sondern erst zur Laufzeit der Anwendung, wenn die konkreten Typinformationen vorliegen. Im Gegensatz dazu legt die statische Bindung die auszuführende Operation wie gezeigt bereits zur Kompilierzeit fest.

4.4.3 Virtuelle Methoden

Hinweis

Den Programmcode zu dem folgenden Abschnitt finden Sie auf der Buch-DVD unter *\Beispiele\Kapitel 4\Aircrafts*.

Überschreibt eine Methode eine geerbte abstrakte Methode, zeigt die überschreibende Methode ausnahmslos immer polymorphes Verhalten. Wird in einer Basisklasse eine Methode »klassisch« implementiert und in der Subklasse durch eine Neuimplementierung mit `new` verdeckt, kann die verdeckende Methode niemals polymorph sein.

Vielleicht erahnen Sie an dieser Stelle schon, wozu virtuelle Methoden dienen. Erinnern wir uns: Eine Methode gilt als virtuelle Methode, wenn sie in der Basisklasse voll implementiert und mit dem Modifizierer `virtual` signiert ist. Damit sieht die Klasse `Luftfahrzeug` wie folgt aus:

```
public class Luftfahrzeug {

  public virtual void Starten() {
    Console.WriteLine("Das Luftfahrzeug startet.");
  }

  public virtual void Landen() {
    Console.WriteLine("Das Luftfahrzeug landet.");
  }
}
```

Sie müssen eine virtuelle Methode als ein Angebot der Basisklasse an die Subklassen verstehen. Es ist das Angebot, die geerbte Methode entweder so zu erben, wie sie in der Basisklasse implementiert ist, sie bei Bedarf polymorph zu überschreiben oder eventuell auch einfach nur (nichtpolymorph) zu überdecken.

Polymorphes Überschreiben einer virtuellen Methode

Möchte die Subklasse die geerbte Methode neu implementieren und soll die Methode polymorphes Verhalten zeigen, muss die überschreibende Methode mit dem Modifizierer `override` signiert werden, z. B.:

```
public class Flugzeug : Luftfahrzeug {
  public override void Starten() {
    Console.WriteLine("Das Flugzeug startet.");
  }
}
```

Das Ergebnis des Aufrufs von `Starten` auf eine Basisklassenreferenz ist identisch mit dem Aufruf einer abstrakten Methode: Es wird die typspezifische Methode ausgeführt. An dieser Stelle lässt sich sofort schlussfolgern, dass der Modifizierer `override` grundsätzlich immer Polymorphie signalisiert.

Nichtpolymorphes Überdecken einer virtuellen Methode

Soll eine Subklasse eine geerbte virtuelle Methode nicht-polymorph überschreiben, kommt wiederum der Modifizierer `new` ins Spiel:

```
public class Flugzeug : Luftfahrzeug {
  public new void Starten() {
    Console.WriteLine("Das Flugzeug startet.");
  }
}
```

Die mit new neu implementierte virtuelle Methode zeigt kein polymorphes Verhalten, wenn wir die Testanwendung starten. Auch hier können wir unter Berücksichtigung des Verdeckens klassisch implementierter Methoden sagen, dass im Zusammenhang mit dem Modifizierer new niemals polymorphes Verhalten eintritt.

Weitergehende Betrachtungen

Es ist möglich, innerhalb einer Vererbungskette ein gemischtes Verhalten von Ausblendung und Überschreibung vorzusehen, wie das folgende Codefragment zeigt:

```
public class Luftfahrzeug {
  public virtual void Starten() { }
}
public class Flugzeug : Luftfahrzeug {
  public override void Starten () { }
}
public class Segelflugzeug : Flugzeug {
  public new void Starten() { }
}
```

Luftfahrzeug bietet die virtuelle Methode Starten an, und Flugzeug als Subklasse überschreibt diese mit override polymorph. Die nächste Ableitung in Segelflugzeug überdeckt Flugzeug jedoch nur noch mit new.

Wenn Sie nun nach der Zuweisung

```
Luftfahrzeug lfzg = new Segelflugzeug();
```

auf der Referenz lfzg die Methode Starten aufrufen, wird die Methode Starten in Flugzeug ausgeführt, da diese die aus Luftfahrzeug geerbte Methode polymorph überschreibt. Starten zeigt aber in der Klasse Segelflugzeug wegen des Modifikators new kein polymorphes Verhalten mehr.

Es ist hingegen nicht möglich, eine mit new überdeckende Methode durch override zu überschreiben, wie das folgende Codefragment zeigt:

```
// fehlerbehaftetes Überschreiben
public class Flugzeug : Luftfahrzeug {
  public new void Starten() { }
}
```

```
public class Segelflugzeug : Flugzeug {
  public override void Starten () { }
}
```

Ein einmal verloren gegangenes polymorphes Verhalten kann nicht mehr reaktiviert werden.

Zusammenfassende Anmerkungen

Um polymorphes Verhalten einer Methode zu ermöglichen, muss sie in der Basisklasse als `virtual` definiert sein. Virtuelle Methoden haben immer einen Anweisungsblock und stellen ein Angebot an die Subklassen dar: Entweder wird die Methode einfach nur geerbt, oder sie wird in der ableitenden Klasse neu implementiert. Zur Umsetzung des zuletzt angeführten Falls gibt es wiederum zwei Möglichkeiten:

- Wird in der abgeleiteten Klasse die geerbte Methode mit dem Schlüsselwort `override` implementiert, wird die ursprüngliche Methode überschrieben – die abgeleitete Klasse akzeptiert das Angebot der Basisklasse. Ein Aufruf an eine Referenz der Basisklasse wird polymorph an den sich tatsächlich dahinter verbergenden Typ weitergeleitet.
- In der abgeleiteten Klasse kann eine virtuelle Methode auch mit dem Modifizierer `new` ausgeblendet werden. Dann verdeckt die Methode in der Subklasse die geerbte Implementierung der Basisklasse und zeigt kein polymorphes Verhalten.

Eine statische Methode kann nicht virtuell sein. Ebenso ist eine Kombination des Schlüsselworts `virtual` mit `abstract` oder `override` nicht zulässig. Hinter der Definition einer virtuellen Methode verbirgt sich die Absicht, polymorphes Verhalten zu ermöglichen. Daher macht es auch keinen Sinn, ein privates Klassenmitglied als `virtual` zu deklarieren – es kommt zu einem Kompilierfehler. `new` und `override` dürfen nicht für dasselbe Member verwendet werden, sie schließen sich gegenseitig aus.

Tipp

Wenn Sie eine ableitbare Klasse entwickeln, sollten Sie grundsätzlich immer an die Subklassen denken. Polymorphie gehört zu den Fundamenten des objektorientierten Ansatzes. Methoden, die in abgeleiteten Klassen neu implementiert werden müssen, werden vermutlich immer polymorph überschrieben. Vergessen Sie daher die Angabe des Modifizierers `virtual` in keiner Methode – es sei denn, Sie haben handfeste Gründe dafür, polymorphe Aufrufe bereits im Ansatz zu unterbinden.

Die Methode »ToString()« der Klasse »Object« überschreiben

Die Klasse `Object` ist die Basis aller .NET-Typen und vererbt jeder Klasse eine Reihe elementarer Methoden. Dazu gehört auch `ToString`. Diese Methode ist als virtuelle Methode definiert und ermöglicht daher polymorphes Überschreiben. `ToString` liefert per Vorgabe den kompletten Typbezeichner des aktuellen Objekts als Zeichenfolge an den Aufrufer zurück, wird aber von vielen Klassen des .NET Frameworks überschrieben. Aufgerufen auf einen `int`, liefert `ToString` beispielsweise den von der `int`-Variablen beschriebenen Wert.

Wir wollen das Angebot der Methode `ToString` wahrnehmen und sie in der Klasse `Circle` ebenfalls polymorph überschreiben. Der Aufruf der Methode soll dem Aufrufer typspezifische Angaben liefern.

```
public class Circle {
  ...
  public override string ToString() {
    return "Circle, R=" + Radius + ",Fläche=" + GetArea();
  }
}
```

4.4.4 Versiegelte Methoden

Standardmäßig können alle Klassen abgeleitet werden. Ist dieses Verhalten für eine bestimmte Klasse nicht gewünscht, kann sie mit `sealed` versiegelt werden. Sie ist dann nicht weiter ableitbar. In ähnlicher Weise können Sie auch dem weiteren Überschreiben einer Methode einen Riegel vorschieben, indem Sie die Definition der Methode um den Modifizierer `sealed` ergänzen:

```
class Flugzeug : Luftfahrzeug {
  public sealed override void Starten() {
    Console.WriteLine("Das Flugzeug startet");
  }
}
```

Eine von `Flugzeug` abgeleitete Klasse erbt zwar die versiegelte Methode `Starten`, kann sie aber selbst nicht mit `override` überschreiben. Es ist jedoch möglich, in einer weiter abgeleiteten Klasse eine geerbte, versiegelte Methode mit `new` zu überdecken, um eine typspezifische Anpassung vornehmen zu können.

Der Modifizierer `sealed` kann nur zusammen mit `override` in einer Methodensignatur einer abgeleiteten Klasse verwendet werden, wenn die Methode in der Basisklasse als virtuelle Methode bereitgestellt wird. Die Kombination `sealed new` ist unzulässig, ebenso das alleinige Verwenden von `sealed` in der Methodensignatur.

4.4.5 Überladen einer Basisklassenmethode

Oft ist es notwendig, die von einer Basisklasse geerbten Methoden in der Subklasse zu überladen, um ein Objekt vom Typ der Subklasse an speziellere Anforderungen anzupassen. Von einer *Methodenüberladung* wird bekanntlich dann gesprochen, wenn sich zwei gleichnamige Methoden einer Klasse nur durch ihre Parameterliste unterscheiden. Derselbe Begriff wird verwendet, wenn eine geerbte Methode in der Subklasse nach den Regeln der Methodenüberladung ergänzt werden muss.

Im folgenden Beispiel sehen Sie noch einmal die Klasse Flugzeug, die eine Methode namens Fliegen veröffentlicht:

```
public class Flugzeug {

  public virtual void Fliegen() {
    ..
  }
}
```

Die Klasse Segelflugzeug beerbt Flugzeug, implementiert allerdings eine von der geerbten Methode Fliegen abweichende Parameterliste und überlädt diese:

```
public class Segelflugzeug : Flugzeug {

  public void Fliegen(double distance) {
    ...
  }
}
```

Wird mit

```
Segelflugzeug glider = new Segelflugzeug();
```

ein Objekt vom Typ der abgeleiteten Klasse erzeugt, kann auf dessen Referenz mit zwei Methoden operiert werden, z. B. so:

```
glider.Fliegen();
glider.Fliegen(300);
```

4.4.6 Statische Member und Vererbung

Statische Member werden an die abgeleiteten Klassen vererbt. Eine statische Methode kann man auf die Klasse anwenden, in der die Methode definiert ist, oder auf die Angabe der abgeleiteten Klasse. Bezogen auf das Projekt GeometricObjects, können Sie demnach die statische Methode Bigger entweder mit

```
Circle.Bigger(kreis1, kreis2);
```

oder mit

```
GraphicCircle.Bigger(kreis1, kreis2);
```

aufrufen. Dabei sind kreis1 und kreis2 Objekte vom Typ Circle.

Unzulässig ist die Definition einer statischen Methode mit virtual, override oder abstract. Wollen Sie dennoch eine geerbte statische Methode in der abgeleiteten Klasse neu implementieren, können Sie die geerbte Methode mit einer Neuimplementierung verdecken, die den Modifizierer new aufweist.

4.5 Das Projekt »GeometricObjectsSolution« ergänzen

Wir wollen uns nun noch einmal dem von uns immer weiter entwickelten Beispielprojekt `GeometricObjects` zuwenden. Wir werden den Entwurf zuerst um zwei weitere Klassen, nämlich um `Rectangle` und `GraphicRectangle`, ergänzen und uns dabei die in diesem Kapitel gewonnenen Kenntnisse zunutze machen. Die Klasse `Rectangle` soll ein Rechteck beschreiben, und die Klasse `GraphicRectangle` soll eine Operation bereitstellen, um ein `Rectangle`-Objekt in einer grafikfähigen Komponente darzustellen – analog zur Klasse `GraphicCircle`.

Ebenso wie ein `Circle`-Objekt soll auch ein `Rectangle`-Objekt seine Lage beschreiben. Um bei der üblichen Konvention grafischer Benutzeroberflächen zu bleiben, soll es sich dabei um den oberen linken Punkt des Rechtecks handeln. Die Größe eines Rechtecks wird durch seine Breite und Länge definiert. Außerdem sind Methoden vorzusehen, um Umfang und Fläche zu berechnen und zwei `Rectangle`-Objekte zu vergleichen

Hinweis

Auf der Buch-DVD finden Sie die beiden neuen Klassen im Projekt *Beispiele\Kapitel 4\GeometricObjectsSolution_1*.

Es ist deutlich zu erkennen, dass sich die Klassen `Rectangle` und `Circle` ähneln. Dies spricht dafür, den beiden Klassen eine Basisklasse vorzuschalten, die die gemeinsamen Merkmale eines Kreises und eines Rechtecks beschreibt: Wir werden diese Klasse im Folgenden `GeometricObject` nennen.

Ein weiteres Argument für diese Lösung ist die sich daraus ergebende Gleichnamigkeit der gemeinsamen Merkmale: Es werden dann die Methoden, die ihren Fähigkeiten nach Gleiches leisten, unabhängig vom Typ des zugrunde liegenden Objekts in gleicher Weise aufgerufen. Einerseits lässt sich dadurch die abstrahierte Artverwandtschaft der beiden geometrischen Objekte Kreis und Rechteck verdeutlichen, andererseits wird die Benutzung der Klassen wesentlich vereinfacht, da nicht zwei unterschiedliche Methodennamen dasselbe Leistungsmerkmal beschreiben. Nach diesen ersten Überlegungen soll nun die Klasse `GeometricObject` implementiert werden.

Die Klasse »GeometricObject«

Vergleichen wir jetzt Schritt für Schritt die einzelnen Klassenmitglieder von `Circle` und `Rectangle`, um daraus ein einheitliches Konzept für den Entwurf des Oberbegriffs `GeometricObject` zu formulieren.

Instanzvariablen und Eigenschaftsmethoden

Die Lage eines `Circle`- und `Rectangle`-Objekts wird durch `XCoordinate` und `YCoordinate` beschrieben. Es bietet sich an, diese beiden Eigenschaften in die gemeinsame Basisklasse auszulagern.

```
// Felder
public int XCoordinate { get; set; }
public int YCoordinate { get; set; }
```

Konstruktoren

Da sich Konstruktoren nicht an die abgeleiteten Klassen vererben, bleiben die Erstellungsroutinen in `Circle` und `Rectangle` unverändert. Ein eigener Konstruktor in `GeometricObject` ist nicht notwendig, weder der parameterlose noch ein parametrisierter.

Instanzmethoden

Widmen wir uns zunächst den Methoden `GetArea` und `GetCircumference`. Wir wollen die Methoden zur Flächen- und Umfangsberechnung in jeder Subklasse garantieren, aber die Implementierung unterscheidet sich abhängig vom geometrischen Objekttyp grundlegend. `GetArea` und `GetCircumference` können in `GeometricObject` deklariert werden, müssen aber abstrakt sein. Infolgedessen muss auch `GeometricObject` als `abstract` gekennzeichnet werden.

```
public abstract double GetArea();
```

```
public abstract double GetCircumference();
```

Ein Vergleich hinsichtlich der Instanzmethoden beider Klassen führt zu der Erkenntnis, dass beide die gleichnamige überladene Methode `Bigger` veröffentlichen, die zwei Objekte miteinander vergleicht und einen Integer als Rückgabewert liefert.

Aus logischer Sicht leistet diese Methode sowohl in `Circle` als auch in `Rectangle` dasselbe und unterscheidet sich nur im Parametertyp: Die `Bigger`-Methode in der `Circle`-Klasse nimmt die Referenz auf ein `Circle`-Objekt entgegen, und in der Klasse `Rectangle` nimmt sie die Referenz auf ein `Rectangle`-Objekt entgegen. Wir können uns den Umstand zunutze machen, dass sowohl die `Circle`- als auch die `Rectangle`-Klasse aus derselben Basisklasse abgeleitet werden, und müssen dazu nur den Typ des Parameters und der Rückgabe entsprechend in `GeometricObject` ändern. Als Nebeneffekt beschert uns diese Verallgemeinerung, dass wir nun in der Lage sind, die Flächen von zwei verschiedenen Typen zu vergleichen, denn nun kann die `Bigger`-Methode auf einer `Circle`-Referenz aufgerufen und als Argument die Referenz auf ein `Rectangle`-Objekt übergeben werden.

```
public virtual int Bigger(GeometricObject rect) {
  if (GetArea() < rect.GetArea())
    return -1;
  else if (GetArea() == rect.GetArea())
    return 0;
  else
    return 1;
}
```

In der Methode wird zum Vergleich die Methode GetArea herangezogen. Da wir sie als abstrakte Methode in der Basisklasse deklariert haben, erfolgt der Aufruf polymorph. Zudem sollten wir Bigger auch als virtuelle Methode bereitstellen. Damit ermöglichen wir den Subklassen, eine unter Umständen andere Implementierung unter Gewährleistung der Polymorphie zu codieren.

Die zweifach parametrisierte Methode MoveXY kann ebenfalls in GeometricObject implementiert werden, während die Überladung (in Circle mit drei und in Rectangle mit vier Parametern) kein Kandidat ist. Auch diese Methode wird mit dem Modifizierer virtual signiert.

```
public virtual void MoveXY(int dx, int dy) {
  XCoordinate += dx;
  YCoordinate += dy;
}
```

Die Klassenmethoden

Die Argumentation, die uns dazu brachte, die Instanzmethode Bigger in der Basisklasse zu codieren, gilt auch bei der gleichnamigen Klassenmethode. Wir müssen jeweils nur den Typ des Parameters ändern.

```
public static int Bigger(GeometricObject geoObj1, GeometricObject geoObj2) {
  if (geoObj1.GetArea() < geoObj2.GetArea())
    return -1;
  else if (geoObj1.GetArea() == geoObj2.GetArea())
    return 0;
  else
    return 1;
}
```

Der Objektzähler

Aus den allgemeinen Betrachtungen der objektorientierten Programmierung fällt der Objektzähler grundsätzlich zunächst einmal heraus. Hier hängt es von den Anforderungen an die Anwendung ab, ob ein gemeinsamer Objektzähler für alle geometrischen Objekte den Forderungen genügt oder ob Circle- und Rectangle-Objekte separat gezählt werden sollen. Darüber hinaus könnte man sich auch vorstellen, beide denkbaren Zählervarianten bereitzustellen. So wird es auch im Beispielcode gelöst.

Um einen gemeinsamen Objektzähler in GeometricObject zu realisieren, muss der Klasse ein Konstruktor hinzugefügt werden, der für die Aktualisierung des Zählers sorgt. Hier kommt uns zugute, dass bei der Instanziierung einer abgeleiteten Klasse die Konstruktorverkettung dafür sorgt, dass der Konstruktor der Basisklasse aufgerufen wird.

```
public abstract class GeometricObject {
  // statisches Feld
  private static int _CountGeometricObjects;
  public static int CountGeometricObjects {
    get { return _CountGeometricObjects; }
  }
  // Konstruktor
  protected GeometricObject()
  {
    _CountGeometricObjects++;
  }
  ...
}
```

Änderungen in den Klassen »Circle« und »Rectangle«

Zum Schluss sollten wir auch noch einen Blick in die Klassen `Circle` und `Rectangle` werfen. Nach den entsprechenden Änderungen aufgrund der Ableitung von `GeometricObject` sollten wir in `Circle` die Eigenschaftsmethode `Radius` und die Überladung von `MoveXY` noch als `virtual` kennzeichnen. Analog wird auch in `Rectangle` mit `Width`, `Length` und der Überladung von `MoveXY` verfahren.

Hinweis

Sie finden die vollständige Zusammenfassung des Codes zu diesem Beispiel auf der Buch-CD unter *Beispiele\Kapitel 4\GeometricObjectsSolution_2*.

4.6 Hat-ein(e)-Beziehungen

Eine Ist-ein(e)-Beziehung wird durch eine Vererbungsbeziehung geprägt. Ein Objekt vom Typ einer abgeleiteten Klasse ist gleichzeitig auch immer vom Typ der Basisklasse. Die daraus resultierenden Konsequenzen haben wir in den letzten Abschnitten ausgiebig diskutiert. Die ziemlich abstrakt anmutende Denkweise der Vererbung lässt sich aber recht gut auf die reale Welt abbilden. Allerdings können wir damit nicht alle Forderungen abdecken. Stellen Sie sich beispielsweise nur vor, Sie müssten die Klasse eines Motorflugzeugs modellieren. Die Klasse `Flugzeug` könnte die Zustandsdaten bereitstellen (beispielsweise die `Spannweite`), die in einem Konstruktor initialisiert werden, z. B. so:

```
public class Flugzeug {
  private double spannweite;

  public Flugzeug(double Spannweite) {
    spannweite = Spannweite;
```

```
  }
  // weiterer Klassencode
}
```

Da es sich um die Beschreibung eines Motorflugzeugs handelt, sollten wir auch noch die Klasse `Triebwerk` bereitstellen. Die Daten eines Triebwerks werden im Konstruktor initialisiert, außerdem enthält der Entwurf zwei Methoden, mit denen das Triebwerk angelassen und abgeschaltet werden kann.

```
public class Triebwerk {
  private int leistung;
  private double gewicht;

  public Triebwerk(int leistung, double gewicht) {
    this.leistung = leistung;
    this.gewicht = gewicht;
  }

  // Triebwerk starten
  public void StartEngine() {
    Console.WriteLine("Das Triebwerk wird gestartet");
  }

  // Triebwerk ausschalten
  public void StopEngine() {
    Console.WriteLine("Das Triebwerk wird abgeschaltet");
  }
}
```

In der realen Welt stehen Objekte dieser beiden Klassen miteinander in einer Beziehung, die nicht durch eine Vererbungslinie abgebildet werden kann. Denken Sie daran, dass die Implementierungsvererbung eine Beziehung zwischen Typen beschreibt, die als *Ist-ein(e)-Beziehung* bezeichnet wird. Dass ein Flugzeug aber kein Triebwerk ist oder umgekehrt ein Triebwerk kein Flugzeug, leuchtet ein.

Um die beiden miteinander in einer unzertrennlichen Beziehung stehenden Typen `Flugzeug` und `Triebwerk` zu beschreiben, müsste man sagen, dass ein Flugzeug ein Triebwerk *hat*. Der vorliegende Sachverhalt einer *Hat-ein(e)-Beziehung* wird auch im objektorientierten Sprachgebrauch zum Ausdruck gebracht. Ein Flugzeug hat ein Triebwerk, folgerichtig muss die Klassendefinition `Flugzeug` eine Eigenschaft vom Typ `Triebwerk` haben. Die Klasse `Flugzeug` kann mit dieser Überlegung folgendermaßen verbessert werden:

```
public class Flugzeug {
  private Triebwerk motor;
  ...
}
```

In der übergeordneten Klasse Flugzeug ist das untergeordnete Objekt vom Typ Triebwerk als private deklariert. Diese Kapselung entspricht den Paradigmen der objektorientierten Programmierung, wirft jedoch auch sofort die Frage auf, wie ein Objekt vom Typ Triebwerk instanziiert und später gestartet bzw. ausgeschaltet werden kann.

Um bei der Instanziierung eines Flugzeugobjekts sofort eine gültige Referenz auf ein Triebwerksobjekt zu erhalten, eignet sich der Konstruktor der Klasse Flugzeug, in dem die Klasse Triebwerk instanziiert und mit den notwendigen Initialisierungsdaten versorgt wird:

```
public class Flugzeug {
  private Triebwerk motor;
  ...
  // aktualisierter Konstruktor der Klasse Flugzeug
  public Flugzeug(double spannweite, int leistung,
                  double gewicht) {
    this.spannweite = spannweite;
    motor = new Triebwerk(leistung, gewicht);
  }
  // weiterer Klassencode
}
```

Nun beschreibt ein Objekt vom Typ Flugzeug ein ganz bestimmtes Objekt vom Typ Triebwerk – das Triebwerk ist dem Flugzeug eindeutig zugeordnet. Was bleibt, ist das Starten und Ausschalten des Triebwerks. Dazu bieten sich zwei Alternativen an:

- Die Definition einer Eigenschaft, die die Referenz auf das Triebwerk zurückliefert. Auf dieser Referenz können anschließend die triebwerksspezifischen Methoden StartEngine und StopEngine aufgerufen werden.
- Die Definition einer Methode in der Klasse Flugzeug, die den Methodenaufruf an das untergeordnete Triebwerksobjekt weiterleitet.

Weiterleitung einer internen Objektreferenz

Sehen wir uns zuerst die Realisierung mittels einer Eigenschaftsmethode an, die die Referenz auf das Triebwerksobjekt an den Aufrufer weiterleitet. Auf den set-Accessor kann verzichtet werden, weil das Triebwerksobjekt bereits im Konstruktor erzeugt wird:

```
public class Flugzeug {
  private Triebwerk motor;

  public Triebwerk Motor {
    get {return motor;}
  }
  // weiterer Klassencode
}
```

Sehen wir uns den Programmcode zusammengefasst an:

```
// ---------------------------------------------------------------------
// Beispiel: ...\Kapitel 4\HatEineBeziehung_1
// ---------------------------------------------------------------------
class Program {

  static void Main(string[] args) {
    Flugzeug myCessna = new Flugzeug(8, 150, 300);
    myCessna.Motor.StartEngine();
    myCessna.Motor.StopEngine();
    Console.ReadLine();
  }
}

public class Flugzeug {
  private double spannweite;
  private Triebwerk motor;
  public Flugzeug(double spannweite, int leistung, double gewicht) {
    this.spannweite = spannweite;
    motor = new Triebwerk(leistung, gewicht);
  }
  public Triebwerk Motor {
    get {return motor;}
  }
}

public class Triebwerk {
  private int leistung;
  private double gewicht;
  public Triebwerk(int leistung, double gewicht) {
    this.leistung = leistung;
    this.gewicht = gewicht;
  }

  public void StartEngine() {
    Console.WriteLine("Das Triebwerk wird gestartet");
  }

  public void StopEngine() {
    Console.WriteLine("Das Triebwerk wird abgeschaltet");
  }
}
```

Der Benutzer besorgt sich nach der Instanziierung der Klasse `Flugzeug` die Referenz auf das interne Triebwerksobjekt und kann darauf die beiden Methoden `StartEngine` und `StopEngine` aufrufen:

```
Flugzeug myCessna = new Flugzeug(8, 150, 300);
myCessna.Motor.StartEngine();
...
myCessna.Motor.StopEngine();
```

Der Teilausdruck

```
myCessna.Motor
```

liefert die Referenz auf das Triebwerk, über die mit der üblichen Punktnotation auf alle Klassenmitglieder des internen Objekts zugegriffen werden kann. Festzustellen ist, dass dem Aufrufer nicht verborgen bleibt, dass ein zweites, internes Objekt der übergeordneten Klasse seine Dienste bereitstellt.

Verbergen des internen Objekts

Betrachten wir nun die zweite Alternative. In der Klasse `Flugzeug` sind dazu zwei Methoden definiert: die erste, um das Triebwerk einzuschalten, und die zweite, um es wieder auszuschalten. Der Aufruf wird in den Methoden an das interne Triebwerksobjekt weitergeleitet.

```
public class Flugzeug {
  private Triebwerk motor;
  ...
  public void StartMotor() {
    motor.StartEngine();
  }
  public void StopMotor() {
    motor.StopEngine();
  }
}
```

Der Aufruf einer der beiden Instanzmethoden `StartMotor` oder `StopMotor` des `Flugzeug`-Objekts bewirkt, dass das Triebwerk das gewünschte Verhalten zeigt: Es wird angelassen oder abgeschaltet. Anders als bei der Weiterleitung der internen Objektreferenz bemerkt der Aufrufer nicht, dass das `Flugzeug`-Objekt sich hinterlistig der Funktionalität einer zweiten Klasse bedient. Wenn wir voraussetzen, dass die Codeimplementierung der beiden Methoden in der untergeordneten Klasse `Triebwerk` möglicherweise sehr komplex ist, gaukelt diese Lösung dem Aufrufer Intelligenz vor und verbirgt dabei den tatsächlichen Dienstanbieter – ganz im Gegensatz zu der zuerst vorgestellten Variante.

Fassen wir an dieser Stelle den Programmcode wieder zusammen:

```
// ---------------------------------------------------------------
// Beispiel: ...\Kapitel 4\HatEineBeziehung_2
// ---------------------------------------------------------------
```

```
class Program {
  static void Main(string[] args) {
    Flugzeug myPiper = new Flugzeug(9, 180, 250);
    myPiper.StartMotor();
    myPiper.StopMotor();
    Console.ReadLine();
  }
}

// ---------- Klasse Flugzeug ----------
class Flugzeug {
  private double spannweite;
  private Triebwerk motor;

  public Flugzeug(double Spannweite, int Leistung,
                  double Gewicht) {
    spannweite = Spannweite;
    motor = new Triebwerk(Leistung, Gewicht);
  }

  public void StartMotor() {
    motor.StartEngine();
  }

  public void StopMotor() {
    motor.StopEngine();
  }
}

// --------- Klasse Triebwerk ----------
public class Triebwerk {
  private int leistung;
  private double gewicht;

  public Triebwerk(int Leistung, double Gewicht) {
    leistung = Leistung;
    gewicht = Gewicht;
  }

  public void StartEngine() {
    Console.WriteLine("Der Motor wird gestartet");
  }

  public void StopEngine() {
    Console.WriteLine("Der Motor wird abgeschaltet");
  }
}
```

4.6.1 Innere Klassen (Nested Classes)

Es gibt noch eine andere Möglichkeit, *Hat-ein(e)-Beziehungen* zu realisieren. Dazu wird im Gültigkeitsbereich einer Klasse eine weitere Klasse definiert:

```
public class ClassA {
  public class ClassB {
    // Code der Klasse ClassB
  }
  // Code der Klasse ClassA
}
```

Eine Klasse, die innerhalb einer anderen Klasse definiert ist, wird als *innere Klasse* bezeichnet. Im Codefragment ist das die Definition der Klasse `ClassB` in `ClassA`. Die Verwendung innerer Klassen ist eine bequeme Möglichkeit zur Bereitstellung untergeordneter Objekte und wird benutzt, wenn ein Typ einem anderen Typ logisch zugeordnet werden kann.

Rufen Sie sich noch einmal das Beispiel des Flugzeugs und des Triebwerks in Erinnerung, deren Klassen wir weiter oben folgendermaßen definiert hatten:

```
class Flugzeug {/*...*/}

class Triebwerk {/*...*/}
```

Ein Triebwerk ist eine Bauteilkomponente eines Flugzeugs. Wenn kein Zwang dazu besteht, ein Triebwerk auch als separates Objekt einer Betrachtung zu unterziehen, wäre es überlegenswert, die Definition `Triebwerk` in der Definition `Flugzeug` einzuschließen:

```
public class Flugzeug {
  public class Triebwerk {
    ...
  }
}
```

Ein Objekt vom Typ `Triebwerk` ist jetzt abhängig von einem Objekt des Typs `Flugzeug` und kann nur im Kontext der äußeren Klasse, hier also von `Flugzeug`, benutzt werden.

Ist die innere Klasse als `public` deklariert, muss bei der Instanziierung immer der Typ der äußeren Klasse angegeben werden.

```
Flugzeug.Triebwerk turbine = new Flugzeug.Triebwerk(545, 320);
```

Die eindeutige Zugehörigkeit eines `Triebwerk`-Objekts zu einem Flugzeug zeigt sich erst, wenn das `Flugzeug`-Objekt ein ihm zugeordnetes Triebwerk hat. Dazu wird im Konstruktor der äußeren Klasse die innere Klasse instanziiert und die Referenz in einer gekapselten Variablen vorgehalten.

```
public class Flugzeug {
  private Triebwerk turbine;

  public Flugzeug() {
    turbine = new Triebwerk();
  }

  public class Triebwerk {/*...*/}
}
```

Festhalten können wir, dass sich im Vergleich zu zwei separaten Klassendefinitionen, wie wir sie anfangs hatten, nicht viel geändert hat. Interessant wird es, wenn die innere Klasse als `private` deklariert wird:

```
public class Flugzeug {
  ...
  private class Triebwerk {/*...*/}
}
```

Die Klasse `Triebwerk` ist nun ein eindeutig einem `Flugzeug`-Objekt zugeordnetes Element. Kein anderer Code, außer dem Code in der äußeren Klasse, hat Zugriff auf den inneren Typ.

Doch wie kann ein Aufrufer ein Triebwerk starten, wenn der Typ `Triebwerk` für ihn völlig unsichtbar bleibt und er deshalb nicht die klassenspezifischen Methoden aufrufen kann? Die Lösung führt wieder über Methoden, die in der äußeren Klasse `Flugzeug` definiert sind:

```
public class Flugzeug {
  private Triebwerk motor = new Triebwerk(200, 56);
  ...
  public void TurbineStarten() {
    motor.StartEngine();
  }

  // innere Klasse
  private class Triebwerk {
    ...
     public void StartEngine() {
       Console.WriteLine("Die Turbine wird gestartet");
     }
  }
}
```

Weil die Klasse `Triebwerk` jetzt als `private` deklariert ist, hat sie eine Sichtbarkeit wie jede andere private Entität der äußeren `Flugzeug`-Klasse.

Ein `Flugzeug`-Objekt kann die innere, private Klasse instanziieren. Der resultierende Verweis wird in der Methode `TurbineStarten` zum Aufruf der Methode `StartEngine` benutzt.

Obwohl der Aufrufer nichts von der Existenz der Klasse `Triebwerk` weiß, wird er Nutzen aus dieser Klasse ziehen können und die Reaktion auf den Aufruf zu spüren bekommen – und sei es nur die Ausgabe im Konsolenfenster.

Gegenseitige Abhängigkeit von äußerer und innerer Klasse

Wir wollen jetzt unsere Überlegungen hinsichtlich der Abhängigkeit der beiden Klassen `Flugzeug` und `Triebwerk` auf die Spitze treiben. Wenn wir es ganz streng sehen, müssen wir feststellen, dass ein Flugzeug ein Triebwerk besitzt und ein Triebwerk auch in einem ganz bestimmten Flugzeug eingebaut ist. Deklarieren wir die innere Klasse `Triebwerk` als `public` und instanziieren sie mit

```
Flugzeug.Triebwerk turbine = new Flugzeug.Triebwerk(545, 320);
```

fehlt dem Triebwerk die Information darüber, in welchem Flugzeug es eingebaut ist.

Um eine eindeutige Zuordnung zu gewährleisten, übergeben wir dem Konstruktoraufruf des `Triebwerk`-Objekts die Referenz auf das `Flugzeug`-Objekt, dem das Triebwerk zugeordnet wird. Diese wird in einem privaten Feld `flugzeug` der Klasse `Triebwerk` gespeichert.

Sehen wir uns nun die Klassendefinition von `Flugzeug` an, die sich auf das Wesentlichste beschränkt. Damit wir uns später im Testcode vom Erfolg überzeugen können, wird ein Flugzeug durch einen Namen beschrieben, der dem Konstruktor der Klasse `Flugzeug` bei der Instanziierung übergeben wird. Außerdem wird die Eigenschaft `Motor` mit der Rückgabe der Referenz auf das `Triebwerk`-Objekt angeboten, über die ein Benutzer Zugriff auf die Methoden des Triebwerks hat.

```
// ---------------------------------------------------------
// Beispiel: ...Kapitel 4\InnereKlassen
// ---------------------------------------------------------
public class Flugzeug {
  private Triebwerk motor;
  private string name;

  public Flugzeug(string bezeichnung)   {
    motor = new Triebwerk(this);
    this.name = bezeichnung;
  }

  public Triebwerk Motor {
    get {return this.motor;}
  }

  public void Starten() {
    Console.WriteLine("Das Flugzeug {0} startet", this.name);
  }
```

```
  // ----------- innere Klasse Triebwerk ---------------
  public class Triebwerk {
    private Flugzeug flugzeug;

    public Triebwerk(Flugzeug flg) {
      this.flugzeug = flg;
      this.flugzeug.motor = this;
    }

    public void StartEngine() {
      Console.WriteLine("Das Triebwerk wird gestartet");
    }
  }
}
```

Wir können nun die Klasse `Flugzeug` instanziieren und die Eigenschaft `Motor` aufrufen, die ihrerseits die Referenz auf das dem Flugzeug zugeordnete Triebwerk liefert. Damit können wir das Triebwerk starten:

```
Flugzeug flg = new Flugzeug("Piper");
flg.Motor.StartEngine();
```

Wir haben auch die Möglichkeit, die innere Klasse `Triebwerk` zu instanziieren. Dabei müssen wir dem Konstruktor die Referenz auf ein konkretes `Flugzeug`-Objekt übergeben:

```
Flugzeug flg = new Flugzeug("Piper");
Flugzeug.Triebwerk trb = new Flugzeug.Triebwerk(flg);
```

Grundsätzlich birgt dieser Aufruf die Gefahr der Inkonsistenz, denn wir erzeugen ein neues Triebwerk auf Basis des konkreten Flugzeugs `flg`. Dieses `Flugzeug`-Objekt ist aber bereits im Besitz eines Triebwerks, das im Konstruktor erzeugt worden ist und dessen Referenz im Feld `motor` vorgehalten wird. Wir müssen dem `Flugzeug`-Objekt mitteilen, dass das erste Triebwerk »ausgetauscht« und durch ein neues ersetzt wird. Um dem Flugzeug die Existenz des neuen Triebwerks mitzuteilen, enthält der Konstruktor der Klasse `Triebwerk` folgende Anweisung:

```
this.flugzeug.motor = this;
```

Nun ist der Kreis vollständig geschlossen. Jedes Triebwerk ist unzweifelhaft einem bestimmten Flugzeug zugeordnet, und jedes Flugzeug hat auch nur ein bestimmtes Triebwerk.

Zugriffsmodifizierer einer inneren Klasse

Wie Sie oben gesehen haben, unterscheidet sich eine öffentlich (als `public` oder als `internal`) deklarierte innere Klasse nicht wesentlich von einer separaten Klassendefinition. Ein Benutzer sieht die innere Klasse und kann sie instanziieren. Das Konzept der verschachtelten Klassen, nämlich die konkrete Zugehörigkeit zu einem Objekt der umschließenden Klasse, wird dadurch aufgeweicht.

Ganz anders verhält sich eine als `private` deklarierte innere Klasse. Die Sichtbarkeit ist nur auf das umschließende äußere Objekt begrenzt, und die Bindung ist eindeutig und kann nicht aufgebrochen werden. Erst jetzt kann der Verbund zwischen dem vom Aufrufer erkennbaren Objekt und seinem zugeordneten Teilobjekt die konzeptuellen Stärken voll ausspielen.

Ist die umschließende äußere Klasse nicht als `sealed` definiert, kann von ihr abgeleitet werden. Normalerweise dürfte die Subklasse gleichermaßen Interesse an einem Objekt der eingebetteten Klasse haben. Weil sich als `private` deklarierte Komponenten jedoch der Sichtbarkeit der Subklasse entziehen, sollte die eingebettete Klasse in einer ableitbaren äußeren Klasse immer als `protected` deklariert sein.

4.7 Interfaces (Schnittstellen)

Das Konzept der Schnittstellen ist am einfachsten zu verstehen, wenn man sich deutlich macht, worin genau der Unterschied zwischen einer Klasse und einem Objekt besteht. Klassen sind Schablonen, in denen Methoden und Eigenschaften definiert sind. Die Methoden manipulieren die Eigenschaften und stellen damit das Verhalten eines Objekts sicher. Ein Objekt wird jedoch nicht durch sein Verhalten, sondern durch seine Daten beschrieben, die über Eigenschaften manipuliert werden.

Treiben wir die Abstraktion noch weiter. Wenn sich ein Objekt durch Daten beschreiben lässt und in einer Klasse Eigenschaften und Methoden definiert sind, dann muss es auch ein Extrem geben, das nur Verhaltensweisen festlegt: Genau diese Position nehmen die Schnittstellen ein.

Die Aufgaben der Schnittstellen gehen über die einfache Fähigkeit, Verhaltensweisen bereitzustellen, hinaus. Bekanntlich wird in .NET die Mehrfachvererbung nicht unterstützt. Damit sind die .NET-Architekten möglichen Schwierigkeiten aus dem Weg gegangen, die mit der Mehrfachvererbung verbunden sind. Mehrfachvererbung ist nur schwer zu realisieren und wird deshalb in der Praxis auch nur selten eingesetzt. Andererseits hielt man es für erstrebenswert, neben der Basisklasse weitere »Oberbegriffe« zuzulassen, um gemeinsame Merkmale mehrerer ansonsten unabhängiger Klassen beschreiben zu können. Mit der Schnittstelle wurde ein Konstrukt geschaffen, das genau diese Möglichkeiten bietet.

Sie müssen sich Schnittstellen wie eine Vertragsvereinbarung vorstellen. Sobald eine Klasse eine Schnittstelle implementiert, hat der Code, der auf ein Objekt dieser Klasse zugreift, die Garantie, dass die Klasse die Verhaltensdefinitionen der Schnittstelle aufweist. Mit anderen Worten: Eine Schnittstelle legt einen Vertragsrahmen fest, den die implementierende Klasse erfüllen muss.

4.7.1 Schnittstellendefinition

Schnittstellen können

- Methoden
- Eigenschaften
- Ereignisse
- Indexer

vorschreiben. *Indexer* und *Ereignisse* waren bisher noch kein Thema und werden erst in Kapitel 6, »Weitere .NET-Datentypen«, behandelt. Das Besondere an einer Schnittstelle ist, dass sie selbst keine Codeimplementierung enthält, sondern ausnahmslos nur abstrakte Definitionen. Schauen wir uns dazu eine einfache, fiktive Schnittstelle an:

```
public interface ICopy {
  string Caption {get; set;};
  void Copy();
}
```

Die Definition einer Schnittstelle ähnelt der Definition einer Klasse, bei der das Schlüsselwort `class` gegen das Schlüsselwort `interface` ausgetauscht worden ist. Fehlt die Angabe eines Zugriffsmodifizierers, gilt eine Schnittstelle standardmäßig als `internal`. Ansonsten kann eine Schnittstelle noch `public` sein. Hinter der Definition werden in geschweiften Klammern alle Mitglieder der Schnittstelle aufgeführt. Beachten Sie, dass das von den abstrakten Klassen her bekannte Schlüsselwort `abstract` in einer Schnittstellendefinition nicht auftaucht.

Hinweis

Konventionsgemäß wird dem Bezeichner einer Schnittstelle ein »I« vorangestellt.

Die Schnittstelle `ICopy` beschreibt die Eigenschaft `Caption` sowie die Methode `Copy`. Weil eine Schnittstelle grundsätzlich nur abstrakte Definitionen bereitstellt, hat kein Mitglied einen Anweisungsblock. Es ist auch kein Zugriffsmodifizierer angegeben. Der C#-Compiler reagiert sogar mit einer Fehlermeldung, wenn Sie einem Schnittstellenmitglied einen Zugriffsmodifizierer voranstellen.

4.7.2 Schnittstellenimplementierung

Bei der Vererbung wird von *Ableitung* gesprochen, analog wurde bei den Schnittstellen der Begriff *Implementierung* geprägt. Eine Schnittstelle ist wie ein Vertrag, den eine Klasse unterschreibt, sobald sie eine bestimmte Schnittstelle implementiert. Das hat Konsequenzen: Eine Klasse, die eine Schnittstelle implementiert, muss ausnahmslos jedes Mitglied der Schnittstelle übernehmen.

Eine zu implementierende Schnittstelle wird, getrennt durch einen Doppelpunkt, hinter dem Klassenbezeichner angegeben. In der Klasse wird das Schnittstellenmember (in unserem Beispiel die Methode `Copy` sowie die Eigenschaft `Caption`) mit den entsprechenden Anweisungen codiert.

```
class Document : ICopy {
  public void Copy() {
    Console.WriteLine("Das Dokument wird kopiert.");
  }

  public string Caption {
    get{...}
    set{...}
  }
  ...
}
```

Grundsätzlich können Sie jeden beliebigen Code in die Schnittstellenmethode schreiben. Das ist aber nicht der Sinn und Zweck von Schnittstellen. Stattdessen sollten Sie sich streng an die Schnittstellenbeschreibung in der Dokumentation halten. Das bedeutet im Umkehrschluss aber auch, dass eine Schnittstelle ohne Dokumentation wertlos ist. Nur die Dokumentation gibt darüber Auskunft, was die Methode leisten soll und wie ihre Rückgabewerte zu interpretieren sind.

Eine Klasse ist nicht nur auf die Implementierung *einer* Schnittstelle beschränkt, es dürfen, im Gegensatz zur Vererbung, auch mehrere Schnittstellen sein, die durch ein Komma voneinander getrennt werden.

```
class Document : ICopy, IDisposable {
  /* ... */
}
```

Eine Klasse, die eine oder mehrere Schnittstellen implementiert, darf durchaus eine explizit angegebene Basisklasse haben. Dabei wird die Basisklasse vor der Liste der Schnittstellen aufgeführt. Im folgenden Codefragment bildet `Frame` die Basis von `Document`.

```
class Document : Frame, ICopy, IDisposable {
  /* ... */
}
```

Schnittstellen dürfen nach der Veröffentlichung nicht mehr verändert werden, da sowohl der Client als auch die implementierende Klasse in einem Vertragsverhältnis zueinander stehen und die Bedingungen des Vertrags von beiden Vertragspartnern erfüllt werden müssen.

Hinweis

Sollten Sie nach dem Veröffentlichen einer Schnittstelle Änderungen oder Ergänzungen vornehmen wollen, sollten Sie eine neue Schnittstelle bereitstellen.

Mit der Veröffentlichung einer Schnittstelle erklärt sich eine Klasse bereit, die Schnittstelle exakt so zu implementieren, wie sie entworfen wurde. Die von der Klasse übernommenen Mitglieder der Schnittstelle müssen daher in jeder Hinsicht identisch zu ihrer Definition sein:

- Der Name muss dem Namen in der Schnittstelle entsprechen.
- Der Rückgabewert und die Parameterliste dürfen nicht von denen in der Schnittstellendefinition abweichen.

Ein aus einer Schnittstelle stammendes Member darf nur `public` sein. Zulässig sind außerdem die Modifizierer `abstract` und `virtual`, während `static` und `const` nicht erlaubt sind.

Aus Schnittstellen stammende Methoden zeigen immer polymorphes Verhalten. Das setzt sich jedoch nicht bei den Subklassen durch. Eine Subklasse kann daher die Schnittstellenmethode nur erben oder mit `new` verdecken. Soll die Methode den ableitenden Klassen polymorph angeboten werden, muss sie mit `virtual` signiert werden.

Die Unterstützung von Visual Studio

Insbesondere dann, wenn eine Klasse eine Schnittstelle mit vielen Membern bereitstellen soll, lohnt es sich, diese mithilfe von Visual Studio der implementierenden Klasse hinzuzufügen. Gehen Sie dazu mit dem Mauszeiger auf den Schnittstellenbezeichner, und öffnen Sie das Kontextmenü, wie in Abbildung 4.6 gezeigt. In diesem wird Ihnen SCHNITTSTELLE IMPLEMENTIEREN und SCHNITTSTELLE EXPLIZIT IMPLEMENTIEREN angeboten. Die explizite Schnittstellenimplementierung werden wir weiter unten noch behandeln.

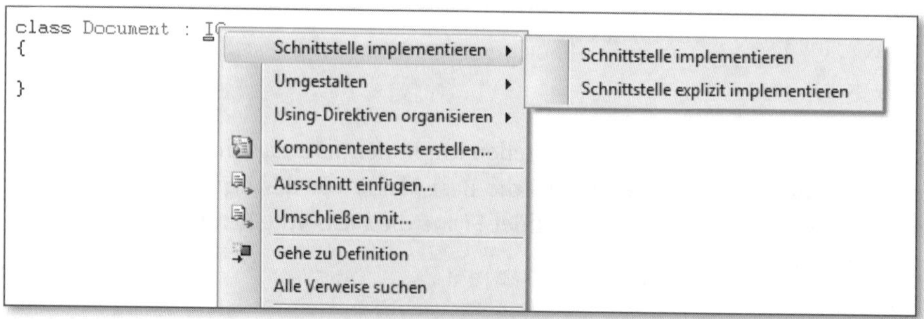

Abbildung 4.6 Die Unterstützung von Visual Studio bei der Schnittstellenimplementierung

Wenn Sie SCHNITTSTELLE IMPLEMENTIEREN wählen, erzeugt das Visual Studio den nachfolgend gezeigten Code automatisch.

```
class Document : ICopy
{
  #region ICopy Member
```

```
  public string Caption {
    get {
      throw new NotImplementedException();
    }
    set {
      throw new NotImplementedException();
    }
  }
  public void Copy() {
    throw new NotImplementedException();
  }
  #endregion
}
```

Die Direktiven `#region` und `#endregion`, die dabei in den Code eingefügt werden, ignoriert der Compiler. Sie dienen im Codeeditor nur dazu, bestimmte Codeabschnitte zusammenzufassen, die mit dem (-)-Knoten am linken Rand reduziert werden können.

Zugriff auf die Schnittstellenmethoden

Der Aufruf einer aus einer Schnittstelle stammenden Methode unterscheidet sich nicht vom Aufruf einer Methode, die in der Klasse implementiert ist:

```
Document doc = new Document();
doc.Copy();
```

Sie instanziieren zuerst die Klasse und rufen auf dem Objekt die Methode auf. Es gibt aber auch noch eine andere Variante, die ich Ihnen nicht vorenthalten möchte:

```
Document doc = new Document();
ICopy copy = doc;
copy.Copy();
```

Auch hierbei ist zunächst ein Objekt vom Typ `Document` notwendig. Dessen Referenz weisen wir aber anschließend einer Variablen vom Typ der Schnittstelle `ICopy` zu. Auf Letzterer wird dann die Methode `Copy` aufgerufen.

Mehrdeutigkeiten mit expliziter Implementierung vermeiden

Wenn eine Klasse mehrere Schnittstellen implementiert, kann es passieren, dass in zwei oder mehr Schnittstellen ein gleichnamiges Mitglied definiert ist. Diese Mehrdeutigkeit wird durch die *explizite Implementierung* eines Schnittstellenmembers aus der Welt geschafft. Eine explizite Implementierung ist der vollständig kennzeichnende Name eines Schnittstellenmitglieds. Er besteht aus dem Namen der Schnittstelle und dem Bezeichner des implementierten Mitglieds, getrennt durch einen Punkt.

Nehmen wir an, in den beiden Schnittstellen ICopy und IAdresse wäre jeweils eine Methode Caption definiert:

```
public interface ICopy {
  string Caption { get; set; }
  void Copy();
}

public interface IAdresse {
  string Caption { get; set; }
}
```

In einer Klasse Document, die beide Schnittstellen implementiert, könnten die Methoden, wie im folgenden Codefragment gezeigt, explizit implementiert werden, um sie eindeutig den Schnittstellen zuzuordnen:

```
class Document : ICopy, IAdresse {
  void ICopy.Caption() {
    Console.WriteLine("Caption-Methode in ICopy");
  }

  void IAdresse.Caption() {
    Console.WriteLine("Caption-Methode in IAdresse");
  }
  ...
}
```

Es müssen nicht zwangsläufig beide Caption-Methoden explizit implementiert werden. Um eine eindeutige Schnittstellenzuordnung zu gewährleisten, würde in diesem Fall eine explizite Implementierung vollkommen ausreichen.

Explizit implementierte Schnittstellenmember haben keinen Zugriffsmodifizierer, denn im Zusammenhang mit der expliziten Schnittstellenimplementierung ist eine wichtige Regel zu beachten:

Regel

Bei der expliziten Implementierung eines Schnittstellenmembers darf weder ein Zugriffsmodifizierer noch einer der Modifikatoren abstract, virtual, override oder static angegeben werden.

Auf die explizite Implementierung eines Schnittstellenmembers kann nur über eine Schnittstellenreferenz zugegriffen werden, wie im folgenden Codefragment gezeigt wird:

```
Document doc = new Document();
ICopy copy = doc;
copy.Caption = "Dokumentkopie";
IAdresse adresse = doc;
adresse.Caption = "Bremen";
```

Schnittstellen, die selbst Schnittstellen implementieren

Mehrere Schnittstellen können zu einer neuen Schnittstelle zusammengefasst werden. Das folgende Codefragment zeigt, wie die Schnittstelle `ICopy` die Schnittstelle `ICompare` implementiert:

```
public interface ICompare {
  bool Compare(Object obj);
}

public interface ICopy : ICompare {
  void Copy();
}
```

Eine Klasse, die sich die Dienste der Schnittstelle `ICopy` sichern möchte, muss ihrerseits beide Methoden bereitstellen: die der Schnittstelle `ICompare` und die spezifische der Schnittstelle `ICopy`:

```
class Document : ICopy {
  public void Copy() {
    ...
  }

  public bool Compare(object obj) {
    ...
  }
}
```

4.7.3 Interpretation der Schnittstellen

Schnittstellen zu codieren ist sehr einfach. Da werden Sie mir zustimmen. Aber wahrscheinlich werden Sie sich nun fragen, welchen Sinn bzw. welche Aufgabe eine Schnittstelle hat. Schließlich ließen sich die Schnittstellenmember doch auch direkt in einer Klasse codieren, ohne vorher den Umweg über die Implementierung eines `interface`-Typs gehen zu müssen.

Natürlich steckt hinter einem `interface` nicht die Absicht, das Coding unnötig komplex zu gestalten. Tatsächlich lässt sich die Existenz durch zwei Punkte rechtfertigen:

- Mit einer Schnittstelle wird die fehlende Mehrfachvererbung ersetzt, ohne deren gravierende Nachteile in Kauf nehmen zu müssen.
- Mit einer Schnittstelle kann ein Typ vorgegeben werden, dessen exakte Typangabe nicht bekannt ist.

Der letzte Punkt ist nur eine logische Konsequenz des zuerst aufgeführten. Beide Aussagen möchte ich Ihnen im Folgenden beweisen.

Schnittstellen als Ersatz der Mehrfachvererbung

Weiter oben haben wir die folgenden beiden Anweisungen im Programmcode geschrieben:

```
Document doc = new Document();
ICopy copy = doc;
```

Kommt Ihnen das nicht bekannt vor? Sehr ähnlich sahen zwei Anweisungen aus, die wir in Abschnitt 4.3.1, »Implizite Typumwandlung von Objektreferenzen«, geschrieben hatten:

```
Zeppelin zpln = new Zeppelin();
Luftfahrzeug lfzg = zpln;
```

Die beiden Anweisungen bildeten die Grundlage für die Aussage, dass Sie eine Subklassenreferenz einer Basisklassenreferenz zuweisen können. Der Referenz auf ein Interface können Sie aber auch die Referenz eines Objekts übergeben, das die entsprechende Schnittstelle implementiert. Das führt zu der folgenden Aussage:

Merksatz

Im Programmcode kann eine Schnittstelle genauso behandelt werden, als würde es sich um eine Basisklasse handeln.

Die daraus resultierende Konsequenz und Interpretation wollen wir am Beispiel des Projekts `GeometricObjectsSolution` weiter verdeutlichen.

Erinnern Sie sich bitte an die Aussage, dass alle abgeleiteten Klassen gleichzeitig auch vom Typ der Basisklasse sind. Das bedeutet mit anderen Worten: Bei Objekten vom Typ `Circle`, `Rectangle`, `GraphicCircle` und `GraphicRectangle` handelt es sich um geometrische Objekte. `GeometricObject` spannt demnach eine Familie aller geometrischen Objekte auf, weil die ableitenden Klassen alle Member der gemeinsamen Basisklasse `GeometricObject` aufweisen.

Betrachten wir nun die beiden Klassen `GraphicCircle` und `GraphicRectangle`. Beide weisen mit der Methode `Draw` ein gemeinsames Merkmal auf. Wir können nun die Methode `Draw` aber auch durch eine Schnittstelle bereitstellen, die von `GraphicCircle` und `GraphicRectangle` implementiert wird.

```
public interface IDraw {
  void Draw();
}

public class GraphicCircle : Circle, IDraw {
  ...

  public virtual void Draw() {
    Console.WriteLine("Der Kreis wird gezeichnet");
  }
}
```

```
public class GraphicRectangle : Rectangle, IDraw {
  ...
  public virtual void Draw() {
    Console.WriteLine("Das Rechteck wird gezeichnet");
  }
}
```

Ein erster Blick auf den überarbeiteten Programmcode scheint uns eher Nachteile als Vorteile zu bescheren, denn er ist komplexer geworden. Nun betrachten Sie bitte Abbildung 4.7. Entgegen der ansonsten üblichen Darstellungsweise wird hier die Schnittstelle `IDraw` wie eine Basisklasse dargestellt. `GeometricObject` beschreibt alle geometrischen Objekte und bildet damit eine Familie. In gleicher Weise beschreibt `IDraw` alle Objekte, die gezeichnet werden können. Dazu gehören `GraphicCircle` und `GraphicRectangle`. Die beiden letztgenannten sind damit sogar Mitglieder von zwei ganz unterschiedlichen Familien.

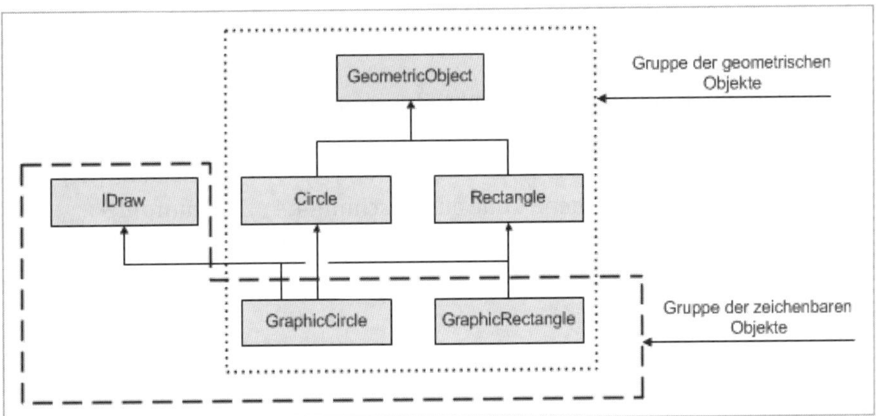

Abbildung 4.7 Die Interpretation einer Schnittstelle als Basisklasse und deren Folgen

Nutzen können wir daraus erst ziehen, wenn wir eine weitere Klasse codieren – nennen wir sie `Auto` –, die ebenfalls die Schnittstelle `IDraw` implementiert.

```
public class Auto : IDraw {
  ...
  public void Draw() {
    Console.WriteLine("Das Auto wird gezeichnet");
  }
}
```

Was hat nun die Klasse `Auto` mit beispielsweise `GraphicCircle` zu tun? Eigentlich nichts! Dennoch haben beide ein gemeinsames Merkmal: Objekte dieser beiden Klassen lassen sich zeichnen, weil beide dieselbe Basis haben und die Methode `Draw` haben.

Sie könnten nun Objekte vom Typ `Auto`, `GraphicCircle` und `GraphicRectangle` in ein Array vom Typ `IDraw` stecken und in einer Schleife die allen gemeinsame Methode `Draw` aufrufen, z. B. so:

```
IDraw[] arr = new IDraw[5];
arr[0] = new GraphicCircle();
arr[1] = new GraphicRectangle();
arr[2] = new Auto();
arr[3] = new GraphicCircle();
arr[4] = new Auto();
foreach (IDraw item in arr)
  item.Draw();
```

Die Laufvariable in der Schleife ist vom Typ `IDraw`. Auf die Referenz der Laufvariablen wird im Anweisungsblock der Schleife die Methode `Draw` aufgerufen. Da `GraphicCircle`, `GraphicRectangle` und `Auto` die Schnittstelle `IDraw` implementieren und das damit verbundene Vertragsverhältnis erfüllen, wird der Code fehlerfrei ausgeführt. Natürlich erfolgt der Methodenaufruf polymorph.

Nichts anderes haben wir schon gemacht, als wir `Flugzeug`-, `Zeppelin`- und `Hubschrauber`-Objekte einem Array vom Typ der Basisklasse `Luftfahrzeug` hinzugefügt haben, um anschließend die allen gemeinsame Methode `Starten` und `Landen` aufzurufen. Hier noch einmal zum Vergleich der angesprochene Code aus Abschnitt 4.4, »Polymorphie«:

```
Luftfahrzeug[] arr = new Luftfahrzeug[5];
arr[0] = new Flugzeug();
arr[1] = new Zeppelin();
arr[2] = new Hubschrauber();
...
foreach (Luftfahrzeug temp in arr) {
  temp.Starten();
  temp.Landen();
}
```

Anhand dieser beiden Beispiele bestätigt sich die Aussage, dass Schnittstellen eine Alternative zu der von .NET nicht unterstützten Mehrfachfachvererbung darstellen.

Schnittstellen als Ersatz exakter Typangaben

Nun wollen wir mehrere verschiedene geometrische Objekte miteinander vergleichen und dabei eine Liste erstellen, in der die Objekte der Größe nach sortiert sind. Als Kriterium der Größe soll uns die Fläche der Objekte dienen, sodass wir auch Rechtecke mit Kreisen vergleichen können. Wir müssen nicht unbedingt eine eigene Methode mit einem Sortieralgorithmus schreiben, wir können dabei nämlich auf Methoden zurückgreifen, die in der .NET-Klassenbibliothek zu finden sind.

Jetzt stellt sich sofort die Frage: Wie soll das denn geschehen, denn die Architekten der .NET-Klassenbibliothek wussten doch nicht, dass wir mehrere Objekte vom Typ `GeometricObject` einem Vergleich unterziehen wollen? Wir hätten unsere Klassen `Circle`, `GraphicCircle`, `Rectangle` und `GraphicRectangle` auch ganz anders benennen können. Treiben wir die Idee noch weiter: Was ist, wenn die Maximalgeschwindigkeit oder der Verkaufspreis mehrerer Autos miteinander verglichen und in eine entsprechende Reihenfolge gebracht werden soll?

Zur Lösung des Problems bieten sich mehrere Wege an, die sich aber alle in einem Punkt gleichen: Schnittstellen spielen die alles entscheidende Rolle. Ich möchte Ihnen das an einem Beispiel zeigen, in dem die zu sortierenden Objekte in einem Array zusammengefasst werden:

```
GeometricObject[] arr = new GeometricObject[5];
arr[0] = new Circle(34);
arr[1] = new Rectangle(10, 230);
...
```

Mithilfe der Klasse `Array`, die uns die statische Methode `Sort` zur Verfügung stellt, können wir unsere geometrischen Objekte sortieren. Die Methode ist vielfach überladen. Für uns ist die folgende Überladung von Interesse:

```
public static void Sort(Array array, IComparer comparer)
```

Dem ersten Parameter übergeben wir das zu sortierende Array, in unserem Fall also `arr`. Der zweite Parameter ist vom Typ der Schnittstelle `IComparer`. Natürlich können Sie dem Methodenaufruf keine Instanz vom Typ `IComparer` übergeben, da Schnittstellen nicht instanziierbar sind. So ist die Typangabe des zweiten Parameters auch nicht zu verstehen. Stattdessen verlangt der zweite Parameter lediglich, dass das ihm übergebene Argument ein Objekt ist, das die Schnittstelle `IComparer` implementiert – egal, ob das Objekt vom Typ `DemoClass`, `Circle`, `Auto` oder `Person` ist.

Denken Sie noch einmal an die Aussagen in diesem Kapitel: Das Objekt einer abgeleiteten Klasse ist gleichzeitig auch ein Objekt der Basisklasse. Außerdem kann eine Schnittstelle wie eine Basisklasse betrachtet werden. Dadurch, dass ein Parameter vom Typ einer Schnittstelle definiert ist, wird uns lediglich vorgeschrieben, dass die Member der Schnittstelle von der Klasse implementiert sind. Im Fall von `IComparer` handelt es sich um die Methode `Compare`, die zwei Objekte des angegebenen Arrays miteinander vergleicht. Welche weiteren Member sich noch in der Klassendefinition tummeln, interessiert in diesem Zusammenhang nicht.

Sehen wir uns nun die Definition der Schnittstellenmethode an:

```
int Compare(Object x, Object y)
```

Die Methode Sort der Klasse Array kann natürlich nicht wissen, nach welchen Kriterien zwei zu vergleichende Objekte als größer oder kleiner eingestuft werden sollen. Dies ist die Aufgabe des Codes in der Schnittstellenmethode, den Sie schreiben müssen. Anhand des Rückgabewerts (siehe auch Tabelle 4.1) werden die Objekte im Array nach einem internen Algorithmus in Sort umgeschichtet, und zwar so lange, bis alle Array-Elemente in der richtigen Reihenfolge stehen.

Wert	Bedingung
< 0	x ist kleiner als y.
0	x und y sind gleich groß.
> 0	x ist größer als y.

Tabelle 4.1 Die Rückgabewerte der statischen Methode »Sort« der Klasse »Array«

Das folgende Beispielprogramm zeigt den kompletten Code. Er enthält mit CompareClass eine separate Klasse, die nur zur Implementierung der Schnittstelle IComparer dient. Man könnte diese Klasse auch als Vergleichsklasse bezeichnen.

```
// ---------------------------------------------------------------
// Beispiel: ...\Kapitel 4\Sorting
// ---------------------------------------------------------------
class Program {

  static void Main(string[] args) {
    GeometricObject[] arr = new GeometricObject[5];
    arr[0] = new Circle(34);
    arr[1] = new Rectangle(10, 230);
    arr[2] = new GraphicCircle(37);
    arr[3] = new Circle(20);
    arr[4] = new GraphicRectangle(12,70);

    Array.Sort(arr, new CompareClass());
    foreach (GeometricObject item in arr)
      Console.WriteLine(item.ToString());
    Console.ReadLine();
  }
}

class CompareClass : IComparer {

  public int Compare(object x, object y) {
    return ((GeometricObject)x).Bigger((GeometricObject)y);
  }
}
```

In der Methode `Compare` kommt uns die Methode `Bigger` zugute, die in der Klasse `GeometricObject` enthalten ist und zwei geometrische Objekte miteinander vergleicht. `Bigger` liefert uns genau den Rückgabewert, den wir der Methode `Sort` zur Weiterverarbeitung übergeben können.

Kommen wir noch einmal zu der Behauptung zurück, dass mit einer Schnittstelle ein Typ vorgegeben werden kann, dessen exakte Typangabe nicht bekannt ist. Genau das macht die Methode `Sort`. Sie kennt zwar nicht den genauen Typ, der ihr übergeben wird, aber sie kann sich darauf verlassen, dass das Objekt garantiert die Methode `Compare` implementiert, weil ein Objekt vom Typ der Schnittstelle `IComparer` im zweiten Parameter vorgeschrieben ist. Da `IComparer` zum .NET Framework gehört, ist diese Schnittstelle beiden Parteien, der Anwendung und der `Sort`-Methode bekannt – beide können darüber kommunizieren, sich gegenseitig austauschen.

4.8 Das Zerstören von Objekten – der Garbage Collector

4.8.1 Arbeitsweise des Garbage Collectors

Ein Konstruktor wird aufgerufen, wenn das Objekt einer Klasse erzeugt wird. Damit beginnt der Lebenszyklus des Objekts. Objekte benötigen Speicherressourcen für ihre Daten. Solange ein Objekt noch referenziert wird, müssen die Daten im Speicher bleiben. Verliert ein Objekt seine letzte Referenz oder wird der Objektreferenz `null` zugewiesen, beispielsweise mit

```
Circle kreis = new Circle();
...
kreis = null;
```

können die vom Objekt beanspruchten Speicherressourcen freigegeben werden. Das geschieht jedoch nicht automatisch. Vielmehr beanspruchen die Objekte weiterhin Speicher, obwohl sie vom laufenden Programm nicht mehr genutzt werden können. Unter .NET ist es, im Gegensatz zu anderen Programmierumgebungen, nicht möglich, mittels Programmcode den Speicher freizugeben. Stattdessen sorgt eine spezielle Komponente der *Common Language Runtime* (CLR) für die notwendige Speicherbereinigung: der *Garbage Collector*.

Der Garbage Collector (GC) arbeitet nichtdeterministisch, das heißt, es kann nicht vorhergesagt werden, wann der Garbage Collector aktiv wird. Damit stellt sich sofort die Frage, nach welchen Kriterien der GC seine Arbeit aufnimmt und eine Speicherbereinigung durchführt.

Als selbstständige Ausführungseinheit (Thread) genießt der GC keine hohe Priorität und kann erst dann den Prozessor in Anspruch nehmen, wenn die Anwendung beschäftigungslos ist. Theoretisch könnte das bedeuten, dass eine viel beschäftigte Anwendung dem GC keine Chance lässt, jemals aktiv zu werden. Dem ist tatsächlich so, es gibt aber eine wichtige Einschränkung: Noch bevor den Speicherressourcen der Anwendung die Luft ausgeht, ist die zweite Bedingung erfüllt, um die Speicherbereinigung mit dem GC anzustoßen. Der Garbage Collector wird also spätestens dann nach allen aufgegebenen Objekten suchen und deren Speicherplatz freigeben, wenn die Speicherressourcen knapp werden.

Hinweis

Der Garbage Collector ist nur im Zusammenhang mit Referenztypen von Bedeutung. Daten, die auf Wertetypen basieren (und ihr Dasein auf dem Stack fristen), hören automatisch auf zu existieren, wenn die Methode verlassen wird, in der sie als lokale Variablen definiert sind. Handelt es sich um Instanzfelder, werden die Daten beim Zerstören des Objekts aufgegeben.

Die Arbeit des Garbage Collectors ist sehr zeitintensiv, da sich im Hintergrund sehr viele einzelne Aktivitäten abspielen. Dabei werden beispielsweise Objekte in andere Bereiche des Heaps kopiert und die entsprechenden Verweise auf diese Objekte aktualisiert.

Damit nicht unnötig viel Zeit vom Garbage Collector beansprucht wird, ist der Speicherbereinigungsprozess ein ziemlich ausgeklügeltes System. Unter anderem werden die Objekte in drei separate Speicherbereiche aufgeteilt, die als *Generationen* bezeichnet werden. Das Konzept der Speicherbereinigung unter Berücksichtigung der Generationen ist dabei wie folgt:

- *Generation 0* bleibt den neuen Objekten vorbehalten. Ist dieser Speicherbereich voll, wird der Garbage Collector aktiv und gibt die Speicherressourcen der nicht mehr benötigten Objekte frei. Objekte der Generation 0, die weiter referenziert werden, werden in den Bereich der Generation 1 kopiert.
- Sollte der erste Vorgang nicht genügend Speicherressourcen freigesetzt haben, erfasst der Garbage Collector auch den Bereich der Objekte, die der *Generation 1* zugeordnet sind. Objekte, die dort nicht mehr referenziert werden, werden gelöscht. Alle anderen werden in den Bereich der Generation 2 verschoben.
- Reicht auch danach der Speicher immer noch nicht aus, wird der Garbage Collector auch alle nicht mehr benötigten Objekte der *Generation 2* löschen.

Die Idee, die hinter dem Prinzip der Generationen steckt, beruht darauf, dass die meisten Objekte nur für eine relativ kurze Zeitspanne benötigt werden. Je älter aber ein Objekt ist, umso größer ist die Wahrscheinlichkeit, dass es auch weiterhin benötigt wird. Das ist der Grund, warum der Garbage Collector sich zuerst um die Objekte der Generation 0 kümmert und nur dann die Objekte der Generation 1 und eventuell auch die der Generation 2 erfasst, wenn die freigegebenen Ressourcen anschließend immer noch nicht ausreichend sind.

4.8.2 Expliziter Aufruf des Garbage Collectors

Sie können zwar mittels Code nicht die Speicherressourcen eines einzelnen Objekts freigeben, aber immerhin können Sie veranlassen, dass der Garbage Collector aktiv wird. Dazu wird die statische Methode `Collect` der Klasse `GC` aufgerufen:

```
GC.Collect();
```

Dieser Aufruf veranlasst den Garbage Collector, alle drei Generationen zu bereinigen. Sie können den Aufruf optimieren, indem Sie der Methode mitteilen, welche die letzte noch zu bereinigende Generation sein soll. Mit

```
GC.Collect(1);
```

erreichen Sie, dass die verwaisten Objekte der Generationen 0 und 1 zerstört werden.

Die Klasse `GC` eignet sich auch, um in Erfahrung zu bringen, welcher Generation ein bestimmtes Objekt zugeordnet ist. Rufen Sie dazu die statische Methode `GetGeneration` auf, wobei Sie das Objekt übergeben, das abgefragt werden soll:

```
int generation = GC.GetGeneration(kreis);
```

4.8.3 Der Destruktor

Der Garbage Collector sorgt dafür, dass der Speicherplatz nicht mehr referenzierter Objekte freigegeben wird. Es gibt aber auch Objekte, die ihrerseits Referenzen auf externe Fremdressourcen halten. Dabei kann es sich zum Beispiel um Datenbankverbindungen oder geöffnete Dateien handeln. Solche Fremdressourcen werden vom Garbage Collector nicht verwaltet und konsequenterweise auch nicht freigegeben. In solchen Fällen sind die Objekte selbst dafür verantwortlich.

Ein zweistufiges Modell unterstützt Sie bei der Freigabe der Fremdressourcen:

- der Destruktor
- die Schnittstelle `IDisposable`

Widmen wir uns zuerst dem Destruktor, dessen Syntax wie folgt lautet:

```
~Klassenbezeichner() {/*...*/}
```

Eingeleitet wird der Destruktor mit dem Tildezeichen, danach folgen der Klassenbezeichner mit dem obligatorischen runden Klammerpaar und zum Schluss der Anweisungsblock. Ein Destruktor hat weder einen Zugriffsmodifizierer noch eine Parameterliste, und es wird auch kein Rückgabetyp angegeben.

Der C#-Compiler wandelt den Destruktor in eine Überschreibung der von `Object` geerbten Methode `Finalize` um und markiert das Objekt gleichzeitig als finalisierungsbedürftig.

Aus dem Programmcode heraus kann der Destruktor nicht aufgerufen werden. Das kann nur der Garbage Collector bei seinen Aufräumarbeiten. Trifft der Garbage Collector auf ein verwaistes und finalisierungsbedürftiges Objekt, erzeugt er einen neuen Objektverweis und stellt danach das Objekt in eine Finalisierungswarteschlange. Ein separater Thread arbeitet diese Warteschlange ab, ruft die Methode `Finalize` auf und markiert das Objekt. Erst beim nächsten Speicherbereinigungsprozess wird das Objekt komplett entfernt und dessen Speicherplatz freigegeben.

Der gesamte Vorgang ist sehr aufwendig und muss mit einer Leistungseinbuße bezahlt werden. Sie sollten daher nur dann einen Destruktor bereitstellen, wenn er tatsächlich benötigt wird.

4.8.4 Die »IDisposable«-Schnittstelle

Mit einem Destruktor sind zwei gravierende Nachteile verbunden:

- Wenn ein Destruktor implementiert ist, kann nicht exakt vorherbestimmt werden, wann er vom Speicherbereinigungsprozess ausgeführt wird.
- Ein Destruktor kann nicht explizit aus dem Code heraus aufgerufen werden.

Wie Sie bereits wissen, werden die Aufräumarbeiten angestoßen, wenn durch die Beschäftigungslosigkeit einer laufenden Anwendung der niedrig priorisierte Thread des Garbage Collectors seine Arbeit aufnimmt oder sich die Speicherressourcen verknappen. Tatsächlich sind sogar Situationen denkbar, die niemals zum Destruktoraufruf führen – denken Sie nur an den Absturz des Rechners. Folglich kann auch nicht garantiert werden, dass der GC überhaupt jemals seine ihm zugedachte Aufgabe verrichtet. Wenn ein Objekt aber kostspielige oder begrenzte Ressourcen beansprucht, muss sichergestellt sein, dass diese so schnell wie möglich wieder freigegeben werden.

Um dem Problem zu begegnen, können Sie, auch zusätzlich zum Destruktor, eine öffentliche Methode implementieren, die der Benutzer der Klasse explizit aufrufen kann. Grundsätzlich kann dazu jede beliebige Methode geschrieben werden, jedoch empfiehlt es sich, die Schnittstelle `IDisposable` zu implementieren, die die Methode `Dispose` vorschreibt.

Hinweis

Es ist unüblich, anstelle der Methode `Dispose` eine Methode `Close` zu definieren. Trotzdem weisen viele Klassen in der .NET-Klassenbibliothek die Methode `Close` auf, in der aber in der Regel `Dispose` aufgerufen wird.

Der Destruktor und `Dispose` müssen miteinander harmonieren, denn sie sind voneinander abhängig. Deshalb sollten Sie bei der Codierung von Destruktor und `Dispose` auf die folgenden Punkte achten:

- Alle Fremdressourcen sollten von Dispose und im Destruktor freigegeben werden.
- Ruft der Code Dispose auf einem Objekt auf, werden die Fremdressourcen in Dispose freigegeben. In diesem Fall ist der Aufruf des Destruktors während des Finalisierungsprozesses unnötig und sollte vermieden werden, um einerseits unnötige Performance-Verluste zu vermeiden und andererseits auch mögliche Fehlerquellen im Keim zu ersticken. Dazu wird in Dispose die statische Methode SuppressFinalize der Klasse GC unter Angabe des betroffenen Objekts aufgerufen. Die Folge ist, dass das Objekt nicht mehr in die Finalisierungswarteschlange gestellt und der Destruktor nicht aufgerufen wird.
- Für den Fall, dass die Methode Dispose nicht explizit aufgerufen wird, sollte der Aufruf aus dem Destruktor heraus erfolgen.
- Im Destruktor dürfen nur externe, nicht verwaltete Ressourcen freigegeben werden. Das bedeutet andererseits, dass Felder, die auf Referenztypen basieren, nur in Dispose freigegeben werden dürfen (z. B. durch Setzen auf null oder durch den Aufruf der Dispose-Methode dieser Objekte). Der Grund ist darin zu finden, dass beim Aufruf von Dispose noch alle Objekte über einen Verweis erreichbar sind, bei der Ausführung des Destruktors jedoch nicht mehr.
- Möglicherweise sollte die Methode Dispose der Basisklasse aufgerufen werden.
- Sie sollten sicherstellen, dass Dispose auch bei einem mehrfachen Aufruf ohne Fehler reagiert.

Ein Codemuster, das den Anforderungen der genannten Punkte genügt, wird üblicherweise wie folgt implementiert:

```
public class Demo : IDisposable {
  bool disposed = false;

  public void Dispose() {
    // wird nur beim ersten Aufruf ausgeführt
    if (!disposed) {
      Dispose(true);
      GC.SuppressFinalize(this);
      disposed = true;
    }
  }

  protected virtual void Dispose(bool disposing) {
    if (disposing) {
      // Freigabe verwalteter Objekte
    }
    // Freigabe von Fremdressourcen
  }

  // Destruktor
```

```
  ~Demo() {
    Dispose(false);
  }
}
```

Neben der parameterlosen Methode `Dispose`, die aus der Schnittstelle `IDisposable` stammt, und dem Konstruktor enthält die Klasse eine zweite, überladene `Dispose`-Methode. In dieser ist die Freigabe der Fremdressourcen und die Freigabe eventuell vorhandener verwalteter Objekte codiert.

Wie bereits oben beschrieben wurde, dürfen verwaltete Ressourcen während der Destruktorausführung nicht mehr freigegeben werden. Daher wird die überladene `Dispose`-Methode vom Destruktor durch Übergabe von `false` und die parameterlose `Dispose`-Methode durch Übergabe von `true` aufgerufen. Der Wert des booleschen Parameters wird ausgewertet und dazu benutzt, festzustellen, um welchen Aufrufer es sich handelt. Nach der Sondierung werden Fremdressourcen und verwaltete Ressourcen entsprechend bereinigt.

Die »using«-Anweisung zur Zerstörung von Objekten

C# stellt eine alternative Möglichkeit bereit, um ein Objekt schnellstmöglich zu zerstören. Es handelt sich hierbei um das Schlüsselwort `using`, das in diesem Fall nicht als Direktive, sondern als Anweisung eingesetzt wird.

```
using (Demo obj = new Demo()) {
  obj.AnyOperation();
}
```

Im Ausdruck wird ein Objekt instanziiert, auf dem nach dem Verlassen des Anweisungsblocks automatisch die `Dispose`-Methode aufgerufen wird. Die Klasse, die im Ausdruck instanziiert wird, muss nur eine Bedingung erfüllen: Sie muss die Schnittstelle `IDisposable` implementieren.

4.8.5 Ergänzungen in den Klassen »Circle« und »Rectangle«

Zum Abschluss der Betrachtungen zur Objektzerstörung sollen noch die beiden Klassen `Circle` und `Rectangle` überarbeitet werden. Bisher ist es nämlich so, dass die Objektzähler zwar erhöht, aber bei Aufgabe eines Objekts nicht reduziert werden.

Wir implementieren daher in beiden Klassen die `IDisposable`-Schnittstelle und den jeweiligen Destruktor. Nachfolgend wird das exemplarisch für die Klasse `Circle` gezeigt.

```
public class Circle : GeometricObject, IDisposable {
  private bool disposed;

  public void Dispose() {
    if (!disposed) {
```

```
        countCircles--;
        GC.SuppressFinalize(this);
        disposed = true;
      }
    }
    ~Circle() {
      Dispose();
    }
}
```

Obwohl nun der Destruktor und `Dispose` dafür sorgen, den Objektzähler bei der Freigabe eines Objekts zu reduzieren, müssen Sie sich der Tatsache bewusst sein, dass Sie zu keinem Zeitpunkt garantieren können, dass der Zähler den richtigen Stand hat. Sie bleiben weiter darauf angewiesen, dass die `Dispose`-Methode explizit aufgerufen wird oder der Garbage Collector aktiv wird.

Hinweis

Das komplette Beispiel des Projekts `GeometricObjects` finden Sie auf der Buch-DVD unter *Beispiele\Kapitel 4\GeometricObjectsSolution_3*.

5 Delegates und Ereignisse

Grafische Benutzeroberflächen reagieren ausschließlich auf ausgelöste Ereignisse. Klicken Sie z. B. auf eine Schaltfläche, wird ein Ereignis ausgelöst und es findet eine Operation statt. Mit Ereignissen wollen wir uns in diesem Kapitel beschäftigen. Dazu müssen wir uns allerdings vorher noch den Delegates widmen, die die Grundlage der Ereignisse bilden.

5.1 Delegates

5.1.1 Einführung in das Prinzip der Delegates

Das Prinzip des Delegates ist nicht ganz neu, wohl aber der Begriff an sich. *Delegate* ist das englische Wort für »Delegierter«, also für jemanden, der einen Auftrag, z. B. seiner Wähler, weiterleiten soll. Tatsächlich leitet ein Delegate weiter, es leitet nämlich einen Methodenaufruf an eine bestimmte Methode weiter.

Die Technik, die sich dahinter verbirgt, wird in der Sprache C auch als *Funktionszeiger* bezeichnet. Wie Sie wissen, basiert ausnahmslos alles in .NET auf Objekten. Da verwundert es nicht, dass auch die Funktionszeiger in ein Objekt verpackt werden und, als *Delegate* bezeichnet, ihren Weg in die Laufzeitumgebung finden.

Definition

Ein Delegate ist ein Typ, der den Zeiger auf eine Methode beschreibt.

Bevor wir uns mit den Details von Delegates beschäftigen, wollen wir uns zunächst an einem einfachen Beispiel die grundsätzliche Arbeitsweise verdeutlichen.

Die Operation, die von diesem Code ausgeführt wird, ist recht einfach: Der Anwender gibt zwei Zahlen an der Konsole ein und hat anschließend die Wahl, ob beide Zahlen addiert oder subtrahiert werden sollen. Das Resultat der Operation wird abhängig von der Wahl des Anwenders an der Konsole ausgegeben.

```
// ---------------------------------------------------------
// Beispiel: ...\Kapitel 5\EinfachesDelegate
// ---------------------------------------------------------
public delegate double CalculateHandler(double dblVar1, double dblVar2);

class Program {
```

```
  static void Main(string[] args) {
  // Variable vom Typ des Delegates
  CalculateHandler calculate;

  do{
    // Eingabe der Operanden
    Console.Clear();
    Console.Write("Geben Sie den ersten Operanden ein: ");
    double input1 = Convert.ToDouble(Console.ReadLine());
    Console.Write("Geben Sie den zweiten Operanden ein: ");
    double input2 = Convert.ToDouble(Console.ReadLine());
    // Wahl der Operation
    Console.Write("Operation: Addition - (A) oder Subtraktion - (S)? ");
    string wahl = Console.ReadLine().ToUpper();
    // In Abhängigkeit von der Wahl des Anwenders wird die Variable
    // 'calculate' mit einem Zeiger auf die auszuführende Methode
    // initialisiert
    if (wahl == "A")
      calculate = new CalculateHandler(Demo.Addition);
    else if (wahl == "S")
      calculate = new CalculateHandler(Demo.Subtraktion);
    else {
      Console.Write("Ungültige Eingabe");
      Console.ReadLine();
      return;
    }

    // Aufruf der Operation 'Addition' oder 'Subtraktion' über das Delegate
    double result = calculate(input1, input2);
    Console.WriteLine("----------------------------------");
    Console.WriteLine("Ergebnis = {0}\n\n", result);
   Console.WriteLine("Zum Beenden F12 drücken, mit beliebiger Taste weiter...");
  } while (Console.ReadKey(true).Key != ConsoleKey.F12);
}

class Demo {
  public static double Addition(double x, double y) {
    return x + y;
  }

  public static double Subtraktion(double x, double y) {
    return x - y;
  }
}
```

In der Klasse `Demo` sind zwei statische Methoden definiert, die aus `Main` heraus aufgerufen werden und die beiden Operationen *Addition* und *Subtraktion* beschreiben. Die Wahl, ob die beiden Zahlen addiert oder subtrahiert werden sollen, trifft der Anwender durch die

Eingabe von »A« oder »S« an der Konsole. Um die Eingabe in Kleinschreibweise ebenfalls zu berücksichtigen, wird die Eingabe mit der Methode `ToUpper` der Klasse `String` in Großschreibweise umgewandelt.

```
string wahl = Console.ReadLine().ToUpper();
```

Nachdem der Anwender seine Wahl getroffen hat, muss zuerst überprüft werden, wie diese ausgefallen ist, um entsprechend im Programmcode zu reagieren. Vermutlich hätten Sie eine solche Aufgabenstellung bisher wie folgt gelöst:

```
double result;
if(wahl == "A")
  result = Demo.Addition(input1, input2);
else if(wahl == "S")
  result = Demo.Subtraktion(input1, input2);
```

Es gibt keinen Zweifel daran, dass diese Implementierung natürlich auch zum richtigen Ergebnis führt. Das Resultat der Operation wird in den Anweisungsblöcken hinter `if` bzw. `else if` abgerufen.

Nun betrachten wir die entscheidenden Anweisungen der Lösung im Beispiel `EinfachesDelegate`:

```
if(wahl == "A")
  calculate = new CalculateHandler(Demo.Addition);
else if(wahl == "S")
  calculate = new CalculateHandler(Demo.Subtraktion);
...
double result = calculate(input1, input2);
```

Das Ergebnis der Addition bzw. Subtraktion wird nun nicht mehr in den beiden Anweisungsblöcken der `if`-Struktur abgerufen, sondern außerhalb derselben. Da aber außerhalb der `if`-Struktur die Wahl des Anwenders nicht bekannt sein kann, stehen wir vor der Frage, wie es möglich ist, eine Methode an einem Allgemeinplatz dynamisch aufzurufen. Die Antwort darauf ist prinzipiell nicht schwierig: Wir müssen in einer Variablen einen Verweis auf die aufzurufende Methode speichern, der später an einer beliebigen Stelle im Code ausgewertet werden kann.

Bisher kennen wir Verweise nur im Zusammenhang mit Objekten. Mit Objektverweisen werden zusammenhängende Datenblöcke im Hauptspeicher adressiert, in denen die Zustandsdaten eines ganz bestimmten Objekts beschrieben werden. Ein Verweis auf Programmcode ist im Grunde genommen nicht anders, zeigt aber auf Bytesequenzen, die anders interpretiert werden müssen – nämlich als ausführbarer Programmcode. Damit ist auch klar, dass ein Verweis auf Code anders definiert werden muss als der Verweis auf Datenblöcke, den wir bisher verwendet haben. Aus diesem Grund wurden in .NET die Delegates eingeführt.

Wie schon oben erwähnt, kapselt ein Delegate den Zeiger auf eine Methode. Sehen wir uns jetzt an, wie diese Anforderung gelöst wird. Im Code des Beispiels `EinfachesDelegate` wird mit

```
public delegate double CalculateHandler(double dblVar1, double dblVar2);
```

ein Delegate definiert. Diese Definition erinnert ein wenig an die Methodensignatur einer Methode namens `CalculateHandler`, die zwei Parameter vom Typ `double` empfängt und als Rückgabewert einen `double` liefert – nur ergänzt um das Schlüsselwort `delegate`.

Ein Delegate kapselt den Zeiger auf eine Methode – oder mit anderen Worten: Es steht für einen beliebigen Methodenaufruf. Ganz beliebig ist der Methodenaufruf allerdings nicht, denn jede Methode hat eine exakt definierte Parameterliste mit Parametern eines bestimmten Typs. Ein Delegate beschreibt einen Zeiger auf eine Methode, wobei die Typen der Parameterliste der Methode, auf die das Delegate zeigt, mit der Parameterliste der `delegate`-Definition übereinstimmen müssen.

In unserem Beispiel werden in der Parameterliste des Delegates `CalculateHandler` zwei Parameter vom Typ `double` aufgeführt. Damit ist ein Delegate-Objekt in der Lage, jede x-beliebige Methode eines x-beliebigen Objekts aufzurufen – vorausgesetzt, die Methode definiert eine Parameterliste, die genau zwei `double`-Argumente erwartet. Die Methode darf natürlich auch statisch sein, sie darf sich in einer anderen Klasse befinden, alles das spielt keine Rolle. Die einzige Bedingung ist, dass die durch das Delegate beschriebene Methode mit Programmcode angesprochen werden kann, also erreichbar ist.

Neben der Parameterliste spielt auch der Rückgabewert eine entscheidende Rolle. Im Beispiel des Delegates `CalculateHandler` muss die Methode in jedem Fall einen Rückgabewert vom Typ `double` haben.

Nicht jede Methode hat einen Rückgabewert. Beabsichtigen Sie beispielsweise, ein Delegate zu definieren, das in der Lage ist, einen Zeiger auf sämtliche Methoden zu beschreiben, die parameterlos sind und keinen Rückgabewert haben, sähe die Definition folgendermaßen aus:

```
public delegate void MyDelegate();
```

Sie können die Definition eines Delegates mit der Definition einer Klasse vergleichen, denn beide beschreiben einen Typ. Um ein konkretes Objekt zu erhalten, muss zuerst eine Variable vom Typ der Klasse deklariert werden – das ist bei einem Delegate nicht anders. Im Beispiel oben dient dazu folgende Anweisung:

```
CalculateHandler calculate;
```

Damit ist die Variable `calculate` vom Typ `CalculateHandler` deklariert, aber noch nicht initialisiert. Mit anderen Worten: `calculate` ist ein Delegate und kann auf eine Methode verweisen, die zwei `double`-Argumente erwartet und ein `double` als Resultat des Aufrufs zurückliefert. In diesem Moment weiß das Delegate allerdings noch nicht, um welche Methode es sich dabei genau handelt.

Die Initialisierung erfolgt – analog zur Instanziierung einer Klasse – mit dem Operator new unter Angabe des Delegate-Typs. Delegates haben nur einen einfach parametrisierten Konstruktor, der Bezeichner der Methode erwartet, die später aufgerufen werden soll. In unserem Beispiel handelt es sich um

```
calculate = new CalculateHandler(Demo.Addition);
```

bzw. um:

```
calculate = new CalculateHandler(Demo.Subtraktion);
```

Jetzt ist dem Delegate bekannt, welche Methode ausgeführt werden soll: entweder Addition oder Subtraktion. Allerdings wird die Methode, auf die das Delegate in Form eines Zeigers verweist, noch nicht sofort ausgeführt, denn dazu bedarf es eines Anstoßes durch den Aufruf des Delegates:

```
double result = calculate(input1, input2);
```

Der Aufruf erinnert an den Aufruf einer Methode, dabei wird allerdings der Methodenname (hier: Addition bzw. Subtraktion) durch die Variable vom Typ des Delegates ersetzt. In den Klammern werden die erforderlichen Argumente an die Methode übergeben.

Damit die Anwendung nicht schon nach der ersten Berechnung beendet wird, ist die gesamte Programmlogik der Methode Main in einer do-while-Schleife codiert. Im Schleifenfuß erfolgt eine Überprüfung, ob der Anwender die Anwendung beenden möchte. Dazu muss er die Taste F12 drücken.

```
do {
  // Anweisungen
} while (Console.ReadKey(true).Key != ConsoleKey.F12);
```

Die statische Methode ReadKey ruft dabei die gedrückte Zeichen- oder Funktionstaste ab. Das Übergabeargument true sagt aus, dass das entsprechende Zeichen nicht in die Konsole geschrieben werden soll. Der Rückgabewert der Methode ReadKey ist vom Typ ConsoleKeyInfo. Darauf rufen wir mit der Eigenschaft Key die gedrückte Taste ab, die über die Konstantenauflistung ConsoleKey beschrieben wird.

5.1.2 Vereinfachter Aufruf eines Delegates

Es gibt noch eine weitere Notation, um ein Delegate zu instanziieren und ihm gleichzeitig die auszuführende Methode anzugeben. Diese ist etwas einfacher in der Handhabung und erspart uns ein wenig Tipparbeit. Sie können nämlich anstelle der Anweisung

```
CalculateHandler calculate = new CalculateHandler(Demo.Addition);
```

auch wie folgt codieren:

```
CalculateHandler calculate = Demo.Addition;
```

5.1.3 Multicast-Delegate

.NET bietet die Möglichkeit, mehrere Delegates zu einem einzigen zusammenzufassen. Dadurch entsteht ein Delegate-Verbund, der auch als *Multicast-Delegate* bezeichnet wird. Der Vorteil ist, dass durch den Aufruf eines Delegates mehrere Delegates der Reihe ausgeführt werden können.

Dazu ein Beispiel. Stellen Sie sich vor, Sie hätten den Auftrag bekommen, eine Software zu entwickeln, die eine Pumpenanlage zum Füllen des Schwimmbeckens eines Schwimmbades ansteuert. Es handelt sich bei dieser Anlage um Pumpen verschiedener Hersteller. Grundsätzlich sollen alle Pumpen eingeschaltet werden, wenn das Becken gefüllt wird. Anzahl und Typ der Pumpen können dabei durchaus variieren. Ihre Software soll so flexibel sein, sich an solche Änderungen automatisch anpassen zu können. Wie kann das Problem am besten gelöst werden?

Man kann davon ausgehen, dass jede Pumpe anders angesteuert werden muss. Daher bietet es sich an, für jede in Frage kommende Pumpe eine eigene Klasse mit einer Methode zu entwickeln, aus der heraus die Pumpe gestartet wird. Wir wollen zunächst zwei Klassen bereitstellen, `PumpeA` und `PumpeB`, deren Methoden `SwitchOnA` und `SwitchOnB` für die komplexen Einschaltvorgänge stehen sollen.

```
class PumpeA {
  public void SwitchOnA() {
    Console.WriteLine("Pumpe A wird eingeschaltet.");
  }
}

class PumpeB {
  public void SwitchOnB() {
    Console.WriteLine("Pumpe B wird eingeschaltet.");
  }
}
```

Eine weitere Klasse ist als Komponente in der Benutzeranwendung implementiert und ruft eine Methode in der pumpensteuernden Klasse auf, mit der der Startvorgang in Gang gesetzt wird. Hier sehen Sie den Code der Anwendung:

```
// ---------------------------------------------------------------
// Beispiel: ...\Kapitel 5\MulticastDelegate
// ---------------------------------------------------------------
public delegate void PumpDelegate();

class Program {
  static void Main(string[] args) {
    ControlPumps obj = new ControlPumps();
    // Array vom Typ PumpDelegate
    PumpDelegate[] del = new PumpDelegate[4];
```

```
    // Pumpenobjekte erzeugen
    PumpeA p1 = new PumpeA();
    PumpeB p2 = new PumpeB();
    PumpeA p3 = new PumpeA();
    PumpeA p4 = new PumpeA();
    // Startmethoden der Pumpen durch ein Delegate-
    // Objekt beschreiben
    del[0] = new PumpDelegate(p1.SwitchOnA);
    del[1] = new PumpDelegate(p2.SwitchOnB);
    del[2] = new PumpDelegate(p1.SwitchOnA);
    del[3] = new PumpDelegate(p1.SwitchOnA);
    // alle Delegates kombinieren
    PumpDelegate arrDel = (PumpDelegate)Delegate.Combine(del);
    // Delegate-Array an die Steuerklasse übergeben
    obj.AddPump(arrDel);
    // Pumpen starten
    obj.StartAllPumps();
    Console.ReadLine();
  }
}

// ------------ steuernde Klasse ------------
class ControlPumps {
  private PumpDelegate delPumps;

  public void AddPump(PumpDelegate pumps) {
    delPumps = pumps;
  }

  public void StartAllPumps() {
    delPumps();
  }
}
```

Die Anwendung beschreibt ein benutzerdefiniertes Delegate, das `PumpDelegate` heißt. Ein Objekt vom Typ dieses Delegates kann auf eine parameterlose Methode ohne Rückgabewert zeigen. Das entspricht exakt der Methodensignatur der beiden Startmethoden in den Pumpenklassen.

In der Anwendung ist neben der obligatorischen Klasse `Program` eine weitere Klasse implementiert worden (`ControlPumps`). In dieser ist ein Feld vom Typ des Delegates `PumpDelegate` definiert, dem über die Methode `AddPump` ein Wert zugewiesen wird. Zudem enthält die Klasse mit `StartAllPumps` eine zweite Methode, die die Aufgabe hat, alle Pumpen quasi gleichzeitig zu starten.

Werfen wir nun einen Blick auf den Code in `Main`. Es fällt als Erstes auf, dass die den Pumpenobjekten zugeordneten Delegates zu Elementen des Arrays `del` werden. Dabei handelt es sich um ein Array von `PumpDelegate`-Objekten. Anschließend folgt die Anweisung

```
PumpDelegate arrDel = (PumpDelegate)Delegate.Combine(del);
```

Da Delegates wie alles in der .NET-Welt Objekte sind, wird dieser Typ durch eine eigene Klasse im Namespace `System` beschrieben: `Delegate`. Mit der statischen Methode `Combine` dieses Typs lassen sich mehrere Delegates miteinander verknüpfen. `Combine` ist wie folgt überladen:

```
public static Delegate Combine(Delegate[]);
```

```
public static Delegate Combine(Delegate del1, Delegate del2);
```

Sie können als Argument entweder ein Array vom Typ `Delegate` übergeben oder haben die Alternative, zwei Delegates miteinander zu verknüpfen. Der Rückgabewert ist in beiden Fällen ein Delegate – oder präziser gesagt: Es handelt sich um ein Multicast-Delegate, für das es in der Klassenbibliothek eine eigene Typdefinition gibt, die von `Delegate` abgeleitet ist: `MulticastDelegate`. Der Rückgabewert wird nach einer expliziten Konvertierung dem benutzerdefinierten Delegate zugewiesen:

```
PumpDelegate arrDel = (PumpDelegate)Delegate.Combine(del);
```

Wir haben nun eine Objektvariable namens `arrDel`, die ein Multicast-Delegate referenziert, das seinerseits vier Singlecast-Delegates kombiniert. Dem Objekt der steuernden Klasse `ControlPumps` müssen wir jetzt nur noch die Referenz `arrDel` übergeben.

Wenn Sie das Programm ausführen, wird an der Konsole folgende Ausgabe erscheinen:

```
Pumpe A wird eingeschaltet.
Pumpe B wird eingeschaltet.
Pumpe A wird eingeschaltet.
Pumpe A wird eingeschaltet.
```

Methoden eines Multicast-Delegates

Jedes Delegate steht für eine Liste von Methodenaufrufen, die durchlaufen wird, sobald das Delegate ausgeführt wird. Im Falle eines Singlecast-Delegates enthält diese Liste nur ein Element, bei einem Multicast-Delegate können es mehrere sein. Auf diese Aufrufliste können Sie mit der Methode `GetInvocationList` der Klasse `Delegate` bzw. `MulticastDelegate` zugreifen; der Rückgabewert ist ein Delegate-Array.

In der Klasse `Delegate` ist diese Methode wie folgt definiert:

```
public virtual Delegate[] GetInvocationList();
```

Um eine Methode zu der Aufrufliste hinzuzufügen oder aus ihr zu entfernen, definiert die Delegate-Klasse die beiden statischen Methoden Combine und Remove. Wir hatten in unserem Beispiel oben ein Multicast-Delegate erzeugt, indem wir vier Singlecast-Delegates zu einem Array zusammengefasst und als Argument der Combine-Methode übergeben haben. Die überladene Version dieser Methode wollen wir uns zusammen mit der Remove-Methode anschauen:

```
public static Delegate Combine(Delegate del1, Delegate del2);
```

```
public static Delegate Remove(Delegate source, Delegate value);
```

Beide Parameterlisten sind identisch und erwarten sowohl im ersten als auch im zweiten Argument die Referenz auf ein Delegate. Dem ersten Parameter wird die Referenz auf das Delegate übergeben, zu dessen Aufrufliste ein weiteres Delegate hinzugefügt werden soll. Bei der Remove-Methode soll es natürlich entfernt werden. Der zweite Parameter beschreibt das Delegate, das hinzugefügt bzw. entfernt werden soll. Dazu ein kleines Beispiel:

```
PumpDelegate del1 = new PumpDelegate(p1.SwitchOnA);
PumpDelegate del2 = new PumpDelegate(p2.SwitchOnB);
del2 = Delegate.Combine(del2, del1);
...
del2 = Delegate.Remove(del2, del1);
```

In der dritten Codezeile wird das Delegate zu einem Multicast-Delegate, und in der letzten Zeile wird diese Zuordnung wieder aufgehoben. Es ist möglich, im zweiten Argument ein Multicast-Delegate anzugeben; letztendlich verkleinert sich dadurch allerdings nicht der Programmcode. Bei einer Kombination mehrerer Delegates ist daher die Variante mit der Übergabe eines Arrays vorzuziehen.

Interessiert der Name der von einem Delegate gekapselten Methode, lässt sich dieser durch die schreibgeschützte Eigenschaft Method nebst weiteren Informationen in Erfahrung bringen. Der Aufruf dieser Eigenschaft liefert als Rückgabewert die Referenz auf ein Objekt vom Typ System.Reflection.MethodInfo, das die unterschiedlichsten Informationen zu einer Methode bereitstellt, beispielsweise über die Instanzeigenschaft Name den Namen der von einem Delegate eingeschlossenen Methode.

```
Console.WriteLine(del1.Method().Name);
```

Die ebenfalls schreibgeschützte Eigenschaft Target liefert eine Referenz auf das Objekt, dessen Instanzmethode das aktuelle Delegate aufruft:

```
public object Target {get;}
```

Da der Rückgabewert Object ist, wird man in der Regel zuerst explizit konvertieren müssen:

```
PumpeA newPump = (PumpeA)del1.Target;
```

5.1.4 Anonyme Methoden

Delegates haben wir bisher konstruiert, indem wir das Delegate instanziiert und dem Konstruktor dabei einen Methodennamen übergeben haben. Das setzt voraus, dass die Methode auch irgendwo im Programmcode namentlich bekannt ist. Das kann dazu führen, dass sehr viele Methoden nur die Aufgabe haben, ein bestimmtes Delegate zu bedienen.

Der auszuführende Programmcode kann auch direkt mit dem Delegate verknüpft werden. Der Code ist nicht mehr mit einem Methodenbezeichner verbunden und wird deshalb als *anonyme Methode* bezeichnet. Wir wollen uns das an einem Beispiel ansehen und ändern dazu das Beispielprogramm so ab, dass anstelle der ausgeschriebenen Methoden `Addition` und `Subtraktion` nun anonyme Methoden verwendet werden.

```
// ---------------------------------------------------------
// Beispiel: ...\Kapitel 5\AnonymeMethoden
// ---------------------------------------------------------
public delegate double CalculateHandler(double dblVar1, double dblVar2);

class Program {

  static void Main(string[] args) {
    // Variable vom Typ des Delegates
    CalculateHandler calculate;
    do {
      // Eingabe der Operanden
      Console.Clear();
      Console.Write("Geben Sie den ersten Operanden ein: ");
      double input1 = Convert.ToDouble(Console.ReadLine());
      Console.Write("Geben Sie den zweiten Operanden ein: ");
      double input2 = Convert.ToDouble(Console.ReadLine());
      // Wahl der Operation
      Console.Write("Operation: Addition - (A) oder Subtraktion - (S)? ");
      string wahl = Console.ReadLine().ToUpper();
      if (wahl == "A")
        calculate = delegate(double x, double y)
        {
          return x + y;
        };
      else if (wahl == "S")
        calculate = delegate(double x, double y)
        {
          return x - y;
        };
      else
      {
        Console.Write("Ungültige Eingabe");
        Console.ReadLine();
```

```
          return;
        }
        double result = calculate(input1, input2);
        Console.WriteLine("--------------------------------");
        Console.WriteLine("Ergebnis = {0}\n\n", result);
        Console.WriteLine("Zum Beenden ...");
      } while (Console.ReadKey(true).Key != ConsoleKey.F12);
    }
}
```

Der Code, der vorher noch in den Methoden `Addition` und `Subtraktion` implementiert war, wird nun direkt nach der Deklaration der Variablen vom Typ des Delegates angegeben.

```
if (wahl == "A")
  calculate = delegate(double x, double y)
            {
              return x + y;
            };
```

Das Schlüsselwort `delegate` dient dazu, ein Delegate zu instanziieren und das Objekt direkt mit einer anonymen Methode zu verbinden. Hinter `delegate` ist die Parameterliste entsprechend der Delegate-Definition angegeben. Handelt es sich um eine parameterlose, anonyme Methode, bleibt die Liste leer und man kann auf die Angabe der runden Klammern verzichten.

Da sich der Anweisungsblock einer anonymen Methode immer innerhalb einer äußeren Methode befindet, kann aus der anonymen Methode heraus auf jede andere Variable der äußeren Methode zugegriffen werden.

Anonyme Methoden unterliegen im Vergleich zu anderen Anweisungsblöcken nur einer Einschränkung: Mit den Sprunganweisungen `continue`, `break` und `goto` darf innerhalb einer anonymen Methode nicht zu einer Anweisung verzweigt werden, die außerhalb der anonymen Methode codiert ist. Ebenfalls unzulässig ist eine Sprunganweisung außerhalb einer anonymen Methode, deren Ziel innerhalb einer anonymen Methode zu finden ist.

5.2 Ereignisse eines Objekts

Die meisten Objekte, mit denen wir es täglich zu tun haben, reagieren auf Anstöße von außen: Ein Auto kann hupen und fahren, eine Person kann gehen und sprechen. Äußere Anstöße können – projiziert auf den Programmentwurf – Methodenaufrufen gleichgesetzt werden. Ein Client verwaltet beispielsweise ein Objekt vom Typ `Car` und ruft die Methode `Fahren` auf. Daraufhin setzt sich das Auto in Bewegung – zumindest aus dem programmiertechnischen Blickwinkel heraus.

Die Erfahrung des täglichen Lebens zeigt aber auch, dass Objekte auf diese Anstöße ihrerseits selbst reagieren können. Stellen Sie sich vor, Sie würden in einem Mietshaus wohnen und die Lautstärke der Stereoanlage zu hoch drehen. Wenn Sie Glück haben, werden Ihre Nachbarn das stillschweigend akzeptieren, möglicherweise werden Sie aber auch soeben das Klingeln an der Wohnungstür vernehmen und einem vielleicht freundlich, vielleicht auch verärgert um mehr Ruhe bittenden Nachbarn begegnen.

Ein Methodenaufruf ist das Verfahren, mit dem ein Client einem Objekt einen Anstoß gibt, damit dieses eine bestimmte Verhaltensweise zeigt. Die Konsequenz eines Methodenaufrufs könnte sein, dass das Objekt seinerseits bei seinem Aufrufer eine Reaktion auslöst.

Diese Reaktion lässt sich ebenfalls programmiertechnisch erfassen: Sie wird als *Ereignis* oder auch mit dem englischen Begriff *Event* bezeichnet. Ereignisse spielen eine herausragende Rolle bei der Programmierung grafischer Benutzeroberflächen. Ereignisse lassen sich so abstrahieren, dass sie als Nachrichtenverkehr zwischen einer Ereignisquelle und einem Ereignisempfänger angesehen werden können. Eine Ereignisquelle könnte beispielsweise die Schaltfläche in einem Windows-Fenster sein. Sobald der Anwender mit der Maus auf die Schaltfläche klickt, wird ein Ereignis ausgelöst, auf das der Ereignisempfänger reagieren kann, aber nicht reagieren muss.

Hinweis

Die Richtung eines klassischen Methodenaufrufs geht immer vom Aufrufer zum Objekt. Das Objekt führt danach die Methode aus. Die Richtung eines Ereignisses ist genau entgegengesetzt: Sie geht vom Objekt zurück zum Aufrufer der Objektmethode, der auch als *Ereignisempfänger* bezeichnet wird. Aus diesem Blickwinkel betrachtet, ruft ein Objekt als *Ereignisquelle* eine ihm bekannte Methode im Client, dem Ereignisempfänger, auf.

Der Zeitpunkt der Ereignisauslösung ist im Code eines Objekts festgelegt. Das Besondere an einem Event ist, dass der Ereignisempfänger auf die Auslösung individuell reagieren kann, sie unter Umständen sogar einfach ignoriert.

5.2.1 Ereignis in einer Ereignisquelle ergänzen

Die theoretische Betrachtung eines Ereignisses soll nun in ein praktisches Beispiel umgesetzt werden. Erinnern wir uns dazu zunächst an die aktuelle Implementierung der Eigenschaftsmethode `Radius` in der `Circle`-Klasse:

```
Public virtual double Radius {
  get{return _Radius;}
  set{
    if(value >= 0)
      _Radius = value;
    else
      Console.Write("Unzulässiger Wert.");
```

```
    }
}
```

Uns interessiert insbesondere der set-Accessor und dort wiederum das Verhalten der Methode, wenn der Eigenschaft ein negativer Wert übergeben wird. Nach dem derzeitigen Stand führt das zu einem Nachrichtenhinweis auf der Konsole.

Der Code funktioniert tadellos, unterliegt jedoch einer Einschränkung: Der Client muss die Nachricht entgegennehmen – ob er will oder nicht. Anstatt an der Konsole immer nur dieselbe gleichlautende Meldung anzuzeigen, könnte das Circle-Objekt im Client eine Methode aufrufen und ihm damit signalisieren, dass die Wertübergabe nicht korrekt war. Der Client kann als Ereignisempfänger auf das Ereignis reagieren, indem in ihm eine bestimmte Methode ausgeführt wird.

Bisher hatten wir es immer mit der Aufrufrichtung zu tun, die von einem Client zu einem Objekt verläuft. Ein Ereignis dreht diese Richtung um. Um die Wirkungsweise der Ereignisse besser zu verstehen, wollen wir nun die Klasse Circle um ein solches Ereignis erweitern, das wir InvalidRadius nennen. Der Programmablauf bis zu einer eventuellen Ereignisauslösung würde wie folgt aussehen:

1. Der Client erzeugt ein Objekt der Klasse Circle und weist der Eigenschaft Radius einen unzulässigen Wert zu.
2. In der Eigenschaftsmethode Radius wird der übergebene Wert geprüft, die Unzulässigkeit festgestellt und das Ereignis InvalidRadius ausgelöst – mit der Folge, dass im Client nach einer Methode gesucht wird, die das Ereignis behandelt.
3. Erklärt sich der Client bereit, das Ereignis zu behandeln, wird im Client die dem Ereignis zugeordnete Methode ausgeführt.

Kommen wir nun zu den Details der Ereignisimplementierung in der Ereignisquelle. Jedes Ereignis muss in der Klassendefinition bekannt gegeben werden. Die allgemeine Syntax einer Ereignisdefinition lautet wie folgt:

```
[<Zugriffsmodifizierer>] event <Delegate-Typ> <Event-Bezeichner>;
```

Dem optionalen Zugriffsmodifizierer (der Standard ist private) folgt das Schlüsselwort event, und dahinter wird der Typ des Ereignisses bekannt gegeben, der ein Delegate ist. Weil ein Delegate den Zeiger auf eine Methode mit einer bestimmten Parameterliste und einem bestimmten Rückgabetyp beschreibt, wird damit gleichzeitig die ereignisbehandelnde Methode im Client spezifiziert. Abgeschlossen wird die Deklaration mit dem Bezeichner des Ereignisses.

Hinweis

Delegates, die den Ereignissen als Typvorgabe dienen, haben im .NET Framework per Konvention das Suffix EventHandler.

Unsere Anwendung müssen wir demnach um eine Delegate-Definition ergänzen, und wir müssen in der Klasse `Circle` einen Event vom Typ dieses Delegates deklarieren, um der selbst gestellten Anforderung zu genügen:

```
// --------- Delegate ---------
public delegate void InvalidRadiusEventHandler();

public class Circle : IDisposable {
  // --------- Ereignis ---------
  public event InvalidRadiusEventHandler InvalidRadius;
  ...
}
```

Der Ausgangspunkt unserer Überlegungen war, bei einer unzulässigen Zuweisung an die Eigenschaft `Radius` eines `Circle`-Objekts das Ereignis `InvalidRadius` auszulösen. Die Ereignisauslösung muss genau zu dem Zeitpunkt erfolgen, wenn die Überprüfung des Übergabewertes zu einer Ablehnung geführt hat. Die Auslösung selbst ist trivial, wir brauchen dazu nur den Namen des Ereignisses anzugeben, in unserem Beispiel also:

```
InvalidRadius();
```

Diese Anweisung ersetzt in der Eigenschaft `Radius` die Konsolenausgabe im `else`-Zweig des `set`-Accessors:

```
public virtual double Radius {
  get {return _Radius;}
  set {
    if(value >= 0)
      _Radius = value;
    else
    // Ereignis auslösen
      InvalidRadius();
  }
}
```

Übergibt der Client der Eigenschaft `Radius` nun einen Wert, der der Bedingung

```
Radius < 0
```

entspricht, wird das Delegate aktiv und sucht im Aufrufer nach einer parameterlosen Methode ohne Rückgabewert.

5.2.2 Behandlung eines Ereignisses im Ereignisempfänger

Wie sich der Ereignisempfänger verhält, ob er die Ereignisauslösung ignoriert oder darauf reagiert, bleibt ihm selbst überlassen. Es ist eine Option, die wahrgenommen werden kann oder auch nicht.

In Kenntnis der Tatsache, dass ein `Circle`-Objekt ein Ereignis auslösen kann, wenn der Eigenschaft `Radius` ein unzulässiger Wert übergeben wird, entwickeln wir zunächst eine Methode, die bei der Auslösung des Ereignisses `InvalidRadius` ausgeführt werden soll. Solche Methoden werden auch als *Ereignishandler* bezeichnet. Da der Typ dieses Ereignisses ein parameterloses Delegate ist, muss die Parameterliste unserer Methode natürlich leer sein.

```
public class Program {

  static void Main(string[] args) {
    Circle kreis = new Circle();
    ...
  }

  public static void kreis_InvalidRadius() {
    Console.WriteLine("Unzulässiger negativer Radius.");
  }
}
```

Hinweis

Es ist nicht nur unter .NET üblich, einem Ereignishandler nach einem bestimmten Muster einen Bezeichner zu geben. Dabei wird zuerst der Objektname angegeben, gefolgt von einem Unterstrich und dem sich anschließenden Ereignisbezeichner, also

Objektname_Ereignisname

Sie können selbstverständlich von dieser Konvention abweichen. Die vom Visual Studio automatisch generierten Ereignishandler folgen alle diesem Namensmuster, dem allerdings Grenzen gesetzt sind, wie Sie gleich noch sehen werden.

Wir können dem Objekt `kreis` nun einen Radius von beispielsweise `-1` zuweisen, aber die Methode `kreis_InvalidRadius` würde daraufhin nicht ausgeführt. Woher soll das Objekt auch wissen, welche Methode im Client ausgeführt werden soll, wenn das Ereignis `InvalidRadius` ausgelöst wird? Es könnten schließlich x-beliebig viele parameterlose Methoden in der Clientklasse definiert sein und prinzipiell als Ereignishandler in Frage kommen. Außerdem ist dem *Circle*-Objekt auch der Bezeichner der aufzurufenden Methode völlig unbekannt.

Wir müssen per Anweisung den von uns bereitgestellten Ereignishandler an das Ereignis `InvalidRadius` des Objekts binden. Dazu übergeben wir dem Ereignis des Objekts mit dem +=-Operator eine Instanz des Delegates `InvalidRadiusEventHandler`, wobei wir den Bezeichner des Handlers angeben:

```
kreis.InvalidRadius +=
          new InvalidRadiusEventHandler(kreis_InvalidRadius);
```

Natürlich ist auch die Kurzform

```
kreis.InvalidRadius += kreis_InvalidRadius;
```

erlaubt. Die einzige Bedingung ist, dass die dem Konstruktor genannte Methode den vom Delegate festgelegten Kriterien hinsichtlich Parameterliste und Rückgabewert genügt. Unser Testcode in `Main` könnte nun wie folgt lauten:

```
public void Main(string[] args) {
  Circle kreis = new Circle();
  kreis.InvalidRadius += kreis_InvalidRadius;
  kreis.Radius = -1;
  Console.ReadLine();
}
```

Dazu noch der Ereignishandler:

```
public void kreis_InvalidRadius () {
  Console.WriteLine("Unzulässiger negativer Radius.");
}
```

Wenn wir Code ausführen, der versucht, der Eigenschaft `Radius` den ungültigen Wert `-1` zuzuweisen, wird der Client durch die Auslösung des Ereignisses `InvalidRadius` und den Aufruf des Handlers `kreis_InvalidRadius` über die ungültige Zuweisung benachrichtigt.

Hinweis

Ein Tipp am Rande. Sie brauchen sich nicht die Mühe zu machen, das Delegate des Ereignisses zu instanziieren und anschließend den Ereignishandler manuell anzugeben. Stattdessen können Sie Visual Studio 2010 die Arbeit überlassen. Achten Sie einmal darauf, dass Ihnen nach der Eingabe des +=-Operators angeboten wird, die [Tab]-Taste zu drücken (siehe Abbildung 5.1). Nutzen Sie das Angebot, wird der Typ des Ereignisses automatisch instanziiert. Ein zweites Drücken der [Tab]-Taste bewirkt das automatische Erzeugen des Ereignishandlers nach der weiter oben beschriebenen Namenskonvention.

```
class Program
{
    static void Main(string[] args)
    {
        // Test des Ereignisses InvalidRadius
        Circle kreis = new Circle();
        kreis.InvalidRadius +=
    }              new InvalidRadiusEventHandler(kreis_InvalidRadius);   (Press TAB to insert)
}
```

Abbildung 5.1 Automatisches Erzeugen des Ereignishandlers

5.2.3 Allgemeine Betrachtungen der Ereignishandlerregistrierung

Einen Ereignishandler können Sie auch mehrfach an das Ereignis eines Objekts binden, z. B. so:

```
Circle kreis = new Circle();
kreis.InvalidRadius += kreis_InvalidRadius;
kreis.InvalidRadius += kreis_InvalidRadius;
kreis.InvalidRadius += kreis_InvalidRadius;
...
```

Ob das sinnvoll ist, wollen wir an dieser Stelle nicht diskutieren. Aber es geht. Sie können aber auch mehrere verschiedene Ereignishandler bei einem Ereignis registrieren; Sie sind nicht nur auf einen Handler beschränkt.

```
Circle kreis = new Circle();
kreis.InvalidRadius += kreis_InvalidRadius;
kreis.InvalidRadius += RadiusError;
...
```

Analog zum Binden eines Ereignisses mit dem +=-Operator an eine Methode im Ereignisempfänger können Sie mit dem -=-Operator diese Bindung zu einem beliebigen Zeitpunkt wieder lösen. Mit

```
Circle kreis = new Circle();
kreis.InvalidRadius += kreis_InvalidRadius;
kreis.InvalidRadius -= kreis_InvalidRadius;
...
```

weist das Objekt keine gültige Registrierung mehr auf. Es wird also nichts passieren, falls das Ereignis ausgelöst wird.

Ereignishandler sind nicht nur von einem Objekt nutzbar, sondern können von mehreren Objekten gleichzeitig benutzt werden. Mit

```
Circle kreis1 = new Circle();
Circle kreis2 = new Circle();
kreis1.InvalidRadius += kreis_InvalidRadius;
kreis2.InvalidRadius += kreis_InvalidRadius;
```

wird der Ereignishandler sowohl für das Objekt `kreis1` als auch für das Objekt `kreis2` genutzt. Sie können sogar noch einen Schritt weitergehen: Der Ereignishandler ist natürlich auch nicht einen bestimmten Typ verpflichtet. Sie können den Ereignishandler für jedes x-beliebige Objekt mit jedem x-beliebigen Ereignis verwenden – vorausgesetzt, der Typ des Ereignisses stimmt mit der Parameterliste und dem Rückgabewert des Ereignishandlers überein.

5.2.4 Wenn der Ereignisempfänger ein Ereignis nicht behandelt

Clientseitig muss das von einem Objekt ausgelöste Ereignis nicht zwangsläufig an einen Ereignishandler gebunden werden. Legt man keinen Wert darauf, kann das Ereignis auch unbehandelt im Sande verlaufen, es findet dann keinen Abnehmer.

Sehen wir uns in der Klasse `Circle` noch einmal die Eigenschaft `Radius` mit dem Ereignisauslöser an:

```
public virtual double Radius {
  get{return _Radius;}
  set{
    if(value >= 0)
      _Radius = value;
    else
      InvalidRadius();
  }
}
```

Die Implementierung ist noch nicht so weit vorbereitet, dass der Aufrufer das Ereignis ignorieren könnte. Wenn nämlich mit

```
Circle kreis = new Circle();
kreis.Radius = -2;
```

fälschlicherweise ein unzulässiger negativer Wert zugewiesen wird und das Ereignis im potenziellen Ereignisempfänger nicht behandelt wird, kommt es zur Laufzeit zu einem Fehler des Typs `System.NullReferenceException`, da der Aufruf nur `null` zurückliefert.

Vor der Auslösung eines Ereignisses sollte daher in der Ereignisquelle zuerst geprüft werden, ob der Ereignisempfänger überhaupt die Absicht hat, auf das Ereignis zu reagieren. Mit einer `if`-Anweisung lässt sich das sehr einfach feststellen:

```
public virtual double Radius {
  get { return _Radius; }
  set {
    if (value >= 0)
      _Radius = value;
    else
      if (InvalidRadius != null)
        InvalidRadius();
  }
}
```

5.2.5 Ereignisse mit Übergabeparameter

Der Auslöser des Ereignisses

Werfen wir nun erneut einen Blick auf den Ereignishandler, der das Event `InvalidRadius` eines `Circle`-Objekts behandelt:

```
public void kreis_InvalidRadius() {
  Console.WriteLine("Unzulässiger negativer Radius.");
}
```

Einer kritischen Betrachtung kann die Codierung nicht standhalten, denn wir müssen erkennen, dass der Handler keine Allgemeingültigkeit gewährleistet. Dafür gibt es zwei Gründe:

- Zweifelsfrei wäre es sehr angenehm, bereits im Ereignishandler den Anwender zu einer erneuten Eingabe des Radius aufzufordern. Allerdings ist die Referenz auf das auslösende Objekt im Ereignishandler nicht bekannt.
- Ein Ereignishandler kann von mehreren Objekten benutzt werden, auch solchen mit unterschiedlichem Typ. Allerdings besteht derzeit keine Möglichkeit, festzustellen, welches Objekt für den Aufruf des Ereignishandlers verantwortlich zeichnet.

Das Problem ist sehr einfach zu lösen, wenn der Ereignishandler einen Parameter bereitstellt, in dem das ereignisauslösende Objekt die Referenz auf sich selbst übergibt. Darauf kann dem Radius ein neuer Wert zugewiesen werden.

```
public void kreis_InvalidRadius(Circle sender) {
  Console.WriteLine("Unzulässiger negativer Radius.");
  Console.Write("Neueingabe: ");
  sender.Radius = Convert.ToDouble(Console.ReadLine());
}
```

Jetzt ist der Ereignishandler so allgemein, dass er an das `InvalidRadius`-Ereignis jedes x-beliebigen *Circle*-Objekts gebunden werden kann. Eine Neueingabe des Radius wird immer dem ereignisauslösenden Objekt zugewiesen.

Diese Überlegung hat auch eine Änderung des Codes in der Klasse `Circle` zur Folge. Dazu ist zunächst die Definition des Delegates durch einen Parameter vom Typ `Circle` zu ergänzen:

```
public delegate void InvalidRadiusEventHandler(Circle c);
```

Bei der Auslösung des Ereignisses in der Eigenschaftsmethode `Radius` wird dem Event `InvalidRadius` mit `this` die Referenz auf das aktuelle Objekt übergeben, auf dem der Ereignishandler im Client Operationen ausführen kann.

```
public virtual double Radius {
  get{return _Radius;}
  set {
    if(value >= 0)
      _Radius = value;
    else if(InvalidRadius != null)
      InvalidRadius(this);
  }
}
```

Jetzt haben wir einen Stand erreicht, der auch einer kritischen Analyse standhält: Das Ereignis `InvalidRadius` ist so allgemein definiert, dass im Client ein Ereignishandler ausreicht, um damit mehrere `Circle`-Objekte gleichzeitig behandeln zu können.

Ereignishandler im .NET Framework

Alle Ereignishandler im .NET Framework weisen zwei Parameter auf:

- Im ersten Parameter gibt sich das auslösende Objekt bekannt.
- Im zweiten Parameter werden ereignisspezifische Daten geliefert.

Den ersten Parameter haben wir im Abschnitt zuvor zwar schon behandelt, aber wir müssen eine kleine Nachbetrachtung anstellen und eine Änderung vornehmen. Grundsätzlich ist nämlich der erste Parameter immer vom Typ `Object`. Der Grund ist recht einfach, denn die Delegates, die den Ereignissen zugrunde liegen, sollen generell mehreren unterschiedlichen Ereignisdefinitionen zur Verfügung stehen, die durchaus auch von unterschiedlichen Objekten ausgelöst werden können. Im ersten Parameter einen spezifischen Typ anzugeben, würde zu deutlich mehr Delegate-Definitionen führen.

Im zweiten Parameter werden ereignisspezifische Daten geliefert. Wir wollen uns das am Beispiel der Klasse `Circle` exemplarisch verdeutlichen. Nach dem derzeitigen Entwicklungsstand können wir im Ereignishandler nicht feststellen, welcher Wert nicht akzeptiert worden ist. Vielleicht möchten wir aber diese Information dem Ereignishandler bereitstellen, damit beispielsweise die Konsolenausgabe

```
Ein Radius vom -22 ist nicht zulässig.
```

ermöglicht wird.

Zur Bereitstellung von ereignisspezifischen Daten werden spezielle Klassen benötigt, die prinzipiell von `EventArgs` abgeleitet sind. Damit lassen sich die Typen der zweiten Parameter auf eine gemeinsame Basis zurückführen. `EventArgs` dient seinerseits selbst einigen Ereignissen als Typvorgabe (beispielsweise allen `Click`-Ereignissen). Allerdings stellt `EventArgs` selbst keine eigenen Daten zur Verfügung und ist daher bei diesen Ereignissen mehr als Dummy anzusehen, um der allgemeinen Konvention zu folgen.

In unserem Fall könnte die Klasse für den zweiten Parameter wie folgt codiert sein:

```
public class InvalidRadiusEventArgs : EventArgs {

  private double _Radius;

  public double Radius {
    get { return _Radius; }
  }
```

```
  public InvalidRadiusEventArgs(double radius) {
    _Radius = radius;
  }
}
```

Hinweis

Üblicherweise werden die Klassen, die als Typvorgabe für die Objekte der zweiten Parameter im Eventhandler dienen, mit dem Suffix `EventArgs` ausgestattet. Häufig wird dem Suffix der Ereignisname vorangestellt.

In unserem Fall wollen wir dem Ereignishandler nur den Wert des fehlgeschlagenen Zuweisungsversuchs mitteilen. Es reicht dazu aus, den Wert in einer schreibgeschützten Eigenschaft zu kapseln.

Jetzt wollen wir uns alle Änderungen ansehen, die sich aus unseren Überlegungen ergeben. Da wäre zunächst einmal die Anpassung des Delegates `InvalidRadiusEventHandler`, das nun im ersten Parameter den Typ `Object` vorschreibt und im zweiten ein Objekt vom Typ `InvalidRadiusEventArgs`.

```
public delegate void InvalidRadiusEventHandler(Object sender,
                                   InvalidRadiusEventArgs e);
```

Nun können wir auch die Eigenschaft `Radius` in der Klasse `Circle` überarbeiten:

```
public virtual double Radius {
  get { return _Radius; }
  set {
    if (value >= 0)
      _Radius = value;
    else
    {
      if (InvalidRadius != null)
        InvalidRadius(this, new InvalidRadiusEventArgs(value));
    }
  }
}
```

Der Ereignishandler muss nun natürlich entsprechend parametrisiert werden. Aber er gestattet uns nicht nur zu erfahren, welches Objekt für die Ereignisauslösung verantwortlich ist, sondern auch die Auswertung, welcher Wert nicht akzeptiert werden konnte.

```
void kreis_InvalidRadius(object sender, InvalidRadiusEventArgs e){
  Console.WriteLine("Ein Radius von {0} ist nicht zulässig.", e.Radius);
  Console.Write("Neueingabe: ");
  ((Circle)sender).Radius = Convert.ToDouble(Console.ReadLine());
}
```

Zusammenfassung

Fassen wir an dieser Stelle noch einmal alle Erkenntnisse hinsichtlich der Ereignishandler im .NET Framework zusammen:

- Ereignishandler liefern niemals einen Wert an den Aufrufer zurück, sie sind immer `void` und haben zwei Parameter.
- Der erste Parameter ist grundsätzlich immer vom Typ `Object`. Hier gibt sich der Auslöser des Events bekannt.
- Der zweite Parameter ist vom Typ `EventArgs` oder davon abgeleitet. Er stellt ereignisspezifische Daten zur Verfügung. In der Regel wird das Suffix `EventArgs` angehängt.
- Basierend auf diesen Punkten werden die Delegates definiert, die als Typvorgabe der Ereignisse dienen.

5.2.6 Ereignisse in der Vererbung

Ereignisse können nur in der Klasse ausgelöst werden, in der sie definiert sind. Mit anderen Worten bedeutet das auch, dass Ereignisse nicht vererbt werden. In der Klasse `GraphicCircle` könnte nach dem derzeitigen Stand des Klassencodes niemals das Ereignis `InvalidRadius` ausgelöst werden.

Aus diesem Grund wird in der Klasse, in der ein Ereignis bereitgestellt wird, eine zusätzliche Methode definiert, in der das Ereignis ausgelöst wird. Üblicherweise sind diese Methoden geschützt, also `protected`. Sie definieren einen Parameter, bei dem es sich um den Typ `EventArgs` handelt. Es ist allgemeine Konvention im .NET Framework, dass die Methoden, die einzig und allein der Ereignisauslösung dienen, mit dem Präfix `On` gekennzeichnet werden, gefolgt vom Bezeichner des Ereignisses. Für unser Ereignis würde die Methode demnach wie folgt aussehen:

```
protected void OnInvalidRadius(InvalidRadiusEventArgs e) {
  if (InvalidRadius != null)
    InvalidRadius(this, e);
}
```

Das Ereignis wird also in der Klasse ausgelöst, in der es definiert ist. Andererseits vererbt sich die Methode aber an alle abgeleiteten Klassen, die nun durch den einfachen Methodenaufruf über einen Umweg die Auslösung des Ereignisses bewirken können.

5.2.7 Hinter die Kulissen geblickt

Rufen wir uns zum Abschluss noch einmal in Erinnerung, wie wir einen Ereignishandler registrieren:

```
kreis.OnInvalidRadius += new InvalidRadiusEventHandler(kreis_InvalidRadius);
```

Die Nutzung des Operators += mag seltsam anmuten; warum kann nicht auch einfach nur der Operator = benutzt werden? In diesem Zusammenhang stellt sich auch die Frage, warum ein Ereignis mit dem Schlüsselwort `event` deklariert werden muss? Da ein Ereignis vom Typ eines Delegates ist, könnte doch vermutlich auch auf die Angabe von `event` verzichtet werden, also:

```
public InvalidRadiusEventHandler;
```

Tatsächlich verbirgt sich hinter dem Schlüsselwort ein Mechanismus, der ähnlich wie eine gekapselte Eigenschaft aufgebaut ist. Unser Ereignis `InvalidRadius` wird, zusammen mit dem `event`-Schlüsselwort, im Hintergrund wie folgt umgesetzt:

```
private InvalidRadiusEventHandler _InvalidRadius;
public event InvalidRadiusEventHandler InvalidRadius
{
  add
  {
    _InvalidRadius += value;
  }
  remove
  {
    _InvalidRadius -= value;
  }
}
```

Vergleichbar mit dem `get`- und `set`-Accessor einer Eigenschaftsmethode werden hinter `event` die beiden Zweige `add` und `remove` erzeugt. Das Delegate selbst bleibt in einem `private`-Feld verborgen.

Angenommen, wir würden tatsächlich auf die Angabe von `event` verzichten. Der Code würde zwar weiterhin fehlerfrei ausgeführt, aber er würde auch gestatten, die Aufrufliste mit

```
kreis.InvalidRadius = null;
```

zu löschen. Bei einer Deklaration des Ereignisses mit `event` ist das nicht möglich, denn `event` kapselt den direkten Zugriff.

Mit `event` wird, wie Sie oben gesehen haben, ein `add`- und ein `remove`-Accessor definiert. Mit den beiden Operatoren += und -= wird nur noch gesteuert, welcher der beiden ausgeführt werden soll. Die Entwicklungsumgebung wird einen Kompilierfehler ausgeben, wenn Sie stattdessen nur den einfachen Zuweisungsoperator = benutzen.

Tatsächlich können Sie sogar per Programmcode ein Ereignis mit den beiden Routinen `add` und `remove` nachbilden. Im folgenden Beispielprogramm wird das demonstriert. In der Klasse `Demo` ist das Ereignis `OutOfCoffee` definiert, aber ganz elementar. Außer Ihnen die

Möglichkeit zu geben, ein wenig hinter die Kulissen eines Events zu schauen, vollbringt das Beispiel keine besonderen Leistungen.

```
// ---------------------------------------------------------
// Beispiel: ...\Kapitel 5\EventDemonstration
// ---------------------------------------------------------
class Program {

  static void Main(string[] args) {
    Demo demo = new Demo();
    demo.OutOfCoffee += new EventHandler(demo_OutOfCoffee);
    demo.TestMethod();
    Console.ReadLine();
  }

  // Ereignishandler
  static void demo_OutOfCoffee(object sender, EventArgs e) {
    Console.WriteLine("Im Ereignishandler von 'OutOfCoffee'");
  }
}

class Demo {

  // Gekapseltes Delegate
  private EventHandler _OutOfCoffee;

  // Definition des Events
  public event EventHandler OutOfCoffee {
    add
    {
      _OutOfCoffee += value;
    }
    remove
    {
      _OutOfCoffee -= value;
    }
  }

  // ereignisauslösende Methode
  public void TestMethod() {
    if (_OutOfCoffee != null)
      this._OutOfCoffee(this, new EventArgs());
  }
}
```

5.2.8 Änderungen im Projekt »GeometricObjects«

Sie wissen nun, wie Ereignisse definiert werden; Sie wissen, wie Ereignisse in der Vererbung behandelt werden und kennen die allgemeine Namenskonvention im .NET Framework. Ich habe Ihnen das alles anhand eines Ereignisses gezeigt, das ausgelöst wird, wenn der Versuch unternommen wird, einen ungültigen Radius zu übergeben. Sie dürfen daraus nicht den Schluss ziehen, dass im Fall eines Fehlers ein Ereignis ausgelöst werden sollte. Selbstkritisch betrachtet, muss ich im Fall unserer Klasse `Circle` sogar sagen, dass das Ereignis völlig unzureichend ist. Denken Sie nur daran, dass bei der Übergabe eines negativen Radius-Wertes an einen der parametrisierten Konstruktoren der Benutzer keine Möglichkeit hat, durch eine Neueingabe den Fehler zu korrigieren. Schlimmer noch: Er wird überhaupt nicht über das Missgeschick informiert. Zudem kommt noch hinzu, dass die Behandlung eines Ereignisses nicht verpflichtend ist.

In der Praxis ist daher die Auslösung eines Ereignisses im Falle eines Fehlers völlig unangebracht. Stattdessen sollte eine Ausnahme ausgelöst werden, die im Programmcode behandelt werden muss. Zur Ehrenrettung unserer Klasse `Circle` muss aber auch festgestellt werden, dass Sie im .NET Framework auf Methoden treffen werden, die beide Möglichkeiten vorsehen: Entweder wird ein Ereignishandler registriert, in dem auf den aufgetretenen Fehler reagiert wird, oder es wird eine Exception ausgelöst. Genauso werden wir später noch die Klasse `Circle` ergänzen, wenn wir uns mit den Ausnahmen (Exceptions) beschäftigen.

Wir wollen nun aber noch unser Projekt um zwei sehr typische Ereignisse in der Methode `MoveXY` erweitern. Es sind die Ereignisse `Moving` und `Moved`. `Moving` soll ausgelöst werden, bevor die Bezugspunktkoordinaten verschoben werden, `Moved` nach der Verschiebung.

Solche Ereignispärchen sind nicht untypisch im .NET Framework. Beispielsweise werden beim Schließen eines WPF-Fensters die Ereignisse `Closing` und `Closed` ausgelöst. Wird das Ereignis `Closing` im Code behandelt, besteht die Möglichkeit, das bereits eingeleitete Schließen des Fensters im buchstäblich letzten Moment noch abzubrechen. Soll das Fenster nicht geschlossen werden, muss die Eigenschaft `Cancel` des entsprechenden `EventArgs`-Objekts auf `true` gesetzt werden. Geschieht das nicht, wird `Closed` ausgelöst. Der Abbruch des Schließvorgangs ist dann nicht mehr möglich.

Ein ähnliches Verhalten sollen auch die beiden Ereignisse `Moving` und `Moved` zeigen. Eine eingeleitete Verschiebeoperation soll im Ereignishandler von `Moving` noch abgebrochen werden können, und zwar ebenfalls über eine Eigenschaft `Cancel`. Das `Moved`-Ereignis dient nur dazu, im `EventArgs`-Parameter die neuen Bezugspunktkoordinaten bereitzustellen.

Um diese Forderungen umzusetzen, wird das Projekt zuerst um die beiden Klassen ergänzt, die die `EventArgs`-Objekte der späteren Delegates beschreiben.

```
public class MovingEventArgs {
  public bool Cancel;
}

public class MovedEventArgs : EventArgs {
  // Felder
  private int _X;
```

```
  private int _Y;

  // Konstruktor
  public MovedEventArgs(int x, int y) {
    _X = x;
    _Y = y;
  }

  // Eigenschaftsmethoden
  public int X
    { get { return _X; } }

  public int Y
    { get { return _Y; } }
}
```

MovingEventArgs ist am einfachsten implementiert. Da die Eigenschaft Cancel im Ereignishandler unter Umständen einen neuen Wert erhält, der ausgewertet werden muss, genügt uns die einfache Deklaration einer booleschen Variablen. MovedEventHander liefert die neuen Koordinatenwerte. Diese sollen aber schreibgeschützt sein, wodurch die Definition von entsprechenden Eigenschaftsmethoden notwendig wird. Damit die neuen Werte des Bezugspunktes überhaupt in das Objekt gelangen, ist ein parametrisierter Konstruktor notwendig.

Mit diesen beiden Typen lassen sich die beiden notwendigen Delegates beschreiben:

```
public delegate void MovingEventHandler(Object sender, MovingEventArgs e);

public delegate void MovedEventHandler(Object sender, MovedEventArgs e);
```

In der Klasse GeometricObject ist die MoveXY-Methode definiert, in der die beiden Ereignisse Moving und Moved ausgelöst werden sollen. Folglich gilt es, in dieser Klasse die beiden Methoden zu definieren. Dazu gehören auch die beiden geschützten Methoden, die die Ereignisauslösung kapseln, um die Ereignisse auch den ableitenden Klassen zugänglich zu machen.

In MoveXY steht auch der Code, der prüft, ob der Anwender die eingeleitete Verschiebung des Bezugspunktes abbrechen möchte. Dazu wird die Eigenschaft Cancel des MovingEventArgs-Objekts untersucht. Hat der Benutzer mit true kundgetan, doch nicht zu verschieben, wird MoveXY mit return beendet.

```
public abstract class GeometricObject {

  // Ereignisse
  public event MovingEventHandler Moving;
  public event MovedEventHandler Moved;
```

```
  // geschützte Methoden
  protected void OnMoving(MovingEventArgs e){
    if (Moving != null)
      Moving(this, e);
  }

  protected void OnMoved(MovedEventArgs e){
    if (Moved != null)
      Moved(this, e);
  }

  public virtual void MoveXY(int dx, int dy){
    // Moving-Ereignis
    MovingEventArgs e = new MovingEventArgs();
    OnMoving(e);
    if (e.Cancel == true)
      return;
    XCoordinate += dx;
    YCoordinate += dy;
    // Moved-Ereignis
    OnMoved(new MovedEventArgs(XCoordinate, YCoordinate));
  }
  ...
}
```

Anmerkung

Sie finden den Code des Beispiels auf der Buch-DVD unter den Beispielen zu Kapitel 5. Darin wurde auch die Klasse `Rectangle` geändert, sodass auch ein `Rectangle`-Objekt ähnliche Ereignisse wie ein `Circle`-Objekt hat. Der einzig erwähnenswerte Unterschied ist der, dass anstatt des Ereignisses `InvalidRadius` die beiden Ereignisse `InvalidWidth` und `InvalidLength` dafür sorgen, den Anwender präzise über die Seite zu informieren, der ein ungültiges Maß übergeben werden sollte.

6 Weitere .NET-Datentypen

Bisher haben wir Objekte erzeugt, indem wir eine Klasse instanziierten. Objekte beanspruchen aber Systemressourcen, denn mit jedem Objekt ist ein Verwaltungsoverhead verbunden. Bei einzelnen Objekten fällt das kaum ins Gewicht; ein Objekt-Array, das möglicherweise Tausende typgleicher Objekte enthält, kann die Systemleistung jedoch spürbar negativ beeinflussen.

Die .NET-Laufzeitumgebung stellt aus diesem Grund ein Konstrukt bereit, das sich ähnlich wie eine Klasse verhält, dabei jedoch die wertvollen Ressourcen schont: die Struktur. Strukturen werden von der Laufzeitumgebung als Wertetyp behandelt.

Anschließend werden wir uns noch einer zweiten Typdefinition widmen: der Konstantenaufzählung oder Enumeration.

6.1 Strukturen

6.1.1 Definition einer Struktur

Eine Struktur beschreibt einen Datentyp, der sich aus Elementen verschiedener Typen zusammensetzt, die miteinander in einer festen Beziehung stehen und eine in sich geschlossene Einheit bilden. Stellen Sie sich vor, Sie wollten ein Auto beschreiben, das durch einen `Preis`, eine `Höchstgeschwindigkeit` und einen `Hubraum` gekennzeichnet ist. Außerdem soll die Klasse die Methoden `Fahren` und `Hupen` veröffentlichen. Die Klassendefinition könnte folgendermaßen lauten:

```
public class Car {
  public decimal Preis;
  public float Höchstgeschwindigkeit;
  public float Hubraum;

  public void Fahren() {
    // Anweisungen
  }

  public void Hupen() {
    // Anweisungen
  }
}
```

Tatsächlich unterscheidet sich die analoge Definition einer Struktur `Car` kaum von der einer Klasse – abgesehen vom Austausch des Schlüsselwortes `class` durch `struct`:

```
public struct Car {
  ...
}
```

Im ersten Moment mag das zu der Schlussfolgerung verleiten, man könne eine Klasse grundsätzlich durch eine Struktur ersetzen. Wie im weiteren Verlauf dieses Kapitels aber noch gezeigt werden wird, sind die Fähigkeiten einer Struktur im Vergleich zu denen einer Klasse eingeschränkt.

Dass die Aussage, eine Struktur sei ein Wertetyp, korrekt ist, wird schon bei der Deklaration einer Variablen deutlich. Würde `Car` als Klasse definiert, müsste vor dem ersten Aufruf eine Instanz durch das Aufrufen des Operators `new` erzeugt werden:

```
// Annahme: Car liegt als class-Definition vor
Car myCar = new Car();
myCar.Hubraum = 1900;
```

Eine Struktur wird demgegenüber von der Laufzeitumgebung jedoch wie die Variable eines elementaren Datentyps eingesetzt, da kein Verweis damit verknüpft ist:

```
// Car liegt als struct-Definition vor
Car myCar;
```

Der Zugriff auf die Elemente einer Struktur erfolgt ebenfalls mit dem Punktoperator, z. B. so:

```
myCar.Hubraum = 1900;
```

6.1.2 Initialisieren einer Struktur

Eine Struktur ist die Beschreibung eines Datentyps. Um das Objekt einer Struktur nutzen zu können, benötigt man eine Variable dieses Typs. Im folgenden Beispiel ist die Struktur `Person` mit den Feldern `Name` und `Alter` definiert. In der `Main`-Methode wird die Variable `pers` vom Typ `Person` deklariert und werden den Feldern Werte zugewiesen.

```
struct Person {
  public string Name;
  public int Alter;
}

class Program {
  static void Main(string[] args) {
    Person pers;
    pers.Name = "Willi Jakob";
    pers.Alter = 35;
  }
}
```

Der Name (`Willi Jakob`) und das Alter (`35`) sind einem ganz bestimmten Element zugeordnet, nämlich `pers`. Das erinnert an die Instanzvariablen einer Klasse, die ebenfalls objektgebunden sind. Der Vergleich ist auch nicht falsch, denn eine Strukturvariable ist einem Objektverweis sehr ähnlich, was durch die zweite Variante, eine Variable vom Typ einer Struktur zu deklarieren, besonders deutlich wird:

```
Person pers = new Person();
pers.Alter = 35;
```

Die Syntax ist dieselbe wie bei der Instanziierung einer Klasse und deutet bereits darauf hin, dass es innerhalb einer Struktur einen Konstruktor geben muss, der parameterlos ist. Mit `new` wird dieser Konstruktor aufgerufen, der – wie auch der Konstruktor einer Klasse – die Felder des Objekts initialisiert.

Wenn Sie ein Objekt vom Typ einer Struktur mit `new` deklarieren, sind alle Felder initialisiert und ermöglichen einen sofortigen Zugriff. Verzichten Sie auf den `new`-Operator, muss einem Feld zuerst ein Wert zugewiesen werden, bevor es ausgewertet werden kann. Aus diesem Grund lehnt der C#-Compiler die Kompilierung des folgenden Codefragments ab: In der vierten Anweisung wird versucht, den Inhalt des noch nicht initialisierten Feldes an der Konsole anzuzeigen.

```
Person pers1 = new Person();
Person pers2;
Console.Write(pers1.Name);
Console.Write(pers2.Name);
```

6.1.3 Weitere Merkmale einer Struktur

Klassen und Strukturen stellen in vielerlei Hinsicht dieselben Möglichkeiten zur Verfügung. Beispielsweise können in Strukturen Eigenschaften, Methoden und Ereignisse definiert sowie Schnittstellen implementiert werden. Die Methodenüberladung ist nach denselben Regeln wie in den Klassen erlaubt.

Es gibt jedoch auch einige Einschränkungen, die in Kauf genommen werden müssen, wenn Sie sich anstelle einer Klasse für eine Struktur entscheiden. Das wichtigste Unterscheidungsmerkmal ist, dass Strukturen weder Klassen noch andere Strukturen beerben können. Strukturen können auch nicht abgeleitet werden. Von dieser Regel gibt es nur eine Ausnahme: Implizit beerben Strukturen die Klasse `ValueType`, die ihrerseits eine direkte Subklasse von `Object` ist.

Standardmäßig stellt eine Struktur einen parameterlosen Konstruktor bereit, der mit

```
Person pers = new Person();
```

aufgerufen werden kann. Strukturen lassen die Definition weiterer Konstruktoren zu, die jedoch parametrisiert sein müssen, denn das Überschreiben des parameterlosen Konstruktors einer Struktur ist nicht erlaubt. Fügen Sie einen parametrisierten Konstruktor hinzu, müssen darin alle Felder der Struktur initialisiert werden, wie das folgende Beispiel zeigt:

```
struct Person {
  public string Name;
  public int Alter;

  // Konstruktor
  public Person(string name) {
    Alter = 0;
    Name = name;
  }
}
```

Der Aufruf eines parametrisierten Konstruktors führt nur über den new-Operator. Vorsicht ist hierbei geboten, denn das folgende Codefragment hat die doppelte Initialisierung der Variablen pers zur Folge, weil in der zweiten Anweisung ein parametrisierter Konstruktor aufgerufen wird:

```
Person pers;
pers = new Person("Willi", 13);
```

Läge Person eine Klasse zugrunde, würde es nur zu einem Konstruktoraufruf kommen.

Es gibt noch ein anderes Merkmal, durch das sich Strukturen von Klassen unterscheiden. Während die Initialisierung eines Feldes in einer Klasse anstandslos möglich ist, wird das vom C#-Compiler in einer Struktur abgelehnt. Die folgende Definition von Person ist deshalb auch falsch:

```
public struct Person {
  // die Initialisierung der Felder ist unzulässig
  public string Zuname = "";
  public int PersonalID = 0;
}
```

Richtig muss es lauten:

```
public struct Person {
  public string Zuname;
  public int PersonalID;
}
```

6.1.4 Verschachtelte Strukturen

Sollte es erforderlich sein, können Sie Stukturen ineinander verschachteln.

```
public struct Mitarbeiter {
  public struct Position {
```

```
    public string Bezeichnung;
    public double Gehalt;
  }

  public string Geschlecht;
  public int Alter;
  public Position Rang;
}
```

Die Struktur `Position` mit ihren öffentlichen Elementen `Bezeichnung` und `Gehalt` ist in die Struktur `Mitarbeiter` eingebettet, die ihrerseits selbst drei Elemente für den externen Zugriff bereitstellt. Das Element `Rang` ist vom Typ der eingebetteten Struktur. Der Zugriff auf die untergeordnete Ebene erfolgt mit der üblichen Punktnotation. Zuerst wird das äußere Element genannt, danach das direkt untergeordnete, zum Beispiel:

```
Mitarbeiter newPerson;
newPerson.Rang.Bezeichnung = "Boss";
newPerson.Rang.Gehalt = 20000;
```

6.1.5 Änderung im Projekt »GeometricObjects«

Wir wollen uns nun erneut der Anwendung *GeometricObjectsSolution* zuwenden. An einer Stelle bietet es sich an, eine Struktur einzusetzen: Es handelt sich dabei um die beiden Mittelpunktskoordinaten `XKoordinate` und `YKoordinate`, die in der Klasse `GeometricObject` definiert sind und nun durch die Struktur `Point` beschrieben werden sollen. Der Typ `Point` ist sehr einfach aufgebaut und hat nur die beiden Felder `X` und `Y`, die später den Mittelpunkt eines Kreisobjekts beschreiben sollen. Außerdem enthält die Struktur einen zweiparametrigen Konstruktor, dem beim Aufruf die Punktkoordinaten übergeben werden.

```
public struct Point {
  public int X;
  public int Y;

  public Point(int x, int y) {
    X = x;
    Y = y;
  }
}
```

In der Klasse `GeometricObject` zieht das selbstverständlich Änderungen nach sich. Wir definieren zuerst ein Feld vom Typ der Struktur. Dieses soll in der überarbeiteten Fassung die Werte des Bezugspunktes aufnehmen.

```
protected Point _Center = new Point();
```

Dabei sollte explizit der parameterlose Konstrukor aufgerufen werden, damit X und Y im Feld _Center von Anfang an initialisiert sind und einen definierten Anfangszustand haben.

Von der Einführung der Struktur Point sind auch die Konstruktoren von Circle und Rectangle betroffen, die die beiden Mittelpunktskoordinaten in ihren Parametern erwarten.

```
public Circle(double radius, int xPos, int yPos) : this(radius) {
  _Center.X = xPos;
  _Center.Y = yPos;
}

public Rectangle(double length, double width int xPos, int yPos,):this(length, width) {
  _Center.X = xPos;
  _Center.Y = yPos;
}
```

Bedingt durch die Änderung sollten wir nun auch zwei Eigenschaftsmethoden in GeometricObject definieren, um die X- und Y-Position der Objekte zu veröffentlichen.

```
public int XCoordinate {
  get {return _Center.X;}
  set {_Center.X = value;}
}

public int YCoordinate {
  get {return _Center.Y;}
  set {_Center.Y = value;}
}
```

Eine gute Klassendefinition zeichnet sich nicht nur dadurch aus, dass sie die Implementierung auf das Notwendigste beschränkt, sondern deckt auch die Fälle ab, die für einen Benutzer unter Umständen sinnvoll sein könnten. Soll der Mittelpunkt eines Kreisobjekts diagonal verschoben werden, sind zwei Anweisungen notwendig. Vorteilhafter ist es, dasselbe mit einer Anweisung zu erreichen. Die Verbesserung soll durch eine Methode erzielt werden, die wir als MoveXY bezeichnen. Sie nimmt ein Point-Objekt vom Aufrufer entgegen und wird in GeometricObject definiert.

```
public void MoveXY(Point center) {
  _Center = center;
}
```

Da eine Struktur ein Wertetyp ist, schreiben sich die Felder X und Y der im Parameter center übergebenen Koordinaten in die gleichlautenden Felder von _Center.

Sehen wir uns nun in einem Codefragment an, wie einfach es ist, diese Methode zu benutzen. Es wird dabei davon ausgegangen, dass ein konkretes Circle-Objekt namens kreis vorliegt. Mit

```
Point newPoint = new Point(150, 315);
kreis.MoveXY(newPoint);
```

übergeben wir der Methode ein Point-Objekt. Benötigen wir dieses Objekt zur Laufzeit der Anwendung nicht mehr, kann es auch in der Argumentenliste erzeugt werden.

```
kreis.MoveXY(new Point(150, 315));
```

Zuletzt ergänzen wir die Klassen Circle und Rectangle noch um einen Konstruktor, der neben dem Radius eine Point-Referenz als Argument erwartet:

```
public Circle(double radius, Point center) : this(radius) {
  _Center = center;
}

public Rectangle(double length, double width, Point center)
                                        : this(length, width) {
  _Center = center;
}
```

Damit wird eine Instanziierung der Klasse mit

```
Circle kreis = new Circle(2, new Point(5, 12));
```

möglich.

Anmerkung

Den Code des Beispiels *GeometricObjectsSolution* mit allen Änderungen, die wir bisher in diesem Kapitel vorgenommen haben, finden Sie auf der Buch-DVD unter *...\Kapitel 6\GeometricObjects-Solution.*

6.2 Enumerationen (Aufzählungen)

Eine Enumeration ist als Gruppierung mehrerer Konstanten zu verstehen, die zur Laufzeit nicht verändert werden können. Alle in der Enumeration enthaltenen Konstanten sind vom gleichen Datentyp. Dabei kann es sich um byte, short, int oder long handeln. Andere Datentypen sind nicht zugelassen. Die Angabe des Typs einer Enumeration ist optional. Wird darauf verzichtet, handelt es sich um int-Elemente. Enumerationen sind von der gemeinsamen Basisklasse System.Enum abgeleitet.

Betrachten Sie das folgende Beispiel der Enumeration Spielkarte:

```
public enum Spielkarte : long {
  Karo = 9,
  Herz = 10,
```

```
  Pik = 11,
  Kreuz = 12
}
```

Eine Enumeration wird mit dem Schlüsselwort `enum` eingeleitet. Hinter der Angabe des Bezeichners kann optional der Datentyp aller in der Enumeration enthaltenen Konstanten angegeben werden. Dabei wird der Datentyp (im Beispiel handelt es sich um den Typ `long`) mit einem Doppelpunkt vom Bezeichner der Aufzählung getrennt.

Der `enum`-Block enthält alle erforderlichen Konstanten, die ihrerseits durch ein Komma getrennt werden. Der von ihnen beschriebene Wert kann optional zugewiesen werden. Andernfalls wird er nach einem bestimmten Algorithmus automatisch vergeben, wie unten noch erläutert wird.

6.2.1 Wertzuweisung an »enum«-Mitglieder

Die Wertzuweisung an die `enum`-Elemente ist optional. Wird darauf verzichtet, steht das erste Element für den Wert 0. Es gilt die Regel, dass jedes Element, dem nicht ausdrücklich ein Wert zugewiesen wird, einen Wert repräsentiert, der sich aus dem Wert des Vorgängerelements plus 1 ermittelt. Natürlich können die Werte auch negativ sein.

Sehen wir uns dazu ein Beispiel an:

```
public enum TestEnum {
  a = -2,
  b,
  c = 3,
  d
}
```

Da das erste Element (`a`) für den Wert `-2` steht, hat das Folgeelement (`b`) den Wert `-1`. Das Element (`c`) repräsentiert die Zahl 3, und das Folgeelement (`d`) steht für 4. Bei der Angabe muss keine Reihenfolge eingehalten werden. Es dürfen sogar mehrere Elemente gleiche Werte aufweisen.

Eine `enum`-Aufzählung wird von der Laufzeitumgebung wie ein Wertetyp behandelt. Daher ist eine Variablendeklaration notwendig:

```
Spielkarte myGame;
```

Die Variable `myGame` kann nun für ein beliebiges Element der Aufzählung stehen. Um welches Element es sich genau handelt, muss mit der Punktnotation angegeben werden:

```
myGame = Spielkarte.Herz;
```

Wenn Sie am Zahlenwert, der dieser Konstanten zugeordnet ist, interessiert sind, müssen Sie explizit konvertieren:

```
long myGame = (long)Spielkarte.Herz;
```

6.2.2 Alle Mitglieder einer Aufzählung durchlaufen

Enumerationen werden uns im zweiten Teil dieses Buches häufig begegnen, wenn wir uns der Programmierung von Windows-Anwendungen widmen. Dabei wird es manchmal sinnvoll sein, die Mitglieder einer Aufzählung in einer Schleife abzugreifen. Ich möchte Ihnen am Beispiel der Aufzählung `Spielkarte` demonstrieren, wie das programmiertechnisch realisiert wird.

```
// ---------------------------------------------------------
// Beispiel: ...\Kapitel 6\EnumerationDemo
// ---------------------------------------------------------
class Program {
  static void Main(string[] args) {
    foreach (Spielkarte karte in Enum.GetValues(typeof(Spielkarte)))
      Console.WriteLine(karte.ToString());
      Console.ReadLine();
    }
  }

  public enum Spielkarte : long {
    Karo = 9,
    Herz = 10,
    Pik = 11,
    Kreuz = 12
  }
}
```

Wir können in solchen Fällen nicht mit einer herkömmlichen `for`-Schleife operieren, sondern müssen dazu die `foreach`-Schleife benutzen, die ein Array elementweise durchläuft und deren allgemeine Syntax wie folgt lautet:

```
foreach (<Datentyp> <Variable> in <Ausdruck>) {...}
```

Zuerst wird eine Variable deklariert, deren Lebensdauer sich auf die Ausführung der Schleife beschränkt. Der Datentyp entspricht dem Datentyp der Konstanten in der Enumeration, deren Mitglieder wir in Erfahrung bringen wollen. `Ausdruck` ist das Array, das in der Schleife elementweise durchlaufen wird. Dieses Array müssen wir uns noch besorgen.

Eingangs wurde bereits erwähnt, dass alle Enumerationen aus der Klasse `Enum` abgeleitet werden. Diese stellt mit `GetValues` eine statische Methode zur Verfügung, die uns eine

`Array`-Referenz aller in der Aufzählung enthaltenen Konstanten zurückliefert. `GetValues` ist wie folgt definiert:

```
public static Array GetValues(Type enumType);
```

Der Rückgabewert ist vom Typ `Array`, das Übergabeargument vom Typ `Type`. Dieser Typ liefert Informationen über einen Datentyp, beispielsweise über die von einer Klasse veröffentlichten Methoden und Felder. Dazu müssen wir uns nur den `Type` eines bestimmten Datentyps besorgen. Hier hilft die C#-spezifische Funktion `typeof` weiter, der wir als Argument den Typbezeichner übergeben. Der Ausdruck

```
Enum.GetValues(typeof(Spielkarte))
```

liefert die Elemente der Enumeration als Array, das wir mit `karte` vom ersten bis zum letzten Element durchlaufen. Bei jedem Schleifendurchlauf zeigt `karte` auf eine andere Konstante, deren Namen wir an der Konsole ausgeben lassen.

7 Weitere Möglichkeiten von C#

Wir haben nun alle wichtigen Facetten der Objektorientierung beleuchtet. Es gibt jedoch noch viele andere Themen, die in der Programmierung mit .NET eine wichtige Rolle einnehmen und denen wir uns in diesem Kapitel widmen. Dazu gehören beispielsweise Namensräume, Generics, die Überladung von Operatoren, Indexer, Erweiterungsmethoden, Lambda-Ausdrücke, Attribute, das dynamische Binden, die Deklaration von Zeigern u.v.m.

7.1 Namensräume (Namespaces)

Die .NET-Klassenbibliothek enthält zahlreiche Klassendefinitionen, die dem Entwickler im Bedarfsfall ihre individuellen Dienste über Methoden bereitstellen. Sie können davon ausgehen, dass sich das Angebot im Laufe der Zeit durch neue Technologien noch deutlich erweitern wird. Dabei sind die benutzerdefinierten Klassen noch nicht berücksichtigt.

Gäbe es für dieses große Angebot keine besondere Verwaltungsstruktur, wäre das Chaos perfekt. Erfahrene Entwickler wissen, wie schwierig es ist, aus den circa 5000 bis 6000 verschiedenen Betriebssystemfunktionen eine bestimmte zu finden. Da hilft auch kein von Microsoft sorgfältig gewählter, beschreibender Funktionsname weiter: Die Suche gleicht dem Stöbern nach der berühmten Stecknadel im Heuhaufen.

Dieser Problematik waren sich die .NET-Architekten bewusst und haben daher das Konzept der *Namespaces* (Namensräume) eingeführt. Namespaces sind hierarchische, logische Organisationsstrukturen. Sie kategorisieren Typdefinitionen, um das Auffinden einer bestimmten Funktionalität auf ein Minimum an Aufwand zu reduzieren und Mehrdeutigkeiten zu vermeiden.

Namespaces lassen sich sehr gut mit der Ordnerstruktur eines Dateisystems vergleichen. Dabei ähnelt ein Namespace einem Verzeichnis. Jedes Verzeichnis enthält Dateien, die meist logisch miteinander in Beziehung stehen: Beispielsweise können die Dateien eine Anwendung bilden, oder es handelt sich um gemeinsam verwaltete Benutzerdokumente. Innerhalb eines Namespace werden ebenfalls logisch zusammenhängende Typen verwaltet. Beim Vergleich mit dem physikalischen Dateisystem entspricht eine Typdefinition einer Datei. Innerhalb eines Ordners muss der Name einer Datei eindeutig sein – innerhalb eines Namespace gilt dasselbe für die Typbezeichner. Im Dateisystem können Verzeichnisse Unterverzeichnisse enthalten, um eine feinere Gliederung zu erzielen. Aus denselben Gründen können Namespaces weitere Namespaces einbetten.

Ein Namespace ist ein Verwaltungskonstrukt, in dem ein oder mehrere Typen logisch gruppiert werden, die funktional in einer verwandtschaftlichen Beziehung stehen. Beispielsweise sind alle Klassen des .NET-Frameworks, die Dateioperationen zur Verfügung stellen, dem Namespace `System.IO` zugeordnet. Der größte Namespace ist der mit der Bezeichnung `System`. Er enthält die wichtigsten .NET-Typen und hat aus organisatorischen Gründen weitere, untergeordnete Namespaces.

Zwischen einem Namespace und einer Bibliotheksdatei (DLL), die Typdefinitionen enthält, besteht keine 1:1-Beziehung. Vielmehr kann sich ein Namespace über mehrere DLL-Dateien erstrecken. Umgekehrt können in einer DLL-Datei auch mehrere Namespaces definiert werden.

Grundsätzlich ist jeder Typ Mitglied eines Namespace. Folgerichtig wird auch jedweder Programmcode in Namespaces verwaltet. Jedes neue Projekt eröffnet dazu einen neuen Namespace, in dem alle Typen des aktuellen Projekts verwaltet werden.

7.1.1 Zugriff auf Namespaces

Es ist ein Irrtum zu glauben, man könne ohne weitere Maßnahme auf jeden beliebigen Namespace und eine darin verwaltete Klasse Zugriff erhalten. Vielmehr muss dem Projekt die Datei bekannt gegeben werden, die den erforderlichen Namespace enthält.

Damit jedes Projekt von Anfang an eine gewisse Grundfunktionalität hat, werden die wichtigsten Bibliotheken von Anfang an eingebunden. Sie finden die Liste der Dateiverweise im Projektmappen-Explorer, wenn Sie den Knoten VERWEISE im Projektmappen-Explorer öffnen. Die Dateiendung DLL wird in der Verweisliste nicht mit angegeben, da es sich nur um DLLs handeln kann (siehe Abbildung 7.1).

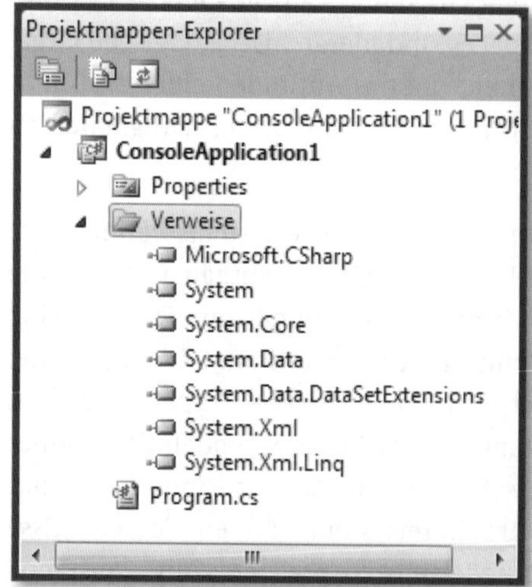

Abbildung 7.1 Der geöffnete Knoten »Verweise«

Damit stehen dem Entwickler schon beim Öffnen eines neuen Projekts sehr viele Klassen zur Verfügung – nämlich die, die in den Bibliotheken enthalten sind, auf die verwiesen wird. Sollte es sich im Laufe der Entwicklungszeit herausstellen, dass darüber hinaus noch weitere benötigt werden, muss die Verweisliste um die entsprechenden Bibliotheken ergänzt werden. Dazu öffnen Sie das Kontextmenü des Knotens Verweise im Projektmappen-Explorer und wählen Verweis hinzufügen... Daraufhin wird das Dialogfenster aus Abbildung 7.2 angezeigt. In der Registerkarte .NET wird die gewünschte Datei markiert und über die Schaltfläche OK zur Liste der ausgewählten Komponenten hinzugefügt. In Tabelle 7.1 sind alle Registerkarten des Dialogs erläutert.

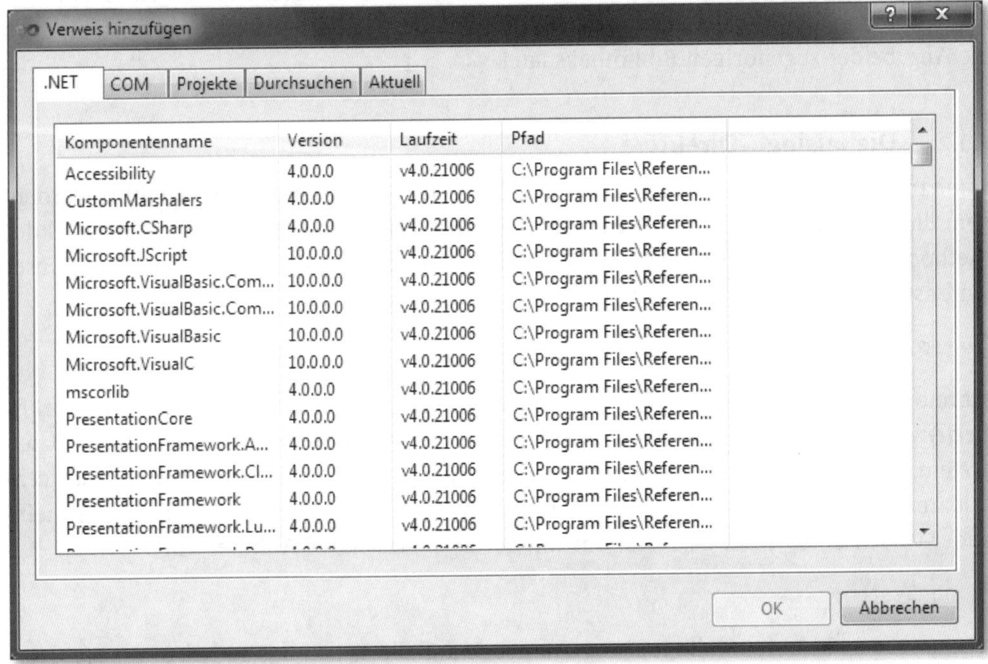

Abbildung 7.2 Der Dialog zum Hinzufügen von Verweisen

Registerkarte	Beschreibung
.NET	Hier wählen Sie die Bibliotheken aus, die sich an zentraler Stelle (*Global Assembly Cache* – GAC) eingetragen haben. Diese Lokalität wird durch den Pfad *\Windows\assembly* beschrieben.
COM	Möchten Sie eine Komponente nutzen, die für COM/ActiveX entwickelt worden ist, suchen Sie die gewünschte Komponente hier.
Projekte	Hier werden Ihnen die Projekte zur Auswahl angeboten, die sich in derselben Projektmappe mit dem aktuellen Projekt befinden.

Tabelle 7.1 Die Registerkarten des Dialogs »Verweis hinzufügen«

Registerkarte	Beschreibung
Durchsuchen	Ist die Bibliothek nicht im *Global Assembly Cache* eingetragen, können Sie über diese Lasche zum Speicherort der DLL-Datei navigieren.
Aktuell	Hier finden Sie eine Liste derjenigen Bibliotheken, die Sie während Ihrer letzten Sessions hinzugefügt haben.

Tabelle 7.1 Die Registerkarten des Dialogs »Verweis hinzufügen« (Forts.)

Wenn Sie wissen, welche Klasse Sie in Ihrem Projekt benötigen, stellt sich nur noch die Frage, in welcher Datei die Klasse zu finden ist. Die Lösung ist sehr einfach, wenn Sie sich das Datenblatt der entsprechenden Klasse in der .NET-Dokumentation ansehen. Darin werden Sie sowohl die Angabe des Namespace finden, dem die Klasse zugeordnet ist, als auch die Angabe der zugehörigen Bibliotheksdatei.

7.1.2 Die »using«-Direktive

Standardmäßig muss beim Zugriff auf eine Klasse auch der Namespace angeführt werden, dem die Klasse zugeordnet ist. Betrachten wir dazu das schon häufig benutzte Beispiel der Methode `WriteLine` der Klasse `Console`, die zum Namespace `System` gehört. Um im Konsolenfenster eine Ausgabe zu erhalten, müssten Sie streng genommen

```
System.Console.WriteLine("Hallo Welt");
```

schreiben. Eine Angabe, die aus Namespace und Klassenname besteht, wird als *vollqualifizierter Name* bezeichnet und ähnelt einer kompletten Pfadangabe im physikalischen Dateisystem. Vollqualifizierte Namen führen oft zu sehr langen, unübersichtlichen und schlecht lesbaren Ausdrücken im Programmcode, insbesondere wenn mehrere Namespaces ineinander verschachtelt sind. C# bietet uns mit der `using`-Direktive Abhilfe. Mit

```
using System;
```

können Sie an späterer Stelle im Programmcode auf alle Typen des so bekannt gegebenen Namespace unter Angabe des Typbezeichners zugreifen, ohne den vollqualifizierten Namen angeben zu müssen:

```
Console.WriteLine("Hallo Welt");
```

`using`-Direktiven stehen außerhalb der Klassendefinitionen und beziehen sich nur auf die Quellcodedateien, in denen sie angegeben sind.

7.1.3 Globaler Namespace

In .NET gibt es einen sogenannten *globalen Namespace*. Diesem werden die folgenden Elemente zugeordnet:

- alle Toplevel-Namespaces
- alle Typen, die keinem Namespace zugeordnet sind

Der Zugriff auf den globalen Namespace unterliegt einer speziellen Syntax und wird in Abschnitt 7.1.6, »Der ::-Operator«, erläutert.

7.1.4 Vermeiden von Mehrdeutigkeiten

Namespaces dienen zur Strukturierung und Gruppierung von Klassen ähnlicher Merkmale, aber auch zur Vermeidung von Mehrdeutigkeiten. Konflikte aufgrund gleicher Typbezeichner werden durch Namespaces vermieden. Allerdings kann die Bekanntgabe mehrerer Namespaces mit `using` Probleme bereiten, sollten in zwei verschiedenen Namespaces jeweils gleichnamige Typen existieren. Dann hilft `using` auch nicht weiter. Angenommen, in den beiden fiktiven Namespaces `MyApplication` und `YourApplication` wäre jeweils eine Klasse `Person` definiert, dann würde das folgende Codefragment wegen der Uneindeutigkeit des Klassenbezeichners einen Fehler verursachen:

```
using MyApplication;
using YourApplication;

class Demo {
  static void Main(string[] arr) {
    Person obj = new Person();
    ...
  }
}
```

Die Problematik lässt sich vermeiden, wenn der Namespace der Klasse `Person` näher spezifiziert wird, beispielsweise mit:

```
MyApplication.Person person = new MyApplication.Person();
```

Es gibt auch noch eine weitere Möglichkeit, um den Eindeutigkeitskonflikt oder eine überlange Namespace-Angabe zu vermeiden: die Definition eines Alias. Während die einfache Angabe ohne Alias hinter `using` nur einen Namespace erlaubt, ersetzt ein Alias den vollständig qualifizierenden Typbezeichner. Damit könnten die Klassen `Person` in den beiden Namespaces auch wie folgt genutzt werden:

```
using FirstPerson = MyApplication.Person;
using SecondPerson = YourApplication.Person;
...
FirstPerson person = new FirstPerson();
```

Genauso können Sie, falls Sie Spaß daran haben, die Klasse `Console` umbenennen, z. B. in `Ausgabe`:

```
using Ausgabe = System.Console;
...
Ausgabe.WriteLine("Hallo Welt");
```

7.1.5 Namespaces festlegen

Jedem neuen C#-Projekt wird von der Entwicklungsumgebung automatisch ein Namespace zugeordnet. Standardmäßig sind Namespace- und Projektbezeichner identisch.

Solange sich Typen innerhalb desselben Namespace befinden, können sie sich gegenseitig direkt mit ihrem Namen ansprechen. Die Klassen `DemoA`, `DemoB` und `DemoC` des folgenden Codefragments sind demselben Namespace zugeordnet und benötigen deshalb keine vollqualifizierte Namensangabe.

```
namespace MyApplication {
  class DemoA {/*...*/}
  class DemoB {/*...*/}
  class DemoC {/*...*/}
}
```

Jeden Namespace können Sie selbstverständlich nach eigenem Ermessen benennen. Häufig verwenden die Unternehmen dazu Ihren Unternehmensnamen. Zudem lassen sich auch mehrere Namespaces angeben, wie das folgende Codefragment zeigt:

```
using System;
using MyApp;
using ConsoleApplication;

namespace ConsoleApplication {
  class Program {
    static void Main(string[] args) {
      // erfordert: using MyApp;
      Demo obj = new Demo();
    }
  }
}

namespace MyApp {
  public class Demo {
    public void Test() {
      // erfordert: using ConsoleApplication;
      Program obj = new Program();
    }
  }
}
```

Das Beispiel zeigt die beiden parallelen Namespaces `ConsoleApplication` und `MyApp`. Jeder enthält eine Klasse mit einer Methode, in der ein Objekt vom Typ der Klasse aus dem anderen Namespace instanziiert wird. Da der Zugriff Namespace-übergreifend ohne die Angabe des vollqualifizierten Bezeichners erfolgt, müssen beide Namespaces durch `using` bekannt gegeben werden.

Eingebettete Namespaces

Ein Namespace kann mit einem Ordner des Dateisystems verglichen werden. So wie ein Ordner mehrere Unterordner enthalten kann, können auch Namespaces eine hierarchische Struktur bilden. Der oberste Namespace, der entweder dem Projektnamen entspricht oder manuell verändert worden ist, bildet die Wurzel der Hierarchie, ähnlich einer Laufwerksangabe.

Soll dieser Stamm-Namespace eine feinere Strukturierung aufweisen und eingebettete Namespaces verwalten, wird innerhalb eines Namespace ein weiterer, untergeordneter Namespace definiert:

```
namespace Outer {
  class DemoA {
    static void Main(string[] args) {
      DemoB obj = new DemoB();
    }
  }

  namespace Inner {
    class DemoB {
      public void TestProc() {/*...*/}
    }
  }
}
```

Ein Typ in einem übergeordneten Namespace hat nicht automatisch Zugriff auf einen Typ in einem untergeordneten Namespace. Damit das Codefragment auch tatsächlich fehlerfrei kompiliert werden kann, ist es erforderlich, mit

```
using Outer.Inner;
```

den inneren Gültigkeitsbereich den Typen in der übergeordneten Ebene bekannt zu geben.

7.1.6 Der ::-Operator

Auch für Namespaces lässt sich ein Alias festlegen, beispielsweise:

```
using EA = System.IO;
```

Sie können nun wie gewohnt den Punktoperator auf den Alias anwenden, also:

```
EA.StreamReader reader = new EA.StreamReader("...");
```

Seit dem .NET Framework 2.0 bietet sich aber auch die Möglichkeit, mit dem `::`-Operator auf Typen aus Namespace-Aliasen zu verweisen.

```
EA::StreamReader reader = new EA::StreamReader("...");
```

Die Einführung des `::`-Operators hatte den Grund, unschöne Effekte zu vermeiden, die sich im Zusammenhang mit Namespace-Aliasen und dem Punkt-Operator ergeben können. Sehen Sie dazu den folgenden Beispielcode an:

```
using System;
using Document = Tollsoft.Developement.Office;

namespace ConsoleApplication {
  class Program {
    static void Main(string[] args) {
      Document.Demo demo = new Document.Demo();
    }
  }
}

namespace Tollsoft.Developement.Office {
  class Demo { }
}
```

Richten Sie Ihr Augenmerk auf die Anweisung in der Methode `Main`. Die Syntax `Document.Demo` lässt nicht eindeutig erkennen, ob es sich bei `Document` um einen Namespace handelt oder um einen Namespace-Alias. Zudem wäre auch noch denkbar, dass `Demo` eine innere Klasse von `Document` ist. Die Verwendung des `::`-Operators würde zumindest demjenigen Entwickler eine Hilfe sein, der sich in den Quellcode neu einarbeiten muss. Besser wäre also die folgende Anweisung:

```
Document::Demo demo = new Document::Demo();
```

Noch bedeutender wird der `::`-Operator, wenn in einer anderen Assembly, auf die im Projekt verwiesen wird, ein Namespace oder ein Typ mit dem gleichen Namen wie der Alias angeboten wird. Die Syntax `Document.Demo` würde dann sogar zu einem Fehler führen, während `Document::Demo` eindeutig ist.

Hinweis

Man sollte diese Überlegung nicht einfach vom Tisch wischen, wenn aktuell kein Konflikt mit einem Namespace oder Typ in einer anderen Assembly vorliegt. Möglicherweise wird die Assembly, auf die verwiesen wird, später in einer neueren Version ausgeliefert. Spätestens dann könnte es zu einem Eindeutigkeitskonflikt kommen.

Der `::`-Operator gestattet auch den Zugriff auf den globalen Namespace. Dazu müssen Sie nur das C#-Schlüsselwort `global` vor den Namespace setzen. Auf diese Weise können Sie auf Typen zugreifen, die Sie nicht explizit einem Namespace zugeordnet haben (siehe Abbildung 7.3).

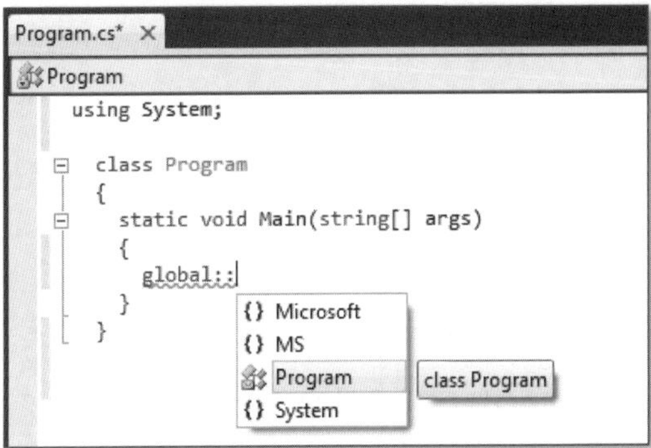

Abbildung 7.3 Der globale Namespace

Halten wir an dieser Stelle Folgendes zum Einsatz des ::-Operators fest:

- Der ::-Operator ist notwendig, um mithilfe von `global` auf den globalen Namespace zuzugreifen.
- Der ::-Operator sollte benutzt werden, um bei der Verwendung eines Namespace-Alias Eindeutigkeitskonflikte zu vermeiden.

7.2 Generics – generische Datentypen

In der allgemeinen Programmierung dienen Variablen als Platzhalter für Werte. Die Idee, die hinter den Generics steckt, geht noch einen Schritt weiter. Generics sind ebenfalls Platzhalter, allerdings für Datentypen. Mit Generics lassen sich Klassen und Methoden definieren, für die bestimmte Datentypen zur Entwicklungszeit noch nicht bekannt sind. Lassen Sie mich diese Aussage sofort an dem konkreten Beispiel der benutzerdefinierten Klasse `Stack` mit den beiden Methoden `Push` und `Pop` zeigen. Die Klasse ist hier noch »klassisch« definiert.

```
class Stack {
  private readonly int size;
  private Object[] elements;
  private int pointer = 0;

  public Stack(int size) {
    this.size = size;
    elements = new Object[size];
  }
```

```
  public void Push(Object element) {
    if (pointer >= this.size)
      throw new StackOverflowException();
    elements[pointer] = element;
    pointer++;
  }

  public Object Pop() {
    pointer--;
    if (pointer >= 0)
      return elements[pointer];
    else {
      pointer = 0;
      throw new InvalidOperationException("Der Stack ist leer");
    }
  }

  public int Length {
    get { return this.pointer; }
  }
}
```

Die internen Daten des Stacks werden in einem `Object`-Array gespeichert. Instanziiert werden kann diese Klasse nur über den Aufruf des einfach parametrisierten Konstruktors, dem ein `int` übergeben wird, mit dem die Größe des Stacks initialisiert wird. Mit `Push` wird der `Stack`-Instanz ein Objekt übergeben. Sollte zu diesem Zeitpunkt die Kapazität des Stacks bereits ausgeschöpft sein, ist eine Ausnahme die Folge. Genauso reagiert auch die Methode `Pop`, falls sich kein Element mehr auf dem Stack befindet.

Wenn ein Element vom Stack geholt wird, wird dieses als ein Element vom Typ `Object` zurückgegeben. Das ist aber in den meisten Fällen nicht präzise genug, was dazu führt, dass das Element in den richtigen Typ konvertiert werden muss. Das folgende Codefragment soll das verdeutlichen:

```
Stack stack = new Stack(10);
stack.Push(2);
int str = (int)stack.Pop();
```

Würden wir versuchen, das vom Stack geholte Element beispielsweise in eine Zeichenfolge zu konvertieren, also

```
string str = (string)stack.Pop();
```

schreiben, würde eine `InvalidCastException` ausgelöst.

Wie Sie sehen können, birgt die Flexibilität des Typs `Object` gravierende Nachteile in sich. Sie können natürlich versuchen, mehrere Klassen zu entwickeln, die auf einen bestimmten Datentyp spezialisiert sind, z. B. so:

```
public class StackInt {
  private int[] elemente

  public void Push(int number) {...}
  ...
}
```

Die Typsicherheit wäre damit gewährleistet, daran besteht kein Zweifel. Andererseits führt dieser Ansatz im Extremfall zu einer großen Anzahl ähnlicher Klassen, die jeweils nur für einen spezifischen Typ geeignet sind. Solche Lösungen sind zwar umsetzbar, allerdings auch schlecht zu warten. Zudem könnte sich in naher oder ferner Zukunft der Bedarf nach einem weiteren Stack mit einem noch nicht berücksichtigten Typ ergeben, sodass Sie rückblickend mit dem Ergebnis nicht zufrieden wären. Genau an dieser Stelle spielen Generics ihre ganze Stärke aus.

7.2.1 Lösung mit einer generischen Klasse

Generics erlauben die Verwendung von Datentypen, die man zum Zeitpunkt der Entwicklung noch nicht festlegen kann oder will. Dazu wird anstelle eines konkreten Datentyps ein Platzhalter angegeben. Der Platzhalter wird in spitzen Klammern angegeben und innerhalb der Klasse wie ein regulärer Datentyp verwendet.

```
// ---------------------------------------------------------------
// Beispiel: ...\Kapitel 7\GenerischerStack
// ---------------------------------------------------------------
class Stack<T> {
  private readonly int size;
  private T[] elements;
  private int pointer = 0;

  public Stack(int size) {
    this.size = size;
    elements = new T[size];
  }

  public void Push(T element) {
    if (pointer >= this.size)
      throw new StackOverflowException();
    elements[pointer] = element;
    pointer++;
  }

  public T Pop() {
    pointer--;
    if (pointer >= 0)
      return elements[pointer];
    else {
      pointer = 0;
      throw new InvalidOperationException("Der Stack ist leer");
```

```
    }
  }

  public int Length {
    get { return this.pointer; }
  }
}
```

Nutzen Sie eine generische Klasse wie `Stack<T>`, teilen Sie dem Compiler mit, dass `T` später durch einen konkreten Datentyp ersetzt werden soll. `T` wird als *generischer Typparameter* bezeichnet. Bei der Instanziierung der Klasse `Stack<T>` ersetzen Sie den generischen Typparameter durch einen konkreten Datentyp. Sie werden feststellen, dass die IntelliSense-Liste bereits Kenntnis vom verwendeten Typ hat und Ihnen diesen auch anbietet.

In der folgenden Anweisung handelt es sich um `int`, was bei der Instanziierung angegeben wird:

```
Stack<int> stack = new Stack<int>(10);
```

Alle Methoden der Klasse, die `T` als Parameter definieren oder zurückgeben, akzeptieren jetzt nur noch Integer-Werte. Den Zugriff auf die generische Klasse `Stack<T>` zeigt nachfolgend die Methode `Main`. Der Code ist in einem `try`-Block zusammengefasst, um ausgelöste Ausnahmen behandeln zu können. In Kapitel 9, »Fehlerbehandlung und Debugging«, werden wir das Thema Ausnahmen (Exceptions) noch ausgiebig behandeln.

```
static void Main(string[] args) {
  try {
    Stack<int> stack = new Stack<int>(10);
    stack.Push(123);
    stack.Push(4711);
    stack.Push(34);
    for (int i = stack.Length; i >= 1; i--) {
      Console.WriteLine(stack.Pop());
    }
    stack.Pop();
  }
  catch (Exception e) {
    Console.WriteLine(e.Message);
  }
  Console.ReadLine();
}
```

Hinweis

Die zuvor verwendete generische Klasse `Stack<T>` definiert einen generischen Datentyp. Je nachdem, wie die zu entwickelnde Klasse aussehen soll, kann der Bedarf an Platzhaltern jedoch variieren. Sie könnten also durchaus eine Klasse definieren, die zwei oder mehr generische Typparameter aufweist. Diese werden innerhalb der spitzen Klammern durch ein Komma voneinander getrennt, z. B.: `Demo<A, Z, H>`. Hier handelt es sich sogar um die drei generischen Typparameter `A`, `Z` und `H`.

Das Schlüsselwort »default«

Im Beispiel *GenerischerStack* wird eine Exception ausgelöst, wenn die Methode `Pop` aufgerufen wird und der Stack leer ist. Eine andere Lösung hätte vermutlich auch zum Ziel geführt: die Rückgabe mit `return`.

```
public T Pop() {
  pointer--;
  if (pointer >= 0)
    return elements[pointer];
  else {
    pointer = 0;
    return null;
  }
}
```

Dieser Ansatz ist richtig, solange der parametrisierte Typ `T` den Referenztypen zugerechnet werden kann. Handelt es sich jedoch um einen Wertetyp, wird die Laufzeit in einem Desaster enden, da `null` einem Wertetyp nicht zugewiesen werden kann; die Rückgabe muss dann 0 sein. Andererseits kann bei Referenztypen nicht einfach der Wert 0 zurückgeliefert werden, denn hier muss es `null` sein.

Die Lösung des Problems führt über das C#-Schlüsselwort `default`. Dieses kann zwischen Referenz- und Wertetypen unterscheiden und liefert `null`, wenn es sich bei dem konkreten Typ um einen Referenztyp handelt, bzw. 0, wenn es ein Typ ist, der den Wertetypen zugerechnet wird.

```
public T Pop() {
  pointer--;
  if (pointer >= 0)
    return elements[pointer];
  else {
    pointer = 0;
    return default(T);
  }
}
```

7.2.2 Typparameter mit Constraints einschränken

Mit der Definition

```
public class Stack<T> { ... }
```

teilen wir dem Compiler mit, dass der Datentyp zur Entwicklungszeit der Klasse `Stack` noch unbekannt ist. Später kann der generische Typparameter `T` durch jeden x-beliebigen Datentyp ersetzt werden.

Wollen Sie innerhalb des Codes der generischen Klasse jedoch ein bestimmtes Klassenmitglied des verwendeten Typs aufrufen (beispielsweise eine Methode), ist eine explizite und damit auch unsichere Konvertierung notwendig. Fehler, die eventuell auftreten, weil der verwendete Datentyp dieses Klassenmitglied nicht veröffentlicht, würden erst zur Laufzeit der Anwendung erkannt.

Um die Problematik zu verstehen, sehen Sie sich das folgende Beispiel an. Die Klasse `SortedList<T>` hat eine Methode `Add`, mit der ein Element der Auflistung hinzugefügt wird. Das neue Element soll nach typspezifischen Kriterien eingeordnet werden. Dazu ist ein Vergleich mit den schon enthaltenen Elementen notwendig, zu dem die Methode `CompareTo` der Schnittstelle `IComparable` genutzt wird.

```
public class SortedList<T> {
  T[] arr = new T[100];

  public T[] Add(T element) {
    for(int i = 0; i < arr.Length; i++) {
      int result = ((IComparable)element).CompareTo(arr[i]);
      ...
    }
    ...
  }
}
```

Implementiert der Datentyp `IComparable` nicht, wird eine Ausnahme ausgelöst. Um diesem Problem aus dem Weg zu gehen, lassen sich die Platzhalter mit Bedingungen (Constraints) ausstatten. Ähnlich einer SQL-Abfrage werden diese nach dem Schlüsselwort `where` notiert.

```
public class SortedList<T> where T : IComparable { ... }
```

Jetzt ist eine Bedingung festgelegt, an die sich der spätere konkrete Typ halten muss: Er muss die Schnittstelle `IComparable` unterstützen. In `Add` können wir sogar auf die explizite Konvertierung verzichten, denn wir schreiben dem Typ `T` die Implementierung der Schnittstelle vor:

```
int result = element.CompareTo(arr[i]);
```

Eine Bedingung ist nicht nur auf Schnittstellen beschränkt; Sie können auch eine Klasse angeben und legen damit die Basisklasse des an den Typparameter `T` übergebenen konkreten Typs fest.

Hinweis

Die Angabe ist außerdem nicht nur auf konkrete Typen beschränkt. Sie können auch festlegen, dass der generische Typparameter entweder auf einer `class`- oder `struct`-Definition basiert, z. B.:

```
class Demo<T> where T : class { ... }
```

Mehrere Constraints definieren

Generische Typparameter, die keinen Constraint aufweisen, werden als *ungebundene Typparameter* bezeichnet; haben sie einen Constraint, nennt man sie *gebundene Typparameter*. Im Bedarfsfall dürfen Sie auch mehrere Bedingungen angeben, die durch Kommata voneinander getrennt werden.

```
public class SortedList<T> where T : IComparable, ICloneable { ... }
```

Die Schreibweise mit dem Doppelpunkt erinnert an eine Klassenableitung. `T` muss in unserer Definition die angeführten Schnittstellen implementieren. Sie können auch die Basisklasse von `T` angeben und anschließend im Programmcode auf die Typkonvertierung verzichten und direkt auf die Mitglieder des parametrisierten Datentyps zugreifen.

Es lassen sich auch Bedingungen für mehrere generische Typparameter festlegen. Dazu müssen Sie den Constraint für jeden einzelnen Platzhalter mit `where` einleiten:

```
public class SortedList<T, K>
                    where T : IComparable, ICloneable
                    where K : SomeBaseClass
{ ... }
```

Der Konstruktor-Constraint »new()«

Nehmen wir an, Sie möchten in einer generischen Klasse ein Objekt vom Typ eines generischen Typparameters erzeugen. Das Problem dabei ist, dass der C#-Compiler nicht weiß, ob die Klasse, die den Typparameter ersetzt, einen passenden Konstruktor hat. Die Folge wäre ein Kompilierfehler. Um in dieser Situation eine Lösung zu bieten, können Sie an die Liste der Constraints `new()` anhängen, wie im folgenden Codefragment gezeigt wird:

```
public class Demo<K, V> where V : new() {
  public K key = default(K);
  public V value;

  public Demo() {
    value = new V();
  }
}
```

In einer Constraint-Liste steht `new()` grundsätzlich immer am Ende, und Sie treffen damit eine entscheidende Aussage: Der gewählte Argumenttyp muss einen öffentlichen, parameterlosen Konstruktor unterstützen. Einen parametrisierten Konstruktor vorzuschreiben ist nicht möglich.

7.2.3 Generische Methoden

Generische Typen sind nicht nur im Zusammenhang mit Klassen möglich, sondern auch mit Methoden. Dabei ist es nicht zwingend notwendig, dass die Typparameter einer Methode denen der Klasse entsprechen:

```
class GenericClass<T> {
  public void GenericMethod<K>(K obj) { ... }
}
```

Im Gültigkeitsbereich der Klasse ist in diesem Fall der Typ T bekannt, K nur innerhalb der Methode. Sie dürfen generische, methodenspezifische Typparameter auch angeben, wenn die Klasse selbst keine definiert:

```
class Demo {
  public void GenericMethod<K>(K obj) { ... }
}
```

Eine Einschränkung sollten Sie sich aber merken: Eigenschaftsmethoden und Indexer unterstützen nur Typparameter, die sich im Gültigkeitsbereich der Klasse befinden.

Hinweis

Indexer werden im gleichnamigen Abschnitt 7.4 erklärt.

Der Aufruf einer Methode mit generischen Typparametern ist sehr einfach. Sie instanziieren in gewohnter Weise zuerst die Klasse und rufen die Methode unter Angabe des gewünschten konkreten Datentyps auf:

```
GenericClass<string> obj = new GenericClass<string>();
obj.GenericMethod<int>(25);
```

Sie können sogar auf die Typangabe verzichten, denn auch in diesem Fall wird der C#-Compiler die richtige Schlussfolgerung ziehen:

```
obj.GenericMethod(25);
```

Dieser Aufruf ist absolut gleichwertig.

Methoden und Constraints

Muss der generische Typparameter einer Methode bestimmten Bedingungen genügen, legen Sie einen Constraint fest. Die Syntax entspricht der der Constraints einer Klasse. Allerdings ist es nicht möglich, einen Constraint für einen generischen Typparameter einer Methode zu definieren, der bereits auf Klassenebene festgelegt ist.

```
public void GenericMethod<T>(T sender) where T: IComparable
{
```

```
  ...
}
```

Gleichnamige generische Typparameter

Dass Felder auf Klassenebene und Methodenparameter gleichnamig sein dürfen, ist Ihnen bekannt. Diese Freizügigkeit haben Sie mit generischen Typparametern nicht: Ein Platzhalter, der auf Klassenebene angegeben ist, darf für eine Methode nicht mehr verwendet werden, da der C#-Compiler nicht in der Lage ist, diese Doppeldeutigkeit aufzulösen.

```
class GenericClass<T> {
  // fehlerhafter Typparameter
  public T GenericMethod<T>(T obj) { ... }
}
```

Statische generische Methoden

Generische Typparameter und Constraints können sowohl für Instanzmethoden als auch für statische Methoden festgelegt werden, zum Beispiel:

```
class GenericClass<T> {
  public static void GenericMethod<K>(T obj1, K obj2) {...}
}
```

Der Aufruf erfolgt mit:

```
GenericClass<string>.GenericMethod<int>("Hallo", 44);
```

oder in verkürzter Form mit:

```
GenericClass<string>.GenericMethod("Hallo", 44);
```

7.2.4 Generics und Vererbung

Generische Klassen können abgeleitet werden. Die Regeln ähneln denen, die Sie schon kennen. Aufgrund der besonderen Natur generischer Klassen sind dabei jedoch ein paar Besonderheiten zu beachten.

Ist die Basisklasse generisch, kann die abgeleitete Klasse den generischen Typparameter übernehmen und selbst generisch sein.

```
class BaseClass<T> {...}
class SubClass<T> : BaseClass<T> {...}
```

Die Basisklasse könnte die konkreten Datentypen durch einen Constraint auf ganz bestimmte Typen eingrenzen. Diese gilt dann auch für die abgeleitete Klasse und muss hinter der Basisklasse angegeben werden.

```
class BaseClass<T> where T : IComparable {...}
class SubClass<T> : BaseClass<T> where T : IComparable {...}
```

Soll die abgeleitete Klasse nicht generisch sein, muss der Typparameter in der Angabe der Basisklasse durch einen konkreten Datentyp ersetzt werden, wie hier gezeigt ist:

```
class BaseClass<T> {...}
class SubClass : BaseClass<int> {...}
```

Sie können umgekehrt auch dann eine generische Subklasse entwickeln, wenn die Basisklasse nicht generisch ist.

Sind in der Basisklasse virtuelle Methoden definiert, wird es noch einmal spannend, denn die Methode könnte in der Basisklasse einen generischen Typparameter haben. Virtuelle Methoden können mit `override` überschrieben werden. Ob der generische Typparameter durch einen konkreten Datentyp ersetzt werden muss oder ob der Typparameter auch in der überschreibenden Methode angeführt werden darf, entscheidet sich schon bei der Festlegung der Subklasse.

Spielen wir den Fall durch, dass die ableitende Klasse den geerbten generischen Typparameter konkret ersetzt, also:

```
class BaseClass<T> {
  public virtual T MyMethod() {...}
}

class SubClass : BaseClass<int> {
  public override int MyMethod() {...}
}
```

Wie weiter oben beschrieben wurde, muss der Typparameter durch eine konkrete Angabe ersetzt werden. Das verpflichtet auch dazu, den gewünschten Datentyp in der Signatur der überschreibenden Methode zu benennen. Dass sich die Methode polymorph verhalten wird, bedarf kaum noch einer Erwähnung.

Soll auch die abgeleitete Klasse generisch sein, muss die virtuelle Methode mit generischen Typparametern überschrieben werden.

```
class BaseClass<T> {
  public virtual T MyMethod() {...}
}

class  SubClass<T> : BaseClass<T> {
  public override T MyMethod() {...}
}
```

7.2.5 Konvertierung von Generics

Die implizite Konvertierung eines generischen Typparameters ist nur statthaft, wenn der Zieldatentyp `Object` ist oder einer der Typen, die als Constraint hinter `where` angeführt sind.

```
class DemoB<T> where T : DemoA, IComparable {
  public void MyMethod(T obj) {
    IComparable var1 = obj;
    DemoA var2 = obj;
    Object var3 = obj;
  }
}
```

Die Klasse `DemoB` beschreibt den Typparameter `T`, der den folgenden Bedingungen genügen muss: Der konkrete Typ muss von der Klasse `DemoA` abgeleitet sein und das Interface `IComparable` implementieren. Die Zuweisungen in `MyMethod` sind damit gültig und typsicher.

An `DemoB` wollen wir nun noch eine Manipulation vornehmen, indem wir auf die Constraints verzichten. Wir haben dann immer noch die Möglichkeit, implizit in `Object` zu casten; die Konvertierung in eine Schnittstelle muss jedoch explizit erfolgen. Weil der Compiler zur Kompilierzeit nicht weiß, durch welchen konkreten Typ der Typparameter zur Laufzeit ersetzt wird, wird er diesen Cast akzeptieren. Nicht erlaubt ist hingegen die explizite Konvertierung in irgendeine Klasse.

```
DemoB<T> {
  public void MyMethod(T obj) {
// korrekt:
    IComparable var1 = (IComparable)obj;
// fehlerhaft:
    DemoA var2 = (DemoA)obj;
    object var3 = obj;
  }
}
```

Es bleibt festzustellen, dass das explizite Umwandeln von Typen nicht ganz ungefährlich ist und zur Laufzeit eine Ausnahme verursachen kann, wenn der generische Typ nicht die Schnittstelle implementiert. Um dieser Gefahrenquelle aus dem Weg zu gehen, bietet sich eine Alternative mit den beiden Operatoren `is` und `as` an. Zur Erinnerung: Mit beiden lässt sich der Typ einer Referenz überprüfen. `is` liefert `true` zurück, wenn der linke Operand vom Typ des rechten ist. Der `as`-Operator führt in diesem Fall sogar eine Konvertierung durch, andernfalls ist der Rückgabewert `null`.

Das folgende Codefragment zeigt, wie Sie die genannten Operatoren zur Typüberprüfung einsetzen können.

```
class DemoB<T> {
  public void MyMethod(T obj) {
    if (obj is string) {...}
    if (obj is IComparable) {...}

    // alternativ:
    int intVar = obj as string;
    if (intVar != null) {...}
    IComparable temp = obj as IComparable;
    if (temp != null) {...}
  }
}
```

7.2.6 Generische Delegates

Delegates können außerhalb des Gültigkeitsbereichs einer Klasse oder in einer Klasse selbst definiert werden. Das gilt auch für Delegates, die einen generischen Typparameter beschreiben. Generische Delegates erweisen sich als besonders nützlich, wenn mehrere ähnliche Events ausgelöst werden. Ein kleiner Satz generischer Delegates, die sich in der Anzahl und dem Typ der Parameter unterscheiden, reicht oftmals vollkommen aus, um alle Ereignishandler bedienen zu können.

Sehen wir uns ein generisches Delegate an:

```
public delegate void MyDelegate<T>(T obj);
```

Auch hier gibt `T` den Parametertyp vor. Instanziiert wird ein generisches Delegate in der gleichen Weise wie jedes andere, also entweder mit:

```
MyDelegate<int> del = new MyDelegate<int>(MyEventHandler);
```

oder einfach nur mit:

```
MyDelegate<int> del = MyEventHandler;
```

Die Definition eines generischen Delegates erlaubt es uns außerdem, den konkreten Typ mit `where` zu beschränken. Wollen Sie beispielsweise den Typparameter `T` des Delegates `MyDelegate` auf die Typen begrenzen, die von der Klasse `ClassA` abgeleitet sind und die Schnittstelle `IMyInterface` implementieren, würde die Anweisung wie folgt lauten:

```
public delegate void MyDelegate<T>(T obj) where T : ClassA, IMyInterface;
```

7.2.7 Generische Klassen in der .NET-Klassenbibliothek

Im Namespace `System.Collections.Generic` finden Sie zahlreiche generische Auflistungen und Interfaces, unter anderem auch eine Klasse `Stack<T>`, ähnlich der, die wir zu Anfang unserer Ausführungen beschrieben haben. In Tabelle 7.2 sind die wichtigsten Klassen und Schnittstellen nebst den nichtgenerischen Implementierungen aufgeführt.

System.Collections.Generic	System.Collections
`Collection<T>`	`CollectionBase`
`Dictionary<K, V>`	`Hashtable`
`IComparer<T>`	`IComparer`
`IComparable<T>`	`IComparable`
`IEnumerable<T>`	`IEnumerable`
`IList<T>`	`IList`
`List<T>`	`ArrayList`
`Queue<T>`	`Queue`
`SortedDictionary<K, V>`	`SortedList`
`Stack<T>`	`Stack`

Tabelle 7.2 Generische Klassen und Schnittstellen und ihre Pendants

Hinweis

Mit Collections (Auflistungen) werden wir uns in Kapitel 8, »Auflistungsklassen (Collections)«, noch näher beschäftigen. Dort werden auch Beispiele gezeigt, die auf den Generics basieren.

7.3 Operatorüberladung

C# verfügt über eine Reihe von Operatoren, die Sie für allgemeine Operationen einsetzen können. Werden zwei Zahlen dividiert, müssen Sie sich keine Gedanken darüber machen, welcher Code im Hintergrund vom Compiler erzeugt wird:

```
double ergebnis = value1 / value2;
```

Die Frage nach dem Typ der Operanden ist nicht bedeutungslos. Handelt es sich um ganzzahlige Typen, wird ein anderes Kompilat erzeugt, als würde es sich um zwei Dezimalzahlen handeln. Abhängig vom Typ der Operanden werden intern zwei unterschiedliche Operationen ausgeführt. Der Compiler entscheidet, um welche Operation es sich dabei handelt, denn der /-Operator ist überladen. Insbesondere für die elementaren Datentypen wie `int`, `long`, `double` usw. sind die meisten Operatoren überladen.

Eine der großen Stärken von C# ist, dem Entwickler das Instrumentarium an die Hand zu geben, um im Bedarfsfall Operatoren benutzerdefiniert zu überladen.

7.3.1 Syntax der Operatorüberladung

Um Operatoren in einer Klasse oder einer Struktur zu überladen, stellt C# das Schlüsselwort `operator` zur Verfügung, das nur in Verbindung mit `public static` verwendet werden darf. Hinter dem `operator`-Schlüsselwort wird der Operator angegeben, der überladen werden soll. Die folgende Syntax gilt für binäre Operatoren, die zwei Operanden für ihre Operation benötigen:

```
public static <Ergebnistyp> operator <Operator> (<Operand1>, <Operand2>)
```

Neben den binären gibt es auch unäre Operatoren, die nur einen Operanden verlangen. Stellvertretend seien hier die Operatoren ++ und -- genannt. Für diese Operatorengruppe ändert sich die Syntax wie folgt:

```
public static <Ergebnistyp> operator <Operator> (<Operand>)
```

Wenn Sie eine Klasse um Methoden zur Operatorüberladung erweitern, sollten Sie folgende Punkte berücksichtigen:

- Es können nur vordefinierte Operatoren überladen werden. Neue Operatoren zu »erfinden« ist nicht möglich.
- Die Operationen von Operatoren auf den systemeigenen Typen können nicht umdefiniert werden.
- Die Grundfunktionalität eines Operators bleibt immer erhalten: Ein binärer Operator benötigt immer zwei Operanden, ein unärer immer einen. Die Vorrangregeln können nicht beeinflusst werden.

In Tabelle 7.3 sind alle Operatoren aufgeführt, die in einer Klasse oder Struktur überladen werden dürfen.

<table>
<tr><th>C#-Operator</th><th>Bedeutung</th></tr>
<tr><td>+, -, !, ~, ++, --, true, false</td><td>unäre Operatoren</td></tr>
<tr><td>+, -, *, /, %, &, |, ^, <<, >></td><td>binäre Operatoren</td></tr>
<tr><td>==, !=, <, >, <=, >=</td><td>relationale Operatoren</td></tr>
<tr><td>[]</td><td>Dieser Operator kann eigentlich nicht überladen werden. Es gibt jedoch ein Ersatzkonstrukt (Indexer), das die gleiche Funktionalität bietet (siehe Abschnitt 7.4).</td></tr>
</table>

Tabelle 7.3 Überladbare Operatoren

Einige Operatoren können nur paarweise überladen werden. Wollen Sie zum Beispiel den Vergleichsoperator == überladen, müssen Sie auch den Operator != überladen. Damit erzwingt C# eine konsistente Prüfung auf Übereinstimmung und Nichtübereinstimmung.

Einschränkungen der Operatorüberladung

Nicht alle Operatoren sind überladungsfähig. Ausgeschlossen ist unter anderem auch der Zuweisungsoperator =. Überladen Sie einen binären Operator, z. B. +, wird der Additionszuweisungsoperator += automatisch implizit überladen.

Zu den anderen nichtüberladbaren Operatoren gehören der Punktoperator, der bedingte Operator `?:` sowie die Operatoren `new`, `is`, `typeof` und `sizeof`. Ebenso wenig überladbar sind die runden Klammern, mit denen eine Typkonvertierung durchgeführt wird. Stattdessen sollten benutzerdefinierte Konvertierungen codiert werden. Dieses Thema beschäftigt uns weiter unten.

7.3.2 Operatorüberladungen in »GeometricObjectsSolution«

Wir wollen uns die Operatorüberladung jetzt an einem Beispiel ansehen. Dazu rufen wir uns die Methode `Bigger` der Klasse `GeometricObject` in Erinnerung:

```
public static int Bigger(GeometricObject geoObj1, GeometricObject geoObj2)
{
  if (geoObj1.GetArea() < geoObj2.GetArea())
    return -1;
  else if (geoObj1.GetArea() == geoObj2.GetArea())
    return 0;
  return 1;
}
```

Wenn wir zwei `Circle`-Objekte übergeben, können wir zweifelsfrei feststellen, welches der beiden größer ist als das andere. Selbstkritisch müssen wir aber auch feststellen, dass der Ausdruck

```
if(kreis1 >= kreis2)
```

eher einer üblichen Vergleichsoperation entspricht. Bisher ist diese Vergleichsoperation jedoch nicht möglich, weil sie für Objekte vom Typ der Basisklasse `GeometricObject` oder in einer der abgeleiteten Klassen nicht definiert ist. Um dieses Defizit auszugleichen, wollen wir jetzt den >=-Operator so überladen, dass er zur Laufzeit auf zwei Objekte vom Typ `GeometricObject` angewendet werden kann:

```
// Operatorüberladung
public static bool operator >=(GeometricObject geoObj1,
                               GeometricObject geoObj2) {
  if(geoObj1.GetArea() >= geoObj2.GetAreae())
    return true;
  return false;
}
```

Kompilieren wir die so ergänzte Klassendefinition, erhalten wir einen Compilerfehler, weil sich ein GeometricObject-Objekt jetzt nicht mehr eindeutig verhält. Wir werden gezwungen, einen weiteren Vergleichsoperator zu überladen, nämlich den, der die Umkehrung der überladenen Vergleichsfunktion beschreibt.

```
public static bool operator <=(GeometricObject geoObj1,
                               GeometricObject geoObj2) {
  if(geoObj1.GetFlaeche() <= geoObj2.GetFlaeche())
    return true;
  return false;
}
```

Nach dem anschließenden erfolgreichen Kompilieren können wir mit

```
Circle kreis1 = new Circle(6);
Circle kreis2 = new Circle(3);
if(kreis1 >= kreis2) {
  // Anweisungen
}
```

alternativ zu der von uns implementierten Methode Bigger Vergleichsoperationen mit Objekten unserer Klasse ausführen. Da die Überladung für alle Objekte vom Typ GeometricObject gilt, lässt sich auch ein Circle mit einem Rectangle vergleichen.

Überladen von Gleichheitsoperatoren

Im Abschnitt zuvor haben wir die Operatoren <= und >= überladen, um die Größe zweier geometrischer Objekte miteinander zu vergleichen. Vielleicht ist Ihnen aufgefallen, dass bisher der Vergleich mit dem ==-Operator nicht bereitgestellt worden ist. Das wollen wir nun tun, aber dazu muss ich ein wenig ausholen.

Jede Klasse beerbt die Klasse Object. Damit hat jedes Objekt die Methoden, die in Objekt definiert sind. Zu diesen Methoden gehört auch die Methode Equals, mit der von Haus aus zwei Referenzen auf Gleichheit untersucht werden können. Das wollen wir uns an einem kleinen Beispiel zuerst ansehen:

```
Circle kreis1 = new Circle(12);
Circle kreis2 = kreis1;
if(kreis1.Equals(kreis2))
  Console.WriteLine("Referenzielle Gleichheit");
else
  Console.WriteLine("Zwei verschiedene Objekte");
```

Verweisen beide Referenzen auf dasselbe Objekt, liefert die Equals-Methode als Rückgabewert true. Das ist das Standardverhalten dieser Methode. In gleicher Weise arbeitet auch der ==-Vergleichsoperator. Wir könnten demnach die if-Anweisung auch wie folgt formulieren:

```
if(kreis1 == kreis2)
  // Anweisungen
```

Die Instanzmethode Equals (es gibt auch eine statische Klassenmethode gleichen Namens in der Klasse Object) ist virtuell definiert und kann von jeder Klasse überschrieben werden, beispielsweise um anstatt eines Referenzvergleichs einen wertbasierten Vergleich der Zustandsdaten von zwei typgleichen Objekten zu erzwingen. Wenn Equals überschrieben wird, sollte auch der Vergleichsoperator der benutzerdefinierten Klasse überschrieben werden, damit die Austauschbarkeit zwischen Equals und dem ==-Operator weiterhin gewährleistet bleibt.

In GeometricObject wird nun die Equals-Methode so überschrieben, dass der Vergleich zweier Objekte nicht mehr anhand der Referenz erfolgt, sondern dazu die Fläche der Objekte ausgewertet wird.

```
public class GeometricObject {
  ...
  public static bool operator==(GeometricObject geo1, GeometricObject geo2)
  {
    return geo1.Equals(geo2);
  }
  public static bool operator!=(GeometricObject geo1, GeometricObject geo2)
  {
    return !geo1.Equals(geo2);
  }
  // überschriebene Methode Equals
  public override bool Equals(object obj) {
    if(GetArea() == ((GeometricObject)obj).GetArea())
      return true;
    return false;
  }
}
```

Die Implementierung der beiden operator-Methoden ist denkbar einfach: Es wird nur die in der Klasse überschriebene Methode Equals aufgerufen, die die eigentliche Arbeit verrichtet.

Soweit scheint alles tadellos zu funktionieren, wenn wir zwei Objekte miteinander vergleichen. Eine böse Überraschung erleben wir aber, wenn wir mit

```
if (kreis1 == null)
```

oder

```
if (kreis1 != null)
```

ein Circle oder Rectangle auf null hin prüfen: Es wird eine Ausnahme ausgelöst, weil in der überschriebenen Methode Equals ein null-Wert übergeben wird, Equals aber ein konkretes Objekt voraussetzt.

Eine erste Idee, diesem Malheur zu begegnen könnte sein, mit

```
if (geo1 == null || geo2 == null)
```

eine Überprüfung vorzuschalten. Allerdings ist auch dieser Versuch zum Scheitern verurteilt, da er zu einer StackOverflowException führt – die Operatorüberladung ruft sich in einer Endlosschleife immer wieder selbst auf.

Die Lösung des Problems kann nur über einen Weg führen, bei dem eine Überprüfung ohne die beiden Operatoren == und != stattfindet. Hier bietet uns die statische Methode ReferenceEquals der Klasse Object eine Möglichkeit. Dieser werden zwei Referenzen übergeben, die auf Gleichheit hin geprüft werden.

```
public static bool ReferenceEquals(Object objA, Object objB)
```

Mit Hilfe dieser Methode prüfen wir zuerst bei beiden Operanden, ob es sich um gültige Objekte oder null-Werte handelt. Erst wenn sichergestellt ist, dass beides konkrete Objekte sind, wird die Equals-Methode aufgerufen.

```
// endgültige Fassung
public static bool operator ==(GeometricObject geo1, GeometricObject geo2) {
  if (ReferenceEquals(geo1, null)) return true;
  if (ReferenceEquals(geo2, null)) return false;
  return geo1.Equals(geo2);
}

public static bool operator !=(GeometricObject geo1, GeometricObject geo2) {
  if (ReferenceEquals(geo1, null)) return false;
  if (ReferenceEquals(geo2, null)) return true;
  return !geo1.Equals(geo2);
}
```

Hinweis

Sie finden das komplette Beispielprojekt *GeometricObjectsSolution* auf der Buch-DVD unter *\Kapitel7\GeometricObjectsSolution*. Die Klasse GeometricObject ist hier auch noch um die Überladung der Operatoren < und > ergänzt worden, um die Vollständigkeit der Operatorüberladung sicherzustellen.

```
public static bool operator >(GeometricObject geoObj1,
                              GeometricObject geoObj2) {
  if (geoObj1.GetArea() > geoObj2.GetArea())
    return true;
  return false;
}
```

```
public static bool operator <(GeometricObject geoObj1,
                              GeometricObject geoObj2) {
  if (geoObj1.GetArea() < geoObj2.GetArea())
    return true;
  return false;
}
```

Überladene Operatoren in der Vererbung

Wird aus einer Klasse, die Operatoren überlädt, eine weitere Klasse abgeleitet, vererben sich die überladenen Operatoren an die abgeleitete Klasse. In unserem Beispielprojekt werden somit die Klassen `Circle` und `Rectangle` von den Operatorüberladungen profitieren können.

7.3.3 »true«- und »false«-Operatoren

Wenn Sie Tabelle 7.3 aufmerksam studiert haben, werden Ihnen vielleicht zwei ungewöhnlich erscheinende, überladungsfähige Operatoren aufgefallen sein: `true` und `false`. Diese dienen dazu, Operationen wie beispielsweise

```
if (myObject)
  ...
```

zu ermöglichen. Diese Bedingungsprüfung ist sinnvoll, wenn der Rückgabewert direkt von einem Feld abhängt. Soll außerdem auch noch der Negationsoperator berücksichtigt werden, muss auch der `!`-Operator überladen werden.

```
if(!myObject)
  ...
```

Die Operatoren `true` und `false` gehören ebenfalls zu der Gruppe der Operatoren, die man nur paarweise überladen kann. Die Rückgabe ist ein boolescher Wert. Im folgenden Beispiel wird die Überladung aller drei Operatoren gezeigt. Dazu wird festgelegt, dass ein Objekt dann als `true` zu bewerten ist, wenn der Inhalt des objektspezifischen Felds ungleich 0 ist.

```
// ---------------------------------------------------------
// Beispiel: ...\Kapitel 7\True_False_Operatorüberladung
//---------------------------------------------------------
class Program {
  static void Main(string[] args) {
    Demo obj = new Demo();
    obj.Value = 8;
    if(obj)
      Console.Write("Wert ungleich 0");
```

```
    else
      Console.Write("Wert gleich 0");
    Console.ReadLine();
  }
}

// --------------- Demo-Definition -----------------
class Demo {
  public int Value = 0;

  // Überladung des true-Operators
  public static bool operator true(Demo obj) {
    if(obj.Value != 0)
      return true;
    return false;
  }

  // Überladung des false-Operators
  public static bool operator false(Demo obj) {
    if(obj.Value != 0)
      return false;
    return true;
  }

  // Überladung des Negationsoperators
  public static bool operator !(Demo obj) {
    if(obj.Value != 0)
      return false;
    return true;
  }
}
```

Die dem Feld zugewiesene Zahl 8 wird mit

```
if (obj)
```

zu der Anzeige

```
Wert ungleich 0
```

führen. Benutzen wir im Ausdruck den !-Operator, kehrt sich die Logik um und führt zu folgender Ausgabe:

```
Wert gleich 0
```

7.3.4 Benutzerdefinierte Konvertierungen

Implizite benutzerdefinierte Konvertierung

Stellen Sie sich vor, Sie hätten die Klasse `DemoA` folgendermaßen definiert:

```
class DemoA {
  public int Value = 0;
}
```

`DemoA` enthält nur ein `int`-Feld. Diese Definition könnte dazu verleiten, eine Referenz der Klasse `DemoA` einer `int`-Variablen wie folgt zuzuweisen:

```
DemoA obj = new DemoA();
obj.Value = 1;
int x = obj;
```

Selbstverständlich wird es nur bei einem Versuch bleiben, denn der Compiler stellt eine unzulässige Konvertierung des `DemoA`-Typs in einen `int` fest und macht das Unterfangen zunichte.

C# bietet uns die Möglichkeit, bestimmte Typkonvertierungen zu gestatten. Angenommen, unser Ziel sei, das Codefragment tatsächlich einwandfrei zu kompilieren. Dazu müssen wir die Klasse wie folgt um die Definition einer benutzerdefinierten Konvertierung erweitern:

```
class DemoA {
  public int Value = 0;

  public static implicit operator int(DemoA obj) {
   return obj.Value;
  }
}
```

Sehen wir uns den Methodenkopf genauer an. Im Vergleich zu einer Methode, die einen Operator überlädt, ist die Definition der Methode zur Typkonvertierung um das neue Schlüsselwort `implicit` ergänzt worden. Den Schlüsselwörtern `implicit operator` folgt der Datentyp, in den implizit konvertiert wird. In unserem Beispiel ist es `int`. Der Parameter definiert den Typ, der konvertiert werden soll.

Die allgemeine Syntax der impliziten benutzerdefinierten Typkonvertierung lautet:

```
public static implicit operator <Zieldatentyp>(<Eingabetyp>)
```

Die Aussage in unserem Beispiel ist also die folgende: Konvertiere ein Objekt vom Typ `DemoA` implizit in einen Integer.

Benutzerdefinierte Konvertierungen liefern ein Ergebnis: Es ist genau von dem Typ, der hinter `operator` angegeben wird. Im Anweisungsblock der Konvertierungsmethode muss deshalb ein return-Statement, gefolgt vom entsprechenden Rückgabewert, angegeben werden – in unserem Fall der Inhalt des Feldes Value des Objekts, dessen Referenz die Methode im Parameter obj empfängt.

Weil ein int vom System implizit in den Datentyp long konvertiert wird, wird jetzt auch das folgende Codefragment fehlerfrei kompiliert:

```
DemoA testObject = new DemoA();
testObject.Value = 1;
long x = testObject;
```

Benutzerdefinierte explizite Konvertierung

Eine implizite Konvertierung sollte nur in Betracht gezogen werden, wenn bei einer Konvertierung keine Daten verloren gehen. Nehmen wir nun an, die Klasse DemoA sei etwas anspruchsvoller:

```
class DemoA {
  public int Value = 0;
  public string Text = "Wohnort";
}
```

Wir wollen wieder sicherstellen, dass die Referenz auf ein DemoA-Objekt in einen Integer konvertiert werden kann. Dazu könnten wir auch hier eine implizite benutzerdefinierte Konvertierung anbieten. Tatsache ist aber, dass uns bei der Typumwandlung Informationen verloren gehen, auch wenn diese vom empfangenden Element nicht benötigt werden. Im Beispiel ist es das Feld vom Typ string. Wenn Sie Wert auf eine stilistisch saubere Programmierung legen, sollten Sie eine explizite Konvertierung vorschreiben. Sie vermeiden dadurch außerdem, dass eine implizite Konvertierung automatisch ausgeführt wird, ohne dass der Aufrufer sie gewünscht hat.

Um eine benutzerdefinierte, explizite Typumwandlung zu implementieren, müssen Sie das Schlüsselwort explicit in der Methodensignatur angeben. Die allgemeine Syntax ähnelt der der impliziten benutzerdefinierten Konvertierung:

```
public static explicit operator <Zieldatentyp>(<Eingabedatentyp>)
```

Sehen wir uns dazu das vollständige Beispiel an:

```
class DemoA {
  public int Value = 0;
  public string Text = "Explizite Konvertierung";

  public static explicit operator int(DemoA obj) {
    return obj.Value;
  }
```

```
  public static explicit operator string(DemoA obj) {
    return obj.Text;
  }
}
```

DemoA beschreibt nun sogar zwei explizite Konvertierungen: in einen int und in einen string. Programmcode, der ein DemoA-Objekt einem Integer zuweisen möchte, würde jetzt zu einer expliziten Konvertierung gezwungen, z. B. so:

```
DemoA testObject = new DemoA();
testObject.Value = 13;
int x = (int)testObject;
```

Analog lässt sich mit der Anweisung

```
string str = (string)testObject;
```

eine Referenz vom Typ DemoA auch einer string-Variablen zuweisen.

Implizite und explizite Konvertierung von Referenztypen

In den beiden vorhergehenden Abschnitten war der Zieldatentyp ein einfacher Datentyp. Auf dieselbe Art und Weise kann auch in einen Referenztyp konvertiert werden. Nehmen wir an, die beiden Klassen DemoA und DemoB wären wie folgt definiert:

```
class DemoA {
  public int Value;
  public bool Cancel;
}

class DemoB {
  public int Value;
  public string Text;
}
```

Unser Ziel sei uns nun, die implizite Konvertierung eines DemoA-Objekts in ein DemoB-Objekt und umgekehrt zu erreichen, um beispielsweise den folgenden Code zu ermöglichen:

```
DemoA objA = new DemoA();
objA.Value = 4722;
DemoB objB = objA;
```

Würden die beiden Klassen in einer Vererbungsbeziehung stehen und würde DemoA aus DemoB abgeleitet, wäre die Zuweisung kein Problem, da eine Subklassenreferenz einer Basisklassenreferenz zugewiesen werden kann. Dabei wird implizit konvertiert. Wie wir wissen, können wir auch die Referenz eines Basisklassenobjekts einer Subklassenreferenz zuweisen, müssen aber die Basisklassenreferenz dabei explizit konvertieren. Der passende Konvertierungsoperator wird uns aufgrund der Vererbungsbeziehung automatisch zur Verfügung gestellt. Die Ausgangssituation zwischen DemoA und DemoB ist in unserem Beispiel eine gänzlich andere und zwingt uns zu einer benutzerdefinierten Konvertierung, entweder implizit oder explizit.

Der Zieldatentyp ist nun DemoB, d. h., dass die Konvertierungsfunktion ein Objekt vom Typ DemoB als Rückgabewert liefert. In der Routine wird deshalb ein neues Objekt dieses Typs erzeugt. Man muss sich jetzt noch überlegen, welche gemeinsamen Merkmale beide Klassen aufweisen. In unserem Beispiel handelt es sich nur um das in beiden Klassen deklarierte Feld vom Typ int. Dass die beiden Felder namentlich identisch sind, ist hier nur rein zufällig so, es ist keine Voraussetzung.

Der Inhalt des Feldes Value des DemoA-Objekts wird dem int-Feld Value des DemoB-Objekts zugewiesen. Das so initialisierte Objekt wird als Ergebnis der impliziten Konvertierung bereitgestellt.

```
// implizite Konvertierung eines DemoA-Objekts in ein DemoB-Objekt
public static implicit operator DemoB(DemoA objA) {
  DemoB objB = new DemoB ();
  objB.Value = objA.Value;
  return objB;
}
```

Die Konvertierung eines DemoA-Objekts in ein DemoB-Objekt hat Datenverlust zur Folge. Daher ist es besser, anstelle der impliziten eine explizite Konvertierung vorzuschreiben. Dazu muss nur das Schlüsselwort implicit gegen explicit ausgetauscht werden:

```
// explizite Konvertierung eines DemoA-Objekts in ein DemoB-Objekt
public static explicit operator DemoB(DemoA objA) {
  DemoB objB = new DemoB ();
  objB.Value = objA.Value;
  return objB;
}
```

Nun wird die Typumwandlung nur über den Konvertierungsoperator ermöglicht, führt aber ansonsten zum gleichen Ergebnis wie eine implizite Konvertierung:

```
DemoA objA = new DemoA();
objA.Value = 55;
DemoB objB = (DemoB)objA;
```

Hinweis

Auf der Buch-DVD finden Sie die Beispielprogramme *ConvertImplicitDemo* und *ConvertExplicit-Demo*, die die implizite und explizite Konvertierung zeigen.

Überladen benutzerdefinierter Konvertierungsmethoden

Das gleichzeitige Implementieren einer expliziten und einer impliziten Konvertierungsfunktion mit demselben Zieldatentyp ist unzulässig. Daher ist der folgende Programmcode falsch:

```
// fehlerhafte Klassendefinition aufgrund unzulässiger
// Überladung der benutzerdefinierten Konvertierung
class Demo {
  public int Value;
  public static implicit operator int(Demo obj) {
    return obj.Value;
  }

  public static explicit operator int(Demo obj) {
    return obj.Value;
  }
}
```

Gestattet ist jedoch die Koexistenz einer impliziten und einer expliziten Konvertierung, wenn sich die beiden Überladungsmethoden im Zieldatentyp unterscheiden. Im folgenden Codefragment ist in `Demo` eine explizite Konvertierung in den Typ `long` definiert und eine implizite in einen `int`.

```
// zulässige Überladung der Konvertierungsmethode
class Demo {
  public int Value;
  public static implicit operator int(Demo obj) {
    return obj.Value;
  }

  public static explicit operator long(Demo obj) {
    return obj.Value;
  }
}
```

7.4 Indexer

In Kapitel 2, »Grundlagen der Sprache C#«, haben Sie gelernt, mit Arrays zu arbeiten. Sie wissen, wie Sie ein Array deklarieren und auf die einzelnen Elemente zugreifen können, zum Beispiel:

```
int[] intArr = new int[10];
intArr[3] = 125;
```

Mit C# können Sie Klassen und Strukturen so definieren, dass deren Objekte wie ein Array indiziert werden können. Indizierbare Objekte sind in der Regel Objekte, die als Container für andere Objekte dienen – vergleichbar einem Array. Das .NET Framework stellt uns eine ganze Reihe solcher Klassen zur Verfügung, die als *Collections* oder *Auflistungen* bezeichnet werden. Diese agieren ähnlich den uns schon bekannten Arrays, verwalten also Objekte.

Stellen Sie sich vor, Sie würden die Klasse `Fußballmannschaft` entwickeln. Eine Mannschaft setzt sich aus vielen Einzelspielern zusammen, die innerhalb der Klasse in einem Array vom Typ `Spieler` verwaltet werden. Wenn Sie die Klasse `Fußballmannschaft` mit

```
Fußballmannschaft Wacker = new Fußballmannschaft();
```

instanziieren, wäre es doch zweckdienlich, sich von einem bestimmten Spieler mit der Anweisung

```
string name = Wacker[2].Zuname;
```

den Zunamen zu besorgen. Genau das leistet ein Indexer. Wir übergeben dem Objekt einen Index in eckigen Klammern, der ausgewertet wird und die Referenz auf ein `Spieler`-Objekt zurückliefert. Darauf können wir mit dem Punktoperator den Zunamen des gewünschten Spielers ermitteln, vorausgesetzt, diese Eigenschaft ist in der Klasse `Spieler` implementiert.

Ein Indexer ist prinzipiell eine Eigenschaft, die mit `this` bezeichnet wird und in eckigen Klammern den Typ des Index definiert. Weil sich `this` immer auf ein konkretes Objekt bezieht, können Indexer niemals als `static` deklariert werden. Die Definition lautet:

```
<Modifikatoren> <Datentyp> this[<Parameterliste>]
```

Als Modifizierer sind neben den Zugriffsmodifikatoren auch `new`, `virtual`, `sealed`, `override` und `abstract` zulässig. Wenn Sie sich in Erinnerung rufen, was Sie im vorhergehenden Abschnitt über Operatorüberladung gelernt haben, wird klar, dass Indexer eine Überladung des `[]`-Operators sind.

Wenn eine Klasse einen Indexer definiert, darf diese Klasse keine `Item`-Methode haben, weil interessanterweise ein Indexer als `Item`-Methode interpretiert wird.

Mit diesem Wissen ausgestattet, sollten wir uns nun die Implementierung der Klasse `Fußballmannschaft` ansehen.

```
// ---------------------------------------------------------
// Beispiel: ...\Kapitel 7\Indexer
// ---------------------------------------------------------
class Program {
  static void Main(string[] args) {
    Fußballmannschaft Wacker = new Fußballmannschaft();
    // Spieler im Team aufnehmen
    Wacker[0] = new Spieler("Fischer", 23);
```

```
    Wacker[1] = new Spieler("Müller", 19);
    Wacker[2] = new Spieler("Mamic", 33);
    Wacker[1] = new Spieler("Meier", 31);
    // Spielerliste ausgeben
    for (int index = 0; index < 25; index++) {
      if (Wacker[index] != null)
        Console.WriteLine("Name: {0,-10}Alter: {1}",
                          Wacker[index].Zuname, Wacker[index].Alter);
    }
    Console.ReadLine();
  }
}

// Fussballmannschaft
public class Fußballmannschaft {
  private Spieler[] team = new Spieler[25];

  // Indexer
  public Spieler this[int index] {
    get { return team[index]; }
    set {
      // prüfen, ob der Index schon belegt ist
      if (team[index] == null)
        team[index] = value;
      else
        // nächsten freien Index suchen
        for (int i = 0; i < 25; i++) {
          if (team[i] == null) {
            team[i] = value;
            return;
          }
        }
    }
  }
}

// Spieler
public class Spieler {
  public string Zuname;
  public int Alter;
  public Spieler(string zuname, int alter) {
    Zuname = zuname;
    Alter = alter;
  }
}
```

Jede Instanz der Klasse `Fußballmannschaft` verhält sich wie ein Array. Dafür verantwortlich ist der Indexer, der über das Schlüsselwort `this` deklariert wird und einen Integer entgegennimmt. Der Indexer ist vom Typ `Spieler`. Der lesende und schreibende Zugriff auf ein Element erfolgt unter Angabe seines Index, also beispielsweise:

```
Wacker[6];
```

Die interne Struktur eines Indexers gleicht der einer Eigenschaftsmethode: Sie enthält einen `get`- und einen `set`-Accessor. `get` wird aufgerufen, wenn durch die Übergabe des `int`-Parameters Letzterer als Index der Spieler-Arrays ausgewertet wird und den entsprechenden Spieler aus dem privaten Array zurückgibt. Die Zuweisung eines weiteren Spielers hat den Aufruf des `set`-Zweiges zur Folge. Dabei wird überprüft, ob der angegebene Index noch frei oder bereits belegt ist. Im letzteren Fall wird der erste frei Index gesucht.

7.4.1 Überladen von Indexern

In einem herkömmlichen Array erfolgt der Zugriff auf ein Element grundsätzlich über den Index vom Typ `int`, aber Indexer lassen auch andere Datentypen zu. In vielen Situationen ist es sinnvoll, anstelle des Index eine Zeichenfolge anzugeben, mit der ein Element identifiziert wird. Meistens handelt es sich dabei um den Namen des Elements. Sind mehrere unterschiedliche Zugriffe wünschenswert, können Indexer nach den bekannten Regeln hinsichtlich Anzahl und Typ der Parameter überladen werden.

Das folgende Beispiel zeigt eine Indexerüberladung. Dazu benutzen wir das Beispiel aus dem vorherigen Abschnitt und ergänzen die Klasse `Fußballmannschaft` um einen weiteren Indexer in der Weise, dass wir auch über dem Namen des Spielers auf das zugehörige Objekt zugreifen können, also zum Beispiel mit

```
Spieler spieler = Wacker["Fischer"];
```

Angemerkt sei dabei, dass das Beispiel nur so lange wunschgemäß funktioniert, solange die Namen eindeutig sind. Sollten mehrere Spieler gleichen Namens in der Liste zu finden sein, müssten weitere Kriterien zur eindeutigen Objektbestimmung herangezogen werden. Das soll aber an dieser Stelle nicht das Thema sein.

```
// ---------------------------------------------------------
// Beispiel: ...\Kapitel 7\IndexerÜberladung
// ---------------------------------------------------------
class Program {
  static void Main(string[] args) {
    Fußballmannschaft Wacker = new Fußballmannschaft();
    // Spieler im Team aufnehmen
    Wacker[0] = new Spieler("Fischer", 23);
    Wacker[1] = new Spieler("Müller", 19);
    Wacker[2] = new Spieler("Mamic", 33);
```

```
    Wacker[1] = new Spieler("Meier", 31);
    // Spielerliste ausgeben
    Console.Write("Spieler suchen: ... ");
    string spieler = Console.ReadLine();
    if (Wacker[spieler] != null)
      Console.WriteLine(Wacker[spieler].Alter);
    else
      Console.WriteLine("Der Spieler gehört nicht zum Team.");
    Console.ReadLine();
  }
}

// Fußballmannschaft
public class Fußballmannschaft {
  private Spieler[] team = new Spieler[25];

  // Indexer
  public Spieler this[int index] {
    ...
  }

  public Spieler this[string name] {
    get {
      for (int index = 0; index < 25; index++) {
        if (team[index] != null &&  team[index].Zuname == name)
          return team[index];
      }
      return null;
    }
  }
}
```

Die Überladung des Indexers mit einem `string` enthält nur den `get`-Accessor, da die Zuweisung eines neuen Spieler-Objekts nur anhand seines Namens in diesem Beispiel unsinnig wäre. Im `get`-Accessor wird eine Schleife über alle Indizes durchlaufen. Jeder Index wird dahingehend geprüft, ob er einen von `null` abweichenden Inhalt hat. Ist der Inhalt nicht null und verbirgt sich hinter dem Index auch das Spieler-Objekt mit dem gesuchten Namen, wird das Objekt an den Aufrufer zurückgegeben. Diese Operation wird durch

```
if (team[index] != null &&  team[index].Zuname == name)
  return team[index];
```

beschrieben. Sollte sich ein Spieler mit dem gesuchten Namen nicht in der Mannschaft befinden, ist der Rückgabewert `null`.

7.4.2 Parameterbehaftete Eigenschaften

Eigenschaften sind von Haus aus parameterlos. Mit anderen Worten: Sie können einen Eigenschaftswert nicht in Abhängigkeit von einer oder mehreren Nebenbedingungen setzen. Dieses Manko lässt sich mit Indexern beheben, sodass beispielsweise mit

```
myObject.TheProperty[2] = 10;
```

der Eigenschaftswert festgelegt werden kann.

Parametrisierte Eigenschaften sind von Bedeutung, wenn Randbedingungen den von der Eigenschaft beschriebenen Wert beeinflussen. In der fiktiven Eigenschaft `TheProperty` lautet die Randbedingung »2«. Unter dieser Prämisse soll der Eigenschaft die Zahl 10 zugewiesen werden. Der Code ähnelt ohne Zweifel einem Array und lässt sich auch so interpretieren: Es handelt sich um eine indizierte Sammlung gleichnamiger Eigenschaftselemente.

Wir wollen uns jetzt ansehen, wie in einer Klasse eine parameterbehaftete Eigenschaft realisiert werden kann. Dazu stellen wir uns eine Klasse `Car` mit einer Eigenschaft `Color` vor. Ein `Car`-Objekt beschreibt das Auto eines beliebigen Herstellers. Wir wissen alle, dass die verschiedenen Autoproduzenten unterschiedliche Farbpaletten anbieten – oft modellabhängig. Einen Ferrari gibt es möglicherweise nur in Rot, Gelb oder Schwarz; kaufen Sie einen häufiger vertretenen Typ, können Sie vielleicht unter 20 verschiedenen Farben auswählen. Diese Situation soll die Eigenschaft `Color` der `Car`-Klasse beschreiben.

Der Eigenschaft `Color` wollen wir als Argument eine Zeichenfolge übergeben, die den Hersteller beschreibt. Zurückgeliefert wird daraufhin die Palette der zur Auswahl stehenden Farben. Ein Aufruf könnte dann wie folgt aussehen:

```
int[] colors = myCar.Color["Mazda"];
```

Das sei unser Ziel. Widmen wir uns nun dem Code. Der Teilausdruck

```
Color["Mazda"]
```

lässt sich über einen Indexer realisieren. Ein Indexer setzt ein Objekt voraus, denn wie wir wissen, überladen wir den »`[]`«-Operator in `this`, dem aktuellen Objekt also. Daraus kann gefolgert werden, dass wir zusätzlich zur Klasse `Car` eine zweite Klasse definieren müssen, die ihrerseits die Eigenschaft beschreibt. Im Folgenden soll der Name dieser Klasse `CarColor` lauten.

Wir könnten nun beide Klassen mit

```
public class Car {/*...*/}
public class CarColor {/*...*/}
```

festlegen, aber damit käme die eindeutige Zugehörigkeit von `CarColor` zu `Car` nicht zum Ausdruck, weil `CarColor` auch ohne ein zugrunde liegendes `Car`-Objekt instanziiert werden könnte. Wir wissen aber, dass CarColor in einer direkten Beziehung zu Car steht. Deshalb drängt sich geradezu die Idee auf, CarColor in Car zu verschachteln:

```
public class Car {
  public class CarColor {/*...*/}
}
```

Ein Objekt vom Typ CarColor soll einem Benutzer als schreibgeschützte Eigenschaft eines Car-Objekts angeboten werden. Wir ergänzen deshalb die äußere Klassendefinition Car um ein Feld, das die Referenz auf ein Car-Objekt zurückliefert:

```
public class Car {
  public readonly CarColor Color = new CarColor();

  public class CarColor {/*...*/}
}
```

Abgesehen von der internen Implementierung der Klasse CarColor können wir Car als fertig betrachten. Der gesamte weitere Programmcode beruht auf der vereinfachenden Annahme, dass sich die von jedem Hersteller angebotene Farbpalette nicht ändert. In der Praxis würde man diese im Car-Konstruktor vermutlich aus einer Datenbank beziehen. Wir legen die Farben jedoch in der Klasse CarColor fest, denn um den Einsatz der Indexer im Zusammenhang mit parameterbehafteten Eigenschaften zu verstehen, ist das völlig ausreichend.

Aus Sicht eines Benutzers sind wir nun an dieser Stelle angelangt:

```
Car myCar = new Car();
myCar.Color
```

Die zweite, noch unvollständige Anweisung liefert die Referenz auf ein CarColor-Objekt zurück. Jetzt schlägt die Stunde der Indexer! Zur Vervollständigung der Aufrufsyntax mit dem []-Operator müssen wir im nächsten Schritt in CarColor einen Indexer codieren.

Auch hier vereinfachen wir die Situation und tun so, als würde es nur zwei Autohersteller geben. Beim Aufruf der Color-Eigenschaft wird als Zeichenfolge der Hersteller übergeben. Der Rückgabewert sei ein Integer-Array, in dem jede Zahl für eine bestimmte Farbe steht.

```
public class CarColor {
  public int[] this[string hersteller] {
    get {
      switch(hersteller) {
        case "Rover":
          return new int[]{2, 3, 4, 5};
        case "Mazda":
          return new int[]{1, 2, 5, 6};
        default:
          return new int[]{0};
```

```
        }
      }
    }
  }
```

Der Indexer versetzt uns jetzt in die Lage, beim Aufruf der Eigenschaft `Color` einen Index anzugeben, der als Argument interpretiert wird und den Eigenschaftswert maßgeblich beeinflusst.

Fassen wir den gesamten Code zusammen, und schreiben wir dazu noch zugreifenden Code, der exakt die Anweisung enthält, die Ausgangspunkt unserer Überlegungen war.

```
// --------------------------------------------------------
// Beispiel: ...\Kapitel 7\Eigenschaftsparameter
// --------------------------------------------------------
class Program {
  static string[] color = new string[]{"Fehleingabe",
"weiss","blau","gelb","rot","schwarz","lila"};

  static void Main(string[] args) {
    Car myCar = new Car();
    int[] arrInt = myCar.Color["Mazda"];
    for(int i = 0; i < arrInt.Length; i++)
      Console.WriteLine("Farbe {0} = {1}", i, color[arrInt[i]] );
    Console.ReadLine();
      }
    }

public class Car {
    public readonly CarColor Color = new CarColor();

    public class CarColor {
      // Indexer
      public int[] this[string hersteller] {
        get {
          switch(hersteller) {
            case "Rover":
              return new int[]{2, 3, 4, 5};
            case "Mazda":
              return new int[]{1, 2, 5, 6};
            default:
              return new int[]{0};
          }
        }
      }
    }
}
```

Jede der beim Aufruf der Eigenschaft Color zurückgelieferten Integer-Zahlen ist demselben numerischen Index im string-Array der Testklasse zugeordnet. Die einzige Ausnahme bildet der Index 0, der eine unzulässige Parameterübergabe an die Eigenschaft signalisiert.

Mit

```
int[] arrInt = myCar.Color["Mazda"];
```

weisen wir den Rückgabewert einem Array zu, das in der darauffolgenden for-Schleife durchlaufen wird und die herstellerspezifische Farbpalette im Befehlsfenster ausgibt.

7.5 Erweiterungsmethoden

Erweiterungsmethoden stellen ein wenig das strenge Konzept der Objektorientierung auf den Kopf. Unsere Aussage war bisher immer, dass die zu einer Klasse gehörenden Methoden in dieser Klasse implementiert werden müssen und an die Subklassen vererbt werden. Die in C# 3.0 eingeführten Erweiterungsmethoden weichen dieses Prinzip auf, indem auch außerhalb einer Klasse Methoden definiert werden können, die sich wie eine Instanzmethode aufrufen lassen.

Nehmen wir dazu das Beispiel der hinlänglich bekannten Klasse Circle. Vielleicht genügt uns das Angebot an Methoden nicht, weil wir noch zusätzlich gern eine Methode hätten, um auf Grundlage des Radius das Kugelvolumen zu berechnen, beispielsweise so:

```
Circle kreis = new Circle(5);
Console.WriteLine("Kugelvolumen = {0}", kreis.GetVolume());
```

Durch Bereitstellung einer Erweiterungsmethode ist das kein Problem.

```
static class Extensionmethods {
  // Erweiterungsmethode zur Berechnung des Kugelvolumens
  // eines Objekts vom Typ 'Circle'
  public static double GetVolume(this Circle kreis) {
    return Math.Pow(kreis.Radius, 3) * Math.PI * 4 / 3;
  }
}
```

Erweiterungsmethoden werden in static-Klassen implementiert und müssen selbst als public static signiert sein. Beachten Sie bitte, dass trotz der static-Definition Erweiterungsmethoden wie Instanzmethoden aufgerufen werden. Der erste Parameter in der Parameterliste muss das Schlüsselwort this vor dem ersten Parametertyp aufweisen. Hier wird der Typ angegeben, der um die genannte Methode erweitert wird. In unserem Beispiel handelt es sich um Circle. Sie können beliebig viele Erweiterungsmethoden für einen Typ schreiben, ganz so, wie Sie es benötigen. Üblicherweise werden Erweiterungsmethoden in eigens dafür vorgesehenen Klassenbibliotheken definiert.

Hinweis

Erweiterungsmethoden können auch beliebige Parameter aufweisen. Diese werden nach der Angabe der zu erweiternden Klasse definiert.

Mit Erweiterungsmethoden können Sie alle Klassen beliebig erweitern und so an Ihre spezifischen Anforderungen anpassen. Erweiterungsmethoden stellen die einzige Möglichkeit dar, sogar Klassen, die mit `sealed` als nicht ableitbar definiert worden sind, um eigene spezifische Methoden zu ergänzen. Eine von den Klassen, die in der Praxis häufig um Erweiterungsmethoden ergänzt werden, ist `String`. Selbst mit `sealed` signiert, gestattet `String` es nicht, durch Ableitungen weitere Features hinzuzufügen. Das ist im Grunde genommen sehr bedauerlich, da insbesondere die Verarbeitung von Zeichenfolgen oft nach spezifischen Gesichtspunkten erfolgen muss. Mit Erweiterungsmethoden ist das alles nun kein Problem mehr.

Dem Einsatz von Erweiterungsmethoden sind aber auch Grenzen gesetzt, denn Erweiterungsmethoden können nur `public`-Member der zu erweiternden Klasse aufrufen.

Wird eine Klasse um eine Erweiterungsmethode ergänzt, vererbt sich diese auch an die abgeleitete Klasse weiter. Bezogen auf unser Beispiel oben könnten Sie demnach `GetVolume` auch auf einem Objekt vom Typ `GraphicCircle` aufrufen. Hinsichtlich der Überladungsfähigkeit gelten dieselben Regeln wie bei den herkömmlichen Methoden.

Prioritätsregeln

Da Erweiterungsmethoden auch von Entwicklern geschrieben werden, die nicht Urheber der erweiterten Klasse sind, haben Erweiterungsmethoden nur eine untergeordnete Priorität. Betrachten Sie dazu das folgende Beispiel, in dem die Klasse `Circle` um die Methode `Draw` erweitert wird.

```
static class Extensionmethods {
  // Erweiterungsmethode zur Berechnung des Kugelvolumens
  // eines Objekts vom Typ 'Circle'
  public static double GetVolume(this Circle kreis) {
    return Math.Pow(kreis.Radius, 3) * Math.PI * 4 / 3;
  }

  // Erweiterungsmethode 'Draw'
  public static void Draw(this Circle kreis) {
    Console.WriteLine("Draw in der Erweiterungsmethode.");
  }
}
```

`Circle` ist um die Methode `Draw` erweitert worden, die sich an `GraphicCircle` weitervererbt. Da eine gleichnamige Instanzmethode in `GraphicCircle` existiert, muss die Entscheidung getroffen werden, welche der beiden zur Ausführung kommt: Es handelt sich definitiv um die `Draw`-Methode der Klasse `GraphicCircle`.

```
static void Main(string[] args) {
  Circle kreis = new Circle(5);
  kreis.Draw();
  GraphicCircle g = new GraphicCircle();
  g.Draw();
}
```

Die Ausgabe dieses Codefragments wird wie folgt lauten:

```
Draw in der Erweiterungsmethode.
Der Kreis wird gezeichnet.
```

Ob eine Erweiterungsmethode aufgerufen wird, hängt davon ab, ob eine gleichnamige Instanzmethode existiert. Wie Sie gesehen haben, hat eine Instanzmethode in jedem Fall Priorität vor einer gleichnamigen Erweiterungsmethode.

Die Erweiterungsmethode einer Klasse kann stets durch eine spezifischere Version ersetzt werden, die für einen Typ definiert ist. Gewissermaßen haben wir es dabei mit einer Überschreibung zu tun. Angenommen, die Klasse `Object` sei um die Methode `Display` erweitert worden. Damit steht jeder Klasse die Erweiterungsmethode zur Verfügung – soweit sie sich im aktuellen Namespace befindet oder in einem Namespace, der mit `using` importiert wird. Eine spezifische Version von `Display` kann aber auch für alle Objekte vom Typ `Circle` bereitgestellt werden. Die `Circle`-Version überdeckt in diesem Fall die geerbte Erweiterungsmethode der Klasse `Object`.

```
static class Extensionmethods {
  public static void Display(this object obj) {
    Console.WriteLine(obj.ToString());
  }

  public static void Display(this Circle kreis) {
    Console.WriteLine("Kreis mit Radius {0}", kreis.Radius);
  }
}
```

Die Spezialisierung einer Erweiterungsmethode für einen bestimmten Typ setzt sich auch in den abgeleiteten Klassen durch. Damit wird ein `GraphicCircle`-Objekt ebenfalls von der spezifischen Version profitieren, es sei denn, für den abgeleiteten Typ gibt es wiederum eine eigene Version der Erweiterungsmethode, die noch spezialisierter ist.

```
// Aufruf der Erweiterungsmethode 'Display'
Circle kreis = new Circle(5);
kreis.Display();
GraphicCircle g = new GraphicCircle(3);
g.Display();
```

Generische Erweiterungsmethoden

Erweiterungsmethoden lassen sich generisch prägen. Damit wird es möglich, eine Erweiterungsmethode beispielsweise nur für eine bestimmte Gruppe von Objekten zur Verfügung zu stellen. Der folgende Code beschreibt die Erweiterungsmethode `GetFlaechen`. Diese Methode erweitert alle Arrays vom Typ `GeometricObject` und somit auch Arrays vom Typ `Circle`, `Rectangle` usw.

```
class Program {
  static void Main(string[] args) {
    GeometricObject[] geoArr = new GeometricObject[3];
    geoArr[0] = new Circle(5);
    geoArr[1] = new GraphicCircle(9);
    geoArr[2] = new Rectangle(12, 7);
    geoArr.GetFlaechen();
    Console.ReadLine();
  }
}

static class Extensionmethods {
  public static void GetFlaechen<T>(this T[] objects)
                                  where T : GeometricObject {
    foreach (GeometricObject geoObj in objects)
      Console.WriteLine(geoObj.GetFlaeche());
  }
}
```

Richtlinien für Erweiterungsmethoden

Mit den Erweiterungsmethoden wird uns ein sehr interessantes Feature an die Hand gegeben, um vorhandene Klassen zu erweitern. Im Allgemeinen sollten Sie aber darauf achten, dass Sie nur dann Erweiterungsmethoden implementieren, wenn es unbedingt notwendig ist. Nach Möglichkeit sollten Sie besser eine Klasse ableiten, anstatt eine Erweiterungsmethode bereitzustellen.

Wenn Sie eine Klassenbibliothek implementieren, sollten Sie es grundsätzlich vermeiden, die darin definierten Typen um Erweiterungsmethoden zu ergänzen, um das Konzept der Objektorientierung nicht unnötig aufzuweichen. Erweiterungsmethoden sind nur dann ein sinnvolles Feature, wenn Ihnen anderweitig keine Möglichkeit mehr bleibt, beispielsweise weil Sie eine `sealed`-, also eine nicht ableitbare Klasse erweitern möchten.

Sie sollten sich aber auch darüber im Klaren sein, dass die Versionsänderung einer Assembly dazu führen kann, dass eine zuvor für eine Klasse bereitgestellte Erweiterungsmethode wirkungslos wird, weil die entsprechende Klasse um eine gleichnamige Instanzmethode ergänzt worden ist.

7.6 Implizit typisierte Variablen (Typinferenz)

Anmerkung

Gleich zu Anfang dieses Abschnitts sei eine Anmerkung gestattet. In den drei folgenden Abschnitten werden Sie »implizit typisierte Variablen«, »Lambda-Ausdrücke« und »anonyme Typisierung« kennenlernen. Natürlich können Sie diese Techniken in jeder Anwendung nach Belieben nutzen. Das Haupteinsatzgebiet ist aber eine Technologie, die mit dem .NET Framework 3.5 eingeführt worden ist: LINQ (*Language Integrated Query*). Mit LINQ werden wir uns im gleichnamigen Kapitel 10 beschäftigen, aber der Vollständigkeit halber werden diese C#-Sprachtechniken bereits in diesem Kapitel erklärt.

Bei der Deklaration einer Variablen müssen Sie deren Datentyp angeben. So haben Sie es gelernt. Mit Einführung von C# 3.0 hat sich das geändert. Die Typinferenz gestattet es Ihnen, eine Variable mit dem neuen Schlüsselwort `var` zu deklarieren, ohne dabei den Datentyp angeben zu müssen:

```
var x = 5;
```

Das Schlüsselwort `var` bedeutet nicht, dass die Variable erst zur Laufzeit gebunden wird. Es bedeutet nur, dass der Compiler den am besten passenden Datentyp aus dem Ausdruck rechts vom Zuweisungsoperator ableitet. In unserem Beispiel wäre es ein Integer. Der Compiler behandelt die Variable dann so, als wäre sie von diesem Typ deklariert worden.

Bei dem abgeleiteten Typ kann es sich um einen integrierten Typ, einen anonymen Typ, einen benutzerdefinierten Typ, einen in der .NET Framework-Klassenbibliothek definierten Typ oder um einen Ausdruck handeln.

Hier folgen noch einige Beispiele, die den Einsatz implizit typisierter Variablen demonstrieren. Sie werden vermutlich die beiden letzten Beispiele noch nicht verstehen, weil ich Ihnen beispielsweise auch noch nicht erklärt habe, was unter einem anonymen Typ zu verstehen ist. Nur Geduld, ich werde das später noch nachholen.

```
// x wird als Integer kompiliert
var x = 5;

// s wird als String kompiliert
var s = "Aachen";

// arr wird als int[]-Array kompiliert
var arr = new[] { 0, 1, 2 };

// a wird als IEnumerable<Customer> kompiliert
var a = from c in Products
        where c.CategoryID == 2
        select c;
```

```
// z wird als anonymer Typ kompiliert
var z = new { Name = "Terry", Age = 34 };

// liste wird als List<int> kompiliert
var liste = new List<int>();
```

Das Konzept implizit typisierter Variablen hat einige Einschränkungen:

- Die Variable muss eine lokale Variable sein.
- Die Initialisierung muss bei der Deklaration erfolgen.
- Einer implizit typisierten Variablen darf nicht `null` zugewiesen werden.
- Ein Methodenparameter darf nicht mit `var` deklariert werden.
- Der Rückgabetyp einer Methode darf ebenfalls nicht `var` sein.

Die Verwendung implizit typisierter Variablen ist nicht nur auf die Verwendung als lokale Variable beschränkt. Sie können sie auch in einer `for`- oder `foreach`-Schleife verwenden, wie in den beiden folgenden Codefragmenten gezeigt wird.

```
for (var x = 0; x < 100; x++)...
foreach (var element in liste)...
```

Sie werden sich vermutlich nun fragen, wozu implizit typisierte Variablen dienen. Betrachten Sie sie einfach nur als syntaktisches Hilfsmittel, das Sie zwar einsetzen können, auf das Sie aber nach Möglichkeit verzichten sollten. Erforderlich werden solchermaßen deklarierte Variablen aber im Zusammenhang mit LINQ-Abfrageausdrücken (siehe auch Kapitel 10, »LINQ«).

7.7 Lambda-Ausdrücke

In Kapitel 5, »Delegates und Ereignisse«, hatte ich Ihnen im Zusammenhang mit den Delegates das Beispielprogramm `AnonymeMethoden` vorgestellt. Zur Erinnerung: An der Konsole wurde der Anwender zur Eingabe von zwei Zahlen aufgefordert. Anschließend konnte der Benutzer entscheiden, ob er die beiden Zahlen addieren oder subtrahieren möchte. Später wurden im gleichen Kapitel anstelle der Delegates anonyme Methoden verwendet. Hier ist noch einmal die Passage, die für uns im Weiteren von Interesse ist:

```
...
if (wahl == "A")
  calculate = delegate(double x, double y)
  {
    return x + y;
  };
  else if (wahl == "S")
```

```
    calculate = delegate(double x, double y)
    {
      return x - y;
    };
    else {
      Console.Write("Ungültige Eingabe");
      Console.ReadLine();
      return;
    }
...
```

Bei einem Lambda-Ausdruck handelt es sich um eine anonyme Methode, die Ausdrücke und Anweisungen enthalten und für die Erstellung von Delegates verwendet werden kann.

Mithilfe von Lambda-Ausdrücken können Sie den Code von oben auch wie folgt formulieren:

```
...
if (wahl == "A")
  calculate = (double x, double y) => { return x + y;};
else if (wahl == "S")
  calculate = (double x, double y) => { return x - y; };
...
```

Die beiden Lambda-Ausdrücke in diesem Codefragment sind

```
(double x, double y) => { return x + y;};
```

und

```
(double x, double y) => { return x - y; }
```

Lambda-Ausdrücke verwenden den Operator =>. Links davon werden die Eingabeparameter angegeben, rechts davon der Ausdruck oder ein Anweisungsblock. Das in der ursprünglichen Fassung vorhandene Schlüsselwort `delegate` taucht nicht mehr auf.

Der Anweisungsrumpf eines Lambda-Ausdrucks benötigt eine geschweifte Klammer wie jeder andere Anweisungsblock auch und kann beliebig viele Anweisungen enthalten. Häufig anzutreffen sind Lambda-Ausdrücke, deren einzige Anweisung ein `return` ist. In einem solchem Fall dürfen Sie die `return`-Anweisung weglassen und können gleichzeitig auch auf die geschweiften Klammern verzichten.

```
...
if (wahl == "A")
  calculate = (double x, double y) => x + y;
else if (wahl == "S")
  calculate = (double x, double y) => x - y;
...
```

Bisher scheint es so zu sein, dass die Einführung der Lambda-Ausdrücke nur rein syntaktischer Natur ist. Dem ist aber nicht so. Sehen Sie sich dazu das folgende Codefragment an:

```
...
if (wahl == "A")
  calculate = (x, y) => x + y;
else if (wahl == "S")
  calculate = (x, y) => x - y;
...
```

Beachten Sie, dass nun die Angabe der Parametertypen entfernt worden ist. Es handelt sich jetzt um implizit typisierte Parameter, und der Compiler leitet die Parametertypen richtig ab. Vorausgesetzt werden muss dabei natürlich, dass der Operator + für den konkreten Typ von `x` und `y` definiert ist. In unserem Beispiel ist das der Fall.

Der Lambda-Ausdruck

```
(x, y)  => x + y
```

hat zwei Parameter, die in runden Klammern eingeschlossen und durch ein Komma getrennt sind. Liegt nur ein Parameter vor, können die runden Klammern aus der Parameterliste entfernt werden:

```
x  => x + x
```

Bei einem Lambda-Ausdruck mit leerer Parameterliste müssen jedoch die runden Klammen angegeben werden:

```
()  => a * b
```

Ein Lambda-Ausdruck, der lediglich eine `return`-Anweisung enthält, wird als *Ausdrucksrumpf* bezeichnet.

Projektion und Prädikat

Der Datentyp der Rückgabe eines Lambda-Ausdrucks kann sich vom Datentyp des Parameters unterscheiden. Liegt ein solcher Lambda-Ausdruck vor, wird von einer *Projektion* gesprochen. Die folgende Anweisung zeigt eine solche. Dabei wird eine Zeichenfolge übergeben und deren Länge geprüft. Der Rückgabewert ist vom Typ Integer.

```
(str) => str.Length
```

Ein *Prädikat* hingegen liefert einen booleschen Wert als Ergebnis einer Operation:

```
(alter) => alter > 65
```

7.8 Anonyme Typen

In C# können Sie auch ein Objekt erstellen, ohne den Typ explizit anzugeben. Dabei wird eine neue Klasse erstellt – ein sogenannter anonymer Typ:

```
var obj = new { Name = "Peter", Ort = "Hamburg" };
```

Die so generierte Klasse hat zwei private Felder und zwei öffentliche Eigenschaftsmethoden, die `Name` und `Ort` heißen. Das Objekt der anonymen Klasse wird anschließend einer implizit typisierten Variablen zugewiesen und kann über die Referenz `obj` abgefragt werden. Wegen der engen Beziehung zwischen `var` und dem anonymen Typ kann ein anonymer Typ nur lokal in einer Methode und nicht auf Klassenebene erzeugt werden.

Wenn Sie einen weiteren anonymen Typ erzeugen und dabei identisch benannte Parameter angeben, sind beide anonymen Typen typgleich. Allerdings ist dabei nicht nur der Parameterbezeichner ausschlaggebend, sondern darüber hinaus auch die Reihenfolge der Parameter. Im folgenden Codefragment sind die beiden Referenzen `obj1` und `obj2` typgleich; `obj3` weist bei der Initialisierung jedoch eine andere Reihenfolge auf und wird daher als neuer anonymer Typ bewertet.

```
var obj1 = new { Name = "Peter", Ort = "Hamburg" };
var obj2 = new { Name = "Uwe", Ort = "München" };
var obj3 = new { Ort = "Berlin", Name = "Hans" };
```

Sie können sich das bestätigen lassen, indem Sie die von `Object` geerbte Methode `GetType` aufrufen:

```
Console.WriteLine(obj1.GetType());
Console.WriteLine(obj2.GetType());
Console.WriteLine(obj3.GetType());
```

Die Ausgabe wird wie folgt lauten:

```
<>f__AnonymousType0'2[System.String,System.String]
<>f__AnonymousType0'2[System.String,System.String]
<>f__AnonymousType1'2[System.String,System.String]
```

7.9 Nullable-Typen

Angenommen, Sie greifen auf das Feld einer Tabelle in einer Datenbank zu. Der Datentyp des Feldes sei ein Integer. Damit ist der zulässige Wertebereich eines initialisierten Feldes bereits exakt beschrieben, der zwischen dem Minimal- und dem Maximalwert des Typs liegt. Spalten einer Datenbanktabelle müssen aber nicht zwangsläufig mit einem durch den Datentyp beschriebenen Wert gefüllt sein, sie dürfen auch leer bleiben (NULL) und werden trotzdem als gültig anerkannt. In diesem Fall ist neben einem Zahlenwert auch `null` ein akzeptierter Inhalt. Das steht aber im Gegensatz zu der Vorgabe, dass ein Integer nicht durch `null` repräsentiert werden kann.

Probleme dieser Art können nun ganz einfach durch Nullable-Typen gelöst werden. Dabei spielt `System.Nullable<T>` die entscheidende Rolle. Die Signatur deutet bereits an, dass der Typ Generics benutzt. Dabei wird einem Datentyp die Verwendung von `null` ermöglicht. Das macht nur Sinn, wenn es sich bei dem Datentyp um einen Typ handelt, der den Wertetypen zugerechnet wird, denn Referenztypen unterstützen grundsätzlich `null`. Die Definition lautet wie folgt:

```
public struct Nullable<T> where T : struct
```

`Nullable<T>` ist also als Struktur definiert und schränkt die Verwendung auch selbst auf Strukturen ein und akzeptiert keine Referenztypen.

`Nullable<>` kann beispielsweise wie folgt verwendet werden:

```
Nullable<int> x = 4711;
Nullable<int> y = null;
```

C# verfügt darüber hinaus auch über eine eigene Sprachsyntax. Dafür wurde der neue Modifizierer `?` eingeführt, der aus einem Datentyp einen `null`-fähigen Typ macht. Damit kann die Notation der beiden Anweisungen auch vereinfachend wie folgt lauten:

```
int? x = 4711;
int? y = null;
```

Da wir es jetzt mit einem neuen Datentyp zu tun haben, der auch `null` unterstützt, wird in der Klasse `Nullable` mit `HasValues` eine Eigenschaft angeboten, die einen booleschen Wert beschreibt. Er ist `true`, wenn der Inhalt der `null`-fähigen Variable einen gültigen Wert aufweist, also ungleich `null` ist.

```
if (x.HasValue)
  Console.WriteLine("Der Wert ist ungleich null");
else
  Console.WriteLine("Der Wert ist null");
```

Die Ausgabe würde hier demnach lauten: `Der Wert ist ungleich null`.

Der Inhalt der Variablen kann mit der Eigenschaft `Value` abgefragt werden. Sie liefert einen gültigen Wert, wenn `HasValue true` ist. Ansonsten wird eine Ausnahme vom Typ `InvalidOperationException` ausgelöst.

Darüber hinaus können Sie Nullable-Typen auch in der üblichen Form eines Referenztyps verwenden und beispielsweise mit `null` vergleichen:

```
if(x != null) {
  ...
}
```

Konvertierungen mit Nullable-Typen

Ein Nullable-Typ ist gegenüber seinem zugrunde liegenden Datentyp um die Fähigkeit erweitert worden, auch `null` zu unterstützen. Eine Zuweisung wie im folgenden Codefragment kommt einer aufweitenden Operation gleich und wird daher implizit vorgenommen.

```
int x = 20;
int? y = x;
```

Soll im umgekehrten Fall die Zuweisung eines `null`-fähigen Typs an seinen elementaren Typ erfolgen, muss explizit konvertiert werden.

```
int? x = 20;
int y = (int)x;
```

Hat `x` in diesem Beispiel den Inhalt `null`, wird eine Ausnahme ausgelöst.

7.10 Attribute

Ein Attribut ist ein Feature von .NET, das einer Komponente Zusatzinformationen bereitstellt oder ein bestimmtes Verhalten signalisiert oder vorgibt. Attribute gehören zu den Metadaten des Programms und werden zur Laufzeit von der CLR (*Common Language Runtime*) ausgewertet. Dieses Prinzip ist grundsätzlich nicht neu, denken Sie nur an die altbekannten INI-Dateien, die eine ähnliche Zielsetzung hatten. Mit einem Attribut lässt sich das Laufzeitverhalten praktisch aller .NET-Elemente beeinflussen: Assemblys, Klassen, Interfaces, Strukturen, Delegates, Enumerationen, Konstruktoren, Methoden, Eigenschaften, Parameter, Ereignisse, ja sogar die Rückgabewerte von Methoden.

Als Basisklasse aller Attribute dient die abstrakte Klasse `Attribute` aus dem Namespace `System`. Wenn Sie in die Online-Dokumentation zum Stichwort `Attribute` schauen, werden Sie feststellen, dass das .NET Framework sehr viele Attribute vordefiniert, die aus `Attribute` abgeleitet sind. Alle denkbaren Anforderungen werden damit sicherlich nicht abgedeckt, deshalb können Sie auch benutzerdefinierte Attribute entwickeln und dadurch die Flexibilität Ihrer Anwendung erhöhen.

7.10.1 Das »Flags«-Attribut

Wir wollen uns die Wirkungsweise eines Attributs exemplarisch am Attribut `FlagsAttribute` ansehen, das vom .NET Framework bereitgestellt wird und mit Enumerationen verknüpft wird. Dazu nehmen wir zunächst an, dass eine Enumeration namens Keys die drei Zustandstasten [⇧], [Strg] und [Alt] beschreibt.

```
public enum Keys {
  Shift = 1,
  Ctrl = 2,
  Alt = 4
}
```

Wird diese Enumeration um FlagsAttribute erweitert, geben wir an, dass die Aufzählung als Kombination von Bits aufgefasst werden kann. Das Attribut wird in C# in eckige Klammern gefasst.

```
[FlagsAttribute]
public enum Keys {
  Shift = 1,
  Ctrl = 2,
  Alt = 4
}
```

Wir können nun eine Variable vom Typ Keys deklarieren und ihr einen Wert zuweisen, der den Zustand der beiden gleichzeitig gedrückten Tasten [Strg] und [⇧] beschreibt. Beide verknüpfen wir mit dem |-Operator:

```
Keys tastenkombination = Keys.Ctrl | Keys.Shift;
```

Mit den bitweisen Operatoren kann nun natürlich auch geprüft werden, ob der Anwender eine bestimmte Taste oder gar Tastenkombination gedrückt hat:

```
Keys tastenkombination = Keys.Ctrl | Keys.Shift;
if ((tastenkombination & Keys.Alt) == Keys.Alt)
  Console.WriteLine("Alt gedrückt");
else
  Console.WriteLine("Alt nicht gedrückt");
```

Hier wird natürlich die Ausgabe lauten, dass die [Alt]-Taste nicht gedrückt ist. Eine ähnliche Enumeration, die dann allerdings jede Taste der Tastatur beschreibt, gibt es im Namespace System.Windows.Forms.

Wenn wir uns nun den Inhalt der Variablen tastenkombination mit

```
Console.WriteLine(tastenkombination.ToString());
```

ausgeben lassen, indem wir ToString an der Konsole aufrufen, erhalten wir:

```
Shift, Ctrl
```

Hätten wir `FlagsAttribut` nicht gesetzt, würde die Ausgabe `3` lauten. Sie müssen berücksichtigen, dass die Mitglieder solchermaßen definierter Enumerationen Zweierpotenzen sind (also 1, 2, 4, 8, 16, 32, 64 ...). Alternativ sind auch hexadezimale Zahlenwerte zulässig.

Attribute setzen

Attributsbezeichner enden immer mit dem Suffix `Attribute`. Wird ein Attribut mit einem Element verknüpft, darf auf das Suffix `Attribute` verzichtet werden. Bezogen auf unser Beispiel dürfen Sie also

```
[FlagsAttribute]
public enum Keys {
  ...
}
```

und

```
[Flags]
public enum Keys {
  ...
}
```

gleichwertig verwenden. Bemerkt die Laufzeit die Verknüpfung eines Attributs mit einem Element, sucht sie nach einer Klasse, die mit dem angegebenen Attributbezeichner übereinstimmt und gleichzeitig die Klasse `Attribute` ableitet, also beispielsweise nach einer Klasse namens `Flags`. Wird die Laufzeit nicht fündig, hängt sie automatisch das Suffix `Attribute` an den Bezeichner an und wiederholt die Suche.

Sie können auch mehrere Attribute gleichzeitig setzen. Beispielsweise könnten Sie mit dem `ObsoleteAttribute` das Element zusätzlich als veraltet kennzeichnen, z. B. so:

```
[FlagsAttribute]
[Obsolete("Diese Enumeration ist veraltet.");
 public enum Keys {
  ...
}
```

7.10.2 Anmerkungen zu den Attributen

Das Attribut `[Flags]` erinnert in seiner Wirkungsweise eher an eine boolesche Variable, die gesetzt ist oder nicht. Weist eine Enumeration dieses Attribut auf, lassen sich die Elemente der Aufzählung bitweise miteinander kombinieren. Sehr ähnlich verhalten sich auch viele andere Attribute der .NET-Klassenbibliothek. Das sehr häufig verwendete Attribut `SerializableAttribute` kennzeichnet beispielsweise eine Klasse als binär serialisierbar.

Jedes .NET-Projekt weist neben den Quellcodedateien auch die Datei *AssemblyInfo.cs* auf, die Metadaten über die Assemblierung beschreibt. Dazu gehören Versionsinformationen,

Titel und Copyright-Hinweise. Diese Zusatzinformationen werden ebenfalls über Attribute bereitgestellt und können direkt in *AssemblyInfo.cs* eingetragen werden. Die Daten werden zur Laufzeit ausgewertet, wie auch die aller anderen Attribute.

Attribute basieren auf Klassendefinitionen und können daher alle klassentypischen Elemente enthalten. Dazu gehören neben Konstruktoren auch Felder. Insbesondere diese beiden Elemente ermöglichen es, über ein Attribut dem attributierten Element Zusatzinformationen bereitzustellen. Wie das in der Praxis aussieht, wollen wir uns am Beispiel eines benutzerdefinierten Attributs verdeutlichen.

7.10.3 Benutzerdefinierte Attribute

Obwohl das .NET Framework zahlreiche Attribute vordefiniert, können Sie auch für eigene Zwecke Attributklassen selbst schreiben. Allerdings müssen Sie für die Auswertung des Attributs zur Laufzeit auch selbst sorgen.

Drei Punkte müssen Sie beachten, um ein benutzerdefiniertes Attribut zu codieren:

- Der Definition eines benutzerdefinierten Attributs selbst geht immer die Definition des Attributs `AttributeUsageAttribute` voraus.
- Die Klasse wird aus `Attribute` abgeleitet.
- An den Klassenbezeichner sollte das Suffix `Attribute` angehängt werden.

Lassen Sie uns an dieser Stelle exemplarisch ein eigenes Attribut erstellen, dessen Aufgabe es ist, sowohl den Entwickler einer Klasse oder Methode als auch dessen Personalnummer anzugeben. Das folgende Beispiel zeigt die noch unvollständige Definition der Attributklasse:

```
[AttributeUsage(AttributeTargets.Class | AttributeTargets.Method,
                Inherited = false,
                AllowMultiple = false)]
public class DeveloperAttribute : Attribute
{
  ...
}
```

Die Voranstellung des Attributs `AttributeUsage` vor die Klasse sorgt dafür, bereits hier elementare Eigenschaften der neuen Attributklasse festzulegen. In diesem Zusammenhang sind drei Parameter besonders interessant:

- `AttributeTargets`
- `Inherited`
- `AllowMultiple`

Während `AttributeTargets` angegeben werden muss, sind die beiden anderen optional.

AttributeTargets

Jedes Attribut kann sich nur auf bestimmte Codeelemente auswirken. Diese werden mit `AttributeTargets` bekannt gegeben. Im Beispiel oben wird mit `AttributeTargets.All` zum Ausdruck gebracht, dass wir das benutzerdefinierte Attribut auf alle Elemente anwenden können, aber das muss nicht immer so sein. Man kann den Einsatz eines Attributs ebenso gut nur auf Methoden oder Felder beschränken. Es steht dabei immer folgende Frage im Vordergrund: Was soll das Attribut letztendlich bewirken, welche Elemente sollen über das Attribut beeinflusst werden?

`AttributeTargets` ist in der .NET-Klassenbibliothek als Enumeration vordefiniert und enthält die in Tabelle 7.4 aufgeführten Entitäten.

Mitglieder	Beschreibung
`All`	Das Attribut gilt für jedes Element der Anwendung.
`Assembly`	Das Attribut gilt für die Assemblierung.
`Class`	Das Attribut gilt für die Klasse.
`Constructor`	Das Attribut gilt für den Konstruktor.
`Delegate`	Das Attribut gilt für das Delegate.
`Enum`	Das Attribut gilt für die Enumeration.
`Event`	Das Attribut gilt für das Ereignis.
`Field`	Das Attribut gilt für das Feld.
`Interface`	Das Attribut gilt für die Schnittstelle.
`Method`	Das Attribut gilt für die Methode.
`Module`	Das Attribut gilt für das Modul.
`Parameter`	Das Attribut gilt für den Parameter.
`Property`	Das Attribut gilt für die Property.
`ReturnValue`	Das Attribut gilt für den Rückgabewert.
`Struct`	Das Attribut gilt für die Struktur.

Tabelle 7.4 Mitglieder der »AttributeTargets«-Enumeration

Natürlich steht auch hinter `AttributeUsageAttribute` eine Klassendefinition, die im Namespace `System` zu finden ist. Im Grunde genommen unterscheidet sich eine Klasse, die ein Attribut beschreibt, nicht von einer herkömmlichen Klasse. Daher verwundert es nicht, dass die Klasse `AttributeUsageAttribute` einen Konstruktor definiert, der einen Parameter vom Typ `AttributeTargets` erwartet:

```
public AttributeUsageAttribute(AttributeTargets validon);
```

Der Parameter validon vom Typ AttributeTargets wird bitweise interpretiert. Jedes Bit beschreibt dabei ein Element, auf das das Attribut angewendet werden kann. Möchten Sie das Attribut mehreren verschiedenen Elementen zugänglich machen, müssen Sie mehrere AttributeTargets-Konstanten bitweise verknüpfen, z. B. so:

```
[AttributeUsage(AttributeTargets.Method | AttributeTargets.Property)]
```

In diesem Fall wird ein Attribut bereitgestellt, das sowohl Methoden als auch Eigenschaften als Informationsquelle dienen kann.

Inherited

Eine Klasse kann ihre Mitglieder einer abgeleiteten Klasse vererben. Einem Entwickler stellt sich natürlich die Frage, ob das Attribut in den Vererbungsprozess mit einbezogen wird oder ob es Gründe gibt, es davon auszuschließen. Einem benutzerdefinierten Attribut teilen wir dies durch den booleschen Parameter Inherited mit, den wir optional AttributeUsageAttribute übergeben können. Standardmäßig ist der Wert auf true festgelegt. Demnach vererbt sich ein gesetztes Attribut in einer Vererbungshierarchie weiter.

AllowMultiple

In wohl eher seltenen Fällen kann es erforderlich sein, ein Attribut demselben Element mehrfach zuzuweisen. Diese Situation wäre denkbar, wenn man über das Attribut einem Element mehrere Feldinformationen zukommen lassen möchte. Dann muss man die mehrfache Anwendung eines Attributs explizit gestatten. Zur Lösung geben Sie den Parameter

```
AllowMultiple = true
```

an. Verzichten Sie auf diese Angabe, kann ein Attribut per Definition mit einem bestimmten Element nur einmal verknüpft werden.

Konstruktoren eines Attributs

Sie können in Attributklassen öffentliche Felder und Eigenschaften definieren, deren Werte an den Benutzer des Attributs weitergeleitet werden. Initialisiert werden die Felder über Konstruktoren. Unser DeveloperAttribute soll mit Name und Identifier zwei Felder beschreiben. Das erstgenannte Feld wird beim Konstruktoraufruf initialisiert.

```
[AttributeUsage(AttributeTargets.Class | AttributeTargets.Method)]
public class DeveloperAttribute : Attribute {
  public string Name;
  public int Identifier;

  public DeveloperAttribute(string name) {
    Zuname = name;
  }
}
```

Der Konstruktor nimmt einen Parameter entgegen, nämlich den Wert für das Feld `Name`. Bevor Sie sich darüber Gedanken machen, wie man das Feld `Identifier` initialisiert, sollten Sie sich ansehen, wie das Attribut auf eine Klasse angewendet wird:

```
[DeveloperAttribute("Meier")]
public class Demo {
  ...
}
```

Mit dieser Definition wird der Konstruktor unter Übergabe einer Zeichenfolge aufgerufen. Das zweite Feld des Attributs (`Identifier`) wird mit keinem bestimmten Wert initialisiert, es enthält 0. Selbstverständlich könnten wir innerhalb der Attributdefinition für `Identifier` einen von 0 abweichenden Wert festlegen, aber dieser ist dann natürlich für jedes verknüpfte Element identisch.

Positionale und benannte Parameter

Um `Identifier` einen individuellen Wert zuzuweisen, können Sie `DeveloperAttribute` auch wie folgt mit der Klasse verknüpfen:

```
[DeveloperAttribute("Meier", Identifier = 8815)]
public class Demo {
  ...
}
```

Beachten Sie, dass wir jetzt zwei Argumente übergeben, obwohl der Konstruktor nur einen Parameter vorsieht. Dies ist ein besonderes Merkmal der Attribute, denn beim Initialisieren eines Attributs können Sie sowohl *positionale* als auch *benannte Parameter* verwenden.

- *Positionale Parameter* sind die Parameter für den Konstruktoraufruf und müssen immer angegeben werden, wenn das Attribut gesetzt wird. *Benannte Parameter* sind optionale Parameter. In unserem Beispiel ist `Name` ein positionaler Parameter, dem die Zeichenfolge »Meier« übergeben wird, während `Identifier` ein benannter Parameter ist.
- *Benannte Parameter* sind sehr flexibel. Einerseits können sie Standardwerte aufweisen, die grundsätzlich immer gültig sind, andererseits kann der Wert im Bedarfsfall individuell festgelegt werden.

Ob Sie ein Attributfeld positional oder benannt einsetzen wollen, ist eine Entscheidung, die sich an den spezifischen Anforderungen orientiert. Ob ein benannter Parameter neu festgelegt werden muss oder ob der Standardwert akzeptabel ist, hängt vom Einzelfall ab.

Die Möglichkeit, benannte Parameter vorzusehen, befreit Sie von der Verpflichtung, für jede denkbare Kombination von Feldern und Eigenschaften überladene Konstruktoren in der Attributdefinition vorsehen zu müssen. Andererseits wird Ihnen damit aber nicht die Alternative entzogen, dennoch den Konstruktor zu überladen. Da unterscheiden sich die herkömmlichen Klassendefinitionen nicht von denen der Attribute.

Wenn Sie ein Attribut mit einem Element verknüpfen und dabei positionale und benannte Parameter verwenden, müssen Sie eine wichtige Regel beachten: Zuerst werden die positionalen Parameter aufgeführt, danach die benannten. Die Reihenfolge der benannten Parameter ist beliebig, da der Compiler aufgrund der Parameternamen die angegebenen Werte richtig zuordnen kann. Benannte Parameter können alle öffentlich deklarierten Felder oder Eigenschaften sein – vorausgesetzt, sie sind weder statisch noch konstant definiert.

7.10.4 Attribute auswerten

Vermutlich werden Sie sich jetzt fragen, was ein Attribut bewirkt, welchen Sinn es also hat, ein Attribut zu setzen. Im Grunde genommen ist die Antwort ganz einfach. Viele Methoden im .NET Framework verlangen zur Ausführung ihrer Operation, dass das betroffene Element mit einem bestimmten Attribut versehen ist. Beispielsweise können Sie eine Klasse nur dann binär serialisieren, wenn der Klasse das Attribut `Serializable` angeheftet ist. Ansonsten ist eine binäre Serialisierung nicht möglich. Sehr ähnlich agiert auch das `Flags`-Attribut. Nur wenn es gesetzt ist, lassen sich die beiden Operanden bitweise kombinieren. Ein Attribut hat demnach einen steuernden Einfluss auf das Laufzeitverhalten eines Elements und versorgt es möglicherweise mit essenziellen Informationen.

Operationen, die auf die Existenz eines Attributs angewiesen sind, müssen zuerst feststellen, ob das erforderliche Attribut gesetzt ist oder nicht. Im folgenden Beispielprogramm soll dies für das Beispiel unseres eben entwickelten `DeveloperAttributes` gezeigt werden. Beachten Sie hier bitte, dass der Namespace `System.Reflection` bekannt gegeben werden muss.

```
// ---------------------------------------------------------
// Beispiel: ...\Kapitel 7\AttributeDemo
// ---------------------------------------------------------
using System.Reflection;
[Developer("Meier")]
class Demo {
  [Developer("Fischer", Identifier=455)]
  public void DoSomething() { }
  public void DoMore() { }
}

[AttributeUsage(AttributeTargets.Class | AttributeTargets.Method)]
public class DeveloperAttribute : Attribute {
  public string Name;
  public int Identifier;

  public DeveloperAttribute(string name) {
    Name = name;
  }
}
```

```
class Program {
  static void Main(string[] args) {
    Type tDemo = typeof(Demo);
    Type tAttr = typeof(DeveloperAttribute);
    MethodInfo mInfo1 = tDemo.GetMethod("DoSomething");
    MethodInfo mInfo2 = tDemo.GetMethod("DoMore");
    // Prüfen, ob das Attribut bei der Klasse 'Demo' gesetzt ist
    DeveloperAttribute attr =
      (DeveloperAttribute)Attribute.GetCustomAttribute(tDemo, tAttr);
    if (attr != null) {
      Console.WriteLine("Name: {0}", attr.Name);
      Console.WriteLine("Identifier: {0}", attr.Identifier);
    }
    else
      Console.WriteLine("Attribut nicht gesetzt");
    // Prüfen, ob das Attribut bei der Methode 'DoSomething' gesetzt ist
    attr = (DeveloperAttribute)Attribute.GetCustomAttribute(mInfo1, tAttr);
    if (attr != null) {
      Console.WriteLine("Name: {0}", attr.Name);
      Console.WriteLine("Identifier: {0}", attr.Identifier);
    }
    // Prüfen, ob das Attribut bei der Methode 'DoMore' gesetzt ist
    bool isDefinied = Attribute.IsDefined(mInfo2, tAttr);
    if (isDefinied)
      Console.WriteLine("DoMore hat das Attribut.");
    else
      Console.WriteLine("DoMore hat das Attribut nicht.");
    Console.ReadLine();
  }
}
```

Das benutzerdefinierte Attribut `DeveloperAttribut` ist identisch mit demjenigen, das wir bereits vorher in diesem Abschnitt behandelt haben. Es kann mit einer Klasse oder einer Methode verknüpft werden. Die Klasse `Demo`, die dieses Attribut aufweist, enthält mit `DoSomething` und `DoMore` zwei Methoden, von denen nur die erstgenannte mit dem Attribut verknüpft ist.

Um die Frage zu beantworten, ob ein bestimmtes Element mit dem `DeveloperAttribute` verknüpft ist oder nicht, greifen wir auf die Möglichkeiten einer Technik zurück, die als *Reflection* bezeichnet wird. Die Reflection gestattet es, die Metadaten einer .NET-Assembly und der darin enthaltenen Datentypen zu untersuchen und auszuwerten. Zur Abfrage von Attributen stellt die Reflection die Klasse `Attribute` mit der statischen Methode `GetCustomAttribute` bereit. Da wir sowohl die Klasse als auch die Methoden untersuchen wollen, müssen wir auf zwei verschiedene Überladungen zurückgreifen. Für die Klasse ist es die folgende:

```
public static Attribute GetCustomAttribute(Module, Type);
```

Um eine Methode zu untersuchen, ist es die folgende Überladung:

```
public static Attribute GetCustomAttribute (MemberInfo, Type);
```

Im ersten Argument geben wir den Typ des zu untersuchenden Elements an, im zweiten Parameter den Typ des Attributs. Um den Typ mithilfe von Code zu beschreiben, wird von der Reflection die Klasse `Type` bereitgestellt. Diese beschreibt den Datentyp und kann auf zweierlei Art und Weise erzeugt werden:

- unter Verwendung des Operators `typeof`, dem der Typbezeichner übergeben wird (z. B. `typeof(Demo)`)
- durch Aufruf der Methode `GetType()` auf einer Objektreferenz (z. B. `myObject.GetType()`)

Um die Attribute einer Klasse auszuwerten, übergeben Sie der Methode `GetCustomAttribute` nur den `Type` der Klasse und den `Type` des gesuchten Attributs. Zur Auswertung einer Methode ist ein `MemberInfo`-Objekt erforderlich. `MemberInfo` ist eine abstrakte Klasse im Namespace `System.Reflection`. Wir erhalten die Metadaten der zu untersuchenden Methode, wenn wir die Methode `GetMethod` des `Type`-Objekts unter Angabe des Methodenbezeichners aufrufen. Der Typ der Rückgabe ist `MethodInfo`, eine von `MemberInfo` abgeleitete Klasse.

Der Typ der Rückgabe der beiden Überladungen von `GetCustomAttribute` ist `Attribute`. Dabei handelt es sich entweder um die Referenz auf das gefundene Attribut oder um `null`, falls das Attribut nicht mit dem im ersten Parameter angeführten Element verknüpft ist. Daher erfolgt zuerst eine Konvertierung in das Zielattribut und anschließend eine Überprüfung, ob der Rückgabewert `null` ist.

```
DeveloperAttribute attr =
(DeveloperAttribute)Attribute.GetCustomAttribute(tDemo, tAttr);
if (attr != null) {
  Console.WriteLine("Name: {0}", attr.Name);
  Console.WriteLine("Identifier: {0}", attr.Identifier;
}
else
  Console.WriteLine("Attribut nicht gesetzt");
```

Da wir bei der Implementierung von `Main` wissen, dass nur unser benutzerdefiniertes Attribut `DeveloperAttribute` gesetzt ist (oder auch nicht), genügt uns diese Untersuchung. Ein Element kann natürlich auch mit mehreren Attributen verknüpft sein. Im Code müssten wir dann die Elemente auf alle gesetzten Attribute abfragen.

7.10.5 Festlegen der Assembly-Eigenschaften

Weiter oben habe ich kurz die Datei *AssemblyInfo.cs* erwähnt. Ganz allgemein dient diese Datei dazu, Zusatzinformationen zu der aktuellen Assemblierung bereitzustellen, beispielsweise eine Beschreibung, Versionsinformationen, Firmenname, Produktname und mehr. Diese werden im Windows Explorer in den Dateieigenschaften angezeigt. Da die Informationen die Assemblierung als Ganzes betreffen, müssen die Deklarationen außerhalb einer Klasse stehen und dürfen auch nur einmal gesetzt werden.

```
[assembly: AssemblyTitle("AssemblyTitle")]
[assembly: AssemblyDescription("AssemblyDescription")]
[assembly: AssemblyConfiguration("AssemblyConfiguration")]
[assembly: AssemblyCompany("Tollsoft")]
[assembly: AssemblyProduct("AssemblyProduct")]
[assembly: AssemblyCopyright("Copyright ©Tollsoft 2008")]
[assembly: AssemblyTrademark("AssemblyTrademark")]
[assembly: AssemblyCulture("")]
[assembly: ComVisible(false)]
[assembly: Guid("948efa6b-af3a-4ba2-8835-b54b058015d4")]
[assembly: AssemblyVersion("1.0.0.0")]
[assembly: AssemblyFileVersion("1.0.0.0")]
```

Sie können die gewünschten Assembly-Informationen in der Datei *AssemblyInfo.cs* eintragen, Sie können aber auch die Einträge im Eigenschaftsdialog des Projekts vornehmen. Dazu öffnen Sie das Eigenschaftsfenster des Projekts und wählen die Lasche ANWENDUNG. Auf dieser Registerkarte sehen Sie die Schaltfläche ASSEMBLY-INFORMATION..., über die der Dialog aus Abbildung 7.4 geöffnet wird.

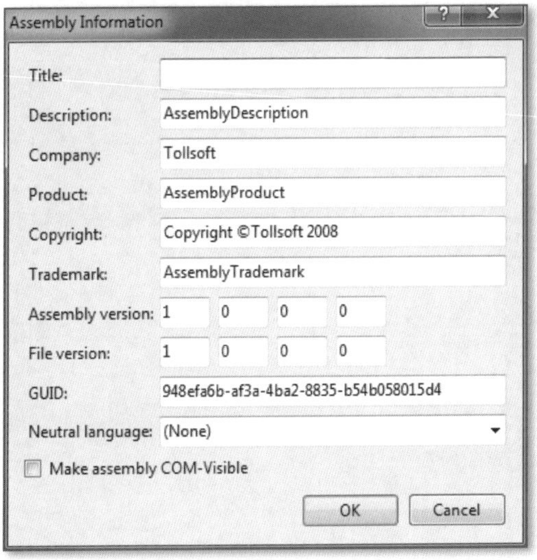

Abbildung 7.4 Eintragen der Assembly-Informationen in Visual Studio 2010

7.11 Partielle Methoden

Partielle Klassen kennen Sie bereits, ich habe in Kapitel 3, »Das Klassendesign«, darüber geschrieben. Noch einmal zur Erinnerung: Eine Klasse kann mit dem in .NET 2.0 eingeführten Schlüsselwort `partial` auf zwei oder mehr Sourcecode-Dateien verteilt werden. Zur Kompilierzeit wird eine über mehrere Quellcodedateien aufgeteilte Klasse zu einer Definition »zusammengeschraubt«.

Seit dem .NET Framework 3.0 sind auch partielle Methoden möglich. Partielle Methoden stellen eine Option dar, die wahrgenommen werden kann. Das erinnert uns ein wenig an Ereignisse, auf deren Auslösung wir mit einem Ereignishandler reagieren können oder auch nicht. Tatsächlich sind sich Ereignisse und partielle Methoden sehr ähnlich. Doch ehe wir uns das im Detail ansehen, lassen Sie uns zuerst über die Bedingungen sprechen, die beim Einsatz partieller Methoden beachtet werden müssen:

- Partielle Methoden können nur in einer partiellen Klasse definiert werden.
- Der Rückgabetyp einer partiellen Methode ist grundsätzlich `void`.
- Partielle Methoden dürfen keinen `out`-Parameter haben.
- Eine partielle Methode darf keine Zugriffsmodifizierer haben; ebenso sind `virtual`, `abstract`, `override`, `new` und `sealed` unzulässig.

Nun wollen wir uns eine einfache Klasse ansehen, in der zwei partielle Methoden definiert sind.

```
// ---------------------------------------------
// Beispiel: ...\Kapitel 7\PartielleMethoden
// ---------------------------------------------
public partial class Person {
  // Felder
  private string _Name;
  public int Alter { get; set; }

  // partielle Methoden
  partial void ChangingName(string name);
  partial void ChangedName();

  // Konstruktor
  public Person(string name, int alter) {
    Alter = alter;
    Name = name;
  }

  // Eigenschaft
  public string Name {
    get { return _Name; }
```

```
      set {
        if(_Name != null)
          ChangingName(_Name);
        _Name = value;
        ChangedName();
      }
    }
  }
```

Die partiellen Methoden `ChangingName` und `ChangedName` werden aufgerufen, bevor sich der Wert der Eigenschaft `Name` ändert beziehungsweise nachdem sich der Wert geändert hat. Bleibt diese Klasse für sich alleine stehen und erfährt sie keine Erweiterung durch eine partielle Definition, wird der Compiler die partiellen Methoden nicht kompilieren und auch die Aufrufe der partiellen Methoden ignorieren.

Möglicherweise sind wir aber an einer Reaktion im Zusammenhang mit der Namensänderung interessiert. Vielleicht möchten wir diese protokollieren oder uns nur ganz einfach die Änderung anzeigen lassen. Das ist ganz einfach zu realisieren, indem wir die Klasse `Person` durch eine weitere partielle Definition erweitern.

```
public partial class Person {

  partial void ChangingName(string Name) {
    Console.WriteLine("Der alte name '{0}' wird geändert.", name);
  }

  partial void ChangedName() {
    Console.WriteLine("Name erfolgreich geändert.");
  }
}
```

Zum Testen der Klasse `Person` genügt uns ganz einfaches Coding:

```
static void Main(string[] args){
  Person pers = new Person("Fischer", 67);
  pers.Name = "Müller";
  Console.WriteLine(pers.Name);
  Console.ReadLine();
}
```

Die Ausgabe an der Konsole zeigt uns an, dass wir den Namen der `Person` verändert haben. Das ist nichts, was besonders aufregend wäre.

Partielle Methoden sind meistens dort anzutreffen, wo automatisch Code erzeugt und als Quellcode angeboten wird. Sie werden im weiteren Verlauf des Buches auf partielle Methoden im Zusammenhang mit LINQ to SQL stoßen. Wie schon angedeutet, sind sich Ereignisse und partielle Methoden sehr ähnlich. Während ein Ereignis immer außerhalb der eigentlichen Klassendefinition behandelt wird, ist eine partielle Methode eine optional angebotene Ergänzung des Quellcodes. Alle Objekte werden dann gleichermaßen davon profitieren, während hinsichtlich eines Ereignisses nur das Objekt von dem Ereignishandler profitiert, bei dem der Ereignishandler registriert ist.

Hinweis

Es ließe sich an dieser Stelle trefflich argumentieren, dass die Charakteristik der partiellen Methoden auch durch statische Ereignisse abgebildet werden kann. Dem ist allerdings entgegenzuhalten, dass statische Ereignisse klassengebunden sind und keinen Zugriff auf objektspezifische Daten haben.

7.12 Dynamisches Binden

Mit allzu vielen Neuerungen wartet C# 4.0 nicht auf. Man hat den Eindruck, dass diese Sprache »rund« ist, den allgemeinen Anforderungen genügt. Das war auch bereits beim Erscheinen von C# 3.0 ähnlich, obwohl in der Vorgängerversion mit LINQ eine neue Technologie eingeführt worden ist, die manche Spracherweiterung mit sich brachte, die eine Ergänzung der .NET-Sprachen erforderlich machte. Im Nachhinein betrachtet, möchte man auf die Erweiterungsmethoden nicht mehr verzichten, sie sind in meinen Augen sogar ein richtiges Highlight, ganz nach dem Motto: »Wenn man sie nicht kennt, braucht man sie nicht. Kennt man sie, möchte man sie nicht mehr missen.«

Mit der neuen Version 4.0 des .NET Frameworks versucht Microsoft nun eine Lücke zu anderen Technologien zu schließen. Bislang war der Zugriff auf dynamische Bibliotheken wie COM APIs nicht ganz einfach. Diese Lücke wird mit der Version 4.0 geschlossen. Die Programmierung beispielsweise von MS Office wird deutlich vereinfacht. Die schon in Kapitel 3, »Das Klassendesign«, behandelten optionalen Parameter gehören zu den Neuerungen, die im Zuge dessen in C# 4.0 Einzug gehalten haben.

Eine weitere wichtige Neuerung von C# 4.0 möchte ich Ihnen in diesem Kapitel zeigen. Es ist die Fähigkeit, nun auch das sogenannte späte Binden zu realisieren. Was ist darunter zu verstehen? Schauen wir uns dazu einmal das folgende Beispiel an:

```
class Program {
  static void Main(string[] args) {
    Mathematics math = new Mathematics();
    long result = math.Addition(56, 88);
  }
}

class Mathematics {
  public long Addition(int x, int y) {
```

```
        return x + y;
    }
}
```

Die Klasse Mathematics wird instanziiert – ein statischer Vorgang, der bereits zur Kompilierzeit durchgeführt wird.

Mithilfe der Reflection ließ sich ein solcher Aufruf auch früher schon dynamisch formulieren, wie das folgende Codefragment zeigt, das die Bekanntgabe des Namespace System.Reflection voraussetzt:

```
object math = new Mathematics();
Type mathType = math.GetType();
object obj = mathType.InvokeMember("Addition",
                                   BindingFlags.InvokeMethod,
                                   null,
                                   math,
                                   new object[] { 56, 88 });
long result = (long)obj;
```

Das Resultat des Konstruktoraufrufs von Mathematics wird einer Variablen vom Typ Object zugewiesen. Darauf besorgt man sich den Type des Objekts und ruft darauf die Methode InvokeMember auf. Unter Übergabe des Methodenbezeichners, des Elementtyps, der Referenz des abzurufenden Objekts und der Argumente für den Methodenaufruf wird ein Resultat gebildet, das am Ende nur noch in den Ergebnistyp long konvertiert werden muss.

In C# 4.0 können Sie dieses Coding unter Zuhilfenahme des neuen Schlüsselworts dynamic auch deutlich kürzer ausdrücken:

```
dynamic obj = new Mathematics();
long result = obj.Addition(56, 88);
```

Das dynamic-Schlüsselwort wird zur Kompilierzeit statisch geprüft. Die Methode Addition hingegen ist dynamisch und wird nicht zur Kompilierzeit geprüft. Natürlich werden Sie auch keine IntelliSense-Hilfe nach dem Punktoperator nutzen können, Sie müssen die Methode Addition manuell angeben.

Bei obj handelt es sich um ein dynamisches Objekt. Der Aufruf der Methode selbst ist dynamisch und wird erst zur Laufzeit geprüft.

7.12.1 Eine kurze Analyse

Lassen Sie uns an dieser Stelle die Objektvariablen betrachten und diese direkt miteinander vergleichen. Sie kennen mit dem in diesem Abschnitt beschriebenen Schlüsselwort dynamic inzwischen drei Varianten:

- `Object myObject = new Mathematics();`
- `var myObject = new { ... };`
- `dynamic myObject = new Mathematics();`

Die zuerst aufgeführte Instanziierung deklariert eine Variable vom Typ `Mathematics`. Die Variable ist vom Typ `System.Object`. Der Code ist streng typisiert. Sie können der Variablen jedes Objekt zuweisen, vorausgesetzt, es ist vom Typ `System.Object` und bekannt.

Flexibler ist bereits der zweite Ausdruck. Auch hier liegt eine strenge Typisierung vor, aber der Typ muss erst zur Laufzeit gebildet werden. Typischerweise handelt es sich dabei um anonyme Typen, die zur Kompilierzeit gebildet werden.

Auch die letzte Variante mit `dynamic` wird sehr wohl statisch geprüft, aber der Aufruf auf der `dynamic`-Variablen erfolgt dynamisch. Zur Kompilierzeit steht noch nicht fest, welche Operationen mit dem Typ ausgeführt werden. Daher ist auch keine IntelliSense-Hilfe sichtbar.

7.12.2 Dynamische Objekte

Mit der Einführung des Schlüsselworts `dynamic` wurden auch einige Klassen zum .NET Framework hinzugefügt, die auf `dynamic` aufsetzen. Diese Klassen befinden sich im Namespace `System.Dynamic`. Am interessantesten scheint hier die Klasse `DynamicObject` zu sein, mit der Klassen zur Laufzeit dynamisch erweitert werden können. Sie müssen die Klasse ableiten und können die abgeleitete Klasse zur Laufzeit um Objekteigenschaften erweitern und diese abrufen. Sehen wir uns das im folgenden Beispielprogramm an.

```
// ------------------------------------------
// Beispiel: ...\Kapitel 7\DynamicObjects
// ------------------------------------------
using System;
using System.Collections.Generic;
using System.Dynamic;
using System.Reflection;

class Program {
  static void Main(string[] args) {
    dynamic pers = new Person();
    pers.Name = "Peter";
    pers.Alter = 12;
    pers.Ort = "Bonn";
    pers.Telefon = 0181812345;
    Console.WriteLine("{0}, {1}, {2}, {3}",
                      pers.Name, pers.Alter, pers.Ort, pers.Telefon);
    Console.ReadLine();
  }
}
```

```
class Person : DynamicObject {
  Dictionary<string, Object> dic = new Dictionary<string, object>();
  public string Name { get; set; }
  public int Alter { get; set; }

  public override bool TryGetMember(GetMemberBinder binder,
                                    out object result) {
    return dic.TryGetValue(binder.Name, out result);
  }

  public override bool TrySetMember(SetMemberBinder binder, object value) {
    dic[binder.Name] = value;
    return true;
  }
}
```

Es ist die Klasse `Person` definiert, die die Klasse `DynamicObject` ableitet. Mit `Name` und `Alter` sind zwei Eigenschaften konkret festgelegt. Darüber hinaus enthält die Klasse `Person` ein Feld vom Typ der generischen Klasse `Dictionary<>`. Hierbei handelt es sich um eine Array-ähnliche Liste, in der alle Daten mit einem Schlüssel-Werte-Paar beschrieben werden. Um den Programmcode zu verstehen, ist eine genauere Kenntnis der Klasse `Dictionary<>` nicht notwendig; wir werden im nächsten Kapitel noch genauer darauf eingehen.

Das `Dictionary<>`-Objekt speichert Eigenschaften, die zur Laufzeit bestimmt werden können. In `Main` sind das zum Beispiel die beiden Eigenschaften `Ort` und `Telefon` eines `Person`-Objekts, das zuvor mit `dynamic` erstellt wird – eine Voraussetzung für alle Typen, die von `DynamicObject` abgeleitet sind.

Damit die dynamischen Eigenschaften sich auch in das Objekt eintragen können, sind die beiden geerbten Methoden `TrySetMember` und `TryGetMember` überschrieben. Beide weisen mit `GetMemberBinder` und `SetMemberBinder` sehr ähnliche erste Parameter auf, die das dynamische Member repräsentieren. Der Bezeichner der dynamischen Eigenschaft ist in der Eigenschaft `Name` der beiden `Binding`-Objekte zu finden.

Interessant werden dürfte die Klasse `DynamicObject` vermutlich in Zukunft im Zusammenhang mit Daten, deren Strukturen nicht vorhersehbar sind oder sich von Fall zu Fall ändern. An diesem Zusammenhang sei auf die Tabellen einer Datenbank erinnert. Wie einfach ließen sich die Felder durch dynamische Member eines `DynamicObject`-Objekts beschreiben?

7.13 Unsicherer (unsafe) Programmcode – Zeigertechnik in C#

7.13.1 Einführung

Manchmal ist es erforderlich, auf die Funktionen einer in C geschriebenen herkömmlichen DLL zuzugreifen. Viele C-Funktionen erwarten jedoch Zeiger auf bestimmte Speicheradressen oder geben Zeiger als Aufrufergebnis zurück. Es kann auch vorkommen, dass in einer Anwendung der Zugriff auf Daten erforderlich ist, die sich nicht im Hauptspeicher, sondern beispielsweise im Grafikspeicher befinden. Das Problem ist im ersten Moment, dass C#-Code, der unter der Obhut der Common Language Runtime läuft und als sicherer bzw. verwalteter (managed) Code eingestuft wird, keine Zeiger auf Speicheradressen gestattet.

Ein Entwickler, der mit dieser Einschränkung in seiner Anwendung nicht leben kann, muss unsicheren Code schreiben. Trotz dieser seltsamen Bezeichnung ist unsicherer Code selbstverständlich nicht wirklich »unsicher« oder wenig vertrauenswürdig. Es handelt sich hierbei lediglich um C#-Code, der die Typüberprüfung durch den Compiler einschränkt und den Einsatz von Zeigern und Zeigeroperationen ermöglicht.

7.13.2 Das Schlüsselwort »unsafe«

Der Kontext, in dem unsicherer Code gewünscht wird, muss mithilfe des Schlüsselworts `unsafe` deklariert werden. Es kann eine komplette Klasse oder eine Struktur ebenso als unsicher markiert werden wie eine einzelne Methode. Es ist sogar möglich, innerhalb des Anweisungsblocks einer Methode einen Teilbereich als unsicher zu kennzeichnen.

Ganz allgemein besteht ein nicht sicherer Bereich aus Code, der in geschweiften Klammern eingeschlossen ist und dem das Schlüsselwort `unsafe` vorangestellt wird. Im folgenden Codefragment wird die Methode `Main` als unsicher deklariert:

```
static unsafe void Main(string[] args) {
  // Anweisungen
}
```

Die Angabe von `unsafe` ist aber allein noch nicht ausreichend, um unsicheren Code kompilieren zu können. Zusätzlich muss auch noch der Compilerschalter `/unsafe` gesetzt werden. In Visual Studio 2010 legen Sie diesen Schalter im Projekteigenschaftsfenster unter Erstellen Unsicheren Code zulassen fest. Wenn Sie vergessen, den Compilerschalter einzustellen, wird bei der Kompilierung ein Fehler generiert.

7.13.3 Deklaration von Zeigern

In C/C++ sind Zeiger ein klassisches Hilfsmittel der Programmierung, in .NET hingegen nehmen Zeiger eine untergeordnete Rolle ein und werden meist nur in Ausnahmesituationen benutzt. Wir werden daher nicht allzu tief in die Thematik einsteigen und uns auf das Wesentlichste konzentrieren. Wenn Sie keine Erfahrungen mit der Zeigertechnik in C oder in anderen zeigerbehafteten Sprachen gesammelt haben und sich dennoch weiter informieren wollen, sollten Sie C-Literatur zur Hand nehmen.

Zeiger sind Verweise auf Speicherbereiche und werden allgemein wie folgt deklariert:

```
Datentyp* Variable
```

Dazu ein Beispiel. Mit der Deklaration

```
int intVar = 4711;
int* pointer;
```

erzeugen wir eine `int`-Variable namens `intVar` und eine Zeigervariable `pointer`. `pointer` ist noch kein Wert zugewiesen und zeigt auf eine Speicheradresse, deren Inhalt als `Integer` interpretiert wird. Der `*`-Operator ermöglicht die Deklaration eines typisierten Zeigers und bezieht sich auf den vorangestellten Typ – hier `Integer`.

Wollen wir dem Zeiger `pointer` mitteilen, dass er auf die Adresse der Variablen `intVar` zeigen soll, müssen wir `pointer` die Adresse von `intVar` übergeben:

```
pointer = &intVar;
```

Der `&`-Adressoperator liefert eine physikalische Speicheradresse. In der Anweisung wird die Adresse der Variablen `intVar` ermittelt und dem Zeiger `pointer` zugewiesen.

Wollen wir den Inhalt der Speicheradresse erfahren, auf die der Zeiger verweist, muss dieser dereferenziert werden:

```
Console.WriteLine(*pointer);
```

Das Ergebnis wird `4711` lauten.

Fassen wir den gesamten (unsicheren) Code zusammen. Wenn Sie die Zeigertechnik unter C kennen, werden Sie feststellen, dass es syntaktisch keinen Unterschied gibt:

```
class Program {
  static unsafe void Main(string[] args) {
    int intVar = 4711;
    int* pointer;
    pointer = &intVar;
    Console.WriteLine(*pointer);
  }
}
```

C# gibt einen Zeiger nur von einem Wertetyp und niemals von einem Referenztyp zurück. Das gilt jedoch nicht für Arrays und Zeichenfolgen, da Variablen dieses Typs einen Zeiger auf das erste Element bzw. den ersten Buchstaben liefern.

7.13.4 Die »fixed«-Anweisung

Während der Ausführung eines Programms werden dem Heap viele Objekte hinzugefügt oder dort aufgegeben. Um eine unnötige Speicherbelegung oder Speicherfragmentierung zu vermeiden, schiebt der Garbage Collector die Objekte hin und her. Auf ein Objekt zu zeigen ist natürlich wertlos, wenn sich seine Adresse unvorhersehbar ändern könnte. Die Lösung dieses Problems bietet die `fixed`-Anweisung. `fixed` weist den Garbage Collector an, das Objekt zu »fixieren« – es wird danach nicht mehr verlagert. Da sich dies auf das Verhalten der Laufzeitumgebung auswirken kann, sollten als `fixed` deklarierte Blöcke nur kurzzeitig benutzt werden.

Hinter der `fixed`-Anweisung wird in runden Klammern ein Zeiger auf eine verwaltete Variable festgelegt. Diese Variable ist diejenige, die während der Ausführung fixiert wird.

```
fixed (<Typ>* <pointer> = <Ausdruck>)
{
   ...
}
```

`Ausdruck` muss implizit in `Typ*` konvertierbar sein.

Am besten sind die Wirkungsweise und der Einsatz von `fixed` anhand eines Beispiels zu verstehen. Sehen Sie sich daher zuerst das folgende Codefragment an:

```
class Program {
  int intVar;

  static void Main() {
    Program obj = new Program();
    // unsicherer Code
    unsafe {
      // fixierter Code
      fixed(int* pointer = &obj.intVar) {
        *pointer = 9;
        System.Console.WriteLine(*pointer);
      }
    }
  }
}
```

Im Code wird ein Objekt vom Typ `Program` in `Main` erzeugt. Es kann grundsätzlich nicht garantiert werden, dass das `Program`-Objekt `obj` vom Garbage Collector nicht im Speicher verschoben wird. Da der Zeiger `pointer` auf das objekteigene Feld `intVar` verweist, muss sichergestellt sein, dass sich das Objekt bei der Auswertung des Zeigers immer noch an derselben physikalischen Adresse befindet. Die `fixed`-Anweisung mit der Angabe, worauf `pointer` zeigt, garantiert, dass die Dereferenzierung an der Konsole das richtige Ergebnis ausgibt.

Beachten Sie, dass in diesem Beispiel nicht die gesamte Methode als unsicher markiert ist, sondern nur der Kontext, in dem der Zeiger eine Rolle spielt.

7.13.5 Zeigerarithmetik

Sie können in C# Zeiger so addieren und subtrahieren wie in C oder in anderen Sprachen. Dazu bedient sich der C#-Compiler intern des `sizeof`-Operators, der die Anzahl der Bytes zurückgibt, die von einer Variablen des angegebenen Typs belegt werden. Addieren Sie beispielsweise zu einem Zeiger vom Typ `int*` den Wert 1, verweist der Zeiger auf eine Adresse, die um 4 Byte höher liegt, da ein Integer eine Breite von 4 Byte hat.

Im folgenden Beispiel wird ein `int`-Array initialisiert. Anschließend werden die Inhalte der Array-Elemente nicht wie üblich über ihren Index, sondern mittels Zeigerarithmetik an der Konsole ausgegeben.

```
class Program {
  unsafe static void Main(string[] args) {
    int[] arr = {10, 72, 333, 4550};
    fixed(int* pointer = arr) {
      Console.WriteLine(*pointer);
      Console.WriteLine(*(pointer + 1));
      Console.WriteLine(*(pointer + 2));
      Console.WriteLine(*(pointer + 3));
    }
  }
}
```

Ein Array ist den Referenztypen und damit den verwalteten Typen zuzurechnen. Der C#-Compiler erlaubt es aber nicht, außerhalb einer `fixed`-Anweisung mit einem Zeiger auf einen verwalteten Typ zu zeigen. Mit

```
fixed(int* pointer = arr)
```

kommen wir dieser Forderung nach. Das Array `arr` wird implizit in den Typ `int*` konvertiert und ist gleichwertig mit folgender Anweisung:

```
int* pointer = &arr[0]
```

In der ersten Ausgabeanweisung wird `pointer` dereferenziert und der Inhalt `10` angezeigt, weil ein Zeiger auf ein Array immer auf das erste Element zeigt. In den folgenden Ausgaben wird die Ausgabeadresse des Zeigers um jeweils eine Integerkapazität erhöht, also um jeweils 4 Byte. Da die Elemente eines Arrays direkt hintereinander im Speicher abgelegt sind, werden der Reihe nach die Zahlen `72`, `333` und `4550` auf der Konsole angezeigt.

7.13.6 Der Operator »->«

Strukturen sind Wertetypen aus mehreren verschiedenen Elementen auf dem Stack und können ebenfalls über Zeiger angesprochen werden. Nehmen wir an, die Struktur `Point` sei wie folgt definiert:

```
public struct Point {
  public int X;
  public int Y;
}
```

Innerhalb eines unsicheren Kontexts können wir uns mit

```
Point point = new Point();
Point* ptr = &point;
```

einen Zeiger auf ein Objekt vom Typ `Point` besorgen. Beabsichtigen wir, das Feld `X` zu manipulieren und ihm den Wert 150 zuzuweisen, muss der Zeiger `ptr` zuerst dereferenziert werden. Auf das Ergebnis kann mittels Punktnotation zugegriffen werden, dem die Zahl zugewiesen werden soll. Der gesamte Ausdruck sieht dann wie folgt aus:

```
(*ptr).X = 150;
```

C# bietet uns mit dem Operator `->` eine einfache Kombination aus Dereferenzierung und Feldzugriff an. Der Ausdruck kann daher gleichwertig auch so formuliert werden:

```
ptr->X = 150;
```

8 Auflistungsklassen (Collections)

Ein charakteristisches Merkmal der Arrays ist die freie Verfügbarkeit ihrer Indizes. Sie können ein Element einem Array an einer x-beliebigen Position hinzufügen – unabhängig davon, ob der Index bereits von einem anderen Element belegt ist oder nicht. Wird ein Element aus einem Array entfernt, bleibt ein unbesetzter Index zurück. Ein Array ist somit ein statischer Pool freier und belegter Elementpositionen ohne die Fähigkeit, sich dynamisch an Änderungen anpassen zu können.

An dieser Stelle treten Klassen in Erscheinung, die ähnlich den Arrays als Container meist typgleicher Elemente dienen. Im Unterschied zu den herkömmlichen Arrays arbeiten diese Klassen jedoch dynamisch: Sie enthalten keine »leeren« Indizes, sondern vergrößern oder verkleinern ihre Kapazität entsprechend der Anzahl der Einträge. Ganz allgemein werden diese Klassen als *Collections*, als *Auflistungen* oder ganz einfach nur als *Listen* bezeichnet. Jede Klasse unterscheidet sich von der anderen durch besondere Fähigkeiten und Charakteristika – sei es die interne Verwaltung der Objekte, der Zugriff auf die Einträge oder die Geschwindigkeit, mit der innerhalb einer Liste nach einem bestimmten Eintrag gesucht werden kann.

Leider wurden die Generics erst mit dem .NET Framework 2.0 eingeführt. Wäre dies bereits mit der Version 1.0 geschehen, wären uns viele Klassen und Interfaces erspart geblieben. So aber müssen wir bereits an dieser Stelle zwei Gruppen von Auflistungen unterscheiden:

- die nichtgenerischen Listen, die zum Namespace `System.Collections` gehören
- die generischen Listen des Namespace `Systems.Collections.Generics`

Wenn möglich, sollten Sie auf die generischen Collections zurückgreifen, und zwar der Typsicherheit wegen. Auch wenn das Coding der Generics im Allgemeinen etwas gewöhnungsbedürftig ist, ist am Ende die Handhabung generischer Listen deutlich einfacher, und sie sind sogar schneller als ihre nichtgenerischen Pendants. Nichtsdestotrotz werden wir natürlich auch die nichtgenerischen Listen hier exemplarisch behandeln, schließlich werden Sie im .NET Framework auf unzählige Klassen stoßen, die nach genau diesem Prinzip entwickelt worden sind.

8.1 Die Listen des Namespace »System.Collections«

Damit Sie die Namen einiger wichtiger Auflistungen schon einmal gehört haben, seien sie hier aufgeführt:

- `ArrayList`
- `Hashtable`
- `Queue`
- `Stack`
- `SortedList`
- `StringCollection`

Diese Klassen, die alle zum Namespace `System.Collections` gehören, unterscheiden sich in den Methoden, mit denen der Zugriff auf die Elemente erfolgt, darin, wie die Elemente im Speicher verwaltet werden, und dadurch, welche Operationen sich darauf ausführen lassen. Jede Klasse hat dabei ihre eigene Charakteristik.

Da sie zwei typische Vertreter vieler anderer Klassen im .NET Framework sind, wollen wir uns einen Überblick über die Charakteristik der beiden Klassen `ArrayList` und `Hashtable` verschaffen und die wesentlichsten Unterscheidungsmerkmale herausarbeiten.

Die Klasse »ArrayList«

`ArrayList` ähnelt außerordentlich einem klassischen Array. Im Gegensatz zu einem Array ist ein `ArrayList`-Objekt aber dynamisch. Sie können so lange Objekte zur Liste hinzufügen, bis dem Speicher regelrecht die Puste ausgeht. Der Zugriff auf ein Element einer `ArrayList` erfolgt über die Angabe des entsprechenden Index.

Die Klasse »Hashtable«

Die Klasse `Hashtable` beschreibt eine Liste von Elementen, die im Gegensatz zur `ArrayList` nicht durch einen Index verwaltet werden, sondern durch ein Schlüssel-Werte-Paar. Der Vorteil eines `Hashtable`-Objekts ist, dass innerhalb der Liste sehr schnell nach bestimmten Objekten gesucht werden kann. Der Name rührt daher, dass für die Verwaltung der Elemente ein Hashcode für den Schlüssel verwendet wird. Ein Hashcode ist ein Wert, der aus den Daten eines Objekts gebildet wird und somit für gleiche Objekte gleich ist. Der Zugriff auf ein Element in dieser Liste erfolgt über den Schlüsselwert, der grundsätzlich ein beliebiges Objekt sein kann. In der Praxis wird dazu meist eine Zeichenfolge benutzt.

8.1.1 Die elementaren Schnittstellen der Auflistungsklassen

Die Grundfunktionalität aller Auflistungen lässt sich auf elementare Methoden zurückführen. Es ist deshalb nicht verwunderlich, dass die Gemeinsamkeiten durch Schnittstellen beschrieben werden, die von den Auflistungsklassen implementiert werden. Im Kern handelt es sich dabei um folgende Schnittstellen:

- `IEnumerable`
- `ICollection`
- `IDictionary`
- `IList`

Die beiden zuerst aufgeführten Schnittstellen `IEnumerable` und `ICollection` werden von allen Standardauflistungsklassen implementiert. Sie sichern Verhaltensweisen, über die jede Auflistungsklasse verfügt. Das elementare Verhalten einer Auflistungsklasse wird durch die Implementierung der Schnittstellen `IList` und `IDictionary` beschrieben: `IList` ist dabei das Interface für die indexbasierten Auflistungen, `IDictionary` die Schnittstelle der Auflistungen, die auf Schlüssel-Wertepaaren basieren.

Ohne zu sehr in die Details abzutauchen, wollen wir uns nun ein weniger genauer die vier genannten Schnittstellen ansehen.

Die Schnittstelle »IEnumerable«

`IEnumerable` ermöglicht es, eine Liste in einer `foreach`-Schleife zu durchlaufen, und weist nur die Methode `GetEnumerator` auf, die ein Objekt zurückliefert, das die Schnittstelle `IEnumerator` implementiert. Dieser Enumerator verfügt über die Fähigkeit, eine Auflistung elementweise zu durchlaufen. Damit gleicht dieses Objekt einem Positionszeiger, dem drei Methoden eigen sind: `Current`, `MoveNext` und `Reset`.

Der Enumerator positioniert sich standardmäßig vor dem ersten Eintrag einer Auflistung. Um ihn auf den ersten Eintrag und anschließend auf alle Folgeeinträge zeigen zu lassen, muss die Methode `MoveNext` ausgeführt werden. Mit `Current` wird auf den Eintrag zugegriffen, auf den der Enumerator aktuell zeigt. `Reset` setzt den Enumerator an seine Ausgangsposition zurück, also vor den ersten Eintrag. Alle Collections implementieren die Schnittstelle `IEnumerable`, sodass auch alle Auflistungen in einer `foreach`-Schleife durchlaufen werden können.

Die Schnittstelle »ICollection«

Die Schnittstelle `ICollection` stellt allen Auflistungen die Eigenschaften `Count`, `IsSynchronized` und `SyncRoot` zur Verfügung, und darüber hinaus auch die Methode `CopyTo`. `Count` liefert dabei die die Anzahl der Elemente einer Auflistung zurück, die Methode `CopyTo` kopiert die Elemente einer Auflistung in ein Array.

Auflistungen sind kritisch hinsichtlich des gleichzeitigen Zugriffs mehrerer Threads. Um diesem Umstand Rechnung zu tragen, wird die Methode `Synchronized` bereitgestellt. Die Eigenschaft `IsSynchronized` gibt an, ob die Auflistung synchronisiert ist. Es ist daher nicht verwunderlich, dass praktisch alle Standardauflistungen die Schnittstelle `ICollection` implementieren.

Die Schnittstelle »IList«

Auflistungen, die `IList` implementieren, können ihre Elemente über Indizes verwalten. Das beste Beispiel hierfür dürfte die Klasse `ArrayList` sein, aber auch eine große Anzahl weiterer, häufig steuerelementspezifischer Auflistungen gehört zu dieser Gruppe, unter anderem auch die Klasse `Array`.

Die wichtigsten Methoden, die von `IList` zur Verfügung gestellt werden, sind `Add`, `Clear`, `Contains`, `Insert`, `IndexOf` und `Remove`. Sie werden Collections, die diese Methoden aufweisen, überall im .NET Framework begegnen: Sei es innerhalb der WinForm-API oder bei verschiedenen Klassen von ADO.NET.

Die Schnittstelle »IDictionary«

`IDictionary` ist praktisch der Gegenspieler von `IList`. Während Auflistungen, die `IList` implementieren, den Zugriff auf die Elemente über einen Index sicherstellen, erfolgt er bei `IDictionary`-Auflistungen über einen Schlüssel. An dieser Stelle mehr über dieses Interface zu berichten, würde zu tief ins Detail führen. Aber wir werden im Zusammenhang mit der Klasse `Hashtable` noch darauf zu sprechen kommen.

8.2 Die Klasse »ArrayList«

`ArrayList` gehört zu den Klassen, die das Interface `IList` implementieren. Ein Objekt vom Typ `ArrayList` hat standardmäßig eine Kapazität von 0 Elementen. Fügen Sie das erste hinzu, wird die Kapazität auf 4 Elemente erhöht. Wird das fünfte Element hinzugefügt, verdoppelt sich die Kapazität automatisch, also auf acht Elemente. Grundsätzlich wird die Kapazität immer verdoppelt, wenn versucht wird, ein Element mehr hinzuzufügen, als es die aktuelle Kapazität erlaubt. Dabei werden die `ArrayList`-Elemente im Speicher umgeschichtet, was einen Leistungsverlust nach sich zieht, der umso größer ist, je mehr Elemente sich bereits in der `ArrayList` befinden.

Sie sollten daher von Anfang an der `ArrayList` eine angemessene Kapazität zubilligen. Das können Sie am besten machen, indem Sie den einfach parametrisierten Konstruktor aufrufen und diesem die gewünschte Anfangskapazität mitteilen. Eine weitere Möglichkeit bietet auch die Eigenschaft `Capacity`.

8.2.1 Einträge hinzufügen

Mit der Methode Add können Objekte einer ArrayList-Instanz hinzugefügt werden. Da ArrayList eine 0-basierte Auflistung ist, wird das erste Element den Index 0 haben, das zweite den Index 1 usw. Sie haben mit der Add-Methode keinen Einfluss darauf, an welcher Position das Objekt in der Liste aufgenommen wird, denn es wird an das Listenende gesetzt. Wollen Sie wissen, welchen Index ein hinzugefügtes Objekt erhalten hat, brauchen Sie nur den Rückgabewert der Add-Methode auszuwerten.

```
ArrayList liste = new ArrayList();
int index = liste.Add("Conie");
```

Die Add-Methode ist sehr flexibel und definiert ihren Parameter vom Typ Object. Sie können also alles kunterbunt in die Liste packen, vom String über einen booleschen Wert, von einem Button- bis hin zu einem Circle-Objekt. Spätestens zu dem Zeitpunkt, zu dem Sie die einzelnen Elemente auswerten wollen, werden Sie in Schwierigkeiten geraten, wenn Sie nicht exakt wissen, welcher Typ sich hinter einem bestimmten Element verbirgt. Genau das ist auch der Nachteil der ArrayList. Seien Sie also vorsichtig mit den Elementen – oder nutzen Sie sofort das generische Gegenstück der ArrayList, die Klasse List<T>. Dieser werden wir uns noch später in diesem Kapitel widmen.

Über die Methode Add hinaus bietet ArrayList mit AddRange eine weitere, ähnliche Methode an, der Sie auch ein herkömmliches Array übergeben können:

```
ArrayList liste = new ArrayList();
int[] array = {0, 10, 22, 9, 45};
liste.AddRange(array);
```

Liegt das Array schon bei der Instanziierung von ArrayList vor, kann das Array auch direkt dem Konstruktor übergeben werden:

```
ArrayList arr = new ArrayList(intArr);
```

Collection-Initialisierer

Eine weitere Möglichkeit, einer ArrayList Elemente hinzuzufügen, sind Collection-Initialisierer. Mithilfe von Collection-Initialisierern kann man bei der Initialisierung eines Collection-Objekts elegant Elemente hinzufügen. Man verwendet geschweifte Klammern, in denen die einzelnen Elemente durch Kommata voneinander getrennt sind – was dann beispielsweise wie folgt aussieht:

```
ArrayList liste = new ArrayList() {"Aachen", "Bonn",
                                   "Köln", "Düsseldorf" };
```

Collection-Initialisierer verringern den Codierungsaufwand ein wenig, da nicht immer wieder die Add-Methode aufgerufen werden muss.

Einträge aus einer ArrayList löschen

Mit der Methode `Clear` können alle Elemente aus der `ArrayList` gelöscht werden. Die `ArrayList` wird danach, obwohl sie leer ist, ihre ursprüngliche Kapazität beibehalten, sie schrumpft also nicht.

Löschen Sie einzelne Elemente, bieten sich die Methoden `Remove` und `RemoveAt` an. `Remove` erwartet das zu löschende Objekt, `RemoveAt` den Index des zu löschenden Objekts. Beim Löschen ist ein ganz besonderes Verhalten auf der `IList` basierenden Auflistungen zu erkennen, das wir uns nun in einem Beispiel ansehen wollen.

```
// ------------------------------------------
// Beispiel: ...\Kapitel 8\ArrayListSample
// ------------------------------------------
using System.Collections;

class Program {

  static void Main(string[] args) {
    ArrayList liste = new ArrayList() {"Peter", "Andreas",
                              "Conie", "Michael", "Gerd", "Freddy"};
    PrintListe(liste);
    liste.Remove("Andreas");
    Console.WriteLine("--- Element gelöscht ---");
    PrintListe(liste);
    Console.ReadLine();
  }

  static void PrintListe(IList liste) {
    foreach (string item in liste)
      Console.WriteLine("Index: {0,-3}{1}", liste.IndexOf(item), item);
  }
}
```

Beachten Sie bitte bei diesem und allen anderen Beispielen zu den nichtgenerischen Auflistungsklassen, dass per Vorgabe der Namespace `System.Collections.Generic` mit `using` bekannt gegeben ist, wir aber für diese Klassen `System.Collections` benötigen.

Die Methode `PrintListe` sorgt für die Ausgabe der Elemente an der Konsole. Das Übergabeargument ist vom Typ `IList` definiert. Daher könnte die Methode von allen `IList` implementierenden Klassen benutzt werden, beispielsweise auch von jedem Array – vorausgesetzt, in der Auflistung werden Zeichenfolgen verwaltet.

Nach dem Füllen der Auflistung wird sofort der Inhalt auf der Konsole ausgegeben. Neben der Zeichenfolge wird dabei auch noch der aktuelle Index angezeigt, unter dem die Zeichenfolge eingetragen ist. Der aktuelle Index eines Elements lässt sich mit der Methode `IndexOf` unter Übergabe des Elements einfach ermitteln.

Nach der Ausgabe der Liste wird das sich an zweiter Position (Index = 1) befindliche Element mit `Remove` aus der Auflistung gelöscht. Die Ausgabe der aktualisierten Liste entlarvt das eben angedeutete ganz besondere Verhalten der indexbasierten Collections: Der Index, den das aus der Liste gelöschte Element innehatte, bleibt nicht leer. Stattdessen verschieben sich alle nachfolgenden Elemente in der Weise, dass kein leerer Index zurückbleibt (siehe auch Abbildung 8.1).

```
file:///D:/Visual Studio 2010 Buch 1/Beispiele/Kapitel 8/ArrayListSample/bi...
Index: 0  Peter
Index: 1  Andreas
Index: 2  Conie
Index: 3  Michael
Index: 4  Gerd
Index: 5  Freddy
--- Element gelöscht ---
Index: 0  Peter
Index: 1  Conie
Index: 2  Michael
Index: 3  Gerd
Index: 4  Freddy
```

Abbildung 8.1 Ein Element aus der Auflistung löschen

Hinweis

Sollte sich dasselbe Objekt mehrfach in der Liste befinden, wird nur das Objekt entfernt, das zuerst gefunden wird. Befände sich in dem oben erwähnten Beispiel der Name `Andreas` auch noch unter `Index = 6`, wird nur der Eintrag unter dem `Index = 1` entfernt. Sie können doppelte Einträge in eine Liste vermeiden, wenn Sie vor dem Hinzufügen des Elements mit `Contains` prüfen, ob sich das Element eventuell bereits in der Liste befindet.

Möchten Sie während eines Schleifendurchlaufs ein Element aus der Liste löschen, ist eine `foreach`-Schleife als Schleifenkonstrukt denkbar ungeeignet, denn die Methoden des Interface `IEnumerator` funktionieren nur dann, wenn sich die Liste während des Schleifendurchlaufs nicht verändert.

Eine Lösung in solchen Fällen ist die Verwendung der `for`- oder `while`-Schleife, z. B.:

```
for(int index = 0; index < liste .Count;index++)
  if( (string)liste[index] == "Andreas")
    liste.RemoveAt(index);
```

Auf ein Listenelement wird über seinen Index zugegriffen, indem der Index in eckige Klammern gesetzt wird. Da die Elemente als `Object`-Typen in die `ArrayList` eingetragen werden, ist eine Konvertierung in den passenden Typ notwenig, in unserem Code also in `string`.

8.2.2 Datenaustausch zwischen einem Array und einer ArrayList

Auflistungen zeichnen sich durch die beiden Interfaces `IEnumerable` und `ICollection` aus. Aus dem letztgenannten Interface stammt die Methode `CopyTo`, die es ermöglicht, die Einträge einer Auflistung in ein Array zu kopieren.

```
ArrayList liste = new ArrayList();
liste.Add("Anton");
liste.Add("Gustaf");
liste.Add("Fritz");
string[] arr = new string[10];
liste.CopyTo(arr, 3);
```

Der zweite Parameter von `CopyTo` gibt den Startindex im Array an, ab dem die Elemente der `ArrayList` in das Array kopiert werden. Das Array muss groß genug sein, um alle Elemente aufzunehmen, sonst wird eine Exception ausgelöst. Handelt es sich bei den zu kopierenden Einträgen um Objektreferenzen, werden nicht die Objekte, sondern nur die Referenzen kopiert. `ArrayList` überlädt `CopyTo`, sodass auch spezifizierte Teilbereiche der Liste kopiert werden können.

8.2.3 Die Elemente einer ArrayList sortieren

Um die Mitglieder einer `ArrayList` zu sortieren, wird die Methode `Sort` aufgerufen. `Sort` ist mehrfach überladen. Wir wollen uns zunächst mit der parameterlosen Version beschäftigen.

Die parameterlose »Sort«-Methode

Um die Elemente einer `ArrayList` mit der parameterlosen `Sort`-Methode zu sortieren, müssen die Typdefinitionen der Elemente die Schnittstelle `IComparable` implementieren. Diese Schnittstelle beschreibt nur die Methode `CompareTo`:

```
public interface IComparable {
  int CompareTo(object obj);
}
```

Eine Klasse, die `IComparable` implementiert, garantiert, dass die Methode `CompareTo` existiert. Darauf ist die `Sort`-Methode der `ArrayList` angewiesen. Aus der .NET-Dokumentation zu `CompareTo` können wir entnehmen, dass das Objekt, auf dem `Sort` aufgerufen wird, mit dem an den Parameter übergebenen Objekt verglichen wird. Als Resultat liefert der Methodenaufruf eines der drei folgenden Ergebnisse:

- < 0, wenn das aktuelle Objekt kleiner als das Objekt `obj` ist
- 0, wenn das aktuelle Objekt gleich dem Objekt `obj` ist
- > 0, wenn das aktuelle Objekt größer als das Objekt `obj` ist

Die Regel, nach der im deutschsprachigen Raum sortiert wird, vergleicht die Zeichen unter Berücksichtigung der Groß- und Kleinschreibung wie folgt:

```
1 < 2 ... < a < A < b < B < c < C ... < y < Y < z < Z
```

Alle Klassen, die `IComparable` implementieren, sind daher ohne weiteres Coding dazu geeignet, innerhalb einer `ArrayList` sortiert zu werden. Das trifft insbesondere auf die elementaren Datentypen wie `string`, `int` oder `double` zu. Somit ist es uns auch möglich, die Listenelemente aus dem Beispiel `ArrayListSample` durch den Aufruf von `Sort` unkompliziert sortieren zu lassen.

```
static void Main(string[] args) {
  ArrayList liste = new ArrayList() {"Peter", "Andreas", "Conie",
                                    "Michael", "Gerd", "Freddy"};
  liste.Sort();
  PrintListe(liste);
  Console.ReadLine();
}
```

Die Ausgabe der sortierten Liste sehen Sie in Abbildung 8.2.

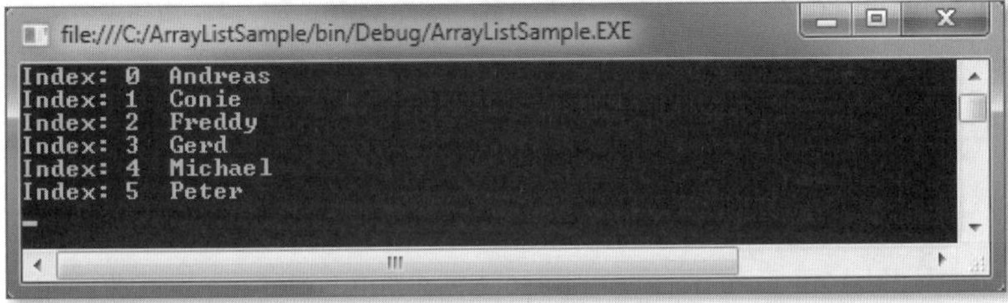

Abbildung 8.2 Sortierte Listenelemente

Eigene Klassen mit »IComparable«

Viele Klassen des .NET Frameworks implementieren die `IComparable`-Schnittstelle. Das folgende Beispielprogramm soll zeigen, wie Sie dieses Interface für eigene Klassen einsetzen können. Dabei werden wir der Einfachheit halber nur mit einer sehr einfachen Klasse arbeiten, die neben der Schnittstellenimplementierung nur einen Integer-Wert in der Eigenschaft `Value` beschreibt und einen parametrisierten Konstruktor.

```
public class Demo : IComparable {
  public int Value {get; set;}

  public Demo(int value) {
    Value = value;
  }
```

```
  public int CompareTo(object obj) {
    if (((Demo)obj).Value < Value)
      return 1;
    else if (((Demo)obj).Value == Value)
      return 0;
    return -1;
  }
}
```

Die Klasse `Demo` implementiert `IComparable`. Daher sind Objekte dieses Typs darauf vorbereitet, in einer `ArrayList` sortiert zu werden. Die Sortierreihenfolge soll sich am Inhalt des Felds `Value` orientieren. Da `CompareTo` den Parameter vom Typ `Object` definiert, muss vor dem Zugriff auf das Feld `Value` eine Typkonvertierung erfolgen. Die Bildung des Rückgabewertes bedarf keiner weiteren Beschreibung. Bei aller Einfachheit sollten Sie sich jedoch darüber im Klaren sein, dass Sie die Entscheidung selbst treffen, unter welchen Umständen die zu vergleichenden Objekte als größer, gleich oder kleiner einzustufen sind.

Anmerkung

So, wie das Vergleichskriterium in diesem Beispiel formuliert ist, könnten wir auch die Schnittstelle `IComparable` des Integers für unsere Zwecke nutzen, und mit

```
return Value.CompareTo(((Demo)obj).Value);
```

einen deutlich kürzeren Code erzeugen. Allerdings würde dann diesem Beispiel die Allgemeingültigkeit fehlen.

Mit der Implementierung der Methode `CompareTo` können wir uns aber noch nicht zufriedengeben, da nicht alle denkbaren Szenarien von unserer Implementierung berücksichtigt werden. Sie könnten nämlich auch ein Objekt übergeben, das mit dem aktuellen nicht vergleichbar ist, beispielsweise:

```
Circle kreis = new Circle(5);
Demo element = new Demo(8);
int result = element.CompareTo(kreis);
...
```

Implementieren Sie die Methode `CompareTo`, sollten Sie diesen Fall ebenso berücksichtigen wie die Eventualität, dass das übergebene Objekt noch nicht initialisiert und daher `null` ist. Die Implementierung, die diese beiden Szenarien einbezieht, sieht wie folgt aus:

```
public int CompareTo(object obj) {
  // prüfen, ob der Parameter ein null-Verweis ist
  if (obj == null)
    return 1;
  // prüfen, ob beide Typen gleich sind
  if (obj.GetType() != GetType())
```

```
    throw new ArgumentException("Ungültiger Vergleich.");
  if (((Demo)obj).Value < this.Value)
    return 1;
  else if (((Demo)obj).Value == this.Value)
    return 0;
  return -1;
}
```

Generell sollten Sie die Methode CompareTo der Schnittstelle IComparable wie gezeigt implementieren, um gegen alle unzulässigen Aufrufe gewappnet zu sein und als robust zu gelten. Es wird zuerst überprüft, ob dem Parameter null übergeben wurde. In diesem Fall sollte der Vergleich abgebrochen werden und als Resultat einen Wert größer 0 liefern. Unterscheiden sich die beiden Typen des anstehenden Vergleichs, wird die Ausnahme ArgumentException ausgelöst und muss vom Aufrufer behandelt werden.

Natürlich wollen wir nun auch testen, ob wir unser Ziel erreicht haben. Dazu dient der folgende Code:

```
// ---------------------------------------------
// Beispiel: ...\Kapitel 8\IComparableSample
// ---------------------------------------------
class Program {

  static void Main(string[] args) {
    Demo[] arr = new Demo[] { new Demo(12), new Demo(27),
                              new Demo(35), new Demo(3) };
    ArrayList liste = new ArrayList();
    liste.AddRange(arr);
    liste.Sort();
    foreach (Demo item in liste) {
      Console.WriteLine("Index: {0} / Wert: {1}",
                        liste.IndexOf(item), item.Value);
    }
    Console.ReadLine();
  }
}
```

An der Konsole werden die Werte der Felder in der Reihenfolge 3, 13, 27 und 35 ausgegeben. Der Vergleich und die anschließende Sortierung finden also wie erwartet statt.

Vergleichsklassen mit »IComparer«

Das Sortieren einer ArrayList mit der parameterlosen Sort-Methode gestattet nur ein Vergleichskriterium. Manchmal ist es aber erforderlich, unterschiedliche Sortierkriterien zu berücksichtigen. Nehmen wir zum Beispiel die Klasse Person, die die beiden Felder Name und Wohnort beschreibt:

```
class Person {
  public string Name {get; set;}
  public string Wohnort {get; set;}

  public Person(string name, string ort) {
    Name = name;
    Wohnort = ort;
  }
}
```

Würde die Klasse die Schnittstelle `IComparable` implementieren, müsste die Entscheidung getroffen werden, nach welchem Feld Objekte dieser Klasse sortiert werden können. Nun sollen beide Möglichkeiten angeboten werden: sowohl die Sortierung nach `Wohnort` als auch nach `Name`.

Die Lösung des Problems führt über die Bereitstellung sogenannter Vergleichsklassen, die die Schnittstelle `IComparer` implementieren. Jede Vergleichsklasse beschreibt genau ein Vergleichskriterium. Wollen wir einen bestimmten Objektvergleich erzwingen, müssen wir der `Sort`-Methode mitteilen, welche Vergleichsklasse dafür bestimmt ist. Dafür stehen uns zwei Überladungen zur Verfügung, denen die Referenz auf ein Objekt übergeben wird, das die Schnittstelle `IComparer` implementiert:

```
public virtual void Sort(IComparer);
public virtual void Sort(int, int, IComparer);
```

Mit der Überladung, die zwei Integer erwartet, kann der Startindex und die Länge des zu sortierenden Bereichs bestimmt werden. Bei sehr großen Auflistungen steigert das die Performance, da Sortiervorgänge sehr rechenintensiv sind.

Die Schnittstelle `IComparer` stellt die Methode `Compare` für den Vergleich zweier Objekte bereit:

```
int Compare(object x, object y);
```

`Compare` funktioniert ähnlich wie die weiter oben erörterte Methode `CompareTo` und gibt die folgenden Werte zurück:

- < 0, wenn das erste Objekt kleiner als das zweite Objekt ist
- 0, wenn das erste Objekt gleich dem zweiten Objekt ist
- > 0, wenn das erste Objekt größer als das zweite Objekt ist

Für die Klasse `Person` wollen wir nun die beiden Vergleichsklassen `NameComparer` und `WohnortComparer` entwickeln, die gemäß unserer Anforderung die Schnittstelle `IComparer` implementieren und nach Wohnort bzw. Name sortieren.

```
// Vergleichsklasse - Kriterium 'Wohnort'
class WohnortComparer : IComparer {
  public int Compare(object x, object y) {
    // prüfen auf null-Übergabe
    if(x == null && y == null) return 0;
    if(x == null) return 1;
    if(y == null) return -1;
    // Typüberprüfung
    if(x.GetType() != y.GetType())
      throw new ArgumentException("Ungültiger Vergleich");
    // Vergleich
    return ((Person)x).Wohnort.CompareTo(((Person)y).Wohnort);
  }
}

// Vergleichsklasse - Kriterium 'Name'
class NameComparer : IComparer {
  public int Compare(object x, object y) {
    // prüfen auf null-Übergabe
    if(x == null && y == null) return 0;
    if(x == null) return 1;
    if(y == null) return -1;
    // Typüberprüfung
    if(x.GetType() != y.GetType())
      throw new ArgumentException("Ungültiger Vergleich");
    // Vergleich
    return ((Person)x).Name.CompareTo(((Person)y).Name);
  }
}
```

Die Implementierung ähnelt der der Methode CompareTo. Zuerst sollte wieder ein Vergleich mit null durchgeführt werden und anschließend eine Prüfung, ob beide Parameter denselben Typ beschreiben oder zumindest einen vergleichbaren Typ besitzen. Sollte keine Bedingung zutreffen, kann der Vergleich der Objekte erfolgen. Dabei unterstützt uns die Klasse String, die ihrerseits die IComparable-Schnittstelle implementiert und folglich die Methode CompareTo veröffentlicht.

Haben wir ein ArrayList-Objekt mit Person-Objekten gefüllt, steht es uns frei, welche Vergleichsklasse wir zur Sortierung der Objekte benutzen, denn beide sind auf dieselbe Schnittstelle zurückzuführen und gegenseitig austauschbar.

Natürlich können Sie auch jederzeit die Klasse Person um die Schnittstelle IComparer erweitern. Syntaktisch bereitet das zumindest bei einem erforderlichen Vergleichskriterium überhaupt kein Problem. Andererseits müssen Sie sich auch vor Augen halten, wie Sie die Sort-Methode aufrufen müssten:

```
liste.Sort(new Person());
```

Dieser Code suggeriert, dass wir es mit einem weiteren, neuen Person-Objekt zu tun haben, obwohl wir das Objekt doch eigentlich nur dazu missbrauchen, das Vergleichskriterium der Sort-Methode bekannt zu geben. Ähnlich schlecht les- und interpretierbarer Code wäre das Resultat, wenn wir mit

```
liste.Sort(person1);
```

irgendein bekanntes Person-Objekt übergeben. Daher sollten Sie von dieser Codeimplementierung Abstand nehmen.

Sehen wir uns nun das Beispielprogramm an, in dem die oben beschriebenen Vergleichskriterien benutzt werden.

```
// ---------------------------------------------------------
// Beispiel: ...\Kapitel 8\IComparerSample
// ---------------------------------------------------------
class Program {
  static void Main(string[] args) {
    ArrayList arrList = new ArrayList();
    // ArrayList füllen
    Person pers1 = new Person("Meier", "Berlin");
    arrList.Add(pers1);
    Person pers2 = new Person("Arnhold", "Köln");
    arrList.Add(pers2);
    Person pers3 = new Person("Graubär", "Aachen");
    arrList.Add(pers3);
    // nach Wohnorten sortieren
    arrList.Sort(new WohnortComparer());
    Console.WriteLine("Liste nach Wohnorten sortiert");
    ShowSortedList(arrList);
    // nach Namen sortieren
    arrList.Sort(new NameComparer());
    Console.WriteLine("Liste nach Namen sortiert");
    ShowSortedList(arrList);
  }
  static void ShowSortedList(IList liste) {
    foreach(Person temp in liste) {
      Console.Write("Name = {0,-12}", temp.Name);
      Console.WriteLine("Wohnort = {0}", temp.Wohnort);
    }
    Console.WriteLine();
  }
}
```

file:///C:/IComparerSample/bin/Debug/IComparerSample.EXE

```
Liste nach Wohnorten sortiert
Name = Graubär      Wohnort = Aachen
Name = Meier        Wohnort = Berlin
Name = Arnhold      Wohnort = Köln

Liste nach Namen sortiert
Name = Arnhold      Wohnort = Köln
Name = Graubär      Wohnort = Aachen
Name = Meier        Wohnort = Berlin
```

Abbildung 8.3 Ausgabe des Beispiels »IComparerSample«

8.2.4 Sortieren von Arrays mit »ArrayList.Adapter«

Ein herkömmliches Array bietet von Haus aus keine Möglichkeit, die in ihm enthaltenen Elemente zu sortieren. Es gibt dennoch einen Weg, der über die klassische Methode `Adapter` der Klasse `ArrayList` führt.

```
public static ArrayList Adapter(IList list);
```

Der Methode wird ein `IList`-Objekt übergeben. Der Zufall will es, dass ein klassisches Array diese Schnittstelle implementiert. `Adapter` legt einen Wrapper (darunter ist eine Klasse zu verstehen, die sich um eine andere legt) um das `IList`-Objekt. Der Rückgabewert ist die Referenz auf ein neues `ArrayList`-Objekt, auf dessen Methoden, unter anderem auch `Sort`, sich das `IList`-Objekt manipulieren lässt.

Wie Sie die Methode `Adapter` einsetzen können, möchte ich Ihnen an einem Beispiel zeigen. Dabei dient wieder die Klasse `Person` aus dem Beispiel `IComparerSample` als Grundlage. Zudem soll auch wieder die Möglichkeit eröffnet werden, entweder nach Namen oder Wohnort sortieren zu können. Dazu können Sie die ebenfalls vorhandenen Vergleichsklassen des Beispiels aus dem letzten Abschnitt wiederverwendeen.

```
// ---------------------------------------------------------
// Beispiel: ...\Kapitel 8\ArrayListAdapterSample
// ---------------------------------------------------------
class Program {
  static void Main(string[] args){
    Person[] pers = new Person[3];
    pers[0] = new Person("Peter", "Celle");
    pers[1] = new Person("Alfred", "München");
    pers[2] = new Person("Hugo", "Aachen");
    ArrayList liste = ArrayList.Adapter(pers);

    // Sortierung nach Namen
    liste.Sort(new NameComparer());
    Console.WriteLine("Sortiert nach den Namen:");
```

```
    for (int index = 0; index < 3; index ++)
      if( liste[index] != null)
        Console.WriteLine(((Person)liste[index]).Name);

    // Sortierung nach Wohnort
    Console.WriteLine("\nSortiert nach dem Wohnort:");
    liste.Sort(new WohnortComparer());
    for (int index = 0; index < 3; index ++)
      if( liste[index] != null)
        Console.WriteLine(((Person)liste[index]).Wohnort);
    Console.ReadLine();
  }
}
```

Bei der Ausgabe der sortierten Listenelemente müssen wir ein wenig vorsichtiger sein. Denn im Gegensatz zur `ArrayList`, die uns garantiert, dass sich hinter jedem Index ein gültiges Objekt verbirgt, kann der Index in einem klassischen Array `null` sein. Der Versuch einer Ausgabe oder ganz allgemein des Zugriffs auf ein `null`-Element würde mit einer Ausnahme quittiert werden. Daher ist unbedingt darauf zu achten, vor der Ausgabe mit

```
if (liste[index] != null)
```

auf den Inhalt `null` zu prüfen.

8.3 Die Klasse »Hashtable«

`IList`-Auflistungen verwalten ihre Elemente über Indizes. Dieses Konzept hat einen Nachteil: Wenn man nach einem bestimmten Element sucht und dessen Position nicht kennt, muss man die Liste so lange durchlaufen, bis man eine Übereinstimmung findet. Enthält die Auflistung sehr viele Einträge, kann das sehr zeitaufwendig sein und kostet Rechenleistung.

Kommt es nicht auf die Reihenfolge der Elemente an, kann man sich für eine Auflistung entscheiden, die das Interface `IDictionary` implementiert. Zu dieser Gruppe gehört die Klasse `Hashtable`, die in diesem Abschnitt vorgestellt wird. In `IDictionary`-Auflistungen kann ein bestimmtes Element zwar schnell gefunden werden, allerdings muss man dabei in Kauf nehmen, keinen Einfluss auf die Positionierung der Elemente in der Liste zu haben, denn die Elemente werden in einer für sie passenden Reihenfolge sortiert.

8.3.1 Methoden und Eigenschaften der Schnittstelle »IDictionary«

Die meisten der von `IDictionary` veröffentlichten Methoden sind uns bereits von der Schnittstelle `IList` her bekannt. Das erleichtert zwar einerseits die Einarbeitung, zwingt uns aber andererseits dennoch in einigen Fällen zu einer etwas genaueren Betrachtung.

Jeder Listeneintrag in einer `IDictionary`-Auflistung wird durch ein Schlüssel-Werte-Paar beschrieben, was sich in der Parameterliste der `Add`-Methode niederschlägt:

```
void Add(object key, object value);
```

Der erste Parameter wird als Schlüssel für das hinzuzufügende Element verwendet und sorgt für die Identifizierbarkeit innerhalb einer Liste. Der zweite Parameter ist die Referenz auf das hinzuzufügende Element. Wir stoßen hier zum ersten Mal auf die Tatsache, dass von `IDictionary`-Auflistungen anstelle eines Index ein Schlüssel verwendet wird.

Der Schlüssel begleitet uns durch alle Methoden und wird auch von `Remove` verwendet, um ein Objekt aus der Auflistung zu entfernen:

```
void Remove(object key);
```

Da `IDictionary`-Objekte nicht über Indizes verwaltet werden, brauchen nach dem Löschen eines Elements etwaige Folgeelemente auch keine Lücke zu schließen.

Dem Indexer kommt nicht nur die Aufgabe zu, unter der Angabe des Schlüssels den Zugriff auf das gewünschte Element zu gewährleisten, vielmehr kann er auch dazu benutzt werden, den Wert eines Objekts zu verändern.

```
object this[object key] {get; set;}
```

Gibt man einen Schlüssel an, der sich noch nicht in der Auflistung befindet, wird das Element hinzugefügt. Dabei bleibt der Wert leer, ist also `null`, was durchaus zulässig ist.

Die Schlüssel und die Werte werden in eigenen Auflistungen verwaltet. Die Referenz auf diese internen Auflistungen liefern die Eigenschaften `Keys` und `Values`.

```
ICollection Keys {get;}
ICollection Values {get;}
```

Mit `Clear` kann eine `IDictionary`-Auflistung geleert werden, und mit `Contains` können Sie prüfen, ob ein bestimmter Schlüssel bereits in der Liste enthalten ist.

Um nach einem Element in einer `IDictionary`-Auflistung zu suchen, wird eine Schlüsselinformation benötigt, der ein Wert zugeordnet ist. `IDictionary`-Auflistungen enthalten Elemente mit Schlüssel-Wert-Kombinationen. Der Schlüssel muss eindeutig sein und darf nicht den Inhalt `null` haben.

8.3.2 Beispielprogramm zur Klasse »Hashtable«

Die wichtigste Auflistung, die das `IDictionary`-Interface implementiert, wird von der Klasse `Hashtable` beschrieben. Im folgenden Beispiel wird eine Hashtabelle verschiedene Objekte vom Typ `Artikel` verwalten. Für die wichtigsten Eigenschaften und Methoden einer `Hashtable` werden in diesem Beispielprogramm jeweils separate Methoden bereitgestellt.

```
// ---------------------------------------------------------
// Beispiel: ...\Kapitel 8\HashtableSample
// ---------------------------------------------------------
class Artikel {
  public int Artikelnummer { get; set; }
  public string Bezeichner { get; set; }
  public double Preis { get; set; }

  public Artikel(int artNummer, string bezeichner, double preis) {
    Artikelnummer = artNummer;
    Bezeichner = bezeichner;
    Preis = preis;
  }
}
```

Listenelemente hinzufügen

Die `Hashtable` wird durch den Aufruf der Methode `GetFilledHashtable` mit mehreren `Artikel`-Objekten gefüllt. Im Gegensatz zur `ArrayList` (oder präziser ausgedrückt, zur `IList`) stellt `Hashtable` mit `Add` nur eine Methode zur Verfügung, um der Auflistung Objekte hinzuzufügen. Üblicherweise wird für den Schlüssel eine Zeichenfolge verwendet, obwohl der schlüsselbeschreibende erste Parameter vom Typ `Object` ist. Das soll auch in unserem Beispiel nicht anders sein, wir verwenden dazu den Bezeichner des Artikels.

```
// Objekte der Hashtabelle hinzufügen
public static Hashtable GetFilledHashtable() {
  Hashtable hash = new Hashtable();
  Artikel artikel1 = new Artikel(101, "Wurst", 1.98);
  Artikel artikel2 = new Artikel(45, "Käse", 2.98);
  Artikel artikel3 = new Artikel(126, "Kuchen", 3.50);
  Artikel artikel4 = new Artikel(6, "Fleisch", 7.48);
  Artikel artikel5 = new Artikel(22, "Milch", 0.98);
  Artikel artikel6 = new Artikel(87, "Schololade", 1.29);
  hash.Add(artikel1.Bezeichner, artikel1);
  hash.Add(artikel2.Bezeichner, artikel2);
  hash.Add(artikel3.Bezeichner, artikel3);
  hash.Add(artikel4.Bezeichner, artikel4);
  hash.Add(artikel5.Bezeichner, artikel5);
  hash.Add(artikel6.Bezeichner, artikel6);
  return hash;
}
```

Listen der Schlüssel und Werte einer Hashtable

Zur Ausgabe aller Schlüsselwerte wird die Liste aller Schlüssel mit der Eigenschaft `Keys` abgerufen. Da wir für die Schlüssel Zeichenfolgen verwendet haben, kann die Laufvariable der Schleife vom Typ `string` sein.

```
// Ausgabe der Schlüsselliste
public static void GetKeyList(Hashtable hash) {
  foreach (string item in hash.Keys)
    Console.WriteLine(item);
}
```

Sehr ähnlich besorgen wir uns auch die Liste aller gespeicherten Werte. Die Werteliste wird von der `Hashtable` durch Aufruf der Eigenschaft `Values` bereitgestellt. Die Einzelwerte selbst sind in unserem Beispiel `Artikel`-Objekte, deren Eigenschaften wir in die Konsole schreiben.

```
// Ausgabe der Wertliste
public static void GetValueList(Hashtable hash) {
  foreach (Artikel item in hash.Values)
    Console.WriteLine("{0,-4}{1,-12}{2}",
              item.Artikelnummer, item.Bezeichner, item.Preis);
}
```

Auf Listenelemente zugreifen

Wir haben bisher ganz ausdrücklich die in der Auflistung enthaltenen Schlüssel und Werte mit den Eigenschaften `Keys` und `Values` abgefragt. Nun interessiert uns ein Listeneintrag als Ganzes. Dabei treffen wir auf ein ganz besonderes Charakteristikum einer `IDictionary`-Auflistung, denn die Laufvariablen der Schleifen können nicht dazu benutzt werden, auf das Listenelement zuzugreifen. Daher wird zur Laufzeit eine Ausnahme ausgelöst, wenn Sie versuchen, die Laufvariable mit

```
// Achtung: Falscher Zugriff auf die Hashtable
foreach(Artikel item in hash)
  Console.WriteLine(item.Bezeichner);
```

auszuwerten oder mit

```
// Achtung: Falscher Zugriff auf die Hashtable
foreach(object item in hash)
  Console.WriteLine(((Artikel)item.Bezeichner;
```

zu konvertieren.

Um auf ein Listenelement in einer `foreach`-Schleife zugreifen zu können, müssen Sie die Laufvariable vom Typ `DictionaryEntry` deklarieren. Von diesem Typ sind die Elemente in einer `Hashtable`. `DictionaryEntry` ist eine Struktur, die das Schlüssel-Wert-Paar für einen Hashtabelleneintrag enthält. Über die Eigenschaften `Key` und `Value` können wir die notwendigen Informationen beziehen. Während uns `Key` nur den Schlüssel liefert, können wir über den Rückgabewert von `Value` nach vorheriger Typumwandlung auf das Objekt zugreifen:

```
// Schlüssel-Wert-Paar über ein DictionaryEntry-Objekt ausgeben
public static void GetCompleteList(Hashtable hash) {
  foreach (DictionaryEntry item in hash) {
    Console.Write(item.Key);
    Console.WriteLine(" - {0}", item.Value);
  }
}
```

Prüfen, ob ein Element bereits zur Hashtable gehört

Eine `Hashtable` dient zur Verwaltung mehrerer meist gleichartiger Objekte und hat im Vergleich zu anderen Auflistungen den Vorteil, einen sehr schnellen Zugriff über den Indexer zu ermöglichen. Manchmal interessiert auch die Antwort auf die Frage, ob in einer `Hashtable` bereits ein bestimmtes Element eingetragen ist. Sie können dabei so vorgehen, dass Sie entweder nach einem Schlüssel suchen oder nach einem bestimmten Wert.

Beginnen wir mit der Suche nach einem Schlüssel. Hierzu können wir zwei Methoden benutzen, die gleichwertig sind: `Contains` und `ContainsKey`. Beide liefern als Resultat einen booleschen Wert zurück.

```
// prüfen, ob ein bestimmter Schlüssel enthalten ist
public static void SearchForKey(Hashtable hash) {
  string text = "\n\nGeben Sie das auszuwertende Element an: ";
  string input;
  do {
    Console.Write(text);
    input = Console.ReadLine();
    // prüfen, ob sich der Schlüssel in der Hashtabelle befindet
    if (hash.Contains(input))
      Console.WriteLine("ArtikelNr.: {0,-4} Preis: {1}",
                         ((Artikel)hash[input]).Artikelnummer,
                         ((Artikel)hash[input]).Preis);
    else
      Console.WriteLine("Nicht Element der Hashtable");
    Console.WriteLine("Zum Beenden F12 drücken ...");
  }
  while (Console.ReadKey(true).Key != ConsoleKey.F12);
}
```

Nicht nur über den Schlüssel lässt sich prüfen, ob ein Element Mitglied der Hashtabelle ist. Auch über den booleschen Rückgabewert von `ContainsValue` ist das möglich. Hierzu dient im Beispielprogramm die benutzerdefinierte Methode `SearchForValue`. Dieser Methode wird neben der Referenz auf die Auflistung auch noch das `Artikel`-Objekt übergeben, dessen Eintrag in der Liste zu prüfen ist.

```
// prüfen, ob die Liste einen bestimmten Wert enthält
public static void SearchForValue(Hashtable hash, Artikel artikel) {
  if (hash.ContainsValue(artikel))
    Console.WriteLine("Das Objekt '{0}' ist enthalten.",
                                            artikel.Artikelnummer);
  else
    Console.WriteLine("Das Objekt '{0}' ist nicht enthalten.",
                                            artikel.Artikelnummer);
}
```

Testen der Methoden

Zum Schluss zeige ich Ihnen an dieser Stelle auch noch das Beispielprogramm, in dem die zuvor gezeigten Methoden aufgerufen werden. Am Ende des Programms wird die Methode `SearchForValue` aufgerufen, um nach einem bestimmten Artikel zu suchen. Dabei wird ein neues `Artikel`-Objekt mit Daten erzeugt, die sich bereits in der Liste befinden. Trotzdem wird zur Laufzeit festgestellt, dass das Objekt noch kein Mitglied der Liste ist. Das Ergebnis verwundert nicht, da von unserer `Hashtable` nach Objektreferenzen bewertet wird, und nicht nach den darin enthaltenen Daten.

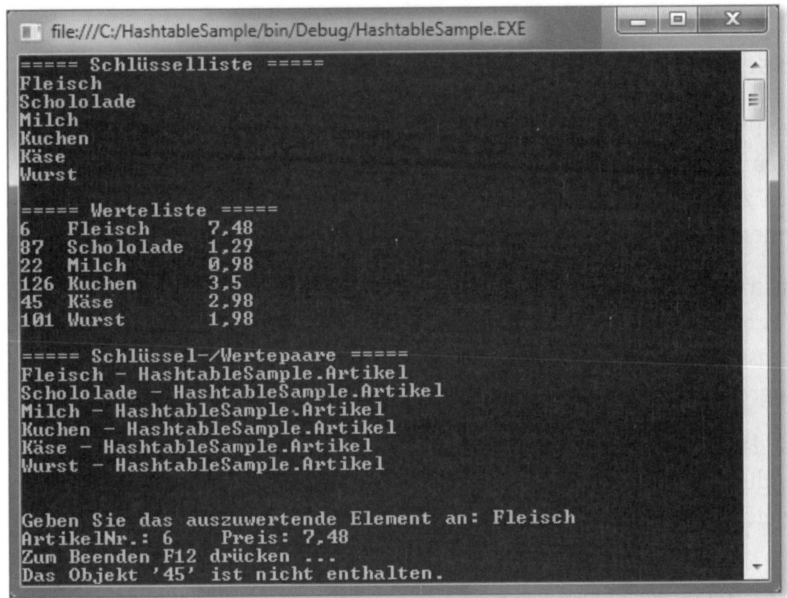

Abbildung 8.4 Ausgabe des Beispielprogramms »HashtableSample«

```
static void Main(string[] args){
  Hashtable hash = GetFilledHashtable();
```

```
  // Liste der Schlüssel ausgeben
  Console.WriteLine("===== Schlüsselliste =====");
  GetKeyList(hash);

  // Liste der Werte ausgeben
  Console.WriteLine();
  Console.WriteLine("===== Werteliste =====");
  GetValueList(hash);

  // Liste der Schlüssel und Werte ausgeben
  Console.WriteLine();
  Console.WriteLine("===== Schlüssel-Werte-Paare =====");
  GetCompleteList(hash);

  // Suchen nach einem bestimmten Schlüssel
  SearchForKey(hash);

  // Suchen nach einem bestimmten Wert
  SearchForValue(hash, new Artikel(45, "Käse", 2.98));
  Console.ReadLine();
}
```

8.4 Die Klassen »Queue« und »Stack«

Ganz spezielle Listen werden durch die Klassen `Stack` und `Queue` zur Verfügung gestellt, denn beide implementieren weder das Interface `IList` noch `IDictionary`. Dennoch werden sie den Auflistungen zugerechnet, weil sie die Schnittstellen `ICollection` und somit auch `IEnumerable` implementieren.

`Stack` ist eine Datenstruktur, die nach dem LIFO-Prinzip (Last In First Out) arbeitet: Das Element, das als Letztes eingefügt wurde, wird beim folgenden Lesevorgang wieder entnommen. Daraus folgt, dass man auf das Element, das als Erstes auf den Stack gelegt worden ist, erst dann wieder zugreifen kann, wenn alle anderen Elemente den Stack verlassen haben.

Ein `Queue`-Objekt ist das Pendant zu `Stack`. Es arbeitet nach dem FIFO-Prinzip (First In First Out): Das zuerst in die Queue geschobene Element wird auch als Erstes wieder entnommen. Das Prinzip gleicht also einer Warteschlange an der Kasse eines Fußballstadions.

8.4.1 Die »Stack«-Klasse

Schauen wir uns an einem Beispiel an, wie man mit der Klasse `Stack` arbeitet.

```
// -----------------------------------------------------------
// Beispiel: ...\Kapitel 8\StackSample
// -----------------------------------------------------------
```

```
class Program {
  static void Main(string[] args) {
    Stack myStack = new Stack(11);

    // Stack füllen
    for(int i = 0; i <= 10; i++)
      myStack.Push(i * i);

    // Ausgabe an der Konsole
    PrintStack(myStack);
    Console.ReadLine();
  }

  public static void PrintStack(Stack obj) {
    // alle Elemente aus dem Stack holen
    while(obj.Count != 0) {
      Console.WriteLine(obj.Pop());
    }
  }
}
```

Das Hinzufügen neuer Elemente geschieht durch den Aufruf der Methode `Push`, die als Argument ein Objekt erwartet. Im Beispielcode wird eine Schleife durchlaufen, in der insgesamt elf Zahlen auf den `Stack` gelegt werden. Es handelt sich dabei immer um das Quadrat des aktuellen Schleifenzählers.

Zugegriffen werden kann nur auf das oberste Element im Stack. Dabei handelt es sich immer um das Objekt, das als Letztes mit der `Push`-Methode auf den Stack gelegt wurde.

Es bieten sich zwei Alternativen an, das oberste Element auszuwerten: Mit `Pop` wird das oberste Element nicht nur zurückgeliefert, sondern gleichzeitig auch der Stack-Verwaltung entzogen. Mit `Peek` erhält man zwar die Referenz, ohne das Element jedoch gleichzeitig zu entfernen. Im Beispiel wird der Stack so lange mit `Pop` abgegriffen, bis die Liste wieder leer ist. Die Reihenfolge der Zahlen beim Hinzufügen lautete:

```
0 1 4 9 16 25 36 ... 81 100
```

Die Rückgabe erfolgt mit:

```
100 81 64 ... 25 16 9 4 1 0
```

Der Aufruf des parameterlosen Konstruktors der Klasse `Stack` führt zu einer Kapazität von 10 Elementen, die bei Bedarf automatisch erhöht wird, um weitere Elemente aufzunehmen. Dabei werden alle Elemente in ein neues Array kopiert. Wenn Sie wissen, dass Sie diese Anzahl überschreiten werden, sollten Sie aus Gründen einer besseren Performance den parametrisierten Konstruktor wählen, der die Übergabe der erforderlichen Startkapazität ermöglicht:

```
Stack stack = new Stack(100);
```

Reicht das immer noch nicht aus und wird zur Laufzeit die Initialisierungsgröße trotzdem überschritten, verdoppelt sich die Kapazität automatisch.

Die Klasse »Queue«

Das Beispiel, das vorhin die Klasse `Stack` veranschaulichte, wird nun auf ein `Queue`-Objekt umgeschrieben:

```
// ---------------------------------------------------------------
// Beispiel: ...\Kapitel 8\QueueSample
// ---------------------------------------------------------------
class Program {
  static void Main(string[] args) {
    Queue myQueue = new Queue();
    // Queue füllen
    for(int i = 0; i <= 10; i++)
      myQueue.Enqueue(i * i);
    // Ausgabe an der Konsole
    PrintStack(myQueue);
    Console.ReadLine();
  }

  public static void PrintStack(Queue obj) {
    // alle Elemente aus dem Stack holen
    while(obj.Count != 0) {
      Console.WriteLine(obj.Dequeue());
    }
  }
}
```

Diesmal sind es die beiden Methoden `Enqueue` und `Dequeue`, mit denen Elemente in die Liste geschoben und wieder aus ihr geholt werden. `Dequeue` liefert nicht nur die Referenz des Elements, das sich am Anfang befindet; es holt dieses Element auch aus der Warteschlange. Wie bei der Klasse `Stack` können Sie sich mit `Peek` auch die Referenz dieses Elements besorgen und es gleichzeitig in der Liste lassen.

Der Elementzugriff erfolgt in derselben Reihenfolge, in der die Objekte der Liste hinzugefügt wurden: Das erste hinzugefügte Element wird auch als erstes herausgeholt, danach kann man das zweite in die Warteschlange gelegte Element holen usw. Ein Zugriff auf ein beliebiges Element ist weder beim `Stack` noch bei der `Queue` möglich.

Die Standardkapazität eines `Queue`-Objekts beträgt 32 Elemente, die Sie mittels eines anderen Konstruktors bei der Instanziierung bedarfsgerecht festlegen können.

8.5 Objektauflistungen im Überblick

Mit `ArrayList`, `Hashtable`, `Queue` und `Stack` haben Sie vier wichtige Auflistungsklassen kennengelernt. Die .NET-Klassenbibliothek stellt darüber hinaus noch weitere, auf spezifische Anwendungsfälle optimierte Auflistungen bereit, von denen die meisten im Namespace `System.Collections.Specialized` zu finden sind.

In Tabelle 8.1 erhalten Sie einen Überblick über die Auflistungsklassen, mit denen wir uns nicht näher beschäftigt haben. Da wir uns bereits einige typische Auflistungen genauer angesehen haben, wird es Ihnen sicherlich nicht schwerfallen, sich im Bedarfsfall in die Fähigkeiten einer anderen Auflistungsklasse einzuarbeiten. Letztendlich finden wir immer die gleichen Eigenschaften und Methoden vor, die sich oft nur in der Parameterliste unterscheiden.

Klasse	Beschreibung
`BitArray`	Verwaltet ein Array von Bits.
`CollectionsUtil`	Eine Auflistung, bei der keine Unterscheidung zwischen Groß- und Kleinschreibung erfolgt
`HybridDictionary`	Das Verhalten orientiert sich an der Anzahl der Listenelemente. Ist die Anzahl der Elemente gering, operiert diese Klasse als `ListDictionary`-Collection, wird die Anzahl größer, arbeitet sie als `Hashtable`.
`ListDictionary`	Solange die Anzahl der Elemente kleiner als zehn ist, werden die Operationen mit den Elementen schneller ausgeführt als bei einer `Hashtable`.
`NameValueCollection`	Verwaltet ein Schlüssel-Wert-Paar, wobei sowohl der Schlüssel als auch der Wert durch Zeichenfolgen beschrieben werden. Einem Schlüssel können mehrere Zeichenfolgen zugeordnet werden, d. h., der Schlüssel ist nicht eindeutig.
`SortedList`	Diese Auflistung verwaltet Schlüssel-Wert-Paare, die nach den Schlüsseln sortiert sind und auf die sowohl über Schlüssel als auch über Indizes zugegriffen werden kann. Damit vereint sie die Merkmale von `Hashtable` und `ArrayList`.
`StringCollection`	Eine Auflistung, die nur Zeichenfolgen enthält
`StringDictionary`	Ähnlich einer `Hashtable`; der Schlüssel ist jedoch immer eine Zeichenfolge.

Tabelle 8.1 Weitere Auflistungsklassen des .NET Frameworks

8.6 Generische Auflistungsklassen

Ein ganz wesentlicher Nachteil der Auflistungen aus dem Namespace `System.Collections` ist, dass sie allgemein gehalten sind und immer den Typ `Object` verwalten. Damit können Sie in einem Auflistungsobjekt alles speichern, von einem Integer über einen Stream bis hin zur Datenbanktabelle. Wenn Sie nicht wissen, welche Typen von der Auflistung verwaltet werden, haben Sie praktisch keine Chance, die Elemente auszuwerten. Bedenken Sie, dass Sie jedes Element der Auflistung zuerst in den richtigen Typ konvertieren müssen, um dessen spezifische Eigenschaften nutzen zu können.

Generische Auflistungsklassen haben diesen Nachteil nicht. Sie sind auf einen bestimmten Typ gedrillt. Das bedeutet, dass Sie vorschreiben, welche Typen von der Collection verwaltet werden sollen. Der Code wird einfacher und besser lesbar, weil Sie meistens keine Konvertierung vornehmen müssen, um auf die spezifischen Member der verwalteten Elemente zuzugreifen.

Im Wesentlichen habe ich Ihnen in diesem Kapitel zwei nichtgenerische Auflistungsklassen vorgestellt: die indexbasierte `ArrayList` und das Dictionary `Hashtable`. Beide haben einen generischen Gegenspieler in `List<T>` und `Dictionary<TKey, TValue>`. In diesem Abschnitt werde ich Ihnen `List<T>` vorstellen. Anhand des hier Gesagten erübrigt sich eine weitere Vertiefung der Klasse `Dictionary<TKey, TValue>`.

8.6.1 Die Interfaces der generischen Auflistungsklassen

Sie wissen, dass alle nichtgenerischen Auflistungsklassen die beiden Schnittstellen `ICollection` und `IEnumerable` implementieren. Zudem implementieren die indexbasierten Auflistungen die Schnittstelle `IList` und alle Schlüssel-Wert-Paar-Auflistungen die Schnittstelle `IDictionary`. Haben wir es mit generischen Auflistungsklassen zu tun, sind auch diese Schnittstellen generisch. Somit handelt es sich um

- `IEnumerable<T>`
- `ICollection<T>`
- `IDictionary<TKey, TValue>`
- `IList<T>`

Eine genauere Beschreibung dieser Interfaces ist nicht notwendig, da sie sich in ihrem elementaren Verhalten nicht von den nichtgenerischen unterscheiden.

8.6.2 Die generische Auflistungsklasse »List<T>«

Im Großen und Ganzen ist kein wesentlicher Unterschied zwischen den Methoden und Eigenschaften einer `ArrayList` und `List<T>` festzustellen. Sie fügen mit `Add` oder `AddRange` Objekte hinzu, Sie löschen Auflistungselemente mit `Remove` oder `RemoveAt`, Sie besorgen sich den Index eines Elements mit `IndexOf`. Natürlich sind alle Methoden generisch geprägt, also auf den Typ hin spezialisiert, den Sie bei der Instanziierung der Klasse angegeben haben. Konzentrieren wir uns daher sofort auf ein Beispielprogramm.

Sortieren einer indexbasierten Collection

In Abschnitt 8.3.3 habe ich Ihnen im Beispielprogramm *IComparerSample* den Einsatz von Vergleichsklassen vorgestellt, um die Elemente einer `ArrayList` nach eigenen Kriterien zu sortieren. Ausgangspunkt war die Klasse Person mit den beiden Feldern Name und Wohnort. In der Anwendung wurden mehrere Person-Objekt einem ArrayList-Objekt hinzugefügt und konnten entweder nach Wohnort oder Name sortiert an der Konsole ausgegeben werden. Vielleicht erinnern Sie sich noch, dass eine verhältnismäßig komplexe Konvertierung notwendig war, um den Rückgabewert des Vergleichs zu bilden. In der Vergleichsklasse NameComparer sah die Anweisung wie folgt aus:

```
return ((Person)x).Name.CompareTo(((Person)y).Name);
```

Mit der generischen Auflistungsklasse IList<T> geht alles viel einfacher. Person-Objekte werden nun in einem Objekt von diesem Typ direkt verwaltet:

```
List<Person> liste = new List<Person>();
```

Damit gilt die Collection als streng typisiert: Sie verwaltet nur Objekte vom Typ Person und wird strikt andere Typen abweisen.

Unser Ziel sei es auch in diesem Beispiel, entweder nach Name oder Wohnort sortieren zu können. So wie die Klasse ArrayList bietet auch List<T> eine Methode Sort an, die das gewährleistet. Schauen wir uns deren Definition an:

```
public void Sort(IComparer<T> comparer)
```

Im Gegensatz zur Methode Sort der ArrayList wird nun ein Objekt erwartet, das eine generische Schnittstelle implementiert. Sehen wir uns doch auch noch die Definition der Schnittstellenmethode an:

```
public interface IComparer<T> {
  int Compare(T x, T y);
}
```

Compare vergleicht anscheinend zwei Objekte miteinander, deren Typ durch den Typparameter T beschrieben wird. Bezogen auf unser Beispiel bedeutet das, den Typparameter T durch Person zu ersetzen. Damit werden die Referenzen, die der Methode Compare als Argumente übergeben werden, vor deren Eintritt in den Code der Methode gefiltert.

Diese Erkenntnis wollen wir nun auch umsetzen. Dazu sind die beiden Klassen NameComparer und WohnortComparer im Vergleich zur ersten Version des Beispielprogramms ein wenig zu ändern – besser gesagt, zu vereinfachen. Anhand der Klasse WohnortComparer sei dies gezeigt.

```
// Vergleichsklasse - Kriterium 'Wohnort'
class WohnortComparer : IComparer<Person> {
  public int Compare(Person x, Person y) {
    // prüfen auf null-Übergabe
    if (x == null && y == null) return 0;
    if (x == null) return 1;
    if (y == null) return -1;
```

```
      // Vergleich
      return x.Wohnort.CompareTo(y.Wohnort);
    }
  }
```

Auch wenn der Umgang mit generischen Klassen und Schnittstellen im ersten Moment ein wenig gewöhnungsbedürftig erscheint, ist der Vergleich zweier Objekte deutlich einfacher geworden, weil keine Konvertierung mehr notwendig ist. Das ist darauf zurückzuführen, dass wir durch Einsatz der generischen Schnittstellenmethode garantieren können, ausschließlich Person-Objekte zu vergleichen. Zudem können wir uns auch die Typüberprüfung sparen, die in der Ursprungsversion unseres Beispiels noch notwendig war.

Zum Schluss folgt hier der gesamte Code des Beispiels:

```
// -------------------------------------------------------------
// Beispiel: ...\Kapitel 8\GenericListSample
// -------------------------------------------------------------
class Program {

  static void Main(string[] args) {
    List<Person> liste = new List<Person>();
    // generische Liste füllen
    Person pers1 = new Person("Meier", "Berlin");
    liste.Add(pers1);
    Person pers2 = new Person("Arnhold", "Köln");
    liste.Add(pers2);
    Person pers3 = new Person("Graubär", "Aachen");
    liste.Add(pers3);
    // nach Wohnorten sortieren
    liste.Sort(new WohnortComparer());
    Console.WriteLine("Liste nach Wohnorten sortiert");
    ShowSortedList(liste);
    // nach Namen sortieren
    liste.Sort(new NameComparer());
    Console.WriteLine("Liste nach Namen sortiert");
    ShowSortedList(liste);
    Console.ReadLine();
  }

  static void ShowSortedList(IList<Person> liste) {
    foreach (Person temp in liste) {
      Console.Write("Name = {0,-12}", temp.Name);
      Console.WriteLine("Wohnort = {0}", temp.Wohnort);
    }
    Console.WriteLine();
  }
}
```

```
// Vergleichsklasse - Kriterium 'Wohnort'
class WohnortComparer : IComparer<Person> {
  public int Compare(Person x, Person y) {
    // prüfen auf null-Übergabe
    if (x == null && y == null) return 0;
    if (x == null) return 1;
    if (y == null) return -1;
    // Vergleich
    return x.Wohnort.CompareTo(y.Wohnort);
  }
}

// Vergleichsklasse - Kriterium 'Name'
class NameComparer : IComparer<Person> {
  public int Compare(Person x, Person y) {
    // prüfen auf null-Übergabe
    if (x == null && y == null) return 0;
    if (x == null) return 1;
    if (y == null) return -1;
    // Vergleich
    return x.Name.CompareTo(y.Name);
  }
}

class Person {
  public string Name;
  public string Wohnort;

  public Person(string name, string ort) {
    Name = name;
    Wohnort = ort;
  }
}
```

Vergleiche mithilfe des Delegates »Comparison<T>«

Im Vergleich zur Klasse `ArrayList` hat die Klasse `List<T>` noch eine weitere interessante Überladung der Methode `Sort`, die es uns gestattet, den Code noch kürzer und intuitiver zu schreiben. Sehen wir uns die Definition der Methode an.

```
public void Sort(Comparison<T> comparison)
```

Die Überladung erwartet die Übergabe eines `Comparison<T>`-Objekts. Dabei handelt es sich um ein Delegate, das auf die Methode zeigt, die den Vergleich zweier `T`-Objekte durchführt und das Resultat des Vergleichs an den Aufrufer liefert. Das Delegate ist wie folgt definiert:

```
public delegate int Comparison<T>(T x, T y);
```

Bezogen auf das Beispielprogramm *GenericListSample* können wir auf die beiden Vergleichsklassen verzichten. Wir stellen stattdessen zwei Methoden bereit, die dasselbe zu leisten vermögen. Das folgende Beispielprogramm zeigt, wie Sie diese Überladung von Sort einsetzen können.

```
// -----------------------------------------------------------
// Beispiel: ...\Kapitel 8\GenericListSample
// -----------------------------------------------------------
class Program {
  static void Main(string[] args) {
    List<Person> arrList = new List<Person>();
    ...
    // nach Wohnorten sortieren
    arrList.Sort(CompareByWohnort);
    Console.WriteLine("Liste nach Wohnorten sortiert");
    ShowSortedList(arrList);
    // nach Namen sortieren
    arrList.Sort(CompareByName);
    Console.WriteLine("Liste nach Namen sortiert");
    ShowSortedList(arrList);
    Console.ReadLine();
  }

  public static int CompareByName(Person x, Person y) {
    // prüfen auf null-Übergabe
    if (x == null && y == null) return 0;
    if (x == null) return 1;
    if (y == null) return -1;
    // Vergleich
    return x.Name.CompareTo(y.Name);
  }

  public static int CompareByWohnort(Person x, Person y) {
    // prüfen auf null-Übergabe
    if (x == null && y == null) return 0;
    if (x == null) return 1;
    if (y == null) return -1;
    // Vergleich
    return x.Wohnort.CompareTo(y.Wohnort);
  }

  static void ShowSortedList(IList<Person> liste) { ... }
}
```

Verschachtelte generische Klassen

Nun kommen wir zum zweiten neu aufgelegten Beispiel. Es handelt sich hierbei um die (Fußball-)Mannschaft, die als Collection ausgebildet ist und Objekte vom Typ `Spieler` verwalten soll. Das Beispiel hatten wir in Abschnitt 7.4, »Indexer«, es soll aber nun um eine weitere Anforderung ergänzt werden. Dazu sollen mehrere Mannschaften eine gemeinsame Liga bilden, die ebenfalls eine Collection ist, ihrerseits aber nur Mannschaften verwaltet.

Zur Lösung der Aufgabenstellung können wir auch in diesem Beispiel auf die Klasse `List<T>` zurückgreifen.

```
// -----------------------------------------------------------
// Beispiel: ...\Kapitel 8\Bundesliga
// -----------------------------------------------------------
class Program {

  static void Main(string[] args) {
    // 1. Mannschaft
    Mannschaft s04 = new Mannschaft("Schalke 04");
    s04.Add(new Spieler("Müller", 34, SpielPosition.Stürmer));
    s04.Add(new Spieler("Fischer", 23,SpielPosition.Mittelfeldspieler));
    s04.Add(new Spieler("Meier", 29, SpielPosition.Torwart));
    // 2. Mannschaft
    Mannschaft werder = new Mannschaft("Werder Bremen");
    werder.Add(new Spieler("Graf", 37, SpielPosition.Mittelfeldspieler));
    werder.Add(new Spieler("Weide", 31, SpielPosition.Torwart));
    werder.Add(new Spieler("Maradona", 28, SpielPosition.Stürmer));
    // Bundesliga definieren
    List<List<Spieler>> Bundesliga = new List<List<Spieler>>();
    Bundesliga.Add(s04);
    Bundesliga.Add(werder);
    // Ausgabe aller Mannschaften und deren Spieler
    foreach (Mannschaft tempTeam in Bundesliga) {
      Console.WriteLine(tempTeam.Vereinsname);
      foreach (Spieler spieler in tempTeam) {
        Console.WriteLine("{0,-10}{1,-3}{2}",
                spieler.Name, spieler.Alter, spieler.Position);
      }
      Console.WriteLine();
    }
    Console.ReadLine();
  }
}

// ------ Spieler --------
class Spieler {
  public string Name;
```

```
  public int Alter;
  public SpielPosition Position;
  public Spieler(string name, int alter, SpielPosition position) {
    Name = name;
    Alter = alter;
    this.Position = position;
  }
}

// ------ Mannschaft ---------
class Mannschaft : List<Spieler> {
  public string Vereinsname;
  public Mannschaft(string verein) {
    Vereinsname = verein;
  }
}

// ----- diverse Positionen -----
enum SpielPosition {
  Torwart,
  Verteidiger,
  Mittelfeldspieler,
  Stürmer
}
```

Da eine Mannschaft nur aus Spielern besteht und eine Liga ihrerseits nur aus Mannschaften, drängt sich der Typ `List<T>` auch in diesem Beispiel geradezu auf. Im Fall der Mannschaft ist der Typparameter dann natürlich `Spieler`, eine Klasse, die in der Anwendung definiert ist. Um eine Mannschaft zu erzeugen, würde es durchaus genügen, mit

```
List<Spieler> Schalke04 = new List<Spieler>();
```

ein Objekt zu erzeugen. Diese Mannschaft hätte dann jedoch keine spezifischen Eigenschaften, und der Vereinsname soll doch mindestens vorhanden sein, oder? Daher ist eine Klasse `Mannschaft` definiert, die von `List<Spieler>` abgeleitet ist und in einem Feld den Vereinsnamen als Zeichenfolge speichern kann.

Die Bundesliga ist als verschachtelter generischer Typ ausgebildet. Es handelt sich dabei um eine Auflistung, die selbst nur Mannschaften, also Objekte vom Typ `List<Spieler>`, verwalten kann.

```
List<List<Spieler>> Bundesliga = new List<List<Spieler>>();
```

Eine solche Verschachtelung ist möglich, weil `List<Spieler>` ganz präzise einen bestimmten Typ definiert, der selbst den generischen Typparameter der Klasse `List<T>` ersetzt. Solche Verschachtelungen können Sie in praktisch beliebiger Tiefe codieren.

Der Collection-Initialisierer, den Sie weiter oben im Zusammenhang mit den nichtgenerischen Auflistungen bereits kennengelernt haben, kann auch von einer generischen Collection genutzt werden. So hätten wir auch die erste Mannschaft folgendermaßen initialisieren können:

```
Mannschaft s04 = new Mannschaft("Schalke 04"){
  new Spieler("Müller", 34, SpielPosition.Stürmer),
  new Spieler("Fischer", 23, SpielPosition.Mittelfeldspieler),
  new Spieler("Meier", 29, SpielPosition.Torwart)
};
```

8.7 Eigene Auflistungen mit »yield« durchlaufen

Nehmen wir an, wir hätten eine Klassendefinition wie folgt:

```
public class Months {
  string[] months = { "Januar", "Februar", "März", "April",
                      "Mai", "Juni", "Juli", "August",
                      "September", "Oktober", "November", "Dezember"};
}
```

Wäre es nicht schön, mit einer `foreach`-Schleife den Datenspeicher des Objekts `months` zu durchlaufen und Zugriff auf alle Elemente zu erhalten, etwa wie folgt:

```
Months monate = new Months();
foreach(string temp in monate) {
  Console.WriteLine(temp);
}
```

Dass daran Bedingungen geknüpft sind, wurde in Abschnitt 8.1.1, »Die elementaren Schnittstellen der Auflistungsklassen«, schon erwähnt. Die Klasse `Months` muss dazu die Schnittstelle `IEnumerable` implementieren.

```
public class Months : IEnumerable
```

Die einzige in `IEnumerable` definierte Methode `GetEnumerator` liefert ein Objekt, das wiederum die Schnittstelle `IEnumerator` unterstützt.

```
IEnumerator GetEnumerator();
```

Das `IEnumerator`-Objekt muss die Methoden `MoveNext` und `Reset` sowie die Eigenschaft `Current` implementieren. Damit wird das Durchlaufen der Klasse mit `foreach` möglich.

Die Beschreibung macht deutlich, dass einiges an Tippaufwand für die Codierung erforderlich ist. Durch den Einsatz des Schlüsselwortes `yield` geht es aber auch einfacher. Sie müssen zwar immer noch die Schnittstelle `IEnumerable` oder deren generisches Pendant und damit auch die Methode GetEnumerator implementieren, benötigen aber keinen IEnumerator-Typ mehr. Stattdessen liefern Sie die Daten nur noch mit dem neuen Schlüsselwort yield, gefolgt von return, aus.

```
// ---------------------------------------------------------------
// Beispiel: ...\Kapitel 8\YieldSample
// ---------------------------------------------------------------
class Program {
  static void Main(string[] args) {
    Months months = new Months();
    foreach(string temp in months)
      Console.WriteLine(temp);
    Console.ReadLine();
  }
}

public class Months : IEnumerable {
  string[] month = { "Januar", "Februar", "März", "April",
              "Mai", "Juni", "Juli", "August", "September",
              "Oktober", "November", "Dezember"};

  // Methode der Schnittstelle 'IEnumerable'
  public IEnumerator GetEnumerator() {
    for (int i = 0; i < month.Length; i++)
      yield return month[i];
  }
}
```

yield in Kombination mit return wird zur Angabe des zurückgegebenen Wertes verwendet. Bei Erreichen von yield return wird die aktuelle Position gespeichert, und beim nächsten Aufruf der Schleife wird die Ausführung von dieser Position neu gestartet. Mehr haben Sie nicht zu tun, denn im Hintergrund generiert der Compiler automatisch die Methoden Current und MoveNext der IEnumerator-Schnittstelle, wenn er yield erkennt.

Sie können das Programm sogar noch einfacher schreiben und auf die Implementierung von IEnumerable verzichten. Überlassen Sie einfach alles dem Compiler und yield return. Dazu schreiben Sie ebenfalls eine Methode, deren spezielle Aufgabe es ist, die Objektmenge zurückzuliefern. Die Methode dürfen Sie beliebig nennen. Der Rückgabewert ist ein Objekt, das die Schnittstelle IEnumerable implementiert – und somit auch implizit die Methode GetEnumerator. Hinter den Kulissen wird der Compiler dafür sorgen, dass der Iterator der anfragenden foreach-Schleife alle Daten der Reihe nach übergibt.

Das folgende Coding zeigt, wie einfach jetzt der Code ist. Beachten Sie bitte auch, dass in der foreach-Schleife nun die Methode GetList für die Bereitstellung der Objekte sorgt. In diesem Code wird die generische Schnittstelle IEnumerable<T> angegeben. Sie können natürlich auch die untypisierte benutzen, was in diesem Fall gleichwertig ist.

```
class Program {
  static void Main(string[] args) {
    Months months = new Months();
    foreach(string temp in months.GetList())
      Console.WriteLine(temp);
    Console.ReadLine();
  }
}

public class Months {
  string[] month = { "Januar", "Februar", "März", "April",
                     "Mai", "Juni", "Juli", "August", "September",
                     "Oktober", "November", "Dezember"};

  public IEnumerable<string> GetList() {
    for (int i = 0; i < month.Length; i++)
      yield return month[i];
  }
}
```

Weitere Möglichkeiten

`yield return` ist für den Compiler der Anstoß, automatisch einen Iterator zu erzeugen, der von einer `foreach`-Schleife genutzt werden kann. Sie können auch mehrfach hintereinander `yield` aufrufen, wie das folgende Codefragment zeigt:

```
// Methode der Schnittstelle 'IEnumerable'
public IEnumerator GetEnumerator() {
  yield return "Januar";
  yield return "Februar";
  yield return "März";
}
```

Zum Abbruch einer Iteration kombinieren Sie `yield` mit `break`:

```
yield break;
```

Einschränkungen von »yield return«

Der Einsatz von `yield return` unterliegt zwei Einschränkungen:

- `yield return` kann nicht innerhalb einer anonymen Methode codiert werden.
- `yield return` darf weder in einem `catch`-Block noch in einem `try`-Block verwendet werden, wenn Letzterer eine `catch`-Klausel hat. Die Verwendung in einem `try`-Block, dem sich nur noch ein `finally`-Block anschließt, ist jedoch möglich.

In Kapitel 9, »Fehlerbehandlung und Debugging«, werden Sie alles über die Behandlung von Ausnahmen (Exceptions) mit `try-catch` erfahren.

9 Fehlerbehandlung und Debugging

Fast alle Beispiele dieses Buches waren bisher so angelegt, als könnte nie ein Fehler auftreten. Aber Ihnen ist es beim Testen des Beispielcodes sicherlich schon passiert, dass Sie anstatt einer Zahl einen Buchstaben eingegeben haben oder umgekehrt – genau entgegengesetzt zu dem, was das Programm in diesem Moment erwartete. Sie wurden danach mit einem Laufzeitfehler konfrontiert, was zur sofortigen Beendigung des Programms führte.

9.1 Die Behandlung von Laufzeitfehlern

Dieser Umstand ist natürlich insbesondere dann unangenehm, wenn bei einem Endanwender ein solcher Fehler auftritt. Sollten diesem dann noch Daten unwiederbringlich verloren gegangen sein, die er sich mühevoll und akribisch erarbeitet hat, ist der Ärger vorprogrammiert. Sie haben einen unzufriedenen Kunden, der an Ihren Qualitäten als Entwickler zweifelt, und anschließend noch die undankbare Aufgabe, den oder gar die Fehler zu lokalisieren und in Zukunft auszuschließen.

Fehler können sehr hässlich sein, insbesondere dann, wenn Nebeneffekte auftreten, die sich vorher nahezu nicht voraussehen lassen. Welcher Entwickler kann zuverlässig voraussehen, welche Eingabe ein Anwender tätigt und vielleicht gar noch in welcher Reihenfolge, wenn er die grafische Benutzeroberfläche einer Applikation bedient? Welcher Anwender kann nach einem Fehler genau sagen, welche Arbeitsschritte und Eingaben zu der Fehlerauslösung geführt haben, welche Programme er über das Internet installiert hat usw.? Anwender sind fehlerfrei, sie machen alles richtig, nur das Programm ist schlecht. Seien wir doch einmal ehrlich zu uns selbst: Gibt es ein Software-Haus, das von sich selbst behaupten kann, unter der Last des Termindrucks nicht schon mindestens einmal ein Programm ausgeliefert zu haben, das eine unzureichende Testphase durchlaufen hat?

Es gibt aber auch eine Fehlergattung, die nicht das unplanmäßige Beenden des Programms nach sich zieht, sondern nur falsche Ergebnisse liefert: die logischen Fehler. Diess sind insbesondere deshalb sehr unangenehm, weil solche Fehler oftmals sehr spät erkannt werden und weitreichende Konsequenzen haben können. Denken Sie einmal daran, welche Auswirkungen es haben könnte, wenn ein Finanz- und Buchhaltungsprogramm (FIBU) einen falschen Verkaufspreis ermitteln würde. Es kommt zu keinem offensichtlichen Laufzeitfehler, der anzeigt, dass etwas unkorrekt abläuft. Solche Fehler können unter Umständen sogar die Existenz eines gesamten Unternehmens gefährden. Um dieses Dilemma zu vermeiden, muss die Software ausgiebig getestet werden, wobei der Debugger der Entwicklungsumgebung wesentliche Unterstützung bietet. Wir werden uns dem Thema des Debuggens in Abschnitt 9.2, »Debuggen mit Programmcode«, zuwenden.

In diesem Abschnitt wollen wir uns mit der Fehlergattung auseinandersetzen, die dazu führt, dass zur Laufzeit eine Ausnahme ausgelöst wird, und die die verschiedensten Ursachen haben kann:

- Anwender geben unzulässige Werte ein.
- Es wird versucht, eine nicht vorhandene Datei zu öffnen.
- Es wird versucht, eine Division durch null durchzuführen.
- Beim Zugriff auf eine Objektmethode ist der Bezeichner der Objektvariablen noch nicht initialisiert.
- Eine Netzwerkverbindung ist instabil.
- ...

Die Liste ist schier endlos lang sein. Aber allen Fehlern ist eines gemeinsam: Sie führen zum Absturz des Programms, wenn der auftretende Fehler nicht behandelt wird.

9.1.1 Laufzeitfehler erkennen

Das folgende Codefragment demonstriert einen typischen Laufzeitfehler und die daraus resultierenden Konsequenzen. Die Aufgabe, die das Programm ausführen soll, ist dabei recht simpel: Es soll eine bestimmte Textdatei öffnen und deren Inhalt an der Konsole ausgeben.

```
using System;
using System.IO;

class Program {
  static void Main(string[] args) {
    StreamReader stream = new StreamReader(@"C:\Text.txt");
    Console.WriteLine(stream.ReadToEnd());
    Console.ReadLine();
    myFile.Close();
  }
}
```

Hinweis

Denken Sie bitte daran, in einem Zeichenfolgeliteral, das einen einfachen Backslash enthalten soll, zwei aufeinanderfolgende Backslashes anzugeben. Ein einfacher Backslash, wie er beispielsweise oben in einer Pfadangabe benötigt wird, würde zu einer Fehlinterpretation führen, weil er eine Escape-Sequenz einleitet. Sie können diese Interpretation aber aufheben, indem Sie, wie oben gezeigt, das @-Zeichen voranstellen.

Die Klassenbibliothek des .NET Frameworks bietet zum Öffnen einer Textdatei die Klasse StreamReader im Namespace System.IO an. Einer der Konstruktoren dieser Klasse erwartet den vollständigen Pfad zu der zu öffnenden Datei:

```
public StreamReader(string path);
```

Aus dem Datenstrom können mit Read einzelne Zeichen gelesen werden, mit ReadLine eine komplette Zeile. ReadToEnd hingegen liest den ganzen Datenstrom vom ersten bis zum letzten Zeichen. Im Beispiel wird die letztgenannte Methode benutzt und die Rückgabe aus dem Datenstrom als Argument der WriteLine-Methode der Console übergeben.

Solange die angegebene Datei existiert, wird die Anwendung fehlerfrei ausgeführt. Wenn Sie dem Konstruktor der Klasse StreamReader allerdings eine Zeichenfolge auf eine nicht vorhandene Datei übergeben, wird die Laufzeit der Anwendung mit einer Fehlermeldung unterbrochen und das Programm danach beendet.

Fehler dieser Art, die auch als *Exceptions* bezeichnet werden, müssen schon während der Programmierung erkannt und behandelt werden. Die Fehlerbehandlung hat die Zielsetzung, dem Anwender beispielsweise durch eine Eingabekorrektur die Fortsetzung des Programms zu ermöglichen oder – schlimmstenfalls – zumindest alle notwendigen Daten zu sichern, bevor das Programm beendet wird.

Es war in der Vergangenheit gängige Praxis, über den Rückgabewert einer Prozedur den Benutzer vom Erfolg oder Misserfolg einer Operation in Kenntnis zu setzen. Viele Funktionen des Win32-API (API – *Application Programming Interface*, Funktionssammlung der betriebssystemnahen Funktionen) arbeiten nach diesem Prinzip. Schematisch sieht die Codestruktur einer Prozedur, die diesen Richtlinien genügt, folgendermaßen aus:

```
public bool OpenFile(string strFile) {
  // Anweisungen, die zu einem Fehler führen können
  if(kein Fehler aufgetreten) {
    // Anweisungen
    return true;
  }
  else {
    // Anweisungen
    return false;
  }
}
```

Der Aufrufer der fiktiven Methode OpenFile kann den Rückgabewert der Funktion nutzen, um den weiteren Programmablauf an die Situation anzupassen:

```
public void Caller() {
  // Anweisungen
  if(OpenFile)
```

```
    // Datei-Inhalt anzeigen
  else
    // OpenFile mit anderem Argument aufrufen
}
```

Dieser Technik haftet allerdings ein gravierender Nachteil an: Der Rückgabewert einer Funktion muss nicht zwangsläufig entgegengenommen werden, denn ein Aufruf der Methode `OpenFile` mit

```
OpenFile(@"C:\MichGibtEsNicht.txt");
```

ist ebenfalls syntaktisch ohne Mängel. Damit verschwindet der alarmierende Rückgabewert in den Tiefen des Speichers, was im Fehlerfall natürlich zum Absturz der laufenden Anwendung führen kann.

Eine zweite Schwäche dieser Technik ist der Informationsgehalt des Rückgabewertes. Es ist nicht bestimmbar, welche Umstände zum Fehler geführt haben. Existiert die Datei überhaupt? Wenn ja, war es eine zusammengebrochene Netzwerkverbindung, die zu der Fehlermeldung geführt hat, oder ist die Datei möglicherweise bereits geöffnet? Die Alternative, anstelle eines booleschen Werts mehrere verschiedene Rückgabewerte als Identifizierer eines bestimmten Fehlercodes vorzuschreiben, ist keine gute Lösung, weil sie zu wenig verallgemeinernd und portierbar ist. Darüber hinaus ist eine solche Lösung mit den Konzepten der objektorientierten Programmierung nur schwer vereinbar.

C# stellt eine bessere Programmiertechnik bereit, mit der die angesprochenen Probleme der Vergangenheit angehören: Ein auftretender Laufzeitfehler – auch als *Ausnahme* oder *Exception* bezeichnet – erzeugt ein Fehlerobjekt, das die Fehlerinformationen kapselt. Dieses Objekt sucht nach einer Behandlungsroutine (*Exceptionhandler*), die sich des Fehlerobjekts annimmt und die durch das Fehlerobjekt beschriebene Ausnahme den Anforderungen der aktuellen Anwendung entsprechend behandelt.

9.1.2 Die Behandlung von Exceptions

Ganz im Sinne der Objektorientierung werden Ausnahmen als Objekte angesehen. Das Grundprinzip lässt sich wie folgt beschreiben:

- Es tritt ein Laufzeitfehler auf, der eine Exception auslöst. Eine Exception kann auch unter vom Entwickler festgelegten Umständen ausgelöst werden und muss nicht zwangsläufig systemgebunden sein.
- Die Ausnahme wird entweder vom fehlerverursachenden Programmteil direkt behandelt oder weitergeleitet. Der Empfänger einer weitergeleiteten Ausnahme steht seinerseits in der Pflicht: Entweder er behandelt die Ausnahme, oder er delegiert sie ebenfalls weiter.

Das Programm wird unplanmäßig beendet, wenn eine Exception von keiner der aufgerufenen Methoden behandelt wird.

9.1.3 Die »try...catch«-Anweisung

Sehen wir uns nun zunächst die Syntax der einfachsten Ausnahmebehandlung an:

```
try {
  // Anweisungen
}
catch(Ausnahmetyp) {
  // Anweisungen
}
// Anweisungen
```

Der try-Block beinhaltet die Anweisung(en), die potenziell eine Ausnahme verursachen können. Tritt kein Laufzeitfehler auf, werden alle Anweisungen im try-Block ausgeführt, danach setzt das Programm hinter dem catch-Block seine Arbeit fort. Verursacht eine der Anweisungen innerhalb des try-Blocks jedoch einen Fehler, werden alle folgenden Anweisungen innerhalb dieses Blocks ignoriert, und der Programmablauf führt den Code in der catch-Anweisung aus. Hier könnten beispielsweise Benutzereingaben gesichert oder Netzwerkverbindungen getrennt werden. Nach der Abarbeitung des catch-Blocks wird das Programm mit der Anweisung fortgesetzt, die dem catch-Anweisungsblock folgt.

Kann die Laufzeitumgebung keine Übereinstimmung zwischen dem Typ der ausgelösten Exception und dem angegebenen Typ im Parameter des catch-Statements feststellen, gilt die Ausnahme als nicht behandelt – mit der Konsequenz, dass das Programm unkontrolliert beendet wird.

Wir wollen diese Ausführungen nun mit einem praktischen Beispiel testen. Dazu greifen wir wieder auf das Beispiel aus Abschnitt 9.1.1, »Laufzeitfehler erkennen«, zurück, in dem eine Datei geöffnet und an der Konsole ausgegeben werden soll.

```
// -------------------------------------------------
// Beispiel: ...\Kapitel 9\TryCatchSample_1
// -------------------------------------------------
class Program {
  static void Main(string[] args) {
    StreamReader stream = null;
    Console.Write("Welche Datei soll geöffnet werden? ... ");
    string path = Console.ReadLine();

    // Fehlerbehandlung einleiten
    try {
      // Die folgende Anweisung kann zu einer Exception führen.
```

```
      stream = new StreamReader(path);
      Console.WriteLine("--- Dateianfang ---");
      Console.WriteLine(stream.ReadToEnd());
      Console.WriteLine("--- Dateiende -----");
      stream.Close();
    }
    catch(FileNotFoundException e) {
      // Falls die angegebene Datei nicht existiert,
      // eine fehlerspezifische Meldung ausgeben.
      Console.WriteLine("Datei nicht gefunden.");
    }
    Console.WriteLine("Nach der Exception-Behandlung");
    Console.ReadLine();
  }
}
```

Starten Sie das Programm, und geben Sie nach der Aufforderung einen gültigen Zugriffspfad auf eine Datei an, zum Beispiel:

```
C:\MeineProgramme\Lebenslauf.txt
```

Die Datei wird geöffnet, und ihr Inhalt wird an der Konsole angezeigt. Das Programm wird bis zum `catch`-Statement ausgeführt und verzweigt danach zu der Anweisung, die dem `catch`-Block folgt, was durch eine Konsolenausgabe bestätigt wird. Das ist der Normalfall – oder ist vielleicht eher die Angabe einer nicht existierenden Datei als normal anzusehen? Wie dem auch sei, unser kleines Programm ist in der Lage, auch damit umzugehen.

Die Anweisung, die eine Ausnahme im obigen Beispiel auslösen könnte, ist der Aufruf des Konstruktors der Klasse `StreamReader`, dem eine Pfadangabe als Argument übergeben wird:

```
stream = new StreamReader(str);
```

Entscheidend ist, dass eine Anweisung, die einen Laufzeitfehler verursachen könnte, innerhalb des `try`-Blocks codiert ist, damit sie durch die Fehlerbehandlungsroutine überwacht wird.

Bei einer Ausnahme verzweigt der Programmablauf in die `catch`-Anweisung und vergleicht den Typ der ausgelösten Exception mit dem Parametertyp der `catch`-Anweisung. Stimmen beide überein, werden die Anweisungen des `catch`-Blocks ausgeführt. In unserem Beispiel wird eine Ausnahme aufgrund einer falschen Dateiangabe behandelt, die durch ein Objekt vom Typ `FileNotFoundException` beschrieben wird. Dessen Eigenschaften können Sie abfragen, beispielsweise um sich eine allgemein gehaltene Fehlerbeschreibung ausgeben zu lassen:

```
Console.WriteLine(e.Message);
```

Nach der vollständigen Ausführung des `catch`-Blocks wird das Programm ordnungsgemäß mit den sich daran anschließenden Anweisungen fortgesetzt. Damit haben wir unser Ziel erreicht: Obwohl ein Laufzeitfehler aufgetreten ist, kontrollieren wir weiterhin das Laufzeitverhalten. Gleichzeitig arbeiten wir nach objektorientierten Prinzipien.

9.1.4 Behandlung mehrerer Exceptions

Das Beispiel oben ist noch sehr naiv codiert, denn der Versuch, eine Datei zu öffnen, kann auch aus anderen Gründen scheitern und zu einer Ausnahme führen – beispielsweise weil eine Netzwerkverbindung unterbrochen oder die Datei bereits geöffnet ist. Jede Fehlerursache wird durch ein speziell »geschultes« Ausnahmeobjekt beschrieben. Der Beispielcode ist aber noch so entwickelt, dass er nur auf einen ganz bestimmten Fehler reagieren kann, nämlich auf den, der durch die Pfadangabe zu einer nicht existierenden Datei ausgelöst wird. Versuchen Sie beispielsweise, auf eine Datei in einem nicht vorhandenen Verzeichnis zuzugreifen, wird die Laufzeit des Programms weiterhin außerplanmäßig beendet, weil dieser Ausnahmetyp in diesem Fall nicht durch `FileNotFoundException` beschrieben wird.

Vielleicht haben Sie sich vorhin die Frage gestellt, woher ich weiß, dass eine `FileNotFoundException` beim Aufruf des Konstruktors der Klasse `StreamReader` ausgelöst werden kann? Die Antwort ist sehr einfach: Die Angaben sind in der Dokumentation zur .NET-Klassenbibliothek zu finden. Ein Blick in die Dokumentation des in unserem Beispiel eingesetzten `StreamReader`-Konstruktors verrät, dass dieser sogar insgesamt fünf unterschiedliche Ausnahmen auslösen kann:

- `ArgumentException`
- `ArgumentNullException`
- `FileNotFoundException`
- `DirectoryNotFoundException`
- `IOException`

Die Ausnahme `ArgumentException` wird ausgelöst, wenn der Anwender an der Konsole nach der Aufforderung zur Eingabe des Pfades keine Angabe macht und das Programm sofort fortsetzt. Da dieser Ausnahmetyp von der Fehlerbehandlung unseres Beispiels bisher nicht abgefangen wird, liegt hier eine weitere Gefahrenquelle vor.

Eine ähnliche Ausnahme, `ArgumentNullException`, würde beim Konstruktoraufruf eine andere Codierung voraussetzen, nämlich einen uninitialisierten String:

```
string str;
StreamReader dataStream = new StreamReader(str);
```

Dieser Fehler kann in unserem Beispiel nicht auftreten.

Haben Sie schon versucht, einen Ordnernamen einzugeben, der sich nicht im aktuellen oder angegebenen Laufwerk befindet? Es kommt zu einer Ausnahme vom Typ `DirectoryNotFoundException`, die von uns ebenfalls berücksichtigt werden muss. Der letzten in der Dokumentation aufgeführten Ausnahme, `IOException`, kommt eine besondere Bedeutung zu, der wir uns noch später widmen werden.

Wenn eine Datei geöffnet wird, können also grundsätzlich mehrere unterschiedliche Ausnahmen auftreten, die alle behandelt werden müssen. Um auf verschiedene Ausnahmen spezifisch reagieren zu können, geben wir in der Fehlerbehandlungsroutine mehrere `catch`-Anweisungsblöcke an, von denen jeder auf einen bestimmten Ausnahmetyp reagiert.

```
// ---------------------------------------------------
// Beispiel: ...\Kapitel 9\TryCatchSample_2
// ---------------------------------------------------
class Program {
  static void Main(string[] args) {
    StreamReader stream = null;
    Console.Write("Welche Datei soll geöffnet werden? ... ");
    string path = Console.ReadLine();
    // Fehlerbehandlung einleiten
    try {
      // Die folgende Anweisung kann zu einer Exception führen.
      stream = new StreamReader(path);
      Console.WriteLine("--- Dateianfang ---");
      Console.WriteLine(stream.ReadToEnd());
      Console.WriteLine("--- Dateiende -----");
      stream.Close();
    }
    catch(FileNotFoundException e) {
      // Falls die angegebene Datei nicht existiert,
      // eine fehlerspezifische Meldung ausgeben.
      Console.WriteLine("Datei nicht gefunden.");
    }
    catch(ArgumentException e) {
      // falls der Anwender einen Leerstring übergibt
      Console.WriteLine("Sie müssen eine Datei angeben.");
    }
    catch(DirectoryNotFoundException e) {
      // falls das Verzeichnis nicht existiert
      Console.WriteLine("Der Ordner existiert nicht.");
    }
    Console.WriteLine("Nach der Exception-Behandlung");
    Console.ReadLine();
  }
}
```

Jeder `catch`-Zweig fängt einen bestimmten Fehler ab. Wird eine Ausnahme ausgelöst, werden die `catch`-Zweige zur Laufzeit so lange der Reihe nach angesteuert, bis der Typ gefunden wird, der die ausgelöste Ausnahme beschreibt. Im Beispiel oben wird also zuerst geprüft, ob der Exception eine nicht existierende Datei zugrunde liegt (`FileNotFoundException`). Hat der Fehler eine andere Ursache, wird geprüft, ob der Anwender dem Konstruktor einen Leerstring übergeben hat (`ArgumentException`). War das auch nicht der Fall, wird zuletzt der aufgetretene Fehler mit `DirectoryNotFoundException` verglichen.

Grundsätzlich wird nur ein `catch`-Anweisungsblock ausgeführt, nämlich der, der den Fehler behandeln kann. Beachten Sie, dass die Reihenfolge der `catch`-Zweige nicht beliebig sein darf. Wir werden auf diese Thematik später in Abschnitt 9.1.8 noch eingehen.

9.1.5 Die »finally«-Anweisung

Nehmen wir an, eine Methode hätte eine Datenbankverbindung aufgebaut oder eine Datei geöffnet, die vor dem Beenden der Methode wieder freigegeben werden muss. Tritt nach dem Öffnen der Ressource ein Laufzeitfehler auf, muss sichergestellt werden, dass diese Ressource in jedem Fall ordentlich geschlossen wird.

Die strukturierte Fehlerbehandlung bietet dazu optional noch eine weitere, bislang noch nicht erwähnte Klausel an, in der solche Aufräumarbeiten erledigt werden können: die `finally`-Klausel, die unmittelbar dem letzten `catch`-Block folgt, falls sie angegeben wird.

```
...
try {
  // Anweisungen
}
catch(FirstException e) {
  // Anweisungen
}
...
finally {
  // Anweisungen
}
...
```

Fehlerbehandlungsroutinen, die eine `finally`-Klausel enthalten, führen deren Anweisungsblock unabhängig davon aus, ob eine Ausnahme ausgelöst worden ist oder nicht. Es gibt nur eine einzige Randbedingung: Das Programm muss zumindest in den `try`-Anweisungsblock eintreten.

Fassen wir an dieser Stelle alle Begleitumstände zusammen, die zur Ausführung der Anweisungen im `finally`-Block führen:

- Es wird keine Ausnahme ausgelöst. Der `try`-Block wird komplett abgearbeitet, danach verzweigt das Programm zur `finally`-Klausel und wird anschließend mit der Anweisung fortgesetzt, die dem `finally`-Anweisungsblock folgt.
- Der Code löst eine Exception aus, die mit einer `catch`-Klausel behandelt wird. Von der fehlerauslösenden Codezeile im `try`-Block aus sucht die Laufzeitumgebung nach der passenden `catch`-Klausel, führt diese aus und verzweigt zur `finally`-Klausel. Anschließend wird die Anweisung ausgeführt, die dem `finally`-Anweisungsblock folgt.

Der `try`-Anweisungsblock enthält die Anweisungen, die potenziell zu einer Exception führen können. Kommt es zu einer Ausnahme, wird sie in einem passenden `catch`-Block behandelt. Anschließend wird zuerst der Code im `finally`-Block ausgeführt und danach auch noch alle Anweisungen, die dem `finally`-Block folgen. Anscheinend ist es völlig bedeutungslos, ob die den `catch`-Blöcken folgenden Anweisungen im `finally`-Block implementiert werden oder nicht: Es ist im ersten Moment kein Unterschied im Laufzeitverhalten festzustellen.

Dennoch gibt es einen. Nehmen wir an, dass Sie nach der Behandlung der Ausnahme im `catch`-Block die Methode verlassen wollen, weil die Anweisungen, die sich den `catch`-Blöcken anschließen, nicht ausgeführt werden sollen. Sie werden dann im `catch`-Anweisungsblock mit `return` die Methode verlassen, zum Beispiel:

```
...
catch(XyzException e) {
  // Anweisungen
  return;
}
```

In diesem Fall ist `return` aber nicht von der durchschlagenden Konsequenz, wie wir dieses Statement bisher kennengelernt haben. Die Methode wird nämlich nicht sofort verlassen, sondern es wird zunächst nach dem `finally`-Anweisungsblock gesucht. Ist er vorhanden, wird er garantiert ausgeführt. Es kommt aber nicht mehr zu der Ausführung der Anweisungen, die dem `finally`-Block möglicherweise noch folgen.

9.1.6 Das Weiterleiten von Ausnahmen

Eine Ausnahme muss in jedem Fall behandelt werden, um das laufende Programm vor dem Absturz zu bewahren. In den vorhergehenden Beispielen haben Sie gesehen, wie Laufzeitfehler mit `try` und `catch` behandelt werden, damit das Programm ordentlich fortgesetzt werden kann. Kennzeichnend war bisher, dass wir eine auftretende Ausnahme in der Methode behandelten, in der sie auftrat. Es stellt sich nun die Frage, wie mit einer Exception umgegangen wird, wenn eine Methode eine zweite aufruft und es in der aufgerufenen Methode zu einem Fehler kommt.

Um in dieser Ausgangssituation auf die Ausnahme zu reagieren, bieten sich zwei Alternativen an:

- Die Ausnahme wird in der aufgerufenen Methode mit `try...catch` behandelt.
- Die Ausnahme wird an die aufrufende Methode weitergeleitet.

Wie eine Ausnahme in der auslösenden Methode behandelt wird, haben Sie bereits anhand unseres Beispiels gesehen: Die fehleranfällige Anweisung steht innerhalb des `try`-Anweisungsblocks, ein eventuell ausgelöster Fehler wird mit `catch` behandelt.

Sie müssen aber nicht unbedingt eine Ausnahme in der Methode behandeln, in der sie auftritt, das heißt, man kann auch auf `try...catch` verzichten. Nehmen wir an, die Methode `ProcedureA` ruft die Methode `ProcedureB` auf, diese wiederum `ProcedureC`, in der es zu einer Ausnahme kommt, die dort nicht behandelt wird. In diesem Fall wird die Ausnahme an den Aufrufer, hier also die Methode `ProcedureB`, weitergereicht. Wird auch hier nicht auf die Exception reagiert, wird diese an `ProcedureA` weitergereicht, die dann in der Verantwortung steht, sich um die Exception zu kümmern. Wir wollen uns diese Programmiertechnik nun ansehen.

```
// ---------------------------------------------------------
// Beispiel: ...\Kapitel 9\TryCatchSample_3
// ---------------------------------------------------------
class Program {
  static void Main(string[] args) {
    Console.Write("Welche Datei soll geöffnet werden? ... ");
    string path = Console.ReadLine();
    FileData file = new FileData(path);
    try {
      file.GetData();
    }
    catch(FileNotFoundException e) {
      // falls die angegebene Datei nicht existiert
      Console.WriteLine("Die Datei existiert nicht.");
    }
    catch(ArgumentException e) {
      // falls der Anwender einen Leerstring übergibt
      Console.WriteLine("Leerstring übergeben.");
    }
    catch(DirectoryNotFoundException e) {
      // falls das Verzeichnis nicht existiert
      Console.WriteLine("Verzeichnis existiert nicht.");
    }
    Console.ReadLine();
  }
}
```

```
class FileData {
  private string path;
  private StreamReader stream;
  public FileData(string path) {
    this.path = path;
  }

  public void GetData() {
    stream = new StreamReader(path);
    Console.WriteLine("--- Dateianfang ---");
    Console.WriteLine(stream.ReadToEnd());
    Console.WriteLine("--- Dateiende -----");
    stream.Close();
  }
}
```

Die Fähigkeit, eine Datei zu öffnen und zu lesen, wird nun an die Methode `GetData` der Klasse `FileData` delegiert. `FileData` stellt einen Konstruktor bereit, der als Argument den Pfad zu der Datei entgegennimmt, die geöffnet werden soll. Die Anweisung, die zu einer Exception führen kann, ist im Code der Methode `GetData` zu finden – genauer gesagt, handelt es sich hierbei um den `StreamReader`-Konstruktoraufruf. Wie bereits in den beiden vorhergehenden Beispielen könnte der Anwender eine Datei angeben, die im angegebenen Pfad nicht existiert, er könnte den Verzeichnisnamen falsch schreiben usw.

Trotz dieser Kenntnis lehnt die Methode `GetData` jede Verantwortung beim Auftreten eines Fehlers ab, weil innerhalb der Methode keine Ausnahmebehandlung implementiert ist.

Wird aus einer Methode heraus eine zweite aufgerufen und tritt in der aufgerufenen Methode ein Laufzeitfehler auf, sucht die Laufzeitumgebung zunächst in der fehlerauslösenden Methode nach einer Ausnahmebehandlung. Ist hier keine implementiert, wird die Ausnahme dem Aufrufer übergeben. Ist dieser intelligent und nimmt er sich des ausgelösten Fehlers an, ist den Anforderungen Genüge getan, und die Anwendung wird klaglos weiterlaufen. Anders sieht es allerdings aus, wenn die aufrufende Methode die Ausnahme nicht behandelt: Die Anwendung stürzt unweigerlich ab. Da wir in unserem Beispiel natürlich genau wissen, welche Ausnahmen in der Methode `GetData` auftreten können, kann die Behandlung komplett in `Main` erfolgen. Sie muss sogar hier erfolgen, denn wenn eine Ausnahme nicht spätestens hier abgefangen wird, ist das Ende der laufenden Anwendung nicht nur eine theoretische Vision.

Die ausgelöste Ausnahme direkt an den Aufrufer weiterleiten

Im Beispiel `TryCatchSample_3` wird die Behandlung des Fehlers dem Aufrufer überlassen: Die aufgerufene Methode überträgt die Verantwortung der Behandlung ihrem Aufrufer, der nach eigenem Ermessen auf die Situation reagieren kann.

Man kann den Fehler bereits in der fehlerbehafteten Methode, also »vor Ort«, ganz allgemein behandeln. Das entspricht der Situation, die anfangs beschrieben wurde. Unter Umständen soll aber die aufrufende Methode zusätzlich in die Lage versetzt werden, ganz individuell und nach eigenem Ermessen zu reagieren. Sehen wir uns dies wieder an einem Beispiel an.

```
// ---------------------------------------------------
// Beispiel: ...\Kapitel 9\TryCatchSample_4
// ---------------------------------------------------
class Program {
  static void Main(string[] args) {
    Console.Write("Welche Datei soll geöffnet werden? ... ");
    string path = Console.ReadLine();
    FileData file = new FileData(path);
    try {
      file.GetData();
    }
    catch(FileNotFoundException e) {
      // falls die angegebene Datei nicht existiert
      Console.WriteLine("Die Datei existiert nicht.");
    }
    catch(ArgumentException e) {
      // falls der Anwender einen Leerstring übergibt
      Console.WriteLine("Leerstring übergeben.");
    }
    catch(DirectoryNotFoundException e) {
      // falls das Verzeichnis nicht existiert
      Console.WriteLine("Verzeichnis existiert nicht.");
    }
    Console.ReadLine();
  }
}

class FileData {
  private string path;
  private StreamReader stream;

  // ----- Konstruktor -----
  public FileData(string path) {
    this.path = path;
  }

  // ----- Instanzmethode -----
  public void GetData() {
    try {
      stream = new StreamReader(path);
      Console.WriteLine("--- Dateianfang ---");
```

```
      Console.Write(stream.ReadToEnd());
      Console.WriteLine("--- Dateiende ---");
      stream.Close();
    }
    catch(FileNotFoundException e) {
      // falls die angegebene Datei nicht existiert
      throw e;
    }
    catch(ArgumentException e) {
      // falls der Anwender einen Leerstring übergibt
      throw e;
    }
    catch(DirectoryNotFoundException e) {
      // falls das Verzeichnis nicht existiert
      throw e;
    }
  }
}
```

Tritt ein Laufzeitfehler auf, wird in der `GetData`-Methode ein entsprechendes `Exception`-Objekt erzeugt, das im `catch`-Block aufgefangen und an den Aufrufer weitergeleitet wird. Diese Weiterleitung erfolgt mit dem Schlüsselwort `throw`, wobei die Referenz des ausgelösten `Exception`-Objekts übergeben wird:

```
throw e;
```

Obwohl in den `catch`-Blöcken unseres Beispiels nur eine Anweisung enthalten ist, können hier durchaus auch weitere Operationen erfolgen.

Der Aufrufer empfängt die Referenz auf die Ausnahme und muss nun seinerseits in einer eigenen Behandlungsroutine reagieren. Grundsätzlich reicht es immer aus, eine passende `catch`-Klausel anzugeben, auch wenn deren Anweisungsblock leer bleibt:

```
catch(FileNotFoundException e) { }
```

Werfen wir noch einmal einen Blick in die .NET-Dokumentation des von uns benutzten Konstruktors der Klasse `StreamReader`. Im Quellcode dieses Konstruktors sieht es ähnlich aus wie in unserer Methode: Er reicht die Ausnahmen an den Aufrufer mit einem `throw`-Konstrukt weiter. Wir nehmen die Ausnahmen in der `GetData`-Methode in Empfang, behandeln sie allerdings nicht lokal, sondern reichen sie weiter.

Eine spezifische Ausnahme auslösen und weiterleiten

Die folgende Variante, eine ausgelöste Exception an den Aufrufer weiterzuleiten, ähnelt sehr stark der im letzten Abschnitt. Zusätzlich werden aber jetzt spezifische Informationen an den Benutzer zurückgegeben.

Dazu wird die ausgelöste Exception in eine andere verpackt. Die in der catch-Klausel erzeugte Ausnahme ist eine äußere Exception, die im zweiten Argument übergebene Referenz ist die innere Exception. Der Aufrufer erhält damit eine direkte Referenz auf die ausgelöste Ausnahme sowie eine spezifische Fehlerbeschreibung.

```
// ----------------------------------------------------
// Beispiel: ...\Kapitel 9\TryCatchSample_5
// ----------------------------------------------------
...
static void Main(string[] args) {
  ...
  try { ... }
  catch (FileNotFoundException e) {
    // falls die angegebene Datei nicht existiert
    Console.WriteLine(e.Message + "- Die Datei existiert nicht.");
  }
  catch (ArgumentException e) {
    // falls der Anwender einen Leerstring übergibt
    Console.WriteLine(e.Message + "- Die Datei existiert nicht.");
  }
  catch (DirectoryNotFoundException e) {
    // falls das Verzeichnis nicht existiert
    Console.WriteLine(e.Message + "- Die Datei existiert nicht.");
  }
  Console.ReadLine();
}
```

In der Klasse FileData:

```
public void GetData() {
  try { ... }
  catch(FileNotFoundException e) {
    // falls die angegebene Datei nicht existiert
    throw(new FileNotFoundException("In GetData()", e));
  }
  catch(ArgumentException e) {
    // falls der Anwender einen Leerstring übergibt
    throw(new ArgumentException("In GetData()", e));
  }
  catch(DirectoryNotFoundException e) {
    // falls das Verzeichnis nicht existiert
    throw(new DirectoryNotFoundException("In GetData()",e));
  }
}
```

Um die Referenz der Ausnahme an den Aufrufer weiterzuleiten, wird das throw-Statement benutzt. Dieses löst die Ausnahme erneut aus, entweder durch Weitergabe der Referenz eines konkreten Exception-Objekts oder durch das Erzeugen eines neuen Excption-Objekts mit dem new-Operator:

```
throw <Referenz der ausgelösten Exception>;
throw(new <Exceptiontyp>());
```

Als Argument wird im Beispiel TryCatchSample_5 eine neue Instanz derselben Ausnahme erzeugt. Das funktioniert deshalb, weil jede Exception auf einer Klassendefinition basiert, die über öffentliche Konstruktoren verfügt. Wenn Sie den parametrisierten Konstruktor aufrufen, der sowohl eine Zeichenfolge als auch die ursprüngliche Exception selbst entgegennimmt, wie:

```
public <Exceptiontyp>(string, Exception);
```

können Sie die weiterzureichende Exception um eine spezifische Mitteilung ergänzen, indem Sie den überladenen Konstruktor aufrufen:

```
throw(new <Exceptiontyp>(string), e) ...
```

Damit steht dem Aufrufer ein Maximum an Informationen zur Verfügung, um in angemessener Weise auf die Ausnahme reagieren zu können. Er muss nur noch die zusätzlich übermittelten Informationen auswerten. Dazu genügt es, die Eigenschaft Message des über den Parameter »e« referenzierten Exception-Objekts abzurufen.

9.1.7 Die Hierarchie der Exceptions

.NET unterstützt die Anwendungsentwickler durch eine Vielzahl vordefinierter Ausnahmeklassen. Ganz im Sinne eines guten objektorientierten Ansatzes sind alle in einer Klassenhierarchie geordnet. Hinter dieser Strukturierung steckt die Absicht, ausgehend von einer Basisausnahme eine immer weiter gehende Verzweigung zu ermöglichen, was letztendlich zu immer spezialisierteren Ausnahmen führt.

An der Spitze der Hierarchie befindet sich die Klasse Exception, von der alle anderen Ausnahmeklassen abgeleitet sind. In der zweiten Ebene werden die abgeleiteten Ausnahmen kategorisiert, um dem gesamten Schema eine geordnete Struktur zu verleihen. Die Ausnahme ArgumentException ihrerseits ist die Basisklasse weiterer, spezialisierterer Ausnahmen. Fast alle von SystemException abgeleiteten Klassen sind Mitglieder des Namespace System und beschreiben systembedingte Ausnahmen.

Ausnahmen, die mit der Ein- und Ausgabe im Zusammenhang stehen, werden von der allgemeinen Klasse IOException im Namespace System.IO beschrieben. Zu dieser Kategorie zählen auch die Ihnen aus dem Beispiel bekannten Ausnahmen FileNotFoundException und DirectoryNotFoundException.

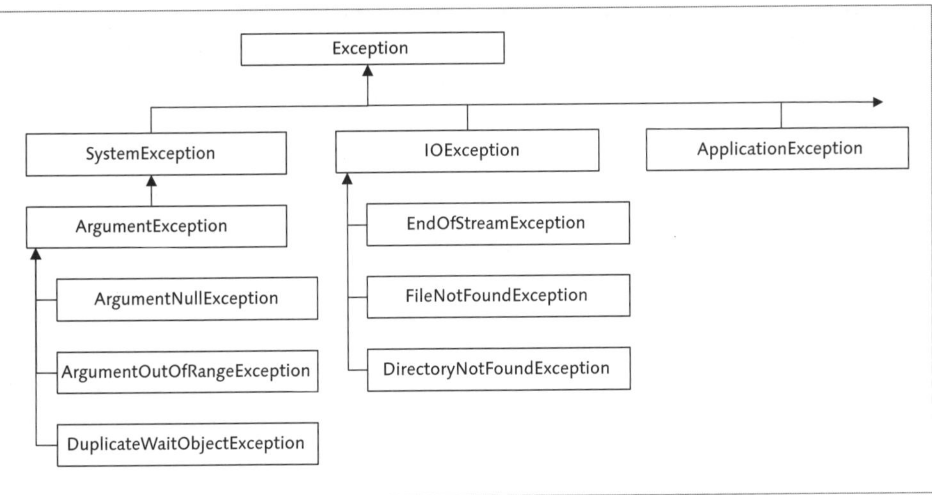

Abbildung 9.1 Auszug aus der Exception-Hierarchie

9.1.8 Die Reihenfolge der »catch«-Klauseln

Die Klasse `Exception` bildet die Wurzel der gesamten Ausnahmehierarchie. Die Klassen `IOException`, `ArgumentException` und `ApplicationException` sind davon abgeleitete Klassen und stellen somit spezialisiertere Formen ihrer Basisklasse dar. Ausgehend von `IOException` sind die beiden Ausnahmen `FileNotFoundException` und `DirectoryNotFoundException` weitere Spezialisierungen, wobei beide auf dieselbe direkte Basisklasse zurückzuführen sind. Dies ist eine ganz wesentliche Erkenntnis, die für uns bei der Entwicklung einer Strategie zum Behandeln von Ausnahmen von entscheidender Bedeutung ist, denn es gilt die folgende Regel:

Regel

Die einzelnen `catch`-Klauseln werden in der Reihenfolge ihres Auftretens abgearbeitet. Sobald die in der `catch`-Klausel angegebene Ausnahme zuweisungskompatibel zum aufgetretenen Fehler ist, wird der Anweisungsblock in der entsprechenden Klausel durchlaufen.

Diesen Sachverhalt wollen wir uns an einem Beispiel verdeutlichen:

```
try { ... }
catch(FileNotFoundException e) { ... }
catch(DirectoryNotFoundException e) { ... }
catch(ArgumentNullException e) { ... }
catch(ArgumentException e) { ... }
catch(Exception e) { ... }
```

Nehmen wir an, es wird eine Ausnahme des Typs `ArgumentNullException` ausgelöst. Das Programm durchläuft nun der Reihe nach alle `catch`-Klauseln: Zuerst wird geprüft, ob die Ausnahme vom Typ `FileNotFoundException` ist, danach erfolgt eine Überprüfung auf `DirectoryNotFoundException`. Beide beschreiben nicht den Typ unserer fiktiv angenommenen Ausnahme, da diese nicht aus den beiden vorgenannten Klassen abgeleitet ist. Wäre das der Fall, würden die Gesetze der Objektorientierung greifen, die besagen, dass das Objekt einer Subklasse gleichzeitig auch ein Objekt seiner Basisklasse ist. Erst in der dritten `catch`-Klausel wird die Laufzeitumgebung fündig, und die Anweisungen innerhalb dieses Blocks werden abgearbeitet.

Nun stellen wir uns vor, `ArgumentOutOfRangeException` sei ausgelöst worden. Die ersten drei `catch`-Klauseln werden abgewiesen, da sie wiederum nicht dem Typ der ausgelösten Ausnahme entsprechen. In der vierten wird die Laufzeitumgebung fündig, da die Klasse `ArgumentException` die Basisklasse der tatsächlich ausgelösten Ausnahme ist (vergleichen Sie dies bitte mit Abbildung 9.1). Jetzt kommen die Regeln der impliziten Konvertierung zum Tragen, die besagen, dass das Objekt einer Subklasse gleichzeitig auch ein Objekt seiner Basisklasse ist. Es werden also die Anweisungen im Anweisungsblock der vierten `catch`-Klausel ausgeführt, um die Ausnahme zu behandeln.

Kommt es zu einem Laufzeitfehler, der weder als `IOException` noch als `ArgumentException` beschrieben werden kann, wird die Ausnahme in jedem Fall durch die letzte `catch`-Klausel aufgefangen, weil grundsätzlich jede Ausnahme aus der Klasse `Exception` abgeleitet wird.

Ausgehend von der ersten `catch`-Klausel werden die angegebenen Ausnahmen immer weiter verallgemeinert. Trifft das Programm auf die erste passende `catch`-Klausel, die in der Klassenhierarchie zumindest die Basisklasse der ausgelösten ist, wird die Ausnahme behandelt.

Die Reihenfolge der `catch`-Zweige ist zwingend vorgegeben. Allerdings müssen Sie nicht die gesamte Vererbungshierarchie auswendig lernen, um die vorgeschriebene Reihenfolge einzuhalten. Darauf achtet nämlich bereits Visual Studio, und es wird Ihnen melden, wenn Sie zum Beispiel versuchen, erst eine `IOException` und anschließend eine `FileNotFoundException` zu behandeln.

Theoretisch wäre es natürlich möglich und es erscheint im ersten Moment auch verlockend, mit nur einer einzigen `catch`-Klausel unter Angabe einer allgemeinen Exception jeden denkbaren Fehler zu behandeln. Einerseits wäre damit in jedem Fall die Laufzeit der Anwendung gerettet, andererseits kann damit eine dem tatsächlichen Fehler angemessene Behandlung natürlich nicht sichergestellt werden. Sowohl die Anwendung als auch der Anwender würden darüber im Unklaren gelassen, welche Operation zu einem Abbruch geführt hat.

Viele Umstände können zum Auslösen einer Exception führen. Besonders kompliziert wird es, wenn damit gerechnet werden muss, dass trotz ausgiebiger Testläufe nicht alle möglichen Ausnahmesituationen erfasst werden konnten. Dann ist es sinnvoll, in der letzten catch-Klausel alle nicht berücksichtigten Fälle mit einer allgemeinen Exception aufzufangen. Obwohl der Fehler damit keine angemessene Behandlung erfährt, besteht zumindest die Möglichkeit, ihn zu protokollieren, möglicherweise die Daten zu speichern und das Programm eventuell ordentlich zu beenden.

9.1.9 Die Basisklasse »Exception«

Die Basisklasse aller Ausnahmen bildet die Klasse Exception, die im Namespace System zu finden ist. Grundsätzlich sind alle anderen Ausnahmen von dieser Klasse abgeleitet. Es lohnt sich daher, einen Blick auf die Eigenschaften dieser Klasse zu werfen.

Eigenschaft	Beschreibung
HelpLink	Verweist auf eine Hilfedatei, die diese Ausnahme beschreibt.
InnerException	Liefert die Referenz auf die tatsächliche Ausnahme. Diese Information dient dazu, auf geeignetere Weise auf die Ausnahme zu reagieren.
Message	Gibt einen String mit der Beschreibung des aktuellen Fehlers zurück.
Source	Liefert einen String zurück, der die Anwendung oder das Objekt beschreibt, die bzw. das den Fehler ausgelöst hat.
StackTrace	Liefert einen String mit der aktuellen Aufrufreihenfolge aller Methoden zurück.
TargetSite	Liefert die Methode zurück, in der die Ausnahme ausgelöst worden ist.

Tabelle 9.1 Die Eigenschaften der Klasse »Exception«

9.1.10 Benutzerdefinierte Ausnahmen

Die .NET-Klassenbibliothek stellt sehr viele Ausnahmeklassen zur Verfügung. Diese decken wohl die meisten Ausnahmen ab, die in Abhängigkeit vom Status der laufenden Anwendung eintreten können. Jede dieser Klassen ist von der gemeinsamen Basisklasse Exception abgeleitet, sei es direkt oder indirekt über eine verzweigte Vererbungshierarchie.

Wir wollen nun eine benutzerdefinierte Ausnahme an einem Beispiel entwickeln. Dazu benutzen wir noch einmal unser Beispiel der Circle-Klasse des Projekts *GeometricObjects* und schauen uns hier exemplarisch den einfach parametrisierten Konstruktor an:

```
public Circle(double radius) : this() {
  Radius = radius;
}
```

Wie Sie sich sicherlich noch erinnern, hatten wir festgelegt, dass die Übergabe an die Eigenschaft Radius größer oder gleich 0 sein muss. Die Eigenschaftsmethode Radius der Klasse löst ein Ereignis aus, wenn versucht wird, dem Radius einen negativen Wert zuzuweisen.

Das ist auch so weit gut, hat aber einen gravierenden Nachteil im Zusammenhang mit den Konstruktoren. Betrachten Sie dazu ein Codefragment, in dem ein Ereignishandler bei dem Ereignis registriert wird:

```
Circle kreis = new Circle();
kreis.InvalidRadius += InvalidRadiusEventHandler(kreis_InvalidRadius);
```

Die Bindung des Ereignishandlers an das Ereignis erfolgt erst, nachdem der Konstruktoraufruf beendet ist. Folglich kann das Ereignis auch nicht ausgelöst werden, wenn dem parametrisierten Konstruktor der `Circle`-Klasse ein negativer Radius übergeben wird. Für diese Situation muss eine andere Lösung gefunden werden. Wahrscheinlich ahnen Sie es schon: In diesem Fall bietet sich das Auslösen einer Exception an.

Jetzt wollen wir eine eigene Ausnahme bereitstellen, die wir als `InvalidMeasureException` bezeichnen wollen.

```
public class InvalidMeasureException : Exception {
   public InvalidMeasureException() { }
   public InvalidMeasureException (string message) : base(message) { }
   public InvalidMeasureException (string message, Exception inner)
                                  : base(message, inner) { }
}
```

In der Klasse sind drei Konstruktoren mit unterschiedlichen Parameterlisten definiert. In der Basisklasse `Exception` ist der Konstruktor mit derselben Parameterliste überladen. Wir leiten die Parameter deshalb jeweils mit `base` an den passenden Konstruktor der Basisklasse weiter.

Wenn Sie in Tabelle 9.1 schauen, werden Sie feststellen, dass die Klasse `Exception` die schreibgeschützte Eigenschaft `Message` veröffentlicht, die eine allgemein gehaltene Beschreibung der ausgelösten Ausnahme enthält. Abgesehen vom parameterlosen Konstruktor, dem eine Aufgabe zukommt, wenn aus unserer benutzerdefinierten Klasse eine weitere abgeleitet wird, nehmen die beiden anderen eine fehlerbeschreibende Zeichenfolge im Parameter `message` entgegen.

Arbeiten wir mit einer Verkettung von Ausnahmen, kann eine Referenz auf die tatsächliche Ausnahme dem zweiten Parameter `inner` des letztgenannten Konstruktors übergeben werden. Dieser Konstruktor wird von der `throw`-Anweisung benutzt, wenn wir mit

```
throw(new InvalidMeasureException("Unzulässiger Radius.", e));
```

eine neue Exception auslösen und dabei eine passende individuelle Meldung sowie die Referenz auf die ursprüngliche Ausnahme an den Aufrufer übergeben.

Die Exception `InvalidMeasureException` soll natürlich dann ausgelöst werden, wenn die Überprüfung die Unzulässigkeit des Wertes festgestellt hat. Diese Untersuchung geschieht in der Eigenschaftsmethode Radius. Allerdings wollen wir das Ereignis nicht durch die Exception ersetzen, sondern stellen die folgenden Anforderungen an den Code:

- Die Ausnahme wird in jedem Fall ausgelöst, wenn ein unzulässiger Wert zugewiesen werden soll.
- Registriert der aufrufende Code einen Ereignishandler für InvalidRadius, muss die Ausnahme nicht behandelt werden. Stattdessen wird die Ausnahme in einer weiteren Eigenschaft des EventArgs-Objekts bereitgestellt.
- Wird kein Ereignishandler registriert, muss die Ausnahme behandelt werden.

Hinweis

Diese Verhaltensweise, entweder ein Ereignis zu behandeln oder die ausgelöste Ausnahme, findet sich im .NET Framework wieder. Ein gutes Beispiel dafür ist in ADO.NET das Ereignis RowUpdated des DataAdapter-Objekts.

Um den Forderungen zu entsprechen, müssen wir im ersten Schritt die Klasse InvalidRadiusEventArgs überarbeiten. Sie wird um die schreibgeschützte Eigenschaft Error ergänzt. Außerdem erhält der Konstruktor einen zweiten Parameter, der das Exception-Objekt entgegennimmt.

```
// geänderte InvalidRadiusEventArgs-Klasse
public class InvalidRadiusEventArgs : EventArgs {
  private double _Radius;
  private InvalidMeasureException _Error;

  public double Radius {
    get { return _Radius; }
  }

  public InvalidMeasureException Error {
    get { return _Error; }
  }

  public InvalidRadiusEventArgs(double radius, InvalidMeasureException ex){
    _Radius = radius;
    _Error = ex;
  }
}
```

Im nächsten Schritt passen wir die Eigenschaft Radius an. Wird die Unzulässigkeit des übergebenen Wertes festgestellt, wird zuerst ein Objekt der Ausnahme InvalidMeasureException erzeugt und anschließend die geschützte Methode OnInvalidRadius aufgerufen, die für die Auslösung des Ereignisses sorgt.

```
// überarbeitete Eigenschaft 'Radius'
public virtual double Radius {
  get { return _Radius; }

  set {
    if (value >= 0)
      _Radius = value;
    else {
      InvalidMeasureException ex = new InvalidMeasureException
              ("Ein Radius von " + value + " ist nicht zulässig.");
      OnInvalidateRadius(new InvalidRadiusEventArgs(value, ex));
    }
  }
}
```

In der Methode `OnInvalidRadius` wird noch der `else`-Zweig ergänzt, in dem die Ausnahme ausgelöst wird, falls kein Ereignishandler registriert ist.

```
protected void OnInvalidateRadius(InvalidRadiusEventArgs e){
  if (InvalidRadius != null)
    InvalidRadius(this, e);
  else
    throw e.Error;
}
```

Zum Schluss bleibt noch, sich vom Erfolg der Implementierung zu überzeugen. Dazu dient der folgende Beispielcode, in dem beide Varianten einem Test unterzogen werden.

```
class Program {
  static void Main(string[] args) {
    Circle kreis1 = null;
    Circle kreis2 = null;
    try {
      kreis1 = new Circle();
      kreis1.InvalidRadius +=
          new InvalidRadiusEventHandler(kreis_InvalidRadius);
      kreis1.Radius = -100;
      kreis2 = new Circle(-89);
      kreis2.Radius = -9;
    }
    catch (InvalidMeasureException ex){
      Console.WriteLine("Im Catch-Block: " + ex.Message);
    }
    Console.ReadLine();
  }
```

```
  // der Ereignishandler
  static void kreis_InvalidRadius(object sender, InvalidRadiusEventArgs e) {
    Console.WriteLine("Ereignishandler: " + e.Error.Message);
  }
}
```

Anmerkung

In der Gesamtlösung des Beispiels *GeometricObjects* auf der Buch-DVD unter *Beispiele\Kapitel 9\GeometricObjectsSolution* sind neben der Änderung an der Klasse `Circle` auch die entsprechenden Änderungen an der Klasse `Rectangle` vorgenommen worden.

9.2 Debuggen mit Programmcode

9.2.1 Einführung

In Abschnitt 9.1, »Die Behandlung von Laufzeitfehlern«, haben wir uns mit Fehlern beschäftigt, die nach der erfolgreichen Kompilierung zur Laufzeit auftreten können und, falls sie nicht behandelt werden, unweigerlich zum Absturz des Programms führen. Vielleicht noch schlimmer sind Fehler, die weder vom Compiler erkannt werden noch einen Laufzeitfehler verursachen. Es sind die logischen Fehler, die ein falsches oder zumindest unerwartetes Ergebnis zur Folge haben. Um logische Fehler aufzuspüren, muss die Anwendung unter Zuhilfenahme des integrierten Debuggers untersucht werden.

Das .NET Framework stellt Ihnen eine Reihe von Hilfsmitteln zur Verfügung, um den Programmcode zu debuggen. Die Spanne reicht von der einfachen Ausgabe von Meldungen im AUSGABE-Fenster bis zur Umleitung der Meldungen in eine Datei oder das Windows-Ereignisprotokoll. Dabei können Sie das Laufzeitverhalten einer Anwendung sowohl mit Programmcode als auch mit der Unterstützung von Visual Studio 2010 überprüfen. Wir werden in den nächsten Abschnitten auf alle Debugging-Techniken eingehen.

9.2.2 Die Klasse »Debug«

In den vorangegangenen Beispielen haben wir uns sehr häufig eines Kommandos bedient, um beispielsweise den Inhalt von Variablen zu überprüfen. Es war die Methode `WriteLine` der Klasse `Console`:

```
int value = 4711;
Console.WriteLine(value);
```

Diese Technik hat zur Folge, dass die Ausgabe an der Konsole unübersichtlich wird und zwischen den erforderlichen Programminformationen immer wieder Informationen zu finden sind, die nur dazu dienen, die Entwicklung zu unterstützen. Bevor ein solches Programm an den Kunden ausgeliefert wird, müssen die Testausgaben aus dem Programmcode gelöscht werden.

Die Entwicklungsumgebung bietet uns eine bessere Alternative an. Dazu wird die Ausgabe nicht in das Konsolenfenster geschrieben, sondern in das AUSGABE-Fenster von Visual Studio 2010. Standardmäßig wird dieses Fenster am unteren Rand der Entwicklungsumgebung angezeigt. Sie können es sich anzeigen lassen, indem Sie im Menü ANSICHT den Menüpunkt AUSGABE wählen.

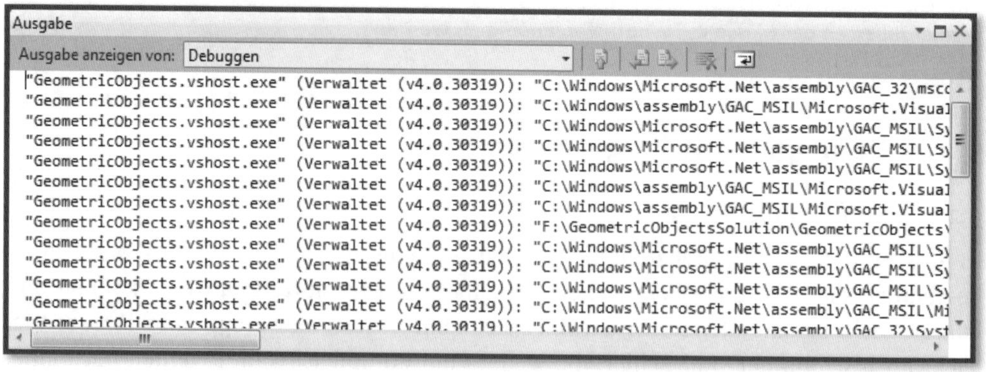

Abbildung 9.2 Das Fenster »Ausgabe«

Sie haben dieses Fenster möglicherweise schon häufig gesehen und aufmerksam seinen Inhalt gelesen, denn bei jeder Kompilierung werden hier Informationen ausgegeben, beispielsweise ob die Kompilierung fehlerfrei war. Das Ausgabe-Fenster zeigt uns aber nicht nur Informationen an, die der Compiler hineinschreibt; wir können auch eigene Meldungen in dieses Fenster umleiten.

Eine Debug-Information in das AUSGABE-Fenster zu schreiben, ist genauso einfach wie die Ausgabe an der Konsole. Wir müssen nur die Anweisung

```
Console.WriteLine("...");
```

durch

```
Debug.WriteLine("...");
```

ersetzen. `Debug` ist eine nicht ableitbare Klasse des Namespace `System.Diagnostics`, die ausschließlich statische Member bereitstellt. Sie sollten den Namespace mit `using` bekannt geben.

Die Methode `Debug.WriteLine` unterscheidet sich von der Methode `Console.WriteLine` dahingehend, dass sie keine Formatierungsmöglichkeiten erlaubt. Um mehrere Informationen in einer gemeinsamen Zeichenfolge unterzubringen, müssen Sie daher den Verknüpfungsoperator + benutzen:

```
Debug.WriteLine("Inhalt von value = " +  value);
```

Programmablaufinformationen anzeigen

`Debug.WriteLine` ist mehrfach überladen und kann ein Argument vom Typ `string` oder `object` entgegennehmen. Eine parameterlose Überladung gibt es nicht.

```
public static void WriteLine(object value);
public static void WriteLine(string message);
```

Optional können wir auch ein zweites `string`-Argument übergeben, das eine detaillierte Beschreibung bereitstellt, die vor der eigentlichen Debug-Information ausgegeben wird.

```
public static void WriteLine(object value, string category);
public static void WriteLine(string message, string category);
```

Sehen wir uns das an einem Beispiel an. Die Anweisung

```
Debug.WriteLine("Inhalt von value = " + value, "Variable value");
```

wird in das AUSGABE-Fenster

```
Variable value: Inhalt von value = 34
```

schreiben – vorausgesetzt, der Inhalt von `value` ist 34.

Neben `WriteLine` sind in der Klasse `Debug` noch weitere Methoden zur Ausgabe von Informationen definiert. Tabelle 9.2 gibt darüber Auskunft.

Methode	Beschreibung
`Write`	Schreibt Debug-Informationen ohne Zeilenumbruch.
`WriteLine`	Schreibt Debug-Informationen mit Zeilenumbruch.
`WriteIf`	Schreibt Debug-Informationen ohne Zeilenumbruch, wenn eine bestimmte Bedingung erfüllt ist.
`WriteLineIf`	Schreibt Debug-Informationen mit Zeilenumbruch, wenn eine bestimmte Bedingung erfüllt ist.

Tabelle 9.2 Ausgabemethoden der Klasse »Debug«

Die beiden zuletzt aufgeführten Methoden `WriteIf` und `WriteLineIf` schreiben nur dann Debug-Informationen, wenn eine vordefinierte Randbedingung erfüllt ist. Damit lässt sich der Programmcode übersichtlicher gestalten. Beide Methoden sind genauso überladen wie `Write` bzw. `WriteLine`, erwarten jedoch im ersten Parameter zusätzlich einen booleschen Wert, zum Beispiel:

```
public static void WriteIf(bool condition, string message);
```

Verdeutlichen wir uns den Einsatz an einem Beispiel. Um den Inhalt des Feldes `value` zu testen, könnten wir in herkömmlicher Weise Folgendes schreiben:

```
if (value == 77)
  Debug.WriteLine("Inhalt von value ist 77");
```

Mit `WriteLineIf` wird daraus eine Codezeile:

```
Debug.WriteLineIf(value == 77, "Inhalt von value ist 77");
```

Wie Sie später noch sehen, bieten uns die Methoden `WriteLineIf` und `WriteIf` sehr bequem einzusetzende Möglichkeiten, eine Ablaufprotokollierung zu steuern.

Einrücken der Ausgabeinformation

Die Klasse `Debug` stellt uns Eigenschaften und Methoden zur Verfügung, um die Debug-Ausgaben einzurücken. Mit der Methode `Indent` wird die Einzugsebene um eins erhöht, mit `Unindent` um eins verringert. Standardmäßig beschreibt eine Einzugsebene vier Leerzeichen. Mit der Eigenschaft `IndentSize` kann ein anderer Wert bestimmt werden. `IndentLevel` erlaubt, eine bestimmte Einzugsebene festzulegen, ohne `Indent` mehrfach aufrufen zu müssen.

An einem Beispiel wollen wir uns noch die Auswirkungen ansehen.

```
Debug.WriteLine("Ausgabe 1");
Debug.Indent();
Debug.WriteLine("Ausgabe 2");
Debug.IndentLevel = 3;
Debug.WriteLine("Ausgabe 3");
Debug.Unindent();
Debug.WriteLine("Ausgabe 4");
Debug.IndentSize = 2;
Debug.IndentLevel = 1;
Debug.WriteLine("Ausgabe 5");
```

Der Code führt zu folgender Ausgabe:

```
Ausgabe 1
    Ausgabe 2
            Ausgabe 3
        Ausgabe 4
  Ausgabe 5
```

Die Methode »Assert«

Mit der Methode `Assert` können Sie eine Annahme prüfen, um beispielsweise unzulässige Zustände festzustellen. Die Methode zeigt eine Fehlermeldung an, wenn ein Ausdruck mit `false` ausgewertet wird.

```
Debug.Assert(value >= 0, "value ist negativ");
```

Hat die Eigenschaft `value` einen Wert, der kleiner 0 ist, erscheint auf dem Bildschirm die in Abbildung 9.3 gezeigte Nachricht.

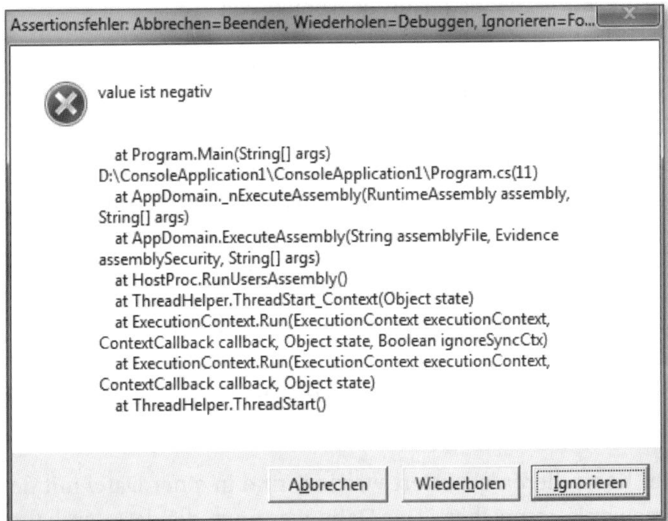

Abbildung 9.3 Die Meldung der Methode »Debug.Assert«

Das Dialogfenster enthält neben der dem zweiten Parameter übergebenen Zeichenfolge auch Informationen darüber, in welcher Klasse und welcher Methode der Assertionsfehler aufgetreten ist.

9.2.3 Die Klasse »Trace«

Die Klasse `Trace` unterscheidet sich in der Liste ihrer Eigenschaften und Methoden nicht von `Debug`. Dennoch gibt es einen Unterschied, der sich nur bei einem Wechsel der Build-Konfiguration zwischen *Release* und *Debug* bemerkbar macht (siehe Abbildung 9.4).

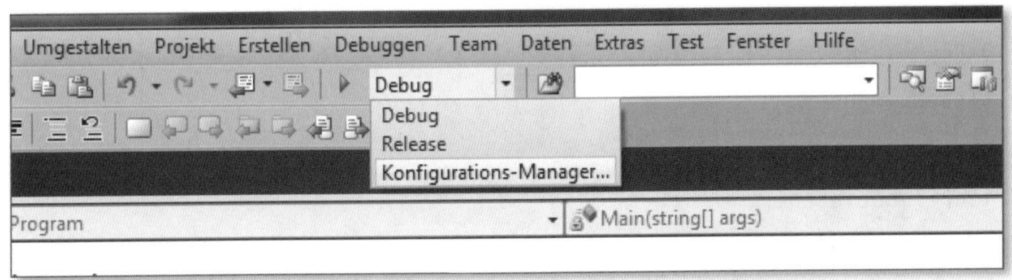

Abbildung 9.4 Die Einstellung der Debug/Release-Build-Konfiguration

Die Debug/Release-Konfiguration

Standardmäßig ist bei jedem Projekt die Konfiguration DEBUG ausgewählt. Anweisungen, die auf den Klassen `Debug` oder `Trace` basieren, werden dann grundsätzlich immer bearbeitet. Wird jedoch die Konfiguration RELEASE gewählt, ignoriert der C#-Compiler Aufrufe auf der Klasse `Debug`, während Aufrufe auf `Trace` weiterhin bearbeitet werden.

Das ist aber noch nicht das Wesentlichste. Viel wichtiger ist die Tatsache, dass Aufrufe auf `Trace` kompiliert werden – unabhängig davon, ob Sie die Konfiguration DEBUG oder RELEASE eingestellt haben. Viele `Trace`-Anweisungen vergrößern deshalb auch das DLL- bzw. EXE-Kompilat. Andererseits hat der Entwickler hier auch eine einfache Möglichkeit, bestimmte Zustände zu protokollieren, die sich zur Laufzeit einstellen und geprüft werden müssen.

Unterhalb des Verzeichnisses, in dem sich die Quellcodedateien befinden, legt die Entwicklungsumgebung das Verzeichnis *\bin* an, dem selbst je nach eingestellter Build-Konfiguration die beiden Verzeichnisse *\Debug* und *\Release* untergeordnet sind. Abhängig von der Konfigurationseinstellung wird das Kompilat der ausführbaren Datei in eines dieser beiden Unterverzeichnisse gespeichert.

Debug-Informationen, die beim Kompilieren generiert werden, sind in einer Datei mit der Dateierweiterung .PDB im Verzeichnis gespeichert. Der Debugger nutzt die darin enthaltenen Informationen, um Variablennamen und andere Informationen während des Debuggens in einem sinnvollen Format anzuzeigen.

9.2.4 Ablaufverfolgung mit »TraceListener«-Objekten

Standardmäßig erfolgt die Ausgabe der Ablaufverfolgungsmeldungen im Fenster AUSGABE. Mit dem Schließen des Ausgabe-Fensters gehen auch die Meldungen verloren. Das .NET Framework stellt Ihnen aber auch Konzepte zur Verfügung, um die Meldungen beispielsweise in eine Datei oder das Ereignisprotokoll von Windows umzuleiten. Verantwortlich dafür sind `Listener`-Objekte.

Im Namespace `System.Diagnostics` sind fünf Listener vordefiniert, die alle aus der abstrakten Klasse `TraceListener` abgeleitet sind:

- `ConsoleTraceListener`
- `DefaultTraceListener`
- `DelimitedListTraceListener`
- `TextWriterTraceListener`
- `EventLogTraceListener`

Eine Beschreibung der genannten Klassen können Sie Tabelle 9.3 entnehmen.

Listener-Klasse	Beschreibung
ConsoleTraceListener	Die ConsoleTraceListener-Klasse schreibt Ablaufverfolgungs- und Debug-Meldungen in die Konsole.
DefaultTraceListener	Die Klasse DefaultTraceListener sendet die Ausgabe an die Entwicklungsumgebung. Das ist auch gleichzeitig die Standardeinstellung.
DelimitedListTraceListener	Leitet die Ablaufverfolgungs- oder Debug-Ausgabe an einen Textwriter, z. B. einen Streamwriter, oder in einen Stream.
EventLogTraceListener	Die Klasse EventLogTraceListener leitet die Ausgabe an das Windows-Ereignisprotokoll weiter.
TextWriterTraceListener	Der Empfänger von TextWriterTraceListener ist ein Stream, beispielsweise um die Informationen in eine Datei zu schreiben.

Tabelle 9.3 Die Listener-Klassen des Namespace »System.Diagnostics«

Listener-Objekte sind an die Klassen Debug und Trace gebunden. Beide Klassen stellen mit Listeners eine Eigenschaft vom Typ TraceListenerCollection bereit. Diese Auflistung weist die bekannten Eigenschaften und Methoden auf, also z. B. Add, Remove, Clear. Beachten Sie, dass die Listener-Objekte sowohl von Trace als auch von Debug gemeinsam benutzt werden. Beide Klassen bedienen sich also derselben Auflistung.

Sehen wir uns nun an einem Beispiel an, wie die Listener eingesetzt werden:

```
Debug.Listeners.Clear();
TextWriterTraceListener console = new TextWriterTraceListener(Console.Out);
Debug.Listeners.Add(console);
Debug.WriteLine("Debug");
Trace.WriteLine("Trace");
```

In der ersten Anweisung wird die Listeners-Auflistung mit Clear geleert. Weil damit der standardmäßige Eintrag des DefaultTraceListeners-Objekts gelöscht wird, würde ein Debug.Write- oder Trace.Write-Methodenaufruf keinen Abnehmer mehr finden und im Nirwana verpuffen. In der folgenden Codezeile wird daher die Klasse ConsoleTraceListener instanziiert. Dieses Objekt leitet die Ausgabemeldungen an die Konsole um und wird mit der darauf folgenden Anweisung der TraceListenerCollection übergeben.

Da sich die Klassen Trace und Debug die installierten Listener gleichberechtigt teilen, werden in der Build-Konfiguration Debug beide Meldungen an der Konsole angezeigt.

Die Klasse »TextWriterTraceListener«

Eine Liste von insgesamt sieben Konstruktoren zeugt davon, dass die Klasse TextWriter-TraceListener die flexibelste der Listener ist. Neben dem parameterlosen Konstruktor kann dieser Listener auch mit einem TextWriter- oder einem Stream-Objekt verbunden werden. Weitergehende Informationen zu den Writer- und Stream-Klassen erhalten Sie in Kapitel 12, »Arbeiten mit Dateien und Streams«.

Nehmen wir an, dass Sie Ihre Debug-Informationen in einer Datei speichern möchten. Im einfachsten Fall brauchen Sie dem Konstruktor nur eine Zeichenfolge zu übergeben, die den Pfad zu der Datei beschreibt. Anschließend muss der neue Listener registriert werden.

```
TextWriterTraceListener listener =
     new TextWriterTraceListener(@"C:\DebugProtocol.txt");
Trace.Listeners.Add(listener);
Debug.WriteLine("Debug.WriteLine-Anweisung");
Trace.WriteLine("Trace.WriteLine-Anweisung");
listener.Flush();
listener.Close();
```

TextWriterTraceListener schreibt alle Ausgabeinformationen zunächst in einen Puffer. Mit dem Aufruf der Methode Flush wird der Puffer geleert und der Inhalt in die Datei geschrieben. Alternativ dazu können Sie auch die Eigenschaft AutoFlush=true setzen. Mit Close wird das TextWriterTraceListener-Objekt geschlossen. Soll danach die Ablaufverfolgung wieder aufgenommen werden, muss der Listener neu initialisiert und registriert werden.

Die Klassen Debug und Trace bedienen sich derselben Listener. Daher werden beide Write-Anweisungen in der Datei einen Abnehmer finden – vorausgesetzt natürlich, dass die Anwendung im Debug- und nicht im Release-Modus ausgeführt wird.

Ist die Datei bereits vorhanden, werden die Debug-Informationen an den alten Dateiinhalt angehängt. Vielleicht wünschen Sie aber, dass die alten Einträge überschrieben werden. Hier hilft die Überladung des TextWriterTraceListener-Konstruktors weiter, die die Referenz auf ein Stream-Objekt erwartet.

Im folgenden Beispiel wird dem Konstruktor eine Referenz vom Typ FileStream übergeben. Das FileStream-Objekt leitet die Ausgabe in eine Datei um. Ist die Datei bereits vorhanden, wird die alte überschrieben, ansonsten wird eine neue erzeugt. Dafür sorgt die Angabe FileMode.Create.

```
// ---------------------------------------------------------
// Beispiel: ...\Kapitel 9\TextWriterTraceListenerSample
// ---------------------------------------------------------
class Program {
  static void Main(string[] args) {
    Debug.Listeners.Clear();
    FileStream fs = new FileStream(@"C:\ErrorProtocol.txt", FileMode.Create);
    TextWriterTraceListener listener = new TextWriterTraceListener(fs);
    Debug.Listeners.Add(listener);
    try {
```

```
      Operation();
    }
    catch(Exception e) {
      string strError = DateTime.Now.ToString();
      Trace.WriteLine("Fehler: " + strError + " - " + e.Message);
    }
    finally {
      listener.Flush();
      listener.Close();}
    }
  static void Operation() {
    throw new Exception("Unbekannter Fehler");
  }
}
```

Sehr häufig werden Listener dazu benutzt, aufgetretene Laufzeitfehler im `catch`-Zweig der Fehlerbehandlung zu protokollieren. In diesem Beispiel wird in der Methode `Operation` eine Exception mit einer spezifischen Fehlermeldung erzeugt. Neben der Fehlermeldung werden in der Protokolldatei auch noch das Datum und die Uhrzeit des Auftretens der Ausnahme festgehalten. Die entsprechende Information liefert uns die statische Methode `Now` der Klasse `DateTime`.

Mehrere Listener verwalten

Ein `TextWriterTraceListener` beschreibt immer genau einen Informationsabnehmer und eignet sich nicht nur dazu, Fehler zu protokollieren. Sie können einen Listener auch genauso gut dazu benutzen, allgemeine Informationen in einen Stream zu schreiben.

Es sind deshalb auch Szenarien vorstellbar, in denen mehrere Listener mit unterschiedlichen Aufgaben benötigt werden. Grundsätzlich werden Meldungen von jedem registrierten Listener gepuffert. Soll eine Meldung nur von einem bestimmten Listener verarbeitet werden, muss die Registrierung der anderen Listener zumindest zeitweise aufgehoben werden. Mit den Methoden `Add`, `Remove` sowie dem Indexer ist das grundsätzlich möglich. Allerdings ist es einfacher, ein Listenelement über einen Namen als über den Index in der Auflistung anzusprechen. Daher stellt die Klasse `TextWriterTraceListener` Konstruktoren mit einem zweiten Parameter bereit, um den Listener zu benennen. Der Name des Listeners wird in der Eigenschaft `Name` eingetragen.

Im folgenden Beispiel werden zwei Listener registriert, und beiden wird eine Zeichenfolge übergeben. Anschließend wird ein Listener aus der `TraceListenerCollection` gelöscht. Die anschließende Meldung wird nur vom verbleibenden Listener weitergeleitet.

```
// ersten Listener registrieren
TextWriterTraceListener listenerA =
```

```
   new TextWriterTraceListener(@"C:\A.txt", "ListenerA");
Trace.Listeners.Add(listenerA);

// zweiten Listener registrieren
TextWriterTraceListener listenerB =
   new TextWriterTraceListener(@"C:\B.txt", "ListenerB");
Trace.Listeners.Add(listenerB);
Trace.WriteLine("Erste Information");

// in beide Listener schreiben
listenerA.Flush();
listenerB.Flush();

// listenerB deregistrieren
Trace.Listeners.Remove("ListenerB");
Trace.WriteLine("Zweite Information");
listenerA.Flush();
```

Sollten Sie versuchen, den Informationsfluss nur über den Aufruf der `Flush`-Methode auf die einzelnen Listener zu steuern, werden Sie damit wenig Erfolg haben. Denn solange ein Listener registriert ist, werden alle eingehenden Informationen in seinen Puffer geschrieben und beim nächsten Aufruf von `Flush` an den Abnehmer weitergeleitet.

Die Klasse »EventLogTraceListener«

Alternativ zum `TextWriterTraceListener` können Sie mit einer Instanz der Klasse `EventLogTraceListener` Meldungen in das Windows-Ereignisprotokoll schreiben. Auch dieser Listener muss in der `Listeners`-Auflistung mit der `Add`-Methode registriert werden. Das Verhalten hinsichtlich der Pufferung der Meldungen ist identisch mit dem, das wir im letzten Abschnitt erörtert haben.

Die Klasse `EventLogTraceListener` stellt drei Konstruktoren bereit:

```
public EventLogTraceListener();
public EventLogTraceListener(string);
public EventLogTraceListener(EventLog);
```

Wenn Sie den parameterlosen Konstruktor aufrufen, müssen alle Eigenschaften konfiguriert werden, bevor Nachrichten an ein Ereignisprotokoll gesendet werden können. Geeigneter erscheint daher der Konstruktor, der eine Zeichenfolge erwartet, die das Ereignisprotokoll namentlich beschreibt. Diagnosemeldungen, die von den Klassen `Debug` oder `Trace` geschrieben werden, werden Sie anschließend im Anwendungsprotokoll von Windows wiederfinden.

```
EventLogTraceListener listener = new EventLogTraceListener("TestLog");
Debug.Listeners.Add(listener);
```

```
Debug.WriteLine("Ein Eintrag im Ereignisprotokoll");
listener.Flush();
```

Mit der dritten Überladung besteht die Möglichkeit, eine Ablaufverfolgungs- oder Debug-Meldung an ein beliebiges Ereignisprotokoll auf der lokalen oder einer anderen Maschine weiterzuleiten. Darüber hinaus können Sie auch ein benutzerdefiniertes Ereignisprotokoll erstellen. Der Konstruktor erwartet dann die Referenz auf ein `EventLog`-Objekt, mit dem ein Ereignisprotokoll von Windows beschrieben wird.

Im folgenden Codefragment wird ein Ereignisprotokoll namens *MyProtocol* auf der lokalen Maschine eingerichtet. Die lokale Maschine wird durch eine Zeichenfolge beschrieben, die nur einen Punkt enthält. Sie könnten aber auch den Namen eines entfernten Rechners angeben.

```
EventLog log = new EventLog("MyProtocol", ".");
log.Source = "MyApplication";
EventLogTraceListener listener = new EventLogTraceListener(log);
Debug.Listeners.Add(listener);
Debug.WriteLine("Ein Eintrag im Ereignisprotokoll");
listener.Flush();
```

Mit der Eigenschaft `Source` geben Sie einen Bezeichner für die Ereignisquelle an. Innerhalb der Ereignisprotokolle von Windows muss dieser eindeutig sein.

Wollen Sie in Erfahrung bringen, welche Ereignisprotokolle auf der lokalen Maschine eingerichtet sind, können Sie sich über den Aufruf der statischen Methode `GetEventLogs` der Klasse `EventLog` ein Array gleichen Typs besorgen und auf jedem Element die `Log`-Eigenschaft auswerten, die den Namen des Ereignisprotokolls als Zeichenfolge liefert.

```
EventLog[] myEventLogs = EventLog.GetEventLogs(".");
foreach(EventLog log in myEventLogs) {
  Console.WriteLine("Protokollname: " + log.Log);
}
```

Sind keine benutzerdefinierten Ereignisprotokolle in der Registrierungsdatenbank eingetragen, sollte die Ausgabe `Application`, `System` und `Security` lauten.

Grundsätzlich sollten Sie sich darüber im Klaren sein, dass das Ereignisprotokoll nicht dazu dient, eine große Anzahl allgemeiner Meldungen vorzuhalten. Beschränken Sie daher den Einsatz des `EventLogTraceListeners` auf wirklich wichtige Meldungen.

9.2.5 Steuerung der Protokollierung mit Schaltern

Ausgaben, die mit den `Write`-Methoden der Klassen `Debug` und `Trace` erzeugt werden, suchen sich grundsätzlich immer ihre Abnehmer in den registrierten Listenern. Das .NET

Framework stellt Ihnen darüber hinaus mit zwei Schalterklassen einen weiteren effektiven Mechanismus zur Verfügung, mit dem Ablaufverfolgungs- und Debug-Ausgaben dynamisch gesteuert werden können. Bei den Schalterklassen handelt es sich um `BooleanSwitch` und `TraceSwitch`, die beide in `Switch` eine gemeinsame Basisklasse haben.

Die Klasse »BooleanSwitch«

Die einfachere Schalterklasse ist `BooleanSwitch`, die einem An-/Ausschalter ähnelt. Mit einer Instanz dieser Klasse lassen sich alle Ablaufverfolgungs- und Debug-Ausgaben gemeinsam aktivieren oder deaktivieren.

Die Klasse hat nur einen Konstruktor, dem Sie den Namen des Schalters und eine Beschreibung übergeben müssen:

```
BooleanSwitch mySwitch = new BooleanSwitch("MeinSchalter",
                         "Ablaufverfolgung in MyApplication");
```

Standardmäßig sind alle Ausgaben zunächst deaktiviert. Sollen die Ausgaben an die Listener weitergeleitet werden, müssen Sie die Eigenschaft `Enabled` des `BooleanSwitch`-Objekts auf `true` setzen:

```
mySwitch.Enabled = true;
```

Um die aktuelle Schalterstellung auszuwerten und den weiteren Protokollierungsablauf zu steuern, bieten sich die beiden Methoden `WriteIf` und `WriteLineIf` der Klassen `Debug` und `Trace` an, z. B.:

```
Trace.WriteLineIf(mySwitch.Enabled,
           "Ablaufverfolgung:" + DateTime.Now.ToString());
```

Nur dann, wenn der Schalter mit `Enabled=true` aktiviert ist, wird die Meldung mit genauer Datums- und Zeitangabe an alle registrierten Listener geschickt.

Schalterstellung in einer Konfigurationsdatei festlegen

Damit sind aber noch nicht alle Möglichkeiten erschöpft. .NET-Anwendungen können um eine optionale Anwendungskonfigurationsdatei erweitert werden, in der nach Bedarf Einstellungen verändert werden können, ohne dass die Anwendung neu kompiliert werden muss.

> **Anmerkung**
>
> Anwendungskonfigurationsdateien sind bisher noch nicht erwähnt worden. Mehr darüber erfahren Sie in Kapitel 15, »Projektmanagement und Visual Studio 2010«.

Anstatt ein `BooleanSwitch`-Objekt mit einer Anweisung im Code zu aktivieren bzw. zu deaktivieren, lässt sich das Verhalten des Schalters in der Anwendungskonfigurationsdatei festlegen. Dazu müssen Sie diese folgendermaßen ergänzen:

```
<?xml version="1.0" encoding="utf-8" ?>
<configuration>
   <system.diagnostics>
      <switches>
         <add name="MeinSchalter" value="1" />
      </switches>
   </system.diagnostics>
</configuration>
```

Innerhalb des `switches`-Knotens wird mit dem `add`-Element der entsprechende Schalter festgelegt. Eine Konfigurationsdatei ist nicht nur auf die Steuerung eines Schalters beschränkt. Wollen Sie die Ausgabe über mehrere Schalter steuern, fügen Sie einfach für jeden Schalter ein weiteres `add`-Element hinzu. Das Attribut `name` gibt den Namen des Schalters an, das Attribut `value` die Schalterstellung. Dabei steht 1 für die Aktivierung und 0 für die Deaktivierung des Schalters.

In unserem Beispiel ist der Schalter aktiviert. Deshalb wird die Anwendung auch alle Ausgabemeldungen an die registrierten Listener weiterleiten. Wollen wir die Ausgabemeldungen nicht mehr protokollieren, brauchen wir die Konfigurationsdatei nur mit dem Editor zu öffnen und `value` auf den Wert 0 zu setzen. Beim nächsten Start der Anwendung ist damit die Protokollierung abgeschaltet. Beachten Sie, dass die Angabe der Schalterstellung im Programmcode dazu führt, dass die Vorgaben in der Konfigurationsdatei verworfen werden.

Die Klasse »TraceSwitch«

Im Gegensatz zu einem `BooleanSwitch`-Objekt, das nur die Einstellungen »aktiviert« und »deaktiviert« zulässt, können die Ablaufverfolgungs- und Debug-Ausgaben mit einem `TraceSwitch`-Objekt über die Festlegung mehrerer Ebenen gesteuert werden. Verantwortlich für die Steuerung der Ablaufverfolgung ist die Eigenschaft `Level`, die vom Typ der Enumeration `TraceLevel` ist.

```
public TraceLevel Level {get; set;}
```

In `TraceLevel` werden Ablaufverfolgungsebenen definiert, die Sie Tabelle 9.4 entnehmen können.

Member	Wert	Beschreibung
`Off`	0	Es werden keine Ausgaben an die Listener weitergegeben.
`Error`	1	Es werden Ausgaben von Fehlermeldungen an die Listener weitergeleitet.
`Warning`	2	Es werden Ausgaben von Fehler- und Warnmeldungen an die Listener weitergeleitet.

Tabelle 9.4 Die Konstanten der Enumeration »TraceLevel«

Member	Wert	Beschreibung
`Info`	3	Es werden Ausgaben von Fehler-, Warn- und Informationsmeldungen an die Listener weitergeleitet.
`Verbose`	4	Es werden alle Meldungen an die Listener weitergeleitet.

Tabelle 9.4 Die Konstanten der Enumeration »TraceLevel« (Forts.)

Wollen Sie ein `TraceSwitch`-Objekt erzeugen, müssen Sie dem Konstruktor den Namen des Schalters und eine Beschreibung übergeben. Damit gleicht die Instanziierung der von `BooleanSwitch`. Um die Ablaufverfolgungsebene festzulegen, weisen Sie der Eigenschaft `Level` einen Wert zu, zum Beispiel:

```
TraceSwitch switch = new TraceSwitch("MeinSchalter",
                         "Ablaufverfolgung in MyApplication");
switch.Level = TraceLevel.Warning;
```

Damit in Abhängigkeit von der Ablaufverfolgungsebene mit den Methoden `WriteIf` und `WriteLineIf` ein boolescher Wert ausgewertet werden kann, sind in der Klasse `TraceSwitch` die Eigenschaften

- `TraceError`
- `TraceWarning`
- `TraceInfo`
- `TraceVerbose`

definiert, die je nach Schalterstellung `true` oder `false` zurückgeben. Um die Ausgabe der Meldungen zu steuern, müssen Sie in den Methoden `WriteIf` oder `WriteLineIf` nur eine der Eigenschaften überprüfen:

```
Trace.WriteLineIf(switch.TraceWarning,
            "Ablaufverfolgung:" + DateTime.Now.ToString());
```

Die Einstellung der Eigenschaft `Level` umfasst gleichzeitig auch die niedriger bewerteten Einstellungen, mit Ausnahme von `TraceLevel.Off`. Wenn im Code beispielsweise die Ablaufverfolgungsebene auf `TraceLevel.Info` festgelegt ist, bedeutet dies, dass die Eigenschaften `TraceError`, `TraceWarning` und `TraceInfo` `true` liefern, während `TraceVerbose` `false` ist.

Zur Steuerung des oder der `TraceSwitch`-Objekte bietet sich ebenfalls die Anwendungskonfigurationsdatei an. Dem Attribut `value` müssen Sie für eine bestimmte Ablaufverfolgungsebene einen zugeordneten Wert übergeben. Sie können diesen Tabelle 9.4 entnehmen. Die folgende Konfigurationsdatei beschreibt die Einstellung `TraceLevel.Info`.

```
<?xml version="1.0" encoding="utf-8" ?>
<configuration>
   <system.diagnostics>
```

```
    <switches>
      <add name="MeinSchalter" value="3" />
    </switches>
  </system.diagnostics>
</configuration>
```

9.2.6 Bedingte Kompilierung

Die bedingte Kompilierung ermöglicht es, Codeabschnitte oder Methoden nur dann zu kompilieren, wenn ein bestimmtes Symbol definiert ist. Üblicherweise werden bedingte Codeabschnitte dazu benutzt, während der Entwicklungsphase den Zustand der Anwendung zur Laufzeit zu testen. Bevor ein Release-Build der Anwendung erstellt wird, wird das Symbol entfernt. Die Abschnitte, deren Code als bedingt kompilierbar gekennzeichnet ist, werden dann nicht kompiliert.

Der folgende Code zeigt ein Beispiel für bedingte Kompilierung:

```
#define MYDEBUG
using System;
class Program {
  static void Main(string[] args) {
    #if(MYDEBUG)
      Console.WriteLine("In der #if-Anweisung");
    #elif(TEST)
      Console.WriteLine("In der #elif-Anweisung");
    #endif
  }
}
```

Mit der Präprozessordirektive `#define` wird das Symbol MYDEBUG definiert. Symbole werden immer vor der ersten Anweisung festgelegt, die selbst keine `#define`-Präprozessordirektive ist. Werte können den Symbolen nicht zugewiesen werden. Die Präprozessordirektive gilt nur in der Quellcodedatei, in der sie definiert ist, und wird nicht mit einem Semikolon abgeschlossen.

Mit `#if` oder `#elif` wird das Vorhandensein des angegebenen Symbols getestet. Ist das Symbol definiert, liefert die Prüfung das Ergebnis `true`, und der Code wird ausgeführt. `#elif` ist die Kurzschreibweise für die beiden Anweisungen `#else` und `#if`. Da im Beispielcode kein Symbol namens TEST definiert ist, wird die Ausgabe wie folgt lauten:

```
In der #if-Anweisung
```

Standardmäßig sind in C#-Projekten die beiden Symbole DEBUG und TRACE vordefiniert. Diese Vorgabe ist im Projekteigenschaftsfenster eingetragen (siehe Abbildung 9.5) und hat anwendungsweite Gültigkeit. Das Projekteigenschaftsfenster öffnen Sie, indem Sie im Projektmappen-Explorer den Knoten PROPERTIES doppelt anklicken. Sie können die Symbole löschen oder auch weitere hinzufügen, die ihrerseits alle durch ein Semikolon voneinander getrennt werden müssen.

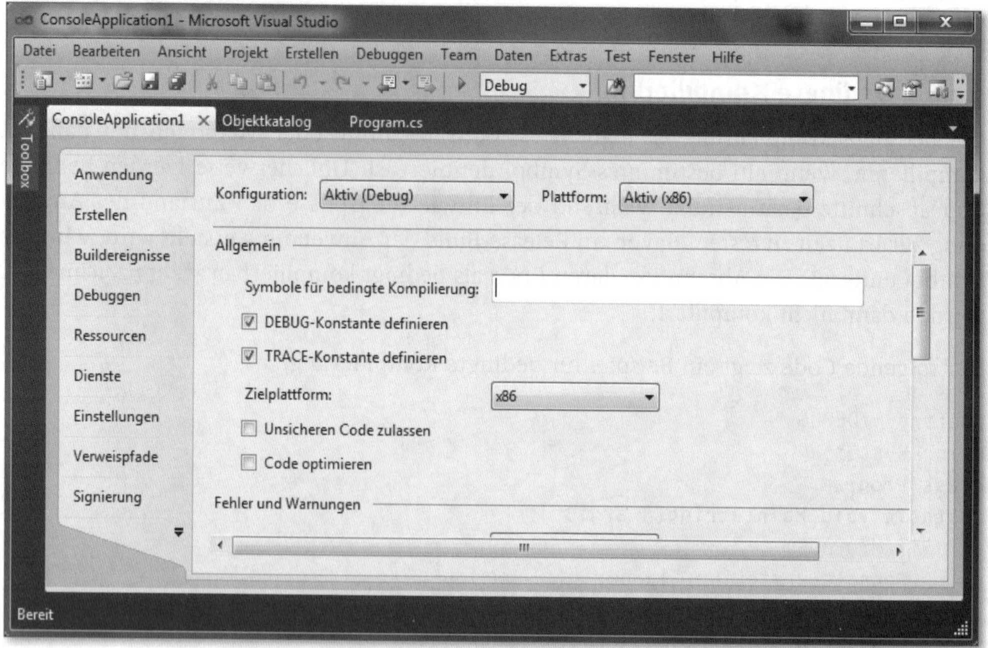

Abbildung 9.5 Festlegung der Symbole im Projekteigenschaftsfenster

Das Projekteigenschaftsfenster bietet darüber hinaus den Vorteil, dass sich die Symbole einer bestimmten Build-Konfiguration zuordnen lassen. Wählen Sie in der Dropdown-Liste KONFIGURATION die Build-Konfiguration aus, für die die unter BEDINGTE KOMPILIERUNGSKONSTANTEN angegebenen Symbole gültig sein sollen. Wenn Sie beispielsweise keine `#define`-Präprozessordirektive im Code angeben, dafür aber der DEBUG-Konfiguration das Symbol DEBUG zugeordnet haben, wird der in `#if` bis `#endif` eingeschlossene Code im DEBUG-Build mitkompiliert, im RELEASE-Build jedoch nicht.

Die im Projekteigenschaftsfenster definierten Konstanten gelten projektweit. Um in einer einzelnen Codedatei die Wirkung eines Symbols aufzuheben, müssen Sie das Symbol hinter der `#undef`-Direktive angeben.

Bedingte Kompilierung mit dem Attribut »Conditional«

Häufig ist es wünschenswert, eine komplette Methode als bedingt zu kompilierende Methode zu kennzeichnen. Hier hilft Ihnen .NET mit dem Attribut `Conditional` aus dem Namespace `System.Diagnostics` weiter.

Damit eine komplette Methode als bedingt kompilierbar gekennzeichnet wird, muss das Conditional-Attribut (wie im folgenden Beispiel gezeigt) vor dem Methodenkopf in eckigen Klammern angegeben werden. In den runden Klammern wird das Symbol als Zeichenfolge genannt:

```
[Conditional("DEBUG")]
public void ConditionalTest() {
  ...
}
```

Die Methode ConditionalTest wird jetzt nur dann kompiliert, wenn das Symbol DEBUG gesetzt ist. Sie können auch mehrere Attribute mit unterschiedlichen Symbolen angeben. Kann eines der Symbole ausgewertet werden, wird die Methode ausgeführt. Anders als bedingter Code, der durch #if - #endif eingeschlossen ist, wird eine Methode, der das Conditional-Attribut angeheftet ist, immer kompiliert.

Sie müssen beachten, dass eine Methode mit einem Conditional-Attribut immer den Rückgabetyp void haben muss und nicht mit dem Modifizierer override gekennzeichnet sein darf.

9.3 Debuggen mit Visual Studio 2010

Unter dem Begriff *Debugging* ist die Suche nach Fehlern in einem Programm zu verstehen. Sie müssen ein Programm debuggen, wenn es nicht so funktioniert, wie Sie es sich vorgestellt haben, oder wenn es falsche Ergebnisse liefert. Die Ursache für das Fehlverhalten kann das Debuggen liefern. Visual Studio 2010 unterstützt das Debuggen sowohl von lokalen als auch von entfernten .NET-Anwendungen. Da wir uns in diesem Buch nur mit lokalen Anwendungen beschäftigen, schenken wir dem Remote-Debugging von entfernten Anwendungen keine Beachtung.

Der Debugger kann nur zur Laufzeit eines Programms benutzt werden. Darüber hinaus muss das Programm auch noch angehalten sein. Hier gibt es drei verschiedene Möglichkeiten:

- Die Laufzeit der Anwendung erreicht einen Haltepunkt.
- Die Anwendung führt die Methode Break der Klasse System.Diagnostics.Debugger aus.
- Es tritt eine Ausnahme auf.

9.3.1 Debuggen im Haltemodus

Auf der linken Seite des Codeeditors ist ein grauer, vertikaler Balken zu sehen. Dieser dient nicht dazu, die Optik des Codefensters zu verbessern, sondern in bestimmten Codezeilen

Haltepunkte zu setzen. Dazu klicken Sie mit der Maus auf den grauen Balken. Alternativ können Sie auch den Cursor in die Zeile setzen, der ein Haltepunkt hinzugefügt werden soll, und dann die Taste F9 drücken. Haltepunkte können jeder Codezeile hinzugefügt werden, die eine Programmanweisung enthält. Ein roter Kreis symbolisiert den Haltepunkt, der beim Anklicken und durch die F9-Taste wieder entfernt wird.

Trifft die Laufzeitumgebung auf einen Haltepunkt, hält der Debugger an dieser Stelle die Programmausführung an. Die mit dem Haltepunkt gekennzeichnete Codezeile ist in diesem Moment noch nicht ausgeführt. Im Haltemodus können Sie einzelne Variableninhalte untersuchen, ändern oder den Programmcode in gewünschter Weise fortsetzen. Dabei werden Sie auch von mehreren Fenstern des Debuggers unterstützt: ÜBERWACHEN, LOKAL und AUTO.

Um ein unterbrochenes Programm fortzusetzen, haben Sie mehrere Möglichkeiten: über das Menü DEBUGGEN, die gleichnamige Symbolleiste (diese wird standardmäßig nicht angezeigt und muss gegebenenfalls der Entwicklungsumgebung hinzugefügt werden) und diverse Tastenkürzel.

Befindet sich die Laufzeit einer Anwendung im Haltemodus, können Sie die weitere Programmausführung wie folgt beeinflussen:

- *Einzelschritt* – Der Programmcode wird Zeile für Zeile ausgeführt. Das Tastaturkürzel dafür ist F11. Mit F11 wird auch in einer aufgerufenen benutzerdefinierten Methode jede Codezeile einzeln ausgeführt.
- *Prozedurschritt* – Der Programmcode wird weiterhin in Einzelschritten ausgeführt. Stößt er jedoch auf den Aufruf einer benutzerdefinierten Methode, wird diese sofort vollständig ausgeführt. Das Tastaturkürzel ist F10.
- *Ausführen bis Rücksprung* – Die aktuelle Methode wird bis zu ihrem Ende sofort ausgeführt. Danach wird der Haltemodus wieder aktiviert. Die Tastenkombination dazu ist ⇧+F11.

Variableninhalte in einem QuickInfo-Fenster

Um sich den aktuellen Zustand einer Variablen anzeigen zu lassen, fahren Sie im Haltemodus mit dem Mauszeiger auf den Variablenbezeichner. Der Inhalt einschließlich einer kleinen Beschreibung wird daraufhin in einem QuickInfo-Fenster angezeigt. Im QuickInfo-Fenster können Sie sogar die Möglichkeit wahrnehmen, den Inhalt der Variablen zu verändern.

Bedingte Haltepunkte

Die im vorhergehenden Abschnitt beschriebenen Haltepunkte unterbrechen in jedem Fall die Programmausführung, weil sie an keine Bedingungen gebunden sind. Der Debugger ermöglicht aber auch die Festlegung von Haltepunkten, die eine Anwendung nur dann in den Haltemodus setzen, wenn beim Erreichen des Haltepunkts bestimmte Bedingungen erfüllt sind.

Um eine Bedingung festzulegen, gehen Sie mit dem Cursor in die Codezeile des betreffenden Haltepunkts, öffnen das Kontextmenü und wählen HALTEPUNKT BEDINGUNG... Das Fenster, das sich daraufhin öffnet, sehen Sie in Abbildung 9.6.

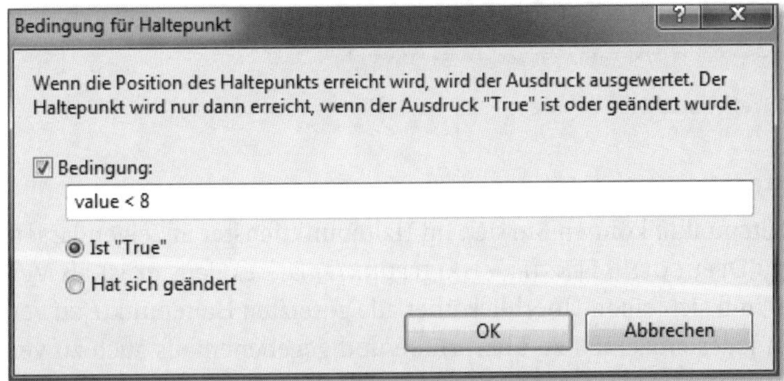

Abbildung 9.6 Festlegen einer Haltepunktbedingung

Legen Sie nun die Bedingung fest, unter der der Haltepunkt zur Laufzeit berücksichtigt werden soll. In der Abbildung wäre das genau dann der Fall, wenn die Variable `value` einen Wert kleiner 8 aufweist. Ist `value` gleich oder größer 8, wird das laufende Programm in dieser Codezeile nicht unterbrochen.

Alternativ können Sie auch das Optionsfeld HAT SICH GEÄNDERT markieren. Der Debugger prüft dann zuerst, ob sich der Wert der Variablen seit dem letzten Erreichen des Haltepunktes geändert hat. Wenn dies der Fall ist, ist die Bedingung erfüllt, und das Programm wird unterbrochen.

Haltepunkt mit Trefferanzahl aktivieren

Im Kontextmenü eines Haltepunktes können Sie sich auch für die Option TREFFERANZAHL... entscheiden. Wenn für einen Haltepunkt keine Trefferanzahl angegeben wurde, wird das Programm immer unterbrochen, wenn der Haltepunkt erreicht wird oder die definierte Bedingung erfüllt ist. Die Festlegung der Trefferanzahl bietet sich zum Beispiel an, wenn die Anzahl der Schleifendurchläufe festgelegt werden soll, bis der Haltepunkt aktiv wird. Ist eine Vorgabe getroffen, wird die Ausführung nur dann unterbrochen, wenn Trefferanzahl erreicht ist.

Aus einem Kombinationslistenfeld können Sie eine der vier angebotenen Einstellungen wählen (siehe Abbildung 9.7).

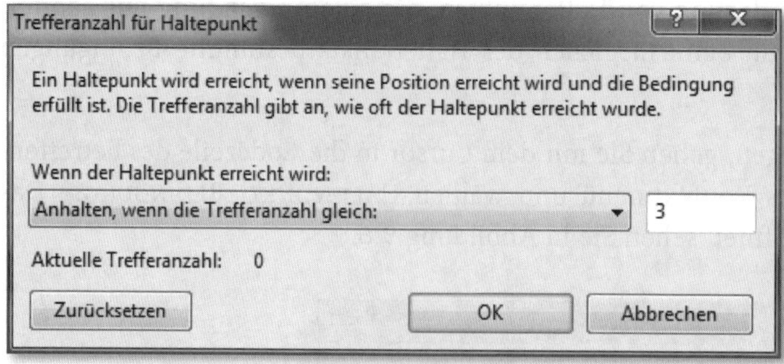

Abbildung 9.7 Festlegen der Trefferanzahl

Verwalten der Haltepunkte

Die Eigenschaften aller Haltepunkte können Sie sich im Haltepunktfenster anzeigen lassen. Wählen Sie dazu das Menü DEBUGGEN • FENSTER • HALTEPUNKTE. Dieses Fenster ist als Verwaltungstool sehr nützlich, um sich einen Überblick über alle gesetzten Haltepunkte zu verschaffen, die Bedingungen jedes einzelnen zu überprüfen und gegebenenfalls auch zu verändern. Können oder wollen Sie zum Testen einer Anwendung auf einen oder mehrere Haltepunkte verzichten, entfernen Sie einfach das Häkchen vor dem entsprechenden Haltepunkt. Im Codeeditor ist die zu diesem Haltepunkt gehörende Kreisfläche danach nicht mehr farbig ausgefüllt, sondern nur noch als Kreis erkennbar. Die deaktivierten Haltepunkte lassen sich später wieder aktivieren, ohne dass die eingestellten spezifischen Eigenschaften verloren gehen.

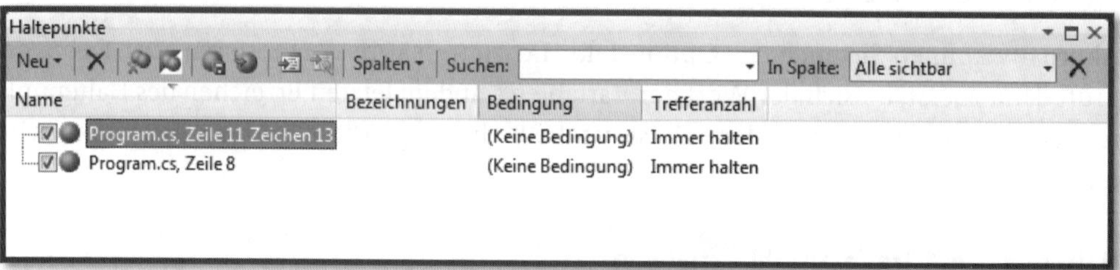

Abbildung 9.8 Die Liste aller Haltepunkte

9.3.2 Das Direktfenster

Das DIREKTFENSTER wird für Debug-Zwecke, das Auswerten von Ausdrücken, das Ausführen von Anweisungen, das Drucken von Variablenwerten usw. verwendet. Es ermöglicht die Eingabe von Ausdrücken, die von der Entwicklungssprache während des Debuggens ausgewertet oder ausgeführt werden sollen. Um das Direktfenster anzuzeigen, wählen Sie im Menü DEBUGGEN • FENSTER und dann DIREKT.

Welche Möglichkeiten sich hinter dem Direktfenster verbergen, sollten wir uns an einem Beispiel verdeutlichen. Zu Demonstrationszwecken bedienen wir uns des folgenden Programmcodes:

```
class Program {

  static void Main(string[] args) {
    int x = 10;
    int y = 23;
    int z = x + y;
    Console.Write(z);
  }

  static void DebugTestProc() {
    Console.WriteLine("In DebugTestProc");
  }
}
```

Operationen im Direktfenster setzen den Haltemodus voraus. Daher legen wir einen Haltepunkt in der Codezeile

```
int z = x + y;
```

fest. Nach dem Starten des Projekts stoppt das Programm die Ausführung am Haltepunkt. Sollte das Direktfenster in der Entwicklungsumgebung nicht angezeigt werden, müssen Sie es noch öffnen. Sie können nun im Direktfenster

```
?x
```

eingeben, um sich den Inhalt der Variablen `x` anzeigen zu lassen. Das Fragezeichen ist dabei notwendig. Ausgegeben wird im Befehlsfenster der Inhalt 10.

Wenn Sie Lust haben, können Sie auch den Inhalt aus dem Direktfenster heraus ändern. Dazu geben Sie

```
x = 250
```

ein. Wenn Sie danach den Code ausführen lassen, wird an der Konsole der Inhalt von `z` zu 273 berechnet und nicht, wie ursprünglich zu vermuten gewesen wäre, zu 33. Die Änderung einer Variablen im Direktfenster wird also von der Laufzeit berücksichtigt.

Sogar die Methode `DebugTestProc` können Sie auch aus dem Direktfenster heraus aufrufen. Dazu geben Sie nur

```
DebugTestProc()
```

ein.

9.3.3 Weitere Alternativen, um Variableninhalte zu prüfen

Logische Fehler basieren darauf, dass Variablen unerwartete Inhalte aufweisen, der Programmcode aber syntaktisch richtig ist. Das Direktfenster ist eine Möglichkeit, Variablen zu prüfen, die jedoch nicht sehr komfortabel ist, wenn der Programmcode eines größeren Projekts untersucht werden muss. Visual Studio stellt aber mehrere weitere Alternativen zur Verfügung, die noch bessere und detailliertere Informationen bereitstellen. Allen Alternativen ist gemeinsam, dass sie nur im Haltemodus geöffnet werden können. Sie können dazu das Menü DEBUGGEN • FENSTER benutzen, teilweise auch das Kontextmenü des Codeeditors. Die Variableninhalte lassen sich so wie auch im Befehlsfenster verändern, um beispielsweise das Laufzeitverhalten der Anwendung in Grenzsituationen zu testen.

Das Auto-Fenster

Das AUTO-Fenster zeigt alle Variablen der Codezeile an, in der sich der Haltemodus aktuell befindet, sowie alle Variablen der vorausgehenden Codezeile. Angezeigt werden neben dem Namen der Inhalt und der Datentyp. Wird beispielsweise in der Zeile 5 des folgenden Programmcodes ein Haltepunkt gesetzt, werden im AUTO-Fenster die aktuellen Inhalte der Variablen x, y und z angezeigt (siehe Abbildung 9.9).

```
1:  static void Main(string[] args) {
2:      double a = 22.5;
3:      int x = 10;
4:      int y = 23;
5:      int z = x + y;
6:      Console.Write(z);
7:  }
```

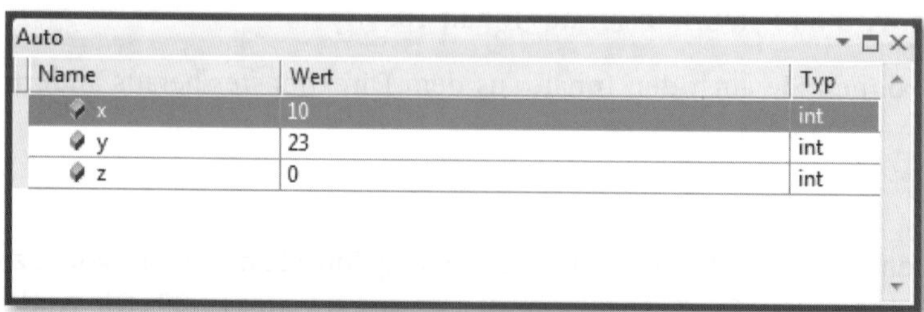

Abbildung 9.9 Das »Auto«-Fenster

Das Lokal-Fenster

Das Fenster LOKAL enthält alle Variablen mit Namen, Wert und Typ, die in der aktuellen Methode definiert sind. Variablen, die sich zwar im Gültigkeitsbereich einer Methode befinden, aber außerhalb deklariert sind, werden nicht vom LOKAL-Fenster erfasst.

Das Überwachen-Fenster

Sie können ein Überwachungsfenster öffnen und die Variablen angeben, die vom Debugger überwacht werden sollen. Um eine Variable einem Überwachungsfenster zuzuordnen, markieren Sie die entsprechende Variable und wählen im Kontextmenü ÜBERWACHUNG HINZUFÜGEN. Wollen Sie weitere Variablen überwachen lassen, können Sie diese auch manuell eintragen oder ebenfalls über das Kontextmenü der Variablen hinzufügen.

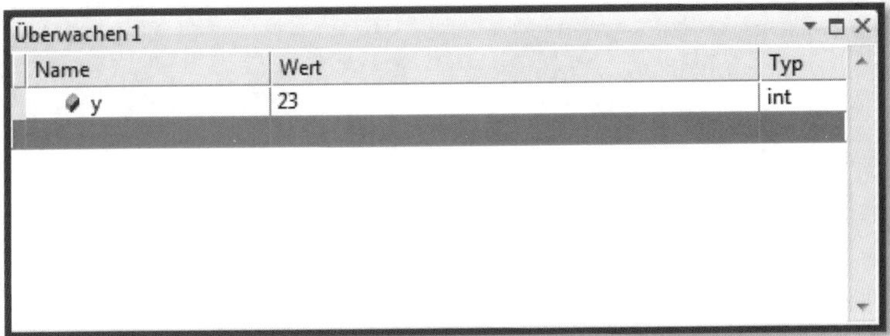

Abbildung 9.10 Das Fenster »Überwachen«

10 LINQ to Objects

LINQ (*Language Integrated Query*) ist eine Sprachergänzung von .NET, die mit dem .NET Framework 3.5 und Visual Studio 2008 eingeführt worden ist. LINQ ermöglicht es, über ein neues Abstraktionsmodell Daten abzufragen. Dabei spielt es keine Rolle, welcher Natur die Daten sind: Es kann sich um ein XML-Dokument handeln oder um eine Datenbanktabelle, um eine Excel-Tabelle oder auch um eine Auflistung von herkömmlichen Objekten. Diese Liste könnte beliebig fortgesetzt werden.

10.1 Einführung in LINQ

Stellen Sie sich LINQ als eine Erweiterung vor, die dazu dient, den Zugriff auf Daten zu vereinheitlichen und zu vereinfachen. Wegen der unterschiedlichen Datenquellen wurden mehrere LINQ-Implementierungen entwickelt, die als Bestandteil des .NET Frameworks als *Provider* bereitgestellt werden:

- *LINQ to Objects* wird durch den Namespace `System.Linq` zur Verfügung gestellt und bildet das Fundament aller LINQ-Abfragen. Mit *LINQ to Objects* lassen sich Auflistungen und Objekte manipulieren, die untereinander in Beziehung gesetzt werden können. Dabei beschränkt sich der Einsatz nicht nur auf benutzerdefinierte Daten.
- *LINQ to XML* bietet eine Programmierschnittstelle für XML im Arbeitsspeicher, die das in .NET sprachintegrierte Abfrage-Framework nutzt.
- *LINQ to SQL* ist Microsofts LINQ-Provider für das hauseigene Datenbanksystem SQL Server 2005 bzw. 2008.
- *LINQ to ADO.NET* besteht aus zwei separaten Technologien: *LINQ to DataSet* und *LINQ to SQL*. *LINQ to DataSet* ermöglicht umfangreichere, optimierte Abfragen der Daten aus einem DataSet, und mit *LINQ to SQL* können Sie SQL-Server-Datenbankschemas direkt abfragen.

Jeder dieser Provider verfügt über eigene Klassen, um den spezifischen Bedürfnissen der entsprechenden Datenquelle zu entsprechen. Da LINQ eine offene Architektur ist, kann man davon ausgehen, dass das .NET Framework in Zukunft um weitere Provider ergänzt werden wird. In diesem Kapitel werden wir uns ausschließlich den Grundlagen von *LINQ to Objects* widmen.

Im Folgenden möchte ich Ihnen eine typische LINQ-Abfrage vorstellen, damit Sie einen ungefähren Begriff davon bekommen, was Sie in diesem Kapitel erwartet.

```
var pers = from p in personen
           where p.Alter > 30
           select new { p.Name, p.Alter };
```

Gleichwertig ist auch die folgende Formulierung:

```
var pers = personen
          .Where( p => p.Alter > 30 )
          .Select( p => new {p.Name, p.Alter });
```

Diese Abfrage ruft aus einer Liste die Personen ab, die älter als 30 Jahre sind, und gibt in der Ergebnisliste den Namen und das Alter der gefundenen Personen an. Es spielt keine Rolle, woher die Daten in der Liste `personen` stammen: Es könnte sich beispielsweise um ein Array von `Person`-Objekten oder um die Ergebnismenge einer Datenbankabfrage handeln. Die Abfragesyntax ist in jedem Fall datenquellenneutral.

Die von LINQ verwendete Syntax ähnelt der, die Sie vielleicht von SQL her kennen. Die Einführung von LINQ mit C# 3.0 zwang das .NET-Entwicklerteam dazu, die .NET-Sprachen zu ergänzen. Dazu gehören Lambda-Ausdrücke, Typinferenz, Objektinitialisierer, anonyme Typen und Erweiterungsmethoden. Diese Sprachfeatures wurden in den vergangenen Kapiteln bereits behandelt.

10.1.1 Grundlagen der LINQ-Erweiterungsmethoden

Ehe wir uns intensiver mit LINQ beschäftigen möchte ich Ihnen zeigen, wie ein Abfrageausdruck in der Form, wie er oben gezeigt wurde, zustande kommt. Dazu erzeugen wir ein `String`-Array mit mehreren Vornamen. Unser Ziel soll es sein, nur die Namen auszugeben, die einer bestimmten Maximallänge entsprechen. Für die Ausgabe soll eine Methode namens `GetShortNames` implementiert werden. Normalerweise würde die Überprüfung der Länge der einzelnen Namen in dieser Methode codiert. Um aber möglichst flexibel zu sein, wird die Überprüfung in eine andere Methode ausgelagert, die `TestName` lauten soll. Der Methode `GetShortNames` wird neben dem Zeichenfolge-Array auch ein Delegate auf `TestName` übergeben.

```
class Program {
  delegate bool MyDelegate(string name);

  static void Main(string[] args) {
    string[] arr = { "Peter", "Uwe", "Willi", "Udo" };
    MyDelegate del = TestName;
    GetShortNames(arr, del);
    Console.ReadLine();
  }

  static void GetShortNames(string[] arr, MyDelegate del) {
    foreach (string name in arr)
```

```
      if (del(name)) Console.WriteLine(name);
  }

  static bool TestName(string name) {
    if (name.Length < 4) return true;
    return false;
  }
}
```

So weit funktioniert dieser Code einwandfrei. Was würden Sie aber machen, wenn Sie in einem anderen Kontext nicht alle Namen selektieren wollen, die weniger als vier Buchstaben aufweisen, sondern beispielsweise mehr als sieben? Richtig, Sie würden eine weitere Methode bereitstellen, die genau das leistet. Und nun eine ganz gemeine Frage: Wie viele unterschiedliche Methoden wären Sie bereit zu implementieren, um möglichst viele, wenn nicht sogar alle denkbaren Filter zu berücksichtigen?

Aber es geht auch anders, denn dasselbe Ergebnis erreichen Sie, wenn Sie einen Lambda-Ausdruck benutzen. Der Code zur Überprüfung der Zeichenfolgelänge wird hierbei direkt in der Parameterliste von `GetShortNames` aufgeführt.

```
class Program {
  static void Main(string[] args) {
    string[] arr = { "Peter", "Uwe", "Willi", "Udo" };
    GetShortNames(arr, name => name.Length < 4);
    Console.ReadLine();
  }

  static void GetShortNames<T>(T[] names, Func<T, bool> getNames) {
    foreach (T name in names)
      if (getNames(name))
        Console.WriteLine(name);
  }
}
```

Beachten Sie bitte den zweiten Parameter der Methode `GetShortNames`. Dessen Typ `Func<T, bool>` wird durch das .NET Framework bereitgestellt. Dabei handelt es sich um ein Delegate. Schauen wir uns die Definition dieses Delegates an:

```
public delegate TResult Func<T, TResult>(T arg)
```

Dieses generische Delegate kann auf eine Methode zeigen, die einen Parameter entgegennimmt. Der generische Typ `T` beschreibt den Typ des Übergabeparameters, `TResult` den Rückgabetyp. Das Besondere an diesem Delegate ist, dass ihm ein Lambda-Ausdruck zugewiesen werden kann:

```
Func<T, bool> getNames = name => name.Length < 4
```

Das Ergebnis der Operation ist ein boolescher Wert. Delegates dieser Art (wie hier `Func`) können Sie natürlich auch selbst definieren.

Wichtig ist, dass Sie erkennen, dass die Methode `GetShortNames` jetzt mit ganz unterschiedlichen Prädikaten aufgerufen werden kann. Vielleicht wollen Sie beim nächsten Mal alle Namen selektieren, die mit dem Buchstaben »H« beginnen. Kein Problem: Sie brauchen dazu keine weitere Methode zu schreiben und können die vorliegende benutzen, da der Lambda-Ausdruck in der Methode `GetShortNames` zur Auswertung herangezogen wird (vielleicht erinnern Sie sich, ein Lambda-Ausdruck ist im Grunde nichts anderes als eine anonyme Methode). Nur über die Namensgebung der Methode sollten Sie sich noch einmal Gedanken machen ...

Rufen wir uns an dieser Stelle noch einmal das einführende LINQ-Beispiel ins Gedächtnis zurück:

```
var pers = personen
           .Where( p => p.Alter > 30 )
           .Select( p => new {p.Name, p.Alter});
```

Widmen Sie Ihre Aufmerksamkeit hier dem Ausdruck `Where`. Hier handelt es sich um eine Erweiterungsmethode. Sie beschreibt die Operation, aufgrund derer Daten aus der Liste `personen` selektiert werden sollen. Was der Methode als Parameter übergeben wird, ist eine Operation, die einen booleschen Wert als Resultat liefert. Das erinnert sehr stark an unsere Methode `GetShortNames`. Sehen wir uns die Signatur von `Where` an: Sie ähnelt der unserer Methode `GetShortNames`:

```
public static IEnumerable<TSource> Where<TSource>(
                              this IEnumerable<TSource> source,
                              Func<TSource, bool> predicate);
```

Der erste Parameter kennzeichnet `Where` als Erweiterungsmethode für alle Typen, die die Schnittstelle `IEnumerable<T>` implementieren. Der zweite Parameter ist ein Delegate, das im ersten generischen Parameter den Typ der Datenquelle beschreibt. Der zweite Typparameter kennzeichnet den Rückgabewert `Boolean`.

10.1.2 Verzögerte Ausführung

LINQ-Abfragen haben ein besonderes Charakteristikum. Sie werden nämlich nicht sofort ausgeführt, sondern erst, wenn die Ergebnismenge benötigt wird. Das könnte beispielsweise eine `foreach`-Schleife sein, innerhalb der die Abfrageresultate verarbeitet werden.

Greifen Sie wiederholt auf die Ergebnismenge zu, wird die Abfrage jedes Mal erneut ausgeführt – die Ergebnismenge wird also nicht gecacht. Hat sich in der Zwischenzeit die Datenquelle geändert, erhalten Sie die aktualisierten Daten und profitieren von diesem Verhalten. Andererseits kostet die erneute Ausführung der Abfrage auch Performance.

Ob das Verhalten der verzögerten Ausführung als positiv oder eher als negativ zu bewerten ist, hängt vom Einzelfall ab. In einer Anwendung, die mehrfach die Daten abfragen muss, können Sie mit den Methoden `ToArray`, `ToList` oder `ToDictionary` die Ergebnismenge zwischenspeichern – zumindest solange gewährleistet ist, dass sich die Datenquelle nicht zu häufig ändert. Alle drei Methoden werden auf dem `IEnumerable<TSource>`-Objekt aufgerufen, oder mit anderen Worten, auf der Ergebnismenge.

10.2 LINQ to Objects

10.2.1 Musterdaten

Wir werden uns in diesem Abschnitt mit *LINQ to Objects* beschäftigen und die anderen Implementierungen nicht weiter behandeln. Später in diesem Buch, wenn wir uns mit dem Zugriff auf Datenbanken beschäftigen, werden wir uns noch mit LINQ to SQL beschäftigen.

Ehe wir näher auf LINQ eingehen, müssen wir uns eine angemessene Datenquelle beschaffen. Die meisten Beispiele in diesem Kapitel arbeiten mit den Daten, die von einer Klassenbibliothek bereitgestellt werden. Sie finden das Projekt auf der Buch-DVD unter *\Beispiele\Kapitel 10\Musterdaten.* In der Anwendung sind die vier Klassen `Customer`, `Product`, `Order` und `Service` sowie die Enumeration `Cities` definiert. Alle sind sehr einfach gehalten.

```
public class Order {
  public int OrderID;
  public int ProductID;
  public int Quantity;
  public bool Shipped;
}

public class Customer {
  public string Name;
  public Cities City;
  public Order[] Orders;
}

public class Product {
  public int ProductID;
  public string ProductName;
  public double Price;
}

public enum Cities {
  Aachen,
  Bonn,
  Köln
}
```

In der Klasse `Service` werden drei Arrays definiert, die mehrere Produkte, Kunden und Bestellungen beschreiben. Beachten Sie bitte, dass die einzelnen Bestellungen den Kunden direkt in einem Feld zugeordnet werden. Zudem sind in `Service` drei Methoden implementiert, die als Datenlieferant entweder die Liste der Kunden, der Bestellungen oder der Produkte zurückliefern. Sämtliche Klassenmitglieder sind `static`.

```
public class Service {
  public static Product[] GetProducts() {return product; }
  public static Customer[] GetCustomers() {return customers; }
  public static Order[] GetOrders() { return orders; }

  public static Product[] product = new Product[]{
    new Product{ ProductID = 1, ProductName = "Käse", Price = 10},
    new Product{ ProductID = 2, ProductName = "Wurst", Price = 5},
    new Product{ ProductID = 3, ProductName = "Obst", Price = 8.56},
    new Product{ ProductID = 4, ProductName = "Gemüse", Price = 4},
    new Product{ ProductID = 5, ProductName = "Fleisch", Price = 17.5},
    new Product{ ProductID = 6, ProductName = "Süßwaren", Price = 3},
    new Product{ ProductID = 7, ProductName = "Bier", Price = 2.8},
    new Product{ ProductID = 8, ProductName = "Pizza", Price = 7}
  };

  public static Order[] orders = new Order[] {
    new Order{ OrderID = 1, ProductID = 4,
               Quantity = 2, Shipped = true},
    new Order{ OrderID = 2, ProductID = 1,
               Quantity = 1, Shipped = true},
    new Order{ OrderID = 3, ProductID = 5,
               Quantity = 4, Shipped = false},
    new Order{ OrderID = 4, ProductID = 4,
               Quantity = 5, Shipped = true},
    new Order{ OrderID = 5, ProductID = 8,
               Quantity = 6, Shipped = true},
    new Order{ OrderID = 6, ProductID = 3,
               Quantity = 3, Shipped = false},
    new Order{ OrderID = 7, ProductID = 7,
               Quantity = 2, Shipped = true},
    new Order{ OrderID = 8, ProductID = 8,
               Quantity = 1, Shipped = false},
    new Order{ OrderID = 9, ProductID = 4,
               Quantity = 1, Shipped = false},
    new Order{ OrderID = 10, ProductID = 1,
               Quantity = 8, Shipped = true},
    new Order{ OrderID = 11, ProductID = 3,
               Quantity = 3, Shipped = true},
    new Order{ OrderID = 12, ProductID = 6,
               Quantity = 6, Shipped = true},
```

```
    new Order{ OrderID = 13, ProductID = 1,
               Quantity = 4, Shipped = false},
    new Order{ OrderID = 14, ProductID = 6,
               Quantity = 3, Shipped = true},
    new Order{ OrderID = 15, ProductID = 5,
               Quantity = 7, Shipped = true},
    new Order{ OrderID = 16, ProductID = 1,
               Quantity = 9, Shipped = true}
  };

public static Customer[] customers = new Customer[]{
   new Customer{ Name = "Herbert", Alter = 34,
                 City = Cities.Aachen,
                 Orders = new Order[]{orders[3], orders[2],
                             orders[8], orders[10] } },
   new Customer{ Name = "Willi", Alter = 55,
                 City = Cities.Köln,
                 Orders = new Order[]{orders[6], orders[7],
                                orders[9] } },
   new Customer{ Name = "Hans", Alter = 25,
                 City = Cities.Bonn,
                 Orders = new Order[]{orders[4], orders[11],
                                orders[14] } },
   new Customer{ Name = "Freddy", Alter = 38,
                 City = Cities.Bonn,
                 Orders = new Order[]{orders[1], orders[5],
                                orders[13] } },
   new Customer{ Name = "Theo", Alter = 45,
                 City = Cities.Aachen,
                 Orders = new Order[]{orders[15], orders[12] } }
  };
}
```

Sollten Sie selbst in einem eigenen Projekt mit den Daten experimentieren, müssen Sie die Assembly *Musterdaten.dll* unter Verweise in das Projekt einbinden. Zudem sollten Sie auch den Namespace `Musterdaten` mit `using` importieren.

10.2.2 Allgemeine Syntax

Beginnen wir mit einer einfachen Abfrage, die alle bekannten Kunden aus den Musterdaten der Reihe nach ausgibt. Dabei soll sich die Ausgabe auf die Kunden beschränken, deren Name weniger als sechs Buchstaben hat. In die Ergebnismenge soll der Name des Kunden sowie sein Wohnort aufgenommen werden. Sie können die entsprechende LINQ-Abfrage auf zweierlei Arten definieren. Die erste Variante ist die *Abfrage-Syntax (Query Expression Syntax)* mit:

```
Customer[] customers = Service.GetCustomers();
var cust = from customer in customers
           where customer.Name.Length < 6
           select new { customer.Name, customer.City };
```

Wie Sie sehen, kommen dabei die neuen Schlüsselwörter `from`, `where` und `select` von C# zum Einsatz. Die zweite Variante ist die *Erweiterungsmethoden-Syntax (Extension Method Syntax)*. Mit dieser können Sie die Abfrage auch wie folgt formulieren:

```
var cust = customers
           .Where(customer => customer.Name.Length < 6)
           .Select(c => new { c.Name, c.City });
```

Welche der beiden Varianten Sie bevorzugen, bleibt Ihnen überlassen. Die Abfrage-Syntax sieht vielleicht etwas einfacher aus, aber mit etwas Übung gewöhnen Sie sich auch schnell an die Erweiterungsmethoden-Syntax.

Grundsätzlich beginnt eine LINQ-Abfrage mit `from` und nicht wie unter SQL mit `select`. Der Grund dafür ist, dass zuerst die Datenquelle ausgewählt sein muss, auf der alle nachfolgenden Operationen ausgeführt werden. Dies gestattet es uns darüber hinaus, mit der IntelliSense-Hilfe im Codeeditor zu arbeiten. Mit `where` wird das Filterkriterium beschrieben, und `select` legt fest, welche Daten tatsächlich in die Ergebnisliste eingetragen werden. Das Ergebnis wird einer implizit typisierten Variablen zugewiesen, die mit `var` beschrieben wird. Diese Anweisung könnte auch durch

```
IEnumerable<string> cust = from customer in customers ...
```

ersetzt werden, da eine LINQ-Abfrage Collections vom Typ `IEnumerable<T>` und `IEnumerable` bildet.

Um aus einem `Customer`-Objekt für die Ergebnisliste mehrere spezifische Daten zu filtern, übergeben Sie dem `Select`-Operator einen anonymen Typ, der sich aus den gewünschten Elementen zusammensetzt. In unserem Beispielcode handelt es sich um die Eigenschaften `Name` und `City`.

Die Ausgabe der Ergebnismenge erfolgt in einer `foreach`-Schleife. Die Laufvariable wird vom Typ `var` deklariert.

```
foreach (var item in cust)
  Console.WriteLine("Name: {0}, Ort: {1}", item.Name, item.City);
```

10.2.3 Übersicht über die Abfrageoperatoren

LINQ stellt Ihnen zahlreiche Abfrageoperatoren zur Verfügung. Alle sind in der Klasse `Enumerable` im Namespace `System.Linq` definiert. Die Abfrageoperatoren sind als Erweiterungsmethoden implementiert, die für Typen gelten, die die Schnittstelle `IEnumerable<T>` implementieren.

In Tabelle 10.1 sind alle LINQ-Abfrageoperatoren angegeben.

Operatortyp	Operator
Aggregatoperatoren	`Aggregate`, `Average`, `Count`, `LongCount`, `Min`, `Max`, `Sum`
Casting-Operatoren	`Cast`, `OfType`, `ToArray`, `ToDictionary`, `ToList`, `ToLookup`, `ToSequence`
Elementoperatoren	`DefaultIfEmpty`, `ElementAt`, `ElementAtOrDefault`, `First`, `FirstOrDefault`, `Last`, `LastOrDefault`, `Single`, `SingleOrDefault`
Gleichheitsoperatoren	`EqualAll`
Sequenzoperatoren	`Empty`, `Range`, `Repeat`
Gruppierungsoperatoren	`GroupBy`
Join-Operatoren	`Join`, `GroupJoin`
Sortieroperatoren	`OrderBy`, `ThenBy`, `OrderByDescending`, `ThenByDescending`, `Reverse`
Aufteilungsoperatoren	`Skip`, `SkipWhile`, `Take`, `TakeWhile`
Quantifizierungsoperatoren	`All`, `Any`, `Contains`
Restriktionsoperatoren	`Where`
Projektionsoperatoren	`Select`, `SelectMany`
Set-Operatoren	`Concat`, `Distinct`, `Except`, `Intersect`, `Union`

Tabelle 10.1 Die LINQ-Abfrageoperatoren

Wir werden im weiteren Verlauf des Kapitels auf die meisten der hier aufgeführten LINQ-Operatoren genauer eingehen.

10.2.4 Die »from«-Klausel

Ein Abfrageausdruck beginnt mit der `from`-Klausel. Diese beschreibt, welche Datenquelle abgefragt werden soll, und definiert eine lokale Bereichsvariable, die ein Element in der Datenquelle repräsentiert. Die Datenquelle muss entweder die Schnittstelle `IEnumerable<T>` oder `IEnumerable` implementieren. Zu den abfragbaren Datenquellen zählen auch diejenigen, die sich auf `IQueryable<T>` zurückführen lassen.

Datenquelle und Bereichsvariable sind streng typisiert. Wenn Sie mit

```
from customer in customers
```

das Array aller Kunden als Datenquelle angeben, ist die Bereichsvariable vom Typ `Customer`.

Etwas anders ist der Sachverhalt, wenn die Datenquelle beispielsweise vom Typ `ArrayList` ist. Wie Sie wissen, können in einer `ArrayList` Objekte unterschiedlichsten Typs verwaltet werden. Um auch solche Datenquellen abfragen zu können, muss die Bereichsvariable explizit typisiert werden, z. B. so:

```
ArrayList arr = new ArrayList();
arr.Add(new Circle());
arr.Add(new Circle());
var cust = from Circle kreis in arr
           select kreis;
```

Manchmal kommt es vor, dass jedes Element einer Datenquelle seinerseits selbst eine Liste untergeordneter Elemente beschreibt. Ein gutes Beispiel dafür ist in unserer Anwendung zu finden, die die Musterdaten bereitstellt.

```
public class Customer {
  public string Name;
  public Cities City;
  public Order[] Orders;
}
```

Jedem Kunden ist ein Array vom Typ `Order` zugeordnet. Um die Bestellungen abzufragen, muss eine weitere `from`-Klausel angeführt werden, die auf die Bestellliste des jeweiligen Kunden zugreift. Jede `from`-Klausel kann separat mit `where` gefiltert oder mit `orderby` sortiert werden.

```
Customer[] customers = Service.GetCustomers();
var result = from customer in customers
             where customer.Name == "Hans"
             from order in customer.Orders
             where order.Quantity > 6
             select order.OrderID;
```

In diesem Codefragment wird die Liste aller Kunden zuerst nach `Hans` durchsucht. Die gefundene Dateninformation extrahiert anschließend die Bestellinformationen und beschränkt das Ergebnis auf alle Bestellungen von `Hans`, die eine Bestellmenge > 6 haben. Dieselbe Abfrage in Erweiterungsmethoden-Syntax sieht so aus:

```
var result = customers
             .Where(c => c.Name == "Hans")
             .SelectMany(c => c.Orders)
             .Where(order => order.Quantity > 6)
             .Select(order => order.OrderID);
```

Enthält ein gefundenes Element eine Untermenge (hier werden die Bestellungen eines Customer-Objekts durch ein Array beschrieben), benötigen wir den Operator `SelectMany`. An diesem Beispiel können Sie sehr schön erkennen, dass sich in manchen Fällen Abfrage-Syntax und Erweiterungsmethoden-Syntax doch deutlich unterscheiden.

10.2.5 Der Restriktionsoperator »where«

Angenommen, Sie möchten alle Kunden auflisten, deren Wohnort Aachen ist. Um eine Folge von Elementen zu filtern, verwenden Sie den Where-Operator.

```
Customer[] customers = Service.GetCustomers();
var result = from cust in customers
             where cust.City == Cities.Aachen
             select cust.Name;
foreach (var item in result)
  Console.WriteLine(item);
```

Mit dem Select-Operator geben Sie das Element an, das in die Ergebnisliste aufgenommen werden soll. In diesem Fall ist das der Name jeder entsprechend durch den Where-Operator gefundenen Person. Die Ergebnisliste wird in der foreach-Schleife durchlaufen und an der Konsole ausgegeben. Sie werden Herbert und Theo in der Ergebnisliste finden.

Sie können die Abfrage-Syntax auch durch die Erweiterungsmethoden-Syntax ersetzen. Geben Sie dabei direkt das Array an, das durchlaufen werden soll. An der Codierung der Konsolenausgabe ändert sich nichts.

```
var result = customers
             .Where( cust => cust.City == Cities.Aachen)
             .Select(cust => cust.Name);
```

Mehrere Filterkriterien zu berücksichtigen ist nicht weiter schwierig. Sie müssen nur den where-Operator ergänzen und benutzen zur Formulierung des Filters die C#-spezifischen Operatoren. Im nächsten Codefragment werden alle noch nicht ausgelieferten Bestellungen gesucht, deren Bestellmenge größer 3 ist.

```
Order[] orders = Service.GetOrders();
var result = from order in orders
             where order.Quantity > 3 && order.Shipped == false
             select order.OrderID;
```

oder:

```
var result = orders
             .Where(order => order.Quantity > 3 &&
                    order.Shipped == false)
             .Select(ord => ord.OrderID);
```

Die Überladungen des Where-Operators

Wenn Sie sich die .NET-Dokumentation des Where-Operators ansehen, finden Sie die beiden folgenden Signaturen:

```
public static IEnumerable<T> Where<T>(
       this IEnumerable<T> source,
       Func<T, bool> predicate
```

```
public static IEnumerable<T> Where<T>(
       this IEnumerable<T> source,
       Func<T, int, bool> predicate
```

Die erste wird für Abfragen verwendet, wie wir sie weiter oben eingesetzt haben. Die `IEnumerable<T>`-Collection wird dabei komplett gemäß den Filterkriterien durchsucht.

Mit der zweiten Signatur können Sie den Bereich der Ergebnisliste einschränken, und zwar anhand des nullbasierten Index, der als Integer angegeben wird. Nehmen wir an, Sie interessieren sich für alle Bestellungen, deren Bestellmenge > 3 ist. Allerdings möchten Sie, dass die Ergebnisliste sich auf Indizes in der Datenquelle beschränkt, die < 10 sind. Es werden demnach nur die Indizes 0 bis einschließlich 9 in der Datenquelle `orders` berücksichtigt.

```
var result = orders
             .Where((order, index) => order.Quantity > 3 &&
                                      index < 10)
             .Select(ord => ord.OrderID);
```

Hier müssen Sie die Schreibweise der Erweiterungsmethoden-Syntax einsetzen, um der überladenen Erweiterungsmethode `Where` die erforderlichen Argumente übergeben zu können. Das Ergebnis wird mit den Bestellungen gebildet, die die IDs 3, 4, 5 und 10 haben.

Wie funktioniert der »Where«-Operator?

Betrachten wir noch einmal die folgende Anweisung:

```
var result = customers
             .Where( cust => cust.City == Cities.Aachen)
```

`Where` ist eine Erweiterungsmethode der Schnittstelle `IEnumerable<T>` und gilt auch für das Array vom Typ `Customer`. Der Ausdruck

```
cust => cust.City == Cities.Aachen
```

ist ein Lambda-Ausdruck, im eigentlichen Sinne also das Delegate auf eine anonyme Methode. In der Definition des `Where`-Operators wird dieses Delegate durch das Delegate

```
Func<T, bool> predicate
```

beschrieben (siehe die Definition von `Where` oben). Der generische Typparameter `T` wird durch den Datentyp der Elemente in der zugrunde liegenden Collection beschrieben, die bekanntlich die Schnittstelle `IEnumenerable<T>` implementiert. In unserem Beispiel handelt es sich um `Customer`-Objekte. Daher können wir bei korrekter Codierung innerhalb des Lambda-Ausdrucks auch auf die IntelliSense-Liste zurückgreifen. Der zweite Parameter teilt uns mit, von welchem Datentyp der Rückgabewert des Lambda-Ausdrucks ist. Hier wird ein boolescher Typ vorgegeben, denn über `true` weiß LINQ, dass auf das untersuchte Element das Suchkriterium zutrifft; bei einer Rückgabe von `false` trifft es nicht zu.

Das Zusammenspiel zwischen den neuen Lambda-Ausdrücken und Erweiterungsmethoden im Kontext generischer Typen und Delegates ist hier sehr gut zu erkennen. In ähnlicher Weise funktionieren auch viele andere Operatoren. Ich werde daher im Folgenden nicht jedes Mal erneut das komplexe Zusammenspiel der verschiedenen Sprachkomponenten erörtern.

10.2.6 Projektionsoperatoren

Der »Select«-Operator

Der `Select`-Operator macht die Ergebnisse der Abfrage über ein Objekt verfügbar, das die Schnittstelle `IEnumerable<T>` implementiert, zum Beispiel:

```
var result = from order in orders
             select order.OrderID;
```

oder alternativ:

```
var result = orders.Select(order => order.OrderID);
```

Die Rückgabe ist in beiden Fällen eine Liste mit den Bestellnummern der in der Collection vertretenen Bestellungen.

Liefert der `Select`-Operator eine Liste mit neu strukturierten Datenzeilen, müssen Sie einen anonymen Typ als Ergebnismenge definieren:

```
var result = from customer in customers
             select new { customer.Name, customer.City };
```

Der Operator »SelectMany«

`SelectMany` kommt dann sinnvoll zum Einsatz, wenn es sich bei den einzelnen Elementen in einer Elementliste um Arrays handelt, deren Einzelelemente von Interesse sind. In der Anwendung *Musterdaten* trifft das auf alle Objekte vom Typ `Customer` zu, weil die Bestellungen in einem Array verwaltet werden.

```
var result = from cust in customers
             where cust.Name == "Hans"
                from order in cust.Orders
                where order.Quantity > 6
                select order.OrderID;
```

Im Abschnitt 10.2.2, »Allgemeine Syntax«, hatten wir bereits dieses Beispiel, sodass ich an dieser Stelle auf weitere Ausführungen verzichte.

10.2.7 Sortieroperatoren

Sortieroperatoren ermöglichen eine Sortierung von Elementen in Ausgabefolgen mit einer angegebenen Sortierrichtung.

Mit dem Operator `OrderBy` können Sie auf- und absteigend sortieren, mit `OrderByDescending` nur absteigend. Nachfolgend sehen Sie ein Beispiel für eine aufsteigende Sortierung. Dabei werden die Bestellmengen aller Bestellungen der Reihe nach in die Ergebnisliste geschrieben.

```
Order[] orders = Service.GetOrders();
var result = from order in orders
             orderby order.Quantity
             select new { order.OrderID, order.Quantity };

foreach (var item in result)
  Console.WriteLine("ID: {0,-3}{1}", item.OrderID, item.Quantity);
```

Sehen wir uns diese LINQ-Abfrage noch in der Erweiterungsmethoden-Syntax an:

```
var result = orders
             .OrderBy(order => order.Quantity)
             .Select(order => new { order.OrderID, order.Quantity });
```

Durch die Ergänzung von `descending` lässt sich auch eine absteigende Sortierung erzwingen:

```
...
orderby order.Quantity descending
...
```

Das folgende Codefragment zeigt, wie Sie mit dem Operator `OrderByDescending` zum gleichen Ergebnis kommen:

```
var result = orders
             .OrderByDescending(order => order.Quantity)
             .Select(order => new { order.OrderID, order.Quantity });
```

Wenn Sie mehrere Sortierkriterien festlegen wollen, helfen Ihnen die beiden Operatoren `ThenBy` beziehungsweise `ThenByDescending` weiter. Deren Einsatz setzt aber die vorhergehende Verwendung von `OrderBy` oder `OrderByDescending` voraus. Nehmen wir an, die erste Sortierung soll die Bestellmenge berücksichtigen und die zweite, ob die Bestellung bereits ausgeliefert ist. Die Anweisung dazu lautet:

```
Order[] orders = Service.GetOrders();
var result = orders
             .OrderBy(order => order.Quantity)
             .ThenBy(order => order.Shipped)
             .Select(order =>  new {order.OrderID, order.Quantity,
                                    order.Shipped });
```

```
foreach (var item in result)
  Console.WriteLine("ProductID: {0,-3}Menge:{1,-4} Geliefert:{2}",
             item.OrderID, item.Quantity, item.Shipped);
```

Manchmal kann es vorkommen, dass Sie die gesamte Ergebnisliste in umgekehrter Reihenfolge benötigen. Hier kommt der Operator `Reverse` zum Einsatz, der am Ende auf die Ergebnisliste angewendet wird:

```
var result = orders
             .Select(order => new {order.ProductID, order.Quantity })
             .Reverse();
```

Wie Sie wissen, werden einige Abfrageoperatoren als Schlüsselwörter von C# angeboten und gestatten die sogenannte Abfrage-Syntax. `Reverse` und `ThenBy` zählen nicht dazu. Möchten Sie die von einer Abfrage-Syntax gelieferte Ergebnismenge umkehren, können Sie sich eines kleinen Tricks bedienen. Sie schließen die Abfrage-Syntax in runde Klammern ein und können darauf den Punktoperator mit folgendem `Reverse` angeben:

```
var result = (from order in orders
              select new {order.ProductID, order.Quantity })
             .Reverse();
```

10.2.8 Gruppieren mit »GroupBy«

Manchmal ist es notwendig, Ergebnisse anhand spezifischer Kriterien zu gruppieren. Dazu dient der Operator `GroupBy`. Machen wir uns das zuerst an einem Beispiel deutlich. Ausgangspunkt sei wieder das Array mit `Customer`-Objekten. Jetzt sollen die Kunden (`Customer`-Objekte) nach deren Wohnsitz (`Cities`) gruppiert werden.

```
Customer[] customers = Service.GetCustomers();
var result = customers
             .GroupBy(cust => cust.City);

foreach (IGrouping<Cities, Customer> temp in result) {
  Console.WriteLine(new string('=', 40));
  Console.WriteLine("Stadt: {0}", temp.Key);
  Console.WriteLine(new string('-', 40));
  foreach (var item in temp)
    Console.WriteLine("       {0}", item.Name);
}
```

Die Ausgabe an der Konsole sehen Sie in Abbildung 10.1.

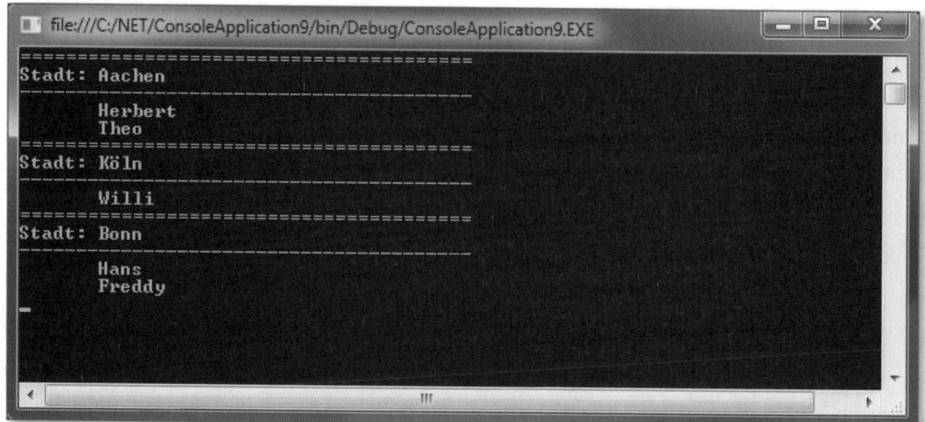

Abbildung 10.1 Die Ausgabe des Beispiels »GroupBy«

Der Operator `GroupBy` ist vielfach überladen. Sehen wir uns eine der Überladungen an:

```
public static IEnumerable<IGrouping<K,T>> GroupBy<T,K>(
   this IEnumerable<T> source, Func<T,K> keyselector);
```

Alle Überladungen geben dabei den Typ `IEnumerable<IGrouping<K,T>>` zurück. Die Schnittstelle `IGrouping<K,T>` ist eine spezialisierte Form von `IEnumerable<T>`. Sie definiert die schreibgeschützte Eigenschaft `key`, die den Wert der zu bildenden Gruppe abruft.

```
public interface IGrouping<K,T> : IEnumerable<T> {
   K key { get; }
}
```

Im Beispiel oben werden mittels `key` die Städte aus dem generischen Typ `K` (also `Cities`) abgefragt. Betrachten wir nun die äußere Schleife:

```
foreach (IGrouping<Cities, Customer> temp in result)
```

Sie müssen der Schnittstelle `IGrouping` im ersten Typparameter in unserem Beispiel `Cities` zuweisen, den Datentyp des Elements, nach dem gruppiert werden soll. Der zweite Typparameter beschreibt den Typ des zu gruppierenden Elements.

Die äußere Schleife beschreibt die einzelnen Gruppen und gibt als Resultat alle Elemente zurück, die zu der entsprechenden Gruppe gehören. In unserem Beispielcode wird diese Untergruppe mit der Variablen `item` beschrieben. In der inneren Schleife werden anschließend alle Elemente von `temp` erfasst und die gewünschten Informationen ausgegeben.

Der `GroupBy`-Operator kann auch in der Schreibweise der Abfragesyntax dargestellt werden:

```
var result = from customer in customers
             group customer by customer.City
```

10.2.9 Verknüpfungen mit »Join«

Mit dem `Join`-Operator definieren Sie Beziehungen zwischen mehreren Auflistungen, ähnlich wie Sie in SQL mit dem gleichnamigen JOIN-Statement Tabellen miteinander in Beziehung setzen.

In unseren Musterdaten liegen insgesamt 16 Bestellungen vor. Es soll nun für jede Bestellung die Bestellnummer des bestellten Artikels, die Bestellmenge und der Einzelpreis des Artikels ausgegeben werden. Die Listen der Produkte und Bestellungen spielen in diesem Fall eine entscheidende Rolle.

```
Order[] orders = Service.GetOrders();
Product[] products = Service.GetProducts();

var liste = orders
            .Join(products,
                  ord => ord.ProductID,
                  prod => prod.ProductID,
                  (a, b) => new {a.OrderID,
                                 a.ProductID,
                                 b.Price,
                                 a.Quantity});

foreach(var m in liste)
  Console.WriteLine("Order: {0,-3} Product: {1} Menge: {2} Preis: {3}",
   m.OrderID, m.ProductID, m.Quantity, m.Price);
```

Der `Join`-Operator ist überladen. In diesem Beispiel haben wir den folgenden benutzt:

```
public static IEnumerable<V> Join<T, U, V, K>(
     this Enumerable<T> outer,
     IEnumerable<U> inner,
     Func<T, K> outerKeySelector,
     Func<U, K> innerKeySelector,
     Func<T, U, V> resultSelector);
```

`Join` wird als Erweiterungsmethode der Liste definiert, auf die `Join` aufgerufen wird. In unserem Beispiel ist es die durch `orders` beschriebene Liste aller Bestellungen. Die innere Liste wird durch das Argument beschrieben und ist in unserem Beispielcode die Liste aller Produkte `products`. Als zweites Argument erwartet `Join` im Parameter `outerKeySelector` das Schlüsselfeld der äußeren Liste (hier: `orders`), das mit dem im dritten Argument angegebenen Schlüsselfeld der inneren Liste in Beziehung gesetzt wird.

Im vierten Argument wird die Ergebnisliste festgelegt. Dazu werden zwei Parameter übergeben: Der erste projiziert ein Element der äußeren Liste, der zweite ein Element der inneren Liste in das Ergebnis der `Join`-Abfrage.

Beachten Sie, dass in der Definition von `Join` der generische Typ `T` die äußere Liste beschreibt und der Typ `U` die innere. Die Schlüssel (in unserem Beispiel werden dazu die Felder genommen), die die `ProductID` beschreiben, verstecken sich hinter dem generischen Typ `K`, die Ergebnisliste hinter `V`.

Sie können eine `Join`-Abfrage auch in Abfragesyntax notieren:

```
var liste = from ord in orders
            join prod in products
                 on ord.ProductID equals prod.ProductID
            select new { ord.OrderID, ord.ProductID,
                         prod.Price, ord.Quantity };
```

Die Ergebnisliste sehen Sie in Abbildung 10.2. Sie sollten darauf achten, dass Sie beim Vergleich links von `equals` den Schlüssel der äußeren Liste angeben, rechts davon den Schlüssel der inneren Liste. Wenn Sie beide vertauschen, erhalten Sie einen Compilerfehler.

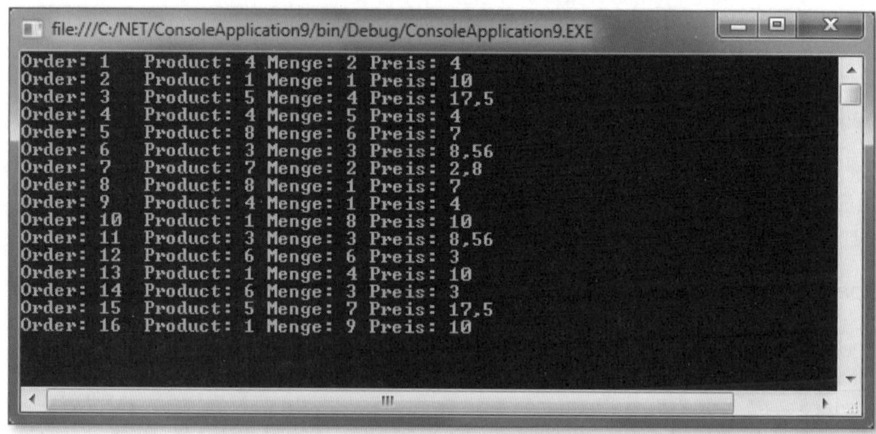

Abbildung 10.2 Resultat der »Join«-Abfrage

Der Operator »GroupJoin«

`Join` führt Daten aus der linken und rechten Liste genau dann zusammen, wenn die angegebenen Kriterien alle erfüllt sind. Ist eines oder sind mehrere der Kriterien nicht erfüllt, befindet sich kein Datensatz in der Ergebnismenge. Damit ist der `Join`-Operator mit dem INNER JOIN-Statement einer SQL-Abfrage vergleichbar.

Suchen Sie ein Äquivalent zu einem LEFT OUTER JOIN oder RIGHT OUTER JOIN, hilft Ihnen der `GroupJoin`-Operator weiter. Nehmen wir an, Sie möchten wissen, welche Bestellungen für die einzelnen Produkte vorliegen. Sie können die LINQ-Abfrage dann wie folgt definieren:

```
Product[] products = Service.GetProducts();
Customer[] customers = Service.GetCustomers();
var liste = products
            .GroupJoin(customers.SelectMany(cust => cust.Orders),
             prod => prod.ProductID,
             ord => ord.ProductID,
                   (a, b) => new { a.ProductID, Orders = b });
foreach (var t in liste) {
  Console.WriteLine("ProductID: {0}", t.ProductID, t.Orders);
  foreach (var order in t.Orders)
     Console.WriteLine("    OrderID: {0}", order.OrderID);
}
```

`GroupJoin` arbeitet sehr ähnlich wie der `Join`-Operator. Der Unterschied zwischen den beiden Operatoren besteht darin, was in die Ergebnismenge aufgenommen wird. Mit `Join` sind es nur Daten, deren Schlüssel sowohl in der `outer`-Liste als auch der `inner`-Liste vertreten sind. Findet `Join` in der `inner`-Liste kein passendes Element, wird das `outer`-Element nicht in die Ergebnisliste aufgenommen.

Ganz anders ist das Verhalten von `GroupJoin`. Dieser Operator nimmt auch dann ein Element aus der `outer`-Liste in die Ergebnisliste auf, wenn keine entsprechenden Daten in `inner` vorhanden sind. Sie können das sehr schön in Abbildung 10.3 sehen, denn der Artikel mit der *ProductID*: 2 ist in keiner Bestellung zu finden.

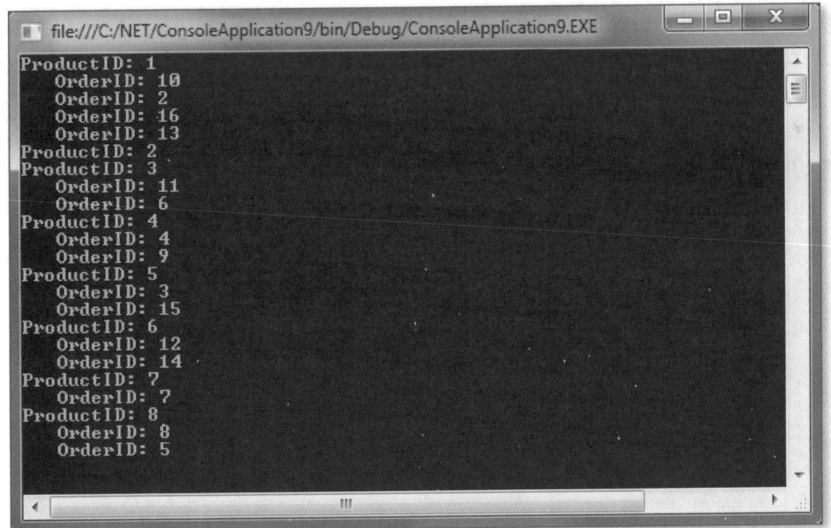

Abbildung 10.3 Ergebnisliste der LINQ-Abfrage mit dem »GroupJoin«-Operator

Sie können den `GroupJoin`-Operator auch in einem Abfrageausdruck beschreiben. Er wird mit `join... into...` definiert.

```
Product[] products = Service.GetProducts();
Customer[] customers = Service.GetCustomers();

var liste = from cust in customers
            from ord in cust.Orders
            select ord;

var expr = from prod in products
           join custord in liste
           on prod.ProductID equals custord.ProductID into allOrders
           select new { prod.ProductID, Orders = allOrders};
```

10.2.10 Die Set-Operatoren-Familie

Der Operator »Distinct«

Vielleicht kennen Sie die Wirkungsweise von DISTINCT bereits von SQL. In LINQ hat der Distinct-Operator die gleiche Aufgabe: Er garantiert, dass in der Ergebnismenge ein Element nicht doppelt auftritt.

```
string[] cities = new string[]{
   "Aachen", "Köln", "Bonn", "Aachen", "Bonn", "Frankfurt"};
var liste = (from p in cities select p).Distinct();
foreach (string city in liste)
   Console.WriteLine(city);
```

Im Array cities kommen die beiden Städte Aachen in Bonn je zweimal vor. Der auf die Ergebnismenge angewendete Distinct-Operator erkennt dies und sorgt dafür, dass jede Stadt nur einmal angezeigt wird.

Der Operator »Union«

Der Union-Operator verbindet zwei Listen miteinander. Dabei werden doppelte Vorkommen ignoriert.

```
string[] cities = new string[]{
         "Aachen", "Bonn", "Aachen", "Frankfurt"};
string[] namen = new string[]{
         "Peter", "Willi", "Hans"};

var listeCities = from c in cities
                  select c;
var listeNamen  = from n in namen
                  select n;
var listeComplete = listeCities.Union(listeNamen);

foreach (var p in listeComplete)
  Console.WriteLine(p);
```

In der Ergebnisliste werden der Reihe nach *Aachen*, *Köln*, *Bonn*, *Frankfurt*, *Peter*, *Willi* und *Hans* erscheinen.

Der Operator »Intersect«

Der `Intersect`-Operator bildet eine Ergebnisliste aus zwei anderen Listen. In der Ergebnisliste sind aber nur die Elemente enthalten, die in beiden Listen gleichermaßen enthalten sind. `Intersect` bildet demnach eine Schnittmenge ab.

```
string[] cities1 = new string[]{
        "Aachen", "Köln", "Bonn", "Aachen", "Frankfurt"};
string[] cities2 = new string[]{
        "Düsseldorf", "Bonn", "Bremen", "Köln"};

var listeCities1 = from c in cities1
                   select c;
var listeCities2  = from n in cities2
                    select n;
var listeComplete = listeCities1.Intersect(listeCities2);

foreach (var p in listeComplete)
  Console.WriteLine(p);
```

Das Ergebnis wird durch die Städte `Köln` und `Bonn` gebildet.

Der Operator »Except«

Während `Intersect` die Gemeinsamkeiten aufspürt, sucht der Operator `Except` nach allen Elementen, durch die sich die Listen voneinander unterscheiden. Dabei sind nur die Elemente in der Ergebnisliste enthalten, die in der ersten Liste angegeben sind und in der zweiten Liste fehlen.

Wenn Sie in dem Codefragment anstelle von `Intersect` den Operator `Except` verwenden, enthält die Ergebnisliste die Orte *Aachen* und *Frankfurt*.

10.2.11 Die Familie der Aggregatoperatoren

LINQ stellt mit `Count`, `LongCount`, `Sum`, `Min`, `Max`, `Average` und `Aggregate` eine Reihe von Aggregatoperatoren zur Verfügung, um Berechnungen an Quelldaten durchzuführen.

Die Operatoren »Count« und »LongCount«

Sehr einfach einzusetzen sind die beiden Operatoren `Count` und `LongCount`. Beide unterscheiden sich dahingehend, dass `Count` einen `int` als Typ zurückgibt und `LongCount` einen `long`.

Um `Count` zu testen, wollen wir zuerst wissen, wie viele Bestellungen insgesamt eingegangen sind:

```
Order[] orders = Service.GetOrders();
var anzahl = (from x in orders
              select x).Count();
Console.WriteLine("Anzahl der Bestellungen gesamt = {0}", anzahl);
```

Alternativ können Sie auch Folgendes formulieren:

```
var anzahl = orders.Count();
```

Das Ergebnis lautet 16.

Vielleicht interessiert uns auch, wie viele Bestellungen jeder einzelne Kunde aufgegeben hat. Wir müssen dann den folgenden Code schreiben:

```
Customer[] customers = Service.GetCustomers();
var orderCounts = from c in customers
                  select new { c.Name, OrderCount = c.Orders.Count() };
foreach (var k in orderCounts)
  Console.WriteLine("{0} - {1}", k.Name, k.OrderCount);
```

Der Operator »Sum«

`Sum` ist grundsätzlich zunächst einmal sehr einfach einzusetzen. Der Operator liefert eine Summe als Ergebnis der LINQ-Abfrage. Im folgenden Codefragment wird die Summe aller Integer-Werte ermittelt, die das Array bilden. Das Ergebnis lautet `114`.

```
int[] arr = new int[] { 1, 3, 7, 4, 99 };
var sumInt = arr.Sum();
Console.WriteLine("Integer-Summe = {0}", sumInt);
```

Das folgende Beispiel ist nicht mehr so einfach. Hier soll der Gesamtbestellwert über alle Produkte für jeden Kunden ermittelt werden.

```
var allOrders =
   from cust in customers
   from ord in cust.Orders
   join prod in products on ord.ProductID equals prod.ProductID
   select new { cust.Name, ord.ProductID,
                OrderAmount = ord.Quantity * prod.Price };

var summe =
   from cust in customers
   join ord in allOrders
   on cust.Name equals ord.Name into custWithOrd
   select new { cust.Name, TotalSumme = custWithOrd.Sum(s => s.OrderAmount) };

foreach(var s in summe)
  Console.WriteLine("Name: {0,-7} Bestellsumme: {1}",
                    s.Name, s.TotalSumme);
```

Analysieren wir den Code schrittweise, und überlegen wir, was das Resultat des folgenden Abfrageteilausdrucks ist.

```
var allOrders =
   from cust in customers
   from ord in cust.Orders
   join prod in products on ord.ProductID equals prod.ProductID
   select new { cust.Name, ord.ProductID,
                OrderAmount = ord.Quantity * prod.Price };
```

Zuerst ist es notwendig, die Bestellungen aus jedem `Customer`-Objekt zu filtern. Danach wird ein Join gebildet, der die `ProductIDs` aus den einzelnen Bestellungen eines Kunden mit der `ProductID` aus der Liste der Artikel verbindet. Das Ergebnis ist eine Art Tabelle mit Spalten für den Bestellernamen, die `ProductID` und die Gesamtsumme für diesen Artikel, die anhand der Bestellmenge gebildet wurde (siehe Abbildung 10.4).

Nun gilt es noch, die Ergebnisliste nach den Kunden zu gruppieren und dann die Gesamtsumme aller Bestellungen zu bilden:

```
var summe =
   from cust in customers
   join ord in allOrders
   on cust.Name equals ord.Name into custWithOrd
   select new { cust.Name,
        TotalSumme = custWithOrd.Sum(s => s.OrderAmount) };
```

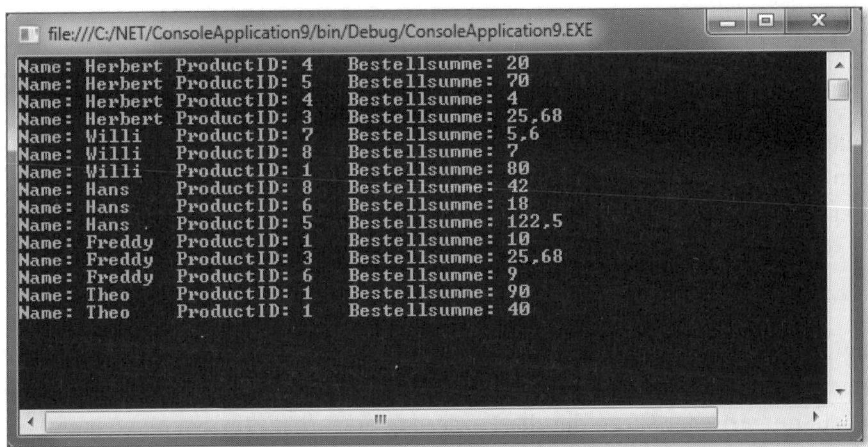

Abbildung 10.4 Bestellwert als Zwischenergebnis

Wir sollten uns daran erinnern, dass der `GroupJoin`-Operator mit diesen Fähigkeiten ausgestattet ist. Es müssen zuerst die beiden Listen `customers` und `allOrders` zusammengeführt werden. Sie können sich das so vorstellen, dass die Gruppierung mit `GroupJoin` zur Folge hat, dass für jeden `Customer` eine eigene »Tabelle« erzeugt wird, in der alle seine Bestellungen beschrieben sind. Die Variable `s` steht hier für ein Gruppenelement, letztendlich also für eine Bestellung. Die Gruppierung nach `Customer`-Objekten gestattet es uns nun, mit dem Operator `Sum` den Inhalt der Spalte `OrderAmount` zu summieren.

Das Resultat der kompletten LINQ-Abfrage sehen Sie in Abbildung 10.5.

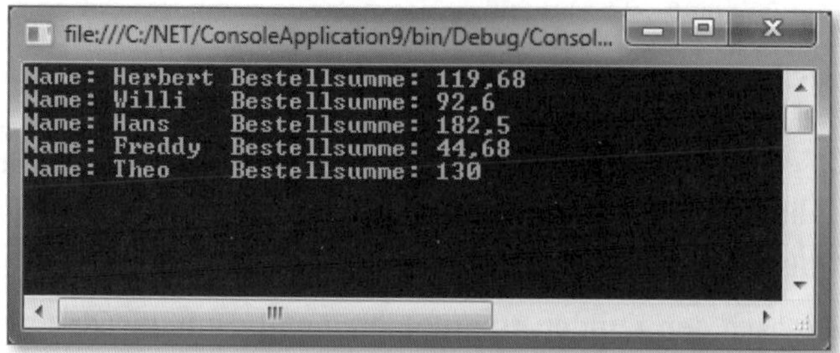

Abbildung 10.5 Ergebnis der Abfrage der Gesamtbestellsumme

Die Operatoren »Min«, »Max« und »Average«

Die Aggregatoperatoren `Min` und `Max` ermitteln den minimalen bzw. maximalen Wert in einer Datenliste, und `Average` liefert das arithmetische Mittel.

Grundsätzlich ist der Einsatz der Operatoren sehr einfach, wie das folgende Codefragment exemplarisch an `Max` zeigt:

```
var max = (from p in products
           select p.Price).Max();
```

Das funktioniert aber auch nur, solange numerische Werte als Datenquelle vorliegen. Sie brauchen den Code nur wie folgt leicht zu ändern, um festzustellen, dass nun eine `ArgumentException` ausgelöst wird.

```
var max = (from p in products
           select new { p.Price }).Max();
```

Die Meldung zu der Exception besagt, dass mindestens ein Typ die `IComparable`-Schnittstelle implementieren muss. In der ersten funktionsfähigen Version des Codes stand in der Ergebnisliste ein numerischer Wert, der der Forderung entspricht. Im zweiten, einen Fehler verursachenden Codefragment hingegen wird ein anonymer Typ beschrieben, der mit der geforderten Schnittstelle überhaupt nicht dienen kann.

Diese Lösung der Problematik ist nicht schwer. Die Operatoren sind alle so überladen, dass ihnen einen Wert-Selektor übergeben werden kann. Mit anderen Worten: Geben Sie das gewünschte Element aus der Liste der Elemente, die den anonymen Typ bilden, als zu bewertenden Ausdruck an.

```
var max = (from p in products
           select new { p.Price })
           .Max( x => x.Price);
```

10.2.12 Generierungsoperatoren

Der Operator »Range«

Dieser Operator liefert ausgehend von einem Startwert eine Gruppe von Integer-Werten, die aus einem spezifizierten Wertebereich ausgewählt werden. Die Definition des Operators lautet wie folgt:

```
public static IEnumerable<int> Range(int start, int count);
```

Bei genauer Betrachtung ist dieser Operator mit einer for-Schleife vergleichbar. Sie übergeben dem ersten Parameter den Startwert und teilen mit dem zweiten Parameter mit, wie oft eine bestimmte Operation ausgeführt werden soll.

Im folgenden Codefragment werden alle Produkte gesucht, deren Preis größer 5 ist. Das ist der definierte Startwert. Unsere Liste wird dabei nur einmal durchlaufen.

```
Product[] products = Service.GetProducts();
var numbers = Enumerable.Range(5, 1)
              .SelectMany(x => (from prod in products
              where prod.Price > x
              select new { prod.ProductName }));
foreach (var res in numbers) {
  Console.WriteLine(res);
}
```

Keine Frage, wir könnten mit einer einfachen where-Bedingung zum gleichen Resultat kommen. Der Range-Operator ist auch viel besser dazu geeignet, mathematische Operationen zu codieren. Dies demonstriert der folgende Code:

```
var nums = Enumerable.Range(1, 10).Select(x => 2 * x);
foreach (var num in nums)
  Console.WriteLine(num);
```

Der Operator »Repeat«

Der Repeat-Operator arbeitet ähnlich wie der zuvor besprochene Range-Operator. Repeat gibt eine Gruppe zurück, in der dasselbe Element mehrfach enthalten ist. Die Anzahl der Wiederholungen ist dabei festgelegt.

Auch zu diesem Operator wollen wir uns zunächst die Definition ansehen.

```
public static IEnumerable<T> Repeat<T>(T element, int count);
```

Dem ersten Parameter übergeben Sie das Element, das wiederholt werden soll. Dem zweiten Parameter teilen Sie die Anzahl der Wiederholungen mit. Mit

```
Product[] products = Service.GetProducts();
var prods = Enumerable.Repeat((from p in products
                               select p.ProductName), 3)
                               .SelectMany(x => x);
foreach (var p in prods)
  Console.WriteLine(p);
```

werden beispielsweise alle Produktnamen dreimal ausgegeben.

10.2.13 Quantifizierungsoperatoren

Beabsichtigen Sie, die Existenz von Elementen in einer Liste anhand von Bedingungen oder definierten Regeln zu überprüfen, helfen die Quantifizierungsoperatoren Ihnen weiter.

Der Operator »Any«

`Any` ist ein Operator, der ein Prädikat auswertet und einen booleschen Wert zurückliefert. Nehmen wir an, Sie möchten wissen, ob der Kunde *Willi* auch das Produkt mit der `ID` = 6 bestellt hat. `Any` hilft, das festzustellen.

```
bool result = (from cust in customers
               from ord in cust.Orders
               where cust.Name == "Willi"
               select new { ord.ProductID })
               .Any(ord => ord.ProductID == 7);
if (result)
  Console.WriteLine("ProductID 3 ist enthalten");
else
  Console.WriteLine("ProductID 3 ist nicht enthalten");
```

Die Elemente werden so lange ausgewertet, bis der Operator auf ein Element stößt, das die Bedingung erfüllt.

Der Operator »All«

Während `Any` schon `true` liefert, wenn für ein Element die Bedingung erfüllt ist, liefert der Operator `All` nur dann `true`, wenn alle untersuchten Elemente der Bedingung entsprechen.

Möchten Sie beispielsweise feststellen, ob alle Preise der Einzelprodukte > 3 sind, genügt die folgende LINQ-Abfrage:

```
bool result = (from prod in products
              select prod).All(p => p.Price > 3);
```

10.2.14 Aufteilungsoperatoren

Mit where und select filtern Sie eine Datenquelle nach vorgegebenen Kriterien. Das Ergebnis ist anschließend eine neue Menge von Daten, die den Kriterien entspricht. Möchten Sie nur eine Teilmenge der Datenquelle betrachten, ohne Filterkriterien einzusetzen, eignen sich die Aufteilungsoperatoren.

Der Operator »Take«

Sie könnten zum Beispiel daran interessiert sein, nur die ersten drei Produkte aus der Liste aller Produkte auszugeben. Mit dem Take-Operator ist das sehr einfach zu realisieren:

```
Product[] prods = Service.GetProducts();
var result = prods.Take(3);
foreach (var prod in result)
  Console.WriteLine(prod.ProductName);
```

Wir greifen in unserem Beispiel auf eine Datenquelle zu, die uns der Aufruf der Methode GetProducts liefert. Natürlich kann die zu untersuchende Datenquelle zuvor durch einen anderen LINQ-Ausdruck gebildet werden:

```
Product[] prods = Service.GetProducts();
var result = (from prod in prods
              where prod.Price > 3
              select new { prod.ProductName, prod.Price })
               .Take(3);
foreach (var prod in result)
  Console.WriteLine("{0,-7}{1}", prod.ProductName, prod.Price);
```

Der Operator »TakeWhile«

Der Operator Take basiert auf einem Integer als Zähler. Sehr ähnlich arbeitet auch TakeWhile. Der Unterschied zum zuvor behandelten Operator ist, dass Sie ein Prädikat angeben können, das als Kriterium der Filterung angesehen wird. TakeWhile durchläuft die Datenquelle und gibt das gefundene Element zurück, wenn das Ergebnis der Prüfung true ist. Beendet wird der Durchlauf unter zwei Umständen:

- Das Ende der Datenquelle ist erreicht.
- Das Ergebnis einer Untersuchung lautet false.

Wir wollen uns das an einem Beispiel ansehen. Auch dabei wird als Quelle auf die Liste der Produkte zurückgegriffen. Das Prädikat sagt aus, dass diejenigen Produkte in der Ergebnisliste erfasst werden sollen, deren Preis höher als 3 ist:

```
Product[] prods = Service.GetProducts();
var result = (from prod in prods
              select new { prod.ProductName, prod.Price })
              .TakeWhile(n => n.Price > 3);
foreach (var prod in result)
  Console.WriteLine("{0,-7}{1}", prod.ProductName, prod.Price);
```

Es werden die folgenden Produkte angezeigt:

- *Käse*
- *Wurst*
- *Obst*
- *Gemüse*
- *Fleisch*

Beachten Sie, dass in der Ergebnisliste das Produkt *Pizza* nicht enthalten ist, da die Schleife beendet wird, ehe *Pizza* einer Untersuchung unterzogen werden kann.

Die Operatoren »Skip« und »SkipWhile«

`Take` und `TakeWhile` werden um `Skip` und `SkipWhile` ergänzt.

`Skip` überspringt eine bestimmte Anzahl von Elementen in einer Datenquelle. Der verbleibende Rest bildet die resultierende Ergebnismenge. Um zum Beispiel die ersten beiden in der Liste enthaltenen Produkte aus der Ergebnisliste auszuschließen, codieren Sie die folgenden Anweisungen:

```
Product[] prods = Service.GetProducts();
var result = (from prod in prods
              select new { prod.ProductName, prod.Price })
              .Skip(2);
```

`SkipWhile` erwartet ein Prädikat. Die Elemente werden damit verglichen. Dabei werden die Elemente so lange übersprungen, wie das Ergebnis der Überprüfung `true` liefert. Sobald eine Überprüfung `false` ist, werden das betreffende Element und alle Nachfolgeelemente in die Ergebnisliste aufgenommen.

Das Prädikat im folgenden Codefragment sucht in der Liste aller Produkte nach dem ersten Produkt, für das die Bedingung nicht gilt, dass der Preis > 3 ist. Dieses und alle darauf folgenden Elemente werden in die Ergebnisliste geschrieben.

```
Product[] prods = Service.GetProducts();
var result = (from prod in prods
              select new { prod.ProductName, prod.Price })
              .SkipWhile(x => x.Price > 3 );
```

Ausgegeben werden folgende Produkte:

- *Süßwaren*
- *Bier*
- *Pizza*

10.2.15 Elementoperatoren

Bisher lieferten uns alle Operatoren immer eine Ergebnismenge zurück. Oft möchten Sie aber aus einer Liste ein bestimmtes einzelnes Element herausfinden. Hierbei unterstützen uns die Operatoren, denen wir uns nun widmen.

Der Operator »First«

Dieser Operator sucht das erste Element in einer Datenquelle. Wegen der Überladung kann es sich um das positional erste Element handeln oder um das erste Element einer mit einem Prädikat gebildeten Ergebnisliste.

Das folgende Beispiel zeigt, wie einfach der Einsatz von `First` ist. Als Ergebnis wird auf der Konsole *Käse* ausgegeben.

```
Product[] prods = Service.GetProducts();
var result = (from prod in prods
              select new { prod.ProductName })
              .First();
Console.WriteLine("{0}", result.ProductName);
```

Vielleicht möchten Sie aber eine Liste aller Produkte haben, deren Preis kleiner 10 ist, und aus dieser Liste nur das erste Listenelement herausfiltern.

```
Product[] prods = Service.GetProducts();
var result = (from prod in prods
              select new { prod.ProductName, prod.Price })
              .First(item => item.Price < 10);
Console.WriteLine("{0}", result.ProductName);
```

Hier lautet das Produkt *Wurst*.

Der Operator »FirstOrDefault«

Versuchen Sie einmal, das letzte Codefragment mit dem Prädikat

```
item => item.Price < 1
```

auszuführen. Sie werden eine Fehlermeldung erhalten, weil kein Produkt in der Datenquelle enthalten ist, das der genannten Bedingung entspricht.

In solchen Fällen empfiehlt es sich, anstelle des Operators `First` den Operator `FirstOrDefault` zu benutzen. Für den Fall, dass kein Element gefunden wird, liefert der Operator `default(T)` zurück. Handelt es sich um einen Referenztyp, ist das `null`.

FirstOrDefault liegt ebenfalls in zwei Überladungen vor. Sie können neben der parameterlosen Variante auch die parametrisierte Überladung benutzen, der Sie das gewünschte Prädikat übergeben.

```
Product[] prods = Service.GetProducts();
var result = (from prod in prods
              select new { prod.ProductName, prod.Price })
              .FirstOrDefault(item => item.Price < 1);
if (result == null)
  Console.WriteLine("Kein Element entspricht der Bedingung.");
else
  Console.WriteLine("{0}", result.ProductName);
```

Die Operatoren »Last« und »LastOrDefault«

Sicherlich können Sie sich denken, dass die beiden Operatoren Last und LastOrDefault Ergänzungen der beiden im Abschnitt zuvor behandelten Operatoren sind. Beide operieren auf die gleiche Weise wie First und FirstOrDefault, nur dass das letzte Element der Liste das Ergebnis bildet.

```
Product[] prods = Service.GetProducts();
var result = (from prod in prods
              select new { prod.ProductName, prod.Price })
              .LastOrDefault(item => item.Price < 5);
if (result == null)
  Console.WriteLine("Kein Element entspricht der Bedingung.");
else
  Console.WriteLine("{0}", result.ProductName);
```

Die Operatoren »Single« und »SingleOrDefault«

Alle bislang vorgestellten Elementoperatoren lieferten eine Ergebnismenge, aus der ein Element herausgelöst wurde: Entweder lieferten sie das erste oder das letzte Element. Mit Single bzw. SingleOrDefault können Sie nach einem bestimmten, eindeutigen Element Ausschau halten. »Eindeutig« bedeutet in diesem Zusammenhang, dass es kein Zwischenergebnis gibt, aus dem anschließend ein Element das Ergebnis bildet. In der Musterdaten-Anwendung ist beispielsweise das Feld ProductID eindeutig, vergleichbar mit der Primärschlüsselspalte einer Datenbanktabelle.

Mit Single und SingleOrDefault können Sie ein eindeutiges Element finden. Werden mehrere gefunden, wird eine InvalidOperationException ausgelöst. Auch für dieses Pärchen gilt: Besteht die Möglichkeit, dass kein Element gefunden wird, sollten Sie den Operator SingleOrDefault einsetzen, der – wie bei den anderen Operatoren auch – default<T> als Rückgabewert liefert und keine Ausnahme auslöst wie Single in diesem Fall.

Sie können beide Operatoren parameterlos aufrufen oder ein Prädikat angeben.

```
Product[] prods = Service.GetProducts();
var result = (from prod in prods
              select new { prod.ProductID, prod.ProductName })
             .Single( p => p.ProductID == 2);
if (result == null)
  Console.WriteLine("Kein Element entspricht der Bedingung.");
else
  Console.WriteLine("{0}", result.ProductName);
```

Die Operatoren »ElementAt« und »ElementOrDefault«

Möchten Sie ein bestimmtes Element aus einer Liste anhand seiner Position extrahieren, sollten Sie entweder die Methode `ElementAt` oder die Methode `ElementAtOrDefault` verwenden.

```
Product[] prods = Service.GetProducts();
var result = (from prod in prods
              select new { prod.ProductID, prod.ProductName )
              .ElementAtOrDefault(3);
if (result == null)
   Console.WriteLine("Kein Element entspricht der Bedingung.");
else
  Console.WriteLine("{0}", result.ProductName);
```

Beide Methoden erwarten die Angabe des Index in der Liste. Da Listen nullbasiert sind, wird bei der Angabe von `3` das vierte Element extrahiert. `ElementAtOrDefault` liefert wieder den Standardwert, falls der Index negativ oder größer als die Elementanzahl ist.

Der Operator »DefaultIfEmpty«

Standardmäßig liefert dieser Operator eine Liste von Elementen ab. Sollte die Liste jedoch leer sein, führt dieser Operator nicht sofort zu einer Exception. Stattdessen ist der Rückgabewert dann entweder `default<T>` oder – falls Sie die überladene Fassung von `DefaultIfEmpty` eingesetzt haben – ein spezifischer Wert.

```
List<string> liste = new List<string>();
liste.Add("Peter");
liste.Add("Uwe");
foreach (string tempStr in liste.DefaultIfEmpty("leer")) {
  Console.WriteLine(tempStr);
}
```

In diesem Codefragment wird vorgegeben, dass bei einer leeren Liste die Zeichenfolge *leer* das Ergebnis der Operation darstellt.

11 Multithreading und die Task Parallel Library (TPL)

Es gibt viele Operationen, die eine längere Zeit für die Ausführung benötigen. Ohne besondere Maßnahme wird die weitere Ausführung einer Anwendung in einem solchen Fall solange blockiert, bis die langdauernde Operation beendet ist. Abhilfe schafft das Multithreading oder seit .NET 4.0 die Nutzung der zur Verfügung stehenden Prozessorkerne mit der TPL (Task Parallel Library). Beide Themen stehen im Mittelpunkt dieses Kapitels.

11.1 Überblick

Seit den Anfängen von .NET lassen sich mit mehr oder weniger viel Aufwand multithreadingfähige Anwendungen programmieren. Die Grundlage war die Klasse `Thread` aus dem Namespace `System.Threading`. Mit `Thread` ließen sich bei Bedarf neue Threads ins Leben rufen, Threadprioritäten setzen und auch komplexe Synchronisationsmechanismen realisieren.

Aber die Entwicklung der Hardware begann aus technischen Gründen einen Weg einzuschlagen, dem die Klasse `Thread` nicht mehr gewachsen war: Multi-Core-Prozessoren überfordern diese Klasse. Während in all den Jahren zuvor die Taktfrequenz immer weiter nach oben getrieben worden war, sahen sich die Hardware-Entwicklungsfirmen bei einer Taktfrequenz von ca. 3 GHz einer natürlichen Grenze gegenüber: Prozessoren mit noch höherer Taktfrequenz ließen sich nicht mehr ausreichend kühlen. Um dennoch leistungsverbesserte Prozessoren anbieten zu können, wurden die Multi-Core-Prozessoren entwickelt. Zuerst waren es Double-Core-Prozessoren, schnell folgte die nächste Welle mit Quad-Core-Prozessoren. Ein Ende der Entwicklung ist derzeit nicht abzusehen.

Mit der Klasse `Thread` Anwendungen zu entwickeln, die die Möglichkeiten der Multi-Core-Prozessoren ausreizen, ist nur schwer möglich, denn die Klasse `Thread` wurde zu einer Zeit entwickelt, als es darum ging, mehrere Ausführungsstränge quasi-gleichzeitig auf einer CPU laufen zu lassen.

Dem hardwaretechnischem Fortschritt wird in .NET nunmehr mit der Einführung der TPL (*Task Parallel Library*) Rechnung getragen. TPL ist eine neue API, die uns in die Lage versetzt, Mehrkernprozessoren in unseren Anwendungen zu nutzen, ohne dass dabei die Komplexität des Programmcodes zunimmt. Ganz im Gegenteil, es ist sogar einfacher, die neue TPL zu programmieren als die »alte« Klasse `Thread`. Nichtsdestotrotz kommen Ihnen die Kenntnisse der klassischen Multithreading-Programmierung beim Einsatz von TPL zugute. Nicht nur aus diesem Grund habe ich in diesem Buch auf die grundlegende Programmierung mehrerer Threads nicht verzichtet.

11.2 Multithreading mit der Klasse »Thread«

11.2.1 Einführung in das Multithreading

Stellen Sie sich eine beliebige Anwendung vor, die in der Lage ist, Mails zu versenden. Das Versenden kann, wenn die Mail mehrere größere Anhänge hat, durchaus einen längeren Zeitraum in Anspruch nehmen. Während des Versendens wird eine Sanduhr angezeigt, und der Anwender kann nicht mit der Applikation weiterarbeiten. Erstrebenswert ist es, dem Anwender eine Anwendung auszuliefern, die ohne eine Verzögerung auskommt. Dazu wäre nur eine Applikation in der Lage, die das *Multithreading* beherrscht. Mit einer solchen Anwendung könnte der Benutzer weiterarbeiten, während (scheinbar) gleichzeitig die Mail verschickt wird.

Die Entgegennahme der Benutzereingabe und das Versenden der Mail sind zwei Operationen, die in einer multithreading-fähigen Anwendung voneinander unabhängig sind und innerhalb eines einzigen Prozesses ablaufen. Beide Operationen können dabei dieselben Daten benutzen. Jeder Operation wird dazu ein eigener *Thread* zugeordnet. Ein Thread ist eine Ausführungseinheit und besteht aus einer kontinuierlichen Abfolge von Anweisungen. Sie werden weiter unten in den Beispielen noch sehen, wie das zu verstehen ist.

Jeder gestarteten Anwendung ist ein Prozess zugeordnet, in dem mindestens ein Thread existiert. Somit ist ein Thread die kleinste Ausführungseinheit und gehört im Umkehrschluss grundsätzlich immer zu einem Prozess. Wird der letzte Thread eines Prozesses zerstört, wird die Laufzeitumgebung der Anwendung beendet.

Wenn man eine Ein-Prozessor-Maschine voraussetzt, kann zu einem gegebenen Zeitpunkt nur ein Thread von der CPU bearbeitet werden. Stehen mehrere Threads derselben oder auch unterschiedlicher Anwendungen zur Ausführung in einer Warteschlange, erfolgt der Austausch der Threads in der CPU in sehr kleinen Zeitintervallen (Standard: 20 ms). Für die Zuteilung der CPU ist eine Komponente des Systems zuständig, der *Scheduler*. Einem Anwender fällt das nicht auf – aus seiner Sicht erscheint es so, als würde die Ausführung gleichzeitig erfolgen.

Im Kontext jedes Threads sind alle Informationen enthalten, um die unterbrochene Ausführung zu einem späteren Zeitpunkt wieder problemlos aufnehmen zu können. Dazu gehören die Inhalte der CPU-Register zu dem Zeitpunkt, zu dem der Thread den Prozessor verlassen hat, sowie alle Informationen, die den Zustand des Threads beschreiben.

11.2.2 Threadzustände und Prioritäten

Wartende, bereite und laufende Threads

Jeder Thread kann sich in einem von drei möglichen Zuständen befinden:

- *wartend (waiting)*
- *bereit (ready)*
- *laufend (running)*

Ein *laufender Thread* befindet sich aktuell im Prozessor und wird ausgeführt. Ein Prozessor kann zu einem gegebenen Zeitpunkt immer nur einen Thread bearbeiten. Nach Ablauf der zugestandenen Zeitspanne muss der *laufende* Thread die CPU räumen. Er reiht sich wieder in die Warteschlange auf der Zeitscheibe ein und hofft darauf, dass ihm möglichst schnell wieder Prozessorzeit zugeteilt wird.

Die Threads, die in der Warteschlange stehen, werden als *bereit* bezeichnet. Nur einem bereiten Thread kann ein Zeitquantum der CPU zugestanden werden.

Es gibt aber auch Threads, die während ihrer Ausführung freiwillig den Prozessor räumen und auch danach zunächst nicht mehr willens sind, sich in die Warteschlange der bereiten Threads einzuordnen. Diese Threads werden als *wartend* bezeichnet. Ein wartender Thread muss den Anstoß von einem anderen Thread bekommen, um in den bereiten Zustand überführt zu werden.

Bezogen auf einen Prozessor kann sich zu einem gegebenen Zeitpunkt nur ein Thread im laufenden Zustand befinden. Die anderen Threads sind entweder *bereit* oder *wartend*. Der aktuell ausgeführte Thread muss unter folgenden Bedingungen den Prozessor aufgeben:

- Das ihm zugestandene Zeitquantum ist abgelaufen.
- Der Thread muss auf ein anderes Objekt oder eine Benachrichtigung warten. Er tritt in den Zustand *wartend* ein.
- Ein anderer Thread mit einer höheren Priorität befindet sich in der Warteschlange.

Während die beiden zuerst aufgeführten Punkte aufgrund der vorherigen Ausführungen einleuchtend sein sollten, ist der dritte neu.

Thread-Prioritäten

Jedem Thread wird eine bestimmte *Priorität* zugeordnet. Stehen mehrere Threads in der Warteschlange, erhält derjenige Thread Prozessorzeit, dessen Priorität am höchsten ist. Windows kennt die Prioritätsstufen 1 bis 31, die allerdings nicht alle genutzt werden. Viele Systemthreads laufen mit einer höheren Priorität als die Threads »normaler« Anwendungen. Der Prioritätszuordnung eines Threads und den daraus resultierenden Konsequenzen bei der Prozessorzuteilung kommt eine sehr große Bedeutung zu. Gäbe es die Zuordnung einer Priorität nicht, wäre es unter anderem nicht möglich, aus einer laufenden Windows-Anwendung heraus eine andere zu aktivieren. Das System fängt nämlich in einem Thread hoher Priorität den Mausklick auf das Fenster einer inaktiven Anwendung ab, ordnet die Mauszeigerposition dem direkt darunter liegenden Fenster zu und aktiviert es.

Die Priorität eines Threads kann bei Bedarf erhöht werden. Damit kann man erreichen, dass Aufgaben, die Vorrang vor anderen haben sollen, nicht gleichberechtigt mit den anderen Threads behandelt werden, sondern bevorzugt. Umgekehrt kann die Priorität eines Threads auch verringert werden, um ihn einerseits bereitzuhalten, ihn aber andererseits nur in bestimmten Situationen zur Ausführung zu bringen, möglicherweise auch erst nach vorheriger Erhöhung der Priorität.

Einen Thread mit niedriger Priorität haben Sie schon kennengelernt: Es ist der Thread des *Garbage Collectors*. Dieser erhält erst dann Prozessorzeit, wenn keine andere Ausführungseinheit die CPU beansprucht oder die Ressourcen knapp werden. Tritt die letztgenannte Situation ein, wird die Priorität des Garbage Collectors angehoben, damit die Speicherbereinigung ihre Arbeit verrichten kann.

Ein Thread, dessen Zeit auf der Zeitscheibe abgelaufen ist, wird als *bereit* markiert und sichert den Zustand der Daten im Stack. Danach sucht das Betriebssystem nach dem Thread, der sowohl als bereit markiert ist als auch gleichzeitig die höchste Priorität besitzt. Befinden sich mehrere bereite Threads auf derselben Prioritätsstufe, weist der Scheduler dem in der Reihenfolge nächsten Thread den Prozessor zu.

11.2.3 Zusammenspiel mehrerer Threads

Eine multithreading-fähige Anwendung zu schreiben ist nicht einfach und birgt immer die latente Gefahr von Fehlern. Eine der größten Fehlerquellen ist der gleichzeitige Zugriff mehrerer Komponenten auf eine gemeinsame Ressource. Wartet zum Beispiel ausnahmslos jede der beteiligten Komponenten auf die Antwort der anderen, wäre ein *Deadlock* die Folge – die Anwendung kann nicht mehr weiterarbeiten und hängt sich auf. Wir können in diesem Kapitel nicht alle Aspekte erörtern, die in diesem Zusammenhang von Bedeutung sind. Sie sollten aber immer daran denken, dass mit steigender Anzahl der Threads das Gefahrenpotenzial exponential steigt, die Komplexität der Anwendung drastisch zunimmt und der Ablauf der Anwendung nur noch schwierig nachzuvollziehen ist.

Trotz der Schwierigkeiten, die sich bei der Entwicklung einer Multithreading-Anwendung ergeben, gibt es eine Reihe von Situationen, in denen der Einsatz mehrerer Threads sinnvoll ist. Meistens handelt es sich um Operationen, die generell eine längere Zeitspanne für ihre Ausführung benötigen, z. B. bei der Kommunikation mit anderen Rechnern über das Netzwerk oder bei Tasks, die als zeitkritisch eingestuft werden müssen.

11.2.4 Die Entwicklung einer einfachen Multithreading-Anwendung

Im folgenden Beispiel wird auf einfachste Weise neben dem Hauptthread, der beim Starten einer Anwendung automatisch erzeugt wird, ein zweiter Thread per Programmcode ins Leben gerufen. Anhand dieses kleinen Programms wollen wir uns mit den wichtigsten Grundlagen einer multithreading-fähigen Anwendung vertraut machen.

```
// ---------------------------------------------------------------
// Beispiel: ...\Kapitel 11\EinfacherThread
// ---------------------------------------------------------------
class Program {
  static void Main(string[] args) {
    ThreadStart del;
    del = new ThreadStart(TestMethod);
    Thread thread = new Thread(del);

    // zweiten Thread starten
    thread.Start();
    for(int i = 0; i <= 100; i++) {
      for(int k = 1; k <= 20; k++)
        Console.Write(".");
      Console.WriteLine("Primär-Thread " + i);
    }
    Console.ReadLine();
  }

  // Diese Methode wird in einem eigenen Thread ausgeführt.
  public static void TestMethod() {
    for(int i = 0; i <= 100; i++) {
      for(int k = 1; k <= 20; k++)
        Console.Write("X");
      Console.WriteLine("Sekundär-Thread " + i);
    }
  }
}
```

Alle Klassen, die mit der Entwicklung multithreading-fähiger Anwendungen unter .NET in Zusammenhang stehen, sind im Namespace `System.Threading` zu finden, der am Anfang des Programms mit `using` bekannt gegeben werden sollte. Die wichtigste Klasse innerhalb dieses Namespace dürfte die Klasse `Thread` sein, mit der ein neuer Thread erzeugt wird. Werfen wir einen Blick auf den eingesetzten Konstruktor dieser Klasse:

```
public Thread (ThreadStart start);
```

Bei dem Parameter vom Typ `ThreadStart` handelt es sich um ein Delegate, das die Methode angibt, deren Anweisungen in einem neuen Thread ausgeführt werden sollen. Die Definition dieses Delegates lautet wie folgt:

```
public sealed delegate void ThreadStart ();
```

Die Instanz eines Delegates kapselt den Zeiger auf die Speicheradresse einer Methode. Die Typen der Parameterliste des Delegates müssen den Typen der Parameterliste der Methode entsprechen, auf die das Delegate verweist. Demzufolge kann man dem Konstruktor der Klasse `Thread` über das Delegate nur die Adresse einer parameterlosen Methode zuweisen – in unserem Beispiel ist es die Methode `TestMethod`:

```
ThreadStart del = new ThreadStart(TestMethod);
Thread thread = new Thread(del);
```

Im ersten Schritt wird die Variable `del` vom Typ des Delegates `ThreadStart` deklariert. Dem Delegate wird die Adresse der benutzerdefinierten Methode übergeben. Danach kann die `Thread`-Klasse unter Übergabe der Referenz des Delegates instanziiert werden. Mit

```
Thread thread = new Thread(new ThreadStart(TestMethod));
```

können Sie den Code auch einzeilig formulieren, da die Referenz auf das Delegate nicht mehr benötigt wird.

Die Instanziierung der `Thread`-Klasse ist noch nicht ausreichend, um den zweiten Thread der Anwendung zu aktivieren. Entscheidend ist vielmehr die Methode `Start` des `Thread`-Objekts:

```
thread.Start();
```

Mit dem Start der Anwendung wird bereits der erste Thread, der Primärthread, automatisch erstellt. Der zweite Thread wird erst durch den Aufruf von `Start` auf die `Thread`-Referenz zum Leben erweckt. In dem neuen Thread wird `TestMethod` ausgeführt.

Beide Threads arbeiten zwei verschachtelte Schleifen ab. Die Schleifen sind so konstruiert, dass eine Zeitscheibeneinheit nicht ausreicht, um jeweils vollständig die Schleifen zu durchlaufen, denn dann könnten wir den Effekt des Multithreadings an der Konsole nicht erkennen. In der inneren Schleife wird eine Ausgabe in die Konsole geschrieben. Beim Primärthread handelt es sich um 20 Punkte pro Schleifendurchlauf, beim Sekundärthread sind es jeweils 20-mal der Buchstabe »X«. daran schließt sich noch die Angabe an, welcher Thread für die Ausgabe verantwortlich ist. Darüber hinaus wird der aktuelle Zählerstand der äußeren Schleife angehängt.

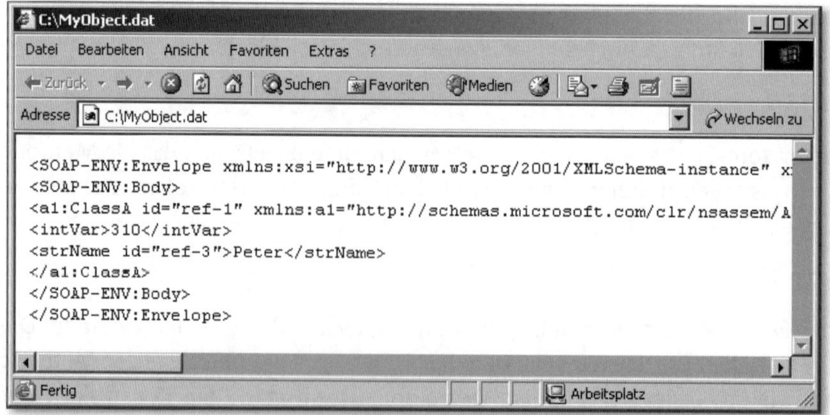

Abbildung 11.1 Die Ausgabe der Anwendung »EinfacherThread«

Schauen wir uns nun die Ausgabe an, die – abhängig von der Hardware-Ausstattung, der Systemkonfiguration und anderen laufenden Anwendungen – durchaus anders aussehen kann. Die Interpretation der Ausgabe hilft, die Arbeitsweise der Threads im Zusammenhang mit der Zeitscheibe und der quasiparallelen Ausführung zu verstehen. Auch wenn die Anzeige ziemlich chaotisch anmutet, am Ende werden beide Threads ihre Aufgabe vollständig erledigt haben.

Das Delegate »ParameterizedThreadStart«

Das Delegate `ThreadStart`, mit dem die in einem separaten Thread laufende Methode beschrieben wird, haben wir im vorigen Abschnitt behandelt. `ThreadStart` hat jedoch ein Manko, denn diese Methode muss parameterlos sein. Manchmal ist es aber notwendig, der Threadmethode Daten zu übergeben. Dazu wird uns eine Alternative mit dem Delegate `ParameterizedThreadStart` geboten:

```
public sealed delegate void ParameterizedThreadStart(object obj);
```

Die Instanz eines solchen Delegates kapselt den Zeiger auf eine Methode, die die Referenz auf ein beliebiges Objekt erwartet. Hier werden uns alle Türen geöffnet, denn wir können, falls mehrere Daten an die Methode übergeben werden sollen, auch ein Array oder eine Auflistung angeben.

Die Erzeugung des Threads erfolgt in bekannter Weise. Der einzige Unterschied ist im Konstruktor der Klasse `Thread` zu finden, dem wir eine Instanz des Delegates vom Typ `ParameterizedThreadStart` übergeben:

```
Thread thread = new Thread(new ParameterizedThreadStart(ThreadMethod));
```

Um die gewünschten Daten an die Threadmethode zu leiten, greifen wir auf eine Überladung der `Start`-Methode zu, der wir das entsprechende Argument mitteilen:

```
thread.Start(IrgendEinObjekt);
```

Das übergebene Objekt enthält die Daten, die von der vom Thread ausgeführten Methode verwendet werden sollen.

11.2.5 Die Klasse »Thread«

Zugriff eines Threads auf sich selbst

Ein Thread wird erzeugt, wenn die Klasse `Thread` unter Übergabe eines Delegates instanziiert wird. Dies stellt nicht die einzige Möglichkeit dar, sich die Referenz auf einen Thread zu besorgen. Wenn es beispielsweise notwendig ist, auf dem Hauptthread Operationen auszuführen, steht Ihnen diese Referenz explizit nicht zur Verfügung, da der Thread implizit beim Start der Anwendung erzeugt wird. Abhilfe schafft die statische Eigenschaft `CurrentThread`, die eine Referenz auf den aktuellen Thread liefert. Nehmen wir an, dass ein Thread seine eigene Priorität mit der Eigenschaft `Priority` erhöhen soll. Dann müssten Sie

```
Thread.CurrentThread.Priority = Prioritätswert;
```

codieren, damit der Thread auf sich selbst zugreifen kann. Auf die Eigenschaft `Priority` kommen wir später zu sprechen.

Einen Thread für eine bestimmte Zeitdauer anhalten

Im Beispiel *EinfacherThread* wurde eine Schleife konstruiert, um eine kleine Zeitverzögerung zu erreichen. Ohne Schleife könnte es sein, dass die gesamte Schleife des ersten Threads bereits vollständig abgearbeitet ist, bevor der zweite Thread zum ersten Mal in seine eigene Schleife eintritt. Die `Thread`-Klasse bietet für solche Fälle mit der Methode `Sleep` eine bessere Alternative, um einen Thread für eine bestimmte Zeitdauer anzuhalten und damit die Ausführung zu verzögern.

Die Methode ist statisch definiert und kann nicht auf eine bestimmte Threadinstanz aufgerufen werden. Der aktuelle Thread zieht sich damit selbst aus dem Verkehr. `Sleep` ist übrigens unabhängig von der Taktfrequenz des Computers. Wird `Sleep` die Zahl 0 übergeben, wird der Thread dazu veranlasst, auf den verbleibenden Rest seiner Ausführungszeit zu verzichten und die CPU für den nächsten anstehenden Thread frei zu machen. Er reiht sich danach sofort wieder in die Warteschlange ein.

Sicheres Beenden eines Threads

Mit der Methode `Thread.Abort` lässt sich ein Thread terminieren. Der Aufruf bewirkt, dass dieAusnahme `ThreadAbortException` in der Laufzeitschicht ausgelöst wird. Damit ist es möglich, die Methode ordnungsgemäß zu beenden, beispielsweise um dabei offene Ressourcen zu schließen.

Dazu zunächst ein Beispiel. Diesmal wird die Routine, die in einem zweiten Thread ausgeführt wird, in einer eigenen Klasse definiert. Damit ändert sich grundsätzlich nichts, da dem Delegate nun die Adresse der Instanzmethode in der Klasse mitgeteilt wird.

```
// ---------------------------------------------------------
// Beispiel: ...\Kapitel 11\AbortThread
// ---------------------------------------------------------
class Program {
  static void Main(string[] args) {
    Demo obj = new Demo();
    ThreadStart del = new ThreadStart(obj.TestMethod);
    Thread thread = new Thread(del);
    Console.WriteLine("Thread wird jetzt gestartet");

    // Sekundärthread starten
    thread.Start();
    Console.WriteLine("Thread ist gestartet");
    Thread.Sleep(200);
```

```
    // Der sekundäre Thread wird durch den Primärthread mit
    // der Methode Abort zerstört.
    thread.Abort();
    Thread.Sleep(100);

    if (thread.IsAlive)
      Console.WriteLine("Der Sek.-Thread lebt noch");
    else
      Console.WriteLine("Der Sek.-Thread ist aufgegeben");
    Thread.Sleep(5000);
  }
}

class Demo {
  public void TestMethod() {
    try {
      Console.WriteLine("Sek.-Thread gestartet.");
      // Die Schleife zwingt dem Thread eine länger andauernde Ausführung auf.
      for(int i = 0; i <= 100; i++) {
        Console.WriteLine("Sek.-Thread-Zähler = {0}", i);
        Thread.Sleep(50);
      }
    }

    catch (ThreadAbortException ex)
      Console.WriteLine("Sek.-Thread/im Catch-Block");
    }
    finally {
      Console.WriteLine("Sek.-Thread/in Finally");
    }

    Console.WriteLine("Sek.-Thread/nach Finally");
    for (int i = 0; i <= 20; i++) {
      Console.Write(".");
      Thread.Sleep(50);
    }
  }
}
```

Nach dem Instanziieren der `Thread`-Klasse wird der zweite Thread gestartet. Da wir die `Abort`-Methode testen wollen, müssen wir dafür sorgen, dass `Abort` nicht auf einen Thread trifft, der nicht mehr ausgeführt wird. Deshalb ist in `ThreadExecution` der Klasse `Demo` eine Schleife eingebaut, die eine längere Zeit für einen vollständigen Durchlauf benötigt. Die Zeit muss so lang angesetzt werden, dass `Abort` auf die sich noch in Arbeit befindliche Schleife trifft.

Vor dem Aufruf von `Abort` wird der Primärthread zunächst mit `Sleep` gebremst, damit der Sekundärthread etwas Zeit zum Arbeiten hat. Nach dem Aufruf von `Abort` bekommt das

System mit einem zweiten Sleep-Aufruf noch Zeit, den Sekundärthread endgültig zu beenden. Durch Auswertung der Eigenschaft IsAlive auf dem Sekundärthread wird festgestellt, ob dieser noch aktiv ist oder nicht. Würden wir dem Hauptthread keine Ruhepause gönnen, könnte eine falsche Aussage die Folge sein, da die if-Bedingungsprüfung vor der Aufgabe des Sekundärthreads durchgeführt wird, weil sich Abort und if innerhalb derselben Zeitscheibe befinden und der freigegebene Thread noch keine Möglichkeit erhalten hat, die Ausnahme auszulösen. Die zweite Schleife in der Methode ThreadExecution der Klasse ClassA soll ebenfalls eine länger andauernde Operation simulieren.

An der Konsole erfolgt die folgende Ausgabe:

```
Thread wird jetzt gestartet
Thread ist gestartet
Sek.-Thread gestartet
Sek.-Thread-Zähler = 0
Sek.-Thread-Zähler = 1
Sek.-Thread-Zähler = 2
Sek.-Thread-Zähler = 3
Sek.-Thread/in Catch-Block
Sek.-Thread/in Finally
Der Sek.-Thread ist aufgegeben
```

Hier ergibt sich anscheinend ein Widerspruch zu der Aussage in Kapitel 9, »Fehlerbehandlung und Debugging«, dass die hinter finally stehenden Anweisungen ausgeführt werden: Der Aufruf von Abort löst die Exception ThreadAbortException aus, aber die zweite Schleife im Sekundärthread wird nicht mehr durchlaufen. Genau in diesem Punkt liegt das Besondere dieser Ausnahme, denn sie wird ausgelöst und auch abgefangen, aber die Anweisungen hinter dem Ende der Ausnahmebehandlung kommen nicht mehr zur Ausführung, da der Thread in diesem Moment bereits terminiert ist. Allerdings unterstützt die Laufzeitschicht abschließende Anweisungen in finally.

Gegen das außerplanmäßige Beenden kann sich der betroffene Thread allerdings auch zur Wehr setzen. Dazu muss im catch-Block des Exceptionhandlers die statische Methode ResetAbort aufgerufen werden:

```
...
catch (ThreadAbortException e) {
  Thread.ResetAbort();
  Console.WriteLine("Sek.-Thread/im Catch-Block");
  ...
}
```

Wenn Sie diese Anweisung in den Programmcode des Beispiels einbauen, wird auch die zweite Schleife in ThreadExecution ausgeführt, und die bedingte Prüfung mit if führt zu dem Ergebnis, dass der Thread noch lebt – das allerdings auch nur, weil die zweite Schleife ebenfalls wieder eine längere Zeit in Anspruch nimmt oder der Thread nicht schon auf normalem Wege aufgegeben worden ist, bevor die Prüfung erfolgt.

Abhängige Threads – die Methode »Join«

Nun wäre die folgende Ausgangssituation vorstellbar: Der Primärthread beendet den Sekundärthread mit `Abort` und muss dabei sicherstellen, dass die Anweisungen im Sekundärthread zuerst vollständig abgearbeitet sind, bevor die nächste Anweisung im Primärthread ausgeführt wird. Solche Situationen können auftreten, wenn der Code des Primärthreads auf das ordnungsgemäße Beenden angewiesen ist. Das heißt aber auch, dass der Aufruf synchron erfolgen muss – dass also auf die quasi gleichzeitige Ausführung, die ansonsten die Threads auszeichnet, bewusst verzichtet wird.

Wir wollen, um uns der Problematik bewusst zu werden, zunächst eine kleine Änderung in `Main` vornehmen. Die Implementierung der Klasse `Demo` bleibt wie im Beispiel `AbortThread` erhalten (also ohne den Aufruf von `ResetAbort`, falls Sie damit experimentiert haben sollten).

```
static void Main(string[] args) {
  Demo obj = new Demo();
  ThreadStart firstThread;
  firstThread = new ThreadStart(obj.TestMethod);
  Thread TheThread = new Thread(firstThread);
  Console.WriteLine("Thread wird jetzt gestartet");

  // sekundären Thread starten
  TheThread.Start();
  Console.WriteLine("Thread ist gestartet");
  Console.WriteLine("vor Abort............");

  // Der sekundäre Thread wird durch den Primärthread mit
  // der Methode Abort zerstört.
  Thread.Sleep(200);
  TheThread.Abort();

  // Die folgende Anweisung simuliert Code, der vom Beenden
  // des Sekundärthreads abhängig ist.
  Console.WriteLine("nach Abort............");
  Thread.Sleep(100);

  if (TheThread.IsAlive)
    Console.WriteLine("Der Sek.-Thread lebt noch");
  else
    Console.WriteLine("Der Sek.-Thread ist aufgegeben");
  Thread.Sleep(5000);
}
```

Main enthält eine Anweisung, die nach dem Aufruf der Abort-Methode die Konsolenausgabe

```
nach Abort................
```

erzwingt. Damit sollen Anweisungen simuliert werden, die auf das ordnungsgemäße Terminieren des sekundären Threads angewiesen sind. Sehen wir uns die Konsolenausgabe des Programmcodes in Abbildung 11.2 an.

Deutlich ist zu erkennen, dass der sekundäre Thread nach Abort immer noch aktiv ist – die catch- und finally-Blöcke werden nach der abhängigen Anweisung ausgeführt.

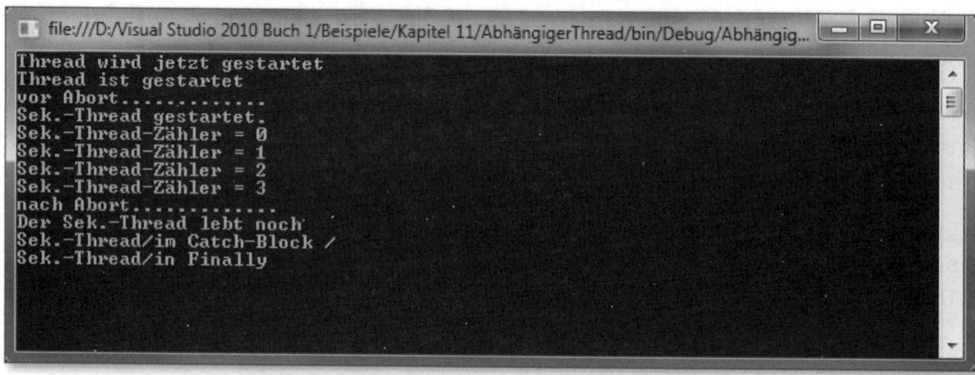

Abbildung 11.2 Abhängige Threads – unerwünschter Programmfluss

Jetzt hilft eine andere Methode der Klasse Thread weiter: Join, die den aktuellen, also aufrufenden Thread so lange blockiert, bis der Sekundärthread vollständig terminiert ist. Sinnvollerweise wird Join direkt hinter Abort aufgerufen. Der Programmablauf kehrt erst dann zum Aufrufer zurück, wenn die Threadausführung ordnungsgemäß beendet ist.

```
// ---------------------------------------------------------
// Beispiel: ...\Kapitel 11\AbhängigerThread
// ---------------------------------------------------------
class Program {
  static void Main(string[] args) {
    ...
    // Der sekundäre Thread wird durch den Primärthread mit
    // der Methode Abort zerstört.
    Thread.Sleep(200);
    TheThread.Abort();
    TheThread.Join();

    // Die folgende Anweisung simuliert Code, der vom
    // Beenden des Sekundärthreads abhängig ist.
```

```
        Console.WriteLine("nach Abort............");
        ...
    }
}
...
```

Wenn Sie dieses Programm starten, gibt die Konsole das Ergebnis aus Abbildung 11.3 aus.

Wenn wir diese Ausgabe mit der vergleichen, die wir ohne `Join` hatten (Abbildung 11.2), können wir eindeutig erkennen, dass der Thread, dessen Terminierung angestoßen wurde, zuerst vollständig abgearbeitet wird, bevor der Aufrufer seinen eigenen Programmfluss fortsetzt.

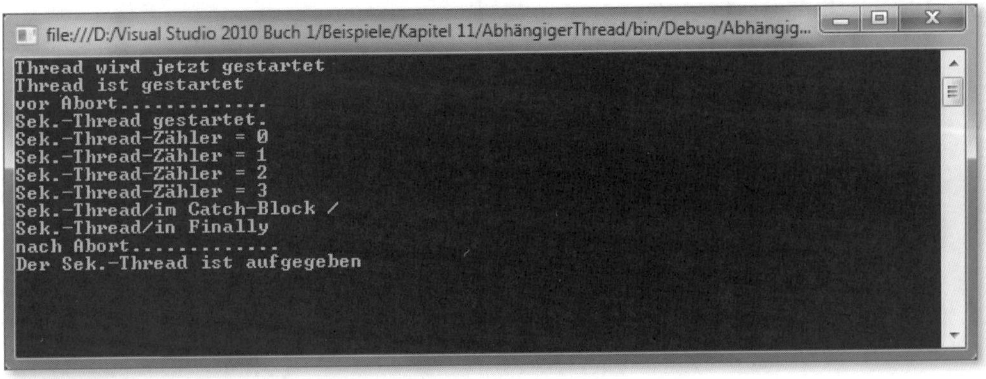

```
file:///D:/Visual Studio 2010 Buch 1/Beispiele/Kapitel 11/AbhängigerThread/bin/Debug/Abhängig...
Thread wird jetzt gestartet
Thread ist gestartet
vor Abort............
Sek.-Thread gestartet.
Sek.-Thread-Zähler = 0
Sek.-Thread-Zähler = 1
Sek.-Thread-Zähler = 2
Sek.-Thread-Zähler = 3
Sek.-Thread/im Catch-Block /
Sek.-Thread/in Finally
nach Abort............
Der Sek.-Thread ist aufgegeben
```

Abbildung 11.3 Ausgabe nach dem sicheren Beenden des Threads

Threadprioritäten festlegen

Jeder Thread hat eine Priorität. Mit der Eigenschaft `Priority` lässt sich die Priorität eines Threads erhöhen, verringern oder einfach nur auswerten. Die Priorität spielt eine entscheidende Rolle bei der Vergabe der Zeitscheibe: Ein Thread hat Vorrang vor einem anderen Thread mit niedrigerer Priorität – vorausgesetzt natürlich, dass sich beide durch den Zustand *bereit* beschreiben lassen.

`Priority` ist vom Typ der Enumeration `ThreadPriority`, die fünf Member definiert: `Highest`, `AboveNormal`, `Normal`, `BelowNormal`, `Lowest`.

Die Prioritäten können von der höchsten Stufe (`Threadpriority.Highest`) bis zur niedrigsten (`ThreadPriority.Lowest`) eingestellt werden. Die automatisch einem Thread zugewiesene Priorität lautet `Normal`.

Der Thread mit der höchsten Priorität erhält die Zeitscheibe und läuft so lange, bis er sich selbst mit `Sleep` einfriert, bis seine Operationen beendet sind, bis `Abort` auf ihm aufgerufen wird oder bis ein Thread höherer Priorität lauffähig ist und Anspruch auf die CPU erhebt.

Am häufigsten ist der Fall anzutreffen, dass sich mehrere Threads gleicher Priorität in die Warteschlange zur CPU eingeordnet haben. Alle erhalten gleiche Zeitanteile der CPU nach einem Verfahren, das als *Round-Robin-Verteilungsverfahren* bezeichnet wird. Im folgenden Beispielprogramm wollen wir die Auswirkungen der Prioritätsfestlegung in einer Anwendung studieren.

```
// ---------------------------------------------------------
// Beispiel: ...\Kapitel 11\ThreadPriorität
// ---------------------------------------------------------
class Program {
  // Starten des primären Threads
  static void Main(string[] args) {
    Demo obj = new Demo();
    Thread thread1, thread2;
    thread1 = new Thread(new ThreadStart(obj.Execution1));
    thread2 = new Thread(new ThreadStart(obj.Execution2));
    // die Priorität von thread1 hochsetzen
    thread1.Priority = ThreadPriority.AboveNormal;

    // thread 1 starten
    thread1.Start();

    // thread 2 starten
    thread2.Start();
    Console.ReadLine();
  }
}

class Demo {
  public void Execution1() {
    for (int i = 0; i <= 500; i++) {
      Console.Write(".");
    }
  }

  public void Execution2() {
    for (int number = 0; number <= 10; number++)
      Console.WriteLine("It's me,Thread2");
  }
}
```

Um den Unterschied deutlich zu machen, empfiehlt es sich, beim ersten Versuch die Anweisung zur Erhöhung der Priorität des ersten Threads auszukommentieren. Wenn Sie mit dieser Vorgabe die Laufzeitumgebung starten, werden Sie eine Konsolenausgabe erhalten (siehe Abbildung 11.4). `thread1` wird gestartet, schreibt ein paar Punkte in die Ausgabe und übergibt danach dem Prozessor den `thread2`, der sich durch eine eigene Zeichenfolge bemerkbar macht. Die Zeitscheibe dauert lange genug, um die Anweisungen von `thread2` vollständig zu bearbeiten. Danach übernimmt wieder `thread1` die CPU und beendet seine Ausführung.

Einem Thread eine gewisse Sonderstellung durch die Erhöhung der Priorität einzuräumen, mag vielleicht manchmal ganz verlockend klingen. Bedenken Sie jedoch, dass dieser Thread bei einer lange andauernden Operation eine bremsende Wirkung auf die anderen Threads hat. Man spricht auch von einem *Aushungern* des Systems. Gehen Sie daher sorgfältig mit dem Erhöhen von Prioritäten um, und achten Sie darauf, dass keine unnötigen Operationen von einem solchen Thread ausgeführt werden, sondern nur solche, die für den weiteren Ablauf der Anwendung unbedingt notwendig sind.

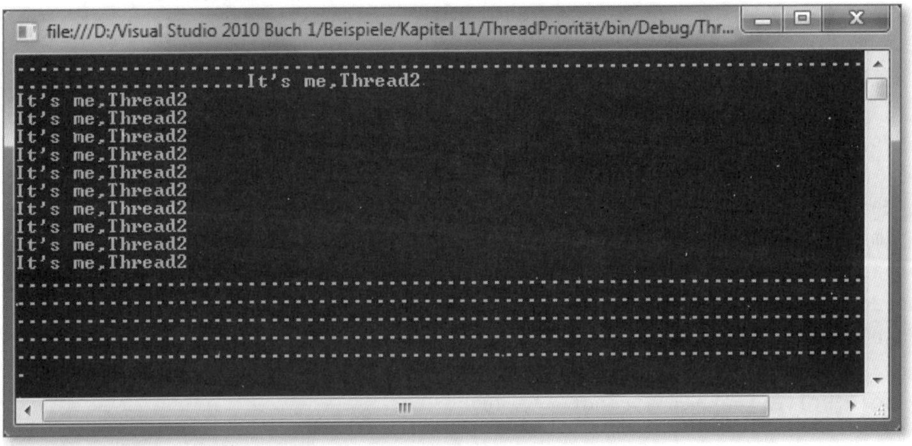

Abbildung 11.4 Threadpriorität

Vorder- und Hintergrundthreads

Threads werden in zwei Kategorien unterteilt: in Vorder- und in Hintergrundthreads. Ein Prozess wird ausgeführt, solange noch mindestens ein Vordergrundthread existiert. Mit dem Beenden des letzten Vordergrundthreads wird der Prozess der Anwendung selbst dann beendet, wenn Hintergrundthreads noch aktiv sind und die ihnen auferlegte Aufgabe noch nicht vollständig ausgeführt haben. Das Beenden eines Hintergrundthreads hat im umgekehrten Fall aber nicht zur Konsequenz, dass der Vordergrundthread beendet wird.

Die Eigenschaft `IsBackground` beschreibt, ob ein Thread als Vorder- oder Hintergrundthread eingestuft ist. Grundsätzlich sind alle Threads, die aus der Klasse `Thread` erzeugt werden, zunächst Vordergrundthreads. Mit `IsBackground` lässt sich ein Thread aber auch zu einem Hintergrundthread degradieren.

11.2.6 Threadpools nutzen

Die Arbeit mit mehreren Threads lässt sich durch Threadpools wesentlich vereinfachen, denn die Laufzeitumgebung erzeugt eine bestimmte Anzahl von Threads, wenn sie gestartet wird. Sie können diese Threads nutzen und brauchen nicht eigens neue zu erzeugen, wenn Sie welche benötigen. Nach der Beendigung einer Threadmethode wird der frei gewordene Thread in den Pool zurückgeführt und steht anderen Aufgaben zur Verfügung.

Angesprochen wird der Threadpool mit der gleichnamigen Klasse `Threadpool`. Mit deren statischer Methode `QueueUserWorkItem` wird der Threadpool aktiviert. Dabei wird der Methode ein Delegate vom Typ `WaitCallback` übergeben, das die Methode beschreibt, die mit dem Thread ausgeführt werden soll.

Grau ist alle Theorie, daher sehen wir uns zuerst ein komplettes Beispiel an:

```
// ---------------------------------------------------------------
// Beispiel: ...\ Kapitel 11\ThreadpoolSample
// ---------------------------------------------------------------
class Program {
  static void Main(string[] args) {
    // den Threadpool erforschen
    int maxThreads;
    int asyncThreads;
    ThreadPool.GetMaxThreads(out maxThreads, out asyncThreads);
    Console.WriteLine("Max. Anzahl Threads: {0}", maxThreads);
    Console.WriteLine("Max. Anzahl E/A-Threads: {0}", asyncThreads);
    Console.WriteLine(new string('-', 40));

    // Benachrichtigungsereignis, Zustand 'nicht signalisieren'
    AutoResetEvent ready = new AutoResetEvent(false);

    // Anfordern eines Threads aus dem Pool
    ThreadPool.QueueUserWorkItem(new WaitCallback(Calculate), ready);
    Console.WriteLine("Der Hauptthread wartet ...");

    // Hauptthread in den Wartezustand setzen
    ready.WaitOne();
    Console.WriteLine("Sekundärthread ist fertig.");
    Console.ReadLine();
  }

  public static void Calculate(object obj) {
    Console.WriteLine("Im Sekundärthread");
    Thread.Sleep(5000);

    // Ereigniszustand auf 'signalisieren' festlegen
    ((AutoResetEvent)obj).Set();
  }
}
```

Die Methode `Calculate` soll in einem Thread aus dem Threadpool ausgeführt werden. Bevor diese Operation eingeleitet wird, wollen wir aber noch feststellen, wie viele Threads uns der Pool zur Verfügung stellt, und rufen dazu die statische Methode `GetMaxThreads` auf. Über den ersten Parameter werden uns die Threads geliefert, der zweite Parameter gibt darüber hinaus Auskunft über die maximale Anzahl der möglichen E/A-Anforderungen. Sie werden feststellen, dass sich 25 Threads im Pool befinden, und zwar pro Prozessor.

Das Beispiel ist so entwickelt, dass nicht nur ein Thread aus dem Pool zur Ausführung der Methode `Calculate` herangezogen wird. Darüber hinaus wird auch ein Synchronisationsszenario in Gang gesetzt, das bewirkt, dass während der Ausführung von `Calculate` der aufrufende Code in Wartestellung versetzt wird und auf ein Signal von `Calculate` wartet, bevor er seine Arbeit wieder aufnimmt. Mehr zur Synchronisierung erfahren Sie im folgenden Abschnitt.

Dem Aufruf der statischen Methode `QueueUserWorkItem` wird ein Delegate übergeben, das die Methode beschreibt, die im Thread ausgeführt werden soll. Darüber hinaus kann `QueueUserWorkItem` ein zweites Argument übergeben werden, um der Threadmethode Daten bereitzustellen. Hier wird dem zweiten Parameter ein Objekt vom Typ `AutoResetEvent` übergeben. Dieses Objekt versetzt zwei Threads in die Lage, über Signale miteinander zu kommunizieren. Erzeugt wird das Objekt im Code mit:

```
AutoResetEvent ready = new AutoResetEvent(false);
```

Der Übergabeparameter `false` besagt, dass der anfängliche Zustand des Objekts auf »nicht signalisiert« festgelegt wird. Mit

```
ready.WaitOne();
```

wird der aktuelle Thread so lange blockiert, bis er ein Signal erhält. Dieses stammt aus der Threadmethode und wird durch Aufruf der `Set`-Methode des `AutoResetEvent`-Objekts ausgelöst:

```
((AutoResetEvent)obj).Set();
```

Hier profitieren wir davon, dass wir der Threadmethode im zweiten Parameter die Referenz auf das `AutoResetEvent` übergeben haben.

11.2.7 Synchronisation von Threads

Solange nur ein Thread eine bestimmte Methode aufruft, hat man die Garantie, dass der Code von der ersten bis zur letzten Anweisung durchlaufen wird. Sind mehrere Threads im Spiel, könnte einer der Threads eine Methode in einem ungültigen Zustand hinterlassen, wenn das System ihm die Zeitscheibe quasi mitten in der Ausführung der Methode entzieht und der nächste Thread mit derselben Methode auf demselben Objekt zu arbeiten beginnt. Der Thread, der den Objektzustand von seinem Vorgänger übernommen hat, produziert dann möglicherweise Ergebnisse, die nicht vorhersehbar und in der Regel auch falsch sind.

Hier kommt ein neuer Begriff ins Spiel, der Ihnen vielfach in der Dokumentation zur .NET-Klassenbibliothek begegnen wird: die Threadsicherheit.

> **Hinweis**
>
> Unter Threadsicherheit versteht man, dass ein Objekt auch dann in einem gültigen Zustand bleibt, wenn mehrere Threads gleichzeitig auf dieselbe Ressource zugreifen. *Threadsicher* bedeutet nichts anderes, als dass mehrere Threads gleichzeitig dieselbe Methode desselben Objekts aufrufen dürfen, ohne dass es zu Konflikten kommt.

Unsynchronisierte Threads

Bevor wir uns mit den Details der Threadsicherheit beschäftigen, wollen wir uns an einem Beispiel verdeutlichen, was unter einem ungültigen Zustand zu verstehen ist und welche Auswirkungen das haben kann.

```
class Program {
  static void Main(string[] args) {
    Demo obj = new Demo();
    Thread thread1, thread2;
    thread1 = new Thread(new ThreadStart(obj.Worker));
    thread2 = new Thread(new ThreadStart(obj.Worker));
    thread1.Start();
    thread2.Start();
    Console.ReadLine();
  }
}

class Demo {
  private int value;

  public void Worker() {
    while(true) {
      value++;
      if (value > 100) break;
        Console.WriteLine(value);
    }
  }
}
```

Das Projekt enthält zusätzlich zu `Main` noch die Definition der Methode `Worker` in `Demo`. In `Main` werden zwei Threads konstruiert, die beide die Methode `Worker` aufrufen. `Worker` selbst durchläuft eine Schleife, in der die Variable `value` hochgezählt und der aktuelle Inhalt an der Konsole ausgegeben wird. Mit dem Endwert von 100 wird die Methode wieder verlassen.

Beide Threads greifen auf dasselbe Objekt zu und teilen sich die Arbeit mehr oder weniger abwechselnd, um das Feld `value` hochzuzählen und dessen Inhalt anzuzeigen. Eigentlich sollte man erwarten, dass die Zahlen chronologisch hintereinander ausgegeben werden, jedoch kommt es an der Konsole beispielsweise zu folgender Ausgabe: 1, 2, 3, 4, … , 39, 41, 42, 43, …, 99, 100, 40.

Beide Threads greifen unsynchronisiert auf die Variable `value` zu, wobei die Operation des ersten Threads mitten in der Schleife unterbrochen wird. Dieses ist dem Anschein nach genau der Moment, nachdem der Feldinhalt mit der Anweisung

```
value++;
```

zwar schon auf 40 erhöht, aber mit

```
Console.WriteLine(value);
```

noch nicht an der Konsole ausgegeben wurde. Der unterbrochene Thread weiß natürlich genau, mit welcher Anweisung er seine Arbeit wieder aufnehmen muss, wenn ihm der Scheduler wieder Prozessorzeit zuteilt: Er muss zuerst die Zahl 40 ausgeben. Diesen Zwischenstand, dessen Informationen durch den Inhalt der CPU-Register beschrieben werden, speichert das System im Stack und räumt daraufhin den Prozessor für den nächsten Thread in der Warteschlange.

Der zweite Thread, dem anschließend die CPU zugeteilt wird, tritt nun seinerseits zum ersten Mal in die Schleife ein, erkennt den aktuell gültigen Feldinhalt der Variablen (er beträgt 40), erhöht diesen zunächst auf 41, gibt den Wert aus und setzt die Schleife so lange fort, bis seine Zeit abgelaufen ist. Dann verlässt der zweite Thread die CPU, das System liest die im Stack gesicherten Daten des ersten Threads in die CPU ein und setzt die Arbeit mit genau der Anweisung fort, bei der er unterbrochen wurde: mit der Ausgabe der Zahl 40 an der Konsole.

11.2.8 Der Monitor zur Synchronisation

Beide Threads des Beispiels arbeiten ohne Synchronisation und hinterlassen ihrem Nachfolger die Ressource in einem ungültigen Zustand. Das wollen wir natürlich vermeiden – die Feldinhalte sollen so ausgegeben werden, dass sie dem tatsächlich aktuellen Stand des Feldes entsprechen.

Wenn wir die Arbeitsweise der Methode `Worker` analysieren, kommen wir zu der Feststellung, dass ein ganz bestimmter Codeteil als kritisch angesehen werden kann. Es sind die beiden Anweisungen:

```
value++;
Console.WriteLine(intVar);
```

Die Ausgabe wird nur dann unseren Erwartungen entsprechen, wenn ein laufender Thread seine Ausführung nicht zwischen diesen beiden Anweisungen unterbrechen muss, denn zur Erhöhung des Feldwertes gehört auch die Anzeige an der Konsole. Dieser Zusammenhang muss für jeden der beiden Threads ersichtlich sein.

An dieser Stelle kommt eine neue Klasse ins Spiel, die die Aufgabe der Synchronisation übernimmt: `Monitor`. Mit dieser Klasse lässt sich verhindern, dass mehrere Threads gleichzeitig einen bestimmten Codeteil im Programm durchlaufen. Mit anderen Worten bedeutet das, dass zu einem Zeitpunkt immer nur ein Thread dieses Codesegment durchlaufen kann. Andere Threads, die ebenfalls dieses Codesegment ausführen wollen, müssen warten, bis der laufende Thread das Codesegment verlassen hat.

Mit den Methoden `Enter` und `Exit` der Klasse `Monitor` können kritische Codeabschnitte definiert werden, die zu einem gegebenen Zeitpunkt nur von einem Thread betreten werden dürfen. Mit `Enter` wird das Codesegment so lange blockiert, bis die Sperrung mit `Exit` wieder aufgehoben wird. Damit sind ungültige Zustände, die ein Thread hinterlassen könnte, wenn ihm die Zeitscheibe entzogen wird, nicht mehr möglich. `Monitor` protokolliert, ob der Vorgängerthread den kritischen Abschnitt mit `Exit` ordnungsgemäß verlassen hat oder nicht.

Sowohl `Enter` als auch `Exit` sind statische Methoden der Klasse `Monitor`. Als Argument wird den beiden Methoden die Referenz auf das zu synchronisierende Objekt übergeben, das auch `this` sein darf.

Wir ändern jetzt das Beispiel oben und schaffen die Voraussetzung dafür, dass die Zugriffe auf die kritischen Anweisungen synchronisiert erfolgen. Zur Bestätigung lassen wir uns diesmal zusätzlich noch den Hashcode des jeweiligen Threads ausgeben, der die angezeigte Zahl erzeugt hat.

```
// ---------------------------------------------------------------
// Beispiel: ...\Kapitel 11\SynchronisierteThreads
// ---------------------------------------------------------------
...
class Demo {
  private int value;

  public void Worker() {
    while(true) {
      // Sperre setzen
      Monitor.Enter(this);
      value++;
      if (value > 100) break;
      Console.WriteLine("Zahl = {0,5} Thread = {1,3}", value,
                        Thread.CurrentThread.GetHashCode().ToString());
      Thread.Sleep(5);
        // Sperre aufheben
        Monitor.Exit(this);
    }
  }
}
```

Nun erhalten wir wunschgemäß die Ausgabe der chronologisch geordneten Zahlen von 1 bis 100.

Neben der `Enter`-Methode gibt es in der `Monitor`-Klasse noch die Methode `TryEnter`. Diese überprüft zuerst, ob der geschützte Codeabschnitt frei ist, sperrt ihn dann und führt den Code aus. Ist das Codesegment gesperrt, liefert `TryEnter` den Rückgabewert `false`. Darauf kann der Entwickler entsprechend reagieren. Der Rückgabewert kann beispielsweise von einem `if`-Statement sinnvoll ausgewertet werden.

Das »lock«-Statement

Neben `Enter` und `Exit` der Klasse `Monitor` gibt es noch eine andere, sprachspezifische Möglichkeit, den Zugriff zu synchronisieren. Unter C# ist das die `lock`-Anweisung. Die Syntax dazu lautet:

```
lock (Ausdruck)
{
  // zu synchronisierende Anweisungen
}
```

Durch den Anweisungsblock hinter `lock` werden die Anweisungen eingeschlossen, die es zu synchronisieren gilt. Dieses Statement ist sehr einfach zu handhaben, aber es besitzt nicht die Möglichkeiten, mit denen die Klasse `Monitor` ausgestattet ist.

Die Methoden »Wait« und »Pulse«

Die Klasse `Monitor` ist nicht instanziierbar, da jedem Objekt nur ein Monitor zugeordnet werden kann. Mehrere Objekte können den Anspruch auf die Nutzung des Monitors eines anderen Objekts erheben, aber nur einem Objekt aus der Warteschlange wird er zugestanden.

Stellen Sie sich den Monitor wie ein Fernglas vor, das Sie mit in den Urlaub genommen haben, um damit die Landschaft aus der Nähe zu betrachten. Solange Sie das Fernglas benutzen, hat keine andere Person die Möglichkeit, die schönen Dinge der Natur aus der Nähe zu betrachten. Eine andere Person, die auch einen Blick durch das Fernglas werfen möchte, wird sich in die Warteschlange einreihen müssen. Erst wenn Sie das Fernglas zur Seite gelegt haben, kann es von einer Person aus der Warteschlange aufgenommen werden. Alle anderen Personen müssen sich weiter gedulden.

Nehmen wir jetzt an, Sie wären mit einem Ihrer Freunde im Urlaub. Während Sie durch das Fernglas schauen, erhebt auch Ihr Freund darauf Anspruch. Sie legen das Fernglas freiwillig zur Seite, informieren Ihren Freund darüber, dass er es nun benutzen darf, und treten freiwillig in die Warteschlange.

Die letzten beiden Aktionen lassen sich auch auf den Monitor projizieren. Sobald Sie das Fernglas mit der Absicht zur Seite legen, es zu einem späteren Zeitpunkt noch einmal zu benutzen, versetzen Sie sich in den Wartezustand und begeben sich in die Warteschlange. Die Monitor-Klasse beschreibt diese Operation mit der statischen Methode Wait. Das Informieren des nächsten Interessenten in der Warteschlange entspricht der ebenfalls statischen Methode Pulse. Beide Methoden können nur innerhalb eines Synchronisationsblocks aufgerufen werden.

Mit Wait wird der aktuelle Thread blockiert und gleichzeitig die Sperrung des Objekts aufgehoben. Damit kann ein anderer Thread das freigegebene Objekt nutzen. Schauen wir uns eine Definition der überladenen Wait-Methode an:

```
public static bool Wait(object obj);
```

Der Parameter nimmt die Referenz auf das Objekt entgegen, dessen Sperrung aufgehoben werden soll. Ein wenig sonderbar verhält sich der Rückgabewert. Er ist true, wenn kein anderer Thread das Objekt sperrt und der aktuelle Thread selbst die Verantwortung der Sperrung übernimmt. Ansonsten kommt kein boolescher Wert zurück, was eine Einreihung in die Warteschlange zur Folge hat. Damit bietet sich Wait auch dazu an, als Bedingung für den Eintritt in eine Schleife behilflich zu sein:

```
while(Monitor.Wait(obj)) {
  // Thread tritt in den synchronisierten Block ein
}
```

Es besteht ein großer Unterschied zwischen einem Thread, der mit Enter auf den Eintritt in eine synchronisierte Methode wartet, und einem Thread, der sich mit Wait in den Wartezustand versetzt hat. Ein Thread, der eine synchronisierte Methode mit Enter betreten möchte, befindet sich im Zustand *bereit*. Er reiht sich in die Threads ein, die auf Anweisung des Schedulers hin ein Segment der Zeitscheibe erhalten. Ein Thread, der mit Wait die Sperrung eines Objekts aufgehoben hat, befindet sich in einer Warteliste – allerdings nicht in der Warteliste, aus der der Scheduler einem bereiten Thread die CPU zuteilt, sondern in einer Warteliste aller der Threads, die durch den Zustand *wartend* gekennzeichnet sind.

Um einen Thread aus seinem Wartezustand zu holen, muss ein anderer Thread die Methode Pulse oder PulseAll auf dem gesperrten Objekt aufrufen. Das Problem ist, dass Pulse keinen bestimmten wartenden Thread aus der Liste holt, sondern – falls sich mehrere Threads darin befinden – einen mehr oder weniger willkürlich gewählten, während mit PulseAll alle Threads den Zustand *wartend* aufgeben und in *bereit* übergehen. Damit stehen sie wieder in der Warteschlange der Zeitscheibe – der Scheduler kann ihnen wieder Prozessorzeit zuteilen.

Ein Thread, der mit Wait die Sperrung des kritischen Codebereichs aufgehoben hat, wartet auf einen Anstoß von außen, um wieder aktiv werden zu können. Er selbst hat keine Möglichkeit, diesen Zustand zu beenden. Wenn kein anderer Thread Pulse oder PulseAll aufruft, wird ein wartender Thread daher niemals mehr laufen können.

Hinweis

Im Extremfall kann der Wartezustand der Threads einer Anwendung zu einem Phänomen führen, das unter der Bezeichnung *Deadlock* bekannt ist. Dabei befinden sich ausnahmslos alle Threads im blockierten Wartezustand. Die Anwendung hängt sich in diesem Moment auf.

Wir wollen nun die vorgestellten Methoden in einem Beispiel testen. Dazu werden wir ein Programm entwickeln, das in Lage ist, Zahlen zu erzeugen. Das ist eigentlich nichts Weltbewegendes, und wir haben auch schon in den anderen Beispielen Zahlen erzeugt. Das Besondere ist jedoch, dass jede Zahl genau einmal von einem Verbraucher ausgewertet werden soll. Der Verbrauch soll durch eine Konsolenausgabe simuliert werden. Erzeuger und Konsument sollen in einem eigenen Thread laufen.

```
// ---------------------------------------------------------------
// Beispiel: ...\ Kapitel 11\Zahlenkonsument
// ---------------------------------------------------------------
class Program {
  public static bool finished = false;
  public static bool thread1Waiting = false;
  public static bool thread2Waiting = false;

  static void Main(string[] args) {
    MyNumber zahl = new MyNumber();
    ProduceNumber prod = new ProduceNumber(zahl);
    ConsumeNumber cons = new ConsumeNumber(zahl);
    Thread thread1, thread2;
    // Threads instanziieren
    thread1 = new Thread(new ThreadStart(prod.MakeNumber));
    thread2 = new Thread(new ThreadStart(cons.GetNumber));
    // Threads starten
    thread1.Start();
    thread2.Start();
    Console.ReadLine();
  }
}

// ------ erzeugt eine Zahl -----------
class ProduceNumber {
  private MyNumber obj;

  public ProduceNumber(MyNumber obj) {
    this.obj = obj;
  }

  public void MakeNumber() {
    Random rnd = new Random();
    Monitor.Enter(obj);
    for (int i = 0; i <= 10; i++) {
```

```
      Program.thread1Waiting = true;
      // falls der Konsumer-Thread noch nicht im Wartezustand ist,
      // selbst in den Wartezustand gehen
      if(Program.thread2Waiting == false)
        Monitor.Wait(obj);
      obj.Number = rnd.Next(0, 1000);
      Console.WriteLine("Nummer {0} erzeugt", obj.Number);
      // dem nächsten in der Warteschlange stehenden Objekt
      // den Monitor übergeben
      Monitor.Pulse(obj);
      Program.thread2Waiting = false;
    }
    Program.finished = true;
    Monitor.Exit(obj);
  }
}

// -------- verbraucht eine Zahl ------------
class ConsumeNumber {
  private MyNumber obj;
  public ConsumeNumber(MyNumber obj) {
    this.obj = obj;
  }
  public void GetNumber() {
    Monitor.Enter(obj);
    // wenn sich der Erzeugerthread im Wartezustand
    // befindet, ihn 'bereit' schalten
    if(Program.thread1Waiting)
      Monitor.Pulse(obj);
    Program.thread2Waiting = true;
    while(Monitor.Wait(obj)) {
      Console.WriteLine("Nummer {0} verbraucht",obj.Number);
      Monitor.Pulse(obj);
      if(Program.finished) Thread.CurrentThread.Abort();
    }
    Monitor.Exit(obj);
  }
}

// ----------- repräsentiert eine Zahl ------------------
class MyNumber {
  private int intValue;
  public int Number {
    get {return intValue;}
    set {intValue = value;}
  }
}
```

Der Kern der Anwendung wird durch die beiden Klassen `ProduceNumber` und `ConsumeNumber` beschrieben. `ProduceNumber` erzeugt mit der Methode `MakeNumber` auf Basis des Zufallszahlengenerators Zahlen zwischen 0 und 999 und schreibt diese in das Feld eines Objekts vom Typ der Klasse `MyNumber`, das in `Main` erzeugt wird und dessen Referenz den Konstruktoren der Klassen `ConsumeNumber` und `ProduceNumber` übergeben wird. Damit ist sichergestellt, dass sowohl der Erzeuger als auch der Verbraucher mit demselben `MyNumber`-Objekt operieren.

Betrachten wir nun die prinzipielle Arbeitsweise des Verbrauchers und des Konsumenten unter der Prämisse, dass zuerst der Erzeugerthread und danach der Verbraucherthread gestartet wird. Der gesamte Code in der Routine `MakeNumber` ist synchronisiert. Insgesamt werden elf Zahlen in einer Schleife erzeugt. Direkt nach dem Schleifeneintritt wird die `Wait`-Methode des Monitors aufgerufen und die Sperre des Objekts vom Typ `MyNumber` aufgehoben. Jetzt kann ein anderer Thread auf das freigegebene `MyNumber`-Objekt zugreifen und die Zahl »verbrauchen«, die einen Schleifendurchlauf zuvor erzeugt worden ist. Der Erzeugerthread verharrt so lange in Wartestellung, bis der Verbraucherthread `Pulse` aufruft und den Erzeugerthread wieder in den Zustand *bereit* versetzt. Ist dessen Wartezustand aufgehoben, wird die nächste Zahl erzeugt. Bevor der nächste Schleifendurchlauf ausgeführt wird, wird der Verbraucher mit `Pulse` in den Zustand *bereit* erhoben.

In der Methode `GetNumber` des Verbrauchers ist der Programmcode ebenfalls synchronisiert. Direkt nach dem Eintritt in den Synchronisierungsabschnitt wird `Pulse` aufgerufen, um den wartenden Erzeugerthread nach dem Start der Anwendung in den Zustand *bereit* zu versetzen. Anschließend ruft der Konsument `Wait` auf. Damit wird der Monitor des Objekts an den Erzeuger weitergegeben, der eine Zahl erzeugt. Gibt der Erzeuger die Sperre an den Konsumenten zurück, wird die neue Zahl zuerst an der Konsole angezeigt und anschließend `Pulse` aufgerufen. Jetzt ist der Erzeugerthread wieder im Zustand *bereit*, während der Konsument seinerseits anschließend den Monitor freigibt und sich in den Wartezustand versetzt.

Damit der Verbraucherthread überhaupt erfährt, wann der Erzeuger die letzte Zahl bereitgestellt hat, ist die boolesche Variable `finished` in `Class1` deklariert, die vom Erzeuger nach dem letzten Schleifendurchlauf auf `true` gesetzt wird.

So viel zur prinzipiellen Arbeitsweise. Es gibt aber noch ein Problem, dem wir bisher noch keine Beachtung geschenkt haben: Wir können nämlich nicht garantieren, dass der Erzeugerthread als Erstes gestartet wird. Erhält nach dem Starten der Anwendung der Konsument vor dem Erzeuger die CPU, würde es zu einem klassischen Deadlock kommen, wenn sich beide Threads gleichzeitig im Zustand *warten* befinden. Wir müssen also eine genaue Steuerung des Programmablaufs in der Weise erzwingen, dass sich der Verbraucherthread im Wartezustand befindet, wenn die erste Zahl erzeugt wird. Diese Steuerung wird über die beiden booleschen Variablen `thread1Waiting` und `thread2Waiting` erreicht, deren Auswertung garantiert, dass sich – unabhängig von der Startreihenfolge – zu einem gegebenen Zeitpunkt immer nur ein Thread im Wartezustand befindet.

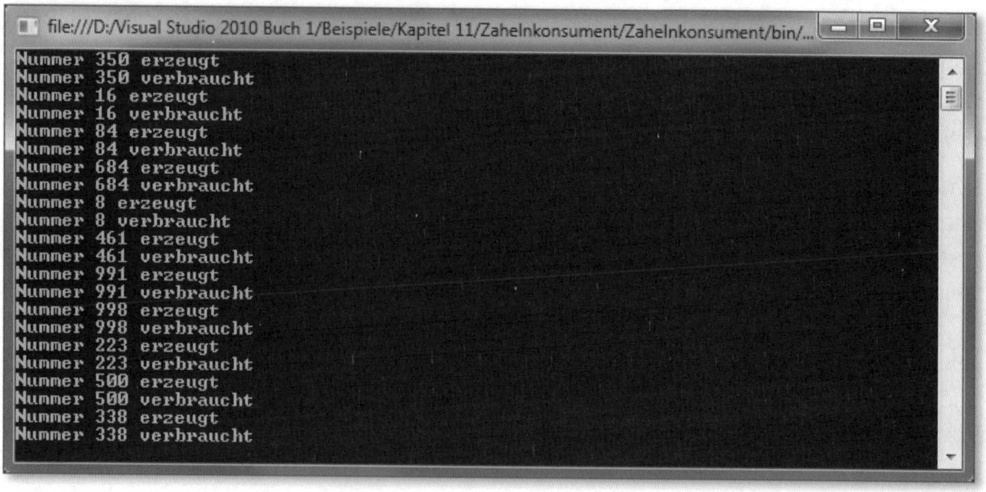

```
file:///D:/Visual Studio 2010 Buch 1/Beispiele/Kapitel 11/Zahelnkonsument/Zahelnkonsument/bin/...
Nummer 350 erzeugt
Nummer 350 verbraucht
Nummer 16 erzeugt
Nummer 16 verbraucht
Nummer 84 erzeugt
Nummer 84 verbraucht
Nummer 684 erzeugt
Nummer 684 verbraucht
Nummer 8 erzeugt
Nummer 8 verbraucht
Nummer 461 erzeugt
Nummer 461 verbraucht
Nummer 991 erzeugt
Nummer 991 verbraucht
Nummer 998 erzeugt
Nummer 998 verbraucht
Nummer 223 erzeugt
Nummer 223 verbraucht
Nummer 500 erzeugt
Nummer 500 verbraucht
Nummer 338 erzeugt
Nummer 338 verbraucht
```

Abbildung 11.5 Die Ausgabe des Projekts »Zahlenkonsument«

11.2.9 Das Synchronisationsobjekt »Mutex«

Die Klasse `Monitor` eignet sich nur zur Synchronisation von Threads, die innerhalb eines Prozessraums laufen. Manchmal müssen Abläufe aber auch über Prozessgrenzen hinweg synchronisiert werden. In diesen Fällen müssen Sie die Klasse `Mutex` einsetzen. Ich möchte Ihnen hierzu ein Beispiel zeigen, bei dem ein `Mutex`-Objekt dazu benutzt wird, zu verhindern, dass eine Anwendung mehrfach gestartet werden kann.

```
// ---------------------------------------------------------------
// Beispiel: ...\Kapitel 11\MutexDemo
// ---------------------------------------------------------------
class Program {
  private static Mutex mutex;

  static void Main(string[] args) {
    if (IsApplicationStarted()) {
      Console.WriteLine("Die Anwendung wurde bereits gestartet");
      Console.WriteLine("Ein zweiter Start ist nicht möglich.");
    }
    else {
      Console.WriteLine("Die Anwendung wird gestartet.");
      Console.WriteLine("Die Anwendung läuft.");
    }
    Console.ReadLine();
  }
```

```
  public static bool IsApplicationStarted() {
    string mutexName = Application.ProductName;
    mutex = new Mutex(false, mutexName);
    if (mutex.WaitOne(0, true))
      return false;
    else
      return true;
  }
}
```

Ein Mutex ist ein einfaches Systemobjekt und durch einen eindeutigen Namen gekennzeichnet. Ein `Mutex`-Objekt gestattet nur jeweils einem Thread exklusiven Zugriff auf die gemeinsam genutzte Ressource. In unserem Beispiel wird das die Anwendung selbst sein. Wenn ein Thread ein `Mutex`-Objekt erhält, wird ein zweiter Thread, der dieses Objekt abruft, so lange angehalten, bis der erste Thread das `Mutex`-Objekt freigibt.

Die Klasse `Mutex` stellt mehrere Konstruktoren zur Verfügung. Für unsere Belange ist der geeignet, dem wir den Namen des Mutex mitteilen können. Die Schwierigkeit besteht bei der Namensvergabe darin, dass der Name systemeindeutig sein muss, um den Mutex identifizieren zu können. Es bietet sich hier der Anwendungsname an, obwohl dieser auch keine Garantie für Eindeutigkeit gibt. Möglicherweise müssen Sie hier noch Zusatzinformationen hinzufügen, um die Eindeutigkeit zumindest mit hoher Wahrscheinlichkeit zu gewährleisten. Der entsprechende Konstruktor erwartet darüber hinaus auch noch einen booleschen Wert, der angibt, ob dem aufrufenden Thread der anfängliche Besitz des Mutex zugewiesen werden soll. Er ist `true`, um dem aufrufenden Thread den anfänglichen Besitz des benannten Mutex zuzuweisen.

Über die Methode `WaitOne` kann eine Ressource das `Mutex`-Objekt anfordern. Ist der Rückgabewert `true`, ist das Objekt nicht im Besitz eines anderen Threads, sonst wäre der Rückgabewert `false`.

`WaitOne` werden zwei Argumente übergeben: Das erste beschreibt ein Zeitintervall, das angibt, wie lange auf ein Signal gewartet werden soll. Über das zweite Argument können Sie bei Anwendungen, die vor dem Warten auf den `Mutex` den Zugriff auf Objekte oder Klassen über `lock` sperren, festlegen, dass die Sperrung vor dem Warten aufgehoben und nach dem Warten wieder gesetzt wird. Für uns hat dieser Parameter keine Bedeutung, wir setzen ihn auf `true`.

Im Beispielprogramm dient die Methode `IsApplicationStarted` dazu, zu prüfen, ob das `Mutex`-Objekt sich bereits im Besitz eines anderen Threads befindet. Je nachdem, wie das Ergebnis der Prüfung ausfällt, wird eine entsprechende Konsolenausgabe erscheinen.

11.2.10 Das Attribut »MethodImpl«

Es gibt noch eine weitere Alternative, um die Synchronisierung zwischen mehreren Threads zu erzielen: Verwenden Sie das Attribut MethodImpl. Die zugrunde liegende Klasse ist im Namespace System.Runtime.CompilerServices zu finden. Das Attribut kann nur auf Konstruktoren und Methoden angewendet werden. Es ersetzt die Klasse Monitor mit dem Unterschied, dass nicht nur ein bestimmtes Codesegment eingehüllt wird, sondern in einem Zug gleich die gesamte Methode. Somit kann auch nur immer ein Thread gleichzeitig diese Methode ausführen. Dazu ein Beispiel:

```
[MethodImpl(MethodImplOptions.Synchronized)]
public void Calculate() {
  // Anweisungen
}
```

Dem Attribut MethodImpl können verschiedene Parameter übergeben werden. Zur Synchronisation verwenden Sie MethodImplOptions.Synchronized.

11.2.11 Grundlagen asynchroner Methodenaufrufe

Wird aus einer Methode A heraus die Methode B aufgerufen, wird A erst dann mit den Operationen fortfahren, wenn B vollständig abgearbeitet ist. Die Ausführung der beiden Methoden erfolgt hintereinander, was als *synchron* bezeichnet wird. Synchrone Operationen haben einen gravierenden Nachteil, denn solange die Methode B ausgeführt wird, ist die Methode A blockiert. Um diese Problematik zu vermeiden, sollten beide Methoden *asynchron*, d. h. parallel nebeneinander operieren.

Asynchrone Bearbeitung setzt mindestens zwei Threads voraus. Sie haben auf den vergangenen Seiten die wichtigsten Techniken kennengelernt, um mit Threads zu arbeiten. Sie wissen nun, wie Sie Threads erzeugen und diese möglicherweise synchronisieren können, damit Elemente nicht in einem ungültigen Zustand hinterlassen werden. Ihnen dürfte dabei nicht entgangen sein, dass die Technik sehr komplex ist und einer genauen Planung bedarf, um keine unbeabsichtigten und bösen Überraschungen zu erleben.

Auch in der .NET-Klassenbibliothek finden sich sehr viele Klassen, die Dienste anbieten, deren Ausführung möglicherweise länger dauern kann. Die Dateioperationen zum Lesen und Schreiben zählen dazu. Betrachten wir dazu exemplarisch die Klasse FileStream, die das Schreiben in eine Datei bzw. das Lesen aus einer Datei ermöglicht. (Anmerkung: Die Klassen zur Ein- und Ausgabe werden in Kapitel 29, »LINQ to SQL«, behandelt.) Neben den obligatorischen Methoden Read und Write, die beide synchron ausgeführt werden, werden von dieser Klasse aufgrund der weisen Voraussicht des .NET-Entwicklerteams auch die asynchron operierenden Methoden BeginRead und BeginWrite veröffentlicht. Sehen wir uns kurz die Definition der erstgenannten Methode an, die aus einem Datenstrom in ein byte-Array einliest:

```
public override IAsyncResult BeginRead(byte[] array,
                                       int offset,
                                       int numBytes,
                                       AsyncCallback userCallback,
                                       object stateObject);
```

Der Rückgabewert des Methodenaufrufs ist ein Objekt, das die Schnittstelle `IAsyncResult` implementiert. Der Parameter vom Typ `AsyncCallback` ist ein Delegate, das eine Methode im Client beschreibt, die nach der Beendigung der Leseoperation aufgerufen wird.

Sowohl `BeginRead` als auch `BeginWrite` haben jeweils eine Partnermethode: `EndRead` und `EndWrite`.

```
public override int EndRead(IAsyncResult asyncResult);
public override void EndWrite(IAsyncResult asyncResult);
```

Auch diese Methoden erwarten eine Referenz vom Typ `IAsyncResult`.

Zwei Dinge fallen sofort auf:

- Die Methoden arbeiten gemäß der Dokumentation asynchron, ohne dass im Aufrufer explizit ein separater Thread gestartet werden muss. Diese Leistung wird von den Methoden intern erbracht.
- Es treten zwei Typen auf, denen Sie hier zum ersten Mal begegnen und deren Bedeutung noch unbekannt ist: `IAsyncResult` und `AsyncCallback`.

Wir wollen uns nun mit der Codierung einer asynchronen Ausführung beschäftigen. Danach wird auch die im ersten Moment sehr kompliziert erscheinende Parameterliste asynchron arbeitender Methoden (wie `BeginRead`) in einem anderen Licht erscheinen.

11.2.12 Asynchroner Methodenaufruf

Der C#-Compiler stellt mit `BeginInvoke` und `EndInvoke` einem Delegate zwei Methoden zur Verfügung, die im Rahmen einer asynchronen Operation von entscheidender Bedeutung sind.

Hinweis

Beachten Sie bitte, dass es sich bei `BeginInvoke` und `EndInvoke` um sprachspezifische Methoden handelt, die nicht in der Klasse `Delegate` definiert sind, aber dennoch von jedem .NET-Compiler veröffentlicht werden sollten – möglicherweise auch unter einem anderen Namen.

Die Methode `BeginInvoke` ist sehr mächtig, denn wenn Sie sie auf der Referenz eines Delegates aufrufen, wird ein Hintergrundthread erzeugt, in dem die vom Delegate beschriebene

Methode ausgeführt wird. Der aufrufende Thread macht mit seiner eigenen Arbeit weiter, anstatt auf die Beendigung der aufgerufenen Methode zu warten.

Dazu ein kleines Beispiel. Nehmen wir an, dass die Methode `DoSomething` aufgerufen werden soll, die eine längere Zeit zur Ausführung benötigt. `DoSomething` sei wie folgt definiert:

```
public void DoSomething() {
  for(int i = 0; i <= 30; i++) {
    Console.Write(".X.");
    Thread.Sleep(10);
  }
}
```

Ein Client, der diese Methode asynchron ausführen möchte, kann ein Delegate deklarieren und diesem die Adresse der Methode `DoSomething` übergeben:

```
public delegate void MyDelegate();
...
MyDelegate del = new MyDelegate(obj.DoSomething);
del.BeginInvoke(...);
```

Das reicht bereits aus, um `DoSomething` in einem separaten Thread abzuarbeiten.

Dem Aufruf von `BeginInvoke` müssen Argumente übergeben werden, die unsere Anweisung noch nicht enthält. Sehen wir uns deshalb nun die Definition von `BeginInvoke` an.

```
public IAsyncResult BeginInvoke([Parameterliste ,]
                                AsyncCallback, Object);
```

Aufgerufen wird `BeginInvoke` auf die Instanz eines Delegates, das auf eine bestimmte Methode zeigt. Weist die aufzurufende Methode eine Parameterliste auf, müssen die erforderlichen Argumente von `BeginInvoke` an die Methode weitergeleitet werden. Dazu dient die optionale Parameterliste.

Theoretisch wäre das bereits vollkommen ausreichend, um die aufgerufene Methode asynchron auszuführen. In der Regel benötigt der aufrufende Code aber Kenntnis von der Beendigung der asynchronen Ausführung, beispielsweise wenn er die Rückgabewerte verarbeitet. Folglich muss es eine Möglichkeit geben, die es der asynchron aufgerufenen Methode ermöglicht, den Aufrufer davon zu unterrichten, dass sie ihre Operationen beendet hat. Dabei kann es sich nur um den Aufruf einer Methode im Initiator der asynchronen Operation handeln.

Konsequenterweise muss der asynchron aufgerufenen Methode die Adresse der Rückrufmethode im Aufrufer bekannt sein. Das klingt wieder verdächtig nach einem Delegate – und tatsächlich ist dem so, denn dem Aufruf von `BeginInvoke` werden nicht nur die Argumente übergeben, die die asynchron aufgerufene Methode benötigt, sondern darüber hinaus auch ein Objekt vom Typ `AsyncCallback`, bei dem es sich um das erforderliche Delegate handelt.

Die Definition des Delegates `AsyncCallback` lautet:

```
public delegate void AsyncCallback(IAsyncResult ar);
```

Die Methode, die aus der asynchron ausgeführten Methode zurückgerufen wird, muss den Rückgabetyp `void` aufweisen und einen Parameter vom Typ `IAsyncResult` definieren. `BeginInvoke` verfügt noch über einen weiteren Parameter vom Typ `object`. Hier kann beim Start der asynchronen Operation ein beliebiges Objekt übergeben werden, das Informationen beliebiger Art enthält.

Das hört sich komplizierter an, als es tatsächlich ist. Daher wollen wir den Ablauf schrittweise an einem kleinen Beispiel verfolgen. Gegeben seien dazu die beiden Klassen `Program` und `Demo` wie folgt:

```
class Program {
  static void Main(string[] args) {
    ...
  }
}

class Demo {
  public void DoSomething() {
    ...
  }
}
```

Aus `Main` heraus soll die Methode `DoSomething` in der Klasse `Demo` asynchron aufgerufen werden. Diese Forderung bewirkt, dass wir `BeginInvoke` auf einem Delegate aufrufen müssen, das die asynchron auszuführende Methode im Objekt vom Typ `Demo` beschreibt. Dazu wird zunächst ein Delegate mit

```
public delegate void MyDelegate();
```

deklariert. Anschließend verschaffen wir uns ein Objekt vom Typ des Delegates, dem als Argument die asynchron auszuführende Methode übergeben wird.

```
private MyDelegate del;
...
del = new MyDelegate(obj.DoSomething);
```

Mit

```
del.BeginInvoke(...);
```

wird die asynchrone Ausführung von `DoSomething` in einem Hintergrundthread gestartet. Allerdings ist die Anweisung noch unvollständig – symbolisiert durch die Punkte. Wir sollten in `Program` nämlich noch eine Methode bereitstellen, mit der der Hintergrundthread das Objekt vom Typ `Program` über das Ende seiner Operation benachrichtigt. Die Definition der Rückrufmethode muss der Vorgabe des Delegates AsyncCallback entsprechen, demnach also einen Parameter vom Typ IAsyncResult enthalten. Wir nennen diese Methode CallbackMethod.

```
class Program {
  ...
  static void Main(string[] args) {...}
  public static void CallbackMethod(IAsyncResult ar) {
    ...
  }
}
```

Das Objekt vom Typ IAsyncResult entspricht dem Rückgabewert von BeginInvoke. Es veröffentlicht insgesamt sechs Eigenschaften. Dazu gehört unter anderem auch IsCompleted. Über IsCompleted kann der Aufrufer jederzeit feststellen, ob die asynchrone Ausführung bereits beendet ist. Eine zweite, sehr interessante Eigenschaft ist AsyncState, die genau das Objekt abruft, das als letzter Parameter dem Aufruf von BeginInvoke übergeben worden ist. Sie werden später in einem anderen Beispiel die sinnvolle Auswertung dieses Objekts sehen.

Wir wollen nun unser Beispiel komplettieren und Code einsetzen, der tatsächlich einige Zeit in Anspruch nimmt, damit wir den Effekt des asynchronen Aufrufs beobachten können.

```
// ---------------------------------------------------------------
// Beispiel: ...\Kapitel 11\AsynchronerAufruf_1
// ---------------------------------------------------------------
public delegate void MyDelegate();

class Program {
  private static MyDelegate del;

  static void Main(string[] args) {
    Demo obj = new Demo();
    del = new MyDelegate(obj.DoSomething);
    AsyncCallback callback = new AsyncCallback(CallbackMethod);

    // Methode AsyncTest in Demo asynchron aufrufen
    del.BeginInvoke(callback, null);

    // zeitaufwendige Ausführung
    for(int i = 0; i <= 100; i++) {
      Console.Write(".");
      Thread.Sleep(10);
    }
    Console.ReadLine();
  }

  // zurückgerufene Methode
  public static void CallbackMethod(IAsyncResult ar) {
```

```
    Console.Write("Ich habe fertig.");
  }
}

class Demo {
  // asynchron aufzurufende Methode
  public void DoSomething() {
    // zeitintensive Ausführung
    for(int i = 0; i <= 30; i++) {
      Console.Write("X");
      Thread.Sleep(10);
    }
  }
}
```

In Abbildung 11.6 ist das Ergebnis des Aufrufs zu sehen. Es ist eindeutig zu erkennen, dass die Punkte und »X«-Zeichen mehr oder weniger abwechselnd ausgegeben werden, denn beide Methoden arbeiten parallel. Beendet wird die asynchrone Operation durch den Rückruf von `CallbackMethod`, was durch die Ausgabe des bekannten Satzes »Ich habe fertig« bestätigt wird.

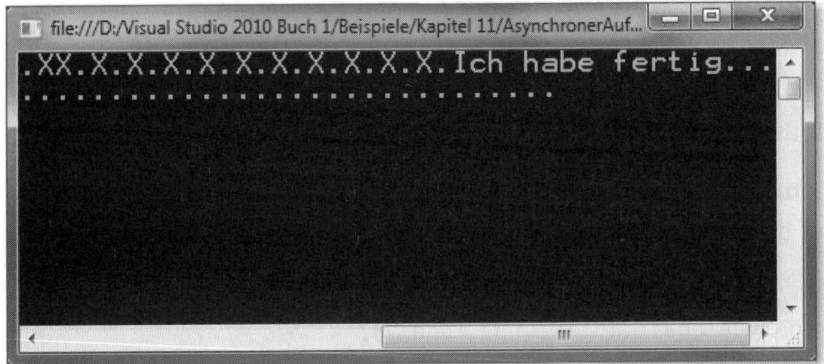

Abbildung 11.6 Ausgabe eines asynchronen Aufrufs

11.2.13 Asynchroner Aufruf mit Rückgabewerten

Möglicherweise liefert die asynchrone Methode als Resultat ihrer Operation einen Rückgabewert. Vielleicht werden auch über die Parameterliste Ergebnisse bereitgestellt. Wird aus dem Hintergrundthread heraus die Rückrufmethode des Initiators der asynchronen Operation aufgerufen, stehen die Ergebnisse jedoch nicht automatisch zur Verfügung. Sie müssen ausdrücklich abgerufen werden. Dazu dient die Methode `EndInvoke` des Delegates.

```
public Datentyp EndInvoke ([Parameterliste,] IAsyncResult);
```

Wie bei BeginInvoke müssen Sie auch an EndInvoke eine vorgeschriebene Parameterliste übergeben, die nicht identisch mit der Parameterliste von BeginInvoke ist: Sie darf nur die Referenzparameter der asynchronen Methode enthalten, damit EndInvoke die Resultate dort hineinschreiben kann. Die Angabe der Werteparameter ist nicht erlaubt. Der einzige grundsätzlich immer zwingend erforderliche Parameter ist vom Typ IAsyncResult. Hier wird das Objekt übergeben, das beim Aufruf von BeginInvoke dem letzten Parameter übergeben worden ist.

Wir wollen nun das Beispiel AsynchronerAufruf_1 ändern, um zu sehen, wie eine asynchrone Methode behandelt wird, die sowohl Werte- als auch Referenzparameter erwartet und darüber hinaus auch noch einen Rückgabewert hat. Dazu implementieren wir die Methode DoSomething wie folgt:

```
public string DoSomething(int x, ref long y) {
  // zeitaufwendige Ausführung
  for(int i = 0; i <= 30; i++) {
    Console.Write("X");
    Thread.Sleep(10);
  }
  y = 12345;
  return "Ich habe fertig.";
}
```

Die Parameterliste enthält jetzt den Referenzparameter y und den Werteparameter x, außerdem liefert die Methode eine Zeichenfolge zurück.

Die Änderung der Signatur hat natürlich auch im auslösenden Thread Konsequenzen. Das Delegate, das den Aufruf der Methode kapselt, muss an die veränderten Bedingungen angepasst werden:

```
public delegate string MyDelegate(int x, ref long y);
```

Gleiches gilt auch für den Start der asynchronen Bearbeitung, denn nun reicht es nicht mehr aus, mit BeginInvoke einfach nur ein Delegate auf die Rückrufmethode zu übergeben sowie die Referenz auf ein Objekt, in das der asynchrone Aufruf Informationen schreiben könnte. Wir müssen stattdessen auch die Parameter der asynchronen Methode in der richtigen Reihenfolge bedienen:

```
del.BeginInvoke(intVar, ref lngVar, callback, null);
```

DoSomething nimmt nun eine Kopie des int-Wertes und die Adresse des long-Wertes entgegen, kann mit diesen die erforderlichen Operationen ausführen und zum Abschluss durch Aufruf der über callback bekannt gegebenen Adresse die Methode CallbackMethod informieren.

Der Implementierung der Rückrufmethode kommt nun eine entscheidende Bedeutung zu. Es gilt, sowohl den Rückgabewert als auch den in diesem Fall geänderten Inhalt der Variablen `lngVar` auszuwerten. Dem Aufruf von `EndInvoke` übergeben wir die Adresse von `lngVar` und holen uns den Rückgabewert an der Konsole ab:

```
public static void MyCallbackProc(IAsyncResult ar) {
  Console.Write(del.EndInvoke(ref lngVar, ar));
  Console.Write("..Wert y = {0}", lngVar);
}
```

Die Konsolenausgabe bestätigt, dass unser Unterfangen von Erfolg gekrönt ist: Wir erhalten sowohl die Zeichenfolge als auch den veränderten Inhalt des Feldes `intVar`.

Zum Abschluss fassen wir das Beispielprogramm noch einmal zusammen:

```
// ---------------------------------------------------------------
// Beispiel: ...\ Kapitel 11\AsynchronerAufruf_2
// ---------------------------------------------------------------
public delegate string MyDelegate(int x, ref long y);

class Program {
  private static MyDelegate del;
  private static int intVar = 4711;
  private static long lngVar;

  static void Main(string[] args) {
    Demo obj = new Demo();
    del = new MyDelegate(obj.DoSomething);
    AsyncCallback callback = new AsyncCallback(CallbackMethod);

    // Methode AsyncTest in Demo asynchron aufrufen
    del.BeginInvoke(intVar, ref lngVar, callback, null);

    // zeitaufwendige Ausführung
    for(int i = 0; i <= 100; i++) {
      Console.Write(".P.");
      Thread.Sleep(10);
    }
    Console.ReadLine();
  }

  public static void CallbackMethod(IAsyncResult ar) {
    Console.Write(del.EndInvoke(ref lngVar, ar));
    Console.Write("..Wert y = {0}", lngVar);
  }
}

class Demo {
  public string DoSomething(int x, ref long y) {
```

```
      // zeitaufwendige Ausführung
      for(int i = 0; i <= 30; i++) {
        Console.Write(".X.");
        Thread.Sleep(10);
      }
      y = 12345;
      return "Ich habe fertig.";
    }
  }
```

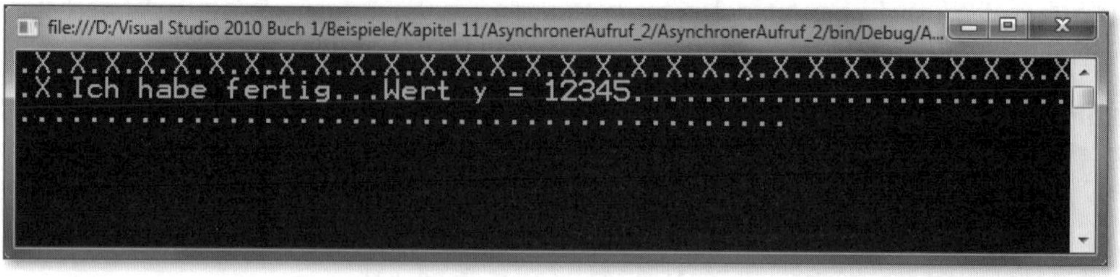

Abbildung 11.7 Ausgabe des Beispiels »AsynchronerAufruf_2«

11.2.14 Eine Klasse mit asynchronen Methodenaufrufen

Am Anfang dieses Abschnitts wurde schon darauf hingewiesen, dass einige Klassen der .NET-Klassenbibliothek Methoden mit asynchroner Verarbeitung anbieten. Die Klasse `FileStream` im Namespace `System.IO` ist ein Beispiel dafür. Es werden allerdings nicht die Methoden `BeginInvoke` und `EndInvoke` aufgerufen, sondern zwei ähnlich lautende: `BeginRead` und `EndRead` bzw. `BeginWrite` und `EndWrite`.

Wir wollen uns nun ansehen, wie eine Klasse aufgebaut ist, die ähnlich wie `FileStream` implementiert ist. Dabei lernen wir einerseits, wie wir die asynchronen Methoden der Klassen des .NET Frameworks behandeln müssen, andererseits aber auch, diese Technik in eigenen Klassen zu nutzen.

Am Anfang steht die Idee, eine Methode zu entwickeln, von der wir annehmen, dass sie in Abhängigkeit von den Umgebungsbedingungen und der Art der Operation eine längere Zeit zur Bearbeitung in Anspruch nehmen kann. Wir wollen diese Methode nachfolgend `Calculate` nennen, die Klasse dazu `Mathematics`.

```
class Mathematics {
  public int Calculate(int x) {
    Console.Write("---Bearbeitung startet---");
    for (int i = 0; i <= 20; i++) {
      Console.Write(".X.");
      Thread.Sleep(10);
    }
```

```
    Console.Write("---Bearbeitung beendet---");
    return x * x;
  }
}
```

Die for-Schleife simuliert eine länger andauernde Operation. Diese Implementierung arbeitet synchron. Da wir uns bewusst sind, dass Calculate vielleicht auch eine Stunde zur vollständigen Ausführung brauchen könnte (wir sind mit unserer Annahme sehr großzügig), bieten wir zusätzlich eine asynchrone Variante an. Dazu benötigen wir zwei weitere Methoden, die einer allgemeinen Konvention folgend als BeginXxx und EndXxx bezeichnet werden – in unserer Klasse demnach BeginCalculate und EndCalculate. Die noch unvollständige Klassenstruktur sieht dann folgendermaßen aus:

```
class Mathematics {
  // Die Methode Calculate wird synchron ausgeführt.
  public int Calculate(int x) {
    ...
  }

  // Start der asynchronen Ausführung
  public ... BeginCalculate(...) {
    ...
  }

  // Beenden der asynchronen Ausführung
  public ... EndCalculate(…) {
    ...
  }
}
```

An dieser Stelle kommt es zu der wichtigsten Entscheidung überhaupt. Was wir beabsichtigen, ist die asynchrone Ausführung der Methode Calculate. Asynchronität heißt aber auch, dass ein weiterer Thread gestartet werden muss, sobald die Methode BeginCalculate aufgerufen wird. Wenn wir in dieser Methode ein Objekt vom Typ Thread erzeugen und seinem Konstruktor ein Delegate übergeben würden, bräuchten wir auch noch ein Objekt, das das Interface IAsyncResult implementiert, müssten zwangsläufig dessen Methoden implementieren usw.

Die Entwicklung auf diese Weise zu gestalten, ist sehr aufwendig. Es gibt eine viel einfachere Lösung, da die beiden Methoden BeginInvoke und EndInvoke genau das leisten, was wir brauchen. Also benutzen wir sie auch, um das Ziel effizient zu erreichen. Dazu wird die Logik, die in den Abschnitten 11.2.12 und 11.2.13 beschrieben wurde, innerhalb der Klasse Mathematics implementiert.

```
// ---------------------------------------------------------------
// Beispiel: ...\ Kapitel 11\AsynchronerAufruf_3
// ---------------------------------------------------------------
public delegate int CalculateHandler(int x);

class Mathematics {
  CalculateHandler del;
  // Die Methode Calculate wird synchron ausgeführt.
  public int Calculate(int x) {
    Console.Write("---Bearbeitung startet---");
    for (int i = 0; i <= 20; i++) {
      Console.Write("X");
      Thread.Sleep(10);
    }
    Console.Write("---Bearbeitung beendet---");
    return x * x;
  }

  // Start der asynchronen Ausführung
  public IAsyncResult BeginCalculate(int intVar,
           AsyncCallback callback, object state) {
    del = new CalculateHandler(Calculate);
    // Aufruf der Methode Calculate, die in einem eigenen
    // Thread ausgeführt wird
    return del.BeginInvoke(intVar, callback, state);
  }

  // Beenden der asynchronen Ausführung
  public int EndCalculate(IAsyncResult ar) {
    return del.EndInvoke(ar);
  }
}
```

Dem Aufruf der Methode `BeginCalculate` werden die Daten übergeben, die die Methode `Calculate` für ihre Operation benötigt. In unserem Beispiel handelt es sich nur um einen als Werteparameter deklarierten Integer. Der zweite Parameter erhält die Referenz auf ein Delegate, das die Rückrufmethode im Aufrufer beschreibt. Der dritte und letzte Parameter dient dazu, ein Objekt bereitzustellen, mit dem Daten zwischen dem aufrufenden und dem aufgerufenen Objekt ausgetauscht werden. Ein solches Objekt ist in unserem Beispielcode nicht vorgesehen.

Der Aufruf von `BeginCalculate` orientiert sich an dem von `BeginInvoke` – und das ist typisch für Klassen im .NET Framework, die asynchrone Methoden offenlegen. Unter ähnlicher Prämisse wird auch `EndCalculate` implementiert; der Rückgabewert des internen `EndInvoke`-Aufrufs wird zum Rückgabewert der Instanzmethode.

Zum Schluss müssen wir noch testen, ob die Klassenimplementierung auch unseren Anforderungen genügt. Dazu entwickeln wir einen Client mit der Methode `Start` zum Aufruf der asynchronen Ausführung und einer Methode `Results`, die als Rückruffunktion vom Server angesteuert wird.

```
class Program {
  static void Main(string[] args) {
    Mathematics math = new Mathematics();
    int value = 23;
    AsyncCallback callback = new AsyncCallback(CallbackMethod);
    // Aufruf der asynchronen Ausführung
    math.BeginCalculate(value, callback, math);
    for (int i = 0; i <= 100; i++) {
      Console.Write(".{0}.", i);
      Thread.Sleep(5);
    }
    Console.ReadLine();
  }

  // Diese Methode wird vom Server aufgerufen.
  public static void CallbackMethod(IAsyncResult ar) {
    Mathematics math = (Mathematics)ar.AsyncState;
    // Ergebnis der asynchronen Operation abholen
    int result = math.EndCalculate(ar);
    Console.Write("---Resultat = {0} ", result);
    Console.Write("---FERTIG---");
  }
}
```

Beachten Sie bitte die Variable `math` vom Typ `Mathematics`. Sie ist als lokale Variable in der Methode `Main` definiert und daher auch außerhalb der Methode nicht sichtbar. Um dennoch die `EndCalculate`-Methode dieses Objekts aufrufen zu können, wird die Referenz an den letzten Parameter von `BeginCalculate` übergeben. In `BeginCalculate` wird das Objekt an `BeginInvoke` weitergeleitet. Die Folge ist, dass wir in unserer Callback-Methode nur die Eigenschaft `AsyncState` auswerten müssen, denn hier kommt das `Mathematics`-Objekt genau dort an, wo wir dessen `EndCalculate`-Methode aufrufen müssen, um das Resultat der Operation abzufragen.

Die Ausgabe an der Konsole wird so aussehen wie in Abbildung 11.8.

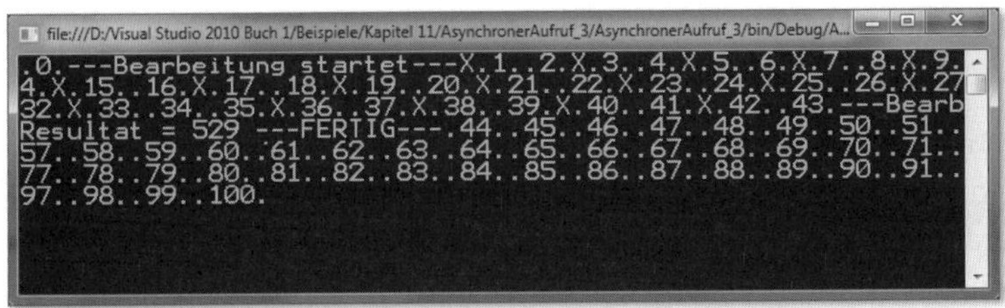

Abbildung 11.8 Ausgabe des Beispiels »AsynchronerAufruf_3«

11.3 Die TPL (Task Parallel Library)

Mit Visual Studio 2010 und dem .NET Framework 4.0 ist die Entwicklung multithread-fähiger Anwendungen um die Bibliothek TPL (*Task Parallel Library*) ergänzt worden. Dabei muss der Entwickler sich nicht mehr um jeden Thread einzeln kümmern, sondern für ihn steht primär die Aufgabenstellung im Vordergrund, Tasks zu definieren und zu synchronisieren. Das Erstellen der Threads wird zur Laufzeit automatisch erfolgen, und das sogar unter optimaler Ausnutzung der Hardware-Ausstattung. Das bedeutet: Wenn eine Anwendung auf einem Dual-Core-Prozessor ausgeführt wird, wird der Task in zwei Threads abgearbeitet. Läuft die Anwendung hingegen auf einem Quad-Core-Prozessor, werden vier Threads erzeugt.

Das hört sich alles bereits sehr verlockend an. Allerdings sollte bereits am Anfang darauf hingewiesen werden, dass die parallele Programmierung mit TPL nicht automatisch dazu führt, dass die Anwendungen schneller ausgeführt werden. Ganz im Gegenteil: Unter Umständen können die Anwendungen sogar langsamer werden. Was sich paradox anhört, ist sehr einfach zu erklären. Mit jedem Thread ist ein Overhead verbunden: Daten müssen in die CPU eingelesen werden, Daten müssen die CPU verlassen und zwischengespeichert werden. Stimmt das Verhältnis zwischen reiner Rechenzeit und den Verwaltungsoperationen nicht, kann die Performance durch Parallelisierung darunter leiden.

Es lässt sich nicht eindeutig sagen, wann die Parallelverarbeitung Vorteile bringt. Als Faustregel können Sie Folgendes nehmen: Je mehr Prozessorkerne genutzt werden können, desto aufwendiger und zeitintensiver sollten die Operationen sein, um von der parallelen Verarbeitung profitieren zu können. Im Zweifelsfall sollten Sie das Programm testen – auch auf Rechnern mit unterschiedlicher Ausstattung.

11.3.1 Allgemeines zur Parallelisierung mit der TPL

Die Klassen zur parallelen Programmierung mit der TPL sind im Namespace `System.Threading.Tasks` zu finden. Allerdings gibt es auch weitere Klassen in anderen Namespaces, die im Zuge der TPL eingeführt worden sind und die Parallelisierung nutzen. Der Namespace `System.Collections.Concurrent` mit seinen neuen Auflistungsklassen sei an dieser Stelle erwähnt.

Wenn Sie die Task Parallel Library einsetzen, werden Sie es hauptsächlich mit zwei Klassen zu tun haben:

- mit der Klasse `Parallel`: Mit dieser Klasse werden in erster Linie Schleifen parallel ausgeführt. Dazu wird die zu verarbeitende Datenmenge in Teilmengen aufgeteilt. Wie viele Teilmengen verarbeitet werden, entscheidet die Klasse selbst. Dabei kann es aber durchaus vorkommen, dass keine Teilmengen gebildet werden, also keine parallele Verarbeitung stattfindet. Dieses Verhalten zeugt von einer ausgeprägten Optimierung der

Klasse hinsichtlich des Performance-Gewinns. Die notwendigen Threads bezieht die TPL übrigens aus dem Threadpool.

- mit der Klasse `Task` (und deren Ableitung `Task<TResult>`): Diese Klasse unterstützt die parallele Abarbeitung von Methoden. Liefert ein Task einen Wert zurück, verwenden Sie die Klasse `Task<TResult>`. Die `Task`-Klasse bietet Möglichkeiten, wie sie auch von der Klasse `Thread` her bekannt sind, allerdings unter Verwendung des Threadpools. Im Vergleich zu `Thread` ist Task aber einfacher zu handhaben.

11.3.2 Die Klasse »Parallel«

Die statische Klasse `Parallel` unterstützt die Parallelisierung von Codebereichen und Schleifen. Dafür werden insgesamt nur drei Methoden angeboten:

- `For`
- `ForEach`
- `Invoke`

Alle drei Methoden sind überladen (und natürlich statisch). Damit können Sie gewissermaßen ein Feintuning der parallelen Verarbeitung steuern, beispielsweise um die Anzahl der benutzten Prozessorkerne zu beschränken.

Die Methode »Parallel.Invoke«

Die einfachste Art, parallele Operationen anzustoßen, ist die Methode `Invoke` der Klasse `Parallel`. Die Methode definiert ein Paramater-Array, dem Sie `Action`-Objekte übergeben. Die Syntax lautet:

```
public static void Invoke(params Action[] action)
```

`Action` ist ein Delegate und kapselt eine Methode, die über keine Parameter verfügt und keinen Wert zurückgibt. Erst wenn alle Methoden abgearbeitet sind, wird die Programmausführung mit der auf `Invoke` folgenden Anweisung fortgesetzt. `Invoke` blockiert also den Programmablauf und hat synchronen Charakter.

Sie müssen sicherstellen, dass innerhalb der Methoden nicht dieselben Variablen benutzt werden. Ansonsten erleben Sie unliebsame Überraschungen.

Im folgenden Beispielprogramm werden mit `Task1`, `Task2` und `Task3` drei Methoden beschrieben. Sie leisten nichts Besonderes und geben nur innerhalb einer Schleife Konsolenmeldungen aus, die mit `Thread.Sleep` noch ein wenig gebremst werden.

```
// ---------------------------------------------------------
// Beispiel: ...\Kapitel 11\ParallelInvokeSample
// ---------------------------------------------------------
class Program {
```

```
  static void Main(string[] args) {
    Parallel.Invoke(Task1, Task2, Task3);
    Console.ReadLine();
  }

  static void Task1() {
    for (int i = 0; i < 10; i++) {
      Thread.Sleep(50);
      Console.Write(" #1 ");
    }
  }

  static void Task2() {
    for (int i = 0; i < 10; i++) {
      Thread.Sleep(50);
      Console.Write(" #2 ");
    }
  }

  static void Task3() {
    for (int i = 0; i < 10; i++) {
      Thread.Sleep(50);
      Console.Write(" #3 ");
    }
  }
}
```

Abbildung 11.9 beweist, dass alle Tasks parallel ausgeführt werden. Besser gesagt, ich kann das hiermit nur für `Task1` und `Task2` beweisen. Der dritte Task wird am Ende komplett auf einmal abgearbeitet – daran können Sie sehen, dass diese Abbildung auf einer Dual-Core-Maschine erstellt worden ist.

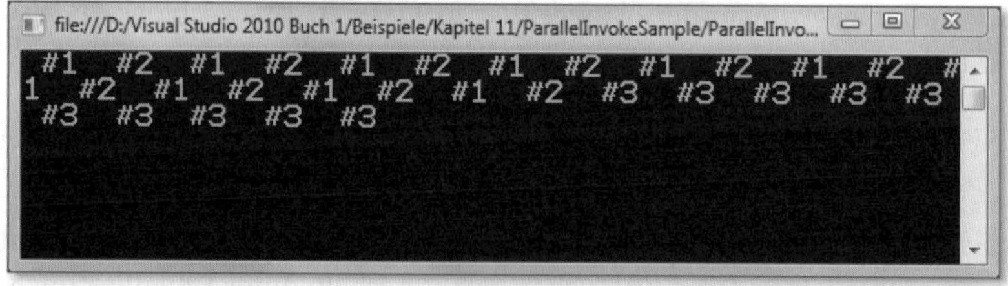

Abbildung 11.9 Ausgabe des Beispielprogramms »ParallelInvokeSample«

Im Task-Manager können Sie auch beobachten, dass bei der Ausführung einer parallelen Operation die einzelnen CPUs ihre Arbeit verrichten. Allerdings werden Sie wahrscheinlich praktisch keine Reaktion sehen, wenn Sie unser Beispielprogramm laufen lassen. Dafür werden die Fähigkeiten einer CPU von unserem Beispiel viel zu wenig herausgefordert –

die CPU langweilt sich, ist praktisch beschäftigungslos. Um in Abbildung 11.10 wenigstens etwas Aktivität deutlich zu machen, wurde die Anzahl der Schleifendurchläufe des Beispielprogramms auf 100.000 erhöht.

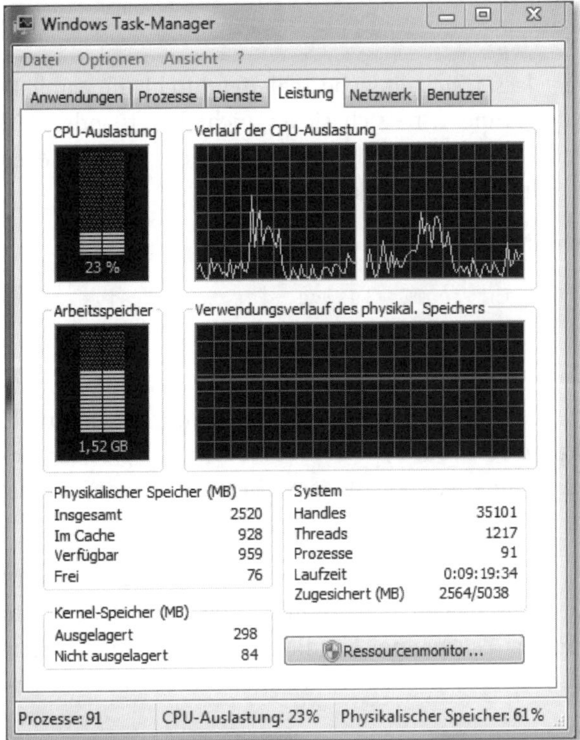

Abbildung 11.10 Anzeige der CPU-Auslastung im Task-Manager

Es ist nicht unüblich, Tasks durch Lambda-Ausdrücke anzugeben. Der Code ist kürzer, aber auch zunächst schlechter lesbar.

```
static void Main(string[] args) {
 Parallel.Invoke(() => { for (int i = 0; i < 10; i++) {
                                  Thread.Sleep(50);
                                  Console.Write(" #1 ");
                              } },
                 () => { for (int i = 0; i < 10; i++) {
                                  Thread.Sleep(50);
                                  Console.Write(" #2 ");
                              } },
                 () => { for (int i = 0; i < 10; i++) {
                                  Thread.Sleep(50);
```

```
                                          Console.Write(" #3 ");
                                      } });
  Console.ReadLine();
}
```

Schleifen mit »Parallel.For«

Mit `Parallel.For` und `Parallel.Foreach` lassen sich einfache Schleifendurchläufe parallelisieren. Der Effekt der Performance-Steigerung wird sich sicher nicht bei 10 oder 100 Schleifendurchläufen bemerkbar machen, die Anzahl sollte schon deutlich darüber liegen und hängt auch von der Anzahl der beteiligten Prozessorkerne ab.

Die Syntax der `For`-Methode ähnelt sehr der `for`-Schleife:

```
public static ParallelLoopResult For(int fromInclusive, int toExclusive,
                                      Action<int> body )
```

Der erste Parameter erwartet den Startindex (inklusive), der zweite den Endindex (exklusive). Der letzte Parameter ist wieder ein Delegate, das auf den Code zeigt, der innerhalb der Schleife ausgeführt wird. Der Rückgabewert vom Typ `ParralelLoopResult` gibt darüber Auskunft, ob die Schleife komplett ausgeführt worden ist oder vorzeitig beendet wurde. Zudem können Sie den Index abrufen, bei dem die Schleife abgebrochen worden ist.

Im nächsten Beispielprogramm wird `Parallel.For` nicht nur demonstriert, sondern es wird auch die Zeitspanne zwischen einer herkömmlichen Schleife und einer parallelisierten in Millisekunden gemessen. Zur Messung der Zeitspanne, die die Laufzeit zur Abarbeitung der Schleifen braucht, greifen wir auf die Klasse `StopWatch` aus dem Namespace `System.Diagnostics` zurück.

```
// -----------------------------------------------------------
// Beispiel: ...\Kapitel 11\ParallelForSample
// -----------------------------------------------------------
class Program {
  static void Main(string[] args) {
    Stopwatch watch = new Stopwatch();
    watch.Start();
    ParallelTest();
    watch.Stop();
    Console.WriteLine(watch.ElapsedMilliseconds);
    watch.Reset();
    watch.Start();
    SynchTest();
    watch.Stop();
    Console.WriteLine(watch.ElapsedMilliseconds);
    Console.ReadLine();
  }
```

```
  static void SynchTest() {
    double[] arr = new double[1000000];
    for(int i = 0; i < 1000000; i++)
      arr[i] = Math.Pow(i, 0.333) * Math.Sqrt(Math.Sin(i));
  }

  static void ParallelTest() {
    double[] arr = new double[1000000];
    Parallel.For(0, 1000000, i =>
            {
               arr[i] = Math.Pow(i, 0.333) * Math.Sqrt(Math.Sin(i));
            });
  }
}
```

Wenn Sie das Programm auf Ihrem Rechner testen, erhalten Sie mit Sicherheit andere Werte. Aber die Tendenz dürfte ähnlich sein: Die parallele Ausführung dauert im Schnitt 140 ms, die synchrone 268 ms. Das bedeutet fast 50 % Performance-Gewinn. Je geringer Sie die Anzahl der Schleifendurchläufe festlegen, desto geringer ist auch der Vorteil der Parallelisierung.

Anmerkung

Die Erhöhung des Schleifenzählers ist immer +1. Möchten Sie andere Schrittweiten festlegen, müssen Sie im Schleifenblock eine entsprechende Umrechnung vornehmen. Angenommen, Sie sind an allen ganzzahligen Werten zwischen 0 und 100 interessiert, dann könnten Sie im Schleifenkörper den folgenden Code schreiben:

```
Parallel.For(0, 50, i =>
{
   int newIndex = i * 2;
   Console.Write(" {0} ", newIndex);
});
```

Außerdem ist nur eine positive Iteration möglich.

Schleifenunterbrechung

In der parallelen Verarbeitung muss natürlich eine Schleife anders abgebrochen werden als in einer herkömmlichen Schleife. Die Klasse `Parallel` stellt dazu eine Überladung der Methode `For` zur Verfügung, deren Syntax wir uns zuerst ansehen:

```
public static ParallelLoopResult For(int fromInclusive,int toExclusive,
                                     Action<int, ParallelLoopState> body )
```

Hier wird eine andere Variante des Delegates `Action` benutzt. Sie geben hier ein Objekt vom Typ `ParallelLoopState` an, das unter anderem auch die Methode `Stop` zum Abbruch einer parallel ausgeführten Schleife bereitstellt.

```
Parallel.For(0, 1000000, (i, option) =>
{
   arr[i] = Math.Pow(i, 0.333) * Math.Sqrt(Math.Sin(i));
   if (i > 1000) option.Stop();
});
```

Es gibt neben der Methode `Stop` auch noch die Methode `Break`. Diese Methode gibt an, dass die Schleife nach der aktuellen Iteration beendet werden soll.

Hinweis

Die `For`-Methode hat noch mehr Überladungen als die beiden hier vorgestellten. Wir werden aber darauf nicht weiter eingehen.

Auswerten des Status der Schleifenoperation

Die Methode `For` liefert einen Rückgabewert vom Typ `ParallelLoopResult`. Mit `IsCompleted` und `LowestBreakIteration` hat die Klasse nur zwei Eigenschaften. In beiden Fällen bezieht sich die Auswertung auf einen möglichen vorzeitigen Schleifenabbruch.

`IsCompleted` gibt an, ob die Schleife bis zum Abschluss ausgeführt wurde. `LowestBreakIteration` gibt den Indexwert an, bei dem eine Schleife mit `Break` unterbrochen worden ist. Wurde eine Schleife mit `Stop` beendet, ist der Rückgabewert `null`.

Collections mit »ForEach« parallel durchlaufen

Die Parallelisierung der `For`-Schleife mit `Parallel.For` habe ich Ihnen gezeigt. Es gibt auch noch die sehr ähnliche Methode `ForEach` der Klasse `Parallel`, um auch auf Collections parallel zugreifen zu können.

Grundsätzlich ähnelt der Einsatz der `ForEach`-Methode dem der `For`-Methode. Daher soll an dieser Stelle auch nur abschließend kurz der Einsatz gezeigt werden.

```
string[] namen = { "Peter", "Uwe", "Udo", "Willi",
                    "Pia", "Michael", "Conie" };
Parallel.ForEach(namen, name  =>
{
  Console.WriteLine(name);
});
```

Sie können übrigens nicht erwarten, dass die Namen in der Reihenfolge ausgegeben werden, in der sie in der Liste angegeben sind.

11.3.3 Die Klasse »Task«

Oben habe ich bereits erwähnt, dass die Klasse `Task` durchaus der Klasse `Thread` ähnelt. Widmen wir uns nun dieser Klasse.

Einen Task erstellen

Zunächst einmal gilt es, sich ein Objekt vom Typ Task zu besorgen. Dazu bieten sich zwei Möglichkeiten;

- Sie instanziieren in gewohnter Weise mit new und übergeben dabei ein Objekt vom Typ Action (Sie erinnern sich, es handelt sich dabei um ein Delagate).
- Sie rufen Task.Factory.StartNew unter Übergabe eines Action-Objekts auf.

Der Unterschied zwischen diesen beiden Varianten ist, dass der Task im ersten Fall noch explizit gestartet werden muss, während im zweiten Fall der Task bereits automatisch gestartet wird. Im folgenden Listing werden beide Möglichkeiten gezeigt.

```
static void Main(string[] args) {
  Task task1 = Task.Factory.StartNew(DoSomething);
  Task task2 = new Task(Test);
  task2.Start();
}
public static void DoSomething() {
  Console.WriteLine("Task wird ausgeführt ...");
}
```

Die durch das Objekt task1 beschriebene Operation wird sofort gestartet, während es des Aufrufs der Methode Start beim Objekt task2 bedarf.

Natürlich können Sie die Operation auch unter Verwendung eines Lambda-Ausdrucks starten, zum Beispiel:

```
Task task1 = Task.Factory.StartNew(() =>
{
  Console.WriteLine("Task wird ausgeführt ...");
});
```

Daten an den Task übergeben

Manche parallel auszuführenden Operationen werden eine Datenübergabe voraussetzen. Natürlich geht auch das. Sehen wir uns zuerst die entsprechende Überladung der Methode StartNew an:

```
public Task StartNew(Action<Object> action, Object state)
```

Jetzt wird es etwas komplexer, denn StartNew definiert zwei Parameter. Fangen wir mit dem zweiten an. An dieser Position geben wir unser Übergabeargument an, das als Object-Typ entgegengenommen wird. Der erste Parameter beschreibt nicht nur die parallele Operation (die, wie Sie vorher gesehen haben parameterlos ist), sondern wir müssen hier einen beliebigen Parameter beschreiben, der innerhalb der Operation dazu dient, den tatsächlichen Typ des zweiten Übergabearguments zu bestimmen. Das hört sich kompliziert an, deshalb folgt hier auch sofort ein einfaches Beispiel.

```
string name = "Andreas";
Task.Factory.StartNew((str) => { /* ... */ }, name);
```

Ich habe bewusst auf die Angabe jeglicher Operationen verzichtet, damit der Code gut lesbar bleibt. Das zweite Argument ist hier `name`, mit `str` wird das erforderliche erste Argument beschrieben.

Jetzt sehen wir uns ein konkretes Beispiel an. In diesem wird ein Integer-Array an die parallele Operation übergeben und dort in die Konsole geschrieben.

```
int[] arr = { 1, 2, 3, 4, 5 };
Task.Factory.StartNew((liste) =>
{
  int[] p = (int[])liste;
  foreach(int item in arr)
    Console.WriteLine(item);
}, arr);
```

Hier können Sie erkennen, wie der erste Parameter, `liste`, innerhalb der Methode in den tatsächlichen Typ `int[]` konvertiert wird und uns den nachfolgenden Zugriff auf die Elemente des Arrays ermöglicht.

Auf das Beenden eines Tasks warten

Oftmals hängt die weitere Programmausführung davon ab, ob der Task oder die Tasks die Bearbeitung beendet haben. In solchen Situationen bieten sich mit `Wait`, `WaitAny` und `WaitAll` gleich mehrere Möglichkeiten, auf das Ende eines Tasks zu warten.

Warten Sie auf das Ende der Ausführungen eines bestimmten Tasks, bietet sich die Methode `Wait` an, die auf die Referenz des `Task`-Objekts aufgerufen wird.

```
Task task = Task.Factory.StartNew(() =>
{
  Console.WriteLine("Lange Operation ....");
  Thread.Sleep(5000);
  Console.WriteLine("Ich bin fertig ...");
});
task.Wait();
Console.WriteLine("Task hat Arbeit beendet ...");
```

Sie können `Wait` auch mitteilen, dass Sie nur für eine bestimmte Dauer warten möchten, und übergeben dann die entsprechende Zeitspanne in Millisekunden als Argument. Dieser Fall dürfte aber eher selten auftreten.

Sind mehrere Tasks gestartet, können Sie auf das Beenden eines bestimmten oder auch aller Tasks mit der statischen Methode `WaitAll` warten, der Sie die Referenzen auf die Tasks angeben, von denen der weitere Ablauf des Programms abhängt.

```
Task task1 = Task.Factory.StartNew(() =>
{
  Thread.Sleep(10000);
  Console.WriteLine("Task #1: fertig ...");
});
Task task2 = Task.Factory.StartNew(() =>
{
  Thread.Sleep(3000);
  Console.WriteLine("Task #2: fertig ...");
});
Task task3 = Task.Factory.StartNew(() =>
{
  Thread.Sleep(6000);
  Console.WriteLine("Task #3: fertig ...");
});
Task.WaitAll(task1, task2, task3);
```

Alternativ bietet sich bei mehreren laufenden Aufgaben auch `WaitAny` an. `WaitAny` erwartet eine Liste von Aufgaben. Das Programm wird nach `WaitAny` fortgesetzt, wenn eine der aufgeführten Aufgaben beendet wird.

Rückgabewerte auswerten

Tasks müssen nicht zwangsläufig vom Typ `void` sein, sie können auch Rückgabewerte haben. Für solche Aufgaben ist die Klasse `Task` nicht mehr geeignet. Stattdessen greifen wir auf `Task<TResult>` zurück, die eine Ableitung von `Task` ist. Der generische Typparameter beschreibt den Datentyp des Rückgabewerts.

Das Ergebnis der parallelen Operation holen wir uns mit der Eigenschaft `Result` des `Task<TResult>`-Objekts ab. Der Ergebniswert entspricht dem Typparameter der Aufgabe. `Result` wartet übrigens so lange, bis das Ergebnis vorliegt.

Im folgenden Listing wird eine `int`-Variable an die Operation übergeben und damit eine einfache mathematische Berechnung angestellt. Um zeigen zu können, dass `Result` tatsächlich bis zum Eintreffen des Rückgabewerts wartet, wird die Dauer der Operation um drei Sekunden verzögert.

```
int value = 12;
Task<long> task = Task<long>.Factory.StartNew((wert) =>
{
  int var = (int)wert;
  Thread.Sleep(3000);
```

```
  return var * var;
}, value);
Console.WriteLine("Ich warte ...");
Console.WriteLine("Resultat: {0}", task.Result);
```

Abbruch einer parallelen Operation von außen

Innerhalb einer parallelen Operation können Sie mit `return` die Operation abbrechen. Von außerhalb ist schon etwas mehr Coding erforderlich. Im Mittelpunkt steht dabei ein Objekt vom Typ `CancellationTokenSource`, mit dem einem Task signalisiert wird, dass er seine parallele Ausführung beenden soll. Dem `CancellationTokenSource`-Objekt ist ein `CancellationToken`-Objekt zugeordnet, das für die Weitergabe einer Abbruchbenachrichtigung verantwortlich ist.

Der Abbruch einer parallelen Ausführung wird mit der Methode `Cancel` des `CancellationTokenSource`-Objekts eingeleitet. Das Token gibt in seiner Eigenschaft `IsCancellationRequested` Auskunft darüber, ob ein Abbruch gewünscht ist. Ist der Wert `true`, kann mit der Auslösung der Exception `OperationCanceledException` darauf reagiert werden. Um die Exception auszulösen, rufen Sie einfach die Methode `ThrowIfCancellationRequested` auf dem Token-Objekt auf.

Das hört sich zunächst ziemlich komplex an, deshalb wollen wir uns auch dazu ein Beispiel ansehen.

```
// ---------------------------------------------------------------
// Beispiel: ...\Kapitel 11\CancellationSample
// ---------------------------------------------------------------
class Program {
  static void Main(string[] args) {
    var cts = new CancellationTokenSource();
    CancellationToken token = cts.Token;
    Task task = Task.Factory.StartNew(() =>
    {
       Thread.Sleep(1000);
       while(true) {
         if (token.IsCancellationRequested) {
           token.ThrowIfCancellationRequested();
         }
       }
    }, cts.Token);
    cts.Cancel();
    Console.WriteLine("Abbruch der parallelen Operation ...");
    try {
      task.Wait();
    }
```

```
    catch (Exception ex) {
      Console.WriteLine("In catch: " + ex.InnerException.Message);
    }
    Console.ReadLine();
  }
}
```

Nach der Definition des Tasks wird die Methode `Cancel` aufgerufen und in einem `try`-Block mit `Wait` auf das Beenden der parallelen Operation gewartet.

Anmerkung

Das Beispielprogramm funktioniert nicht immer so, wie es angedacht ist, sondern bricht bei häufigen Teststarts ab und zu in der Aufgabe mit einer Exception ab. Unter Umständen müssen Sie das Programm 40- bis 50-mal starten, um den Effekt zu sehen. Dasselbe Verhalten ist übrigens auch festzustellen, wenn Sie das sehr ähnliche Beispiel aus der Dokumentation zu .NET 4.0 ausprobieren. Anscheinend liegt hier ein Bug vor, der nur unter gewissen Umständen auftritt. Es bleibt zu hoffen, dass mit dem sicher bald folgenden Service Pack 1 (warum sollte es diesmal anders sein?) der Bug behoben wird.

12 Arbeiten mit Dateien und Streams

Das .NET Framework bietet eine Klassenbibliothek, die in Namespaces organisiert ist. Jeder Namespace beschreibt eine zusammenhängende oder zumindest doch verwandte Thematik. Mit Daten zu operieren, egal ob man Daten schreibt oder liest, steht im Zusammenhang mit Dateien. Daher ist es auch nicht verwunderlich, dass sich die wichtigsten Klassen, die mit Dateien und Datenoperationen zu tun haben, in einem Namespace wiederfinden: `System.IO`.

Wollte man ein kurzes, allgemein gehaltenes Inhaltsverzeichnis von `System.IO` angeben, müsste dieses drei Hauptabschnitte umfassen:

- Klassen, die ihre Dienste auf der Basis von Dateien und Verzeichnissen anbieten
- Klassen, die den Datentransport beschreiben
- Ausnahmeklassen

Der Schwerpunkt liegt wohl eher auf den Klassen, die durch Punkt 2 beschrieben werden, und geht weit über die Operationen hinaus, die im direkten Zusammenhang mit Dateien stehen. Daraus resultiert letztendlich auch die Namensangabe des Namespace `IO` für Input/Output-Operationen oder, wie es auch sehr häufig in der deutschen Übersetzung lautet, E/A-Operationen (für die Ein- und Ausgabe).

In diesem Kapitel geht es primär darum, Dateninformationen aus einer beliebigen Datenquelle zu holen und an ein beliebiges Ziel zu schicken. Meist sind sowohl die Quelle als auch das Ziel eines Datenstroms Dateien, aber es kann auch noch ganz andere Anfangs- und Endpunkte geben, beispielsweise:

- eine Benutzeroberfläche
- Netzwerkverbindungen
- Speicherblöcke
- Drucker
- andere Peripheriegeräte

In höheren Programmiersprachen wird ein Datenfluss als *Stream* bezeichnet. Ein Stream hat einen Anfangs- und einen Endpunkt: eine Quelle, an der der Datenstrom entspringt, und das Ziel, das den Datenstrom empfängt. Die Methoden `Console.WriteLine` und `Console.ReadLine`, mit denen wir praktisch schon von der ersten Seite dieses Buches an arbeiten, erzeugen auch solche Datenströme.

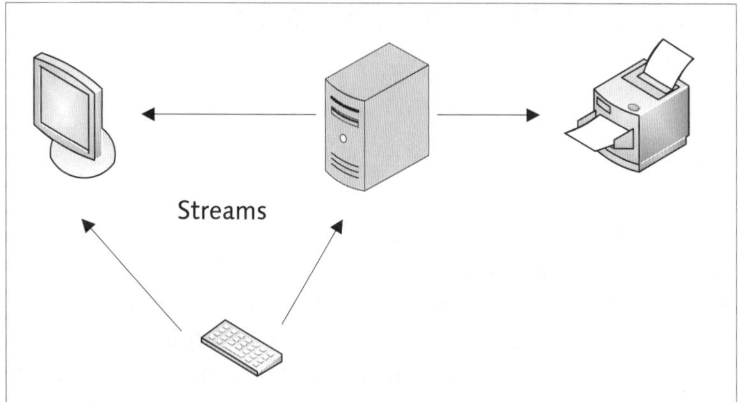

Abbildung 12.1 Datenströme einer lokalen Arbeitsstation

Streams haben bestimmte Charakteristika. Das ist auch der Grund, weshalb es nicht nur eine `Stream`-Klasse gibt, sondern mehrere. Jeder Stream dient ganz speziellen Anforderungen und kann diese mehr oder weniger gut erfüllen. Beispielsweise gibt es Streams, deren Daten direkt als Text interpretiert werden, während andere nur Bytesequenzen transportieren, die der Empfänger erst in das richtige Format bringen muss, um den Inhalt zu interpretieren.

Ein Stream ist nicht dauerhaft: Er wird geöffnet und liest oder schreibt Daten. Nach dem Schließen sind die Daten verloren, wenn sie nicht von einem Empfänger, beispielsweise einer Datei, dauerhaft gespeichert werden.

12.1 Namespaces der Ein- bzw. Ausgabe

Die elementarsten Klassen für die Dateiein- und -ausgabe sind im Namespace `System.IO` organisiert. Es sollte nicht unerwähnt bleiben, dass die .NET-Klassenbibliothek mit weiteren Namespaces aufwartet, die Klassen für besondere Aufgaben bereitstellen:

- Im Namespace `System.IO.Compression` werden mit `DeflateStream` und `GZipStream` zwei Klassen angeboten, die Methoden und Eigenschaften zur Datenkomprimierung bzw. Datendekomprimierung bereitstellen.
- Mit den Klassen des Namespace `System.IO.IsolatedStorage` wird eine Art virtuelles Dateisystem beschrieben. Dieses ermöglicht die Speicherung von Einstellungen und Temporärdaten, die mit der Anwendung eindeutig verknüpft sind. Typischerweise werden im isolierten Speicher Daten abgelegt, die ansonsten beispielsweise in der Registry gespeichert werden müssten. Das Besondere dabei ist, dass weniger vertrauenswürdiger Code nicht auf die Daten zugreifen kann, die sich im isolierten Speicher befinden.

- Streams müssen nicht zwangsläufig mit Dateien oder Verzeichnissen in direktem Zusammenhang stehen, sondern beschreiben Datenströme in allgemeiner Form. Wenn Sie die serielle Schnittstelle programmieren wollen, werden Sie daher auch auf die Methoden und Eigenschaften der Klassen im Namespace `System.IO.Ports` zurückgreifen müssen.

12.1.1 Das Behandeln von Ausnahmen bei E/A-Operationen

Bei fast allen Dateioperationen kann es zur Laufzeit eines Programms aus den verschiedensten Gründen sehr schnell dazu kommen, dass Ausnahmen ausgelöst werden: Die zu kopierende Datei wird im angegebenen Pfad nicht gefunden, das Zielverzeichnis existiert nicht, als Quelle oder Ziel wird ein Leerstring übergeben usw. Daher sollten Sie unbedingt darauf achten, eine Fehlerbehandlung zu implementieren. Die Dokumentation unterstützt Sie, wenn es darum geht, auf mögliche Fehler zu reagieren, denn es werden alle Ausnahmen aufgeführt, die beim Aufruf einer Methode auftreten könnten.

Alle Ausnahmen im Zusammenhang mit E/A-Operationen werden auf eine gemeinsame Basis zurückgeführt: `IOException`. Sie sollten auch diesen allgemeinen Fehler immer behandeln, damit der Anwender nicht Gefahr läuft, durch eine unberücksichtigte Ausnahme die Laufzeitumgebung des Programms unfreiwillig zu beenden.

12.2 Laufwerke, Verzeichnisse und Dateien

Die Klassenbibliothek des .NET Frameworks unterstützt den Entwickler mit mehreren Klassen, die Laufwerke, Verzeichnisse und Dateien beschreiben. Diese wollen wir als Erstes ansehen. Dabei handelt es sich um:

- `File`
- `FileInfo`
- `Directory`
- `DirectoryInfo`
- `Path`
- `DriveInfo`
- `SpecialDirectories`

`File` bzw. `FileInfo` und `Directory` bzw. `DirectoryInfo` liefern sehr ähnliche Daten zurück. Bei `File/FileInfo` handelt es um Daten, die eine Datei betreffen, bei `Directory/DirectoryInfo` um Daten von Verzeichnissen. Möchten Sie Pfadangaben ermitteln, hilft Ihnen `Path` weiter. Erwähnenswert sind zudem `DriveInfo`, um Laufwerksinformationen abzufragen, und `SpecialDirectories`, um die Pfade Windows-eigener Verzeichnisse zu erhalten.

12.2.1 Die Klasse »File«

Methoden der Klasse »File«

Die nicht ableitbare Klasse `File` stellt nur statische Methoden zur Verfügung. Die Methoden von `FileInfo` sind Instanzmethoden und werden über eine Objektreferenz aufgerufen. Funktionell sind sich beide Klassen jedoch ähnlich und unterscheiden sich nicht gravierend.

Mit den Klassenmethoden von `File` lässt sich eine Datei erstellen, kopieren, löschen usw. Sie können auch die Attribute einer Datei lesen oder setzen, und – was auch sehr wichtig ist – Sie können eine Datei öffnen. In Tabelle 12.1 sind die wichtigsten Methoden samt Rückgabetyp aufgeführt.

Methode	Rückgabetyp	Beschreibung
`AppendAllText`	`void`	Öffnet eine Datei und fügt die angegebene Zeichenfolge an die Datei an.
`AppendText`	`StreamWriter`	Hängt Text an eine existierende Datei an.
`Copy`	`void`	Kopiert eine bestehende Datei an einen anderen Speicherort.
`Create`	`FileStream`	Erzeugt eine Datei in einem angegebenen Pfad.
`CreateText`	`StreamWriter`	Erstellt oder öffnet eine Textdatei.
`Delete`	`void`	Löscht eine Datei.
`Exists`	`Boolean`	Gibt einen booleschen Wert zurück, der `false` ist, wenn die angegebene Datei nicht existiert.
`GetAttributes`	`FileAttributes`	Liefert das Bitfeld der Dateiattribute.
`GetCreationTime`	`DateTime`	Liefert das Erstellungsdatum und die Uhrzeit einer Datei.
`GetLastAccessTime`	`DateTime`	Liefert Datum und Uhrzeit des letzten Zugriffs.
`GetLastWriteTime`	`DateTime`	Liefert Datum und Uhrzeit des letzten Schreibzugriffs.
`Move`	`void`	Verschiebt eine Datei in einen anderen Ordner oder benennt sie um.
`Open`	`FileStream`	Öffnet eine Datei.
`OpenRead`	`FileStream`	Öffnet eine Datei zum Lesen.
`OpenText`	`StreamReader`	Öffnet eine Textdatei zum Lesen.
`OpenWrite`	`FileStream`	Öffnet eine Datei zum Schreiben.
`ReadAllBytes`	`byte[]`	Öffnet eine Binärdatei und liest den Inhalt der Datei in ein Byte-Array ein.
`ReadAllLines`	`string[]`	Öffnet eine Textdatei und liest alle Zeilen der Datei in ein Zeichenfolgen-Array ein.

Tabelle 12.1 Methoden der Klasse »File«

Methode	Rückgabetyp	Beschreibung
ReadAllText	string	Öffnet eine Textdatei, liest alle Zeilen der Datei in eine Zeichenfolge ein und schließt dann die Datei.
SetAttributes	void	Setzt Dateiattribute.
SetCreationTime	void	Setzt Erstellungsdatum und -uhrzeit.
SetLastAccessTime	void	Setzt Datum und Uhrzeit des letzten Zugriffs.
SetLastWriteTime	void	Setzt Datum und Uhrzeit des letzten Schreibzugriffs.
WriteAllBytes	void	Erstellt eine neue Datei und schreibt das angegebene Byte-Array in die Datei.
WriteAllLines	void	Erstellt eine neue Datei und schreibt das angegebene Zeichenfolgen-Array in die Datei.
WriteAllText	void	Erstellt eine neue Datei und schreibt das angegebene Zeichenfolgen-Array in die Datei.

Tabelle 12.1 Methoden der Klasse »File« (Forts.)

Wie Sie sehen können, geben viele Methoden ein Stream-Objekt zurück. Das hat seinen Grund, denn mit einer geöffneten Datei will man arbeiten, sei es, um den Inhalt zu lesen, oder sei es, um etwas in die Datei zu schreiben. Diese Operationen setzen aber einen Stream voraus, was das .NET Framework durch die Definition verschiedener Stream-Klassen abdeckt. Ein FileStream beschreibt dabei einfache Byte-Sequenzen, ein StreamReader basiert auf einer Textdatei.

Datei kopieren

Zum Kopieren einer Datei dient die Methode Copy, beispielsweise so:

```
File.Copy("C:\\Test.txt", "D:\\Test.txt");
```

Das erste Argument erwartet die Angabe des Dateinamens der Datei, die Sie kopieren wollen. Befindet sich die zu kopierende Datei in keinem bekannten Suchpfad, muss der gesamte Zugriffspfad beschrieben werden. Im zweiten Argument müssen Sie das Zielverzeichnis und den Namen der Dateikopie angeben. Den Namen der kopierten Datei dürfen Sie gemäß den systemspezifischen Richtlinien festlegen, er muss nicht mit dem Ursprungsnamen der Datei übereinstimmen. Versucht man, ein Ziel anzugeben, in dem bereits eine gleichnamige Datei existiert, wird die Ausnahme DirectoryNotFoundException ausgelöst.

Wenn Sie die Pfadangabe in einem string-Literal festlegen, müssen Sie beachten, dass das einfache Backslash-Zeichen in einem Literal als Escape-Zeichen interpretiert wird. Sie müssen deshalb zwei Backslashes hintereinander angeben oder alternativ der Zeichenfolge ein @-Zeichen voranstellen.

```
File.Copy(@"C:\Test.txt", @"D:\Test.txt");
```

Sie können die Methode Copy auch einsetzen, wenn im Zielverzeichnis bereits eine Datei existiert, die denselben Namen hat wie die Datei, die Sie im zweiten Argument angeben. Dann müssen Sie die Überladung von Copy benutzen, die im dritten Parameter einen booleschen Wert erwartet. Übergeben Sie true, wird keine Ausnahme ausgelöst, und die bereits vorhandene Datei wird durch den Inhalt der im ersten Argument übergebenen Datei überschrieben.

Datei löschen

Zum Löschen einer Datei ruft man die statische Methode Delete auf und übergibt dieser als Argument den kompletten Pfad der zu löschenden Datei, z. B. so:

```
File.Delete(@"C:\MyDocuments\MyDoc.txt");
```

Die Pfadangabe kann absolut oder relativ sein.

Datei verschieben

Mit Move lassen sich Dateien aus einem Quellverzeichnis in ein anderes Zielverzeichnis verschieben:

```
File.Move(@"C:\MyDocuments\MyDoc.txt", @"C:\Allgemein\MyDoc.Doc");
```

Diese Methode kann auch zum Umbenennen von Dateinamen benutzt werden.

Prüfen, ob eine Datei existiert

Beabsichtigen Sie, eine bestimmte Datei zu öffnen, stellt sich zunächst die Frage, ob eine Datei dieses Namens in dem angegebenen Pfad tatsächlich existiert. Die Klasse File veröffentlicht zur Beantwortung die Methode Exists, die den booleschen Wert false zurückliefert, wenn die Datei nicht gefunden wird.

```
string path = @"C:\MyFile.txt";
if (File.Exists(path)) {
  // Datei existiert im angegebenen Pfad
}
```

Eine ähnliche Codesequenz dürfte in jedem Programm sinnvoll sein, in dem eine Operation die Existenz einer Datei zwingend voraussetzt. Das erspart die Codierung einer Ausnahmebehandlung.

Datei öffnen

Zum Öffnen einer Datei benutzen Sie eine der Methoden OpenRead, OpenText, OpenWrite oder Open (siehe auch Tabelle 12.1). Sehen wir uns exemplarisch die komplexeste Überladung der letztgenannten Methode an.

```
public static FileStream Open(string path, FileMode mode,
                              FileAccess access, FileShare share);
```

Dem Parameter `path` wird beim Aufruf die Pfadangabe als Zeichenfolge mitgeteilt. Diese besteht aus dem Pfad und dem Dateinamen.

Für das Öffnen einer Datei ist das Betriebssystem zuständig, das wissen muss, wie es die Datei öffnen soll. Der `mode`-Parameter vom Typ `FileMode` steuert dieses Verhalten. Dabei handelt es sich um eine im Namespace `System.IO` definierte Enumeration, die insgesamt sechs Konstanten definiert (siehe Tabelle 12.2).

FileMode-Konstante	Beschreibung
`Append`	Öffnet eine bestehende Datei und setzt den Dateizeiger an das Dateiende. Damit wird das Anhängen von Dateninformationen an die Datei ermöglicht. Existiert die Datei noch nicht, wird sie erzeugt.
`Create`	Erzeugt eine neue Datei. Existiert bereits eine gleichnamige Datei, wird diese überschrieben.
`CreateNew`	Erzeugt in jedem Fall eine neue Datei. Existiert im angegebenen Pfad bereits eine gleichnamige Datei, wird die Ausnahme `IOException` ausgelöst.
`Open`	Öffnet eine bestehende Datei. Wird diese unter der Pfadangabe nicht gefunden, kommt es zur Ausnahme `FileNotFoundException`.
`OpenOrCreate`	Öffnet eine bestehende Datei. Sollte diese im angegebenen Pfad nicht existieren, wird eine neue erzeugt.
`Truncate`	Öffnet eine Datei und löscht deren Inhalt. Nachfolgende Leseoperationen führen dazu, dass eine Ausnahme ausgelöst wird.

Tabelle 12.2 Die Konstanten der Enumeration »FileMode«

Der `mode`-Parameter beschreibt das Verhalten des Betriebssystems beim Öffnen einer Datei, gibt jedoch nicht an, was mit dem Inhalt der Datei geschehen soll. Soll er nur gelesen werden, oder möchte der Anwender in die Datei schreiben? Vielleicht sind auch beide Operationen gleichzeitig gewünscht. Diese Festlegung wird im Parameter `access` getroffen, der ebenfalls auf einer Aufzählung basiert – `FileAccess`. Diese hat nur drei Mitglieder: `Read`, `Write` und `ReadWrite`.

FileAccess-Konstante	Beschreibung
`Read`	Datei wird für den Lesezugriff geöffnet.
`Write`	Datei wird für den Schreibzugriff geöffnet.
`ReadWrite`	Datei wird für den Lese- und Schreibzugriff geöffnet.

Tabelle 12.3 Die Konstanten der Enumeration »FileAccess«

Eine Datei, die mit `FileAccess.Read` geöffnet wird, ist schreibgeschützt. Eine lesegeschützte Datei, deren Inhalt verändert werden soll, wird mit `FileAccess.Write` geöffnet. Die dritte Konstante `FileAccess.ReadWrite` beschreibt sowohl einen lesenden als auch einen schreibenden Zugriff.

Kommen wir nun zum letzten Parameter der `Open`-Methode – `share`. Die Zeit der unabhängigen lokalen Rechner neigt sich schon seit Langem dem Ende zu, Netzwerke sind in den Unternehmen allgemeiner Standard. Infolgedessen muss ein Umstand Berücksichtigung finden, dem man bis vor einigen Jahren meist keine besondere Beachtung geschenkt hat: Mehrere Anwendungen oder mehrere Threads versuchen, gleichzeitig auf dieselbe Datei zuzugreifen.

`share` beschreibt das Verhalten der Datei, wenn nach dem ersten Öffnen weitere Zugriffe auf die Datei erfolgen. Wie schon von den beiden vorher besprochenen Parametern bekannt ist, wird auch `share` durch Konstanten beschrieben, die einer Enumeration des Namespace `System.IO` zugerechnet werden – `FileShare`. Die Mitglieder ähneln denen der Enumeration `FileAccess`, werden aber um ein weiteres Mitglied ergänzt (genau genommen sind es zwei, aber das zweite spielt für uns keine Rolle).

FileShare-Konstante	Beschreibung
`None`	Alle weiteren Versuche, diese Datei zu öffnen, werden konsequent abgelehnt.
`Read`	Diese Datei darf von anderen Anwendungen oder Threads nur zum Lesen geöffnet werden.
`Write`	Diese Datei darf von anderen Anwendungen oder Threads nur zum Editieren geöffnet werden.
`ReadWrite`	Diese Datei darf von anderen Anwendungen oder Threads sowohl zum Lesen als auch zum Editieren geöffnet werden.

Tabelle 12.4 Die Konstanten der Enumeration »FileShare«

Damit haben wir die Parameterliste der Methode `Open` abgehandelt. Ihnen stehen alle Hilfsmittel zur Verfügung, um eine beliebige Datei unter bestimmten Voraussetzungen zu öffnen. Führen Sie sich aber vor Augen, dass eine geöffnete Datei nicht automatisch ihre Dateninformationen liefert oder sich manipulieren lässt. Diese Operationen haben mit dem Vorgang des Öffnens noch nichts zu tun, setzen ihn aber voraus. Beachten Sie in diesem Zusammenhang, dass Operationen, die den Inhalt einer Datei beeinflussen, auf dem zurückgegebenen Objekt vom Typ `FileStream` ausgeführt werden.

In der folgenden Codezeile wird exemplarisch eine Datei mit `Open` geöffnet:

```
FileStream stream = File.Open(@"C:\MyTestfile.txt",
    FileMode.OpenOrCreate, FileAccess.ReadWrite, FileShare.None);
```

Die Parameter besagen, dass die Datei MyTestfile.txt im Stammverzeichnis C:\ geöffnet werden soll – falls es dort eine solche Datei gibt. Wenn nicht, wird sie neu erzeugt. Der Inhalt der Datei lässt sich nach dem Öffnen sowohl lesen als auch ändern. Gleichzeitig werden weitere Zugriffe auf die Datei strikt unterbunden.

Der einfachste Weg, in eine Datei zu schreiben und daraus zu lesen

Um in eine Datei zu schreiben oder eine Datei zu lesen, waren bisher immer mehrere Codezeilen erforderlich. Eigentlich viel zu viel Aufwand, um eben schnell eine einfache Dateioperation auszuführen. Das .NET Framework wartet mit einer kaum vollständig zu beschreibenden Vielzahl an Möglichkeiten auf, die uns das Leben als Entwickler vereinfachen sollen. Besonders erwähnt werden sollen an dieser Stelle exemplarisch die Methoden ReadAllBytes, ReadAllLines und ReadAlltext zum Lesen und WriteAllBytes, WriteAllLines und WriteAllText zum Schreiben. Diese gehören zur Klasse File. Mit der simplen Anweisung

```
File.WriteAllText(@"C:\MyTextFile.txt", text);
```

können Sie bereits den Inhalt der Variablen text in die angegebene Datei schreiben. Existiert die Datei schon, wird sie einfach überschrieben. Genauso einfach ist auch die inhaltliche Auswertung der Datei:

```
Console.WriteLine(File.ReadAllText(@"C:\MyTextFile.txt"));
```

12.2.2 Die Klasse »FileInfo«

Die ebenfalls nicht ableitbare Klasse FileInfo ist das Pendant zu der im vorigen Abschnitt beschriebenen Klasse File. Während File nur statische Methoden veröffentlicht, beziehen sich die Methoden der Klasse FileInfo auf eine konkrete Instanz. Um diese zu erhalten, steht nur ein Konstruktor zur Verfügung, dem Sie als Argument die Pfadangabe zu der Datei übergeben müssen, zum Beispiel:

```
FileInfo myFile = new FileInfo(@"C:\MyDocuments\MyFile.txt");
```

Der Konstruktor prüft nicht, ob die Datei tatsächlich existiert. Bevor Sie Operationen auf dem Objekt ausführen, sollten Sie deshalb in jedem Fall vorher mit Exists sicherstellen, dass die Datei existiert.

```
if (myFile.Exists) {
  // Datei existiert
}
```

Während Exists in der Klasse File als Methode implementiert ist, der die Pfadangabe beim Aufruf übergeben werden muss, handelt es sich in der Klasse FileInfo um eine schreibgeschützte Eigenschaft des FileInfo-Objekts.

Die Eigenschaften eines »FileInfo«-Objekts

FileInfo veröffentlicht eine Reihe von Eigenschaften, denen der Zustand der Datei entnommen werden kann. So können Sie beispielsweise die Länge der Datei abfragen oder sich ein Objekt vom Typ Directory zurückgeben lassen (ein Directory-Objekt beschreibt ein Verzeichnis als Objekt, ähnlich wie FileInfo eine Datei beschreibt).

Eigenschaft	Beschreibung
Attributes	Ermöglicht das Setzen oder Auswerten der Dateiattribute (Hidden, Archive, ReadOnly usw.).
CreationTime	Liefert oder setzt das Erstellungsdatum der Datei.
Directory	Liefert eine Instanz des Verzeichnisses.
DirectoryName	Liefert eine Zeichenfolge mit der vollständigen Pfadangabe, jedoch ohne den Dateinamen.
Extension	Liefert die Dateierweiterung einschließlich des vorangestellten Punktes.
FullName	Gibt einen String mit der vollständigen Pfadangabe einschließlich des Dateinamens zurück.
LastAccessTime	Liefert oder setzt die Zeit des letzten Zugriffs auf die Datei.
LastWriteTime	Liefert oder setzt die Zeit des letzten schreibenden Zugriffs auf die Datei.
Length	Gibt die Länge der Datei zurück.
Name	Gibt den vollständigen Namen der Datei zurück.

Tabelle 12.5 Die Eigenschaften eines Objekts vom Typ »FileInfo«

Wir wollen uns aus Tabelle 12.5 die Eigenschaft Attributes genauer ansehen, die ihrerseits vom Typ FileAttributes ist. Attributes beschreibt ein Bitfeld bestimmter Größe. Jedes Attribut einer Datei wird durch Setzen eines bestimmten Bits in diesem Bitfeld beschrieben. Um festzustellen, ob ein Dateiattribut gesetzt ist, muss das Bitfeld, das alle Attribute beschreibt, mit dem gesuchten Dateiattribut bitweise &-verknüpft werden. Weicht das Ergebnis von der Zahl 0 ab, ist das Bit gesetzt.

Dazu ein Zahlenbeispiel: Nehmen wir an, das Attribut XYZ würde durch die Bitkombination 0000 1000 (= 8) beschrieben und das Bitfeld würde aktuell 0010 1001 (= 41) enthalten. Um zu prüfen, ob das Attribut XYZ durch das Bitfeld beschrieben wird, gilt:

```
    0000 1000
&   0010 1001
-------------
=   0000 1000
```

Das Ergebnis ist nicht null und daher so zu interpretieren, dass das Attribut im Bitfeld gesetzt ist.

Um aus einer Datei ein bestimmtes Attribut herauszufiltern, beispielsweise Hidden, müssten wir daher wie folgt vorgehen:

```
FileInfo f = new FileInfo(@"C:\Testfile.txt");
if (0 != (f.Attributes & FileAttributes.Hidden)) {
  // Datei ist versteckt (hidden)
}
```

Soll das Attribut gesetzt werden, bietet sich der ^-Operator an:

```
f.Attributes = f.Attributes ^ FileAttributes.Hidden;
```

In gleicher Weise können Sie mit den Methoden GetAttributes und SetAttributes der Klasse File arbeiten.

Die Methoden eines »FileInfo«-Objekts

Die Klassen File und FileInfo sind sich in den Funktionalitäten, die dem Entwickler angeboten werden, sehr ähnlich: Es lassen sich Dateien löschen, verschieben, umbenennen, kopieren, öffnen usw. Die meisten geben ein Stream-Objekt für weitergehende Operationen zurück.

Methode	Rückgabetyp	Beschreibung
AppendText	StreamWriter	Hängt Text an eine existierende Datei an.
CopyTo	FileInfo	Kopiert die Datei an einen anderen Speicherort.
Create	FileStream	Erzeugt eine Datei.
CreateText	StreamWriter	Erzeugt eine neue Textdatei.
Delete		Löscht die Datei.
Exists	Boolean	Gibt einen booleschen Wert zurück, der false ist, wenn die angegebene Datei nicht existiert.
MoveTo		Verschiebt die Datei in einen anderen Ordner oder benennt sie um.
Open	FileStream	Öffnet eine Datei.
OpenRead	FileStream	Öffnet eine Datei zum Lesen.
OpenText	StreamReader	Öffnet eine Textdatei zum Lesen.
OpenWrite	FileStream	Öffnet eine Datei zum Schreiben.

Tabelle 12.6 Die Methoden eines Objekts vom Typ »FileInfo«

12.2.3 Die Klassen »Directory« und »DirectoryInfo«

Die Klasse File veröffentlicht statische Methoden, um mit Dateien zu operieren, und die Klasse FileInfo beschreibt die Referenz auf ein konkretes Dateiobjekt. Ähnlich gestaltet sind die Klassen `Directory` und `DirectoryInfo`: `Directory` hat nur statische Methoden, und `DirectoryInfo` basiert auf einer konkreten Instanz. Es stellt sich natürlich sofort die Frage, warum die Architekten der Klassenbibliothek jeweils zwei Klassen mit nahezu gleichen Fähigkeiten vorgesehen haben.

Der entscheidende Unterschied ist die Art und Weise, wie die Klassen im Hintergrund arbeiten. Zugriffe auf das Dateisystem setzen immer operative Berechtigungen voraus. Verfügt der Anwender nicht über die entsprechenden Rechte, wird die angeforderte Aktion abgelehnt. Die beiden Klassen `File` und `Directory` prüfen das bei jedem Zugriff erneut und belasten so das System unnötig, während die Überprüfung von den Klassen `DirectoryInfo` und `FileInfo` nur einmal ausgeführt wird.

Mit `Directory` kann man Ordner anlegen, löschen oder verschieben, die in einem Verzeichnis physikalisch gespeicherte Dateinamen abrufen. Man kann mit `Directory` außerdem verzeichnisspezifische Eigenschaften sowie das Erstellungsdatum oder das Datum des letzten Zugriffs ermitteln. Tabelle 12.7 liefert einen Überblick über die Methoden von `Directory`.

Methode	Beschreibung
`CreateDirectory`	Erzeugt ein Verzeichnis oder Unterverzeichnis.
`Delete`	Löscht ein Verzeichnis.
`Exists`	Überprüft, ob das angegebene Verzeichnis existiert.
`GetCreationTime`	Liefert das Erstellungsdatum samt Uhrzeit.
`GetDirectories`	Liefert die Namen aller Unterverzeichnisse eines spezifizierten Ordners.
`GetFiles`	Liefert alle Dateinamen eines spezifizierten Ordners zurück.
`GetFileSystemEntries`	Liefert die Namen aller Unterverzeichnisse und Dateien eines spezifizierten Ordners.
`GetParent`	Liefert den Namen des übergeordneten Verzeichnisses.
`Move`	Verschiebt ein Verzeichnis samt Dateien an einen neuen Speicherort.
`SetCreationTime`	Legt Datum und Uhrzeit eines Verzeichnisses fest.

Tabelle 12.7 Methoden der Klasse »Directory«

Die Fähigkeiten der Klasse `DirectoryInfo` ähneln denen von `Directory`, setzen jedoch ein konkretes Objekt für den Zugriff auf die Elementfunktionen voraus.

Beispielprogramm

Im folgenden Beispielprogramm werden einige Methoden und Eigenschaften der Klassen `File`, `FileInfo` und `Directory` benutzt. Das Programm fordert den Anwender dazu auf, an der Konsole ein beliebiges Verzeichnis anzugeben, dessen Unterverzeichnisse und Dateien ermittelt und unter Angabe der Dateigröße und der Dateiattribute an der Konsole ausgegeben werden.

```
// ---------------------------------------------------------
// Beispiel: ...\Kapitel 12\FileDirectorySample
// ---------------------------------------------------------
class Program {
  public static void Main() {
    Program dirTest = new Program();
    FileInfo myFile;
    // Benutzereingabe anfordern
    string path = dirTest.PathInput();
    int len = path.Length;
    // alle Ordner und Dateien holen
    string[] str = Directory.GetFileSystemEntries(path);
    Console.WriteLine();
    Console.WriteLine("Ordner und Dateien im Verzeichnis {0}", path);
    Console.WriteLine(new string('-', 80));
    for (int i = 0; i <= str.GetUpperBound(0); i++) {
      // prüfen, ob der Eintrag ein Verzeichnis oder eine Datei ist
      if(0 == (File.GetAttributes(str[i]) & FileAttributes.Directory)) {
        // str(i) ist kein Verzeichnis
        myFile = new FileInfo(str[i]);
        string fileAttr = dirTest.GetFileAttributes(myFile);
        Console.WriteLine("{0,-30}{1,25} kB {2,-10} ",
                              str[i].Substring(len - 1),
                              myFile.Length / 1024,
                              fileAttr);
      }
      else
        Console.WriteLine("{0,-30}{1,-15}", str[i].Substring(len), "Dateiordner");
    }
    Console.ReadLine();
  }

  // Benutzer zur Eingabe eines Pfads auffordern
  string PathInput() {
    Console.Write("Geben Sie den zu durchsuchenden ");
    Console.Write("Ordner an: ");
    string searchPath = Console.ReadLine();
    // Wenn die Benutzereingabe als letztes Zeichen kein'\'
    // enthält, muss dieses angehängt werden.
    if(searchPath.Substring(searchPath.Length - 1) != "\\")
      searchPath += "\\";
    return searchPath;
  }
```

```
  // Feststellung, welche Dateiattribute gesetzt sind, und
  // Rückgabe eines Strings, der die gesetzten Attribute enthält
  string GetFileAttributes(FileInfo strFile) {
    string strAttr;
    // prüfen, ob das Archive-Attribut gesetzt ist
    if(0 != (strFile.Attributes & FileAttributes.Archive))
      strAttr = "A ";
    else
      strAttr = "  ";
    // prüfen, ob das Hidden-Attribut gesetzt ist
    if(0 != (strFile.Attributes & FileAttributes.Hidden))
      strAttr += "H ";
    else
      strAttr += "  ";
    // prüfen, ob das ReadOnly-Attribut gesetzt ist
    if(0 != (strFile.Attributes & FileAttributes.ReadOnly))
      strAttr += "R ";
    else
      strAttr += "  ";
    // prüfen, ob das System-Attribut gesetzt ist
    if(0 != (strFile.Attributes & FileAttributes.System))
      strAttr += "S ";
    else
      strAttr += "  ";
    return strAttr;
  }
}
```

Wenn Sie die Anwendung starten, könnte die Ausgabe an der Konsole ungefähr so wie in Abbildung 12.2 aussehen.

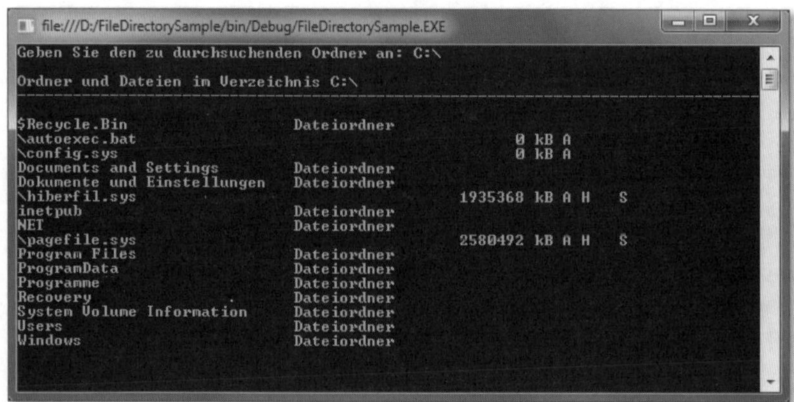

Abbildung 12.2 Ausgabe des Beispiels »FileDirectorySample«

Die komplette Anwendung ist in der Klasse `Program` realisiert. Die Klasse enthält neben der statischen Methode `Main` die Methoden `PathInput` und `GetAttributes`. Die Methode `PathInput` liefert eine Zeichenfolge zurück, die den Pfad des Verzeichnisses enthält, dessen Inhalt abgefragt werden soll. Wichtig ist im Kontext des Beispiels, die Rückgabezeichenfolge mit einem Backslash abzuschließen, da ansonsten die spätere Ausgabe an der Konsole nicht immer gleich aussieht.

`GetFileSystemEntries` liefert als Ergebnis des Aufrufs ein `String`-Array, das dem Feld `str` zugewiesen wird.

```
string str = Directory.GetFileSystemEntries(path);
```

Jedes Element des Arrays kann sowohl eine Datei- als auch eine Verzeichnisangabe enthalten. Daher wird in einer `for`-Schleife das Array vom ersten bis zum letzten Element durchlaufen, um festzustellen, ob das Element eine Datei oder ein Verzeichnis beschreibt. Handelt es sich um ein Verzeichnis, ist das Attribut `Directory` gesetzt. Mit

```
if(0 == (File.GetAttributes(str[i]) & FileAttributes.Directory))
```

wird das geprüft. Die Bedingung liefert `true`, wenn eine Datei vorliegt.

Nun folgt ein ganz entscheidender Punkt. Da das Programm die Größe der Datei ausgeben soll, können wir nicht mit `File` arbeiten, da in dieser Klasse keine Methode vorgesehen ist, die uns die Länge der Datei liefert. Dies ist nur über eine Instanz der Klasse `FileInfo` mit der Auswertung der schreibgeschützten Eigenschaft `Length` möglich, die bei jedem Schleifendurchlauf auf eine andere Datei verweist.

Die benutzerdefinierte Methode `GetAttributes` dient dazu, das übergebene `FileInfo`-Objekt auf die Attribute `Hidden`, `ReadOnly`, `Archive` und `System` hin zu untersuchen. Aus dem Ergebnis wird eine Zeichenfolge zusammengesetzt, die den Anforderungen der Anwendung entspricht. Zum Schluss erfolgt noch die formatierte Ausgabe an der Konsole. Für den Verzeichnis- bzw. Dateinamen ist eine maximale Breite von 30 Zeichen vorgesehen. Ist dieser Wert größer, ist das Ergebnis eine zwar etwas unansehnliche Ausgabe, aber unseren Ansprüchen soll sie genügen.

12.2.4 Die Klasse »Path«

Eine Pfadangabe beschreibt den Speicherort einer Datei oder eines Verzeichnisses. Die Schreibweise der Pfadangabe wird vom Betriebssystem vorgegeben und ist nicht auf allen Plattformen zwangsläufig identisch. Bei manchen Systemen muss die Pfadangabe mit dem Laufwerksbuchstaben beginnen, bei anderen Systemen ist das nicht unbedingt vorgeschrieben. Pfadangaben können sich auch auf Dateien beziehen. Es gibt Systeme, die ermöglichen als Dateierweiterung zur Beschreibung des Dateityps maximal drei Buchstaben, während andere durchaus mehr zulassen.

Das sind nicht die einzigen Unterscheidungsmerkmale, die plattformspezifisch sind. Denken Sie nur an die Separatoren, mit denen zwei Verzeichnisse oder ein Verzeichnis von einer Datei getrennt werden. Windows-basierte Plattformen benutzen dazu das Zeichen Backslash (\), andere Systeme schreiben einen einfachen Slash (/) vor.

Methoden der Klasse »Path«

Alle Mitglieder der Klasse `Path` sind statisch und haben die Aufgabe, eine Pfadangabe in einer bestimmten Weise zu filtern. Sie benötigen daher keine Instanz der Klasse `Path`, um auf ein Feld oder eine Methode dieser Klasse zugreifen zu können.

Methode	Beschreibung
`GetDirectoryName`	Liefert aus einer gegebenen Pfadangabe das Verzeichnis zurück.
`GetExtension`	Liefert aus einer gegebenen Pfadangabe die Dateierweiterung einschließlich des führenden Punktes zurück.
`GetFileName`	Liefert den vollständigen Dateinamen zurück.
`GetFileNameWithoutExtension`	Liefert den Dateinamen ohne Dateierweiterung zurück.
`GetFullPath`	Liefert die komplette Pfadangabe zurück.
`GetPathRoot`	Liefert das Stammverzeichnis.

Tabelle 12.8 Methoden der Klasse »Path«

Beachten Sie dabei, dass keine dieser Methoden testet, ob die Datei oder das Verzeichnis tatsächlich existiert. Es werden lediglich die Zeichenkette und die Vorschriften der spezifischen Plattform zur Bestimmung des Ergebnisses herangezogen.

Mit

```
string strPath = @"C:\winnt\system\OLE2.dll"
```

liefern die Methoden die folgenden Rückgaben:

```
Console.WriteLine(Path.GetPathRoot(strPath));
// liefert C:\

Console.WriteLine(Path.GetDirectoryName(strPath));
// liefert C:\winnt\system

Console.WriteLine(Path.GetFileNameWithoutExtension(strPath));
// liefert OLE2

Console.WriteLine(Path.GetFileName(strPath));
// liefert OLE2.dll

Console.WriteLine(Path.GetFullPath(strPath));
// liefert C:\winnt\system\OLE2.dll
```

```
Console.WriteLine(Path.GetExtension(strPath));
// liefert .dll
```

Temporäre Verzeichnisse

Sehr viele Anwendungen arbeiten mit Verzeichnissen, in die Dateien temporär, also nicht dauerhaft geschrieben werden. Die Klasse `Path` bietet mit `GetTempPath` eine Methode an, die das temporäre Verzeichnis des aktuell angemeldeten Benutzers liefert.

```
public static string GetTempPath();
```

Unter Windows 7 ist dieses Verzeichnis standardmäßig unter dem Namen `Temp` in

```
C:\Benutzer\<Username>\Local
```

zu finden.

Mit `GetTempFileName` wird eine leere Datei im temporären Verzeichnis angelegt, der Rückgabewert ist die komplette Pfadangabe:

```
public static string GetTempFileName();
```

Eine temporäre Datei kann von den anderen Methoden dazu benutzt werden, Zwischenergebnisse zu speichern, Informationen kurzfristig zu sichern und Abläufe zu protokollieren. Allerdings sollten Sie nicht vergessen, temporäre Dateien auch wieder zu löschen, wenn sie nicht mehr benötigt werden.

12.2.5 Die Klasse »DriveInfo«

Mit `DriveInfo` können Sie bestimmen, welche Laufwerke verfügbar sind und um welchen Typ von Laufwerk es sich dabei handelt. Zudem können Sie mithilfe einer Abfrage die Kapazität und den verfügbaren freien Speicherplatz auf dem Laufwerk ermitteln.

Eigenschaft	Rückgabetyp	Beschreibung
`AvailableFreeSpace`	`long`	Gibt die Menge an verfügbarem freiem Speicherplatz auf einem Laufwerk an.
`DriveFormat`	`string`	Ruft den Namen des Dateisystems ab.
`DriveType`	`DriveType`	Ruft den Laufwerkstyp ab.
`IsReady`	`bool`	Der Rückgabewert gibt an, ob das Laufwerk bereit ist.
`Name`	`string`	Liefert den Namen des Laufwerks.
`RootDirectory`	`DirectoryInfo`	Liefert das Stammverzeichnis des Laufwerks.
`TotalFreeSpace`	`long`	Liefert den verfügbaren Speicherplatz.
`TotalSize`	`long`	Ruft die Gesamtgröße des Speicherplatzes auf einem Laufwerk ab.
`VolumeLabel`	`string`	Ruft die Datenträgerbezeichnung eines Laufwerks ab.

Tabelle 12.9 Eigenschaften der Klasse »DriveInfo«

Die Eigenschaft `DriveType` sollten wir uns noch etwas genauer ansehen. Sie liefert als Ergebnis des Aufrufs eine Konstante der gleichnamigen Enumeration ab. Diese hat insgesamt sieben Mitglieder, die Sie Tabelle 12.10 entnehmen können.

Member	Beschreibung
`CDRom`	Optischer Datenträger (z. B. CD oder DVD)
`Fixed`	Festplatte
`Network`	Netzlaufwerk
`NoRootDirectory`	Das Laufwerk hat kein Stammverzeichnis.
`Ram`	RAM-Datenträger
`Removable`	Wechseldatenträger
`Unknown`	Unbekannter Laufwerkstyp

Tabelle 12.10 Mitglieder der Enumeration »DriveType«

12.2.6 Die Klasse »SpecialDirectories«

`SpecialDirectories` dient zur Ermittlung Windows-spezifischer Pfade, zum Beispiel des Pfads zu *Eigene Bilder*. Die Angaben werden über statische Eigenschaften als Zeichenfolge geliefert.

Eigenschaft	Beschreibung
`AllUserApplicationData`	Ruft einen Pfadnamen ab, der auf die Anwendungsdaten im Verzeichnis *\Dokumente und Einstellungen\All Users\Anwendungsdaten* zeigt.
`CurrentUserApplicationData`	Ruft einen Pfadnamen ab, der auf das Verzeichnis *Anwendungsdaten* des aktuellen Benutzers zeigt.
`Desktop`	Ruft den Pfad des *Desktop*-Verzeichnisses ab.
`MyDocuments`	Ruft den Pfad des *Eigene Dateien*-Verzeichnisses ab.
`MyMusic`	Ruft den Pfad des *Eigene Musik*-Verzeichnisses ab.
`MyPictures`	Ruft den Pfad des *Eigene Bilder*-Verzeichnisses ab.
`ProgramFiles`	Ruft den Pfad des *Program Files*-Verzeichnisses ab.
`Programs`	Ruft den Pfad des *Programme*-Verzeichnisses ab.
`Temp`	Ruft den Pfad des *Temp*-Verzeichnisses ab.

Tabelle 12.11 Mitglieder der Enumeration »DriveType«

Wenn Sie beabsichtigen, diese Klasse einzusetzen, müssen Sie zuerst unter VERWEISE im Projektmappen-Explorer die Datei *Microsoft.VisualBasic.dll* einbinden. Zusätzlich sollten Sie auch den Namespace `Microsoft.VisualBasic.FileIO` bekannt geben. Weshalb die doch sehr interessante Klasse diesem Namespace zugeordnet worden ist, bleibt ein Geheimnis.

12.3 Die »Stream«-Klassen

Ein Stream ist die abstrahierte Darstellung eines Datenflusses aus einer geordneten Abfolge von Bytes. Welcher Natur dieser Datenstrom ist – ob er aus einer Datei stammt, ob er die Eingabe eines Benutzers an der Tastatur enthält oder ob er möglicherweise aus einer Netzwerkverbindung bezogen wird –, das bleibt zunächst einmal offen. Die Beschaffenheit des Datenflusses hängt nicht nur von Sender und Empfänger ab, sondern auch ganz entscheidend vom Betriebssystem.

Ein Entwickler soll seine Aufgabe unabhängig von diesen spezifischen Details lösen. E/A-Streams werden deshalb von Klassen beschrieben, die Allgemeingültigkeit garantieren. Das spielt insbesondere bei der Entwicklung von .NET-Anwendungen eine wesentliche Rolle, um die Plattformunabhängigkeit des Codes zu gewährleisten.

Streams dienen generell dazu, drei elementare Operationen ausführen zu können:

- Dateninformationen müssen in einen Stream geschrieben werden. Nach welchem Muster das geschieht, wird durch den Typ des Streams vorgegeben.
- Aus dem Datenstrom muss gelesen werden, ansonsten könnte man die Daten nicht weiterverarbeiten. Das Ziel kann unterschiedlich sein: Die Bytes können Variablen oder Arrays zugewiesen werden, sie könnten aber auch in einer Datenbank landen und zur Ausgabe an einem Peripheriegerät wie dem Drucker oder dem Monitor dienen.
- Nicht immer ist es erforderlich, den Datenstrom vom ersten bis zum letzten Byte auszuwerten. Manchmal reicht es aus, erst ab einer bestimmten Position zu lesen. Man spricht dann vom wahlfreien Zugriff.

Nicht alle Datenströme können diese drei Punkte gleichzeitig erfüllen. Beispielsweise unterstützen Datenströme im Netzwerk nicht den wahlfreien Zugriff.

Bei den Streams werden grundsätzlich zwei Typen unterschieden:

- *Base-Streams*, die direkt aus einem Strom Daten lesen oder in diesen hineinschreiben. Diese Vorgänge können z. B. in Dateien, im Hauptspeicher oder in einer Netzwerkverbindung enden.
- *Pass-Through-Streams* ergänzen einen Base-Stream um spezielle Funktionalitäten. So können manche Streams verschlüsselt oder im Hauptspeicher gepuffert werden. Pass-Through-Streams lassen sich hintereinander in Reihe schalten, um so die Fähigkeiten eines Base-Streams zu erweitern. Auf diese Weise lassen sich sogar individuelle Streams konstruieren.

12.3.1 Die abstrakte Klasse »Stream«

Die Klasse `Stream` ist die abstrakte Basisklasse aller anderen `Stream`-Klassen. Sie stellt alle fundamentalen Eigenschaften und Methoden bereit, die von den abgeleiteten Klassen geerbt werden und letztendlich deren Funktionalität ausmachen.

Die von der Klasse Stream abgeleiteten Klassen unterstützen mit ihren Methoden nur Operationen auf Bytesequenzen. Da allein durch eine Bytesequenz noch keine Aussage darüber getroffen ist, welcher Datentyp sich hinter mehreren aufeinanderfolgenden Bytes verbirgt, muss der Inhalt eines solchen Stroms noch interpretiert werden.

Eigenschaften der Klasse »Stream«

Streams stellen Schreib-, Lese- und Suchoperationen bereit. Allerdings unterstützt nicht jeder Stream gleichzeitig alle Operationen. Um in einem gegebenen Stream dessen Verhaltensweisen festzustellen, können Sie die Eigenschaften CanRead, CanWrite und CanSeek abfragen, die einen booleschen Wert zurückliefern und Auskunft über die Charakteristik dieses Stream-Objekts liefern. Die Eigenschaft Length liefert die Länge des Streams, und Position liefert die aktuelle Position innerhalb des Streams. Position wird allerdings nur von den Streams bereitgestellt, die auch die Positionierung mit der Seek-Methode unterstützen.

Eigenschaft	Beschreibung
CanRead	Ruft in einer abgeleiteten Klasse einen Wert ab, der angibt, ob der aktuelle Stream Lesevorgänge unterstützt.
CanWrite	Ruft in einer abgeleiteten Klasse einen Wert ab, der angibt, ob der aktuelle Stream Schreibvorgänge unterstützt.
CanSeek	Ruft in einer abgeleiteten Klasse einen Wert ab, der angibt, ob der aktuelle Stream Suchvorgänge unterstützt.
Length	Ruft in einer abgeleiteten Klasse die Länge des Streams in Byte ab.
Position	Ruft in einer abgeleiteten Klasse die Position im aktuellen Stream ab oder legt diese fest.

Tabelle 12.12 Eigenschaften der abstrakten Klasse »Stream«

Methoden der Klasse »Stream«

Die wichtigsten Methoden aller Stream-Klassen dürften Read, Write und Seek sein. Sehen wir uns zunächst die Definitionen der beiden Methoden Read und Write an, die von jeder abgeleiteten Klasse überschrieben werden müssen.

```
public abstract int Read(in byte[] buffer,int offset,int count);
public abstract void Write(byte[] buffer, int offset, int count);
```

Einem schreibenden Stream müssen Sie die Daten übergeben, die in den Datenstrom geschrieben werden sollen. Die Write-Methode benutzt dazu den ersten Parameter, liest die Elemente byteweise ein und schreibt sie in den Strom. Der Empfänger des Datenstroms kann die Bytes mit Read im ersten Parameter entnehmen. Der zweite Parameter offset bestimmt die Position im Array, ab der der Lese- bzw. Schreibvorgang beginnen soll. Meistens wird hier die Zahl 0 eingetragen, das heißt, die Operation greift auf das erste Array-

Element zu – entweder lesend oder schreibend. Im dritten und letzten Parameter wird angegeben, wie viele Bytes gelesen oder geschrieben werden sollen.

Beachten Sie auch, dass `Write` als Methode ohne Rückgabewert implementiert ist, während `Read` einen `int` liefert, dem Sie die Anzahl der gelesenen Bytes entnehmen können, die in den Puffer – also das Array – geschrieben worden sind. Der Rückgabewert ist 0, wenn das Ende des Streams erreicht ist. Er kann aber auch kleiner sein, als im dritten Parameter angegeben ist, wenn weniger Bytes im Stream eingelesen werden.

Die abstrakte Klasse `Stream` definiert zwei weitere, ähnliche Methoden, die jedoch jeweils nur immer ein Byte aus dem Datenstrom lesen oder in diesen hineinschreiben: `ReadByte` und `WriteByte`. Beide Methoden sind parameterlos und setzen den Positionszeiger innerhalb des Streams um eine (Byte-)Position weiter.

```
public virtual int ReadByte();
public virtual void WriteByte(byte value);
```

Der Rückgabewert der `ReadByte`-Methode ist –1, wenn das Ende des Datenstroms erreicht ist.

Um in einem Datenstrom ab einer vorgegebenen Position zu lesen oder zu schreiben, bietet sich die `Seek`-Methode an:

```
public abstract long Seek(long offset, SeekOrigin origin);
```

Mit den beiden Parametern `offset` und `origin` wird der Startpunkt für den Positionszeiger im Stream festgelegt, ab dem weitere E/A-Operationen aktiv werden. `offset` beschreibt die Verschiebung in Bytes ab der unter `origin` festgelegten Ursprungsposition. `origin` ist vom Typ der Aufzählung `SeekOrigin`, in der die drei Konstanten aus Tabelle 12.13 definiert sind.

Member	Beschreibung
`Begin`	Gibt den Anfang eines Streams an.
`Current`	Gibt die aktuelle Position innerhalb eines Streams an.
`End`	Gibt das Ende eines Streams an.

Tabelle 12.13 Konstantenliste der Aufzählung »SeekOrigin«

Mit `SeekOrigin.Begin` wird der Positionszeiger auf das erste Byte des Datenstroms gesetzt, mit `SeekOrigin.Current` behält er seine augenblickliche Position bei, und mit `SeekOrigin.End` wird er auf das Byte gesetzt, das als Erstes den Bytes des vollständigen Streams folgt. Ausgehend von `origin` wird durch Addition von `offset` die gewünschte Startposition ermittelt.

Ein Stream, der einmal geöffnet worden ist und Daten in den Puffer geschrieben hat, sollte ordnungsgemäß mit `Close` geschlossen werden.

Sie haben jetzt so viele Methoden im Schnelldurchlauf kennengelernt, dass alle erwähnten noch einmal in übersichtlicher tabellarischer Form zusammengefasst werden sollen (siehe Tabelle 12.14).

Methode	Beschreibung
Close	Schließt den aktuellen Stream und gibt alle dem aktuellen Stream zugeordneten Ressourcen frei.
Read	Liest eine Folge von Bytes aus dem aktuellen Stream und setzt den Datenzeiger im Stream um die Anzahl der gelesenen Bytes weiter.
ReadByte	Liest ein Byte aus dem Stream und erhöht die Position im Stream um ein Byte. Der Rückgabewert ist –1, wenn das Ende des Streams erreicht ist.
Seek	Legt die Position im aktuellen Stream fest.
Write	Schreibt eine Folge von Bytes in den aktuellen Stream und erhöht den Datenzeiger im Stream um die Anzahl der geschriebenen Bytes.
WriteByte	Schreibt ein Byte an die aktuelle Position im Stream und setzt den Datenzeiger um eine Position im Stream weiter.

Tabelle 12.14 Methoden der abstrakten Klasse »Stream«

12.3.2 Die von »Stream« abgeleiteten Klassen im Überblick

Sie haben in den vorherigen Ausführungen nur die wichtigsten Methoden und Eigenschaften der Klasse `Stream` kennengelernt. Die bisherigen Aussagen sollten genügen, um eine Vorstellung davon zu erhalten, welche wesentlichen Verhaltensweisen an die abgeleiteten Klassen weitervererbt werden.

Den in Tabelle 12.15 aufgeführten Klassen dient `Stream` als Basisklasse. Dabei ist die Tabelle nicht vollständig, sondern beinhaltet nur die wichtigsten Typen. Beachten Sie bitte, dass die verschiedenen Subklassen nicht alle demselben Namespace angehören.

Stream-Typ	Beschreibung
BufferedStream	Die Klasse `BufferedStream` wird benutzt, um Daten eines anderen E/A-Datenstroms zu puffern. Ein Puffer ist ein Block von Bytes im Arbeitsspeicher des Rechners, der dazu benutzt wird, den Datenstrom zu cachen, um damit die Anzahl der Aufrufe an das Betriebssystem zu verringern. Dadurch lässt sich insgesamt die Effizienz verbessern. Diese Klasse wird immer im Zusammenhang mit anderen Klassen eingesetzt.
CryptoStream	Daten, die nicht in ihrem Originalzustand in einen Strom geschrieben werden sollen, lassen sich mit der Klasse `CryptoStream` verschlüsseln. `CryptoStream` wird immer mit einem anderen Stream kombiniert.
FileStream	Diese Klasse wird dazu benutzt, um Daten in Dateien des Dateisystems zu schreiben. Eine Netzwerkverbindung kann ebenfalls das Ziel dieses Datenstroms sein.

Tabelle 12.15 Die von »Stream« abgeleiteten Klassen

Stream-Typ	Beschreibung
GZipStream	Mit den Methoden dieser Klasse können Sie Byte-Ströme komprimieren und dekomprimieren.
MemoryStream	Meistens sind Dateien oder Netzwerkverbindungen das Ziel der Datenströme. Es kann jedoch auch sinnvoll sein, Daten bewusst temporär in den Hauptspeicher zu schreiben und sie später von dort wieder zu lesen. Viele Anwendungen arbeiten nach dem Prinzip, Daten in eine temporäre Datei zu speichern. Ein MemoryStream kann temporäre Dateien ersetzen und trägt so dazu bei, die Leistungsfähigkeit einer Anwendung zu steigern, da das Schreiben und Lesen in den Hauptspeicher um ein Vielfaches schneller ist als das Schreiben auf die Festplatte.
NetworkStream	Ein Datenfluss, der auf der Klasse NetworkStream basiert, sendet die Daten basierend auf Sockets. Das Besondere an diesem Datenstrom ist, dass er nur die Fähigkeit hat, Daten vollständig in den Strom zu schreiben oder aus diesem zu lesen. Der Zugriff auf beliebige Daten innerhalb des Stroms ist nicht möglich.

Tabelle 12.15 Die von »Stream« abgeleiteten Klassen (Forts.)

12.3.3 Die Klasse »FileStream«

Die Klasse FileStream ist die universellste Klasse und erscheint damit in vielen Anwendungsfällen am geeignetsten. Sie hat die Fähigkeit, sowohl byteweise aus einer Datei zu lesen als auch byteweise in eine Datei zu schreiben. Außerdem kann ein Positionszeiger auf eine beliebige Position innerhalb des Streams gesetzt werden. Ein FileStream puffert die Daten, um die Ausführungsgeschwindigkeit zu erhöhen. Die Größe des Puffers beträgt standardmäßig 8 KByte.

Die FileStream-Klasse bietet eine Reihe von Konstruktoren an, um dem Objekt bestimmte Verhaltensweisen und Eigenschaften mit auf den Lebensweg zu geben:

```
public FileStream(string, FileMode);
public FileStream(string, FileMode, FileAccess);
public FileStream(string, FileMode, FileAccess, FileShare);
public FileStream(string, FileMode, FileAccess, FileShare, int);
public FileStream(string, FileMode, FileAccess, FileShare, int, bool);
```

Sie können ein FileStream-Objekt erzeugen, indem Sie im ersten Parameter eine Pfadangabe als Zeichenfolge übergeben. Der Parameter FileMode beschreibt, wie das Betriebssystem die Datei öffnen soll (FileMode.Append, FileMode.Create, FileMode.CreateNew ...). FileAccess hingegen gibt an, wie auf die Datei zugegriffen werden darf (FileAccess.Read, FileAccess.Write oder FileAccess.ReadWrite). Sie haben diese Typen bereits im Abschnitt zur Klasse File kennengelernt (siehe auch die Tabellen 12.2 und 12.3). Der Parameter vom Typ FileShare gibt an, ob ein gemeinsamer Zugriff auf die Datei möglich ist oder nicht (siehe auch Tabelle 12.4).

Der Puffer, in den ein `FileStream` die Daten zur Steigerung der Leistungsfähigkeit schreibt, ist standardmäßig 8 KByte groß. Mit dem Parameter vom Typ `int` können Sie die Größe des Puffers bei der Instanziierung beeinflussen. Mit dem letzten Parameter vom Typ `bool` kann noch angegeben werden, ob das Objekt asynchrone Zugriffe unterstützen soll.

Schreiben in einen »FileStream«

Das folgende Codefragment demonstriert, wie mit einem `FileStream`-Objekt Daten in eine Datei geschrieben werden:

```
static void Main(string[] args) {
  byte[] arr = {10, 20, 30, 40, 50, 60, 70, 80, 90, 100};
  string path = @"D:\Testfile.txt";
  FileStream fs = new FileStream(path, FileMode.Create);
  fs.Write(arr, 0, arr.Length);
  fs.Close();
}
```

Zunächst wird ein `byte`-Array deklariert und mit insgesamt zehn Zahlen initialisiert. In der zweiten Anweisung wird der Name der Datei festgelegt, in die das Array geschrieben werden soll.

Bei der Instanziierung des `FileStream`-Objekts werden dem Konstruktor im ersten Argument der Pfad und die Datei bekannt gegeben, auf der der Stream operieren soll. Die Fähigkeiten dieses Streams beschreibt das zweite Argument: Die Konstante `FileMode.Create` teilt dem Konstruktor mit, dass das `FileStream`-Objekt eine neue Datei erzeugen kann oder, falls im angegebenen Pfad bereits eine gleichnamige Datei existiert, diese überschreiben soll. Mit

```
fs.Write(arr, 0, arr.Length);
```

wird der Inhalt des Arrays `arr` dem `Stream`-Objekt übergeben. Die Syntax der Methode `Write` der Klasse `FileStream` lautet wie folgt:

```
public void Write(byte[] array, int offset, int count);
```

Dabei haben die drei Parameter die folgende Bedeutung:

Parameter	Beschreibung
`array`	Byte-Array, in das die übergebenen Daten gelesen werden
`offset`	Indexposition im Array, an der die Leseoperation beginnen soll
`count`	Anzahl der zu lesenden Bytes

Tabelle 12.16 Die Parameter der Methode »Write« eines »FileStream«-Objekts

Der Schreibvorgang des Beispiels startet mit dem ersten Array-Element. Das sagt der zweite Parameter der Write-Methode aus. Die Anzahl der zu schreibenden Bytes bestimmt der dritte Parameter – in unserem Beispiel werden alle Array-Elemente dem Datenstrom zugeführt. Zum Schluss wird der FileStream mit der Methode Close geschlossen.

Lesen aus einem »FileStream«

Wir wollen uns nun auch vom Erfolg unserer Bemühungen überzeugen und die Datei auswerten. Dazu ergänzen wir den Programmcode des Beispiels wie folgt:

```
static void Main(string[] args) {
  ...
  byte[] arrRead = new byte[10];
  fs.Read(arrRead, 0, 10);
  for (int i = 0; i < arr.Length; i++)
    Console.WriteLine(arrRead[i]);
  fs.Close();
}
```

Wir deklarieren ein weiteres Array (arrRead), in das wir das Ergebnis der Leseoperation hineinschreiben. Da uns bekannt ist, wie viele Byte-Elemente sich in unserer Datei befinden (wie unfair), können wir die Array-Grenze schon im Voraus festlegen.

Nun kommt es zum Aufruf der Read-Methode. Zuerst wollen wir uns wieder die Syntax dieser Methode anschauen:

```
public override int Read(in byte[] array, int offset, int count);
```

Die Parameter sind denen der Write-Methode sehr ähnlich. Das FileStream-Objekt, auf dem die Read-Methode aufgerufen wird, repräsentiert eine bestimmte Datei. Diese wurde bereits über den Konstruktor bekannt gegeben. Aus der Datei werden die Daten in das Array eingelesen, das durch den Parameter array beschrieben wird. Der erste Array-Index, der der Schreiboperation zur Verfügung steht, wird im Parameter offset angegeben, und die Anzahl der aus dem FileStream zu lesenden Bytes steht im dritten Parameter (count).

Wir wollen den ersten Byte-Wert aus dem Datenstrom in das mit 0 indizierte Element des Arrays arrRead schreiben und geben das im zweiten Parameter bekannt. Die Gesamtanzahl der zu lesenden Bytes teilen wir dem dritten Parameter mit. In einer Schleife wird danach das eingelesene Array durchlaufen und an der Konsole ausgegeben.

Starten Sie nun die Laufzeit des Programms, wird die Enttäuschung groß sein und Sie an den eigenen Programmierfähigkeiten zweifeln lassen! Denn bedauerlicherweise werden nicht die Zahlenwerte ausgegeben, die wir in die Datei geschrieben haben, sondern nur Nullen. Haben wir etwas falsch gemacht, und wenn ja, wie ist das zu erklären?

Positionszeiger

Die Schreib- bzw. Leseposition in einem Datenstrom wird durch einen Positionszeiger beschrieben. Schließlich muss der Strom wissen, auf welchem Byte die folgende Operation ausgeführt werden soll. Bei der Instanziierung eines `Stream`-Objekts verweist der Zeiger zunächst auf das erste Byte im Stream. Mit dem Aufruf der `Write`-Methode wird ein Wert daher genau an diese Position geschrieben. Anschließend wird der Positionszeiger auf die folgende Byte-Position verschoben.

Dieser Vorgang wiederholt sich bei jedem Schreibvorgang, von denen es in unserem Beispiel zehn gibt, nämlich für jedes zu schreibende Array-Element einen. Am Ende, wenn wir unsere zehn Bytes in den Strom geschrieben haben, verweist der Positionszeiger auf das folgende, nun elfte Byte im Stream (siehe Abbildung 12.3). Genau das verursacht nun ein Problem. Wir rufen auf dem `FileStream`-Objekt die `Read`-Methode auf und lesen ab der Position, die aktuell durch den Datenzeiger beschrieben wird. Das ist aber die elfte Stelle im Datenstrom – und nicht die erste, wie wir es eigentlich erwartet haben bzw. wie es hätte sein sollen.

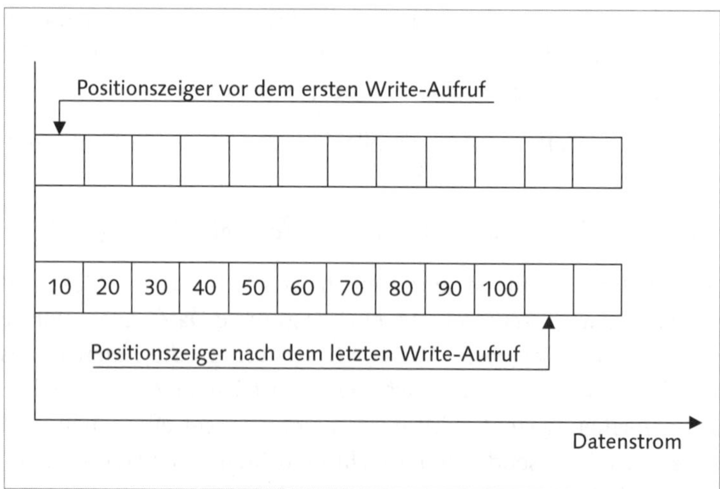

Abbildung 12.3 Der Positionszeiger in einem »Stream«-Objekt

Kommen wir nun zur Lösung. `FileStream` beerbt die Klasse `Stream` und hat daher auch eine `Seek`-Methode, mit der wir den Positionszeiger beliebig einstellen können:

```
public override long Seek(long offset, SeekOrigin origin);
```

Wir überlegen uns, wohin wir den Ursprung des Positionszeigers verlegen wollen – natürlich an den Anfang des Datenstroms. Also muss der zweite Parameter der `Seek`-Methode auf

```
origin = SeekOrigin.Begin
```

festgelegt werden (siehe dazu auch Tabelle 12.13). Nun geben wir im ersten Argument den tatsächlichen und endgültigen Startpunkt des Positionszeigers bezogen auf den im zweiten Parameter definierten Ursprung an. Er lautet 0, denn schließlich wollen wir den Zeiger auf die erste Position des Datenstroms setzen.

```
...
fs.Write(arr, 0, arr.Length);
...
fs.Seek(0, SeekOrigin.Begin);
fs.Read(arrRead, 0, 10);
...
```

Natürlich wäre es auch möglich, zunächst das `FileStream`-Objekt zu schließen und es danach neu zu instanziieren. Damit hätten wir wieder einen Positionszeiger, der auf das erste Byte im Stream zeigt.

Wenn wir nach der Ergänzung mit `Seek` das Programm noch einmal starten, wird das Ergebnis wie erwartet ausgegeben.

Zum Schluss wollen wir noch einmal den gesamten Code zusammenfassen.

```
// ---------------------------------------------------------
// Beispiel: ...\Kapitel 12\FileStreamSample
// ---------------------------------------------------------
class Program {
  static void Main(string[] args) {
    byte[] arr = {10, 20, 30, 40, 50, 60, 70, 80, 90, 100};
    string path = "D:\\Testfile.txt";
    // FileStream öffnen
    FileStream fs = new FileStream(path, FileMode.Create);
    // in den Stream schreiben
    fs.Write(arr, 0, arr.Length);
    byte[] arrRead = new byte[10];
    // Positionszeiger auf den Anfang des Streams setzen
    fs.Seek(0, SeekOrigin.Begin);
    // Stream lesen
    fs.Read(arrRead, 0, 10);
    for (int i = 0; i < arr.Length; i++)
      Console.WriteLine(arrRead[i]);
    Console.ReadLine();
    // FileStream schließen
    fs.Close();
  }
}
```

Wir müssen nicht zwangsläufig das komplette Byte-Array vom ersten bis zum letzten Element in die Datei schreiben. Mit

```
fs.Write(arr, 2, arr.Length - 2);
```

ist das erste zu schreibende Element das, das die Zahl 30 enthält (entsprechend dem Index 2). Wenn wir allerdings den dritten Parameter, der die Anzahl der zu lesenden Bytes angibt, nicht entsprechend anpassen, wird über das Ende des Arrays hinaus gelesen, was zu der Exception `ArgumentException` führt.

Textdatei mit »FileStream« lesen

Obwohl es spezialisierte Klassen zum Lesen und Schreiben in eine Textdatei gibt, lässt sich das auch mit einem `FileStream`-Objekt realisieren. Wir wollen uns das im Folgenden ansehen:

```
// ---------------------------------------------------------
// Beispiel: ...\Kapitel 12\TextdateiMitFileStream
// ---------------------------------------------------------
class Program {
  static void Main(string[] args) {
    // Benutzereingabe anfordern
    Console.Write("Geben Sie die zu öffnende Datei an: ");;
    string strFile = Console.ReadLine();
    // prüfen, ob die angegebene Datei existiert
    if (! File.Exists(strFile)) {
      Console.WriteLine("Die Datei {0} existiert nicht!", strFile);
      Console.ReadLine();
      return;
    }

    // Datei öffnen
    FileStream fs = File.Open(strFile, FileMode.Open);

    // Byte-Array, in das die Daten aus dem Datenstrom eingelesen werden
    byte[] puffer = new Byte[fs.Length];

    // Zeichen aus der Datei lesen und in das Array
    // schreiben, der Lesevorgang beginnt mit dem ersten Zeichen
    fs.Read(puffer, 0, (int)fs.Length);

    // Byte-Array elementweise einlesen und jedes
    // Array-Element in Char konvertieren
    for (int i = 0; i < fs.Length; i++)
      Console.Write(Convert.ToChar(puffer[i]));
    Console.ReadLine();
  }
}
```

Nach dem Start der Laufzeitumgebung wird der Benutzer dazu aufgefordert, den Pfad zu einer Textdatei anzugeben. Diesmal beschreiten wir allerdings einen anderen Weg und rufen den Konstruktor nicht direkt auf, sondern die Methode `Open` der Klasse `File`:

```
FileStream fs = File.Open(strFile, FileMode.Open);
```

Diese Anweisung funktioniert tadellos, weil der Rückgabewert der `File.Open`-Methode die Referenz auf eine `FileStream`-Instanz liefert. Gegen den Weg über einen `FileStream`-Konstruktor, der diese Möglichkeit auch bietet, ist zwar grundsätzlich nichts einzuwenden, wir wollen uns allerdings die gezeigte Alternative vor Augen führen. Im folgenden Schritt deklarieren wir das Byte-Array `puffer` und initialisieren es mit einer Kapazität, die der Größe der Datei entspricht:

```
byte[] puffer = new Byte[fs.Length];
```

Die Größe der Datei besorgen wir uns mit der Eigenschaft `Length` der Klasse `FileStream`, die uns die Größe des Datenstroms liefert. Daran schließt sich die Leseoperation mit `Read` an, die den Inhalt der Textdatei byteweise liest und in das Array `puffer` schreibt:

```
fs.Read(puffer, 0, (int)fs.Length);
```

Weil der dritte Parameter der `Read`-Methode ein Datum vom Typ `int` erwartet und die Eigenschaft `Length` einen `long` liefert, müssen wir noch in den richtigen Datentyp konvertieren.

Ein `FileStream`-Objekt arbeitet grundsätzlich nur auf der Basis von Bytes, es weiß nichts von dem tatsächlichen Typ, der sich im Datenstrom verbirgt. Eine Textdatei enthält aber Zeichen, die, als ANSI-Zeichen interpretiert, erst den wirklichen Informationsgehalt liefern. Deshalb müssen wir jedes einzelne Byte des Streams in einen `char`-Typ konvertieren. Das geschieht in einer Schleife, die alle Bytes des Arrays abgreift, konvertiert und danach an der Konsole ausgibt.

```
for (int i = 0; i < fs.Length; i++)
  Console.Write(Convert.ToChar(puffer[i]));
```

Würde den Daten aus der Datei ein anderer Typ zugrunde liegen, beispielsweise `int` oder `float`, müsste dieser Zieldatentyp angegeben werden. Wissen Sie nicht, welcher Typ in der Datei gespeichert ist, können Sie mit dem Inhalt praktisch nichts anfangen.

12.4 Die Klassen »TextReader« und »TextWriter«

Wie Sie in den vorhergehenden Abschnitten gesehen haben, stellt die Klasse `Stream` Operationen bereit, mit denen Sie unformatierte Daten byteweise lesen und schreiben können. `Stream`-Objekte bieten sich daher insbesondere für allgemeine Operationen an, beispielsweise für das Kopieren von Dateien. Die Klasse `Stream` beziehungsweise die daraus abgeleiteten Klassen sind aber weniger gut für textuelle Ein- und Ausgabeoperationen geeignet.

Um den üblichen Anforderungen von Textoperationen zu entsprechen, stellt die .NET-Klassenbibliothek die beiden abstrakten Klassen `TextReader` und `TextWriter` bereit. Objekte, die aus der Klasse `Stream` abgeleitet werden, unterstützen den vollständigen Satz an E/A-Operationen, also sowohl das Lesen als auch das Schreiben. Nun wird die Bearbeitung auf zwei Klassen aufgeteilt, die entweder nur lesen oder nur schreiben können.

`TextReader` und `TextWriter` sind abstrakt definiert und müssen daher abgeleitet werden. Das .NET Framework bietet solche Ableitungen mit `StreamReader` und `-Writer` sowie `StringReader` und `-Writer` an. Von `TextWriter` gibt es auch noch weitere, spezialisierte Ableitungen. Im Folgenden werden wir uns mit den Klassen `StreamReader` und `StreamWriter` beschäftigen.

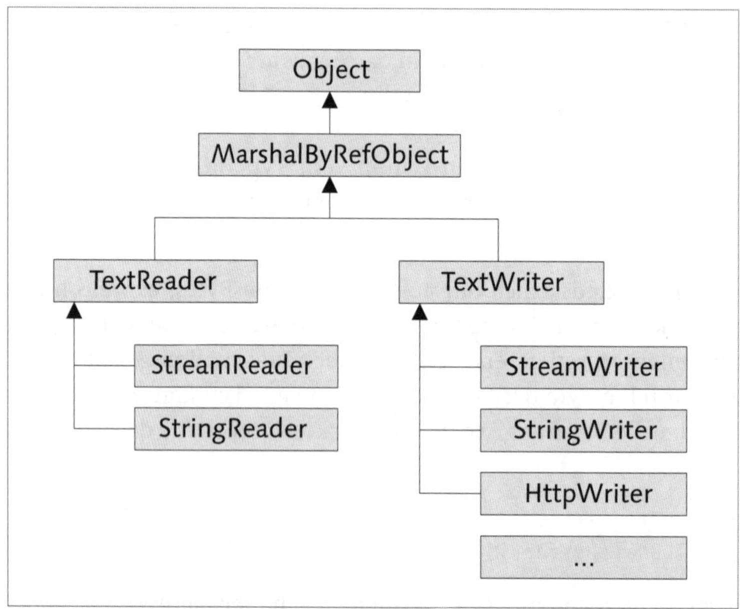

Abbildung 12.4 Die Objekthierarchie der »Reader«- und »Writer«-Klassen

12.4.1 Die Klasse »StreamWriter«

Konstruktoren der Klasse »StreamWriter«

Wir werden uns daher zunächst einigen Konstruktoren der Klasse `StreamWriter` zuwenden, um zu sehen, auf welcher Basis sich ein Objekt dieses Typs erzeugen lässt.

```
public StreamWriter(Stream);
public StreamWriter(string);
```

```
public StreamWriter(Stream, Encoding);
public StreamWriter(string, bool);
public StreamWriter(Stream, Encoding, int);
public StreamWriter(string, bool, Encoding);
public StreamWriter(string, bool, Encoding, int);
```

Es fällt zunächst auf, dass wir jedem Konstruktor entweder eine Zeichenfolge oder ein Objekt vom Typ `Stream` übergeben müssen. Entscheiden wir uns für eine Zeichenfolge, enthält diese die Pfadangabe zu einer Datei.

Da die Klasse `Stream` abstrakt ist, können wir natürlich keine Referenz auf ein konkretes `Stream`-Objekt übergeben. Aber die Klasse `Stream` wird abgeleitet, beispielsweise von `FileStream`. Die Referenz auf ein Objekt einer aus `Stream` abgeleiteten Klasse gilt aber nach den Paradigmen der Objektorientierung gleichzeitig als ein Objekt vom Typ der Basisklasse. Also kann dem Parameter im Konstruktor, der den Typ `Stream` erwartet, ein Objekt vom Typ einer aus `Stream` abgeleiteten Klasse übergeben werden.

Nun sehen wir uns natürlich sofort mit der Frage konfrontiert, welchen Sinn es hat, ein `Stream`-Objekt als Argument an den Konstruktor zu übergeben. Wie Sie sich vielleicht noch erinnern, werden die `Stream`-Objekte generell in zwei Typen klassifiziert: in *Base-Streams* und *Pass-Through-Streams*. Ein Base-Stream endet zum Beispiel direkt in einer Datei oder in einer Netzwerkverbindung, ein Pass-Through-Stream ist ein »Durchlaufobjekt«, das die Fähigkeiten eines Base-Streams erweitert.

Betrachten wir zunächst den Konstruktor der Klasse `StreamWriter`, der in einem String eine Pfadangabe entgegennimmt:

```
public StreamWriter(string);
```

Ein Objekt, das basierend auf dieser Erstellungsroutine instanziiert wird, weiß, wohin die Daten geschrieben werden – nämlich in die Datei, die durch das `String`-Argument beschrieben wird, zum Beispiel:

```
StreamWriter myStreamWriter = new StreamWriter(@"D:\MyText.txt");
```

Wir erzeugen mit dieser Anweisung einen Base-Stream, der die Daten – genauer gesagt eine Zeichenfolge – in eine Datei schreiben kann. Nun wollen wir ein anderes `StreamWriter`-Objekt erzeugen, diesmal allerdings auf Basis der Übergabe eines `FileStream`-Objekts.

```
FileStream fs = new FileStream(@"D:\Test.txt", FileMode.CreateNew);
StreamWriter myStreamWriter = new StreamWriter(fs);
```

In der ersten Anweisung wird ein Objekt vom Typ `FileStream` erstellt, das eine neue Datei namens *Test.txt* in der Root *D:* erzeugt. Dieses Objekt wird seinerseits als Argument an den Konstruktor der Klasse `StreamWriter` übergeben. Als Resultat liegt eine Hintereinanderschaltung von zwei `Stream`-Objekten vor, woraus sich Nutzen ziehen lässt. Wie Sie wissen, schreiben und lesen Objekte, die auf der `Stream`-Klasse basieren, nur elementare Bytes. Demgegenüber schreiben `StreamWriter`-Objekte Zeichen mit einer speziellen Verschlüsselung (Encoding) in den Datenstrom. Sie arbeiten im Endeffekt mit einem Datenstrom, der die Charakteristika beider Datenflüsse kombiniert. In ähnlicher Weise könnten Sie natürlich auch einen `MemoryStream` oder `NetworkStream` als Argument übergeben.

Standardmäßig verschlüsselt `StreamWriter` nach UTF-8, eine Abweichung davon wird durch die Wahl eines Konstruktors erreicht, der einen Parameter vom Typ `Encoding` aus dem Namespace `System.Text` entgegennimmt. Sie können hier beispielsweise ein Objekt vom Typ `UTF7Encoding` oder `UnicodeEncoding` (entspricht der UTF-16-Kodierung) übergeben.

Anmerkung

Schreiben wir Zeichen in einen Stream, müssen die Bytes in bestimmter Weise interpretierbar sein. Standardmäßig wird in Mitteleuropa zur Kodierung der ANSI-Zeichensatz (Codeseite 1252) benutzt, der Zeichencodes zwischen 0 und 255 zulässt und unter anderem auch Sonderzeichen wie »ä«, »ö« und »ü« beschreibt. Damit unterscheidet sich der ANSI-Zeichensatz vom ASCII-Zeichensatz, der nur die Codes von 0 bis 127 festlegt. Um einen Text korrekt zu übertragen und anzuzeigen, dürfte streng genommen nur der ASCII-Zeichensatz verwendet werden, weil nur die Codes 0–127 unter ANSI und ASCII identisch sind.

Um Probleme dieser Art zu vermeiden, wurde mit Unicode ein neuer Zeichensatz geschaffen. Allerdings hat auch Unicode unterschiedliche Formate, denn es wird zwischen UTF-7, UTF-8, UTF-16 und UTF-32 unterschieden. Der UTF-8-Zeichensatz ist wohl der wichtigste, denn er ist der Standard unter .NET. In diesem Zeichensatz werden Unicode-Zeichen in einer unterschiedlichen Anzahl Bytes verschlüsselt. Die ASCII-Zeichen werden in einem Byte gespeichert, alle anderen Zeichen in weiteren zwei bis vier Byte. Das hat den Vorteil, dass Systeme, die nur ASCII- oder ANSI-Zeichen verarbeiten, mit der UTF-8-Kodierung klarkommen.

Einige Konstruktoren erwarten zusätzlich einen booleschen Wert. Dieser kommt nur im Zusammenhang mit den Konstruktoren vor, die in einer Zeichenfolge die Pfadangabe zu der Datei erhalten, in die der Datenstrom geschrieben werden soll. Mit `true` werden die zu schreibenden Daten an das Ende der Datei gehängt – vorausgesetzt, es existiert bereits eine Datei gleichen Namens in dem Verzeichnis. Mit der Übergabe von `false` wird eine existierende Datei überschrieben.

Der letzte Parameter, der Ihnen in zwei Konstruktoren zur Verfügung steht, empfängt einen Wert vom Typ `int`, mit dem Sie die Größe des Puffers beeinflussen können.

Das Schreiben in den Datenstrom

Schauen wir uns zunächst ein Codefragment an, mit dem wir eine Datei erzeugen, in die wir den obligatorischen Text »Visual C# macht Spaß!« schreiben:

```
StreamWriter sw = new StreamWriter(@"D:\NewFile.txt");
sw.WriteLine("Visual C#");
```

```
sw.WriteLine("macht Spaß!");
sw.Close();
```

Einfacher geht es nicht mehr! Zunächst wird ein Konstruktor aufgerufen, und diesem wird zur Initialisierung des StreamWriter-Objekts eine Zeichenkette als Pfadangabe übergeben. Daraufhin wird entweder die Datei erzeugt oder eine existierende gleichnamige Datei im angegebenen Verzeichnis überschrieben. Mit jedem Aufruf der von TextWriter geerbten Methode WriteLine wird eine Zeile in die Datei geschrieben und ihr am Ende ein Zeilenumbruch angehängt. Mit unserem Codefragment erzeugen wir also eine zweizeilige Textdatei.

Es liegt die Vermutung nahe, dass StreamWriter eine zweite Methode zum Schreiben in den Datenstrom bereitstellt, die ohne den automatisch angehängten Zeilenumbruch in den Strom schreibt. Ein Blick in die Klassenbibliothek bestätigt die Vermutung: Es gibt eine Methode Write. Diese Methode ist genauso überladen wie die Methode WriteLine. Write und WriteLine bilden den Kern der Klasse StreamWriter. Viel mehr Methoden hat die Klasse auch nicht anzubieten, denn alle anderen sind bereits gute Bekannte: Close, um einen auf dieser Klasse basierenden Strom zu schließen, und Flush, um die Daten, die sich im Puffer befinden, in den Strom zu schreiben und den Puffer zu leeren. Tabelle 12.17 gibt die wichtigsten Methoden eines StreamWriter-Objekts wieder.

Methode	Beschreibung
Close	Schließt das aktuelle Objekt sowie alle eingebetteten Streams.
Flush	Schreibt die gepufferten Daten in den Stream und löscht danach den Inhalt des Puffers.
Write	Schreibt in den Stream, ohne einen Zeilenumbruch anzuhängen.
WriteLine	Schreibt in den Stream und schließt mit einem Zeilenumbruch ab.

Tabelle 12.17 Methoden eines »StreamWriter«-Objekts

Eigenschaften der Klasse »StreamWriter«

Mit AutoFlush veranlassen Sie, dass Daten aus dem Puffer in den Datenstrom geschrieben werden, sobald eine der Write/WriteLine-Methoden aufgerufen wird und diese Eigenschaft auf true gesetzt ist. Wollen Sie das aktuelle Textformat erfahren, können Sie die Eigenschaft Encoding auswerten:

```
StreamWriter sw =
    new StreamWriter(@"C:\NewFile.txt", false, Encoding.Unicode);
Console.WriteLine("Format: {0}", sw.Encoding.ToString());
```

Als dritte und letzte Eigenschaft steht Ihnen noch BaseStream zur Verfügung, die das Objekt des Base-Streams liefert, auf dem das StreamWriter-Objekt basiert.

Eigenschaften	Beschreibung
`AutoFlush`	Löscht den Puffer nach jedem Aufruf von `Write` oder `WriteLine`.
`BaseStream`	Liefert eine Referenz auf den Base-Stream zurück.
`Encoding`	Liefert das aktuelle Encoding-Schema zurück.

Tabelle 12.18 Die Eigenschaften der Klasse »StreamWriter«

12.4.2 Die Klasse »StreamReader«

Die aus der Klasse `TextReader` abgeleitete Klasse `StreamReader` ist das Gegenstück zur Klasse `StreamWriter`. Betrachtet man ihre Möglichkeiten, sind die Klassen praktisch identisch – abgesehen von der Tatsache, dass das charakteristische Merkmal dieser Klasse in der Fähigkeit besteht, Daten einer bestimmten Kodierung aus einem Strom zu lesen.

Die Konstruktoren ähneln denen der Klasse `StreamWriter`. Sie nehmen im einfachsten Fall die Referenz auf einen `Stream` oder eine Pfadangabe als `String` entgegen. Sie gestatten aber auch, die eingelesenen Zeichen nach einem durch `Encoding` beschriebenen Schema zu interpretieren oder die Puffergröße zu variieren. Tabelle 12.19 enthält die wichtigsten Methoden eines `StreamReaders`.

Methode	Beschreibung
`Peek`	Liest ein Zeichen aus dem Strom und liefert den `int`-Wert zurück, der das Zeichen repräsentiert, verarbeitet das Zeichen aber nicht. Der Zeiger wird nicht auf die Position des folgenden Zeichens gesetzt, wenn `Peek` aufgerufen wird, sondern verbleibt in seiner Stellung. Verweist der Zeiger hinter den Datenstrom, ist der Rückgabewert –1.
`Read`	Liest ein oder mehrere Zeichen aus dem Strom und liefert den `int`-Wert zurück, der das Zeichen repräsentiert. Ist kein Zeichen mehr verfügbar, ist der Rückgabewert –1. Der Positionszeiger verweist auf das nächste zu lesende Zeichen. Eine zweite Variante dieser überladenen Methode liefert die Anzahl der eingelesenen Zeichen.
`ReadLine`	Liest eine Zeile aus dem Datenstrom – entweder bis zum Zeilenumbruch oder bis zum Ende des Stroms. Der Rückgabewert ist vom Typ `string`.
`ReadToEnd`	Liest von der aktuellen Position des Positionszeigers bis zum Ende des Stroms alle Zeichen ein.

Tabelle 12.19 Methoden der Klasse »StreamReader«

Wir wollen nun an einem Codebeispiel das Lesen aus einem Strom testen.

```
// ---------------------------------------------------------
// Beispiel: ...\Kapitel 12\StreamReaderSample
// ---------------------------------------------------------
class Program {
  static void Main(string[] args) {
```

```
    // Datei erzeugen und mit Text füllen
    StreamWriter sw = new StreamWriter(@"D:\MyTest.kkl");
    sw.WriteLine("Visual C#");
    sw.WriteLine("macht Spaß.");
    sw.Write("Richtig??");
    sw.Close();

    // Datei an der Konsole einlesen
    StreamReader sr = new StreamReader(@"D:\MyTest.kkl");
    while(sr.Peek() != -1)
      Console.WriteLine(sr.ReadLine());
    sr.Close();
    Console.ReadLine();
  }
}
```

Zunächst wird mit einem `StreamWriter`-Objekt eine Datei mit dem Namen `MyTest.kkl` erzeugt. Die Dateierweiterung ist frei gewählt, sie muss nicht zwangsläufig `.txt` zur Kennzeichnung als Textdatei lauten. Wichtig ist nur, die Daten der Datei beim späteren Lesevorgang richtig zu interpretieren. Solange wir wissen, dass wir es mit einer Textdatei zu tun haben, bereitet uns eine individuelle Dateierweiterung keine Probleme.

In den Datenstrom `sw` vom Typ `StreamWriter` werden drei Textzeilen geschrieben. Danach darf man nicht vergessen, den Strom wieder zu schließen, denn ansonsten wird man mit einer Fehlermeldung konfrontiert, wenn nachfolgend der Versuch unternommen wird, die Datei zum Lesen zu öffnen.

Um den Dateiinhalt zu lesen, nutzen wir ein Objekt vom Typ `StreamReader`, dessen Konstruktor wir den Pfad zu der Datei übergeben. Mit der `ReadLine`-Methode wird Zeile für Zeile aus dem Strom gelesen. Um den Lesevorgang zum richtigen Zeitpunkt wieder zu beenden, müssen wir das Ende der Datei feststellen. Hierbei ist die Methode `Peek` behilflich, deren Rückgabewert –1 ist, wenn der Zeiger auf die Position hinter dem Ende des Stroms verweist. Dieses Verhalten machen wir uns zunutze, indem wir daraus die Abbruchbedingung der Schleife formulieren. In der `while`-Schleife werden so lange mit der `ReadLine`-Methode des `StreamReader`-Objekts Zeilen aus dem Datenstrom geholt (und dabei automatisch der Zeiger auf das nächste einzulesende Zeichen gesetzt), bis die Abbruchbedingung erfüllt wird, das heißt, `Peek` –1 zurückliefert.

Die Ausgabe an der Konsole wird wie folgt lauten:

```
Visual C#
macht Spaß.
Richtig??
```

Da wir die komplette Textdatei auslesen wollen, könnten wir auch einen einfacheren Weg gehen und die komplette `while`-Schleife gegen die folgende Programmcodezeile austauschen:

```
Console.WriteLine(sr.ReadToEnd());
```

12.5 Die Klassen »BinaryReader« und »BinaryWriter«

Daten werden in einer Datei byteweise gespeichert. Dieses Grundprinzip macht sich die Klasse `FileStream` zunutze, indem sie Daten Byte für Byte in den Datenstrom schreibt oder aus einem solchen liest. Dazu werden Methoden angeboten, die entweder nur ein einzelnes Byte behandeln oder auf Basis eines Byte-Arrays operieren. Eine spezialisiertere Form der einfachen, byteweisen Vorgänge bieten uns die Klassen `BinaryReader` bzw. `BinaryWriter`. Mit `BinaryReader` lesen Sie aus dem Datenstrom, mit `BinaryWriter` schreiben Sie in einen solchen hinein. Das Besondere an den beiden Klassen ist die Behandlung der übergebenen oder ausgewerteten Daten.

Die Methoden der Klassen »BinaryReader« und »BinaryWriter«

Fast schon erwartungsgemäß veröffentlicht die Klasse `BinaryWriter` eine `Write`-Methode, die vielfach überladen ist. Sie können dieser Methode einen beliebigen primitiven Typ als Argument übergeben, der mit der ihm eigenen Anzahl von Bytes in der Datei gespeichert wird. Ein `int` schreibt sich demnach mit vier Bytes in eine Datei, ein `long` mit acht.

Ähnliches gilt auch für die Methode `Read`, der noch der Typ als Suffix angehängt wird, der gelesen wird, z. B. `ReadByte`, `ReadInt32`, `ReadSingle` usw.

Die Konstruktoren der Klassen »BinaryReader« und »BinaryWriter«

In den beiden Klassen `BinaryReader` und `BinaryWriter` stehen Ihnen nur jeweils zwei Konstruktoren zur Verfügung. Dem ersten können Sie die Referenz auf ein Objekt vom Typ `Stream` übergeben, dem zweiten zusätzlich noch eine `Encoding`-Referenz.

Binäre Datenströme auswerten

Aus einem Strom die Bytes auszulesen, ist kein Problem. Halten Sie aber nur die rohen Bytes in den Händen, werden diese in den meisten Fällen nur von geringem Nutzen sein. Das Problem ist, eine bestimmte Sequenz von Bytes in richtiger Weise zu interpretieren. Kennen Sie den Typ der Dateninformationen nicht, sind die Bytes praktisch wertlos. Betrachten Sie dazu das folgende Beispiel:

```
// ---------------------------------------------------------
// Beispiel: ...\Kapitel 12\BinaryReaderSample_1
// ---------------------------------------------------------
class Program {
  static void Main(string[] args) {
```

```
    // eine Datei erzeugen und einen Integer-Wert in
    // die Datei schreiben
    FileStream fileStr = new FileStream(@"D:\Binfile.mic",
    FileMode.Create);
    BinaryWriter binWriter = new BinaryWriter(fileStr);
    int intArr = 500;
    binWriter.Write(intArr);
    binWriter.Close();

    // Datei öffnen und den Inhalt byteweise auslesen
    FileInfo fi = new FileInfo(@"D:\Binfile.mic");
    FileStream fs = new FileStream(@"D:\Binfile.mic", FileMode.Open);
    byte[] byteArr = new byte[fi.Length];

    // Datenstrom in ein Byte-Array einlesen
    fs.Read(byteArr, 0, (int)fi.Length);

    // Konsolenausgabe
    Console.Write("Interpretation als Byte-Array: ");
    for (int i = 0; i < fi.Length; i++)
      Console.Write(byteArr[i] + " ");
    Console.Write("\n\n");
    fs.Close();

    // Dateiinhalt textuell auswerten
    StreamReader strReader = new StreamReader(@"D:\Binfile.mic");
    Console.Write("Interpretation als Text: ");
    Console.WriteLine(strReader.ReadToEnd());
    strReader.Close();
    Console.ReadLine();
  }
}
```

Zuerst wird ein Objekt vom Typ `FileStream` erzeugt, um eine neue Datei anzulegen bzw. eine gleichnamige Datei zu überschreiben. Die Objektreferenz wird einem Konstruktor der Klasse `BinaryWriter` übergeben. Die Methode `Write` schreibt anschließend einen Integer mit dem Inhalt `500` in die Datei. Anschließend wird die Datei ausgelesen. Wir stellen uns dabei dumm und tun so, als wüssten wir nicht, von welchem Datentyp die in der Datei *D:\Binfile.mic* gespeicherte Zahl ist. Also testen wir den Dateiinhalt, zuerst byteweise und danach auch noch zeichenorientiert, in der Hoffnung, ein sinnvolles Ergebnis zu erhalten.

Zum byteweisen Lesen greifen wir auf die Klasse `FileStream` zurück, lesen den Datenstrom aus der Datei in das Byte-Array `byteArr` ein und geben dann die Elemente des Arrays an der Konsole aus:

```
Interpretation als Byte-Array: 244 1 0 0
```

Ein Unbedarfter wird vielleicht wegen der fehlerfreien Ausgabe in Verzückung geraten, wir wissen aber, dass es nicht das ist, was wir ursprünglich in die Datei geschrieben haben. Wie aber ist die Ausgabe zu interpretieren, die mit Sicherheit auf jedem Rechner genauso lauten wird?

Die vier Zahlen repräsentieren die vier Bytes aus der Datei. Dabei erfolgt die Anzeige vom Lower-Byte bis zum Higher-Byte. In die »richtige«, besser gesagt, gewohnte Reihenfolge gebracht, müssten wir demnach

```
0 0 1 244
```

schreiben. Wir wissen, dass diese Bytes einen Integer beschreiben – und sie tun es auch, wenn wir uns nur die Bitfolge ansehen:

```
0000 0000 0000 0000 0000 0001 1111 0100
```

Die Kombination aller Bits ergibt tatsächlich die Dezimalzahl `500`. Ein Benutzer, der nicht weiß, wie die vier Bytes zu interpretieren sind, hat die Qual der Wahl: Handelt es sich um vier einzelne Bytes oder um zwei Integer oder vielleicht um eine Zeichenfolge? Letzteres testet unser Code ebenfalls, das Ergebnis der Ausgabe ist ernüchternd: Uns grinst ein Smiley mit ausgestreckter Zunge an.

Ändern wir nun den Lesevorgang der Daten so ab, dass wir den Dateiinhalt tatsächlich als `int` auswerten:

```
FileStream fs = new FileStream(@"D:\Binfile.mic", FileMode.Open);
BinaryReader br = new BinaryReader(fs);
Console.WriteLine(br.ReadInt32());
```

Das Ergebnis wird diesmal mit der korrekten Ausgabe an der Konsole enden.

12.5.1 Komplexe binäre Dateien

Der Informationsgehalt binärer Dateien kann nur dann korrekt ausgewertet werden, wenn der Typ, den die Daten repräsentieren, bekannt ist. Im vorhergehenden Abschnitt haben Sie dazu ein kleines Beispiel gesehen. Binäre Dateien können aber mehr als nur einen einzigen Typ speichern, es können durchaus unterschiedliche Typen in beliebiger Reihenfolge sein. Um zu einem späteren Zeitpunkt auf die Daten zugreifen zu können, muss nur der strukturelle Aufbau der Datei – das sogenannte Dateiformat – der gespeicherten Informationen bekannt sein, ansonsten ist die Datei praktisch wertlos.

Dateien unterscheiden sich im Dateiformat: Eine Bitmap-Datei wird die Informationen zu den einzelnen Pixeln anders speichern, als Word den Inhalt eines Dokuments speichert; eine JPEG-Datei unterscheidet sich wiederum von einer MPEG-Datei. Die Dateierweiterung ist als Kennzeichnung einer bestimmten Spezifikation anzusehen, nämlich als Spezifikation der Datenstruktur in der Datei. Praktisch alle Binärdateien werden sich in ihrem Dateiformat unterscheiden.

Wir wollen uns nun in einem etwas aufwendigeren Beispiel dem Thema komplexer Binärdateien nähern, um das Arbeiten mit solchen Dateien zu verstehen, ohne zugleich in zu viel Programmcode die Übersicht zu verlieren. Sie können das Konzept, das sich hinter diesem Beispiel verbirgt, in ähnlicher Weise auch auf andere bekannte Dateiformate anwenden.

Dazu geben wir uns zunächst eine Struktur vor, die ein Point-Objekt beschreibt:

```
public struct Point {
   public int XPos;
   public int YPos;
   public long Color;
}
```

Der Typ Point veröffentlicht drei Daten-Member: XPos und YPos jeweils vom Typ int sowie Color vom Typ long. Nun wollen wir eine Klasse entwickeln, die in der Lage ist, die Daten vieler Point-Objekte in einer Datei zu speichern und später auch wieder auszulesen. Außerdem soll eine Möglichkeit geschaffen werden, um auf die Daten eines beliebigen Point-Objekts in der Datei zugreifen zu können.

Die erste Überlegung ist, wie das Format einer Datei aussehen muss, um den gestellten Anforderungen zu entsprechen. Die Daten mehrerer Point-Objekte hintereinander zu speichern, ist kein Problem. Stellen Sie sich aber nun vor, Sie würden versuchen, die Informationen des zehnten Punkts aus einer Datei zu lesen, in der nur die Daten für fünf Punkte enthalten sind. Das kann zu keinem erfolgreichen Ergebnis führen.

Wir wollen daher eine Information in die Datei schreiben, der wir die gespeicherte Point-Anzahl entnehmen können. Der Typ dieser Information muss klar definiert sein, damit jedes Byte in der Datei eine klare Zuordnung erhält. Im Folgenden wird diese Information in einem int gespeichert, und zwar am Anfang der Datei.

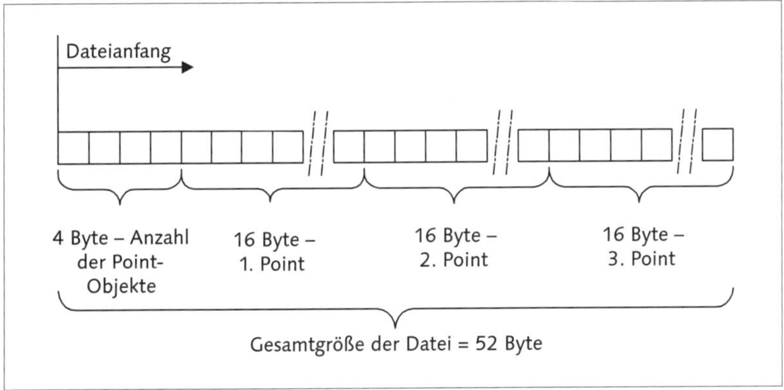

Abbildung 12.5 Datei mit drei gespeicherten Point-Objekten

Damit haben wir die Spezifikation der binären Datei festgelegt. Die Auswertung der ersten vier Bytes liefert die Anzahl der gespeicherten Point-Objekte, und die folgenden insgesamt 16 Byte großen Blöcke beschreiben jeweils einen Punkt. Wir könnten jetzt noch festlegen, dass Dateien dieses Typs beispielsweise die Dateierweiterung *.pot* erhalten, aber eine solche Festlegung wird der Code des folgenden Beispiels nicht berücksichtigen.

Da wir uns nun auf ein Dateiformat geeinigt haben, wollen wir uns das weitere Vorgehen überlegen. Wir könnten die gesamte Programmlogik in Main implementieren, was den Nachteil hat, dass etwaige spätere Änderungen zu Komplikationen führen könnten. Besser ist es, sich das objektorientierte Konzept der Modularisierung in Erinnerung zu rufen. Deshalb wird eine Klasse definiert, deren Methoden die Dienste zur Initialisierung der Point-Objekte, zum Speichern in einer Datei, zum Lesen der Datei und zur Ausgabe der Daten eines beliebigen Point-Objekts zur Verfügung stellen. Der Name der Klasse sei PointReader, die Bezeichner der Methoden lauten WriteToFile, GetFromFile und GetPoint.

Grundsätzlich können Methoden als Instanz- oder Klassenmethoden veröffentlicht werden. Instanzmethoden würden voraussetzen, dass die Klasse PointReader instanziiert wird. Das Objekt wäre dann an eine bestimmte Datei gebunden, die Point-Objekte enthält. Statische Methoden sind flexibler einsetzbar, verlangen allerdings auch bei jedem Aufruf die Pfadangabe zu der Datei. In diesem Beispiel sollen die Methoden statisch sein.

Widmen wir uns der Methode WriteToFile. Sie hat die Aufgabe, eine Datei zu generieren, die die Anforderungen unserer Spezifikation zur Speicherung von Point-Objekten erfüllt. Die Pfadangabe muss der Methode als Argument übergeben werden.

Wie wird der Code in dieser Methode arbeiten? Zunächst muss eine int-Zahl in die Datei geschrieben werden, die der Anzahl der Point-Objektdaten entspricht. Danach werden Point für Point alle Objektdaten übergeben, bis das Array durchlaufen ist.

```
public static void WriteToFile(string path, Point[] array) {
  FileStream fileStr = new FileStream(path, FileMode.Create);
  BinaryWriter binWriter = new BinaryWriter(fileStr);
  // Anzahl der Punkte in die Datei schreiben
  binWriter.Write(array.Length);

  // Point-Daten in die Datei schreiben
  for(int i = 0; i < array.Length; i++) {
    binWriter.Write(array[i].XPos);
    binWriter.Write(array[i].YPos);
    binWriter.Write(array[i].Color);
  }
  binWriter.Close();
}
```

Die Daten der Point-Objekte sollen mit einer Instanz der Klasse BinaryWriter in die Datei geschrieben werden. Dazu benötigen wir auch ein Objekt vom Typ FileStream. Da alle Daten hintereinander in eine neue Datei geschrieben werden sollen, müssen wir FileStream im Modus Create öffnen.

Nachdem wir die Referenz auf den FileStream an den Konstruktor der BinaryWriter-Klasse übergeben haben, wird die Anzahl der Points in die Datei geschrieben. In einer Schleife greifen wir danach jedes Point-Objekt im Array ab und schreiben die Daten nacheinander in die Datei. Zum Schluss muss der Writer ordnungsgemäß geschlossen werden.

Unsere Datei ist erzeugt, und nur mit dem Kenntnisstand der Spezifikation, wie die einzelnen Bytes zu interpretieren sind, liefern die Daten die richtigen Werte. Die Methode GetFromFile zum Auswerten des Dateiinhalts muss sich an unsere Festlegung halten. Daher wird auch zuerst der Integer aus der Datei gelesen und daran anschließend die Daten der Point-Objekte. Der Rückgabewert der Methode ist die Referenz auf ein intern erzeugtes Point-Array.

```
public static Point[] GetFromFile(string path) {
  FileStream fs = new FileStream(path, FileMode.Open);
  BinaryReader br = new BinaryReader(fs);
  // Liest die ersten 4 Bytes aus der Datei, die die Anzahl der
  // Point-Objekte enthält
  int anzahl = br.ReadInt32();

  // Einlesen der Daten in der Datei
  Point[] arrPoint = new Point[anzahl];
  for (int i = 0; i < anzahl; i++) {
    arrPoint[i].XPos = br.ReadInt32();
    arrPoint[i].YPos = br.ReadInt32();
    arrPoint[i].Color = br.ReadInt64();
  }
  br.Close();
  return arrPoint;
}
```

Da wir die Kontrolle über jedes einzelne gespeicherte Byte der Datei haben und dieses richtig zuordnen können, muss es auch möglich sein, die Daten eines beliebigen Point-Objekts einzulesen. Dazu dient die Methode GetPoint. Bei deren Aufruf wird zunächst die Pfadangabe übergeben, und als zweites Argument folgt die Position des Point-Objekts in der Datei. Der Rückgabewert ist die Referenz auf das gefundene Objekt.

```
public static Point GetPoint(string path, int pointNo) {
  FileStream fs = new FileStream(path, FileMode.Open);
  int pos  = 4 + (pointNo - 1) * 16;
  BinaryReader br = new BinaryReader(fs);
```

```
  // Hat der Anwender eine gültige Position angegeben?
  if (pointNo > br.ReadInt32() || pointNo == 0) {
    string message = "Unter der angegebenen Position ist";
    message += " kein \nPoint-Objekt gespeichert.";
    throw new PositionException(message);
  }
  // Zeiger positionieren
  fs.Seek(pos, SeekOrigin.Begin);
  // Daten des gewünschten Points einlesen
  Point savedPoint = new Point();
  savedPoint.XPos = br.ReadInt32();
  savedPoint.YPos = br.ReadInt32();
  savedPoint.Color = br.ReadInt64();
  br.Close();
  return savedPoint;
}
```

Die wesentliche Funktionalität der Methode steckt in der richtigen Positionierung des Zeigers, die aus der Angabe des Benutzers berechnet wird. Dabei muss berücksichtigt werden, dass am Dateianfang vier Bytes die Gesamtanzahl der Objekte in der Datei beschreiben und dass die Länge eines einzelnen `Point`-Objekts 16 Byte beträgt.

```
int pos  = 4 + (pointNo - 1) * 16;
```

Die so ermittelte Position wird der `Seek`-Methode des `BinaryReader`-Objekts übergeben. Die Positionsnummer des ersten Bytes in der Datei ist 0, daher verweist der Zeiger mit der Übergabe der Zahl `4` auf das fünfte Byte. Wir setzen in diesem Fall natürlich den Ursprung `origin` des Zeigers auf den Anfang des Datenstroms.

```
fs.Seek(pos, SeekOrigin.Begin)
```

Da damit gerechnet werden muss, dass der Anwender eine Position angibt, die keinem Objekt in der Datei entspricht, sollte eine Ausnahme ausgelöst werden. Diese ist benutzerdefiniert und heißt `PositionException`.

```
public class PositionException : Exception {
   public PositionException() {}
   public PositionException(string message) : base(message) {}
   public PositionException(string message, Exception inner)
                                     :base(message, inner){}
}
```

Damit ist unsere Klassendefinition fertig, und wir können abschließend die Implementierung testen. Dazu schreiben wir entsprechenden Testcode in die Methode `Main`:

```
// ---------------------------------------------------------
// Beispiel: ...\Kapitel 12\BinaryReaderSample_2
// ---------------------------------------------------------
public class Program {
  static void Main(string[] args) {
    // Point-Array erzeugen
    Point[] pArr = new Point[2];
    pArr[0].XPos = 10;
    pArr[0].YPos = 20;
    pArr[0].Color = 310;
    pArr[1].XPos = 40;
    pArr[1].YPos = 50;
    pArr[1].Color = 110;
    // Point-Array speichern
    PointReader.WriteToFile(@"D:\Test.pot",pArr);
    // gespeicherte Informationen aus der Datei wieder einlesen
    Point[] x = PointReader.GetFromFile(@"D:\Test.pot");
    // alle eingelesenen Point-Daten ausgeben
    for(int i = 0; i < 2; i++) {
      Console.WriteLine("Point-Objekt-Nr.{0}", i + 1);
      Console.WriteLine();
      Console.WriteLine("p[{0}].XPos = {1}", i, x[i].XPos);
      Console.WriteLine("p[{0}].YPos = {1}", i, x[i].YPos);
      Console.WriteLine("p[{0}].Color = {1}", i, x[i].Color);
      Console.WriteLine(new string('=',30));
    }
    // einen bestimmten Point einlesen
    Console.Write("\nWelchen Punkt möchten Sie einlesen? ");
    int position = Convert.ToInt32(Console.ReadLine());
    try {
      Point myPoint = PointReader.GetPoint(@"D:\Test.pot", position);
      Console.WriteLine("p.XPos = {0}", myPoint.XPos);
      Console.WriteLine("p.YPos = {0}", myPoint.YPos);
      Console.WriteLine("p.Color = {0}", myPoint.Color);
    }
    catch(PositionException e) {
      Console.WriteLine(e.Message);
    }
    Console.ReadLine();
  }
}
```

Weil die `Main`-Methode nur zum Testen der zuvor entwickelten Klasse dient, werden auch nur zwei `Point`-Objekte erzeugt, die uns als Testgrundlage für die weiteren Operationen dienen. Außerdem ist die Datei, in die gespeichert wird, immer dieselbe. Für unsere Zwecke ist das völlig ausreichend. Nach dem Speichern mit

```
PointReader.WriteToFile(@"D:\Test.pot", pArr);
```

wird die Datei sofort wieder eingelesen und die zurückgegebene Referenz einem neuen Array zugewiesen:

```
Point[] x = PointReader.GetFromFile(@"D:\Test.pot");
```

In einer Schleife werden danach alle eingelesenen Objektdaten an der Konsole ausgegeben.

Aufregender ist es hingegen, die Daten eines bestimmten Punktes zu erfahren. Dem Aufruf von `GetPoint` wird neben der Pfadangabe auch noch die Position des `Point`-Objekts in der Datei übergeben. Die Übergabe einer unzulässigen Position führt dazu, dass die spezifische Ausnahme `PositionException` mit einer entsprechenden Fehlermeldung ausgelöst wird. Andernfalls werden die korrekten Werte angezeigt.

13 Binäre Serialisierung

Sämtliche Daten, unabhängig vom Verwendungszweck, werden durch die Felder der Klassen beschrieben. Ein Anwender interessiert sich nicht für diese Details. Er arbeitet mit den Daten, manipuliert sie und erwartet ein fehlerfreies Laufzeitverhalten. Dazu zählt auch, dass nach dem Schließen und dem späteren Neustart des Programms exakt der Zustand wiederhergestellt wird, den ein Objekt vor dem Schließen hatte. Mit anderen Worten heißt das für Sie als Entwickler, dass Sie alle Daten dauerhaft sichern müssen, um sie später wieder wiederherstellen zu können.

Wenn wir aber die damit verbundene Problematik im Detail betrachten, zeigen sich einige Hürden: Die Daten einer Anwendung werden in verschiedenen Typen vorgehalten. Doch welche sind notwendig, um ein bestimmtes Objekt wiederherzustellen? Zwangsläufig müssen das nicht alle sein, denn ein Objekt könnte auch Daten enthalten, die spezifisch für die aktuelle Laufzeitumgebung sind und nach dem erneuten Starten der Anwendung keine Bedeutung mehr haben.

Alle gespeicherten Daten sind einem bestimmten Typ zuzuordnen. Wenn der Inhalt der Eigenschaft `Name` eines Objekts der Klasse `Kunde` gesichert wird, darf dieser Wert nach dem Neustart nicht dem Feld `Name` eines Objekts vom Typ `Lieferant` zugeordnet werden – die Folgen wären fatal. Auch ein zweiter Gesichtspunkt ist relevant. Angenommen, die zu speichernden Daten gehören zu einem Spiel, an dem zwei oder mehr Personen beteiligt sind. Dass später der aktuelle Stand jedes Spielers eindeutig wiederhergestellt werden muss, steht außer Frage. Konsequenterweise bedeutet das aber auch, dass bei mehreren typgleichen Objekten die Daten demselben Kontext zugeordnet werden müssen.

Die sich auftürmenden Probleme scheinen schier unüberwindlich zu sein. Wir brauchen uns darüber aber nicht unnötig den Kopf zu zerbrechen, da uns .NET bei der Lösung vorbildlich unterstützt. Die Technologie, die sich dahinter verbirgt, wird als *Serialisierung* bezeichnet. Die Serialisierung ist ein Prozess mit der Fähigkeit, ein sich im Hauptspeicher befindliches Objekt in ein bestimmtes Format zu konvertieren und in eine Datei zu schreiben. Das schließt auch die Rekonstruktion der Objekte in ihrem ursprünglichen Format mit ein.

Die Serialisierung ist ein Prozess, der automatisch abläuft und bei dem der Name der Anwendung, der Name der Klasse und die Daten-Member eines Objekts binär gespeichert werden. Dadurch wird die spätere Rekonstruktion in einer exakten Kopie möglich.

13.1 Serialisierungsverfahren

Die dauerhaft zu speichernden Dateninformationen müssen in ein definiertes Format überführt werden, das bei späterer Deserialisierung eine eindeutige Interpretation sicherstellt. Dazu werden die Daten einem Bytestrom übergeben, der für die physikalische Persistenz verantwortlich ist. Die .NET-Klassenbibliothek stellt zur Lösung dieser komplexen Aufgabe drei Klassen bereit.

Klasse	Beschreibung
`BinaryFormatter`	Überträgt die zu serialisierenden Daten in ein binäres Format. Zirkuläre Referenzen werden unterstützt.
`SoapFormatter`	Überträgt die zu serialisierenden Daten im SOAP-Format (*Simple Object Access Protocol*). Die Serialisierung erfordert die Einbindung der Bibliothek *System.Runtime.Serialization.Formatters.Soap.dll*. Zirkuläre Referenzen werden unterstützt.
`XmlSerializer`	Überträgt die zu serialisierenden Daten im XML-Format. Die Serialisierung erfordert die Einbindung der Bibliothek *System.Xml.dll*. Zirkuläre Referenzen werden nicht unterstützt.

Tabelle 13.1 Die .NET-Serialisierungsklassen

Sollten die Fähigkeiten der drei Serialisierungsklassen für eine bestimmte Anforderung unzureichend sein, können Sie auch eine eigene entwickeln. Alle drei Typen stellen für die Serialisierung und die Deserialisierung jeweils eine Methode zur Verfügung: `Serialize` und `Deserialize`.

Betrachten wir zuerst die Definition von `Serialize`:

```
public void Serialize(Stream, object);
```

Dem ersten Argument wird die Referenz auf ein Objekt vom Typ `Stream` übergeben. Dabei wird es sich meistens um ein `FileStream`-Objekt handeln, das die serialisierten Daten in einer Datei speichert. Die Referenz des Objekts, das serialisiert werden soll, wird dem zweiten Parameter übergeben.

Zur Rekonstruktion eines Objekts dient die Methode `Deserialize`:

```
public object Deserialize(Stream);
```

Der Parameter erwartet eine `Stream`-Referenz, die auf die zuvor serialisierten Daten des Objekts verweist. Der Rückgabewert ist vom Typ `Object` und muss deshalb noch in den richtigen Typ konvertiert werden.

> **Hinweis**
>
> In diesem Kapitel werden wir uns ausschließlich mit der binären Serialisierung beschäftigen. Die XML-Serialisierung wird in Abschnitt 16.8 besprochen.

13.2 Serialisierung mit »BinaryFormatter«

Ein Objekt unter .NET serialisierbar zu machen, ist geradezu genial einfach gelöst. Allerdings muss man sich schon bei der Entwicklung einer Klasse darüber im Klaren sein, dass Objekte der Klasse dem Serialisierungsprozess zugeführt werden sollen. Dazu wird die Klasse nur mit dem Attribut `Serializable` markiert:

```
[Serializable()]
public class Person {...}
```

Fehlt das Attribut, wird die Ausnahme `SerializationException` ausgelöst. Alle Felder der Klasse `Person`, unabhängig davon, ob sie privat oder öffentlich deklariert sind, werden damit von der Serialisierung erfasst. Es gibt aber auch eine Einschränkung: Lokale Variablen und statische Klassendaten nehmen nicht an einem Serialisierungsprozess teil.

Wir wollen nun die Klassendefinition komplettieren, um anhand eines einfachen Beispiels zu sehen, wie die Serialisierung angestoßen und später das serialisierte Objekt rekonstruiert wird. Dazu implementieren wir in der Klasse `Person` ein privates und ein öffentliches Feld. Beide Felder werden über einen parametrisierten Konstruktor initialisiert.

```
[Serializable()]
class Person {
  public string Name {get; set;};
  private int _Alter;

  // ----- Konstruktor -----
  public Person(int alter, string name) {
    _Alter = alter;
    Name = name;
  }

  public int Alter {
    get { return _Alter; }
  }
}
```

Bei der Serialisierung greift der Prozess den Inhalt von `Alter` und `Name` und speichert ihn entweder in einer Datei, im Netzwerk oder in einer Datenbank.

Der Code, der ein Objekt vom Typ der Klasse `Person` serialisiert, könnte folgendermaßen aussehen:

```
using System.Runtime.Serialization.Formatters.Binary;
...
Person pers = new Person(56, "Schmidt");
FileStream stream;
stream = new FileStream(@"D:\MyPerson.dat", FileMode.Create);
```

```
BinaryFormatter formatter = new BinaryFormatter();
formatter.Serialize(stream, pers);
stream.Close();
```

Im Code wird ein `FileStream` generiert, der die binäre Datei *MyPerson.dat* anlegt oder, falls eine Datei dieses Namens bereits existiert, die alte überschreibt. Anschließend erzeugen wir ein Objekt vom Typ `BinaryFormatter`, dessen Methode `Serialize` wir aufrufen, wobei wir das `Stream`-Objekt und die zu serialisierende Objektreferenz übergeben.

Deserialisierung

Die Deserialisierung des gespeicherten Objekts ist genauso einfach. Beachtet werden muss dabei nur, dass der Rückgabewert vom Typ `Object` ist und deshalb noch in den richtigen Typ konvertiert werden muss:

```
Person pers;
BinaryFormatter formatter = new BinaryFormatter();
FileStream stream = new FileStream(@"D:\MyPerson.dat", FileMode.Open);
pers = (Person)formatter.Deserialize(stream);
```

Fassen wir nun den Code in einem Beispielprogramm zusammen. Serialisierung und Deserialisierung werden in je einer eigenen Methode behandelt, die aus `Main` heraus aufgerufen wird. Nach der Serialisierung des Objekts `pers` wird der neuen Objektvariablen `oldPerson` der Rückgabewert der Deserialisierung zugewiesen. Zum Schluss werden die rekonstruierten Objektdaten an der Konsole ausgegeben.

```
// ---------------------------------------------------------
// Beispiel: ...\Kapitel 13\BinaryFormatterSample
// ---------------------------------------------------------
using System.IO;
using System.Runtime.Serialization.Formatters.Binary;

class Program {
  static BinaryFormatter formatter;
  static FileStream stream;

  static void Main(string[] args) {
    formatter = new BinaryFormatter();
    Person pers = new Person(67, "Fischer");
    SerializeObject(pers);
    Person oldPerson = DeserializeObject();
    Console.WriteLine("Ergebnis der Deserialisierung:");
    Console.WriteLine(oldPerson.Alter);
    Console.WriteLine(oldPerson.Name);
  }
```

```
  // Objekt serialisieren
  public static void SerializeObject(Object obj) {
    stream = new FileStream(@"D:\MyObject.dat", FileMode.Create);
    formatter.Serialize(stream, obj);
    stream.Close();
  }

  // deserialisieren
  public static Person DeserializeObject() {
    FileStream stream = new FileStream(@"D:\MyObject.dat", FileMode.Open);
    return (Person)formatter.Deserialize(stream);
  }
}

// serialisierbare Klasse
[Serializable()] class Person {
  private int _Alter;
  public string Name {get; set;}

  // ----- Konstruktor -----
  public Person(int alter, string name) {
    Name = name;
    _Alter = alter;
  }
  public int Alter {
    get { return _Alter; }
  }
}
```

Serialisierung mehrerer Objekte

Natürlich können mit einem Serialisierungsprozess auch beliebig viele, auch typunterschiedliche Objekte serialisiert werden. Dazu muss man für jedes Objekt `Serialize` auf demselben `Stream`-Objekt aufrufen. Die formatierten Daten werden entsprechend der Aufrufreihenfolge serialisiert.

Die Deserialisierung erfolgt in gleicher Weise: Es wird auf demselben `Stream`-Objekt so lange `Deserialize` aufgerufen, bis der Datenstrom versiegt. Das Lesen über das Ende des Datenstroms hinaus hat eine Ausnahme zur Folge. Dabei muss natürlich die Reihenfolge beachtet werden, in der die Objekte serialisiert worden sind, denn die Deserialisierung mehrerer Objekte folgt dem FIFO-Prinzip: Das zuerst serialisierte Objekt muss auch als Erstes wieder deserialisiert werden.

Für jedes einzelne Objekt `Serialize` aufzurufen, kann sehr arbeitsaufwendig sein. Außerdem muss die Anzahl der zu serialisierenden Objekte bekannt sein. Ist die Anzahl nicht vorhersehbar, muss ein anderer Weg beschritten werden. Es bietet sich dann an, alle Objekte in einer Objektauflistung zu verwalten und mit einem einzigen Serialize-Aufruf die gesamte Collection in den Datenstrom zu schreiben. Im folgenden Beispielprogramm wird das an vier Objekten unterschiedlichen Typs demonstriert. Sehen wir uns jedoch zuerst den Programmcode an.

```
// ---------------------------------------------------------------
// Beispiel: ...\Kapitel 13\CollectionSerialization
// ---------------------------------------------------------------
class Program {

  static void Main(string[] args) {
    ArrayList arrList = new ArrayList();
    Person pers1 = new Person("Fische", 23);
    Person pers2 = new Person("Beate", 38);
    Firma firma1 = new Firma("Tollsoft");
    Firma firma2 = new Firma("Microsoft");
    // Objekte einer ArrayList übergeben
    arrList.Add(pers1);
    arrList.Add(pers2);
    arrList.Add(firma1);
    arrList.Add(firma2);

    // ArrayList-Objekt serialisieren
    SaveObject(arrList);
    ArrayList newArrList = new ArrayList();
    // Deserialisieren und die Objektdaten anzeigen
    GetObject(ref newArrList);
    foreach (object obj in newArrList) {
      if (obj is Person) {
        Console.Write("{0}/", ((Person)obj).Name);
        Console.WriteLine(((Person)obj).Alter);
      }
      else if (obj is Firma)
        Console.WriteLine(((Firma)obj).Name);
    }
    Console.ReadLine();
  }

  // ArrayList-Objekt speichern
  public static void SaveObject(ArrayList arr) {
    FileStream fs = new FileStream(@"D:\Objektliste.ifn", FileMode.Create);
    BinaryFormatter binFormatter = new BinaryFormatter();
    binFormatter.Serialize(fs, arr);
    fs.Close();
  }
```

```
  // Datei lesen und das ArrayList-Objekt in den Referenzparameter
  // schreiben - der Rückgabewert gibt Aufschluss über den
  // Erfolg der Deserialisierung
  public static void GetObject(ref ArrayList arr) {
    FileStream fs = new FileStream(@"D:\Objektliste.ifn", FileMode.Open); ;
    try {
      BinaryFormatter formatter = new BinaryFormatter();
      arr = (ArrayList)formatter.Deserialize(fs);
    }
    catch (SerializationException e) {
      // die Datei kann nicht deserialisiert werden
      Console.WriteLine(e.Message);
    }
    catch (IOException e){
    // Beim Versuch, die Datei zu öffnen, ist ein Fehler aufgetreten.
    Console.WriteLine(e.Message);
    }
  }
}

// serialisierbare Klassen
 [Serializable()]
class Person {
  public string Name { get; set; }
  private int _Alter;

  // ----- Konstruktor -----
  public Person(string name, int alter) {
    Name = name;
    _Alter = alter;
  }

  // Eigenschaftsmethode
  public int Alter {
    get { return _Alter; }
  }
}

[Serializable()]
class Firma {
  public string Name { get; set; }

  //----- Konstruktor -----
  public Firma(string name) {
    Name = name;
  }
}
```

Als Typen sind die beiden Klassen Person und Firma mit je einem Konstruktor definiert, dem die Initialisierungswerte übergeben werden. Um sicherzustellen, dass Objekte der beiden Klassen serialisierbar sind, ist den Klassendefinitionen das Attribut Serializable angeheftet worden.

Der benutzerdefinierten Methode SaveObject kommt die Aufgabe der Objektserialisierung zu. Sie empfängt per Definition im Parameter arr die Referenz auf ein Objekt vom Typ ArrayList, die ebenfalls mit dem Attribut Serializable gekennzeichnet ist.

Die Entscheidung für eine Collection hat zwei Vorteile: Wir brauchen nicht jedes Mitgliedsobjekt der Auflistung einzeln zu serialisieren, sondern können mit einem einzigen Aufruf von Serialize unter Übergabe der ArrayList-Referenz automatisch jedes Objekt in den Datenstrom schreiben. Außerdem kann diese Collection unterschiedliche Typen verwalten.

```
formatter.Serialize(fs, arr);
```

GetObject liefert die Referenz auf das deserialisierte ArrayList-Objekt über den Parameter arr an den Aufrufer zurück, der seinerseits in der Pflicht steht, die Daten der einzelnen Listenobjekte abzufragen.

Beachten Sie, dass nur ein Deserialize-Aufruf notwendig ist, um die Daten aller von der Collection verwalteten Objekte wieder zu erhalten. Der Rückgabewert vom Typ object muss nur noch in ArrayList konvertiert werden.

```
arr = (ArrayList)formatter.Deserialize(fs);
```

Um SaveObject und GetObject zu testen, erzeugen wir in der Routine Main insgesamt vier Objekte – jeweils zwei von Person und Firma. Diese Objekte werden anschließend zu Elementen des ArrayList-Objekts arrList.

Um uns vom Erfolg zu überzeugen, wird ein zweites Objekt vom Typ ArrayList erzeugt, dem die deserialisierten Objekte zugewiesen werden. Die Auflistung wird in einer foreach-Schleife Element für Element durchlaufen, und der Typ der aktuellen Referenz wird mit dem is-Operator ermittelt. Bei der Ausgabe ist die explizite Konvertierung in den entsprechenden Typ zu berücksichtigen.

Daten als nichtserialisierbar kennzeichnen

Mit dem Attribut Serializable werden alle Instanzfelder einer Klasse serialisiert. Das mag im Einzelfall aber nicht immer wünschenswert sein. Eigenschaften, die der Serialisierungsprozess nicht erfassen soll, können durch das Setzen des Attributs NonSerialized vor der Deklaration ausgeschlossen werden.

```
[Serializable()]
class Person {
  public string Name {get; set;}
```

```
  // Variable Alter wird nicht serialisiert
  [NonSerialized()]
   private int _Alter;
  // Anweisungen
}
```

Das Codefragment enthält die Klassendefinition der Felder Name und Alter. Beide würden normalerweise während der Serialisierung abgegriffen. Die Deklaration der privaten Instanzvariablen Alter ist allerdings als NonSerialized markiert und entzieht strProp dem Serialisierungsprozess.

Serialisierung in einer abgeleiteten Klasse

Das Serializable-Attribut wird nicht vererbt. Wenn Sie also eine serialisierbare Klasse DemoA entwickeln und daraus die Klasse DemoB ableiten, muss das Attribut selbst dann mit DemoB verknüpft werden, wenn nur die aus DemoA geerbten Mitglieder serialisiert werden sollen. Ansonsten gilt die Subklasse als nicht serialisierbar.

Sollen die Felder der Klasse DemoB, die aus DemoA abgeleitet ist, serialisiert werden, muss auch die Basisklasse mit dem Serializable-Attribut verknüpft sein.

14 Einige wichtige .NET-Klassen

In diesem Kapitel lernen Sie einige elementare Klassen des .NET Frameworks kennen, die Sie in Ihren Anwendungen häufig einsetzen werden. Hierzu zählen z. B. die Klasse `Object` sowie Klassen zum Verarbeiten von Zeichenketten, Datums- und Zeiteinheiten.

14.1 Die Klasse »Object«

Alle Klassen in der Klassenbibliothek des .NET Frameworks sind Mitglieder einer Klassenhierarchie, die sich über viele Verzweigungen in aufgabenspezifische Bereiche gliedert. Alle Klassen, so tief sie auch im Dickicht dieser Hierarchie stecken mögen, lassen sich aber auf die gemeinsame Basisklasse `Object` zurückführen. Wenn Sie eine benutzerdefinierte Klasse entwickeln, müssen Sie nicht explizit angeben, dass Ihre Klasse von `Object` abgeleitet ist – diese Ableitung geschieht implizit. Dass sich alle Klassen von `Object` ableiten, hat eine ganz wesentliche Konsequenz: Jeder Typ des Systems weist ein Minimum gemeinsamer Verhaltensweisen auf.

`Object` hat nur einen parameterlosen Konstruktor und insgeamt sieben Methoden. Fünf dieser Methoden sind `public` und damit öffentlich, die beiden anderen Methoden sind `protected` und erlauben aber daher nur den Zugriff aus einer erbenden Klasse heraus. Sehen wir uns zunächst in Tabelle 14.1 alle Methoden in einem Überblick an.

Methoden	Beschreibung
`Equals`	Diese Methode vergleicht zwei Objektreferenzen und liefert einen booleschen Wert zurück, dem entnommen werden kann, ob die beiden Referenzen auf dasselbe Objekt zeigen.
`Finalize`	Dient dazu, Ressourcen der Klasse freizugeben, wenn das Objekt zerstört wird.
`GetHashCode`	Liefert einen objektspezifischen Identifizierer.
`GetType`	Liefert die Referenz auf eine `Type`-Instanz zurück, die den Typ des aktuellen Objekts beschreibt.
`MemberwiseClone`	Dupliziert die aktuelle Instanz und liefert die Referenz auf das Duplikat zurück.
`ReferenceEquals`	Vergleicht zwei Objektreferenzen und liefert einen booleschen Wert zurück, dem entnommen werden kann, ob die beiden Referenzen auf dasselbe Objekt zeigen.
`ToString`	Liefert den vollqualifizierten Namen einer Klasse.

Tabelle 14.1 Die Methoden der Klasse »Object«

14.1.1 Referenzvergleiche mit »Equals« und »ReferenceEquals«

Die beiden Methoden Equals und ReferenceEquals sind sich per Definition sehr ähnlich. Es werden zwei Objektvariablen miteinander verglichen, um festzustellen, ob beide dasselbe Objekt im Speicher referenzieren:

```
Demo firstRef = new Demo();
Demo secondRef;
secondRef = firstRef;
Console.WriteLine(Object.Equals(firstRef, secondRef));
```

In diesem Codefragment wird die Referenz firstRef der Variablen secondRef zugewiesen. Beide Referenzen zeigen auf dasselbe konkrete Objekt, was der Aufruf der Equals-Methode bestätigt: Es wird true ausgegeben, was als referenzielle Identität der beiden Objektvariablen zu interpretieren ist. In diesem Fall können Sie sogar Equals gegen ReferenceEquals austauschen: Am Ergebnis wird sich nichts ändern.

Equals wird sowohl als Instanz- als auch als Klassenmethode angeboten. Die Instanzmethode ist als virtual gekennzeichnet und kann von jeder Klasse polymorph überschrieben werden. Die statische Equals-Variante ist nicht überschreibbar, ebenso die ähnlich lautende Methode ReferenceEquals. Damit ist auch garantiert, dass das Ergebnis des Aufrufs einer dieser beiden Methoden immer den Vergleich zwischen zwei Objektreferenzen liefert: Es ist true, wenn beide Referenzen auf ein und dasselbe Objekt verweisen, andernfalls lautet das Ergebnis false.

14.1.2 »ToString« und »GetType«

ToString liefert per Definition eine Zeichenfolge zurück, die den vollqualifizierten Namen der Klasse, also einschließlich der Angabe des Namespace, enthält. Viele Klassen überschreiben diese Methode, die dann einen anderen Rückgabewert hat. Sehen wir uns das an zwei Beispielen an:

```
string text = "Visual C# 4.0 ist spitze!";
Console.WriteLine(text.ToString());
int value = 4711;
Console.WriteLine(value.ToString());
```

Die Ausgabe lautet:

```
Visual C# 4.0 ist spitze!
```

und

```
4711
```

Die Typen String und int überschreiben demnach ToString und liefern den Inhalt der Variablen, auf der die Methode aufgerufen worden ist.

Mit GetType können Sie sich den Typ der Klasse besorgen, allerdings müssen Sie dazu die Rückgabe in einen String konvertieren, z. B.:

```
int value = 10;
Console.WriteLine(Convert.ToString(value.GetType()));
```

Jetzt wird nicht der Inhalt der Variablen value, sondern der Datentyp ausgegeben. Sie müssen an dieser Stelle eine Konvertierung vornehmen, weil der Rückgabewert vom Typ Type ist. Die Klasse Type liefert eine Referenz auf das Type-Objekt eines konkreten Objekts zurück. Dieses versetzt uns in die Lage, den Datentyp einer genaueren Analyse zu unterziehen.

14.1.3 Die Methode »MemberwiseClone«

Die Methode MemberwiseClone kopiert ein vorhandenes Objekt und liefert die Referenz auf die Kopie. Dabei werden alle Felder des Originals dupliziert: Felder, die auf Wertetypen basieren, werden bitweise kopiert, ebenso die auf Referenztypen basierenden Felder. Das bedeutet, dass die in einem Objekt referenzierten Subobjekte ihrerseits nicht dupliziert werden. Sowohl das Originalobjekt als auch die Kopie greifen auf dieselben Subobjekte zu.

MemberwiseClone ist als protected deklariert und kann nur aus der aktuellen Instanz heraus aufgerufen werden. Sie müssen daher eine öffentliche Methode bereitstellen, auf die externer Code zugreifen kann. Die .NET-Klassenbibliothek bietet dazu mit ICloneable ein Interface an, dessen Sie sich bedienen sollten. Das Interface veröffentlicht nur die Methode Clone. Innerhalb einer zu duplizierenden Klasse wird Clone überschrieben. Clone ruft MemberwiseClone auf das aktuelle Objekt auf und liefert als Rückgabe die Referenz auf das Duplikat:

```
public object Clone() {
  return this.MemberwiseClone();
}
```

Etwas komplizierter wird es, wenn in einer Klasse Felder definiert sind, die auf Referenztypen basieren, und Sie gleichzeitig auch alle Subobjekte duplizieren möchten. Schauen Sie sich dazu die Implementierung der Klasse CloneableClass an:

```
public class CloneableClass : ICloneable {
  public long MyProperty {get; set;};
  public Demo InternObject = new Demo();

  public object Clone()
    return this.MemberwiseClone();
  }
  ...
}
```

Die Methode Clone wird an einen Aufrufer die Referenz auf eine Kopie zurückliefern. In der Kopie wird das Feld MyProperty denselben Inhalt aufweisen wie das Feld des Originals. Da MemberwiseClone alle Felder bitweise kopiert, referenziert die Eigenschaft InternObject des Duplikats jedoch dasselbe Objekt wie das Original. Benötigen wir auch vom internen Objekt eine Kopie, haben wir zwei Möglichkeiten:

- Wir erzeugen ein neues Objekt vom Typ Demo und weisen diesem alle Eigenschaftswerte der Instanz InternObject explizit zu.
- Wir hoffen, dass der Entwickler der Klasse Demo weitsichtig genug war und die Schnittstelle ICloneable-Methode implementiert hat.

Wir wollen an einem Beispiel die unter Punkt 2 genannte Variante ansehen. Das Objekt dupliziert sich selbst mit MemberwiseClone und liefert die Referenz der Kopie an den Aufrufer zurück. Exemplarisch nehmen wir die folgende Implementierung an:

```
public class Demo : ICloneable {
  public int Value {get; set;}

  public Demo() {
    Random rand = new Random();
    Value = rand.Next(0, 1000);
  }

  public object Clone() {
    return this.MemberwiseClone();
  }
}
```

Beim Aufruf des parameterlosen Konstruktors wird nach dem Zufallsprinzip eine Zahl zwischen 0 und kleiner 1000 in der Instanzvariablen Value festgehalten. Sie dient dazu, später den Erfolg des Klonens zu beweisen.

Nun können wir uns noch einmal der Klasse CloneableClass zuwenden und die Methode Clone gemäß unseren Anforderungen überarbeiten.

```
public class CloneableClass : ICloneable {
  public long MyProperty {get; set;}
  public Demo InternObject = new Demo();

  public object Clone() {
    CloneableClass internObj;
    internObj = (CloneableClass)this.MemberwiseClone();
    InternObject = (Demo)this.InternObject.Clone();
    return internObj;
  }
}
```

Zuerst deklarieren wir in der Methode Clone die Variable internObj vom Typ CloneableClass und weisen dieser über MemberwiseClone die Referenz auf das Duplikat zu:

```
internObj = (CloneableClass)this.MemberwiseClone();
```

Der Rückgabewert von MemberwiseClone ist vom Typ Object und muss in den Typ CloneableClass konvertiert werden. Die Kopie referenziert noch dasselbe interne Objekt wie das Original. Vom Objekt InternObject besorgen wir uns deshalb eine Kopie und weisen diese dem Feld InternObject der Klone zu.

Damit haben wir unser Ziel erreicht. Was uns jetzt noch fehlt, ist die Bestätigung unserer Überlegungen. Dazu benutzen wir die Methode GetHashCode, da sich jedes Objekt durch einen eigenen Hashcode identifizieren lässt.

```
// ---------------------------------------------------------
// Beispiel: ...\Kapitel 14\MemberwiseClonen
// ---------------------------------------------------------
class Program    {
  static void Main(string[] args) {
    CloneableClass obj = new CloneableClass();
    CloneableClass dupli = (CloneableClass)obj.Clone();
    Console.WriteLine("Hashcode(obj) = {0}", obj.GetHashCode());
    Console.WriteLine("Hashcode(dupli) = {0}",
                                       dupli.GetHashCode());
    Console.WriteLine("Hashcode(obj.InternObject) = {0}",
                             obj.InternObject.GetHashCode());
    Console.WriteLine("Hashcode(dupli.InternObject) = {0}",
                            dupli.InternObject.GetHashCode());
    Console.WriteLine("Value(obj) = {0}", obj.InternObject.Value);
    Console.WriteLine("Value(dupli) = {0}", dupli.InternObject.Value);
    Console.ReadLine();
  }
}
```

Der Testcode könnte an der Konsole zur folgenden Anzeige führen:

```
Hashcode(obj) = 70
Hashcode(dupli) = 72
Hashcode(obj.internClass) = 73
Hashcode(dupli.internClass) = 74
internVar(obj) = 768
internVar(dupli) = 768
```

Die Hashcodes der Referenzen dupli und obj sind unterschiedlich, ebenso die des enthaltenen Feldes vom Typ Demo. Daraus kann der Schluss gezogen werden, dass das Demo-Feld des Originals ebenfalls geklont worden ist.

14.2 Die Klasse »String«

String-Variablen repräsentieren Zeichenfolgen mit einem ganz wesentlichen Charakteristikum: Sie sind unveränderlich. Ändern Sie den Inhalt einer Zeichenfolgevariablen durch eine neue Zuweisung, wird ein neues String-Objekt erzeugt und das alte verworfen. Dieses Phänomen können Sie sehr einfach verstehen, wenn Sie das folgende Codefragment schreiben:

```
string text = "Hallo";
Console.WriteLine(text.GetHashCode());
text = "Berlin";
Console.WriteLine(text.GetHashCode());
```

Das Ergebnis wird sein, dass unterschiedliche Hashcodes in der Konsole angezeigt werden. Diesem anscheinenden Nachteil steht aber auch ein Vorteil gegenüber, denn intern verwaltet die Laufzeitumgebung CLR eine Tabelle, die jeden String einer Anwendung enthält. Wenn Sie zur Laufzeit ein neues String-Objekt erzeugen, wird zuerst die Tabelle nach einem identischen String durchsucht. Ist ein solcher vorhanden, wird der neuen String-Variablen eine Referenz auf die bereits existierende Instanz zurückgeliefert, andernfalls wird der Pool vergrößert. Auch das können Sie sehr einfach prüfen, wenn Sie das Codefragment ein klein wenig ändern:

```
string text = "Hallo";
Console.WriteLine(text.GetHashCode());
string text1 = "Hallo";
Console.WriteLine(text1.GetHashCode());
```

Nun werden an der Konsole identische Hashcodes angezeigt.

Wird eine Zeichenfolge häufig verändert, hat das eine Verschlechterung der Performance zur Folge. Sie sollten in solchen Fällen sollten Sie daher besser auf die Klasse StringBuilder zurückgreifen, die diesen Nachteil nicht hat. Verschwiegen werden darf dabei jedoch nicht, dass die Fähigkeiten einer StringBuilder-Zeichenfolge deutlich spärlicher sind als die einer string-Zeichenfolge.

14.2.1 Erzeugen eines Strings

Im einfachsten Fall wird ein Objekt vom Typ String durch eine einfache Deklaration erzeugt:

```
string str = "C# ist spitze!";
```

Das ist der Weg, den wir bisher meistens beschritten haben und der wohl auch die Regel darstellt. Es gibt aber noch weitere Möglichkeiten. Dazu sind in der Klasse String mehrere Konstruktoren definiert. Beispielsweise können Sie einem Konstruktor ein char-Array übergeben, aus dem ein String-Objekt erstellt wird:

```
char[] charArr  = {'C','#',' ','4','.','0'};
string strText = new String(charArr);
Console.WriteLine(strText);
```

Dieses Codefragment bildet aus dem char-Array die Zeichenfolge »C# 4.0«.

Mit einem weiteren Konstruktor können Sie eine Zeichenfolge zu erzeugen, die sich aus einer bestimmten Anzahl gleicher Zeichen zusammensetzt. Benötigen Sie beispielsweise eine Zeichenfolge aus zehn *, könnten Sie das mit

```
string strtext = new String('*', 10);
```

erreichen.

14.2.2 Eigenschaften von »String«

String weist nur zwei Eigenschaften auf: Length und Chars. Length liefert die Anzahl der Zeichen, und mit Chars können Sie auf ein einzelnes Zeichen aus der Zeichenfolge zugreifen. Die Definition von Chars, die in C# als Indexer implementiert ist, lautet wie folgt:

```
public char this[int index] {get;}
```

Übergeben wird dem Indexer eine Zahl, die die Position eines Zeichens innerhalb der Zeichenfolge beschreibt, zum Beispiel:

```
string text = "HALLO";
char newChar = text[2];
```

Die char-Variable enthält damit das Zeichen »L«.

14.2.3 Methoden der Klasse »String«

Sie werden sich oft mit der einfachen Existenz einer Zeichenfolge nicht zufrieden geben, da es sehr häufig vorkommt, dass Zeichenfolgen verglichen oder manipuliert werden müssen oder eine formatierte Ausgabe erwünscht ist. Die Klasse String bietet zu diesem Zweck eine Reihe von Methoden an, die wir uns nun ansehen wollen.

Zeichenfolgen-Vergleiche

Um zwei Zeichenfolgen zu vergleichen, haben Sie die Qual der Wahl, denn dazu stehen Ihnen mit Equals, Compare, CompareTo und CompareOrdinal gleich vier Methoden zur Verfügung. Alle sind sich ziemlich ähnlich und unterscheiden sich nur in kleinen Nuancen.

Bekanntlich werden mit Equals standardmäßig zwei Referenzen miteinander verglichen. Da zwei String-Variablen, die denselben Inhalt haben, ein und dasselbe Objekt im Speicher referenzieren, können Sie diese Methode auch dazu benutzen, den Inhalt der Variablen miteinander zu vergleichen. Verweisen zwei Strings auf dieselbe Speicheradresse, muss deren Inhalt zwangsläufig identisch sein.

Sehr ähnlich arbeitet auch `Compare`. Die Methode liefert jedoch keinen booleschen Wert, sondern einen Integer, der entweder < 0, 0 oder > 0 ist. Dazu ein Beispiel:

```
string strText = "Hallo";
string myString = "Hallo";
if(String.Compare(strText, myString) == 0)
   Console.WriteLine("Die beiden Strings sind identisch");
```

Das Ergebnis an der Konsole bestätigt, dass beide Zeichenfolgen denselben Inhalt aufweisen. Ändern wir nun einen der beiden Strings von »`Hallo`« in »`hallo`«, und testen wir noch einmal. Diesmal erhalten wir keine Bestätigung, was uns zu folgender Aussage führt:

Hinweis
Standardmäßig wird bei String-Variablen zwischen Groß- und Kleinschreibung unterschieden.

Die Interpretation der Rückgabewerte von `Compare`, die ebenfalls für die Vergleichsmethode `CompareTo` gilt, können Sie Tabelle 14.2 entnehmen.

Rückgabewert	Beschreibung
< 0	Der String des ersten Arguments ist kleiner als der des zweiten.
0	Beide Strings sind gleich.
> 0	Der String des ersten Arguments ist größer als der des zweiten.

Tabelle 14.2 Die Rückgabewerte von String-Vergleichsoperationen

Die spezifische Ländereinstellung entscheidet darüber, wann ein Zeichen als größer oder kleiner im Vergleich zu einem zweiten gilt. Im mitteleuropäischen Sprachraum ist festgelegt, dass den Großbuchstaben ein größerer Wert zugeordnet ist als ihrem kleingeschriebenen Pendant. Daher gilt:

```
A > a
B > b
```

Innerhalb von Groß- bzw. Kleinbuchstaben gilt die Reihenfolge, dass A < B < C bzw. a < b < c ist.

Ganz allgemein kann man die Sortierregel dann wie folgt beschreiben:

```
a < A < b < B < c < C ... < y < Y < z < Z
```

`Compare` durchläuft die beiden zu vergleichenden Zeichenfolgen Zeichen für Zeichen. Dabei wird zunächst die Wertigkeit eines Buchstabens im Alphabet festgestellt, und bei Gleichheit wird zwischen Groß- und Kleinschreibung unterschieden.

`CompareOrdinal` vergleicht zwei Zeichenfolgen auf Basis der ANSI-Werte. Die Methode durchläuft dazu die beiden Zeichenfolgen Zeichen für Zeichen. Stimmt auch das letzte Zeichen in beiden Zeichenfolgen überein, ist der Rückgabewert 0. Stellt die Methode an einer Ordinalposition keine Übereinstimmung fest, bricht sie ab und liefert als Rückgabewert die Differenz der Zeichencodes. Tabelle 14.3 zeigt dies mit den Zeichenfolgen `str1` und `str2`.

str1	str2	Rückgabewert
H	A	7
H	a	–25
H	P	–8
H	p	–40
H	H	0
H	h	–32
h	H	32

Tabelle 14.3 »CompareOrdinal«-Vergleichsergebnisse

Fassen wir zum Abschluss noch einmal alle Vergleichsoperationen zur besseren Übersicht in einer Tabelle zusammen.

Vergleichsmethode	Beschreibung
`Equals`	Stellt fest, ob zwei Strings denselben Inhalt und folglich auch dieselbe Referenz haben.
`Compare`	Klassenmethode, die die lexikalische Reihenfolge der Zeichen in zwei Strings miteinander vergleicht
`CompareOrdinal`	Klassenmethode, die die lexikalische Reihenfolge der Zeichen in zwei Strings auf Basis der ANSI-Werte miteinander vergleicht
`CompareTo`	Instanzmethode, die die lexikalische Reihenfolge der Zeichen in zwei Strings miteinander vergleicht

Tabelle 14.4 Die Vergleichsmethoden der »String«-Klasse

Suchen in einer Zeichenkette

Viele Aufgaben, die sich im Zusammenhang mit Zeichenfolgen stellen, beziehen sich auf die Suche nach einem bestimmten Zeichen oder nach einer Abfolge von Zeichen innerhalb einer Zeichenfolge. Das Ergebnis der Suche wird beispielsweise zur Konstruktion eines neuen Strings oder als Anweisung innerhalb einer anderen, äußeren Anweisung benötigt. Wir wollen uns im Folgenden diese Methoden und ihren Einsatz anschauen. Doch zunächst verschaffen wir uns einen ersten Überblick:

- `StartsWith`
- `EndsWith`

- IndexOf
- LastIndexOf
- Substring

Fangen wir mit den beiden erstgenannten Methoden an, die in ihrer Funktionalität einander sehr ähnlich sind: Mit StartsWith und EndsWith wird der Anfang oder das Ende einer Zeichenfolge auf eine vorgegebene Zeichensequenz hin überprüft. Beide liefern als Ergebnis ihres Aufrufs einen booleschen Wert zurück.

Die Anzahl der dem Parameter mitgeteilten Zeichen spielt keine Rolle, es kann sich um ein einzelnes Zeichen handeln oder um eine Zeichenfolge. Mit

```
string str = "Eine Kröte überquert die Fahrbahn";
if ( str.StartsWith("Ein") )...
```

werden Sie demnach das Ergebnis true erhalten. In gleicher Weise lässt sich die Methode EndsWith einsetzen:

```
string str = "Eine Kröte überquert die Fahrbahn";
if ( str.StartsWith("Bahn") )...
```

Beachten Sie, dass die Groß- und Kleinschreibung auch bei der Untersuchung einer Zeichenfolge berücksichtigt wird. Daher wird der Rückgabewert in diesem Fall false sein.

Mit IndexOf bzw. LastIndexOf lässt sich das erste oder das letzte Auftreten eines Zeichens oder einer Zeichenkette ermitteln. Beide Methoden sind vielfach überladen und erlauben die Übergabe eines char ebenso wie die Übergabe einer Zeichenfolge, nach der gesucht werden soll. Der Rückgabewert ist die Position, an der das Zeichen zum ersten Mal auftritt (bzw. an der die Zeichen zum ersten Mal auftreten). Ist die Suche erfolglos, ist der Rückgabewert –1.

Im einfachsten Fall ähnelt die Funktionalität der beiden Methoden der von StartsWith und EndsWith. Die Überladung ermöglicht es aber, die Suche ab einer bestimmten Position zu beginnen und – falls gewünscht – die Anzahl der Positionen anzugeben, an denen das Original mit dem Suchstring verglichen wird. Das folgende Codefragment demonstriert den Einsatz der IndexOf-Methode.

```
string text;
text = "Da wird der Hund in der Pfanne verrückt.";
int position = -1;
do {
  position++;
  pos = text.IndexOf("der", position);
  if(position == -1)
    Console.WriteLine("Ende des Strings erreicht.");
```

```
  else
    Console.WriteLine("Vorkommen an Position {0}", position);
} while(!(position == -1));
```

Wir geben zwar nur eine statische Zeichenfolge vor, aber das sollte uns in dieser Demonstration genügen. Gesucht wird in dieser Zeichenfolge der Teilstring »der«. Wir deklarieren zunächst die Variable `position`, die in der folgenden `do`-Schleife als Positionszeiger dient und der das Ergebnis des Aufrufs `IndexOf` zugewiesen wird. Wird der gesuchte Teilstring gefunden, muss der Positionszeiger um eine Position verschoben werden, um nicht in einer Endlosschleife zu enden. Das hat aber zur Konsequenz, dass vor dem Eintritt in die Schleife `position` mit –1 vorinitialisiert werden muss, damit die Suche beim ersten Schleifendurchlauf auch mit 0 startet.

Der Ausstieg aus der Schleife ist gewährleistet, wenn `IndexOf` das Ergebnis –1 liefert. Innerhalb des zu durchsuchenden Strings ist der Suchstring an den Positionen 8 und 20 enthalten. Beachten Sie, dass dem ersten Zeichen im zu durchsuchenden String der Index 0 zugeordnet ist.

Etwas allgemeiner gehalten ist die sehr flexibel einsetzbare Methode `Substring`, die überladen ist und die aus einer gegebenen Zeichenfolge einen Teilstring zurückliefert. `Substring` wird in jedem Fall der Index der Startposition übergeben, ab der ein vorhandener String ausgewertet wird. Übergeben Sie einen zweiten Parameter, können Sie zudem die Anzahl der einzulesenden Zeichen ab der im ersten Parameter angegebenen Position festlegen. Wollen Sie beispielsweise die ersten sieben Zeichen einer Zeichenfolge einlesen, würde die Anweisung dazu wie folgt lauten:

```
string text = "Projektmappen-Explorer";
string teilString = text.Substring(0, 7);
```

Die Variable `teilString` wird den Inhalt »Projekt« haben. Benötigen Sie einen Teilabschnitt vom Ende eines Strings – nehmen wir an, die letzten acht Zeichen –, setzen Sie den Positionszeiger auf das erste einzulesende Zeichen, indem Sie von der Gesamtlänge des Strings die Anzahl der einzulesenden Zeichen subtrahieren:

```
String text = "Projektmappen-Explorer";
string teilString = teilString.Substring(teilString.Length - 8, 8);
```

Nun lautet der Inhalt von `teilString` »Explorer«.

Die Methoden »Trim« und »Pad«

Stellen Sie sich vor, Sie schreiben ein Programm, das auf eine Datenbank zugreift. In der Datenbank befindet sich eine Tabelle mit dem Kundenstamm eines Unternehmens. Aus dieser Tabelle soll ein ganz bestimmter Datensatz herausgegriffen werden, beispielsweise um die Kundendaten einzusehen oder zu ändern. Um nicht die gesamte Kundenliste der Reihe nach zu durchforsten (natürlich auch, um die Ressourcen zu schonen und um eine gute Performance der Anwendung zu gewährleisten), sollte der Anwender dazu aufgefordert werden, den Namen des Unternehmens anzugeben. Diese Eingabe wird nachfolgend dazu benutzt, in der Tabelle den passenden Datensatz zu suchen und ihn an den Anwender zurückzugeben.

Nehmen wir an, der Anwender sucht nach dem Unternehmen *Tollsoft GmbH* und gibt dazu das folgende Suchkriterium ein, nach dem der Kundenstamm der Tabelle durchsucht wird:

```
 Tollsoft GmbH
```

Fällt Ihnen etwas auf? Wenn nicht, dann sei Ihnen gesagt, Sie machen denselben Fehler wie unser fiktiver Anwender – der Datensatz wird nämlich nicht gefunden. Der Grund ist ganz trivial: Vor dem Namen des Unternehmens steht – kaum bemerkbar – ein Leerzeichen. »Tollsoft GmbH« und »Tollsoft GmbH« sind aber unterschiedliche Firmennamen – zumindest aus Sicht des Programms. Fehler dieser Art schleichen sich sehr schnell ein und müssen daher schon bei der Programmentwicklung ausgeschlossen werden.

Die Klasse `String` stellt Ihnen dazu die Methoden `Trim`, `TrimStart` und `TrimEnd` zur Verfügung. `Trim` entfernt bestimmte Zeichen sowohl am Anfang als auch am Ende einer Zeichenfolge, und `TrimStart` und `TrimEnd` entfernen bestimmte Zeichen am Anfang bzw. Ende einer Zeichenfolge.

Sehen wir uns die Definition der Methode `Trim` an, die einfach überladen ist:

```
public string Trim();
public string Trim(params char[]);
```

Die erste Variante wird auf ein `String`-Objekt aufgerufen und entfernt automatisch die Leerzeichen, die sich am Anfang und am Ende der Zeichenfolge befinden. Die parameterlose `Trim`-Methode ist damit auf Leerzeichen spezialisiert und dürfte in den meisten Anwendungsfällen genügen – natürlich auch in dem, der anfangs beschrieben worden ist.

Die parametrisierte Version ist deutlich leistungsfähiger. Ihr wird ein `char`-Array übergeben, das diejenigen Zeichen enthält, die weder am Anfang noch am Ende der Zeichenfolge erlaubt sind. Das folgende Codefragment zeigt die Wirkungsweise der Methode:

```
string text = "Am Straßenrand sitzt eine Kröte.";
char[] charArr = {' ','m','A','.'};
text = text.Trim(charArr);
```

Wir definieren das Array so, dass weder das Leerzeichen noch ein Punkt oder die Buchstaben `A` und `m` zugelassen sind. Die aus dem Aufruf der `Trim`-Methode resultierende Zeichenfolge wird lauten:

```
Straßenrand sitzt eine Kröte
```

Sehr ähnlich arbeiten auch die beiden Methoden `TrimStart` und `TrimEnd`, die nicht überladen sind und ein `char`-Array als Übergabeparameter erwarten.

Die Methoden `PadLeft` und `PadRight` schneiden keine Zeichen an den `String`-Enden ab, sondern fügen bestimmte Zeichen entweder am Anfang oder am Ende der Zeichenfolge hinzu. Auch diese Methoden sind überladen. Wir wollen uns kurz beide Parameterlisten anschauen:

```
public string PadLeft(int);
public string PadLeft(int, char);
```

Dieselbe Überladungsliste weist auch die Methode `PadRight` auf.

Die einfach parametrisierte Variante hängt Leerzeichen am Anfang (`PadLeft`) oder Ende (`PadRight`) der Zeichenfolge an. Der Integer gibt an, wie lang die am Ende resultierende Zeichenfolge insgesamt werden soll – also einschließlich der Anzahl der Zeichen des Strings selbst. Wenn Sie einen Wert übergeben, der gleich oder kleiner der Länge der Zeichenfolge ist, verpufft der Methodenaufruf wirkungslos. Daher ist es sinnvoll, die Länge der Zeichenfolge zu bestimmen und dazu die Anzahl der gewünschten Leerzeichen zu addieren.

```
string text = "Kaffeepause";
Console.WriteLine(text.PadLeft(text.Length + 3));
```

Wenn Sie ein anderes Zeichen am Anfang oder Ende des Strings wünschen, müssen Sie sich für die zweite Variante der Methode entscheiden. Dem zweiten Parameter übergeben Sie das gewünschte Zeichen als `char`:

```
string text = "Kaffeepause";
text = text.PadLeft(text.Length + 3, '*');
text = text.PadRight(text.Length + 3, '*');
// Das Ergebnis der Operationen lautet "***Kaffeepause***".
```

Zeichenfolgen ändern

Bisher haben wir Strings verglichen, nach bestimmten Zeichensequenzen in einem String gesucht und am Anfang oder am Ende eines Strings Zeichen beliebiger Länge angehängt. Eine Reihe weiterer Methoden eröffnet uns die Möglichkeit, in der Zeichenfolge einzelne Zeichen zu manipulieren, indem wir sie durch andere ersetzen oder schlichtweg aus dem String löschen. Zu diesen Methoden gehören:

- `Insert`
- `Remove`
- `Replace`
- `Split`

- `ToUpper`
- `ToLower`

`ToUpper` und `ToLower` sind sehr einfach einzusetzen. Sie wandeln alle Zeichen einer Zeichenfolge entweder in Großbuchstaben (`ToUpper`) oder in Kleinbuchstaben (`ToLower`) um. Aus

```
string text = "Visual Studio .NET";
```

wird mit

```
text = text.ToUpper();
```

der Inhalt zu:

```
VISUAL STUDIO .NET
```

Einsetzen oder Ersetzen eines Teilstrings

Manchmal ist es notwendig, eine Zeichenfolge ab einer bestimmten Position zu erweitern, ohne dabei aus dem Original Zeichen durch Überschreiben zu löschen. Hier spielt `Insert` seine Möglichkeiten aus:

```
public string Insert(int, string);
```

Dem ersten Parameter übergeben Sie die Position, ab der die im zweiten Parameter genannte Zeichenkette eingefügt werden soll. Aus der Zeichenfolge

```
string text = "C# ist spitze.";
```

wollen wir die noch näher an der Wahrheit liegende Zeichenfolge

```
"C# ist absolute Spitze."
```

formulieren. Den String, den wir mittels `Insert` einfügen wollen, kennen wir. Was noch fehlt, ist die Position, ab der eingefügt werden soll. Dabei hilft `IndexOf` weiter:

```
text = text.Insert(text.IndexOf("Spitze"), "absolute ");
```

Diese Methode liefert den Index des ersten Zeichens der übergebenen Zeichenfolge `Spitze`, der als Einfügemarke für das zusätzliche Wort von `Insert` benutzt wird.

Mit `Replace` können Sie einen String – man sollte besser von einem Teilstring sprechen – durch einen anderen ersetzen. `Replace` ist aber nicht nur auf den Austausch einer bestimmten Zeichensequenz in einer Zeichenfolge beschränkt, es kann auch jedes Zeichen durch ein anderes ersetzt werden.

```
public string Replace(char, char);
public string Replace(string, string);
```

Der erste Parameter beschreibt das zu ersetzende Zeichen bzw. die zu ersetzende Zeichenfolge. Wodurch ersetzt werden soll, weiß der zweite Parameter zu berichten. Sollte Ihnen der Satz »Schule macht viel Spaß« nicht gefallen, können Sie ihn mit

```
text = text.Replace("viel", "nie");
```

in eine möglicherweise ehrlichere Aussage überführen.

Die »Split«-Methode

Es können Situationen auftreten, in denen mehrere Zeichenketten vorliegen, die Sie für eine bestimmte Operation wie eine einzige Zeichenkette behandeln wollen. Stellen Sie sich dazu vor, Sie möchten Ihre Adresse über das Netzwerk einer anderen Person mitteilen. Dazu können Sie zuerst Ihren Vornamen bekannt geben, im Anschluss daran Ihren Zunamen, schließlich den Wohnort usw. Besser wäre es, die vollständige Information in einem String zu verschicken und sich mit dem Empfänger auf ein Format zu einigen, nach dem der übermittelte String wieder in seine ursprünglichen Einzelstrings zerlegt werden kann und die Substrings zu interpretieren sind. Schließlich müssen beide Parteien wissen, ob es sich bei »Otto« um den Vor- oder Zunamen handelt.

Neben der Interpretationsreihenfolge müssen Sie ein als Separator dienendes Zeichen festlegen, das die Teilzeichenfolgen voneinander trennt. Haben sich Sender und Empfänger darüber geeinigt, lässt sich die beim Empfänger eingehende Zeichenfolge in die ursprünglichen Teilstrings zerlegen.

Die `String`-Klasse unterstützt mit ihrer Methode `Split` das eben beschriebene Szenario des Zerlegens einer Zeichenfolge in Teilstrings. Schauen wir uns zunächst einmal die Definition der `Split`-Methode an:

```
public string[] Split(params char[]);
```

Die Methode durchsucht den String, auf den `Split` aufgerufen wird, nach den spezifizierten Separatoren, die dem Parameter mitgeteilt werden. Da dieser Parameter als `params` definiert ist, können durchaus mehrere verschiedene Trennzeichen definiert werden. Das eröffnet Interpretationsmöglichkeiten hinsichtlich der Teilzeichenfolgen. So könnten Sie beispielsweise festlegen, dass als Separator zwischen dem Vor- und dem Zunamen ein Semikolon benutzt wird, zwischen dem Zunamen und dem Wohnort ein Ausrufezeichen usw. Die einzelnen Teilstrings werden in einem `String`-Array an den Aufrufer zurückgegeben.

Wir wollen uns die Arbeitsweise dieser etwas komplexeren Methode an einem Beispiel verdeutlichen und legen dazu fest, das Semikolon als Separator zu benutzen. Eine Methode, die in der Lage ist, eine ihr übergebene Zeichenfolge wieder in die ursprünglichen Teilstrings zu zerlegen, könnte wie folgt aussehen:

```
public static void GetSubstrings(string text) {
  string[] myStr = text.Split(';');
  for(int i = 0; i <= myStr.GetUpperBound(0); i++)
    Console.WriteLine(myStr[i]);
}
```

Dem Aufruf der Methode GetSubstrings wird eine Zeichenfolge übergeben, deren Teilstrings durch ein Semikolon getrennt sind. In der Methode wird der String in seine Teilstrings zerlegt und dem Array myStr zugewiesen. Die Aufsplittung erfolgt mit der Split-Methode auf das Objekt text. Der Semikolon-Separator wird der Split-Methode als Argument übergeben. In den einzelnen Elementen des String-Arrays liegen danach alle Teilzeichenfolgen vor, die in einer Schleife der Reihe nach an der Konsole angezeigt werden.

Nun wollen wir die Methode testen und entwickeln dazu ein kleines Beispielprogramm:

```
static void Main(string[] args) {
  string[] str = new String[4];
  str[0] = "Busch;";
  str[1] = "Fridolin;";
  str[2] = "Schlauberger Gasse 12;";
  str[3] = "München";
  string strArr;
  strArr = string.Concat(str);
  GetSubstrings(strArr);
  Console.ReadLine();
}
```

Der Konvention folgend, ist bis auf die Angabe des Wohnortes hinter jedem String ein Strichpunkt als Abschluss gesetzt. Jeder String wird als Element eines Arrays gespeichert.

Um aus allen Teilstrings einen einzigen zu erstellen, könnten wir mit dem +-Operator arbeiten, aber die Klasse String bietet uns eine Alternative in Form der Methode Concat an, die dazu dient, aus mehreren Einzelstrings einen einzigen Gesamtstring zu erzeugen. Concat ist überladen, um den vielfältigen Anforderungen gerecht zu werden, die sich bei der String-Verknüpfung ergeben. Im Beispielcode fiel die Entscheidung auf die überladene Methode, die als Argument ein String-Array erwartet und aus allen Array-Elementen einen einzigen String formuliert, der unserer benutzerdefinierten Methode GetSubstrings übergeben wird.

Die Ausgabe an der Konsole beweist die korrekte Interpretation: Der übergebene String wird wieder in seine ursprünglichen Substrings zerlegt. Beachten Sie, dass die Split-Methode die Trennzeichen im String erkennt und weiß, dass diese nicht zu den einzelnen String-Objekten gehören. Sie werden deshalb automatisch entfernt.

Zeichenfolgen und »char«-Arrays

Sie werden, wenn Sie sich intensiver mit den Klassen des .NET Frameworks beschäftigen, immer wieder auf Methoden treffen, die Parameter entweder vom Typ eines `char`-Arrays oder vom Typ `string` deklarieren. Je nach Ausgangssituation im Programm ist dann die Umwandlung eines `char`-Arrays in `string` oder umgekehrt notwendig.

Möchten Sie aus einem `char`-Array einen String erzeugen, übergeben Sie dem passenden `string`-Konstruktor die Referenz auf das Array, beispielsweise:

```
char[] charArr = {'K','a','r','n','e','v','a','l'};
string str;
str = new string(charArr);
```

Der umgekehrte Weg, die einzelnen Zeichen einer `string`-Referenz in ein `char`-Array zu schreiben, scheint ein wenig kniffliger zu sein. Mit den bisher gezeigten Methoden der Klasse `String` sollte das kein allzu großes Problem sein, aber die .NET-Baumeister haben Ihnen diese Arbeit bereits abgenommen, wie ein Blick in die Dokumentation der `String`-Klasse verrät. Diese veröffentlicht die Methode `ToCharArray`:

```
public char[] ToCharArray();
public char[] ToCharArray(int, int);
```

Entscheiden Sie sich für die parameterlose Methode, werden die Zeichen des gesamten Strings, auf dem die Methode aufgerufen wird, einem `char`-Array zugewiesen. Wollen Sie ab einer bestimmten Position einen Teil des Strings einem `char`-Array zuweisen, entscheiden Sie sich für die parametrisierte `ToCharArray`-Methode.

Das folgende Codefragment benutzt die parameterlose Methode, um das Array zu füllen und anschließend die einzelnen Elemente zeilenweise an der Konsole auszugeben:

```
string strText = "Quantenmechanik";
char[] myCharArr = strText.ToCharArray();
for(int i = 0; i<= myCharArr.GetUpperBound(0); i++)
   Console.WriteLine(myCharArr[i]);
```

An der Konsole wird das Wort, das ursprünglich durch einen String gebildet wurde, nun Buchstabe für Buchstabe in je einer Zeile angezeigt.

14.2.4 Zusammenfassung der Klasse »String«

Zum Abschluss unserer Betrachtungen der Klasse `String` liste ich des besseren Gesamtüberblicks wegen in tabellarischer Form noch einmal alle in diesem Abschnitt erwähnten Methoden auf.

Methode	Beschreibung
`Compare`	(Klassenmethode) Vergleicht zwei `String`-Objekte und liefert einen booleschen Wert zurück.
`CompareOrdinal`	Vergleicht zwei `String`-Objekte. Dabei wird der ANSI-Code berücksichtigt.
`CompareTo`	Wie `Compare`, jedoch als Instanzmethode implementiert
`EndsWith`	Prüft, ob das Ende eines gegebenen `String`-Objekts einer bestimmten Zeichenfolge entspricht.
`IndexOf`	Liefert den Index des ersten Auftretens einer bestimmten Zeichenfolge oder eines bestimmten `char`-Typs in einer Zeichenfolge zurück.
`IndexOfAny`	Liefert den Index des ersten Auftretens eines bestimmten `char`-Arrays in einer Zeichenfolge zurück.
`Insert`	Fügt eine Zeichenfolge ab einer bestimmten Position in eine Zeichenfolge ein.
`LastIndexOf`	Liefert den Index des letzten Auftretens einer bestimmten Zeichenfolge oder `char`-Typs in einer Zeichenfolge.
`PadLeft`	Fügt eine bestimmte Anzahl gleicher Zeichen vor dem ersten Zeichen des `String`-Objekts ein.
`PadRight`	Fügt eine bestimmte Anzahl gleicher Zeichen nach dem letzten Zeichen des `String`-Objekts ein.
`Remove`	Löscht eine Anzahl von Zeichen ab einer spezifizierten Position aus der Zeichenfolge.
`Replace`	Ersetzt eine Anzahl von Zeichen in einer Zeichenfolge.
`Split`	Erzeugt aus einer Zeichenfolge mehrere Teilzeichenfolgen mit einem spezifizierten Separator.
`StartsWith`	Prüft, ob der Anfang eines gegebenen `String`-Objekts einer bestimmten Zeichenfolge entspricht.
`Substring`	Liefert eine Zeichenfolge bestimmter Größe aus einem `String`-Objekt zurück.
`ToCharArray`	Weist die Zeichen eines `String`-Objekts einem `char`-Array zu.
`ToLower`	Konvertiert alle Zeichen eines Strings in Kleinbuchstaben.
`ToUpper`	Konvertiert alle Zeichen eines Strings in Großbuchstaben.
`Trim`	Löscht alle voraus- oder nachlaufenden Leerzeichen einer Zeichenfolge.

Tabelle 14.5 Übersicht über die Methoden der Klasse »String«

Anmerkung

In vielen Situationen mögen die von der Klasse zur Verfügung gestellten Methoden nicht ausreichen, um die Anforderungen an eine spezifische Software abzudecken. Die Klasse `String` ist zudem als `sealed` deklariert, sodass sich anscheinend keine Möglichkeit bietet, hier durch Vererbung eine Anpassung an die Erfordernisse vorzunehmen. Seit dem .NET Framework 3.5 und der Einführung der Erweiterungsmethoden hat sich das jedoch grundsätzlich geändert Sie können nun auch die Klasse `String` an Ihre Bedürfnisse durch Ergänzung um zusätzliche Methoden anpassen. Mehr über Erweiterungsmethoden finden Sie in Abschnitt 7.5.

14.3 Die Klasse »StringBuilder«

14.3.1 Allgemeines

Objekte der Klasse String sind unveränderlich, das heißt, dass bei jeder String-Operation neuer Speicher alloziert wird, in den das geänderte String-Objekt geschrieben wird. Das ist sogar unabhängig davon, ob sich die Länge der Zeichenkette ändert. Führen Sie viele manipulierende Operationen aus, hat das Einbußen der Systemleistung zur Folge.

Um sich einen Eindruck davon zu verschaffen, wie sehr die Effizienz bei vielen String-Operationen beeinträchtigt wird, lassen wir in einer Schleife 50.000 Änderungen an einer Zeichenfolge vornehmen. Folgerichtig müssen auch ebenso viele neue Objekte erzeugt und – bis auf das letzte – freigegeben werden.

```
string text = "";
for(int i = 0; i < 50000; i++)
  text += "x";
```

Probieren Sie das Codefragment ruhig einmal aus! Auch auf einem gut ausgestatteten Rechner werden die Operationen eine längere Zeitspanne beanspruchen, bis das Ergebnis vorliegt.

Einen Ausweg aus diesem Dilemma bietet die Klasse StringBuilder, die zum Namespace System.Text gehört. StringBuilder-Objekte sind dynamisch. Sie können verändert werden, ohne dass damit zwangsläufig ein erneutes Allozieren von Speicher erforderlich wird. Natürlich interessiert uns auch der Performance-Gewinn. Daher schreiben wir das Codefragment von oben so um, dass anstelle des Typs String die Klasse StringBuilder eingesetzt wird:

```
StringBuilder str = new StringBuilder();
for(int i = 0; i < 50000; i++)
  str = str.Append("x");
```

Der Leistungsgewinn ist deutlich zu erkennen und beweist, welchem Typ der Vorzug gegeben werden sollte: eindeutig dem StringBuilder.

14.3.2 Kapazität eines »StringBuilder«-Objekts

Sie müssen zwei Begriffe sorgfältig trennen, wenn Sie die Arbeitsweise dieses Objekttyps verstehen wollen: die *Kapazität* und die *Länge* der beschriebenen Zeichenfolge. Die Kapazität beschreibt die maximale Anzahl der Zeichen, die ein StringBuilder-Objekt enthalten kann. Die Kapazität kann also größer sein als die Länge der Zeichenfolge, aber nicht umgekehrt.

Nehmen wir dazu ein Beispiel. Wir erzeugen mit einem der Konstruktoren ein StringBuilder-Objekt und weisen ihm die Zeichenfolge »Visual C#« zu:

```
using System.Text;
...
StringBuilder strB = new StringBuilder("Visual C#");
```

Die Zeichenfolge ist neun Zeichen lang. Da wir keine explizite Aussage über die Kapazität getroffen haben, wird ein Objekt von der Größe der Standardkapazität erzeugt – und die beträgt 16 Zeichen. Weisen Sie dem `StringBuilder`-Objekt eine Zeichenkette zu, die mehr als 16 Zeichen, jedoch weniger als 33 Zeichen umfasst, wird die Kapazität auf 32 Zeichen festgelegt. Beträgt die Länge des Strings mehr als 32 Zeichen, jedoch weniger als 65, verdoppelt sich die Kapazität von 32 auf 64 Zeichen usw.

Werden Methoden auf dieses Objekt angewendet, die zur Folge haben, dass die Kapazitätsgrenze nicht überschritten wird, wird kein neuer Speicher alloziert. Die Änderungen laufen innerhalb der alten Speicherressourcen ab. Sollten bei einer Änderung jedoch die Kapazitätsgrenzen überschritten werden, wird die Kapazität des `StringBuilder`-Objekts automatisch vergrößert.

14.3.3 Konstruktoren der Klasse »StringBuilder«

Vornehmlich geht es bei den Konstruktoren darum, dem `StringBuilder`-Objekt eine Initialisierungszeichenfolge zuzuweisen und die Anfangskapazität festzulegen.

```
public StringBuilder();
public StringBuilder(int);
public StringBuilder(string);
public StringBuilder(string, int);
```

Bei der Festlegung der Kapazität im Parameter vom Typ `int` müssen Sie sich nicht an die Sprünge 16, 32, 64, 128 usw. halten, die das `StringBuilder`-Objekt im Bedarfsfall automatisch durchführt. Theoretisch kann eine Zeichenfolge die Größe von 2^{31}–1 Zeichen aufnehmen. Um diesem nahezu endlosen Spiel einen Riegel vorzuschieben, bietet sich ein weiterer Konstruktor an, mit dem Sie die maximale Kapazitätsgrenze festlegen können:

```
public StringBuilder(int, int);
```

Der erste Parameter erwartet die Startkapazität, der zweite die zulässige Maximalgröße. Wird diese zur Laufzeit überschritten, wird die Ausnahme `ArgumentOutOfRangeException` ausgelöst.

14.3.4 Eigenschaften der Klasse »StringBuilder«

Die Liste der Eigenschaften umfasst nur insgesamt vier Mitglieder. Mit `Capacity` können Sie die aktuelle Kapazität abfragen oder neu festlegen. Verwechseln Sie `Capacity` nicht mit der Eigenschaft `Length`, die, wie schon von der Klasse `String` her bekannt, die Anzahl der

Zeichen der vom Objekt repräsentierten Zeichenfolge wiedergibt. `MaxCapacity` beschreibt die maximale Kapazität. Diese Eigenschaft ist schreibgeschützt und kann daher nur gelesen werden. Nur über die Konstruktoren sind Sie in der Lage, Einfluss darauf auszuüben. Wird `MaxCapacity` nicht festgelegt, gibt diese Eigenschaft die theoretische Maximalkapazität von $2^{31}-1$ zurück.

Die vierte und letzte Eigenschaft lautet `Chars` und ist gleichzeitig der Indexer der `StringBuilder`-Klasse:

```
public char this[int] {get; set;}
```

`Chars` liefert ein Zeichen aus der gegebenen Zeichenfolge zurück, dessen Index übergeben wird. Um sich aus der Zeichenfolge

```
StringBuilder builder = new StringBuilder("Freitagabend");
```

den fünften Buchstaben zurückgeben zu lassen, lautet die Anweisung:

```
char c = builder[4];
```

Eigenschaft	Methode
`Capacity`	Liefert oder setzt die Kapazität des `StringBuilder`-Objekts.
`Chars`	Liefert das Zeichen an einer genau spezifizierten Position aus der Zeichenfolge. Diese Eigenschaft ist der Indexer der Klasse.
`Length`	Liefert die Länge der Zeichenfolge.
`MaxCapacity`	Liefert die Maximalkapazität des `StringBuilder`-Objekts.

Tabelle 14.6 Die Eigenschaften der Klasse »StringBuilder«

14.3.5 Die Methoden der Klasse »StringBuilder«

Wenn Sie sich zum ersten Mal die Liste der Methoden anschauen, werden Sie erstaunt sein, dass entgegen aller Erwartungen kaum mehr als eine Handvoll Operationen angeboten wird. Diese wollen wir uns nun ansehen.

Methode	Eigenschaft
`Append`	Hängt eine Zeichenfolge an eine bestehende `StringBuilder`-Instanz an.
`AppendFormat`	Fügt der `StringBuilder`-Instanz eine Zeichenfolge mit Formatangaben an. Nähere Informationen zur Formatierung finden Sie in Abschnitt 14.6.
`AppendLine`	Fügt eine Zeile hinzu.
`CopyTo`	Kopiert einen Teil des Objekts in ein `char`-Array.
`EnsureCapacity`	Stellt sicher, dass die Kapazität des `StringBuilder`-Objekts mindestens so groß wie angegeben ist.

Tabelle 14.7 Methoden der Klasse »StringBuilder«

Methode	Eigenschaft
`Insert`	Fügt an einer spezifizierten Position eine Zeichenfolge ein.
`Remove`	Löscht aus einer Zeichenfolge ab einer bestimmten Position eine Zeichensequenz.
`Replace`	Ersetzt in der gesamten Zeichenfolge ein Zeichen durch ein anderes.

Tabelle 14.7 Methoden der Klasse »StringBuilder« (Forts.)

Zeichenkette an ein »StringBuilder«-Objekt zuweisen

Soll einem `StringBuilder`-Objekt eine Zeichenfolge zugewiesen werden, kommt die Methode `Append` zum Einsatz, der aufgrund der vielen Überladungen praktisch jeder Datentyp übergeben werden kann:

```
public StringBuilder Append(string);
public StringBuilder Append(int);
public StringBuilder Append(byte);
...
```

In den meisten Fällen wird dies vermutlich eine Zeichenfolge sein, zum Beispiel:

```
builder = builder.Append("Visual Studio");
```

Der Rückgabewert der `Append`-Methode ist die Referenz auf ein Objekt vom Typ `StringBuilder`, das die entsprechende Zeichenfolge enthält. Sie müssen `Append` auch aufrufen, wenn eine Referenz auf ein Objekt vom Typ `StringBuilder` vorliegt, das noch nicht initialisiert ist. Wenn Sie `Append` mehrfach hintereinander anwenden, wird bei jedem Aufruf der Methode eine weitere Zeichenfolge hinter der bestehenden angehängt. Das entspricht dem »+«-Operator auf String-Objekte.

Halten Sie sich immer vor Augen, dass ein `StringBuilder`-Objekt keine Zeichenfolge repräsentiert – dazu dient der Datentyp `string`. Wollen Sie sich den Inhalt eines `StringBuilder`-Objekts von einer Methode ausgeben lassen, die den Datentyp `string` als Übergabeparameter erwartet, müssen Sie deshalb mit der Methode `ToString` das `StringBuilder`-Objekt in einen `string` konvertieren.

```
StringBuilder builder = new StringBuilder();
builder.Append("Hello again");
Console.WriteLine(builder.ToString());
```

Zeichenfolge einfügen

Um an einer spezifizierten Position in einer Zeichenfolge eine zusätzliche Zeichenfolge einzufügen, rufen Sie die `Insert`-Methode auf. Diese ist in gleicher Weise wie `Append` überladen, allerdings ist die Parameterliste jeweils um einen Parameter vom Typ `int` ergänzt worden, der dem Index übergeben wird, ab dem die Zeichenfolge eingefügt werden soll.

```
StringBuilder builder = new StringBuilder();
builder = builder.Append("fällt Schnee");
builder = builder.Insert(0, "Im Winter ");
```

Die Ausgabe dieses Codefragments lautet:

```
Im Winter fällt Schnee
```

Aus einer Zeichenfolge löschen

Während mit `Insert` eine Zeichenfolge eingefügt wird, kann mit `Remove` ab einer bestimmten Position eine bestimmte Anzahl von Zeichen gelöscht werden.

```
builder.Remove(3, 2);
```

Mit dem ersten Parameter wird der Index beschrieben, bei dem der Löschvorgang beginnen soll. In unserem Beispiel beginnt er mit dem vierten Zeichen. Über den zweiten Parameter teilen wir die Anzahl der zu löschenden Zeichen mit.

Zeichen oder Zeichenfolge ersetzen

Die letzte der von uns behandelten Methoden ist `Replace`, die im Wesentlichen dieselben Möglichkeiten wie die `Replace`-Methode der Klasse `String` bietet.

```
public StringBuilder Replace(char, char);
public StringBuilder Replace(string, string);
```

Dem ersten Parameter wird mitgeteilt, welches Zeichen bzw. welche Zeichenfolge des `StringBuilder`-Objekts ersetzt werden soll, und im zweiten Parameter geben Sie an, wodurch ersetzt wird.

```
StringBuilder builder = new StringBuilder();
builder.Append("Ich hätte gerne ein Bier");
builder = builder.Replace("ein", "drei");
Console.Write("Meine Bestellung: ");
Console.WriteLine(builder.ToString());
```

Sie sehen, mit `Replace` können Sie es sogar vermeiden, mangels Flüssigkeitszufuhr aufgrund einer unüberlegt aufgegebenen Bestellung zu verdursten.

14.3.6 Allgemeine Anmerkungen

Damit sind aber auch schon die Möglichkeiten der Klasse `StringBuilder` nahezu ausgeschöpft. Es gibt keine Methoden, die das Auswerten eines Teilstrings ermöglichen, oder Methoden, die Teilstrings zurückliefern. Damit wird auch der doch recht eingeschränkte Einsatzbereich von `StringBuilder`-Objekten deutlich. Die Klasse `String` ist in ihren Fähigkeiten weit voraus und lässt mit ihren überladenen Methoden kaum Wünsche offen.

StringBuilder-Objekte werden Ihnen nicht sehr oft begegnen. Die meisten Methoden in der .NET-Klassenbibliothek, die mit Zeichenfolgen operieren, verwenden Referenzen des Typs string oder Arrays vom Typ char. Am ehesten sind StringBuilder-Objekte dort sinnvoll einzusetzen, wo in einer Schleife bei jedem Schleifendurchlauf eine Operation mit der Zeichenfolge ausgeführt wird. Wenn die Kapazität des StringBuilder-Objekts groß genug festgelegt worden ist, ersparen Sie sich zudem die permanente Neuinstanziierung von string-Objekten und können so einen Beitrag zu einer besseren Performance der Anwendung leisten.

14.4 Der Typ »DateTime«

Um ein Datum einschließlich einer Zeitangabe in einer Variablen zu speichern, deklarieren Sie die Variable vom Typ DateTime, beispielsweise:

```
DateTime myDate  = new DateTime(2003, 12, 6);
Console.WriteLine(myDate);
```

Die Ausgabe wird lauten:

```
06.12.2003  00:00:00
```

Mit einer Variablen des Typs DateTime lässt sich ein Datum zwischen dem 1. Januar 01 und dem 31. Dezember 9999 behandeln – nach dem gregorianischen Kalender, um präzise zu sein.

14.4.1 Zeitspanne »Tick«

Die Zeitmessung erfolgt in Einheiten von 100 Nanosekunden, die als *Tick* bezeichnet werden.

Diese Aussage muss man sich auf der Zunge zergehen lassen: Die .NET-Zeitmessung beginnt am 1.1.0001 um 0:00 Uhr, und es können Intervalle von 0.0000001 Sekunden (in Worten: ein Zehnmillionstel) unterschieden werden. Die Anzahl der Ticks seit Beginn dieser Zeitrechnung kann in einem long gespeichert werden, der groß genug ist, um damit alle Intervalle bis zum Ende des Jahres 9999 abdecken zu können.

Wenn Sie das aktuelle Datum und die aktuelle Zeit in Ticks ausgedrückt sehen wollen, dann geben Sie den folgenden Code ein:

```
Console.WriteLine(DateTime.Now.Ticks);
```

Zuerst rufen Sie die statische Methode Now auf, die das aktuelle Systemdatum einschließlich der Zeit als DateTime zurückliefert. Darauf wird die Eigenschaft Ticks angewendet, die Ihnen eine kaum noch fehlerfrei abschreibbare Zahl liefert.

Umgekehrt können Sie natürlich auch aus einem `long`, der als `Tick` interpretiert werden soll, das Datum und die Zeit ermitteln. Dazu wird die Klasse `DateTime` instanziiert und dabei ein Konstruktor aufgerufen, der einen `long` erwartet, der als die Anzahl der Ticks seit Beginn der .NET-Zeitrechnung interpretiert wird.

```
DateTime actualDate = new DateTime(631452984963219664);
Console.WriteLine(actualDate.ToString());
```

Die Ausgabe lautet:

```
30.12.2001 08:41:36
```

Sie haben jetzt einen ersten Eindruck vom Umgang mit Datum und Uhrzeit gewonnen. Wir wollen uns nun die Details der Klasse `DateTime` ansehen.

14.4.2 Konstruktoren von »DateTime«

Wenn Ihnen die Anzahl der Ticks vorliegt, genügt der einparametrige Konstruktor, um ein Objekt zu erzeugen:

```
public DateTime(long ticks);
```

Da in den meisten Fällen vermutlich kaum die Anzahl der Tick-Intervalle bekannt sein dürfte, kommt diesem Konstruktor geringe Bedeutung zu.

Wollen Sie mit einem bestimmten Datum operieren, bei dem die Uhrzeit keine Rolle spielt, bietet sich der folgende Konstruktor an:

```
public DateTime (int year, int month, int day);
```

Den Parametern wird das Jahr, der Monat und der Tag jeweils als `int` übergeben. Dabei ist die Jahresangabe auf die Zahlen zwischen einschließlich 1 und 9999 begrenzt, die Monatsangabe natürlich auf 1 bis 12, und die Anzahl der Tage hängt vom Kalendermonat ab. Da bei diesem Konstruktor auf die Zeitangabe verzichtet wird, bezieht sich das Datum immer auf Mitternacht, also exakt 0:00 Uhr.

Im folgenden Beispiel setzen wir diesen Konstruktor ein, um das Datum 12. Mai 1965 abzubilden, und lassen uns an der Konsole die Ticks ausgeben, die dieser Angabe entsprechen:

```
DateTime myDate = new DateTime(1965, 5, 12);
Console.WriteLine("Datum: {0}", myDate);
Console.WriteLine("Ticks: {0}", myDate.Ticks);
```

Für eine Präzisierung durch eine zusätzliche Zeitangabe stehen zwei Konstruktoren zur Verfügung. Während der erste zusätzlich zu der Angabe des Datums in drei weiteren Parametern Stunde, Minute und Sekunde entgegennimmt, kann dem anderen in einem siebten Parameter die Anzahl der Millisekunden übergeben werden:

```
public DateTime (int year, int month, int day, int h, int min, int sec);
public DateTime (int year, int month, int day, int h, int min, int sec,
                 int msec);
```

Für jeden dieser Konstruktoren gibt es noch eine weitere Überladung, die um eine Referenz vom Typ `System.Globalization.Calendar` ergänzt ist. Damit kann man gegebenenfalls das Kalenderformat vom gregorianischen Kalender auf einen anderen umschalten.

Mit `DateTime` können Sie auch festlegen, auf welcher Basis die Zeitangabe erfolgt. Dazu gibt es drei Möglichkeiten:

- Die Zeitangabe bezieht sich auf die lokale Systemzeit.
- Die Zeitangabe legt die koordinierte Weltzeit (UTC) zugrunde.
- Die Zeitangabe ist nicht genau spezifiziert.

Die Festlegung muss bereits bei der Instanziierung erfolgen. Dazu stehen einige Konstruktoren zur Verfügung, denen ein Argument vom Typ `DateTimeKind` übergeben wird. Bei `DateTimeKind` handelt es sich um eine Enumeration mit den Elementen `Local`, `Unspecified` und `Utc`. Der Standard ist `Unspecified`.

```
public DateTime (long ticks, DateTimeKind kind);
```

Liegt ein `DateTime`-Objekt vor, lässt sich die Zeitbasis nicht mehr verändern. Sie können die Einstellung jedoch mit der Eigenschaft `Kind` jederzeit auswerten.

14.4.3 Eigenschaften von »DateTime«

Liegt ein gültiges Datum vor, lassen sich daraus vom Jahr bis zu den Millisekunden sämtliche Informationen extrahieren. Die Namen der Eigenschaften sind sehr einprägsam: `Year`, `Month`, `Day`, `Hour`, `Minute`, `Second` und `Millisecond`.

Nehmen wir an, wir wollen das aktuelle Systemdatum, das wir mit der Eigenschaft `Now` ermitteln können, in seine Detailinformationen zerlegen, dann könnte das so erfolgen:

```
DateTime newDate = DateTime.Now;
Console.WriteLine("Jahr      = {0}", newDate.Year);
Console.WriteLine("Monat     = {0}", newDate.Month);
Console.WriteLine("Tag       = {0}", newDate.Day);
Console.WriteLine(" ({0})", newDate.DayOfWeek.ToString());
Console.WriteLine("Stunde    = {0}", newDate.Hour);
Console.WriteLine("Minute    = {0}", newDate.Minute);
Console.WriteLine("Sekunde   = {0}", newDate.Second);
Console.WriteLine("MilliSek. = {0}", newDate.Millisecond);
```

Weil die Ausgabe der Eigenschaft `Day` nur das aktuelle Tagesdatum liefert, ohne den Wochentag anzugeben, bietet sich eine weitere Eigenschaft von `DateTime` an, die aus einem gegebenen Datum sogar den Wochentag ermittelt: DayOfWeek. Der Rückgabewert ist vom Typ DayOfWeek, einer Enumeration des System-Namespace, die für den Sonntag 0 festlegt, für Montag 1 usw. Mit dem Aufruf von ToString auf DayOfWeek erhalten wir die Zeichenfolge, die der Konstanten entspricht.

Bedauerlich ist, dass es keine gleichwertige Auflistung für die Monate gibt. Wenn Sie daher auch den Monatsnamen in der Ausgabe als Text und nicht nur als Zahl lesen wollen, müssen Sie die Zahlen 1–12 selbst den Monatsnamen zuordnen, beispielsweise mittels eines switch-Statements.

Now liefert die aktuelle Systemzeit und hängt damit unter Windows-Plattformen von der Einstellung in der Systemsteuerung ab. Eine sehr ähnliche Eigenschaft ist UtcNow, die aus den Einstellungen in der Systemsteuerung die *Greenwich Mean Time* (GMT) ermittelt.

Wenn auf die Zeitangabe, die uns Now liefert, verzichtet werden kann oder muss, können Sie auch auf die statische Eigenschaft Today zurückgreifen, die das Datum ohne Zeitangabe liefert. Diese wird auf 00:00:00 gesetzt.

14.4.4 Methoden der Klasse »DateTime«

Nahezu alle Methoden lassen sich in zwei operativen Gruppen zusammenfassen:

- Methoden, die der Ausgabeformatierung dienen
- in der Gruppe der Add-Methoden, mit der zu einem gegebenen Datum eine Zeitspanne addiert oder subtrahiert werden kann

Allgemeine Methoden

Mit insgesamt vier vordefinierten Methoden lässt sich die Textausgabe eines DateTime-Objekts verändern:

- ToLongDateString und ToShortDateString
- ToLongTimeString und ToShortTimeString

Wir können den Effekt dieser Methoden am besten anhand von Beispielen sehen. Dazu deklarieren wir eine Variable vom Typ DateTime und führen darauf alle vier Methoden aus:

```
// Datum = 3.Februar 2006 5:25:30
DateTime myDate = new DateTime(2006, 2, 3, 5, 25, 30);

Console.WriteLine(myDate.ToLongDateString());
// Ausgabe: Mittwoch, 3. Februar 2006

Console.WriteLine(myDate.ToShortDateString());
// Ausgabe: 03.02.2006
```

```
Console.WriteLine(myDate.ToLongTimeString());
// Ausgabe: 05:25:30
```

```
Console.WriteLine(myDate.ToShortTimeString());
// Ausgabe: 05:25
```

Weitaus interessanter als diese Formatmethoden ist eine andere, die ihre Leistungsfähigkeit erst auf den zweiten Blick offenbart: `ToFileTime`.

```
public long ToFileTime();
```

Der Rückgabewert vom Typ `long` enthält die Anzahl der `Ticks` seit dem 1. Januar 1601, 12 Uhr. Welchen Hintergrund diese scheinbar zufällige Jahreszahl hat, verrät uns die Dokumentation nicht. Das soll uns aber auch nicht weiter interessieren, viel wichtiger ist die Tatsache, dass wir mit dieser Methode ein Mittel in den Händen halten, das es uns ermöglicht, die Zeitspanne zwischen zwei Ereignissen zu messen – und dafür brauchen wir einen präzise definierten, gleichermaßen gültigen Ursprung, egal wie er definiert ist.

Rechenoperationen mit »DateTime«-Objekten

Die `Add`-Methoden decken alle Bedürfnisse hinsichtlich der Änderung eines Datums oder einer Zeit ab. Aus dem Bezeichner ist sofort zu erkennen, welche Einheit zu einem `DateTime`-Objekt addiert werden soll:

- `AddDays`
- `AddHours`
- `AddMonths`
- `...`

Allen Methoden wird ein Wert vom Typ `int` bzw. `double` übergeben, und der Rückgabewert ist vom Typ `DateTime`, zum Beispiel:

```
public DateTime AddSeconds(double);
```

Im folgenden Codefragment wird ein `DateTime`-Objekt erzeugt, das das Datum 2. August 1995 und die Zeit 23:00 Uhr beschreibt. Davon werden mit der Methode `AddHours` 30 Stunden subtrahiert:

```
DateTime now = new DateTime(1995, 8, 2, 23, 0, 0);
now = now.AddHours(-30);
Console.WriteLine(now);
```

An der Konsole wird

```
01.08.1995 17:00:00
```

ausgegeben, was beweist, dass die Methode automatisch auch ein neues Datum berücksichtigt, das aus der Addition resultiert.

14.5 Die Klasse »TimeSpan«

Aus den Methoden zur Manipulation einer DateTime-Instanz ragt eine heraus, deren Parametertyp sich von denen der anderen, gleichartigen Methoden unterscheidet. Es ist die Methode Add, deren Definition wir uns anschauen wollen:

```
public DateTime Add(TimeSpan);
```

Dem Parameter wird ein Objekt vom Typ TimeSpan übergeben. Dieser Typ scheint nur auf den ersten Blick dem Typ DateTime zu ähneln, aber beide unterscheiden sich grundlegend: Mit DateTime wird ein definitives Datum beschrieben, mit TimeSpan eine Zeitspanne. Dies machen auch die Konstruktoren der TimeSpan-Klasse deutlich, die Tage, Stunden, Minuten usw. entgegennehmen.

Der folgende Beispielcode zeigt, wie eine Referenz auf eine TimeSpan-Instanz an die Methode Add übergeben wird:

```
DateTime now = new DateTime(2002, 2, 3, 12, 0, 0);
TimeSpan mySpan = new TimeSpan(3, 12, 15);
now = now.Add(mySpan);
Console.WriteLine(now);
```

In der ersten Codezeile wird die Klasse DateTime instanziiert und dem Konstruktor das Datum 3. Februar 2002 12:00 Uhr übergeben. In der folgenden Anweisung erzeugen wir das TimeSpan-Objekt mySpan. Der Konstruktor mit drei Parametern übernimmt als Argumente Stunden, Minuten und Sekunden – er beschreibt demnach eine Zeitspanne von drei Stunden, zwölf Minuten, 15 Sekunden. Der Add-Methode wird danach das TimeSpan-Objekt übergeben, mit dem Datum und Zeit neu bestimmt werden.

Eine Reihe vordefinierter Konstanten erleichtert die Umrechnung von Zeiteinheiten in Ticks, wenn unterschiedliche Zeitangaben mittels eines Faktors auf eine gemeinsame Einheitsbasis gebracht werden müssen – diese Basis bilden bekanntlich die Ticks. So beschreibt die Konstante TicksPerDay beispielsweise die Anzahl der Ticks pro Tag, und TicksPerHour gibt die Ticks pro Stunde an.

Das folgende Beispiel zeigt, wie diese Konstanten sinnvoll eingesetzt werden können. Die benutzerdefinierten Funktionen DiffHours und DiffSeconds nehmen jeweils eine Referenz vom Typ DateTime entgegen und berechnen den Unterschied zwischen zwei Datumswerten in Stunden bzw. Sekunden. Dabei ist der erste Datumswert das aktuelle Systemdatum, das wie üblich über Now ermittelt wird, und den zweiten Datumswert muss der Anwender an der Konsole eingeben.

```
// ---------------------------------------------------------
// Beispiel: ...\Kapitel 14\Zeitdifferenz
// ---------------------------------------------------------
class Program {
```

```
  static void Main(string[] args) {
    // aktuelle Systemzeit festlegen
    DateTime actDate = DateTime.Now;

    // das zu vergleichende Datum entgegennehmen
    Console.Write("Geben Sie das Vergleichsdatum ");
    Console.Write("im Format tt.mm.jjjj ein:  ");
    string strDate = Convert.ToString(Console.ReadLine());

    // Eingabe passend formatieren
    strDate = strDate.Replace('.', '/');
    DateTime newDate = Convert.ToDateTime(strDate);

    // Ausgabe der Differenz in Stunden
    Console.Write("Die Differenz in Stunden: ");
    Console.WriteLine(DiffHours(actDate, newDate));

    // Ausgabe der Differenz in Sekunden
    Console.Write("Die Differenz in Sekunden: ");
    Console.WriteLine(DiffSeconds(actDate, newDate));
    Console.ReadLine();
  }

  public static long DiffHours(DateTime d1,DateTime d2) {
    long x = d2.Ticks - d1.Ticks;
    return Convert.ToInt64(x / TimeSpan.TicksPerHour);
  }

  public static long DiffSeconds(DateTime d1,DateTime d2) {
    long x = d2.Ticks - d1.Ticks;
    return Convert.ToInt64(x / TimeSpan.TicksPerSecond);
  }
}
```

Das Eingabeformat ist vorgeschrieben, da es nach der Bestätigung durch den Aufruf der Methode in ein Format überführt wird, das einem `DateTime`-Typ entspricht.

Der Algorithmus des Programmcodes in den beiden Methoden `DiffHours` und `DiffSeconds` ist ähnlich. Beide Routinen nehmen in ihren Parametern Referenzen des Typs `DateTime` entgegen und rechnen das jeweilige Datum mit der Eigenschaft `Ticks` zunächst in die Basiseinheit um, um im Anschluss daran die Differenz zu bilden. Die abschließende Division durch `TicksPerHour` bzw. `TicksPerSecond` liefert einen `long`, der dem Aufrufer zurückgegeben wird.

Weitere Möglichkeiten der Klasse »TimeSpan«

Eine `TimeSpan`-Instanz beschreibt eine Zeitspanne aus Tagen, Stunden, Minuten, Sekunden und Millisekunden. Diese Zeitspanne lässt sich in einem String abbilden, der dem folgenden Format entspricht:

```
Tag.Stunden:Minuten:Sekunden.Sekundenbruchteil
```

Dazu ein Beispiel. Mit

```
TimeSpan myTimeSpan = new TimeSpan(2, 12, 30, 22, 100);
Console.WriteLine(a.ToString());
```

erhalten Sie die folgende Ausgabe:

```
2.12:30:22.1000000
```

Manchmal ist es notwendig, die Angabe einer Zeitspanne in eine konkrete Zeiteinheit umzurechnen oder aus der Angabe einer Zahl, die eine Zeiteinheit widerspiegelt, ein `TimeSpan`-Objekt zu erzeugen. Auch dazu liefert die Klasse `TimeSpan` die passenden Methoden. Nehmen wir an, Sie wollten das mit

```
TimeSpan span = new TimeSpan(1, 35, 45);
```

erzeugte Objekt, das einen Tag, 35 Minuten und 45 Sekunden beschreibt, in eine Zahl umwandeln. Es stellt sich mit den Möglichkeiten der Klasse nur noch die Frage, ob Sie eine Ganzzahl oder eine Dezimalzahl benötigen. Für beide Fälle gibt es die passenden Eigenschaften. Beispielsweise liefert

- die `Hours`-Eigenschaft einen `int` und
- die `TotalHours`-Eigenschaft einen `double`.

Die Anweisung

```
Console.WriteLine(span.TotalHours);
```

wird das Ergebnis 1,59583333333333 haben. Beim Aufruf von `Hours` wird der Dezimalteil abgeschnitten. Analog lautende Eigenschaften gibt es auch, um mit Tagen, Minuten oder Sekunden zu operieren.

Einige statische Methoden des Typs `TimeSpan` ermöglichen es auch ohne Initialisierung, einer `TimeSpan`-Variablen einen Wert zuzuweisen. Diese Methoden beginnen mit dem Präfix `From`, beispielsweise `FromSeconds`, `FromMinutes`, `FromDays`.

```
// Die Anweisung beschreibt eine Zeitspanne von 3 Stunden.
TimeSpan ts = TimeSpan.FromHours(3);
```

14.6 Ausgabeformatierung

Zur Formatierung einer Ausgabe stehen Ihnen zwei Möglichkeiten zur Verfügung:

- die statische Methode `Format` der Klasse `String`
- die Methode `ToString` der Schnittstelle `IFormatable`

14.6.1 Formatierung mit der Methode »String.Format«

Rufen wir uns zuerst in Erinnerung, wie die Ausgabe der Methode `DateTime.Now` an der Konsole lautet:

```
Console.WriteLine(DateTime.Now.ToString());
```

Es wird das Datum einschließlich der Uhrzeit angezeigt:

```
17.09.2003 20:51:56
```

Mit der `Format`-Methode können wir eine andere, individuell passendere Ausgabe erzwingen:

```
Console.WriteLine(String.Format("{0:F}", DateTime.Now));
```

Damit würde die Anzeige wie folgt lauten:

```
Mittwoch, 17. September 2003 20:51:56
```

Es bietet sich auch die Möglichkeit an, mit

```
Console.WriteLine(String.Format("{0:D}", DateTime.Now));
```

auf die Zeitangabe ganz zu verzichten.

Formatierungsvarianten

Die einfachsten Varianten der überladenen `Format`-Methode lauten:

```
public static string Format(string format, object arg);
public static string Format(string format, params object[] args);
```

Der erste Parameter beschreibt eine Zeichenfolge mit einem oder mehreren Formatierungsausdrücken, die in geschweiften Klammern angegeben werden. Dem zweiten Parameter werden die zu formatierenden Objekte übergeben. Die Syntax erinnert sofort an die Formatierungen der Methode `Console.WriteLine`, die sich tatsächlich intern der `Format`-Methode bedient.

Unter den weiteren vier Überladungen ist eine besonders hervorzuheben, mit der festgelegt werden kann, welche Sprache bzw. Kultur für die Formatierung verwendet werden soll:

```
public static string Format(IFormatProvider provider,
                            string format, params object[] args);
```

Im ersten Parameter erwartet die Methode `String.Format` nun ein Objekt, das die Schnittstelle `IFormatProvider` implementiert. Im .NET Framework sind das drei Klassen:

- `CultureInfo`
- `DateTimeFormatInfo`
- `NumberFormatInfo`

Diese Klassen gehören alle zum Namespace System.Globalization. Die Klasse CultureInfo stellt Informationen über eine bestimmte Kultur bereit, einschließlich des Schriftsystems sowie des verwendeten Kalenders. DateTimeFormatInfo definiert die Anzeige von Datum und Uhrzeit und NumberFormatInfo die Darstellung numerischer Werte – immer abhängig von der jeweiligen Kultur.

Um beispielsweise das aktuelle Systemdatum in italienischer Sprache auszugeben, müssen Sie nur ein entsprechendes CultureInfo-Objekt bereitstellen, das die italienische Kultur beschreibt:

```
CultureInfo culture = new CultureInfo("it-IT");
Console.WriteLine(String.Format(culture, "{0:D}", DateTime.Now));
// Ausgabe: sabato 20 settembre 2003
```

Mit den Eigenschaften DateTimeFormat und NumberFormat der Klasse CultureInfo kann das Ausgabeformat der spezifischen Kultur abgefragt und sogar neu festgelegt werden. Dazu veröffentlichen die beiden Klassen DateTimeFormatInfo und NumberFormatInfo eine größere Anzahl Eigenschaften. Wie Sie das Dezimaltrennzeichen einer gegebenen Kultur abweichend vom Standard spezifisch festlegen können, zeigt das folgende Codefragment:

```
double dbl = 12.25;
CultureInfo culture = new CultureInfo("de-DE");
NumberFormatInfo nfi = culture.NumberFormat;
nfi.NumberDecimalSeparator = "*";
Console.WriteLine(String.Format(culture, "{0}", dbl));
```

Es wird zuerst ein CultureInfo-Objekt erzeugt, das mit de-DE die deutsche Kultur beschreibt. Über dessen Eigenschaft NumberFormat wird die dazu entsprechende Referenz auf NumberFormatInfo ermittelt. Der Eigenschaft NumberDecimalSeparator wird anschließend das Zeichen * als neues Dezimaltrennzeichen zugewiesen.

Es kann sich als nützlich erweisen, ein kulturunabhängiges Format zur Verfügung zu stellen. Dieses erhalten Sie mit der statischen Eigenschaft InvariantCulture der Klasse CultureInfo. Das zurückgegebene CultureInfo-Objekt ist der englischen Sprache zugeordnet, ohne dabei landesspezifische Unterschiede zu berücksichtigen.

Standardformatzeichen der Klasse »NumberFormatInfo«

In Tabelle 14.8 sind die Standardformatzeichen für die einzelnen Standardmuster der NumberFormatInfo-Klasse aufgeführt. Teilweise können die Standardmuster auch durch Eigenschaften verändert werden. Genauere Informationen dazu entnehmen Sie bitte der .NET-Dokumentation zu der Klasse.

Formatzeichen	Beschreibung
`C` oder `c`	Ausgabe im Währungsformat (einschließlich des Währungssymbols der aktuellen Ländereinstellung)
`D` oder `d`	Wird nur von ganzzahligen Datentypen unterstützt. Durch das Anhängen einer Zahl kann spezifiziert werden, wie viele Stellen die auszugebende Zahlenfolge aufweisen soll. Fehlende Ziffern werden mit Nullen aufgefüllt.
`E` oder `e`	Ausgabe im Exponentialformat
`F` oder `f`	Hängt an das Ende einer Zahl Dezimalstellen an. Die Anzahl der Nachkommastellen kann hinter dem Formatspezifizierer angegeben werden. Der Standard sind zwei Stellen.
`G` oder `g`	Allgemein formatierte Ausgabe
`N` oder `n`	Die Ausgabe erfolgt im Format `ddd.ddd.ddd,dd`.
`P` oder `p`	Ausgabe als Prozentzahl
`R` oder `r`	Roundtrip-Format. Es wird sichergestellt, dass ein Zurückkonvertieren nicht zu Genauigkeitsverlusten führt.
`X` oder `x`	Ausgabe als Hexadezimalzahl (ausschließlich für Ganzzahlenformate)

Tabelle 14.8 Formatzeichen der Methode »String.Format«

Standardformatzeichen der Klasse »DateTimeFormatInfo«

In Tabelle 14.9 sind die wichtigsten Standardmuster zur Formatierung von Datum und Uhrzeit aufgezählt. Maßgeblich sind auch hier die Einstellungen unter LÄNDEREINSTELLUNG. Wie schon die Standardformatmuster der Klasse `NumberFormatInfo` können Sie über Eigenschaften einige der Standardmuster nach eigenen Vorstellungen ändern. Weitere Informationen entnehmen Sie auch hier der .NET-Dokumentation.

Formatzeichen	Beschreibung
`d`	Kurzes Datum (22.09.2003)
`D`	Langes Datum (Montag, 22. September 2003)
`f`	Langes Datum, inklusive Zeitangabe (Montag, 22. September 2003 22:30)
`F`	Langes Datum, inklusive langer Zeitangabe (Montag, 22. September 2003 22:30:45)
`g`	Kurzes Datum, inklusive Zeitangabe (22.09.2003 22:30)
`G`	Kurzes Datum, inklusive langer Zeitangabe (22.09.2003 22:30:45)

Tabelle 14.9 Formatcodes für Datum und Uhrzeit

Formatzeichen	Beschreibung
`M` oder `m`	Tag und Monat (22 September)
`R` oder `r`	Datum nach dem Muster des RFC 1123 (Mon, 22 Sep 2003 22:30:45 GMT)
`t`	Kurze Zeitangabe (22:30)
`T`	Lange Zeitangabe (22:30:45)
`Y` oder `y`	Monat und Jahr (September 2003)

Tabelle 14.9 Formatcodes für Datum und Uhrzeit (Forts.)

Dazu zwei Beispiele:

```
string str;
str = String.Format("{0:F}", DateTime.Now)
// Ausgabe: Dienstag, 23. September 2003 12:12:55
```

```
str = String.Format("{0:M}", DateTime.Now)
// Ausgabe: 23 September
```

14.6.2 Formatierung mit der Methode »ToString«

Von der Klasse `Object` erbt jede .NET-Klasse die parameterlose Methode `ToString`. Darüber hinaus werden sowohl von den numerischen Typen als auch von der Klasse `String` Überladungen angeboten, die direkt auf dem zu formatierenden Wert aufgerufen werden. Sie können sich die `float`-Zahl zum Beispiel mit

```
float d = 0.01985F;
Console.WriteLine(d.ToString("P"));
```

als Prozentzahl oder mit

```
float d = 123.505F;
Console.WriteLine(d.ToString("E"));
```

im Exponentialformat ausgeben lassen. Auch hier wird die Einstellung der aktuellen Kultur berücksichtigt. Sie können als Formatierungszeichenfolge alle Formatzeichen angeben, die in den Tabellen 12.9 und 12.10 aufgeführt sind. Die geschweiften Klammern sind nicht erforderlich. Um landesspezifische Ausgaben zu ermöglichen, können Sie auch ein `IFormatProvider`-Objekt übergeben.

```
public virtual string ToString(IFormatProvider);
```

Beachten Sie, dass die verschiedenen Datentypen unterschiedlich viele Überladungen von `ToString` zur Verfügung stellen.

14.6.3 Benutzerdefinierte Formatierung

Zahlen und Zeichenfolgen

Über die vordefinierten Formate hinaus können Sie auch eigene Formatierungen festlegen. Dazu wird Ihnen von .NET eine Reihe von Formatzeichen bereitgestellt, um die Ausgabe von Ganz- und Dezimalzahlen sowie Zeichenfolgen nach eigenen Vorstellungen zu beeinflussen.

Formatzeichen	Beschreibung
0	Die Zahl 0 dient als Platzhalter für eine Zahl. Nichtsignifikante Nullen werden durch die Zahl 0 dargestellt.
#	Die Zahl 0 dient als Platzhalter für eine Zahl. Nichtsignifikante Nullen werden durch Leerzeichen dargestellt.
.	Das erste .-Zeichen in der Formatzeichenfolge bestimmt die Position des Dezimaltrennzeichens im formatierten Wert.
,	Dient als Tausendertrennung. Jedes Auftreten des Zeichens bewirkt eine Division durch 1000.
%	Das Zeichen bewirkt die Multiplikation mit 100. Das Prozentzeichen wird angehängt.
E0, E+0, E-0, e0, e+0, e-0	Die Codes bewirken die Exponentialdarstellung einer Zahl. Mit E+0 und e+0 wird das positive Vorzeichen immer angezeigt, mit allen anderen immer nur das negative. Die Anzahl der Nullen bestimmt die Mindestanzahl von Ziffern des Exponenten.
\	Das folgende Zeichen in der Formatzeichenfolge wird als Escape-Sequenz interpretiert.
ABC	Die in Anführungszeichen stehenden Zeichen werden direkt in die Ergebniszeichenfolge kopiert.

Tabelle 14.10 Formatzeichen für benutzerdefinierte Zahlen- und Zeichenformate

Nachfolgend wird an einigen Beispielen gezeigt, wie die Formatzeichen eingesetzt werden und zu welchem Ergebnis die Anweisungen führen:

```
double d = 12345.67890;
string str = d.ToString("000");        // Ausgabe: 12346
str = d.ToString("0000000");           // Ausgabe: 00123456
str = d.ToString("###");               // Ausgabe: 12346
str = d.ToString("#,#####");           // Ausgabe: 12.346
str = d.ToString("#.##");              // Ausgabe: 12345,68
str = d.ToString("#.#####");           // Ausgabe: 12345,6789
str = d.ToString("000e+000");          // Ausgabe: 123e+002
str = d.ToString("0%");                // Ausgabe: 1234568%
```

Datums- und Zeitangaben

Wenn Sie wollen, können Sie mit vordefinierten Codes eigene Mustervorgaben zur Darstellung des Datums und der Uhrzeit festlegen. Die Codes werden von der Klasse `DateTimeFormatInfo` bereitgestellt.

```
str = DateTime.Now.ToString("MMM/yyyy/dd");
// Ausgabe: Sep.2004.12
```

```
str = DateTime.Now.ToString("HH:mm:ss");
// Ausgabe: 09:22:30
```

Formatmuster	Beschreibung
d	Monatstag ohne führende Null (1–31)
dd	Monatstag mit führender Null (01–31)
ddd	Abkürzung des Wochentags (Mon)
dddd	Vollständiger Name des Wochentags (Montag)
M	Monat ohne führende Null (1–12)
MM	Monat mit führender Null (01–12)
MMM	Abkürzung des Monatsnamens (Jan)
MMMM	Vollständiger Monatsname (Januar)
y	Zweistellige Jahreszahl ohne führende Null (3)
yy	Zweistellige Jahreszahl mit führender Null (03)
yyyy	Vollständige Jahreszahl (2003)
gg	Angabe der Zeitära
h	Stundenangabe in 12-Stunden-Schreibweise ohne führende Null
hh	Stundenangabe in 12-Stunden-Schreibweise mit führender Null
H	Stundenangabe in 24-Stunden-Schreibweise ohne führende Null
HH	Stundenangabe in 24-Stunden-Schreibweise mit führender Null
m	Minutenangabe ohne führende Null (0–59)
mm	Minutenangabe mit führender Null (00–59)
s	Sekundenangabe ohne führende Null (0–59)
ss	Sekundenangabe mit führender Null (0–59)
f–ffffff	Angabe von Sekundenbruchteilen
t	Das erste Zeichen des AM/PM-Kennzeichners (A entspricht AM, P entspricht PM.)
tt	AM oder PM
z	Zeitzonenangabe (+ oder –, gefolgt von der Stundenangabe; ohne führende Null)
zz	Zeitzonenangabe (+ oder –, gefolgt von der Stundenangabe; mit führender Null)
zzz	Vierstellige Zeitzonenangabe
/	Es wird das Standardtrennzeichen für Datumsangaben eingesetzt.
:	Es wird das Standardtrennzeichen für Zeitangaben eingesetzt.

Tabelle 14.11 Formatzeichen für benutzerdefinierte Datums- und Zeitformate

15 Projektmanagement und Visual Studio 2010

In diesem Kapitel erfahren Sie, wie Sie Klassen in anderen Anwendungen wiederverwenden, Assemblys einsetzen und Konfigurationsdateien und XML-Doumentationen für Ihre Anwendungen erstellen. Außerdem lernen Sie den Klassendesigner von Visual Studio 2010 kennen und werden mit den Tools für das Refactoring und die nützlichen Code Snippets vertraut gemacht.

15.1 Der Projekttyp »Klassenbibliothek«

Insbesondere in Kapitel 3, »Klassendesign«, Kapitel 4, »Vererbung. Polymorphie und Interfaces«, und Kapitel 5, »Delegates und Ereignisse«, haben wir mit `GeometricObjects` eine etwas größere Anwendung entwickelt, in deren Mittelpunkt die Klassen `Circle`, `GraphicCircle`, `Rectangle`, `GraphicRectangle` und `GeometricObject` standen. Alle Klassen haben wir auf Grundlage der Projektvorlage einer Konsolenanwendung entwickelt. Das Kompilat ist eine EXE-Datei. Denken wir nun einen Schritt weiter, und nehmen wir an, die Klassen seien so genial, dass wir sie auch in anderen Anwendungen benutzen wollen. Auf die in einer EXE-Datei enthaltenen Typdefinitionen, also Klassen, Strukturen, Delegates usw. kann aber aus anderen Anwendungen heraus grundsätzlich nicht zugegriffen werden. Dazu müssen die zu veröffentlichenden Typen in einer Datei implementiert sein, deren Kompilat die Dateiendung *.dll* hat. Diese .NET-Kompilate werden auch als *Assemblys* bezeichnet.

Es gibt eine Reihe von Projektvorlagen, die diese Bedingung erfüllen. Im Moment kommt für uns aber nur eine in Betracht, nämlich die *Klassenbibliothek*. Eine Klassenbibliothek wird zu einer DLL-Datei kompiliert und ist somit auch nicht eigenstartfähig. Versuchen Sie dennoch, das Projekt einer Klassenbibliothek aus der Entwicklungsumgebung heraus zu starten, erhalten Sie eine Fehlermeldung. Sie können jedoch weiterhin das Klassenbibliotheksprojekt über das Menü ERSTELLEN kompilieren.

Normalerweise werden Sie schon von Anfang an die Überlegung anstellen, ob Sie Ihre zu entwickelnden Klassen in einer Klassenbibliothek bereitstellen wollen oder in einer anderen Projektvorlage. Da wir aber anfangs mit einer Konsolenanwendung angefangen haben, müssen wir unsere fertigen Klassen nun in einer Klassenbibliothek unterbringen. Hierbei gibt es mehrere Möglichkeiten:

- Klicken Sie im Projektmappen-Explorer auf den Knoten PROPERTIES. Es öffnet sich daraufhin das PROJEKTEIGENSCHAFTSFENSTER. Wählen Sie hier die Lasche ANWENDUNG aus, und stellen Sie im Listenfeld AUSGABETYP den gewünschten Projekttyp ein, also KLASSENBIBLIOTHEK. Das Kompilat ist anschließend eine DLL. In diesem Fall können Sie die Klasse `Program` mit der Startmethode `Main` löschen.
- Erstellen Sie ein neues Projekt vom Typ Klassenbibliothek. Anschließend wird eine Klasse mit dem Namen `Class1` bereitgestellt. In der Regel wollen Sie Ihrer Klasse jedoch einen anderen Bezeichner geben. Markieren Sie dazu im Projektmappen-Explorer die Sourcecode-Datei *Class1.cs*, öffnen Sie danach deren Kontextmenü, und wählen Sie hier UMBENENNEN. Nachdem Sie der Quellcode-Datei einen neuen Namen gegeben haben (der dem der Klasse entsprechen sollte), werden Sie gefragt, ob auch der Klassenbezeichner entsprechend geändert werden soll. Sie brauchen das nur zu bestätigen.

15.1.1 Mehrere Projekte in einer Projektmappe verwalten

Bisher haben wir in der Entwicklungsumgebung immer nur mit einem Projekt gearbeitet. Visual Studio ermöglicht es aber auch, mehrere Projekte gleichzeitig parallel zu bearbeiten. Verwaltet werden die einzelnen Projekte in einer Projektmappe, die die Aufgabe eines Containers hat. Visual Studio generiert bereits beim Erstellen eines neuen Projekts eine Projektmappe, die anschließend um beliebig viele – auch unterschiedliche – Projekttypen erweitert werden kann. Damit erübrigt sich das mehrfache Öffnen von Visual Studio, wenn mehrere Projekte gleichzeitig bearbeitet werden sollen. Die von einer Projektmappe verwalteten Projekte können in einem logischen Zusammenhang stehen, müssen es aber nicht zwangsläufig.

Auch Projektmappen haben einen spezifischen Bezeichner. Dieser kann vergeben werden, sobald Sie die Entwicklungsumgebung starten und ein neues Projekt erstellen. Sollten Sie im Projektmappen-Explorer keinen Knoten für die Projektmappe sehen, öffnen Sie das Menü EXTRAS und wählen OPTIONEN. Im Dialog, der daraufhin geöffnet wird, wählen Sie in der linken Liste den Knoten PROJEKTE UND PROJEKTMAPPEN aus. Im rechten Bereich des Dialogs wird Ihnen daraufhin eine Option angeboten, die Projektmappe immer anzuzeigen.

Der Standardbezeichner einer Projektmappe ist der des ersten Projekts, sollte allerdings insbesondere dann einen spezifischen Namen bekommen, wenn Sie wissen, dass Sie im Laufe der Entwicklungstätigkeit mindestens noch ein weiteres Projekt hinzufügen wollen.

Um die Entwicklungsumgebung um ein weiteres Projekt zu ergänzen, müssen Sie im Projektmappen-Explorer den Knoten der Projektmappe markieren, dessen Kontextmenü öffnen und HINZUFÜGEN • NEUES PROJEKT... auswählen. Daraufhin öffnet sich ein Dialog, der alle Projekttypen zur Auswahl stellt.

Werden von einer Projektmappe mehrere Projekte verwaltet, kann nur eines davon ausgeführt werden, wenn man auf die Schaltfläche STARTEN in der Symbolleiste von Visual Studio klickt. Es ist immer das Projekt, dessen Projektbezeichner fett geschrieben ist. Um ein anderes Projekt zum Startprojekt zu erklären, gibt es mehrere Möglichkeiten. Eine davon ist, das Kontextmenü des Projekts zu öffnen, mit dem gestartet werden soll. Wählen Sie im Kontextmenü dieses Projekts ALS STARTPROJEKT FESTLEGEN aus.

Physikalisch werden die Projekte innerhalb einer Projektmappe als Unterordner des übergeordneten Ordners der Projektmappe gespeichert. Im Verzeichnis der Projektmappe ist eine Datei mit der Dateierweiterung *.sln* zu finden, in der die einzelnen untergeordneten Projekte angegeben sind.

Anmerkung

Das von uns bearbeitete Projekt *GeometricObjects* befindet sich bereits in einer Projektmappe mit dem Namen *GeometricObjectsSolution*. Sie sollten diese um eine Konsolenanwendung mit dem Bezeichner *TestApplication* ergänzen, die wir im weiteren Verlauf dieses Kapitels noch benötigen.

15.1.2 Die Zugriffsmodifizierer »public« und »internal«

Klassen können sowohl als `public` wie auch als `internal` definiert sein. `public` bedeutet, dass die so gekennzeichnete Komponente überall sichtbar ist. In einer Konsolenanwendung eine Klasse nicht mit `public` zu kennzeichnen, hat keine besonderen Auswirkungen, denn alle Typdefinitionen innerhalb eines Projekts, das zu einer EXE-Datei kompiliert wird, können nicht veröffentlicht werden.

Dem Zugriffsmodifizierer `public` kommt eine besondere Bedeutung innerhalb einer Klassenbibliothek zu, denn damit teilen wir dem Compiler mit, dass auch Anwendungen außerhalb der Klassenbibliothek auf diese Klasse zugreifen dürfen. Der Verzicht auf die Angabe von `public` bedeutet, dass die Typdefinition außerhalb der Klassenbibliothek nicht sichtbar ist. Dies ist gleichbedeutend mit dem ausdrücklichen Setzen des Zugriffsmodifizierers `internal`.

Hinweis

Obwohl hier nur Klassen erwähnt worden sind, gilt das Gesagte natürlich auch gleichermaßen für Interfaces, Delegates, Strukturen und Enumerationen.

15.1.3 Friend-Assemblys

Um den Zugriff auf die Mitglieder einer Assembly von einer zweiten Assembly aus sicherzustellen, muss neben der Klasse auch das Mitglied `public` deklariert sein. Der Zugriffsmodifizierer `internal` einer Klasse macht die Klasse innerhalb einer Assembly zugreifbar, sie ist aber außerhalb der Assemblierung nicht zu sehen. Dasselbe gilt auch für die Member einer Klasse.

Um eine noch bessere Steuerung des Zugriffs zu ermöglichen, gibt es Assemblierungen, die ihre internal-Klassen und Mitglieder nur ganz bestimmten Anwendungen zur Verfügung stellen. Sehen Sie sich dazu das folgende Beispiel der Klasse Demo an:

```
namespace ClassLibrary {
  internal class Demo {
    internal void TestMethod() {
      Console.WriteLine("In der Friend-Assembly");
    }
  }
}
```

Demo ist als internal definiert. Andere Klassen, die sich innerhalb derselben Assemblierung befinden, sehen die Definition von Demo und können darauf zugreifen. Nutzt jedoch eine andere Anwendung diese Klassenbibliothek, erfährt sie nichts von der Existenz des Typs Demo.

Nehmen wir an, wir wollten nun den Typ Demo einer ganz bestimmten Anwendung zur Verfügung stellen, deren Name TestAppliction sei. Tatsächlich ist so etwas möglich. Dazu muss die Bibliothek, in der Demo definiert ist, mit dem Attribut InternalsVisibleTo verknüpft werden. Dem Attribut wird ein Zeichenfolgeparameter mit dem Namen der Anwendung übergeben, für die alle nicht öffentlichen Typen sichtbar gemacht werden sollen.

```
[assembly:InternalsVisibleTo("TestApplication")]
namespace ClassLibrary {
  class Class1 {... }
}
```

Das Attribut gehört zum Namespace System.Runtime.CompilerServices. Gesetzt wird der Eintrag in der Datei *AssemblyInfo.cs*, die sich unterhalb des PROPERTIES-Knotens im Projektmappen-Explorer befindet.

15.1.4 Einbinden einer Klassenbibliothek

Kommen wir zurück zur Projektmappe *GeometricObjectsSolution*. Uns liegen nun mit *TestApplication* und *GeometricObjects* zwei Projekte in der Projektmappe vor. *TestApplication* dient dazu, das nun als Klassenbibliothek vorliegende Projekt *GeometricObjects* zu testen. Allerdings weiß die Konsolenanwendung noch nicht, dass die Klassenbibliothek existiert. Das müssen wir zuerst sicherstellen. Dazu dient der Knoten VERWEISE im Projektmappen-Explorer. Im Kontextmenü dieses Knotens wählen Sie VERWEIS HINZUFÜGEN... Daraufhin öffnet sich der in Abbildung 15.1 gezeigte Dialog mit den Registerkarten .NET, COM, PROJEKTE, DURCHSUCHEN und AKTUELL.

Lasche	Bedeutung
.NET	Wählen Sie hier die Klassenbibliothek aus, die Sie in Ihrer Anwendung nutzen wollen. Bei den hier aufgeführten Bibliotheken handelt es sich um sogenannte *globale Assemblys*, die im Global Assembly Cache eingetragen sind. Mehr darüber werden Sie weiter unten erfahren.
COM	.NET gestattet nicht nur, auf .NET basierende Bibliotheken bekannt zu geben. COM ist hinsichtlich der Interoperabilität die Vorgängertechnologie von .NET und stammt auch aus dem Hause Microsoft. Viele Anwendungen, die in der Vergangenheit entwickelt worden sind, basieren auf COM: Diese Investitionen sind nicht »verloren« und können weiterhin auch von .NET-Anwendungen genutzt werden. Die COM-Registerkarte des Dialogs führt alle COM-Komponenten auf, die für Verweise verfügbar sind.
PROJEKTE	In der Liste dieser Registerkarte werden alle Projekte aufgeführt, die in der Visual Studio-Umgebung verfügbar sind.
DURCHSUCHEN	Hier ist es Ihnen möglich, zusätzliche Komponenten zu suchen, die nicht in den anderen Registerkarten aufgeführt sind, und diese der Liste hinzuzufügen. Insbesondere können Sie hier auch auf private Assemblys verweisen.
AKTUELL	Zeigt alle vor Kurzem hinzugefügten Verweise an.

Tabelle 15.1 Registerkarten des »Verweise hinzufügen«-Dialogs

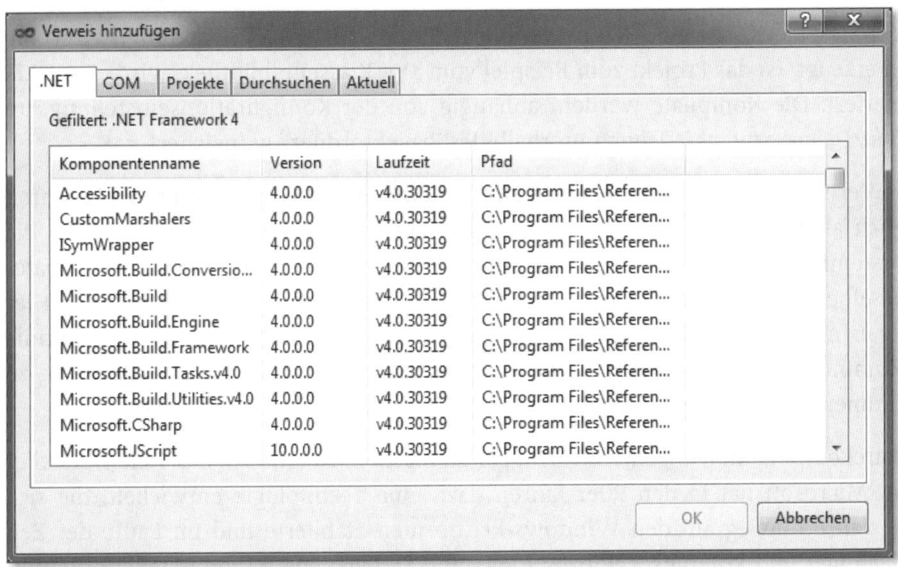

Abbildung 15.1 Der Dialog »Verweise hinzufügen«

Bezogen auf die uns vorliegende Projektmappe *GeometricsObjectSolution* ist es am einfachsten, die Registerkarte PROJEKTE auszuwählen, da wir hier sofort die Klassenbibliothek `GeometricObjects` angeboten bekommen.

Jetzt haben wir in der Anwendung Zugriff auf die öffentlichen Elemente in `GeometricObjects` und können beispielsweise die Klasse `Circle` instanziieren. Dabei müssen wir aber auch den Namespace, in dem `Circle` definiert ist, berücksichtigen. Entweder geben wir den vollqualifizierenden Bezeichner an, beispielsweise

```
GeometricObjects.Circle kreis = new GeometricObjects.Circle();
```

oder – was eine deutlich bessere Lösung ist – wir geben den Namespace mit `using` vorher bekannt und können direkt die Klasse ansprechen:

```
using GeometricObjects;
...
Circle kreis = new Circle();
```

15.2 Assemblys

15.2.1 Konzept der Assemblys

Entwickeln Sie eine Konsolen-, Windows- oder Windows-Dienst-Anwendung, wird eine EXE-Datei erzeugt. Ist das Projekt zum Beispiel vom Typ Klassenbibliothek, wird eine DLL-Datei generiert. Die Kompilate werden, abhängig von der Konfigurationseinstellung, im Ordner */bin/Debug* bzw. *obj/Debug* unterhalb des Projektordners gespeichert.

Für etwas Verwirrung kann die Endung DLL (*Dynamic Link Library*) sorgen. DLLs waren ursprünglich als reine Funktionssammlungen gedacht (denken Sie beispielsweise an die Betriebssystemfunktionen der Win32-API oder die Funktionen in der ODBC-API), später wurde dieselbe Dateierweiterung aber auch für COM-basierte InProc-Server benutzt. Hier haben wir es mit einem weiteren Typus zu tun, der auf der Common Language Runtime basiert. Zumindest eines ist allen DLL-Typen gemeinsam: Sie sind, um sie ausführen zu können, immer auf die Unterstützung einer ausführbaren EXE-Datei angewiesen.

Die Softwarekomponenten allgemein verfügbar zu machen, ist ein Ziel, das viele Hersteller anstreben. Microsoft hat in den 90er-Jahren dazu eine Technologie entwickelt, die sich über viele Jahre hinweg auf den Windows-Plattformen etablierte und im Laufe der Zeit immer mächtiger und komplexer wurde: COM und DCOM. Diese schnittstellenorientierten Technologien beschreiben, wie Softwarekomponenten miteinander kommunizieren, auch wenn sie in unterschiedlichen Programmiersprachen realisiert worden sind. Der Datenaustausch musste dabei über ein COM-spezifisches, von den Programmiersprachen unabhängiges Typsystem abgewickelt werden.

Das war aber nicht das einzige Problem, das COM/DCOM bereitete. Ein ganz wesentlicher Nachteil war die Trennung des Programmcodes von seiner Selbstbeschreibung, die in der Typbibliothek der Registrierungsdatenbank zu finden ist. Zudem war es nicht möglich, mehrere versionsunterschiedliche COM-Komponenten gleichzeitig auf einem Rechner zu installieren. Das führte in der Vergangenheit häufig dazu, dass Programme, die für den Zugriff auf eine ältere Komponentenversion geschrieben waren, ihren Dienst quittierten, wenn mit einem anderen Programm eine neuere Komponentenversion installiert wurde.

Um diesen Kreislauf aufzubrechen, wurde ein völlig neues Konzept spezifiziert, das die folgenden Anforderungen definierte:

- Eine Anwendung muss ihre Dienste selbst beschreiben können, ohne von anderen Systemdiensten wie der Registrierungsdatenbank abhängig zu sein. Dementsprechend müssen Code und Selbstbeschreibung einer Komponente eine kompakte Einheit bilden.
- Zur Vermeidung von Versionskonflikten müssen mehrere Versionen einer Komponente parallel installiert werden können. Damit wird gewährleistet, dass eine Anwendung, die sich der Dienste einer Komponente bedient, nicht durch die Installation einer neuen, jedoch inkompatiblen Komponente in das laufzeittechnische Nirwana befördert wird.
- Die verschiedenen Versionen einer Softwarekomponente müssen gleichzeitig ausführbar sein. Da eine neu zu verteilende Komponentenversion durchaus auch nur das Ziel haben kann, einen bekannt gewordenen Fehler zu beseitigen, sollte eine von dieser Komponente abhängige Anwendung in der Lage sein, aus einer Vielzahl gleicher, jedoch versionsverschiedener Komponenten diejenige zu finden, mit der problemlos zusammengearbeitet werden kann.
- Es muss sichergestellt werden, dass die von einer Anwendung geforderte, richtige Version der Komponente geladen und ausgeführt wird.

Bei allen genannten Punkten setzt das Konzept der Assemblys an. Mehrere Versionen derselben Softwarekomponente dürfen auf einem Rechner installiert sein – mehr noch, sie dürfen sogar gleichzeitig ausgeführt werden. Damit wird zwar einerseits das Prinzip der Abwärtskompatibilität aufgegeben, das unter COM eine elementare Forderung war, andererseits ist Abwärtskompatibilität auch nicht mehr notwendig, weil an eine Anwendung ebenfalls Forderungen hinsichtlich des Komponentenzugriffs gestellt werden.

Die Selbstbeschreibung einer COM-Komponente erfolgt in der Typbibliothek, die als eigenständige Einheit getrennt vom Binärcode existiert. Die Beschreibung einer Assembly samt ihrer internen Komponenten hingegen erfolgt in einem Block, der als *Manifest* bezeichnet wird und mit dem Code unzertrennlich verbunden ist.

Eine Assembly lässt sich nicht nur als die Baugruppe einer Anwendung verstehen. Sie bildet auch gleichzeitig die Einheit, die verteilt wird, beschreibt Sicherheitsrichtlinien und ist die Basis der Versionierung.

15.2.2 Allgemeine Beschreibung privater und globaler Assemblys

Die Frage, die bei jeder Anwendungsentwicklung neu gestellt werden muss, ist, ob der Code in einer .NET-DLL (Assembly) nur einer Anwendung zugänglich sein soll oder ob auch andere Programme darauf zugreifen dürfen. Aus der Fragestellung, wie und von wem eine Assemblierung genutzt werden darf, folgt die Definition zweier unterschiedlicher Assembly-Typen:

- *private Assemblys*, die nur von einer Anwendung genutzt werden können
- *gemeinsame Assemblys* (globale Assemblys), die allen Anwendungen gleichermaßen ihre Dienste offenlegen

Eine private Assembly zu entwickeln, ist denkbar einfach: Man muss nichts Besonderes dafür tun; private Assemblys sind der Standard. Genauso verhält es sich auch mit der weiter oben bereitgestellten Klassenbibliothek `GeometricObjects`. Sie gehört zur Anwendung *TestApplication*. EXE- und DLL-Dateien müssen bei der Verteilung gemeinsam installiert werden. Dabei muss die Klassenbibliothek im gleichen Verzeichnis liegen wie die darauf zugreifende Anwendung.

Nutzen mehrere Anwendungen die gleiche Klassenbibliothek, gilt diese Regel für jede Installation. Im Extremfall kann das dazu führen, dass ein und dieselbe Klassenbibliothek mehrfach auf einem Rechner vorliegt. Das ist zwar grundsätzlich ein Nachteil, weil dadurch Speicherressourcen verschwendet werden, andererseits relativiert sich dieser Nachteil im Zeitalter der TByte-Festplatten. Gravierender ist jedoch die Auswirkung, wenn die Assembly geändert wird, beispielsweise aufgrund eines Bugs. Das hätte zur Folge, dass man jede einzelne Assembly suchen und austauschen müsste.

Hier betreten die globalen Assemblys die Bühne, die an einem zentralen Ort gespeichert sind und von jeder Anwendung gleichermaßen genutzt werden können. Dieser zentrale Ort ist nicht, wie vielleicht zu vermuten wäre, die Registry, sondern der *Global Assembly Cache*, kurz GAC genannt. Für eine Veröffentlichung im GAC ist ein kryptografischer Schlüssel Voraussetzung. Dieser gewährleistet, dass eine Assembly von einer anderen, zufälligerweise gleichnamigen Assembly eines anderen Entwicklers eindeutig unterschieden werden kann.

15.2.3 Struktur einer Assembly

Allgemeine Beschreibung

Eine Assembly muss vielen Anforderungen gerecht werden, um die gesteckten Ziele einer einfachen und sicheren Versionierung und Verteilung zu erreichen. Der wesentlichste Punkt ist die Zusammenfassung von Code und Selbstbeschreibung. Überlegen wir, was zu einer Selbstbeschreibung alles gehört:

- der Name, um die Assembly zu identifizieren
- Informationen, um anderen Assemblys mitzuteilen, ob die vorliegende Assembly das ursprüngliche Original oder eine neuere Version ist
- Informationen darüber, von welchen anderen Komponenten sie abhängt. Dazu gehören unter anderem der Name und die Versionsnummer der von ihr referenzierten Assemblys.
- Informationen über die von der Assembly exportierten Typen
- die Bezeichner aller Methoden, einschließlich der Parameternamen und -typen, sowie der Typ des Rückgabewertes

Diese Punkte lassen sich in zwei logische Kategorien zusammenfassen:

- Metadaten, die eine Assembly ganzheitlich beschreiben und als *Manifest* der Assembly bezeichnet werden
- Daten zur Beschreibung des IL-Codes, die *Typmetadaten*

Metadaten sind Daten, die andere Daten beschreiben. Wenn Ihnen das zu abstrakt ist, denken Sie an die Tabelle einer Datenbank. Die Entitäten (Spalten bzw. Felder) der Tabelle werden ebenfalls über Metadaten beschrieben. Dazu gehört beispielsweise die Typdefinition eines Feldes, Gültigkeitsregeln, Standardwerte usw.

Selbst die einfachste Assemblierung setzt sich damit konsequenterweise aus drei Blöcken zusammen:

- aus den Metadaten, die die Assembly allgemein beschreiben (das Manifest)
- aus den Typmetadaten, die die öffentlichen Typen beschreiben
- aus dem IL-Code

Assemblys können nicht nur Module für Typen enthalten, oft gehören auch Ressourcen dazu, beispielsweise BMP-, JPEG- und HTML-Dateien, die von der Assembly zur Laufzeit benötigt werden. Diese Dateien sind dann ebenfalls Bestandteil einer Assembly. Es lässt sich auch eine Assembly vorstellen, die weder Code noch Ressourcen enthält – ob eine solche Assembly allerdings noch Sinn macht, lassen wir dahingestellt.

Manifest und Metadaten

Metadaten sind binäre Informationen, die beim Kompilieren einer Datei, sei es in eine DLL- oder EXE-Datei, hinzugefügt werden und die Daten ganzheitlich beschreiben. Jeder Typ, den man innerhalb einer Anwendung definiert oder einbindet, wird von den Metadaten erfasst. Zur Laufzeit werden die Metadaten in den Speicher geladen und von der Common Language Runtime dazu benutzt, die benötigten Informationen zu beziehen, die zur Erstellung und Verwendung eines Objekts erforderlich sind.

Der Informationsgehalt der Metadaten ist vielseitiger Natur und lässt sich in zwei Gruppen einteilen:

- in das *Manifest*, das die Struktur einer Assembly beschreibt. Zu dem Informationsgehalt eines Manifests gehören:
  - der Typname
  - die Versionsnummer
  - der öffentliche Schlüssel
  - die Liste aller Dateien, aus denen sich die Assembly zusammensetzt
  - die Liste aller weiteren Assemblys, die statisch an die aktuelle Assembly gebunden sind
  - Sicherheitsrichtlinien, die die Berechtigungen an der Assembly steuern
- in *Typmetadaten*, die die Typen innerhalb einer Komponente beschreiben. Das schließt den Namen des Typs, seine Sichtbarkeit, seine Basisklassen und die von ihm implementierten Schnittstellen ein.

Mit dem Manifest und den Typmetadaten verfügt die Common Language Runtime über genügend Informationen, um Klassen aus einer Datei zu laden, Objekte zu erstellen, Methodenaufrufe aufzulösen und auf Objektdaten zuzugreifen.

Es spielt keine Rolle, in welcher Sprache eine Assembly entwickelt worden ist. Das Manifest verwischt die Spuren des zugrunde liegenden Quellcodes. Unter COM war zur binären Bindung zweier Komponenten noch Bindecode notwendig (IDL – *Interface Definition Language*), um eine gemeinsame Basis für die Kommunikation und den Datenaustausch beider Komponenten zu schaffen. Die *Intermediate Language* (IL) und die *Common Language Runtime* (CLR) schaffen mittels des Manifests die Voraussetzung für den problemlosen Austausch, ohne dass man solche Behelfsbrücken bauen muss.

Der IL-Disassembler

Sie können sich die Metadaten einer Komponente ansehen, wenn Sie das mit Visual Studio 2010 gelieferte Tool *ildasm.exe*, den sogenannten IL-Disassembler, an der Konsole aufrufen. Sie finden diese Datei in einem Unterordner der Visual Studio-Installation. Haben Sie die Standardvorgaben bei der Installation übernommen, wird es sich um

..\Programme\Microsoft SDKs\Windows\v6.0A\Bin

handeln. Optional geben Sie beim Aufruf des Tools den Pfad zu einer Anwendung bzw. Assembly an, beispielsweise:

```
ildasm C:\MeineProjekte\MyFirstAssembly.exe
```

Wenn Sie das Tool ohne Dateiangabe starten, können Sie über das Menü Datei • Öffnen die zu inspizierende Assembly wählen.

Wir wollen uns nun mithilfe des ILDASM-Tools das Manifest einer Konsolenanwendung ansehen, die neben dem Ausgabecode der Methode `Main` in derselben Quellcodedatei noch die Definition der Klasse `ClassA` enthält. In einer zweiten Quellcodedatei des Projekts ist die Klasse `ClassB` definiert. Um den Informationsgehalt im IL-Tool zu verdeutlichen, enthält der Typ `ClassB` insgesamt drei Variablendeklarationen mit unterschiedlichen Sichtbarkeiten.

```
// Die Klassen Class1 und ClassA sind in der Quellcodedatei
// ClassA.cs definiert.
using System;
using System.Data;

namespace MyAssembly {

  class Program {
    static void Main(string[] args) {
      DataColumn col = new DataColumn();
      Console.WriteLine("Hallo Welt.");
      Console.ReadLine();
    }
  }

  public class ClassA {
    public int intVar;
  }
}

// Klasse ClassB ist in der Quellcodedatei ClassB.cs definiert.
public class ClassB {
  public int intVar;
  private long lngVar;
  protected string strText;
}
```

Der Name der Assembly sei `MyAssembly`. Beachten Sie bitte, dass in `Main` zu Demonstrationszwecken ein Objekt vom Typ `DataColumn` erstellt wird, also auf die standardmäßig eingebundene Datei *System.Data.dll* zugegriffen wird. Sehen wir uns jetzt an, was uns das IL-Tool liefert, ohne dabei allzu sehr in die Details zu gehen (siehe Abbildung 15.2).

Unterhalb des Wurzelknotens, der den Pfad zu der Assemblierung angibt, ist – mit einem roten Dreieck gekennzeichnet – das Manifest angeführt. Darunter befindet sich der Knoten `MyAssembly`, der in der Abbildung bereits vollständig geöffnet ist. Das blaue Rechteck, das mit seinen drei nach rechts weisenden Linien an einen Stecker erinnert, symbolisiert Klassendefinitionen.

Neben den Typmetadaten listet das Tool alle Variablen und Klassenmethoden auf – in unserem Beispiel nur die statische Methode `Main` aus `Program` sowie die mit `.ctor` bezeichneten

Konstruktoren – und gibt den Sichtbarkeitsbereich der Variablen an. Der Rückgabewert der Methoden wird, getrennt durch einen Doppelpunkt, hinter dem Methodennamen angeführt.

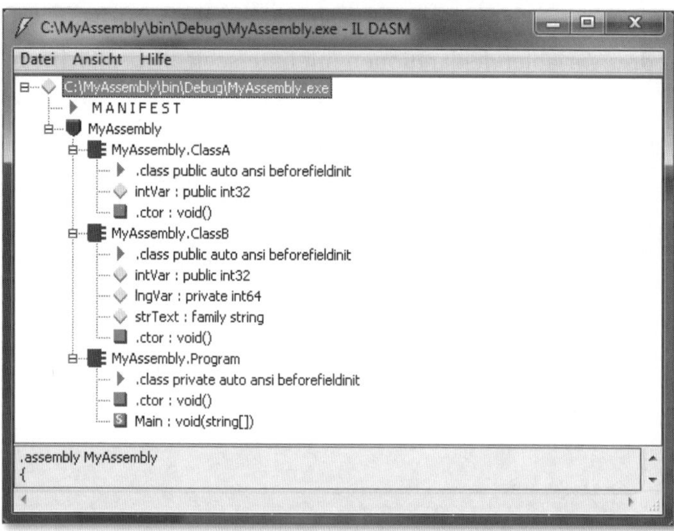

Abbildung 15.2 Die Anzeige des ILDASM-Tools

Werfen wir jetzt einen Blick auf das Manifest dieser Assemblierung. Ein Doppelklick auf den `Manifest`-Eintrag des Disassemblers öffnet ein weiteres Fenster, das die Metadaten der Assemblierung wiedergibt (siehe Abbildung 15.3).

```
MANIFEST
Suchen  Weitersuchen
.assembly extern mscorlib
{
  .publickeytoken = (B7 7A 5C 56 19 34 E0 89 )                         // .z
  .ver 4:0:0:0
}
.assembly extern System.Data
{
  .publickeytoken = (B7 7A 5C 56 19 34 E0 89 )                         // .z
  .ver 4:0:0:0
}
.assembly MyAssembly
{
  .custom instance void [mscorlib]System.Runtime.Versioning.TargetFrameworkA


  .custom instance void [mscorlib]System.Reflection.AssemblyTitleAttribute::
  .custom instance void [mscorlib]System.Reflection.AssemblyDescriptionAttri
```

Abbildung 15.3 Das Manifest einer Assembly

Der Reihe nach werden alle externen Assemblys aufgelistet, von der die aktuelle Anwendung abhängt. Dazu gehört die wichtigste aller Assemblys, die *mscorlib* (beschrieben durch die Datei *mscorlib.dll*). Ihr folgt die Assembly, die aufgrund der Erzeugung des Objekts vom Typ `DataColumn` ebenfalls von der Anwendung benutzt wird: `System.Data` (bzw. die Datei *System.Data.dll*). Da in der Assemblierung `MyAssembly` keine weitere externe Assembly eine Rolle spielt, werden auch keine anderen im Manifest aufgeführt. Der Liste der externen Assemblierungen schließt sich im Block

```
.assembly MyAssembly
```

eine Liste diverser Attribute an, mit denen die Assemblierung beschrieben wird. Die Attribute können in der Datei *AssemblyInfo.cs* der Entwicklungsumgebung festgelegt werden. Sehen wir uns nun die Angaben zu einer externen Assembly genauer an, die beispielsweise folgendermaßen lautet:

```
.assembly extern mscorlib
{
  .publickeytoken = (B7 7A 5C 56 19 34 E0 89 )
  .ver 1:0:3300:0
}
```

Weiter oben wurde bereits ein wesentlicher Unterschied zwischen einer privaten und einer gemeinsam genutzten, externen Assembly beschrieben: Eine gemeinsam genutzte, globale Assembly verfügt über einen öffentlichen Schlüssel. Im Manifest wird dieser Schlüssel hinter dem Attribut `.publickeytoken` in geschweiften Klammern angegeben. Neben dem Namen einer Assemblierung trägt unter anderem auch der Schlüssel zur eindeutigen Identifizierung der Assembly bei und sichert gleichzeitig die Identität des Komponentenentwicklers. Auf dieses Thema werden wir gleich zurückkommen.

Unter .NET dürfen mehrere gleichnamige, allerdings versionsunterschiedliche Assemblierungen nebeneinander existieren, ohne damit Konflikte zu verursachen. Die Versionsinformationen sind in einem standardisierten Format dargestellt, das im Manifest der referenzierenden Assemblierung mit dem Attribut `.ver` gekennzeichnet ist.

15.2.4 Globale Assemblys

Eine *globale Assembly* stellt ihre Dienste allen .NET-Anwendungen des Systems gleichermaßen zur Verfügung. Das beste Beispiel globaler Assemblys sind die Klassen des .NET Frameworks. Die Entscheidung, ob eine Assembly global zur Verfügung stehen soll, muss schon vor der Kompilierung berücksichtigt werden, weil standardmäßig immer eine private Assembly erzeugt wird. Globale Assemblys werden in einem speziellen Verzeichnis installiert: dem *Global Assembly Cache* (GAC). Der GAC ist ein Speicherort, in dem sogar mehrere unterschiedliche Versionen derselben Assembly installiert werden dürfen. Zu finden ist der GAC im Verzeichnis

\<Betriebssystemordner>\assembly

In Abbildung 15.4 sehen Sie die Anzeige des GAC im Explorer.

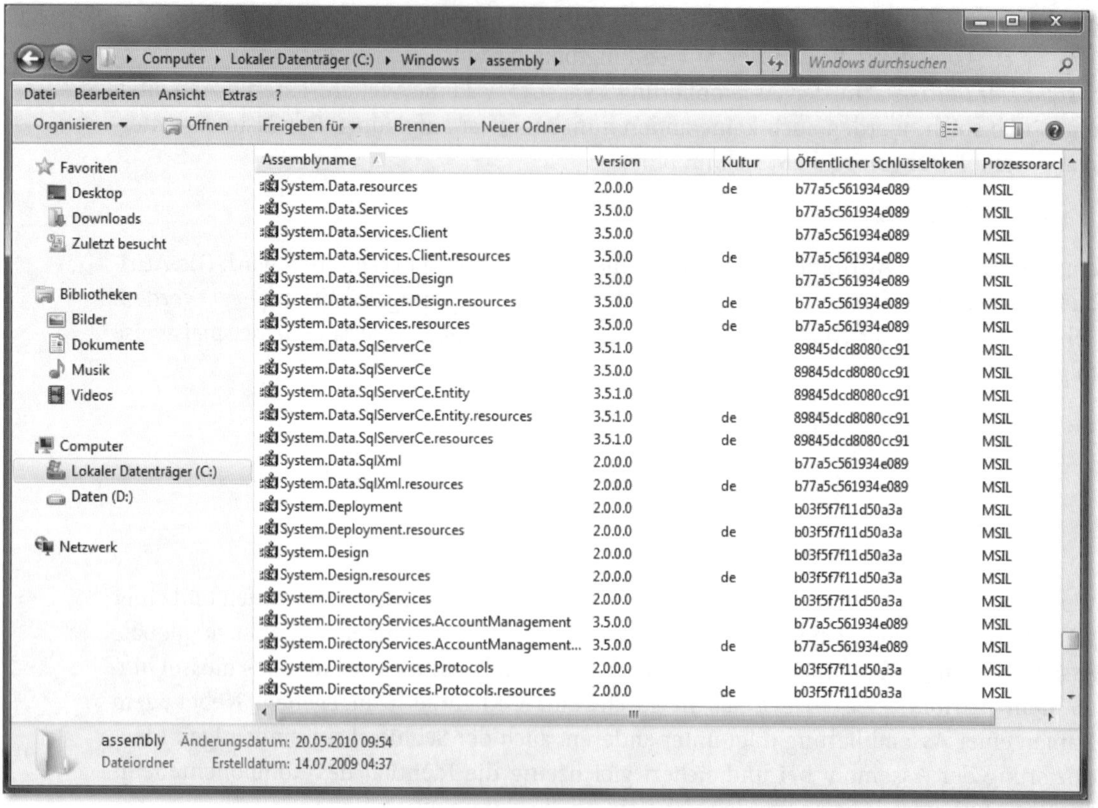
Computer ▸ Lokaler Datenträger (C:) ▸ Windows ▸ assembly ▸
Windows durchsuchen
Datei Bearbeiten Ansicht Extras ?
Organisieren ▾ Öffnen Freigeben für ▾ Brennen Neuer Ordner
Favoriten
Desktop
Downloads
Zuletzt besucht
Bibliotheken
Bilder
Dokumente
Musik
Videos
Computer
Lokaler Datenträger (C:)
Daten (D:)
Netzwerk
Assemblyname | Version | Kultur | Öffentlicher Schlüsseltoken | Prozessorarc
System.Data.resources 2.0.0.0 de b77a5c561934e089 MSIL
System.Data.Services 3.5.0.0 b77a5c561934e089 MSIL
System.Data.Services.Client 3.5.0.0 b77a5c561934e089 MSIL
System.Data.Services.Client.resources 3.5.0.0 de b77a5c561934e089 MSIL
System.Data.Services.Design 3.5.0.0 b77a5c561934e089 MSIL
System.Data.Services.Design.resources 3.5.0.0 de b77a5c561934e089 MSIL
System.Data.Services.resources 3.5.0.0 de b77a5c561934e089 MSIL
System.Data.SqlServerCe 3.5.1.0 89845dcd8080cc91 MSIL
System.Data.SqlServerCe 3.5.0.0 89845dcd8080cc91 MSIL
System.Data.SqlServerCe.Entity 3.5.1.0 89845dcd8080cc91 MSIL
System.Data.SqlServerCe.Entity.resources 3.5.1.0 de 89845dcd8080cc91 MSIL
System.Data.SqlServerCe.resources 3.5.1.0 de 89845dcd8080cc91 MSIL
System.Data.SqlXml 2.0.0.0 b77a5c561934e089 MSIL
System.Data.SqlXml.resources 2.0.0.0 de b77a5c561934e089 MSIL
System.Deployment 2.0.0.0 b03f5f7f11d50a3a MSIL
System.Deployment.resources 2.0.0.0 de b03f5f7f11d50a3a MSIL
System.Design 2.0.0.0 b03f5f7f11d50a3a MSIL
System.Design.resources 2.0.0.0 de b03f5f7f11d50a3a MSIL
System.DirectoryServices 2.0.0.0 b03f5f7f11d50a3a MSIL
System.DirectoryServices.AccountManagement 3.5.0.0 b77a5c561934e089 MSIL
System.DirectoryServices.AccountManagement... 3.5.0.0 de b77a5c561934e089 MSIL
System.DirectoryServices.Protocols 2.0.0.0 b03f5f7f11d50a3a MSIL
System.DirectoryServices.Protocols.resources 2.0.0.0 de b03f5f7f11d50a3a MSIL
assembly Änderungsdatum: 20.05.2010 09:54
Dateiordner Erstelldatum: 14.07.2009 04:37

Abbildung 15.4 Der Global Assembly Cache (GAC)

Der GAC ist so strukturiert, dass für jede eingetragene Assembly ein auf dem Dateibezeichner basierender Unterordner angelegt wird. Bei diesem Unterordner wird auf die Dateiextension verzichtet. Dieser Ordner enthält seinerseits weitere Unterordner, deren Bezeichner sich aus der Versionsnummer, der Kultur (das bedeutet: der Sprachversion) und dem öffentlichen Schlüssel der Assembly zusammensetzt. Erst im letztgenannten Unterordner findet sich die entsprechende DLL.

Der Windows Explorer lässt es nicht zu, tiefer in das Verzeichnis `assembly` hineinzuschauen. Sie können jedoch mit den alten DOS-Befehlen an der Eingabekonsole ohne Weiteres die Struktur des GAC erkunden. In Abbildung 15.5 können Sie das Verzeichnis für die Datei *System.Drawing.dll* sehen. Der Ordner *System.Drawing* beherbergt den Unterordner *2.0.0.0__ b03f5f7f11d50a3a*. In diesem ist die gesuchte Datei zu finden, nämlich genau die mit der Versionsnummer 2.0.0.0, einer neutralen, weil nicht explizit angegebenen Kultur und dem öffentlichen Schlüssel `b03f5f7f11d50a3a`. Würden wir eine weitere Datei *Sys-*

tem.Drawing.dll im GAC installieren, würde für diese ein weiterer Unterordner angelegt, denn zumindest im öffentlichen Schlüssel wird sich Ihre Datei von der des .NET Frameworks unterscheiden.

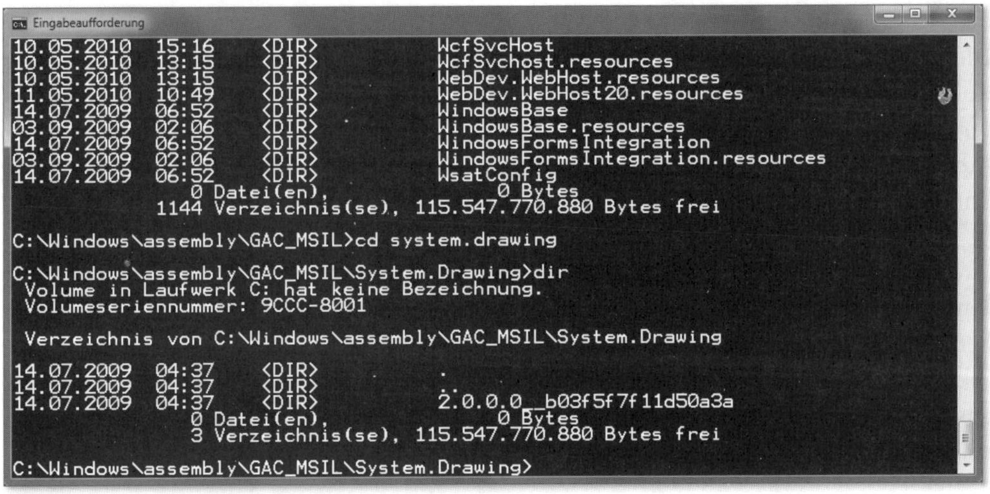

```
Eingabeaufforderung
10.05.2010  15:16    <DIR>          WcfSvcHost
10.05.2010  13:15    <DIR>          WcfSvchost.resources
10.05.2010  13:15    <DIR>          WebDev.WebHost.resources
11.05.2010  10:49    <DIR>          WebDev.WebHost20.resources
14.07.2009  06:52    <DIR>          WindowsBase
03.09.2009  02:06    <DIR>          WindowsBase.resources
14.07.2009  06:52    <DIR>          WindowsFormsIntegration
03.09.2009  02:06    <DIR>          WindowsFormsIntegration.resources
14.07.2009  06:52    <DIR>          WsatConfig
               0 Datei(en),              0 Bytes
            1144 Verzeichnis(se), 115.547.770.880 Bytes frei

C:\Windows\assembly\GAC_MSIL>cd system.drawing

C:\Windows\assembly\GAC_MSIL\System.Drawing>dir
 Volume in Laufwerk C: hat keine Bezeichnung.
 Volumeseriennummer: 9CCC-8001

 Verzeichnis von C:\Windows\assembly\GAC_MSIL\System.Drawing

14.07.2009  04:37    <DIR>          .
14.07.2009  04:37    <DIR>          ..
14.07.2009  04:37    <DIR>          2.0.0.0__b03f5f7f11d50a3a
               0 Datei(en),              0 Bytes
               3 Verzeichnis(se), 115.547.770.880 Bytes frei

C:\Windows\assembly\GAC_MSIL\System.Drawing>
```

Abbildung 15.5 Ein Blick in das Innere des Global Assembly Caches

Doch nach welchen Kriterien wird nun eine von einer Anwendung benötigte Assemblierung gesucht? Das Prinzip ist sehr einfach. Die Common Language Runtime wertet beim Starten einer Anwendung das Manifest aus. Wie Sie wissen, enthält das Manifest alle Angaben zu den benötigten externen Assemblierungen (siehe dazu auch Abbildung 15.3). Mit den Informationen zu Dateiname, Version, Kultur und öffentlichem Schlüssel aus dem Manifest der Anwendung sucht die CLR die passende Assembly im GAC. Wird die CLR fündig, wird die entsprechende Komponente geladen. War die Suche erfolglos, wird im Verzeichnis der Anwendung weitergesucht, weil die CLR dann davon ausgehen muss, dass es sich um eine private Assembly handelt.

Streng genommen geht die Suche sogar noch weiter, weil unter Umständen auch noch mögliche Vorgaben in den Konfigurationsdateien eine wichtige Rolle spielen. Auf diese Gesichtspunkte und auf die Konfigurationsdateien komme ich in Abschnitt 15.3, noch zu sprechen.

Versionierung von Assemblys

Zur Laufzeit ermittelt die Common Language Runtime anhand der Versionsnummer, welche Version einer Assembly von einer Anwendung benutzt werden soll. Standardmäßig wird die Version geladen, die im Manifest der Anwendung angegeben ist.

Die Beschreibung einer Version erfolgt nach einer festgelegten Spezifikation. Jede Baugruppe hat eine Versionsnummer, die sich aus vier Elementen zusammensetzt, beispielsweise:

```
1.0.2.2
```

Die ersten beiden Zahlen beschreiben die Haupt- und Nebenversion. Werden an einer Komponente Änderungen vorgenommen, die inkompatibel zu der Vorgängerversion dieser Komponente sind (beispielsweise durch die Änderung der Parameterliste einer Methode), müssen sich die beiden Komponenten in der Haupt- oder Nebenversionsangabe unterscheiden, zum Beispiel:

```
2.0.2.2
```

Eine abwärtskompatible Änderung wird durch die Elemente `Build` und `Revision` beschrieben. Änderungen, die über diese beiden Elemente bekannt gegeben werden, sind nur Korrekturen oder Fehlerbeseitigungen im Programmcode, die auf den Client keinen Einfluss ausüben – zumindest nicht im negativen Sinne, denn normalerweise dürfte ein Client von solchen Änderungen nur profitieren.

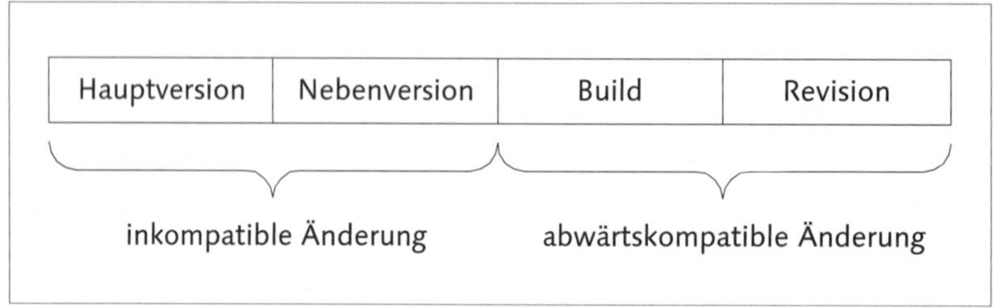

Abbildung 15.6 Das Schema der Versionierung

Die Versionsnummer wird vor der Kompilierung einer Assembly als Attribut in der Datei *AssemblyInfo.cs* festgelegt.

```
[Assembly: AssemblyVersion("1.0.1.0")]
```

Alternativ können Sie die Version auch im Eigenschaftsfenster des Projekts festlegen. Klicken Sie dazu auf den Knoten PROPERTIES im Projektmappen-Explorer, und vergewissern Sie sich, dass die Registerkarte ANWENDUNG angezeigt wird. In dieser finden Sie die Schaltfläche ASSEMBLYINFORMATIONEN. Darüber gelangen Sie zu einem Dialog, wie er in Abbildung 15.7 zu sehen ist. Hier können Sie übrigens nicht nur die Version festlegen, sondern auch eine Reihe weiterer allgemeiner Informationen, die nach dem Schließen des Dialogs in die Datei *AssemblyInfo.cs* eingetragen werden.

Abbildung 15.7 Festlegen der Assembly-Version

Schlüsseldatei erzeugen

Globale Assemblys sind dadurch gekennzeichnet, dass sie mit einem binären Schlüsselpaar signiert sind, das aus einem öffentlichen und einem privaten Schlüssel besteht. Beide kryptografischen Schlüssel dienen einerseits zur Identifizierung einer Assembly und gewährleisten andererseits bei einer Änderung, dass der Autor der neuen Version derselbe ist wie der Autor der alten Version. Nur der Entwickler der Ursprungsversion ist im Besitz von beiden Schlüsseln.

Beim Kompiliervorgang wird ein Teil des öffentlichen Schlüssels (Token) in das Manifest geschrieben und die Datei, die das Manifest enthält, mit dem privaten Schlüssel signiert. Der öffentliche Schlüssel ist ein Teil der Informationen, die eine Clientanwendung zur eindeutigen Identifikation einer bestimmten Assembly benötigt. Der private Schlüssel ist für den Aufrufer bedeutungslos, er sichert aber die Arbeit des Komponentenentwicklers und schützt gleichzeitig vor unbefugter oder gar böswilliger Änderung einer globalen Assemblierung. Privater und öffentlicher Schlüssel korrespondieren miteinander, mit anderen Worten: Zu einem öffentlichen Schlüssel gehört auch ein bestimmter privater – das ist ein wichtiger Aspekt, der in seiner Bedeutung nicht hoch genug eingeschätzt werden darf.

Der öffentliche und der private Schlüssel werden durch eine Schlüsseldatei beschrieben, die mit dem Tool *sn.exe* erzeugt wird. Sie können dieses Tool an der Kommandozeile aufrufen und die notwendigen Optionsschalter setzen. Eleganter und einfacher ist es jedoch, wenn Sie dazu Visual Studio 2010 nutzen. Öffnen Sie dazu das Projekteigenschaftsfenster, und wählen Sie die Lasche SIGNIERUNG. Markieren Sie anschließend die Auswahlbox

ASSEMBLY SIGNIEREN. Daraufhin wird die Auswahlliste aktiviert, die die Suche nach einer bereits vorhandenen Schlüsseldatei oder das Erstellen einer neuen ermöglicht. Wenn Sie sich für letztgenannte Alternative entscheiden, geben Sie in einem zusätzlichen Dialogfenster den Schlüsseldateinamen an. Darüber hinaus können Sie die Schlüsseldatei auch mit einem Kennwort schützen.

Beim Signieren einer Assembly haben Sie möglicherweise nicht immer Zugriff auf den privaten Schlüssel. So kann ein Unternehmen beispielsweise ein stark gesichertes Schlüsselpaar haben, auf das die Entwickler nicht täglich zugreifen können. In diesem Fall müssen Sie eine verzögerte Signierung vornehmen, um zunächst nur den öffentlichen Schlüssel verfügbar zu machen. Markieren Sie hierzu in der Registerkarte SIGNIERUNG den Optionsschalter NUR VERZÖGERTE SIGNIERUNG. Das Hinzufügen des privaten Schlüssels wird auf den Zeitpunkt verschoben, zu dem die Assembly bereitgestellt wird.

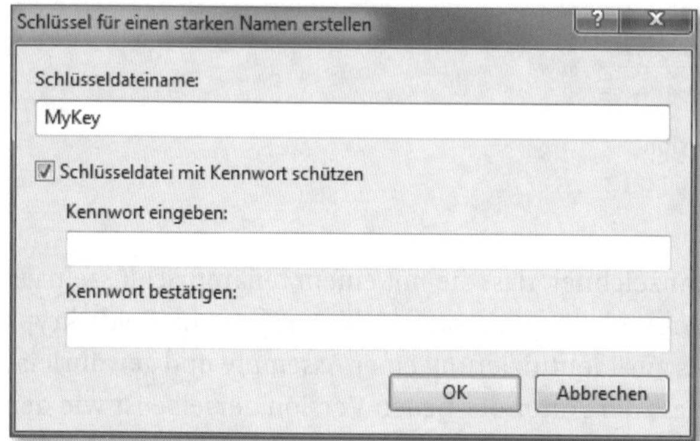

Abbildung 15.8 Eine Schlüsseldatei mit Visual Studio 2010 erzeugen

Installation einer Assembly im GAC mit dem Tool »gacutil.exe«

Eine Assembly global bereitzustellen erfordert zwei Arbeitsgänge:

1. Der Quellcode wird kompiliert, und dabei wird eine vorher erzeugte oder bereits vorhandene Schlüsseldatei eingebunden. Damit ist die Assembly zur gemeinsamen Nutzung vorbereitet.
2. Das Kompilat muss im GAC installiert werden.

Wie der erste Punkt erfüllt wird, habe ich Ihnen im Abschnitt zuvor gezeigt. Zur Erfüllung des zweiten bieten sich zwei Alternativen:

- das Kommandozeilenprogramm *gacutil.exe* des .NET Frameworks
- eine Installationsroutine mit dem *Micosoft Windows Installer*

Widmen wir uns zunächst dem Kommandozeilentool *gacutil.exe*. Wie alle anderen Tools findet man *gacutil.exe* unter:

\Programme\Microsoft SDKs\Windows\V6.0A\bin

Die allgemeine Aufrufsyntax lautet:

```
gacutil [Optionen] [Assemblyname]
```

Aus der Liste der Optionen ragen zwei besonders heraus: der Schalter `/i`, um die darauf folgend angegebene Assembly im GAC zu installieren, und der Schalter `/u`, um eine gemeinsam genutzte Assembly zu deinstallieren, zum Beispiel:

```
gacutil /i MyGlobalAssembly.dll
```

beziehungsweise:

```
gacutil /u MyGlobalAssembly
```

Installation einer Assembly im GAC mit einer Setup-Routine

Viel komfortabler lässt sich eine Assembly im GAC durch die Bereitstellung einer automatisch ablaufenden Installationsroutine eintragen. Visual Studio bietet uns hierfür mit der Projektvorlage Setup-Projekt einen eigenen Projekttyp an. An dieser Stelle möchte ich nicht in allen Einzelheiten erläutern, wie Sie eine Setup-Routine für ein zu verteilendes Projekt erzeugen. Stattdessen beschränke ich mich darauf, zu zeigen, wie Sie mittels einer Setup-Routine eine Assembly in den GAC eintragen können.

Dazu nehmen wir uns wieder unser Beispiel *GeometricObjectsSolution* zu Hilfe. Die Klassenbibliothek `GeometricObject` wird zunächst wie beschrieben um eine Schlüsseldatei ergänzt, die anschließend im Projektmappen-Explorer zu sehen ist (siehe Abbildung 15.9).

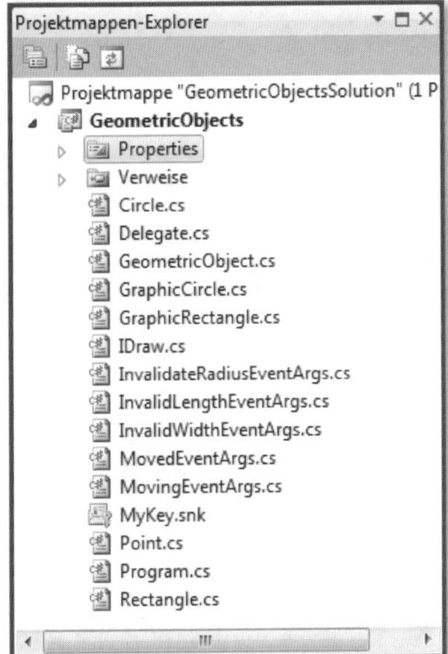

Abbildung 15.9 Projektmappe mit Schlüsseldatei

Danach sollten Sie nicht vergessen, das Projekt noch einmal zu kompilieren.

Hinweis

Sie sollten in jedem Fall die Option NEU ERSTELLEN auswählen. Aus Performance-Gründen cacht Visual Studio beim »einfachen« Kompilieren (Erstellen) Daten. Das kann dazu führen, dass die Installation der Klassenbibliothek im GAC fehlschlägt.

Der Projektmappe fügen Sie anschließend ein Setup-Projekt hinzu. Öffnen Sie dazu das Kontextmenü der Projektmappe, und wählen Sie HINZUFÜGEN • NEUES PROJEKT. Stellen Sie die Optionen so wie in Abbildung 15.10 gezeigt ein. Als Speicherort wird Ihnen die Projektmappe angeboten, die Sie auch übernehmen sollten.

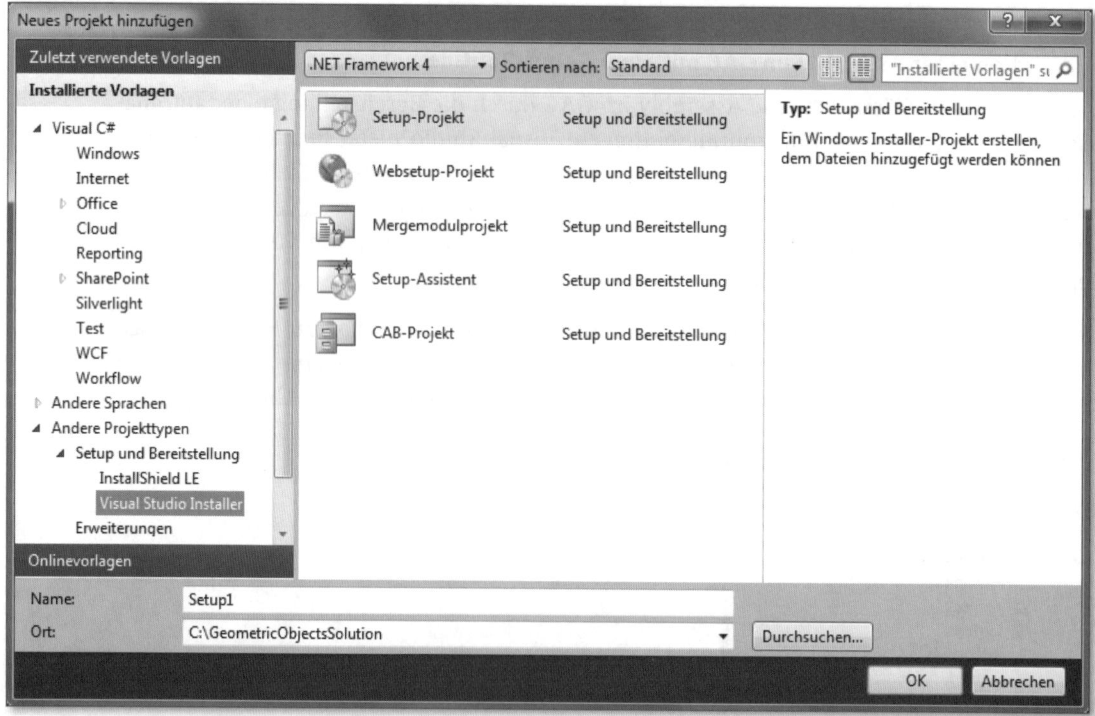

Abbildung 15.10 Auswahl des Setup-Projekts

Nachdem Sie auf die OK-Schaltfläche geklickt haben, wird im Codeeditor der Dateisystemeditor des Setup-Projekts angezeigt. Er dient dazu, unter anderem alle zu installierenden kompilierten Dateien zusammenzufassen.

Markieren Sie jetzt im linken Teilbereich des Fensters den Knoten ANWENDUNGSORDNER, und öffnen Sie dessen Kontextmenü. Im Kontextmenü wählen Sie zuerst HINZUFÜGEN und danach DATEI. Es wird sich dann ein Dialog öffnen, in dem Sie zu der kompilierten EXE-Datei der Anwendung *TestApplication* navigieren. Diese wählen Sie aus. Danach sehen Sie nicht nur die von Ihnen ausgewählte ausführbare Datei im rechten Teilbereich des Dateisystem-Editors. Darüber hinaus wird auch automatisch das Kompilat der Klassenbibliothek, also die DLL, als notwendige Komponente der Anwendung erkannt und ebenfalls in den Dateisystem-Editor kopiert.

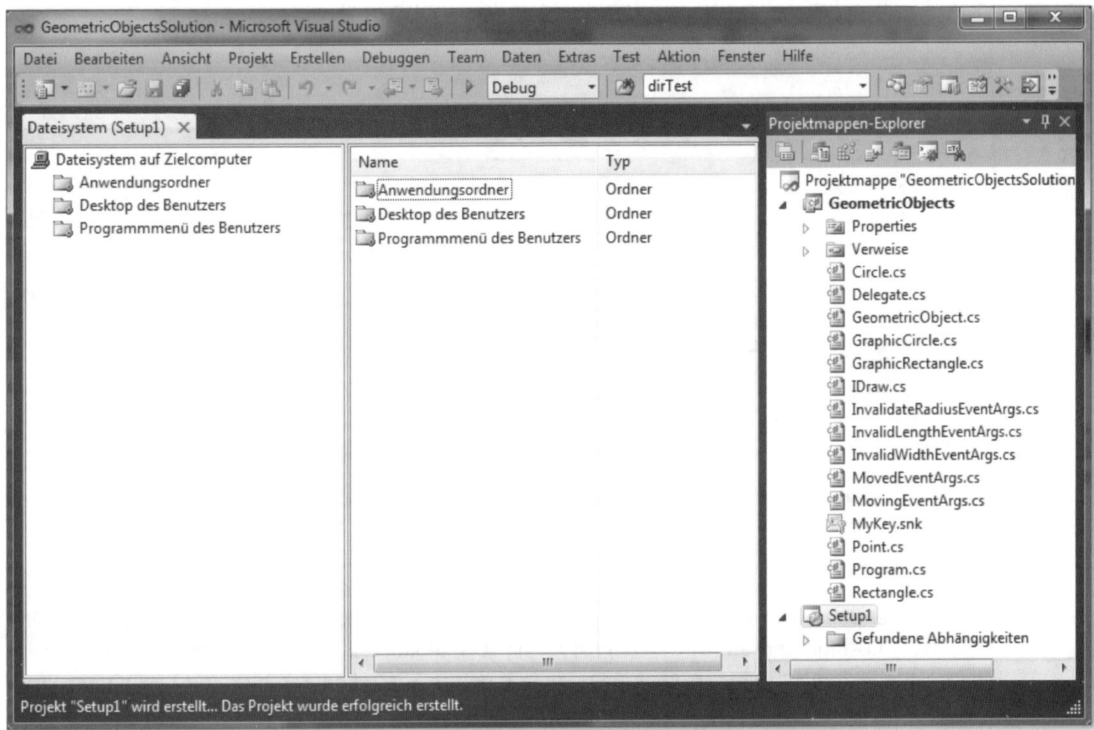

Abbildung 15.11 Ansicht des Dateisystem-Editors

Würden Sie nun das Setup-Projekt kompilieren, installieren und ausführen, könnten wir zwar unsere *TestApplication* starten und die Typdefinitionen in der Klassenbibliothek benutzen, aber die DLL wäre noch nicht als globale Assemblierung im GAC eingetragen, weil wir unsere Absicht dem Setup-Projekt nicht mitgeteilt haben. Das wollen wir nun nachholen. Öffnen Sie dazu im linken Bereich des Dateisystem-Editors auf dem obersten Knoten DATEISYSTEM AUF ZIELCOMPUTER, und öffnen Sie das Kontextmenü. Über SPEZIELLEN ORDNER HINZUFÜGEN gelangen Sie an eine lange Liste Windows-spezifischer Ordner. Wählen Sie hier CACHEORDNER FÜR GLOBALE ASSEMBLY. Danach wird ein gleichnamiger Knoten im Dialog angezeigt. In diesen verschieben Sie die DLL unserer Klassenbibliothek `GeometricObjects`, die unter ANWENDUNGSORDNER zu finden ist.

Nun ist der Moment gekommen, das Setup-Projekt zu kompilieren. Als Resultat dieses Vorgangs wird eine *setup.exe*-Datei im Ausgabeordner des Setup-Projekts erzeugt. Installieren Sie nun durch Aufruf dieser Installationsdatei das Programm. Alternativ lässt sich die Installation auch aus dem Visual Studio heraus bewerkstelligen. Klicken Sie dazu im Kontextmenü des Setup-Projekts im Projektmappen-Exporer auf INSTALLIEREN.

Nach der Beendigung können Sie sich überzeugen, dass die Klassenbibliothek `GeometricObjects` tatsächlich im GAC zu finden ist (siehe Abbildung 15.12).

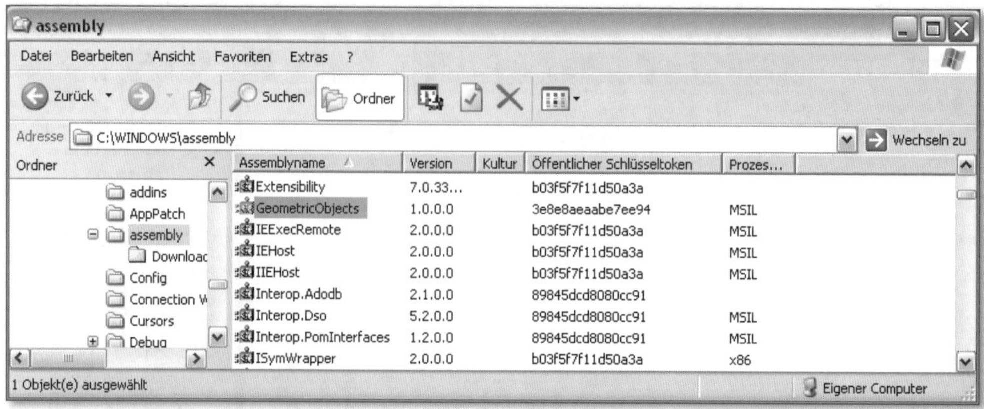

Abbildung 15.12 Die Klassenbibliothek »GeometricObjects« im GAC (unter Windows XP)

Hinweis

Zu dem Zeitpunkt, als dieses Buch entstand, unterstützte das Plug-in von Windows 7 noch nicht die .NET 4.0-Bibliotheken. Mit anderen Worten: Die Bibliothek wird zwar richtig im GAC installiert, ist jedoch nicht sichtbar. Auch Beiträge in diversen Foren konnten nicht zur Lösung des Problems beitragen.

Der Vorteil des Global Assembly Caches ist, dass andere Anwendungen, die ebenfalls auf die Dienste von *GeometricObjects* zurückgreifen, sich derselben Komponente bedienen können, weil sie zentral registriert ist.

Auf der Buch-DVD finden Sie die drei Projekte *GeometricObjects* (als Klassenbibliothek), *TestApplication* und *GeometricObjects-Setup* in der Projektmappe *GeometricObjectsSolution*. Um die gleich folgenden Ausführungen anschaulich zu zeigen, wurde in der Klasse `Circle` die folgende Methode ergänzt:

```
// Methode zur Demonstration der Versionierung
public string GetVersionNumber() {
  return "1.0.0.0"; ;
}
```

Beim Starten von *TestApplication* wird ein `Circle`-Objekt erzeugt und die Methode aufgerufen. Erwartungsgemäß wird `1.0.0.0` angezeigt.

Neue Version der globalen Assembly installieren

Nicht ungewöhnlich für eine allgemein zur Verfügung stehende Komponente ist, dass eine neue Version von ihr verteilt wird – sei es, um Bugs zu beseitigen, sei es, um die alte Komponentenversion um neue Fähigkeiten zu erweitern.

Angenommen, die erste Version von *GeometricObjects* sei bereits verteilt (unter anderem über *TestApplication*). Nun stellen wir fest, dass eine Änderung in der Klasse `Circle` notwendig ist. Diese sei symbolisiert durch eine Änderung der Methode `GetVersionNumber` in

```
public string GetVersionNumber() {
  return "2.0.0.0"; ;
}
```

Sie sollten dazu eine neue Projektmappe anlegen, dieser das existierende Projekt *GeometricObjects* hinzufügen und darin die Änderung durchführen. Nach der Änderung dürfen Sie nicht vergessen, auch die Versionsnummer der Klassenbibliothek zu erhöhen. Das können Sie im Eigenschaftsfenster des Projekts oder in der Datei *AssemblyInfo.cs* tun. Stellen Sie hier bitte ASSEMBLY VERSION auf `2.0.0.0` ein, und kompilieren Sie danach das Projekt.

Natürlich soll auch diese neue Version wieder verteilt werden. Das kann dadurch geschehen, dass neue Anwendungen die zweite Version von *GeometricObjects* der Codierung zugrunde legen, das kann aber auch durch ein Update mittels einer eigens dafür bereitgestellten Setup-Routine der Fall sein. Wir wollen an dieser Stelle die letztgenannte Variante einsetzen und fügen der Projektmappe ein neues Setup-Projekt hinzu. Die sich daran anschließenden Schritte sind nahezu mit den oben beschriebenen identisch. Allerdings interessiert uns zur Verteilung von Version 2 nur die neu kompilierte DLL, die wieder in dem Knoten CACHE-ORDNER FÜR GLOBALE ASSEMBLY des Dateisystem-Editors bekannt gegeben wird.

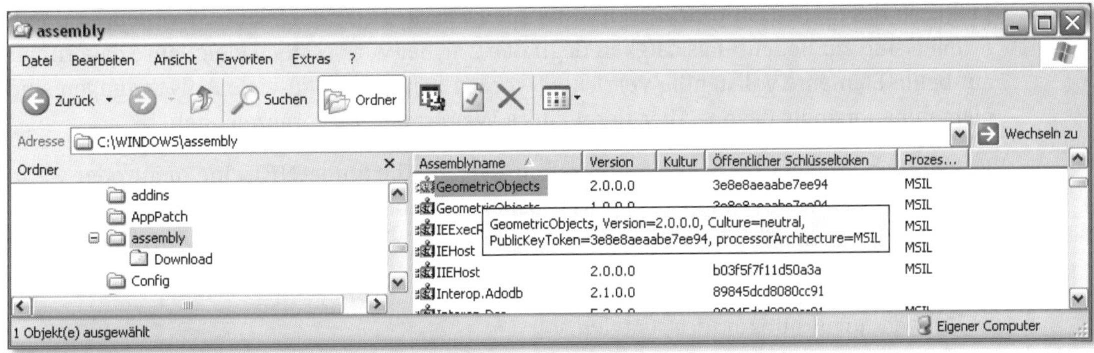

Abbildung 15.13 Zwei versionsverschiedene Einträge im GAC (unter Windows XP)

Auch die neue Setup-Routine muss ausgeführt werden, damit sich die zweite Version von *GeometricsObject* in den GAC einträgt.

Jetzt stellt sich natürlich sofort die Frage, welche Version von der von uns vorher installierten Testanwendung *TestApplication* aufgerufen wird: Es ist die zuerst installierte Version, also die, mit der die Testanwendung kompiliert worden ist. Wie aber können wir der Testanwendung sagen, dass sie die neue Version 2 aufrufen soll, und das, ohne die Testanwendung neu kompilieren zu müssen? Dazu muss ich Sie zuerst in einen neuen Themenkreis einführen, der für .NET-Anwendungen gleich welcher Art von immenser Bedeutung ist: Es sind die Konfigurationsdateien.

15.3 Konfigurationsdateien

15.3.1 Einführung

Konfigurationsdateien können das Laufzeitverhalten einer Anwendung beeinflussen, ohne dass die Anwendung neu kompiliert werden muss. In einer Konfigurationsdatei werden Vorgaben getroffen, die beim Starten einer Anwendung von der *Common Language Runtime* (CLR) ausgewertet werden. Darüber hinaus ist auch während der Laufzeit der Zugriff auf eine Konfigurationsdatei mittels Programmcode möglich.

Doch was beschreiben Konfigurationsdateien? Letztendlich handelt es sich dabei um Daten, die von einer Anwendung während der Ausführung benötigt werden. Dabei kann es sich um Daten handeln, die sicherstellen, dass der Zustand einer Anwendung bei einem Neustart genau so restauriert wird, wie es beim Schließen der Anwendung der Fall war. Es kann sich um Variableninhalte handeln, um Verbindungszeichenfolgen für ADO.NET oder auch um die Angabe darüber, welche Version einer bestimmten Assembly aus dem *Global Assembly Cache* (GAC) geladen werden soll. In der Vor-.NET-Zeit diente die Registry des Windows-Betriebssystems als globaler Datenspeicher der Anwendungen und des Rechners, Anwendungsdaten wurden oft in INI-Dateien beschrieben. Mit den .NET-Konfigurationsdateien ist praktisch das Ende des proprietären Datenspeichers Registry eingeläutet worden, und INI-Dateien sind zur Bedeutungslosigkeit degradiert. Sicher wird es noch viele Jahre dauern, bis auf beide Elemente vollständig verzichtet werden kann, denn zu viele Anwendungen sind elementar abhängig davon. Aber der weitere Weg ist bereits vorgezeichnet.

Es gibt mehrere verschiedene Konfigurationsdateien, die unter .NET eine mehr oder weniger entscheidende Rolle einnehmen. Wir haben uns im Rahmen dieses Buches mit Anwendungen auf der lokalen Maschine beschäftigt, deshalb können wir eine Aufzählung auch auf drei Typen beschränken:

- Anwendungskonfigurationsdateien
- Herausgeberrichtliniendateien
- die Maschinenkonfigurationsdatei (*machine.config*)

In erster Linie werden wir uns in diesem Abschnitt mit den Anwendungskonfigurationsdateien beschäftigen. Dieser Typ splittet sich in zwei Gruppen auf, die unterschiedliche Daten beschreiben:

- Anwendungsdaten, die für die gesamte Anwendung gültig und unabhängig vom jeweiligen Benutzer sind
- Daten, die benutzerspezifisch sind

Das alles werden wir im weiteren Verlauf dieses Kapitels noch genauer untersuchen.

15.3.2 Die verschiedenen Konfigurationsdateien

Bevor wir uns exemplarisch eine Konfigurationsdatei ansehen, sollten wir uns darüber bewusst sein, dass es unter .NET mehrere verschiedene Konfigurationsdateien gibt, die durchaus auch identische Elemente aufweisen können. Typisch für alle Konfigurationsdateien ist die Dateierweiterung *.config*. Der Inhalt wird durch XML beschrieben. Verschaffen wir uns zuerst einen allgemeinen Überblick.

- *Anwendungskonfigurationsdatei*: Falls einer .NET-Anwendung eine Anwendungskonfigurationsdatei zugeordnet wird, ist diese immer im Stammverzeichnis der Anwendung zu finden. Der Name einer Konfigurationsdatei setzt sich aus dem Namen der Programmdatei und dem Suffix *.config* zusammen. Heißt die Programmdatei *MyApplication.exe*, heißt die Konfigurationsdatei demnach *MyApplication.exe.config*.

  Eine Konfigurationsdatei, die dieser Namenskonvention folgt, muss im Stammverzeichnis der Anwendung gespeichert werden und wird vor dem Start der Anwendung von der CLR ausgewertet. Die Einstellungen in der Anwendungskonfigurationsdatei sind daher für die Anwendung spezifisch und haben keine Auswirkungen auf andere Anwendungen.
- *Publisherrichtliniendatei (Herausgeberrichtliniendatei):* Dieser Konfigurationsdateityp kann zusammen mit dem Update oder Service Pack einer globalen Assembly ausgeliefert werden. Eine Publisherrichtliniendatei, in der .NET-Dokumentation auch als Herausgeberrichtliniendatei bezeichnet, kann nur vom Entwickler einer globalen Assembly für eine bestimmte Assemblierung bereitgestellt werden. Sie hat die Aufgabe, den Zugriff der Anwendungen, die normalerweise die Dienste der »alten« globalen Assembly in Anspruch nehmen würden, auf eine neue Version umzuleiten. Damit hat zumindest der Hersteller der Komponente das Seinige getan, um zu vermeiden, dass Anwendungen weiterhin eine möglicherweise fehlerhafte Version benutzen. Weitere Informationen, insbesondere das Erzeugen einer Publisherrichtliniendatei, finden Sie unter »Erstellen einer Publisherrichtliniendatei« in der Online-Hilfe.
- *Maschinenkonfigurationsdatei*: Der Name dieser Konfigurationsdatei lautet *machine.config*. Haben Sie bei der Installation keine anderen Vorgaben getroffen, befindet sich diese Datei in folgendem Ordner:

  \Windows\Microsoft .NET\Framework\v4.0.30319\Config

In der Computerkonfigurationsdatei sind viele .NET betreffende Einstellungen des lokalen Rechners zentral beschrieben. Daher ist diese Konfigurationsdatei auch sehr groß und erscheint mit ihren zahllosen Einträgen, die sich auf das gesamte Laufzeitverhalten von .NET-Anwendungen und -Komponenten auswirken, unüberschaubar.

Aufrufreihenfolge der Konfigurationsdateien

Die Suche nach den Konfigurationsdateien erfolgt dabei in der folgenden Reihenfolge:

1. Anwendungskonfigurationsdatei
2. Herausgeberrichtliniendatei (Publisherrichtliniendatei)
3. Maschinenkonfigurationsdatei

Wie schon erwähnt wurde, lässt sich mit einer Konfigurationsdatei auch steuern, welche Version einer bestimmten globalen Assembly eine Anwendung aufrufen soll. Wie das gemacht wird, zeige ich Ihnen später. Wird die Anwendung gestartet, ist zunächst das Manifest ausschlaggebend dafür, welche Version der Assembly geladen werden soll. Die Laufzeitumgebung merkt sich die Version und sucht anschließend nach einer eventuell vorhandenen Anwendungskonfigurationsdatei. Gibt es eine solche im Anwendungsverzeichnis und enthält sie einen Eintrag, der die Umleitung zu einer anderen Version beschreibt, so überschreibt der Eintrag in der Anwendungskonfigurationsdatei den Eintrag im Manifest.

Nach der Suche und der Auswertung der Anwendungskonfigurationsdatei interessiert sich die Laufzeitumgebung für eine möglicherweise existierende Publisherrichtliniendatei. Hat der Entwickler der globalen Assembly eine solche bereitgestellt und ist sie im GAC installiert, überschreibt deren Versionsangabe diejenige, die bis zu diesem Zeitpunkt gültig war.

Im letzten Schritt durchforstet die Laufzeitumgebung die Maschinenkonfigurationsdatei, die im Gegensatz zu den beiden vorher aufgeführten Dateien nicht optional ist. Hat der Anwender in *machine.config* eine Versionsumleitung eingetragen (dazu sind administrative Rechte notwendig), gilt diese vor allen anderen.

Entscheidend dafür, auf welche Assembly-Version die Anwendung zugreift, ist der zuletzt gefundene Eintrag. Sollen alle Anwendungen grundsätzlich mit einer bestimmten Version arbeiten, genügt ein Eintrag in die Maschinenkonfigurationsdatei. Auf eine Anwendungskonfigurationsdatei kann in diesem Fall verzichtet werden – es sei denn, von der Anwendungskonfigurationsdatei werden andere Vorgaben oder Einstellungen beschrieben, die nichts mit dem Versionsaufruf zu tun haben.

Es könnte auch passieren, dass in der Maschinenkonfigurationsdatei die Umleitung auf eine bestimmte Version angegeben ist, die sich aber als nicht abwärtskompatibel für eine ganz bestimmte Anwendung erweist, während andere Anwendungen problemlos damit zusammenarbeiten können. Dann besteht die Möglichkeit, in der Anwendungskonfigurationsdatei der betroffenen Anwendung den Automatismus der Versionsumleitung abzuschalten.

15.3.3 Struktur einer Anwendungskonfigurationsdatei

Da eine Anwendungskonfigurationsdatei optional ist, muss sie einem Programm ausdrücklich hinzugefügt werden. Sie können dazu das Visual Studio 2010 benutzen, Sie können die Anwendungsdatei einer .NET-Anwendung aber auch erst nach deren Installation bereitstellen. Im einfachsten Fall schreiben Sie den gewünschten XML-Code mit dem MS-Editor oder einem anderen, beliebigen ASCII-Editor. Anschließend speichern Sie die Textdatei, also die XML-Datei mit dem vorgeschriebenen Bezeichner im Anwendungsverzeichnis. Das ist schon alles.

Wir wollen nun zum ersten Mal mit Visual Studio 2010 eine Konfigurationsdatei einem Projekt hinzufügen. Markieren Sie dazu im Projektmappen-Explorer das Projekt, öffnen Sie dessen Kontextmenü, und wählen Sie HINZUFÜGEN... • NEUES ELEMENT HINZUFÜGEN. Im nächsten Schritt markieren Sie im Dialogfenster den Typ ANWENDUNGSKONFIGURATIONSDATEI und bestätigen die Auswahl.

Die Projektdateien werden danach um die Datei *App.config* ergänzt. Den Namen *App.config* dürfen Sie nicht ändern, weil der Compiler nur eine Datei mit diesem Namen als spätere Anwendungskonfigurationsdatei interpretiert. Bei der Kompilierung des Projekts wird aus *App.config* automatisch der Dateiname generiert, der der Namenskonvention entspricht.

Im Arbeitsbereich der Entwicklungsumgebung wird ein neues Fenster mit dem Inhalt der Datei *App.config* angezeigt. Sie enthält bereits den elementarsten XML-Code:

```
<?xml version="1.0" encoding="utf-8" ?>
<configuration>
</configuration>
```

Mit der ersten Zeile, die als XML-Deklaration oder auch als Prolog bezeichnet wird, wird der Einstiegspunkt in das Dokument festgelegt. Neben der Versionsnummer wird auch der zum Lesen des Dokuments verwendete Zeichensatz, hier UTF-8, beschrieben.

Jedes XML-Dokument hat ein sogenanntes Stammelement. Bei allen Konfigurationsdateien ist es das `<configuration>`-Element. Alle Informationen, die zwischen dem einleitenden und dem ausleitenden Tag stehen und ihrerseits selbst Elemente sind, werden dazu benutzt, die Anwendung zu konfigurieren.

Ich möchte Ihnen nun eine Konfigurationsdatei zeigen, die nicht nur den erforderlichen Strukturrahmen aufweist, sondern gleichzeitig auch bereits Informationen in sich birgt.

```
<?xml version="1.0" encoding="utf-8" ?>
<configuration>
```

```
  <configSections>
    <sectionGroup name="userSettings" ...>
       <section name="AppConfigSample.Properties.Settings" .../>
    </sectionGroup>

    <sectionGroup name="applicationSettings" ...>
       <section name="AppConfigSample.Properties.Settings" .../>
    </sectionGroup>
  </configSections>

  <appSettings>
    <add key="Test" value="123"/>
  </appSettings>

  <userSettings>
    <AppConfigSample.Properties.Settings>
      <setting name="Variable1" serializeAs="String">
        <value>Hallo Andreas!</value>
      </setting>
    </ AppConfigSample.Properties.Settings>
  </userSettings>

  <applicationSettings>
    <AppConfigSample.Properties.Settings>
      <setting name="Variable2" serializeAs="String">
        <value>Hallo Leute!</value>
      </setting>
    </ AppConfigSample.Properties.Settings>
  </applicationSettings>
</configuration>
```

Ich habe in dieser Konfigurationsdatei sehr viel kürzen müssen, denn selbst im Codeeditor ist die gesamte Konfigurationsdatei unüberschaubar. Für die folgenden Betrachtungen spielt das aber keine Rolle. Zudem dürfen Sie das Beispiel auch nicht so verstehen, dass ich Ihnen alle denkbaren Möglichkeiten aufzeigen möchte. Ich möchte mich vielmehr auf ein paar wenige Merkmale konzentrieren. Wenn Sie möchten, können Sie sich die komplette Konfigurationsdatei ansehen. Sie ist im Beispielprogramm *AppConfigDemo* zu finden, das wir gleich besprechen werden.

Innerhalb von `<configuration>` sind vier Sektionen definiert:

- `<configSections>`
- `<appSettings>`
- `<userSettings>`
- `<applicationSettings>`

Diesen Abschnitten kommt eine besondere Bedeutung zu. In der Erklärung kurzfassen kann ich mich, was den Abschnitt `<configSections>` angeht. Dieser beschreibt nur die beiden untergeordneten Sektionen `<applicationSettings>` und `<userSettings>`.

Die Notation in den beiden Abschnitten `<applicationSettings>` und `<userSettings>` ist identisch. Zunächst wird ein neuer untergeordneter Abschnitt eröffnet, der eine Klasse angibt, hier zum Beispiel:

```
AppConfigDemo.Properties.Settings
```

Die Klasse heißt `Settings`, der Namespace `AppConfigDemo.Properties`. Namespace und Klasse werden von Visual Studio 2010 automatisch erzeugt. Die Klasse `Settings` definiert dabei hauptsächlich Eigenschaftsmethoden, um den Zugriff auf die Daten zu ermöglichen, die in der Konfigurationsdatei abgelegt sind.

Die untergeordneten `<setting>`-Elemente beschreiben mit dem Attribut `name` den Bezeichner der gespeicherten Variablen, `serializeAs` gibt den Datentyp an. Meist werden die Daten als Zeichenfolge serialisiert, ansonsten sind auch noch `xml`, `binary` und `custom` mögliche Alternativen. Das Tag `<value>` schließlich beschreibt den gespeicherten Wert.

Der Abschnitt »<applicationSettings>«

Benutzerunabhängige Daten sind in der Sektion `<applicationSettings>` festgelegt. Alle Informationen, die dieser Abschnitt beschreibt, gelten uneingeschränkt für jeden Benutzer der Anwendung. Im Beispiel oben wird nur eine Dateninformation in diesem Abschnitt festgelegt, die die Bezeichnung `Variable2` hat und die Zeichenfolge `Hallo Leute!` beschreibt.

`Variable2` kann beim Starten der Anwendung ausgewertet und von der laufenden Anwendung weiterverarbeitet werden. Solange sich nichts am Inhalt von `Variable2` ändert, käme das der Deklaration einer gleichnamigen Variablen im Code gleich. Sollte jedoch ein abweichender Wert wünschenswert sein, kann dieser in der Konfigurationsdatei geändert werden, ohne dass eine Neukompilierung erforderlich ist. Ein besonderes Charakteristikum von `<applicationSettings>` ist, dass sich die Werte nicht mittels Code zur Laufzeit editieren lassen.

Der Abschnitt »<userSettings>«

`<applicationSettings>` ist denkbar ungeeignet, um benutzerspezifische Einstellungen zu speichern. Abgesehen davon, dass die Größe der Konfigurationsdatei bei steigender Benutzeranzahl schnell wächst, würde der Inhalt auch jedem anderen Benutzer offengelegt wie ein Buch. Deshalb werden benutzereigene Einstellungen in der Sektion `<userSettings>` der Anwendungskonfigurationsdatei beschrieben. Daten, die hier eingetragen werden, gelten als Standardwerte für jeden Anwender. Kommt es zu einer Änderung der Daten, werden diese in einer Datei mit dem Namen *user.config* im jeweiligen Windows-Benutzerprofil unter

Dokumente und Einstellungen\<Benutzer>\Lokale Einstellungen\Anwendungsdaten\<Firma>\<Anwendung>

gespeichert. Daraus können Sie auch entnehmen, dass im Gegensatz zu `<applicationSettings>` die Daten, die im Abschnitt `<userSettings>` definiert sind, mittels Code verändert werden können.

Der Abschnitt »<appSettings>«

`<appSettings>` erfüllt die gleiche Aufgabe wie die Sektion `<applicationSettings>`, kann jedoch aus dem Code der laufenden Anwendung heraus editiert werden.

15.3.4 Anwendungskonfigurationsdatei mit Visual Studio 2010 bereitstellen

Eine Konfigurationsdatei wie die oben beschriebene müssen Sie natürlich nicht mit dem MS-Editor oder ähnlichen Programmen mühevoll selbst schreiben. Greifen Sie besser auf die Fähigkeiten von Visual Studio 2010 zurück.

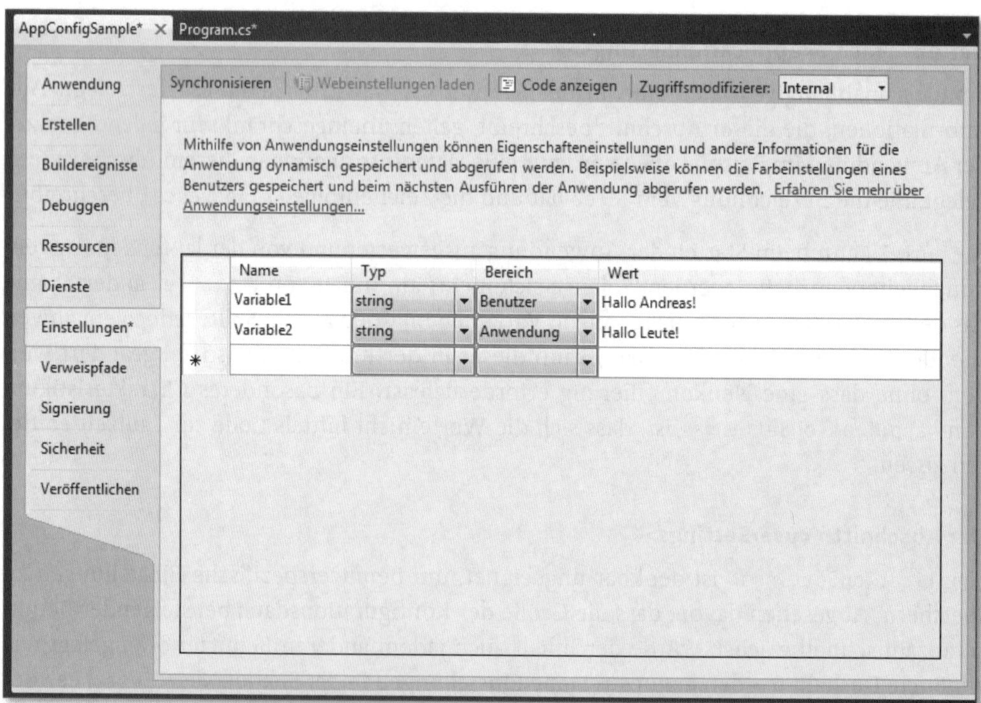

Abbildung 15.14 Festlegen der Konfigurationseinstellungen in Visual Studio 2010

Doppelklicken Sie dazu auf den Knoten PROPERTIES im Projektmappen-Explorer. Im Eigenschaftsdialog der Anwendung markieren Sie die Lasche EINSTELLUNGEN. In dem sich daraufhin öffnenden Fenster können Sie Einträge für die Abschnitte `<userSettings>` und `<applicationSettings>` vornehmen. In der Spalte NAME tragen Sie den Namen der Variablen ein, und unter TYP legen Sie deren Datentyp fest. Ob es sich um eine allgemeine oder um eine benutzerspezifische Variable handelt, wählen Sie aus der Liste aus, die der Spalte BEREICH zugeordnet ist. In der letzten Spalte können Sie auch den Startwert der Variablen bestimmen. Eine Vorgabe ist hier nicht notwendig. Abbildung 15.14 zeigt die Einstellungen für die weiter oben gezeigte Anwendungskonfigurationsdatei.

Beim Schließen des Editors werden Sie dazu aufgefordert, die vorgenommenen Einträge zu speichern. Das geschieht natürlich in der Datei *App.config*, die automatisch hinzugefügt wird, falls es in dem Projekt noch keine gibt.

Damit sind aber auch schon die Möglichkeiten des Editors erschöpft. Möchten Sie noch weitere Sektionen festlegen, beispielsweise `<appSettings>`, öffnen Sie *App.config* und nehmen diese Ergänzung manuell vor. Dabei werden Sie auch durch eine IntelliSense-Hilfe unterstützt.

15.3.5 Einträge der Anwendungskonfigurationsdatei auswerten

Jetzt wollen wir uns auch sofort anhand eines Beispiels die Auswertung einer Konfigurationsdatei ansehen. Im folgenden Beispielprogramm werden alle drei Sektionen (`<appSettings>`, `<applicationSettings>` und `<userSettings>`) ausgelesen und darüber hinaus auch den Variablen in `<appSettings>` und `<userSettings>` neue Werte übergeben. `<applicationSettings>` scheidet bekanntlich im letzten Schritt aus, da Inhalte dieser Sektion nicht per Code verändert werden können.

```
// ---------------------------------------------------------
// Beispiel: ...\Kapitel 15\AppConfigSample
// ---------------------------------------------------------
// zusätzliche Namespaces
using AppConfigDemo.Properties;
using System.Configuration;
using System.Collections.Specialized;

class Program {
  static void Main(string[] args) {
    // <userSettings> und <applicationSettings> auswerten
    Settings setting = new Settings();
    string variable1 = setting.Variable1;
    string variable2 = setting.Variable2;
    Console.WriteLine("Variable1 = {0}", variable1);
    Console.WriteLine("Variable2 = {0}", variable2);
```

```
        // <appSettings> auswerten
        NameValueCollection col = ConfigurationManager.AppSettings;
        for (int i = 0; i < col.Count; i++) {
          Console.WriteLine("Name: {0} - Wert: {1}",
                            col.Keys[i], col[i]);
        }

        // <userSettings> einen neuen Wert zuordnen
        setting.Variable1 = "Hallo Peter!";
        setting.Save();

        // <appSettings> einen anderen Wert zuweisen
        col["Test"] = "Aachen";
        Console.WriteLine("Test (neu): {0}", col["Test"]);
        Console.ReadLine();
    }
}
```

An diesem Code ist einiges erklärungsbedürftig. Betrachten Sie bitte zuerst die folgende Anweisung:

```
Settings setting = new Settings();
```

Wenn es Sie interessiert, auf welcher Grundlage diese Anweisung basiert, öffnen Sie die Datei *Settings.Designer.cs*, die Sie innerhalb des Knotens `Properties` im Projektmappen-Explorer finden. Diese Datei wird automatisch von Visual Studio 2010 generiert. Sie enthält die Beschreibung der Klasse `Settings`, die von `ApplicationSettingsBase` abgeleitet ist. `Settings` ist ein Wrapper um die Anwendungskonfigurationsdatei und somit das Bindeglied zwischen den Konfigurationseinstellungen und dem Programmcode. Der Namespace, dem `Settings` zugeordnet ist, heißt `AppConfigSample.Properties`. Dieser Namespace ist mit `using` bekannt gegeben worden.

In der Klasse werden alle Einstellungen aus der Anwendungskonfigurationsdatei als Eigenschaftsmethoden veröffentlicht. Die benutzerspezifischen Methoden haben folgerichtig einen `get`- und einen `set`-Zweig, die anwendungsspezifischen Methoden implementieren nur `get` und liefern deshalb nur den Wert zurück.

Wenn wir `Setting` instanziieren, erhalten wir den Zugriff auf die Variablen, die in `<applicationSettings>` und `<userSettings>` definiert sind.

```
string variable1 = setting.Variable1;
string variable2 = setting.Variable2;
```

Schauen wir uns nun die beiden folgenden Anweisungen an:

```
setting.Variable1 = "Hallo Peter!";
setting.Save();
```

Variable1 gehört zu der Sektion <userSettings>. Während beim ersten Aufruf noch der Inhalt Andreas lautet, wird dieser nach der Konsolenausgabe geändert. Das bewirkt, dass die Zeichenfolge Hallo Andreas! in die Datei *user.config* geschrieben wird, die unter *Dokumente und Einstellungen\<Benutzer>\Lokale Einstellungen\Anwendungsdaten\<Firma>\<Anwendung>* zu finden ist. Der Inhalt lautet wie folgt:

```
<?xml version="1.0" encoding="utf-8"?>
<configuration>
  <userSettings>
    <AppConfigSample.Properties.Settings>
      <setting name="Variable1" serializeAs="String">
        <value>Hallo Peter!</value>
      </setting>
    </AppConfigSample.Properties.Settings>
  </userSettings>
</configuration>
```

Bei allen folgenden Aufrufen wird anschließend immer die benutzerbezogene Zeichenfolge angezeigt.

Hinter Setting steckt noch ein kleines Geheimnis, denn es handelt sich um eine partielle Klasse. Vielleicht haben Sie das Beispiel von der Buch-DVD ausprobiert und mussten feststellen, dass an der Konsole die Ausgabe *Der Wert für Variable1 wurde verändert* angezeigt wird, ohne dass diese Ausgabe in Main codiert ist.

Sehen Sie noch einmal Abbildung 15.14 an. In dem abgebildeten Dialog sehen Sie im oberen Bereich eine Schaltfläche CODE ANZEIGEN. Wenn Sie auf diese Schaltfläche klicken, öffnet sich ein Codeeditor mit der partiellen Klasse Settings und dem Codegerüst von zwei Ereignishandlern, die zu den beiden Ereignissen SettingsChanging und SettingsSaving gehören, die ein Settings-Objekt auslösen kann. Beide Ereignishandler sind noch nicht bei den Ereignissen registriert. Dazu müssen Sie nur die Auskommentierungen im Konstruktor aufheben:

```
internal sealed partial class Settings {
  public Settings() {
    // this.SettingChanging += this.SettingChangingEventHandler;
    // this.SettingsSaving += this.SettingsSavingEventHandler;
  }

  private void SettingChangingEventHandler(object sender,
                                SettingChangingEventArgs e)
  {
  }
```

```
    private void SettingsSavingEventHandler(object sender,
                                            CancelEventArgs e)
    {
    }
}
```

Das SettingsSaving-Ereignis wird von der Save-Methode ausgelöst, bevor die Anwendungseinstellung gespeichert wird. Der zugeordnete Ereignishandler vom Typ CancelEventArgs kann den eingeleiteten Speichervorgang abbrechen.

Das SettingChanging-Ereignis tritt ein, bevor eine Anwendungseinstellung über den Indexer geändert wird. Der zweite Parameter des Ereignishandlers ermöglicht das Abrufen der zu ändernden Einstellung sowie des zugewiesenen Werts und darüber hinaus auch den Abbruch der Operation. Und genau dieser Ereignishandler ist im Beispielprogramm programmiert und führt zu der im ersten Moment erstaunlichen Konsolenausgabe.

Die Klassen »Configuration« und »ConfigurationManager«

Mit

```
NameValueCollection col = ConfigurationManager.AppSettings;
```

machen Sie nun ersten Mal Bekanntschaft mit der Klasse ConfigurationManager. Wenn wir diese Klasse betrachten, müssen wir gleichzeitig auch die Klasse Configuration besprechen. Beide gehören zum Namespace System.Configuration. Um die Klassen nutzen zu können, ist es erforderlich, einen Verweis auf System.Configuration zu legen.

ConfigurationManager und Configuration dienen dazu, Konfigurationsdateien auszuwerten und zu ändern. Dass uns zwei Klassen angeboten werden, ist wohl historisch bedingt, denn Configuration wurde erst mit .NET 2.0 bereitgestellt, während ConfigurationManager schon in .NET 1.0 vertreten war.

Die ConfigurationManager-Klasse ermöglicht es Ihnen, auf Maschinen- und Anwendungskonfigurationsinformationen zuzugreifen. Die beiden einzigen Eigenschaften, die ConfigurationManager veröffentlicht, lauten AppSettings und ConnectionStrings, über die der Zugriff auf die Abschnitte <appSettings>- und <connectionStrings> möglich wird.

Eigenschaft	Beschreibung
AppSettings	Ruft die AppSettingsSection-Daten für die Standardkonfiguration ab.
ConnectionStrings	Ruft die ConnectionStringsSection-Daten für die Standardkonfiguration ab.

Tabelle 15.2 Die Eigenschaften der Klasse »ConfigurationManager«

Nicht viel größer ist die Anzahl der Methoden. Die wichtigsten finden Sie in Tabelle 15.3.

Methode	Beschreibung
GetSection	Ruft einen angegebenen Konfigurationsabschnitt für die Standardkonfiguration ab.
OpenExeConfiguration	Öffnet die angegebene Clientkonfigurationsdatei als Configuration-Objekt.
OpenMachineConfiguration	Öffnet die Computerkonfigurationsdatei auf dem aktuellen Computer als Configuration-Objekt.
RefreshSection	Aktualisiert den benannten Abschnitt.

Tabelle 15.3 Die Methoden der Klasse »ConfigurationManager«

`Configuration` repräsentiert die Einstellungen einer Anwendung oder des Computers. Die Implementierung der Klasse berücksichtigt dabei, dass Anwendungen die Einstellungen in `machine.config` erben. `Configuration` ist konstruktorlos. Die Klasse `ConfigurationManager` stellt beim Aufruf entsprechender Methoden (`OpenExeConfiguration` und `OpenMachineConfiguration`) die Referenz auf das `Configuration`-Objekt zur Verfügung.

`Configuration` gibt uns mit seinen Eigenschaften und Methoden alle Mittel an die Hand, um Sektionen bzw. Sektionsgruppen abzurufen, den physikalischen Pfad der Konfigurationsdatei abzurufen und Einstellungen zu speichern. In den Tabellen 15.4 und 15.5 sind die wichtigsten Eigenschaften und Methoden aufgeführt.

Eigenschaft	Beschreibung
AppSettings	Ruft den Konfigurationsabschnitt des AppSettingsSection-Objekts ab.
ConnectionStrings	Ruft ein ConnectionStringsSection-Konfigurationsabschnittsobjekt ab.
FilePath	Ruft den physikalischen Pfad zu der Konfigurationsdatei ab.
Locations	Ruft die in diesem Configuration-Objekt definierten Speicherorte ab.
RootSectionGroup	Ruft die Stamm-ConfigurationSectionGroup ab.
SectionGroups	Ruft eine Auflistung der von dieser Konfiguration definierten Abschnittsgruppen ab.
Sections	Ruft eine Auflistung der von dieser Konfiguration definierten Abschnitte ab.

Tabelle 15.4 Die Eigenschaften eines »Configuration«-Objekts

Methode	Beschreibung
GetSection	Gibt das angegebene ConfigurationSection-Objekt zurück.
GetSectionGroup	Ruft das angegebene ConfigurationSectionGroup-Objekt ab.
Save	Schreibt die Konfigurationseinstellungen in die aktuelle XML-Konfigurationsdatei.
SaveAs	Schreibt die Konfigurationseinstellungen in die angegebene XML-Konfigurationsdatei.

Tabelle 15.5 Die Methoden eines »Configuration«-Objekts

Wie Sie die Klassen `Configuration` und `ConfigurationManager` einsetzen können, zeige ich Ihnen im folgenden Abschnitt.

15.3.6 Editierbare, anwendungsbezogene Einträge mit <appSettings>

Einträge, die Sie in der Anwendungskonfigurationsdatei im Abschnitt `<applicationSettings>` vornehmen, sind nicht editierbar – zumindest aus dem Code einer Anwendung heraus. Man kann die Werte jedoch jederzeit ändern, indem man die Datei mit einem beliebigen Editor öffnet. Das ist insofern sinnvoll, weil auf diese Weise nicht ein Benutzer von den Änderungen eines anderen Benutzers abhängig gemacht wird.

Nichtsdestotrotz könnten Sie als Entwickler auch einmal in die Situation kommen, aus dem Code heraus eine anwendungsweite Einstellung ändern zu wollen oder eine neue hinzuzufügen. Das kann nur in der Sektion `<appSettings>` erfolgen. Das folgende Beispiel `AppSettingsSample` zeigt, wie Sie mit den Klassen `Configuration` und `ConfigurationManager` die Einstellungen in `<appSettings>` beeinflussen können.

```
// ---------------------------------------------------------
// Beispiel: ...\Kapitel 15\AppSettingsSample
// ---------------------------------------------------------
class Program {
  static void Main(string[] args) {
    Console.WriteLine("Ursprüngliche 'appSettings'-Einstellungen:");
    ShowAppSettings();
    Console.WriteLine("\nHinzufügen eines Eintrags:");

    // Bezeichner des Eintrags festlegen
    string entry = "Nummer" + ConfigurationManager.AppSettings.Count;

    // 'appSettings'-Eintrag hinzufügen
    Configuration config = ConfigurationManager.
       OpenExeConfiguration(ConfigurationUserLevel.None);
    config.AppSettings.Settings.Add(entry,
                         DateTime.Now.ToLongTimeString());

    // Ändern des ersten Eintrags
    if (config.AppSettings.Settings.Count > 2)
      config.AppSettings.Settings["Nummer" +
        (config.AppSettings.Settings.Count - 3)].Value = "veraltet";

    // Speichern aller Änderungen
    config.Save(ConfigurationSaveMode.Modified);

    // Erneutes Auslesen der Sektion 'appSettings'
    ConfigurationManager.RefreshSection("appSettings");
    Console.WriteLine("\nGeänderte 'appSettings'-Einstellungen:");
    ShowAppSettings();
```

```
    // Anzeige des letzten Eintrags in der Konfigurationsdatei
    Console.WriteLine("\nDer letzte Eintrag ist {0}",
               ConfigurationManager.AppSettings[entry]);
    Console.ReadLine();
  }

  static void ShowAppSettings() {
    string[] names = ConfigurationManager.AppSettings.AllKeys;
    NameValueCollection appStgs = ConfigurationManager.AppSettings;
    for (int i = 0; i < appStgs.Count; i++) {
      Console.WriteLine("Nr.{0} - Wert: {1}", i, appStgs[i]);
  }
}
```

Wenn Sie die Anwendung testen wollen, dürfen Sie sie nicht aus der Entwicklungsumgebung heraus starten, sondern müssen das Kompilat starten. Ansonsten werden Sie den Effekt nicht sehen können, weil die Datei *App.config* permanent neu geschrieben wird. Abbildung 15.15 zeigt die Ausgabe der Anwendung.

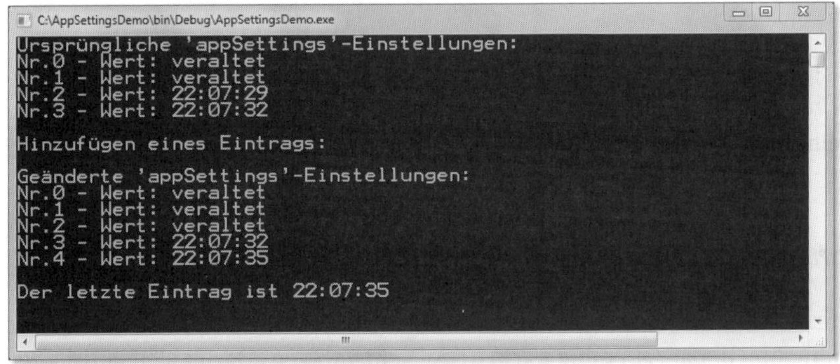

Abbildung 15.15 Die Ausgabe des Beispiels »AppSettingsSample«

Bei jedem Neustart wird ein zusätzlicher Eintrag in die Anwendungskonfigurationsdatei geschrieben. Es handelt sich hierbei um die aktuelle Uhrzeit. Allerdings sollen nur die beiden letzten Starts auf diese Weise protokolliert werden, alle anderen Einträge werden mit »veraltet« überschrieben.

Für die Ausgabe des aktuellen Inhalts sorgt die Methode `ShowAppSettings`, in der zuerst alle namentlichen Einträge mit

```
string[] names = ConfigurationManager.AppSettings.AllKeys;
```

abgefragt werden. `ConfigurationManager.AppSettings` liefert uns die Referenz auf ein Objekt vom Typ `NameValueCollection`. In diesem sind alle Elemente mit einem eindeutigen

Schlüssel, einer Zeichenfolge, eingetragen. Alle Schlüssel werden als Array von der Eigenschaft `AllKeys` bereitgestellt. In einer Schleife werden alle Schlüssel abgegriffen und die zugeordneten Werte an der Konsole ausgegeben.

Als Collection stellt eine `NameValueCollection` passende Methoden bereit, um die Einträge zu manipulieren. Wir benutzen die Methode `Add`, um einen Neueintrag hinzuzufügen, und übergeben als Argumente den zuvor gebildeten neuen Elementnamen und anschließend die aktuelle Uhrzeit.

```
config.AppSettings.Settings.Add(entry, DateTime.Now.ToLongTimeString());
```

Da wir beabsichtigen, den Neueintrag auch zu speichern, benötigen wir ein `Configuration`-Objekt. Mit

```
Configuration config =
ConfigurationManager.OpenExeConfiguration(ConfigurationUserLevel.None);
```

holen wir uns die Referenz auf das benötigte Objekt, das die Anwendungskonfigurationsdatei verkörpert. Für das Speichern steht uns mit `Save` die passende, überladene Methode zur Verfügung.

```
config.Save(ConfigurationSaveMode.Modified);
```

Wir müssen nur sagen, welche Elemente wir zu speichern gedenken. Dazu erwartet die von uns bevorzugte Überladung die entsprechende Angabe. Die Enumeration `ConfigurationSaveMode` beschreibt mit `Full`, `Minimal` und `Modified` alle denkbaren Fälle.

15.4 Versionsumleitung in einer Konfigurationsdatei

Kommen wir zurück zu unserer Klassenbibliothek `GeometricObjects`. Zuletzt hatten wir diese als globale Assembly im Global Assembly Cache (GAC) eingetragen. Darüber hinaus hatten wir auch die Version 2.0.0.0 von `GeometricObjects` erstellt und mit einer Setup-Routine im GAC registriert. Die Testanwendung `TestApplication`, die mit Version 1.0.0.0 kompiliert und installiert worden ist, benutzt immer noch die ursprüngliche erste Version und kann noch nicht von der neueren profitieren. Angedeutet hatte ich zum Ende von Abschnitt 15.2.4, bereits, dass wir über eine Konfigurationsdatei erreichen können, dass *TestApplication* nicht mehr Version 1.0.0.0 aufruft, sondern die Version 2.0.0.0. Jetzt, nachdem Sie die Konfigurationsdateien kennengelernt haben, ist der Zeitpunkt gekommen, Ihnen das zu zeigen.

Natürlich können Sie die Anwendungskonfigurationsdatei mit allen notwendigen Einträgen manuell anlegen bzw. eine vorhandene ergänzen. Es geht aber einfacher über ein administratives Konfigurationstool, dessen Bedienung ich Ihnen nun Schritt für Schritt zeige.

Öffnen Sie über die SYSTEMSTEUERUNG den Dialog VERWALTUNG, und doppelklicken Sie darin auf MICROSOFT .NET FRAMEWORK 2.0-KONFIGURATION. In dem Fenster, das daraufhin angezeigt wird, öffnen Sie den Knoten ARBEITSPLATZ. Markieren Sie hier den untersten Listenpunkt, ANWENDUNGEN. Im rechten Teilbereich sehen Sie danach den Link ZU KONFIGURIERENDE ANWENDUNG HINZUFÜGEN (siehe Abbildung 15.16).

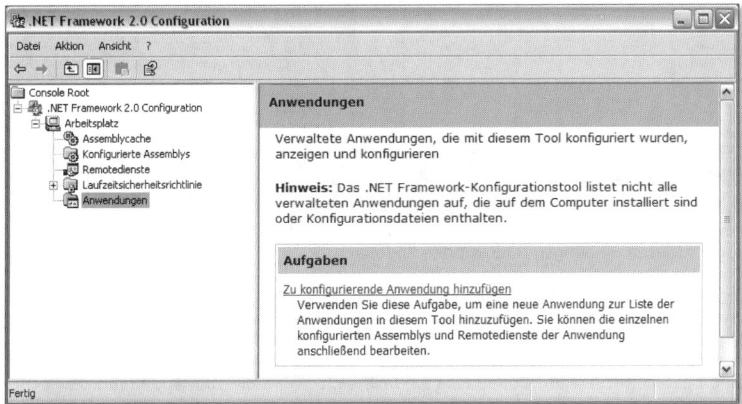

Abbildung 15.16 Das .NET-Konfigurationstool

Wenn Sie auf den Link klicken, können Sie in einem weiteren Fenster die Anwendung suchen, die Sie konfigurieren möchten. In unserem Fall ist es die Anwendung *TestApplication.exe*. Diese wird nun dem Knoten ANWENDUNGEN des Konfigurationstools hinzugefügt, während im rechten Bereich mehrere Links angeboten werden (siehe Abbildung 15.17).

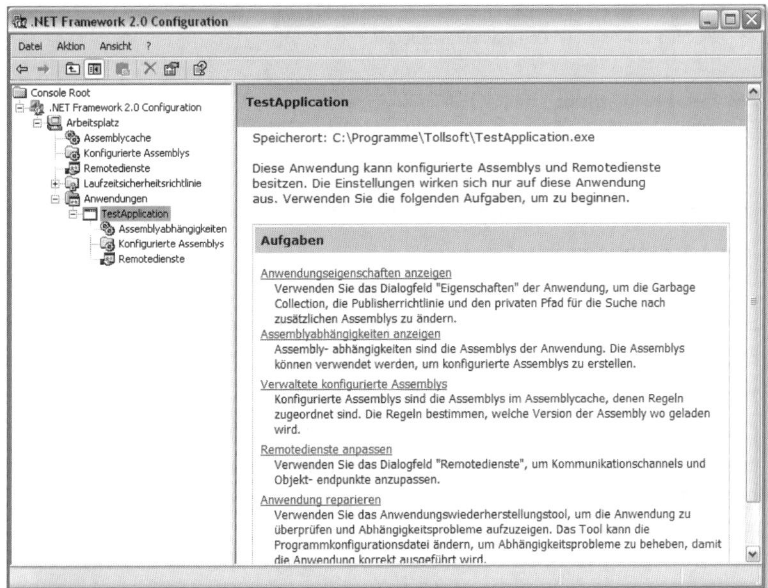

Abbildung 15.17 Die zu konfigurierende Anwendung »TestApplication«

Klicken Sie auf VERWALTETE KONFIGURIERTE ASSEMBLYS. Die Ansicht des rechten Fensterbereichs bietet Ihnen daraufhin mit LISTE DER KONFIGURIERTEN ASSEMBLYS ANZEIGEN und ASSEMBLY KONFIGURIEREN zwei Auswahlmöglichkeiten (siehe Abbildung 15.18). Sie müssen sich für letztgenannte entscheiden.

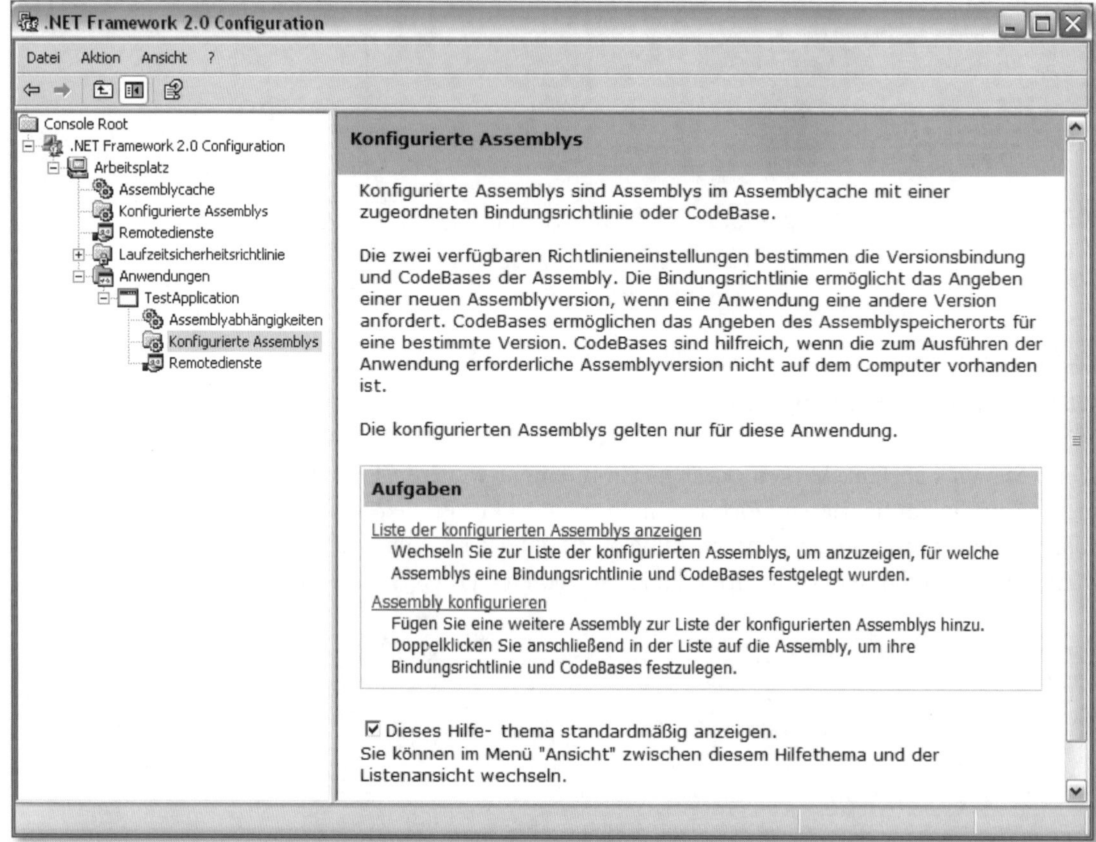

Abbildung 15.18 Konfigurierte Assemblys einer Anwendung

Geben Sie im Dialog EINE ASSEMBLY KONFIGURIEREN nun die entsprechende Assembly an. Da unser Ziel eine Versionsumleitung ist, müssen Sie `GeometricObjects` ausgehend vom in Abbildung 15.19 gezeigten Dialog suchen. Es wird Ihnen dabei eine Liste des GAC angezeigt, in der `GeometricObjects` zweimal vertreten ist (in den Versionen 1.0.0.0 und 2.0.0.0). Welche Sie auswählen, spielt im Zusammenhang mit unserer Zielsetzung keine Rolle. Dass Sie im oberen Bereich der deutschen Version des Konfigurationstools einen schwarzen Bereich sehen ... na ja, auch Microsofts Entwicklerteam ist bekanntlich nicht ganz unfehlbar.

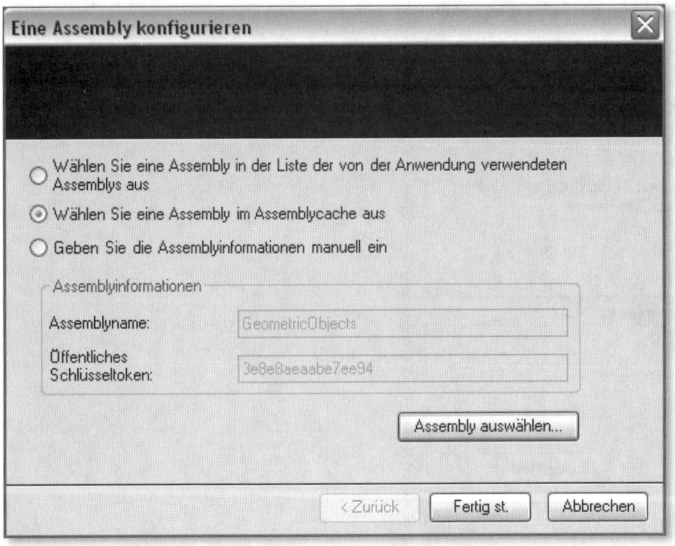

Abbildung 15.19 Der Eintrag der zu konfigurierenden Assembly

Nachdem Sie die zu konfigurierende Assembly `GeometricObjects` bekannt gegeben haben und im Dialog auf FERTIG STELLEN geklickt haben, wird ein neues Fenster geöffnet, wie in Abbildung 15.20 gezeigt. Hier aktivieren Sie den Karteireiter BINDUNGSRICHTLINIE. Der Moment ist gekommen, um nun endlich die aufzurufende Version der Assembly `GeometricObjects` für die Anwendung `TestApplication` festzulegen. Nehmen Sie die Einträge wie in Abbildung 15.21 vor, und schließen Sie dann das Konfigurationstool.

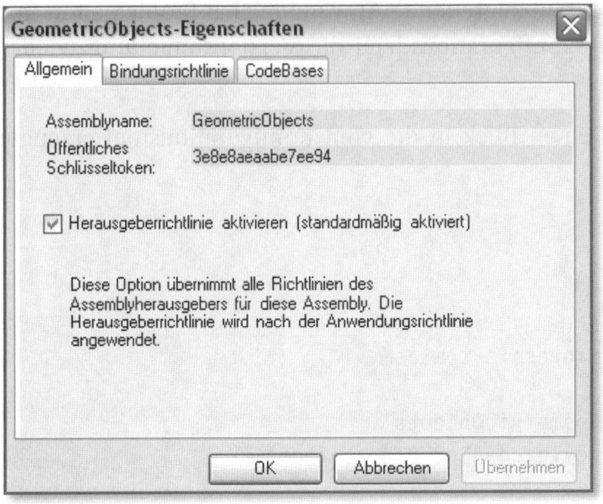

Abbildung 15.20 Das Fenster, um die globale Assembly zu konfigurieren

Abbildung 15.21 Angabe der neuen Assembly-Version

Navigieren Sie nun zu der Installation von *TestApplication.exe*. Sie werden sofort sehen, dass das Konfigurationstool eine Anwendungskonfigurationsdatei erzeugt hat. Starten Sie *TestApplication*, wird die neuere Version von *GeometricObjects* aufgerufen, was Sie an der Konsolenausgabe `2.0.0.0` erkennen.

Tatsächlich ist es uns gelungen, eine Anwendung ohne Neukompilierung anzuweisen, eine andere externe Komponentenversion aufzurufen. Angenommen, die externe Komponente ist nicht abwärtskompatibel und die darauf zugreifende Anwendung hat Probleme mit ihr, dann können Sie in der Anwendungskonfigurationsdatei die Versionsumleitung wieder löschen.

Werfen wir zum Schluss auch noch einen Blick in die vom Konfigurationstool erzeugte Anwendungskonfigurationsdatei:

```
<?xml version="1.0"?>
<configuration>
  <runtime>
    <assemblyBinding
            xmlns="urn:schemas-microsoft-com:asm.v1">
      <dependentAssembly>
        <assemblyIdentity name="GeometricObjects"
                          publicKeyToken="3e8e8aeaabe7ee94" />
        <publisherPolicy apply="yes" />
        <bindingRedirect oldVersion="1.0.0.0"
                         newVersion="2.0.0.0" />
```

```
      </dependentAssembly>
    </assemblyBinding>
  </runtime>
</configuration>
```

Maßgeblich sind die beiden Attribute oldVersion und newVersion, die die Versionsumleitung bewirken. Wie reagiert aber die Laufzeitumgebung, wenn unter oldVersion und/oder newVersion Angaben enthalten sind, die nicht den Einträgen im GAC entsprechen?

Die Angabe der alten, zu ersetzenden Komponentenversion spielt zunächst keine Rolle. Existiert die Version nicht, wird die Versionsumleitung ignoriert und die notwendige Bindungsinformation aus dem Manifest bezogen. Etwas sensibler ist die Reaktion, wenn unter newVersion eine Versionsnummer angegeben ist, die im GAC nicht vertreten ist – es kommt zu einem Laufzeitfehler vom Typ FileLoadException. Es gilt die Regel: Verweist das Attribut oldVersion auf eine Komponentenversion, die im GAC registriert ist, muss auch das Attribut newVersion eine bekannte Versionsnummer beinhalten.

Häufig kommt es vor, dass mehrere ältere Versionen durch eine neue ersetzt werden können. Um einer Anwendungskonfigurationsdatei mehr Allgemeingültigkeit mit auf den Weg zu geben, kann man hinter oldVersion einen Versionsbereich festlegen, zum Beispiel:

```
<bindingRedirect oldVersion="3.0.3.0-3.0.7.0" newVersion="3.0.12.0"/>
```

Sind auf dem Anwenderrechner mehrere .NET-Anwendungen installiert, die sich der Komponente GeometricObjects bedienen, müssen Sie nicht zu jeder Anwendung eine Anwendungskonfigurationsdatei bereitstellen, um den Aufruf auf die neuere Version zu initiieren. Tragen Sie stattdessen alle mit der Umleitung in Beziehung stehenden XML-Elemente in machine.config ein.

15.4.1 Herausgeberrichtliniendatei

Eine Herausgeberrichtliniendatei ist eine Konfigurationsdatei, die vom Komponentenentwickler zu einer Assembly kompiliert und im GAC installiert worden ist. Das Kompilat, die sogenannte Herausgeberrichtlinien-Assembly, wird zusammen mit einer überarbeiteten globalen Assembly ausgeliefert. Herausgeberrichtliniendateien bieten sich insbesondere dann an, wenn in der älteren Version einer globalen Assembly ein Fehler festgestellt wurde und der Entwickler der globalen Assembly sicherstellen möchte, dass sich alle Anwendungen an die neue Version binden.

Der Inhalt der Herausgeberrichtliniendatei entspricht strukturell dem einer Anwendungskonfigurationsdatei. Der Name der Datei darf beliebig festgelegt werden. Für das Erzeugen der Herausgeberrichtlinien-Assembly müssen Sie allerdings auf ein Kommandozeilentool zurückgreifen, weil es keinen entsprechenden Assistenten in Visual Studio 2010 gibt. Bei dem Tool handelt es sich um den Assembly Linker *al.exe*, der im Verzeichnis

\Programme\Microsoft SDKs\Windows\v7.0A\bin

zu finden ist. An der Eingabeaufforderung muss ein verhältnismäßig komplexer Befehl abgesetzt werden, in dem zuerst der Name der Publisherrichtliniendatei, also der XML-Datei, angegeben wird, daran anschließend der Name der resultierenden Herausgeberrichtlinien-Assembly und zum Schluss auch noch die Schlüsseldatei:

```
al /link:<Publisherrichtliniendatei> /out:<Ausgabedatei> /keyfile:<SNK-Datei>
```

Dem Bezeichner der Ausgabedatei, also der Herausgeberrichtlinien-Assembly, ist besondere Aufmerksamkeit zu widmen, da er ein besonderes Format aufweisen muss. Er könnte beispielsweise lauten:

```
policy.1.0.GeometricObjects.dll
```

Dem Bezeichner ist das Wort `policy` voranzustellen, dem sich, jeweils durch einen Punkt getrennt, die Versionsnummer der Assembly anschließt, die aus einer Haupt- und einer Nebennummer besteht. Danach wird noch die DLL-Datei der Assemblierung genannt.

Damit könnte der Befehl zur Generierung einer Publisherrichtlinien-Assembly wie folgt lauten:

```
al /link:new.config /out:policy.1.0.GeometricObjects.dll /keyfile:MyKey.snk
```

Eine Bindung an eine neue Assembly-Version im GAC umzuleiten, ist ein gravierender Eingriff auf dem Rechner eines Benutzers. Durch die Angabe der Schlüsseldatei, die natürlich dieselbe sein muss, mit der auch der starke Name der Assembly erzeugt wird, sichert der Entwickler seine Berechtigung für diesen Eingriff zu.

Die Herausgeberrichtlinien-Assembly muss zusammen mit der Assembly im GAC installiert werden. Dazu können Sie wieder das Tool `gacutil` mit dem Schalter `/i` benutzen, z. B. so:

```
gacutil /i policy.1.0.ProcessServer.dll
```

Einfacher ist es auch hier, die Herausgeberrichtlinien-Assembly zusammen mit der überarbeiteten globalen Assembly in eine Installationsroutine des Windows Installers zu verpacken, um den Prozess benutzerfreundlich zu automatisieren.

15.5 XML-Dokumentation

In C# lässt sich der Programmcode bereits innerhalb des Codeeditors dokumentieren. Dazu werden XML-Tags in spezielle Kommentarfelder des Quellcodes eingefügt, die unmittelbar vor dem Codeblock stehen, auf den sie sich beziehen. Auf diese Weise können Typen wie Klassen, Enumerationen, Delegates, Schnittstellen und Strukturen sowie deren Eigenschaften, Felder, Methoden, Ereignisse usw. beschrieben werden.

Der Clou bei der XML-Dokumentation ist, den Code mit zusätzlichen Informationen zu versorgen, die sowohl in der IntelliSense-Hilfe, als auch im Objektkatalog nachzulesen sind. Darüber hinaus lässt sich die XML-Dokumentation auch in XML-Dateien veröffentlichen. Die XML-Dokumentationsdateien ersetzen sicherlich nicht eine konventionelle und aufwendige Dokumentation, können aber dennoch zumindest unterstützend bei der Entwicklung hilfreich sein.

15.5.1 Prinzip der XML-Dokumentation

Nehmen wir zu Demonstrationszwecken die Methode `GetArea` der Klasse `Circle`, die wir dokumentieren möchten:

```
public static double GetFlaeche(int radius) {
  return Math.PI * Math.Pow(radius, 2);
}
```

XML-Dokumentationen werden dem Element vorangestellt, das dokumentiert werden soll. Eingeleitet werden die Kommentarfelder mit drei Schrägstrichen. Wenn Sie den Cursor vor das zu dokumentierende Element positionieren und die drei einleitenden Schrägstriche in den Code vor eine Klassendefinition schreiben, wird der folgende XML-Kommentar automatisch ergänzt:

```
/// <summary>
///
/// </summary>
/// <param name="radius"></param>
/// <returns></returns>
```

Zwischen dem ein- und ausleitenden `<summary>`-Tag können Sie eine Beschreibung eintragen, die später vom zu generierenden XML-Dokument übernommen wird. Zudem wird die Beschreibung in der IntelliSense-Hilfe und im Objektkatalog angezeigt. Die Beschreibung zwischen `<summary>` und `</summary>` sollte kurz gehalten werden. Für ausführlichere Beschreibungen steht Ihnen mit `<remarks>` ein geeigneteres Tag zur Verfügung.

Sie können sehen, dass über `<summary>` hinaus noch weitere vordefinierte XML-Dokumentationstags angeboten werden. Das Attribut `name` des `<param>`-Tags enthält den Bezeichner des Parameters. Zwischen dem ein- und ausleitenden Tag dürfen Sie auch eine spezifische Beschreibung eintragen. Diese wird vom späteren XML-Dokument übernommen und im Objektkatalog angezeigt, allerdings nicht in IntelliSense. `<returns>` dient zur Beschreibung des Rückgabewertes. Für dieses Tag gilt hinsichtlich der Anzeige dasselbe wie für `<param>`.

Sehen wir uns an dieser Stelle einmal einen etwas aufwendigeren XML-Kommentar sowie dessen Auswirkungen an:

```
/// <summary>
/// Berechnet die Fläche eines beliebigen Kreises
/// </summary>
/// <param name="radius">Geben Sie hier den Radius des zu
                        berechnenden Kreises an
/// </param>
/// <returns>Liefert die Kreisfläche</returns>
/// <remarks>Die Methode ist 'static' definiert.
/// <para>Sie müssen diese Methode auf dem Klassenbezeichner aufrufen.
/// </para>
/// </remarks>
public static double GetFlaeche(double radius) {
  return Math.PI * Math.Pow(radius, 2);
}
```

Mit dem Objektkatalog, der über das Menü ANSICHT geöffnet wird, können Sie Objekte (Namespaces, Klassen, Strukturen, Schnittstellen, Typen, Enumerationen usw.) und ihre Member (Eigenschaften, Methoden, Ereignisse, Variablen, Konstanten, Enumerationselemente) aus verschiedenen Komponenten suchen und überprüfen. Bei diesen Komponenten kann es sich um Projekte in der Projektmappe, um referenzierte Komponenten innerhalb dieser Projekte und um externe Komponenten handeln.

Schauen Sie sich im Objektkatalog nun die Ausgabe zu der Methode `GetArea` an (siehe Abbildung 15.22).

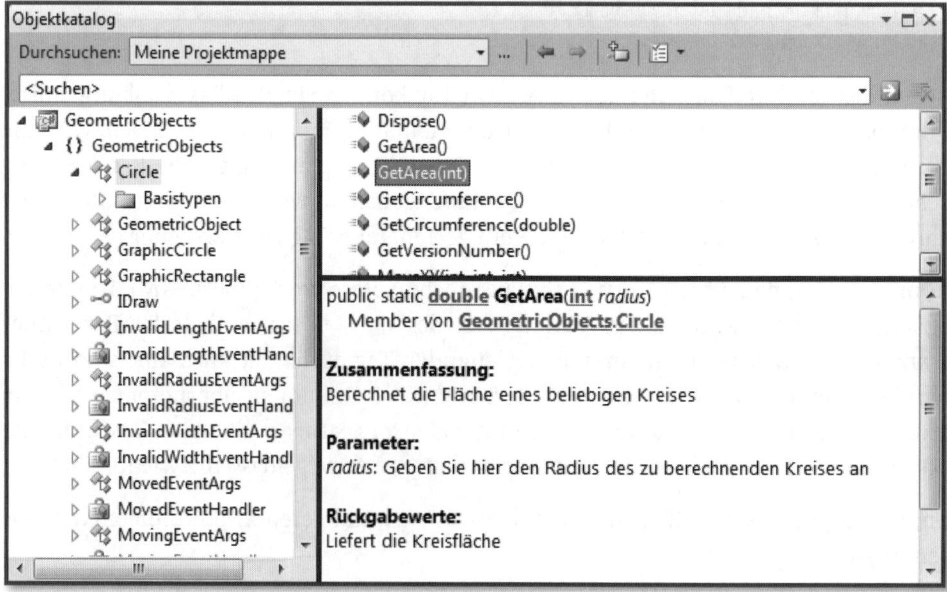

Abbildung 15.22 Ausgabe des XML-Kommentars im Objektkatalog

Ich glaube, dass Sie auch ohne eine langatmige Beschreibung erkennen können, welche Bereiche den einzelnen Tags zugeordnet werden. Im Codeeditor hingegen wird nur die Beschreibung angezeigt, die hinter `<summary>` angegeben ist (siehe Abbildung 15.23).

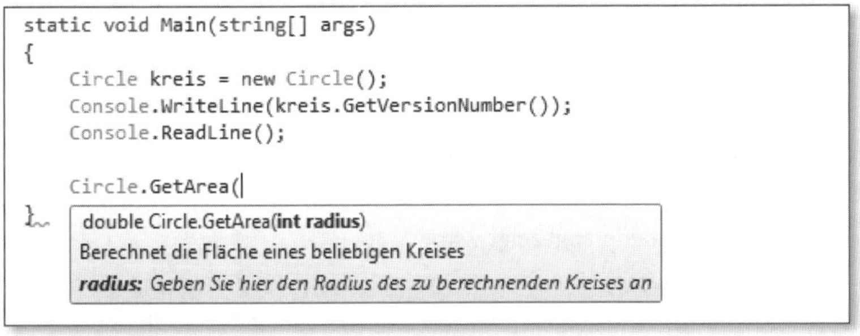

```
static void Main(string[] args)
{
    Circle kreis = new Circle();
    Console.WriteLine(kreis.GetVersionNumber());
    Console.ReadLine();

    Circle.GetArea(
}
```

double Circle.GetArea(**int radius**)
Berechnet die Fläche eines beliebigen Kreises
radius: *Geben Sie hier den Radius des zu berechnenden Kreises an*

Abbildung 15.23 Anzeige der XML-Dokumentinformationen im Codeeditor

15.5.2 XML-Kommentar-Tags

Ich habe Ihnen bisher einige, aber nicht alle Tags vorgestellt, die zur XML-Dokumentation dienen. In Tabelle 15.6 stelle ich Ihnen alle der Übersicht halber vor.

XML-Dokumentations-Tag	Beschreibung
`<c>`	Kennzeichnet, dass dieser Text in einer Beschreibung als Code erscheinen soll.
`<code>`	Kennzeichnet, dass mehrere Zeilen als Code dargestellt werden sollen.
`<example>`	Kennzeichnet ein Beispiel zur Verwendung einer Klasse oder Methode.
`<exception>`	Wird zur Dokumentation der Ausnahmen verwendet, die von einer Klasse ausgelöst werden können.
`<include>`	Mit diesem Tag kann auf Kommentare in anderen Dateien verwiesen werden, die die Typen und Member im Quellcode beschreiben.
`<list>`	Kennzeichnet eine Liste von Elementen.
`<para>`	Dieses Tag ist für die Verwendung innerhalb eines Tags, wie beispielsweise `<summary>`, `<remarks>` und `<returns>`, vorgesehen und ermöglicht die Strukturierung des Texts.
`<param>`	Dieses Tag sollte im Kommentar für eine Methodendeklaration verwendet werden, um einen der Parameter der Methode zu beschreiben. Der Text wird in IntelliSense und im Objektkatalog über Codekommentare angezeigt.
`<paramref>`	Ein Verweis auf einen anderen Parameter

Tabelle 15.6 Vordefinierte XML-Dokumentations-Tags

XML-Dokumentations-Tag	Beschreibung
<permission>	Wird zur Beschreibung der Zugriffsberechtigungen für ein Member verwendet.
<remarks>	Eine Beschreibung des Elements, die <summary> ergänzt. Die Informationen werden im Objektkatalog angezeigt.
<returns>	Dokumentiert den Rückgabewert einer Methode.
<see>	Wird zum Querverweis auf verwandte Elemente verwendet.
<seealso>	Eine Verknüpfung zum »Siehe auch«-Abschnitt der Dokumentation
<summary>	Eine kurze Beschreibung des Elements, die in IntelliSense und im Objektkatalog angezeigt wird
<typeparam>	Dieses Tag sollte in dem Kommentar für einen generischen Typ oder eine Methodendeklaration zum Beschreiben eines Typparameters verwendet werden. Fügen Sie für jeden Typparameter des generischen Typs oder der Methode ein Tag hinzu.
<typeparamref>	Der Name des Typparameters
<value>	Beschreibt den Wert einer Eigenschaft.

Tabelle 15.6 Vordefinierte XML-Dokumentations-Tags (Forts.)

15.5.3 Generieren der XML-Dokumentationsdatei

Die Typen und deren Member mit XML-Kommentar zu versehen reicht zwar schon aus, um im Objektkatalog oder in der IntelliSense-Hilfe den Benutzer mit grundlegenden Informationen zu versorgen, aber damit wird nicht sofort ein XML-Dokument erzeugt, das sich beispielsweise zu einer Integration in eine Hilfe eignet und durchaus auch noch weitere Informationen bereitstellen kann.

Um aus den XML-Kommentaren eine XML-Dokumentationsdatei zu erzeugen, müssen Sie das Projekteigenschaftsfenster öffnen. Doppelklicken Sie dazu auf den Knoten PROPERTIES. Am rechten Rand sind mehrere Laschen gruppiert; klicken Sie hier auf ERSTELLEN (siehe Abbildung 15.24). Auf der nun angezeigten Registerkarte setzen Sie ein Häkchen neben XML-DOKUMENTATIONSDATEI. Damit ist alles Notwendige erledigt. Die Vorgabe des Ausgabeordners und den Bezeichner der XML-Dokumentationsdatei können Sie im Bedarfsfall auch ändern.

Wir sollten auch einen Blick in das erzeugte Dokument werfen. Das gesamte Dokument wird in <doc>-Tags eingefasst. <doc> umfasst neben der Bekanntgabe des Dokumentationsnamens in <assembly> im Bereich <members> auch alle Tags, die wir im Codeeditor aufgeführt haben.

```
<?xml version="1.0"?>
<doc>
  <assembly>
```

```
    <name>CircleApplication6</name>
  </assembly>
  <members>
     <member name="M:CircleApplication.Circle.
                              GetFlaeche(System.Double)">
     <summary> Berechnet die Fläche eines beliebigen Kreises
     </summary>
     <param name="radius">Geben Sie hier den Radius des zu
                          berechnenden Kreises an
    </param>
    <returns>Liefert die Kreisfläche</returns>
    <remarks>Die Methode ist als 'static' definiert.
    <para>Sie müssen diese Methode auf dem Klassenbezeichner aufrufen.
    </para>
    </remarks>
    </member>
  </members>
</doc>
```

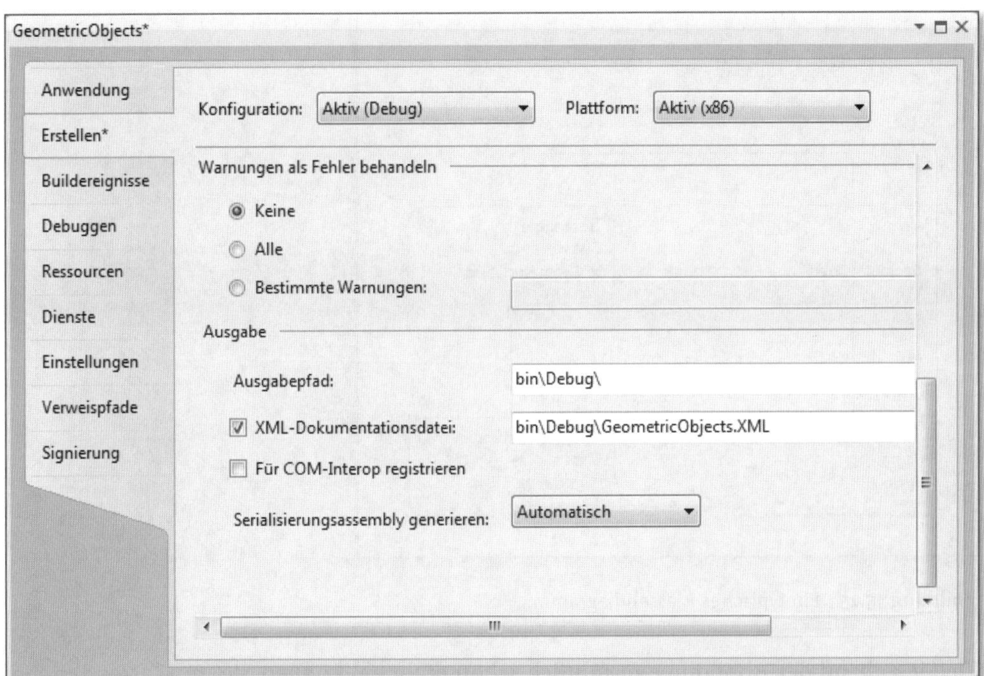

Abbildung 15.24 So stellen Sie die Erzeugung eines XML-Dokumentationsdokuments ein.

15.6 Der Klassendesigner (Class Designer)

In vielen Unternehmen erstellen die Entwickler während der Designphase das Klassendesign mithilfe der UML (Unified Modeling Language), um die schwierigen und komplexen Anforderungen an eine ausgefeilte Software zu erfüllen. UML ist eine Spezifikation, die eine Reihe von Diagrammen definiert, mit denen eine objektorientierte Software während der Designphase nicht nur visuell dargestellt, sondern auch modelliert werden kann. Mit dem Klassendiagramm von UML lassen sich zum Beispiel Klassen samt ihrer Beziehungen und der Vererbungslinien darstellen.

In Visual Studio 2010 ist mit dem Klassendesigner ein Werkzeug integriert, mit dem Sie Klassendiagramme modellieren können, die den UML-Klassendiagrammen ähneln.

15.6.1 Ein typisches Klassendiagramm

In Abbildung 15.25 sehen Sie einen Ausschnitt des gesamten Klassendiagramms der Anwendung *GeometricObjects*.

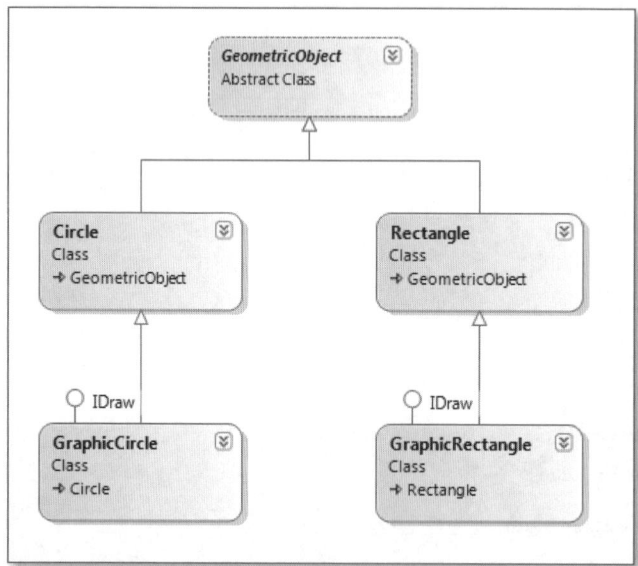

Abbildung 15.25 Ein typisches Klassendiagramm

Wie Sie anhand der Abbildung vermutlich schon erahnen, können Sie im Klassendesigner anschaulich komplexe Zusammenhänge zwischen den Klassen erkennen und deren Struktur analysieren. Dabei ist ein Klassendiagramm nicht nur auf Klassen beschränkt, wie im ersten Moment vielleicht zu vermuten wäre. Ebenso lassen sich alle anderen Typdefinitionen des .NET Frameworks abbilden, also Strukturen, Delegates, Schnittstellen usw.

Änderungen und Ergänzungen, die Sie im Klassendesigner vornehmen, tragen sofort im Programmcode Früchte: Er passt sich den Änderungen im Klassendiagramm an und übernimmt beispielsweise zusätzliche Typdefinitionen. Ändern Sie den Programmcode, werden die Änderungen auch vom Klassendiagramm direkt übernommen. Das hört sich nicht nur gut an, es funktioniert auch ganz prima. Leider können Sie im Designer immer noch keine generische Typen definieren. Im Vergleich zu den Vorgängerversionen Visual Studio 2005/2008 hat sich da bedauerlicherweise nichts geändert.

In Abbildung 15.26 sehen Sie den Klassendesigner in der Entwicklungsumgebung von Visual Studio 2010. In erster Linie werden wir es während der Klassenmodellierung mit drei Fenstern zu haben:

- mit der Toolbox, in der uns alle Elemente angeboten werden, die wir mit Drag&Drop in den Designer ziehen können
- mit dem Klassendiagramm, in dem alle am Designprozess beteiligten Typen visualisiert dargestellt sind
- mit dem Fenster der Klassendetails, mit denen die Member eines Typs analysiert, geändert oder hinzugefügt werden können

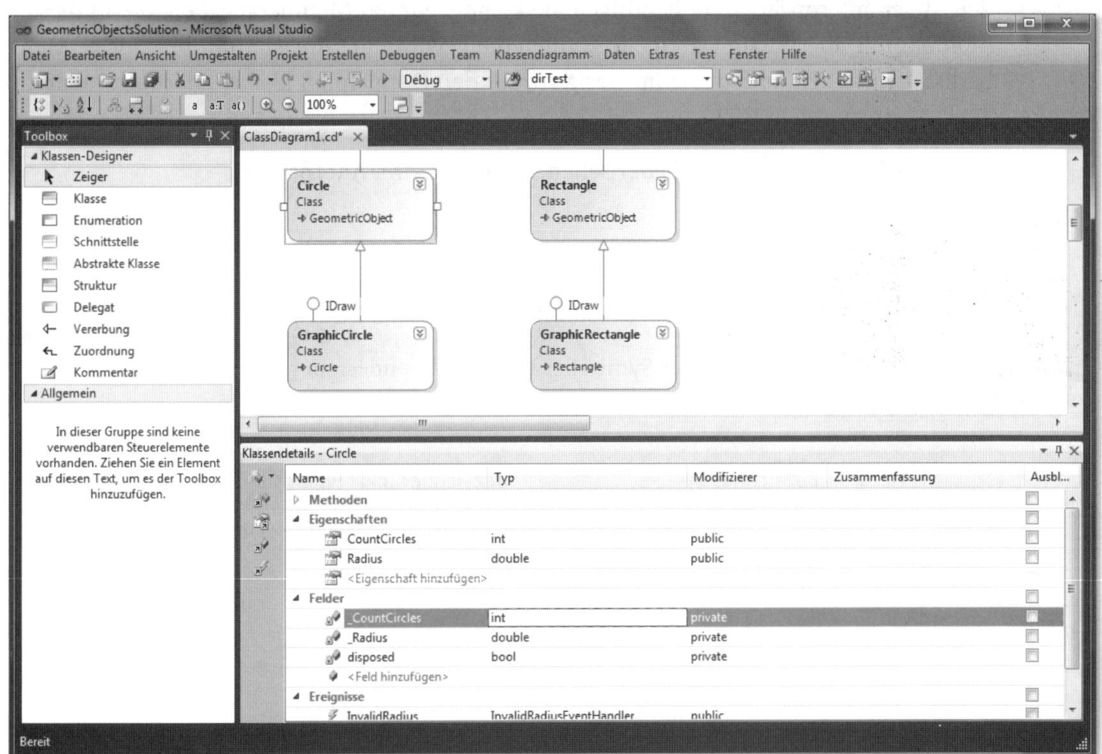

Abbildung 15.26 Entwicklungsumgebung des Klassendesigners

15.6.2 Hinzufügen und Ansicht von Klassendiagrammen

Ein Klassendiagramm ist die Sicht auf die Typstruktur des Programmcodes. Klassendiagramme sind zwar Teil eines Projekts, müssen aber ausdrücklich hinzugefügt werden. Öffnen Sie dazu das Kontextmenü des Projekts im Projektmappen-Explorer, und wählen Sie KLASSENDIAGRAMM ANZEIGEN. Sie kommen auch über den Menüpunkt HINZUFÜGEN • NEUES ELEMENT... zum Ziel.

Dem Projekt wird eine Datei mit der Endung *.cd* hinzugefügt. Handelt es sich um die erste Klassenansicht im Projekt, lautet der Bezeichner der Datei standardmäßig *ClassDiagram1.cd*. Im Designbereich von Visual Studio 2010 sehen Sie anschließend das Klassendiagramm mit allen Typen, die bis zu diesem Zeitpunkt im Projekt mittels Programmcode definiert worden sind. Bei einem zuvor angelegten Konsolenprojekt ist das nur die Klasse `Program`. Die *.cd*-Datei ist eine XML-Datei, die nicht nur die einzelnen Typen, sondern auch deren Eigenschaften, Methoden usw. samt deren Parametern exakt beschreibt, die im Klassendiagramm dargestellt werden.

Die in einem Klassendiagramm visualisierten Typen können Sie sich ganz nach Wunsch mehr oder weniger detailliert anzeigen lassen. Wenn Sie nur an den Beziehungen zwischen den Typen interessiert sind, benötigen Sie keine weiteren Memberangaben, die in diesem Moment nur überflüssig wären. Sie können die gewünschte Ansicht (mit bzw. ohne Memberliste) einstellen, indem Sie im Designer auf den Doppelpfeil klicken, der links oben im Typrahmen zu sehen ist.

Möchten Sie die Klassenmitglieder sehen, haben Sie drei Alternativen:

- nur die Bezeichner
- die Bezeichner einschließlich der Typangabe
- die Bezeichner einschließlich der kompletten Signatur

Die Umschaltung erfolgt in der Symbolleiste des Klassendesigners (siehe Abbildung 15.27).

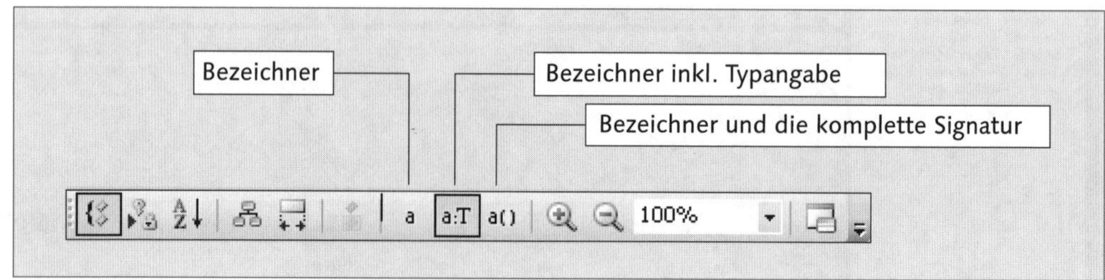

Abbildung 15.27 Symbolleiste des Klassendesigners

15.6.3 Die Toolbox des Klassendesigners

In der Toolbox werden ganz im Sinne des Klassendesigners Elemente angeboten, die Sie mittels Drag&Drop in den Designbereich ziehen können. Dazu zählen nicht nur Klassen, Strukturen, Delegates und Enumerationen, sondern auch Vererbungs- und Zuordnungslinien.

Abbildung 15.28 Toolbox des Klassendesigners

15.6.4 Das Fenster »Klassendetails«

Für die im Klassendiagramm aktuell markierte Klasse werden die Klassenmitglieder im Fenster KLASSENDETAILS unterhalb des Klassendiagramms angezeigt. Sollte bei Ihnen dieses Fenster nicht zu sehen sein, können Sie es über ANSICHT • WEITERE FENSTER öffnen. Dieses Fenster erlaubt das Hinzufügen und Editieren folgender Klassenmitglieder:

- Methoden
- Eigenschaften
- Felder
- Ereignisse

Das Fenster hat zudem eine linksbündige Symbolleiste mit fünf Schaltflächen. Die unteren vier dienen zur Navigation innerhalb der Liste. Mit der oberen können Sie alle denkbaren Mitgliedstypen hinzufügen, einschließlich der Angabe von Typ und Zugriffsmodifizierer. Die Spalte ZUSAMMENFASSUNG unterstützt das `<summary>`-Tag der XML-Dokumentation.

Die rechte Spalte, AUSBLENDEN, hat keinen Einfluss auf die Klassendefinition und wirkt sich nur auf die Anzeige des betreffenden Members im Klassendiagramm aus.

Jeder Methodeneintrag ist mit einem Knoten versehen. Wenn Sie diesen öffnen, können Sie für die entsprechende Methode alle notwendigen Parameter definieren. Geben Sie den Parameternamen an, tragen Sie den gewünschten Datentyp ein, und wählen Sie – falls erforderlich – einen Parametermodifizierer aus der Liste der Spalte MODIFIZIERER aus.

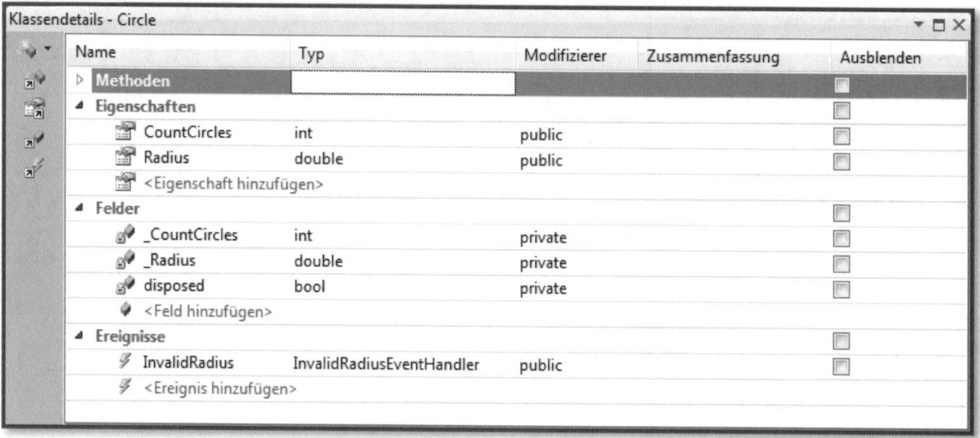

Abbildung 15.29 Fenster »Klassendetails«

Vielleicht fällt Ihnen auf, dass die Modifizierer, die im Zusammenhang mit der Vererbung stehen, nicht zur Auswahl anstehen: `abstract`, `override`, `virtual`, `sealed`. Tatsächlich können diese nur im Eigenschaftsfenster der ausgewählten Methode eingestellt werden. Das Eigenschaftsfenster sollten wir uns noch etwas genauer ansehen, denn hier bieten sich noch weitere Optionen an, die nicht nur die Vererbungsmodifizierer betreffen.

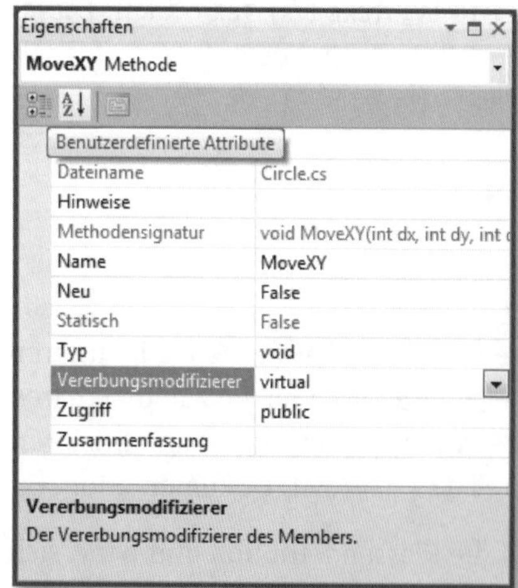

Abbildung 15.30 Eigenschaftsfenster einer Methode im Klassendesigner

Eigenschaft	Beschreibung
`Benutzerdefinierte Attribute`	Der Name ist ein wenig irreführend. Tatsächlich können Sie hier alle Attribute angeben, die mit der Methode verknüpft werden sollen.
`Hinweise`	Gibt den Inhalt des `<remarks>`-Tags der XML-Dokumentation an.
`Name`	Der Bezeichner des Members
`Neu`	Die Einstellung `True` gibt an, dass dieses Member ein geerbtes Member verbirgt.
`Rückgabewerte`	Gibt den Inhalt des `<returns>`-Tags der XML-Dokumentation an.
`Statisch`	Mit der Einstellung `True` wird dieses Member zu einem statischen.
`Typ`	Gibt den Typ des Members an.
`Vererbungsmodifizierer`	Hier geben Sie an, welcher Modifizierer, der im Zusammenhang mit der Vererbung steht, der Signatur hinzugefügt werden soll.
`Zugriff`	Gibt den Zugriffsmodifizierer an.
`Zusammenfassung`	Gibt den Inhalt des `<summary>`-Tags der XML-Dokumentation an.

Tabelle 15.7 Editierbare Eigenschaften einer Methode im Eigenschaftsfenster

Das Hinzufügen der anderen Mitglieder (Konstruktoren, Eigenschaften etc.) unterscheidet sich nicht wesentlich von dem Hinzufügen einer Methode. Daher erübrigt es sich an dieser Stelle, darauf im Detail einzugehen. Auch für sie gilt, dass im Eigenschaftsfenster einige Optionen angeboten werden, die Sie im Fenster KLASSENDETAILS vermissen.

15.6.5 Klassendiagramme als Bilder exportieren

Der Klassendesigner bietet Ihnen an, ein Klassendiagramm als Bild in verschiedenen Bildformaten zu exportieren. Damit wird Ihnen neben den entwicklungstechnischen Fähigkeiten des Klassendesigners ermöglicht, Dokumentationen anschaulich um die Darstellung der Struktur einer Klassenhierarchie zu ergänzen oder das Bild in eine Präsentation (wie zum Beispiel mit MS PowerPoint) zu integrieren. Zu den angebotenen Formaten zählen unter anderem auch BMP, GIF und JPEG.

Dazu öffnen Sie in Visual Studio 2010 das Menü KLASSENDIAGRAMM und wählen im Untermenü DIAGRAMM ALS BILD EXPORTIEREN... Es öffnet sich ein Dialog, in dem Sie die zu exportierenden Klassendiagramme auswählen, den Speicherort festlegen und aus einer Liste das gewünschte Bildformat einstellen können.

15.7 Refactoring

Mit Refactoring wurde in Visual Studio 2005 erstmals eine Technik eingeführt, die bisher nur durch das Einbinden zusätzlicher Tools zu nutzen war. Refactoring ist hauptsächlich dann sinnvoll einzusetzen, wenn die Software bereits fertig ist. Sie können mit dieser Technik Änderungen am Code vornehmen, ohne dass sich das Verhalten der Anwendung ändert.

Sie werden mir beipflichten, dass während des Entwicklungsprozesses insbesondere größerer und komplexerer Software oft der Überblick über den Code verloren geht. Codepassagen wiederholen sich, Methoden werden zu komplex, weil der Modularisierung des Programmcodes zu wenig Aufmerksamkeit geschenkt wird, Variablennamen sind unpassend vergeben – typische Phänomene bei vielen Projekten. Mit der Technik des Refactorings können Sie dazu beitragen, dass der Code überschaubarer und klarer strukturiert wird. Dazu bieten sich mehrere Verfahren an:

- Methode extrahieren
- Bezeichner umbenennen
- Felder einkapseln
- Schnittstellen extrahieren
- lokale Variablen auf Parameter heraufstufen
- Parameter entfernen
- Parameter neu anordnen

In den deutschsprachigen Versionen von Visual Studio 2010 werden Sie den Begriff *Refactoring* nicht finden. Er wurde – bedauernswerterweise – in *Umgestaltung* übersetzt. Unter der deutschen Übersetzung sollten Sie nach Bedarf auch in der .NET-Dokumentation nachschlagen.

Ich möchte hier nicht auf jede der aufgeführten Möglichkeiten detailliert eingehen, sondern nur die am häufigsten benutzten vorstellen.

15.7.1 Methode extrahieren

Der Sinn der Modularisierung ist es, viele kleine Methoden zu haben, die leichter zu überblicken und besser zu verstehen sind als lange und bildschirmfüllende. Der Methodenbezeichner sollte zudem so gewählt werden, dass man sofort weiß, was die Aufgabe der Methode ist. Gerät Ihnen bei der Entwicklung mal eine Methode aus den Fugen, müssen Sie die Codezeilen finden, die zusammengehören. Anschließend schneiden Sie diese aus und setzen sie in eine neue Methode ein. An die Stelle der Codezeilen, die Sie ausgegliedert haben, setzen Sie den Aufruf der neuen Methode.

Diese Abfolge wird mit METHODE EXTRAHIEREN von Visual Studio 2010 übernommen. Dazu markieren Sie die Codezeilen, die in eine eigene Methode überführt werden sollen, im Menü UMGESTALTEN • METHODE EXTRAHIEREN oder über das Kontextmenü des markierten

Codes. Die neue Methode wird mit dem ausgewählten Code erstellt, und der im vorhandenen Member ausgewählte Code wird durch einen Aufruf der neuen Methode ersetzt.

Als anschauliches Beispiel soll uns die folgende Methodendefinition dienen:

```
public static double TestProc() {
  int intVar;
  intVar = 10;
  double result = Math.Pow(2, intVar);
  Console.WriteLine("Das ergebnis lautet: {0}", result);
  return result;
}
```

In Abbildung 15.31 ist das Szenario des Auslagerns von Code zu erkennen. Zu Demonstrationszwecken ist hier bis auf die Deklaration der lokalen Variablen `intVar` der gesamte Code markiert. Der Dialog öffnet sich, sobald Sie der Entwicklungsumgebung mitgeteilt haben, dass Sie die markierten Codezeilen extrahieren wollen. Tragen Sie hier nur noch einen passenden Bezeichner für die neue Methode ein. Eine Vorschau zeigt die Signatur der Methode. Der Rest wird von Visual Studio erledigt.

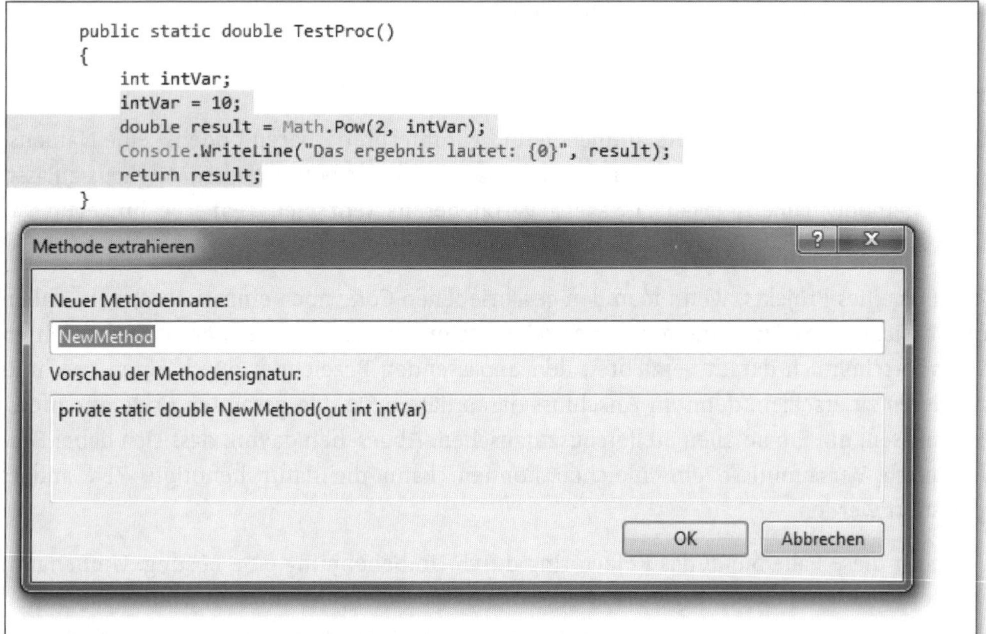

Abbildung 15.31 In diesem Dialog geben Sie den Namen der neuen Methode ein.

Das Ergebnis ist wie folgt:

```
public static double TestProc() {
  int intVar;
  return NewMethod(out intVar);
}

private static double NewMethod(out int intVar) {
  intVar = 10;
  double result = Math.Pow(2, intVar);
  Console.WriteLine("Das Ergebnis lautet: {0}", result);
  return result;
}
```

Die ausgeschnittenen Codezeilen werden durch den Aufruf der neuen Methode ersetzt. Ich habe mit Absicht die Anweisung zur Deklaration der lokalen Variablen nicht mit extrahiert. Wie sehr schön zu erkennen ist, berücksichtigt der Umgestaltungsprozess, dass `intVar` in der neuen Methode gesetzt und zur Berechnung einer Potenzzahl ausgewertet wird. Da `intVar` nur deklariert, jedoch nicht initialisiert ist, erwartet die extrahierte Methode einen `out`-Parameter. Wäre die Initialisierung vor dem Aufruf der extrahierten Methode erfolgt, wäre der Parameter ohne `out` erzeugt worden.

15.7.2 Bezeichner umbenennen

Der erste Schritt zu einem verständlichen und gut interpretierbaren Code ist eine Namensgebung, die bereits Rückschlüsse auf den Einsatzzweck des betreffenden Mitglieds zulässt. Eine Methode namens `CreateDatabase` verrät bereits sehr viel, `TestProc` hingegen gar nichts.

Zu Ende eines Projekts, wenn man den geschriebenen Code noch einmal durchsieht, fallen oft Bezeichner ins Auge, die möglicherweise besser gewählt worden wären. Früher hätten Sie wahrscheinlich darauf verzichtet, den unpassenden Bezeichner durch einen beschreibenderen zu ersetzen, denn im Anschluss daran hätten Sie den gesamten Code durchforsten müssen, um ihn an allen Stellen auszutauschen. Abgesehen davon, dass sich dabei Fehler durch Versäumnisse einschleichen können, kann die dafür benötigte Zeit anders investiert werden.

Auch für diese Fälle bietet das Refactoring durch Umbenennung eine Lösung. Umbenannt werden können Felder, Eigenschaften, lokale Variablen, Methoden, Namespaces und Typendefinitionen. Der Umbenennungsprozess erfasst dabei nicht nur Deklarationen und Aufrufe, er kann auch auf Kommentare und in Zeichenfolgen angewandt werden. Er ist zudem intelligent genug, um alle Vorkommen des Elements zu erfassen.

Positionieren Sie den Cursor in dem betreffenden Bezeichner, und klicken Sie im Menü UMGESTALTEN auf UMBENENNEN. Es öffnet sich ein Fenster, in dem Sie den neuen Namen eintragen. Zudem legen Sie hier auch fest, ob ebenfalls in Kommentaren und Zeichenfolgen nach dem alten Bezeichner gesucht werden soll.

Vorausgewählt ist im Dialog die Option VORSCHAU DER VERWEISÄNDERUNGEN. Dahinter verbirgt sich ein Fenster, in dem alle Änderungen im Projekt farblich gekennzeichnet sind. Sie können im oberen Teil des Fensters die Änderungsvorschläge annehmen oder auch verwerfen. Das kann unter Umständen erforderlich sein, wenn Sie innerhalb des Codes zwei gleichnamige Bezeichner für verschiedene Elemente verwenden.

Visual Studio unterstützt die Umbenennung über die Projektgrenzen hinweg. Wenn Sie beispielsweise eine Konsolenanwendung entwickeln, die auf eine Klassenbibliothek verweist, werden beim Umbenennen eines Typs in der Klassenbibliothek auch die Verweise auf den Typ der Klassenbibliothek in der Konsolenanwendung aktualisiert.

15.7.3 Felder einkapseln

Nach den Paradigmen der Objektorientierung sollten alle Felder gekapselt werden. .NET-Anwendungen lösen das mithilfe von Eigenschaften, die einen `get`- und einen `set`-Accessor haben. Nicht immer werden Sie sich an die objektorientierten Grundsätze halten, Sie müssen es auch nicht. Daher kann es vorkommen, dass Sie eine Variable als `public` definiert haben, aber zu einem späteren Zeitpunkt feststellen, dass die Kapselung in einer Eigenschaft unbedingt erforderlich ist. Über das Menü UMGESTALTEN • FELD KAPSELN ist das sehr schnell möglich, wenn Sie den Cursor vorher in die Codezeile des betreffenden Feldes gesetzt haben. Da mit der Kapselung möglicherweise auch eine Änderung des Aufrufs verbunden ist, werden im Code auch die Anweisungen herausgefiltert, die von der Änderung betroffen sind.

15.8 Code Snippets (Codeausschnitte)

Visual Studio 2010 enthält ein Feature, das während des Programmierens sehr hilfreich sein kann. Es handelt sich um die *Code Snippets*, die in der Dokumentation auch unter dem Begriff *Codeausschnitte* zu finden sind.

Wie kann diese Hilfe aussehen? Nehmen wir an, Sie beabsichtigen, eine `for`-Schleife zu implementieren. Das Grundkonstrukt dieser Schleife ist immer identisch und würde sich also generell dazu anbieten, automatisch so in den Code eingespielt zu werden, dass der Entwickler nur noch Startwert, Austrittsbedingung und Schrittweite angibt. Genau das leisten Code Snippets bzw. Codeausschnitte.

Codeausschnitte haben einen Namen. Der, der eine leere `for`-Schleife erzeugt, heißt beispielsweise `for`. Visual Studio 2010 wird mit einer ganzen Reihe von Codeausschnitten geliefert, die Sie nutzen und auch durch eigene ergänzen können.

15.8.1 Codeausschnitte einfügen

Code Snippets können Sie auf drei verschiedene Arten einfügen:

- Wenn Sie den Bezeichner kennen, tragen Sie diesen in den Code ein und drücken anschließend die [Tab]-Taste. Der durch den Codeausschnitt beschriebene Code wird sofort in den Codeeditor eingespielt.
- Positionieren Sie den Eingabecursor an der Position, an der das Code Snippet eingefügt werden soll. Öffnen Sie dann das Kontextmenü, und wählen Sie den Menüpunkt AUSSCHNITT EINFÜGEN Ihnen wird daraufhin eine Auswahl mehrerer Komponenten angeboten. Klicken Sie hier auf VISUAL C#, und in der IntelliSense-Hilfe werden die Ihnen zur Verfügung stehenden Snippets angezeigt, aus denen Sie das von Ihnen gewünschte auswählen.
- Öffnen Sie das Menü BEARBEITEN, und wählen Sie den Untermenüpunkt INTELLISENSE und anschließend AUSSCHNITT EINFÜGEN Der weitere Ablauf ist wie unter Punkt 2 beschrieben.

Je nachdem, welchen Codeausschnitt Sie hinzugefügt haben, sind möglicherweise Nacharbeiten erforderlich. Bei der oben beschriebenen `for`-Schleife sind das die Deklaration des Schleifenzählers und die Angabe der Austrittsbedingung. Visual Studio zeigt die entsprechenden Elemente in einer anderen Hintergrundfarbe an (siehe Abbildung 15.32).

```
class Program
{
    static void Main(string[] args)
    {
        for (int i = 0; i < length; i++)
        {

        }
    }
}
```

Abbildung 15.32 Die durch ein Code Snippet hinzugefügte for-Schleife

Einige Codeausschnitte sind umschließende Codeausschnitte, mit deren Hilfe Sie Codezeilen markieren und dann einen Codeausschnitt auswählen können, der die markierten Codezeilen einschließt. Durch das Markieren von Codezeilen und das anschließende Aktivieren des `for`-Codeausschnitts wird beispielsweise eine `for`-Schleife erstellt, die die markierten Codezeilen innerhalb des Schleifenblocks enthält.

15.8.2 Anatomie eines Codeausschnitts

Bei Codeausschnitten handelt es sich um XML-Dateien mit der Dateinamenerweiterung *.snippet*. Wir wollen uns nun exemplarisch die Datei ansehen, die für den Codeausschnitt der `for`-Schleife verantwortlich ist.

```
<?xml version="1.0" encoding="utf-8"?>
<CodeSnippets xmlns="...">
  <CodeSnippet Format="1.0.0">
    <Header>
      <Title>for</Title>
        <Shortcut>for</Shortcut>
          <Description>
            Codeausschnitt für for-Schleife
          </Description>
          <Author>Microsoft Corporation</Author>
          <SnippetTypes>
            <SnippetType>Expansion</SnippetType>
            <SnippetType>SurroundsWith</SnippetType>
          </SnippetTypes>
    </Header>
    <Snippet>
      <Declarations>
        <Literal>
          <ID>index</ID>
          <Default>i</Default>
          <ToolTip>Index</ToolTip>
        </Literal>
        <Literal>
          <ID>max</ID>
          <Default>length</Default>
          <ToolTip>Maximale Länge</ToolTip>
        </Literal>
      </Declarations>
      <Code Language="csharp">
        <![CDATA[for (int $index$ = 0; $index$ < $max$; $index$++)
        {
          $selected$ $end$
        }]]>
      </Code>
    </Snippet>
  </CodeSnippet>
</CodeSnippets>
```

Das ganze Dokument mit all seinen XML-Tags wollen wir an dieser Stelle nicht analysieren. Sollten Sie sich dafür interessieren, um einen eigenen Codeausschnitt zu definieren oder einen vorhandenen zu ändern, suchen Sie in der Dokumentation nach dem mit `Schemareferenz für Codeausschnitte` betitelten Dokument. Die meisten XML-Tags sind wahrscheinlich aufgrund ihrer Namensgebung sowieso selbsterklärend.

Code Snippets sind natürlich sprachspezifisch. Besonders bedacht worden sind die VB-Programmierer, denen weitaus mehr Snippets zur Verfügung gestellt werden als dem C#-Programmierer. Sie brauchen sich nur die Dateilisten anzusehen, die die Suchoperation des Betriebssystems anzeigt, wenn Sie nach `*.snippet` suchen lassen.

Die Snippets, die für C# vordefiniert sind, finden Sie unter:

\Programme\Microsoft Visual Studio 10.0\VC#\Snippets\1031\Visual C#

16 XML

Sicherlich mag es Ausnahmen geben, aber in fast allen Anwendungen spielen Daten eine eminent wichtige Rolle: Denken Sie nur an Datenbanken, Textdokumente oder die Tabellen eines Kalkulationsprogramms. In der Vergangenheit war es bei den Softwareunternehmen üblich, eigene, proprietäre Formate zur Datenspeicherung zu entwickeln. Dabei mag die Bindung der Kunden an ein bestimmtes Produkt ein ganz wesentlicher Gedanke gewesen sein.

Das Thema dieses Kapitels ist XML sowie die XML-Basisklassen des .NET Frameworks. XML (*Extensible Markup Language*) hat sich zu einem wichtigen Standard entwickelt, um Daten auszutauschen. Viele Anwendungen tauschen gegenseitig Daten via XML aus, Webservices und RSS-Feeds basieren grundlegend auf XML. Auch innerhalb des .NET Frameworks gibt es kaum einen Bereich, in dem XML keine Rolle spielt: XML wird in Konfigurationsdateien verwendet, die WPF (Windows Presentation Foundation) baut auf XML auf und ebenso ADO.NET – um nur einige Beispiele zu nennen.

16.1 XML-Dokumente

XML ist eine Spezifikation, die es ermöglicht, Daten im ASCII-Format zu beschreiben. ASCII ist auch der kleinste gemeinsame Nenner aller Plattformen, denn ASCII ist ein universelles Format, das von jeder Plattform verstanden wird. Sie können XML-Dokumente in jedem beliebigen Texteditor öffnen, ändern und die Änderungen speichern. Grundsätzlich ist demnach also keine spezielle Software für XML erforderlich. XML-Dokumente sind somit auch plattformunabhängig.

Auf den ersten Blick sehen XML-Dokumente, die als Datei gespeichert die Dateierweiterung *.xml* haben, HTML-Dokumenten sehr ähnlich. Es gibt auch eine Reihe von Gemeinsamkeiten zwischen HTML und XML. Genauso wie in HTML verwendet XML Tags und Attribute. In HTML ist die Bedeutung aller Tags und Attribute genau festgelegt. Das ist bei XML nicht der Fall, denn um die von XML dargestellten Daten zu beschreiben, sind in XML keine Tags fest vorgeschrieben. Der Entwickler einer Anwendung kann die Namen der Tags, deren Schreibweise, die Häufigkeit des Auftretens und auch die Bedeutung selbst festlegen. Grundsätzlich muss er sich dabei an keine inhaltlichen Vorgaben halten.

Nachfolgend sehen Sie ein typisches XML-Dokument. In diesem sind verschiedene Tags definiert: `Personen`, `Person`, `Vorname` usw. Das Dokument beschreibt die privaten Daten einer Person. Dieses Dokument könnte aber auch die Daten von x-beliebig vielen Personen im Dokument beschreiben.

```
<?xml version="1.0" encoding="utf-8" ?>
<Personen>
  <Person>
    <Vorname>Manfred</Vorname>
    <Zuname>Fischer</Zuname>
    <Alter>45</Alter>
    <Adresse Ort="Berlin" Strasse="Bahnhofstr. 34"></Adresse>
  </Person>
</Personen>
```

16.1.1 Wohlgeformte und gültige XML-Dokumente

Bei aller Freizügigkeit hinsichtlich Struktur und Bezeichnung der Elemente innerhalb eines XML-Dokuments sind dennoch einige Regeln zu beachten, die die sogenannte *Wohlgeformtheit* beschreiben. XML ist nicht so freizügig wie HTML. Beispielsweise müssen Sie die Groß-/Kleinschreibung der Tags exakt beachten, was in HTML nicht erforderlich ist. In HTML können Sie vergessen, das ausleitende Tag zu definieren, ohne dass Ihnen der Browser das übelnehmen wird – zumindest in vielen Fällen. In XML hingegen ist ein ausleitendes Tag ein absolutes Muss.

Den XML-spezifischen Regeln werden wir uns später noch eingehend widmen. Ein XML-Dokument, das die XML-Regeln einhält, gilt als *wohlgeformt*. Ein wohlgeformtes XML-Dokument ist syntaktisch fehlerfrei nach den Vorschriften von XML gestaltet. Da die Tags und deren Reihenfolge grundsätzlich frei wählbar sind, bedeutet das folglich aber auch, dass die Struktur eines XML-Dokuments nicht klar definiert ist. Betrachten Sie dazu das Beispiel oben. Sie können das Tag `<Personen></Personen>` auch durch `<Menschen></Menschen>` ersetzen oder auf das Tag `<Zuname></Zuname>` verzichten. Dennoch ist das XML-Dokument weiterhin wohlgeformt, weil es den sprachlichen Regeln von XML entspricht. Sie können es sich sogar im Internet Explorer anzeigen lassen, denn der integrierte XML-Parser sieht keine Verletzung der Wohlgeformtheit.

Grundsätzlich spielen die Struktur eines XML-Dokuments, die Bezeichnung der Tags sowie deren Reihenfolge und auch die Häufigkeit des Auftretens der Elemente hinsichtlich der Wohlgeformtheit keine Rolle. Die beiden folgenden Personenbeschreibungen gelten gleichermaßen als wohlgeformt, obwohl die Angaben `Vorname` und `Zuname` bei der zweiten Person fehlen.

```
<?xml version="1.0" encoding="utf-8" ?>
<Personen>
  <Person>
```

```
    <Vorname>Manfred</Vorname>
    <Zuname>Fischer</Zuname>
    <Alter>45</Alter>
    <Adresse Ort="Berlin" Strasse="Bahnhofstr. 34"></Adresse>
  </Person>
  <Person>
    <Alter>23</Alter>
    <Adresse Ort="Aachen" Strasse="Neustr. 1"></Adresse>
  </Person>
</Personen>
```

Aber was ist, wenn die Angabe von `Zuname` und `Vorname` einer Person zwingend erforderlich ist? Kann eine Software hier noch die Elemente korrekt interpretieren und verarbeiten?

Was Sie benötigen, ist eine Möglichkeit, die über die Wohlgeformtheit hinausgeht und bestimmte Regeln (Einschränkungen) durchsetzt, die auf das Dokument angewendet werden. Solche Regeln können einem XML-Dokument vorschreiben, welche Elemente es enthalten muss, sie können die Anordnung der Elemente und deren Häufigkeit vorschreiben und darüber hinaus sogar, von welchem Datentyp die beschriebenen Werte sein müssen. Eine solche Regel könnte bei dem oben gezeigten XML-Dokument beispielsweise durchsetzen, dass jedes Element `Person` genau ein untergeordnetes Element `Vorname` und `Zuname` haben muss.

Die Struktur eines XML-Dokuments und die auf das XML-Dokument anzuwendenden Regeln können optional durch ein *XML Schema* beschrieben werden. Ein XML Schema kann sowohl als separate Datei als auch innerhalb eines XML-Dokuments als Inline-Schema definiert sein. Wird ein Schema mit einem XML-Dokument in Beziehung gesetzt, muss das XML-Dokument nicht nur wohlgeformt sein, sondern auch den Vorgaben im Schema entsprechen. Dann gilt ein XML-Dokument auch noch als *gültig*.

XML Schemas sind nicht allgemeingültig für alle XML-Dokumente, sondern meist spezifisch für ein ganz bestimmtes. Zudem können sie im Bedarfsfall an die speziellen Bedürfnisse angepasst werden.

Es gibt drei Arten von Schemas, die bei der XML-Programmierung verwendet werden. Dabei handelt es sich um *Document Type Definition* (DTD), *XML Data Reduced* (XDR) und *XML Schema Definition* (XSD).

XSD Schema ist eine Empfehlung des W3C aus dem Jahr 2001. Seitdem hat sich dieser Standard überall durchgesetzt. Ein ganz wesentlicher Grund dafür ist, dass XSD selbst auf XML basiert und darüber hinaus eine große Zahl von Datentypen unterstützt. Allerdings gibt es dabei nicht die Freizügigkeit wie bei den XML-Dokumenten, denn die Elemente eines XSD-Schemas sind fest vordefiniert.

Damit Sie an dieser Stelle schon eine ungefähre Vorstellung davon bekommen, wie ein XSD Schema aussieht, sei hier das Schema gezeigt, mit dem die Regeln zur Beschreibung einer Person in einem XML-Dokument festgelegt werden.

```
<?xml version="1.0" encoding="utf-8"?>
<xs:schema id="Personen" xmlns=""
    xmlns:xs=http://www.w3.org/2001/XMLSchema
    xmlns:msdata="urn:schemas-microsoft-com:xml-msdata">
  <xs:element name="Personen" msdata:IsDataSet="true"
              msdata:Locale="en-US">
    <xs:complexType>
      <xs:choice minOccurs="0" maxOccurs="unbounded">
        <xs:element name="Person">
          <xs:complexType>
            <xs:sequence>
              <xs:element name="Vorname" type="xs:string"
                          minOccurs="0" />
              <xs:element name="Zuname" type="xs:string"
                          minOccurs="0" />
              <xs:element name="Alter" type="xs:string"
                          minOccurs="0" />
              <xs:element name="Adresse" minOccurs="0"
                          maxOccurs="unbounded">
                <xs:complexType>
                  <xs:attribute name="Ort" type="xs:string" />
                  <xs:attribute name="Strasse" type="xs:string" />
                </xs:complexType>
              </xs:element>
            </xs:sequence>
          </xs:complexType>
        </xs:element>
      </xs:choice>
    </xs:complexType>
  </xs:element>
</xs:schema>
```

16.1.2 Regeln für wohlgeformten XML-Code

Der Prolog

Jedes XML-Dokument muss mit einer Verarbeitungsanweisung beginnen, die auch als *Prolog* bezeichnet wird und eine Software davon in Kenntnis setzt, dass es sich um ein Dokument mit XML-Daten handelt. Dabei muss die Versionsnummer der XML-Syntax angegeben werden.

```
<?xml version="1.0"?>
```

oder gleichwertig mit Angabe des Zeichensatzes:

```
<?xml version="1.0" encoding="utf-8"?>
```

UTF-8 (*Uniform Transformation Format 8-Bit*) ist zwar eine universelle Zeichencodierung, kann aber beispielsweise deutsche Umlaute nicht darstellen. Für dieses oder ähnliche Probleme mit anderen Sprachen gibt es mehrere zusätzliche Zeichensätze, die die unterschiedlichen Sprachen berücksichtigen. An dieser Stelle soll nicht auf alle eingegangen werden. Um jedoch zumindest den deutschsprachigen Raum zu berücksichtigen, sollten Sie den Zeichensatz ISO-8859-1 angeben, also:

```
<?xml version="1.0" encoding="ISO-8859-1"?>
```

XML-Elemente

Die Syntax eines Elements sieht folgendermaßen aus:

```
<Elementname>Inhalt</Elementname>
```

Alle Elemente bestehen aus einem Start- und einem End-Tag. In den spitzen Klammern wird der Tag-Bezeichner angegeben. Das End-Tag erhält vor dem Bezeichner das Zeichen `/`. Optional können im Start-Tag auch Attribute angegeben werden.

In einem XML-Dokument sind die Elementnamen frei wählbar, müssen aber den folgenden Regeln entsprechen:

- Sie dürfen keine Leerzeichen enthalten.
- Sie dürfen nicht mit `xml`, einer Zahl oder einem Satzzeichen beginnen.
- Zwischen der spitzen Klammer und dem Elementnamen darf kein Leerzeichen stehen.
- Die Groß- und Kleinschreibung muss bei dem Start- und dem End-Tag identisch sein, das heißt, `<Person>` darf nicht mit `</person>` ausgeleitet werden.
- Ein Element, das keinen Inhalt hat, darf auch nur aus dem End-Tag bestehen (z. B. `<Person/>`).

  Elemente können ineinander verschachtelt werden, dürfen sich dabei aber nicht überlappen. Das heißt, dass die folgende Codierung korrekt ist:

```
<Person>
  <Zuname>Fischer</Zuname>
</Person>
```

  Das folgende Fragment ist hingegen nicht wohlgeformt, weil sich die Elemente überlappen:

```
<Person>
  <Zuname>
```

```
    </Person>
    Fischer
  </Zuname>
```

Das Stammelement (Wurzelelement)

Die genannten Regeln sind nicht schwierig zu verstehen. Dazu gesellt sich aber noch eine weitere Regel, die sich auf das gesamte XML-Dokument bezieht: Ein XML-Dokument muss genau ein Element enthalten, das als Stamm- oder auch als Wurzelelement bezeichnet wird. Zwei oder gar noch mehr parallele Elemente als Stammelemente sind nicht zulässig. Im Beispiel weiter oben ist das Element `<Personen></Personen>` das Stammelement.

Dem Stammelement sind alle anderen Elemente untergeordnet. Unterhalb des Stammelements können beliebig viele Elemente parallel angeordnet werden, die nicht zwangsläufig gleichnamig sein müssen. Jedes Unterelement des Wurzelelements darf wieder eigene Unterelemente haben. Da diese Struktur der Struktur eines Baumes ähnelt, wird sie auch als *Baumstruktur* bezeichnet.

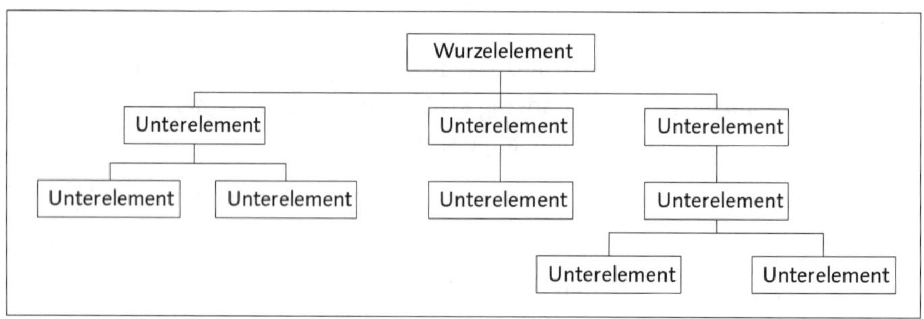

Abbildung 16.1 Die Struktur eines XML-Dokuments

Attribute

Attribute bestehen aus einem Bezeichner und einem zugewiesenen Wert. Die allgemeine Syntax von Attributen sieht wie folgt aus:

```
<Elementname Attributname="Inhalt"></Elementname>
```

Grundsätzlich darf ein Element beliebig viele Attribute haben, die voneinander durch ein Leerzeichen getrennt werden. Der Attributname darf kein Leerzeichen enthalten und muss auch innerhalb seines Elements eindeutig sein. Mehrere verschiedene Elemente hingegen dürfen auch gleichlautende Attribute aufweisen. Der Wert eines Attributs wird in einfache oder doppelte Anführungszeichen eingeschlossen und durch ein Gleichheitszeichen vom Attributbezeichner getrennt. In unserem Beispiel oben weist das Element `Adresse` die beiden Attribute `Ort` und `Strasse` auf.

```
<Adresse Ort="Berlin" Strasse="Bahnhofstr. 34"></Adresse>
```

Attributbezeichner können Sie (wie auch die Elementbezeichner) selbst festlegen. Welche Attribute in einem Element vorgeschrieben werden und welchen Wert ein Attribut haben darf, kann in einem Schema (XSD) festgelegt werden.

Attribut oder Element?

Vielleicht werden Sie sich an dieser Stelle fragen, was der Unterschied zwischen einem Attribut und einem untergeordneten Element ist. Ließe sich das Element `Adresse` mit seinen beiden Attributen `Ort` und `Strasse`, also

```
<Adresse Ort="Berlin" Strasse="Bahnhofstr. 34"></Adresse>
```

auch gleichwertig in folgender Struktur darstellen?

```
<Adresse>
  <Ort>Berlin</Ort>
  <Strasse>Bahnhofstr. 34</Strasse>
</Adresse>
```

Die Antwort lautet: Ja. Letztendlich spielt es keine Rolle, ob Sie ein Attribut definieren oder stattdessen ein untergeordnetes Element. Es bleibt Geschmackssache. Im vorliegenden Fall würde ich subjektiv betrachtet eher zu einem Attribut tendieren, da Ort und Straße meiner Meinung nach eng an eine Adresse gebunden sind.

16.1.3 Kommentare

Kommentare erfüllen in XML-Dokumenten denselben Zweck wie im klassischen Programmcode: Sie erleichtern das Lesen und die Interpretation des Inhalts und geben darüber hinaus auch zusätzliche Informationen.

XML-Kommentare werden mit `<!--` eingeleitet und mit `-->` beendet. Sie können anstelle des doppelten Bindestrichs am Anfang auch drei Bindestriche angeben. Am Ende drei Bindestriche zu verwenden, ist jedoch nicht zulässig. Damit ist

```
<!-- Dies ist ein Kommentar. -->
```

ein gültiger Kommentar, ebenso wie:

```
<!--- Dies ist ein Kommentar. -->
```

Innerhalb eines Kommentars darf kein doppelter Bindestrich angegeben werden. Kommentare dürfen zudem nicht innerhalb eines Tags eingeschlossen werden, und sie dürfen auch nicht vor der ersten Verarbeitungsanweisung, dem *Prolog*, vorkommen (also nicht vor `<?xml ... ?>`). Damit ist

```
<Zuname>Meier<!-- Der Zuname der Person. --></Person>
```

unzulässig.

16.1.4 Verarbeitungsanweisungen

Eine XML-Verarbeitungsanweisung *(engl. Processing Instruction – PI)* dient dazu, eine Befehlsinformation in ein XML-Dokument aufzunehmen, die von der Anwendung oder dem XML-Prozessor verwendet wird. Ein XML-Dokument kann beliebig viele Verarbeitungsanweisungen beinhalten. Vergleichbar ist eine Arbeitsanweisung mit Scriptcode, der innerhalb eines HTML-Dokuments in einen Kommentar eingebettet wird.

Verarbeitungsanweisungen beginnen mit einer öffnenden spitzen Klammer, gefolgt von einem Fragezeichen. Beendet wird eine Verarbeitungsanweisung ebenfalls mit einem Fragezeichen, gefolgt mit der schließenden spitzen Klammer. Verarbeitungsanweisungen bestehen immer aus zwei Teilen: Der erste Teil enthält den Namen der Anwendung, von der die Anweisung verarbeitet wird, der zweite Teil beschreibt die eigentliche Anweisung.

```
<?Ziel Daten?>
```

Das folgende Beispiel zeigt eine Verarbeitungsanweisung, die ein SQL-Statement beschreibt, das von einer Anwendung namens *MyApplication* ausgewertet werden könnte:

```
<?MyApplication SELECT * FROM Products ?>
```

Einen Sonderfall stellt die Verarbeitungsanweisung dar, die grundsätzlich am Anfang eines XML-Dokuments zu setzen ist und auch als Prolog bezeichnet wird:

```
<?xml version="1.0" ?>
```

Sie beginnt mit dem reservierten Schlüsselwort `xml` und dient dazu, die XML-Version des Dokuments und optional die Zeichencodierung anzugeben. Weiter oben haben wir bereits den Prolog behandelt.

16.1.5 Reservierte Zeichen in XML

Einige Zeichen werden von XML reserviert. Dazu gehören unter anderem auch die spitzen Klammern, mit denen Tags ein- bzw. ausgeleitet werden. Um ein reserviertes Zeichen innerhalb eines XML-Dokuments zu verwenden, müssen Sie Entitätsverweise setzen. In Tabelle 16.1 sind diese aufgeführt.

Reserviertes Zeichen	Entitätsverweis
&	`&`
<	`<`
>	`>`
' (einfaches Hochkomma)	`'`
" (doppeltes Hochkomma)	`"`

Tabelle 16.1 Reservierte Zeichen und deren Entitätsverweise in XML

16.1.6 CDATA-Abschnitte

CDATA-Abschnitte dürfen überall dort stehen, wo auch Zeichendaten erlaubt sind. Sie dienen dazu, ganze Textblöcke zu schützen, die Zeichen enthalten, die normalerweise als Markup interpretiert würden. In solchen Abschnitten dürfen Sie daher auch die ansonsten reservierten Sonderzeichen benutzen, ohne dass Sie dadurch Schwierigkeiten bekommen.

Die Syntax eines CDATA-Abschnitts sieht wie folgt aus:

```
<Element><![CDATA[Inhalt]]></Element>
```

Eingeleitet wird ein CDATA-Abschnitt mit `<![CDATA[`, und beendet wird er mit `]]>`. Dazwischen dürfen Sie alle beliebigen Zeichen und Zeichenkombinationen verwenden. Die einzige Ausnahme ist die schließende Zeichenfolge (`]]>`), denn das könnte zu einer Fehlinterpretation führen.

CDATA-Abschnitte werden gerne verwendet, um das Eingeben und Lesen langer Programme oder von XML-Code zu erleichtern. Hierzu ein Beispiel:

```
<Element><![CDATA[<gruss>An alle meine Freunde</gruss>]]></Element>
```

Zwischen dem Start-Tag `<Element>` und dem End-Tag `</Element>` (deren Bezeichnung natürlich frei wählbar ist) wird ein Text eingebettet, der mit den spitzen Klammern seinerseits selbst Zeichen enthält, die ansonsten reserviert sind. Der CDATA-Abschnitt hebt die ansonsten falsche Interpretation auf und verbirgt den beschriebenen textuellen Inhalt.

16.1.7 Namensräume (Namespaces)

Anwendungen, die XML-Daten verarbeiten, werden mit jedem Element spezifische Operationen ausführen. Stößt eine Anwendung in einem XML-Dokument beispielsweise auf das Element `Person`, könnte eine gleichnamige Klasse in der Anwendung instanziiert werden. Die Elemente `Vorname`, `Zuname`, `Alter` usw. im XML-Dokument würden dann dazu dienen, die Eigenschaften des `Person`-Objekts festzulegen.

Das funktioniert, solange die Elemente innerhalb eines XML-Dokuments eindeutig sind. Spätestens im Web könnten aber Schwierigkeiten auftreten, weil es dort üblich ist, Daten gemeinsam zu verwenden oder gar XML-Dokumente zusammenzuführen. Dabei kann es dazu kommen, dass mehrere identische Bezeichner für Elemente oder Attribute auftreten. Eine korrekte Interpretation und Verarbeitung der Elemente wird nicht möglich, weil die Elemente nicht eindeutig zugeordnet werden können. Ein typisches Beispiel hierfür zeigt das folgende XML-Fragment, das die Bestellung eines Kunden bei einem Versandunternehmen beschreibt.

```
<Lieferung>
  <Kunde>
    <Konto>
```

```
      <Nummer>25027</Nummer>
      <Bank BLZ="0815"></Bank>>
    </Konto>
  </Kunde >
  <Artikel>
    <Bank>
      <ArtNummer>12345</ArtNummer>
      <Farbe>braun</Farbe>
    </Bank>
  </Artikel>
</Lieferung>
```

Das Element Konto hat den untergeordneten Knoten Bank auf, der zur Angabe der Bankleitzahl dient. Zu einem Namenskonflikt führt, dass es noch ein zweites Element namens Bank im XML-Dokument gibt, womit hier der vom Kunden bestellte Artikel gemeint ist. Die Eindeutigkeit des Elements Bank ist bereits in diesem kurzen XML-Fragment nicht gewährleistet.

Potenzielle Namenskonflikte sind auch in der Programmierung nicht neu. Im .NET Framework wurden sie durch die Einführung der Namensräume (Namespaces) gelöst. Eine sehr ähnliche Lösung bietet auch eine Empfehlung des W3-Konsortiums aus dem Jahr 1999: *XML-Namespaces*. Ehe wir uns den XML-Namespaces detailliert widmen, möchte ich Ihnen zeigen, wie das Problem der Eindeutigkeit in unserem Beispieldokument gelöst werden könnte.

```
<?xml version="1.0" encoding="utf-8" ?>
<Lieferung xmlns:customer="http://www.MyCompany.de"
           xmlns:product="http://www.MyCompany.de/products">
  <Kunde>
    <customer:Konto>
      <customer:KtoNummer>25027</customer:KtoNummer>
      <customer:Bank BLZ="0815"></customer:Bank>/>
    </customer:Konto>
  </Kunde >
  <Artikel>
    <product:Bank>
      <ArtNummer>12345</ArtNummer>
      <Farbe>braun</Farbe>
    </product:Bank>
  </Artikel>
</Lieferung>
```

XML-Namespaces werden in der Regel über einen *Uniform Resource Identifier* (URI) beschrieben. Dabei handelt es sich um normale Webadressen. Ob sich dahinter tatsächlich eine reale Website verbirgt oder der URI fiktiv ist, spielt keine Rolle, da er nicht zu einem

Webaufruf verwendet wird. Wichtig ist ausschließlich, dass ein XML-Namespace innerhalb eines Dokuments eindeutig ist und der XML-Prozessor die Elemente einem XML-Namespace zuordnen kann. Nur eindeutig zugeordnete Elemente können korrekt interpretiert und nach bestimmten Regeln verarbeitet werden.

In dem Beispiel sind mit

```
xmlns:customer="http://www.MyCompany.de"
xmlns:product="http://www.MyCompany.de/products"
```

zwei XML-Namespaces deklariert. *http://www.MyCompany.de* dient dabei der Identifizierung der Kundendaten, *http://www.MyCompany.de/products* der Identifizierung des bestellten Artikels.

Das World Wide Web Consortium (W3C) hat im Mai 1997 mit der im RFC 2141 spezifizierten URN-Syntax (URN – *Unified Ressource Name*) versucht, eine Lösung für die Vermeidung von ins Leere weisenden Hyperlinks anzubieten. Das Neue an URNs ist, dass sie keine absoluten Adressangaben verwenden, sondern unter Ausnutzung der Namespace-Funktionalität interpretierbare, abstrakte Zielbezeichnungen einführen.

```
xmlns="urn:schemas-microsoft-com:xml-data"
```

Die allgemeine URN-Syntax ist wie folgt definiert:

```
urn:<namespace identifier>:<namespace specific string>
```

Ob Sie selbst URIs oder URNs bevorzugen, hat zumindest technisch keine Auswirkungen. Im Allgemeinen haben sich aber URNs nicht durchgreifend durchgesetzt.

Interpretation von Namespaces

Die Nutzung von Namespaces ist nicht immer optional. Ihnen wird in vielen Dokumenten eine bestimmte Namespace-Angabe vorgeschrieben. In einem XML Schema beispielsweise müssen Sie den Namespace

```
http://www.w3.org/2001/XMLSchema
```

angeben, in einer WPF-Anwendung sind beispielsweise

```
http://schemas.microsoft.com/winfx/2006/xaml
```

und

```
http://schemas.microsoft.com/winfx/2006/xaml/presentation
```

vorgeschrieben. Sie dürfen an den Angaben keinerlei Änderungen vornehmen, auch nicht hinsichtlich der Groß-/Kleinschreibung. Eine Software, die ein bestimmtes XML-Dokument oder einen bestimmten XML-Typ untersuchen soll, wird versuchen, die Elemente anhand des zugeordneten Namensraums eindeutig zu identifizieren, um darauf die erforderlichen Operationen auszuführen. Schon geringste Abweichungen von der Vorgabe führen dazu, dass das XML-Dokument nicht mehr gelesen werden kann. Eine Fehlermeldung ist die resultierende Konsequenz.

Deklaration eines XML-Namespace

XML-Namespaces werden grundsätzlich als Attribute deklariert und müssen einer strengen syntaktischen Vorgabe entsprechen. Sehen wir uns zunächst die Syntax der XML-Namespace-Deklaration an.

Abbildung 16.2 Syntax der Deklaration eines XML-Namespace

Die Deklaration wird mit `xmlns` eingeleitet. Getrennt durch einen Doppelpunkt wird festgelegt, welches Präfix im XML-Dokument für den jeweiligen Namespace verwendet werden soll. Das Präfix kann frei gewählt werden. Hinter dem Präfix gibt man den URI an.

Elementen, die einem bestimmten XML-Namespace zugeordnet werden sollen, wird das Präfix vorangestellt. Präfix und Elementname werden dabei durch einen Doppelpunkt getrennt, z. B.:

```
<customer:Bank> ... </customer:Bank>
```

Das Präfix muss sowohl im einleitenden als auch im ausleitenden Tag angegeben werden.

XML-Namespaces werden als Attribut innerhalb eines beliebigen Elements bekannt gegeben. In der Beispiellösung wurde dazu das Stammelement `Lieferung` verwendet. Allerdings muss bei der Wahl des Elements eine Sichtbarkeitsregel beachtet werden, denn ein XML-Namespace kann erst ab dem Element verwendet werden, in dem der XML-Namespace als Attribut deklariert wird. Das bedeutet, dass die Deklaration eines XML-Namespace spätestens im Start-Tag des Elements erfolgen muss, das den in seinen Attribut angegebenen Namespace zum ersten Mal verwendet.

Durch die Wahl des Stammelements `Lieferung` stehen die beiden Präfixe `customer` und `product` jedem Element unseres XML-Dokuments zur Verfügung, auch `Lieferung` selbst.

Hätten wir uns für die folgende XML-Namespace-Deklaration entschieden, wäre die Situation anders:

```
<?xml version="1.0" encoding="utf-8" ?>
<Lieferung>
  <Kunde xmlns:customer="http://www.MyCompany.de">
    ...
  </Kunde>
  <Artikel xmlns:product="http://www.MyCompany.de/products">
    ...
  </Artikel>
</Lieferung>
```

Der Namespace *http://www.MyCompany.de* mit dem Präfix `customer` ist nun als Attribut des Elements `Kunde` deklariert. Das Element `Kunde` sowie dessen untergeordnete Elemente (`Konto`, `KtoNummer` und `Bank`) können dem Kontext `customer` zugeordnet werden, dem Element `Artikel` und dessen untergeordneten Elementen `Bank`, `ArtNummer` und `Farbe` jedoch nicht.

Es können in einem Element auch mehrere Namespaces deklariert werden. Dabei ist allerdings auf die Verschachtelung der Elemente zu achten. Würden im Element `Kunde` beide Namespaces deklariert, also

```
<Kunde xmlns:customer="http://www.MyCompany.de"
       xmlns:product="http://www.MyCompany.de/products">
  ...
</Kunde>

<Artikel>
  <product:Bank>
    <ArtNummer>12345</ArtNummer>
      <Farbe>braun</Farbe>
  </product:Bank>
</Artikel>
```

wäre das XML-Dokument nicht mehr wohlgeformt, weil das Präfix `product` in einem nebengeordneten Element Verwendung findet und nicht in einem untergeordneten. Richtig wäre es hingegen, nun die Namespace-Deklarationen im Stammelement `Lieferung` vorzunehmen:

```
<Lieferung xmlns:customer="http://www.MyCompany.de"
           xmlns:product="http://www.MyCompany.de/products">
```

Die Präfixe `customer` und `product` können jetzt von jedem Element im XML-Dokument benutzt werden. Zudem lässt sich auch nicht von der Hand weisen, dass das Dokument besser lesbar ist. Genau diesen Lösungsansatz finden Sie auch im Beispiel oben.

Standard-Namespaces

In einem XML-Dokument, in dem kein Namespace deklariert ist, gehören die Elemente auch keinem Namespace an. Sie können aber bei Bedarf alle Elemente ohne Präfix einem bestimmten Standard-Namespace zuordnen. Ein Standard-Namespace wird deklariert, indem man bei der Deklaration des XML-Namespace auf die Angabe des Präfix verzichtet, zum Beispiel:

```
xmlns="http://www.DefaultNamespace.de"
```

Alle Elemente ohne Präfixangabe gehören nun zu dem Kontext, der durch den Standard-Namespace beschrieben wird.

Namespace-Zuordnung untergeordneter Elemente

Untergeordnete Elemente eines Elements mit Präfixangabe besitzen nicht automatisch denselben Namensraum wie deren übergeordnetes Element. Im folgenden Beispiel ist dem Element das Präfix `x` zugeordnet, das den Namensraum `TestURN` beschreibt. Die Elemente `Person`, `Zuname` und `Adresse` weisen kein Präfix auf und gehören keinem spezifischen Namespace an.

```
<?xml version="1.0" encoding="utf-8" ?>
<x:Personen xmlns:x="TestURN">
  <Person>
    <Zuname>Fischer</Zuname>
    <Adresse Ort="Bonn"></Adresse>
  </Person>
</x:Personen>
```

Anders ist die Situation, wenn ein Standard-Namespace definiert wird. Dieser gilt dann tatsächlich für alle Elemente gleichermaßen. Im folgenden Beispiel sind also die Elemente `Personen`, `Person`, `Zuname` und `Adresse` Mitglieder des Namespace `TestURN`.

```
<?xml version="1.0" encoding="utf-8" ?>
<Personen xmlns="TestURN">
  <Person>
    <Zuname>Fischer</Zuname>
    <Adresse Ort="Bonn"></Adresse>
  </Person>
</Personen>
```

Zum Abschluss noch ein drittes Beispiel. Hier ist ein Namespace im Wurzelelement definiert, dem ein Präfix zugeordnet ist. Das Präfix wird aber von keinem der Elemente im XML-Dokumente benutzt. Alle Elemente des Dokuments können demnach nicht dem Namespace zugeordnet werden und gehören tatsächlich keinem Namespace an.

```
<Personen xmlns:x="TestURN">
  <Person>
```

```
    <Zuname>Fischer</Zuname>
    <Adresse Ort="Bonn"></Adresse>
  </Person>
</Personen>
```

Beispielprogramm

Auf der DVD zu diesem Buch finden Sie das Projekt *XMLNamespaces*. Zu dem Projekt gehört die XML-Datei *Lieferung.xml*, die folgendermaßen definiert ist:

```
<?xml version="1.0" encoding="utf-8" ?>
<Lieferung xmlns:customer="http://www.MyCompany.de"
           xmlns:product="http://www.MyCompany.de/products"
           xmlns="http://MyDefaultNamespace">
  <Kunde>
    <customer:Konto>
      <customer:KtoNummer>25027</customer:KtoNummer>
      <customer:Bank BLZ="0815"></customer:Bank>/>
    </customer:Konto>
  </Kunde >
  <product:Artikel>
    <product:Bank>
      <ArtNummer>12345</ArtNummer>
      <Farbe>braun</Farbe>
    </product:Bank>
  </product:Artikel>
</Lieferung>
```

Der zu diesem Projekt gehörende Programmcode soll an dieser Stelle nicht erläutert werden. Wenn Sie die Anwendung starten, wird die XML-Datei analysiert, und es wird jeder relevante Knoten mit dem Namespace ausgegeben, der ihm zugeordnet ist (siehe Abbildung 16.3). Sie können zudem durch einfache Änderungen an der XML-Datei ausprobieren, wie sich eine Änderung der Namespaces auf die Zuordnung des entsprechenden Elements auswirkt.

Anmerkung

Der Markt ist überschwemmt von den vielen XML-Tools zu Erzeugung von XML-Dokumenten. Manchmal sind diese kostenlos erhältlich, teilweise ist dafür ein erheblicher Preis zu zahlen. An dieser Stelle sollte erwähnt werden, dass Microsoft mit *XML-Notepad 2007* ein solches Tool anbietet, das Sie kostenlos von der Microsoft-Website herunterladen können. »Einem geschenkten Gaul schaut man nicht ins Maul« – dieser Spruch gilt auch für XML-Notepad. Es kann sicherlich nicht alle Anforderungen erfüllen, die an ein professionelles Tool gestellt werden. Es eröffnet aber auf einfache Weise Möglichkeiten, intuitiv XML-Dokumente zu erzeugen. Insbesondere um die Ausführungen des folgenden Abschnitts nachzuvollziehen, sollten Sie sich dieses Werkzeug herunterladen. Auf eine weitergehende Beschreibung der Bedienung sei an dieser Stelle verzichtet, denn sie ist – wie bereits erwähnt – einfach und intuitiv.

file:///C:/XMLNamespaces/bin/Debug/XMLNamespaces.EXE

```
<Lieferung>                   http://MyDefaultNamespace
  xmlns:customer              http://www.w3.org/2000/xmlns/
  xmlns:product               http://www.w3.org/2000/xmlns/
  xmlns                       http://www.w3.org/2000/xmlns/
<Kunde>                       http://MyDefaultNamespace
<customer:Konto>              http://www.MyCompany.de
<customer:KtoNummer>          http://www.MyCompany.de
</customer:KtoNummer>         http://www.MyCompany.de
<customer:Bank>               http://www.MyCompany.de
  BLZ
</customer:Bank>              http://www.MyCompany.de
</customer:Konto>             http://www.MyCompany.de
</Kunde>                      http://MyDefaultNamespace
<product:Artikel>             http://www.MyCompany.de/products
<product:Bank>                http://www.MyCompany.de/products
<ArtNummer>                   http://MyDefaultNamespace
</ArtNummer>                  http://MyDefaultNamespace
<Farbe>                       http://MyDefaultNamespace
</Farbe>                      http://MyDefaultNamespace
</product:Bank>               http://www.MyCompany.de/products
</product:Artikel>            http://www.MyCompany.de/products
</Lieferung>                  http://MyDefaultNamespace
```

Abbildung 16.3 Die XML-Namespaces der Datei »Lieferung.xml«

16.2 Gültigkeit eines XML-Dokuments

Der XML-Standard definiert selbst keine Elemente (Tags), sondern beschreibt nur die Wohlgeformtheit. Für den Datenaustausch zwischen Anwendungen oder Systemen ist das meist nicht ausreichend, denn dazu bedarf es zusätzlich eines festen Musters, wie die Elemente im XML-Dokument strukturiert werden. Wird ein XML-Dokument zwischen zwei Anwendungen ausgetauscht, müssen sich beide Anwendungen in dieser Hinsicht an dieselben Vorgaben halten, um die korrekte Interpretation der Daten zu gewährleisten.

In der Datenverarbeitung ist ein Schema ein allgemeingültiger Begriff für eine Beschreibung einer Menge von Daten. Im Kontext von XML ist ein *Schema* die Beschreibung eines XML-Dokuments. Mithilfe eines Schemas wird die Gültigkeit von XML-Dokumenten überprüft. Ein XML-Dokument, das die im Schema definierten Regeln einhält, gilt als wohlgeformt und gültig. Ein solches Dokument kann von jeder Anwendung in Verbindung mit dem Schema richtig verarbeitet werden.

Ein Schema wird speziell für ein ganz bestimmtes XML-Dokument bereitgestellt und kann auf zweierlei Art mit einem Dokument verknüpft werden:

- Das Schema ist selbst Bestandteil des XML-Dokuments.
- Das Schema wird als separate Datei bereitgestellt.

Hinweis

Es gibt drei wesentliche Schemata zur Beschreibung der Gültigkeit: *Document Type Definition* (DTD), *XML Schema* (XSD) und *XML Data Reduced* (XDR). In den vergangenen Jahren hat sich XSD zu einem Quasi-Standard entwickelt. Das liegt sicher nicht nur daran, dass XSD mehr Möglichkeiten bietet als DTD, sondern darüber hinaus kann ein XSD-Schema mittels passender Tools schneller bereitgestellt werden als eine auf DTD basierende Dokumenttyp-Definition. XDR ist eine Schemadefinition aus dem Hause Microsoft, die aber von Microsoft selbst nicht mehr unterstützt wird. Aus den genannten Gründen werden wir uns an dieser Stelle ausschließlich mit XSD beschäftigen.

16.2.1 XML Schema (XSD)

XSD (XML Schema) ist seit 2001 eine Empfehlung des W3-Konsortiums, um den Inhalt und die Struktur eines XML-Dokuments zu beschreiben. XML Schemas basieren ihrerseits selbst auf XML. Nach dem aktuellen Stand stehen Ihnen insgesamt 44 vordefinierte Datentypen zur Verfügung, z. B. `int`, `short`, `float` oder `date`. Zudem lassen sich aber auch darüber hinaus benutzerdefinierte Typen beschreiben sowie die Reihenfolge, in der die Elemente auftreten.

Betrachten wir exemplarisch die folgende XML-Datei *Personen.xml*:

```
<?xml version="1.0" encoding="utf-8"?>
<Personen>
  <Person>
    <Name>Walter Meier</Name>
    <Wohnort>Frankfurt</Wohnort>
  </Person>
</Personen>
```

Die Schema-Datei *Personen.xsd*, die die Struktur dieses XML-Dokuments beschreibt, sieht wie folgt aus:

```
<?xml version="1.0" encoding="utf-8"?>
<xs:schema id="Personen" xmlns=""
           xmlns:xs="http://www.w3.org/2001/XMLSchema"
           xmlns:msdata="urn:schemas-microsoft-com:xml-msdata">
  <xs:element name="Personen" msdata:IsDataSet="true" msdata:Locale="en-US">
    <xs:complexType>
      <xs:choice minOccurs="0" maxOccurs="unbounded">
        <xs:element name="Person">
          <xs:complexType>
            <xs:sequence>
              <xs:element name="Name" type="xs:string" minOccurs="0" />
              <xs:element name="Wohnort" type="xs:string" minOccurs="0" />
            </xs:sequence>
          </xs:complexType>
```

```
      </xs:element>
    </xs:choice>
  </xs:complexType>
</xs:element>
</xs:schema>
```

Das Tool »xsd.exe«

Ein neues XML-Dokument zu erstellen, stellt keine große Hürde dar, wenn die Wohlgeformtheitsregeln beachtet werden. Ganz anders sieht es aus, wenn Sie ein XML Schema bereitstellen wollen, mit dessen Hilfe Sie ein bestimmtes XML-Dokument validieren wollen. Dazu sind viele spezifische Kenntnisse erforderlich, um am Ende das erforderliche Ergebnis zu erreichen. Erfreulicherweise wird uns aber die Arbeit von dem Kommandozeilentool *xsd.exe* abgenommen, das zusammen mit Visual Studio 2010 geliefert wird und standardmäßig im Ordner

\Programme\Microsoft SDKs\Windows\v7.0A\bin

zu finden ist. Das Tool kann vielfältig benutzt werden. Wenn Sie eine XML-Datei angeben (Erweiterung *.XML*), leitet *xsd.exe* ein Schema aus den Daten in der Datei ab und erstellt ein XSD-Schema. Die Ausgabedatei erhält den Namen der XML-Datei mit der Erweiterung *.xsd*, z. B.:

```
xsd.exe Personen.xml
```

Mit dieser Anweisung wird zu der XML-Datei *Personen.xml* ein passendes XML Schema namens *Personen.xsd* erzeugt.

Obwohl Ihnen *xsd.exe* eigentlich die meiste Arbeit abnimmt, sollten Sie dennoch die wesentlichsten Elemente eines XML Schemas verstehen, denn Anpassungen lassen sich nicht generell ausschließen. Im folgenden Abschnitt sehen wir uns den Inhalt eines XML Schemas an.

16.2.2 XML-Dokument mit einem XML Schema verknüpfen

Um ein XML-Dokument mit einem externen XML Schema zu verbinden, müssen Sie im Stammelement des XML-Dokuments den Namespace

```
xmlns:xsi="http://www.w3.org/2001/XMLSchema-instance"
```

angeben. Üblicherweise wird dabei das Präfix `xsi` verwendet. Anschließend wird die mit dem XML-Dokument zu verknüpfende Schema-Datei festgelegt. Dazu bieten sich mit den Attributen

- `noNamespaceSchemaLocation` und
- `schemaLocation`

zwei Möglichkeiten. Ausgangspunkt der nachfolgenden Betrachtungen sei erneut das XML-Dokument *Personen.xml*:

```
<?xml version="1.0" encoding="utf-8"?>
<Personen>
  <Person>
    <Name>Walter Meier</Name>
    <Wohnort>Frankfurt</Wohnort>
  </Person>
</Personen>
```

Die XML-Schema-Datei entspricht damit exakt der, die bereits weiter oben gezeigt wurde.

Das Attribut »noNamespaceSchemaLocation«

Das Attribut `noNamespaceSchemaLocation` verwenden Sie, wenn den im XSD-Dokument beschriebenen Elementen kein spezifischer Namespace zugeordnet werden soll. Das ist in unserem Beispieldokument der Fall. Wir können das XML-Dokument mit einer Schema-Datei verknüpfen, indem wir das Attribut `noNamespaceSchemaLocation` verwenden und die Schema-Datei angeben.

```
<Personen xmlns:xsi="http://www.w3.org/2001/XMLSchema-instance"
          xsi:noNamespaceSchemaLocation="Personen.xsd">
```

Als Wert verwenden Sie die absolute oder relative Pfadangabe der Schema-Datei.

Die Validierung lässt sich recht gut mit XML-Notepad 2007 prüfen. Öffnen Sie dieses Tool, und laden Sie die XML-Datei in den Editor. Es wird kein Fehler angezeigt.

Sie können nun die Auswirkung eines Validierungsfehlers testen. Dazu müssen Sie zuerst eine Änderung in der XSD-Datei vornehmen. Öffnen Sie die Schema-Datei, und ändern Sie das Attribut `minOccurs` des Elements `Name` vom Wert `0` in `1` ab. Damit legen Sie fest, dass das Element `Name` in jedem Fall angegeben werden muss. Speichern Sie die Schema-Datei, und öffnen Sie *Personen.xml*.

```
<xs:element name="Name" type="xs:string" minOccurs="0" />
```

Im nächsten Schritt löschen Sie das `<Name>`-Element in der XML-Datei, speichern diese und öffnen sie erneut in XML-Notepad. Da das XML-Dokument nicht mehr den Vorgaben in der Schema-Datei entspricht, wird sofort ein Validierungsfehler angezeigt (siehe Abbildung 16.4).

Hinweis

Anstatt des hier beschriebenen Attributs `noNamespaceSchemaLocation` können Sie auch, wie im folgenden Abschnitt gezeigt, das Attribut `schemaLocation` verwenden.

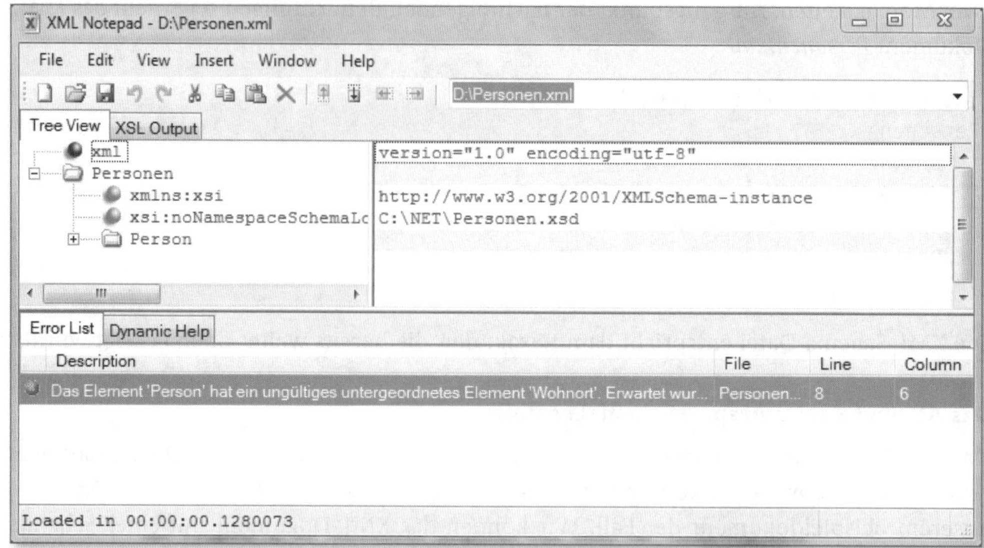

Abbildung 16.4 Validierungsfehler in XML-Notepad 2007

Das Attribut »schemaLocation«

Das Attribut `schemaLocation` findet Verwendung, wenn die in einer Schema-Datei beschriebenen Elemente im XML-Dokument mit einem spezifischen Namespace in Beziehung gesetzt werden sollen. Angenommen, wir würden für das Element `<Person>` einen Namespace wie folgt festlegen:

```
<?xml version="1.0" encoding="utf-8"?>
<Personen xmlns:pers="http://www.tollsoft.de"
          xmlns:xsi="http://www.w3.org/2001/XMLSchema-instance"
         xsi:schemaLocation="http://www.tollsoft.de Personen.xsd">
  <pers:Person>
    <Name>Walter</Name>
    <Wohnort>Frankfurt</Wohnort>
  </pers:Person>
</Personen>
```

Es wird im XML-Dokument auf die Schema-Datei *Personen.xsd* verwiesen. Alle dort beschriebenen Elemente werden dem Namespace *http://www.tollsoft.de* zugeordnet, für den im XML-Dokument das Präfix `pers` gesetzt ist.

In der Praxis werden manchmal mehrere einzelne XML-Dokumente zusammengeführt, um daraus ein Dokument zu formen, in dem alle Daten der Einzeldokumente enthalten sind. Auch hierzu eignet sich das Attribut `schemaLocation`. Die einzelnen XML Schemas werden unter Angabe des jeweils zugeordneten spezifischen Namespace der Reihe nach im Attribut aufgelistet. Auch dazu ein Beispiel:

```
<?xml version="1.0"?>
<p:Person
   xmlns:p="http://NS1"
   xmlns:a="http://NS2"
   xmlns:xsi="http://www.w3.org/2001/XMLSchema-instance"
             xsi:schemaLocation="http://NS1 Person.xsd
                                 http://NS2 Auto.xsd">
  <Name>John</Name>
  <Alter>45</Alter>
  <a:Auto>
    <Farbe>rot</Farbe>
    <Sitze>4</Sitze>
  </a:Auto>
</p:Person>
```

Das gezeigte XML-Dokument führt die in zwei separaten XML-Dokumenten enthaltenen Daten zusammen. Das erste Dokument beschreibt das `<Person>`-Element, das zweite das `<Auto>`-Element. Das Gesamtdokument soll dem Zweck dienen, einer Person ein bestimmtes Auto zuzuordnen. Die Schema-Informationen stammen aus den Schema-Dateien *Person.xsd* und *Auto.xsd*. Im Attribut `schemaLocation` wird *Person.xsd* mit dem Namespace `NS1` in Beziehung gesetzt, *Auto.xsd* mit dem Namespace `NS2`. Darüber hinaus werden mit

```
xmlns:p="http://NS1"
xmlns:a="http://NS2"
```

beide Namespaces durch Präfixe beschrieben. Die beiden Elemente `<Person>` und `<Auto>` im XML-Dokument können nun aufgrund der Präfixangabe eindeutig einem XML Schema zugeordnet werden.

Weiter unten in diesem Kapitel wird das Attribut `targetNamespace` eines XML Schemas erläutert. In diesem Zusammenhang werden Sie auch noch weitere Informationen hinsichtlich der hier vorgestellten Attribute `noNamespaceSchemaLocation` und `schemaLocation` erhalten.

16.2.3 Struktur eines XML Schemas

Grundstruktur

Das folgende Beispiel zeigt Ihnen einige grundlegende Elemente in einer einfachen Struktur. Darin sind Elemente enthalten, die in fast jedem XML Schema auftreten können.

```
<?xml version="1.0" encoding="utf-8"?>
<xs:schema xmlns:xs="http://www.w3.org/2001/XMLSchema" ... >
  <xs:element name="Stammelement">
    <xs:complexType>
      <xs:sequence>
        <xs:element name="Unterelement1"/>
        <xs:element name="Unterelement2"/>
      </xs:sequence>
    </xs:complexType>
  </xs:element>
</xs:schema>
```

Das Element `schema` bildet das Wurzelelement eines XML Schemas. Es beschreibt eine Reihe von Namespaces. Der wichtigste ist in dem Beispiel angegeben, nämlich *http://www.w3.org/2001/XMLSchema*, der üblicherweise durch das Präfix `xs` beschrieben wird. Diesem Namespace sind alle vordefinierten Elemente des XML Schemas zugeordnet.

Einfache Elemente

Ein Element, das selbst keine Attribute und untergeordneten Elemente enthalten kann, wird als einfaches Element bezeichnet. Es beschreibt ein Tag in einem XML-Dokument. Einfache Elemente werden über `xs:element` definiert. Der Bezeichner wird über das Attribut `name` festgelegt, der Datentyp über `type`.

```
<xs:element name="Elementname" type="xs:Datentyp" />
```

Mit dem zusätzlichen Attribut `default` können Sie einen Standardwert bestimmen, mit `fixed` einen festen Wert.

Attribute

Ein einfaches Element, wie es im Abschnitt zuvor beschrieben worden ist, kann keine Attribute haben. Ein Element mit Attributen im XML-Dokument muss als *komplexes Element* definiert sein (siehe dazu auch den folgenden Abschnitt). Innerhalb eines komplexen Elements wird ein Attribut ähnlich einem einfachen Element beschrieben.

```
<xs:attribute name ="Attributname" type="xs:Datentyp" />
```

Darüber hinaus lassen sich auch die zusätzlichen Attribute `default` und `fixed` angeben, die dieselbe Bedeutung haben wie bei den einfachen Elementen.

Interessant ist noch ein weiteres mögliches Attribut: `use`. Mit diesem können Sie festlegen, ob das Attribut im XML-Dokument angegeben werden muss. Die möglichen Werte für `use` sind `required` (zwingend erforderlich), `optional` (wahlweise) und `prohibited` (verboten). Wird `use` nicht angegeben, gilt ein Attribut als optional. Beispiel:

```
<xs:attribute name ="Attributname" type="xs:Datentyp" use="required" />
```

Eine besondere Bedeutung kommt der Positionsangabe der Attribute im XML Schema zu, denn die Definition von Attributen darf nur am Ende eines komplexen Elements, direkt vor dem schließenden Tag </xs:element> erfolgen.

Soll zum Beispiel das folgende Element in einem XML Schema beschrieben werden

```
<Adresse Ort="Bonn" Strasse="Neuestr.34"></Adresse>
```

müsste die entsprechende Passage wie folgt lauten:

```
<xs:element name="Adresse" minOccurs="0" maxOccurs="unbounded">
  <xs:complexType>
    <xs:attribute name="Ort" type="xs:string" />
    <xs:attribute name="Strasse" type="xs:string" />
  </xs:complexType>
</xs:element>
```

Komplexe Elemente

Komplexe Elemente in einem XML Schema beschreiben XML-Dokument-Elemente, die Attribute oder weitere, untergeordnete Elemente aufweisen. Betrachten Sie als Beispiel den folgenden Ausschnitt aus einer XML-Datei:

```
<Person>
  <Vorname>Manfred</Vorname>
  <Telefon/>
  <Zuname>Fischer</Zuname>
</Person>
```

Das Element <Person> wird beschrieben durch die untergeordneten Elemente <Vorname>, <Zuname> und <Telefon>. Dieser Ausschnitt könnte in einem XML Schema folgendermaßen definiert werden:

```
<xs:element name="Person">
  <xs:complexType>
    <xs:sequence>
      <xs:element name="Vorname" type="xs:string" minOccurs="0" />
      <xs:element name="Telefon" type="xs:string" minOccurs="0" />
      <xs:element name="Zuname" type="xs:string" minOccurs="0" />
    </xs:sequence>
  </xs:complexType>
</xs:element>
```

Wie zu erkennen ist, wird das Element <Person> mit <complexType> als komplexes Element angelegt. Das Element <sequence> legt fest, dass die nachfolgenden Elemente in der angegebenen Reihenfolge im XML-Dokument erscheinen müssen, also zuerst <Vorname>, dann <Telefon> und zum Schluss <Zuname>.

Dürfen die Unterelemente in einer beliebigen Reihenfolge im XML-Dokument auftreten, dann wird die Liste dieser Elemente anstatt mit <sequence> mit <all> beschrieben.

```
<xs:element name="Person">
  <xs:complexType>
    <xs:all>
      <xs:element name="Vorname" type="xs:string" minOccurs="0" />
      <xs:element name="Telefon" type="xs:string" minOccurs="0" />
      <xs:element name="Zuname" type="xs:string" minOccurs="0" />
    </xs:all>
  </xs:complexType>
</xs:element>
```

Es gibt mit <choice> noch eine dritte Variante, komplexe Elemente zu beschreiben. Damit lässt sich eine Auswahl von Elementen festlegen. In einem XML-Dokument darf allerdings nur eines der angegebenen Elemente auftreten. Im folgenden Codefragment muss entweder Mann oder Frau als Element von Person erscheinen.

```
<xs:element name="Person">
  <xs:complexType>
    <xs:choice>
      <xs:element name="Mann" type="xs:string" />
      <xs:element name="Frau" type="xs:string" />
    </xs:choice>
  </xs:complexType>
</xs:element>
```

»minOccurs« und »maxOccurs«

Die Attribute minOccurs und maxOccurs werden nur in komplexen Typdefinitionen angezeigt. Damit wird einschränkend festgelegt, wie oft in Folge das entsprechende Element in der entsprechenden Position in einem XML-Dokument angezeigt werden kann.

```
<xs:element name="Telefon" type="xs:string"
            minOccurs="0" maxOccurs="unbounded" />
```

Die Werte dieser beiden Attribute sind immer positive Zahlen. maxOccurs kann auch auf unbounded gesetzt werden, sodass eine unbegrenzte Anzahl von Elementen auftreten kann. Für sequence, all und choice sind die Werte von minOccurs und maxOccurs standardmäßig immer 1.

Die Attribute »elementFormDefault« und »attributeFormDefault«

Das Attribut elementFormDefault="qualified" erzwingt, dass alle untergeordneten Elemente im XML-Dokument demselben Namespace wie das globale Element zugeordnet sind. Betrachten Sie dazu das folgende Fragment eines XML-Schemas:

```
<xs:schema xmlns:xsi="http://www.w3.org/2001/XMLSchema-instance"
    attributeFormDefault="unqualified"
    elementFormDefault="qualified"
    targetNamespace="TestURN"
    xmlns:xs="http://www.w3.org/2001/XMLSchema">
```

Das folgende Dokument ist gültig, denn alle Elemente sind zweifelsfrei dem Standard-Namespace zuzuordnen, der durch `TestURN` beschrieben wird.

```
<!--Dokument valide -->
<Personen xmlns="TestURN"
    xmlns:xsi="http://www.w3.org/2001/XMLSchema-instance"
    xsi:schemaLocation="TestURN Personen.xsd">
  <Person>
    <Zuname>Fischer</Zuname>
    <Adresse Ort="Bonn"></Adresse>
  </Person>
</Personen>
```

Das folgende XML-Dokument ist allerdings ungültig, da `Personen` das Präfix `x` vorangestellt ist. Damit wird `Personen` durch den Namespace `TestURN` qualifiziert, während alle anderen Elemente keinem spezifischen Namespace angehören.

```
<!--Dokument nicht valide -->
<x:Personen xmlns:x="TestURN"
    xmlns:xsi="http://www.w3.org/2001/XMLSchema-instance"
    xsi:schemaLocation="TestURN Personen.xsd">
  <Person>
    <Zuname>Fischer</Zuname>
    <Adresse Ort="Bonn"></Adresse>
  </Person>
</x:Personen>
```

In diesem Fall müssten auch die Elemente `Person`, `Zuname` und `Adresse` mit dem Präfix `x` qualifiziert werden, damit das Dokument wieder gültig ist.

Die Einstellung `elementFormDefault="unqualified"` schreibt den lokalen Elementen im XML-Dokument vor, dass sie keine qualifizierende Namespace-Angabe haben dürfen. Sehen wir uns auch dazu ein Beispiel an.

```
<xs:schema xmlns:xsi="http://www.w3.org/2001/XMLSchema-instance"
   attributeFormDefault="unqualified"
   elementFormDefault="unqualified"
   targetNamespace="TestURN"
   xmlns:xs="http://www.w3.org/2001/XMLSchema">
```

Die Validierung des folgenden XML-Dokuments schlägt fehl, denn das Element Person gehört zu dem durch den Standard-Namespace beschriebenen Namespace TestURN.

```
<!--Dokument nicht valide -->
<Personen xmlns="TestURN"
   xmlns:xsi="http://www.w3.org/2001/XMLSchema-instance"
    xsi:schemaLocation="TestURN Personen.xsd">
  <Person>
    <Zuname>Fischer</Zuname>
    <Adresse Ort="Bonn"></Adresse>
  </Person>
</Personen>
```

Damit das XML-Dokument gültig ist, muss das Stammelement Personen über ein Präfix dem spezifischen Namespace TestURN zugeordnet werden und das lokale Element Person darf nicht qualifiziert werden

```
<!--Dokument valide -->
<x:Personen xmlns:x="TestURN"
    xmlns:xsi="http://www.w3.org/2001/XMLSchema-instance"
    xsi:schemaLocation="TestURN Personen.xsd">
  <Person>
    <Zuname>Fischer</Zuname>
    <Adresse Ort="Bonn"></Adresse>
  </Person>
</x:Personen>
```

Das attributeFormDefault-Attribut behält am besten seinen Standardwert unqualified, nicht qualifiziert, da die meisten Schema-Autoren nicht alle Attribute ausdrücklich durch Präfixe mit Namespaces qualifizieren möchten.

Das Attribut »targetNamespace«

Das Attribut targetNamespace (Zielnamensraum) legt im XML Schema fest, welchem Namespace alle beschriebenen Elemente angehören. Im folgenden Ausschnitt ist der Zielnamensraum TestURN.

```
<xs:schema xmlns:xsi="http://www.w3.org/2001/XMLSchema-instance"
   attributeFormDefault="unqualified"
   elementFormDefault="unqualified"
   targetNamespace="TestURN"
   xmlns:xs="http://www.w3.org/2001/XMLSchema">
```

Ist im XML Schema das Attribut targetNamespace festgelegt, müssen Sie das im XML-Dokument berücksichtigen, indem Sie dort die Verknüpfung zwischen dem XML-Dokument und dem XML Schema über das Attribut schemaLocation definieren. schemaLocation setzt sich aus zwei Einträgen zusammen: Im ersten beschreibt man den im XML Schema festgelegten Zielnamensraum, im zweiten den absoluten oder relativen Pfad zur XSD-Datei.

```
<Personen xmlns="TestURN"
   xmlns:xsi="http://www.w3.org/2001/XMLSchema-instance"
    xsi:schemaLocation="TestURN Personen.xsd">
...
```

Sie müssen vorsichtig sein, wenn Sie den Elementen im XML-Dokument einen Namespace zuordnen. Im letzten XML-Fragment ist mit

```
xmlns="TestURN"
```

der Standard-Namespace auf den im XML Schema angegebenen Zielnamensraum festgelegt. Somit können alle Elemente anhand des Schemas validiert werden. Benutzen Sie eine andere Namensraumangabe, beispielsweise

```
xmlns="urn:Personen-schema"
```

werden alle Elemente im XML-Dokument einem anderen Namespace zugeordnet und können nicht mehr gegen die Schema-Datei validiert werden.

16.3 Die Klasse »XmlReader«

16.3.1 XML-Dokumente mit einem »XmlReader«-Objekt lesen

Das .NET Framework bietet mehrere Möglichkeiten, um die von einem XML-Dokument beschriebenen Daten zu lesen. In diesem Abschnitt wollen wir uns mit der einfachsten Variante beschäftigen, nämlich dem Einlesen über ein XmlReader-Objekt.

Ein Objekt vom Typ XmlReader liest die Elemente eines XML-Dokuments einzeln und der Reihe nach einmal ein. Die gelesenen Daten sind schreibgeschützt und bleiben nicht im Arbeitsspeicher. Das mag ein Nachteil sein, hat aber auch zur Folge, dass die Speicherressourcen geschont werden und der Lesevorgang schnell ist. Damit bietet sich die Klasse XmlReader besonders an, wenn es ausreicht, ein XML-Dokument nur sequenziell zu lesen, und Sie nicht innerhalb des Dokuments nach bestimmten Daten suchen wollen. Die Klasse ist als abstract definiert und kann demnach nicht instanziiert werden. Allerdings bietet die Klasse mit der statischen Methode Create die Möglichkeit, sich eine Instanz zu besorgen.

```
XmlReader reader = XmlReader.Create(@"MeineDaten.xml");
```

Beachten Sie bitte, dass Sie den Namespace System.Xml mit using bekannt geben sollten.

Anmerkung

Im .NET Framework 1.x übernahm die Klasse `XmlTextReader` die Aufgabe, ein XML-Dokument einzulesen. Seit der Veröffentlichung von .NET 2.0 wird empfohlen, dafür die Klasse `XmlReader` und deren Methode `Create` einzusetzen, da `XmlReader` mehr Möglichkeiten bietet als `XmlTextReader`.

Nachdem Sie das `XmlReader`-Objekt erzeugt haben, rufen Sie in einer Schleife die Methode `Read` auf, die alle Knoten im XML-Dokument nacheinander abruft. Der Rückgabewert der Methode ist `true`, wenn noch mindestens ein weiterer Knoten eingelesen werden kann.

```
while(reader.Read())
{
  // weitere Anweisungen
}
```

In der Schleife muss zuerst untersucht werden, welcher Knoten aktuell gelesen wird. Hier interessieren vorrangig Typ und Name des Knotens. Den Typ des Knotens rufen Sie mit der Eigenschaft `NodeType` ab, die durch einen Wert der Enumeration `XmlNodeType` beschrieben wird. Tabelle 16.2 beschreibt einen Auszug aus dieser Enumeration.

Bezeichner	Beschreibung
`Element`	Beschreibt ein Element, z. B. `<Artikel>`.
`Attribute`	Beschreibt ein Attribut.
`Text`	Beschreibt den Textinhalt eines Knotens.
`CDATA`	Beschreibt einen CDATA-Abschnitt.
`ProcessingInstruction`	Beschreibt eine Verarbeitungsanweisung, z. B. `<?pi Testanweisung?>`.
`Comment`	Beschreibt einen Kommentar, z. B. `<!-- Ich bin ein Kommentar -->`.
`Whitespace`	Beschreibt Leerraum zwischen Markup.
`EndElement`	Beschreibt ein Endelement-Tag, z. B. `</Artikel>`.
`XmlDeclaration`	Beschreibt die XML-Deklaration, z. B. `<?xml version='1.0'?>`.

Tabelle 16.2 Auszug aus der Enumeration »XmlNodeType«

Die Struktur einer Schleife könnte also wie folgt codiert sein:

```
while (reader.Read()) {
  switch (reader.NodeType) {
    case XmlNodeType.XmlDeclaration:
      // Anweisungen
      break;
    case XmlNodeType.CDATA:
```

```
        // Anweisungen
        break;
      ...
    }
}
```

Der Untersuchung des Knotentyps hat eine besondere Bedeutung hinsichtlich der Auswertung, denn je nach Typ möchten Sie entweder den Knotenbezeichner oder den von einem Knoten beschriebenen Inhalt auswerten. Dazu dienen die beiden Eigenschaften `Name` und `Value` des `XmlReader`-Objekts.

Mit `Value` rufen Sie den Inhalt des aktuellen Knotens ab. Von den in Tabelle 16.2 angeführten Knotentypen können nur `Attribute`, `CDATA`, `Comment`, `ProcessingInstruction`, `Text`, `Whitespace` und `XmlDeclaration` einen Wert zurückgeben. Alle anderen Knoten liefern `String.Empty`.

Die Eigenschaft `Name` hingegen liefert den Bezeichner des aktuellen Knotens. Auch diese Eigenschaft ist auf bestimmte Knotentypen beschränkt. Dazu gehören `Attribute`, `Element`, `EndElement`, `ProcessingInstruction` und `XmlDeclaration`.

Attribute eines Elements auswerten

Eine spezielle Behandlung erfahren die Attribute eines Knotens vom Typ `XmlNodeType.Element`. Eigentlich würde man erwarten, dass ein Attribut als Knoten erkannt wird und dass das `XmlReader`-Objekt sich bei jedem Aufruf von `Read` auch von Attribut zu Attribut hangelt. Tatsächlich aber liest der `XmlReader` ein `XmlNodeType.Element` samt dessen Attributen komplett ein, sodass die Attribute beim nächsten Aufruf der `Read`-Methode nicht mehr im Datenstrom enthalten sind. Sie haben dann zwar den Inhalt des Elements ausgewertet, aber die Attribute unberücksichtigt gelassen.

Ist nicht exakt bekannt, ob und wie viele Attribute ein Element hat, hilft Ihnen die Eigenschaft `HasAttributes` des `XmlReader`-Objekts weiter, die `true` oder `false` zurückliefert. Diese Eigenschaft wird aufgerufen, wenn es sich bei dem aktuellen Knoten um den Typ `XmlNodeType.Element` handelt. Mit der Eigenschaft `AttributeCount` lässt sich die Anzahl der Attribute in Erfahrung bringen. Den zurückgelieferten Wert können Sie in einer `for`-Schleife verwenden. Die Methode `GetAttribute` unter Angabe entweder des Index oder des Attributbezeichners liefert den Wert des Attributs.

```
...
case XmlNodeType.Element:
  if (reader.HasAttributes) {
    for (int i = 0; i < reader.AttributeCount; i++) {
      Console.WriteLine(reader.GetAttribute(i));
    }
```

```
  }
  break;
...
```

Alternativ können Sie auch mit der Methode `MoveToNextAttribute` durch die Liste der Attribute navigieren. Ähnlich der `Read`-Methode des `XmlReader`-Objekts liefert auch diese Methode `true` zurück, falls das Element noch ein weiteres Attribut enthält.

```
...
case XmlNodeType.Element:
  if (reader.HasAttributes) {
    while (reader.MoveToNextAttribute()) {
      // Anweisungen
    }
  }
  break;
...
```

Beispielprogramm

Wir wollen uns nun die bisherigen Erkenntnisse in einem kompletten Beispielprogramm ansehen. Dazu brauchen wir eine XML-Datei. Um nicht nur die XML-Datei, sondern auch deren Analyse und Ausgabe nicht zu aufwendig zu gestalten, wird mit dem Dokument nur eine Person mit den wichtigsten Eckdaten beschrieben.

```
<?xml version="1.0" encoding="utf-8" ?>
<!-- Liste von Personen-->
<Personen>
  <Person>
    <Befehl><![CDATA[Ich stehe unter CDATA]]></Befehl>
    <Vorname>Manfred</Vorname>
    <Telefon/>
    <Zuname>Fischer</Zuname>
    <Alter>45</Alter>
    <Adresse Ort="Bonn" Strasse="Neuestr.34"></Adresse>
  </Person>
</Personen>
```

Auf eine genaue Erklärung des folgenden Codings werde ich an dieser Stelle verzichten. Er erhält ausschließlich Passagen, die bereits zuvor erläutert worden sind. Sie sollten den Code jedoch einmal mit der Konsolenausgabe vergleichen, die Sie in Abbildung 16.5 sehen.

```
// ---------------------------------------------------------
// Beispiel: ...\Kapitel 16\XmlReaderSample
// ---------------------------------------------------------
XmlReader reader = XmlReader.Create(@"..\..\Personen.xml");
while (reader.Read()) {
  switch (reader.NodeType) {
   case XmlNodeType.XmlDeclaration:
     Console.WriteLine("{0,-20}<{1}>", "DEKLARATION", reader.Value);
     break;
   case XmlNodeType.CDATA:
     Console.WriteLine("{0,-20}{1}", "CDATA", reader.Value);
     break;
   case XmlNodeType.Whitespace:
     Console.WriteLine("{0,-20}","WHITESPACE");
     break;
   case XmlNodeType.Comment:
     Console.WriteLine("{0,-20}<!--{1}-->","COMMENT", reader.Value);
     break;
   case XmlNodeType.Element:
     if (reader.IsEmptyElement)
       Console.WriteLine("{0,-20}<{1} />","EMPTY_ELEMENT", reader.Name);
     else {
       Console.WriteLine("{0,-20}<{1}>", "ELEMENT", reader.Name);
       // prüfen, ob der Knoten Attribute hat
       if (reader.HasAttributes) {
         // Durch die Attribute navigieren
         while (reader.MoveToNextAttribute()) {
           Console.WriteLine("{0,-20}{1}",
                  "ATTRIBUT", reader.Name + "=" + reader.Value);
         }
       }
     }
     break;
   case XmlNodeType.EndElement:
     Console.WriteLine("{0,-20}</{1}>", "END_ELEMENT", reader.Name);
     break;
   case XmlNodeType.Text:
     Console.WriteLine("{0,-20}{1}", "TEXT", reader.Value);
     break;
  }
}
```

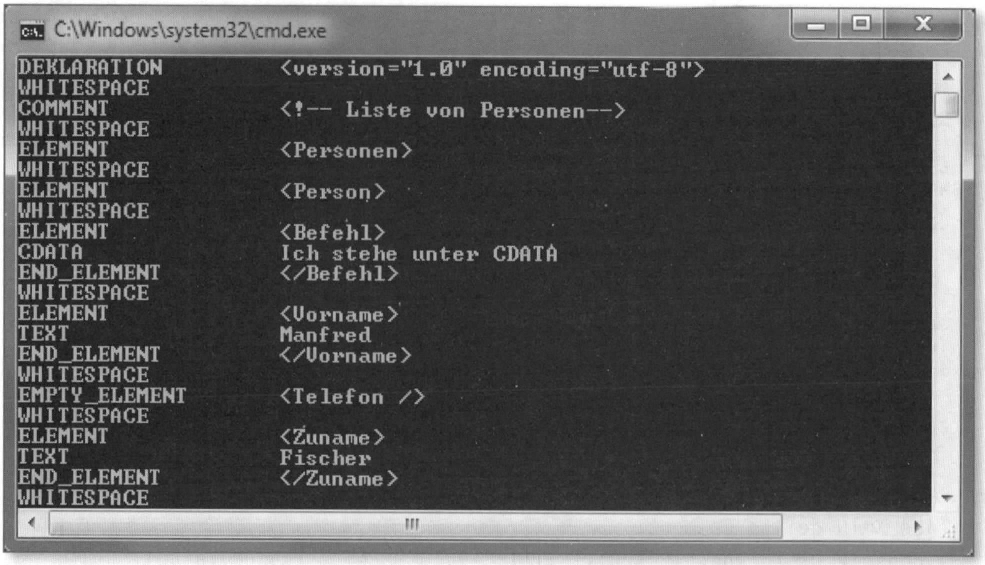

```
C:\Windows\system32\cmd.exe
DEKLARATION          <version="1.0" encoding="utf-8">
WHITESPACE
COMMENT              <!-- Liste von Personen-->
WHITESPACE
ELEMENT              <Personen>
WHITESPACE
ELEMENT              <Person>
WHITESPACE
ELEMENT              <Befehl>
CDATA                Ich stehe unter CDATA
END_ELEMENT          </Befehl>
WHITESPACE
ELEMENT              <Vorname>
TEXT                 Manfred
END_ELEMENT          </Vorname>
WHITESPACE
EMPTY_ELEMENT        <Telefon />
WHITESPACE
ELEMENT              <Zuname>
TEXT                 Fischer
END_ELEMENT          </Zuname>
WHITESPACE
```

Abbildung 16.5 Ausgabe des Beispielprogramms »XmlReaderSample«

Daten eines XML-Dokuments verarbeiten

Das folgende Beispiel zeigt, wie die Daten dazu benutzt werden können, Objekte zu erstellen, die die gelesenen Daten in einem sinnvollen Kontext speichern. Ausgangspunkt sei wieder eine XML-Datei, die in diesem Fall aber nicht nur eine, sondern mehrere Personen beschreibt. Eine Person sei durch `Vorname`, `Zuname`, `Alter` sowie eine `Adresse` beschrieben.

```
<Person>
  <Vorname>Manfred</Vorname>
  <Zuname>Fischer</Zuname>
  <Alter>45</Alter>
  <Adresse Ort="Bonn" Strasse="Neuestr.34"></Adresse>
</Person>
```

Die Daten zu einer Person sollen in einem Objekt vom Typ `Person` gespeichert werden. Für die Angaben der Adresse einer Person steht eine weitere Klasse `Adresse` zur Verfügung, die mit `Ort` und `Strasse` zwei Eigenschaften hat.

```
// ---------------------------------------------------------
// Beispiel: ...\Kapitel 16\UsingXmlData
// ---------------------------------------------------------
static void Main(string[] args) {
  XmlReader reader;
  reader = XmlReader.Create(@"..\..\Personen.xml");
  List<Person> liste = new List<Person>();
```

```
  Person person = null;
  Adresse adresse = null;

  while (reader.Read()) {
    // prüfen, ob es sich aktuell um ein Element handelt
    if (reader.NodeType == XmlNodeType.Element) {
      // alle relevanten Elemente untersuchen
      switch(reader.Name) {
        case "Person":
          // neue Person erzeugen und in Liste eintragen
          person = new Person();
          liste.Add(person);
          break;
        case "Vorname":
          person.Vorname = reader.ReadString();
          break;
        case "Zuname":
          person.Zuname = reader.ReadString();
          break;
        case "Alter":
          person.Alter = reader.ReadElementContentAsInt();
          break;
        case "Adresse":
          // neue Adresse erzeugen und der Person zuordnen
          adresse = new Adresse();
          person.Adresse = adresse;
          if (reader.HasAttributes) {
            // Attributsliste durchlaufen
            while (reader.MoveToNextAttribute())
            {
              if (reader.Name == "Ort")
                adresse.Ort = reader.Value;
              else if (reader.Name == "Strasse")
                adresse.Strasse = reader.Value;
            }
          }
          break;
      }
    }
  }
  // Liste an der Konsole ausgeben
  GetList(liste);
  reader.Close();
  Console.ReadLine();
}
```

```
// Ausgabe der Listeneinträge
static void GetList(List<Person> liste) {
  foreach (Person temp in liste)
  {
    Console.WriteLine("Vorname: {0}\nZuname: {1}\nAlter: {2}",
            temp.Vorname, temp.Zuname, temp.Alter);
    Console.WriteLine("Ort: {0}\nStrasse: {1}\n",
            temp.Adresse.Ort, temp.Adresse.Strasse);
  }
}
```

In der `while`-Schleife interessieren im Zusammenhang mit der Aufgabenstellung nur die Elemente, die Daten beschreiben. Trifft der Reader auf einen Knoten vom Typ `XmlNodeType.Element`, wird mit einer `switch`-Anweisung der Elementbezeichner ausgewertet. In den `case`-Zweigen wird der beschriebene Wert des Elements ermittelt und der entsprechenden Eigenschaft eines `Person`-Objekts zugewiesen, das beim Erreichen des Elements `Person` erzeugt und einer generischen Liste hinzugefügt wird. Trifft die Laufzeit auf das Element `Adresse`, wird ein Objekt der gleichnamigen Klasse erzeugt und die Liste der Attribute des Elements ausgewertet.

Den vollständigen Code einschließlich der Klassen `Person` und `Adresse` finden Sie auf der Buch-DVD.

16.3.2 Validieren eines XML-Dokuments

Die XML-Dokumente in den beiden zuvor gezeigten Beispielprogrammen sind wohlgeformt. Sie erkennen das daran, dass die gesamte Datei eingelesen wird, ohne dass es zu einer Ausnahme vom Typ `XmlException` kommt. Das bedeutet aber noch nicht, dass das Dokument valide, also gültig ist. Wie Sie wissen, ist dazu eine XML-Schema-Datei erforderlich. Mit dem Tool *xsd.exe* oder Visual Studio ist eine solche Datei sehr einfach zu erzeugen.

Um ein XML-Dokument, das mit einem `XmlReader`-Objekt sequenziell eingelesen wird, zu validieren, müssen wir auf eine Überladung der Methode `Create` der Klasse `XmlReader` zurückgreifen, die in einem zweiten Parameter nach einem Objekt vom Typ `XmlReaderSettings` verlangt.

```
public static XmlReader Create(string, XmlReaderSettings)
```

Ein `XmlReaderSettings`-Objekt dient nicht nur dazu, die Validierung vorzuschreiben. Es kann darüber hinaus das `XmlReader`-Objekt mit spezifischen Eigenschaften ausstatten. Beispielsweise könnte das `XmlReaderSettings`-Objekt das Einlesen der Kommentare oder die Berücksichtigung der Whitespaces unterbinden.

Doch widmen wir uns hier der Validierung. Zunächst müssen wir die Klasse `XmlReaderSettings` instanziieren und anschließend die Eigenschaft `ValidationType` einstellen. Wollen wir das Dokument gegen ein XML Schema auf Gültigkeit prüfen, müssen wir `ValidationType.Schema` angeben, z. B.:

```
XmlReaderSettings readerSettings = new XmlReaderSettings();
readerSettings.ValidationType = ValidationType.Schema;
```

Im nächsten Schritt ist das XML Schema zu benennen. Da es sich auch um mehrere Schemas handeln könnte, kommt eine Auflistung ins Spiel, der alle XML Schemas hinzugefügt werden. Die Referenz auf diese Auflistung erhalten wir über die Eigenschaft `Schemas` des `XmlReaderSettings`-Objekts. Darauf rufen wir die Methode `Add` auf, die im ersten Parameter den im Schema angegebenen `targetNamespace` erwartet. Enthält das XML Schema kein Attribut `targetNamespace` oder legen Sie auf den Namespace der im XML Schema beschriebenen Elemente keinen Wert, können Sie dem ersten Parameter auch `null` übergeben. Dem zweiten Parameter teilen Sie den URI der XML-Schema-Datei mit.

```
readerSettings.Schemas.Add(null, @"..\..\Personen.xsd");
```

Sollte bei der Validierung des XML-Dokuments ein Fehler auftreten, wird das `XmlReaderSettings`-Objekt das Ereignis `ValidationEventHandler` auslösen. Wir müssen bei dem Objekt jetzt nur noch einen passenden Ereignishandler registrieren.

```
readerSettings.ValidationEventHandler += ValidationCallback;
```

Scheitert die Validierung, wird die Überprüfung des XML-Dokuments abgebrochen. Der Rest des Dokuments wird zwar weiterhin eingelesen, bleibt aber ungeprüft, und folgende Validierungsfehler werden nicht mehr erkannt. Besser ist es, im Fall des Scheiterns der Validierung eine Ausnahme auszulösen. Dies ermöglicht uns der Parameter vom Typ `ValidationEventArgs` des Ereignishandlers, der drei spezifische Eigenschaften hat, die Sie der Tabelle 16.3 entnehmen können.

Eigenschaft	Beschreibung
`Exception`	Ruft die dem Validierungsfehler zugeordnete Excpetion vom Typ `XmlSchemaException` ab.
`Message`	Liefert eine textuelle Beschreibung des aufgetretenen Validierungsfehlers.
`Severity`	Ruft den Schweregrad des Validierungsfehlers ab. Dabei werden zwei Schweregrade unterschieden: `Warning`, falls kein XML Schema vorhanden ist, anhand dessen validiert werden kann, und `Error`, wenn ein Validierungsfehler auftritt.

Tabelle 16.3 Die Eigenschaften des »ValidationEventArgs«-Objekts

Bitte beachten Sie, dass die Klasse `ValidationEventArgs` im Namespace `System.Xml.Schema` enthalten ist, der über `using` bekannt gegeben werden sollte.

Nachdem nun alle vorbereitenden Maßnahmen ergriffen worden sind, müssen wir zum Schluss noch dem `XmlReader`-Objekt das konfigurierte `XmlReaderSettings`-Objekt übergeben.

```
XmlReader reader =
    XmlReader.Create(@"..\..\Personen.xml", readerSettings);
```

Beispielprogramm zur Validierung

Die XML-Datei aus dem Beispiel *XmlReaderSample* soll nun anhand eines XML- Schemas validiert werden. Tritt ein Validierungsfehler auf, soll eine Ausnahme ausgelöst werden, die wir dem zweiten Parameter des Ereignishandlers entnehmen.

Darüber hinaus interessieren uns in der Ausgabe weder die Kommentare noch die Whitespaces. Diese werden durch die Einstellungen `IgnoreWhitespace` und `IgnoreComments` des `XmlReaderSettings`-Objekts ignoriert.

```
// ---------------------------------------------------------
// Beispiel: ... \Kapitel 16\ValidationSample
// ---------------------------------------------------------
static void Main(string[] args) {
  XmlReaderSettings readerSettings = new XmlReaderSettings();
  readerSettings.IgnoreWhitespace = true;
  readerSettings.IgnoreComments = true;
  readerSettings.ValidationType = ValidationType.Schema;
  readerSettings.Schemas.Add(null, @"..\..\Personen.xsd");
  readerSettings.ValidationEventHandler += ValidationCallback;
  XmlReader reader = XmlReader.Create(@"..\..\Personen.xml", readerSettings);
  try {
    while (reader.Read()) {
      // Code wie im Beispielprogramm "XmlReaderSample"
    }
  }
  catch(Exception ex) {
    Console.WriteLine("Validierung fehlgeschlagen. \n{0}", ex.Message);
  }
  reader.Close();
  Console.ReadLine();
}

// Ereignishandler
static void ValidationCallback(object sender, ValidationEventArgs e)
{
  throw e.Exception;
}
```

Die XSD-Datei zu diesem Beispielprogramm liegt im Verzeichnis der Sourcecode-Dateien. Die Validierung wird zunächst ergeben, dass das XML-Dokument wohlgeformt und gültig ist. Sie können, um eine fehlgeschlagene Validierung zu simulieren, in der XML-Schema-Datei beispielsweise das Element `Befehl` in `Befehl1` ändern.

16.4 Eigenschaften und Methoden der Klasse »XmlReader«

Einige Eigenschaften und Methoden der Klasse `XmlReader` kennen Sie bereits. In diesem Abschnitt sollen auch die bisher nicht erwähnten genannt werden. Der besseren Übersicht wegen sind die Methoden und Eigenschaften nach Funktion bzw. Verhalten gruppiert.

16.4.1 Navigation mit dem »XmlReader«

Methode	Beschreibung
`IsStartElement`	Überprüft, ob der aktuelle Inhaltsknoten ein Start-Tag ist. Intern wird dabei `MoveToContent()` aufgerufen.
`MoveToContent`	Enthält der aktuelle Knoten keine Daten, werden alle folgenden Whitespaces, Kommentare usw. so lange übersprungen, bis die Methode auf einen Knoten mit Daten stößt.
`Read`	Die Methode springt zum folgenden XML-Knoten. Der Rückgabewert ist `true`, wenn noch ein weiteres XML-Element gelesen werden kann.

`ReadToDescendant("Element")`	Die Methode setzt den `XmlReader` auf das nächste XML-Element, das dem aktuellen XML-Element untergeordnet ist. Wird kein passendes gefunden, wird der `XmlReader` auf das nächste Startelement gesetzt. Dazu ein Beispiel. Hat das XML-Dokument die Struktur
	<a><b><c></c></b></a><d></d>
	und steht der Reader aktuell auf Element `a`, wird die Anweisung
	`reader.ReadToDescendant("b")`
	erfolgreich sein, während die Anweisung
	`reader.ReadToDescendant("d")`
	als Ergebnis `false` liefert.

`ReadToFollowing("Element")`	Liest, bis ein Element mit dem angegebenen qualifizierten Namen gefunden wird, z. B.: `reader.ReadToFollowing("Person")` Der Rückgabewert ist `true`, wenn ein übereinstimmendes Element gefunden wird.

Tabelle 16.4 Navigationsmethoden der Klasse »XmlReader«

Methode	Beschreibung
ReadToNextSibling("Element")	Die Methode setzt den Reader auf das nächste XML-Element, das sich auf derselben Hierarchieebene wie das aktuelle Element befindet. Wird kein passendes Element gefunden, wird der Reader auf das End-Element des übergeordneten Elements gesetzt.
Skip	Die Methode überspringt den Inhalt des aktuellen XML-Elements sowie aller darin enthaltenen untergeordneten Elemente.

Tabelle 16.4 Navigationsmethoden der Klasse »XmlReader« (Forts.)

16.4.2 Eigenschaften und Methoden im Zusammenhang mit Attributen

Methode/Eigenschaft	Beschreibung
AttributeCount	(Eigenschaft) Liefert die Anzahl der Attribute des aktuellen XML-Elements.
HasAttributes	(Eigenschaft) Gibt an, ob das aktuelle Element Attribute hat.
MoveToFirstAttribute	Methode, die zum ersten Attribut des aktuellen XML-Elements springt
MoveToNextAttribute	Methode, die zum nächsten Attribut des aktuellen XML-Elements springt
MoveToAttribute	Methode, die zum angegebenen Attribut des aktuellen Elements springt, beispielsweise: `reader.MoveToAttribute("Ort")`
MoveToElement	Methode, die von der Ebene der Attribute zurück zur Elementebene springt.

Tabelle 16.5 Methoden und Eigenschaften, die die Attribute betreffen

16.4.3 Eigenschaften und Methoden im Zusammenhang mit Namespaces

Methode/Eigenschaft	Beschreibung
LocalName	Eigenschaft, die den Elementnamen liefert, jedoch ohne Präfix
LookupNamespace	Liefert den Namespace-URI zum angegeben Präfix, z. B.: `reader.LookupNamespace("a")`
Name	Eigenschaft, die den Element- oder Attributbezeichner liefert, einschließlich des vorangestellten Präfix
NamespaceURI	Liefert den Namespace-URI zum aktuellen Element.
Prefix	Diese Eigenschaft liefert das Präfix des aktuellen XML-Elements.
ReadXxx	Diese Methode liest das durch Name und Namespace-URI spezifizierte XML-Element.

Tabelle 16.6 Methoden und Eigenschaften, um Namespaces auszuwerten

16.4.4 Daten lesen

Methode	Beschreibung
`ReadContentAsXxxx`	Diese Methode liefert den Inhalt von Knoten (z. B. CDATA, Text etc.), wenn diese einen solchen haben können. Ausgeschlossen sind allerdings XML-Elemente. Dabei wird der Inhalt im gewünschten Datentyp gelesen, z. B. als `ReadContentAsString` oder `ReadContentAsInt`. Anschließend wird der Reader auf den nächsten Knoten gesetzt.
`ReadElementContentAsXxx`	Liefert den Inhalt des aktuellen XML-Elements im gewünschten Datentyp. Die Methode ist allerdings nur auf XML-Elemente anwendbar, die selbst keine Unterelemente haben. Anschließend wird der Reader auf den nächsten Knoten gesetzt.
`ReadElementString`	Diese Methode liest einfacher Nur-Text-Elemente. Sie ruft `MoveToContenet` auf, um den nächsten Inhaltsknoten zu suchen, und analysiert dann dessen Wert als einfache Zeichenfolge.
`ReadString`	Liefert den Inhalt des aktuellen Knotens als Zeichenfolge.
`ReadInnerXml`	Diese Methode gibt den gesamten Inhalt des aktuellen Knotens zurück. Der aktuelle Knoten (Start-Tag) und der entsprechende Endknoten (End-Tag) werden nicht zurückgegeben.
`ReadOuterXml`	Diese Methode gibt den gesamten aktuellen Knotens zurück, einschließlich des Start- und End-Tags.

Tabelle 16.7 Methoden zum Lesen von Daten

16.5 Die Klasse »XmlWriter«

Das schreibende Pendant zur Klasse `XmlReader` ist die Klasse `XmlWriter`. Erzeugt wird ein `XmlWriter`-Objekt mit der Methode `Create`. Sie können das resultierende XML-Dokument in eine Datei schreiben oder einem `TextWriter`-, `StringBuilder`- oder `Stream`-Objekt übergeben.

```
XmlWriter writer = XmlWriter.Create(@"C:\Personen.xml");
```

In einer Überladung schreibt die Methode `Create` in einem zweiten Parameter ein Objekt vom Typ `XmlWriterSettings` vor. Mit diesem lässt sich die Ausgabe des resultierenden XML-Dokuments steuern. Beispielsweise legen Sie mit der Eigenschaft `Indent` fest, ob die Zeilen eingerückt werden sollen, und mit `IndentChars`, mit welchen Zeichen eingerückt werden soll. Die Eigenschaft `Encoding` legt die Codierung fest, die standardmäßig auf UTF-8 voreingestellt ist.

Ähnlich wie beim `XmlReader` ist mit der Klasse `XmlWriter` nur die Vorwärtsbewegung erlaubt. Sehr angenehm dabei ist, dass die spitzen Klammern der Tags nicht berücksichtigt werden müssen. Das eigentliche Schreiben erfolgt durch eine der zahlreichen Write-Methoden.

Ein neues Dokument wird mit WriteStartDocument erzeugt. Am Ende muss noch die Methode WriteEndDocument aufgerufen werden, die das XmlWriter-Objekt wieder in den Ausgangszustand zurückversetzt. Einzelne Elemente ohne Daten werden mit WriteStartElement beschrieben. Diese Elemente werden dann untergeordnete Elemente haben. Als Argument wird dabei der Elementbezeichner übergeben. Das End-Tag des Elements wird mit WriteEndElement gesetzt.

```
writer.WriteStartElement("Person");
...
writer.WriteEndElement();
```

Elemente, die Daten enthalten, erzeugen Sie mit der Methode WriteElementString. Übergeben Sie der Methode zuerst den Elementbezeichner und danach den Wert, z. B.:

```
writer.WriteElementString("Zuname", "Schmidt");
```

Dar Ergebnis dieser Anweisung wird so lauten:

```
<Zuname>Schmidt</Zuname>
```

Die Methode erzeugt also das Startelement, den Elementinhalt und das schließende Tag. Alternativ können Sie ein datenführendes Element auch mit WriteStartElement und WriteEndElement beschreiben. Der Inhalt des Elements wird dann mit einer der Methoden WriteString, WriteBase64 oder WriteChars geschrieben.

Soll ein Element ein Attribut haben, rufen Sie die Methode WriteAttributeString auf. Im Minimalfall übergeben Sie zwei Argumente: Das erste gibt den Bezeichner des Attributs an, das zweite den Wert.

Das folgende Beispielprogramm erzeugt eine einfache XML-Datei, in der die zuvor beschriebenen Methoden eingesetzt werden.

```
// ---------------------------------------------------------
// Beispiel: ...\Kapitel 16\XmlWriterSample
// ---------------------------------------------------------
static void Main(string[] args) {
  XmlWriterSettings settings = new XmlWriterSettings();
  settings.Indent = true;
  settings.IndentChars = "  "; // 2 Leerzeichen
  XmlWriter writer = XmlWriter.Create(@"D:\Personen.xml", settings);
  writer.WriteStartDocument();
  // Start-Tag des Stammelements
  writer.WriteStartElement("Personen");
```

```
  writer.WriteComment("Die Datei wurde mit XmlWriter erzeugt");

  // Start-Tag von 'Person'
  writer.WriteStartElement("Person");
  writer.WriteElementString("Zuname", "Kleynen");
  writer.WriteElementString("Vorname", "Peter");

  // Element mit Attributen
  writer.WriteStartElement("Adresse");
  writer.WriteAttributeString("Ort", "Eifel");
  writer.WriteAttributeString("Strasse", "Am Wald 1");
  writer.WriteValue("Germany");
  writer.WriteEndElement();

  // End-Tag von 'Person'
  writer.WriteEndElement();
  // End-Tag des Stammelements
  writer.WriteEndElement();
  writer.WriteEndDocument();
  writer.Close();
}
```

```
Die XML-Datei sieht nach der Ausführung des Programms folgendermaßen aus:
<?xml version="1.0" encoding="utf-8"?>
<Personen>
  <!--Die Datei wurde mit XmlWriter erzeugt-->
  <Person>
    <Zuname>Kleynen</Zuname>
    <Vorname>Peter</Vorname>
    <Adresse Ort="Eifel" Strasse="Am Wald 1">Germany</Adresse>
  </Person>
</Personen>
```

Namespaces festlegen

Manchmal ist es zwingend erforderlich, Elemente einem bestimmten Namespace zuzuordnen, um sie eindeutig zuordnen und interpretieren zu können. Im Beispiel oben wurde darauf vollkommen verzichtet. Das wollen wir nun nachholen.

Möchten Sie einen Standard-Namespace für alle Elemente des XML-Dokuments beschreiben, rufen Sie die Überladung der Methode `WriteStartElement` auf, die zwei Parameter definiert. Dem ersten Parameter übergeben Sie den Elementbezeichner und dem zweiten den gewünschten Namespace. Mit

```
writer.WriteStartElement("Personen", "http://www.MyNS.com");
```

wird das Element `Personen` wie folgt in das Ziel geschrieben:

```
<Personen xmlns="http://www.MyNS.com">
```

Eine weitere Überladung mit drei Parametern gestattet es, ein Präfix festzulegen. Dieses wird dem ersten Parameter übergeben; die Reihenfolge der beiden folgenden Parameter entspricht der zweifach parametrisierten Variante.

```
writer.WriteStartElement("x", "Personen", "http://www.MyNS.com");
```

Nun sieht das Element `Personen` folgendermaßen aus:

```
<x:Personen xmlns:x="http://www.MyNS.com">
```

Die untergeordneten Elemente gehören nicht automatisch diesem Namensraum an, sondern müssen dem Namespace ausdrücklich zugeordnet werden. Dabei hilft ebenfalls die dreiparametrige Überladung der Methode `WriteStartElement` weiter:

```
writer.WriteStartElement("x", "Personen", "http://www.MyNS.com");
writer.WriteStartElement("x", "Person", "http://www.MyNS.com");
```

Wichtig dabei ist, dass beide Namespace-Angaben absolut identisch sind, auch hinsichtlich der Groß-/Kleinschreibung. Nur dann wird das Element `Person` dem unter dem Element `Personen` angegebenen Namespace zugeordnet. Das aufgeführte Präfix spielt keine Rolle.

```
<x:Personen xmlns:x="http://www.MyCompany.com">
  <x:Person>
```

Geben Sie einen abweichenden Namespace an, wird das als neuer Namensraum interpretiert. Dann sollten Sie aber auch ein anderes Präfix benutzen.

In einigen XML-Dokumenten werden mehrere Namespaces im Stammelement definiert. Eine passende Überladung der Methode `WriteStartElement` gibt es dafür nicht. Abhilfe schafft die Methode `WriteAttributString`, die ebenfalls überladen ist und eine drei- und vierparametrige Variante bereitstellt. Letztgenannte wollen wir uns an einem Beispiel ansehen.

```
writer.WriteStartElement("Personen");
writer.WriteAttributeString("xmlns","x", null,"http://www.MyNS.de");
```

Dem ersten Parameter wird das Namespace-Präfix des Attributs übergeben, dem zweiten der Bezeichner des Attributs. Dabei handelt es sich um das Präfix, das dem Element zur Identifizierung vorangestellt wird. Ist das Attribut einem spezifischen Namespace zugeordnet, ist dieser dem dritten Parameter zu übergeben. Hier ist der Wert `null` angegeben, da es sich bei `xmlns` um ein reserviertes Attribut handelt. Der vierte und letzte Parameter erwartet den Wert des Attributs. Die beiden Anweisungen werden zu folgender Ausgabe führen:

```
<Personen xmlns:x="http://www.MyNS.de">
```

Beispielprogramm

Wir wollen uns nun ein Beispiel ansehen, das das folgende XML-Dokument mittels Code erzeugt. Dabei werden zwei Namespaces definiert: Ein Standard-Namespace und ein spezifischer Namespace, dem das Präfix `x` zugeordnet wird. Die Elemente `Personen`, `Person`, `Zuname` und `Vorname` sollen dem spezifischen Namespace zugeordnet werden, das Element `Adresse` dem Standard-Namespace.

```
<?xml version="1.0" encoding="utf-8"?>
<x:Personen xmlns="http://www.MyDefaultNS.de"
            xmlns:x="http://www.MyNS.de">
  <x:Person>
    <x:Zuname>Kleynen</x:Zuname>
    <x:Vorname>Peter</x:Vorname>
    <Adresse Ort="Eifel" Strasse="Am Wald 1">Germany</Adresse>
  </x:Person>
</x:Personen>
```

Dazu nun der Programmcode:

```
// ---------------------------------------------------------
// Beispiel: ...\Kapitel 16\XmlWriterWithNamespaces
// ---------------------------------------------------------
static void Main(string[] args) {
  XmlWriterSettings settings = new XmlWriterSettings();
  settings.Indent = true;
  settings.IndentChars = "  "; // 2 Leerzeichen
  XmlWriter writer = XmlWriter.Create(@"D:\Personen.xml", settings);
  writer.WriteStartDocument();
  // Start-Tag des Stammelements
  writer.WriteStartElement("x","Personen", "http://www.MyNS.de");
  writer.WriteAttributeString("xmlns", "http://www.MyDefaultNS.de");
  // Start-Tag von 'Person'
  writer.WriteStartElement("x", "Person", "http://www.MyNS.de");
  writer.WriteElementString("x", "Zuname", "http://www.MyNS.de", "Kleynen");
  string prefix = writer.LookupPrefix("http://www.MyNS.de");
  writer.WriteElementString(prefix, "Vorname", "http://www.MyNS.de", "Peter");
  // Element mit Attributen
  writer.WriteStartElement("Adresse");
  writer.WriteAttributeString("Ort", "Eifel");
  writer.WriteAttributeString("Strasse", "Am Wald 1");
  writer.WriteValue("Germany");
  writer.WriteEndElement();
  // End-Tag von 'Person'
  writer.WriteEndElement();
```

```
  // End-Tag des Stammelements
  writer.WriteEndElement();
  writer.WriteEndDocument();
  writer.Close();
}
```

Der Code enthält neben den schon zuvor behandelten Methoden zur Erzeugung von Elementen, Attributen und Namespaces nur eine Methode, die bisher noch nicht erwähnt worden ist: `LookupPrefix`. Dieser wird in Form einer Zeichenfolge ein Namespace-URI übergeben, der Rückgabewert ist das dazu gehörende Präfix.

16.5.1 Die Methoden der Klasse »XmlWriter«

Die folgende Tabelle enthält die wohl wichtigsten Methoden der Klasse `XmlWriter`. Die meisten davon sind in diesem Abschnitt genau erläutert und in den Beispielprogrammen verwendet worden.

Methode	Beschreibung
`LookupPrefix`	Liefert das Präfix, das im aktuellen Namespace-Bereich für den angegebenen Namespace-URI definiert ist.
`WriteStartDocument`	Schreibt die die XML-Deklaration mit der Version "1.0".
`WriteEndDocument`	Setzt den `XmlWriter` in den Anfangszustand.
`WriteStartElement`	Schreibt das Start-Tag.
`WriteEndElement`	Schreibt das End-Tag.
`WriteElementString`	Schreibt ein Element mit einem Zeichenfolgewert.
`WriteAttributeString`	Schreibt ein Attribut mit dem angegebenen Wert.
`WriteComment`	Schreibt einen Kommentar.
`WriteStartAttribute`	Schreibt ein Attribut.
`WriteEndAttribute`	Beendet das mit `WriteStartAttribute` eingeleitete Attribut.
`WriteCData`	Schreibt einen `<![CDATA[...]]>`-Block mit dem angegebenen Text.
`WriteValue`	Schreibt einen typisierten Wert (z. B. `DateTime`, `Double`, `Int64`).
`WriteString`	Schreibt einen Textinhalt.

Tabelle 16.8 Methoden der Klasse »XmlWriter«

16.6 Navigation durch XML (XPath)

16.6.1 Die Klasse »XPathNavigator«

Der `XmlReader` ermöglicht nur eine Vorwärtsbewegung durch ein XML-Dokument. In manchen Situationen mag das durchaus genügen, aber häufig wird man nach bestimmten Elementen und den von ihnen beschriebenen Daten suchen und dabei beliebig navigieren müssen. Hierbei werden wir von einem Objekt vom Typ `XPathNavigator` unterstützt, das zum Namensraum `System.Xml.XPath` gehört. Mit einem `XPathNavigator` können Sie zum Beispiel auch rückwärts navigieren und darüber hinaus Suchmuster angeben, die ein Filtern der Daten ermöglichen. Diese Suchmuster werden als *XPath-Ausdrücke* bezeichnet. Die `XPathNavigator`-Klasse unterstützt die Funktionen von XPath 2.0.

Das hört sich sehr positiv an, ist aber mit einem Nachteil verbunden, denn das ganze XML-Dokument muss zuerst in den Speicher geladen werden. Sie müssen also einen Verlust an Performance und je nach Größe des XML-Dokuments auch eine vergleichsweise hohe Speicherbelastung akzeptieren.

Ein `XPathNavigator` kann auf ausgehend von

- einem `XPathDocument`-Objekt oder
- einem `XmlDocument`-Objekt

mit der Methode `CreateNavigator` erstellt werden. Ein `XPathDocument`-Objekt dient nur dem schnellen Einlesen eines XML-Dokuments; die Daten sind schreibgeschützt und erlauben keinerlei weitere Verarbeitung. Daten hingegen, die ein `XmlDocument`-Objekt zur Verfügung stellt, können auch verändert werden. Auf die zahlreichen Möglichkeiten, die sich hinter `XmlDocument` verbergen, kommen wir im nächsten Abschnitt zu sprechen.

Um die Vorteile eines `XPathNavigator`-Objekts nutzen zu können, benötigen Sie zuerst ein `XPathDocument`-Objekt (oder alternativ ein `XmlDocument`-Objekt). Dem Konstruktor können Sie den Pfad zu der XML-Datei oder einen Stream übergeben, der die XML-Daten liefert. Anschließend rufen Sie die Methode `CreateNavigator` auf, die die Referenz auf ein `XPathNavigator`-Objekt liefert.

```
XPathDocument xPathDoc = new XPathDocument(@"D:\Personen.xml");
XPathNavigator navigator = xPathDoc.CreateNavigator();
```

Jetzt können die Methoden des `XPathNavigator`-Objekts zur Navigation des sich im Speicher befindlichen XML-Dokuments benutzt werden. Dabei gilt es, zwei Techniken zu unterscheiden:

- Navigation mit den `Move`-Methoden
- Navigation unter Zuhilfenahme von XPath-Ausdrücken

Die zahlreichen `Move`-Methoden gestatten die beliebige Navigation durch ein XML-Dokument. Allerdings ist der Code insbesondere bei komplexen XML-Strukturen oft nur schwierig nachvollziehbar. Greifen Sie auf XPath-Ausdrücke zurück, wird der Code kürzer und hat dabei auch noch den Vorteil, nach mehreren Elementen gleichzeitig suchen zu können. Nachteilig dabei ist, dass der Einsatz von XPath-Ausdrücken voraussetzt, dass Sie sich zuvor mit der Syntax von XPath anfreunden. Eine Einführung dazu erhalten Sie später.

Navigieren mit den »Move«-Methoden

`XPathNavigator` verfolgt ein Cursor-basiertes Modell, bei dem eine Art Zeiger immer auf einen Knoten im XML-Dokument zeigt. Ausgehend von dem aktuellen Knoten, der auch als *Kontextknoten* bezeichnet wird, kann man mit einer der zahlreichen Methoden beliebig durch das Dokument navigieren.

An dieser Stelle alle Methoden und Eigenschaften eines `XPathNavigator`-Objekts vollständig zu beschreiben, würde den Rahmen sprengen. Daher möchte ich mich auf ein paar wenige Navigationsmethoden beschränken, um Ihnen ein Gefühl dafür zu vermitteln, welche Möglichkeiten in dieser Klasse stecken.

Methode	Beschreibung
`MoveTo`	Dieser Methode wird eine `XPathNavigator`-Instanz übergeben, die auf dem Knoten positioniert ist, zu dem der aktuelle Knoten wechseln soll.
`MoveToFirstAttribute`	Verschiebt den `XPathNavigator` beim Überschreiben in einer abgeleiteten Klasse auf das erste Attribut des aktuellen Knotens.
`MoveToAttribute`	Verschiebt den `XPathNavigator` zu dem Attribut mit dem angegebenen Namen und Namespace-URI.
`MoveToRoot`	Verschiebt die Position des Cursors auf den Stammknoten.
`MoveToFirst`	Verschiebt den Cursor auf den ersten nebengeordneten Knoten des aktuellen Knotens. Der Rückgabewert ist `true`, wenn es einen nebengeordneten Knoten gibt, ansonsten `false`.
`MoveToNext`	Verschiebt den Cursor auf den nächsten nebengeordneten Knoten des aktuellen Knotens. Der Rückgabewert ist `true`, wenn es einen nebengeordneten Knoten gibt, ansonsten `false`.
`MoveToPrevious`	Verschiebt den Cursor auf den vorhergehenden nebengeordneten Knoten des aktuellen Knotens. Der Rückgabewert ist `true`, wenn es einen nebengeordneten Knoten gibt, ansonsten `false`.
`MoveToChild`	Verschiebt den Cursor auf den angegebenen untergeordneten Knoten. Der Rückgabewert ist `true`, wenn es den untergeordneten Knoten gibt, ansonsten `false`.
`MoveToFirstChild`	Verschiebt den Cursor auf den ersten untergeordneten Knoten des aktuellen Knotens. Der Rückgabewert ist `true`, wenn es einen untergeordneten Knoten gibt, ansonsten `false`.
`MoveToFollowing`	Verschiebt den Cursor auf das Element mit dem angegebenen lokalen Namen oder einen bestimmten `XPathNodeType`.
`MoveToParent`	Verschiebt den Cursor auf den übergeordneten Knoten des aktuellen Knotens. Der Rückgabewert ist `true`, wenn die Aktion erfolgreich durchgeführt werden konnte, ansonsten `false`.

Tabelle 16.9 Die »Move«-Methoden eines »XPathNavigator«-Objekts (Auszug)

Wie Sie durch ein XML-Dokument navigieren, möchte ich Ihnen nun in Einzelschritten zeigen. Dabei dient wieder die Datei *Personen.xml* als Basis der einzulesenden XML-Struktur.

Nachdem Sie sich ein `XPathNavigator`-Objekt mit

```
XPathDocument xPathDoc = new XPathDocument(@"D:\Personen.xml");
XPathNavigator navigator = xPathDoc.CreateNavigator();
```

besorgt haben, müssen Sie den Cursor zuerst auf das Stammelement des XML-Dokuments positionieren. Dazu bieten sich die Methoden `MoveToFollowing` oder `MoveToFirstChild` an. Der Methode `MoveToFollowing` müssen Sie dabei ausdrücklich den Bezeichner des Stammelements übergeben, gegebenenfalls auch noch den Namespace-URI.

```
navigator.MoveToFollowing("Personen", "");
```

Einfacher ist die Handhabung der Methode `MoveToFirstChild`, die parameterlos ist.

```
navigator.MoveToFirstChild();
```

Damit steht der Cursor auf dem Stammelement `Personen`. Um zum ersten untergeordneten Knoten `Person` zu navigieren, muss `MoveToFirstChild` ein weiteres Mal aufgerufen werden.

Das Element `Person` hat mehrere untergeordnete Elemente. Möchte man diese der Reihe nach durchlaufen, muss der Cursor zuerst auf das erste untergeordnete Element, also `Vorname`, positioniert werden. Das bedeutet bereits den dritten Aufruf der Methode `MoveToFirstChild` hintereinander. Alle nebengeordneten Elemente, `Zuname`, `Alter` und `Adresse`, erhält man über jeweils einen Aufruf der Methode `MoveToNext`.

Zeigt der Cursor auf einen `Person`-Knoten, müssen Sie nicht alle Elemente `Vorname`, `Zuname` und `Alter` abrufen, um `Adresse` auszuwerten. Sie können dazu auch die Methode `MoveToChild` bemühen, der Sie den Bezeichner des gewünschten Elements sowie dessen Namespace-URI angeben.

```
navigator.MoveToChild("Adresse", "http://www.MyNS.de");
```

Ist das entsprechende Element keinem Namensraum zugeordnet, übergeben Sie eine leere Zeichenfolge.

Beispielprogramm

Sehen wir uns nun ein komplettes Beispiel an, in dem ein XML-Dokument vollständig durchlaufen wird. Dabei wird eine rekursive Pogrammiertechnik benutzt, die alle Knoten des Dokuments auswertet. Die Methode `Navigate` hat die Aufgabe, durch das Dokument zu navigieren, `WriteNode` gibt die Knotenbezeichner und die von ihnen beschriebenen Werte aus.

```
// ---------------------------------------------------------
// Beispiel: ...\Kapitel 16\XPathNavigatorSample
// ---------------------------------------------------------
static void Main(string[] args) {
  XPathDocument doc = new XPathDocument(@"..\..\Personen.xml");
  XPathNavigator navi = doc.CreateNavigator();
  // zum Stammknoten navigieren
  navi.MoveToRoot();
  Navigate(navi);
  Console.ReadLine();
}

// Methode, die durch die Knoten navigiert
static void Navigate(XPathNavigator navi) {
  WriteNode(navi);
  // verschiebt den Cursor auf den ersten untergeordneten Knoten
  if (navi.MoveToFirstChild()) {
  // verschiebt den Cursor zum nächsten nebengeordneten Knoten
    do {
      Navigate(navi);
    } while (navi.MoveToNext());
    navi.MoveToParent();
  }
}

// Methode zur Ausgabe an der Konsole
static void WriteNode(XPathNavigator navi) {
  switch (navi.NodeType)
  {
    case XPathNodeType.Element:
      if (navi.HasAttributes) {
        Console.Write("<" + navi.Name + " ");
        navi.MoveToFirstAttribute();
        do {
          Console.Write(navi.Name + "=" + navi.Value + " ");
        } while (navi.MoveToNextAttribute());
        Console.WriteLine(">");
        navi.MoveToParent();
      }
      else {
        Console.WriteLine("<" + navi.Name + ">");
      }
      break;
    case XPathNodeType.Text:
      Console.WriteLine(navi.Value);
      break;
  }
}
```

16.6.2 XPath-Ausdrücke

XPath ist eine Entwicklung des W3-Konsortiums und dient dazu, nach einem oder mehreren Knoten in einer XML-Struktur zu suchen. XPath wird normalerweise im Zusammenhang mit anderen Standards eingesetzt und stellt eine XML-Struktur als einen Baum dar, der aus Knoten besteht. Die Lokalisierung eines oder mehrerer Knoten ähnelt der Notation einer URL – vermutlich stammt auch daher der Name XPath. Für die effiziente Arbeit mit XML ist XPath unabdingbar. Daher wollen wir uns in diesem Abschnitt auch ein wenig mit der XPath-Spezifikation beschäftigen. Dabei auf jedes Detail einzugehen, würde den Rahmen dieses Kapitels sprengen. Wenn Sie aber über diesen Abschnitt hinaus nach weiteren Informationen suchen, finden Sie diese unter *http://www.w3.org/TR/xpath.html.*

Aber wie sieht ein XPath-Ausdruck aus? Nehmen wir an, Sie interessieren sich für alle Zunamen in dem XML-Dokument, das durch die Datei *Personen.xml* beschrieben wird. Mit dem folgenden Codefragment können Sie das bereits erreichen.

```
XPathDocument xPathDoc = new XPathDocument(@"..\..\Personen.xml");
XPathNavigator navigator = xPathDoc.CreateNavigator();
navigator.MoveToFirstChild();
XPathNodeIterator iterator = navigator.Select("//Zuname");
while (iterator.MoveNext())
{
  Console.WriteLine(iterator.Current.Value);
}
```

Hätten Sie nur die Methoden der Klasse `XPathNavigator` benutzt, wäre der Code deutlich aufwendiger ausgefallen. Der XPath-Ausdruck `//Zuname` vereinfacht den Zugriff auf die Zunamen sehr deutlich.

Wie bereits erwähnt, stellt XPath eine XML-Dokumentstruktur als Baum dar. Dabei gibt es verschiedene Knotentypen, zum Beispiel *Elementknoten, Textknoten* oder *Attributknoten.* Die Lokalisierung der verschiedenen Ebenen besteht aus maximal drei Teilen:

- einer Achse, die zum Navigieren innerhalb der XML-Struktur dient
- einer Knotenprüfung, um weitere Kriterien zu definieren. Damit lassen sich bestimmte Knoten selektieren.
- einem Prädikat, um die selektierten Knoten weiter filtern zu können

Die Angabe von Achse und Knotenprüfung ist vorgeschrieben, während ein Prädikat optional ist. Die allgemeine Syntax eines XPath-Ausdrucks lautet:

```
achse::knotenprüfung[prädikat]
```

Beschreibt ein XPath-Ausdruck ein Prädikat, dann wird es in eckige Klammern eingeschlossen.

16.6.3 Kontextknoten

Das Resultat einer XPath-Abfrage hängt davon ab, von wo die Suche gestartet wird. Startet die Suche beim Wurzelelement, kann das Ergebnis ein ganz anderes sein, als würde die Suche bei einem Unterelement beginnen. Daher ist das Startelement von ganz wesentlicher Bedeutung. XPath verwendet das Konzept eines sogenannten *Kontextknotens*. Dieser Kontextknoten ist der aktuelle Knoten, an dem die Suche gestartet wird.

Achsen

Bei der Ausführung einer XPath-Abfrage kann eine bestimmte Richtung vorgeschrieben werden. Diese wird als *Achse* bezeichnet. Eine Analogie findet sich im Dateisystem, denn Sie können beispielsweise mit `..` zum übergeordneten Verzeichnis wechseln.

Da einige Achsen sehr häufig benötigt werden, besitzen sie eine Abkürzung. In Tabelle 16.10 sind die wichtigsten Achsen beschrieben.

Achse	Beschreibung
`attribute`	Hiermit werden die Attribute des Kontextknotens bestimmt (Abkürzung: @).
`child`	Mit dieser Achse werden die dem Kontextknoten untergeordneten Elemente (Nachkommen) beschrieben.
`descendant`	Irgendein untergeordnetes Element des Kontextknotens. Dabei kann es sich auch um einen Nachkommen über zwei oder mehr Ebenen handeln.
`descendant-or-self`	Wie `descendant`, jedoch unter Einbeziehung des Kontextknotens (Abkürzung: `//`).
`following`	Mit dieser Achse werden die Knoten angesprochen, die sich auf der Ebene des Kontextknotens befinden und diesem nachfolgen. Zu der Ergebnismenge gehören auch die untergeordneten Elemente der gefundenen Knoten.
`parent`	Das dem Kontextknoten übergeordnete Element (Abkürzung: `..`).
`preceding`	Vorherige Knoten des Kontextknotens auf gleicher Ebene, einschließlich der ihnen untergeordneten Knoten

Tabelle 16.10 Achsen in XPath-Ausdrücken

Beginnt ein XPath-Ausdruck nicht mit `/` oder `//`, beginnt die Suche immer an der aktuellen Curorposition. Die Suche beschränkt sich dann auf die Elemente des Teils der XML-Struktur, der an der Cursorposition beginnt.

Knotenprüfungen

Ein weiteres Kriterium zur Filterung eines Elements können Sie nach der Angabe der Achse festlegen. Es handelt sich um die Knotenprüfung, die anhand der Achse eine Auswahl der zu selektierenden Elemente trifft. Die Angabe der Prüfung kann direkt der Elementname sein.

Knotentyp	Beschreibung
node()	Es werden alle Knoten, auch unter Einbeziehung von Namensraum- und Attributknoten, ausgewählt.
comment()	Auswahl eines Kommentarknotens
text()	Auswahl von Knoten, die einen Text enthalten
processing-instruction()	Auswahl der Prozessoranweisungen im XML-Dokument

Tabelle 16.11 Knotenprüfungen in XPath-Ausdrücken

Prädikate

Auf allen Knoten, die die Ergebnismenge nach der Achsenbestimmung und der Knotenprüfung bilden, können Sie spezielle Prädikate anwenden, um die selektierten Knoten weiter zu filtern:

- *logische Operatoren*: or, and, !, <, >, <=, >=, =, !=
- *arithmetische Operatoren*: +, -, div, *, mod

Da die Zeichen < und > in XML eine besondere Bedeutung haben, müssen Sie sie durch < sowie > ersetzen.

16.6.4 Beispiele mit XPath-Ausdrücken

Nachfolgend zeige ich Ihnen einige XPath-Ausdrücke und deren Ergebnismenge. Alle Beispiele basieren auf einem XML-Dokument, in dem insgesamt vier Person-Elemente definiert sind und zusätzlich noch das Element Mitarbeiter. Das Stammelement lautet auch hier Personen.

```
<Personen>
  <Person>
    <Vorname>Manfred</Vorname>
    <Zuname>Fischer</Zuname>
    <Alter>45</Alter>
    <Adresse Ort="Bonn" Strasse="Neuestr.34"></Adresse>
  </Person>
  ...
  <Mitarbeiter>
    <Vorname>Peter</Vorname>
    <Zuname>Goldbach</Zuname>
    <Position>Chef</Position>
  </Mitarbeiter>
</Personen>
```

Beispiel 1

Die Auswertung des folgenden Positionspfades liefert alle `Person`- und `Mitarbeiter`-Elemente, einschließlich der den Elementen `Person` und `Mitarbeiter` untergeordneten Elemente, jedoch ohne die Attribute. In der Ergebnisliste steht nur ein Gesamtergebnis. Das Ergebnis ist unabhängig von der Cursorposition.

```
//Personen
```

Die Achse `//` ist sehr nützlich, um Elemente unabhängig von ihrer Position in der Struktur zu finden.

Beispiel 2

Zum gleichen Ergebnis führt auch der Ausdruck

```
/Personen
```

Zu keinem Ergebnis führt jedoch die Auswertung des folgenden Aufrufs, da hier die Angabe des Stammelements fehlt:

```
/Person
```

Anders hingegen das nächste Beispiel. Der Ausdruck beschreibt alle `Person`-Elemente, unabhängig von deren Position innerhalb der XML-Struktur. In der Ergebnisliste steht für jede Person ein separates Resultat. Da das XML-Dokument vier Personen beschreibt, liegen somit auch vier Teilergebnisse vor.

```
//Person
```

Möchten Sie vielleicht auf ein bestimmtes `Person`-Element zugreifen, dessen Position Sie im XML-Dokument kennen? Der nächste XPath-Ausdruck liefert das *dritte* Person-Element zurück.

```
//Person[3]
```

XPath unterstützt auch Platzhalter. Der folgende Ausdruck wählt alle Elemente aus, die dem Stammelement `Personen` untergeordnet sind. Es liegen auch hier fünf Resultate in der Ergebnismenge vor, da sowohl `Person` als auch `Mitarbeiter` ausgewertet werden. Besonders sinnvoll ist der Ausdruck, wenn dem Stammelement mehrere verschiedene Elemente untergeordnet sind und alle in der Ergebnismenge stehen sollen.

```
/Personen/*
```

Den Platzhalter können Sie auch angeben, um auf die Attribute des Elements `Adresse` zuzugreifen:

```
/Personen/Person/Adresse/@*
```

Interessieren hingegen nur die Werte, die durch das Attribut `Ort` beschrieben werden, geben Sie den Attributsbezeichner anstelle des Platzhalters an;

```
/Personen/Person/Adresse/@Ort
```

Nehmen wir nun an, der Positionscursor zeige auf das erste Element `Person` in der XML-Struktur. Mit dem XPath-Ausdruck

```
Vorname
```

wird als Ergebnis `Manfred` ausgegeben. Wird explizit keine Achse angegeben, gilt `child` als Vorgabe. Somit führt der gezeigte Ausdruck zum gleichen Ergebnis wie:

```
child::Vorname
```

Hätte der Cursor eine andere Position eingenommen, wäre die Ergebnismenge leer.

Unabhängig von der Cursorposition wird der nächste XPath-Ausdruck alle Vornamen ausgeben, da er gleichbedeutend mit dem XPath-Ausdruck `Vorname` ist:

```
//child::Vorname
```

Mit

```
/child::Vorname
```

bleibt die Ergebnismenge jedoch leer.

Mit optionalen Prädikaten lassen sich Ergebnismengen weiter filtern. Sie sind Teil des Positionspfades, der in eckigen Klammern erscheint. Der nächste Ausdruck verwendet ein Prädikat, um die Auswahl der `Person`-Elemente auf die Personen einzugrenzen, deren Alter größer 40 ist:

```
//Person[Alter > 40]
```

Sehr ähnlich wird mit dem folgenden Ausdruck gefiltert. Hierbei interessieren uns alle Personen, die in `Bonn` wohnen. Da der `Ort` als Attribut definiert ist, muss auf den Attributinhalt zugegriffen werden.

```
//Person/Adresse[@Ort = 'Bonn']
```

Prädikate dürfen gemäß XPath-Spezifikation auch mit `and` oder `or` verknüpft werden. Im folgenden XPath-Ausdruck werden die beiden zuvor gezeigten Ausdrücke benutzt, um alle `Person`-Elemente zu finden, die sowohl älter als 40 sind als auch in Bonn wohnen.

```
//Person[Alter > 40 and Adresse[@Ort = 'Bonn']]
```

XPath unterstützt integrierte Funktionen, die häufig in Prädikaten verwendet werden. Die Auswertung des folgenden Ausdrucks ergibt alle Person-Elemente, deren Vorname mit dem Buchstaben »P« beginnt.

```
//Person[starts-with(Vorname, 'P')]
```

Zum Abschluss der XPath-Beispiele möchte ich Ihnen noch zeigen, wie der Ausdruck lauten muss, um nach allen Personen innerhalb der XML-Struktur zu suchen, deren Zuname »Schmidt« oder »Meier« lautet.

```
//Zuname[text()='Meier' or text()='Schmidt']
```

Die bis hier gezeigten Beispiele können vielleicht einen Eindruck davon vermitteln, wie mächtig XPath-Ausdrücke formuliert werden können. Alle Möglichkeiten hier zu zeigen, ist aus Platzgründen nicht möglich. Für das weitere Vorgehen und das Verständnis der folgenden Beispiele reichen die Ausführungen aber aus. Wenn Sie intensiver in das Thema XPath einsteigen wollen, empfiehlt es sich, einen Blick in die Originalspezifikation zu werfen, deren Link Sie am Anfang des Kapitels finden.

16.6.5 Knotenmengen mit der »Select«-Methode

In Abschnitt 16.6.1 haben Sie gesehen, wie Sie mit den Methoden der Klasse XPathNavigator durch die Struktur einer XML-Vorlage navigieren können. Mit den Kenntnissen von XPath-Ausdrücken ausgestattet, lässt sich ein XPathNavigator-Objekt aber noch effektiver einsetzen.

Um einen XPath-Ausdruck gegen ein XML-Dokument abzusetzen, steht Ihnen die Methode Select zur Verfügung. Das Ergebnis des Methodenaufrufs ist eine Menge von Knoten, die von einem XPathNodeIterator-Objekt beschrieben werden. Der XPathNodeIterator ist zunächst auf dem Kontextknoten positioniert, der der Ausgangspunkt der XPath-Abfrage ist. Um zum ersten Knoten in der Ergebnismenge zu gelangen, muss daher zuerst MoveNext auf das Iterator-Objekt aufgerufen werden. MoveNext eignet sich sehr gut, um in einer Schleife eingesetzt zu werden, da der Rückgabewert true ist, falls noch ein weiterer Knoten in der Ergebnismenge vorliegt.

```
XPathDocument xPathDoc = new XPathDocument(@"C:\Personen.xml");
XPathNavigator navigator = xPathDoc.CreateNavigator();
XPathNodeIterator iter = navigator.Select("//Person");
while (iter.MoveNext()) {
  Console.WriteLine(iter.Current.Value);
}
```

Die Eigenschaft Current des Iterators ist schreibgeschützt und liefert ein neues XPath-Navigator-Objekt, das auf das aktuelle XML-Element in der Ergebnismenge zeigt:

```
public XPathNavigator Current {get;}
```

`Current` nicht nur wichtig für die Auswertung des gefundenen Knotens, sondern kann darüber hinaus auch Ausgangspunkt für weitere Suchoperationen sein.

Das `XPathNodeIterator`-Objekt hat neben `Current` noch zwei weitere interessante Eigenschaften: `Count` und `CurrentPosition`. `Count` liefert die Anzahl der Knoten in der Ergebnismenge und `CurrentPosition` den Index der aktuellen Position in der Ergebnismenge. Aber Vorsicht, denn der Index ist nicht 0-basiert, sondern 1-basiert. Der Index 0 gibt nämlich an, dass keine Knoten ausgewählt sind.

Ändern des Kontextknotens

Das `XPathNavigator`-Objekt, auf das die `Select`-Methode aufgerufen worden ist, ändert seine Position auch dann nicht, wenn die Ergebnismenge durchlaufen wird. Der Kontextknoten bleibt also gleich. Wenn der XPath-Ausdruck nicht mit / oder // beginnt, beginnt die Suche nach den Elementen an der aktuellen Cursorposition des `XPathNavigator`-Objekts.

Um die Cursorposition auf eines der Suchergebnisse zu setzen, können Sie statt der Methode `Select` die Methode `SelectSingleNode` des `XPathNavigator`-Objekts einsetzen. Der Rückgabewert ist ein neues `XPathNavigator`-Objekt, das Sie der `MoveTo`-Methode übergeben.

```
bool result =
  navigator.MoveTo(navigator.SelectSingleNode("XPath-Ausdruck"));
```

Der Aufruf liefert `true`, wenn die Position des Navigators verschoben werden konnte. Bei `false` bleibt die Cursorposition unverändert.

Weitere »Select«-Methoden

Neben `Select` gibt es mit

- `SelectAncestors`
- `SelectChildren`
- `SelectDescendants`

noch drei weitere Varianten zur Filterung von XML-Elementen. `SelectAncestors` wählt alle übergeordneten Knoten des aktuellen Knotens aus, `SelectChildren` alle *direkt* untergeordneten Knoten und `SelectDescendants` ausnahmslos alle untergeordneten Knoten. Allen drei genannten Methoden können Sie bestimmte Kriterien für die Filterung übergeben: Entweder Sie geben den Namen des gesuchten Elements an oder den Knotentyp (`XmlNodeType`).

Das folgende Beispiel zeigt, wie die genannten `Select`-Methoden benutzt werden können. Als Grundlage dazu dient uns die Datei *Personen.xml*, die jedoch um das zusätzliche Element `Geschlecht` ergänzt worden ist, das `Zuname` untergeordnet ist.

```
<Person>
  <Vorname>Manfred</Vorname>
  <Zuname>Fischer
    <Geschlecht>Männlich</Geschlecht>
  </Zuname>
  <Alter>45</Alter>
  <Adresse Ort="Bonn" Strasse="Neuestr.34"></Adresse>
</Person>
```

Hier nun der Code des Beispielprogramms:

```
// ---------------------------------------------------------
// Beispiel: ...\Kapitel 16\SelectMethoden
// ---------------------------------------------------------
string trenner = new string('-', 45);
XPathDocument doc = new XPathDocument("..\\..\\Personen.xml");
XPathNavigator navigator = doc.CreateNavigator();
navigator.MoveToChild("Personen","");
navigator.MoveToChild("Person", "");

// alle untergeordneten Elemente einer 'Person'

XPathNodeIterator descendant =
navigator.SelectDescendants("", "", false);
Console.WriteLine("Alle untergeordneten Elemente von 'Person':");
Console.WriteLine(trenner);
while (descendant.MoveNext()) {
  Console.WriteLine(descendant.Current.Name);
}

// alle direkt untergeordneten Elemente einer 'Person'
XPathNodeIterator children = navigator.SelectChildren("", "");
Console.WriteLine("\nDirekt untergeordnete Elemente von 'Person':");
Console.WriteLine(trenner);
while (children.MoveNext()) {
  Console.WriteLine(children.Current.Name);
}

// die übergeordneten Elemente von 'Zuname'
navigator.MoveToChild("Zuname", "");
XPathNodeIterator ancestors = navigator.SelectAncestors("", "", false);
Console.WriteLine("\nÜbergeordnete Elemente von 'Zuname':");
Console.WriteLine(trenner);
while (ancestors.MoveNext()) {
```

```
  Console.WriteLine(ancestors.Current.Name);
}
```

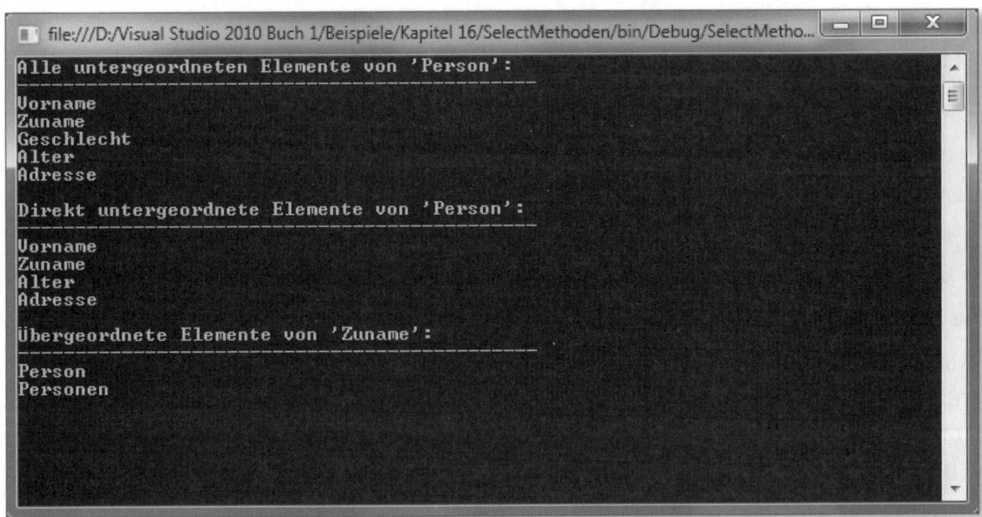

Abbildung 16.6 Ergebnisliste des Beispiels »SelectMethoden«

Als Grundlage der `Select`-Methoden wird jeweils die Überladung benutzt, die im ersten Parameter den Knotenbezeichner erwartet. Gibt man eine leere Zeichenfolge an, werden der Ergebnismenge alle gefundenen Knoten hinzugefügt. Der zweite Parameter erwartet den Namespace-URI. Da in unserem XML-Dokument kein Namespace definiert ist, wird hier eine leere Zeichenfolge übergeben. Der dritte Parameter der Methoden `SelectAncestors` und `SelectDescendants` schließlich erwartet einen booleschen Wert, der angibt, ob der aktuelle Knoten (der Kontextknoten) in die Ergebnismenge aufgenommen werden soll. In beiden Fällen wurde unter Angabe von `false` darauf verzichtet.

Kompilieren von XPath-Ausdrücken

Bei der Filterung von Knoten mit XPath-Ausdrücken führt der Parser immer wieder eine Analyse und Optimierung der Abfrage durch. Bei Abfragen, die wiederholt verwendet werden, bedeutet das eine Leistungseinbuße. Um dem zu begegnen, besitzen die Methoden, die einen XPath-Ausdruck akzeptieren, auch eine Überladung für einen kompilierten Ausdruck, der durch `XPathExpression` dargestellt wird. Dazu zählt auch `Select`.

Ein `XPathExpression`-Objekt erhalten Sie als Rückgabewert der statischen Methode `Compile` der Klasse `XPathExpression`.

```
public static XPathExpression Compile(string xpath)
```

Der Einsatz eines kompilierten XPath-Ausdrucks kann insbesondere bei komplexen Ausdrücken eine durchaus deutliche Steigerung der Abfrageleistung bringen.

```
XPathDocument xPathDoc = new XPathDocument(@"D:\Personen.xml");
XPathNavigator navigator = xPathDoc.CreateNavigator();
XPathExpression xpathExpr = XPathExpression.Compile("//Person");
XPathNodeIterator iter = navigator.Select(xpathExpr);
while (iter.MoveNext()) {
  Console.WriteLine(iter.Current.Value);
}
```

16.6.6 Auswerten von XPath-Ausdrücken

Die Methode »Evaluate«

Bisher habe ich Ihnen nur gezeigt, wie Sie mit XPath-Ausdrücken eine auf Knoten basierende Ergebnismenge auswerten können. XPath-Ausdrücke ermöglichen es aber auch, Berechnungen auszuführen. Dabei hilft die Methode `Evaluate` des `XPathNavigator`-Objekts weiter:

```
public virtual Object Evaluate(string xpath)
```

Es gibt weitere Überladungen, die auch ein `XPathExpression`- oder `XPathNodeIterator`-Objekt entgegennehmen.

Dazu sehen wir uns direkt ein Beispiel an: Angenommen, Sie interessieren sich für das Durchschnittsalter aller Personen, die in der Datei *Personen.xml* beschrieben werden. Der XPath-Ausdruck dazu lautet:

```
sum(//Alter) div count(//Alter)
```

Die Funktion `sum` liefert die Summe der in der Ergebnismenge `//Alter` enthaltenen Werte, und `count` liefert die Anzahl der zurückgegebenen Ergebnisse aus der Abfrage `//Alter`. Die Funktion `div` ist der Divisionsoperator.

```
string xPath = "sum(//Alter) div count(//Alter)";
XPathDocument xPathDoc = new XPathDocument(@"D:\Personen.xml");
XPathNavigator navigator = xPathDoc.CreateNavigator();
double result = Convert.ToDouble(navigator.Evaluate(xPath));
Console.WriteLine("Durchschnittsalter = {0}",result);
```

Da der Rückgabewert von `Evaluate` vom Typ `Object` ist, muss er noch in den passenden Typ konvertiert werden.

Die Methode »Matches«

Mit der Methode `Matches` können Sie feststellen, ob der aktuelle Knoten des `XPathNavigators` einem bestimmten XPath-Ausdruck entspricht.

```
public virtual bool Matches(string xpath)
```

Matches akzeptiert auch einen kompilierten XPath-Ausdruck vom Typ XPathExpression.

Im folgenden Codefragment wird untersucht, ob der Cursor das Personen-Element beschreibt. Der Rückgabewert ist in diesem Fall true, da zuvor mit MoveToFirstChild zum Stammelement des XML-Dokuments navigiert wird.

```
XPathDocument xPathDoc = new XPathDocument(@"D:\Personen.xml");
XPathNavigator navigator = xPathDoc.CreateNavigator();
navigator.MoveToFirstChild();
Console.WriteLine(navigator.Matches("//Personen").ToString());
```

Namensräume

In nahezu jedem XML-Dokument wird die Technik der Namensräume benutzt, um Elemente eindeutig zuordnen zu können. XPathNavigator unterstützt mit mehreren Eigenschaften und Methoden die Namensräume.

Eigenschaft/Methode	Beschreibung
LocalName	(Eigenschaft) Ruft den Bezeichner des aktuellen Knotens ohne Namespace-Präfix ab. Die ähnliche Eigenschaft Name liefert den Bezeichner samt Präfix.
NamespaceURI	(Eigenschaft) Ruft den Namespace-URI des aktuellen Knotens ab.
Prefix	(Eigenschaft) Ruft das Namespace-Präfix des aktuellen Knotens ab,
GetNamespacesInScope	(Methode) Gibt alle im Gültigkeitsbereich befindlichen Namespaces des aktuellen Knotens zurück.
LookupNamespace	(Methode) Ruft den Namespace-URI für das angegebene Präfix ab.
LookupPrefix	(Methode) Ruft das Namespace-Präfix für das angegebene Präfix ab.
MoveToFirstNamespace	(Methode) Verschiebt den XPathNavigator auf den ersten Namespace-Knoten des aktuellen Knotens.
MoveToNextNamespace	(Methode) Verschiebt den XPathNavigator auf den nächsten Namespace-Knoten des aktuellen Knotens.

Tabelle 16.12 Eigenschaften und Methoden, die die Namespaces betreffen

Die Eigenschaften LocalName, NamespaceURI und Prefix sind schon vom XmlReader her bekannt und werden auf dem aktuellen Knoten ausgewertet. LookupNamespace und LookupPrefix liefern Informationen, die das gesamte XML-Dokument betreffen, aber nur auf ein Präfix oder einen Namensraum bezogen sind.

Die Methode GetNamespacesInScope müssen wir uns noch genauer ansehen, da ihr Einsatz etwas komplexer ist. Die Methode liefert alle Namespaces, die sich im Gültigkeitsbereich des aktuellen Knotens befinden. Ist der Navigator auf das Stammelement positioniert, handelt es sich folgerichtig um alle Namespaces des XML-Dokuments. Der Rückgabewert der Methode ist eine generische Collection, in der die einzelnen Elemente über ein Key/Value-Paar beschrieben werden. Jeder Namespace-Eintrag wird in der Collection durch den Typ `KeyValuePair<string, string>` beschrieben.

Sie müssen `GetNamespacesInScope` mitteilen, ob die gelieferte Liste gefiltert werden soll. Dazu übergeben Sie der Methode ein Argument vom Typ der Enumeration `XmlNamespaceScope`.

Enumerationswert	Beschreibung
`All`	Liefert alle Namespaces, die sich im Gültigkeitsbereich des aktuellen Knotens befinden. Dies beinhaltet auch den `xmlns:xml`-Namespace, der immer implizit deklariert wird.
`ExcludeXml`	Liefert alle Namespaces, die im Gültigkeitsbereich des aktuellen Knotens definiert sind. Davon ausgeschlossen ist der `xmlns:xml`-Namespace, der immer implizit deklariert ist.
`Local`	Liefert alle Namespaces, die am aktuellen Knoten lokal definiert sind.

Tabelle 16.13 Konstanten der Enumeration »XmlNamespaceScope«

Im folgenden Codefragment wird die Liste der Namespaces eines XML-Dokuments abgefragt, ohne den impliziten `xmlns:xml`-Namespace zu berücksichtigen.

```
IDictionary<string, string> liste =
  navi.GetNamespacesInScope(XmlNamespaceScope.ExcludeXml);
foreach (KeyValuePair<string, string> temp in liste)
  Console.WriteLine("Key: {0,-3} Value: {1}", temp.Key, temp.Value);
```

Alternativ zu `GetNamespacesInScope` bieten sich auch die Methoden `MoveToFirstNamespace` und `MoveToNextNamespace` an, die beide auf den aktuellen Knoten bezogen sind. Beide Methoden liefern einen booleschen Wert zurück, der `true` ist, wenn der `XPathNavigator` auf den ersten bzw. nächsten Namespace positioniert werden kann.

```
if (navigator.MoveToFirstNamespace())
do {
  Console.WriteLine("Präfix: {0} - Namespace: {1} ",
                    navigator.Name, navigator.Value);
} while (navigator.MoveToNextNamespace());
```

Beachten Sie, dass ein Präfix mit der Eigenschaft `Name` ausgewertet wird und der zugehörige Namensraum mit der Eigenschaft `Value`.

Namespaces in XPath-Ausdrücken

Eine etwas andere Behandlung erfahren die Namespaces, die in XPath-Ausdrücken verwendet und korrekt ausgewertet werden sollen. Grundsätzlich verlangt die XPath-Syntax, dass vor dem Elementnamen das Präfix angegeben wird, also:

```
Präfix:Elementbezeichner
```

Eine Überladung der `Select`-Methode des `XPathNavigators` berücksichtigt genau diesen Fall und schreibt ein Objekt mit `IXmlNamespaceResolver` vor. Diese Schnittstelle wird von der Klasse `XmlNamespaceManager` implementiert. Sie müssen also nur ein Objekt dieses Typs der `Select`-Methode übergeben.

Ein `XmlNamespaceManager` verwaltet alle Namespaces und die ihnen zugeordneten Präfixe. Dabei müssen die Elemente, die sich im Standardnamensraum befinden, besonders behandelt werden, denn in XML-Dokumenten ist diesen Elementen kein Präfix vorangestellt. Die XPath-Syntax verlangt aber auch in diesem Fall ein Präfix. Daher ist es erforderlich, dass Sie auch diesen Elementen ein Präfix zuordnen.

Das folgende Beispiel zeigt, wie Sie die Klasse `XmlNamespaceManager` einsetzen und einen Standard-Namespace definieren können. Beachten Sie dabei, dass jeder gefundene Namespace explizit dem `XmlNamespaceManager`-Objekt mit `AddNamespace` hinzugefügt werden muss.

```
// ---------------------------------------------------------
// Beispiel: ...\Kapitel 16\XPathWithNamespaces
// ---------------------------------------------------------
XPathDocument xPathDoc = new XPathDocument(@"..\..\Personen.xml");
XPathNavigator navigator = xPathDoc.CreateNavigator();
// XmlNamespaceManager instanziieren
XmlNamespaceManager mgr =
              new XmlNamespaceManager(new NameTable());
navigator.MoveToRoot();
if (navigator.MoveToChild(XPathNodeType.Element)) {
  foreach (KeyValuePair<string, string> temp in
      navigator.GetNamespacesInScope(XmlNamespaceScope.All))
    // Namespaces zum XmlNamespaceManager hinzufügen
    if (temp.Key == "")
      mgr.AddNamespace("default", temp.Value);
    else
      mgr.AddNamespace(temp.Key, temp.Value);
}
// Ausgabe aller Person-Elemente, die dem durch 'x'
// beschriebenen Namespace zugeordnet werden
XPathNodeIterator iterator = navigator.Select("//x:Person", mgr);
while (iterator.MoveNext()) {
  Console.WriteLine(iterator.Current.Value);
}
```

16.7 Document Object Model (DOM)

16.7.1 Allgemeines

Die Klasse `XmlReader` bietet nur einen schreibgeschützten vorwärtsgerichteten Lesezugriff, mit `XmlWriter` nur einen vorwärtsgerichteten Schreibzugriff. Zum Bearbeiten des Inhalts eines Elements, zum Einfügen neuer oder zum Löschen enthaltener Elemente gibt es weder Methoden noch Eigenschaften.

Abhilfe schafft das *Document Object Model*, kurz *DOM* genannt. Hierbei handelt es sich um eine Spezifikation einer Schnittstelle für den beliebigen Zugriff auf die Elemente in einem XML-Dokument. Diese Spezifikation ist vom W3-Konsortium definiert worden.

Beim Arbeiten auf Basis von DOM wird das komplette XML-Dokument in den Speicher geladen und wird in Form einer Baumstruktur dargestellt. Wenn XML in das Dokumentobjektmodell (DOM) eingelesen wird, werden die einzelnen Teile in Knoten umgesetzt. Diese enthalten zusätzliche Metadaten über sich selbst, z. B. ihren Knotentyp und ihre Werte. Der Knotentyp besteht aus seinem Objekt und bestimmt, welche Aktionen ausgeführt und welche Eigenschaften festgelegt oder abgerufen werden.

Wie das intern realisiert wird, möchte ich Ihnen anhand des folgenden einfachen XML-Codes zeigen:

```
<Person>
  <Name>Fischer</Name>
</Person>
```

Dieser XML-Code wird im Speicher durch die in Abbildung 16.7 gezeigte Knotenstruktur dargestellt.

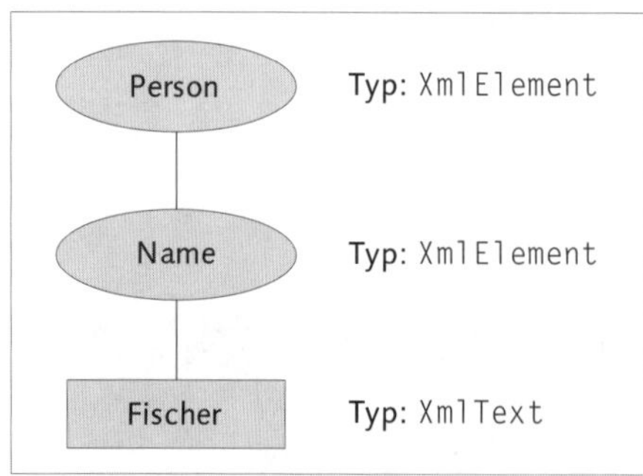

Abbildung 16.7 Eine einfache DOM-Struktur

Das `Person`-Element wird zu einem `XmlElement`-Objekt, ebenso wie das folgende Element `Name`. Der Elementinhalt wird zu einem `XmlText`-Objekt. Die Methoden und Eigenschaften von `XmlElement` unterscheiden sich von denen, die für ein `XmlText`-Objekt verfügbar sind.

Folglich ist es wichtig, zu wissen, in welchen Knotentyp das XML-Markup umgesetzt wird, da der Knotentyp bestimmt, welche Aktionen ausgeführt werden können.

Projizieren wir dieses kleine Beispiel auf ein größeres XML-Dokument, präsentiert sich dieses im Speicher als komplexe Baumstruktur. Zur Verdeutlichung diene die folgende XML-Struktur:

```
<?xml version="1.0" encoding="utf-8" ?>
<Personen>
  <Person>
    <Name>Fischer</Name>
    <Alter>45</Alter>
    <Ort="Aachen" PLZ="52072"></Ort>
  </Person>
</Personen>
```

In Abbildung 16.8 sehen Sie, wie dieses an sich noch sehr kleine XML-Fragment durch bereits eine verhältnismäßig komplexe Struktur im Speicher repräsentiert wird.

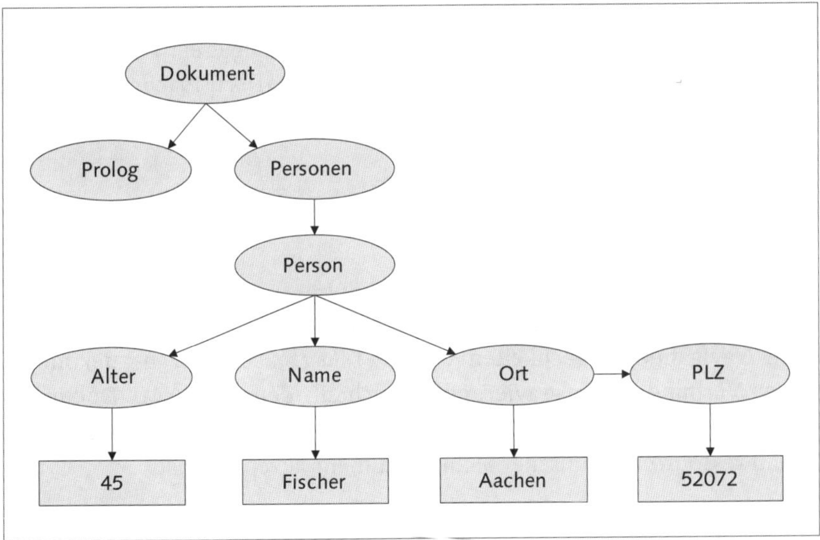

Abbildung 16.8 Darstellung eines XML-Dokuments als Baumstruktur

16.7.2 Arbeiten mit XmlDocument

XML-Daten laden

Ein `XmlDocument`-Objekt enthält manipulierbare XML-Daten auf der Basis von DOM. Nach der Instanziierung der Klasse stehen Ihnen mit `Load` und `LoadXml` zwei Methoden zur Verfügung, um das Objekt mit Daten zu füllen.

Der Methode Load können Sie einen URL als Zeichenfolge übergeben. Der URL kann eine lokale Datei oder eine HTTP-URL (also eine Webadresse) sein. Weitere Überladungen erlauben auch die Übergabe eines Stream-, TextReader- oder XmlReader-Objekts.

```
XmlDocument doc = new XmlDocument();
doc.Load(@"D:\Personen.xml");
```

Liegt das XML-Dokument in einer Zeichenfolge vor, bietet sich die Methode LoadXml an. Bedingung ist, dass die Zeichenfolge wohlgeformtes XML beschreibt, da ansonsten eine XmlException ausgelöst wird.

```
XmlDocument doc = new XmlDocument();
doc.LoadXml("<Person><Zuname>Franz</Zuname></Person>");
```

Die Variable doc beschreibt nun das sich im Speicher befindliche XML-Dokument. Mit den Eigenschaften und Methoden des XmlDocument-Objekts können Sie anschließend beliebig durch die Baumstruktur der Knoten navigieren und diese beliebig bearbeiten.

16.7.3 XmlDocument und XPathNavigator

Es gibt noch eine andere Variante, durch die Baumstruktur zu navigieren. Der Ausgangspunkt sind dabei die Methoden und Eigenschaften der Klasse XPathNavigator. Dazu wird auf die Referenz des XmlDocuments die Methode CreateNavigator aufgerufen, deren Rückgabewert ein XPathNavigator-Objekt ist.

```
XmlDocument doc = new XmlDocument();
doc.Load(@"D:\Personen.xml");
XPathNavigator navi = doc.CreateNavigator();
```

Die Kombination zwischen einem XPathNavigator und einem XmlDocument bietet den Vorteil, die zahlreichen Navigationsmöglichkeiten von XPathNavigator nutzen zu können. Allerdings hat dieser Verbund einen gravierenden Nachteil, denn das XML-Dokument muss zweimal im Speicher abgebildet werden, was bei der Größe vieler XML-Dokumente aus performance- und ressourcentechnischer Sicht nicht mehr akzeptabel ist.

Geänderte Daten speichern

Einer der großen Vorteile von DOM gegenüber anderen Techniken ist, dass die XML-Daten geändert und gespeichert werden können. Dazu stellt das XmlDocument-Objekt die Methode Save bereit, der als Argument eine den Speicherort beschreibende Zeichenfolge oder ein Stream-, TextWriter- oder XmlWriter-Objekt übergeben wird.

16.7.4 Die Klasse »XmlNode« (Operationen mit Knoten)

Ein Objekt vom Typ `XmlNode` repräsentiert im Speicher einen einzelnen Knoten eines XML-Dokuments. `XmlNode` ist eine abstrakte Klasse, die viele Methoden und Eigenschaften bereitstellt, um durch eine Knotenstruktur zu navigieren, sie zu ändern oder auch zu ergänzen.

Zahlreiche Ableitungen von `XmlNode` beschreiben die unterschiedlichen Knotentypen innerhalb eines XML-Dokuments und erweitern die geerbten Eigenschaften und Methoden um knotenspezifische. Zu diesen Ableitungen gehören auch die Klassen, die beispielsweise ein Attribut oder die XML-Deklaration beschreiben sowie die Klasse `XmlDocument`. Einen Überblick über die Vererbungshierarchie erhalten Sie in Abbildung 16.9.

Wenn Sie sich die Liste der Eigenschaften in der Dokumentation der Klasse `XmlNode` ansehen, werden Sie feststellen, dass sich die meisten Eigenschaften zwei Kategorien zuordnen lassen: Sie werden einige Eigenschaften finden, die rein der informellen Analyse eines Knotens dienen, und eine zweite Gruppe, die der Navigation dient.

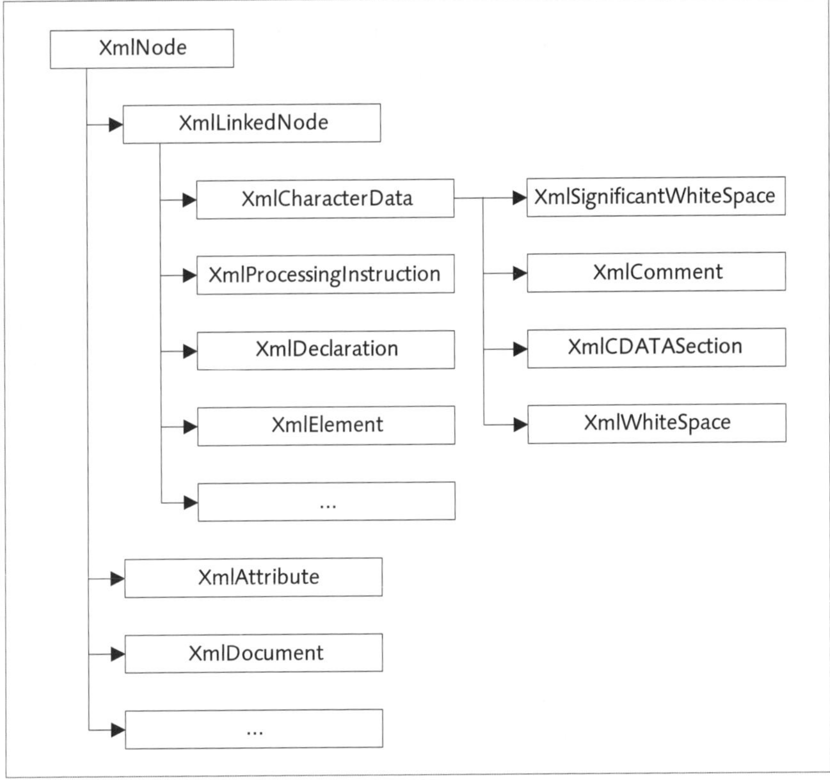

Abbildung 16.9 Die Ableitungen der Klasse »XmlNode«

Inhalt eines Knotens auswerten

Sehen wir uns in Tabelle 16.14 zuerst die Eigenschaften an, die informellen Charakter haben.

Eigenschaft	Beschreibung
`InnerText`	Ruft die verketteten Werte des Knotens und sämtlicher diesem untergeordneten Knoten ab oder legt diese fest. Die zurückgegebene Zeichenfolge enthält kein XML-Markup.
`InnerXml`	Liefert das Markup, das nur die untergeordneten Knoten dieses Knotens darstellt, oder legt dieses fest.
`IsReadOnly`	Gibt an, ob der Knoten schreibgeschützt ist.
`Name`	Ruft den Bezeichner des Knotens ab.
`NamespaceURI`	Ruft den Namespace-URI dieses Knotens ab.
`NodeType`	Ruft den Typ des Knotens ab.
`OuterXml`	Ruft das Markup ab, das den aktuellen Knoten und alle ihm untergeordneten Knoten darstellt.
`Prefix`	Ruft das Namespace-Präfix dieses Knotens ab oder legt dieses fest.
`Value`	Liefert den Wert des Knotens ab oder legt ihn fest. Der zurückgegebene Wert hängt vom Knotentyp ab. Beispielsweise liefert der Typ `XmlNodetype.Element null`, während es sich bei einem Knoten vom Typ `Text` um den Inhalt des Textknotens handelt.

Tabelle 16.14 XmlNode-Eigenschaften, die informelle Informationen liefern

Ein Wort noch zu der Eigenschaft `NodeType`, die uns den Typ des aktuellen Knotens liefert. Diese Eigenschaft ist vom Typ der Enumeration `XmlNodeType`. Um einen Überblick über einige der wichtigeren Mitglieder dieser Enumeration zu erhalten, sehen Sie sich bitte Tabelle 16.15 an.

Konstante	Beschreibung
`Element`	Beschreibt ein Element (z. B. `<Person>`).
`Attribute`	Beschreibt ein Attribut.
`Text`	Beschreibt den Textinhalt eines Knotens.
`CDATA`	Beschreibt einen CDATA-Abschnitt.
`EntityReference`	Beschreibt eine Entität (z.B. `<`).
`Comment`	Beschreibt einen Kommentar.
`WhiteSpace`	Beschreibt Leerraum zwischen Markup.

Tabelle 16.15 Member der Enumeration »XmlNodeType« (Auszug)

Die Ausgaben der Eigenschaften `InnerText`, `InnerXml`, `Name` und `Value` hängen vom Knotentyp ab. Handelt es sich dabei beispielsweise um `XmlNodeType.Element` oder `XmlNodeType.Attribute`, wird der entsprechende Bezeichner ausgegeben. Nicht jeder Knotentyp hat einen Bezeichner, der auswertbar ist. Daher liefert `Name` für diese Knotengruppe einen alternativen Text, z. B. `#text`, `#comment` oder `#cdata-section`. Andererseits haben einige Knoten keinen Inhalt, der mit `Value` abgerufen werden könnte. Dann ist die Rückgabe `null`.

Nehmen wir an, im XML-Fragment

```
<Person>Franz</Person>
```

würde die Variable `node` vom Typ `XmlNode` den Knoten `Person` beschreiben. (Anmerkung: Befindet sich das genannte Element in einem XML-Dokument, muss zuerst dorthin navigiert werden.) Rufen wir die `Name`-Eigenschaft ab, wird uns

```
Person
```

ausgegeben. `InnerXml` und `InnerText` liefern beide gleichermaßen

```
Franz
```

zurück, während `Value` keinen Inhalt hat und `null` ist. Navigieren wir nun weiter, sodass `node` auf den Textknoten zeigt, wird `Name` die Ausgabe

```
#text
```

haben und `Value` sowie `InnerText` den gewünschten Inhalt `Franz` anzeigen.

Das folgende Beispielprogramm zeigt die informellen Ausgaben im Zusammenhang. An `LoadXml` wird dabei eine XML-Struktur übergeben. Anschließend wird mit der Eigenschaft `DocumentElement` das Stammelement der Struktur abgerufen und in der Variablen `root` gespeichert. Der Rückgabewert der Eigenschaft `DocumentElement` ist vom Typ `XmlElement`, auf dem danach exemplarisch Eigenschaften aufgerufen werden.

```
// ---------------------------------------------------
// Beispiel: ...\Kapitel 16\XmlNodeSample
// ---------------------------------------------------
XmlDocument doc = new XmlDocument();
doc.LoadXml("<Person><Name Zuname='Müller'><Alter>34</Alter>" +
            "Peter</Name></Person>");
XmlNode root = doc.DocumentElement;
// Eigenschaft 'Name'
Console.WriteLine("Name:");
Console.WriteLine("{0}\n", root.Name);
// Eigenschaft 'OuterXml'
Console.WriteLine("OuterXml:");
Console.WriteLine("{0}\n", root.OuterXml);
```

```
// Eigenschaft 'InnerXml'
Console.WriteLine("InnerXml:");
Console.WriteLine("{0}\n", root.InnerXml);
// Eigenschaft 'Value'
Console.Write("Value:");
if (root.Value == null)
Console.WriteLine("  <leer>\n");
else
Console.WriteLine("\n{0}\n",root.Value);
// Eigenschaft 'InnerText'
Console.WriteLine("InnerText:");
Console.WriteLine("{0}",root.InnerText);
```

Die Ausgabe an der Konsole können Sie in Abbildung 16.10 sehen.

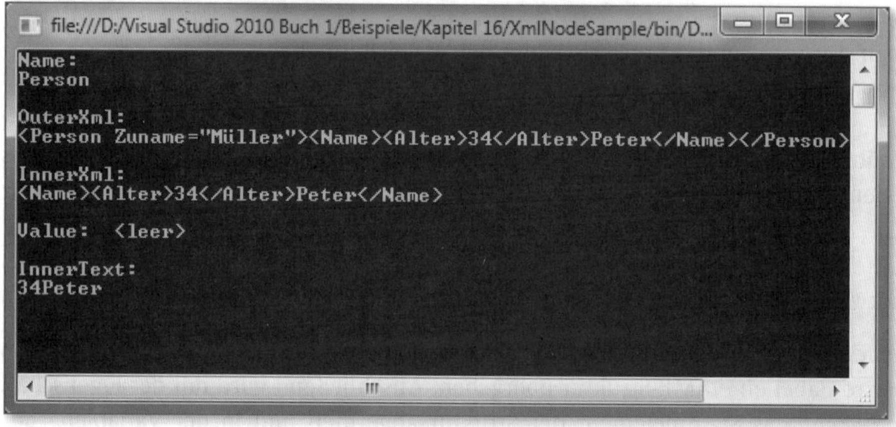

Abbildung 16.10 Die Ausgabe des Beispiels »XmlNodeSample«

Mit den Eigenschaften eines XmlNode-Objekts navigieren

Jetzt wollen wir uns die Eigenschaften eines `XmlNode`-Objekts anschauen, die der Navigation in einer XML-Struktur dienen. Auch hier sollten Sie sich zunächst einen Überblick über die Eigenschaften anhand einer Tabelle verschaffen.

Eigenschaft	Beschreibung
`Attributes`	Diese Eigenschaft ruft eine Auflistung vom Typ `XmlAttributCollection` ab, die die Attribute des aktuellen Knotens enthält.
`ChildNodes`	Ruft alle untergeordneten Knoten des Knotens ab.
`FirstChild`	Ruft das erste untergeordnete Element des aktuellen Knotens ab.

Tabelle 16.16 Eigenschaften des »XmlNode«-Objekts zur Navigation

Eigenschaft	Beschreibung
HasChildNodes	Ruft einen Wert ab, der angibt, ob dieser Knoten über untergeordnete Knoten verfügt.
Item	Ruft das erste untergeordnete Element mit dem angegebenen Bezeichner ab.
LastChild	Ruft das letzte untergeordnete Element des aktuellen Knotens ab.
NextSibling	Ruft den nächsten nebengeordneten Knoten ab, der dem aktuellen Knoten folgt.
ParentNode	Ruft das übergeordnete Element des aktuellen Knotens ab.
PreviousSibling	Ruft den vorhergehenden nebengeordneten Knoten des aktuellen Knotens ab.

Tabelle 16.16 Eigenschaften des »XmlNode«-Objekts zur Navigation (Forts.)

Die Vorgehensweise beim Einsatz dieser Eigenschaften ähnelt der Navigation mit `XmlReader` oder `XPathNavigator`. Von jedem beliebigen `XmlNode`-Objekt aus können Sie mit den Eigenschaften `FirstChild`, `LastChild`, `NextSibling`, `PreviousSibling` und `ParentNode` zum nächsten untergeordneten Element, zum letzten untergeordneten Element, zum nächsten bzw. letzten nebengeordneten Element oder gar zum übergeordneten Element wechseln.

Die Collection »XmlChildNodes«

Die Eigenschaft `ChildNodes` liefert eine Liste aller direkt untergeordneten Knoten ab. Diese wird durch den Typ `XmlNodeList` beschrieben. Viele Möglichkeiten bietet diese Liste nicht, aber Sie können diese Liste in einer Schleife durchlaufen, sich mit `Count` die Anzahl der untergeordneten Knoten besorgen oder mit `Item` einen bestimmten Knoten an der angegebenen Indexposition in der Liste abfragen.

```
XmlDocument doc = new XmlDocument();
doc.Load(@"D:\Personen.xml");
XmlNode root = doc.DocumentElement;
XmlNodeList nodeList = root.ChildNodes;
foreach (XmlNode node in nodeList)
{
  ...
}
```

Die Schleifenvariable `node` kann natürlich dazu benutzt werden, um den damit aktuell referenzierten Knoten weiter zu untersuchen, ob er seinerseits selbst untergeordnete Knoten hat.

Um einen bestimmten untergeordneten Knoten auszuwerten, können Sie sich die Referenz auf das diesen Knoten beschreibende `XmlNode`-Objekt mit

```
XmlNode node = irgendeinKnoten.ChildNodes[2];
```

oder alternativ auch mit

```
XmlNode node = nodeList[2];
```

besorgen. In beiden Fällen erhalten Sie die Referenz auf den dritten untergeordneten Knoten.

Auswerten eines kompletten XML-Dokuments

Um ein XML-Dokument komplett auszuwerten, bietet sich ein rekursiver Aufruf einer Methode an, in der eine Untersuchung des aktuellen Knotens stattfindet. Hier spielen die beiden Eigenschaften `Attributes` und `HasChildNodes` ihre ganze Stärke aus.

```
// ---------------------------------------------------------
// Beispiel: ...\Kapitel 16\XmlNodeNavigation
// ---------------------------------------------------------
static void Main(string[] args) {
  XmlDocument doc = new XmlDocument();
  doc.Load(@"..\..\Personen.xml");
  XmlNode root = doc.DocumentElement;
  GetNodes(root, 0);
  Console.ReadLine();
}

static void GetNodes(XmlNode node, int level) {
  switch (node.NodeType) {
    // prüfen, ob es sich um ein Element handelt
    case XmlNodeType.Element:
      Console.Write(new string(' ', level * 2));
      Console.Write("<{0}", node.Name);
      // prüfen, ob das aktuelle Element Attribute hat
      if (node.Attributes != null) {
        foreach (XmlAttribute attr in node.Attributes)
          Console.Write(" {0}='{1}'", attr.Name, attr.Value);
      }
      Console.Write(">");
      // prüfen, ob das aktuelle Element untergeordnete
      // Elemente hat
      if (node.HasChildNodes)
        foreach (XmlNode child in node.ChildNodes) {
          if (child.NodeType != XmlNodeType.Text)
            Console.WriteLine();
          GetNodes(child, level + 1);
        }
      break;
    // prüfen, ob es sich um auswertbare Daten handelt
```

```
        case XmlNodeType.Text:
          Console.Write(node.Value);
          break;
      }
    }
```

Liefert `Attributes` einen Wert ungleich `null`, hat das aktuelle Element Attribute, die in einer Schleife abgefragt werden können. `HasChildNodes` liefert einen `Boolean`. Ist dieser `true`, kann die Liste der untergeordneten Knoten mit der Eigenschaft `ChildNodes` durchlaufen werden. Dabei kommt es zu einem rekursiven Aufruf der benutzerdefinierten Methode `GetNodes`.

In diesem Beispiel wurden keine Namespaces und Präfixe zur eindeutigen Identifizierung der Elemente in der XML-Datei benutzt. Bei der Navigation spielt das keine Rolle, da eventuell vorhandene Namespaces als Attribute bewertet werden und die Elemente samt dem Präfix ausgegeben werden. Der Parameter `level` der Methode `ChildNodes` dient dazu, optisch ansprechende Einzüge in der Ausgabe darstellen zu können.

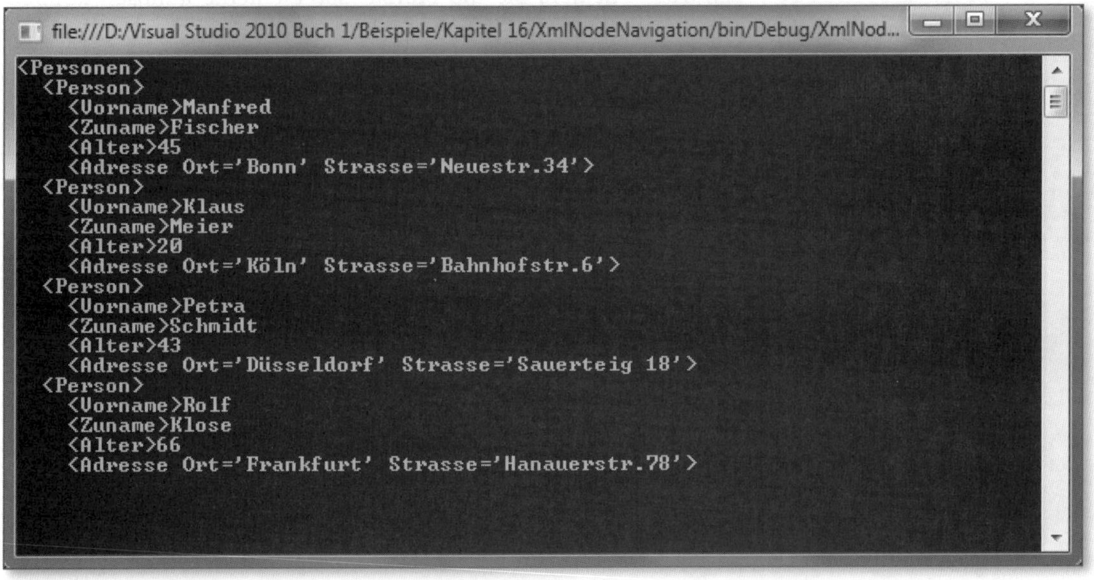

```
file:///D:/Visual Studio 2010 Buch 1/Beispiele/Kapitel 16/XmlNodeNavigation/bin/Debug/XmlNod...
<Personen>
  <Person>
    <Vorname>Manfred
    <Zuname>Fischer
    <Alter>45
    <Adresse Ort='Bonn' Strasse='Neuestr.34'>
  <Person>
    <Vorname>Klaus
    <Zuname>Meier
    <Alter>20
    <Adresse Ort='Köln' Strasse='Bahnhofstr.6'>
  <Person>
    <Vorname>Petra
    <Zuname>Schmidt
    <Alter>43
    <Adresse Ort='Düsseldorf' Strasse='Sauerteig 18'>
  <Person>
    <Vorname>Rolf
    <Zuname>Klose
    <Alter>66
    <Adresse Ort='Frankfurt' Strasse='Hanauerstr.78'>
```

Abbildung 16.11 Ausgabe des Beispiels »XmlNodeNavigation«

XPath-Ausdrücke verwenden

Um ein Element in einer XML-Struktur eindeutig zu adressieren, können Sie auch einen XPath-Ausdruck festlegen. Die Klasse `XmlNode` kennt zwei Methoden, denen Sie einen XPath-Ausdruck übergeben können: `SelectNodes` und `SelectSingleNode`. Beide Methoden werden auch von der Klasse `XmlDocument` unterstützt und können daher auch auf der Referenz des `XmlDocument`-Objekts aufgerufen werden.

`SelectNodes` liefert eine Auflistung des Typs `XmlNodeList` mit allen gefundenen Elementen zurück, die dem XPath-Ausdruck entsprechen. Das folgende Codefragment gibt die Liste aller Zunamen aus der XML-Datei `Personen.xml` aus.

```
XmlDocument doc = new XmlDocument();
doc.Load(@"..\..\Personen.xml");
XmlNodeList liste = doc.SelectNodes("//Person//Zuname");
foreach(XmlNode temp in liste)
  Console.WriteLine("Name: {0}", temp.InnerXml);
```

Sind Sie nur am ersten Element interessiert, liefert der Aufruf von `SelectSingleNode` genau dieses.

```
XmlNodeList liste = root.SelectNodes("//Person//Zuname");
```

Beide Methoden haben zudem noch jeweils eine Überladung, die ein Objekt vom Typ `XmlNamespaceManager` erwartet, mit dem Sie die Präfixe der Elemente auflösen können. Diese Klasse wurde bereits in Abschnitt 16.6.6 behandelt.

Suche nach bestimmten Elementen

Im folgenden Beispielprogramm wird demonstriert, wie die Inhalte bestimmter Elemente ausgewertet werden können. Im Mittelpunkt steht dabei die Methode `GetElementsByTagName`, der das zu durchsuchende Element angegeben wird.

```
// ---------------------------------------------------
// Beispiel: ...\Kapitel 16\SearchForElements
// ---------------------------------------------------
static void Main(string[] args){
  XmlDocument doc = new XmlDocument();
  doc.Load(@"..\..\Personen.xml");
  XmlElement root = doc.DocumentElement;
  XmlNodeList elemList = root.GetElementsByTagName("Zuname");
  // Resultate anzeigen
  for (int i = 0; i < elemList.Count; i++) {
    Console.WriteLine(elemList[i].InnerXml);
  }
  Console.ReadLine();
}
```

Als Ergebnis werden die Namen aller Im XML-Dokument enthaltenen Personen ausgegeben.

16.7.5 XML-Struktur manipulieren

Zahlreiche Methoden sind in den Klassen XmlDocument, XmlNode und XmlNodeList definiert, um neue Knoten hinzuzufügen, vorhandene zu ändern oder gar zu löschen. Um einen besseren Überblick über die sich bietenden Möglichkeiten zu bekommen, wird den drei Operationen des Hinzufügens, der Editierung und des Löschens jeweils ein eigener Abschnitt gewidmet.

Knoten hinzufügen

Um zu zeigen, wie zusätzliche Knoten einer XML-Struktur hinzugefügt werden, soll im nächsten Codefragment zunächst eine komplett neue XML-Struktur bereitgestellt werden, die wie folgt aussieht:

```
<?xml version="1.0" encoding="ibm850" ?>
<!--Dies ist ein Kommentar-->
<Personen>
  <Person>Peter</Person>
</Personen>
```

Code, der dies leistet, würde wie folgt aussehen:

```
XmlNode nodePerson, nodeName;
XmlDocument doc = new XmlDocument();
XmlComment cmt = doc.CreateComment("Dies ist ein Kommentar");
doc.AppendChild(cmt);
XmlNode nodeRoot = doc.CreateElement("Personen");
doc.AppendChild(nodeRoot);
nodePerson = doc.CreateElement("Person");
nodeRoot.AppendChild(nodePerson);
nodeName = doc.CreateTextNode("Peter");
nodePerson.AppendChild(nodeName);
doc.Save(Console.Out);
```

Die resultierende XML-Struktur weist insgesamt vier Knoten auf, die der Reihe nach erzeugt werden. Dazu stellt die Klasse XmlDocument mehrere passende CreateXxx-Methoden bereit. Im Code werden mit CreateComment, CreateElement und CreateTextNode ein Kommentar, zwei Elementknoten und ein Textknoten erzeugt.

Die Basisklasse aller Knoten, XmlNode, vererbt an alle Ableitungen, also auch an XmlDocument, die Methode AppendChild. Der Aufruf dieser Methode auf einen bestimmten Knoten bewirkt, dass die dem Parameter übergebene XmlNode-Referenz zu einem untergeordneten Knoten des Knotens wird, auf dem die Methode aufgerufen wird.

Nach allem bleibt festzuhalten, dass immer zwei Schritte erforderlich sind, um einen neuen Knoten einem existierenden XML-Dokument hinzuzufügen:

1. Erzeugen Sie den neuen Knoten mit einer `Create`-Methode auf die Referenz des `XmlDocument`-Objekts.
2. Rufen Sie die Methode `AppendChild` auf dem Knoten auf, dem der neue Knoten hinzugefügt werden soll. Die Referenz des neuen Knotens wird dabei als Argument dem Methodenaufruf übergeben.

Wird ein neues XML-Dokument erzeugt, dürfen Sie auf dessen Referenz nur einmal die `CreateElement`-Methode aufrufen, da das so hinzugefügte Element das Wurzelelement des XML-Dokuments beschreibt, von dem es bekanntlich zur Sicherstellung der Wohlgeformtheit nur eines geben darf.

In Tabelle 16.17 finden Sie eine Übersicht der gängigsten `CreateXxx`-Methoden von `XmlDocument`.

Methode	Beschreibung
`CreateAttribute`	Erstellt ein neues Objekt vom Typ `XmlAttribute`.
`CreateCDataSection`	Erstellt ein neues Objekt vom Typ `XmlCDataSection`.
`CreateComment`	Erstellt ein neues Objekt vom Typ `XmlComment`.
`CreateDefaultAttribute`	Erstellt ein Standardattribut mit dem angegebenen Präfix, lokalen Namen und Namespace-URI.
`CreateElement`	Erstellt ein neues Objekt vom Typ `XmlElement`.
`CreateNode`	Erstellt ein neues Objekt vom Typ `XmlNode`.
`CreateProcessingInstruction`	Erstellt ein neues Objekt vom Typ `XmlProcessingInstruction`.
`CreateTextNode`	Erstellt ein neues Objekt vom Typ `XmlText`.
`CreateXmlDeclaration`	Erstellt ein neues Objekt vom Typ `XmlDeclaration`.

Tabelle 16.17 Die »Create«-Methoden der Klasse »XmlDocument« (Auszug)

16.7.6 Knoten ändern

Um einen Knoten zu ändern, benötigen Sie zuerst die Referenz auf den entsprechenden Knoten. Dabei kommen die diversen Navigationsmethoden infrage oder, was deutlich besser ist, ein XPath-Ausdruck. Das zeigt das folgende Beispielprogramm, das zum Ziel hat, in der Datei *Personen.xml* das Alter von `Klaus Meier` neu festzulegen.

```
// ---------------------------------------------------------
// Beispiel: ...\Kapitel 16\EditXmlNode
// ---------------------------------------------------------
static void Main(string[] args) {
  XmlDocument doc = new XmlDocument();
  doc.Load(@"..\..\Personen.xml");
  XmlNode root = doc.DocumentElement;
```

```
  // Referenz auf das zu ändernde Element besorgen
  XmlNode node =
   root.SelectSingleNode("//Person[Zuname ='Meier']/Alter");

  if (node != null) {
    XmlNode nodeAlter = node.FirstChild;
    // Alter ändern
    nodeAlter.Value = "33";
    XmlNode parent = node.ParentNode;
    GetNodes(parent, 0);
    Console.ReadLine();
    return;
  else {
    Console.WriteLine("Der angegebene Zuname existiert nicht.");
    Console.ReadLine();
  }
}

static void GetNodes(XmlNode node, int level) {
  switch (node.NodeType) {
    // prüfen, ob es sich um ein Element handelt
    case XmlNodeType.Element:
      Console.Write(new string(' ', level * 2));
      Console.Write("<{0}>", node.Name);
      if (node.HasChildNodes)
        foreach (XmlNode child in node.ChildNodes) {
          if (child.NodeType != XmlNodeType.Text)
            Console.WriteLine();
          GetNodes(child, level + 1);
        }
      break;
    // prüfen, ob es sich um auswertbare Daten handelt
    case XmlNodeType.Text:
      Console.Write(node.Value);
      break;
  }
}
```

Nach dem Laden der Datei und der Referenzierung des Wurzelelements wird mit `SelectSingleNode` ein XPath-Ausdruck abgesetzt, der anhand des Elements `Zuname` nach `Meier` sucht:

```
//Person[Zuname ='Meier']/Alter
```

Man sollte berücksichtigen, dass die entsprechende Person nicht vom XML-Dokument beschrieben wird. Der Rückgabewert der Methode `SelectSingleNode` ist in dem Fall `null`.

Wird das Element Meier gefunden, liefert das Ergebnis des XPath-Ausdrucks das Element Alter und wird mit FirstChild auf den Textknoten verschoben, dessen Inhalt anschließend über die Eigenschaft Value verändert wird. Alternativ hätten Sie auch direkt die Referenz auf das Element Alter benutzen können, um die Änderung vorzunehmen. Sie müssen dann die Eigenschaft InnerText ändern:

```
XmlNode node =
  root.SelectSingleNode("//Person[Zuname ='Meier']/Alter");
if (node != null) {
  node.InnerText = "33";
  ...
```

Um uns vom Erfolg zu überzeugen, wird am Ende das die Person Meier betreffende Element komplett ausgegeben. Hierzu dient die Methode GetNodes, die ich Ihnen in ähnlicher Form bereits in Abschnitt 16.7.4 im Programm *XmlNodeNavigation* vorgestellt habe.

Attribute ändern

Um einem Element ein Attribut hinzuzufügen, muss auf der Referenz des entsprechenden Elements die Methode SetAttribute aufgerufen werden. Der Aufruf von SetAttribute erzeugt aber nur dann ein neues Attribut, wenn es ein solches namentlich noch nicht gibt. Ansonsten wird der Inhalt des gefundenen Attributs nur geändert.

Im folgenden Beispielcode wird sowohl ein neues Attribut zu einem XmlElement hinzugefügt als auch ein vorhandenes editiert.

```
XmlDocument doc = new XmlDocument();
doc.LoadXml("<Personen><Person><Name>Fischer</Name>" +
    "<Daten alter='56' ort='Bonn'/></Person></Personen>");
XmlNode root = doc.DocumentElement;
string xpath = "/Personen/Person/Daten";
XmlElement node =   (XmlElement)root.SelectSingleNode(xpath);
// Attribut 'ort' ändern
node.SetAttribute("ort", "Aachen");
// Attribut 'plz' hinzufügen
node.SetAttribute("plz", "52072");
// Ausgabe der XML-Struktur
Console.WriteLine(doc.InnerXml);
```

16.7.7 Löschen in einem XML-Dokument

Element löschen

Um ein Element aus einer XML-Struktur zu entfernen, rufen Sie die Methode RemoveChild auf dem übergeordneten Element des zu löschenden Elements auf. Der Methode wird die

Referenz auf das Element übergeben, das entfernt werden soll. Im folgenden Codefragment wird aus der Datei die dritte Person (`Petra Schmidt`) gelöscht.

```
XmlDocument doc = new XmlDocument();
doc.Load("Personen.xml");
XmlNode root = doc.DocumentElement;
XmlNode node = root.SelectSingleNode("//Person[Zuname='Schmidt']");
root.RemoveChild(node);
```

Attribute löschen

Zum Entfernen eines Attributs stellt Ihnen die Klasse `XmlElement` vier Methoden zur Verfügung, die Sie Tabelle 16.18 entnehmen können.

Methode	Beschreibung
`RemoveAllAttributes`	Löscht alle angegebenen Attribute des Elements.
`RemoveAttribute`	Entfernt das angegebene Attribut, dessen Bezeichner der Methode übergeben wird.
`RemoveAttributeAt`	Entfernt den Attributknoten mit dem angegebenen Index aus dem Element.
`RemoveAttributeNode`	Löscht das Attribut, das als `XmlAttribute`-Referenz angegeben wird.

Tabelle 16.18 Methoden zum Löschen von Attributen

Im nächsten Codebeispiel wird exemplarisch das Attribut `Ort` der Person `Meier` gelöscht. Dabei wird die Methode `RemoveAttribute` verwendet. Zum Auffinden dient ein XPath-Ausdruck, dessen Rückgabe bekanntlich vom Typ `XmlNode` ist. Da die Löschmethode jedoch in der Klasse `XmlElement` definiert ist, muss das Resultat der Methode `SelectSingleNode` entsprechend typumgewandelt werden.

```
string xpath = "//Person[Zuname='Meier']/Adresse";
XmlDocument doc = new XmlDocument();
doc.Load(@"..\..\Personen.xml");
XmlNode root = doc.DocumentElement;
XmlElement element = (XmlElement)root.SelectSingleNode(xpath);
Console.WriteLine(element.Name);
element.RemoveAttribute("Ort");
```

Untergeordnete Elemente und Attribute löschen

Mit `RemoveAll` stellen die Klassen `XmlNode` und `XmlElement` eine Methode bereit, die alle angegebenen Attribute und untergeordneten Elemente des aktuellen Knotens entfernt.

```
XmlDocument doc = new XmlDocument();
doc.LoadXml("<Person ort='Aachen' plz='52072'>" +
            "<Name>Franz Schmitz</Name></Person>");
XmlNode root = doc.DocumentElement;
root.RemoveAll();
```

Als Resultat bleibt als Ergebnis nur noch

```
<Person></Person>
```

stehen.

16.8 Serialisierung mit »XmlSerializer«

Bisher sind wir immer davon ausgegangen, dass die Daten bereits im XML-Format vorliegen. Das .NET Framework bietet zahlreiche Möglichkeiten, Daten in ein XML-Format zu überführen. Das können Sie sogar mit den Daten x-beliebiger Objekte umsetzen. Diese Technik wird als *XML-Serialisierung* bezeichnet.

Hinweis

In Kapitel 13, »Binäre Serialisierung«, wurde bereits die binäre Serialisierung besprochen, die nun in diesem Abschnitt ihre Fortsetzung findet.

Für die XML-Serialisierung ist die Klasse `XmlSerializer` zuständig, die zum Namespace `System.Xml.Serialization.XmlSerializer` gehört. Um Objektdaten in das XML-Format überführen zu können, sind einige Einschränkungen zu beachten:

- Die zu serialisierende Klasse muss als `public` definiert sein.
- Es werden nur als `public` deklarierte Felder oder Eigenschaften serialisiert. Die Eigenschaften müssen den lesenden und schreibenden Zugriff zulassen.
- Die zu serialisierende Klasse muss einen öffentlichen, parameterlosen Konstruktor haben.
- Die Steuerung der XML-Serialisierung erfolgt mit Attributen, die im Namespace `System.Xml.Serialization` zu finden sind. Damit ist es beispielsweise möglich, bestimmte Felder vom Serialisierungsprozess auszuschließen.
- Im Gegensatz zu `BinaryFormatter` (siehe Kapitel 13) ist das `Serializable`-Attribut nicht zwingend vorgeschrieben.

Im folgenden Beispiel wird das Prinzip der XML-Serialisierung gezeigt.

```
// ---------------------------------------------------------
// Beispiel: ...\Kapitel 16\XMLSerialisierung
// ---------------------------------------------------------
using System;
using System.IO;
using System.Xml.Serialization;
class Program {
```

```
  static XmlSerializer serializer;
  static FileStream stream;

  static void Main(string[] args) {
    serializer = new XmlSerializer(typeof(Person));
    Person person = new Person("Jutta Speichel", 34);
    SerializeObject(person);
    Person oldPerson = DeserializeObject();
    Console.WriteLine("Name: " + oldPerson.Name);
    Console.WriteLine("Alter: " + oldPerson.Alter);
    Console.ReadLine();
  }

  // Objekt serialisieren
  public static void SerializeObject(object obj) {
    stream = new FileStream(@"D:\PersonData.xml", FileMode.Create);
    serializer.Serialize(stream, obj);
    stream.Close();
}

  // Objekt deserialisieren
  public static Person DeserializeObject() {
    stream = new FileStream(@"D:\PersonData.xml", FileMode.Open);
    return (Person)serializer.Deserialize(stream);
  }
}

// zu serialisierende Klasse
public class Person {
  // Felder
  public int Alter { get; set; }
  private string _Name;

  // ----- Konstruktoren -----
  public Person() { }
  public Person(string name, int alter) {
    Name = name;
    Alter = alter;
  }

  // Eigenschaft
  public string Name {
    get { return _Name; }
    set { _Name = value; }
  }
}
```

Zur Einleitung des Serialisierungsprozesses wird der Konstruktor von `XmlSerializer` aufgerufen, der die `Type`-Angabe über das zu serialisierende Objekt entgegennimmt.

```
XmlSerializer serializer = new XmlSerializer(typeof(Person));
```

Wie bei der binären Serialisierung mit der Klasse `BinaryFormatter` werden die Objekte mit der Methode `Serialize` serialisiert. Sehen wir uns den Inhalt der XML-Datei an:

```
<?xml version="1.0"?>
<Person xmlns:xsi="http://www.w3.org/2001/XMLSchema-instance"
        xmlns:xsd="http://www.w3.org/2001/XMLSchema">
  <Alter>34</Alter>
  <Name>Jutta Speichel</Name>
</Person>
```

Mit `Deserialize` werden die XML-Daten serialisiert und in ein Objekt geschrieben. Da `Deserialize` den Typ `Object` ausliefert, müssen wir abschließend nur noch eine Typumwandlung in `Person` vornehmen.

16.8.1 XML-Serialisierung mit Attributen steuern

Die XML-Serialisierung lässt sich auch mit zusätzlichen Attributen steuern, um das Ausgabeformat der serialisierten Daten zu bestimmen. Diese Attribute gehören zum Namespace `System.Xml.Serialization`. Die wichtigsten Attribute sehen Sie in Tabelle 16.19.

Attribut	Beschreibung
`XmlArray`	Gibt an, dass ein bestimmtes Klassen-Member als Array serialisiert werden soll.
`XmlArrayItem`	Legt den Bezeichner in der XML-Datei für den vom Array verwalteten Typ fest.
`XmlAttribute`	Die Eigenschaft wird als XML-Attribut und nicht als XML-Element serialisiert.
`XmlElement`	Dieses Attribut legt den Elementnamen in der XML-Datei fest. Standardmäßig wird der Bezeichner des Feldes verwendet.
`XmlIgnore`	Legt fest, dass die Eigenschaft nicht serialisiert werden soll.
`XmlRoot`	Legt den Bezeichner des Wurzelelements der XML-Datei fest. Standardmäßig wird der Bezeichner der zu serialisierenden Klasse verwendet.

Tabelle 16.19 Attribute zur Steuerung der Ausgabe in einer XML-Datei

Am folgenden Beispiel wollen wir uns die Wirkungsweise der Attribute verdeutlichen. In der Anwendung ist erneut eine Klasse `Person` definiert. Mehrere Objekte vom Typ `Person` können von einem Objekt der Klasse `PersonenListe` verwaltet werden.

```
// ---------------------------------------------------------
// Beispiel: ...\Kapitel 16\XMLAttributeSample
// ---------------------------------------------------------
using System.Xml.Serialization;
using System.IO;
...
```

```
[XmlRoot("PersonenListe")]
public class PersonenListe {
  [XmlElement("Listenbezeichner")]
  public string Listenname;

  [XmlArray("PersonenArray")]
  [XmlArrayItem("PersonObjekt")]
  public Person[] Personen;

  // Konstruktoren
  public PersonenListe() { }

  public PersonenListe(string name) {
    this.Listenname = name;
  }
}

public class Person {
  [XmlElement("Name")]
  public string Zuname;

  [XmlElement("Wohnort")]
  public string Ort;

  [XmlElement("Alter")]
  public int Lebensalter;

  [XmlAttribute("PersID", DataType = "string")]
  public string ID;

  // Konstruktoren
  public Person() { }

  public Person(string zuname, string ort, int alter, string id) {
    this.Zuname = zuname;
    this.Ort = ort;
    this.Lebensalter = alter;
    this.ID = id;
  }
}
```

Ehe wir uns die Auswirkung der Attributierung ansehen, folgt hier zuerst der Code, der `Person`-Objekte mit `XmlSerializer` serialisiert:

```
class Program {
  static void Main(string[] args) {
    PersonenListe catalog = new PersonenListe("Teilnehmerliste");
```

```
    catalog.Listenname = "Teilnehmerliste";
    Person[] persons = new Person[2];

    // Personen erzeugen
    persons[0] = new Person("Peter", "Berlin", 45, "117");
    persons[1] = new Person();
    persons[1].Zuname = "Franz-Josef";
    persons[1].Ort = "Aschaffenburg";
    catalog.Personen = persons;

    // serialisieren
    XmlSerializer serializer = new XmlSerializer(typeof(PersonenListe));
    FileStream fs = new FileStream("Personenliste.xml", FileMode.Create);
    serializer.Serialize(fs, catalog);
    fs.Close();
    catalog = null;

    // deserialisieren
    fs = new FileStream("Personenliste.xml", FileMode.Open);
    catalog = (PersonenListe)serializer.Deserialize(fs);
    serializer.Serialize(Console.Out, catalog);
    Console.ReadLine();
  }
}
```

Das Array `persons` beschreibt ein Array von `Person`-Objekten, das zwei Objekte dieses Typs enthält. Die Referenz auf `persons` wird der Eigenschaft `Personen` eines `PersonenListe`-Objekts zugewiesen. Danach erfolgt die Serialisierung mit `XmlSerializer` in eine XML-Datei.

Nach der Serialisierung wird die Datei deserialisiert und ein serialisierender Datenstrom erzeugt, der in der Konsole seinen Abnehmer findet. So können wir uns den Inhalt des XML-Stroms direkt im Konsolenfenster ansehen, ohne die XML-Datei öffnen zu müssen.

```
<?xml version="1.0" encoding="ibm850"?>
<PersonenListe xmlns:xsi="http://www.w3.org/2001/XMLSchema-instance"
               xmlns:xsd="http://www.w3.org/2001/XMLSchema">
  <Listenbezeichner>Teilnehmerliste</Listenbezeichner>
  <PersonenArray>
    <PersonObjekt PersID="117">
      <Name>Peter</Name>
      <Wohnort>Berlin</Wohnort>
      <Alter>45</Alter>
    </PersonObjekt>
    <PersonObjekt>
      <Name>Franz-Josef</Name>
      <Wohnort>Aschaffenburg</Wohnort>
      <Alter>0</Alter>
```

```
    </PersonObjekt>
  </PersonenArray>
</PersonenListe>
```

Beachten Sie, wie die Verwendung der Attribute Einfluss auf die Elementbezeichner in der XML-Ausgabe nimmt.

16.9 LINQ to XML

LINQ to XML vereinigt die Fähigkeiten von DOM sowie die von XPath beschriebenen Möglichkeiten, die im Speicher befindlichen XML-Daten zu verwalten, abzufragen und darüber hinaus auch zu ändern. Mit LINQ to XML soll dem Entwickler, der sich vorher mit mehreren unterschiedlichen APIs auseinandersetzen musste, die Arbeit mit XML einfacher gemacht werden. Im Folgenden werden wir uns mit der in .NET 3.5 eingeführten Technik beschäftigen. Da LINQ to XML eine eigenständige API (Klassenbibliothek) ist, gestattet LINQ to SQL das Arbeiten XML-Dokumenten, ohne dass dabei LINQ-Abfragen zwangsläufig eingesetzt werden müssen.

Damit Sie die Bibliothek einsetzen können, müssen Sie auf die Assembly *System.Xml.Linq* verweisen und sollten auch den gleichnamigen Namespace bekannt geben.

16.9.1 Klassenhierarchie von LINQ to XML

Ehe wir uns die Fähigkeiten von LINQ to XML ansehen, sollten wir einen Blick auf die Klassenbibliothek werfen. Allzu viele Klassen hat LINQ to XML nicht zu bieten, was die Einarbeitung sicherlich deutlich vereinfacht. In Abbildung 16.12 ist die Klassenhierarchie dargestellt.

Da in diesem Buch nur ein kurzer Abriss von LINQ to XML erfolgt, soll es genügen, wenn an dieser Stelle nur die wichtigsten Klassen beschrieben werden.

Klasse	Beschreibung
`XElement`	Bei dieser Klasse handelt es sich wohl um die wichtigste Klasse von LINQ to XML. Sie beschreibt einen XML-Element-Knoten, der untergeordnete Elemente enthalten kann. Die Klasse stellt eine Vielzahl von Methoden zur Verfügung, um innerhalb der XML-Struktur zu navigieren oder auch um XML-Elemente zu bearbeiten.
`XDocument`	`XDocument` ist der Klasse `XElement` sehr ähnlich. Das wichtigste Unterscheidungsmerkmal im Vergleich zur Klasse `XElement` ist, dass ein `XDocument`-Objekt auch die XML-Deklaration und mehrere XML-Prozessinstruktionen bearbeiten kann.

Tabelle 16.20 Wichtige Klassen von LINQ to XML

Klasse	Beschreibung
XAttribute	Diese Klasse repräsentiert XML-Attribute und stellt passende Methoden zum Verwalten und Erzeugen zur Verfügung. Die Arbeit mit Attributen ähnelt dem Arbeiten mit den Elementen. Intern werden Attribute als Name/Wert-Paar behandelt, das einem Element zugeordnet ist.
XDeclaration	Die XDeclaration wird für die Angabe der XML-Version und der Codierung benötigt.
XComment	Ein Objekt dieser Klasse stellt einen XML-Kommentar dar.
XNode	Die Klasse XNode ist abstrakt definiert und stellt ihren Ableitungen Methoden zur Bearbeitung der Elemente einer XML-Struktur zur Verfügung.
XProcessingInstruction	Diese Klasse repräsentiert eine Processing Instruction (PI).

Tabelle 16.20 Wichtige Klassen von LINQ to XML (Forts.)

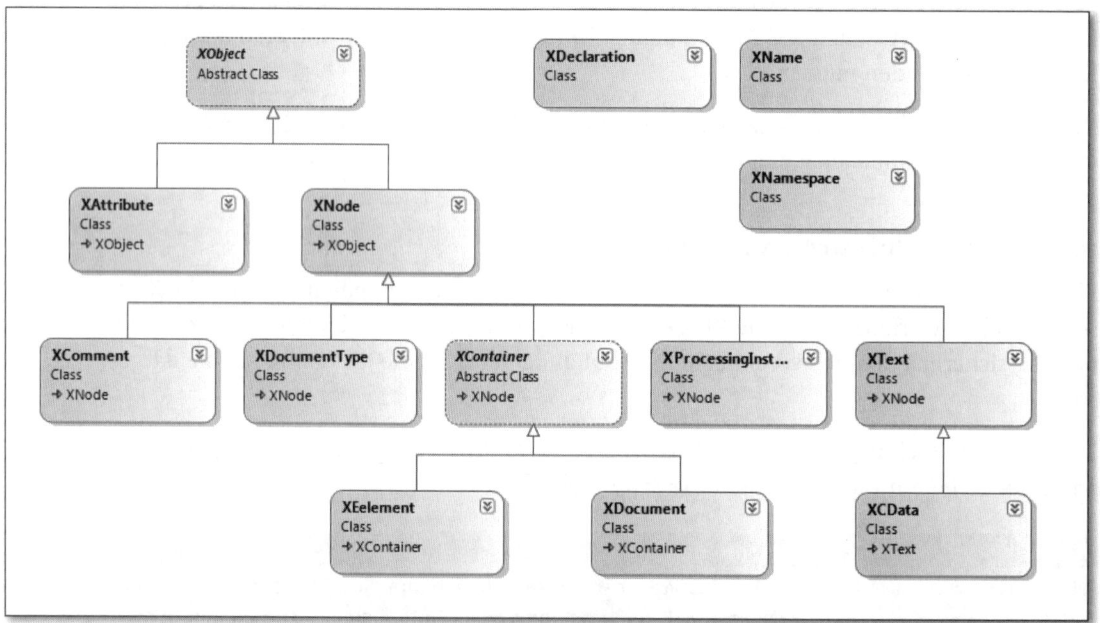

Abbildung 16.12 Klassenhierarchie von LINQ to XML

16.9.2 Die Klasse »XElement«

XML-Daten in den Speicher laden

Um die Daten einer XML-Datei in den Speicher zu laden, wird die Methode Load der Klasse XElement aufgerufen, zum Beispiel:

```
XElement xml = XElement.Load(@"D:\Personen.xml");
```

Der Methode `Load` können Sie einen `Stream`, ein `TextReader`-Objekt, ein `XmlReader`-Objekt oder eine Zeichenfolge übergeben. Bei der Zeichenfolge darf es sich auch um einen URI oder eine relative Angabe handeln, die dann relativ zum Anwendungsordner gilt. Darüber hinaus finden sich weitere Überladungen, die einen zweiten Parameter vom Typ `LoadOptions` beschreiben. Mit der Option `LoadOptions.PreserveWhitespace` ließe sich beispielsweise angeben, dass die Leerzeichen beibehalten werden sollen.

Anmerkung

Es gibt auch einige wenige Fälle, in denen das XML nicht in einer Datei vorliegt oder aus einem URI bezogen wird. Stattdessen wird das XML durch eine einfache Zeichenfolge beschrieben. Für diesen Fall stellt die Klasse `XElement` die statische Methode `Parse` zur Verfügung, die ein `XElement`-Objekt aus einer XML-Zeichenfolge erstellt, zum Beispiel:

```
string xml = "<Name>Andreas</Name>";
XElement element = XElement.Parse(xml);
```

XML-Daten erzeugen und speichern

Ein `XElement`-Objekt beschreibt als Container weitere untergeordnete Elemente. Über die Konstruktoren werden die Elemente ineinander verschachtelt, um so die gewünschte XML-Struktur abzubilden. Exemplarisch wollen wir die folgende XML-Struktur mit der LINQ-to-XML-API abbilden.

```
<?xml version="1.0" encoding="utf-8"?>
<Personen>
  <Person>
    <Name>Fischer</Name>
    <Vorname>Manfred</Vorname>
    <Alter>45</Alter>
  </Person>
</Personen>
```

Der Code, der dieses XML erzeugt, lautet wie folgt:

```
XElement persons = new XElement("Personen",
                       new XElement("Person",
                           new XElement("Name", "Fischer"),
                           new XElement("Vorname", "Manfred"),
                           new XElement("Alter", "45")
                       )
                   );
persons.Save(@"D:\Personen.xml");
```

Mit einer einzigen Anweisung hat man bereits das XML erzeugt – übrigens einschließlich des Prologs. Diese Anweisung in eine Zeile zu schreiben ist wenig ratsam. Sie sollten stattdessen eine Schachtelung im Code vornehmen, aus der auch die Struktur der XML-Tags ersichtlich ist. Das ist natürlich deutlich intuitiver, als dazu beispielsweise die Klasse `XmlWriter` zu verwenden (vergleichen Sie dazu bitte das Beispielprogramm *XmlWriterSample* in Abschnitt 16.5). Zum Schluss wird durch Aufruf der Methode `Save` das mit Code beschriebene XML in einer Datei gespeichert. Es erweist sich als vorteilhaft, dass Sie sich nicht weiter um die End-Tags Gedanken machen müssen, denn diese sind bereits durch die Klammerung des Programmcodes vorgegeben und werden damit bereits zur Entwurfszeit sichergestellt.

Der Konstruktor der Klasse `XElement` hat drei Überladungen. In unserem Beispiel haben wir die folgende benutzt:

```
public XElement(XName name, Object content)
```

Sehen wir uns zuerst den ersten Parameter an. Dieser ist vom Typ `XName`. Übergeben wir an dieser Stelle einen String, wird die Zeichenfolge hinter den Kulissen implizit in ein `XName`-Objekt konvertiert. Das vereinfacht die Übergabe an den ersten Parameter ganz deutlich.

Dem zweiten Parameter können wir ein x-beliebiges Objekt übergeben. Am häufigsten kommen hier die folgenden Objekte zum Einsatz:

- ein `XElement`-Objekt, das als untergeordnetes Element eingefügt wird
- eine Zeichenfolge, die als Textinhalt bewertet wird
- ein `XAttribute`-Objekt, das als Attribut dem Element hinzugefügt wird
- eine `XProcessingInstruction` oder ein `XComment`
- ein `XText`-Objekt, das häufig einen `CData`-Wert beschreibt

Namespaces definieren

Um einen Namespace festzulegen, benutzen Sie das Element `XAttribute`.

```
XNamespace ns = "http://www.tollsoft.de";
XElement persons = new XElement(ns + "Personen");
```

Dabei wird das folgende XML erzeugt:

```
<Personen xmlns="http://www.tollsoft.de" />
```

Um einen Namespace mit einem Präfix zu verbinden, können Sie an das Element ein `XAttribute`-Element anhängen. Übergeben Sie dem Konstruktor zuerst den durch die Eigenschaft `Xmlns` des `XNamespace`-Elements beschriebenen Namespace, und verbinden Sie diesen mit dem Präfix. Dem zweiten Parameter übergeben Sie die `XNamespace`-Variable.

Das hört sich kompliziert an, deshalb sehen wir uns dazu auch sofort ein Beispiel an. Nehmen wir dazu das Beispiel von oben. Es soll ein Namespace definiert werden (`http://www.tollsoft.de`), der als Präfix `pers` vor jedem XML-Element angegeben werden soll. Der Code sieht dann wie folgt aus:

```
XNamespace ns = "http://www.tollsoft.de";
XElement persons = new XElement(ns + "Personen",
                       new XAttribute(XNamespace.Xmlns + "pers", ns),
                           new XElement(ns + "Person",
                               new XElement(ns + "Name", "Fischer"),
                               new XElement(ns + "Vorname", "Manfred"),
                               new XElement(ns + "Alter", "45")
                           )
                   );
```

Aus diesem Codefragment resultiert das folgende XML-Dokument:

```
<?xml version="1.0" encoding="utf-8"?>
<pers:Personen xmlns:pers="http://www.tollsoft.de">
  <pers:Person>
    <pers:Name>Fischer</pers:Name>
    <pers:Vorname>Manfred</pers:Vorname>
    <pers:Alter>45</pers:Alter>
  </pers:Person>
</pers:Personen>
```

16.9.3 Die Klasse »XDocument«

Die beiden Klassen `XElement` und `XDocument` sind sich sehr ähnlich. Mit beiden können Sie XML-Daten laden und speichern sowie die XML-Daten bearbeiten. Der wesentlichste Unterschied ist, dass mit `XDocument` auch die XML-Deklaration bearbeitet werden kann und mehrere XML-Prozessinstruktionen hinzugefügt werden können. Möchten Sie also in den geladenen Daten auf XML-Kommentare, die XML-Deklaration oder XML-Prozessinstruktionen zugreifen, ist die Klasse `XDocument` jedenfalls die bessere Wahl. Dazu ein Beispiel:

```
XDocument doc = new XDocument(
  new XDeclaration("1.0", "utf-8", "yes"),
  new XComment("Dokument enthält Personen"),
  new XProcessingInstruction("XML-StyleSheet", "meine.xsl"),
  new XElement("Personen",
      new XElement( ...));
```

16.9.4 Navigation im XML-Dokument

Die beiden Klassen XElement und XDocument unterscheiden sich nicht wesentlich. Das wurde bereits eben erwähnt. Die gleiche Aussage gilt auch hinsichtlich der Navigationsmöglichkeiten. XElement und XDocument weisen zahlreiche Möglichkeiten auf, die eine Navigation durch ein XML-Dokument ermöglichen. Hier auf alle einzugehen, würde den Rahmen des Buches sprengen. Allerdings sollen Sie mit den wichtigsten Navigationsmethoden, die auch oft als *Achsenmethoden* bezeichnet werden, das Prinzip der Navigation kennenlernen.

Als Ausgangspunkt dient uns dabei eine XML-Datei, die die Daten von drei Personen und einem Kunden beschreibt:

```
<?xml version="1.0" encoding="utf-8"?>
<Personen>
  <Person>
    <Name>Fischer</Name>
    <Vorname>Manfred</Vorname>
    <Alter>45</Alter>
    <Adresse Ort="Aachen" Strasse="Gasse 1"></Adresse>
  </Person>

  <Kunde>
    <Name>Tollsoft AG</Name>
  </Kunde>

  <Person>
    <Name>Meier</Name>
    <Vorname>Franz</Vorname>
    <Alter>76</Alter>
    <Adresse Ort="Ulm" Strasse="Avenue 12"></Adresse>
  </Person>

  <Person>
    <Name>Schmidt</Name>
    <Vorname>Detlef</Vorname>
    <Alter>28</Alter>
    <Adresse Ort="Bonn" Strasse="Weg 34"></Adresse>
  </Person>
</Personen>
```

Die Methode »Element«

Die Methode Element gestattet uns, ein Element aufgrund seines Namens zu selektieren. Wir wollen das sofort testen und schreiben den folgenden Code, um auf das erste <Person>-Element zuzugreifen.

```
XElement root = XElement.Load(@"..\..\Personen.xml");
XElement element = root.Element("Person");
Console.WriteLine(element);
```

Hier wird die `Load`-Methode der Klasse `XElement` benutzt, um auf die Datei *Personen.xml* zuzugreifen. Die Variable `root` referenziert danach das Stammelement `Personen` des geöffneten XML-Dokuments. Darauf rufen Sie die Methode `Element` auf und übergeben ein `XName`-Objekt. Alternativ lässt sich auch der Bezeichner des gesuchten Elements als Zeichenfolge angeben, die implizit in den Typ `XName` konvertiert wird. Die Ausgabe an der Konsole wird wie folgt lauten:

```
<Person>
  <Name>Fischer</Name>
  <Vorname>Manfred</Vorname>
  <Alter>45</Alter>
  <Adresse Ort="Aachen" Strasse="Gasse 1"></Adresse>
</Person>
```

Ändern Sie die Ausgabeanweisung in der Weise ab, dass Sie das `XElement element` in eine Zeichenfolge konvertieren. Das ist möglich, weil die Klasse `XElement` eine ganze Reihe expliziter Typumwandlungen definiert, unter anderem auch in `string`:

```
Console.WriteLine((string)element);
```

Nun werden nur noch die Werte der Elemente angezeigt, also:

```
FischerManfred45
```

Wenn Sie der Methode `Element` einen Bezeichner übergeben, der nicht im XML-Dokument gefunden wird, ist der Rückgabewert `null`.

Die Methode »Elements«

Gehen wir nun einen Schritt weiter. Wie Sie dem XML-Dokument entnehmen können, sind unterhalb des Stammelements drei `<Person>`-Elemente und ein `<Kunde>`-Element angeordnet. Uns interessieren jetzt ausschließlich die `<Person>`-Elemente, aber nicht das `<Kunde>`-Element. Hier hilft uns die Methode `Elements` weiter, die im Gegensatz zu `Element` nicht nur das erste, sondern alle übereinstimmenden Elemente zurückliefert. Der Rückgabewert ist vom Typ `IEnumerable<XElement>`. Sie können die Methode parameterlos aufrufen oder ein Element vom Typ `XName` übergeben (oder, wie im Abschnitt zuvor bereits erwähnt, eine Zeichenfolge). Die Liste der `<Person>`-Elemente erhalten wir mit den folgenden Anweisungen:

```
XElement root = XElement.Load(@"..\..\Personen.xml");
IEnumerable<XElement> elements = root.Elements("Person");
```

```
foreach (XElement item in elements)
  Console.WriteLine(item);
```

Die Anzeige an der Konsole gibt uns alle <Person>-Elemente einschließlich der untergeordneten Elemente aus:

```
<Person>
  <Name>Fischer</Name>
  <Vorname>Manfred</Vorname>
  <Alter>45</Alter>
  <Adresse Ort="Aachen" Strasse="Gasse 1"></Adresse>
</Person>
...
<Person>
  <Name>Schmidt</Name>
  <Vorname>Detlef</Vorname>
  <Alter>28</Alter>
  <Adresse Ort="Bonn" Strasse="Weg 34"></Adresse>
</Person>
```

Die Methode Elements lässt sich auch parameterlos aufrufen, also:

```
XElement root = XElement.Load(@"..\..\Personen.xml");
IEnumerable<XElement> elements = root.Elements();
```

Es werden daraufhin alle Elemente anzeigt, die dem Element untergeordnet sind, auf dem die Methode aufgerufen wird.

```
<Person> ... </Person>

<Kunde> ... </Kunde>

<Person> ... </Person>

<Person> ... </Person>
```

Die Methode »Attribute«

Das Element Adresse hat mit Ort und Strasse zwei Attribute. Wir wollen nun in Erfahrung bringen, welcher Wert sich hinter dem Attribut Strasse des ersten Elements verbirgt. Dazu navigieren wir zum ersten <Person>-Element und von dort aus zum Element <Adresse>. Auf dessen Referenz rufen wir die Methode Attribut auf und geben dabei den Attributbezeichner an. Genauso wie die Methode Element liefert uns Attribut das erste passende Element. Wird kein übereinstimmendes Element gefunden, ist der Rückgabewert auch in diesem Fall null.

```
XElement root = XElement.Load(@"..\..\Personen.xml");
XElement element = root.Element("Person");
XElement address = element.Element("Adresse");
XAttribute attr = address.Attribute("Strasse");
Console.WriteLine(attr);
```

Aus dem Code resultiert die folgende Konsolenausgabe:

```
Strasse="Gasse 1"
```

Die Methode »Descendants«

Die Methode `Descendants` (Nachfahren) ermittelt alle Elemente, die einem bestimmten Knoten untergeordnet sind. Wir wollen uns die Methode `Descendants` wieder am Beispiel unseres XML-Dokuments ansehen. Unser Ziel sei es, alle Elemente zu finden, die dem ersten `<Person>`-Element untergeordnet sind.

```
XElement root = XElement.Load(@"..\..\Personen.xml");
XElement element = root.Element("Person");
IEnumerable<XElement> elements = element.Descendants();
foreach (XElement item in elements)
  Console.WriteLine(item);
```

Weil wir durch den Aufruf der Methode `Element` zum ersten passenden `<Person>`-Element navigieren, wird die Ausgabe wie folgt lauten:

```
<Name>Fischer</Name>
<Vorname>Manfred</Vorname>
<Alter>45</Alter>
<Adresse Ort="Aachen" Strasse="Gasse 1"></Adresse>
```

Vergleichen Sie diese Ausgabe mit der sehr ähnlichen der Methode `Element`: Das aktuelle Element ist nicht Bestandteil der Ergebnismenge.

Sie können der Methode `Descendants` auch ein `XName`-Objekt übergeben. Die Methode liefert dann alle untergeordneten Elemente, die dem mit `XName` beschriebenen Element entsprechen. Vielleicht interessieren Sie sich für sämtliche Namen im Dokument. Hier sind die Anweisungen dazu:

```
XElement root = XElement.Load(@"..\..\Personen.xml");
IEnumerable<XElement> elements = root.Descendants("Name");
foreach (XElement item in elements)
  Console.WriteLine((string)item);
```

Da die Laufvariable `item` in einen String umgewandelt wird, lautet die Ausgabe:

```
Fischer
Tollsoft AG
Meier
Schmidt
```

Die Methode »Ancestors«

Mit der Methode `Descendants` suchen Sie nach Elementen, die weiter im Inneren eines XML-Dokuments, also untergeordnet sind. Die Methode `Ancestors` (Vorfahren) arbeitet in exakt entgegengesetzter Richtung: Sie sucht nach übereinstimmenden Elementen oberhalb des aktuellen Knotens.

Nachdem wir bisher gesehen haben, wie wir mit verschiedenen Methoden der Klasse `XElement` innerhalb eines XML-Dokuments navigieren können, wollen wir die Methode `Ancestors` dazu benutzen, endlich einen LINQ-Ausdruck zu verwenden, um ein bestimmtes Ziel bei der Auswertung zu erreichen. Es sollen uns dabei die Daten interessieren, die die Person mit dem Namen `Meier` beschreiben.

```
XElement root = XElement.Load(@"..\..\Personen.xml");
// nach der Person 'Meier' suchen
XElement person = root.Descendants("Name")
                      .Where(pers => (string)pers == "Meier")
                      .First();
// Knoten 'Person' des gefundenen Elements referenzieren
var elemts = person.Ancestors("Person");
// alle Elemente abfragen
foreach(var item in elemts.Elements())
  // prüfen, ob das aktuelle Element Attribute hat
  if (item.HasAttributes){
    // Liste aller Attribute abfragen
    foreach (var temp in item.Attributes())
      Console.WriteLine((string) temp);
  }
  else
    Console.WriteLine((string)item);
```

Nach dem Laden des XML-Dokuments mit der Methode `Load` suchen wir mit `Descendants` alle `<Name>`-Elemente im Dokument. Mit der Erweiterungsmethode `Where` filtern wir alle Elemente heraus, die die Person `Meier` beschreiben. Die Erweiterungsmethode `First` liefert bei mehreren gleichnamigen Personen in der Ergebnismenge die zuerst gefundene Person.

Da `<Name>` nur eines von mehreren datenbeschreibenden Elementen ist, müssen wir mit `Ancestors` in der Dokumentstruktur eine Ebene höher gehen, um das dazugehörige

<Person>-Element referenzieren. Die Methode `Elements` gestattet es dann, auf dem gefundenen <Person>-Element alle untergeordneten Elemente mit `Elements` abzurufen. Dabei kommt erschwerend hinzu, dass eines der untergeordneten Elemente Attribute hat, die ebenfalls ausgewertet werden müssen. Daher prüfen wir die Elemente mit `HasAttributes` dahingehend, ob durch das aktuelle Element auch Attribute beschrieben werden. Sollte das der Fall sein, durchlaufen wir diese in einer Schleife. Die Liste aller Attribute stellt uns die Methode `Attributes` zur Verfügung.

Hinweis

Die Codefragmente zur Navigation finden Sie auf der Buch-DVD innerhalb des Beispielprogramms *NavigationSamples*.

16.9.5 Änderungen am XML-Dokument vornehmen

Sicherlich werden Sie ein XML-Dokument nicht nur einlesen, sondern es darüber hinaus auch bearbeiten wollen. Dazu zählen sowohl das Ändern vorhandener Daten als auch das Hinzufügen oder Löschen vorhandener Elemente.

XML-Dokument editieren

Um den Wert eines bestimmten Elements zu ändern, müssen wir es zunächst einmal referenzieren. Angenommen, die Altersangabe des Herrn Schmidt in unserem Dokument sei deutlich zu jung ausgefallen, und wir müssen sie ändern. Dazu müssen wir Herrn Schmidt zunächst im XML-Dokument ausfindig machen, ehe wir die Anpassung vornehmen können.

Zur Änderung eines Elements dient die Methode `SetElementValue`. Zur Änderung muss ein Aufruf auf dem übergeordneten Element erfolgen. `SetElementValue` erwartet zwei Parameter: Der erste beschreibt ein `XName`-Objekt, der zweite ist vom Typ `Object`. Das `XName`-Objekt kann durch den Bezeichner des zu ändernden Elements beschrieben werden, der zweite Parameter erwartet den neuen Wert.

Das folgende Codefragment zeigt, wie Sie das zu ändernde Element aufspüren und ändern können.

```
XElement root = XElement.Load(@"D:\Personen.xml");
XElement name = root.Descendants("Name")
               .Where(pers => (string)pers == "Fischer")
               .First();
XElement person = name.Parent;
person.SetElementValue("Alter", 18);
```

Wie schon im letzten Beispielcode suchen wir zuerst den Eintrag `Fischer` im XML-Dokument. Im nächsten Schritt muss das direkt übergeordnete Element referenziert werden. Die im letzten Abschnitt vorgestellte Methode Ancestors ist dazu wenig geeignet, da sie uns eine Liste liefert, in der anschließend ein erneuter Suchvorgang ausgeführt werden müsste. Deutlich besser eignet sich die Eigenschaft Parent, die das direkt übergeordnete XElement liefert, also die Referenz auf das <Person>-Element des Herrn Fischer. Darauf wird die SetElementValue-Methode aufgerufen.

Element hinzufügen

Zum Hinzufügen von Elementen stehen Ihnen mehrere Möglichkeiten zur Verfügung. Zuerst seien die Methoden Add, AddAfterSelf, AddBeforeSelf und AddFirst genannt. Diese werden durch das XElement-Objekt zur Verfügung gestellt. Dabei wird AddFirst das neue Element vor dem aktuell referenzierten Element einfügen, AddAfterSelf fügt es nach dem aktuell referenzierten Element ein – jeweils auf derselben Strukturebene. AddFirst hingegen fügt das neue Element als erstes untergeordnetes Element ein, Add als letztes aller untergeordneten. Allen vier Methoden übergeben Sie das neue Element als XElement-Objekt, z. B. so:

```
person.Add(new XElement("Telefon", 12345));
```

Sie können aber auch die im vorigen Abschnitt vorgestellte Methode SetElementValue zum Hinzufügen eines neuen untergeordneten Elements einsetzen. Wenn Sie dazu dem ersten Parameter ein XName-Objekt (oder eine entsprechende Zeichenfolge) übergeben, die namentlich nicht als untergeordnetes Element erkannt wird, wird das XName-Objekt als neu hinzuzufügendes Element interpretiert.

Genauso soll es nun dem einzigen Kunden in unserem Dokument ergehen:

```
XElement root = XElement.Load(@"D:\Personen.xml");
XElement name = root.Descendants("Name")
                    .Where(pers => (string)pers == "Tollsoft AG")
                    .First();
XElement person = name.Parent;
person.SetElementValue("Telefon", 123456);
```

Element löschen

Auch zum Löschen eines Elements werden von der Klasse XElement mehrere Methoden angeboten (z. B. Remove, RemoveAll, RemoveAttribute). Da uns die Methode SetElementValue aber bereits sehr vertraut geworden ist, wollen wir sie dazu benutzen. Sie müssen dazu nur im zweiten Parameter null übergeben. Das ist bereits alles.

Um das noch zuvor zugestandene Element für die Telefonnummer des Kunden wieder zu entfernen, genügt die folgende Anweisung:

```
person.SetElementValue("Telefon", null);
```

17 WPF – Die Grundlagen

Mit dem .NET Framework 3.0 wurde eine neue Programmierschnittstelle für Windows-Anwendungen eingeführt, die sich *Windows Presentation Foundation* (WPF) nannte. Mit Visual Studio 2008 wurde WPF neben anderen neuen Technologien fest in die Entwicklungsumgebung integriert.

Mit WPF lassen sich grafische Benutzeroberflächen entwickeln, ähnlich wie mit der altbekannten WinForm-API. Im Gegensatz zur WinForm-API trennt die WPF die Präsentations- und Geschäftslogik (den Code also) nach strengen Richtlinien, die auf der Beschreibungssprache XAML basieren.

In den kommenden Kapiteln werden wir uns mit WPF beschäftigen. Dabei können wir nicht alle Aspekte und Konzepte berücksichtigen. Aber ich möchte Ihnen einen Einstieg in die neue Technologie geben und Ihnen zeigen, wie Windows-Anwendungen in Zukunft entwickelt werden. Sie werden feststellen, dass die Lernkurve nicht so steil ist wie bei den nun in die Tage kommenden WinForms. Neben den Kenntnissen in der Programmierung müssen Sie allerdings mit XAML eine neue »Sprache« lernen, mit der die Oberflächen in WPF gestaltet werden.

Das sollte Sie nicht abschrecken, die ersten Schritte zu wagen, denn die Möglichkeiten, mit WPF eine optisch hervorstechende und dabei hochflexible Anwendung auszuliefern, überschreiten bei Weitem die, die uns bisher mit den WinForms zur Verfügung standen.

17.1 Merkmale einer WPF-Anwendung

Am Anfang stellt sich natürlich zuerst die Frage, welche typischen Charakteristika eine WPF-Anwendung auszeichnen und wo die Vorteile im Vergleich zu den WinForms zu suchen sind. Die folgende Liste soll diese Fragen beantworten.

- Die Benutzeroberfläche wird mit einer an XML angelehnten Sprache beschrieben: mit *XAML* (*eXtensible Application Markup Language*, gesprochen *Xemmel*). Dadurch wird es möglich, die Beschreibung der Benutzeroberfläche vom Code strikt zu trennen – ähnlich wie es mit ASP.NET bereits seit Jahren mit dem sogenannten Code-Behind-Modell der Fall ist.

- Grundsätzlich besteht die Möglichkeit, eine Benutzeroberfläche bereitzustellen, die entweder in einem herkömmlichen Fenster oder im Browser angezeigt wird.
- WPF-Anwendungen bieten eine umfangreiche Unterstützung von 2D- und 3D-Grafiken. Dabei wird die schnelle Grafikausgabe durch DirectX genutzt. Das wiederum bedeutet, dass die Grafikkarte zur Berechnung der grafischen Elemente herangezogen wird und zu einer deutlich verbesserten Performance führt.
- Die Ausgabe ist vektorbasiert. Das bedeutet, dass auch beim Skalieren keine hässlichen Pixel zu sehen sind, sondern immer ein fließender Verlauf der grafischen Darstellung.
- WPF-Anwendungen bieten vielfältige grafische Unterstützung (z. B. zur Darstellung der Steuerelemente, für Animationen) sowie Unterstützung von Videos, Bildern und Audio-Dateien.
- WPF-Anwendungen bieten vielfältige Datenbindungsmöglichkeiten für die Komponenten. Das ist mit Sicherheit eine der stärksten Seiten der WPF.
- Im Vergleich zur WinForm-API gibt es neue Layoutoptionen durch die Verschachtelung der Elemente.

XAML ist ausgesprochen mächtig und offenbart erstaunliche Fähigkeiten. Zusammen mit den in WPF eingeführten Konzepten werden Sie vergleichsweise wenig Programmcode schreiben, sondern sich mehr auf XAML konzentrieren. Die Folge wird sein, dass der XAML-Code sehr umfangreich werden kann, während der reine C#-Code sich nur noch auf wenige Operationen beschränkt.

Welcher Technologie sollte man den Vorzug geben, wenn man mit der Entwicklung einer Windows-Anwendung im allgemeinen Sinne des Begriffs startet: den WinForms oder WPF?

Die grafischen Fähigkeiten von WPF stellen alles Vergangene deutlich in den Schatten. Wollen Sie runde Buttons? Kein Problem. Wollen Sie runde Fenster? Ebenfalls kein Problem. Neben den Vorteilen der grafischen Gestaltung können auch andere Gesichtspunkte wie z. B. die umfangreichen Datenbindungsmöglichkeiten die Entscheidung für die WPF und somit gegen die WinForm-API beeinflussen. Darüber hinaus muss bei der Entscheidungsfindung auch noch berücksichtigt werden, dass Microsoft die WinForm-API nicht mehr weiterverfolgt und voll auf WPF setzt, die inzwischen bekanntermaßen auch schon in *Silverlight* eingeflossen ist.

Die strikte Trennung von Oberflächenbeschreibung und Code gestattet es, dass die Oberfläche von einem Grafiker gestaltet wird, während der Entwickler den Code dazu schreibt. Die Oberflächenbeschreibung erfolgt in XAML, während die Programmlogik in C#, VB.NET oder einer anderen .NET-Sprache codiert werden kann. Übrigens gibt es von Microsoft mit *Expression Blend* ein Tool, das vornehmlich für Designer gedacht ist.

17.2 Anwendungstypen

Visual Studio 2010 bietet Ihnen vier verschiedene Anwendungstypen an:

- WPF-Anwendung
- WPF-Browseranwendung
- WPF-Benutzersteuerelementbibliothek
- Benutzerdefinierte WPF-Steuerelementbibliothek

Die beiden letztgenannten beziehen sich auf das Entwickeln von WPF-Steuerelementen.

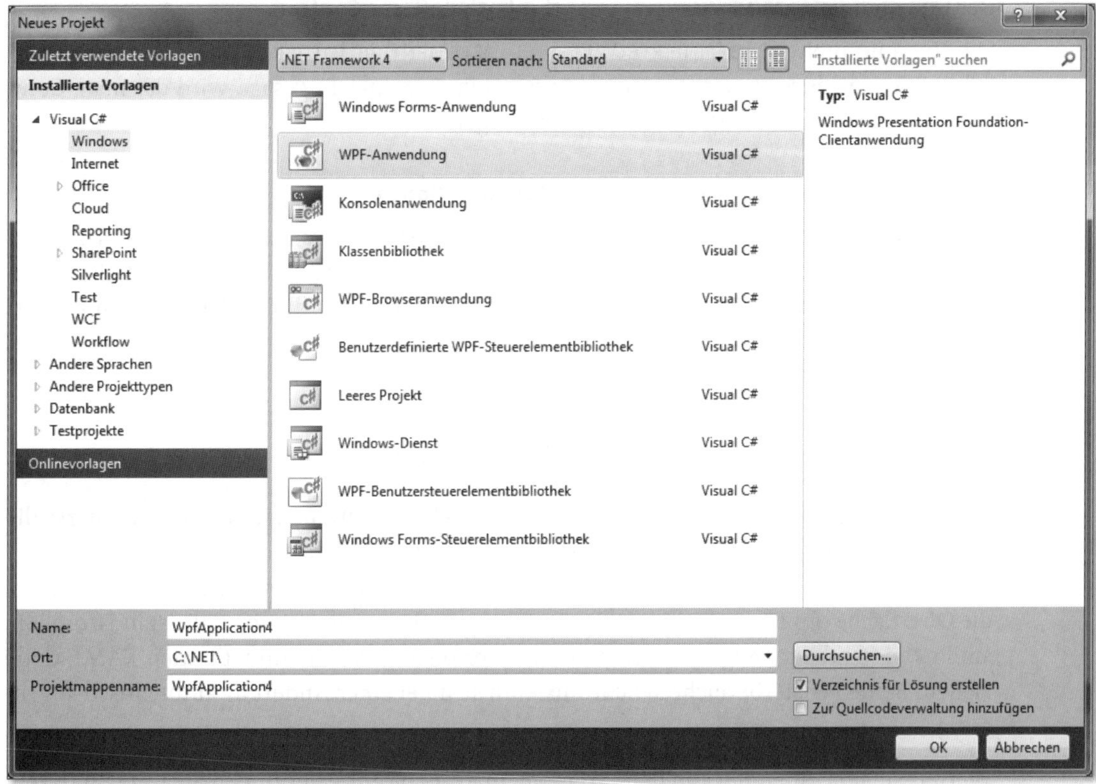

Abbildung 17.1 Projektvorlagen

WPF-Anwendung

Der Anwendungstyp WPF-Anwendung entspricht im Wesentlichen einer herkömmlichen Windows-Anwendung. Die charakteristischen Eigenschaften gleichen denen einer WinForm-Anwendung. WPF-Anwendungen werden in einem eigenen Fenster ausgeführt und können mit dem *MS Installer* (MSI) oder mit *ClickOnce* installiert werden. Mit beiden Installationsvarianten werden wir uns im letzten Kapitel dieses Buches noch beschäftigen.

WPF-Browseranwendung

Der größte Unterschied zu WPF-Anwendungen ist, dass WPF-Browseranwendungen keine eigenen Fenster bereitstellen. Die Ausgabe erfolgt im Browser. Außerdem werden WPF-Browseranwendungen nicht auf der lokalen Maschine installiert, was zur Folge hat, dass es nicht möglich ist, einen Verweis auf die Anwendung im Startmenü zu hinterlegen.

Benutzerdefinierte WPF-Steuerelementbibliothek (User Control)

Die Variante BENUTZERDEFINIERTE WPF-STEUERELEMENTBIBLIOTHEK ist die einfachere Möglichkeit, ein eigenes Steuerelement zu entwickeln. Vereinfacht gesagt, wird das neue Control dabei aus mehreren bestehenden Controls gebildet.

WPF-Benutzersteuerelementbibliothek (Custom Control)

Der Aufwand, mit der Einstellung WPF-BENUTZERSTEUERELEMENTBIBLIOTHEK ein solches Steuerelement zu entwickeln, ist deutlich größer, hat aber im Vergleich zu den User Controls auch Vorteile. Beispielsweise kann ein Custom Control durch Templates angepasst werden.

17.3 Eine WPF-Anwendung und ihre Dateien

Wir wollen nun ein erstes Projekt vom Typ WPF-ANWENDUNG starten und uns zuerst die Entwicklungsumgebung ansehen. Im oberen Bereich des Code-Editors wird das Fensterdesign angezeigt, und der dazu gehörige XAML-Code erscheint darunter. Hier gestalten Sie die Oberfläche des Fensters, indem Sie Steuerelemente aus der Toolbox, die standardmäßig am linken Rand angezeigt wird, in den Designer oder alternativ direkt in den XAML-Code ziehen. Beide Fensterbereiche synchronisieren sich bei einer Änderung automatisch gegenseitig.

Werfen Sie nun einen Blick in den Projektmappen-Explorer. Hier finden Sie unter anderem mit *App.xaml*, *App.xaml.cs*, *MainWindow.xaml* und *MainWindow.xaml.cs* vier Dateien, die wir uns nun genauer ansehen.

Die Datei »MainWindow.xaml«

In dieser Datei steckt der XAML-Code des ersten Fensters, den Sie im unteren Bereich des Code-Editors sehen.

```
<Window x:Class="WpfApplication1.MainWindow"
        xmlns="http://schemas.microsoft.com/winfx/2006/xaml/presentation"
        xmlns:x="http://schemas.microsoft.com/winfx/2006/xaml"
        Title="MainWindow" Height="350" Width="525">
  <Grid>
  </Grid>
</Window>
```

In der ersten Zeile wird mit `x:Class="WpfApplication1.MainWindow"` der Bezug zum C#-Code hergestellt. Dahinter sind mit `xmlns` zwei Namespaces angegeben, denen mit `Title` die Beschriftung der Titelleiste folgt. `Height` und `Width` geben die Ausgangsgröße des Fensters an.

Alle Steuerelemente einer WPF-Anwendung befinden sich innerhalb eines Layoutcontainers. Mit `Grid` wird sofort ein Vorschlag gemacht, den Sie aber nach eigenem Ermessen durch einen anderen Container ersetzen können. Die Container werden in Kapitel 18, »WPF-Containerelemente«, besprochen.

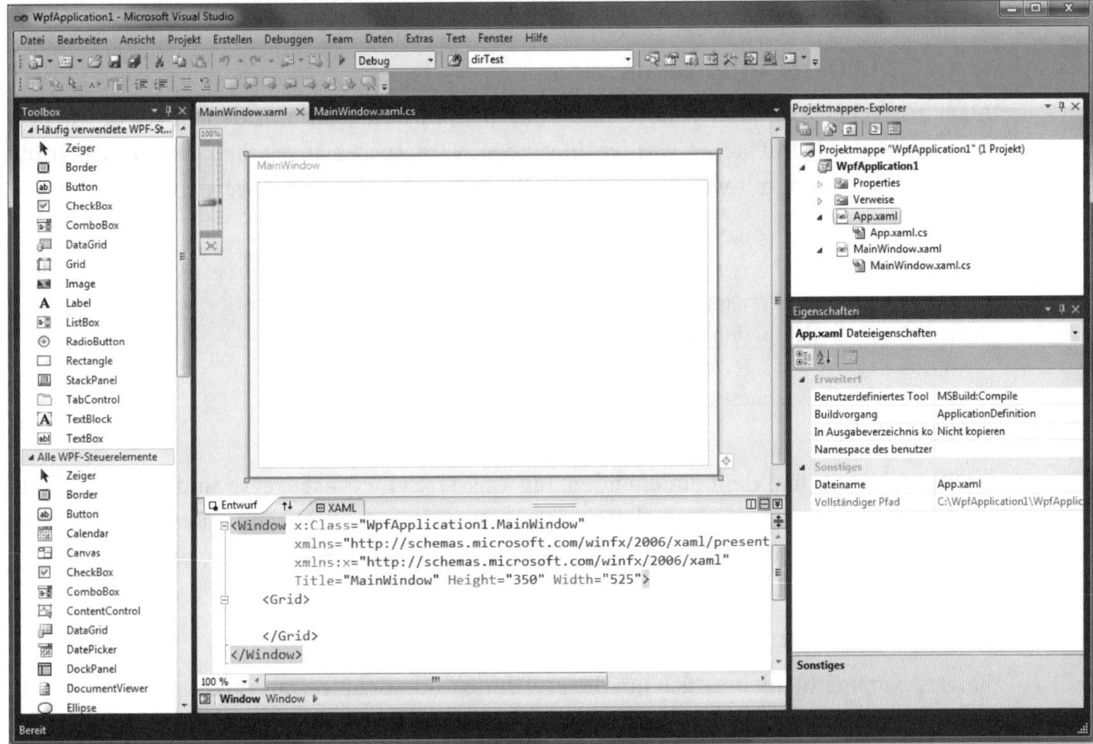

Abbildung 17.2 Die Entwicklungsumgebung einer WPF-Anwendung

Die Datei »MainWindow.xaml.cs«

MainWindow.xaml ist die Datei, in der die Oberfläche des Fensters beschrieben wird. Bei *MainWindow.xaml.cs* handelt es sich um die Datei, in der Sie den Programmcode schreiben. Diese Datei wird auch als *Code-Behind-Datei* bezeichnet. Wie üblich werden Sie hier die Ereignishandler implementieren, Eigenschaften und Felder beschreiben usw.

```
using System;
...
namespace WpfApplication1
{
  public partial class MainWindow : Window
  {
    public MainWindow()
    {
      InitializeComponent();
    }
  }
}
```

17.3.1 Die Datei »App.xaml«

Auch zur Datei *App.xaml* gehört eine Code-Behind-Datei, die mit dem Attribut `x:Class` angegeben wird. Mit `xmlns` werden hier zwei Namespaces angegeben, und das Attribut `StartupUri` gibt an, mit welchem Fenster die Anwendung gestartet werden soll.

```
<Application x:Class="WpfApplication1.App"
  xmlns=http://schemas.microsoft.com/winfx/2006/xaml/presentation
  xmlns:x=http://schemas.microsoft.com/winfx/2006/xaml
  StartupUri="MainWindow.xaml">
  <Application.Resources>
  </Application.Resources>
</Application>
```

Im Bereich zwischen dem einleitenden Tag `<Application.Resources>` und dem ausleitenden `</Application.Resources>` können Sie anwendungsweit bekannte Ressourcen eintragen. Das ist ein Thema, dem wir uns in Kapitel 20, »Konzepte der WPF«, widmen werden.

17.3.2 Die Datei »App.xaml.cs«

Bei *App.xaml.cs* handelt es sich um die erwähnte Code-Behind-Datei zu *App.xaml*. Sie definiert die Klasse `App`, die von `Application` abgeleitet ist, und weist noch keinen Code auf. Die Klasse `App` veröffentlicht Eigenschaften und löst Ereignisse aus, auf die Sie hier reagieren können.

```
using System;
...
namespace WpfApplication1
{
  public partial class App : Application
  {
  }
}
```

17.3.3 Die Dateien ».baml« und ».g.cs«

Wenn Sie zum Beispiel nach dem Starten aus der Entwicklungsumgebung heraus die WPF-Anwendung kompiliert haben, werden Sie im Ordner *\obj\Debug* Dateien finden, die die Endung *.baml* und *.g.cs* haben. Bei den .baml-Dateien (*Binary Application Markup Language*) handelt es sich um binäre Ausgaben der einzelnen XAML-Dateien. Sie werden als Ressourcen in die Anwendung gelinkt.

Für jedes Fenster wird eine eigene .g.cs-Datei erzeugt. Dabei handelt es sich um eine Klassendefinition in der jeweiligen Programmiersprache. Dateien dieses Typs stellen somit den Zusammenhang zwischen den XAML-Komponenten und der jeweiligen Klasse her.

17.4 Einführung in XAML

XAML ist eine deklarative Programmiersprache, deren Wurzeln auf XML zurückzuführen sind. XAML unterliegt damit auch denselben strengen Regeln wie XML:

- Elemente werden durch Tags beschrieben.
- Auf jedes Start-Tag muss zwingend ein End-Tag folgen.
- Zwischen dem Start- und dem End-Tag wird das Element beschrieben.
- Tags können ineinander verschachtelt werden. Eine diagonale Verschachtelung ist nicht erlaubt.
- Die Groß-/Kleinschreibung muss beachtet werden.

Anmerkung

Auf eine detaillierte Einführung in XML soll an dieser Stelle verzichtet werden. Sollten Sie dennoch noch nicht mit XML Bekanntschaft gemacht haben, sollten Sie Abschnitt 16.1, »XML-Dokumente«, über wohlgeformten XML-Code lesen.

17.4.1 Struktur einer XAML-Datei

Sehen wir uns zunächst noch einmal den XAML-Code an, den Visual Studio 2010 beim Erstellen eines neuen Fensters erzeugt.

```
<Window x:Class="WpfApplication1.MainWindow"
        xmlns="http://schemas.microsoft.com/winfx/2006/xaml/presentation"
        xmlns:x="http://schemas.microsoft.com/winfx/2006/xaml"
        Title="MainWindow" Height="350" Width="525">
  <Grid>
  </Grid>
</Window>
```

Jede XAML-Datei besitzt ein Wurzelelement, das alle anderen Elemente einschließt. Bei einer WPF-Anwendung handelt es sich um `Window`, bei einer WPF-Browseranwendung um `Page`. Der Parameter `x:Class` gibt die Klassendefinition an, die vom XAML-Code beschrieben wird. Natürlich spielt hier intern das Konzept partieller Klasse eine tragende Rolle. Sie müssen beachten, dass die einfache Angabe des Klassenbezeichners nicht ausreicht. Zusätzlich ist die Angabe des Namespace erforderlich.

Damit XAML einwandfrei funktioniert, werden zwei Namespaces angeführt die, zur deklarativen Festlegung der Objekte benötigt werden. Mit `Title` wird die Zeichenfolge beschrieben, die in der Titelleiste des Fensters angezeigt wird. `Height` und `Width` legen die Gesamthöhe und -breite des Fensters fest.

Innerhalb des `Window`-Wurzelelements werden alle Elemente angegeben, aus denen sich das Fenster zusammensetzt. Üblicherweise fügt man aber zuerst ein Containerelement ein, in dem die anderen Elemente wie `Button` oder `TextBox` positioniert werden. Typische Containerelemente sind `Grid` oder `StackPanel`. Diese zeichnen sich dadurch aus, dass sie über eine Eigenschaft `Children` verfügen, die eine Collection von `UIElement`-Objekten verwaltet.

Im folgenden Codefragment sehen Sie das Stammelement `Window` nebst dem untergeordneten Container vom Typ `Grid`. Dieser enthält ein `Button`-Element.

```
<Window x:Class="WpfApplication1.MainWindow"
        xmlns=http://schemas.microsoft.com/winfx/2006/xaml/presentation
        xmlns:x=http://schemas.microsoft.com/winfx/2006/xaml
        Title="MainWindow" Height="163" Width="300">
  <Grid>
    <Button FontSize="18" Background="LightGray"
            Name="btnButton1">Der erste Button</Button>
  </Grid>
</Window>
```

Die Abmessungen der Schaltfläche sind nicht angegeben. Es liegt in der Natur des umgebenden `Grid`-Containers, dass der `Button` dann den gesamten im Container zur Verfügung gestellten Platz für sich beansprucht.

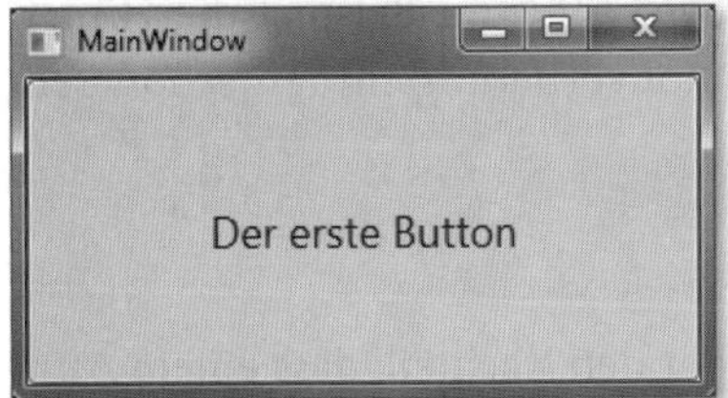

Abbildung 17.3 Eine Schaltfläche in einem Grid-Container

17.4.2 XAML-Elemente

Mit XAML wird die Benutzeroberfläche beschrieben. Wie im Listing oben schon gezeigt wurde, lässt sich eine Schaltfläche wie folgt darstellen:

```
<Button FontSize="18" Background="LightGray" Name="btnButton1">
  Der erste Button </Button>
```

Das Element `Button` entspricht einer WPF-Klasse, die sich im Namespace `System.Windows.Control` befindet. Die Angabe im XAML-Code bewirkt die Instanziierung des Elements über den parameterlosen Konstruktor der Klasse. `Content` ist eine Eigenschaft der neuen Instanz und dient zur Beschriftung der Schaltfläche. Alternativ können Sie die Schaltfläche auch im Programmcode erzeugen:

```
Button btn = new Button();
btn.Content = "Button1";
this.AddChild(btn);
```

Mit der letzten Anweisung wird die Schaltfläche ihrem übergeordneten Container zugeordnet. Es sei hier davon ausgegangen, dass es sich dabei um das Window-Objekt handelt.

17.4.3 Eigenschaften eines XAML-Elements festlegen

Attribut-Schreibweise

Jedes Objekt hat Eigenschaften, die im XAML-Code durch Attribute angegeben werden. Beabsichtigen Sie, neben der Beschriftung auch die Breite und die Höhe einer Schaltfläche festzulegen, müssen Sie die Eigenschaften `Height` und `Width` als Attribute angeben:

```
<Button Height="50" Width="100">Mein erster Button</Button>
```

Allen Attributen werden Werte grundsätzlich immer als `String` übergeben. Der Zeichenfolgenwert wird von einem Konverter anschließend in den von der Eigenschaft beschriebenen Datentyp umgewandelt. Bei `Height` und `Width` ist das die Umwandlung in den Datentyp `Double`.

Nicht immer muss der Zieldatentyp so einfach sein. Legen Sie zum Beispiel die Hintergrundfarbe `Background` fest, verbirgt sich dahinter die Konvertierung in den schon sehr komplexen Typ `Brush`.

Eigenschaft-Element-Syntax

Die Attribut-Schreibweise ist einerseits kompakt, birgt aber den Nachteil, dass einem Attribut nur Zeichenfolgen zugewiesen werden können. Eigenschaften können aber auch komplexer sein. Nehmen wir exemplarisch die Eigenschaft `Background`, die die Hintergrundfarbe beschreibt. Soll diese Blau sein, ist die Attributschreibweise vollkommen ausreichend:

```
<Button Background="Blue"></Button>
```

Was ist aber, wenn die Hintergrundfarbe nicht durch eine konkrete Farbe, sondern einen komplexen Farbverlauf beschrieben werden soll? Dafür sind entsprechende Objekte notwendig, die von WPF bereitgestellt werden. In solchen Fällen kommt die sogenannte *Eigenschaft-Element-Syntax* ins Spiel. Bei dieser Schreibweise wird zuerst der Typ des Elements genannt und dahinter, durch einen Punkt getrennt, die Eigenschaft.

```
<Button Height="100" Width="200">
  <Button.Background>
    <LinearGradientBrush>
      <GradientStop Color="Red" Offset="0.0" />
      <GradientStop Color="White" Offset="1.0" />
    </LinearGradientBrush>
  </Button.Background>
    Mein erster Button
</Button>
```

Das Codefragment beschreibt mit einem Objekt vom Typ `LinearGradientBrush` den linearen Farbverlauf des Hintergrunds einer Schaltfläche. Die beiden `GradientStop`-Objekte geben die Position und die Farben des Farbverlaufs an.

Abbildung 17.4 Button mit linearem Farbverlauf

Die Eigenschaft-Element-Schreibweise können Sie auch bei einfachen Eigenschaften wie zum Beispiel `Height` und `Width` verwenden. Sie geben dann den gewünschten Wert zwischen den beiden Tags an:

```
<Button>
  <Button.Height>
    50
  </Button.Height>
  <Button.Width>
    100
  </Button.Width>
  Mein erster Button
</Button>
```

Inhaltseigenschaften

Sie kennen nun die Attribut-Schreibweise und die Eigenschaft-Element-Syntax. Doch wie verhält es sich mit der Beschriftung einer Schaltfläche? Zur Erinnerung, die Beschriftung wird zwischen den ein- und ausleitenden Element-Tags angegeben, beispielsweise so:

```
<Button>Mein erster Button</Button>
```

Tatsächlich wird natürlich auch die Beschriftung durch eine spezifische Eigenschaft vertreten. Beim `Button` handelt es sich um `Content`. Sie können die Beschriftung daher auch als Attribut angeben:

```
<Button Content="Mein erster Button"></Button>
```

Es steht jetzt die Frage im Raum, warum wir in der erstgenannten Schreibweise nicht ausdrücklich die Eigenschaft angeben müssen, also:

```
<Button>
  <Button.Content>
    Mein erster Button
  </Button.Content>
</Button>
```

Die Antwort lautet: Weil `Content` als sogenannte *Inhaltseigenschaft* definiert ist. Bei Inhaltseigenschaften kann auf die explizite Angabe in der Eigenschaft-Element-Schreibweise verzichtet werden. Natürlich ist eine Inhaltseigenschaft nicht zwangsläufig an die Bezeichnung `Content` gebunden, sondern kann beliebig sein.

Inhaltseigenschaften sind bei allen Steuerelementen möglich, die von der Klasse `ContentControl` abgeleitet sind. Hintergrund ist, dass `ContentControl` mit dem Attribut `DefaultProperty` verknüpft ist, mit dem die Standardeigenschaft einer Komponente angegeben wird.

```
[DefaultProperty("Content")]
public class ContentControl : Control, IAddChild
```

Die Klasse `Button` wird, wie viele andere übrigens auch, von `ContentControl` abgeleitet und erbt damit auch die Vorgabe des Attributs.

Das Besondere einer Inhaltseigenschaft ist der Datentyp, denn sie beschreibt `Object`. Dadurch lassen sich beliebige Objekte der Inhaltseigenschaft eines Elements zuordnen. Hinsichtlich unseres `Buttons` bedeutet das, dass Sie weitergehende Möglichkeiten erhalten, der Eigenschaft auch beliebige Objekte zu übergeben.

```
<Button>
   <Rectangle Height="30" Width="100" Fill="DarkBlue"></Rectangle>
</Button>
```

Ein anderes Beispiel bietet uns die Klasse `StackPanel`. Dieses Element beschreibt ein Containersteuerelement, ähnlich wie auch `Grid`. Die Klasse `StackPanel` erbt nicht direkt von `ContentControl`, ist aber von der Basis `Panel` mit der Inhaltseigenschaft `Children` ausgestattet. Im Gegensatz zur Eigenschaft `Content`, die nur einmal pro Steuerelement genutzt werden kann, lassen sich mit `Children` auch mehrere Inhaltselemente hinzufügen.

```
<StackPanel>
  <Button>OK</Button>
  <Button>Übernehmen</Button>
  <Button>Abbrechen</Button>
</StackPanel>
```

Entwickeln Sie eine WPF-Anwendung, wird Ihre Haupttätigkeit die XAML-Codierung sein. Nichtsdestotrotz können Sie alles, was Sie im XAML-Code schreiben, auch mit C#-Code erreichen. Um beispielsweise den XAML-Code nur durch C#-Code abzubilden, sind die folgenden Anweisungen notwendig:

```
StackPanel stackPanel = new StackPanel();
Button btnOK = new Button();
btnOK.Content = "OK";
Button btnUebernehmen = new Button();
btnUebernehmen.Content = "Übernehmen";
Button btnAbbrechen = new Button();
btnAbbrechen.Content = "Abbrechen";
stackPanel.Children.Add(btnOK);
stackPanel.Children.Add(btnUebernehmen);
stackPanel.Children.Add(btnAbbrechen);
this.AddChild(stackPanel);
```

Dieses Beispiel zeigt deutlich, dass XAML deutlich kürzer und kompakter erscheint als die Beschreibung der Oberfläche mittels Programmcode.

17.4.4 Typkonvertierung

Die im XAML-Code definierten Elemente entsprechen einer Klasse, die Attribute einer Eigenschaft. Dabei wird den Attributen ein Wert immer als Zeichenfolge übergeben. Die meisten Eigenschaften sind aber nicht vom Datentyp `String`, und müssen daher in den tatsächlichen Datentyp konvertiert werden.

Betrachten wir dazu das einfache Beispiel der Eigenschaften `Width` und `Height` eines Buttons.

```
<Button Height="100" Width="200">Beenden</Button>
```

Beide Eigenschaften sind vom Typ `Double`. Die Folge ist, dass die angegebenen Werte in die Fließkommazahlen 100,0 bzw. 200,0 konvertiert werden müssen. In XAML sind viele solcher Konvertierungen definiert. Meist werden Sie aber von diesem intern ablaufenden Vorgang keine Notiz nehmen.

Das obige Beispiel zeigt dabei nur einen recht einfachen Fall. Einen komplexeren Fall haben wir bereits weiter oben gesehen, als wir der Eigenschaft `Background` eine Farbe zugeordnet haben.

```
<Button Background="Blue"></Button>
```

Tatsächlich erwartet `Background` die Angabe eines Objekts vom Typ `Brush`. Da die Klasse `Brush` abstrakt definiert ist, muss in eine der Ableitungen konvertiert werden. Da wir es mit einer monochromen Farbe zu tun haben, wird es sich um eine Konvertierung in den Typ `SolidColorBrush` handeln. Dieser Sachverhalt wird deutlich, wenn wir uns die Eigenschaft-Element-Schreibweise ansehen:

```
<Button>
  <Button.Background>
    <SolidColorBrush Color="Blue" />
  </Button.Background>
</Button>
```

Hier muss natürlich auch noch der Farbwert `Blue` konvertiert werden, da der Typ einer Farbe nicht vom Typ `String`, sondern vom Typ `Color` ist.

Die Technik der Typkonvertierung wird in XAML auch benutzt, um mehrere ähnliche Eigenschaften zusammenzufassen, um auf diese Weise den XAML-Code kompakter zu gestalten. `Margin` gehört zu dieser Gruppe von Eigenschaften. `Margin` ist vom Typ `Thickness` und legt den äußeren Rand eines Elements fest. In der Eigenschaft-Element-Schreibweise können Sie `Margin` wie folgt bei einem `StackPanel` einsetzen:

```
<StackPanel>
  <StackPanel.Margin>
    <Thickness Left="100" Top="30" Right="50" Bottom="10" />
```

```
  </StackPanel.Margin>
  <Button>Button1</Button>
</StackPanel>
```

Typkonvertierung ist hierbei noch nicht im Spiel. Sie können aber die Eigenschaft `Margin` auch wie folgt festlegen:

```
<StackPanel Margin="100,30,50,10">
  <Button>Button1</Button>
</StackPanel>
```

Diese Form des Einsatzes von `Margin` setzt voraus, dass die Zeichenfolge von einem Typkonvertierer passend umgesetzt wird. Natürlich ist die Eigenschaft mit der erforderlichen Verhaltensweise ausgestattet. Der Nachteil dieser syntaktischen Umsetzung ist, dass solche Zeichenfolgen zu einem schwer lesbaren Code führen. Im Zweifelsfall ist daher eher zu empfehlen, auf die etwas aufwendigere Eigenschaft-Element-Schreibweise zurückzugreifen.

17.4.5 Markup-Erweiterungen (Markup Extensions)

Die Eigenschaften eines Elements werden in XAML durch Attribute beschrieben, die als Zeichenfolge angegeben und passend ausgewertet werden. Dieses Konzept wird auch in XML benutzt, hat aber seine Grenzen, wenn ein Eigenschaftswert durch die Referenz auf ein Objekt beschrieben werden muss. An dieser Stelle kommen Markup-Erweiterungen ins Spiel, um eine Lösung für diese Problematik zu bieten. Im Grunde genommen stellen auch Typkonvertierer einen Weg dar, um an Objekte zu binden. Der Unterschied zwischen einem Typkonvertierer und einer Markup-Erweiterung ist aber, dass Typkonvertierer implizit im Hintergrund agieren und nach einer festgelegten Regel arbeiten, während Markup-Erweiterungen allgemein verwendbar sind.

Markup-Erweiterungen sind Attributwerte, die in geschweiften Klammen eingeschlossen angegeben sind. Im folgenden Beispielcode wird das Konzept der Markup-Erweiterung dazu benutzt, den Inhalt der Textbox `txtUnten` an den Inhalt der `TextBox` `txtOben` zu binden. Das hat zur Folge, dass zur Laufzeit eine Eingabe in die obere `TextBox` sofort von der unteren `TextBox` übernommen wird.

```
<StackPanel>
  <TextBox Name="txtOben"></TextBox>
  <TextBox Name="txtUnten"
           Text="{Binding ElementName=txtOben, Path=Text}">
  </TextBox>
</StackPanel>
```

Der XAML-Reader erkennt an den geschweiften Klammern, dass der Attributwert weder ein Literal noch ein über einen Typkonvertierer umwandelbarer Wert ist. Die Markup-

Erweiterung, die im Beispielcode verwendet wird, ist `Binding`. Dieser Typ gehört zum Namespace `System.Windows.Data`. Der Parameter `ElementName` gibt das Element an, an das gebunden wird, `Path` beschreibt die Eigenschaft des Quellelements, aus dem der Wert bezogen werden soll. Beachten Sie, dass zwischen den Parametern ein Komma gesetzt werden muss.

Werden den Parametern einer Markup-Erweiterung mit dem Zuweisungsoperator = Werte übergeben (siehe `ElementName` und `Path` im Beispiel), wird die Markup-Erweiterung mit dem parameterlosen Konstruktor instanziiert. Die Parameterwerte werden den gleichnamigen Eigenschaften des Objekts übergeben.

Enthalten die Parameter hingegen keinen Zuweisungsoperator =, werden sie an den Konstruktor der Markup-Erweiterung weitergeleitet. Selbstverständlich müssen dann Anzahl und Typ mit den entsprechenden Werten des Konstruktors übereinstimmen.

Markup-Erweiterungen werden nicht nur durch Binding beschrieben. `StaticResource`, `DynamicResource` oder auch `x:` sind einige weitere wichtige Erweiterungen, die uns noch beschäftigen werden. Zudem werden Sie noch sehen, dass auch mehrfach verschachtelte Markup-Erweiterungen möglich sind.

Eigenschaft-Element-Schreibweise

Die weiter oben beschriebene Eigenschaft-Element-Schreibweise ist auch im Zusammenhang mit Markup-Erweiterungen möglich. Das folgende Listing zeigt das Beispiel von oben noch einmal, ist aber in die Elementschreibweise umgeschrieben.

```
<StackPanel>
  <TextBox Name="txtOben"></TextBox>
  <TextBox Name="txtUnten">
    <TextBox.Text>
      <Binding ElementName="txtOben" Path="Text" />
    </TextBox.Text>
  </TextBox>
</StackPanel>
```

Markup-Erweiterungen mittels C#-Code

Markup-Erweiterungen lassen sich nicht nur deklarativ festlegen, sondern auch durch Code beschreiben. Wir wollen uns das am Beispiel der beiden Textboxen ansehen.

```
// ---------------------------------------------------------
// Beispiel: ...\Kapitel 17\MarkupExtension
// ---------------------------------------------------------
public partial class Window1 : Window {

  public Window1() {
```

```
    InitializeComponent();
    // StackPanel
    StackPanel panel = new StackPanel();
    this.AddChild(panel);

    // Textbox oben
    TextBox txtOben = new TextBox();
    panel.Children.Add(txtOben);

    // Textbox unten
    TextBox txtUnten = new TextBox();
    panel.Children.Add(txtUnten);

    // Bindung als Markup-Erweiterung
    Binding binding = new Binding("Text");
    binding.Source = txtOben;
    txtUnten.SetBinding(TextBox.TextProperty, binding);
  }
}
```

Der Code ist im Konstruktor des Fensters nach dem Aufruf der Methode `InitializeComponent` implementiert. Zuerst wird das `StackPanel`-Objekt erzeugt und dem `Window` durch Aufruf von `AddChild` als untergeordnetes Element übergeben. Die beiden Eingabefelder hingegen werden nach der Instanziierung zu untergeordneten Elementen des `StackPanels`. Dieser Container liefert durch Aufruf der Eigenschaft `Children` die Referenz auf ein `UIElementCollection`-Objekt, dem mit der Methode `Add` die Textboxen hinzugefügt werden.

Die Bindung der unteren an die obere `TextBox` erfordert ein `Binding`-Objekt, dessen Konstruktor Sie die Eigenschaft des Quellelements bekanntgeben, an die gebunden werden soll. Das Quellelement selbst wird der Eigenschaft `Source` genannt. Aktiviert wird die Bindung der unteren an die obere `TextBox` mit der Methode `SetBinding`. Während das zweite Argument keiner besonderen Erklärung bedarf, erscheint das erste ungewöhnlich. Hierbei handelt es sich um die Angabe einer abhängigen Eigenschaft (*Dependency Property*). Später in diesem Kapitel werden wir uns diesem Thema noch widmen.

17.4.6 Namespaces

XAML-Namespaces

Bei den XAML-Namespaces handelt es sich um eine Technologie, um Elemente eindeutig zuordnen zu können. Beispielsweise könnte das Element `<Button>` in einem XAML-Dokument zwei unterschiedliche Schaltflächen beschreiben. Erst die Zuordnung zu einem Namespace gestattet die eindeutige Identifizierbarkeit. Prinzipiell kommt den XAML-Namespaces somit die gleiche Bedeutung zu wie den Namespaces in .NET. Im Wurzelelement `Window` einer XAML-Datei werden sofort zwei Namespaces verfügbar gemacht:

```
xmlns=http://schemas.microsoft.com/winfx/2006/xaml/presentation
xmlns:x=http://schemas.microsoft.com/winfx/2006/xaml
```

Der erste Namespace ist als Standard-Namespace definiert. Standard-Namespaces weisen kein Präfix auf. Alle diesem Namespace zugeordneten Klassen können direkt ohne Präfixangabe in XAML verwendet werden. Dazu gehören beispielsweise die Elemente `<StackPanel>`, `<Button>` oder `<TextBox>`.

Da nur ein Namespace ohne Präfix angegeben werden darf, muss allen anderen Namespaces ein Präfix zugeordnet werden. Die zweite Namespace-Angabe definiert ein solches mit `x`. Dieser Namespace dient den XAML-Spracherweiterungen. Greifen Sie auf ein Element dieses Namespace zu, müssen Sie vor dem Element das Namespace-Präfix, gefolgt von einem Doppelpunkt, angeben, z. B. `x:Class`.

CLR-Namespaces

In vielen WPF-Anwendungen müssen Sie über die Standardangabe hinaus noch weitere Namespaces angeben: Manchmal ist es ein Namespace der *Common Language Runtime* (CLR), manchmal auch ein Namespace, der in der aktuellen Anwendung beschrieben ist.

Angenommen, wir möchten in einer WPF-Anwendung mit XAML auf die Klasse `Circle` der Assembly *GeometricObjects.dll* zugreifen. Die Klasse `Circle` sei im Namespace `GeometricObjects` definiert.

```
namespace GeometricObjects {

  public class Circle {
    private int radius;
    public int XCoordinate  {get; set;}
    public int YCoordinate  {get; set;}

    public int Radius {
      get { return radius; }
      set { radius = value; }
    }
  }
}
```

Nachdem Sie in der WPF-Anwendung einen Verweis auf die Bibliothek angelegt haben, geben Sie den Namespace wie folgt im Wurzelelement `Window` an:

```
<Window x:Class="WpfApplication1.Window1"
  xmlns="http://schemas.microsoft.com/winfx/2006/xaml/presentation"
  xmlns:x="http://schemas.microsoft.com/winfx/2006/xaml"
  xmlns:geo="clr-namespace:GeometricObjects;assembly=GeometricObjects"
  Title="Window1" Height="300" Width="300">
</Window>
```

Das Präfix, hier `geo`, ist frei wählbar, muss aber eindeutig sein. Danach folgen zwei Name-Wert-Paare, die durch ein Semikolon voneinander getrennt sind. Das erste Paar wird mit `clr-namespace` eingeleitet. Dahinter folgt ein Doppelpunkt, und anschließend kommt der CLR-Namespace, dem die Klasse zugeordnet ist. Das zweite Name-Wert-Paar wird mit `assembly` eingeleitet. Nach dem Zuweisungsoperator = wird die Assembly angegeben, jedoch ohne die Dateiendung DLL.

Jetzt können Sie die Klasse `Circle` im XAML-Code verwenden und den Eigenschaften die gewünschten Werte mitteilen. Der Elementangabe müssen Sie dabei das gewählte Präfix, hier `geo`, voranstellen.

```
<geo:Circle Radius="77" XCoordinate="100" YCoordinate="-250">
</geo:Circle>
```

Sie sollten bei der Entwicklung von Klassen, die unter XAML Verwendung finden sollen, beachten, dass nur die Eigenschaften, die durch eine Eigenschaftsmethode (*Property*) beschrieben werden, auch als Attribute erscheinen. Öffentliche Felder sind nicht deklarierbar.

Etwas einfacher wird die Bekanntgabe eines Namespace, sollte dieser zum aktuellen Projekt gehören. Sie können in diesem Fall auf die Angabe der Assembly verzichten, z. B. so:

```
xmlns:geo="clr-namespace:WpfApplication1"
```

Mehrere CLR-Namespaces zusammenfassen

Entwickeln Sie Klassenbibliotheken, sollten Sie daran denken, die Klassen für den Einsatz in XAML passend vorzubereiten. Dazu gehört neben der Bereitstellung von Propertys mit den Accessoren `get` und `set` auch die Berücksichtigung der Namespaces. Das gilt insbesondere für den Fall, dass in einer Klassenbibliothek mehrere CLR-Namespaces festgelegt sind. Im folgenden Codefragment sind die beiden Klassen `Rectangle` und `Circle` jeweils unterschiedlichen Namespaces zugeordnet.

```
namespace Namespace1 {
  public class Circle { }
}

namespace Namespace2 {
  public class Rectangle { }
}
```

Ohne weitere Maßnahmen zu ergreifen, können Sie beide Typen nur dann im XAML-Code nutzen, wenn Sie beide Namespaces im Wurzelelement angeben, zum Beispiel:

```
xmlns:geo1="clr-namespace:Namespace1;assembly=GeometricObjects"

xmlns:geo2="clr-namespace:Namespace2;assembly=GeometricObjects"
```

Beide Namespaces lassen sich aber auch auf einen gemeinsamen XML-Namespace mappen. Dazu muss die entsprechende Vorkehrung bereits in der Klassenbibliothek erfolgen. Die notwendigen Angaben machen Sie in der Datei *AssemblyInfo.cs* der Klassenbibliothek. Ergänzen Sie diese dazu wie hier gezeigt um zwei Attributangaben:

```
[assembly: XmlnsDefinition("http://www.tollsoft.de", "Namespace1")]

[assembly: XmlnsDefinition("http://www.tollsoft.de", "Namespace2")]
```

Um auf das Attribut `XmlnsDefinition` zugreifen zu können, müssen Sie zuerst einen Verweis auf die Bibliothek *System.Xaml.dll* legen und sollten darüber hinaus den Namespace `System.Windows.Markup` bekanntgeben. Das Attribut beschreibt zwei Parameter. Dem ersten übergeben Sie den gewünschten XML-Namespace, dem zweiten Parameter teilen Sie mit, welcher CLR-Namespace auf diesen XML-Namespace gemappt werden soll. Der XAML-Code reduziert sich daraufhin auf eine Namespace-Bekanntgabe im Wurzelelement, beispielsweise:

```
xmlns:geo="http://www.tollsoft.de"
```

Sie können anschließend mit dem Präfix `geo` Elemente sowohl vom Typ `Circle` als auch vom Typ `Rectangle` in Ihren XAML-Code einbetten.

```
<geo:Circle><geo:Circle>
```

17.4.7 XAML-Spracherweiterungen

XAML definiert eine Reihe von Attributen, die besondere Aspekte bei der Entwicklung berücksichtigen und keine Entsprechungen in einer Klasse besitzen. Hiermit werden nur Zusatzinformationen geliefert, die einer besonderen Verabeitung bedürfen. Tabelle 17.1 stellt Ihnen einige davon vor. In den folgenden Kapiteln werden Sie in den Beispielen auf einige dieser Schlüsselwörter stoßen.

Schlüsselwort	Bedeutung
`x:Class`	Dieses Attribut stellt die Beziehung zwischen dem Wurzelelement im XAML-Code und der Code-Behind-Datei her.
`x:Code`	Die Trennung von Code und Oberflächenbeschreibung ist keine strikte Vorgabe. Sie können auch Code innerhalb einer XAML-Datei implementieren. Mit `x:Code` wird ein Codebereich im XAML-Code definiert.
`x:Key`	Gibt den eindeutigen Namen eines Elements in einer Ressource an.
`x:Name`	Mit diesem Attribut können Sie einem Element einen Namen geben, wenn das Element selbst nicht über eine Eigenschaft `Name` verfügt.

Tabelle 17.1 Schlüsselwörter von XAML (Auszug)

17.4.8 Markup-Erweiterungen

Es gibt mehrere Markup-Erweiterungen, die nicht spezifisch für die WPF-Anwendung sind, sondern Implementierungen für Funktionen von XAML als Sprache sind. Auch diese Markup-Erweiterungen sind durch das x:-Präfix in der Verwendung identifizierbar.

Erweiterung	Beschreibung
x:Array	Hiermit lassen sich Arrays in XAML definieren. Beispiel: <x:Array Type="clr:Int32"> <clr:Int32>36</clr:Int32/> <clr:Int32>1270</clr:Int32/> <clr:Int32>5</clr:Int32/> </x:Array>
x:Null	Wird verwendet, um einem Element null zuzuweisen. Beispiel: <Button Background="{x:Null}" />
x:Static	Referenziert eine statische Variable oder Eigenschaft eines Objekts oder eine Konstante oder einen Enumerationswert. Beispiel: <Button Background="{x:Static Brushes.Red}" />
x:Type	Wird beispielsweise in Stildefinitionen benutzt, um einen Typ anzugeben. Beispiel: <Style TargetType="{x:Type TextBox}" />

Tabelle 17.2 Markup-Erweiterungen von XAML

17.5 Abhängige und angehängte Eigenschaften

WPF erweitert die Eigenschaften der Common Language Runtime (CLR) um zwei besondere Gruppen:

- abhängige Eigenschaften (*Dependency Properties*)
- angehängte Eigenschaften (*Attached Properties*)

Beide werden wie »normale« Eigenschaften verwendet, aber anders deklariert.

17.5.1 Abhängige Eigenschaften

Stellen Sie sich vor, im Auslieferungslager eines Unternehmens befindet sich der Artikel A. Mit dem Artikel ist ein bestimmter Verkaufspreis verknüpft. Wird der Artikel ins Ausland verkauft, in dem eine andere Währung Zahlungsmittel ist, muss der Verkaufspreis eventuell an den aktuellen Wechselkurs dynamisch angepasst werden. Damit wäre der Verkaufspreis der typische Fall einer abhängigen Eigenschaft.

Abhängige Eigenschaften bieten im Vergleich mit den herkömmlichen Eigenschaften Vorteile:

- Die Werte werden automatisch aktualisiert.
- Zur Signalisierung von Wertänderungen werden Callback-Methoden verwendet.
- Es kann eine interne Validierung erfolgen.
- Es können Standardwerte definiert werden.

Die Einführung von abhängigen Eigenschaften war notwendig, um die vielen WPF-Konzepte realisieren zu können, da einige davon abhängen, ob sich im System oder in der Anwendung Eigenschaftswerte verändert haben. Zu den Features, die grundlegend auf abhängige Eigenschaften angewiesen sind, gehören beispielsweise die Datenbindung, Ressourcen und Animationen.

An einem Beispiel wollen wir uns nun ansehen, wie eine abhängige Eigenschaft in einer Klasse definiert wird. Dazu definieren wir eine Klasse `Line`, die von `DependencyObject` abgeleitet wird.

```
class Line : DependencyObject {
  // die abhängige Eigenschaft
  public static readonly DependencyProperty LengthProperty;

  // Registrieren der abhängigen Eigenschaft
  static Line() {
    Line.LengthProperty = DependencyProperty.Register(
          "Length", typeof(int), typeof(Line),
          new FrameworkPropertyMetadata(10,
          new PropertyChangedCallback(OnLengthChanged)));
  }

  // Schnittstelle der Eigenschaft nach draußen
  public int Length {
    get {
      return (int)GetValue(Line.LengthProperty);
    }
    set {
      SetValue(Line.LengthProperty, value);
    }
  }

  // Callback-Methode
  private static void OnLengthChanged(DependencyObject dpObj,
            DependencyPropertyChangedEventArgs e) {
    // ...
  }
}
```

Abhängige Eigenschaften sind vom Typ `DependencyProperty`. Sie müssen als öffentliche statische Felder definiert werden. Die Verwaltung abhängiger Eigenschaften wird vom WPF-

Subsystem übernommen. Aus diesem Grund müssen abhängige Eigenschaften mit der Methode `Register` registriert werden. Dem Aufruf werden der Name der Eigenschaft (hier: `Length`), der Typ der Eigenschaft und die Klasse übergeben, die die abhängige Eigenschaft hostet. Zudem werden bei der Registrierung ein Standardwert und eine Rückrufmethode festgelegt.

In der Eigenschaftsmethode werden `GetValue` und `SetValue` aufgerufen. Beide sind Eigenschaften der Klasse `DependencyObject`. `GetValue` liefert den letzten an `SetValue` gelieferten Wert. Solange `SetValue` nicht aufgerufen worden ist, wird der Standardwert zurückgeliefert. Genau genommen muss keine Eigenschaftsmethode implementiert werden, da `GetValue` und `SetValue` öffentlich in `DependencyObject` definiert sind.

Von der Callback-Methode werden schließlich alle Wertänderungen überwacht.

17.5.2 Angehängte Eigenschaften

Eine besondere Variante der abhängigen Eigenschaften sind die angehängten Eigenschaften (*Attached Properties*). Abhängige Eigenschaften sind in einem übergeordneten Element definiert. Üblicherweise handelt es sich dabei um einen Container wie beispielsweise um `Grid` oder `StackPanel`. Angehängte Eigenschaften stehen in einem untergeordneten Element zur Verfügung, ohne dass die Eigenschaft in diesem definiert ist. Der Vorteil bei diesem Verfahren ist, dass sich die Anzahl der eigentlichen Eigenschaften für die Komponente verringert.

Betrachten wir dazu ein Beispiel. In einem `Grid` soll eine `TextBox` positioniert werden. Die Eigenschaften `Grid.Column` und `Grid.Row` sind Eigenschaften, die vom `Grid` der `TextBox` zur Verfügung gestellt werden.

```
<Grid>
  <TextBox Grid.Column="0" Grid.Row="0" Name="txtText" >Hallo</TextBox>
</Grid>
```

Sie können die Position der `TextBox` auch mittels Code ändern, müssen dann aber die Eigenschaften `SetColumn` und `SetRow` des `Grid`-Controls aufrufen.

```
Grid.SetColumn(txtText, 1);
Grid.SetRow(txtText, 2);
```

17.6 Logischer und visueller Elementbaum

Wenn Sie eine Benutzeroberfläche mit der WPF erstellen, erzeugen Sie eine Hierarchie ineinander verschachtelter Elemente. Dabei gibt es mit `Window` oder `Page` immer ein Wurzelelement, in dem die anderen Elemente enthalten sind. Jedes Element kann seinerseits wieder praktisch unbegrenzt Kindelemente enthalten. Auf diese Weise bildet sich eine durchaus tief gehende Elementstruktur, die als *Elementbaum* bezeichnet wird.

Aufgrund der Architektur der WPF wird zwischen zwei Baumstrukturen unterschieden:

- logischer Elementbaum
- visueller Elementbaum

Zur Verdeutlichung der Unterschiede zwischen den genannten beiden Elementbäumen soll der folgende XAML-Code dienen, der innerhalb eines `StackPanel`-Controls ein `Label`- und ein `Button`-Steuerelement beschreibt.

```
<Window x:Class="ElementTree.MainWindow" ...>
  <Stackpanel>
    <Label Content="Label" />
    <Button Content="Button" />
  </Stackpanel>
</Window>
```

Der *logische Elementbaum* wird in diesem XAML-Beispiel durch die Elemente `MainWindow`, `StackPanel`, `Label` und `Button` gebildet. Er enthält demnach alle Elemente, die in XAML bzw. im Code definiert sind. Grundsätzlich gehören zu einem logischen Baum jedoch weder Füllmuster noch Animationen.

Jedes WPF-Steuerelement ist selbst durch eine mehr oder weniger große Anzahl visueller Einzelkomponenten aufgebaut. Zum Beispiel besitzt eine Schaltfläche kein fixes Layout, sondern setzt sich aus den Einzelkomponenten `ButtonChrome` und `ContentPresenter` zusammen.

Alle Einzelkomponenten, die als Basis eine der beiden Klassen

- `System.Windows.Media.Visual` oder
- `System.Windows.Media.Media3D.Visual3D`

haben, bilden zusammen den *visuellen Elementbaum*. Andere Elemente, beispielsweise `String`-Objekte, gehören nicht zum visuellen Elementbaum, weil sie kein eigenes Render-Verhalten benötigen. Zu den Elementen des visuellen Elementbaums hingegen sind auch die Klassen `Button` und `Label` zu zählen.

In Abbildung 17.5 ist die Zugehörigkeit der Einzelkomponenten zu den verschiedenen Elementbäumen dargestellt. Die Ausgangsbasis ist hierbei der am Anfang dieses Abschnitts gezeigte XAML-Code.

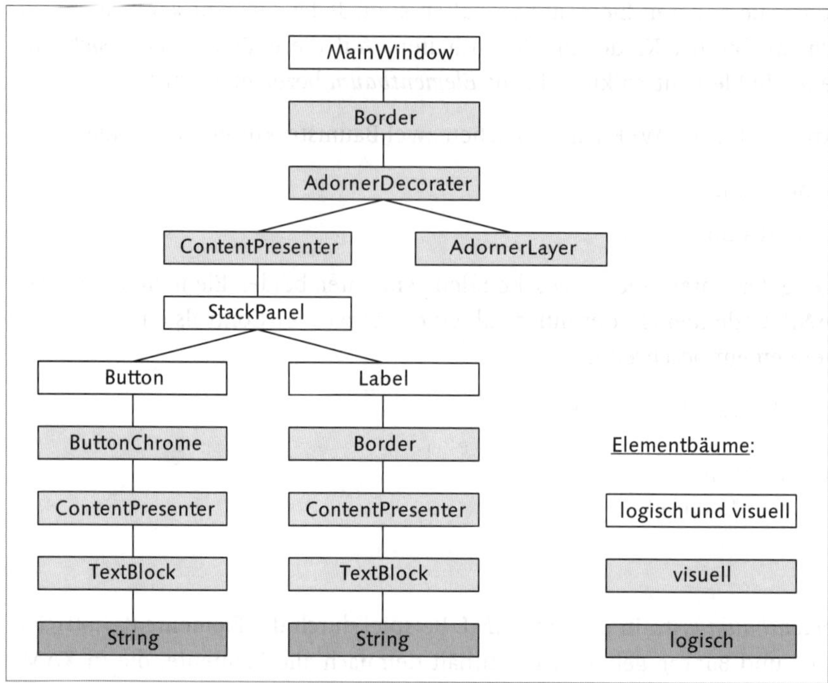

Abbildung 17.5 Logischer und visueller Elementbaum

17.6.1 Warum wird zwischen den Elementbäumen unterschieden?

WPF-Steuerelemente haben kein eigenes, fixes Layout. Beim Rendern wird der visuelle Elementbaum jeder einzelnen Komponente durchlaufen. Beispielsweise ist der Rahmen einer Schaltfläche zwar Bestandteil der Schaltfläche, kann aber jederzeit durch ein anderes Element ersetzt werden. Hieraus ergeben sich vielfältige, individuelle Gestaltungsmöglichkeiten.

Infolgedessen kommt es aber auch zu einem Problem hinsichtlich der Auslösung von Ereignissen. Da der Rahmen einer Schaltfläche praktisch beliebig beschrieben werden kann, muss der `Button` erkennen können, ob er innerhalb oder außerhalb des Rahmens angeklickt wird. Dazu ist ein Ansatz notwendig, der sich am tatsächlichen Layout orientiert. In der WPF sind aus diesem Grund *Routed Events* beschrieben, die sich nicht am logischen, sondern am visuellen Elementbaum orientieren. Mit diesen Ereignissen beschäftigen wir uns in Abschnitt 17.7.

17.6.2 Elementbäume mit Code ermitteln

Sie können den logischen und den virtuellen Elementbaum auch mit Code ermitteln. Dazu stellt Ihnen die WPF mit den Klassen

- System.Windows.LogicalTreeHelper
- System.Window.Media.VisualTreeHelper

die benötigten Hilfsmittel zur Verfügung.

Zur Ermittlung der logischen Baumstruktur dient die statische Methode `GetChildren` der Klasse `LogicalTreeHelper`. Die Methode erwartet als Argument ein Objekt vom Typ `DependencyObject`, d. h., das Objekt muss von dieser Klasse abgeleitet sein. Sie übergeben der Methode das Objekt, dessen direkt untergeordneten Elemente Sie ermitteln möchten. Der Rückgabewert ist eine Liste, die in einer Schleife durchlaufen werden kann.

Vom Ansatz her sehr ähnlich ist das Coding der Klasse `VisualTreeHelper`. Zuerst wird mit der Methode `GetChildrenCount` ermittelt, aus wie vielen untergeordneten Elementen sich eine Komponente zusammensetzt. Den Rückgabewert können Sie in einer `for`-Schleife verwenden. Mit der Methode `GetChild` können Sie auf ein untergeordnetes Element direkt zugreifen.

Das folgende Beispielprogramm soll zeigen, wie Sie beide Klassen und ihre Methoden einsetzen. Dazu sind mit `GetLogicalTree` und `GetVisualTree` zwei Methoden codiert, die für das Auswerten des logischen und virtuellen Elementbaums verantwortlich zeichnen. Beide schreiben die spezifische Baumstruktur mit `Debug.WriteLine`-Anweisungen in der Weise in das Ausgabefenster, dass die Hierarchie durch Einrückungen zu erkennen ist.

```
// ---------------------------------------------------------
// Beispiel: ...\Kapitel 17\ElementBaum
// ---------------------------------------------------------
public partial class MainWindow : Window {

  public MainWindow() {
    InitializeComponent();
    Debug.WriteLine("");
    GetLogicalTree(0, this);
  }

  protected override void OnContentRendered(EventArgs e) {
    base.OnContentRendered(e);
    Debug.WriteLine("");
    GetVisualTree(0, this);
  }

  void GetLogicalTree(int depth, object obj) {
    Debug.WriteLine(new string('-', depth) + obj);
    if (obj is DependencyObject == false) return;
      foreach (object child in LogicalTreeHelper.GetChildren(
                                   obj as DependencyObject))
    GetLogicalTree(depth + 4, child);
  }
```

```
  void GetVisualTree(int depth, DependencyObject obj) {
    Debug.WriteLine(new string('-', depth) + obj.ToString());
    for (int i = 0; i < VisualTreeHelper.GetChildrenCount(obj); i++)
      GetVisualTree(depth + 4, VisualTreeHelper.GetChild(obj, i));
  }
}
```

Der logische Elementbaum kann gezeichnet werden, sobald im Konstruktor das `Window` mit der Methode `InitializeComponent` initialisiert worden ist. Der visuelle Elementbaum kann erst abgefragt werden, wenn das Fenster gerendert worden ist. Das ist der Fall bei der Auslösung des Ereignisses `ContentRendered` an. Um das Ereignis um die Ausgabe im Ausgabefenster zu erweitern, wird die Methode `OnContentRendered` überschrieben.

Sie können den Programmcode in jeder WPF-Anwendung einsetzen, um die Struktur im Ausgabefenster zu analysieren (siehe Abbildung 17.6).

Abbildung 17.6 Ausgabe des logischen und des visuellen Elementbaums

17.7 Ereignisse in der WPF

17.7.1 Allgemeine Grundlagen

Natürlich reagiert auch eine WPF-Anwendung nur dann, wenn Ereignisse ausgelöst werden. Zunächst einmal unterscheiden sich die Ereignisse nicht von den anderen im .NET Framework, das heißt, die Ereignishandler müssen zwei Parameter aufweisen: Der erste muss vom Typ `Object` sein, und der zweite muss von `EventArgs` abgeleitet sein.

Nehmen wir an, Sie möchten das `Click`-Ereignis einer Schaltfläche in der XAML-Datei programmieren. Sie können die IntelliSense-Unterstützung nutzen und daraus `Click` auswählen. Durch zweimaliges Drücken der [Tab]-Taste wird im XAML-Code das Ereignis an einen Ereignishandler gebunden, der in der Code-Behind-Datei erzeugt wird.

```
<Grid>
  <Button Click="button1_Click"  Height="30" Name="button1"
          Margin="70,95,133,0">Button1</Button>
</Grid>
```

Hinweis

Sie können einen Ereignishandler auch im Eigenschaftsfenster bereitstellen. Dazu schalten Sie die Ansicht der Eigenschaften in die Ansicht der Ereignisse um, indem Sie auf das Symbol mit dem Blitz klicken. Ein Doppelklick auf das gewünschte Ereignis genügt, um den Ereignishandler mit der üblichen Namenskonvention zu erzeugen.

Stellt eine Komponente ein Standardereignis bereit, können Sie den Ereignishandler auch mittels Doppelklick auf die Komponente bereitstellen. Das gilt zum Beispiel auch für den `Button`. Die Verknüpfung zwischen Ereignis und Ereignishandler können Sie auch im Code dynamisch festlegen, z. B. so:

```
public partial class MainWindow : Window {
  public MainWindow() {
    InitializeComponent();
    button1.Click += new RoutedEventHandler(button1_Click);
  }

  void button1_Click(object sender, RoutedEventArgs e) {
    MessageBox.Show("Im Click-Ereignishandler");
  }
}
```

17.7.2 Routed Events

Auch wenn es bis jetzt den Anschein hat, dass die Ereignisse in der WPF keine Besonderheiten bergen, ist dem nicht so. Der Grund ist, dass in einer WPF- Benutzeroberfläche die Elemente ineinander verschachtelt werden können, beispielsweise so:

```
<Window ...>
  <StackPanel>
    <Button>
      <Canvas>
        <Ellipse></Ellipse>
      </Canvas>
    </Button>
```

```
  </StackPanel>
</Window>
```

Hier enthält der Button ein `Canvas`-Element, das seinerseits eine Ellipse beschreibt. Klickt der Anwender auf den `Button`, könnte es sich dabei um das `Ellipse`-Element handeln, das im `Button` eingebettet ist. Möchten Sie jedoch sicherstellen, dass beispielsweise das `Click`-Ereignis der Schaltfläche auch dann ausgelöst wird, wenn der Benutzer die Ellipse trifft, hätten Sie ein kleines Problem.

Jetzt helfen uns die von der WPF eingeführten *Routed Events* weiter, die wie folgt kategorisiert sind:

- *Direkte Events*: die Gruppe der Ereignisse, die nur von dem Element verarbeitet werden, bei dem das Ereignis aufgetreten ist. Diese Ereignisse unterscheiden sich nicht von den sonst im .NET Framework üblichen.
- *Tunneling-Events:* Beim *Tunneling* beginnt die Ereigniskette beim Wurzelelement. In der Regel dürfte es sich dabei um `Window` handeln. Dieses reicht das Ereignis immer an das nächste untergeordnete Element weiter, das seinerseits wieder das ihm untergeordnete Element informiert. Das geschieht so lange, bis der Auslöser erreicht ist. Die Tunneling-Events sind durch das Präfix `Preview` gekennzeichnet. Die meisten Routed Events haben ein korrespondierendes `Preview`-Ereignis.
- *Bubbling-Events:* Beim *Bubbling* von Ereignissen wird der ausgelöste Event an die übergeordnete Komponente in der Hierarchie weitergereicht. Diese kann nun ebenfalls darauf reagieren.

Wird ein Ereignis ausgelöst, das nicht zu den direkten Events gerechnet wird, kommt es zu einer Abfolge von Ereignisauslösungen. Zuerst werden alle Tunneling-Events ausgelöst, wobei das Wurzelelement an der Spitze steht. Anschließend folgt das erste untergeordnete Element. Legen wir das Codefragment von oben zugrunde, würde anschließend das Ereignis im `StackPanel` ausgelöst, danach im `Button`, gefolgt vom `Canvas` und zuletzt im `Ellipse`-Element – vorausgesetzt, es wurde auf die Ellipse in der Schaltfläche geklickt.

Ist die Kette der Tunneling-Events durchlaufen, geht es mit den Bubbling Events in entgegengesetzter Richtung zurück. Also zuerst mit dem Bubbling-Event in der Ellipse, danach im `Canvas`-Element, dem `Button`, dem `StackPanel`. Den Abschluss bildet das `Window`.

Hinweis

Um die getunnelten von den gebubbelten Ereignissen unterscheiden zu können, haben alle getunnelten Ereignisse das Präfix `Preview`.

Abbildung 17.7 verdeutlicht den Zusammenhang. Dabei wurde aber eine etwas einfachere Oberflächenstruktur zugrunde gelegt.

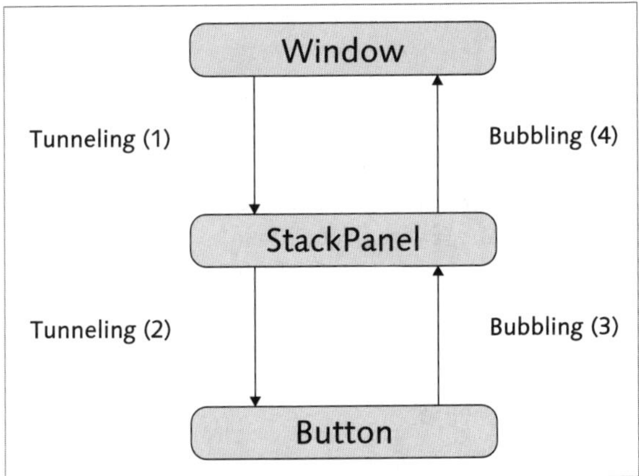

Abbildung 17.7 Abfolge der Routed Events

Routed Events sind eine Spezialform von Ereignissen in der WPF. Es werden dabei alle Handler aufgerufen, die sich bei dem Ereignis registriert haben und zwischen dem Element, bei dem das Ereignis aufgetreten ist, und der Wurzel liegen. Behandelt ein Element das aufgetretene Ereignis nicht, wird die Ereigniskette nicht unterbrochen.

Anmerkung

Im Grunde genommen ist es nicht ganz richtig, bei den direkten Events von *Routed* Events zu sprechen. Zu den Routed Events gehören eigentlich nur die gebubbelten und getunnelten, also diejenigen, die weitergeleitet werden. Da aber auch die Dokumentation die direkten Events der Gruppe der Routed Events zuordnet, halte ich mich an diese Vorgabe.

Beispielprogramm

Wir sollten uns nun den Ablauf der Routed Events an einem konkreten Beispiel ansehen. Das folgende Beispielprogramm definiert dazu im `Window` ein `Grid`, dem mit einem `Button` und einer `ListBox` zwei Elemente zugeordnet sind. Der `Button` enthält ein untergeordnetes Element vom Typ `Label`. Die `ListBox` dient ausschließlich zum Anzeigen der Ereigniskette. Alle Elemente reagieren auf das Auslösen der beiden Ereignisse `PreviewMouseLeftButtonDown` und `MouseLeftButtonDown`.

```
// ---------------------------------------------------------
// Beispiel: ...\Kapitel 17\RoutedEvents
// ---------------------------------------------------------
<Window ...
        MouseLeftButtonDown="Event_MouseDown"
        PreviewMouseLeftButtonDown="Event_PreviewMouseDown">
  <Grid MouseLeftButtonDown="Event_MouseDown"
        PreviewMouseLeftButtonDown="Event_PreviewMouseDown">
```

```
    <Grid.RowDefinitions>
      <RowDefinition Height="80"/><RowDefinition Height="*"/>
    </Grid.RowDefinitions>
    <Button Grid.Row="0" Name="button1" Margin="20"
            MouseLeftButtonDown="Event_MouseDown"
            PreviewMouseLeftButtonDown="Event_PreviewMouseDown">
      <Label Name="label1" MouseLeftButtonDown="Event_MouseDown"
             PreviewMouseLeftButtonDown="Event_PreviewMouseDown">
        Klick mich ...
      </Label>
    </Button>
  <ListBox Grid.Row="1" Name="listBox1"></ListBox>
</Grid>
</Window>
```

In der Code-Behind-Datei sind die beiden Ereignishandler definiert, die auf die Ereignisse reagieren. Je nachdem, welches Element das Ereignis ausgelöst hat, wird in die `ListBox` eine entsprechende Mitteilung geschrieben.

```
private void Event_MouseDown(object sender, MouseButtonEventArgs e) {
  if (sender is Button)
    listBox1.Items.Add("BUTTON");
  if (sender is Label)
    listBox1.Items.Add("LABEL");
  else if (sender is Grid)
    listBox1.Items.Add("GRID");
  else if (sender is MainWindow)
    listBox1.Items.Add("WINDOW");
}

private void Event_PreviewMouseDown(object sender, MouseButtonEventArgs e) {
  if (sender is Button)
    listBox1.Items.Add("BUTTON-Preview");
  else if (sender is Label)
    listBox1.Items.Add("LABEL-Preview");
  else if (sender is Grid)
    listBox1.Items.Add("GRID-Preview");
  else if (sender is MainWindow)
    listBox1.Items.Add("WINDOW-Preview");
}
```

Wenn Sie die Anwendung starten und auf die Beschriftung klicken, werden Sie die Ausführungen zu den Routed Events nicht 100%ig bestätigt sehen, denn der Button meldet sich nicht und auch alle nachfolgenden gebubbelten Ereignisse werden nicht mehr ausgelöst (siehe Abbildung 17.8).

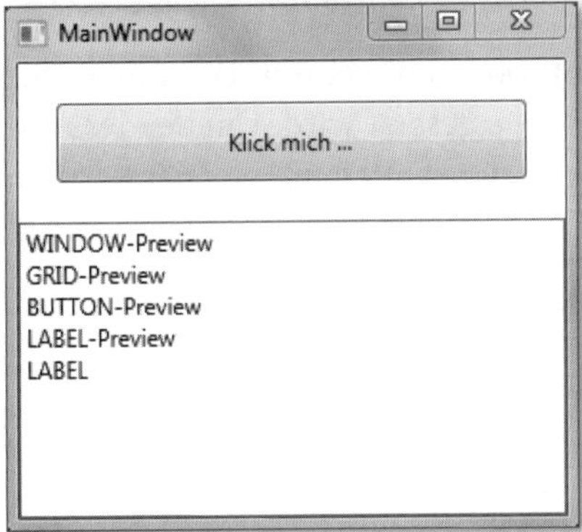

Abbildung 17.8 Das Beispielprogramm »RoutedEvents« zur Laufzeit

Der Button ist ein Steuerelement, das wegen des `Click`-Ereignisses eine Ausnahme darstellt. Das `Click`-Ereignis schluckt regelrecht alle anderen Ereignisse und bricht die Kette der getunnelten Ereignisse ab.

Gelöst wird dieses Problem durch die Registrierung des allgemeinen `MouseDownEvents` bei dem entsprechenden Ereignishandler mit der Konstruktormethode `AddHandler`. Die Registrierung erfolgt im Konstruktor des `Window`.

```
button1.AddHandler(MouseDownEvent,
        new MouseButtonEventHandler(Event_MouseDown), true);
```

Dieser Methode übergeben Sie zuerst den Ereignistyp und danach ein Delegate auf den Ereignishandler. Der boolesche Parameter gibt an, ob bereits behandelte Ereignisse weiterverarbeitet werden sollen. Tragen Sie hier `false` ein, wird – falls auf das `Label` geklickt wird – nur das Ereignis für das `Label` behandelt. Alle anderen Ereignisse werden nicht mehr registriert.

Trotzdem wird die Anzeige in der `ListBox` immer noch nicht wie gewünscht sein. Sie müssen außerdem die Eigenschaft `Cancel` des `MouseButtonEventArgs`-Parameters auf `false` setzen, damit die Ereigniskette dort endet, wo sie begonnen hat:

```
private void Event_MouseDown(object sender, MouseButtonEventArgs e) {
  if (sender is Button) {
    listBox1.Items.Add("BUTTON");
    e.Handled = false;
  }
  ...
}
```

Ereignisweiterreichung abbrechen

Bei einem Ereignis kann die Ereigniskette jederzeit abgebrochen werden. Dazu dient die Eigenschaft `Handled` des `EventArgs`-Parameters, der auf `true` gesetzt wird. Um bei der Auslösung des `Preview`-Ereignisses des `Grid`s die Ereigniskette zu beenden, müsste der Code im Ereignishandler wie folgt ergänzt werden:

```
private void Event_PreviewMouseDown(object sender, MouseButtonEventArgs e) {
  if (sender is Button)
    listBox1.Items.Add("BUTTON-Preview");
  else if (sender is Label)
    listBox1.Items.Add("LABEL-Preview");
  else if (sender is Grid) {
    e.Handled = true;
    listBox1.Items.Add("GRID-Preview");
  }
  else if (sender is Window1)
    listBox1.Items.Add("WINDOW-Preview");
}
```

18 WPF-Containerelemente

Nachdem Sie nun alle wesentlichen Grundlagen von XAML erfahren haben, wollen wir uns in den beiden nächsten Kapiteln mit den Elementen beschäftigen, die der Gestaltung der grafischen Benutzerschnittstelle dienen und somit einen wichtigen Beitrag zur optischen Darstellung als auch zur Interaktivität mit dem Anwender leisten. In diesem Kapitel behandeln wir die Elemente `Window` und `Page` sowie die unerlässlichen Layoutcontainer. In Kapitel 19 wenden wir uns anschließend den Steuerelementen zu.

18.1 WPF-Fenster

Die WPF unterstützt grundsätzlich zwei unterschiedliche Fenstertypen:

- `Window`
- `NavigationWindow`

Bei `Window` handelt es sich um die klassische Darstellungsweise, die Sie auch vielleicht schon unter der WinForm-API kennengelernt haben. Dabei werden die »Inhalte« in separaten Fenstern angezeigt. Der Anwender navigiert durch die Anwendung, indem er immer wieder neue Fenster öffnet und schließt. Solche Anwendungen setzen sich daher in der Regel aus vielen einzelnen Fenstern zusammen. Die Folge ist, dass zur Laufzeit eines Programms oft viele unterschiedliche Fenster der Anwendung geöffnet sind.

Das Konzept der Fenster vom Typ `NavigationWindow` erinnert dagegen an das Konzept der Internet-Browser, bei denen unterschiedliche »Inhalte« in einem gemeinsamen Fenster dargestellt werden. Setzen Sie diese Idee mit `NavigationWindow` in einer WPF-Anwendung um, werden die Inhalte, die ansonsten in mehreren Fenstern angeboten würden, auf mehrere Seiten aufgeteilt, die untereinander durch Links verbunden sind. Der Anwender navigiert durch die Anwendung, ohne gleichzeitig mehrere Fenster geöffnet zu haben. Zur Navigation stehen eine Vor- und Zurück-Schaltfläche zur Verfügung, ähnlich wie es auch bei Internet-Browsern üblich ist. Wahrscheinlich haben Sie mit solchen Fenstern bereits Bekanntschaft gemacht, denn spätestens seit Vista wird diese Fenstertechnik auch vom Betriebssystem vermehrt eingesetzt. Ein typisches Beispiel ist das Fenster SYSTEMSTEUERUNG (siehe Abbildung 18.1).

Die beiden Fenstertypen `Window` und `NavigationWindow` unterscheiden sich hauptsächlich durch die Art und Weise, wie der Anwender durch die Anwendung navigiert. Beide Typen können Sie selbstverständlich innerhalb einer Anwendung gleichberechtigt einsetzen.

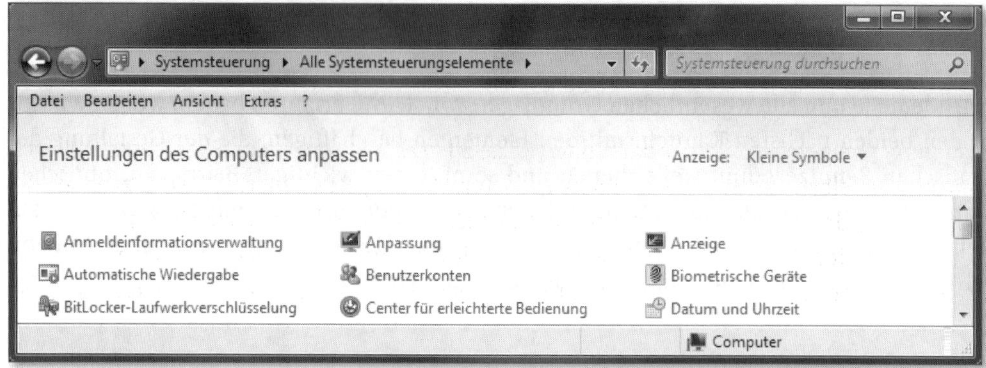

Abbildung 18.1 Die Systemsteuerung von Windows 7

18.1.1 Nachrichtenfenster mit »MessageBox«

Ehe wir die beiden Fenstertypen `Window` und `NavigationWindow` im Detail betrachten, wollen wir uns mit einem Fenster beschäftigen, das bereits vordefiniert vom .NET Framework bereitgestellt wird: dem Nachrichtenfenster, mit dem eine Anwendung oder das System den Benutzer über Zustände informiert oder um Bestätigung bzw. Ablehnung eingeleiteter Vorgänge bittet.

Sicherlich sind Ihnen Dialoge wie der in Abbildung 18.2 gezeigte geläufig.

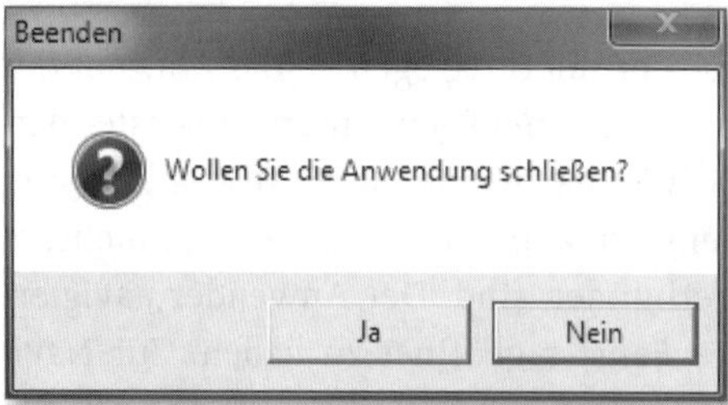

Abbildung 18.2 Ein typischesNachrichtenfenster

Das Nachrichtenfenster wird modal angezeigt. Das heißt, es kann kein anderes Fenster der Anwendung aktiviert werden, bis das modale Fenster geschlossen wird. Weil modale Dialogfenster sehr häufig zur einfachen Interaktion mit dem Anwender oder auch nur zur Bereitstellung von Informationen in Applikationen eingesetzt werden, ist im Namespace `System.Windows` eine Klasse vordefiniert, mit der die meisten Anforderungen erfüllt werden können. Es handelt sich um MessageBox. Der abgebildete Dialog beruht auf der folgenden Anweisung:

```
MessageBox.Show("Wollen Sie die Anwendung schließen?",
                "Beenden",
                MessageBoxButton.YesNo,
                MessageBoxImage.Question,
                MessageBoxResult.No);
```

Man braucht eigentlich kaum erklärende Worte zu verlieren, denn der Code beschreibt sich nahezu von selbst: Im ersten Argument wird der Meldungstext übergeben, im zweiten die Beschriftung der Titelleiste, im dritten die anzuzeigenden Schaltflächen. Das vierte Argument beschreibt das Symbol im Clientbereich des Meldungsfensters, und das fünfte und letzte Argument gibt vor, welche Schaltfläche nach dem Start der Anzeige fokussiert werden soll.

18.1.2 Die Methode »MessageBox.Show«

MessageBox verfügt nur über eine typspezifische Methode: Es ist die vielfach überladene statische Methode Show, die mit insgesamt 12 Überladungen aufwartet. Die einfachste ist die, die nur die Zeichenfolge des Meldungstextes entgegennimmt:

```
MessageBox.Show("Visual C# macht Spaß");
```

Ein solches Meldungsfenster verfügt nur über eine OK-Schaltfläche, die Titelleiste ist leer. Klickt der Anwender auf die Schaltfläche, wird das Meldungsfenster automatisch geschlossen.

Optisch wirkt eine leere Titelleiste stümperhaft. Deshalb werden Sie bestimmt in allen Fällen einen Text vorsehen. Häufig verwendet man dazu den Namen der Anwendung.

In einem dritten Argument können Sie die im Meldungsfenster angezeigten Schaltflächen festlegen. Dazu übergeben Sie eine der in der Enumeration MessageBoxButton vordefinierten Konstanten (siehe Tabelle 18.1).

Konstante	Beschreibung
OK	Das Meldungsfeld enthält die OK-Schaltfläche.
OKCancel	Das Meldungsfeld enthält die Schaltflächen OK und ABBRECHEN.
YesNoCancel	Das Meldungsfeld enthält die Schaltflächen JA, NEIN und ABBRECHEN.
YesNo	Das Meldungsfeld enthält die Schaltflächen JA und NEIN.

Tabelle 18.1 Konstanten der Enumeration »MessageBoxButton«

In welcher Sprache die Schaltflächen beschriftet sind, hängt von der Sprachversion des Betriebssystems ab.

Um im linken Bereich des Meldungsfensters ein Symbol anzuzeigen, wählen Sie eine Konstante aus Tabelle 18.2 aus.

Konstante	Beschreibung
`None`	Zeigt kein Symbol an.
`Hand`	Zeigt ein Handsymbol.
`Question`	Zeigt ein Fragezeichen.
`Exclamation`	Zeigt ein Ausrufungszeichen.
`Asterisk`	Zeigt ein Sternchen.
`Stop`	Zeigt ein Stoppsymbol.
`Error`	Zeigt ein Fehlersymbol.
`Warning`	Zeigt ein Warnsymbol.
`Information`	Zeigt ein Informationssymbol.

Tabelle 18.2 Konstanten der Enumeration »MessageBoxImage«

Erzeugen Sie ein Meldungsfenster mit mehreren Schaltflächen, kommt der Wahl der vorfokussierten Schaltfläche eine besondere Bedeutung zu. Drückt nämlich der Anwender die [↵]-Taste, entspricht das dem Klicken auf die vorfokussierte Schaltfläche. Daher sollte immer die Schaltfläche vorfokussiert werden, bei deren Klicken keine Nachteile entstehen, zum Beispiel durch den Verlust eingegebener, aber nicht gespeicherter Daten. Die Vorfokussierung erfolgt mithilfe der Enumeration `MessageBoxResult`.

Konstante	Beschreibung
`None`	Gibt keinen Wert zurück.
`OK`	Der Anwender hat auf die Schaltfläche OK geklickt.
`Cancel`	Der Anwender hat auf die Schaltfläche CANCEL geklickt.
`Yes`	Der Anwender hat auf die Schaltfläche YES geklickt.
`No`	Der Anwender hat auf die Schaltfläche NO geklickt.

Tabelle 18.3 Konstanten der Enumeration »MessageBoxResult«

Diese Aufzählung dient gleichzeitig als Rückgabewert der `Show`-Methode, denn schließlich muss nach dem Aufruf und dem Schließen des Nachrichtenfensters per Code geprüft werden, welche der angebotenen Schaltflächen der Anwender geklickt hat. Nur für den Fall, dass das Meldungsfenster nur einen OK-Button hat, erübrigt sich die Auswertung.

Im folgenden Ereignishandler einer Schaltfläche wird ein Meldungsfenster angezeigt, das den Anwender um die Bestätigung bittet, ob er die Anwendung schließen möchte oder nicht. Der Code reagiert in Abhängigkeit von der im Meldungsfenster gewählten Schaltfläche.

```
string message = "Möchten Sie die Daten speichern?";
MessageBoxResult result= MessageBox.Show(message,
                                         "Meine Anwendung",
                                          MessageBoxButton.OKCancel,
                                          MessageBoxImage.Question,
                                          MessageBoxResult.OK);
 if(result == MessageBoxResult.OK)
   // Daten speichern
 else
   // andere Anweisungen
```

In einer `if`-Anweisung wird der Rückgabewert überprüft. Hat der Anwender OK angeklickt, werden die Daten gespeichert, ansonsten kann eine andere Reaktion erfolgen. Wahrscheinlich wird in diesem Fall keine Reaktion erforderlich sein.

Alternativ könnte der gesamte `if`-Block auch durch `switch-case` ersetzt werden:

```
switch( result) {
  case MessageBoxResult.OK:
    // Daten speichern
    break;
  case MessageBoxResult.Cancel:
    // andere Anweisungen
    break;
}
```

18.1.3 Fenster vom Typ »Window«

Mit der Klasse `Window` wird ein Fenster beschrieben, also das wohl wichtigste Element einer klassischen Windows-Anwendung. Ein `Window` ist einfach gesagt ein Container für alle darin enthaltenen Steuerelemente. Da `Window` direkt von `ContentControl` abgeleitet ist, besitzt diese Klasse eine `Content`-Eigenschaft. Im nächsten Kapitel werden wir noch genauer auf diese Eigenschaft eingehen. An dieser Stelle sei aber bereits erklärt, dass die `Content`-Eigenschaft es ermöglicht, andere WPF-Komponenten einzubetten. Das wird im Fall des `Window` eigentlich grundsätzlich gemacht, und zwar durch Angabe eines oder auch mehrerer Layoutcontainer, die für die exakte Ausrichtung der enthaltenen Steuerelemente sorgen.

Mit der Eigenschaft `Title` wird der Inhalt der Titelleiste beschrieben, mit den Eigenschaften `Height` und `Width` die Breite und die Höhe des Fensters. Diese drei Eigenschaften werden direkt im XAML-Code angeboten, nachdem Sie eine neue WPF-Anwendung gestartet oder ein zusätzliches `Window` der Anwendung hinzugefügt haben.

Damit sind zumindest die wahrscheinlich drei wichtigsten Eigenschaften schon festgelegt. Neben den genannten können Sie mit vielen weiteren Eigenschaften das Aussehen und das

Verhalten eines `Window`-Objekts verändern. Einen Überblick der vermutlich wichtigsten Eigenschaften können Sie Tabelle 18.4 entnehmen.

Eigenschaft	Beschreibung
`Icon`	Per Vorgabe wird als Symbol ein Standard-Icon verwendet. Wollen Sie dieses durch ein anwendungsspezifisches austauschen, geben Sie der Eigenschaft `Icon` eine ICO-Datei an.
`ResizeMode`	`ResizeMode` gibt an, ob und wie sich die Größe des betreffenden `Window`-Elements ändern kann. Die Eigenschaft lässt die Einstellungen `NoResize`, `CanMinimize`, `CanResize` und `CanResizeWithGrip` zu. Je nach Wahl der Einstellung werden die Schaltflächen zum Minimieren und Maximieren in der Titelleiste angezeigt. Der Standard ist `CanResize`.
`ShowInTaskBar`	Die Eigenschaft legt fest, ob das minimierte Fenster in der Taskleiste angezeigt wird. Der Vorgabewert ist `true`.
`SizeToContent`	Legt fest, ob die Größe eines Fensters automatisch an die Größe des Inhalts angepasst wird. Die Standardeinstellung `Manual` bedeutet, dass sich die Größe aus den Einstellungen `Height` und `Width` des Fensters ergibt. Die Eigenschaft selbst lässt darüber hinaus auch die Einstellungen `Width`, `Height` und `WidthAndHeight` zu. Bei letztgenannter Einstellung werden die angezeigte Breite und Höhe des Fensters automatisch an die Breite und Höhe des Inhalts angepasst.
`Topmost`	Wird diese Eigenschaft auf `true` eingestellt, erscheint dieses Fenster immer über allen anderen Fenstern der Anwendung.
`WindowStartup-Location`	Legt die Position des Fensters fest, wenn es zum ersten Mal angezeigt wird. Die möglichen Einstellungen sind `Manual`, `CenterScreen` und `CenterOwner`. `Manual` ist der Standard und wird durch die Eigenschaften `Left` und `Top` des Fensters beschrieben. Mit `CenterScreen` wird das Fenster in der Bildschirmmitte angezeigt und mit `CenterOwner` mittig bezüglich eines anderen Fensters, aus dem heraus das aktuelle Fenster aufgerufen wurde.
`WindowState`	Diese Eigenschaft beschreibt die drei Fensterzustände `Normal`, `Minimized` und `Maximized`.
`WindowStyle`	Gibt den Rahmentyp für das Fenster an. Die möglichen Einstellungen hier lauten `None` (weder Rahmen noch Titelleiste werden angezeigt), `SingleBorderWindow` (das ist der Standard), `ThreeDBorderWindow` (Fenster mit 3D-Rahmen) und `ToolWindow` (verankertes Toolfenster mit minimierten Fensterrändern).

Tabelle 18.4 Eigenschaften der Klasse »Window« (Auszug)

Mehrere Fenster

Enthält eine WPF-Anwendung nur ein Fenster, wird die Anwendung mit dem Schließen des Fensters beendet. Anwendungen mit nur einem Fenster stellen aber wohl eher die Ausnahme dar; die meisten Anwendungen weisen mehr oder weniger viele Fenster auf. Entwickeln Sie eine Anwendung mit mehreren Fenstern, können Sie das gewünschte Startfenster im Wurzelelement `Application` der Datei *App.xaml* angeben. Dazu ändern Sie einfach nur die Angabe des Attributs `StartupUri` passend ab. Beendet wird eine WPF-Anwendung mit dem Schließen des letzten Fensters.

Jedes neu zu öffnende Fenster muss zuerst als Objekt vorliegen. Dazu instanziieren Sie die Klasse und rufen die Methode `Show` auf.

```
Window1 frm = new Window1();
frm.Show();
```

Das Fenster wird nicht-modal geöffnet. Das heißt, der Benutzer kann ein anderes Fenster der laufenden Anwendung aktivieren. Weiter oben haben Sie bereits erfahren, dass sich Fenster auch modal öffnen lassen. Zur Erinnerung: Modal geöffnete Fenster erlauben dem Anwender nicht, ein anderes Fenster der aktuellen Anwendung zu aktivieren. Das modale Fenster muss erst wieder geschlossen werden. Üblicherweise werden modale Fenster auch als *Dialogfenster* bezeichnet. Eingesetzt werden sie da, wo der Anwender Angaben machen muss, die von der Anwendung sofort in irgendeiner Form umgesetzt werden.

Um ein Fenster als Dialogfenster modal zu öffnen, rufen Sie die Methode `ShowDialog` auf. Im Gegensatz zu `Show` liefert die Methode `ShowDialog` einen Rückgabewert vom Typ `Boolean?`. Die Rückgabe kann also `true`, `false` oder `null` sein, der Standardwert ist `false`.

Von einem modalen Fenster wird erwartet, dass es nach dem Anklicken einer der Schaltflächen geschlossen wird. Deshalb sollten Sie bei der Schaltfläche ABBRECHEN die Eigenschaft `IsCancel` auf `true` einstellen. Damit wird das Fenster geschlossen, was übrigens auch mit Drücken der [ESC]-Taste erfolgen kann.

Bei der OK-Schaltfläche eines modalen Fensters wird stattdessen im `Click`-Ereignishandler die Eigenschaft `DialogResult` des WPF-Fensters auf `true` festgelegt. Damit ist auch gleichzeitig das Schließen des Dialogs verbunden. Im aufrufenden Fenster kommt es dann darauf an, auszuwerten, auf welche der Schaltflächen der Anwender geklickt hat. Dazu wird der Rückgabewert der Methode `ShowDialog` ausgewertet und darauf entsprechend reagiert.

Sehen wir uns die Programmierung eines Dialogs nun im Zusammenhang an, und beginnen wir mit dem Codefragment, mit dem ein Fenster modal geöffnet und anschließend ausgewertet wird:

```
// im aufrufenden Fenster: Dialogfenster öffnen
private void ButtonOpenDialog_Click(object sender, RoutedEventArgs e){
  DialogWindow frm = new DialogWindow();
  if (frm.ShowDialog() == true)
    // Anweisungen, wenn die Schaltfläche OK angeklickt wird
}
```

Das Dialogfenster enthält die zwei Schaltflächen OK und CANCEL. Die Eigenschaft IsCancel ist für die ABBRECHEN-Schaltfläche im XAML-Code auf True gesetzt.

```
<Button Content="OK" Click="ButtonOk_Click" ... />
<Button Content="Cancel" IsCancel="True" ... />
```

Die OK-Schaltfläche signalisiert dem aufrufenden Fenster, dass der Anwender seine Eingaben im Dialog bestätigt. Damit der Dialog geschlossen und gleichzeitig der Rückgabewert true an den Aufrufer zurückgeliefert wird, muss die Eigenschaft DialogResult des Dialogs auf true gesetzt werden. Üblicherweise wird das im Click-Ereignis der Schaltfläche codiert.

```
// Click-Ereignishandler der OK-Schaltfläche im Dialogfenster
private void ButtonOk_Click(object sender, RoutedEventArgs e) {
  this.DialogResult = true;
}
```

Sie können durch das Festlegen der Eigenschaft IsDefault=true der OK-Schaltfläche dem Dialog mitteilen, dass es sich bei dieser Schaltfläche um die Standardschaltfläche handelt, die der Anwender durch Drücken der [↵]-Taste erreichen kann. Das bedeutet mit anderen Worten: Unabhängig davon, welche Schaltfläche im Fenster aktuell den Fokus hat, wird beim Drücken der [↵]-Taste das Click-Ereignis der OK-Schaltfläche ausgelöst und der entsprechende Ereignishandler abgearbeitet.

Fenster schließen

Um ein Fenster zu schließen, stehen Ihnen zwei Möglichkeiten zur Verfügung: die Methoden Hide und Close.

Mit Hide wird das Fenster nur unsichtbar geschaltet, bleibt aber weiterhin im Speicher. Sie können das Fenster durch den erneuten Aufruf der Methode Show sichtbar machen, eine Neuinstanziierung ist nicht notwendig. Das Fenster wird in dem Zustand geöffnet, den es vor dem Aufruf von Hide hatte.

Mit Close wird das Fenster geschlossen, und die beanspruchten Ressourcen werden freigegeben. Das bringt natürlich Ressourcenvorteile im Vergleich zum Verstecken des Fensters. Benötigen Sie das Fenster erneut, müssen Sie die zugrunde liegende Klasse instanziieren.

Beim Schließen eines Fensters treten hintereinander die beiden Ereignisse Closing und Closed auf. Beide unterscheiden sich in der Programmierung dahingehend, dass im Ereignishandler von Closing der eigentlich eingeleitete Schließvorgang im letzten Augenblick noch abgebrochen werden kann. Dazu setzen Sie die Eigenschaft Cancel des EventArgs-Parameters auf true, zum Beispiel:

```
private void Window_Closing(object sender, CancelEventArgs e){

  MessageBoxResult result = MessageBox.Show("Schließen?", "Beenden",
```

```
                                   MessageBoxButton.YesNo,
                                   MessageBoxImage.Question,
                                   MessageBoxResult.No);
  if (result == MessageBoxResult.No)
    e.Cancel = true;
}
```

Diese Chance gibt es nicht mehr, wenn das Ereignis `Closed` ausgelöst wird. Im Zweifelsfall sind jetzt noch die Benutzereingaben zu speichern, ansonsten sind sie unwiederbringlich verloren.

18.1.4 Fenster vom Typ »NavigationWindow«

Weiter oben wurde schon angedeutet, dass ein Fenster basierend auf der Klasse `NavigationWindow` dem Benutzer eine Navigation anbietet, die der eines Browsers ähnelt. Die Umsetzung der Navigation macht mit `NavigationWindow` keine Schwierigkeiten, da alle notwendigen Verhaltensweisen bereits zur Verfügung gestellt werden.

Die Klasse `NavigationWindow` ist von der Klasse `Window` abgeleitet und weist daher dieselben Eigenschaften und Methoden auf. Allerdings repräsentiert `NavigationWindow` nur einen Rahmen als Grundstruktur, der weder Programmlogik noch Steuerelemente enthalten sollte. Dabei ist die Navigationsleiste, mit der der Anwender durch die Seiten navigiert, bereits vordefiniert. Über die vom Anwender aufgerufenen Seiten müssen Sie sich als Entwickler keine Gedanken machen, denn das `NavigationWindow` protokolliert die aufgerufenen Seiten in einem Journal.

Innerhalb des `NavigationWindow` werden die Inhalte durch `Page`-Objekte beschrieben. Für jeden darzustellenden Inhalt müssen Sie ein `Page`-Objekt erstellen, das die Logik und die Steuerelemente des Inhalts beschreibt. `Page` ähnelt zwar in vielerlei Hinsicht einem `Window`-Objekt, kann aber nicht selbstständig angezeigt werden. Daher werden Sie auch keine Eigenschaften vorfinden, die die Größe und Position eines `Page`-Objekts betreffen.

`NavigationWindow` wird nicht als entsprechende Vorlage angeboten. Möchten Sie Ihrer Anwendung ein `NavigationWindow` hinzufügen, bleibt Ihnen nichts anderes übrig, als zunächst einmal ein `Window`-Element als Grundlage zu benutzen. Ändern Sie in der XAML-Datei den Elementbezeichner von `Window` in `NavigationWindow` ab, und vergessen Sie nicht, in der Codebehind-Datei die Basisklassenangabe ebenfalls anzupassen.

```
<NavigationWindow x:Class="WpfApplication1.MainWindow"
   xmlns=http://schemas.microsoft.com/winfx/2006/xaml/presentation
   xmlns:x=http://schemas.microsoft.com/winfx/2006/xaml
   Title="MainWindow" Height="350" Width="525">
</NavigationWindow>
```

```
public partial class MainWindow : NavigationWindow {
```

```
  public MainWindow() {
    InitializeComponent();
  }
}
```

Im folgenden Codefragment sehen Sie, wie ein `NavigationWindow` mit Code erzeugt wird. Um in diesem Fenster auch sofort einen Inhalt anzuzeigen, wird ein neues `Page`-Objekt erzeugt und dessen Referenz der Eigenschaft `Content` übergeben.

```
NavigationWindow navWindow = new NavigationWindow();
navWindow.Content = new Page();
navWindow.Width = 300;
navWindow.Height = 200;
navWindow.Show();
```

In Abbildung 18.3 sehen Sie die Ausgabe eines `NavigationWindow`-Fensters ohne Inhalt. In der Entwicklungsumgebung sind die Navigationsschaltflächen nicht zu sehen.

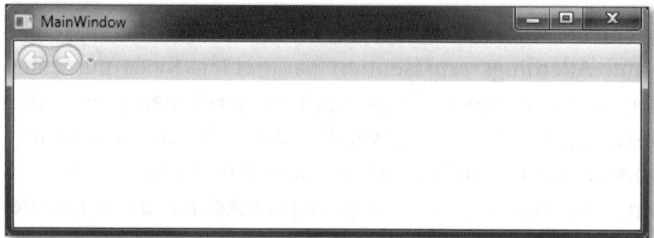

Abbildung 18.3 Ein »NavigationWindow« ohne Inhalt zur Laufzeit

18.1.5 Das »Page«-Element

Nachdem Sie das Element `NavigationWindow` kennengelernt haben, ist es an der Zeit, sich mit der Darstellung der Inhalte in einem `Page`-Objekt zu beschäftigen. Dazu werden `Page`-Objekte benutzt. `Page` wird als Vorlage angeboten, sodass Sie eine `Page` über das Kontextmenü des Projekteintrags im Projektmappen-Explorer der Anwendung hinzufügen können (Vorlage: *Seite*). Dabei wird der folgende XAML-Code erzeugt:

```
<Page x:Class="WpfApplication1.Page1"
      xmlns=http://schemas.microsoft.com/winfx/2006/xaml/presentation
      xmlns:x=http://schemas.microsoft.com/winfx/2006/xaml
      ...
      Title="Page1">
</Page>
```

Welche `Page` des Projekts das `NavigationWindow` direkt beim Start anzeigen soll, teilen Sie der Eigenschaft `Source` mit, zum Beispiel:

```
<NavigationWindow ...
  Source="Page1.xaml">
</NavigationWindow>
```

In der Titelleiste des NavigationWindow wird jedoch nicht der Text angezeigt, den Sie der Eigenschaft Title des Page-Objekts zugewiesen haben. Um einen spezifischen Text in der Titelleiste anzuzeigen, verwenden Sie die Eigenschaft WindowTitle. Die Eigenschaft Title dient nur als Angabe in der Navigationsliste der Vor- und Zurück-Schaltflächen des Seitencontainers.

Um die Darstellungsgröße des NavigationWindow an den Inhalt der Page anzupassen, legen Sie die Eigenschaften WindowHeight und WindowWidth der Seite fest. Möchten Sie mit Links oder beispielsweise Buttons selbst die Navigation in die Hand nehmen, können Sie mit ShowNavigationUI=false die Navigationssteuerelemente im Container ausblenden.

Es werden nur sehr wenige spezifische Seiteninfomationen gespeichert, wenn eine Page zur Laufzeit der Anwendung verlassen wird. Viele Einstellungen der Seite gehen dadurch verloren. Dieses Verhalten dient dazu, Speicherressourcen zu schonen, und es kann problematisch sein, wenn die Seite Objekte erzeugt, die später noch einmal verwendet werden müssen. Mit der Einstellung KeepAlive=true lässt sich das Standardverhalten ändern (die Standardvorgabe lautet false). Die Seite wird dann komplett im Speicher gehalten.

Navigation zwischen den Seiten

Um dem Benutzer die Navigation zwischen den Seiten der Anwendung zu ermöglichen, werden Ihnen mit

- HyperLink und
- NavigationService

zwei Varianten angeboten. Verwenden Sie einen Hyperlink, müssen Sie sowohl die Zieladresse angeben als auch einen Text, auf den der Benutzer klicken soll.

```
<TextBlock>
  <Hyperlink NavigateUri="Page2.xaml">Zur Seite 2</Hyperlink>
</TextBlock>
```

Das HyperLink-Element muss sich entweder in einem TextBlock oder einem FlowDocument befinden. Das Ziel des Hyperlinks wird an die Eigenschaft NavigateUri übergeben. Dabei müssen Sie beachten, dass die XAML-Datei genannt wird und nicht der Klassenbezeichner. Anstelle einer Zeichenfolge lassen sich, wie auch in HTML-Seiten, auch Images verlinken.

```
<TextBlock>
  <Hyperlink NavigateUri="/Testordner/Page2.xaml">
    <Image Source="Mein.jpg" />
```

```
  </Hyperlink>
</TextBlock>
```

Hinweis

Befindet sich die verlinkte XAML-Datei im aktuellen Verzeichnis, genügt die einfache Dateiangabe. In WPF lässt sich aber auch eine Verzeichnisstruktur festlegen, beispielsweise um die Ressourcen eindeutig benennen zu können. Angenommen, die Page mit dem Namen *Page1.xaml* würde sich im Ordner *CollectedPages* befinden, müssten Sie die Seite wie folgt adressieren:

```
NavigateUri="../CollectedPages/Page1.xaml"
```

Es handelt sich dabei aber nicht um ein Verzeichnis, das nach dem Kompilieren im Ausgabeverzeichnis des Kompilats zu finden ist.

Das `HyperLink`-Element eignet sich insbesondere zur Angabe im XAML-Code. Um mittels Programmcode von einer Seite zu einer anderen zu navigieren, benutzen Sie das vom Container der `Page` zur Verfügung gestellte Objekt vom Typ `NavigationService`. An dessen Methode `Navigate` übergeben Sie entweder ein `Uri`-Objekt mit der Angabe der gewünschten Seite oder ein neues `Page`-Objekt.

In einem Ereignishandler für das `Click`-Ereignis eines Buttons könnte der Zugriff auf die zum Projekt gehörende `Page2` wie folgt codiert werden:

```
private void Button1_Click(object sender, RoutedEventArgs e) {
  NavigationService.Navigate(new Uri("Page2.xaml", UriKind.Relative));
}
```

oder alternativ:

```
private void Button1_Click(object sender, RoutedEventArgs e) {
  NavigationService.Navigate(new Page2());
}
```

Diese beiden Anweisungen sowie auch die Variante mit dem Hyperlink erzeugen jeweils ein neues `Page`-Objekt. Das ist insofern problematisch, als dadurch eventuell vorhandene Informationen der Seite, von der die Navigation angestoßen wird, verloren gehen. Sie sollten daher die Eigenschaft `KeepAlive` der betreffenden Seite auf `true` eingestellt haben.

Im Programmcode müssen Sie ein wenig anders vorgehen. Sie können dazu ein vorhandenes `Page`-Objekt an die `Navigate`-Methode übergeben oder alternativ die beiden Methoden `GoForward` oder `GoBack` benutzen. In den beiden letztgenannten Fällen müssen Sie vorher allerdings mit `CanGoBback` und `CanGoForward` überprüfen, ob das möglich ist.

Eine weitere Variante zur Navigation bietet das Ereignis `RequestNavigate` des `HyperLink`-Objekts. Sehen wir uns das am besten an einem Beispiel an. Beginnen wir mit dem XAML-Code, in dem an das Ereignis `RequestNavigate` ein Ereignishandler gebunden wird.

```
<TextBlock>
  <Hyperlink NavigateUri="Page2.xaml"
             RequestNavigate="Hyperlink_RequestNavigate">
      Zur Seite 2
  </Hyperlink>
</TextBlock>
```

In der Codebehind-Datei der Seite wird ebenfalls die Methode `Navigate` von `NavigationService` aufgerufen. Als Argument wird die Eigenschaft `Uri` des `EventArgs`-Objekts weitergeleitet. Durch das Setzen von `true` der Eigenschaft `Handled` teilen wir dem Objekt mit, dass wir die Aktion selbst übernommen haben. Alle weiteren Operationen des Hyperlinks werden damit unterbunden.

```
private void Hyperlink_RequestNavigate(object sender,
                                       RequestNavigateEventArgs e){
  NavigationService.Navigate(e.Uri);
  e.Handled = true;
}
```

Mit dem Ereignishandler gewinnen wir ein hohes Maß an Flexibilität, die es uns gestattet, parallel zur Navigation weitere Operationen auszuführen.

Datenübergabe zwischen den Seiten

Daten von einer Seite an eine andere zu übergeben, stellt grundsätzlich kein Problem dar. Wir benötigen dazu nur einen parametrisierten Konstruktor. Allerdings müssen wir dann auch Programmcode schreiben, da der Aufruf eines parametrisierten Konstruktors aus XAML-Code heraus nicht möglich ist.

Zur Vorbereitung muss nur der Konstruktor der betreffenden Seite überladen werden, z. B. so:

```
public partial class Page2 : Page {
  public int Value1 { get; set; }
  public long Value2 { get; set; }

  public Page2() {
    InitializeComponent();
  }

  public Page2(int value1, long value2) : this() {
    Value1 = value1;
    Value2 = value2;
  }
}
```

Sie dürfen dabei nicht vergessen, den Aufruf des parametrisierten Konstruktors an den parameterlosen weiterzuleiten, in dem die Methode `InitializeComponent` dafür sorgt, die Seite mit den gewünschten Steuerelementen auszustatten. Natürlich kann `InitializeComponent` auch direkt im parametrisierten Konstruktor angegeben werden. Vergessen Sie jedoch den Aufruf der Methode, zeigt Ihre Seite keine Steuerelemente an und bleibt leer.

Die Übergabe von Daten beim Aufruf der neuen Seite bedarf nun keiner besonderen Erklärung mehr. Der Code könnte zum Beispiel so lauten:

```
NavigationService.Navigate(new Page2(20, 78));
```

Datenübergabe mit der Methode »Navigate«

Eine andere Alternative bietet die Methode `Navigate`. Wir haben diese Methode bisher immer nur in ihrer einfachsten Form benutzt, aber die Überladungen gestatten auch die Übergabe eines Werts vom Typ `Object`. Die aufgerufene Seite stellt den Übergabewert im `EventArgs`-Parameter des Ereignisses `LoadCompleted` zur Verfügung. Dieses Ereignis tritt auf, wenn die `Page` geladen wurde und das Zeichnen der Seite beginnt.

Was sich im ersten Moment noch sehr einfach anhört, wird sich schnell als Hürde erweisen. Dabei ist die Problematik die Registrierung des Ereignishandlers. Der Konstruktor der Page kommt nicht in Frage, weil die Page zu diesem Zeitpunkt noch nicht vollständig erzeugt ist. Eine weitere Idee könnten die Ereignisse `Initialize` und `Loaded` der `Page` sein. Doch `Initialize` wird während des Konstruktoraufrufs ausgelöst. Zu diesem Zeitpunkt ist die Eigenschaft `NavigationService` noch `null`. `Loaded` hingegen erst tritt auf, nachdem zu der Seite navigiert worden ist, also nach der Auslösung von `LoadCompleted`.

Die Lösung ist in einer zusätzlichen Methode zu finden, die von der aufgerufenen Seite bereitgestellt werden muss. Im folgenden Beispielprogramm wird das erläutert. Dieses wird aus zwei Pages gebildet, die in einem `NavigationWindow` angezeigt werden. In `Page1` befindet sich ein Button, von dem aus zur `Page2` navigiert wird. Dabei wird der Inhalt der `TextBox`, die sich in `Page1` befindet, an die zweite Seite weitergeleitet (siehe auch Abbildung 18.4).

Abbildung 18.4 Das Beispielprogramm »Navigation«

```
// ---------------------------------------------------------
// Beispiel: ...\Beispiele\Kapitel 18\Navigation
// ---------------------------------------------------------
<!-- NavigationWindow-->
<NavigationWindow ...
     Title="MainWindow" Height="200" Width="300"
     Source="Page1.xaml">
</NavigationWindow>

<!-- Page1 -->
<Page ...
      WindowTitle="Seite 1"
   Title="Page1" WindowHeight="200">
<StackPanel>
   <TextBox Name="TextBox1" ...></TextBox>
   <Button Name="Button1" Click="Button1_Click" ...>
     Zur Seite 2 navigieren
  </Button>
</StackPanel>
</Page>

<!-- Page2 -->
<Page ...
      WindowTitle="Seite 2"
      Title="Page2" WindowHeight="150">
<StackPanel>
  <TextBox Name="TextBox1" ...></TextBox>
</StackPanel>
</Page>

// Code in Page1
public partial class Page1 : Page {
  private void Button1_Click(object sender, RoutedEventArgs e) {
    Page2 page = new Page2();
    page.SetLoadCompletedHandler(NavigationService);
    NavigationService.Navigate(page,TextBox1.Text);
  }
}

// Code in Page2
```

```
public partial class Page2 : Page {
  public void SetLoadCompletedHandler(NavigationService ns) {
    ns.LoadCompleted += new LoadCompletedEventHandler(ns_LoadCompleted);
  }

  void ns_LoadCompleted(object sender, NavigationEventArgs e) {
    if (e.ExtraData != null && (e.ExtraData is String))
      TextBox1.Text = (string)e.ExtraData;
    this.NavigationService.LoadCompleted -= ns_LoadCompleted;
  }
}
```

Betrachten wir zuerst den Code in `Page2`. Die Seite stellt mit `SetLoadCompletedHandler` eine öffentliche Methode zur Verfügung, in der das Ereignis `LoadCompleted` registriert wird. Im Ereignishandler, der sich in `Page2` befindet, erfolgt die Auswertung der übermittelten Daten, die von der Eigenschaft `ExtraData` des `NavigationEventArgs`-Objekts bereitgestellt werden. Nach der notwendigen Überprüfung, ob die Daten von `null` abweichen und ob es sich um Daten vom Typ `String` handelt, wird der Übergabewert nach vorhergehender Typkonvertierung in die `TextBox` der `Page2` geschrieben. Danach sollte die Registrierung des Ereignishandlers in jedem Fall wieder aufgehoben werden.

In `Page1` wird nach der Instanziierung der Klasse `Page2` die Methode `SetLoadCompletedhandler` aufgerufen und das `NavigationService`-Objekt an die Methode übergeben. Damit sind alle vorbereitenden Maßnahmen getroffen, und die `Navigate`-Methode kann unter Übergabe des Inhalts der `TextBox` in `Page1` aufgerufen werden.

Ereignisse des »NavigationService«-Objekts

Das Ereignis `LoadCompleted` ist nicht das einzige des `NavigationService`-Objekts. Zumindest vier weitere sollten auch noch an dieser Stelle genannt werden:

- **`Navigating`**
  Dieses Ereignis wird kurz vor dem Seitenwechsel ausgelöst. In diesem Ereignis kann der Seitenwechsel im letzten Moment noch abgebrochen werden, indem die Eigenschaft `Cancel` des `EventArgs`-Parameters auf `true` gesetzt wird.
- **`Navigated`**
  Wird dieses Ereignis ausgelöst, hat die Navigation bereits begonnen.
- **`NavigationFailed`**
  Das Ereignis wird ausgelöst, wenn während des Ladevorgangs ein Fehler auftritt. Das kann beispielsweise der Fall sein, wenn die angegebene Seite nicht gefunden wird.
- **`NavigationProcess`**
  Dieses Ereignis tritt während des Ladevorgangs der Seite permanent auf. Im Ereignishandler lässt sich das `EventArgs`-Objekt auswerten. So können Sie die Eigenschaft `Max-`

Bytes auswerten, um zu erfahren, wie viele Daten die Seite insgesamt erfordert, während ReadBytes angibt, wie viele Daten bereits übertragen worden sind.

Navigation im Internet

Die Navigation ist nicht zwangsläufig nur auf die Seiten der aktuellen Anwendung beschränkt. Sie können dem Attribut Source des NavigationWindow auch eine Internetadresse übergeben. Gleiches gilt auch für die Methode Navigate. Allerdings müssen Sie dann auch der Methode mitteilen, dass es sich um eine Absolutadresse handelt, beispielsweise mit:

```
NavigationService.Navigate(new Uri("http://www.dotnet-training.de",
                                    UriKind.Absolute));
```

Sollten Sie nun der Meinung sein, Sie hätten es hierbei mit einer abgespeckten Variante eines WebBrowser-Steuerelements zu tun, liegen Sie falsch. Das Navigationsverhalten des NavigationWindow protokolliert unverständlicherweise nicht die besuchten Seiten im Internet. Klicken Sie auf den ZURÜCK-Button im Fenster, landen Sie wieder bei der Page, von der aus Sie sich die erste Webseite haben anzeigen lassen.

18.1.6 Das »Frame«-Steuerelement

Eine Alternative zum NavigationWindow wird mit dem Steuerelement Frame angeboten. Sie können es dazu benutzen, in einem Teilbereich eines Window Navigation zu ermöglichen. Damit lässt sich die Einschränkung umgehen, dass in einem NavigationWindow keine Steuerelemente angezeigt werden können.

In Abbildung 18.5 ist ein Fenster zu sehen, das in seinem rechten Bereich einen Frame aufweist, in dem die eigentlichen Inhalte angezeigt werden. Diesem liegt die folgende XAML-Struktur zugrunde:

```
<Window ...>
<Grid>
<Grid.ColumnDefinitions>
   <ColumnDefinition></ColumnDefinition>
    <ColumnDefinition></ColumnDefinition>
  </Grid.ColumnDefinitions>
  <Grid.RowDefinitions>
    <RowDefinition></RowDefinition>
  </Grid.RowDefinitions>
  <StackPanel>
    <TextBox ...></TextBox>
    <Button>OK</Button>
  </StackPanel>
  <Frame Source="Page1.xaml" ...></Frame>
</Grid>
</Window>
```

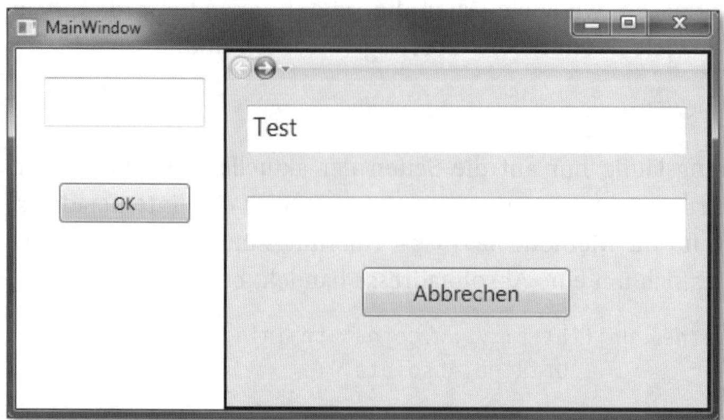

Abbildung 18.5 Ein »Window«-Element mit einem »Frame«

Da die meisten Eigenschaften, Methoden und Ereignisse mit denen der Klasse `NavigationWindow` übereinstimmen, erübrigt sich eine genauere Beschreibung. Mit der Eigenschaft `Source` legen Sie fest, welche Seite angezeigt werden soll, sobald die Anwendung startet. Alles Weitere hinsichtlich der Navigation ist bekannt.

18.2 Layoutcontainer

In einer auf WinForms basierenden Windows-Anwendung dürfen Sie ganz unbekümmert und nach Belieben die Steuerelemente anordnen. In einer WPF-Anwendung geht das nicht so einfach. Hier übernehmen Layoutcontainer die Anordnung und Darstellung der enthaltenen Steuerelemente. Die Folge ist, dass sich die Anordnung nicht mehr an der Angabe der Absolutkoordinaten orientiert, sondern am Aufbau des Fensters. Die Anwendung skaliert automatisch, wenn der Benutzer Einstellungen ändert oder die Größe des Fensters ändert.

Die Idee, die hinter den Layoutcontainern steckt, ist, eine Komponente einer bestimmte Position im Fenster zuzuordnen. Das hat den Vorteil, dass die Komponente immer an der gleichen Stelle angezeigt wird und die relative Lage zu allen anderen Komponenten erhalten bleibt. Um das gewünschte Layout zu erzielen, werden von der WPF mehrere unterschiedliche Container bereitgestellt, die sich in ihrer Charakteristik unterscheiden und sich zudem ineinander verschachteln lassen.

Es sei bereits an dieser Stelle angemerkt, dass mit `Canvas` ein Container bereitgestellt wird, der nicht die beschriebenen Verhaltensweisen zeigt und stattdessen mit absoluten Positionsangaben arbeitet. Auch wenn es möglicherweise sehr verlockend erscheint, sollten Sie diesen Container dennoch nicht einsetzen, um die angebotenen Vorzüge der anderen WPF-Layoutcontainer zu nutzen.

An dieser Stelle sollten wir uns zuerst einen Überblick über die von WPF angebotenen Layoutcontainer verschaffen. Anschließend werden wir uns die Container detailliert ansehen.

Layoutcontainer	Kurzbeschreibung
`Canvas`	Die Steuerelemente werden an einer angegebenen Position in einer festgelegten Größe angezeigt.
`DockPanel`	Die Steuerelemente können an den Rändern angedockt werden.
`Grid`	Dieser Container stellt eine tabellenartige Struktur zur Verfügung, in deren Zellen die einzelnen Controls positioniert werden können.
`StackPanel`	Die Steuerelemente werden vertikal oder horizontal angeordnet (gestapelt).
`UniformGrid`	Dieser Container stellt ein Raster aus gleich großen Zellen dar.
`WrapPanel`	Mit diesem Container werden die Controls vertikal oder horizontal angeordnet. Falls die Breite oder die Höhe nicht ausreicht, werden die enthaltenen Steuerelemente in die nächste Zeile umbrochen.

Tabelle 18.5 Layoutcontainer im Überblick

Anmerkung

Auf der Buch-DVD finden Sie unter Kapitel 18 die Projektmappe *Layoutcontainer*, in der zu jedem der hier behandelten Layoutcontainer ein Beispielprojekt enthalten ist. Die einzelnen Projekte sollen Ihnen eine Testgrundlage zum Layoutcontainer bieten.

18.2.1 Gemeinsame Eigenschaften der Layoutcontainer

Alle Layoutcontainer sind direkt oder indirekt auf eine gemeinsame Basisklasse zurückzuführen: die Klasse `Panel`. Damit ist klar, dass alle gemeinsamen Eigenschaften und Methoden in `Panel` zu finden sind. Um an dieser Stelle alle Eigenschaften und Methoden aufzuführen, ist die Liste zu lang. Stattdessen möchte ich Ihnen einen kleinen Überblick verschaffen, damit Sie eine erste Orientierung finden. Bei Bedarf informieren Sie sich bitte in der Dokumentation.

Eigenschaft	Beschreibung
`Background`	Hintergrundfarbe des Containers
`Children`	Liefert die Referenz auf eine Collection (`UIElementCollection`) von den Komponenten, die sich im Container befinden.
`Cursor`	Legt den angezeigten Cursor fest.
`Focusable`	Legt fest, ob der Container fokussierbar ist.
`Height`	Höhe des Containers
`HorizontalAlignment`	Beschreibt die horizontale Ausrichtung im Container.

Tabelle 18.6 Eigenschaften der Klasse »Panel« (Auszug)

Eigenschaft	Beschreibung
Margin	Legt den Abstand des Containers zu seiner übergeordneten Komponente fest.
MaxHeight	Legt die maximale Höhe des Panels fest.
MaxWidth	Legt die maximale Breite des Panels fest.
MinHeight	Legt die minimale Höhe des Panels fest.
MinWidth	Legt die minimale Breite des Panels fest.
VerticalAlignment	Beschreibt die vertikale Ausrichtung im Container.
Width	Breite des Containers

Tabelle 18.6 Eigenschaften der Klasse »Panel« (Auszug) (Forts.)

18.3 Canvas

Canvas ist der einfachste von allen Layoutcontainern. Mit ihm lassen sich die darin enthaltenen Steuerelemente in klassischer Weise beliebig anordnen. Die Positionierung erfolgt in einem kartesischen X-Y-Koordinatensystem. Canvas stellt dazu allen darin enthaltenen Komponenten die Eigenschaften Left, Right, Top und Bottom zur Verfügung.

Diese vier Eigenschaften eines Steuerelements im Canvas gleichzeitig zu setzen, führt nicht zu dem vielleicht erhofften Erfolg. Aus den beiden Pärchen Left und Right beziehungsweise Top und Bottom können Sie immer nur eine Eigenschaft festlegen, also beispielsweise Left und Bottom oder Right und Bottom. Verwenden Sie gleichzeitig Left und Right, könnte man der Meinung sein, dass der Container links und rechts in seiner übergeordneten Komponente, also beispielsweise dem Window, fixiert wird, woraus dann die Breite des Containers resultiert. Dem ist aber nicht so. Die Angabe von Left hat eine höhere Priorität als die von Right. Letztgenannte Eigenschaft wird ignoriert, und das Control wird in seiner Standardbreite dargestellt.

Im folgenden Beispielcode wird diese Situation durch Button1 deutlich gezeigt, bei dem sowohl Left als auch Right gesetzt sind. Button2 wird durch die Angabe von Left und Top im Fenster fixiert, Button3 durch Right und Bottom.

Hinweis

In den meisten Fällen werden bei der Vorstellung der einzelnen Layoutcontainer Button-Steuerelemente verwendet. Die gemachten Aussagen treffen natürlich analog auch auf alle anderen Steuerelemente zu.

```
<Canvas>
   <Button Canvas.Left="25" Canvas.Right="35"
           Height="30">Button1</Button>
   <Button Canvas.Left="55" Canvas.Top="50"
```

```
        Height="30" Width="80">Button2</Button>
  <Button Canvas.Right="55" Canvas.Bottom="50"
        Height="30" Width="80">Button3</Button>
</Canvas>
```

Wenn Sie das Fenster zur Laufzeit so weit verkleinern, dass sich zwei Steuerelemente überschneiden, werden die Steuerelemente im Container in der Reihenfolge aufgebaut, wie sie in der XAML-Datei angegeben ist. Dieses Phänomen können Sie sehen, wenn Sie das Fenster in Abbildung 18.6 sehr weit verkleinern: BUTTON3 wird sich über BUTTON2 schieben.

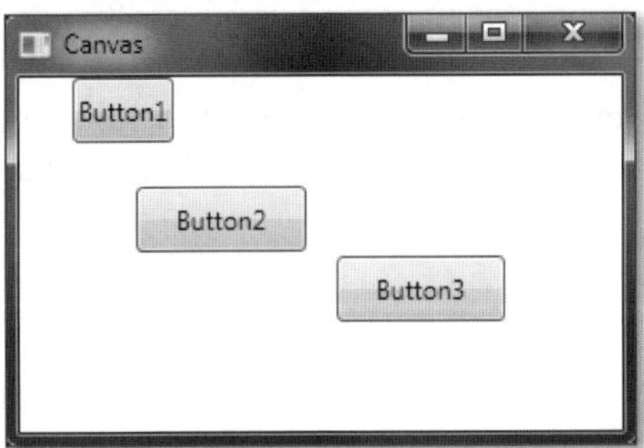

Abbildung 18.6 Button-Anordnung in einem »Canvas«

18.4 StackPanel

Die Steuerelemente in einem `StackPanel` werden entweder horizontal oder vertikal angeordnet. Die Vorgabe ist eine vertikale Anordnung. Möchten Sie eine horizontale Anordnung erreichen, stellen Sie die Eigenschaft `Orientation` auf `Horizontal` ein.

Ohne die explizite Angabe der Steuerelementbreite beansprucht das Control in der Einstellung `Orientation=Vertical` die gesamte Breite des `StackPanel` (siehe Abbildung 18.7). Dafür ist das Attribut `HorizontalAlignment` verantwortlich, dessen Wert auf `Stretch` eingestellt ist.

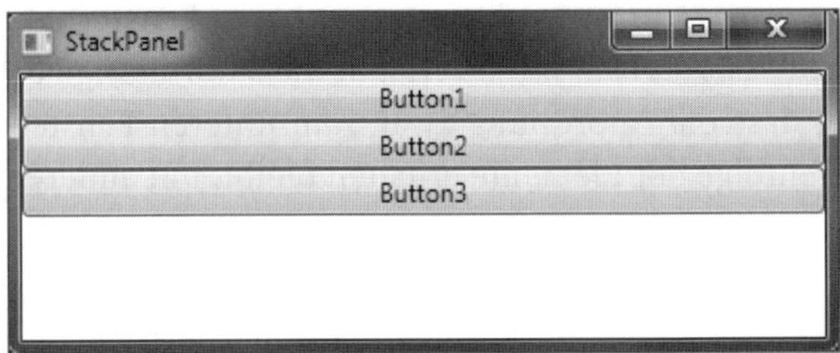

Abbildung 18.7 Vertikal ausgerichtete Buttons in einem »Stackpanel«

Die Höhe des Controls wird minimal sein. Für einen Button bedeutet das, dass die Beschriftung noch soeben angezeigt wird. Andere Steuerelemente sind aber aufgrund ihrer geringen Minimalhöhe möglicherweise kaum noch zu erkennen.

Sie können bei jedem Control durch Angabe der Eigenschaft Width die Breite ausdrücklich festlegen. Mit dieser Einstellung werden die Controls die angegebene Breite einnehmen und in der Mitte des StackPanel zentriert angezeigt. Dieses Verhalten lässt sich mit der Eigenschaft HorizontalAlignment ändern, indem Sie einen der beiden Werte Left oder Right festlegen. Das entsprechende Steuerelement positioniert sich dann am linken oder rechten Containerrand. Mit Center werden die Steuerelemente in einer Breite dargestellt, die beim Button zum Beispiel von der Beschriftung abhängt.

Der folgende XAML-Code beschreibt die zentrierte Ausrichtung von drei Schaltflächen unterschiedlicher Breite. In Abbildung 18.8 sehen Sie die daraus resultierende Form zur Laufzeit.

```
<StackPanel HorizontalAlignment="Center">
  <Button Width="80">Button1</Button>
  <Button Width="100">Button2</Button>
  <Button>Button3</Button>
</StackPanel>
```

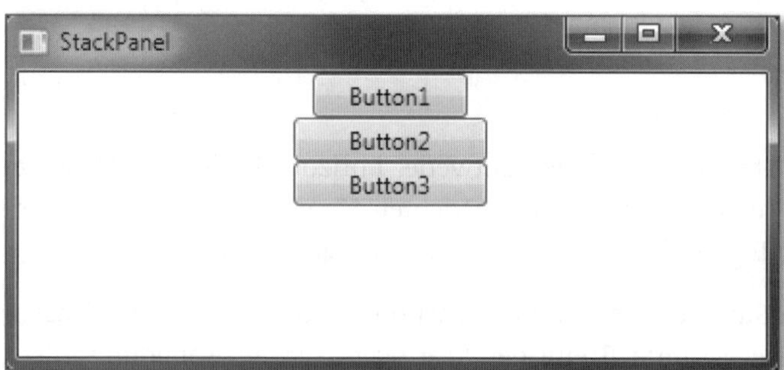

Abbildung 18.8 Steuerelemente fester Breite in zentrierter Ausrichtung

Per Vorgabe werden die Elemente im StackPanel in voller Breite vom oberen Fensterrand aus nach unten dargestellt. Die Eigenschaft VerticalAlignment erlaubt die Anordnung von unten nach oben. Dabei ist zu beachten, dass die Anordnung zwar vom unteren Fensterrand aus nach oben erfolgt, aber die Reihenfolge der Elemente erhalten bleibt, mit anderen Worten: Button1 steht weiterhin über Button2.

```
<StackPanel VerticalAlignment="Bottom">
  <Button>Button1</Button>
  <Button>Button2</Button>
```

```
  <Button>Button3</Button>
</StackPanel>
```

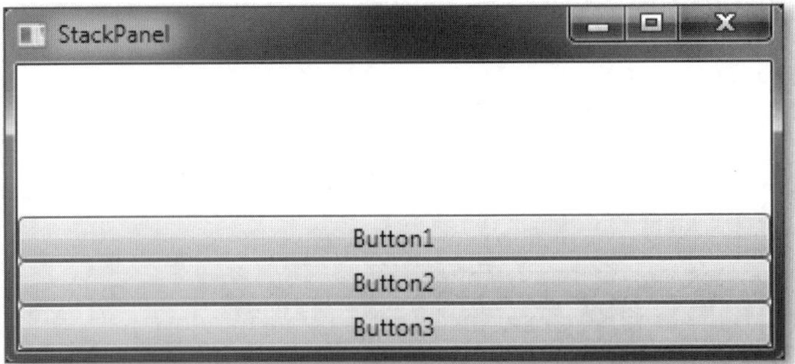

Abbildung 18.9 Vertikale Ausrichtung der Komponenten

Vom Prinzip her gleicht die horizontale Ausrichtung der eben beschriebenen vertikalen. Wenn Sie das Attribut `Orientation` auf `Horizontal` setzen, werden alle Steuerelemente im `StackPanel` vom linken Fensterrand aus der Reihe nach angezeigt. Die Höhe der Controls entspricht standardmäßig der Höhe des Panels. Die Breite wird automatisch so gewählt, dass das Steuerelement noch soeben angezeigt wird. Für eine beschriftete Schaltfläche bedeutet das, dass sich die Steuerelementbreite an der Beschriftung orientiert (siehe Abbildung 18.10).

```
<StackPanel Orientation="Horizontal">
  <Button>Button1</Button>
  <Button>Button2</Button>
  <Button>Button3</Button>
</StackPanel>
```

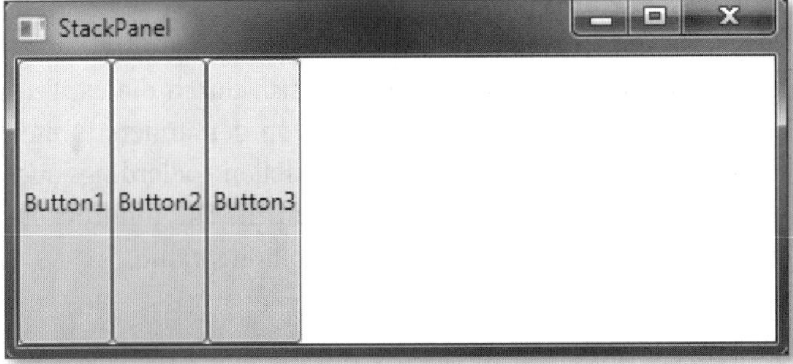

Abbildung 18.10 Horizontale Ausrichtung der Controls im StackPanel

Über FlowDirection können Sie die Reihenfolge der Anordnung beeinflussen. Dabei stehen Ihnen die Optionen LeftToRight und RightToLeft zur Verfügung. Die Vorgabe ist die Ausgabe der Buttons von links nach rechts.

```
<StackPanel Orientation="Horizontal" FlowDirection="RightToLeft">
  <Button Height="100">Button1</Button>
  <Button Height="80" VerticalAlignment="Top">Button2</Button>
  <Button>Button3</Button>
</StackPanel>
```

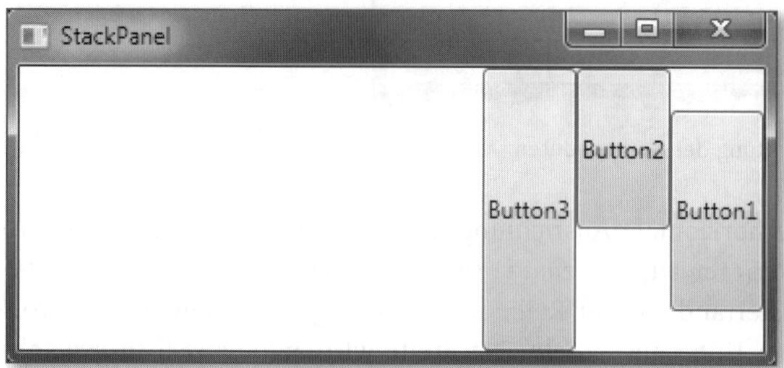

Abbildung 18.11 Fließrichtung von rechts nach links

18.5 WrapPanel

Das WrapPanel ähnelt dem StackPanel. Die Komponenten werden der Reihe nach hinzugefügt, entweder zeilen- oder spaltenweise. Die Standardvorgabe ist zeilenweise. Passen alle Steuerelemente nicht in eine Zeile (oder Spalte), wird eine neue Zeile oder Spalte angefangen. Bei Bedarf umbricht das WrapPanel in die nächste Zeile oder Spalte, je nach Einstellung.

Die Höhe einer Zeile orientiert sich am Platzbedarf des Steuerelements mit der größten Höhe. Enthält eine Zeile beispielweise mehrere Buttons, von denen einer sich durch die explizite Angabe von Height oder durch Einstellung der Eigenschaft Margin von den anderen unterscheidet, wird sich die Höhe aller anderen Buttons entsprechend einstellen – allerdings auch nur in der Zeile, in der der Button mit der abweichenden Höhe auftritt. Die umbrochene Zeile ist davon nicht betroffen und bewertet nur die in ihr auftretenden Elemente.

```
<WrapPanel>
  <Button  Margin="10">Button 1</Button>
  <Button>Button 2</Button><Button>Button 3</Button>
  <Button>Button 4</Button><Button>Button 5</Button>
  <Button>Button 6</Button> <Button>Button 7</Button>
  </WrapPanel>
```

Abbildung 18.12 zeigt die Ausgabe des Programmcodes zur Laufzeit. Dabei wurde die Fensterbreite so weit reduziert, dass zwei Schaltflächen in der zweiten Zeile angezeigt werden.

Die Zeilenbreite lässt sich auch mit der Eigenschaft `ItemHeight` beeinflussen. Die Vorgabeeinstellung lautet `Auto`. Geben Sie einen Wert an, wird dieser für die Darstellung benutzt. Dabei sollten Sie aber vorsichtig sein, da ein zu geringer Wert dazu führen kann, dass ein Steuerelement möglicherweise nicht mehr korrekt angezeigt wird. Lassen Sie sich die Elemente spaltenweise anzeigen, müssen Sie statt der Eigenschaft `ItemHeight` die Eigenschaft `ItemWidth` einstellen.

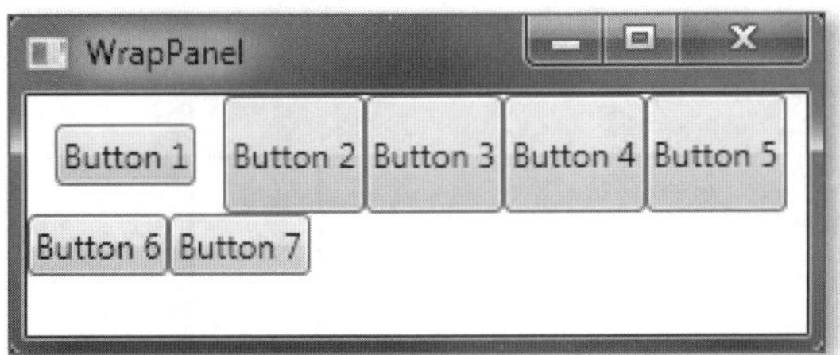

Abbildung 18.12 Elementanordnung in einem WrapPanel

Die Eigenschaft `Orientation` dient dazu, die Richtung der Anordnung der Elemente vorzugeben. Mögliche Werte sind `Horizontal` und `Vertical`. Dabei werden die Steuerelemente von links nach rechts bzw. von oben nach unten angeordnet. Mit der Eigenschaft `FlowDirection` und der Einstellung `RightToLeft` können Sie Controls aber auch von rechts nach links und von unten nach oben der Reihe nach anordnen.

18.6 DockPanel

Viele Fenster weisen ein grundlegendes Layout auf. Denken Sie nur beispielsweise an den Windows-Explorer. Für solche Fenster benutzen Sie am besten einen Container vom Typ `DockPanel`. Dieser Container erlaubt es Ihnen festzulegen, an welcher Seite die enthaltenen Controls ausgerichtet werden sollen. Die Komponenten können dabei links, rechts, oben oder unten am `DockPanel` positioniert werden. Die Ausrichtung wird bei jedem Control durch die *Attached Property* `DockPanel.Dock` festgelegt.

```
<DockPanel>
  <Button DockPanel.Dock="Top">Button1</Button>
  <Button DockPanel.Dock="Left">Button2</Button>
  <Button DockPanel.Dock="Left">Button3</Button>
  <Button DockPanel.Dock="Right">Button4</Button>
  <Button DockPanel.Dock="Bottom">Button5</Button>
```

```
  <Button DockPanel.Dock="Bottom">Button6</Button>
</DockPanel>
```

Die Reihenfolge der Controls im XAML-Code bestimmt die Darstellung im Fenster. Es gilt die Regel, dass die Komponente, die zuletzt eingefügt worden ist, standardmäßig den verbleibenden Rest des Containers in Anspruch nimmt. Dabei spielt es keine Rolle, ob Sie eine Dockposition angegeben haben oder nicht. So baut sich das Layout der Form Element für Element auf. Elemente gleicher Ausrichtung werden dabei horizontal oder vertikal gestapelt, wie im Beispielcode `Button2` und `Button3`.

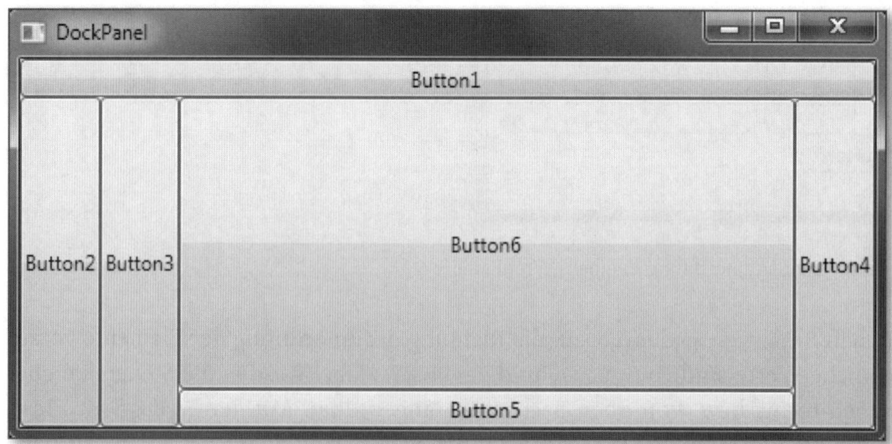

Abbildung 18.13 Controls in einem DockPanel

Das Verhalten, dass das letzte Element den verbleibenden Rest des Containers ausfüllt, können Sie ändern, indem Sie das Attribut `LastChildFill` auf `false` setzen. Die Vorgabe ist `true`. Wie danach das letzte Element dargestellt wird, hängt davon ab, ob das letzte Element mit `DockPanel.Dock` eine explizite Ausrichtung erfährt oder nicht. Verzichten Sie darauf, wird das Element an der linken Seite des verbleibenden Freiraums angedockt. Ansonsten folgt es der Einstellung von `DockPanel.Dock`. In jedem Fall verbleibt eine freie Fläche im Container.

```
<DockPanel LastChildFill="False">
  <Button DockPanel.Dock="Top">Button1</Button>
  <Button DockPanel.Dock="Left">Button2</Button>
  <Button DockPanel.Dock="Left">Button3</Button>
  <Button DockPanel.Dock="Right">Button4</Button>
  <Button DockPanel.Dock="Bottom">Button5</Button>
  <Button DockPanel.Dock="Bottom">Button6</Button>
</DockPanel>
```

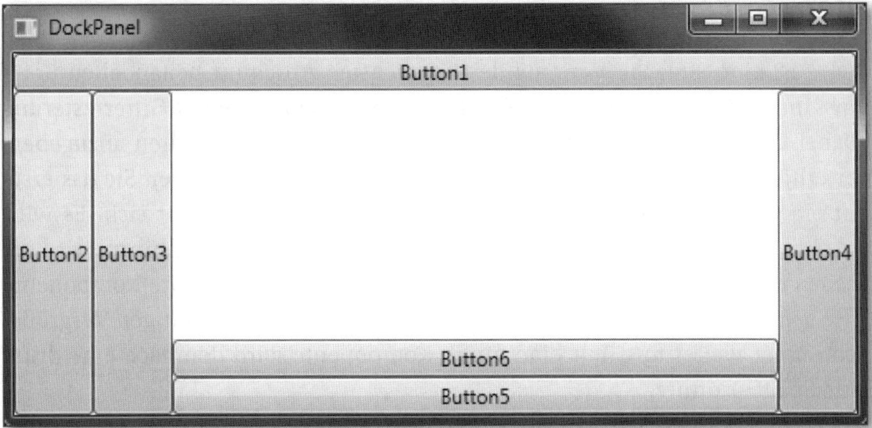

Abbildung 18.14 Auswirkung der Einstellung LastChildFill=«false«

Die im `DockPanel` enthaltenen Elemente müssen nicht unbedingt ganze Bereiche ausfüllen. Sie können über die Eigenschaften `Width` und `Height` die Darstellungsgröße festlegen:

```
<DockPanel LastChildFill="False">
  <Button DockPanel.Dock="Top" Width="80">Button1</Button>
  <Button DockPanel.Dock="Left" Width="20">Button2</Button>
  <Button DockPanel.Dock="Left" Width="70">Button3</Button>
  <Button DockPanel.Dock="Right">Button4</Button>
  <Button DockPanel.Dock="Bottom" Width="30">Button5</Button>
  <Button DockPanel.Dock="Bottom">Button6</Button>
</DockPanel>
```

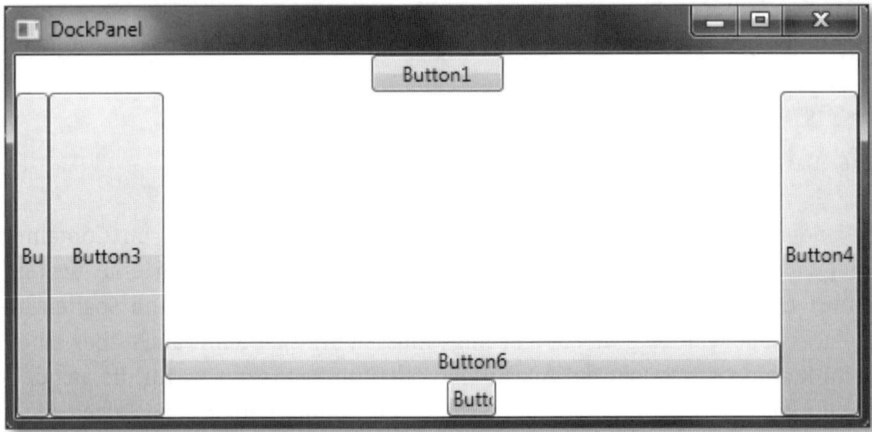

Abbildung 18.15 Darstellungsgröße im Dockpanel

18.7 UniformGrid

Das UniformGrid ist eine einfache Variante des im nächsten Abschnitt behandelten Grid-Steuerelements. Im UniformGrid werden alle enthaltenen Elemente in einer Gitterrasterung dargestellt. Dabei ist es nicht notwendig, die Anzahl der Zeilen oder Spalten anzugeben. Der Container erhöht die Anzahl automatisch, wenn es notwendig ist. Fügen Sie das erste Steuerelement ein, beansprucht dieses den gesamten Containerbereich für sich. Es wird eine Zeile und eine Spalte bereitgestellt. Fügt man eine zweite Komponente hinzu, wird die Anzahl von Zeilen und Spalten jeweils um eins erhöht. Dabei wird die zweite Komponente in der zweiten Spalte der ersten Zeile angezeigt. Das Verhalten der gleichzeitigen Vergrößerung setzt sich immer weiter fort. Für eine fünfte Komponente wird demnach eine dritte Zeile und dritte Spalte eröffnet.

```
<UniformGrid>
  <Button>Button1</Button>
  <Button>Button2</Button>
  ...
  <Button>Button5</Button>
</UniformGrid>
```

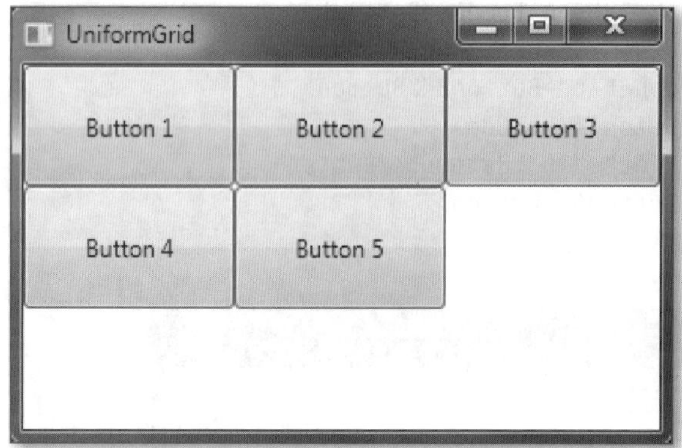

Abbildung 18.16 Das UniformGrid mit fünf Elementen

Wie bei den anderen Containern auch können Sie das Anzeigeverhalten im Container beeinflussen. Das Attribut FlowDirection kennen Sie bereits, sodass sich eine weitere Erklärung erübrigt. Mit Rows und Columns geben Sie an, wie viele Zeilen und Spalten im UniformGrid dargestellt werden sollen. Allerdings müssen Sie sich dann auch über einen Nebeneffekt im Klaren sein: Reicht die Anzahl der Zellen im UniformGrid für die anzuzeigenden Elemente nicht aus, werden alle überschüssigen Komponenten zur Laufzeit nicht angezeigt. Sollte Ihnen dieses Malheur zur Entwicklungszeit unterlaufen, können Sie das im Designer von Visual Studio 2010 erkennen (siehe Abbildung 18.17).

```
<UniformGrid Columns="2" Rows="2">
  <Button>Button1</Button>
  <Button>Button2</Button>
  <Button>Button3</Button>
  <Button>Button4</Button>
  <Button>Button5</Button>
</UniformGrid>
```

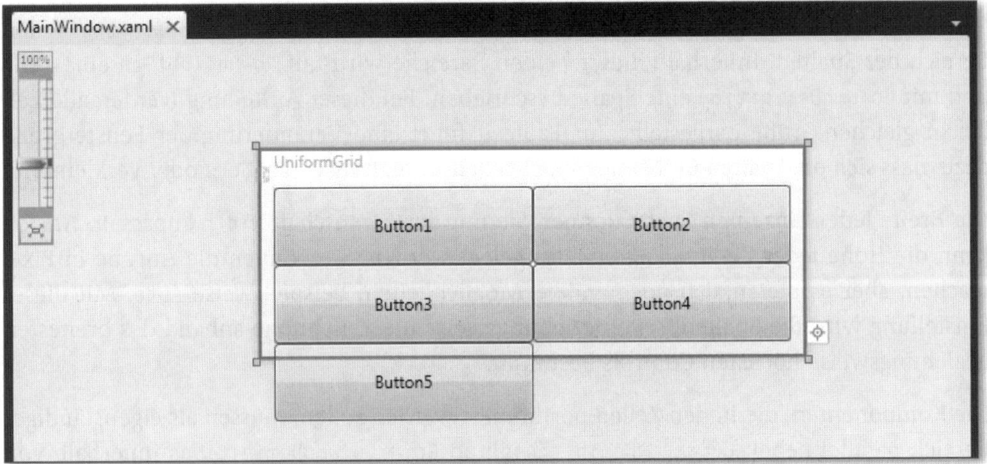

Abbildung 18.17 Überschüssiges Element im UniformGrid in Visual Studio 2010

18.8 Grid

Der sicherlich flexibelste Container der WPF wird durch `Grid` beschrieben. Im ersten Moment erinnert dieser Container sehr an das zuvor besprochene `UniformGrid`, er ist aber mit weitaus mehr Eigenschaften ausgestattet. Um nur ein Beispiel zu nennen: Sie können eine Komponente zellübergreifend darstellen. Das ist eine Fähigkeit, die Sie im `UniformGrid` vergeblich suchen.

18.8.1 Struktur eines »Grid« festlegen

Grundsätzlich wird der Bereich im `Grid`, wie schon der Name verrät, in Zeilen und Spalten aufgeteilt. Dazu sind innerhalb des `<Grid>`-Tags in der XAML-Datei zwei Bereiche zu definieren: einen Bereich, der alle Zeilen beschreibt, und einen Bereich, der alle Spalten beschreibt. Innerhalb der beiden Bereiche definieren Sie die Zeilen und Spalten.

```
<Grid>
  <Grid.RowDefinitions>
```

```
    <RowDefinition></RowDefinition>
    <RowDefinition></RowDefinition>
  </Grid.RowDefinitions>
  <Grid.ColumnDefinitions>
    <ColumnDefinition></ColumnDefinition>
    <ColumnDefinition></ColumnDefinition>
  </Grid.ColumnDefinitions>
</Grid>
```

Grid.RowDefinitions grenzt den Bereich der Zeilen ein, Grid.ColumnDefinitions den Bereich der Spalten. Innerhalb dieser beiden Bereiche wird mit RowDefinition eine Zeile und mit ColumnDefinition eine Spalte beschrieben. Bei dieser Aufteilung werden alle Zellen in gleicher Größe dargestellt. Zur Laufzeit führt eine Veränderung der Fenstergröße dazu, dass sich die Spalten und Zeilen im gleichen Verhältnis vergrößern oder verkleinern.

Die Breite jeder einzelnen Spalte können Sie mit der Eigenschaft Width anpassen. Analog kann die Höhe jeder Zeile mit Height festgelegt werden. Sie können die Angabe in Pixel machen, aber es bieten sich noch andere Möglichkeiten, beispielsweise Auto. Mit dieser Einstellung wird die Spaltenbreite beziehungsweise die Zeilenhöhe anhand des breitesten beziehungsweise höchsten Controls bestimmt.

Die Komponenten, die in den Zellen positioniert werden sollen, müssen als eigenständiger Bereich parallel neben Grid.RowDefinitions und Grid.ColumnDefinitions innerhalb von Grid eingetragen sein. Um eine Komponente eindeutig einer Zelle im Grid zuzuordnen, verwenden Sie die Attached Propertys Grid.Column und Grid.Row. Beiden übergeben Sie jeweils den Spalten- bzw. Spaltenindex, die 0-basiert sind. Vergessen Sie die Angabe von Zeilen-oder Spaltenindex, wird dieser Index automatisch mit 0 festgelegt.

Im folgenden Codefragment wird ein Grid in jeweils zwei Zeilen und Spalten aufgeteilt. Die Spaltenbreite soll sich mit Auto automatisch anpassen. In drei der vier Zellen wird jeweils ein Button platziert. Button1 hat eine Breite von 200 Pixel. Der in der Zeile darunter befindliche Button3 weist nur eine Breite von 100 Pixel auf. Weil die Spalte sich an der Breite des größten Elements orientiert, wird Button3 zentriert in seiner Zelle angezeigt. Button2 andererseits weist eine Breite auf, die in der Summe mit der Breite von Button1 größer ist als die Fensterbreite von 300. Daher wird Button2 nicht mehr vollständig angezeigt, wie in Abbildung 18.18 zu sehen ist.

```
<Window ...
  Height="200" Width="300">
<Grid>
  <Grid.RowDefinitions>
    <RowDefinition></RowDefinition>
    <RowDefinition></RowDefinition>
  </Grid.RowDefinitions>
```

```
  <Grid.ColumnDefinitions>
    <ColumnDefinition Width="Auto"></ColumnDefinition>
    <ColumnDefinition Width="Auto"></ColumnDefinition>
  </Grid.ColumnDefinitions>

  <Button Grid.Column="0" Grid.Row="0" Width="200">Button1</Button>
  <Button Grid.Column="1" Grid.Row="0" Width="150">Button2</Button>
  <Button Grid.Column="0" Grid.Row="1" Width="100">Button3</Button>
</Grid>
</Window>
```

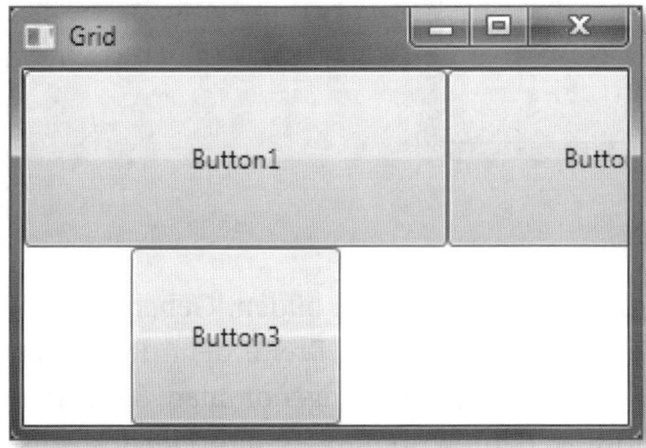

Abbildung 18.18 Grid-Steuerelemente mit automatischer Spaltenbreite

Vergrößern Sie die Breite des Fensters über die Summe der Breiten der Schaltflächen `Button1` und `Button2` hinaus, verbleibt im rechten Fensterbereich ein ungenutzter Bereich. Einen ähnlichen Effekt können Sie auch bei der Festlegung der Höhen beobachten. Daher sollten Sie bei zumindest einer Zeile und einer Spalte des `Grid` das Wildcard-Zeichen `*` benutzen. Diese Zeile oder Spalte füllt dann den verbleibenden Platz aus.

```
<Window ...
 Height="200" Width="400">
<Grid>
  <Grid.RowDefinitions>
    <RowDefinition></RowDefinition>
    <RowDefinition></RowDefinition>
  </Grid.RowDefinitions>
  <Grid.ColumnDefinitions>
    <ColumnDefinition Width="Auto"></ColumnDefinition>
    <ColumnDefinition Width="*"></ColumnDefinition>
  </Grid.ColumnDefinitions>
  ...
</Grid>
</Window>
```

In Abbildung 18.19 sehen Sie das Fenster zur Laufzeit. Beachten Sie bitte, dass die Wildcard nur dann ihre Stärken ausspielen kann, wenn die Breite des Fensters die Gesamtbreite der beiden Schaltflächen überschreitet.

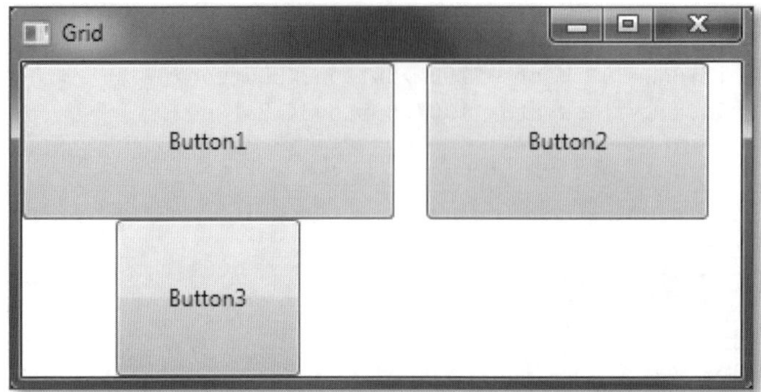

Abbildung 18.19 Fenster mit Einsatz einer Wildcard

Die Wildcard `*` kann auch Verhältnisse bezüglich Höhe und Breite bilden. Geben Sie beispielsweise `3*` an, bedeutet dies, dass die Höhe beziehungsweise Breite dem dreifachen Wert einer mit `*` gekennzeichneten Spalte oder Reihe entspricht. Angenommen, Sie hätten drei Spalten mit den Breiten `*`, `2*` und `3*` spezifiziert, dann wird die Gesamtbreite des Fensters in sechs gleich große Einheiten aufgeteilt. Dabei wird die erste Spalte eine Einheit breit, die zweite zwei Einheiten und die dritte drei Einheiten (siehe Abbildung 18.20). Da für den Zahlenwert der Typ `double` erlaubt ist, können Sie eine sehr feine Zellenstruktur erzielen.

```
<Grid>
  <Grid.ColumnDefinitions>
    <ColumnDefinition Width="3*"></ColumnDefinition>
    <ColumnDefinition Width="2*"></ColumnDefinition>
    <ColumnDefinition Width="*"></ColumnDefinition>
  </Grid.ColumnDefinitions>
  <Grid.RowDefinitions>
    <RowDefinition></RowDefinition>
  </Grid.RowDefinitions>
</Grid>
```

Die Wildcard `*` lässt sich mit absoluten Mindestmaßen kombinieren. Mit `MinWidth="50"` und `Width="*"` erreichen Sie beispielsweise, dass die entsprechende Spalte 50 Pixel nicht unterschreitet. Reicht der Platz aus, verbreitert sich die Spalte.

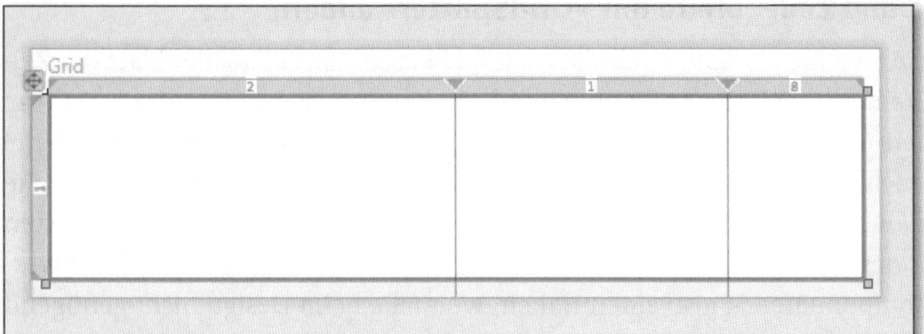

Abbildung 18.20 Die Aufteilung der Spalten mit *

18.8.2 »ColumnSpan« und »RowSpan«

Bei einer Komponente, die sich über mehrere Spalten oder Zeilen aufspannen soll, geben Sie `Grid.ColumnSpan` oder/und `Grid.RowSpan` an. Die beiden Eigenschaften `Grid.Column` und `Grid.Row` dienen in dem Fall dazu, die linke obere Zelle für das Element zu reservieren.

```
<Grid>
  <Grid.RowDefinitions>
    <RowDefinition></RowDefinition>
    <RowDefinition></RowDefinition>
    <RowDefinition></RowDefinition>
    <RowDefinition></RowDefinition>
  </Grid.RowDefinitions>
  <Grid.ColumnDefinitions>
    <ColumnDefinition></ColumnDefinition>
    <ColumnDefinition></ColumnDefinition>
    <ColumnDefinition></ColumnDefinition>
  </Grid.ColumnDefinitions>
  <Button Grid.Column="1" Grid.Row="1"
        Grid.ColumnSpan="2" Grid.RowSpan="2">Button1</Button>
</Grid>
```

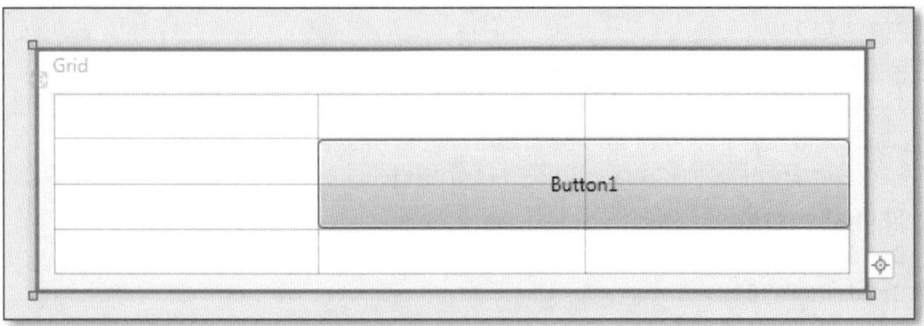

Abbildung 18.21 Button, der über mehrere Zellen aufspannt ist

18.8.3 Spalten- und Zeilenbreite mit »GridSplitter« ändern

Möchten Sie dem Anwender erlauben, ähnlich wie bei einem Excel-Tabellenblatt die Zeilenhöhe oder Spaltenbreite mit der Maus zu verändern, kommt das Element GridSplitter ins Spiel. Für einen GridSplitter sollten Sie eine eigene Spalte beziehungsweise Reihe bereitstellen, die auch über eine ausreichende Höhe oder Breite verfügt. Zudem sollten Sie einen nicht zu kleinen Randabstand mit der Eigenschaft Margin festlegen. Ansonsten könnte es sein, das der Splitter zur Laufzeit so weit gezogen wird, dass er nicht bedient werden kann. Diese Komponente hat also einen Haken, wenn Sie beim Design nicht genügend aufpassen.

Eine Eigenschaft sollte an dieser Stelle noch erwähnt werden: ShowPreview. Setzen Sie diese auf true, wird beim Greifen und Ziehen mit der Maus der Splitter in seiner ursprünglichen Lage weiterhin angezeigt. Erst beim Loslassen der Maus wird der neue Zustand endgültig eingenommen und werden die Komponenten, die sich in den Zellen befinden, an die neue Zellengröße angepasst.

Im folgenden Beispielcode ist ein vertikaler und ein horizontaler GridSplitter definiert. Beachten Sie, wie mit den Eigenschaften Column, Row, ColumnSpan und RowSpan die vertikale und horizontale Ausrichtung und Größe festgelegt wird:

```
<Grid>
  <Grid.RowDefinitions>
    <RowDefinition></RowDefinition>
    <RowDefinition></RowDefinition>
    <RowDefinition Height="15"></RowDefinition>
    <RowDefinition></RowDefinition>
    <RowDefinition></RowDefinition>
  </Grid.RowDefinitions>
  <Grid.ColumnDefinitions>
    <ColumnDefinition></ColumnDefinition>
    <ColumnDefinition Width="20"></ColumnDefinition>
    <ColumnDefinition></ColumnDefinition>
    <ColumnDefinition></ColumnDefinition>
  </Grid.ColumnDefinitions>
  <Button Grid.Column="0" Grid.Row="0">Button1</Button>
  <Button Grid.Column="2" Grid.Row="1">Button2</Button>
  <Button Grid.Column="3" Grid.Row="3">Button3</Button>
  <Button Grid.Column="3" Grid.Row="4">Button4</Button>
  <GridSplitter ShowsPreview="True"
                Grid.Column="1"
                Grid.Row="0"
                Grid.RowSpan="3"
```

```
                   HorizontalAlignment="Center"
                   Margin="5,5,5,5" Width="3" />'
  <GridSplitter ShowsPreview="True"
                   Grid.Row="2"
                   Grid.ColumnSpan="3"
                   HorizontalAlignment="Stretch"
                   Margin="5,5,5,5"
                   Height="3" />
</Grid>
```

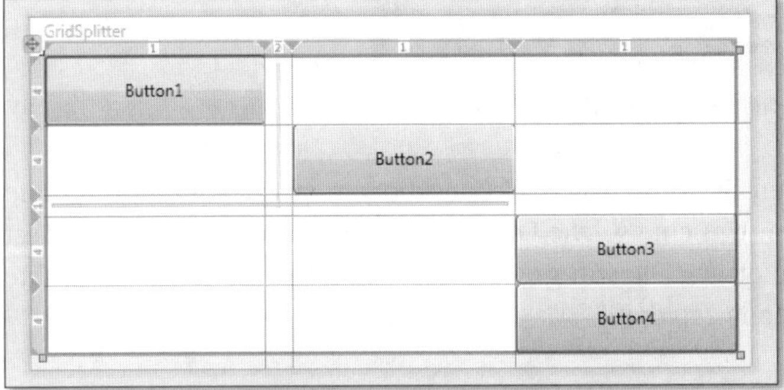

Abbildung 18.22 Ein vertikaler und ein horizontaler GridSplitter in Visual Studio 2010

18.9 Verschachtelte Layoutcontainer

Sie haben nun die Layoutcontainer und deren Einsatzmöglichkeiten kennengelernt. Wenn Sie eine etwas aufwendigere Form bereitstellen wollen, werden Sie mit Sicherheit nicht mit einem Layoutcontainer auskommen. Meistens werden Sie mehrere ineinander verschachtelte Container einsetzen. Die Oberflächengestaltung ist also nicht ganz so einfach wie bei den WinForms und am Anfang ziemlich gewöhnungsbedürftig. Der Ad-hoc-Entwurf einer Form dürfte mit WPF wohl nur mit sehr viel Übung und Erfahrung zu realisieren sein.

Da wir nun der Reihe nach die Layoutcontainer mit einfachem XAML-Beispielcode im Einsatz erlebt haben, ist es an der Zeit, eine etwas aufwendigere Form zu erstellen. Darin sind bereits Controls enthalten, über die erst gesprochen werden muss, aber zu gestalterischen Zwecken erübrigt sich an dieser Stelle wohl eine Erklärung. Zudem ist auch kein Programmcode hinterlegt, da es uns vorrangig auf die Oberflächengestaltung ankommt. Sehen wir uns das `Window` zur Laufzeit an (Abbildung 18.23).

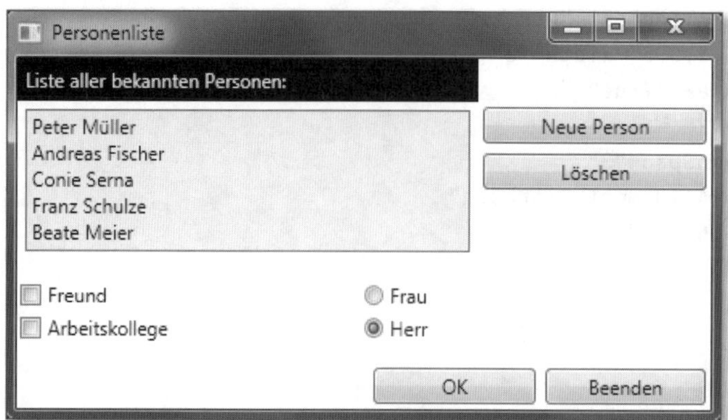

Abbildung 18.23 Ausgabe des Beispielprogramms »Personenliste«

Im `Window` sind neben mehreren Buttons auch zwei Checkboxen, zwei Radiobuttons, eine Listbox und ein Label vertreten. Um eine solche Form zu gestalten, werden Sie zumindest am Anfang noch einmal zu Papier und Bleistift greifen. Lösungen gibt es viele. Ich möchte Ihnen an dieser Stelle die folgende zeigen:

```
// ---------------------------------------------------------------------
// Beispiel: ... \Kapitel 18\PersonenListe
// ---------------------------------------------------------------------
<Window ... Height="250" Width="450">
<DockPanel>
  <StackPanel DockPanel.Dock="Bottom" Height="Auto"
              HorizontalAlignment="Right" Orientation="Horizontal">
    <Button Width="100" Margin="3">OK</Button>
    <Button Width="100" Margin="3">Beenden</Button>
  </StackPanel>
  <Grid DockPanel.Dock="Bottom" Height="Auto">
    <Grid.ColumnDefinitions>
      <ColumnDefinition />
      <ColumnDefinition />
    </Grid.ColumnDefinitions>
    <Grid.RowDefinitions>
      <RowDefinition />
      <RowDefinition />
      <RowDefinition Height="11"/>
    </Grid.RowDefinitions>
    <CheckBox Margin="2" Grid.Row="0"
              Grid.Column="0">Freund</CheckBox>
    <RadioButton Margin="2" Grid.Row="0"
                 Grid.Column="1">Frau</RadioButton>
```

```
    <CheckBox Margin="2" Grid.Row="1"
              Grid.Column="0">Arbeitskollege</CheckBox>
    <RadioButton Margin="2" Grid.Row="1"
                 Grid.Column="1" IsChecked="True">Herr</RadioButton>
  </Grid>
  <Grid>
    <Grid.ColumnDefinitions>
      <ColumnDefinition Width="2*" />
      <ColumnDefinition Width="*" />
    </Grid.ColumnDefinitions>
    <Grid.RowDefinitions>
      <RowDefinition Height="Auto" />
      <RowDefinition />
      <RowDefinition Height="11"/>
    </Grid.RowDefinitions>
    <Label Grid.Row="0" Grid.Column="0" Background="Black"
           Foreground="WhiteSmoke">Liste aller bekannten Personen:</Label>
    <ListBox Margin="5,5" Grid.Row="1" Background="WhiteSmoke">
      <ListBoxItem>Peter Müller</ListBoxItem>
      <ListBoxItem>Andreas Fischer</ListBoxItem>
      <ListBoxItem>Conie Serna</ListBoxItem>
      <ListBoxItem>Franz Schulze</ListBoxItem>
      <ListBoxItem>Beate Meier</ListBoxItem>
    </ListBox>
    <StackPanel Grid.Row="1" Grid.Column="1">
      <Button Margin="3">Neue Person</Button>
      <Button Margin="3">Löschen</Button>
    </StackPanel>
  </Grid>
</DockPanel>
</Window>
```

19 WPF-Steuerelemente

In diesem Kapitel erfahren Sie, wie Sie die Steuerelemente der WPF, wie z. B. verschiedene Buttontypen, Textboxen, Tooltips, List- und Comboboxen, Flowdocuments etc., einfügen und positionieren.

19.1 Hierarchie der WPF-Komponenten

Alle WPF-Komponenten befinden sich innerhalb einer tiefreichenden Vererbungshierarchie. Ausgehend von `Object` werden mit jeder weiteren Ableitung neue Eigenschaften und Methoden eingeführt, was zu einer immer weiter fortschreitenden Spezialisierung der Typen führt. In Abbildung 19.1 sehen Sie einen Ausschnitt aus dieser Vererbungshierarchie.

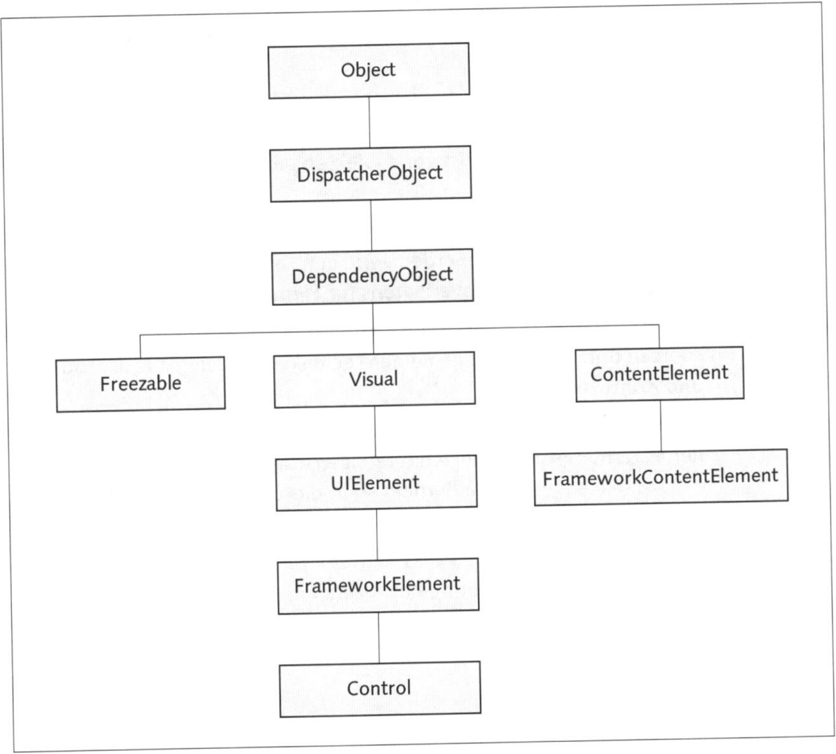

Abbildung 19.1 Vererbungshierarchie der WPF-Komponenten

Sie erhebt keinen Anspruch auf Vollständigkeit, soll Ihnen aber einen Überblick über die wichtigsten Basisklassen verschaffen, die in diesem und dem folgenden Kapitel häufiger genannt werden.

In Tabelle 19.1 werden die wichtigsten Merkmale der Klassen genannt.

Klasse	Beschreibung
`DispatcherObject`	Die von dieser Klasse abgeleiteten Klassen erlauben nur den Zugriff aus dem Thread, in dem das Objekt erzeugt worden ist. Die meisten Klassen haben `DispatcherObject` als Basis sind deshalb auch nicht threadsicher.
`DependencyObject`	Diese Klasse ist die Basis für alle Klassen, die abhängige Eigenschaften unterstützen. In dieser Klasse sind die Methoden `GetValue` und `SetValue` definiert.
`Freezable`	Die Klasse `Freezable` dient als Basis für alle die Objekte, die in einen schreibgeschützten Zustand (read-only) gesetzt werden können, der auch als *fixed* bezeichnet wird. Fixierte `Freezable`-Objekte gelten, im Gegensatz zu `DispatcherObject`-Objekten, als threadsicher. Vertreter dieser Gruppe sind `Pen`, `Brush` oder auch `Transform`.
`Visual`	Die Klasse `Visual` dient als elementare Basis für alle die Objekte. Sie unterstützt das Rendering von Controls und ist damit verantwortlich für die Darstellung.
`ContentElement`	Diese Klasse ähnelt der Klasse `UIElement`, kann aber selbst keine eigene Darstellung haben. Objekte, die auf `ContentElement` zurückzuführen sind, werden meist von Objekten gehostet, die von `UIElement` abgeleitet sind.
`UIElement`	Die Klasse `Visual` dient als Basis für alle visuellen Objekte, die Routed Events unterstützen. Außerdem wird auch ein großer Teil des allgemeinen Eingabe- und Fokusverhaltens für Elemente hier definiert.
`FrameworkElement`	In dieser Klasse wird die Unterstützung von Styles, Datenbindung, Ressourcen und weiterer allgemeiner Techniken eingeführt (z. B. Tooltips und Kontextmenüs).
`Control`	Die Klasse `Control` ist die Basisklasse aller Steuerelemente und fügt der Vererbungshierarchie weitere Eigenschaften hinzu (z. B. `Background`, `Foreground`). Außerdem stellt diese Klasse die Unterstützung von Templates bereit, mit denen die Darstellung der Steuerelemente individuell geändert werden kann.
`FrameworkContentElement`	Entspricht der Beschreibung der Klasse `FrameworkElement`, gilt allerdings für `ContentElement`-Objekte.

Tabelle 19.1 Beschreibung der wichtigsten Klassen

19.2 Steuerelemente positionieren

19.2.1 Die Eigenschaften »Top«, »Bottom«, »Right« und »Left«

Da in den meisten Layoutcontainern automatisch positioniert wird, erübrigen sich die Eigenschaften `Top` und `Left`. Diese beschreiben bekanntlich die Position eines Controls in einem Container. Anders verhält es sich beim `Canvas`. Wie Sie wissen, können Sie in diesem Layoutcontainer die Komponenten frei positionieren. Das `Canvas` gibt die Eigenschaften `Top` und `Left` als sogenannte *angehängte Eigenschaften (Attached Properties)* weiter, die sich auf das übergeordnete Control beziehen.

```
<Canvas>
  <Button Canvas.Left="100" Canvas.Top="40">Button1</Button>
</Canvas>
```

19.2.2 Außenrand mit der Eigenschaft »Margin« festlegen

Die Eigenschaft `Margin` legt den Abstand zum Rand eines umgebenden Layoutcontainers fest. Demnach wird der Abstand zwischen dem Außenrand einer Komponente und dem Layoutcontainer mit ihr festgelegt. Sie können `Margin` auf drei verschiedene Weisen einsetzen:

- Mit `Margin="10"` wird ein Rand von zehn Pixeln nach allen vier Seiten gewährleistet.
- Geben Sie zwei Werte an, z. B. `Margin="10, 20"`, legt der erste Wert den linken und den rechten Rand fest, während der zweite Wert den oberen und den unteren Rand bestimmt.
- Wenn Sie `Margin` vier Werte mitteilen, beispielsweise `Margin="10, 20, 5, 25"`, gilt die folgende Reihenfolge für die Randabstände: links, oben, rechts, unten.

```
<StackPanel>
  <Button Margin="10, 30, 40, 5" Height="50">Button1</Button>
</StackPanel>
```

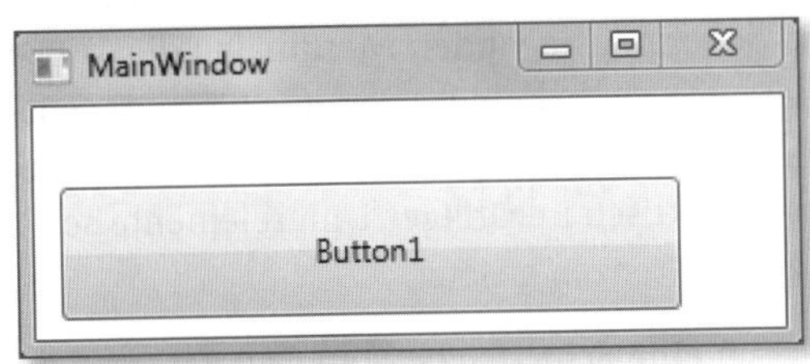

Abbildung 19.2 Festlegung des Außenrandes

19.2.3 Innenrand mit der Eigenschaft »Padding« festlegen

Den Abstand des Außenrands einer Komponente zu dem Container, der sie umgibt, legen Sie mit der Eigenschaft Margin fest. Mit Padding wird auch ein Randabstand beschrieben, allerdings der Abstand einer Komponente zu ihrem eigenen Inhalt. Gewissermaßen schafft Padding einen inneren Rahmen. Der Abstand kann durch einen Wert beschrieben werden, der rundum gilt. Legen Sie vier Werte fest, gelten diese der Reihenfolge nach für den linken, oberen, rechten und unteren Randabstand.

Im folgenden Beispiel wird in einem Button ein Image dargestellt. Dabei hat der Button einen Abstand von fünf Pixeln zu seinem Container, und das Bildchen in der Schaltfläche hat rundum einen Abstand von zehn Pixeln.

```
<StackPanel>
  <Button Padding="10,10,10,10" Margin="5, 5, 5, 5" Height="200">
    <Image Source="Egypt.jpg" Height="200" Width="300">
    </Image>
  </Button>
</StackPanel>
```

19.3 Allgemeine Eigenschaften der WPF-Komponenten

Der weiter oben gezeigte Vererbungsbaum hat zur Folge, dass viele Eigenschaften und Methoden in allen Steuerelementen identisch sind. Um im weiteren Verlauf dieses Kapitels nicht zu jedem Steuerelement immer wieder die gemeinsamen Eigenschaften aufzuführen, sollen die wichtigsten an dieser Stelle genannt werden.

19.3.1 Die Eigenschaft »Content«

Sehr viele Steuerelemente, zu denen auch Button zu rechnen ist, sind auf die Basisklasse ContentControl zurückzuführen, die ihrerseits selbst direkt aus Control abgeleitet ist. Damit erben die Schaltflächen die Eigenschaft Content, die vom Typ Object ist und genau ein Element enthalten kann. Content gehört zu den herausragenden Merkmalen der WPF-Komponenten und kann entweder ein Text oder auch ein beliebiges anderes Element sein. Geben Sie Eigenschaft Content ein anderes Element an, beispielsweise ein Grid oder ein StackPanel, kann dieses selbst wieder Container praktisch unzähliger Unterelemente sein. Den Gestaltungsmöglichkeiten werden damit keine Grenzen gesetzt.

Betrachten wir daher an dieser Stelle exemplarisch eine Schaltfläche vom Typ Button. Die Eigenschaft Content der Schaltfläche beschreibt den Text, mit dem ein Button beschriftet wird. Sie können die Eigenschaft als Attribut angeben, also:

```
<Button Content="OK"></Button>
```

Eine weitere Möglichkeit, den Inhalt des Buttons zu definieren, besteht darin, innerhalb des öffnenden und schließenden XAML-Tags den Text anzugeben:

```
<Button>
  OK
</Button>
```

Das Ergebnis ist bei beiden Schreibweisen identisch, der Button wird mit der Zeichenfolge »OK« beschriftet.

Da aber der durch `Content` beschriebene Inhalt vom Typ `Object` ist, eröffnen sich noch weiterreichende Möglichkeiten. Im folgenden Beispielcode wird ein Bild anstelle eines Textes verwendet:

```
<Button>
  <Image ... ></Image>
</Button>
```

Die Einschränkung, dass nur ein Element innerhalb einer Schaltfläche definiert werden kann, lässt sich sehr einfach umgehen, indem Sie ein einfach ein Element einfügen, das seinerseits wieder selbst über mehrere Unterelemente verfügt.

```
<Button>
  <StackPanel>
    <TextBox Width="100" Text=""></TextBox>
    <Image.ImageFailed..></Image>
  </StackPanel>
</Button>
```

Damit sind den Gestaltungsmöglichkeiten keine Grenzen gesetzt.

Es stellt sich nun die Frage, woher XAML weiß, dass der Inhalt zwischen dem ein- und ausleitendem Element der Eigenschaft `Content` zugeordnet werden soll. Die Antwort auf diese Frage ist in der Definition der Klasse `ContentControl` zu finden. In dieser wird mit dem Attribut `ContentPropertyAttribute` die Eigenschaft `Content` als diejenige festgelegt, die den Inhalt zwischen den Tags aufnehmen soll.

```
[ContentPropertyAttribute("Content")]
public class ContentControl : Control, IAddChild
{ ...}
```

Sie können nicht davon ausgehen, dass der Inhalt zwischen dem ein- und ausleitenden Tag immer einer Eigenschaft `Content` zugeordnet wird. Es kann sich auch um eine beliebige, andere Eigenschaft handeln. Als typisches Beispiel sei an dieser Stelle die Klasse `TextBox` angeführt, die als `Content`-Eigenschaft die eigene Property `Text` festlegt.

```
[ContentPropertyAttribute("Text")]
public class TextBox : TextBoxBase, IAddChild
{ ...}
```

19.3.2 Größe einer Komponente

Ehe wir uns den Eigenschaften zur Festlegung der Komponentengröße widmen, ein paar allgemeine Worte. Meistens ist es nicht notwendig, die Abmessungen der Steuerelemente explizit festzulegen, ebenso wenig deren Position. Sie nehmen damit einer WPF-Anwendung ihre angestammte Anpassungsfähigkeit, selbst die optimale Größe und Lage eines Controls zu finden. Die Auswirkungen zeigen sich, wenn sich beispielsweise die Zeichenketten ändern, etwa bei der Lokalisierung einer Anwendung.

Um einige Größen- oder auch Positionsangaben werden Sie nicht herumkommen, beispielsweise um die Startgröße eines Fensters oder die durch die Eigenschaften `Padding` und `Margin` beschriebenen Abstände (mehr dazu weiter unten).

Auch die Maßeinheit für die Größen- und Positionsangaben sollten an dieser Stelle erwähnt werden. Für alle Angaben gelten sogenannte *device-independent pixel*, zu Deutsch *geräteunabhängige Pixel*. Diese Pixel sind mit einer Größe von 1/96 Zoll definiert. Arbeitet ein Anwender mit einer Darstellung von 96 DPI, entspricht das WPF-Pixel tatsächlich einem Pixel auf dem Monitor. Das gilt auch für die Einstellung der Schriftgröße in einer WPF-Anwendung.

Anmerkung

Die Maßeinheit DPI steht für *dots per inch*. Sie gibt an, wie viele Pixel pro Zoll auf dem Monitor angezeigt werden. Die tatsächliche Einstellung hängt von der Konfiguration ab.

Anzumerken ist neben dem neuen Einheitensystem, dass gegenüber der traditionellen Entwicklung einer Windows-Anwendung mit der WinForm-API die Maßangaben vom Typ `Double` sind.

Mit der Einführung der WPF ist es erstmals möglich, Steuerelemente beliebig zu skalieren. Das hat zur Folge, dass ein Button, der eine Länge von einem Zoll auf einem kleinen Bildschirm hat, auch in der Länge von einem Zoll auf einem großen Bildschirm angezeigt wird – vorausgesetzt, die DPI-Einstellungen sind bei beiden Systemen identisch.

Sie können die Skalierung einer WPF-Oberfläche sehr gut im Designer von Visual Studio testen. Dazu müssen Sie nur den Zoom-Regler links oben im Designer verstellen. Hierbei gilt: Ein höherer DPI-Wert wird durch eine Zoom-Einstellung größer 100 % simuliert.

Kommen wir nach diesem Ausflug in die Grundlagen zurück zum eigentlichen Thema, der Größe der Steuerelemente, und betrachten wir hierzu einen `Button`. Wie alle anderen Steuerelemente hat der `Button` die Eigenschaften `Width` und `Height`. Stellen Sie diese nicht explizit ein, nimmt der Button automatisch die Größe an, die erforderlich ist, um seinen Inhalt (`Content`) darzustellen.

Betrachten wir nun eine Schaltfläche innerhalb einer `Panel`-Komponente oder einer Zelle des `Grid`-Steuerelements. Hier wird der `Button` die komplette Breite und Höhe des Containers ausfüllen. Zurückzuführen ist dieses Verhalten auf die Eigenschaften `HorizontalAlignment` und `VerticalAlignment`, deren Vorgabeeinstellung `Stretch` ist. Wie die Schaltfläche letztendlich dargestellt wird, ist vom übergeordneten Layoutcontainer abhängig. In einem `StackPanel` beispielsweise wird der Button die komplette Breite des Stackpanels einnehmen. Hier wird `HorizontalAlignment` ausgewertet, während die Höhe des Buttons sich aus der Höhe seines Inhalts bestimmt. In einer `Grid`-Zelle hingegen werden beide Eigenschaften bewertet, sodass die Schaltfläche die Zelle komplett ausfüllt.

Grenzfälle der Größenfestlegung gibt es natürlich auch. Stellen Sie sich nur eine `TextBox`-Komponente vor, die mit der Benutzereingabe in ihrer Breite wächst. Gleichermaßen kann es sein, dass Steuerelemente sich auf eine Breite von 0 reduzieren. Um diesen Extremen vorzubeugen, können Sie mit den Eigenschaften `MinWidth`, `MaxWidth`, `MinHeight` und `MaxHeight` die minimalen und maximalen Ausdehnungen eines Steuerelements begrenzen.

19.3.3 Ausrichtung einer Komponente

Zur Ausrichtung einer Komponente in ihrem umgebenden Container dienen die beiden Eigenschaften `HorizontalAlignment` und `VerticalAlignment`. `HorizontalAlignment` kann die Werte `Left`, `Right`, `Center` und `Stretch` einnehmen, `VerticalAlignment` die Werte `Top`, `Bottom`, `Center` und `Stretch`. Verzichten Sie auf die explizite Angabe der beiden Eigenschaften, gilt die Einstellung `Stretch`. Eine solche Komponente würde, wäre sie innerhalb einer `Grid`-Zelle platziert, die Zelle komplett ausfüllen. In Abbildung 19.3 sind die Auswirkungen der verschiedenen Einstellungen zu sehen. Der Abbildung liegt der folgende XAML-Code zugrunde:

```
<Grid ShowGridLines="True">
  <Grid.RowDefinitions>
    <RowDefinition /><RowDefinition /><RowDefinition /><RowDefinition />
  </Grid.RowDefinitions>
  <Grid.ColumnDefinitions>
    <ColumnDefinition /><ColumnDefinition />
  </Grid.ColumnDefinitions>
  <Button Grid.Row="0" VerticalAlignment="Top">Button1</Button>
  <Button Grid.Row="1" VerticalAlignment="Bottom">Button2</Button>
  <Button Grid.Row="2" VerticalAlignment="Center">Button3</Button>
```

```
    <Button Grid.Row="3">Button4</Button>
    <Button Grid.Row="0" Grid.Column="1"
            HorizontalAlignment="Left">Button5</Button>
    <Button Grid.Row="1" Grid.Column="1"
            HorizontalAlignment="Right">Button6</Button>
    <Button Grid.Row="2" Grid.Column="1"
            HorizontalAlignment="Center">Button7</Button>
    <Button Grid.Row="3" Grid.Column="1" >Button8</Button>
</Grid>
```

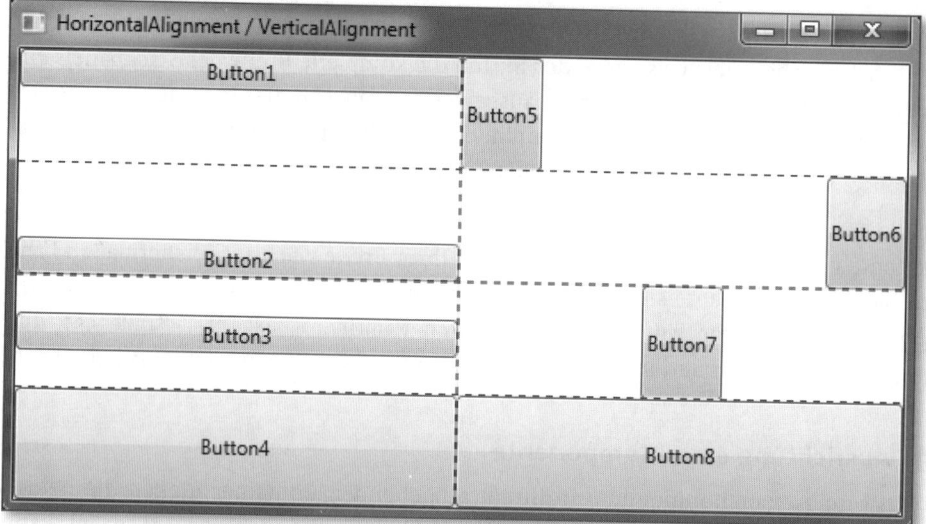

Abbildung 19.3 Ausrichtung mit HorizontalAlignment und VerticalAlignment

Wenn wir uns allgemein über die Ausrichtung unterhalten, müssen wir auch die Ausrichtung des Inhalts innerhalb eines Steuerelements berücksichtigen. Dieser wird durch die beiden Eigenschaften

- `HorizontalContentAlignment`
- `VerticalContentAlignment`

beschrieben. Beide ermöglichen Einstellungen, die den Werten entsprechen, die weiter oben schon beschrieben worden sind.

19.3.4 Die Eigenschaften »Padding« und »Margin«

Fügen Sie eine Schaltfläche in ein `StackPanel` ein, wird die Schaltfläche die gesamte vom `StackPanel` zur Verfügung gestellte Breite in Anspruch nehmen. Der `Button` erstreckt sich also vom linken bis zum rechten Rand des `StackPanels`. Die Höhe der Schaltfläche wiederum wird genau so sein, dass der Inhalt der Schaltfläche dargestellt werden kann (siehe dazu Abbildung 19.4).

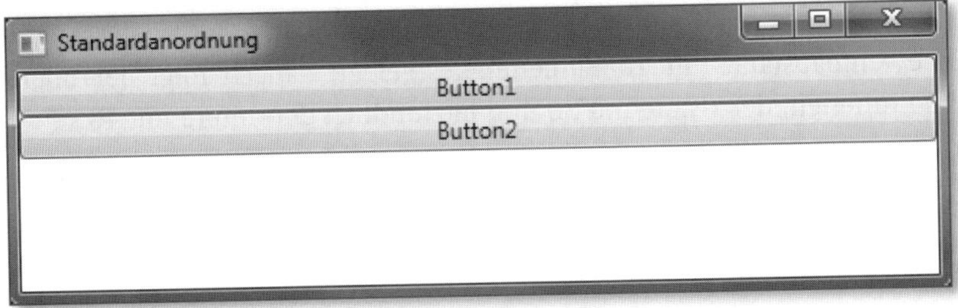

Abbildung 19.4 Standardanordnung zweier Schaltflächen im Stackpanel

Diese doch sehr eingezwängt anmutende Darstellung kann mit den beiden sich sehr ähnlichen Eigenschaften `Margin` und `Padding` beeinflusst werden, die zusätzlichen Freiraum zur Verfügung stellen. Der Unterschied zwischen `Margin` und `Padding` ist der, dass `Margin` den Freiraum *außerhalb* eines Steuerelements beeinflusst und `Padding` den Freiraum *innerhalb* des Elements.

Abbildung 19.5 verdeutlicht die Unterschiede zwischen `Padding` und `Margin`. Der Abbildung liegt der folgende XAML-Code zugrunde. Beachten Sie, dass für `Button1` nur `Margin` (Außenrand), und für `Button2` nur `Padding` (Innenrand) eingestellt ist.

```
<StackPanel>
  <Button Margin="10">Button1</Button>
  <Button Padding="20">Button2</Button>
</StackPanel>
```

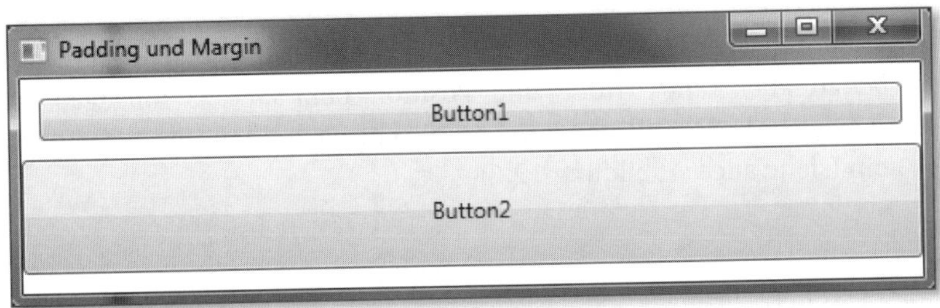

Abbildung 19.5 Die Eigenschaften »Padding« und »Margin«

Im Beispiel wirken sich die Angaben für `Margin` und `Padding` auf alle vier Ränder gleichermaßen aus. Sie können aber auch zwei andere Varianten benutzen, um die Randabstände unterschiedlich festzulegen. Mit

```
Margin="10 30"
```

wird der linke und rechte Außenrand mit 10 Einheiten festgelegt, mit dem Wert 30 der Außenrand oben und unten. Wenn Sie vier Werte angeben, z. B.

```
Margin="10 20 30 40"
```

dann wird der linke Randabstand mit 10 Einheiten festgelegt, danach folgt der obere Randabstand mit 20 Einheiten, der rechte mit 30 und letztendlich der untere mit 40.

`Padding` und `Margin` sind vom Typ `System.Windows.Thickness` und haben den Datentyp `Double`. `Thickness` hat nur zwei Konstruktoren: einen einfach und einen vierfach parametrisierten, der wie folgt aufgerufen wird:

```
Button1.Margin = new Thickness(12, 20, 30, 40);
```

19.3.5 Sichtbarkeit eines Steuerelements

Die Eigenschaft `Visibility` gibt an, ob ein Steuerelement sichtbar ist oder nicht. Normalerweise würde man dahinter einen booleschen Datentyp vermuten, der mit `true` und `false` die Sichtbarkeit steuert. In WPF ist das nicht der Fall, denn `Visibility` erlaubt Einstellungen, die in der Enumeration `Visibility` definiert sind.

Wert	Beschreibung
`Visible`	Das Steuerelement ist sichtbar.
`Hidden`	Das Steuerelement ist unsichtbar, beansprucht aber weiterhin den ihm angestammten Platz.
`Collapsed`	Das Steuerelement ist unsichtbar und hat die Größe 0. Andere Steuerelemente können den freigegebenen Platz nutzen.

Tabelle 19.2 Die Werte der Enumeration »Visibility«

Der Unterschied zwischen den Werten `Hidden` und `Collapsed` zeigt das folgende Listing. `Button1` ist `Hidden`, behält aber seine Größe und Position bei. `Button3` hingegen ist `Collapsed`. Die darunter liegende Schaltfläche `Button4` rutscht nach oben und nimmt die Position von `Button3` ein (siehe auch Abbildung 19.6).

```
<StackPanel>
  <Button Padding="10" Visibility="Hidden">Button1</Button>
  <Button Padding="10">Button2</Button>
  <Button Padding="10" Visibility="Collapsed">Button3</Button>
  <Button Padding="10">Button4</Button>
</StackPanel>
```

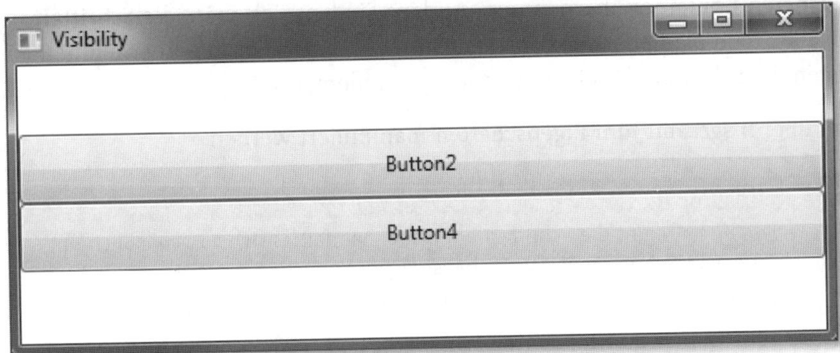

Abbildung 19.6 Auswirkungen der Einstellung der Eigenschaft »Visibility«

19.3.6 Farbeinstellungen

Die Vorder- und Hintergrundfarbe wird bei den Steuerelementen mit den Eigenschaften `Foreground` und `Background` eingestellt. Beide Eigenschaften sind vom Typ `Brush`. Bei `Brush` handelt es sich um eine abstrakte Klasse, folglich kommt als konkrete Angabe nur eine der Ableitungen infrage. Hierbei handelt es sich um die in Tabelle 19.3 aufgeführten sechs Klassen.

Klasse	Beschreibung
`SolidColorBrush`	Beschreibt eine einheitliche Farbe.
`ImageBrush`	Zeichnet ein Bild in den entsprechenden Bereich. Das Bild kann entweder skaliert oder mehrfach gezeichnet werden.
`DrawingBrush`	Entspricht `ImageBrush` mit dem Unterschied, dass anstelle einer Bitmap eine Vektorgrafik gezeichnet wird.
`LinearGradientBrush`	Beschreibt einen linearen Farbverlauf zwischen zwei oder noch mehr Farben.
`RadialGradientBrush`	Zeichnet einen kreisförmigen Übergang zwischen zwei oder mehr Farben.
`VisualBrush`	Zeichnet ein `Visual`-Objekt in den angegeben Bereich.

Tabelle 19.3 Die abgeleiteten Klassen von »Brush«

Auf eine weitere Beschreibung dieser Klassen soll an dieser Stelle verzichtet werden. Wir werden das in Kapitel 22, »2D-Grafik«, noch nachholen.

19.3.7 Schriften

Lassen Sie uns an dieser Stelle auch noch über die Festlegung der Schrift sprechen. Zunächst einmal ist festzuhalten, dass alle Steuerelemente die Einstellungen der Schrift von ihrem übergeordneten Container übernehmen. Ändern Sie beispielsweise die Schriftart in `Window`, werden alle Steuerelemente des Fensters automatisch den Fonttyp übernehmen, es sei denn, Sie legen die Schriftart für ein Steuerelement anders fest.

Die Schrift kann über insgesamt fünf Eigenschaften manipuliert werden.

Eigenschaft	Beschreibung
`FontFamily`	`FontFamily` gibt die Schriftart an. Dabei handelt es sich ausschließlich um TrueType-Schriften. Die Vorgabe ist *Segoe UI*.
`FontSize`	Mit `FontSize` wird die Schriftgröße in WPF-Pixeln angegeben.
`FontStretch`	`FontStretch` gibt an, ob eine Schrift zusammengedrückt oder gestreckt angezeigt werden soll. Die Eigenschaft lässt mehrere Einstellungen zu, wird aber nicht von jeder Schriftart unterstützt.
`FontStyle`	`FontStyle` gibt an, ob eine Schrift normal oder kursiv dargestellt wird.
`FontWeight`	`Die Eigenschaft` beschreibt, wie fett die Schrift dargestellt werden soll. Im Gegensatz zu den Einstellungen unter WinForms (`true` oder `false`), sind unter WPF sehr viele Grade einstellbar, die aber nicht von allen Schriftarten gleichermaßen unterstützt werden.

Tabelle 19.4 Eigenschaften eines Fonts

19.4 Buttons

Schaltflächen sind ein wesentlicher Bestandteil jeder Windows-Anwendung und relativ einfach aufgebaut. Wir wollen uns daher zuerst dieser Familie zuwenden. Grundsätzlich werden zu den Schaltflächen fünf verschiedene Steuerelemente gerechnet:

- `Button`
- `ToggleButton`
- `RepeatButton`
- `RadioButton`
- `CheckBox`

In der Toolbox werden Sie die Steuerelemente `ToggleButton` und `RepeatButton` nicht finden, da diese beiden Typen ausschließlich anderen Steuerelementen als Basisklasse dienen. Alle genannten Typen sind aber auf die gemeinsame Basisklasse `ButtonBase` zurückzuführen.

19.4.1 Die Basisklasse »ButtonBase«

Das grundlegende Verhalten aller Schaltflächen-Steuerelemente ist bereits in der Basisklasse `ButtonBase` festgelegt. Das auffälligste Merkmal dürfte sein, dass sie angeklickt werden können. Die Eigenschaft IsPressed liefert die Information, ob der Button aktuell gedrückt ist oder nicht.

Interessant dabei ist, dass festgelegt werden kann, wann das Click-Ereignis ausgelöst wird. Unter Windows Forms war das nicht möglich, hier wurde das Ereignis grundsätzlich immer beim Loslassen der Maustaste ausgelöst. Das ist in WPF zwar auch die Vorgabe, kann aber durch entsprechendes Setzen der Eigenschaft ClickMode geändert werden. ClickMode gestattet drei verschiedene Einstellungen: Release, Press und Hover, deren Beschreibung Sie Tabelle 19.5 entnehmen können.

Member	Beschreibung
Release	Das Ereignis wird ausgelöst, wenn auf eine Schaltfläche geklickt und die Maustaste losgelassen wird. Dies ist die Standardvorgabe.
Press	Das Ereignis wird ausgelöst, wenn auf eine Schaltfläche geklickt wird, sie aber noch nicht losgelassen wird.
Hover	Das Ereignis wird ausgelöst, wenn der Mauszeiger über ein Steuerelement bewegt wird.

Tabelle 19.5 Die Enumeration »ClickMode«

19.4.2 Das Steuerelement »Button«

Schaltflächen vom Typ Button sind vielleicht die am häufigsten anzutreffenden Steuerelemente. Ihr Einsatz ist denkbar einfach. Ziehen Sie das Element aus der Toolbox in das Window, oder schreiben Sie direkt den XAML-Code. Nach der Festlegung der Eigenschaften hinsichtlich Größe und Position legen Sie noch die Eigenschaft Content fest.

Button-Objekte weisen aber auch noch eine besondere Eigenschaft auf. Sie können in einem Fenster je einen Button mit IsDefault = True bzw. IsCancel = true kennzeichnen. Diese Schaltflächen reagieren auf die [↵]- bzw. die [ESC]-Taste. Wurde das entsprechende Fenster zuvor mit der Methode ShowDialog geöffnet, bewirken diese Schaltflächen auch das Schließen des Fensters. Dabei wird an ShowDialog der Wert True oder False übergeben.

Hinweis

Leicht zu verwechseln sind die beiden Eigenschaften IsDefault und IsDefaulted. Letztgenannte gehört zu einer langen Liste weiterer Eigenschaften, die über spezifische Zustände Auskunft geben. IsDefaulted gibt an, ob ein Button die Schaltfläche ist, die beim Drücken der Eingabetaste betätigt wurde. Diese Eigenschaft ist auch schreibgeschützt.

Buttons können mit einer Tastenkombination [Alt]+[Buchstabe] aktiviert werden. Im XAML-Code kennzeichnen Sie den sogenannten Mnemonics-Buchstaben durch das Voranstellen eines Unterstrichs. Der Unterstrich ist nur im laufenden Programm zu sehen, wenn der Benutzer die [Alt]-Taste drückt. Natürlich geht diese Fähigkeit verloren, wenn Sie anstatt einer Zeichenfolge der Content-Eigenschaft ein anderes Steuerelement übergeben.

Hinsichtlich der Ereignisse gibt es nicht viel zu erzählen. In der Regel werden Sie nur das Ereignis Click programmieren.

19.4.3 Das Steuerelement »ToggleButton«

Ein Button-Objekt wird nach dem Anklicken wieder seinen ursprünglichen Zustand einnehmen. In dieser Hinsicht verhält sich ein ToggleButton anders, obwohl er im ersten Moment optisch einem Button-Control entspricht. Ein ToggleButton behält nach dem Klicken seinen Zustand bei. Wird er angeklickt, behält er so lange seine Position bei, bis der nächste Klick erfolgt.

Der aktuelle Zustand kann mit der Eigenschaft IsChecked ausgewertet werden. Normalerweise wird das Steuerelement true (aktiviert) oder false (deaktiviert) zurückliefern. Ein ToggleButton kann aber auch drei Zustände beschreiben: true, false und null. Mit dem dritten Zustand wird ein undefinierter Zustand beschrieben. Diesen Zustand kann ein ToggleButton-Objekt nur annehmen, wenn die Eigenschaft IsThreeState = true gesetzt ist.

Hinsichtlich der Ereignisse ist erwähnenswert, dass mit Checked, Unchecked und Intermediate Ereignisse ausgelöst werden, wenn der entsprechende Zustand erreicht wird.

Das Steuerelement ToggleButton, das zum Namespace System.Windows.Controls.Primitives gehört, werden Sie in der Toolbox vergeblich suchen, weil es normalerweise nur im Zusammenhang mit komplexeren Steuerelementen verwendet wird (beispielsweise der Symbolleiste). Sie können das Steuerelement aber dennoch problemlos im XAML-Code benutzen.

Ein kleines Codebeispiel soll am Schluss den Einsatz zeigen:

```
<ToggleButton Checked="toggleButton1_Checked"
              Unchecked="toggleButton1_Unchecked"
              IsEnabled="True">ToggleButton
              ...
</ToggleButton>
```

In der Code-Behind-Datei können Sie die Ereignishandler programmieren, beispielsweise:

```
private void toggleButton1_Checked(object sender, RoutedEventArgs e) {
  MessageBox.Show("Aktueller Zustand: Checked");
}
private void toggleButton1_Unchecked(object sender, RoutedEventArgs e) {
  MessageBox.Show("Aktueller Zustand: Unchecked");
}
```

Alternativ zu Checked und Unchecked kann der Zustand auch über das Click-Ereignis ermittelt werden:

```
private void toggleButton1_Click(object sender, RoutedEventArgs e) {
  if((bool)toggleButton1.IsChecked)
    MessageBox.Show("Zustand: Checked");
  else
    MessageBox.Show("Zustand: Unchecked");
}
```

19.4.4 Das Steuerelement »RepeatButton«

Ähnlich wie der zuvor besprochene Button agiert auch ein RepeatButton. Der Unterschied ist, dass dieser Schaltflächentyp kontinuierlich Click-Ereignisse auslöst, solange der Mauszeiger bei gedrückter Maustaste auf das Steuerelement weist. Die Häufigkeit, mit der Click-Ereignisse auftreten, hängt von den Einstellungen der Eigenschaften Delay und Interval ab. Die Zeitspanne vom Drücken bis zur ersten Click-Auslösung wird von Delay beschrieben und ist eine Angabe in Millisekunden. Die Zeitspanne zwischen den sich wiederholenden Ereignissen beschreibt Interval (ebenfalls in Millisekunden).

Ähnlich wie ein ToggleButton gehört auch dieses Steuerelement zum Namespace System.Windows.Controls.Primitives und wird nicht in der Toolbox angeboten. Meistens findet es Verwendung im Zusammenhang mit anderen, komplexeren Steuerelementen.

Sinnvoll ist dieses Steuerelement, wenn es darum geht, Werte kontinuierlich zu erhöhen oder zu verringern. Sie können dieses Steuerelement dazu verwenden, um beispielsweise ein »Up-Down«-Control zu entwickeln, wie es im folgenden Beispiel gezeigt wird.

```
// ---------------------------------------------------------------
// Beispiel: ...\Kapitel 19\RepeatButtonSample
// ---------------------------------------------------------------
<Window ...>
<StackPanel>
  <Border Margin="5" HorizontalAlignment="Left" BorderThickness="1"
          BorderBrush="Black">
    <Grid>
      <Grid.RowDefinitions>
        <RowDefinition></RowDefinition>
        <RowDefinition></RowDefinition>
      </Grid.RowDefinitions>
      <Grid.ColumnDefinitions>
        <ColumnDefinition></ColumnDefinition>
        <ColumnDefinition></ColumnDefinition>
      </Grid.ColumnDefinitions>
      <Label Name="lblNumber" Grid.RowSpan="2" Content="0"
```

```
            VerticalAlignment="Center" MinWidth="40"  />
      <RepeatButton Name="btnUp" Grid.Column="1" Click="btnUp_Click">
        <Polygon Margin="4,0" Points="3,0 6,6 0,6 3,0"
                 Stroke="Black" Fill="Black"/>
      </RepeatButton>
      <RepeatButton Name="btnDown" Grid.Row="1" Grid.Column="1"
                    Click="btnDown_Click">
        <Polygon Margin="4,0" Points="3,6 6,0 0,0 3,6"
                 Stroke="Black" Fill="Black"/>
      </RepeatButton>
    </Grid>
  </Border>
</StackPanel>
</Window>
```

Zu diesem XAML-Code gehört der folgende C#-Code, der keiner weiteren Erläuterung bedarf:

```
private void btnUp_Click(object sender, RoutedEventArgs e) {
  lblNumber.Content = Convert.ToInt32(lblNumber.Content.ToString()) + 1;
}
private void btnDown_Click(object sender, RoutedEventArgs e) {
  lblNumber.Content = Convert.ToInt32(lblNumber.Content.ToString()) - 1;
}
```

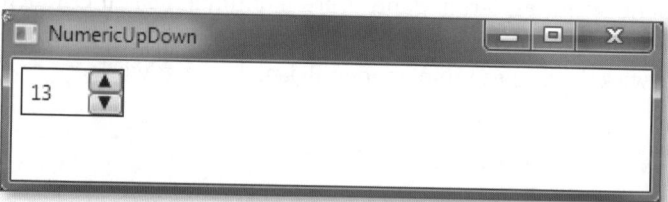

Abbildung 19.7 Ausgabe des Beispiels »RepeatButtonSample«

19.4.5 Das Steuerelement »Checkbox«

Die `CheckBox` ähnelt vom Verhalten her einem `ToggleButton`, hat aber eine andere Darstellung. Der Zustand wird durch ein Zustandshäkchen angezeigt.

19.4.6 Das Steuerelement »RadioButton«

Auch ein `RadioButton` ist ein `ToggleButton`, allerdings mit einem etwas anderen Verhalten in der Hinsicht, dass mehrere `RadioButton`s eine Gruppe bilden und immer nur einer ausgewählt sein kann. Die anderen `RadioButton`-Elemente der Gruppe sind dann deaktiviert.

Befinden sich mehrere RadioButtons in einem übergeordneten Panel, bilden diese automatisch eine Gruppe. Sollen mehrere verschiedene Gruppen in einem Panel gebildet werden, stellen Sie einfach die Eigenschaft GroupName ein. Alle RadioButton-Elemente mit demselben GroupName-Bezeichner gehören einer gemeinsamen Gruppe an. Eine andere Möglichkeit ist, für alle zu gruppierenden Steuerelemente ein separates Panel bereitzustellen. Dabei kann es sich um Layoutcontainer handeln, aber auch um Steuerelemente wie Panel oder GroupBox.

Im folgenden Beispielcode sind zwei Gruppen von RadioButton-Steuerelementen definiert, die sich im gleichen Container befinden. Die Gruppenzugehörigkeit wird durch GroupName beschrieben. Innerhalb jeder Gruppe ist jeweils ein RadioButton durch Angabe der Eigenschaft IsSelected vorselektiert.

```
<Window ... >
  <StackPanel Margin="10">
    <!-- erste Gruppe -->
    <RadioButton Content="Schornsteinfeger" GroupName="Gruppe1"
                 Margin="5,0,5,5" />
    <RadioButton Content="Bäckermeister" GroupName="Gruppe1"
                 Margin="5,0,5,5" IsChecked="True" />
    <RadioButton Content="Dachdecker" GroupName="Gruppe1"
                 Margin="5,0,5,20" />
    <!-- zweite Gruppe -->
    <RadioButton Content="Mann" GroupName="Gruppe2"
                 Margin="5,0,5,5" />
    <RadioButton Content="Frau" GroupName="Gruppe2"
                 Margin="5,0,5,5" IsChecked="True" />
  </StackPanel>
</Window>
```

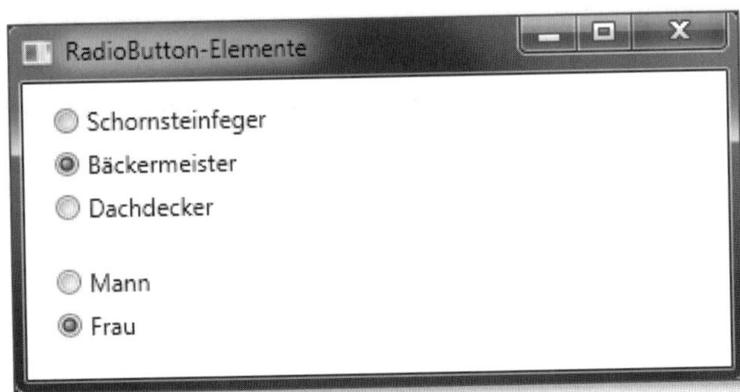

Abbildung 19.8 Gruppierte RadioButtons

19.5 Einfache Eingabesteuerelemente

19.5.1 Das Steuerelement »Label«

Ein `Label` dient in einem `Window` dazu, Text anzuzeigen. Es gehört zu den sogenannten Content-Steuerelementen, hat also eine Eigenschaft `Content`. Die Größe eines Labels ergibt sich aus dem Inhalt. Sie sollten daher die Größe nicht ausdrücklich angeben, da der anzuzeigende Text ansonsten unter Umständen abgeschnitten wird.

Eine Besonderheit dieses Steuerelements ist die mögliche Definition eines Hotkeys. Wird die [Alt]-Taste zusammen mit dem Hotkey gedrückt, erhält ein anderes Steuerelement den Tastaturfokus. Das Tastenkürzel wird im Text des `Label`-Steuerelements durch einen Unterstrich ausgedrückt.

Die Zuordnung des Steuerelements, das den Tastaturfokus erhalten soll, erfolgt mit der `Target`-Eigenschaft. So könnten Sie beispielsweise festlegen, dass beim Drücken von [Alt] + [W] die `TextBox` mit dem Bezeichner `txtWohnort` den Fokus erhält. Das entsprechende Codefragment dazu sieht wie folgt aus:

```
<Label Target="{Binding ElementName=txtWohnort}"
       Height="28" Name="label1" Width="80">_Wohnort:</Label>
<TextBox Height="25" Name="txtWohnort" Width="120" />
```

Zur Laufzeit wird der Access-Key allerdings erst dann sichtbar, wenn die Taste [Alt] gedrückt wird. Wollen Sie innerhalb der Zeichenfolge einen Unterstrich schreiben, müssen Sie zwei angeben.

Ein Label unterstützt von Haus aus keine Zeilenumbrüche. Aber es gibt zwei Möglichkeiten, dennoch Zeilenumbrüche zu erzwingen:

- `TextBlock`
- `AccessText`

`TextBlock` ist ein Steuerelement, das wir später noch behandeln werden. Das Zusammenspiel zwischen der `Content`-Eigenschaft des `Labels` mit einem `TextBlock`-Objekt gestattet es, Zeilenumbrüche darzustellen.

```
<Label>
  <TextBlock TextWrapping="Wrap">
    Hier wird ein Zeilenumbruch gezeigt.
  </TextBlock>
</Label>
```

Nachteilig ist der Einsatz eines `TextBlock`-Elements, wenn Sie einen Hotkey bereitstellen wollen. Der `TextBlock` wird den Unterstrich auch als solchen darstellen. Für eine Kombination aus Zeilenumbruch und `Hotkey` eignet sich das `AccessText`-Element.

```
<Label Target="{Binding TextBox1}">
  <AccessText TextWrapping="Wrap">
    Hier wird ein _Zeilenumbruch mit Hotkey gezeigt.
  </AccessText>
</Label>
```

19.5.2 Das Steuerelement »TextBox«

Die TextBox dient dazu, die Texteingabe eines Benutzers entgegenzunehmen oder einfach nur Text anzuzeigen. Dabei kann es sich um ein- oder mehrzeiligen unformatierten Text handeln. Von Haus aus ist die TextBox bereits mit vielen Fähigkeiten ausgestattet. Beispielsweise beherrscht sie den Datenaustausch über die Zwischenablage, hat eine eingebaute Rechtschreibkorrektur und darüber hinaus auch noch eine mehrstufige Undo-Funktion. Alle angeführten Verhaltensweisen können genutzt werden, ohne dass Sie eine Zeile Code schreiben müssen.

Größe des Steuerelements

Die Größe einer TextBox ergibt sich aus ihrem Inhalt. Je nachdem, in welchem Panel die TextBox platziert ist, kann ihre Größe auf unvertretbares Maß schrumpfen. Es ist daher empfehlenswert, eine TextBox in einem Panel unterzubringen, das zumindest die Breite des Inhalts vorgibt. Das wäre beispielsweise in einem StackPanel oder einer Grid-Zelle mit der Einstellung Width=*. Sie können zwar auch die Eigenschaft MinWidth einstellen, aber damit geht unter anderem auch die Anpassungsfähigkeit an andere Schriftgrößen verloren.

Berücksichtigen sollten Sie auch die Höhe einer TextBox, die mehrere Zeilen anzeigen kann. Anstatt MinHeight und MaxHeight festzulegen, sollten Sie besser die Eigenschaften MinLines und MaxLines verwenden. Diese beiden Eigenschaften limitieren die Zeilen und berücksichtigen dabei die aktuelle Schriftart und -größe.

Texteingabe

Per Vorgabe ist die Eingabe in einer TextBox immer einzeilig. Mit der Einstellung AcceptsReturn=True geben Sie an, dass beim Drücken der Eingabetaste eine neue Zeile eingefügt werden kann. Der Benutzer kann dann auch mehrzeilige Texte eingeben. Behalten Sie die Vorgabe AcceptsReturn=False bei, wird beim Drücken der Eingabetaste der Standard-Button betätigt. Ähnliches gilt für die Eigenschaft AcceptsTab. Stellen Sie die Eigenschaft auf True ein, wird ein Tabulator in die TextBox eingefügt. Mit False wird zum nächsten Steuerelement in der Aktivierungsreihenfolge geschaltet.

Bei umfangreichen Texten sollten Sie berücksichtigen, Schiebebalken zu aktivieren. Das geschieht mit den Eigenschaften VerticalScrollBarVisibility und HorizontalScrollBarVisibility, die Sie auf Auto stellen sollten. Beide Eigenschaften sind vom Typ der Enumeration ScrollBarVisibility, deren Werte Sie Tabelle 19.6 entnehmen können.

Einstellung	Beschreibung
Auto	Falls notwendig, wird ein Rollbalken automatisch angezeigt.
Disabled	Der Rollbalken wird nur im Bedarfsfall angezeigt.
Hidden	Ein Rollbalken wird auch dann nicht angezeigt, wenn es erforderlich wäre.
Visible	Der Rollbalken wird immer angezeigt.

Tabelle 19.6 Werte der Enumeration »ScrollBarVisibility«

Überschreitet die Benutzereingabe die Breite der `TextBox`, wird über den rechten Rand hinaus geschrieben. Sie können mit der Eigenschaft `TextWrapping=Wrap` erzwingen, dass die Eingabezeile umbrochen wird, sobald das Ende der `TextBox` erreicht ist (die Standardvorgabe ist `TextWrapping=NoWrap`). Dabei sollten Sie aber Vorsicht walten lassen. Handelt es sich dabei um ein sehr langes Wort, wird es mittendrin umbrochen. Könnte ein solcher Fall auftreten, sollten Sie sich besser für die dritte Einstellmöglichkeit, `WrapWithOverFlow`, entscheiden. Diese umbricht das Wort zwar nicht mittendrin, hat aber zur Folge, dass die Zeile länger wird, als von der angegebenen Größe der `TextBox` vorgesehen ist.

Textanzeige

Der Inhalt der `TextBox` wird durch die Eigenschaft `Text` beschrieben. Sie können diese Eigenschaft auch mit Code festlegen oder auswerten. Die Ausrichtung des Textes erfolgt mit der Eigenschaft `TextAlignment`. Zulässige Werte sind vom Typ der Enumeration `TextAlignment`. Sie sind Tabelle 19.7 zu entnehmen.

Wert	Beschreibung
Center	Der Text wird in der TextBox zentriert ausgerichtet.
Left	Der Text wird in der TextBox links ausgerichtet.
Right	Der Text wird in der TextBox rechts ausgerichtet.
Justify	Der Text wird in der TextBox so ausgerichtet, dass alle Zeilen die gleiche Länge haben.

Tabelle 19.7 Textausrichtung mit der Enumeration »TextAlignment«

Mit der Eigenschaft `TextDecoration` lässt sich der Text »verzieren«. Genauer gesagt, können Sie die Dekorationen `Overline`, `Underline`, `Baseline` und `Strikethrough` einstellen.

```
<TextBox FontSize="36">
  <TextBox.TextDecorations>
    <TextDecoration Location="Underline"/>
  </TextBox.TextDecorations>
  Testtext
</TextBox>
```

Dekorationen können in vielerlei Hinsicht gestylt werden. So können Sie gestrichelte Dekorationen, aber auch Dekorationen mit Farbverlauf realisieren.

Hinweis

Fette oder kursive Schrift wird nicht über `TextDecorations` eingestellt, sondern über die Eigenschaft der eingestellten Schriftart.

Markierter Text

Den vom Anwender markierten Text liefert die Eigenschaft `SelectedText`. Die Länge des selektierten Textes kann mit `SelectionLength` abgefragt werden. Die dritte Eigenschaft, `SelectionStart`, gibt an, bei welchem Buchstaben die Auswahl beginnt. Dabei wird von Textbeginn an gezählt, wobei der erste Buchstabe in der `TextBox` den Wert 0 hat. Ist in dem Text »Aachen« beispielsweise die Teilzeichenfolge »chen« selektiert, liefert `SelectionStart` den Wert 2.

Methoden zur Bearbeitung von Text

Zum Kopieren, Ausschneiden und Einfügen stehen die Methoden `Copy`, `Cut` und `Paste` zur Verfügung. Mit der Methode `SelectAll` wird der komplette Inhalt der `TextBox` markiert. `Undo` macht die letzte Aktion rückgängig, und `Redo` macht den letzten Rückgängig-Befehl rückgängig.

Die Anzahl der Undo- und Redo-Aktionen ist theoretisch unbegrenzt, das heißt, die Grenzen werden nur durch den zur Verfügung stehenden Speicher gesetzt. So ist zumindest die Voreinstellung. Ein sinnvoller Grenzwert kann mit der Eigenschaft `UndoLimit` festgelegt werden. Möchten Sie die Undo- und Redo-Aktionen generell ausschalten, stellen Sie die Eigenschaften `CanUndo` und `CanRedo` auf `false` ein.

Interessant ist in diesem Zusammenhang auch, mehrere Bearbeitungsschritte mit den Methoden `BeginChange` und `EndChange` zusammenzufassen. Diese Aktionen werden dann als ein einziger Undo-Schritt gewertet. Allerdings geht das natürlich nur im Programmcode.

Rechtschreibprüfung

Wie bereits am Anfang erwähnt wurde, unterstützt die WPF-`TextBox` auch die Rechtschreibprüfung. Dieses Verhalten muss allerdings erst mit `SpellCheck.IsEnabled = true` aktiviert werden. Es kommt dann automatisch die in den Systemeinstellungen ausgewählte Sprache zur Anwendung. Wünschen Sie eine andere Sprache, geben Sie diese der Eigenschaft `Language` als Sprachcode an (z. B. `Language = en-us`). Sie können sogar zwischen der alten und der neuen Rechtschreibung auswählen. Auch dafür dient die Eigenschaft `SpellCheck`, die neben `IsEnabled` auch noch `SpellingReform` anbietet.

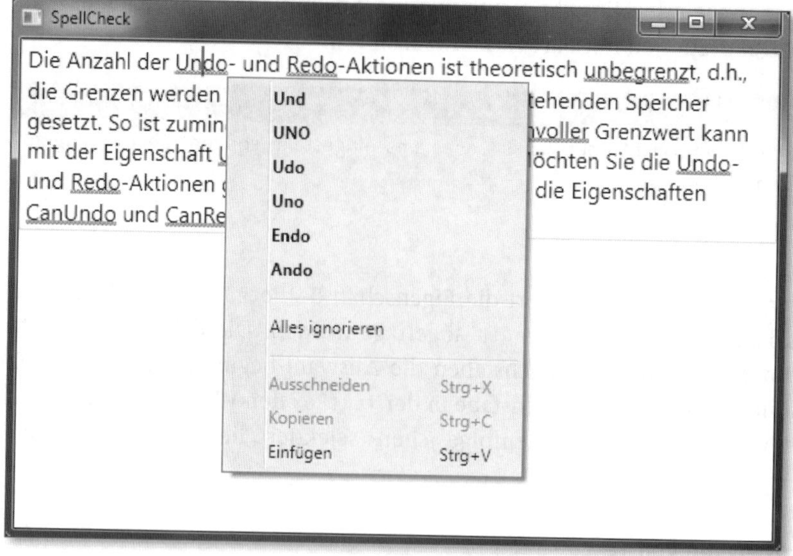

Abbildung 19.9 Rechtschreibprüfung einer »TextBox«

Einen Haken hat die Rechtschreibprüfung aber immer noch. Auch in der aktuellen Version des .NET Framewoks sucht man immer noch vergeblich nach einer ausreichenden Dokumentation. Sie war und ist weiterhin verbesserungswürdig. Zudem gibt es auch keine Möglichkeit, die Rechtschreibkontrolle durch eigene Wörterbücher zu verbessern.

19.5.3 Das Steuerelement »PasswordBox«

Das Steuerelement `PasswordBox` dient zur Eingabe eines Passworts. Dieses Control ist deutlich einfacher in der Handhabung als eine `TextBox`, da viele Eigenschaften und Methoden einer `TextBox` nicht angeboten werden.

Das vom Benutzer eingegebene Passwort wird nicht als Text angezeigt, da die einzelnen Buchstaben durch ein Maskierungszeichen ersetzt werden. Per Vorgabe handelt es sich dabei um einen fetten Punkt. Sie können mit der Eigenschaft `PasswordChar` aber auch ein anderes Zeichen festlegen. Die eingegebene Zeichenfolge kann über die Eigenschaft `Password` ausgewertet werden.

Erwähnenswert ist ein Ereignis dieses Steuerelements: `PasswordChanged`. Das Ereignis tritt auf, wenn sich die Eigenschaft `Password` ändert. Damit wäre es Ihnen möglich, die Anzahl der Fehlversuche zu protokollieren und gegebenenfalls weitere Eingabeversuche zu unterbinden.

19.5.4 Das Steuerelement »TextBlock«

Das `TextBox`-Steuerelement ist nur zur Anzeige unformatierter Texte geeignet. Stilistische Änderungen innerhalb des angezeigten Textes sind nicht möglich. Eine `TextBlock`-Komponente ist in dieser Hinsicht etwas attraktiver. Allerdings kann der Inhalt nicht verändert werden. Sehen wir uns an, welche Möglichkeiten in einem `TextBlock` stecken. Dabei soll nur ein kleiner Auszug aus den zur Verfügung stehenden Möglichkeiten gezeigt werden.

Silbentrennung

Mit der Eigenschaft `IsHyphenationEnabled = true` legen Sie fest, dass die automatische Silbentrennung von Wörtern aktiviert ist. Anzumerken ist dabei, dass die Silbentrennung nicht immer einwandfrei funktioniert, obwohl laut Dokumentation die Standardregeln der Grammatik zugrunde liegen.

Zeilenumbruch (manuell)

Mit dem Element `<LineBreak />` können Sie einen manuellen Zeilenumbruch in den angezeigten Text einfügen.

Zeilenumbruch (automatisch)

Geben Sie in einem `TextBlock` einen sehr langen Text ein, wird dieser standardmäßig am Ende abgeschnitten. Die Einstellung `TextWrapping = Wrap` bewirkt einen automatischen Zeilenumbruch, allerdings auch mitten im Wort. Mit `TextWrapping = WrapWithOverflow` wird ein Umbruch möglich, aber nicht mitten im Wort. Mit der Einstellung `NoWrap` wird kein Zeilenumbruch ausgeführt.

Textbeschneidungen

Wird ein Text innerhalb einer dargestellten Zeile zu lang, wird er normalerweise abgeschnitten oder umbrochen. Eine dritte Variante besteht darin, Fortsetzungszeichen in Form von drei Punkten anzuzeigen. Für dieses Verhalten ist die Eigenschaft `TextTrimming` verantwortlich. `TextTrimming` kennt drei Werte, die Sie Tabelle 19.8 entnehmen können.

Wert	Beschreibung
`None`	Der Text wird nicht abgeschnitten.
`CharacterEllipsis`	Der Text wird an einer Zeichengrenze abgeschnitten, und drei Punkte werden als Auslassungszeichen dargestellt.
`WordEllipsis`	Der Text wird an einer Wortgrenze abgeschnitten, und drei Punkte werden als Auslassungszeichen dargestellt.

Tabelle 19.8 Die Werte der »TextTrimming«- Enumeration

```
<TextBlock TextWrapping="Wrap" TextTrimming="CharacterEllipsis">
  DasIstWortEins DasIstWortzwei DasIstWortDrei
</TextBlock>

<TextBlock TextWrapping="NoWrap" TextTrimming="CharacterEllipsis">
  DasIstWortEins DasIstWortzwei DasIstWortDrei
</TextBlock>

<TextBlock TextWrapping="NoWrap" TextTrimming="WordEllipsis">
  DasIstWortEins DasIstWortzwei DasIstWortDrei
</TextBlock>

<TextBlock TextWrapping="WrapWithOverflow" TextTrimming="CharacterEllipsis">
  DasIstWortEins DasIstWortzwei DasIstWortDrei
</TextBlock>
```

Abbildung 19.10 Einstellungen der Eigenschaften »TextWrapping« und »TextTrimming«

Allgemeine Textdarstellung

Mit den Elementen <Bold> und <Italic> lassen sich einzelne Wörter fett oder kursiv anzeigen. Tatsächlich können Sie auch mit dem von HTML bekannten <Span>-Element besondere Textdarstellungen erreichen, beispielsweise um den vom <Span>-Element eingegrenzten Textbereich farblich anders zu gestalten oder eine andere Schriftart zu verwenden. Im folgenden Beispielcode werden einige der zuvor aufgeführten Elemente innerhalb eines TextBlock-Elements gezeigt.

```
<Grid>
  <Border Padding="10">
    <TextBlock FontSize="18" TextWrapping="Wrap"
                             IsHyphenationEnabled="True">
      Das ist ein <Italic>sehr</Italic> langer <Bold>Text</Bold>
      in einem TextBlock-Element.
      <LineBreak /><LineBreak />
      Bitte schauen Sie sich an, wie einzelne Textabschnitte innerhalb
      dies Textes unterschiedlich formiert werden können.
      <LineBreak />
```

```
      Naürlich kann auch die <Span FontFamily="Courier New">
      Schriftart</Span>, die <Span Foreground="Red" FontWeight="Bold">
      Schriftfarbe</Span> oder der <Span Background="Red">Hintergrund</Span>
      angepasst werden.
    </TextBlock>
  </Border>
</Grid>
```

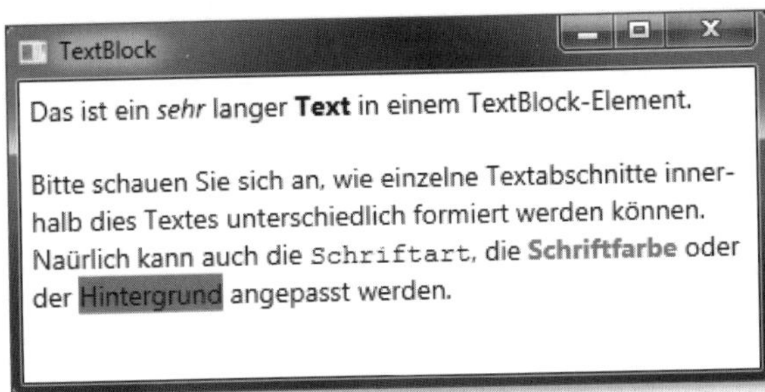

Abbildung 19.11 Textformatierungen im »TextBlock«

Texteffekte

Unter Zuhilfenahme von Transformationen können Sie die gesamte TextBlock-Komponente manipulieren. Mit der Eigenschaft TextEffects geht das sogar mit einzelnen Buchstaben. TextEffects verwaltet dazu eine Collection von TextEffect-Objekten. Jedes TextEffect-Objekt wird durch eine Reihe von Eigenschaften beschrieben, wobei die wichtigsten PositionStart, PositionCount und Transform sind. PositionStart legt dabei den Buchstaben fest, ab dem der Effekt beginnen soll, PositionCount die Anzahl der Buchstaben. Transform schließlich beschreibt den Effekt.

Das folgende Beispiel soll Ihnen zumindest ansatzweise zeigen, welche Möglichkeiten sich hinter TextEffects verbergen. Hier werden jeweils die Anfangsbuchstaben zweier Wörter gekippt:

```
<StackPanel>
  <TextBlock FontSize="30">
    Hallo Aachen
    <TextBlock.TextEffects>
      <TextEffect PositionStart="0" PositionCount="1">
        <TextEffect.Transform>
          <RotateTransform Angle="-45" CenterX="10" CenterY="15" />
        </TextEffect.Transform>
      </TextEffect>
      <TextEffect PositionStart="6" PositionCount="1">
        <TextEffect.Transform>
```

```
          <RotateTransform Angle="40" CenterX="90" CenterY="25" />
        </TextEffect.Transform>
      </TextEffect>
    </TextBlock.TextEffects>
  </TextBlock>
</StackPanel>
```

Abbildung 19.12 Texteffekte

19.5.5 Das Steuerelement »Tooltip«

In Windows-Anwendungen werden Zusatzinformationen über kleine Rechtecke bereitgestellt, die als Tooltipps bezeichnet werden. Angezeigt werden Tooltipps immer dann, wenn die Maus sich über einem Steuerelement oder einer Komponente befindet und eine Weile nicht bewegt wird. Jeder Komponente kann ein eigener Tooltipp zugeordnet werden. Dazu dient die Eigenschaft `ToolTip` der Komponenten. Im einfachsten Fall kann ein `ToolTip`-Element wie im folgenden Listing gezeigt festgelegt werden:

```
<StackPanel>
  <Button Height="40" Width="150">
    Beenden
    <Button.ToolTip>
      Hiermit schließen Sie das Fenster
    </Button.ToolTip>
  </Button>
</StackPanel>
```

Sie können aber die Fähigkeiten der WPF nutzen und den Inhalt der `ToolTip`-Eigenschaft frei definieren. Im folgenden Listing wird dazu ein `StackPanel` verwendet, das seinerseits ein `Label`- und ein `TextBlock`-Element enthält.

```
<StackPanel>
  <Button Height="40" Width="150">
    Beenden
    <Button.ToolTip>
      <StackPanel>
        <Label FontSize="14" HorizontalAlignment="Center" Foreground="Red"
               FontWeight="Bold">Achtung!</Label>
        <TextBlock MaxWidth="250" TextWrapping="Wrap">Durch Klicken dieser
                   Schaltfläche wird das Fenster geschlossen und alle
                   Änderungen gehen verloren.
```

```
        </TextBlock>
      </StackPanel>
    </Button.ToolTip>
  </Button>
</StackPanel>
```

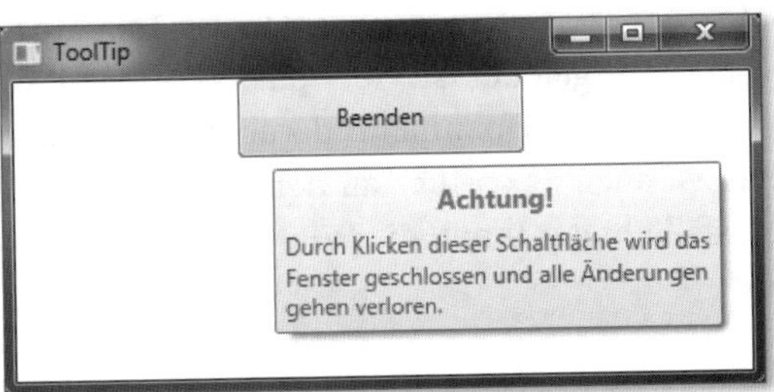

Abbildung 19.13 Ein ToolTip-Steuerelement

Sie können die Anzeige des ToolTips nach eigenem Ermessen konfigurieren. Dazu verwenden Sie die Klasse `ToolTipService`. Mit deren Hilfe können Sie beispielsweise mit der Eigenschaft `ShowDuration` die Anzeigedauer bestimmen und mit `InitialShowDelay` die Verzögerung festlegen, bis ein Tooltipp angezeigt wird. Die Zeitangaben erfolgen in Millisekunden. Standardmäßig erfolgt die Anzeige des ToolTips beim Mauszeiger, sie kann aber mit den Eigenschaften `HorizontalOffset`, `VerticalOffset`, `PlacementTarget` und `PlacementRectangle` auch nach eigenen Vorstellungen eingestellt werden. Auch diese Eigenschaften stellen Sie mit `ToolTipService` direkt im betreffenden Element ein.

```
<Button Height="40" Width="150"
        ToolTipService.ShowDuration="3000"
        ToolTipService.InitialShowDelay="500">
  Beenden
  ...
</Button>
```

19.6 FlowDocuments

19.6.1 Allgemeine Beschreibung

Mit den Steuerelementen `Label` und `TextBlock` haben Sie auf den letzten Seiten zwei Steuerelemente kennengelernt, die zur Laufzeit keine Textänderungen zulassen. Mit einer `TextBox`-Komponente ermöglichen Sie dem Anwender auf der einen Seite, eigene Einträge vorzunehmen. Der eingegebene Text ist allerdings unformatiert, das bedeutet, in einer `TextBox` kann der Inhalt nur in einer Schriftart dargestellt werden, er ist entweder komplett fett oder kursiv, lässt auch keine anderen optischen Hervorhebungen (beispielsweise durch unterschiedliche Farbwahl) zu. Verglichen mit den Möglichkeiten, die selbst HTML bietet, ist das geradezu erbärmlich, es genügt aber den Anforderungen, die an ein einfaches Eingabesteuerelement gestellt werden.

Hinsichtlich der Verarbeitung und Darstellung von Text hat die WPF aber noch weitaus mehr zu bieten als die genannten einfachen Steuerelemente `Label` oder `TextBox`. Eins haben Sie bereits kennengelernt, nämlich `TextBlock`. Genau genommen ist `TextBlock` jedoch kein Steuerelement, da es nicht von `Control` abgeleitet ist. Aber ein `TextBlock` lässt bereits kurze, formatierte Texte zu. Sollen innerhalb eines Dokuments darüber hinaus auch Listen, Tabellen oder Bilder angezeigt werden, ist auch `TextBlock` an den Grenzen seiner Fähigkeiten angelangt. Für solche Anwendungsfälle bietet Ihnen die WPF mit

- `FlowDocumentReader`
- `FlowDocumentPageViewer`
- `FlowDocumentScrollViewer`

drei weitere Steuerelemente an, mit denen praktisch beliebig strukturierte Dokumente in einem `Window` oder einer `Page` angezeigt werden können.

Ehe wir uns aber diesen drei Steuerelementen widmen, müssen wir uns damit auseinandersetzen, wie der anzuzeigende Dokumentinhalt definiert wird, der im allgemeinen als *FlowDocument* bezeichnet wird.

Bei einem `FlowDocument` handelt es sich also um ein Dokument, das in einem der drei zuvor angeführten Viewer angezeigt werden kann. Im XAML-Code wird das `FlowDocument` im Viewer eingebettet, wie im folgenden Listing gezeigt wird:

```
<FlowDocumentReader>
  <FlowDocument>
    <!-- Inhalt, der durch Blöcke beschrieben wird -->
  </FlowDocument>
</FlowDocumentReader>
```

Für ein `FlowDocument` gibt es klare Richtlinien, die die Darstellung und den strukturellen Aufbau beschreiben. Ein `FlowDocument` setzt sich aus einem oder mehreren sogenannten Blöcken zusammen. Es stehen Ihnen insgesamt fünf verschiedene Block-Typen mit einer Vielzahl von Eigenschaften zur Verfügung, die dem `FlowDocument` das gewünschte Aussehen und Verhalten verleihen. Bei den Blöcken handelt es sich um `Section`, `Paragraph`, `List`, `Table` und `BlockUIContainer`.

Hinweis

Genau genommen kennen Sie bereits ein `FlowDocument`. Es handelt sich um den weiter oben behandelten `TextBlock`. Ein `TextBlock` gestattet jedoch nur die Anzeige einfacher Elemente. Weitergehende Darstellungsformen, beispielsweise die Anzeige einer Liste oder einer Tabelle, werden von der `TextBlock`-Komponente nicht angeboten. Ein `TextBlock` benötigt keinen separaten Viewer, denn dieses Steuerelement ist `FlowDocument` und Viewer gleichzeitig.

19.6.2 Eigenschaften eines FlowDocuments

Um ein `FlowDocument` zu beschreiben, stehen Ihnen viele Eigenschaften zur Verfügung. Einige sind Ihnen bereits geläufig, beispielsweise `Padding`, `Margin`, `FontStyle` usw. Auf einige spezifische Eigenschaften soll aber an dieser Stelle eingegangen werden. Sehen Sie sich dazu bitte Tabelle 19.9 an.

Eigenschaft	Beschreibung
`IsHyphenationEnabled`	Diese Eigenschaft gibt an, ob eine Silbentrennung durchgeführt werden soll.
`IsOptimalParagraph-Enabled`	Wird diese Eigenschaft auf `true` gestellt, wird der Absatzumbruch optimiert. Das vermindert zu große Abstände zwischen den Wörtern.
`LineHeight`	Diese Eigenschaft gibt den Zeilenabstand innerhalb eines Absatzes an.
`Style`	Mit dieser Eigenschaft können Sie Formatierungen durch externe Styles beschreiben. Wir werden später in diesem Buch die Styles noch thematisieren.
`TextAlignment`	Diese Eigenschaft gibt die Textausrichtung an und kann auf `Left`, `Right`, `Center` und `Justify` eingestellt werden.

Tabelle 19.9 Eigenschaften eines FlowDocuments

Anmerkung

Dieses Buch kann nur eine mehr oder weniger oberflächliche Einführung in die `FlowDocuments` sein. Für eine umfassende Beschreibung aller WPF-Klassen und deren Fähigkeiten reicht der Platz einfach nicht aus. Daher sei auch an dieser Stelle auf die MSDN-Online-Hilfe verwiesen, die diesbezüglich natürlich deutlich mehr Informationen liefert.

19.6.3 Blöcke eines FlowDocuments

FlowDocumente beschreiben einen textuellen Inhalt. Die Darstellung erfolgt, wie nicht anders zu erwarten ist, in XML. Die Grundstruktur eines `FlowDocument` setzt sich aus einem oder mehreren sogenannten Blöcken zusammen, wobei Ihnen zur Gestaltung der Grundstruktur fünf unterschiedliche Blöcke zur Verfügung stehen, die Sie Tabelle 19.10 entnehmen können. Alle Blöcke werden durch entsprechende Klassen beschrieben und haben die Basis `Block`, die zum Namespace `System.Windows.Documents` gehört.

Block	Beschreibung

`Paragraph`	Ein `Paragraph`-Element beschreibt Text. Dieses Element beschreibt also gewissermaßen das Fleisch des `FlowDocument`.
	`<Paragraph>`
	`  <!—Textinhalt -->`
	`</Paragraph>`

Tabelle 19.10 Blöcke eines FlowDocuments

Block	Beschreibung

Section	Das Section-Element dient dazu, mehrere Blöcke zusammenzuführen, um eine einheitliche Formatierung aller enthaltenen Blöcke zu erreichen.
	`<Section>`
	`  <!–weitere Blöcke -->`
	`</Section>`

List	Das List-Element beschreibt eine Collection von ListItem-Elementen. Damit werden Listen innerhalb eines FlowDocument beschrieben. Jedes ListItem-Element darf seinerseits einen beliebigen Block-Typ enthalten, natürlich auch wieder selbst ein List-Element, um eine verschachtelte Liste abzubilden.
Table	Das Table-Element bildet eine Tabelle ab. Jede Zelle der Tabelle darf einen beliebigen Block-Typ enthalten.

BlockUIContainer	Das BlockUIElement kann ein beliebiges UIElement-Element enthalten, beispielsweise einen Button oder eine TextBox. Damit lassen sich Block-Documents erstellen, die programmierbar sind.
	`<BlockUIContainer>`
	`  <Button... />`
	`</BlockUIContainer>`

Tabelle 19.10 Blöcke eines FlowDocuments (Forts.)

Paragraph, Section und BlockUIContainer sind recht simpel und bedürfen keiner weiteren Beschreibung. List und Table hingegen sind etwas komplexer, sodass wir uns mit diesen beiden Blöcken weiter unten noch genauer beschäftigen werden.

Beispielprogramm

Das folgende Beispielprogramm *FlowDocumentDemo* zeigt, wie ein FlowDocument in XAML-Code aussieht. Um das Grundprinzip zu verdeutlichen, wird in diesem Beispiel nur der Paragraph-Block verwendet.

```
// ---------------------------------------------------
// Beispiel: ...\Kapitel 19\FlowDocumentDemo
// ---------------------------------------------------
<FlowDocumentReader>
  <FlowDocument>
    <Paragraph FontSize="20" FontFamily="Arial"
               FontWeight="Bold" Foreground="Blue">
      Kapitel 3: das Klassendesign
    </Paragraph>
    <Paragraph FontSize="16" FontFamily="Arial" FontWeight="Bold">
      3.1 Einführung in die Objektorientierung
    </Paragraph>
```

```
    <Paragraph FontSize="12" FontFamily="Arial">
      Die beiden wichtigsten ...
    </Paragraph>
    <Paragraph FontSize="12" FontFamily="Arial">
      Stellen Sie sich ein Architekturbüro ...
    </Paragraph>
    <Paragraph FontSize="12" FontFamily="Arial">
      Der Bauplan dient also ...
    </Paragraph>
  </FlowDocument>
</FlowDocumentReader>
```

In Abbildung 19.14 sehen Sie die Ausgabe des `FlowDocument`.

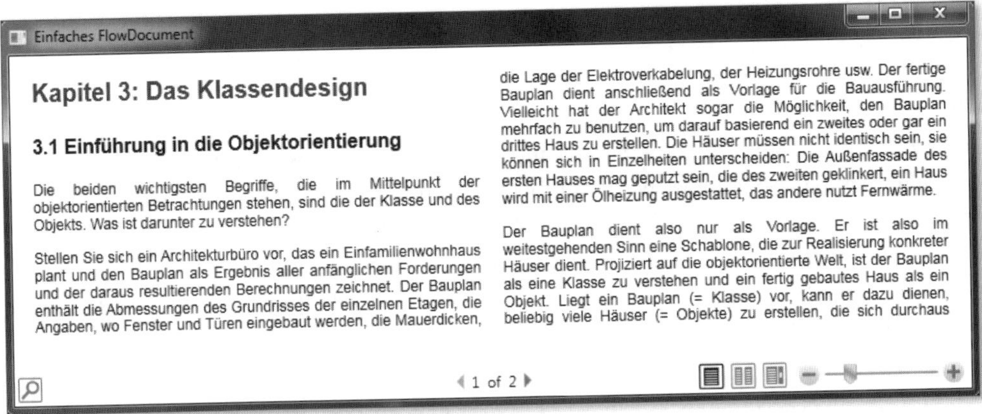

Abbildung 19.14 Ausgabe des FlowDocuments

Fließtexte werden in `Paragraph`-Elementen beschrieben. Das Beispielprogramm zeigt allerdings nur den einfachen Einsatz der Fließtexte. Wie schon angedeutet, können Sie auch innerhalb eines Textes einzelne Wörter oder Passagen unterschiedlich formatieren. Dazu dienen `Inline`-Elemente, mit denen wir uns weiter unten noch beschäftigen werden. Zuvor aber sollten wir uns noch zwei der in Tabelle 19.10 aufgeführten Block-Elemente etwas detaillierter ansehen: `List` und `Table`.

Der »List«-Block

Etwas komplexer als die Elemente `Paragraph`, `Section` und `BlockUIContainer` ist das Element `List`. Dieses `Block`-Element dient zum Erzeugen von Aufzählungen. Jeder Listeneintrag wird innerhalb von `List` durch ein `ListItem`-Element beschrieben. `ListItem`-Elemente beinhalten ihrerseits Blockelemente, sodass Sie den anzuzeigenden Text zum Beispiel in ein `Paragraph`-Element einschließen.

Mit der Eigenschaft `MarkerStyle` des `List`-Elements legen Sie das Aufzählungszeichen fest. Es entstammt der Enumeration `TextMarkerStyle` und enthält zehn verschiedene Varianten, angefangen bei einfachen Symbolen bis hin zu Zahlen und Buchstaben. Verwenden Sie Zahlen, kann mit der Eigenschaft `StartIndex` der Index des ersten Elements festgelegt werden. Den Abstand zwischen den Aufzählungszeichen und dem Text des Listeneintrags können Sie bei Bedarf mit der Eigenschaft `MarkerOffset` definieren.

```
<List MarkerStyle="Decimal" FontFamily="Arial">
  <ListItem>
    <Paragraph>Erster Listeneintrag</Paragraph>
  </ListItem>
  <ListItem>
    <Paragraph>Zweiter Listeneintrag</Paragraph>
  </ListItem>
</List>
```

Der »Table«-Block

Das komplexeste Blockelement beschreibt eine Tabelle und wird mit `Table` eingeleitet. Innerhalb des `Table`-Elements werden mit `TableRowGroup` alle Zeilen innerhalb der Tabelle beschrieben. Ausgedrückt wird dabei jede Zeile durch ein `TableRow`-Element, jede Zelle der Datenzeile durch das Element `TableCell`. Ein `Table`-Element kann auch mehrere `TableRowGroup`-Elemente enthalten. Das macht Sinn, wenn mehrere Zeilen innerhalb der Tabelle unterschiedlich formatiert werden sollen.

Geben Sie innerhalb einer Tabellendefinition keine Spalten an, werden diese alle gleich breit dargestellt. Möchten Sie jedoch Einfluss auf die Spaltenbreiten ausüben, sollten Sie im `Table`-Element auch einen `Table.Columns`-Abschnitt definieren, der als Container für die definierten `TableColumn`-Elemente dient. Geben Sie jedem `TableColumn`-Element die gewünschte Breite mit `Width` an. Dabei können Sie entweder die absolute Breite einstellen, z. B. mit `Width=70`, oder die relative Breite, beispielsweise mit `Width=3*`.

```
<Table CellSpacing="10" Padding="0" Background="Yellow" FontFamily="Arial" FontSize="12">
  <!-- Spaltendefinition -->
  <Table.Columns>
    <TableColumn Width="70" />
    <TableColumn Width="120" />
    <TableColumn Width="200"/>
    </Table.Columns>

  <!-- Zeilendefinition -->
  <TableRowGroup Background="LightCyan">
    <TableRow>
      <TableCell BorderThickness="1" BorderBrush="Black">
        <Paragraph>Zelle 0,0</Paragraph>
```

```
        </TableCell>
        <TableCell BorderThickness="1" BorderBrush="Black">
          <Paragraph>Zelle 0,1</Paragraph>
        </TableCell>
        <TableCell BorderThickness="1" BorderBrush="Black">
          <Paragraph>Zelle 0,2</Paragraph>
        </TableCell>
        </TableRow>
        <TableRow>
        <TableCell BorderThickness="1" BorderBrush="Black" >
          <Paragraph>Zelle 1,0</Paragraph>
        </TableCell>
        <TableCell BorderThickness="1" BorderBrush="Black">
          <Paragraph>Zelle 1,1</Paragraph>
        </TableCell>
        <TableCell BorderThickness="1" BorderBrush="Black">
          <Paragraph>Zelle 1,2</Paragraph>
        </TableCell>
      </TableRow>
    </TableRowGroup>
</Table>
```

19.6.4 Inline-Elemente

Innerhalb eines Fließtextes können Formatierungen am Text vorgenommen werden. Dazu dienen Inline-Elemente, die intern von der abstrakten Klasse `Inline` abgeleitet sind.

- `LineBreak`: Mit diesem Element wird ein Zeilenumbruch durchgeführt.
- `Bold`, `Italic` und `Underline`: Diese Inline-Elemente formatieren den enthaltenen Text fett, kursiv oder unterstrichen. Sie können Inline-Elemente grundsätzlich auch ineinander verschachteln, also Textpassagen auch fett und gleichzeitig kursiv darstellen, wie im folgenden XAML-Code gezeigt wird:

```
<Paragraph>
  Ein typisches Urlaubsland ist
  <Italic><Bold>Österreich</Bold></Italic>.
</Paragraph>
```

- `Figure`: Das Element `Figure` können Sie sich als ein `FlowDocument` vorstellen, das in einen anderen, übergeordneten Bereich eingebettet wird, beispielsweise in das `Paragraph`-Element. Der umgebende Inhalt umschließt das `Figure`-Element, wobei Sie mit den Eigenschaften `HorizontalAnchor` und `VerticalAnchor` sowie `HorizontalAnchor` und `VerticalAnchor` die Positionierung beliebig selbst festlegen dürfen. `Height` und `Width` legen dabei die Abmessungen fest. Sollte der gewünschte Inhalt nicht in das

Figure-Element passen, wird er abgeschnitten. Das Element eignet sich gut für Werbung, Zusatzinformationen oder auch Bilder.

- Floater: Das Floater-Element ist eine vereinfachte Form des Figure-Elements. Im Gegensatz zu Figure kann es nicht positioniert werden. Der Inhalt wird dort angezeigt, wo entsprechender Platz zur Verfügung steht. Für ein Floater-Element können Sie weder eine Offset-, noch eine Anchor-Eigenschaft angeben. Im Allgemeinen eignen sich Floater eher zum Einfügen fortlaufender Inhalte.
- InlineUIContainer: Dieses Element verwenden Sie, um andere UIElement-Elemente in den Fließtext einzubetten, beispielsweise einen Button. Mit diesem Element können Sie zwar nur UI-Elemente direkt angeben, aber es steht Ihnen frei, dazu einen Container zu verwenden, der natürlich seinerseits mehrere Elemente aufnehmen kann. Im Großen und Ganzen ähnelt es dem Element BlockUIContainer.
- Span: Obwohl Sie mit den Elementen Bold, Underline und Italic Möglichkeiten haben, einzelne Passagen des Textes besonders darzustellen, reichten diese oft nicht aus. Hier kommt das Span-Element ins Spiel, das wesentlich mehr Gestaltungsspielraum bietet. So lassen sich einzelne Wörter oder Passagen mit FontFamily in einer anderen Schriftart darstellen, oder Sie können mit Background die Hintergrundfarbe anders festlegen als im restlichen Teil des Dokuments.

```
<Paragraph>
  Dies ist
  <Span Background="Yellow"
        Foreground="Blue"
        FontFamily="Californian FB">
    ein Beispiel
  </Span> für das
  <Span FontFamily="Courier New">
    Span
  </Span>-Element.
</Paragraph>
```

- Hyperlink: Dieses Element stellt einen Hyperlink dar. Dem Attribut NavigateUri geben Sie einen URI an, der nach dem Klicken auf das Element angezeigt werden soll. Stellen Sie dem URI das Zeichen # voran, können Sie sogar zu einer benannten Stelle im Dokument wechseln. Mit dem Attribut TargetName legen Sie das Ziel der Navigation fest. Dabei kann es sich zum Beispiel um ein Fenster oder einen Frame handeln.
- Run: Das Element Run gibt einen unformatierten Text aus. Dieser kann durch umschließende Elemente wieder eine eigene Formatierung erhalten.

Das folgende Beispielprogramm demonstriert den Einsatz des Figure-Elements. Sicher ist das Layout des Windows durchaus verbesserungsbedürftig, aber dem Autor fehlt dazu einfach die erforderliche Begabung ...

```
// ---------------------------------------------------------
// Beispiel: ...\Kapitel 19\FigureElement
// ---------------------------------------------------------
<FlowDocumentReader>
  <FlowDocument>
    <Paragraph FontSize="22" Background="LightBlue" FontStyle="Oblique"
               FontFamily="Arial" TextAlignment="Center" Padding="10">
      <TextBlock  VerticalAlignment="Center">
        <Bold>Seychellen-Infos</Bold>
      </TextBlock>
    </Paragraph>
    <Paragraph FontFamily="Arial" FontSize="15">
      Zu den vermutlich schönsten ...
      <Figure Width="150" HorizontalAnchor="PageLeft"
                          VerticalAnchor="PageCenter"
                          HorizontalOffset="0"
                          VerticalOffset="40">
        <BlockUIContainer>
          <Image  Source="1.jpg"></Image>
        </BlockUIContainer>
      </Figure>
      <Figure Width="150" HorizontalAnchor="PageRight"
                          VerticalAnchor="PageCenter"
                          VerticalOffset="-5">
        <BlockUIContainer>
          <Image Source="2.jpg"></Image>
        </BlockUIContainer>
      </Figure>
    </Paragraph>
  </FlowDocument>
</FlowDocumentReader>
```

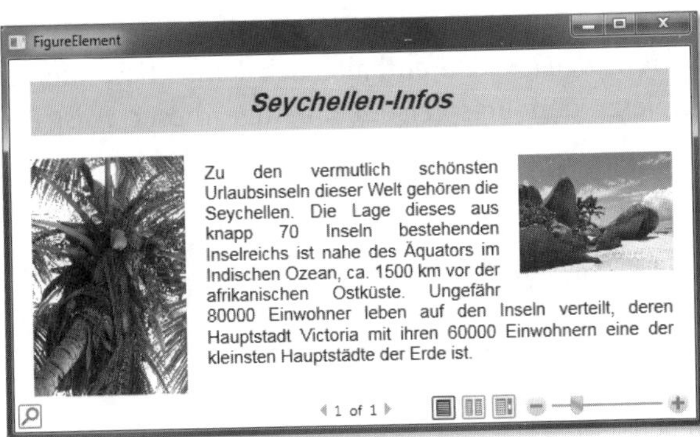

Abbildung 19.15 Die Ausgabe des Beispiels »FigureElement«

Anmerkung

Alle hier behandelten Inline-Elemente wurden in den Codebeispielen in `Paragraph`-Elementen verwendet. Grundsätzlich unterstützt aber auch das `TextBlock`-Element alle Inlines.

19.6.5 FlowDocuments mit Code erzeugen

Nicht immer werden Sie Ihre `FlowDocuments` im XAML-Code von Visual Studio bereitstellen können. Hier bieten sich Ihnen zwei weitere Alternativen an:

- Sie beschreiben den Inhalt des `FlowDocument` mit Programmcode.
- Sie greifen auf eine bereitgestellte XAML-Datei zurück.

In diesem Abschnitt wollen wir uns zunächst mit der Codierung beschäftigen, daran anschließend mit dem Einlesen aus einer Datei.

Das Schreiben des Programmcodes wird zu einem mittleren Drama. Nicht die Komplexität ist dafür verantwortlich, sondern vielmehr der Gesamtumfang. Vielleicht sollten Sie sich daher zunächst einmal Abbildung 19.16 ansehen.

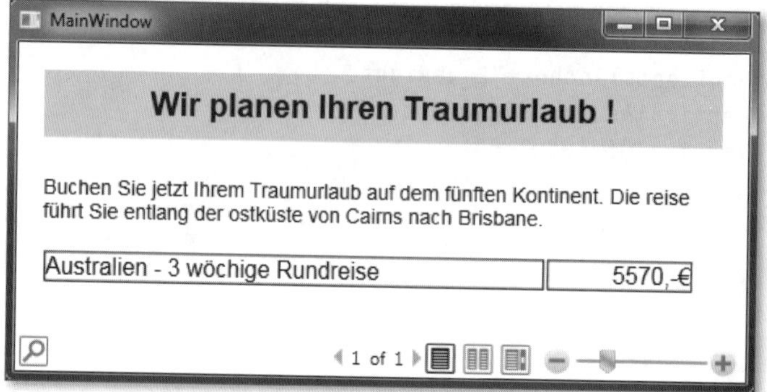

Abbildung 19.16 Ausgabe des Beispielprogramms »FlowDocument_mit_Code«

Eigentlich wird nicht viel dargestellt; das `FlowDocument` enthält auch keine besonderen »Spezialitäten«. Doch schauen Sie sich jetzt den Beispielcode an, der dieser Ausgabe zugrunde liegt.

```
// ---------------------------------------------------------
// Beispiel: ...\Kapitel 19\FlowDocument_mit_Code
// ---------------------------------------------------------
private void Window_Loaded(object sender, RoutedEventArgs e) {
  FlowDocumentReader flowReader = new FlowDocumentReader();
  FlowDocument document = new FlowDocument();
```

```
flowReader.Document = document;
this.Content = flowReader;

// 1. Block - Paragraph
Paragraph para1 = new Paragraph();
para1.FontSize = 22;
para1.Background = new SolidColorBrush(Colors.LightBlue);
para1.FontFamily = new FontFamily("Arial");
para1.TextAlignment = TextAlignment.Center;
para1.Padding = new Thickness(10);
TextBlock textBlock1 = new TextBlock();
textBlock1.VerticalAlignment = System.Windows.VerticalAlignment.Center;
textBlock1.Inlines.Add(new Bold(new Run("Wir planen ...")));
para1.Inlines.Add(textBlock1);
document.Blocks.Add(para1);

// 2. Block - Paragraph
Paragraph para2 = new Paragraph();
TextBlock textBlock2 = new TextBlock();
textBlock2.FontSize = 14;
textBlock2.TextWrapping = TextWrapping.Wrap;
textBlock2.FontFamily = new FontFamily("Arial");
textBlock2.Inlines.Add(new Run("Buchen Sie ..."));
para2.Inlines.Add(textBlock2);
document.Blocks.Add(para2);

// 3. Block - Tabelle
Table table = new Table();
table.FontFamily = new FontFamily("Arial");

// 1. Spalte
TableColumn col1 = new TableColumn();
col1.Width = new GridLength(350);
table.Columns.Add(col1);

// 2. Spalte
TableColumn col2 = new TableColumn();
col2.Width = new GridLength(100);
table.Columns.Add(col2);
TableRowGroup rowGroup = new TableRowGroup();
TableRow row1 = new TableRow();

// Zelle 1, Reihe 1
TableCell cell00 = new TableCell(
```

```
    new Paragraph(new Run("Australien - 3 wöchige Rundreise")));
  cell00.BorderThickness = new Thickness(1);
  cell00.BorderBrush = new SolidColorBrush(Colors.Black);
  row1.Cells.Add(cell00);

  // Zelle 2, Reihe 1
  TableCell cell01 = new TableCell(new Paragraph(new Run("5570,-€")));
  cell01.TextAlignment = TextAlignment.Right;
  cell01.BorderThickness = new Thickness(1);
  cell01.BorderBrush = new SolidColorBrush(Colors.Black);
  row1.Cells.Add(cell01);
  rowGroup.Rows.Add(row1);
  table.RowGroups.Add(rowGroup);
  document.Blocks.Add(table);
}
```

Erstellt wird das `FlowDocument` im Ereignis `Loaded` des `Window`. Als Viewer des Dokuments wird auch in diesem Fall ein `FlowDocumentReader` benutzt. Das `FlowDocument` beschreibt drei Blöcke, unter ihnen eine Tabelle. Um den Code nicht unnötig aufzublähen, ist in der Tabelle nur eine Zeile definiert. Das wird aber ausreichen, um den Ablauf zu erklären.

Sehen wir uns exemplarisch die erste `Paragraph`-Definition an. Ein `Paragraph`-Objekt verwaltet eine Collection von `Inline`-Objekten, die über die Eigenschaft `Inlines` veröffentlicht wird. Jedes zu einem `Paragraph`-Objekt gehörende `Inline`-Objekt muss dieser Collection hinzugefügt werden. In unserem Beispielprogramm handelt es sich um ein `TextBlock`-Objekt. Sehr ähnlich wird auch das zweite `Paragraph`-Objekt behandelt.

Ein `Table`-Block beschreibt mindestens ein `TableGroup`-Objekt, das seinerseits mehrere Zeilen beherbergt. Eine Zeile wiederum ist durch `TableCell`-Objekte beschrieben. Jedes `TableCell`-Objekt muss der Collection aller Zellen einer Tabellenzeile hinzugefügt werden, zum Beispiel so:

```
row1.Cells.Add(cell00);
```

`row1` ist hierbei die Referenz einer Tabellenzeile.

Mit

```
rowGroup.Rows.Add(row1);
```

wird die Zeile zum Mitglied des `TableRowGroup`-Objekts. Die `TableRowGroup` wird mit

```
table.RowGroups.Add(rowGroup);
```

zu einem Mitglied der Tabelle.

Ein `FlowDocument` beschreibt mit einer Collection vom Typ `BlockCollection` alle in ihm enthaltenen Blöcke. Natürlich müssen auch diese Blöcke erst dem Dokument bekannt gegeben werden. Im Fall unserer Tabelle ist das die Anweisung

```
document.Blocks.Add(table);
```

Das `FlowDocument` muss natürlich auch noch dem Viewer übergeben werden, der sich selbst auch noch dem `Window`-Objekt bekannt machen muss. Hierfür sind die beiden Anweisungen

```
flowReader.Document = document;
this.Content = flowReader;
```

zuständig.

19.6.6 Speichern und Laden von FlowDocuments

Sie können ein `FlowDocument` als XAML-Datei speichern. Hierbei kommt die Klasse `XamlWriter` ins Spiel, deren Namespace `System.Windows.Markup` Sie mit `using` bekannt geben sollten. Mit der statischen Methode `Save()` der Klasse wird das Dokument in die angegebene Datei geschrieben.

```
FileStream fs = new FileStream(@"C:\test.xaml", FileMode.Create);
XamlWriter.Save(FlowDocument, fs);
fs.Close();
```

Zum Laden eines `FlowDocument` kommt die Klasse `XamlWriter` zum Einsatz. Hier ist es die statische Methode `Load()`, die das Laden initiiert.

```
File.OpenRead(@"C:\test.xaml");
DocumentViewer.DocumentProperty = XamlReader.Load(fs);
fs.Close();
```

19.7 Das Element »FlowDocumentViewer«

Nachdem Sie nun wissen, wie ein `FlowDocument` definiert wird, ist es an der Zeit, sich mit den Steuerelementen zu befassen, die ein `FlowDocument` anzeigen können. Die WPF sieht dazu drei Steuerelemente vor, die sich in ihren Anzeigemöglichkeiten unterscheiden. Dass mit gesteigerten Anforderungen an die Anzeige auch der Ressourcenverbrauch steigt, versteht sich von selbst.

19.7.1 Das Anzeigeelement »FlowDocumentScrollViewer«

Dieses Element hat den geringsten Ressourcenverbrauch. Dieses Steuerelement zeigt den Fließtext fortlaufend an. Sollte das Dokument inhaltlich nicht komplett angezeigt werden können, wird ein vertikaler Schiebebalken angezeigt. Der Text wird immer einspaltig angezeigt, dessen Breite ergibt sich aus der Breite des Steuerelements.

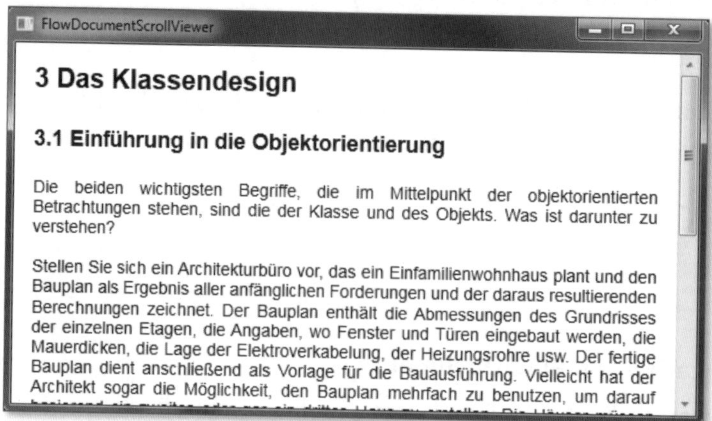

Abbildung 19.17 Das Element »FlowDocumentScrollViewer«

Hinweis

Sie finden auf der Buch-DVD die entsprechenden Beispiele zu den drei in diesem Abschnitt besprochenen Viewern, die sich auch in den Abbildungen wiederfinden. Auf die Wiedergabe des Programmcodes wieder an dieser Stelle bewusst verzichtet, da es nicht auf das Coding, sondern vielmehr auf die Darstellungsform eines größeren Dokuments zur Laufzeit ankommt.

19.7.2 Das Anzeigeelement »FlowDocumentPageViewer«

In diesem Viewer wird das Dokument seitenweise angezeigt. Anstelle des Scrollbalkens wird ein Pfeilbutton zum Blättern von einer Seite zur anderen angezeigt. Darüber hinaus ist es möglich, das Dokument zu zoomen.

Im Beispiel *FlowDocumentPageViewer* wird das gleiche Dokument angezeigt wie im Beispiel *FlowDocumentScrollViewer* im Abschnitt zuvor. Wenn Sie dieses Beispiel testen und zur Laufzeit die Breite des `Window` vergrößern, werden Sie feststellen, dass der Text automatisch auf zwei oder auch noch mehr Spalten aufgeteilt wird, um zu lange Zeilen zu vermeiden. Für dieses Verhalten sind drei Eigenschaften des `FlowDocuments`-Element verantwortlich: `ColumnWidth`, `ColumnGap` und `IsColumnWidthFlexible`. Die Eigenschaft `ColumnWidth` legt die Spaltenbreite fest. Per Vorgabe ist `Auto` eingestellt, mit der die Spaltenbreite automatisch auf das Zwanzigfache der aktuellen `FontSize`-Einstellung festgelegt wird. `ColumnGap` legt den Wert für den Spaltenabstand fest. Auch dieser Wert ist per Vorgabe `Auto`, was der aktuellen Einstellung der Eigenschaft `LineHeight` entspricht. `ColumnWidthFlexible` schließlich gibt an, ob die Eigenschaft `ColumnWidth` fix oder flexibel festgelegt ist. Der Standardwert dieser Eigenschaft ist `true`.

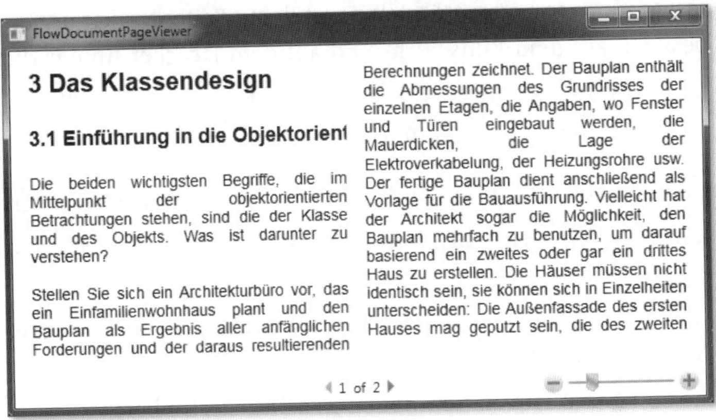

Abbildung 19.18 Das Element »FlowDocumentPageViewer«

19.7.3 Das Anzeigeelement »FlowDocumentReader«

Mit dem `FlowDocumentReader` können Sie zwischen drei Darstellungsformen umschalten. Es bieten sich hier die beiden Ansichten an, die von den Elementen `FlowDocumentScrollViewer` und `FlowDocumentPageViewer` angeboten werden, und darüber hinaus eine Zwei-Seiten-Ansicht, die zwei Seiten nebeneinander zeigt. Eine weitere Besonderheit hat dieses Anzeigeelement noch mit der zusätzlich angebotenen Suchfunktion zu bieten.

Abbildung 19.19 Das Element »FlowDocumentReader«

19.8 XPS-Dokumente mit »DocumentViewer«

19.8.1 Allgemeines zum XPS-Format

Mit dem XPS-Format (*XML Paper Specification*) hat Microsoft das Pendant zu Adobes PDF-Format ins Rennen geschickt. Unter .NET werden XPS-Dokumente als `FixedDocument-`

Objekte dargestellt. Im Gegensatz zu `FlowDocument`-Objekten ist deren Seitenformat unveränderlich. XPS-Dokumente besitzen auf dem Bildschirm und auf dem Drucker immer die gleiche Darstellung.

XPS-Dokumente haben unter anderem die folgenden Eigenschaften:

- XPS-Dokumente können nicht bearbeitet werden und haben immer die gleiche Struktur.
- Die Daten eines XPS-Dokuments befinden sich in einer XPS-Datei, die im ZIP-Format gespeichert wird.
- Mit der Installation des .NET Frameworks (ab Version 3.0) kann auch der Internet Explorer als Viewer von XPS-Dokumenten verwendet werden.
- Microsofts Betriebssysteme ab Vista verfügen über einen XPS-Druckertreiber.
- Das Office-Paket bietet eine Unterstützung zum Exportieren von XPS-Dokumenten an.

Inwieweit sich das XPS-Format neben dem PDF-Format etablieren oder sich gar gegen es durchsetzen kann, bleibt abzuwarten. Der Internet Explorer als Betrachter von XPS-Dokumenten bleibt mit seinen Fähigkeiten noch immer hinter dem Adobe Reader zurück. Zudem sind XPS-Dokumente wesentlich größer als gleichwertige PDF-Dateien.

19.8.2 Beispielprogramm

Zur Darstellung von XPS-Dokumenten stellt die WPF mit `DocumentViewer` ein eigenes Steuerelement bereit. An der Darstellung eines XPS-Dokuments lässt sich nichts ändern, sodass dem Steuerelement einzig und allein die Aufgabe zukommt, Einfluss auf die Darstellungsform auszuüben und eine Navigation bereitzustellen.

Im XAML-Code brauchen Sie nur das Element `DocumentViewer` zu definieren. Da im Code später darauf zugegriffen wird, ist die Angabe der Eigenschaft `Name` erforderlich.

```
// ---------------------------------------------------------
// Beispiel: ...\Kapitel 19\DocumentViewer
// ---------------------------------------------------------
<Window ...>
    <Grid>
    <DocumentViewer Name="myDocViewer" />
  </Grid>
</Window>
```

Das Laden der XPS-Datei erfolgt im Ereignis `Loaded` des `Window`-Objekts. Diesem Beispielprogramm habe ich einen Teil von Kapitel 3 als XPS-Dokument zu Demonstrationszwecken hinzugefügt.

Um ein XPS-Dokument zu laden, benötigen Sie die Klasse `XpsDocument`. Diese befindet sich im Namespace `System.Windows.Xps.Packaging` der Bibliothek *ReachFramework.dll*. Letztere müssen Sie unter VERWEISE erst einbinden.

```
private void Window_Loaded(object sender, RoutedEventArgs e) {
  XpsDocument xpsDoc = new XpsDocument(@"..\..\Kapitel 3.xps",
                                       FileAccess.Read);
  myDocViewer.Document = xpsDoc.GetFixedDocumentSequence();
  xpsDoc.Close();
}
```

Wie schon von den anderen Viewern her bekannt, hat auch das Element `DocumentViewer` eine `Document`-Eigenschaft, der Sie die Referenz auf das XPS-Document übergeben. Mit der Methode `GetFixedDocumentSequence` werden die XPS-Daten im erforderlichen Format bereitgestellt.

Das `DocumentViewer`-Element stellt standardmäßig Schaltflächen zur Verfügung, um die dargestellte Größe zu ändern oder im Text nach Begriffen zu suchen. Sogar das Drucken des Dokuments ist möglich. Eine individuelle Gestaltung des Viewers ist praktisch nicht möglich.

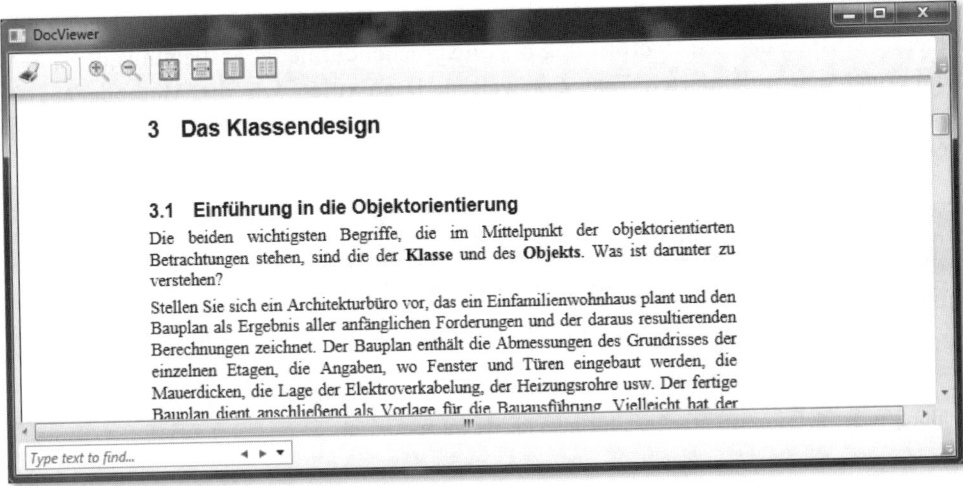

Abbildung 19.20 Das Element »DocumentViewer«

19.8.3 Das Steuerelement »RichTextBox«

Alle zuvor vorgestellten Anzeigesteuerelemente wie `FlowDocumentScrollViewer`, `FlowDocumentPageViewer` und `FlowDocumentReader`, die über vielfältige Darstellungsmöglichkeiten verfügen, sind schreibgeschützt und erfüllen ihre Aufgabe nur als Komponenten zur Anzeige. Das `RichTextBox`-Steuerelement unterstützt den Anwender dabei, eigene Dokumente zu erstellen, deren Textdarstellung über die einer einfachen TextBox hinausgeht. Da eine TextBox und eine RichTextBox in der Klasse TextBoxBase eine gemeinsame Basisklasse haben, verwundert es nicht, dass beide über eine Vielzahl gemeinsamer Eigenschaften und Methoden verfügen.

Formatieren des Inhalts

Die RichTextBox gestattet viele Formatierungsmöglichkeiten des eingegeben Texts. Neben der fetten oder kursiven Darstellung einzelner Wörter oder gar Buchstaben, können Sie einzelnen Textpassagen, Wörtern und Zeichen auch eine andere Farbe oder eine andere Schriftart zuweisen. Dabei wird nur derjenige Text wunschgemäß formatiert, der aktuell ausgewählt ist.

Wir wollen uns ein Beispiel ansehen, mit dem wir den aktuell ausgewählten Text fett formatieren wollen. Die Eigenschaft Selection liefert zunächst den markierten Text. Darauf wird die Methode GetPropertyValue aufgerufen, der als Parameter die gewünschte Abhängigkeitseigenschaft übergeben wird. Damit werten wir die aktuelle Formatierung aus. In unserem Fall ist das die Eigenschaft FontWeightProperty. Der Rückgabewert ist vom Typ Object, den wir in diesem Fall in FontWeight umwandeln müssen. Damit haben wir die aktuelle Markierung erfahren. Wird der markierte Text in Normaldarstellung angezeigt, müssen wir ihn nun fett darstellen, ansonsten die fette Darstellung in Normaldarstellung. Nach einer entsprechenden Überprüfung mit entsprechender neuer Festlegung gilt es, dass neue Format dem selektierten Text zuzuweisen. Dazu rufen wir die Methode ApplyPropertyValue auf und übergeben dabei den Typ der Abhängigkeitseigenschaft und den neuen Wert.

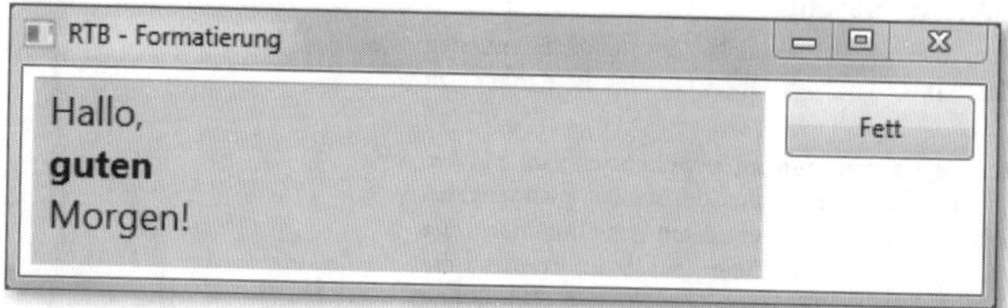

Abbildung 19.21 Fett formatierter Text in einem RichTextBox-Control

```
<Window ...
    Title="RTB - Formatierung" Height="300" Width="500">
<DockPanel>
  <StackPanel Orientation="Vertical" Width="100" DockPanel.Dock="Right">
    <Button Height="30" Name="btnFett" Click="btnFett_Click">Fett</Button>
  </StackPanel>
  <RichTextBox Name="rtbDocument" Margin="5,5,5,5"
               Background="LightGray" FontSize="18"></RichTextBox>
</DockPanel>
```

```
// Ereignishandler
private void btnFett_Click(object sender, RoutedEventArgs e) {
  Object fett= rtbDocument.Selection.GetPropertyValue(FontWeightProperty);
  FontWeight actFontWeight = (FontWeight)fett;
  FontWeight newFontWeight;
  if (actFontWeight == FontWeights.Bold)
    newFontWeight = FontWeights.Normal;
  else
    newFontWeight = FontWeights.Bold;
                rtbDocument.Selection.ApplyPropertyValue(
                        FontWeightProperty, newFontWeight);
    rtbDocument.Focus();
}
```

Laden und Speichern

Das einfache Ändern einer Textformatierung mit Code ist nicht in einer Zeile zu erledigen. Ähnliches gilt für das Laden und Speichern von Text. Sehen wir uns zuerst den kompletten Ereignishandler einer Schaltfläche an, die das Laden eines Dokuments bewirkt.

```
private void btnLaden_Click(object sender, RoutedEventArgs e) {
  OpenFileDialog dialog = new OpenFileDialog();
  dialog.Filter = "Text-Dateien|*.txt|XAML-Dateien|*.xaml|RTF-
                  Dateien|*.rtf|Alle Dateien|*.*";
  bool? result = dialog.ShowDialog();

  if (result == true) {
    string format = null; ;
    switch(dialog.FilterIndex) {
      case 1:
      case 4:
        format = DataFormats.Text;
        break;
      case 2:
        format = DataFormats.Xaml;
        break;
      case 3:
        format = DataFormats.Rtf;
        break;
    }
    FlowDocument document = rtbDocument.Document;
    TextRange range = new TextRange(document.ContentStart,
                                    document.ContentEnd);
    FileStream stream = new FileStream(dialog.FileName, FileMode.Open,
                                       FileAccess.ReadWrite);
```

```
      range.Load(stream, format);
    }
  }
```

Zuerst müssen wir den Inhalt des `RichTextBox`-Steuerelements referenzieren. Dazu wird auf Objektreferenz die Eigenschaft `Document` ausgewertet, die ein Objekt vom Typ `FlowDocument` liefert. Immerhin müssen wir nicht zwangsläufig das gesamte Dokument laden oder speichern, es kann sich auch um eine einzelne Passage handeln, die durch ein Objekt vom Typ `TextRange` beschrieben wird. Der Konstruktor der Klasse `TextRange` erwartet die Angabe des Anfangs- und Endpunkts der zu behandelnden Passage. Möchten wir das komplette Dokument laden bzw. speichern, geben wir die Eigenschaften `ContentStart` und `ContentEnd` des `FlowDocument`-Objekts an.

Die Methoden `Load` und `Save` des `TextRange`-Objekt übernehmen das Laden und Speichern. Dazu übergeben wir dem ersten Parameter ein `Stream`-Objekt, dem zweiten Parameter teilen wir das Datenformat mit. Letzteres wird durch eines der zahlreichen statischen Felder der Klasse `DataFormats` beschrieben.

Standarddialoge werden von der WPF nicht direkt unterstützt. Allerdings gibt es mit einem kleinen Trick einen Weg, auch die Windows-internen Dialoge nutzen zu können. Dazu muss man zuerst den Namespace `Microsoft.Win32` mit `using` bekannt geben. In diesem Namespace befinden sich die Klassen `OpenFileDialog` und `SaveFileDialog`. Beide Klassen müssen vor ihrer Nutzung instanziiert werden. Mit der Methode `ShowDialog` werden die Dialoge zur Anzeige gebracht. Der Rückgabewert ist `bool?`. Ist er `true`, hat der Anwender eine entsprechende Auswahl mit der ÖFFNEN-Schaltfläche des Dialogs bestätigt.

Zahlreiche Eigenschaften gestatten die individuelle Gestaltung. Im Code wurde die Eigenschaft `Filter` dazu verwendet, im ÖFFNEN-Dialog die angezeigten Daten zu filtern. In unserem Beispiel werden entweder TXT-, XAML-, RTF- oder gleich alle Dateien angezeigt. Je nach Filtereinstellung des Benutzers wird diese zur Festlegung eines entsprechenden Datenformats ausgewertet. Ausgewertet wird die Dateiwahl des Anwenders durch Abrufen der Eigenschaft `FileName` des `OpenFileDialogs`.

In ähnlicher Weise wird auch der Ereignishandler zum Speichern der Daten implementiert.

Im folgenden Beispielprogramm wird das Codebeispiel zu Formatierung erweitert Der XAML-Code ist noch um zwei Buttons ergänzt worden, deren Ereignishandler das Laden und Speichern eines Dokuments ermöglichen.

```
// ---------------------------------------------------------------
// Beispiel: ...\Kapitel 19\RichTextBox
// ---------------------------------------------------------------
private void btnLaden_Click(object sender, RoutedEventArgs e) {
  OpenFileDialog dialog = new OpenFileDialog();
```

```
  dialog.Filter = "Text-Dateien|*.txt|XAML-Dateien|*.xaml|RTF-
                   Dateien|*.rtf|Alle Dateien|*.*";
  bool? result = dialog.ShowDialog();
  if (result == true) {
    string format = null; ;
    switch (dialog.FilterIndex) {
      case 1:
      case 4:
        format = DataFormats.Text;
        break;
      case 2:
        format = DataFormats.Xaml;
        break;
      case 3:
        format = DataFormats.Rtf;
        break;
    }
    FlowDocument document = rtbDocument.Document;
    TextRange range = new TextRange(document.ContentStart,
                                    document.ContentEnd);
    FileStream stream = new FileStream(dialog.FileName, FileMode.Open,
                                       FileAccess.ReadWrite);
    range.Load(stream, format);
    stream.Close();
  }
}

private void btnSpeichern_Click(object sender, RoutedEventArgs e) {
  SaveFileDialog dialog = new SaveFileDialog();
  dialog.Filter = "Text-Dateien|*.txt|XAML-Dateien|*.xaml|RTF-Dateien|*.rtf";
  bool? result = dialog.ShowDialog();
  if (result == true) {
    string format = null; ;
    switch (dialog.FilterIndex) {
      case 1:
        format = DataFormats.Text;
        break;
      case 2:
        format = DataFormats.Xaml;
        break;
      case 3:
        format = DataFormats.Rtf;
        break;
```

```
      }
      FlowDocument document = rtbDocument.Document;
      TextRange range = new TextRange(document.ContentStart,
                                      document.ContentEnd);
      FileStream stream = new FileStream(dialog.FileName, FileMode.Create,
                                         FileAccess.ReadWrite);
      range.Save(stream, format);
      stream.Close();
    }
  }
```

19.9 WPF-Listenelemente – ItemControls

Eine Reihe verschiedener WPF-Steuerelemente sind in der Lage, Listen anzuzeigen. Zu diesen Controls werden unter anderem die `ListBox`, die `ComboBox`, das `TabControl`, die `ListView` und das `TreeView`-Control gerechnet. Die von diesen Controls dargestellten Listenelemente lassen sich in zwei Gruppen kategorisieren:

- `ItemControls`
- `HeaderedItemControls`

Listensteuerelemente, die Listenelemente der Gruppe der `ItemControls` anzeigen, zeichnen sich durch die Eigenschaft `Items` aus. Diese Eigenschaft gewährleistet den Zugriff auf die einzelnen Elemente der Liste, der über den Index des Elements erfolgen kann. Typische Vertreter für Steuerelemente, die `ItemControls` aufnehmen, sind die `ListBox` und die `ComboBox`. Je nach Typ des anzeigenden Controls werden die Listenelemente durch besondere Klassen beschrieben. Im Fall einer `ListBox` handelt es sich um `ListBoxItem`, bei der `ComboBox` sind es Elemente vom Typ `ComboBoxItem`.

Von der Klasse `ItemControls` ist die Klasse `HeaderedItemControls` abgeleitet. Es ist die Eigenschaft `Header`, die Elemente dieses Typs auszeichnet. Mit der Eigenschaft `Header` kann einem Element ein »Titel« zugewiesen werden, der einer Spalte zugeordnet wird. Steuerelemente der Gruppe der `HeaderedItemControls` bilden somit keine einfache lineare, sondern eine hierarchische Struktur ab. Typische Vertreter dieser Gruppe sind die Klassen `MenuItem`, `TreeView` und auch `ToolBar`.

19.9.1 Das Steuerelement »ListBox«

`ListBoxen` bieten eine Liste von möglichen Auswahlalternativen an, aus denen der Anwender eine oder auch mehrere wählen kann. Per Vorgabe gestattet eine `ListBox` nur die Einfachauswahl. Damit auch die Auswahl mehrerer Einträge möglich ist, müssen Sie die Eigenschaft `SelectionMode` auf `Multiple` oder `Extended` festlegen. `Multiple` gestattet dabei die

Auswahl durch einen einfachen Klick. Bei der Einstellung `Extended` muss der Anwender beim Anklicken des Listenelements die [⇧]-Taste gedrückt halten.

Um eine klassische `ListBox` zu erzeugen, verwenden Sie für jedes Listenelement die Klasse `ListBoxItem`.

```
<ListBox Name="ListBox1">
  <ListBoxItem>Peter</ListBoxItem>
  <ListBoxItem>Franz</ListBoxItem>
  <ListBoxItem>Rolf</ListBoxItem>
  <ListBoxItem>Hans-Günther</ListBoxItem>
</ListBox>
```

Sie können der `ListBox` sowohl im XAML-Code als auch in der Code-Behind-Datei Listenelemente hinzufügen. Alle Listenelemente werden in der `ListBox` von einer Collection verwaltet, deren Referenz die Eigenschaft `Items` liefert. Durch Aufruf der Methode `Add` fügen Sie nach Bedarf Elemente hinzu:

```
ListBox1.Items.Add("Beate");
ListBox1.Items.Add("Gudrun");
```

Damit nicht genug: Anstatt eine Liste von `ListBoxItems` zu definieren, können Sie auch andere Steuerelemente angeben. Im folgenden Codefragment sind beispielsweise `CheckBox`-Elemente hinzugefügt worden:

```
<ListBox Name="ListBox1">
  <CheckBox Name="A" Margin="3">Peter</CheckBox>
  <CheckBox Name="B" Margin="3">Franz</CheckBox>
  <CheckBox Name="C" Margin="3">Rolf</CheckBox>
  <CheckBox Name="D" Margin="3">Hans-Günter</CheckBox>
</ListBox>
```

Das Hinzufügen von `ListBox`-Einträgen ist auch mittels Programmcode möglich:

```
CheckBox chk1 = new CheckBox();
chk1.Content = "Beate";
chk1.Margin = new Thickness(3);
CheckBox chk2 = new CheckBox();
chk2.Content = "Gudrun";
chk3.Margin = new Thickness(3);
ListBox1.Items.Add(chk1);
ListBox1.Items.Add(chk2);
```

Beachten Sie bei diesem Code, dass die Eigenschaft `Margin` durch den Typ `Thickness` beschrieben wird.

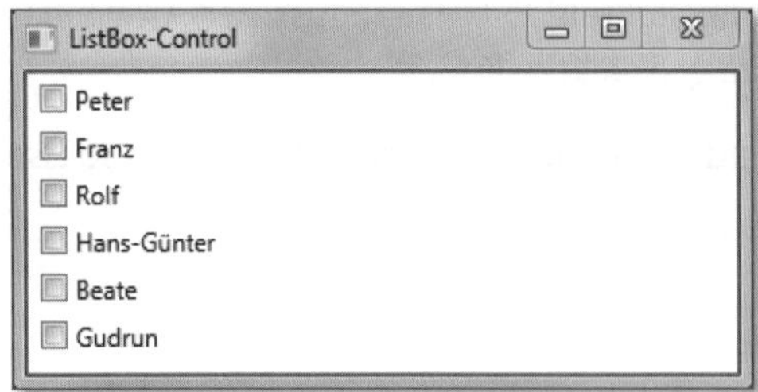

Abbildung 19.22 ListBox mit CheckBoxen

Zugriff auf das ausgewählte Element

Das ausgewählte Element bzw. die ausgewählten Elemente werden in der Regel im Programmcode für die weiteren Operationen benutzt. Die `ListBox` stellt Eigenschaften bereit, die es erlauben, die entsprechenden Elemente auszuwerten.

Eigenschaft	Beschreibung
`SelectedIndex`	Gibt den Index des ersten Elements in der aktuellen Auswahl zurück. Ist die Auswahl leer, ist der Rückgabewert `-1`. Mit dieser Eigenschaft kann auch ein Element vorselektiert werden.
`SelectedItem`	Gibt das erste Element in der aktuellen Auswahl zurück. Ist die Auswahl leer, ist der Rückgabewert `null`.
`SelectedItems`	Ruft alle ausgewählten Elemente ab.

Tabelle 19.11 Eigenschaften der ListBox (Elementauswahl)

Möchten Sie, dass ein bestimmtes Listenelement beim Starten des Windows vorselektiert ist, verwenden Sie die Eigenschaft `SelectedIndex`. Da die Liste der Elemente nullbasiert ist, genügt die Anweisung

```
ListBox1.SelectedIndex = 0;
```

um das erste Element zu markieren.

Etwas schwieriger gestaltet es sich, den Inhalt eines ausgewählten Elements auszuwerten. Nehmen wir dazu den folgenden XAML-Code:

```
<ListBox Name="ListBox1">
  <ListBoxItem>Frankreich</ListBoxItem>
  <ListBoxItem>Italien</ListBoxItem>
  <ListBoxItem>Polen</ListBoxItem>
  <ListBoxItem>Dänemark</ListBoxItem>
</ListBox>
```

Um sich den Inhalt des ausgewählten Elements in einer `MessageBox` anzeigen zu lassen, ist der folgende Code notwendig:

```
MessageBox.Show(((ListBoxItem)ListBox1.SelectedItem).Content.ToString());
```

Zuerst lassen wir uns das erste ausgewählte Element mit der Methode `SelectedItem` zurückgeben und konvertieren es in den Typ, der die Listenelemente beschreibt. Hier handelt es sich um `ListItem`. `ListItem` verfügt über die Eigenschaft `Content`, die vom Typ `Object` ist. Da wir aber wissen, dass es sich um eine Zeichenfolge handelt, können wir diese mit `ToString` abrufen.

Auswahl mehrerer Elemente

Durch Einstellen der Eigenschaft `SelectionMode` auf `Multiple` oder `Extended` kann der Anwender mehrere Listenelemente gleichzeitig auswählen. Um diese auszuwerten, eignet sich `SelectedItems`, die die Liste aller ausgewählten Elemente bereitstellt. Sie können diese Liste beispielsweise in einer `foreach`-Schleife durchlaufen:

```
private void btnShowItems_Click(object sender, RoutedEventArgs e) {
  string items = "";
  foreach (ListBoxItem item in ListBox1.SelectedItems)
    items += item.Content +"\n";
    MessageBox.Show(items);
}
```

19.9.2 ComboBox

Die `ComboBox` ähnelt der oben behandelten `ListBox`. Der Unterschied zwischen diesen beiden Steuerelementen ist, dass die `ComboBox` immer nur ein Element anzeigt und somit auch nicht viel Platz in Anspruch nimmt.

Per Vorgabe kann der Anwender zur Laufzeit keine neuen Elemente in die `ComboBox` eintragen. Möchten Sie das aber zulassen, müssen Sie die Eigenschaft `IsEditable = true` setzen. Mit der Eigenschaft `ReadOnly` legen Sie fest, ob der Inhalt der `ComboBox` editiert werden kann. Die Kombination beider Eigenschaften entscheidet maßgeblich über die Handhabung des Steuerelements. Stellen Sie beispielsweise beide auf `True` ein, kann der Anwender kein Zeichen in die `ComboBox` eintragen. Ändern Sie allerdings `IsEditable` auf `False`, kann der Anwender bei fokussierter `ComboBox` ein Zeichen an der Tastatur eingeben. Befindet sich ein Element mit dem entsprechenden Anfangsbuchstaben in der Liste der Elemente, wird dieses ausgewählt.

Die einer `ComboBox` zugeordneten Elemente sind vom Typ `ComboBoxItem`:

```
<ComboBox Height="20" Name="comboBox1" Width="120">
  <ComboBoxItem>Berlin</ComboBoxItem>
```

```
  <ComboBoxItem>Hamburg</ComboBoxItem>
  <ComboBoxItem>Bremen</ComboBoxItem>
  <ComboBoxItem>Düsseldorf</ComboBoxItem>
  <ComboBoxItem>Dresden</ComboBoxItem>
  <ComboBoxItem>München</ComboBoxItem>
</ComboBox>
```

Um per Programmcode ein Element hinzuzufügen, rufen Sie mit `Items` die `ItemCollection` der `ComboBox` ab. Deren Methode `Add` übergeben Sie einfach den gewünschten zusätzlichen Eintrag:

```
comboBox1.Items.Add("Stuttgart");
```

Das ausgewählte Element können Sie mit der Eigenschaft `Text` abrufen. Mit dieser Eigenschaft lässt sich auch festlegen, welches Listenelement nach dem Laden des Windows angezeigt werden soll. Gleichwertig können Sie mit `SelectedIndex` auch den Index des gewünschten Elements angeben.

Nur zwei Ereignisse sind für die `ComboBox`en `DropDownOpened` und `DropDownClosed` spezifisch. `DropDownOpened` wird beim Öffnen der Liste ausgelöst, `DropDownClosed` bei deren Schließen.

19.9.3 Das Steuerelement »ListView«

Das Steuerelement `ListView` ähnelt nicht nur der `ListBox`, es ist sogar aus `ListBox` abgeleitet. Im Gegensatz zur `ListBox` kann ein `ListView`-Control die Einträge unterschiedlich darstellen. Was sich im ersten Moment noch positiv anhört, relativiert sich aber auch wieder, denn derzeit ist das nur mit einem `GridView`-Element direkt möglich. `GridView` ist aus `ViewBase` abgeleitet. Sie können auch eigene Darstellungsansichten durch das Ableiten von `ViewBase` ermöglichen, aber der Aufwand ist nicht unerheblich.

Sehen wir uns zur Veranschaulichung den einfachen Einsatz des `ListView`-Controls als einspaltiges Listenfeld in einem Codefragment an (siehe auch Abbildung 19.23):

```
<Grid>
  <ListView>
    <ListView.View>
      <GridView>
        <GridViewColumn Header="Name" />
      </GridView>
    </ListView.View>
    <ListViewItem>Peter Müller</ListViewItem>
    <ListViewItem>Franz Goldschmidt</ListViewItem>
```

```
    <ListViewItem>Rudi Ratlos</ListViewItem>
    <ListViewItem>Conie Serna</ListViewItem>
  </ListView>
</Grid>
```

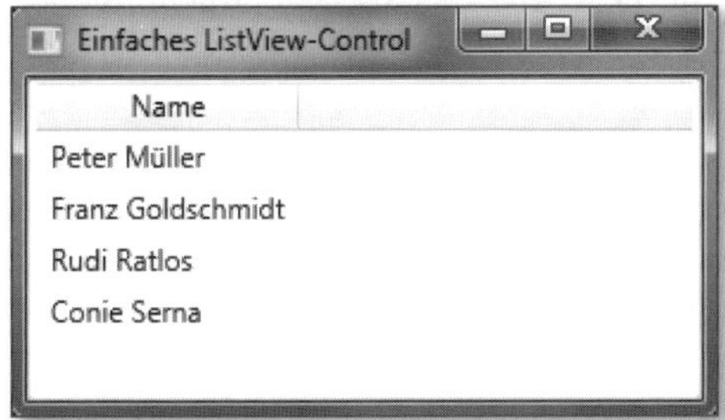

Abbildung 19.23 Einfacher Einsatz des ListView-Controls

Die Beschreibung der Kopfzeile wird innerhalb des `GridView`-Elements mit `GridViewColumn` vorgenommen. Das `GridView`-Element seinerseits ist der Eigenschaft `View` des `ListView`-Controls zugeordnet. Für einfache Einträge reicht das `ListViewItem`-Element vollkommen aus.

Mehrspaltiges Listenfeld

Um in einer `ListView` eine Tabelle darzustellen, ist die Bindung an eine Datenquelle erforderlich. Mit der Datenbindung werden wir uns in Kapitel 21, »Datenbindung«, noch näher beschäftigen, daher sei sie an dieser Stelle nicht detailliert erklärt. Bei der Datenquelle muss es sich um ein Objekt handeln, das die Schnittstelle `IEnumerable` implementiert. Das Datenobjekt wird der Eigenschaft `ItemSource` des `ListView` zugewiesen.

Für jede Spalte ist ein `GridViewColumn`-Element zuständig. Wie im Beispiel zuvor gezeigt, wird mit der Eigenschaft `Header` die Beschriftung der Kopfzeile festgelegt. Die Eigenschaft `DisplayMemberBinding` bestimmt, welche Objekteigenschaft in der Spalte angezeigt wird.

Das folgende Beispielprogramm soll die Vorgehensweise demonstrieren. Dazu stellen wir uns zuerst einmal eine Datenquelle zur Verfügung. Diese soll aus mehreren `Person`-Objekten bestehen, die auf der folgenden Klassendefinition basieren:

```
class Person {
  public string Name { get; set; }
  public int Alter { get; set; }
  public string Wohnort { get; set; }

  public Person(string name, string ort, int alter) {
    Name = name;
    Alter = alter;
```

```
    Wohnort = ort;
  }
}
```

Eine Methode erzeugt mehrere `Person`-Objekte und liefert als Rückgabewert ein Objekt vom Typ `List<Person>` an den Aufrufer. Das ist die Liste, die uns als Datenquelle dienen soll.

```
private List<Person> CreatePersonListe() {
  List<Person> liste = new List<Person>();
  liste.Add(new Person("Müller", "Bonn", 56));
  ...
  return liste;
}
```

Für die Bindung der Datenquelle an die Eigenschaft `ItemSource` eignet sich der Konstruktor des `Window`-Objekts. Das `ListView`-Objekt soll den Namen `lstView` haben.

```
public MainWindow() {
  InitializeComponent();
  lstView.ItemsSource = CreatePersonListe();
}
```

Jetzt müssen wir nur noch den XAML-Code schreiben. Die Ausgabe des Beispiels sehen Sie in Abbildung 19.24.

```
// ---------------------------------------------------------------
// Beispiel: ...\Kapitel 19\ListViewSample
// ---------------------------------------------------------------
<Grid>
  <ListView Name="lstView">
    <ListView.View>
      <GridView>
        <GridView.Columns>
          <GridViewColumn Header="Name" Width="100"
                          DisplayMemberBinding="{Binding Path=Name}" />
          <GridViewColumn Header="Wohnort" Width="100"
                          DisplayMemberBinding="{Binding Path=Wohnort}" />
          <GridViewColumn Header="Alter" Width="80"
                          DisplayMemberBinding="{Binding Path=Alter}" />
        </GridView.Columns>
      </GridView>
    </ListView.View>
  </ListView>
</Grid>
```

Abbildung 19.24 Ausgabe des Beispielprogramms »ListViewSample«

19.9.4 Das Steuerelement »TreeView«

Mit diesem Steuerelement lassen sich Daten in hierarchischer Struktur darstellen. Sie kennen dieses Steuerelement, denn es wird auch im Windows-Explorer auf der linken Seite benutzt, um die Ordnerhierarchie dazustellen. Bei den Elementen eines `TreeView`-Controls handelt es sich nicht um eine lineare Liste, da jedes Element selbst wieder eine Liste untergeordneter Elemente haben kann.

Die Elemente werden durch den Typ `TreeViewItem` beschrieben. Die Eigenschaft `Header` dient zur Anzeige, ist selbst aber vom Typ `Object`. Die Eigenschaft `Content` gibt den Inhalt an.

Der folgende Code zeigt, wie die Elemente ineinander verschachtelt werden. In Abbildung 19.25 ist die Ausgabe des Codes zu sehen, wobei alle Knoten geöffnet sind.

```
<Grid>
  <TreeView Name="treeView1">
    <TreeViewItem Header="Asien">
      <TreeViewItem Header="China" />
      <TreeViewItem Header="Vietnam" />
      <TreeViewItem Header="Philippinen" />
    </TreeViewItem>
    <TreeViewItem Header="Europa">
      <TreeViewItem Header="Deutschland">
        <TreeViewItem Header="NRW" />
        <TreeViewItem Header="Hessen" />
      </TreeViewItem>
      <TreeViewItem Header="Italien" />
      <TreeViewItem Header="Österreich" />
    </TreeViewItem>
  </TreeView>
</Grid>
```

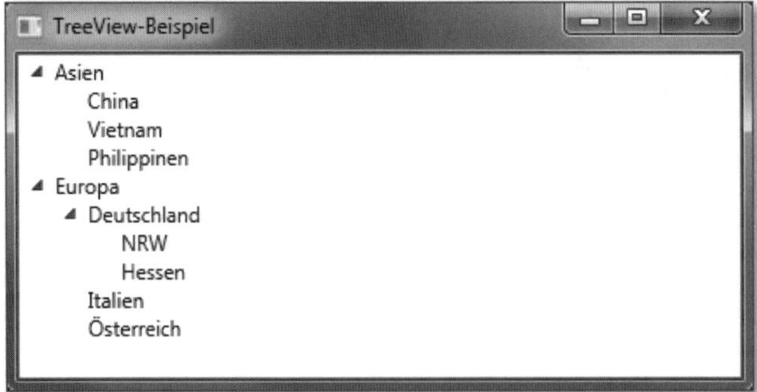

Abbildung 19.25 Das TreeView-Steuerelement

19.9.5 Das Steuerelement »TabControl«

In vielen Anwendungen werden gruppierte Inhalte durch `TabControl`-Steuerelemente dargestellt. Das entsprechende WPF-Steuerelement ist erstaunlich einfach zu erstellen.

Jede Registerkarte wird durch ein `TabItem`-Element beschrieben. Die Beschriftung wird mit der Eigenschaft `Header` festgelegt. Zur Darstellung des Inhalts dient die Eigenschaft `Content`, die genau ein Element aufnehmen kann. Wie Sie aber wissen, kann es sich dabei um ein Container-Steuerelement handeln, sodass der Gestaltung des Registerkarteninhalts keine Grenzen gesetzt sind.

Meist sind die Registerkarten oben angeordnet. Mit der Eigenschaft `TabStripPlacement` ist es möglich, diese auch links, rechts oder unten anzuordnen. Soll die Beschriftung dabei auch noch entsprechend gedreht werden, bietet sich die Eigenschaft `LayoutTransform` an, der mit `RotateTransform` ein Element untergeordnet wird, das den Drehwinkel im Uhrzeigersinn beschreibt.

Das folgende Codefragment zeigt ein `TabControl`, dessen Tabs rechts angeordnet sind. Die Beschriftung der einzelnen Tabs ist um 90° gedreht.

```
<Grid>
  <TabControl TabStripPlacement="Right">
    <TabItem Header="Tab 1" Height="30">
      <TabItem.LayoutTransform>
        <RotateTransform Angle="90" />
      </TabItem.LayoutTransform>
      <TabItem.Content>
        Hier steht der Inhalt der 1. Registerkarte.
      </TabItem.Content>
    </TabItem>
    <TabItem Header="Tab 2">
      <TabItem.LayoutTransform>
```

```
        <RotateTransform Angle="90" />
      </TabItem.LayoutTransform>
      <TabItem.Content>
        Hier steht der Inhalt der 2. Registerkarte.
      </TabItem.Content>
    </TabItem>
    <TabItem Header="Tab 3">
      <TabItem.LayoutTransform>
        <RotateTransform Angle="90" />
      </TabItem.LayoutTransform>
      <TabItem.Content>
        Hier steht der Inhalt der 3. Registerkarte.
      </TabItem.Content>
    </TabItem>
  </TabControl>
</Grid>
```

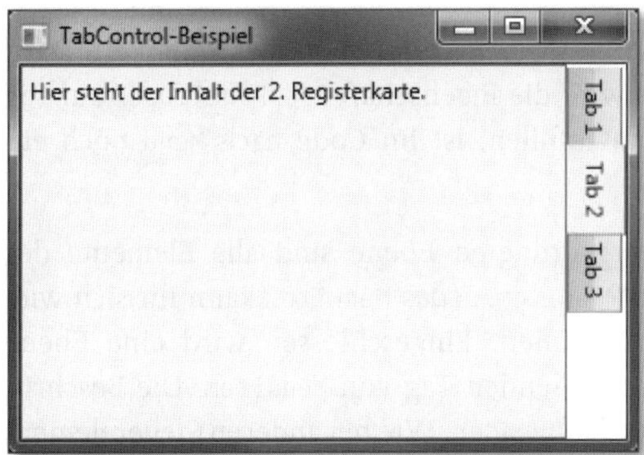

Abbildung 19.26 Das Steuerelement »TabControl«

19.9.6 Menüleisten

Bisher haben wir uns mit den wichtigsten Steuerelementen beschäftigt, die relativ einfach zu erstellen sind. Es ist nun an der Zeit, uns mit einem etwas komplexeren Steuerelement auseinanderzusetzen – mit der Menüleiste.

Die Menüleiste wird durch die Klasse `Menu` beschrieben, die untergeordneten Menüpunkte durch `MenuItem`. Trennstriche werden durch `Separator` beschrieben. Die Struktur eines Menüs sehen wir uns am besten an einem Beispiel an.

```
<DockPanel>
  <Menu DockPanel.Dock="Top" Name="mnuMenu">
    <MenuItem Header="_Datei">
      <MenuItem Header="_Neu" />
```

```
      <MenuItem Header="_Öffnen" />
      <Separator />
      <MenuItem Header="_Speichern" />
      <MenuItem Header="Speichern _unter ..." />
      <Separator />
      <MenuItem Header="_Senden an">
        <MenuItem Header="_Mail" />
        <MenuItem Header="_Desktop" />
      </MenuItem>
      <MenuItem Header="_Beenden" />
    </MenuItem>
    <MenuItem Header="_Bearbeiten" />
    <MenuItem Header="_Hilfe" />
  </Menu>
  <StackPanel>
  </StackPanel>
</DockPanel>
```

Menüs werden meistens oben am Rand des Arbeitsbereichs des Windows verankert. Dazu bietet sich das `DockPanel` an. Im Menü selbst wird die Eigenschaft `DockPanel.Dock` auf `Top` festgelegt. Um den verbleibenden Bereich auszufüllen, ist im Code nach `Menu` noch ein `StackPanel` aufgeführt.

In der ersten dem `Menu`-Steuerelement untergeordneten Ebene sind alle Elemente des Hauptmenüs aufgeführt. Diese sind vom Typ `MenuItem`. Jedes `MenuItem` kann für sich wieder eine ihm selbst untergeordnete Ebene eröffnen. Eingeschlossen wird eine Ebene jeweils zwischen dem öffnenden und dem schließenden Tag von `MenuItem`. Die Beschriftung der Menüelemente erfolgt mit der Eigenschaft `Header`. Wie bei anderen Steuerelementen auch kann mit einem Unterstrich ein Access-Key festgelegt werden. In Abbildung 19.27 sehen Sie die Ausgabe des XAML-Codes.

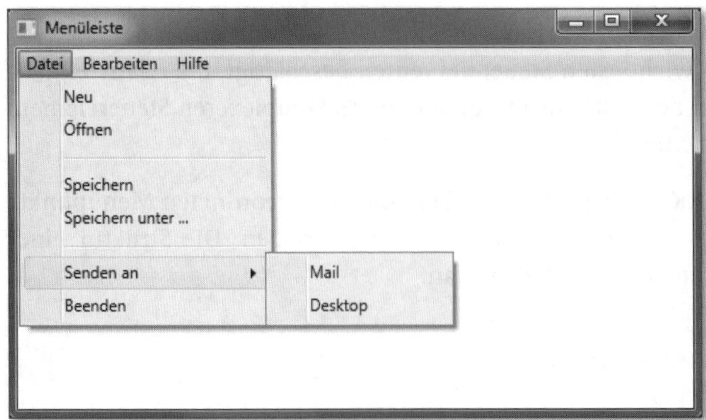

Abbildung 19.27 Ein Menü mit Untermenü in einem »Window«

Zur Programmierung eines Menüelements ist nicht viel zu sagen. Hier handelt es sich wieder um das Ereignis Click, das ausgelöst wird, wenn ein Anwender auf das Menüelement klickt.

Weitere Möglichkeiten der Menüleiste

Die Klasse MenuItem stellt mit vielen Eigenschaften Möglichkeiten zur Verfügung, um Einfluss auf das Layout auszuüben. Vier davon sollen an dieser Stelle vorgestellt werden.

Eigenschaft	Beschreibung
Icon	Legt das Symbol fest, das in einem MenuItem angezeigt wird.
IsCheckable	Gibt an, ob ein MenuItem aktiviert werden kann.
IsChecked	Gibt an, ob das MenuItem aktiviert ist.
InputGestureText	Beschreibt die Tastenkombination.

Tabelle 19.12 Eigenschaften der Klasse »MenuItem«

Symbole anzeigen

Um einem Menüelement ein Symbol zuzuordnen, können Sie über die Eigenschaft Icon ein Bild zuordnen. Benutzen Sie dazu ein Image-Element, und geben Sie dessen Attribut Source die Position zu einer Bilddatei an. Im folgenden Codeabschnitt sehen Sie die Ergänzung der oben gezeigten Menüleiste um zwei Symbole:

```
<DockPanel>
  <Menu DockPanel.Dock="Top" Name="mnuMenu">
    <MenuItem Header="_Datei">
      <MenuItem Header="_Neu" />
      <MenuItem Header="_Öffnen">
        <MenuItem.Icon>
          <Image Source="Images/openHS.png" />
        </MenuItem.Icon>
      </MenuItem>
      <Separator />
      <MenuItem Header="_Speichern">
        <MenuItem.Icon>
          <Image Source="Images/saveHS.png" />
        </MenuItem.Icon>
      </MenuItem>
...
```

Tastenkürzel

Tastenkürzel mit der [Alt]-Taste werden durch einen Unterstrich kenntlich gemacht. Um einen Shortcut zu verwenden, müssen Sie diese Angabe über die Eigenschaft InputGestureText zuweisen:

```
<MenuItem Header="_Öffnen" InputGestureText="Strg+O">
  <MenuItem.Icon>
    <Image Source="Images/openHS.png" />
  </MenuItem.Icon>
</MenuItem>
```

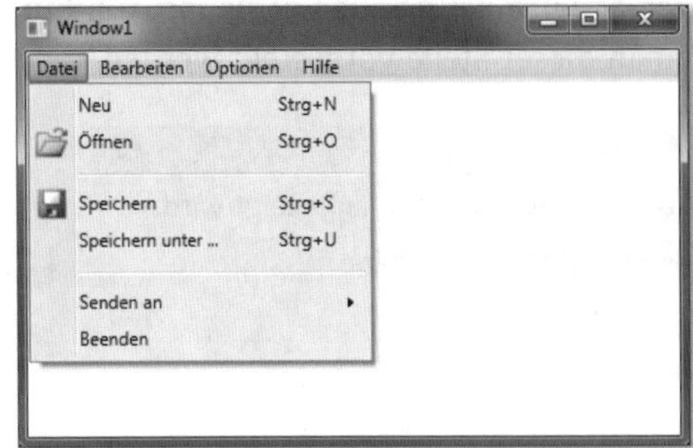

Abbildung 19.28 Untermenü mit Symbolen und Shortcuts

Aktivierbare Menüelemente

Manche Menüelemente sind Ein/Aus-Schaltern ähnlich. Sie signalisieren ihren augenblicklichen Zustand durch ein Häkchen. Die Voraussetzung für dieses Verhalten in einem WPF-Menü wird durch die Eigenschaft `IsCheckable` geschaffen. Mit `IsChecked` können Sie darüber hinaus festlegen, ob die Option des Menüelements ausgewählt ist oder nicht.

```
<MenuItem Header="Schriftstil">
  <MenuItem Header="Fett" IsCheckable="True" IsChecked="True" />
  <MenuItem Header="Kursiv" IsCheckable="True" IsChecked="False" />
</MenuItem>
```

Um ein Menüelement zu aktivieren bzw. zu deaktivieren, dient die Eigenschaft `IsEnabled`. Legen Sie diese auf `False` fest, um das Menüelement zu deaktivieren.

Hinweis

Den Code zu der hier gezeigten Menüleiste finden Sie auf der Buch-DVD unter *...\Beispiele\Kapitel 19\Menüleiste*.

19.9.7 Kontextmenüs

Kontextmenüs ähneln der eben vorgestellten Menüleiste. Im einfachsten Fall wird ein Kontextmenü direkt einem Steuerelement zugeordnet. Die Zuordnung erfolgt mit der Eigenschaft `ContextMenu` des betreffenden Steuerelements. Im folgenden Beispiel wird das Kontextmenü eines Buttons entwickelt:

```
<Button Name="Button1" Height="25" Content="Kontextdemo">
  <Button.ContextMenu>
    <ContextMenu>
      <MenuItem Name="cMenu1" Header="Kopieren" />
      <MenuItem Name="cMenu2" Header="Ausschneiden" />
      <MenuItem Name="cMenu3" Header="Einfügen" />
    </ContextMenu>
  </Button.ContextMenu>
</Button>
```

Jedes Menüelement wird, wie auch bei der Menüleiste, durch ein Objekt vom Typ `MenuItem` beschrieben. Mit der Eigenschaft `Header` wird die Beschriftung festgelegt.

Häufig wird ein Kontextmenü von mehreren Steuerelementen gleichermaßen benutzt. Sie sollten die Definition des Kontextmenüs dann an einem allgemeinen Ort beschreiben. Hier bietet sich der `Resources`-Abschnitt des `Window` oder der Anwendung an. Um `ContextMenu` eindeutig einem bestimmten Steuerelement zuordnen zu können, muss ein `key` festgelegt werden, über den das Steuerelement sein zugeordnetes `ContextMenu`-Element identifizieren kann.

```
<Window ...>
  <Window.Resources>
    <ContextMenu x:Key="contextMenu1">
      <MenuItem Header="_Ausschneiden">
        <MenuItem.Icon>
          <Image Source="Images/CutHS.png" Height="16" Width="16" />
        </MenuItem.Icon>
      </MenuItem>
      <MenuItem Header="_Kopieren">
        <MenuItem.Icon>
          <Image Source="Images/CopyHS.png" Height="16" Width="16" />
        </MenuItem.Icon>
      </MenuItem>
      <MenuItem Header="_Einfügen" Click="Event_EditPaste">
        <MenuItem.Icon>
          <Image Source="Images/PasteHS.png" Height="16" Width="16" />
        </MenuItem.Icon>
      </MenuItem>
  </ContextMenu>
</Window.Resources>
```

Die Zuordnung des im `Resources`-Abschnitt definierten Kontextmenüs erfolgt durch Zuweisung als statische Ressource an die Eigenschaft `ContextMenu` des Steuerelements. Im nächsten Kapitel werden die Ressourcen thematisiert, sodass an dieser Stelle keine nähere Erklärung folgt.

Das Kontextmenü kann mithilfe der Klasse ContextMenuService hinsichtlich Verhalten, Positionierung und Layout beeinflusst werden. Die Eigenschaft HasDropShadow legt beispielsweise fest, ob das Kontextmenü einen Schatteneffekt zeigen soll, und Placement bestimmt, wo das Kontextmenü erscheinen soll. Mit HorizontalOffset und VerticalOffset können Sie festlegen, wo das Kontextmenü relativ zu seinem Steuerelement angezeigt werden soll.

Der folgende XAML-Code zeigt die Einbindung des im Resources-Abschnitt definierten Kontextmenüs. Hier wird eine TextBox als Elternelement festgelegt und zudem demonstriert, wie ContextMenuService zur spezifischen Beschreibung eingesetzt wird.

```
<DockPanel>
  <TextBox ContextMenu="{StaticResource ResourceKey=contextMenu1}"
           ContextMenuService.HasDropShadow="True"
           ContextMenuService.Placement="Mouse" />
</DockPanel>
```

19.9.8 Symbolleisten

Auch wenn es zunächst den Anschein haben mag, dass Symbolleisten zu den komplexen WPF-Steuerelementen zu rechnen sind, ist dem nicht so. Eigentlich handelt es sich dabei nur um einen Container, der andere Controls beherbergt. Symbolleisten werden durch das Element ToolBar beschrieben. Eine ToolBar kann beliebige andere Steuerelemente aufnehmen und darstellen, aber in der Regel wird es sich dabei um Elemente vom Typ Button handeln.

Üblicherweise wird eine Symbolleiste unterhalb der Menüleiste angedockt. Als Container wird daher ein DockPanel eingesetzt, das Menu als erstes Element oben angedockt, und danach folgt die Symbolleiste.

```
<DockPanel>
  <Menu DockPanel.Dock="Top" Name="mnuMenu">
  </Menu>
  <ToolBar DockPanel.Dock="Top" Height="30">
    <Button>
      <Image Source="Images/openHS.png" />
    </Button>
    <Button>
      <Image Source="Images/saveHS.png" />
    </Button>
    <Separator />
    <ComboBox Width="80" SelectedIndex="0">
      <ComboBoxItem>Arial</ComboBoxItem>
      <ComboBoxItem>Courier</ComboBoxItem>
```

```
      <ComboBoxItem>Windings</ComboBoxItem>
    </ComboBox>
  </ToolBar>
    <StackPanel>
    </StackPanel>
</DockPanel>
```

Beim Verkleinern des Fensters könnte es passieren, dass die Fensterbreite nicht mehr ausreicht, um alle in einer ToolBar enthaltenen Komponenten anzuzeigen. Es wird dann ein Überlaufbereich erzeugt, an dessen Ende eine Schaltfläche mit einem Pfeil angezeigt wird. Über diese Schaltfläche lässt sich ein Menü aufklappen, in dem die nicht mehr darstellbaren Elemente angezeigt werden können.

Einzelnen Steuerelementen kann das Überlaufverhalten vorgeschrieben werden. Dazu wird der zugeordneten Eigenschaft OverflowMode ein Wert der gleichnamigen Enumeration übergeben.

Member	Beschreibung
Always	Das Steuerelement wird immer im Überlaufbereich angezeigt.
AsNeeded	Das Steuerelement wird bei Bedarf im Überlaufbereich angezeigt.
Never	Das Steuerelement wird nie im Überlaufbereich angezeigt.

Tabelle 19.13 Mitglieder der Enumeration »OverflowMode«

Der folgende Code beschreibt eine Symbolleiste mit drei ComboBoxen. Jeder ist eine andere Einstellung der Eigenschaft OverflowMode zugewiesen.

```
<ToolBar Height="30">
  <Button>
    <Image Source="Images/openHS.png" />
  </Button>
  <Button>
    <Image Source="Images/saveHS.png" />
  </Button>
  <Separator />
  <ComboBox Width="80" SelectedIndex="0"
            ToolBar.OverflowMode="Always">
    <ComboBoxItem>Arial</ComboBoxItem>
    <ComboBoxItem>Courier</ComboBoxItem>
    <ComboBoxItem>Windings</ComboBoxItem>
  </ComboBox>
  <ComboBox Width="80" SelectedIndex="0"
            ToolBar.OverflowMode="AsNeeded">
    <ComboBoxItem>Bonn</ComboBoxItem>
    <ComboBoxItem>München</ComboBoxItem>
```

```
    <ComboBoxItem>Nürnberg</ComboBoxItem>
  </ComboBox>
  <ComboBox Width="80" SelectedIndex="0"
            ToolBar.OverflowMode="Never">
    <ComboBoxItem>Test1</ComboBoxItem>
    <ComboBoxItem>Test2</ComboBoxItem>
    <ComboBoxItem>Test3</ComboBoxItem>
  </ComboBox>
</ToolBar>
```

In Abbildung 19.29 sind die Auswirkungen deutlich zu sehen. Das Kombinationslistenfeld mit der Einstellung `OverflowMode=Always` ist auch dann nur über die Dropdown-Schaltfläche in der Symbolleiste zu erreichen, wenn die Breite der Form eigentlich zur Darstellung ausreichen würde. Wird die Fensterbreite verringert, wird nur noch die `ComboBox` in der Symbolleiste angezeigt, deren Einstellung `OverflowMode=Never` lautet.

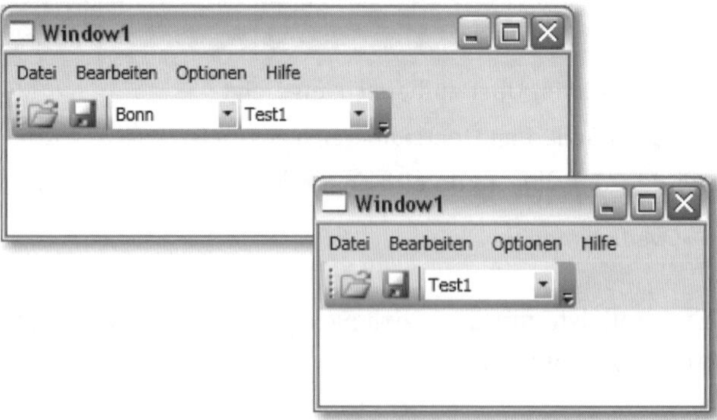

Abbildung 19.29 Der Einfluss der Eigenschaft »OverflowMode«

Positionieren mit der Komponente »ToolBarTray«

Möchten Sie mehrere `ToolBars` in einer Form anzeigen, bietet sich die Komponente `ToolBarTray` an. Dabei handelt es sich um einen Container, der das Positionieren aller enthaltenen `ToolBars` steuert. Mit einer `ToolBarTray`-Komponente wird es möglich, Symbolleisten hintereinander oder in mehreren Reihen anzuzeigen und mittels Drag&Drop zu verschieben.

Zu diesem Zweck stellt das `ToolBar`-Steuerelement mit `Band` und `BandIndex` zwei Eigenschaften zur Verfügung, die sich auf die Positionierung im `ToolBarTray` auswirken. Mit `Band` geben Sie an, in welcher Zeile die `ToolBar` erscheinen soll. Mit `BandIndex` legen Sie deren Position innerhalb der Zeile fest, wenn die Zeile von mehreren `ToolBars` in Anspruch genommen wird.

```
<ToolBarTray DockPanel.Dock="Top" IsLocked="False">
  <ToolBar Height="30" Band="0" BandIndex="0">
    ...
  </ToolBar>
  <ToolBar Height="30" Band="0" BandIndex="1" >
    ...
  </ToolBar>
  <ToolBar Height="30" Band="1" Band="0">
    ...
  </ToolBar>
  <ToolBar Height="30" Band="1" BandIndex="1" >
    ...
  </ToolBar>
</ToolBarTray>
```

Die Einstellungen wirken sich auf die Darstellung der ToolBars nach dem Starten des Fensters aus. Zur Laufzeit kann der Anwender die Position nach Belieben mittels Drag&Drop verändern.

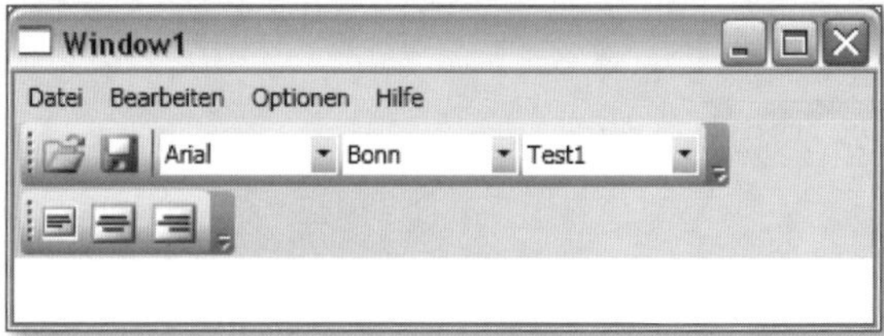

Abbildung 19.30 Zwei Symbolleisten in der Komponente »ToolBarTray«

19.9.9 Die Statusleiste

Die meist unten im Window angezeigten Statusleisten informieren den Anwender über den Zustand des laufenden Programms. WPF stellt Ihnen mit StatusBar eine Komponente zur Verfügung, mit der Sie das realisieren können.

Sie können in die StatusBar beliebige Komponenten einfügen, z. B. TextBox oder Label. Besser ist es allerdings, stattdessen mit StatusBarItem-Elementen Bereiche zu definieren, in denen die Komponenten eingebettet sind. Das ermöglicht es Ihnen, die Ausrichtung der Komponenten einfach zu gestalten. Dazu bietet sich die Eigenschaft HorizontalAlignment oder auch VerticalAlignment an.

```
<DockPanel>
  <Menu DockPanel.Dock="Top" Name="mnuMenu">
  ...
  </Menu>
```

```
  <ToolBarTray DockPanel.Dock="Top" IsLocked="False">
    <ToolBar Height="30" BandIndex="0" Band="0">
      ...
    </ToolBar>
  </ToolBarTray>

  <StatusBar DockPanel.Dock="Bottom" Height="30">
    <Button Width="80">Start</Button>
    <Label>Suchen:</Label>
    <StatusBarItem Width="100"
           HorizontalContentAlignment="Stretch">
     <TextBox>Suchbegriff</TextBox>
    </StatusBarItem>
    <Separator />
    <StatusBarItem HorizontalAlignment="Right">
           Anzahl: 2</StatusBarItem>
  </StatusBar>
  <StackPanel>
  </StackPanel>
</DockPanel>
```

Abbildung 19.31 Window mit Statusleiste

19.10 Weitere Steuerelemente

19.10.1 Die »ProgressBar«

Das Element `ProgressBar` dient dazu, den Benutzer bei einer lange andauernden Verarbeitung über den aktuellen Fortschritt zu informieren. Die wichtigsten Eigenschaften sind schnell genannt: `Minimum` beschreibt den Minimalwert, die Eigenschaft `Maximum` den Maximalwert, und `Value` bestimmt die aktuelle Position.

```
<ProgressBar Minimum="0" Maximum="100" Value="35" Height="25"/>
```

Eine interessante Eigenschaft der `ProgressBar` soll aber nicht unerwähnt bleiben: `IsIndeterminate`. Sie können diese Eigenschaft auf `True` festlegen, wenn die aktuelle Fortschrittsposition nicht festzustellen bzw. unbekannt ist. In diesem Fall werden die drei Eigenschaften `Minimum`, `Maximum` und `Value` ignoriert, und stattdessen wird anstelle des Fortschrittsbalkens eine Animation angezeigt.

19.10.2 Das Steuerelement »Slider«

Mit dem `Slider`-Steuerelement kann der Anwender einen bestimmten Wert einstellen. Zur Festlegung des minimalen und maximalen Werts dienen auch hier die Eigenschaften `Minmum` und `Maximum`, und die Eigenschaft `Value` beschreibt den aktuellen Wert. Mit der Eigenschaft `TickFrequency` können Sie eine Hilfsskala einblenden, die mit `TickPlacement` am `Slider` ausgerichtet werden kann. Der an `TickFrequency` zugewiesene Wert beschreibt den Abstand der Hilfslinien. Mit der Eigenschaft `IsSnapToTickEnabled=True` bewirken Sie, dass der Anwender nicht einen beliebigen Wert einstellen kann, sondern nur Werte, die durch die Hilfslinien vorgegeben werden. Der Schieberegler schnappt also ein.

```
<Slider TickFrequency="5" TickPlacement="BottomRight" Minimum="0"
        Maximum="100" IsSnapToTickEnabled="True"></Slider>
```

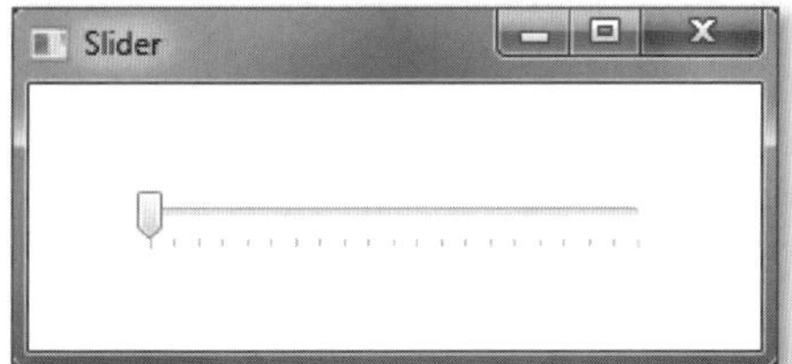

Abbildung 19.32 Das Slider-Steuerelement

Normalerweise wird der Minimalwert links und der Maximalwert rechts ausgerichtet. Mit `IsDirectionReversed` kann die Ausrichtung umgekehrt werden.

Klickt der Anwender links oder rechts vom Schieberegler, wird zum aktuellen Wert der unter `LargeChange` eingestellte Wert addiert bzw. von ihm subtrahiert. Soll stattdessen die exakte Klickposition zur Festlegung des neuen Wertes herangezogen werden, ist die Eigenschaft `IsMoveToPointEnabled` auf `True` einzustellen.

19.10.3 Das »GroupBox«-Steuerelement

Bei der `GroupBox` handelt es sich um ein Steuerelement, das mehrere andere Steuerelemente visuell zusammenfassen kann. Der von einer `GroupBox` einfasste Inhalt wird durch die Eigenschaft `Content` beschrieben. Dabei kann es sich um einen LayoutContainer handeln, sodass im Grunde genommen beliebig viele Elemente einer GroupBox zugeordnet werden können.

Eine GroupBox kann eine Beschriftung aufweisen. Dazu dient die Eigenschaft Header. Natürlich kann Header auch ein anderes Steuerelement beschreiben. Der folgende XAML-Code beschreibt zwei GroupBox-Elemente. Das untere weist ein CheckBox-Element in der Eigenschaft Header auf.

```
<Grid>
  <Grid.RowDefinitions>
    <RowDefinition /><RowDefinition />
  </Grid.RowDefinitions>
  <GroupBox Grid.Row="0" Header="Schriftstil" BorderThickness="2"
                                              BorderBrush="Black">
    <StackPanel>
      <CheckBox>Fett</CheckBox>
      <CheckBox>Kursiv</CheckBox>
      <CheckBox>Unterstrichen</CheckBox>
    </StackPanel>
  </GroupBox>
  <GroupBox Grid.Row="1" BorderThickness="2" BorderBrush="Black">
    <GroupBox.Header>
      <CheckBox>Aktivierung</CheckBox>
    </GroupBox.Header>
    <StackPanel>
      <TextBox Margin="5"></TextBox>
      <TextBox Margin="5"></TextBox>
    </StackPanel>
  </GroupBox>
</Grid>
```

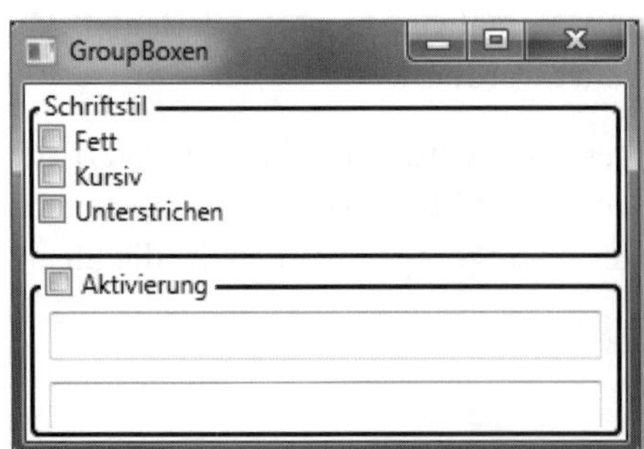

Abbildung 19.33 Zwei GroupBox-Steuerelemente

19.10.4 Das Steuerelement »ScrollViewer«

Einige WPF-Steuerelemente sind zwar in der Lage, einen umfangreichen Inhalt anzuzeigen, unterstützen aber leider keine Scrollbars. Dieses Manko kann durch das Steuerelement `ScrollViewer` behoben werden. Ein `ScrollViewer` zeigt Scrollbars an, sobald der Inhalt eines Elements größer wird als sein Anzeigebereich und die beiden Eigenschaften

- `HorizontalScrollBarVisibility` und
- `VerticalScrollBarVisibility`

auf `Visible` eingestellt sind.

Eine Reihe von Methoden ermöglichen es, den angezeigten Inhalt beliebig zu verschieben, z. B. `ScrollToLeftEnd` oder `LineRight`. Um die Wirkungsweise der Methoden einfach zu erfahren, dient das folgende Beispielprogramm. Für die infrage kommenden Methoden sind linksseitig Buttons angeordnet. Die Methode, die von dem jeweiligen `Button` aufgerufen wird, ist in der Beschriftung angegeben. Der XAML- und C#-Code wird an dieser Stelle aus Platzgründen nur gekürzt wiedergegeben.

```
// ---------------------------------------------------------------
// Beispiel: ...\Kapitel 19\ScrollViewerSample
// ---------------------------------------------------------------.
<DockPanel>
  <StackPanel DockPanel.Dock="Left" Orientation="Vertical" Width="120"
              ButtonBase.Click="ButtonHandler" >
    <Button Name="btnLineUp" Margin="5,5,5,5" Content="LineUp()" />
    <Button Name="btnLineDown" Margin="5,5,5,5" Content="LineDown()" />
    <Button Name="btnLineRight" Margin="5,5,5,5" Content="LineRight()" />
    <Button Name="btnLineLeft" Margin="5,5,5,5" Content="LineLeft()" />
    ...
  </StackPanel>

  <ScrollViewer Name="scrViewer" Margin="5"
                HorizontalScrollBarVisibility="Visible"
                VerticalScrollBarVisibility="Visible">
    <TextBlock Margin="10" TextWrapping="Wrap" Width="500">
      ...
    </TextBlock>
  </ScrollViewer>
</DockPanel>
```

Zu diesem XAML-Code gehört der folgende C#-Code:

```
private void ButtonHandler(object sender, RoutedEventArgs e) {
  Button btn = e.Source as Button;
  switch (btn.Name) {
    case "btnLineUp":
```

```
        scrViewer.LineUp();
        break;
      case "btnLineDown":
        scrViewer.LineDown();
        break;
      case "btnLineRight":
        scrViewer.LineRight();
        break;
      ...
    }
  }
```

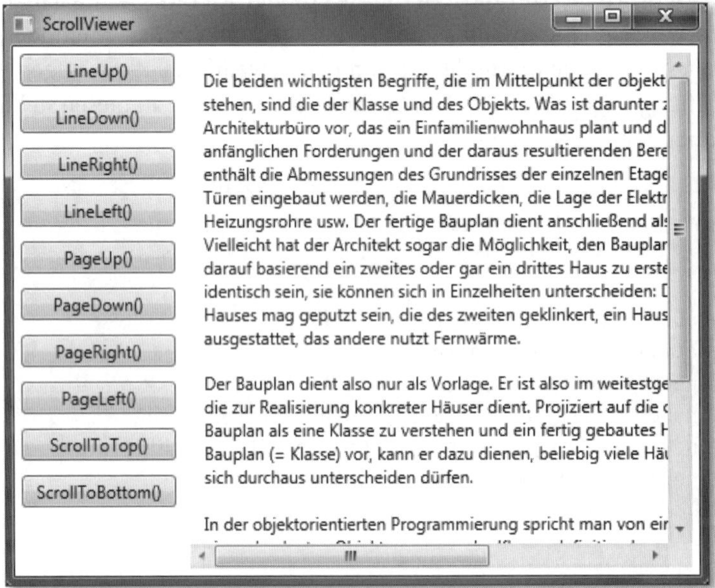

Abbildung 19.34 Ausgabe des Beispielprogramms »ScrollViewerSample«

19.10.5 Das Steuerelement »Expander«

Das Steuerelement `Expander` ist der Gruppe der Steuerelemente zuzurechnen, die dem Design dienen. Das Element kann ein untergeordnetes Element beinhalten. Der Bereich, der von dem untergeordneten Steuerelement beschrieben wird, kann aufgeklappt oder zusammengeklappt dargestellt werden. Im zusammengeklappten Zustand wird lediglich ein Pfeil angezeigt, über den der verdeckte Inhalt wieder sichtbar gemacht werden kann. Expander-Objekte eignen sich besonders dann, wenn ein Detailbereich für den Anwender eingeblendet werden soll.

Der Zustand des Expander-Objekts wird mit der Eigenschaft IsExpanded beschrieben. Die Eigenschaft ExpandedDirection gibt die Richtung an, in die aufgeklappt wird. Dabei sind die Richtungen links, rechts, oben und unten möglich. Wird der Inhalt in vertikaler Richtung aufgeklappt, passt sich die Höhe des angezeigten Bereichs dem Inhalt an. Entsprechendes gilt, wenn in horizontaler Richtung aufgeklappt wird. Hier ist es natürlich die Breite, die sich dem Inhalt anpasst.

Erwähnenswert ist, das beim Öffnen und Schließen des Expander-Objekts die Ereignisse Expanded und Collapsed ausgelöst werden. Sie können somit auf diese Aktionen auch mit entsprechenden Operationen reagieren.

```
// ---------------------------------------------------------------
// Beispiel: ...\Kapitel 19\ExpanderSample
// ---------------------------------------------------------------
<StackPanel>
  <Expander Margin="10">
    <Expander.Background>
      <LinearGradientBrush StartPoint="0,0" EndPoint="1,2">
        <GradientStop Offset="0" Color="White" />
        <GradientStop Offset="1" Color="Blue" />
      </LinearGradientBrush>
    </Expander.Background>
    <StackPanel>
      <Button Height="30" Margin="5">Button 1</Button>
      <Button Height="30" Margin="5">Button 2</Button>
      <Button Height="30" Margin="5">Button 3</Button>
    </StackPanel>
  </Expander>
  <Expander Margin="10">
    <Expander.Background>
      <LinearGradientBrush StartPoint="0,0" EndPoint="1,2">
        <GradientStop Offset="0" Color="White" />
        <GradientStop Offset="1" Color="Red" />
      </LinearGradientBrush>
    </Expander.Background>
    <StackPanel>
      <Button Height="30" Margin="5">Button 4</Button>
      <Button Height="30" Margin="5">Button 5</Button>
      <Button Height="30" Margin="5">Button 6</Button>
    </StackPanel>
  </Expander>
</StackPanel>
```

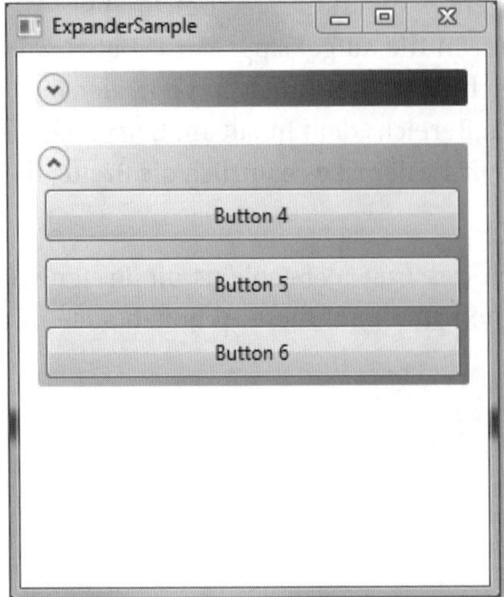

Abbildung 19.35 Zwei Expander-Objekte (Das obere ist zusammengeklappt.)

19.10.6 Das Steuerelement »Border«

Das `Border`-Steuerelement ist ein sehr einfaches Steuerelement, das dazu dient, einen visuellen Rahmen um andere Steuerelemente zu zeichnen. `Border` ist ein Inhaltssteuerelement. Das bedeutet, dass es direkt nur ein anderes Element beinhalten kann. Üblicherweise handelt es dabei um einen `LayoutContainer`.

Nur wenige Eigenschaften sind erwähnenswert: Mit `CornerRadius` können die Ecken abgerundet werden, `BorderThickness` legt die Breite fest, und `BorderBrush` definiert das Aussehen des Rahmens.

```
// ---------------------------------------------------------------
// Beispiel: ...\Kapitel 19\BorderSample
// ---------------------------------------------------------------
<Grid>
  <Border CornerRadius="20" BorderThickness="25" Margin="5">
    <Border.BorderBrush>
      <LinearGradientBrush StartPoint="0,0" EndPoint="1,1">
        <GradientStop Offset="0" Color="White" />
        <GradientStop Offset="1" Color="Blue" />
      </LinearGradientBrush>
    </Border.BorderBrush>
    <StackPanel>
      <Button Height="40" Margin="20, 20, 20, 10">Button 1</Button>
      <Button Height="40" Margin="20, 10, 20, 20">Button 2</Button>
```

```
    </StackPanel>
  </Border>
</Grid>
```

Die Ausgabe dieses Beispiels sehen Sie in Abbildung 19.36.

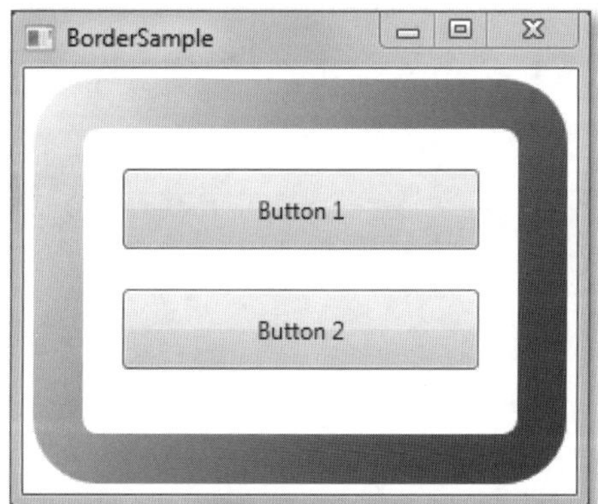

Abbildung 19.36 Die Ausgabe des Beispiels »BorderSample«

19.10.7 Die »Image«-Komponente

Mit dem Image-Control lassen sich Grafiken in einem Window anzeigen. Die wichtigste Eigenschaft ist Source. Dieser übergeben Sie den relativen oder absoluten Pfad einer Grafikdatei. Image ermöglicht die Anzeige der folgenden Bildtypen: .BMP, .GIF, .ICO, .JPG, .PNG, .WDP und .TIFF.

Unterscheiden sich die Größe des Image-Controls und die der Grafik, können Sie mit den Eigenschaften Stretch und StretchDirection festlegen, wie die Grafik gestreckt werden soll. StretchDirection erlaubt die Werte Both, DownOnly und UpOnly. Mit DownOnly wird das Bild nur verkleinert dargestellt, mit UpOnly nur vergrößert, und Both ermöglicht beide Änderungen. Letzteres ist auch die Standardvorgabe.

Ist Stretch auf None eingestellt, wird das Bild ausschließlich in seiner Originalgröße dargestellt. Mit Fill wird das Bild so skaliert, dass es den Bereich des Image-Steuerelements komplett einnimmt. UniFormFill agiert ähnlich, achtet aber darauf, dass die Proportionen erhalten bleiben. Leere Flächen innerhalb des Steuerelements verbleiben nicht. Uniform vergrößert oder verkleinert das Bild in der Weise, dass die Proportionen erhalten bleiben. Möglicherweise bleiben dabei aber wieder Flächen im Image-Steuerelement frei.

Abbildung 19.37 zeigt, wie sich das Strecken eines Bildes auf die Darstellung auswirkt. Der Abbildung liegt der folgende Code zugrunde:

```
<WrapPanel>
  <Image Source="Images/Egypt.JPG" Margin="10" Height="200" />
  <Image  Source="Images/Egypt.JPG" Margin="10" Height="200"
          Width="300" Stretch="Fill" />
</WrapPanel>
```

Abbildung 19.37 Bildanzeige normal und gestreckt

19.10.8 Grafik zur Laufzeit laden

Wenn Sie mittels Code eine Bitmap laden, kommt die Klasse `BitmapImage` ins Spiel, die im Namespace `System.Windows.Media.Imaging` definiert ist. Der Ladevorgang wird zunächst mit der Methode `BeginInit` initialisiert und mit `EndInit` abgeschlossen.

Das `BitmapImage`-Objekt erwartet in der Eigenschaft `UriSource` die Angabe der Datenquelle, die als Objekt vom Typ `Uri` übergeben wird. Dem `Uri`-Konstruktor übergeben Sie den Pfad zu der Bitmap, und Sie teilen ihm darüber hinaus mit, ob es sich um eine relative oder absolute Pfadangabe handelt.

Der Code in der XAML-Datei lautet:

```
<WrapPanel>
  <Image Name="MyImage" />
</WrapPanel>
```

Das Bild soll beim Starten des Windows geladen werden. Dazu bietet sich das Ereignis `Loaded` an:

```
private void Window_Loaded(object sender, RoutedEventArgs e) {
  BitmapImage bitmap = new BitmapImage();
  bitmap.BeginInit();
  bitmap.UriSource = new Uri("Images/Egypt.jpg", UriKind.Relative);
  bitmap.EndInit();
  MyImage.Source = bitmap;
}
```

20 Konzepte der WPF

In diesem Kapitel lernen Sie mit Ressourcen, Styles, Triggern, Templates und Commands die grundlegenden Konzepte der WPF kennen.

20.1 Ressourcen

Unter der WPF müssen wir zwei Gruppen von Ressourcen unterscheiden:

- binäre Ressourcen
- logische Ressourcen

Bei den binären Ressourcen kann es sich um Videos, Musik oder auch Bilder handeln, für die binäre Datenströme (Streams) notwendig sind. Im Grunde genommen handelt es sich dabei um nicht ausführbare Dateien, die mit einer Anwendung ausgeliefert werden müssen. Binäre Daten wurden schon von der ersten Version des .NET Frameworks unterstützt und stellen somit keine Besonderheit im Zusammenhang mit der WPF dar.

Ganz anders verhält es sich mit logischen Ressourcen, einem mit der WPF eingeführten neuen Konzept. Dabei handelt es sich um .NET-Objekte, die an mehreren Stellen einer WPF-Anwendung genutzt werden können. Ressourcen werden in einem mit `Resources` gekennzeichneten Abschnitt eines WPF-Elements angegeben. `Resources` ist als Eigenschaft in der Klasse `FrameworkElement` definiert, sodass nahezu jedes Control einen `Resources`-Abschnitt beschreiben kann.

Die später in diesem Kapitel behandelten *Styles* und *Templates* setzen logische Ressourcen voraus. Styles fassen Eigenschaften zusammen, die auf mehrere Steuerelemente angewendet werden können. Damit lässt sich das Layout vereinheitlichen. Templates gehen noch einen Schritt weiter und ermöglichen es, Steuerelemente vollständig umzugestalten. Sie können mit Templates zum Beispiel runde Schaltflächen definieren.

20.1.1 Wo logische Ressourcen definiert werden können

Logische Ressourcen werden in der Regel im XAML-Code definiert. Alles, was Sie im XAML-Code festlegen, können Sie aber auch mit C#-Code erreichen. Allerdings ist der Weg über XAML der besser lesbare und normalerweise auch derjenige, der zu bevorzugen ist.

Ressourcen lassen sich nahezu jedem Objekt hinzufügen und müssen nicht an einer zentralen Stelle verwaltet werden. Dazu bieten sich drei Möglichkeiten an:

- Die logische Ressource wird anwendungsweit definiert. Das geschieht in der Datei *App.xaml*.
- Die logische Ressource wird in dem `Window` definiert, in dem sie benötigt wird. Die Ressource kann dabei sowohl auf Fensterebene als auch innerhalb einer Komponente definiert werden. Zu beachten ist hier die Regel, dass die Ressource bekannt sein muss, bevor sie benutzt wird.
- Logische Ressourcen können auch in einer externen Datei definiert sein.

Um eine Ressource anwendungsweit bereitzustellen, definieren Sie die Ressource in der Datei *App.xaml*, in der ein Abschnitt für die Ressourcen bereits vordefiniert ist.

```
<Application x:Class="WpfApplication.App"
             xmlns=http://...
             xmlns:x=http://...
             StartupUri="MainWindow.xaml">
  <Application.Resources>
  </Application.Resources>
</Application>
```

Auf die Ressourcen, die hier definiert sind, haben alle Elemente Zugriff: sowohl alle `Window`- als auch alle Steuerelemente.

Sie können einen Ressourcenbereich auch im `Window` festlegen. Allerdings müssen Sie diesen Bereich manuell angeben:

```
<Window x:Class="WpfApplication.MainWindow"
  xmlns="http://..."
  xmlns:x="http://..."
  Title="MainWindow" Height="300" Width="350">
  <Window.Resources>
    <!-- windoweigene Ressourcen -->
  </Window.Resources>
</Window>
```

In gleicher Weise lässt sich auch ein Abschnitt für Ressourcen beispielsweise in einem `Button` oder einem `Grid` definieren:

```
<Grid>
  <Grid.Resources>
    <!-- Ressourcen des Grids -->
  </Grid.Resources>
  <Button>
    <Button.Resources>
```

```
      <!-- Ressourcen der Schaltfläche -->
    </Button.Resources>
  </Button>
</Grid>
```

Logische Ressourcen lassen sich in eine oder mehrere Ressourcendateien auslagern. Damit erhält man eine bessere Strukturierung der Anwendung, der XAML-Code wird übersichtlicher, und zudem können Ressourcendateien zur Laufzeit je nach Bedarf nachgeladen werden. Separate Ressourcendateien fügen Sie einer WPF-Anwendung unter dem etwas unglücklich übersetzten Begriff *Ressourcenwörterbuch* hinzu. Die XAML-Grundstruktur sieht etwas anders aus, sie wird mit dem Wurzelelement `ResourceDictionary` beschrieben.

```
<ResourceDictionary
    xmlns=http://schemas.microsoft.com/winfx/2006/xaml/presentation
    xmlns:x="http://schemas.microsoft.com/winfx/2006/xaml">
</ResourceDictionary>
```

Innerhalb des Elements tragen Sie die Ressourcen ein, die in der Anwendung verwendet werden sollen.

Bei so vielen unterschiedlichen Ebenen, in denen Ressourcen bereitgestellt werden können, stellt sich unweigerlich die Frage, nach welchem Muster die Suche nach einer Ressource abläuft. Im Grunde genommen ist der Ablauf sehr einfach: Die Suche beginnt immer beim aktuellen Element, beispielsweise einem `Button`. Wird die Ressource hier nicht gefunden, setzt sich die Suche im nächsten übergeordneten Element fort. Hier könnte es sich beispielsweise um einen `Grid`-Container handeln. Wenn die Suche auch hier nicht zum Erfolg führt, wird unter den `Window`-Ressourcen gesucht, danach gegebenenfalls noch in den `Application`-Ressourcen.

20.1.2 Definition logischer Ressourcen

Logische Ressourcen lassen sich mit *Cascading Style Sheets* (CSS) vergleichen, die ebenfalls zentral außerhalb ihres Einsatzgebietes definiert werden. Da Sie beliebig viele Ressourcen festlegen können, muss jede einzelne über einen eindeutigen Schlüssel identifizierbar sein. Dieser wird mit dem `Key`-Attribut beschrieben, das einem Namespace zugeordnet ist, der per Vorgabe durch das Präfix `x` beschrieben wird.

```
<SolidColorBrush x:Key="btnBackground">Red</SolidColorBrush>
```

Elemente, die auf Ressourcen zugreifen, verwenden die Markup-Erweiterungen `StaticResource` oder `DynamicResource`. Der Name verrät bereits den Unterschied zwischen diesen beiden Ressourcen. Mit `StaticResource` erfolgt der Zugriff statisch. Der Wert wird nur einmal ermittelt und zugewiesen und bleibt erhalten, solange das bindende Objekt existiert. Änderungen an der Ressource werden vom Objekt nicht wahrgenommen.

Ganz anders die Ressourcen, die mit `DynamicResource` eingebunden werden. Eine Änderung der Ressource wird dazu führen, dass das Objekt den neuen Ressourcenwert zur Kenntnis nimmt und darauf reagiert. Dieses Verhalten setzt voraus, dass die bindende Eigenschaft als Abhängigkeitseigenschaft (Dependency Property) implementiert ist. Nur eine abhängige Eigenschaft kann von einer Änderung der Ressource Notiz nehmen und entsprechend reagieren. Eine herkömmliche Eigenschaft ist dazu nicht in der Lage. Das bedeutet im Umkehrschluss auch, dass eine herkömmliche Eigenschaft nur statisch an eine Ressource gebunden werden kann.

Das folgende Programm zeigt die Nutzung von Ressourcen. In einem `Grid` sind zwei Schaltflächen platziert, die ihre Hintergrundfarbe aus einer Ressource beziehen, die einen Farbverlauf beschreibt und als `Window`-Ressource definiert ist. Das Fenster bezieht seine Ressourceninformationen aus der Datei *App.xaml*. Diese steht somit anwendungsweit allen Objekten der Anwendung gleichermaßen zur Verfügung

```
// ---------------------------------------------------------
// Beispiel: ...\Kapitel 20\LogischeRessourcen
// ---------------------------------------------------------
<Window x:Class="LogischeRessourcen.MainWindow"
        xmlns="http://schemas.microsoft.com/winfx/2006/xaml/presentation"
        xmlns:x="http://schemas.microsoft.com/winfx/2006/xaml"
        Title="Logische Ressourcen" Height="350" Width="525"
        Background="{StaticResource wndBackground}">
  <Window.Resources>
    <LinearGradientBrush x:Key="btnBackground"
                         StartPoint="0,0" EndPoint="1,1">
        <GradientStop Offset="0.0" Color="White" />
        <GradientStop Offset="1.0" Color="Blue" />
    </LinearGradientBrush>
  </Window.Resources>
  <Grid>
    <Grid.RowDefinitions>
      <RowDefinition Height="60" />
      <RowDefinition Height="60"  />
      <RowDefinition />
    </Grid.RowDefinitions>
    <Grid.ColumnDefinitions>
      <ColumnDefinition />
      <ColumnDefinition />
    </Grid.ColumnDefinitions>
    <Button Grid.Row="0" Grid.Column="1" Width="150" Height="40"
        Background="{StaticResource btnBackground}">Button1</Button>
    <Button Grid.Row="1" Grid.Column="1" Width="150" Height="40"
        Background="{StaticResource btnBackground}">Button2</Button>
```

```
  </Grid>
</Window>
```

Hier folgt jetzt die Datei *App.xaml*, in der die Ressource `wndBackground` zur Verfügung gestellt wird:

```
<Application x:Class="LogischeRessourcen.App"
             xmlns="http://schemas.microsoft.com/winfx/2006/xaml/presentation"
       xmlns:x="http://schemas.microsoft.com/winfx/2006/xaml"
       StartupUri="MainWindow.xaml">
  <Application.Resources>
    <LinearGradientBrush x:Key="wndBackground"
                         StartPoint="0,0" EndPoint="1,1">
      <GradientStop Offset="0.0" Color="White" />
      <GradientStop Offset="1.0" Color="Gray" />
    </LinearGradientBrush>
  </Application.Resources>
</Application>
```

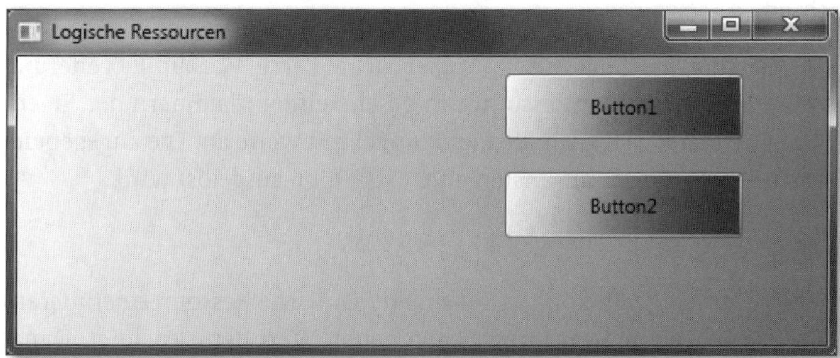

Abbildung 20.1 Die Ausgabe des Beispiels »LogischeRessourcen«

Jeder Ressource muss ein eindeutiger Schlüssel zugeordnet sein, unter der sie abrufbar ist. In unserem Beispiel lauten die beiden Schlüssel wie folgt:

```
x:Key="wndBackground"
```

und

```
x:Key="btnBackground"
```

Beim Zugriff auf eine Ressource wird die Markup-Erweiterung `StaticResource` verwendet. Dahinter folgt der eindeutige Bezeichner der Ressource, bei dem Sie die Groß-/Kleinschreibung berücksichtigen müssen, zum Beispiel:

```
Background="{StaticResource backgroundBlue}
```

Es gibt darüber hinaus auch noch eine zweite Schreibweise, um auf eine Ressource zuzugreifen:

```
<Button Height="40">
  <Button.Background>
    <StaticResource ResourceKey="btnBackground" />
  </Button.Background>Button3
</Button>
```

Wenn Sie die Element-Schreibweise einsetzen, müssen Sie beachten, dass die gewünschte Ressource dem Attribut `ResourceKey` angegeben wird.

20.1.3 Statische und dynamische Ressourcen

Statische Ressourcen

Im letzten Beispiel wurden statische Ressourcen verwendet. Wird eine Ressource statisch an eine Eigenschaft gebunden, wird der Wert der Ressource nur ein einziges Mal ausgewertet und der Eigenschaft zugewiesen. Ändert sich die Ressource zur Laufzeit, wird der neue Wert nicht berücksichtigt.

Die Anbindung an eine Ressource erfolgt mit `StaticResource`. Diese Markup-Erweiterung wird zusammen mit dem Bezeichner der Ressource in geschweiften Klammern der Eigenschaft übergeben. Alternativ bietet sich auch die Element-Schreibweise an. Die angegebene Ressource muss natürlich existieren, da ansonsten eine `Exception` ausgelöst wird.

Dynamische Ressourcen

Ändert sich eine Ressource zur Laufzeit, können Sie eine dynamische Ressource definieren, damit das Element, das die Ressource beansprucht, den neuen Wert berücksichtigt. Dynamische Ressourcen haben gegenüber den statischen Ressourcen nicht nur in der Aktualisierbarkeit einen Vorteil. Während eine statische Ressource sofort verfügbar sein muss, kann eine dynamische Ressource auch zu einem späteren Zeitpunkt bereitgestellt werden. Das könnte beispielsweise dann der Fall sein, wenn die dynamische Ressource im Programmcode definiert wird.

Das folgende Beispiel zeigt den parallelen Einsatz statischer und dynamischer Ressourcen. Das Fenster enthält drei Textboxen und eine Schaltfläche. Die Hintergrundfarben der Textboxen sind auf drei verschiedene Arten an Ressourcen gebunden. Die obere `TextBox` ist dynamisch an eine Ressource gebunden, die deklarativ vom `Window`-Objekt bereitgestellt wird. Die mittlere `TextBox` bezieht ebenfalls dynamisch den Ressourcenwert. Dieser wird jedoch erst in dem Moment zur Verfügung gestellt, wenn auf die Schaltfläche geklickt wird. Die untere `TextBox` benutzt ebenfalls die vom `Window`-Objekt bereitgestellte Ressource, bindet diese allerdings statisch.

```
// ---------------------------------------------------------
// Beispiel: ...\Kapitel 20\DynamischeRessourcen
// ---------------------------------------------------------
<Window x:Class="DynamischeRessourcen.MainWindow"
        xmlns="http://schemas.microsoft.com/winfx/2006/xaml/presentation"
        xmlns:x="http://schemas.microsoft.com/winfx/2006/xaml"
        Title="MainWindow" Height="229" Width="346">
  <Window.Resources>
    <SolidColorBrush x:Key="txtBackground" Color="AntiqueWhite" />
  </Window.Resources>
  <StackPanel>
    <TextBox Height="30" Margin="5" Text="Dynamische Ressource"
      FontSize="16" Background="{DynamicResource txtBackground}">
    </TextBox>
    <TextBox Height="30" Margin="5" FontSize="16"
      Text="Dynamische Ressource (zur Laufzeit)"
      Background="{DynamicResource newRessource}">
    </TextBox>
    <TextBox Height="30" Margin="5" Text="Statische Ressource"
      FontSize="16" Background="{StaticResource txtBackground}">
    </TextBox>
    <Button Background="LightGray" Name="button1" FontSize="16"
      Height="35" Width="120" Click="button1_Click" Margin="15">
           Button1
    </Button>
  </StackPanel>
</Window>
```

In der Codedatei wird die Ressource `txtBackground` verändert und mit `newRessource` eine neue Ressource eingeführt, die von der mittleren `TextBox` benutzt wird.

```
private void button1_Click(object sender, RoutedEventArgs e) {
  LinearGradientBrush linearColor =
       new LinearGradientBrush(Colors.Yellow, Colors.Blue, 0);
  this.Resources["txtBackground"] = linearColor;
  SolidColorBrush solidColor = new SolidColorBrush(Colors.Red);
  if(this.Resources["newRessource"] == null)
    this.Resources.Add("newRessource", solidColor);
}
```

Die Klasse `Window` erbt von der Basis `FrameworkElement` die Eigenschaft `Resources`. Diese Eigenschaft gibt die Referenz auf eine Collection vom Typ `ResourceDictionary` zurück, in der die definierten Ressourcen durch ein Schlüssel/Wert-Paar verwaltet werden. Mit

```
if(this.Resources["newRessource"] == null)
  this.Resources.Add("newRessource", solidColor);
```

wird eine neue Ressource an die Auflistung übergeben. Dabei wird zuerst der Schlüssel als Zeichenfolge genannt, danach die Ressource, die in unserem Beispiel durch ein zuvor definiertes SolidColorBrush-Objekt beschrieben wird. Zuvor muss auf jeden Fall geprüft werden, ob die Ressource bereits existiert. Versäumen Sie diese Überprüfung, wird ein zweites Klicken auf die Schaltfläche zu einer Ausnahme führen. Sie können eine neue Ressource auch direkt mit

```
this.Resources["newRessource"] = solidColor;
```

festlegen. Existiert die Ressource noch nicht, wird sie automatisch der Auflistung hinzugefügt. Sollte sie jedoch bereits vorhanden sein, wird ihr der neue Wert zugewiesen, wie die folgende Anweisung im Ereignishandler unseres Beispiels zeigt:

```
this.Resources["txtBackground"] = linearColor;
```

In Abbildung 20.2 sehen Sie das Fenster zur Laufzeit.

Abbildung 20.2 Die Ausgabe des Beispiels »DynamischeRessourcen«

20.1.4 Ressourcen in Ressourcendateien

Logische Ressourcen lassen sich in unabhängigen Dateien speichern. Das hat den Vorteil, dass Sie die darin definierten Ressourcen in mehreren Projekten nutzen können und dass zudem unterschiedliche Ressourcendateien zur Laufzeit nach Bedarf nachgeladen werden können.

Die Vorgehensweise soll im folgenden Beispiel demonstriert werden. Für externe Dateien, die Ressourcen beschreiben, gibt es eine eigene Vorlage, die Sie der Anwendung zuerst hinzufügen müssen. Die Vorlage wird *Ressourcenwörterbuch* genannt und stellt eine XAML-Datei dar. Hier können Sie alle Ressourcen beschreiben, die Sie auch projektübergreifend festlegen wollen. Über das Kontextmenü des Projekts können Sie die Vorlage auswählen (siehe Abbildung 20.3).

Im neu hinzugefügten Ressourcenwörterbuch sind bereits das Wurzelelement ResourceDictionary sowie alle erforderlichen Namespaces angegeben. Tragen Sie hier alle Ressourcen ein, die von der Anwendung verwendet werden sollen. Das dem Programm hinzugefügte Ressourcenwörterbuch soll *backgrounds.xaml* heißen.

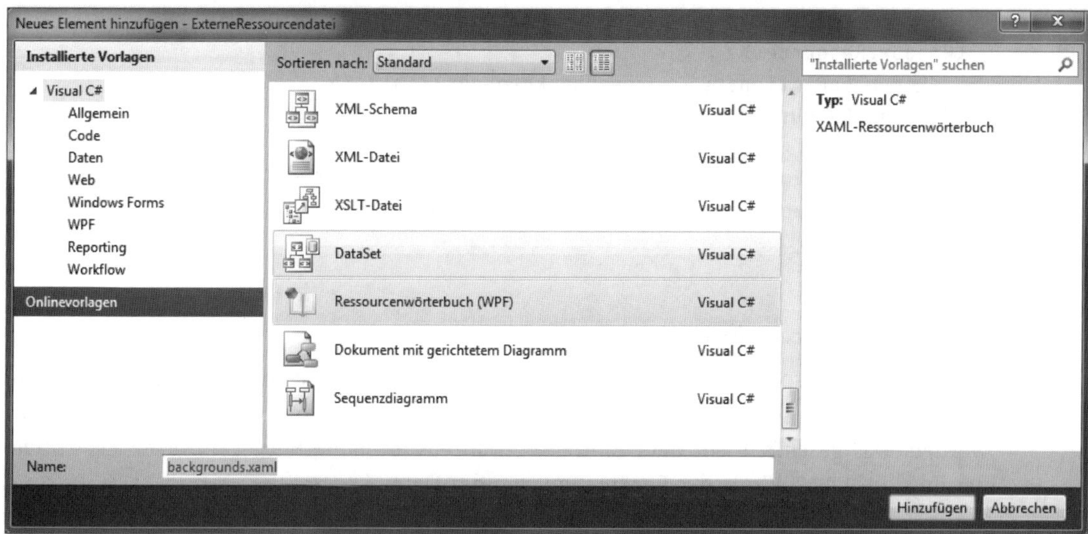

Abbildung 20.3 Die Vorlage »Ressourcenwörterbuch«

```
// ---------------------------------------------------------
// Beispiel: ...\Kapitel 20\ExterneRessourcen
// ---------------------------------------------------------
<ResourceDictionary
       xmlns="http://schemas.microsoft.com/winfx/2006/xaml/presentation"
       xmlns:x="http://schemas.microsoft.com/winfx/2006/xaml">
  <LinearGradientBrush x:Key="background1"  StartPoint="0,0" EndPoint="1,1">
      <GradientStop Offset="0.0" Color="White" />
      <GradientStop Offset="1.0" Color="Gray" />
  </LinearGradientBrush>
  <LinearGradientBrush x:Key="background2"  StartPoint="0,0" EndPoint="1,1">
      <GradientStop Offset="0.0" Color="Gray" />
      <GradientStop Offset="1.0" Color="Red" />
  </LinearGradientBrush>
</ResourceDictionary>
```

Externe Ressourcen müssen dem Programm bekannt gegeben werden. Wollen Sie die extern zur Verfügung gestellten Ressourcen anwendungsweit nutzen, eignet sich dazu die Datei *App.xaml*. Benötigen Sie die Ressourcen nur in einem Fenster, können Sie das Ressourcenwörterbuch im entsprechenden Fenster benennen. Geeignet sind dazu die `Resource`-Abschnitte, zum Beispiel:

```
<Window x:Class="ExterneRessourcendatei.MainWindow"
        xmlns="http://schemas.microsoft.com/winfx/2006/xaml/presentation"
        xmlns:x="http://schemas.microsoft.com/winfx/2006/xaml"
        Title="MainWindow" Height="350" Width="525">
  <Window.Resources>
    <ResourceDictionary Source="backgrounds.xaml" />
  </Window.Resources>
  <StackPanel>
    <Button Background="{DynamicResource background1}" Height="50"></Button>
    <Button Background="{DynamicResource background2}" Height="50"></Button>
  </StackPanel>
</Window>
```

Mehrere Ressourcenwörterbücher

Gespeicherte Ressourcen können auch aus mehreren Ressourcenwörterbüchern entnommen werden. Diese müssen dann im Abschnitt `ResourceDictionary` zusammengeführt werden. Das geschieht mit dem Eintrag `ResourceDictionary.MergeDictionaries`, entweder lokal im XAML-Code des Fensters oder in der Datei *App.xaml*.

```
<Window x:Class="ExterneRessourcendatei.MainWindow"
        xmlns="http://schemas.microsoft.com/winfx/2006/xaml/presentation"
        xmlns:x="http://schemas.microsoft.com/winfx/2006/xaml"
        Title="MainWindow" Height="350" Width="525">
  <Window.Resources>
    <ResourceDictionary>
      <ResourceDictionary.MergedDictionaries>
        <ResourceDictionary Source="images.xaml" />
        <ResourceDictionary Source="backgrounds.xaml" />
      </ResourceDictionary.MergedDictionaries>
    </ResourceDictionary>
    ...
```

Innerhalb eines Ressourcenwörterbuches müssen die Ressourcen eindeutig benannt werden. Sollten sich in mehreren Wörterbüchern gleichnamige Ressourcen befinden, wird die Ressource abgerufen, die zuletzt genannt ist. Sie sollten daher darauf achten, dass die Schlüssel der Ressourcen auch nach dem Zusammenführen mehrerer Wörterbücher eindeutig sind.

20.1.5 Suche nach einer Ressource

Ressourcen können an mehreren unterschiedlichen Stellen bereitgestellt werden. Wird in XAML mit einer Markup-Erweiterung oder mit der Methode `FindResource` nach einer bestimmten Ressource gesucht, werden die verschiedenen Bereiche in einer bestimmten Reihenfolge durchlaufen. Sobald die Suche erfolgreich verlaufen ist, wird sie beendet.

Es lassen sich drei Bereiche angeben, in denen die Suche der Reihe nach durchgeführt wird:

1. Die Suche beginnt im *Logical Tree*. Hier wird zuerst die `Resources`-Eigenschaft des Elements geprüft, das die Suche initiiert hat. Anschließend wird der Logical Tree aufwärts untersucht. Dabei wird in jedem Element, das sich auf dem Pfad bis hin zum Wurzelelement befindet, nach dem entsprechenden Schlüssel gesucht.
2. Wird im Logical Tree der Schlüssel nicht gefunden, wird im *Application-Objekt* (entspricht dem `Resource`-Abschnitt in der Datei *App.xaml*) gesucht.
3. Dem `Application`-Objekt sind noch die *System-Ressourcen* übergeordnet. Zu den System-Ressourcen werden die in den Klassen `SystemColors`, `SystemParameters` und `SystemFonts` vordefinierten Schlüssel gerechnet.

20.1.6 Ressourcen mit C#-Code

Alles, was in XAML möglich ist, kann auch mit Programmcode erreicht werden. Dazu zählt auch die Suche nach einer Ressource und deren Anbindung an eine Eigenschaft.

Zuweisung einer statischen Ressource

Am einfachsten gestaltet sich der Zugriff auf eine statische Ressource, wenn sich die Ressource im aktuellen Fenster befindet und sie namentlich bekannt ist. Mit der Eigenschaft `Resources` rufen Sie das lokale Ressourcenwörterbuch ab und geben den Namen der gesuchten Ressource an. Angenommen, die Ressource `background` sei lokal definiert, würde die Anweisung wie folgt lauten:

```
this.button1.Background = (Brush)this.Resources["background"];
```

Die gefundene Ressource muss noch in den entsprechenden Typ umgewandelt werden, weil jeder Eintrag im Ressourcenwörterbuch vom Typ `Object` ist. Da die Hintergrundfarbe einer Schaltfläche vom Typ `Brush` ist, erfolgt die Konvertierung in der vorangehenden Anweisung in genau diesen Typ.

Befindet sich die Ressource nicht im aktuellen Fenster, eignet sich die gezeigte Anweisung nicht. Stattdessen muss die Ressource in der gesamten Hierarchie gesucht werden. Hierzu eignet sich die Methode `FindResource`, die jedes Steuerelement hat. Sie rufen die Methode auf dem Objekt, dem die Ressource zugewiesen werden soll, auf und übergeben als Argument den Bezeichner der Methode. Die gefundene Ressource muss natürlich ebenfalls in den Datentyp der entsprechenden Eigenschaft konvertiert werden.

```
this.button1.Background = (Brush)button1.FindResource("background");
```

Wird die angegebene Ressource nicht gefunden, ist eine Exception die Folge.

Alternativ bietet sich auch die Methode `TryFindResource` an. Im Gegensatz zu `FindResource` liefert diese eine `null`-Referenz, falls die Ressource nicht gefunden wird.

Zuweisung einer dynamischen Ressource

Mit den Methoden `FindResource` und `TryFindResource` wird die Markup-Erweiterung `StaticResource` mittels Code beschrieben. Eine Ressource dynamisch zu binden, ist mit diesen Methoden nicht möglich. Zur Anbindung an eine dynamische Ressource dient die Methode `SetResourceReference` der Steuerelemente. Die Methode hat zwei Parameter. Dem ersten wird die Abhängigkeitseigenschaft übergeben, die von der dynamischen Ressource profitieren soll, dem zweiten Parameter der Ressourcenbezeichner.

```
this.button1.SetResourceReference(Button.BackgroundProperty, "background");
```

Beachten Sie hierbei, dass die Angabe einer Abhängigkeitseigenschaft erfordert, diese direkt anzugeben, in unseren Fall demnach `Button.BackgroundProperty`.

20.1.7 Abrufen von Systemressourcen

Bisher haben wir nur benutzerdefinierte Ressourcen verwendet. Sie können aber auch auf Ressourcen zugreifen, die vom System bereitgestellt werden. WPF enthält im Namespace `System.Windows` drei Klassen, mit denen sich bestimmte Eigenschaften des Systems auswerten lassen:

- `SystemParameters`
- `SystemColors`
- `SystemFonts`

`SystemFonts` beschreibt Eigenschaften, die die Systemressourcen für Schriftarten verfügbar machen, `SystemColors` beschreibt die vom System verwendeten Farben, und `SystemParameters` enthält Eigenschaften, die Sie zum Abfragen von Systemeinstellungen verwenden können. Die drei Klassen enthalten in ihren Eigenschaften immer die aktuellen Werte des Betriebssystems, die von den Einstellungen in der Systemsteuerung abhängen.

Wenn Sie sich die Dokumentation dieser Klassen ansehen, werden Sie feststellen, dass für jede Systemeigenschaft zwei Eigenschaften definiert sind, zum Beispiel

- `CaptionHeight`
- `CaptionHeightKey`

in der Klasse `SystemParameters`. Doch wozu braucht man zwei ähnliche Eigenschaften?

`CaptionHeight` ist vom Typ `double` und gibt die Höhe der Titelleiste in Pixel an. `CaptionHeightKey` hingegen ist vom Typ `ResourceKey`. Darüber wird der Name der Systemressource gekennzeichnet, die den Wert der Eigenschaft zurückliefert.

Möchten Sie auf eine Ressource statisch zugreifen, reicht die Angabe der Eigenschaft ohne das Suffix `Key` vollkommen aus. In diesem Fall reagiert die Anwendung nicht auf Änderungen an den Systemeinstellungen. Sehen wir uns eine statische Ressourcenabfrage an. Beachten Sie, dass für den Zugriff auf die Systemressourcen die Markup-Erweiterung `x:Static` vorgeschrieben ist.

```
<Label Content=
   "{StaticResource {x:Static SystemParameters.CaptionHeightKey}}" />
```

Die Angabe der Markup-Erweiterung `StaticResource` bewirkt, dass eine Suche nach der Ressource entlang der Hierarchie angestoßen wird. Das geht zulasten der Performance.

Anmerkung

Mit der XAML-Markup-Erweiterung `x:Static` greift man auf die statischen Eigenschaften, Felder oder Konstanten einer Klasse oder Aufzählung zu.

Besser ist es, direkt auf den Wert der Eigenschaft mit

```
<Label Content="{x:Static SystemParameters.CaptionHeight}"  />
```

zuzugreifen. Im C#-Code können Sie den Wert der Eigenschaft mit

```
double height = SystemParameters.CaptionHeight;
```

ermitteln.

Bei einer Änderung des Werts in der Systemsteuerung nimmt die Anwendung zur Laufzeit keine Notiz von der Änderung. Soll sich die Anwendung der Änderung anpassen, müssen Sie die Ressource mit `DynamicResource` einbinden:

```
<Label Content="{DynamicResource
                {x:Static SystemParameters.CaptionHeightKey}}"  />
```

Systemressourcen anpassen

Wie weiter oben schon erläutert wurde, läuft die Suche nach einer bestimmten Ressource nach einem vorgegebenen Schema ab. Sie beginnt im Logical Tree bei dem Element, auf dem die Markup-Erweiterung `StaticResource` oder `DynamicResource` verwendet oder die Methode `FindResource` aufgerufen wird. Wird die Ressource nicht gefunden, wird im `Application`-Objekt danach gesucht. Die letzte Ebene der Suche bilden die System-Ressourcen, in denen sich die Einstellungen des Betriebssystems finden.

Dieser Suchprozess gestattet, eine »höher liegende« Ressource durch eine tiefer liegende zu überschreiben, denn sobald die Suche erfolgreich war, wird sie beendet. Folglich lassen sich auch die vorgegebenen System-Ressourcen sehr leicht durch anwendungsspezifische ersetzen.

Damit ist es beispielsweise sehr einfach, die Hintergrundfarbe aller Fenster einer Anwendung festzulegen. Verantwortlich dafür ist die Ressource `WindowBrushKey` in der Klasse `SystemColors`. Wünschen Sie einen roten Hintergrund bei allen Fenstern der Anwendung, ergänzen Sie den `Resources`-Abschnitt der Datei *App.xaml* einfach wie folgt:

```
<Application.Resources>
  <SolidColorBrush Color="Red"
       x:Key="{x:Static SystemColors.WindowBrushKey}" />
</Application.Resources>
```

Einen Farbverlauf festzuschreiben ist mit der Ressource `WindowBrushKey` nicht möglich, da der durch diese Ressource beschriebene Wert vom Typ `SolidColorBrush` ist.

20.2 Styles

Das Layout grafischer Komponenten können Sie nahezu beliebig im XAML-Code konfigurieren. Das Einstellen der individuellen Eigenschaften für Font, Farbe, Größe usw. ist aber mit einem nicht unbeträchtlichen Aufwand verbunden. Insbesondere dann, wenn mehrere Steuerelemente einheitlich gestaltet werden sollen, ist das Endergebnis eine riesige XAML-Datei, in der die Einstellungen der Controls redundant auftreten. An dieser Stelle betreten die *Styles* die Bühne. Styles gestatten das Zusammenfassen mehrerer Einstellungen, die zentral zur Verfügung gestellt werden.

Das Prinzip erinnert an das von CSS (*Cascading Style Sheets*) in HTML. Allerdings werden Styles nicht in separaten Dateien verpackt, sondern als logische Ressourcen angeboten. Styles können lokal im Fenster, in der *App.xaml*-Datei oder in einem externen Ressourcenwörterbuch bereitgestellt werden. Weil Styles in der Regel dazu benutzt werden, der Anwendung ein einheitliches, leicht und zentral änderbares Layout zu geben, scheidet in den meisten Fällen die lokale Definition in einem Fenster aus.

20.2.1 Einfache Stile

Das Prinzip einer Stil-Definition soll sofort an einem Beispiel gezeigt werden. Nehmen wir dazu zunächst an, Sie möchten ein Fenster bereitstellen, in dem sich drei Schaltflächen befinden. Alle Schaltflächen sollen als besonderes Design einen Farbverlauf haben, der mittels XAML-Code in jeder der drei Schaltflächen angegeben wird.

```
...
<Button Height="35">
  <Button.Background>
    <LinearGradientBrush StartPoint="0,0" EndPoint="0,1">
      <GradientStop Offset="0.0" Color="Red" />
```

```
      <GradientStop Offset="1.0" Color="LightCyan" />
    </LinearGradientBrush>
  </Button.Background>
  <Button.FontSize>18</Button.FontSize>
        Button1
</Button>
<Button Height="35">
  <Button.Background>
    <LinearGradientBrush StartPoint="0,0" EndPoint="0,1">
      <GradientStop Offset="0.0" Color="Red" />
      <GradientStop Offset="1.0" Color="LightCyan" />
    </LinearGradientBrush>
  </Button.Background>
  <Button.FontSize>18</Button.FontSize>
        Button2
</Button>
<Button Height="35">
  <Button.Background>
    <LinearGradientBrush StartPoint="0,0" EndPoint="0,1">
      <GradientStop Offset="0.0" Color="Red" />
      <GradientStop Offset="1.0" Color="LightCyan" />
    </LinearGradientBrush>
  </Button.Background>
  <Button.FontSize>18</Button.FontSize>
        Button3
</Button>
```

Das Problem des redundanten Codes wird in diesem kleinen Beispiel bereits offensichtlich, denn bis auf die Beschriftung ist der Code für alle drei Schaltflächen identisch. Zudem wirkt der XAML-Code unübersichtlich.

Die Gemeinsamkeiten der drei Schaltflächen sollen nun von einem Stil (Style) beschrieben werden, der von den Schaltflächen gemeinsam genutzt wird. Stile werden in `Resource`-Abschnitten definiert. Daher bieten sich insgesamt vier Bereitstellungsorte an:

- Styles können direkt im Element angegeben werden. Allerdings ist das eher eine theoretische Option, die ausscheidet, da der Stil nur von der betreffenden Komponente genutzt werden könnte.
- Etwas besser ist es, Stile im `Resources`-Abschnitt des `Window`-Objekts anzugeben. Die Nutzbarkeit ist so auf das aktuelle Fenster beschränkt, andere Fenster können von dem Stil allerdings nicht profitieren. Eine Ausnahme wäre beispielsweise, wenn es sich bei dem Fenster um das Hauptfenster der Anwendung handeln würde, dem alle anderen Fenster untergeordnet sind.

- Damit alle Komponenten eines Programms von einer Style-Definition gleichermaßen profitieren können, sollten Sie diese global beschreiben. Dafür eignet sich die Datei *App.xaml* oder ein externes Ressourcenwörterbuch.

Nun sollten wir uns zuerst die Lösung mit einer `Style`-Definition ansehen.

```
// ---------------------------------------------------------------------
// Beispiel: ...\Kapitel 20\SimpleStyle
// ---------------------------------------------------------------------
<Window x:Class="SimpleStyle.MainWindow"
      xmlns="http://schemas.microsoft.com/winfx/2006/xaml/presentation"
      xmlns:x="http://schemas.microsoft.com/winfx/2006/xaml"
      Title="SimpleStyle" Height="180" Width="300">
  <StackPanel>
   <Button Style="{StaticResource btnStyle}">
      Button1
   </Button>
   <Button Style="{StaticResource btnStyle}">
      Button2
   </Button>
   <Button Style="{StaticResource btnStyle}">
      Button3
   </Button>
  </StackPanel>
</Window>
// Datei App.xaml
<Application x:Class="SimpleStyle.App"
     xmlns="http://schemas.microsoft.com/winfx/2006/xaml/presentation"
     xmlns:x="http://schemas.microsoft.com/winfx/2006/xaml"
     StartupUri="MainWindow.xaml">
  <Application.Resources>
    <Style x:Key="btnStyle">
      <Setter Property="Control.Height" Value="35" />
      <Setter Property="Control.FontSize" Value="18" />
      <Setter Property="Control.Background">
        <Setter.Value>
          <LinearGradientBrush StartPoint="0,0" EndPoint="0,1">
            <GradientStop Offset="0.0" Color="Red" />
            <GradientStop Offset="1.0" Color="LightCyan" />
          </LinearGradientBrush>
        </Setter.Value>
      </Setter>
    </Style>
  </Application.Resources>
</Application>
```

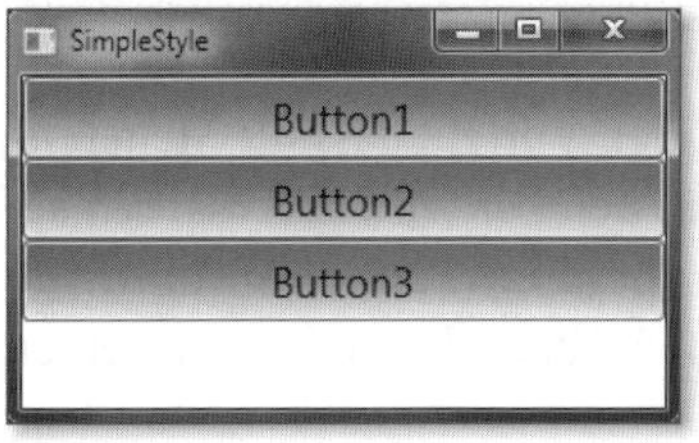

Abbildung 20.4 Ausgabe des Beispielprogramms »SimpleStyle«

Stile werden als logische Ressourcen definiert und durch das Element `Style` beschrieben. Mit `x:Key` erhält jeder Style einen Schlüssel, unter dem er aufrufbar ist:

```
<Style x:Key="btnStyle">
```

Die einzelnen Eigenschaften werden durch `Setter`-Elemente beschrieben. Deren Attribut `Property` geben Sie die Eigenschaft an, die der Stil beschreibt. Die Bezeichnung setzt sich aus dem Typ der Zielkomponente und dem Namen der Eigenschaft zusammen. Die Angabe ist notwendig, damit WPF die Klasse und die Abhängigkeitseigenschaft korrekt auflösen kann.

Hinweis

Es gibt eine Bedingung hinsichtlich der Eigenschaften, die in `Setter Property` genannt werden können: Es muss sich um eine Abhängigkeitseigenschaft (*Dependency Property*) handeln.

Über das Attribut `Value` teilen Sie den Wert mit, zum Beispiel:

```
<Setter Property="Control.Height" Value="35" />
```

Um komplexere Eigenschaftswerte zu definieren, können Sie beim Attribut `Value` auch auf die Eigenschaft-Element-Schreibweise zurückgreifen. Im unserem Beispiel oben wird das anhand der Eigenschaft `Background` gezeigt.

Da es sich bei einer `Style`-Definition um eine Ressource handelt, kann eine Komponente den Stil mit der Markup-Erweiterung `StaticResource` oder `DynamicResource` nutzen:

```
<Button Style="{StaticResource btnStyle}">
```

Die Ressource wird dabei dem `Style`-Attribut der Komponente mitgeteilt.

20.2.2 Typisierte Stile

Es ist möglich, bereits dem Element `Style` den Zieldatentyp bekannt zu geben, an den sich die Eigenschaftseinstellungen richten. Der Zieldatentyp wird mit dem Attribut `TargetType` angegeben, zum Beispiel:

```
<Style TargetType="{x:Type Button}">
```

Das Zielelement bereits in der Stildefinition zu nennen hat den Vorteil, dass die Steuerelemente dieses Typs den Stil nicht mehr referenzieren müssen, denn er wird automatisch auf alle Steuerelemente des entsprechenden Typs angewendet. Allerdings können Sie die damit frei gewordene `Style`-Eigenschaft eines Steuerelements nicht dazu benutzen, um einen weiteren Stil anzugeben.

```
// ---------------------------------------------------------------
// Beispiel: ...\Kapitel 20\TypisierterStil
// ---------------------------------------------------------------
<Window ... >
  <StackPanel>
   <Button>Button1</Button>
    <Button>Button2</Button>
    <Button>Button3</Button>
  </StackPanel>
</Window>
// Datei App.xaml
<Application ...>
  <Application.Resources>
    <Style TargetType="{x:Type Button}">
      <Setter Property="Control.Height" Value="35" />
      <Setter Property="Control.FontSize" Value="18" />
      <Setter Property="Control.Background">
        <Setter.Value>
          <LinearGradientBrush StartPoint="0,0" EndPoint="0,1">
            <GradientStop Offset="0.0" Color="Red" />
            <GradientStop Offset="1.0" Color="LightCyan" />
          </LinearGradientBrush>
        </Setter.Value>
      </Setter>
    </Style>
  </Application.Resources>
</Application>
```

Möchten Sie, dass eine oder mehrere Komponenten nicht von der unter der `TargetType`-Angabe angegebenen Stil-Definition profitieren, legen Sie eine leere Stil-Definition an, die als Dummy dient, zum Beispiel:

```
<Style x:Key="DummyStyle" />
```

Diesen Stil geben Sie in der `Style`-Eigenschaft der betreffenden Komponente an, die dann in der Standarddarstellung angezeigt wird:

```
<Button Style="DummyStyle" ... />
```

Überschreiben einer Stildefinition

Geben Sie in einer Komponente eine Eigenschaft an, die in einem Stil ebenfalls definiert ist, überschreibt die Angabe in der Komponente den Stil. Ersetzen Sie die Definition des ersten Buttons im Beispiel oben mit

```
<Button Background="Beige">Button1</Button>
```

dann wird die Schaltfläche in Beige dargestellt.

Haben Sie Stile an mehreren Stellen definiert, zum Beispiel im `Window` und in der Datei *App.xaml*, wird der Stil angewendet, der in der Struktur am tiefsten liegt, also in diesem Fall derjenige, der im XAML-Code des Fensters definiert ist.

Erweitern von Styles

Styles lassen sich auch erweitern. Dazu erstellen Sie einen Stil, den Sie zum Beispiel *MyStyle* nennen. In einem zweiten Style geben Sie über das Attribut `BasedOn` den Ressourcentyp und den Namen des zu erweiternden Stils an. Bereits definierte Eigenschaftswerte können bei diesem Verfahren auch überschrieben werden. Haben Sie im Basisstil `TargetType` angegeben, müssen Sie im abgeleiteten Stil ebenfalls eine `TargetType`-Angabe machen. Diese muss denselben oder einen abgeleiteten Typ beschreiben. Im folgenden Beispielprogramm wird das gezeigt.

```
// ---------------------------------------------------------------
// Beispiel: ...\Kapitel 20\ErweiterterStil
// ---------------------------------------------------------------
<Window ...>
  <Window.Resources>
    <Style x:Key="ButtonStyle">
      <Setter Property="Control.Height" Value="35" />
      <Setter Property="Control.FontSize" Value="18" />
      <Setter Property="Control.Background">
        <Setter.Value>
          <LinearGradientBrush StartPoint="0,0" EndPoint="0,1">
            <GradientStop Offset="0.0" Color="Red" />
            <GradientStop Offset="1.0" Color="LightCyan" />
          </LinearGradientBrush>
        </Setter.Value>
      </Setter>
    </Style>
    <Style x:Key="NewButtonStyle"
           BasedOn="{StaticResource ButtonStyle}">
      <Setter Property="Control.FontFamily" Value="Courier" />
      <Setter Property="Control.FontSize" Value="14" />
    </Style>
```

```
  </Window.Resources>
  <StackPanel>
    <Button Style="{StaticResource NewButtonStyle}">Button1</Button>
    <Button Style="{StaticResource ButtonStyle}">Button2</Button>
    <Button Style="{StaticResource NewButtonStyle}">Button3</Button>
  </StackPanel>
</Window>
```

Der Einfachheit halber sind in diesem Beispiel beide Styles im Resources-Abschnitt des Fensters definiert. Der zuerst aufgeführte Stil *ButtonStyle* legt neben der Höhe des Steuerelements dessen Schriftfarbe und Hintergrunddarstellung fest. Der zweite Stil, *NewButtonStyle*, übernimmt die Vorgaben des ersten Stils, erweitert um die Vorschrift der Schriftart.

Im erweiternden Style darf auch eine Eigenschaft angeführt werden, die im Basisstil bereits definiert ist. Der erweiternde Stil überdeckt dann den geerbten Wert. Im Beispiel wird das anhand der Eigenschaft FontSize gezeigt.

Abbildung 20.5 zeigt die Ausgabe des Beispiels. Dass der Wert für die Schriftgröße der oberen und der unteren Schaltfläche überschrieben wurde, ist hier deutlich zu erkennen.

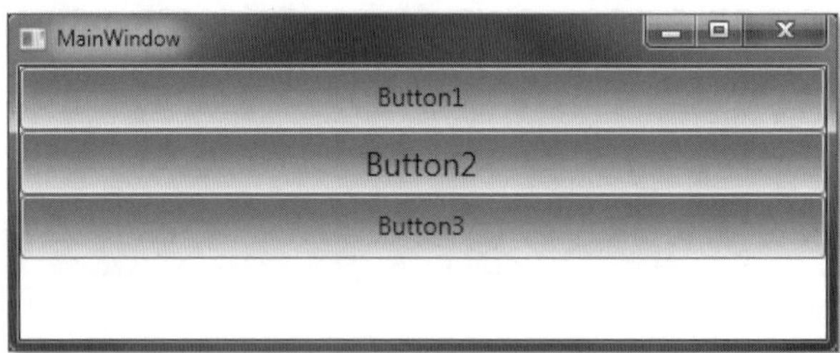

Abbildung 20.5 Ausgabe des Beispielprogramms »ErweiterterStil«

20.2.3 EventSetter

Bei der Verwendung von Stilen steht Ihnen auch das Objekt EventSetter zur Verfügung. Mit einem EventSetter können Sie allen Elementen eines Typs einen Ereignishandler zuordnen. Die Zuordnung gilt dann für alle Komponenten, die die Style-Definition nutzen. Bei den Ereignissen muss es sich um *RoutedEvents* handeln. Die Definition eines EventSetters lautet wie folgt:

```
<Style>
  <EventSetter Event="..." Handler="..." />
</Style>
```

Dem Attribut Event wird das Ereignis genannt, dem Attribut Handler der entsprechende Ereignishandler. Registrieren Sie sowohl im Stil einen Ereignishandler als auch direkt im

XAML-Code der Komponente, werden beide ausgeführt. Dabei kommt es immer zuerst zu der Ausführung des Ereignishandlers, der in der Komponente direkt angegeben ist.

Im folgenden Beispiel enthält ein `StackPanel` zwei `ListBoxen` sowie zwei in einem `Grid` positionierte `TextBoxen`. Die `Listboxen` werden an einen Stil gebunden, in dem das Ereignis `SelectionChanged` der `ListBoxen` mit einem Ereignishandler verknüpft wird. Dieses Ereignis wird im XAML-Code der unteren `ListBox` außerdem mit einem weiteren Ereignishandler verknüpft. Der den beiden `ListBoxen` gemeinsame Ereignishandler schreibt den Inhalt des selektierten Elements in die linke `TextBox`, der zusätzliche Ereignishandler der unteren `ListBox` schreibt darüber hinaus in die rechte.

```
// ---------------------------------------------------------
// Beispiel: ...\Kapitel 20\EventSetter
// ---------------------------------------------------------
<Window ... >
<Window.Resources>
  <Style x:Key="listboxStyle">
    <EventSetter Event="ListBox.SelectionChanged"
                 Handler="listbox1_SelectionChanged" />
  </Style>
</Window.Resources>
<StackPanel>
  <ListBox Margin="10" Background="AntiqueWhite"
           Style="{StaticResource listboxStyle}" Name="listbox1"
                SelectionChanged="listbox1_SelectionChanged">
    <ListBoxItem>Australien</ListBoxItem>
    <ListBoxItem>Thailand</ListBoxItem>
    <ListBoxItem>Seychellen</ListBoxItem>
  </ListBox>
  <ListBox Margin="10" Background="LightSkyBlue"
           Style="{StaticResource listboxStyle}" Name="listbox2"
           SelectionChanged="listbox2_SelectionChanged" >
    <ListBoxItem>Hamburg</ListBoxItem>
      <ListBoxItem>München</ListBoxItem>
      <ListBoxItem>Berlin</ListBoxItem>
    </ListBox>
    <Grid>
      <Grid.RowDefinitions>
        <RowDefinition></RowDefinition>
      </Grid.RowDefinitions>
      <Grid.ColumnDefinitions>
        <ColumnDefinition></ColumnDefinition>
        <ColumnDefinition></ColumnDefinition>
      </Grid.ColumnDefinitions>
```

```
      <TextBox Grid.Row="0" Grid.Column="0" Margin="5"
               Name="txtLinks" Background="AliceBlue">
               ...
      </TextBox>
      <TextBox Grid.Row="0" Grid.Column="1" Margin="5"
               Name="txtRechts" Background="AliceBlue">
               ...
      </TextBox>
    </Grid>
  </StackPanel>
</Window>
```

Der Code in der CodeBehind-Datei enthält die beiden Ereignishandler mit dem folgenden Code:

```
public partial class MainWindow : Window {
  private void listbox1_SelectionChanged(...) {
    ListBox lst = (ListBox)sender;
    txtLinks.Text = ((ListBoxItem)lst.SelectedItem).Content.ToString();
  }
  private void listbox2_SelectionChanged(...) {
    ListBox lst = (ListBox)sender;
    txtRechts.Text = ((ListBoxItem)lst.SelectedItem).Content.ToString();
  }
}
```

20.3 Trigger

Werte, die wir bisher an einen Style gebunden hatten, waren immer statisch. Der Wert wurde gesetzt und konnte nicht mehr verändert werden. Tendenziell ist jedoch eine erhöhte Erwartungshaltung hinsichtlich der Gestaltung der grafischen Benutzeroberflächen zu spüren. Das erfordert auch, dass sich die grafische Darstellung der Komponenten in Abhängigkeit vom Zustand einer Komponente ändert. Mit Ihrem bisherigen Kenntnisstand über die Styles ist das aber nicht möglich.

Die Lösung heißt Trigger. Trigger werden häufig für die Reaktion auf Ereignisse, Eigenschaftsänderungen usw. verwendet. Daher werden drei Trigger-Varianten unterschieden:

- *Eigenschaftstrigger* reagieren, wenn sich eine Eigenschaft ändert. Dabei muss es sich um eine Abhängigkeitseigenschaft handeln.
- *Ereignistrigger* reagieren beim Auftreten eines Routed Events.
- *Datentrigger* reagieren, wenn sich eine herkömmliche .NET-Eigenschaft ändert.

Trigger werden oft zusammen mit den Styles eingesetzt, können aber auch der Eigenschaft `Triggers` einer Komponente direkt zugewiesen werden. Eine Komponente kann auch mit mehreren Triggern verbunden werden, um auf verschiedene Zustandsänderungen unterschiedlich zu reagieren.

20.3.1 Eigenschaftstrigger

In der Beispielanwendung *SimpleStyle* treffen wir auf ein typisches Problem, das mithilfe eines Triggers gelöst werden kann. Ziehen Sie beispielsweise mit der Maus über die Schaltflächen, ändern sich der Hintergrund und der Rahmen des Steuerelements in einer vordefinierten Weise. Vielleicht möchten Sie aber die Änderung nach eigenen Vorstellungen gestalten. Sie können das natürlich auch mit C#-Code erreichen, in dem Sie ein passendes Ereignis codieren. WPF bietet aber darüber hinaus auch die Möglichkeit, die Zustandsänderung mittels XAML-Code zu erfassen und in gewünschter Weise zu reagieren.

WPF-Komponenten haben Eigenschaften, die einen bestimmten Zustand beschreiben. Mit `IsMouseOver` lässt sich beispielsweise feststellen, ob sich der Mauszeiger aktuell über der Komponente befindet, und mit `IsPressed` können Sie prüfen, ob auf die Komponente geklickt wird. Die Prüfung beschränkt sich aber nicht nur auf `IsXXX`-Eigenschaften. So ließe sich zum Beispiel auch die Eigenschaft `Text` einer `TextBox` auf einen bestimmten Inhalt hin untersuchen.

Eigenschaftstrigger werden in einem Stil definiert. Dazu stellt `Style` die Eigenschaft `Triggers` zur Verfügung:

```
<Style>
  <Style.Triggers>
    <Trigger Property="..." Value="...">
      <Setter .../>
      <Setter .../>
    </Trigger>
  </Style.Triggers>
</Style>
```

Im Abschnitt `Style.Triggers` werden die Trigger eingefügt. Die Eigenschaften `Property` und `Value` des `Trigger`-Elements beschreiben die Eigenschaft und deren Wert, die überwacht werden sollen. Entspricht zur Laufzeit die `Value`-Einstellung des Triggers dem aktuellen Wert, wird der Trigger aktiviert, und die darin enthaltenen `Setter`-Elemente werden ausgewertet.

Das Beispiel *SimpleStyle* soll nun um einen Trigger ergänzt werden, der bewirkt, dass sich die Hintergrunddarstellung der Schaltfläche ändert, sobald die Maus darüber gezogen wird.

```
// ----------------------------------------------------------
// Beispiel: ...\Kapitel 20\SimpleTrigger
// ----------------------------------------------------------
<Window ...>
  <Window.Resources>
    <Style x:Key="MyStyle">
      <Setter Property="Control.Height" Value="35" />
      <Setter Property="Control.FontSize" Value="18" />
      <Setter Property="Control.Background">
        <Setter.Value>
          <LinearGradientBrush StartPoint="0,0" EndPoint="0,1">
            <GradientStop Offset="0.0" Color="Red" />
            <GradientStop Offset="1.0" Color="LightCyan" />
          </LinearGradientBrush>
        </Setter.Value>
      </Setter>
      <Style.Triggers>
        <Trigger Property="Button.IsMouseOver" Value="True">
          <Setter Property="Control.FontStyle"
                  Value="Italic" />
          <Setter Property="Control.Background">
            <Setter.Value>
              <LinearGradientBrush StartPoint="0,0"
                                   EndPoint="0,1">
                <GradientStop Offset="0.0" Color="Yellow" />
                <GradientStop Offset="1.0" Color="Blue" />
              </LinearGradientBrush>
            </Setter.Value>
          </Setter>
        </Trigger>
      </Style.Triggers>
    </Style>
  </Window.Resources>
  <StackPanel>
    <Button Style="{StaticResource MyStyle}">Button1</Button>
    <Button Style="{StaticResource MyStyle}">Button2</Button>
    <Button Style="{StaticResource MyStyle}">Button3</Button>
  </StackPanel>
</Window>
```

Ein Trigger nimmt Änderungen an einer oder mehreren Komponenten vor. Diese werden wieder rückgängig gemacht, wenn sich die Bedingungen erneut ändern. Verlässt in unserem Beispiel der Mauszeiger den Bereich eines Buttons, kehrt dieser wieder in seinen Ausgangszustand zurück.

MultiTrigger

Das Auslösen eines Triggers muss nicht zwangsläufig nur von einer Bedingung abhängen. WPF stellt mit `MultiTrigger` ein Element zur Verfügung, das es uns erlaubt, mehrere Bedingungen anzugeben, die alle erfüllt sein müssen, damit der Trigger ausgelöst wird. Das Element `MultiTrigger` beschreibt eine Collection, von der alle Bedingungen erfasst werden. Die Eigenschaft `MultiTrigger.Conditions` liefert die Referenz auf die Collection. Die einzelnen Bedingungen werden durch `Condition` beschrieben.

Im folgenden Beispiel enthält das `Window` eine `TextBox`-Komponente mit einem Textinhalt. Wenn die `TextBox` leer ist und sich gleichzeitig der Mauszeiger über der `TextBox` befindet, wird deren Hintergrund in Rot dargestellt.

```
// ----------------------------------------------------------
// Beispiel: ...\Kapitel 20\MultiTrigger
// ----------------------------------------------------------
<Window ...>
  <Window.Resources>
    <Style TargetType="{x:Type TextBox}">
      <Style.Triggers>
        <MultiTrigger>
          <MultiTrigger.Conditions>
            <Condition Property="TextBox.IsMouseOver" Value="true" />
            <Condition Property="TextBox.Text" Value="" />
          </MultiTrigger.Conditions>
          <Setter Property="TextBox.Background" Value="Red" />
        </MultiTrigger>
      </Style.Triggers>
    </Style>
  </Window.Resources>
  <StackPanel>
    <TextBox Margin="20" Width="200">
      Windows Presentation Foundation WPF
    </TextBox>
  </StackPanel>
</Window>
```

20.3.2 Ereignistrigger

Ereignistrigger werden durch Ereignisse vom Typ `RoutedEvent` ausgelöst. Anstelle des Aufrufs eines Ereignishandlers können Ereignistrigger Animationen starten. Allerdings sollten Sie unter dem Begriff *Animation* nicht nur grafische Spielereien verstehen. Auch Tabellen, die sich permanent aktualisierende Daten in Diagrammen optisch ansprechend anzeigen, gehören zu der Gruppe der Animationen.

Sehen wir uns zuerst an, wie Ereignistrigger in XAML definiert werden:

```
<Style TargetType="{x:Type Button}">
  <Style.Triggers>
    <EventTrigger RoutedEvent="...">
      <EventTrigger.Actions>
        ...
      </EventTrigger.Actions>
    </EventTrigger>
  </Style.Triggers>
</Style>
```

Ereignistrigger werden in einem `Style`-Element oder direkt in einer Komponente definiert. Das `EventTrigger`-Element beschreibt den Ereignistrigger. Als Attribut muss `RoutedEvent` angegeben sein. Hier wird das Ereignis angegeben, das den Trigger auslöst. Darunter wird ein `EventTrigger.Actions`-Element angegeben, in dem die Aktionen festgelegt werden, die beim Auslösen des Triggers ausgeführt werden sollen.

Das folgende Beispiel demonstriert den Einsatz eines Ereignistriggers. Getriggert wird das Ereignis `MouseEnter`. Zur Laufzeit bewirkt das Ziehen der Maus über die Schaltfläche, dass diese zunächst unsichtbar wird, denn die Eigenschaft `Opacity` wird innerhalb der Animation zuerst auf 0 gesetzt. Bis zur vollen Wiederherstellung der Sichtbarkeit sind 10 Sekunden festgelegt.

```
// ---------------------------------------------------------
// Beispiel: ...\Kapitel 20\EreignisTrigger
// ---------------------------------------------------------
<Window ...>
  <Window.Resources>
    <Style TargetType="{x:Type Button}">
    <Style.Triggers>
      <EventTrigger RoutedEvent="MouseEnter">
        <EventTrigger.Actions>
          <BeginStoryboard>
            <Storyboard>
              <DoubleAnimation From="0" To="1" Duration="0:0:10"
                   Storyboard.TargetProperty="(Opacity)" />
            </Storyboard>
          </BeginStoryboard>
        </EventTrigger.Actions>
      </EventTrigger>
    </Style.Triggers>
    </Style>
  </Window.Resources>
```

```
  <StackPanel>
    <Button Height="50">Button1</Button>
  </StackPanel>
</Window>
```

Mit den Komponenten `BeginStoryBoard` und `StopStoryBoard` werden die Aktionen gestartet und beendet. Eine `StoryBoard`-Komponente müssen Sie sich als einen Container vorstellen, in dem die Animation über eine Zeitlinie hinweg abläuft.

Hinweis

Es ist nicht möglich, Eigenschaften in einem Ereignistrigger direkt zu ändern.

20.3.3 Datentrigger

Datentrigger ähneln den Eigenschaftstriggern. Der Unterschied zwischen diesen beiden ist, dass Datentrigger auf die Änderung einer beliebigen, also auch einer herkömmlichen .NET-Eigenschaft reagieren. Zur Erinnerung: Eigenschaftstrigger reagieren nur auf Änderungen abhängiger Eigenschaften (*Dependency Properties*).

Um einen Datentrigger zu definieren, muss ein `DataTrigger` zur Collection `Style.Triggers` hinzugefügt werden. Da Datentrigger auch mit Eigenschaften umgehen können, die nicht zu den Abhängigkeitseigenschaften gezählt werden, wird anstelle des Attributs `Property` das Attribut `Binding` angegeben werden.

Das folgende Beispiel zeigt den Einsatz eines Datentriggers. Im Fenster ist eine `TextBox` enthalten. Wird zur Laufzeit die Zeichenfolge »Weg damit« eingetragen, wird die Textbox deaktiviert.

```
// ---------------------------------------------------------
// Beispiel: ...\Kapitel 20\DatenTrigger
// ---------------------------------------------------------
<Window ...>
  <Window.Resources>
    <Style TargetType="{x:Type TextBox}">
      <Style.Triggers>
        <DataTrigger Binding=
            "{Binding RelativeSource={RelativeSource Self},
            Path=Text}" Value="Weg damit">
          <Setter Property="IsEnabled" Value="False" />
        </DataTrigger>
      </Style.Triggers>
    </Style>
  </Window.Resources>
```

```
  <StackPanel>
    <TextBox Height="23" VerticalAlignment="Center" />
  </StackPanel>
</Window>
```

20.4 Templates

Um mehreren Steuerelementen ein identisches Layout zu verleihen und dabei redundanten Code zu vermeiden, eignen sich *Styles* ganz hervorragend. Die grundlegende optische Darstellung der Steuerelemente wird dabei aber nicht verändert; ein `Button`-Steuerelement wird beispielsweise immer als Rechteck dargestellt. Die Möglichkeiten eines *Styles* sind daher vergleichsweise relativ beschränkt.

Templates gehen in dieser Hinsicht einen Schritt weiter, denn sie gestatten die individuelle Gestaltung des Layouts der Steuerelemente durch eigenen XAML-Code, ohne die elementare Funktionsweise dabei zu beeinflussen. Möglich wird das durch die konsequente Aufteilung von Logik und Darstellung in WPF. Unter Windows Forms waren Logik und Darstellung so miteinander verkoppelt, dass man eigene Steuerelemente entwickeln musste, um eine individuelle Darstellung zu erzielen. Das war mit nicht unerheblichem Programmieraufwand verbunden, weil die Logik in das neue Steuerelement eingepflegt werden musste.

Als weitaus flexibler ist das Konzept der *Templates* von WPF zu bewerten. Sogenannte *ControlTemplates* sind für die Gestaltung des Layouts der Steuerelemente verantwortlich. Es ist nicht sehr schwierig, das Standard-Template eines Steuerelements durch ein eigenes Template auszutauschen, um einem Steuerelement ein individuelles Layout zu verpassen, dem kaum noch Grenzen gesetzt sind. Die zugrunde liegende strikte Trennung von Logik und Darstellung in WPF wird daher in vielen Fällen dazu führen, dass Sie nicht ein neues Steuerelement von Grund auf neu entwickeln müssen, sondern auf ein bereits vorhandenes zurückgreifen können.

Anmerkung

Nicht alle Steuerelemente lassen sich mit Templates umgestalten. Templates sind nur bei Steuerelementen möglich, die von der Klasse `Control` abgeleitet sind. Bei allen anderen erfolgt die Darstellung auch weiterhin mit Programmcode. Einige Steuerelemente bieten zudem die Möglichkeit, Teilbereiche zu ändern.

20.4.1 Grundlagen der Templates

ControlTemplates werden durch die Klasse `ControlTemplate` beschrieben und können im XAML-Code relativ einfach definiert werden. Die Inhaltseigenschaft `VisualTree` von

`ControlTemplate` beschreibt den visuellen Elementbaum, der für die Darstellung des Steuerelements verantwortlich ist. Am Beispiel einer Schaltfläche soll das erläutert werden. Dabei werden wir schrittweise die Darstellung eines `Button`-Objekts ändern, sodass am Ende eine optisch ansprechende, elliptische Schaltfläche das Ergebnis sein wird. Das folgende Listing soll uns als Ausgangspunkt dienen.

```
<ControlTemplate x:Key="EllipseButton">
  <Grid>
    <Ellipse Name="ellipse" Width="100" Height="60">
      <Ellipse.Fill>
        <RadialGradientBrush>
          <GradientStop Offset="0" Color="Wheat" />
          <GradientStop Offset="1" Color="DarkGray" />
        </RadialGradientBrush>
      </Ellipse.Fill>
    </Ellipse>
  </Grid>
</ControlTemplate>
```

Innerhalb von `ControlTemplate` ist ein `Grid`-Element definiert. Das ist vorteilhaft, weil in ihm mehrere übereinanderliegende Elemente platziert werden können und das `Grid` die Größe aller enthaltenen Elemente automatisch anpasst. Natürlich ist es auch möglich, einen anderen, beliebigen Container zu verwenden.

Innerhalb des `Grid` wird ein `Ellipse`-Element beschrieben, dessen Eigenschaften `Height` und `Width` derzeit noch statisch definiert sind. Das hat zur Folge, dass die Ellipse immer gleich groß dargestellt wird, unabhängig davon, welche Abmessungen die Schaltfläche tatsächlich aufweist. Wir werden weiter unten noch eine entsprechende Anpassung vornehmen müssen, damit sich die Ellipse den Außenabmessungen der Schaltfläche anpasst. Das Füllmuster der Ellipse weist einen Farbverlauf auf, auf den an dieser Stelle aber nicht weiter eingegangen wird.

Jedes Template muss mit einem eindeutigen Identifier signiert werden, der dem Attribut `x:key` bekannt gegeben wird. Im Gegensatz zu einem Style ist dieses Attribut aber keine Option, sondern Pflicht. Das Template kann zudem von jedem Steuerelementtyp verwendet werden, vorausgesetzt, er ist von `Control` abgeleitet. Möchten Sie das Template aber auf einen bestimmten Typ einschränken, müssen Sie zusätzlich noch das Attribut `TargetType` angeben, zum Beispiel:

```
<ControlTemplate x:Key="EllipseButton" TargetType="Button">
  ...
</ControlTemplate>
```

Templates lassen sich innerhalb eines beliebigen Resources-Abschnitts definieren. Man wird sich aber kaum die Mühe machen, ein Template nur für ein oder mehrere Steuerelemente in einem Fenster zu entwickeln. Vielmehr soll die ganze Anwendung davon profitieren. Deshalb sind Templates meistens global innerhalb der Datei *App.xaml* definiert.

Jeder Steuerelementtyp hat sein eigenes Standard-Template, das von WPF vorgegeben wird. Unser Ziel ist es, dieses durch ein eigenes Template zu ersetzen. Dazu stellen die Steuerelemente, die von Control abgeleitet sind, die Eigenschaft Template bereit, der Sie das neue Template zuweisen.

```
<Button Template="{StaticResource ResourceKey=EllipseButton}">
  Button
</Button>
```

Befindet sich das Template innerhalb der aktuellen Quellcodedatei, können Sie auf ResourceKey verzichten. Ist das Template jedoch in *App.xaml* definiert, kann ohne Voranstellung von ResourceKey der Template-Identifier nicht aufgelöst werden.

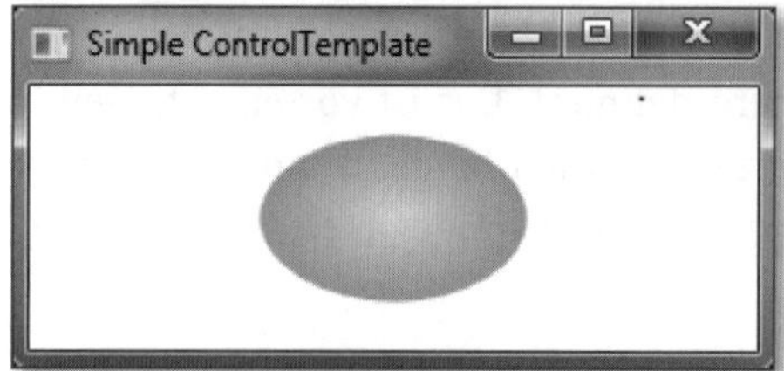

Abbildung 20.6 Button in elliptischer Darstellung

20.4.2 Verfeinerung des Entwurfs

Obwohl das Ergebnis zum jetzigen Zeitpunkt durchaus schon optisch respektabel ist, müssen wir selbstkritisch noch die folgenden Mängel feststellen:

- Die Größe der angezeigten Ellipse ist unveränderlich. Auch eine Änderung der Eigenschaften Height und Width beispielsweise im Eigenschaftsfenster der Schaltfläche oder im XAML-Code wird daran nichts ändern, die Ellipse erscheint weiterhin in derselben Größe.
- Unsere neue Schaltfläche weist keine Beschriftung auf. Hier sind anscheinend noch Stellschrauben zu bedienen, um die Inhaltseigenschaft der zugrunde liegenden Schaltfläche auf unsere eigene Schaltfläche zu übertragen.
- Unsere Benutzerschaltfläche zeigt keine optischen Änderungen, wenn die Maus darüber gezogen wird oder sie gar angeklickt wird, obwohl sie durchaus auf das Click-Ereignis reagiert.

Diesen drei Punkten wollen wir uns nun der Reihe widmen und dabei weitergehende Erkenntnisse hinsichtlich der Templates sammeln.

Wertübernahme mit »TemplateBinding«

Damit das `ControlTemplate` auch in verschiedenen Größen dargestellt werden kann, muss es die entsprechenden Daten aus dem übergeordneten Element beziehen. Bei dem übergeordneten Element handelt es sich um dasjenige, dem das `ControlTemplate` als Vorlage zugewiesen wird. In unserem Beispiel handelt es sich also um einen `Button`. Die Datenübernahmen geschehen mittels Datenbindung, die mit der Markup-Extension `TemplateBinding` umgesetzt wird. `TemplateBinding` muss immer dort angegeben werden, wo Werte aus den Eigenschaften benötigt werden.

In unserem Beispiel ist die elliptische Form noch wie folgt definiert:

```
<Ellipse Name="ellipse" Width="100" Height="60">
```

Wir ersetzen das `Ellipse`-Element nun wie folgt und zeichnen auch gleichzeitig einen Rahmen um die äußere Kontur:

```
<Ellipse Name="ellipse"
         Width="{TemplateBinding Width}"
         Height="{TemplateBinding Height}"
         Stroke="Black"
         StrokeThickness="1">
```

In ähnlicher Weise widmen wir uns auch noch der Eigenschaft `Content` des übergeordneten Steuerelements. Denn bisher können wir von einer der herausragenden Eigenschaften der WPF, dem Verschachteln mehrerer Steuerelemente, noch nicht profitieren. Zudem bleibt uns noch immer die Möglichkeit verwehrt, den elliptischen Button zu beschriften. Hier bietet die WPF das Element `ContentPresenter` an, das speziell für den Entwurf von Templates bereitgestellt wird.

```
<ContentPresenter
  HorizontalAlignment="Center"
  VerticalAlignment="Center"
  Content="{TemplateBinding Content}" >
</ContentPresenter>
```

Da wir den Inhalt nicht am Bezugspunkt links oben ausgerichtet haben wollen, sondern zentral innerhalb der Ellipse, wird der Inhalt mit `HorizontalAlignment` und `VerticalAlignment` mittig dargestellt. Mit der Markup-Extension `TemplateBinding` binden wir die `Content`-Eigenschaft des `ContentPresenter`-Elements an die `Content`-Eigenschaft der übergeordneten Schaltfläche.

Interaktivität mit Trigger

Obwohl unser Template schon recht weit gediehen ist, reagiert es immer noch nicht auf den Anwender. Zieht man zum Beispiel mit der Maus über die Komponente, signalisiert keine farbliche Änderung, dass das Steuerelement nun aktiv ist und angeklickt werden kann.

Zur Lösung dieser Problematik bieten sich wieder Trigger an, ähnlich wie bei den Stilen. Trigger werden der Eigenschaft `Triggers` der `ControlTemplates` zugewiesen. Das folgende Beispiel beschreibt die Änderung der Darstellung, wenn mit die Maus über die Ellipse, also den `Button`, gezogen wird. Ist der Wert von `IsMouseOver` `true`, wird der Trigger ausgelöst. Mittels `Setter`-Elementen werden dann die Eigenschaften des Steuerelements verändert. Im Code des Beispiels wird nur der Rand der Ellipse in der Farbe Rot angezeigt.

```
<ControlTemplate.Triggers>
  <Trigger Property="Button.IsMouseOver" Value="True">
    <Setter TargetName="ellipse" Property="StrokeThickness" Value="3" />
    <Setter TargetName="ellipse" Property="Stroke" Value="Red" />
  </Trigger>
  ...
</ControlTemplate.Triggers>
```

Im Allgemeinen wird diese Verhaltensänderung für sich alleine nicht ausreichen. Klickt der Anwender auf die Schaltfläche, soll vermutlich auch die Füllfarbe die Aktion visualisieren. Hierzu ist ein zweiter Trigger erforderlich, der ausgelöst wird, wenn die Eigenschaft `IsPressed` den Wert `true` hat. Der entsprechende XAML-Code wäre dann zum Beispiel wie folgt:

```
<ControlTemplate.Triggers>
  ...
  <Trigger Property="Button.IsPressed" Value="True">
    <Setter TargetName="ellipse" Property="StrokeThickness" Value="2" />
    <Setter TargetName="ellipse" Property="Stroke" Value="Red" />
    <Setter TargetName="ellipse" Property="Fill">
      <Setter.Value>
        <RadialGradientBrush>
          <GradientStop Offset="0" Color="Blue" />
          <GradientStop Offset="1" Color="WhiteSmoke" />
        </RadialGradientBrush>
      </Setter.Value>
    </Setter>
  </Trigger>
</ControlTemplate.Triggers>
```

In Abbildung 20.7 sehen Sie das Ergebnis der Bemühungen. Links ist die »normale« Darstellung des Buttons zu sehen, rechts ein Button, während auf ihn geklickt wird.

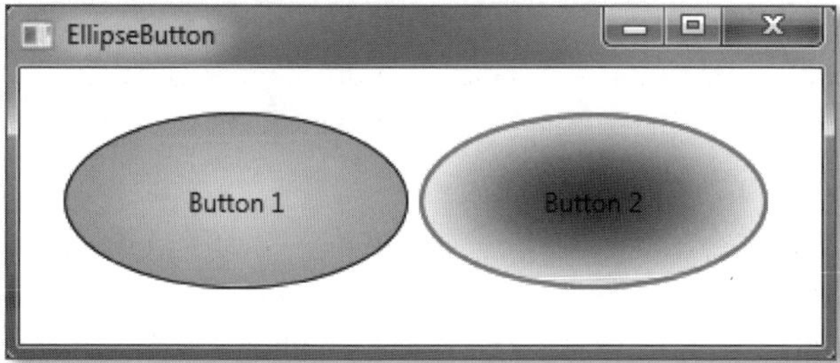

Abbildung 20.7 EllipseButton-ControlTemplate

Hinweis

Das komplette Beispiel des `ControlTemplates` finden Sie auf der Buch-DVD unter *Beispiele\Kapitel 20\ButtonTemplate*.

20.4.3 Definition innerhalb eines Styles

Meistens wird innerhalb einer Anwendung ein Template definiert, das auf alle Steuerelemente gleichen Typs angewendet werden soll, sodass das Template anwendungsintern zum Standard-Template der Steuerelemente mutiert. Dafür sind Styles besonders gut geeignet. Damit erübrigt sich ein manuelles Zuweisen der Templates.

Es wird zwischen der Verwendung von expliziten und impliziten `ControlTemplate`s unterschieden. Das folgende Codefragment zeigt ein explizites Template. Hier wird in der Eigenschaft `Template` des `Setter`-Elements auf die statische Ressource verwiesen.

```
<Style x:Key="MyEllipseButton"
       TargetType="{x:Type Button}" >
  <Setter Property="Template" Value="{StaticResource EllipseButton}" />
</Style>
<ControlTemplate x:Key="EllipseButton" TargetType="Button">
  ...
</ControlTemplate>
```

Im Steuerelement wird anschließend der Style bekannt gegeben:

```
<Button Style="{StaticResource MyEllipseButton}" ... />
```

Das `ControlTemplate` kann aber auch innerhalb eines Styles definiert werden. Damit verbessert sich nicht nur die Wartbarkeit, zudem entfällt beim Steuerelement die Angabe der Ressource mit `Template` oder `Style`.

```
<Style TargetType="{x:Type Button}">
  <Setter Property="Template">
```

```
      <Setter.Value>
        <ControlTemplate TargetType="Button">
          ...
        </ControlTemplate>
      </Setter.Value>
    </Setter>
</Style>
```

20.4.4 Den Visual Tree ermitteln

Es hört sich sehr verlockend an, aus einer rechteckigen Schaltfläche beispielsweise eine runde zu machen. Allerdings ist das Redesign eines Steuerelements mit sehr viel Codierungsaufwand verbunden, denn jedes Steuerelement baut auf einem mehr oder weniger umfangreichen Standard-Template auf. Um ein Steuerelement individuell zu designen, ist die Kenntnis des Visual Tree des betreffenden Steuerelements notwendig. Dazu wäre allerdings zu sagen, dass in der Dokumentation leider keine passende Beschreibung des Visual Tree zu finden ist. Sie sind also auf sich selbst gestellt, das herauszufinden.

Das Tool »Expression Blend«

Widmen wir uns daher nun den Möglichkeiten, den Visual Tree eines Steuerelements zu ermitteln. Leider bietet uns Visual Studio 2010 nichts in dieser Hinsicht an. So müssen wir entweder auf andere Tools zurückgreifen oder die Möglichkeiten nutzen, die das .NET Framework bietet. Als Tool bietet sich beispielsweise *Microsoft Expression Blend* an, das aber leider nicht kostenlos zur Verfügung gestellt wird. Expression Blend dient zur Gestaltung von Benutzeroberflächen, unter anderem auch der von WPF-Anwendungen. In Abbildung 20.8 wird gezeigt, wie Sie sich den Visual Tree eines `Button`-Steuerelements in Expression Blend 3 ausgeben lassen können. Im Kontextmenü für den Button wählen Sie Vorlage bearbeiten und darunter den Punkt Kopie bearbeiten. Sie müssen jetzt der Kopie noch einen neuen Namen geben oder akzeptieren den vorgeschlagenen.

Expression Blend erzeugt damit einen neuen Style auf Basis des Standard-Styles und verknüpft diesen automatisch mit dem Button. Sie können sich das Grundgerüst des Styles ansehen, wenn Sie im Menü Ansicht • Aktive Dokumentansicht aus der Designeransicht in die XAML-Ansicht umschalten. Innerhalb des Styles sind auch diverse Trigger hinterlegt.

Der folgende XAML-Code zeigt den kopierten Style mit dem Template und soll nur einen Eindruck davon vermitteln, wie umfangreich sich der Standard-Style einer Schaltfläche darstellt. Um nicht unnötig Platz zu verschwenden, ist er sogar noch deutlich gekürzt worden.

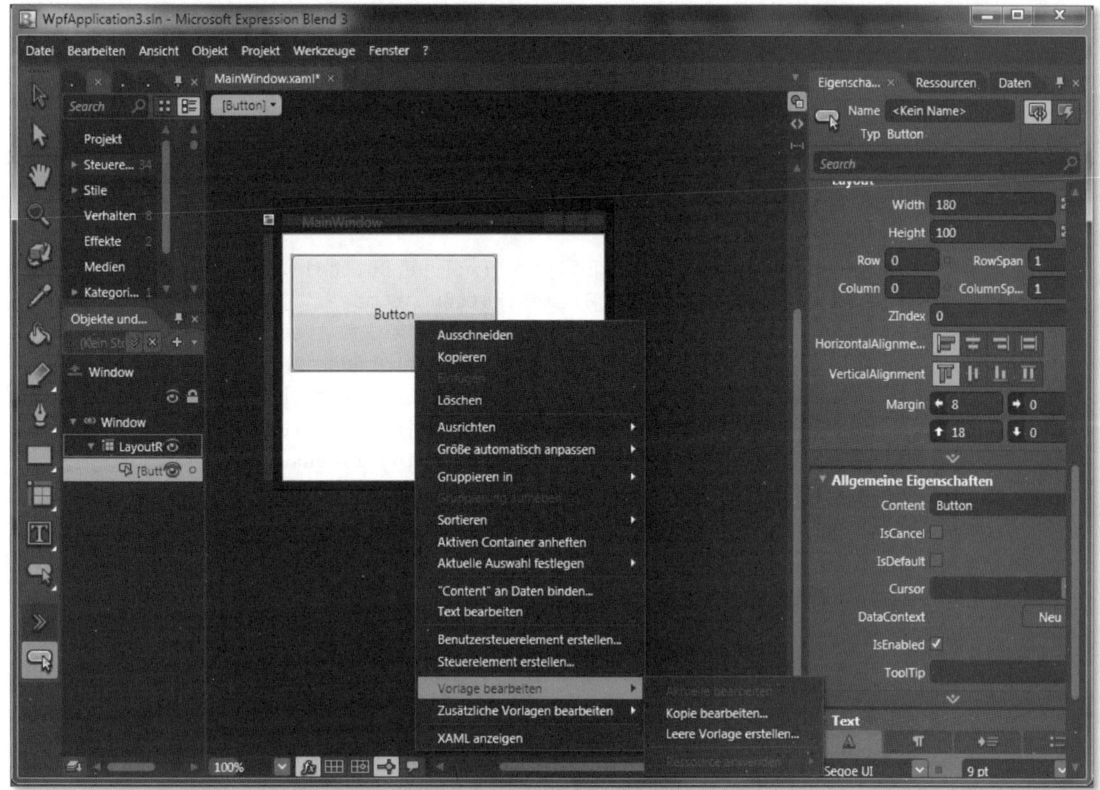

Abbildung 20.8 Expression Blend 3

```
<Window ...>
  <Window.Resources>
    <Style x:Key="ButtonFocusVisual">
      <Setter Property="Control.Template">
        <Setter.Value>
          <ControlTemplate>
          <Rectangle Stroke="Black" StrokeDashArray="12"
                     StrokeThickness="1" Margin="2"
                     SnapsToDevicePixels="true"/>
          </ControlTemplate>
       </Setter.Value>
       </Setter>
    </Style>
    <LinearGradientBrush x:Key="ButtonNormalBackground"
                         EndPoint="0,1" StartPoint="0,0">
       <GradientStop Color="#F3F3F3" Offset="0"/>
        ...
```

```
    </LinearGradientBrush>
    <SolidColorBrush x:Key="ButtonNormalBorder" Color="#FF707070"/>
      <Style x:Key="ButtonStyle1" TargetType="{x:Type Button}">
        <Setter Property="FocusVisualStyle"
                Value="{StaticResource ButtonFocusVisual}"/>
                ...
        <Setter Property="Template">
          <Setter.Value>
           <ControlTemplate TargetType="{x:Type Button}">
             <Microsoft_Windows_Themes:ButtonChrome
                x:Name="Chrome" SnapsToDevicePixels="true"
                Background="{TemplateBindingBackground}"
                BorderBrush="{TemplateBinding BorderBrush}"
                RenderDefaulted="{TemplateBinding  IsDefaulted}"
                RenderMouseOver="{TemplateBinding IsMouseOver}"
                RenderPressed="{TemplateBinding IsPressed}">
                <ContentPresenter ... />
             </Microsoft_Windows_Themes:ButtonChrome>
             <ControlTemplate.Triggers>
              <Trigger Property="IsKeyboardFocused" Value="true">
                 <Setter Property="RenderDefaulted"
                      TargetName="Chrome" Value="true"/>
              </Trigger>
                 ...
            </ControlTemplate.Triggers>
          </ControlTemplate>
        </Setter.Value>
      </Setter>
    </Style>
  </Window.Resources>
  <Grid x:Name="LayoutRoot">
    <Button Style="{DynamicResource ButtonStyle1}"/>
   </Grid>
</Window>
```

Standard-Template mit Code abfragen

Steht Ihnen das Werkzeug *Expression Blend* nicht zur Verfügung, lässt sich das Standard-Template auch mit Code ermitteln. Im folgenden Beispielprogramm wird das demonstriert. Abbildung 20.9 zeigt die Oberfläche des Programms. In der `TextBox` tragen Sie den Typ des Steuerelements ein, dessen Standard-Template im unteren `TextBlock` angezeigt werden soll. Beachten Sie dabei unbedingt die Groß-/Kleinschreibung. Wie bereits weiter oben angedeutet wurde, ist eine Voraussetzung, dass das angegebene Steuerelement auch die Basis `Control` hat, da sonst eine Exception ausgelöst wird.

Den XAML-Code entnehmen Sie bitte der dem Buch beigefügten DVD. Interessanter ist die genauere Betrachtung des Ereignishandlers der Schaltfläche. Die Aktionen, die innerhalb des Ereignishandlers ausgeführt werden müssen, lassen sich durch zwei Schwerpunkte beschreiben:

- Aus der Typangabe, die in der TextBox eingetragen ist, muss zuerst ein passendes Objekt erzeugt und zu einem Mitglied des `Window` werden.
- Im zweiten Schritt kann das Standard-Template des Objekts abgefragt und das `TextBlock`-Steuerelement eingetragen werden.

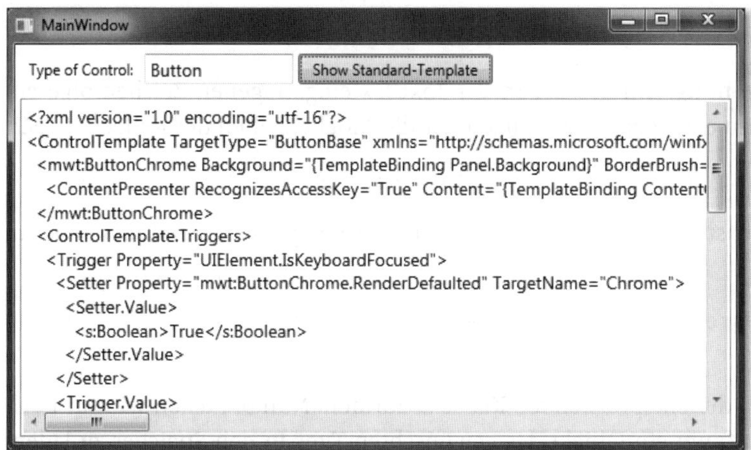

Abbildung 20.9 Ausgabe des Beispielprogramms »StandardTemplate«

Der Programmcode setzt das Bekanntgeben der Namespaces `System.Reflection`, `System.Xml` und `System.Windows.Markup` voraus.

```
// ---------------------------------------------------------------
// Beispiel: ...\Kapitel 20\StandardTemplate
// ---------------------------------------------------------------
private void btnShowTemplate_Click(object sender, RoutedEventArgs e) {
  try {
    // Erzeugen eines Objekts von dem in der Textbox angegebenen Typ
    Assembly assembly = Assembly.GetAssembly(stackPanel.GetType());
    Type controlType = assembly.GetType("System.Windows.Controls." +
                       txtControl.Text.Trim());
    Control ctrl = (Control)controlType.GetConstructor
                              (Type.EmptyTypes).Invoke(null);
    stackPanel.Children.Add(ctrl);

    // Standard-Template ermitteln und im TextBlock-Control eintragen
    StringBuilder builder = new StringBuilder();
```

```
    XmlWriterSettings settings = new XmlWriterSettings();
    settings.Indent = true;
    XmlWriter writer = XmlWriter.Create(builder, settings);
    XamlWriter.Save(ctrl.Template, writer);
    writer.Close();
    txtOutput.Text = builder.ToString();
    stackPanel.Children.Remove(ctrl);
  }
  catch(Exception ex) {
    txtOutput.Text = "FEHLER: " + ex.Message;
  }
}
```

Es sind ein paar Kniffe nötig, um aus der in der `TextBox` eingetragenen Zeichenfolge ein Steuerelement-Objekt zu erzeugen. Dazu nutzen wir die Möglichkeiten der Reflection. Mit

```
Assembly assembly = Assembly.GetAssembly(stackPanel.GetType());
```

besorgen wir uns zunächst die Referenz auf die aktuelle Assembly. Diese benötigen wir, um anschließend mit

```
Type controlType = assembly.GetType("System.Windows.Controls." +
                                    txtControl.Text.Trim());
```

die `Type`-Informationen der entsprechenden Klasse abzurufen. Nun brauchen wir nur noch einen Konstruktoraufruf, um ein Objekt des gewünschten Typs in den Speicher zu laden. Dazu dient die folgende Anweisung:

```
Control ctrl =
   (Control)controlType.GetConstructor(Type.EmptyTypes).Invoke(null);
```

Die Methode `GetConstructor` sucht den öffentlichen Konstruktor des Steuerelements in den Typinformationen. Durch Übergabe von `Type.EmptyTypes` sprechen wir den parameterlosen Konstruktor an, der mit `Invoke` schließlich aufgerufen wird. Um die Standard-Template des Controls abrufen zu können, müssen wir das Objekt nun nur noch dem Elementbaum hinzufügen:

```
stackPanel.Children.Add(ctrl);
```

Die Grundlage der nun endlich folgenden Ausgabe des Standard-Template ist die Klasse `XamlWriter`, mit der XAML ausgegeben werden kann. Der Methode `Save` dieser Klasse übergeben Sie das Template des Steuerelements, indem Sie die Eigenschaft `Template` des Steuerelements abrufen. `Template` ist in der Klasse `Control` definiert. Für den Aufruf der mehrfach überladenen Methode `Save` ist im Beispiel. die Variante gewählt, die in einem zweiten Parameter ein `XmlWriter`-Objekt erwartet, in das die Standardvorlage des Steuerelements geschrieben wird.

Diese Überladung der Methode `Save` zu wählen, hat einen Vorteil, denn die Ausgabe des `XmlWriter`-Objekts kann mit einem `XmlWriterSettings`-Objekt beeinflusst werden. Mit dessen Eigenschaft `Indent` wird festgelegt, ob die Elemente eingezogen ausgegeben werden sollen. Bekanntermaßen sind `String`-Objekte unveränderlich. Das hätte in unserem Beispiel zur Folge, dass die Speicherressourcen wesentlich belastet werden können. Um das zu vermeiden, wird stattdessen ein `StringBuilder`-Objekt verwendet.

20.5 Commands

Viele Operationen müssen Sie in nahezu jeder Anwendung neu implementieren: das Kopieren von Daten in die Zwischenablage, das Ausschneiden von markiertem Text, das Speichern von Änderungen usw. WPF vereinfacht die Codierungsarbeit dadurch, dass Ihnen eine große Zahl bereits vorgefertigter Operationen zur Verfügung gestellt werden. Entwickeln Sie beispielsweise ein Menü mit dem Hauptmenüpunkt BEARBEITEN und den untergeordneten Elementen KOPIEREN, AUSSCHNEIDEN und EINFÜGEN, brauchen Sie nur auf die vordefinierten Kommandos zurückzugreifen.

20.5.1 Vordefinierte Commands

Die von WPF bereitgestellten Commands lassen sich in sechs Kategorien unterteilen. Jede Kategorie wird durch eine Klasse beschrieben, die wir uns nun anschauen wollen:

- `AnnotationService` (im Namespace `System.Windows.Annotations`)
- `ApplicationCommands` (im Namespace `System.Windows.Input`)
- `ComponentCommands` (im Namespace `System.Windows.Input`)
- `EditingCommands` (im Namespace `System.Windows.Documents`)
- `MediaCommands` (im Namespace `System.Windows.Input`)
- `NavigationCommands` (im Namespace `System.Windows.Input`)

Die einzelnen Commands werden in den Klassen als statische Eigenschaften bereitgestellt. Sie sind alle vom Typ `RoutedUICommand`.

Ihnen hier alle Commands vorzustellen, würde den Rahmen dieses Kapitels sprengen. Stattdessen möchte ich Ihnen einige wichtige Commands aus `ApplicationCommands` vorstellen, damit Sie ein Gefühl dafür bekommen, welche Möglichkeiten Ihnen mit Commands eröffnet werden.

Command	Beschreibung
`Close`	Stellt den CLOSE-Befehl dar.
`ContextMenu`	Stellt den CONTEXTMENU-Befehl dar.

Tabelle 20.1 Vordefinierte Commands in der Klasse »ApplicationCommands« (Auszug)

Command	Beschreibung
Copy	Stellt den COPY-Befehl dar.
Cut	Stellt den CUT-Befehl dar.
Delete	Stellt den DELETE-Befehl dar.
Find	Stellt den FIND-Befehl dar.
Open	Stellt den OPEN-Befehl dar.
Paste	Stellt den PASTE-Befehl dar.
Print	Stellt den PRINT-Befehl dar.
Redo	Stellt den REDO-Befehl dar.
Save	Stellt den SAVE-Befehl dar.
Undo	Stellt den UNDO-Befehl dar.

Tabelle 20.1 Vordefinierte Commands in der Klasse »ApplicationCommands« (Auszug) (Forts.)

20.5.2 Beispielanwendung

An einem Beispiel wollen wir uns nun ansehen, wie Commands eingesetzt werden. Dazu wird in einem Window eine Menüleiste bereitgestellt, die die Menüpunkte DATEI und BEARBEITEN enthält. Der Fensterbereich wird durch zwei TextBoxen beansprucht.

```
// -----------------------------------------------------------
// Beispiel: ...\Kapitel 20\ApplicationCommandDemo
// -----------------------------------------------------------
<Window ...>
  <DockPanel>
    <Menu DockPanel.Dock="Top" Name="mnuMenu">
      <MenuItem Header="_Datei">
        <MenuItem Command="ApplicationCommands.New" />
        <MenuItem Command="ApplicationCommands.Open">
          <MenuItem.Icon>
            <Image Source="Images/openHS.png" />
          </MenuItem.Icon>
        </MenuItem>
        <Separator />
        <MenuItem Command="ApplicationCommands.Save">
          <MenuItem.Icon>
            <Image Source="Images/saveHS.png" />
          </MenuItem.Icon>
        </MenuItem>
        <MenuItem Command="ApplicationCommands.SaveAs" />
        <Separator />
        <MenuItem Header="_Senden an">
          <MenuItem Header="_Mail" />
```

```
        <MenuItem Header="_Desktop" />
      </MenuItem>
      <MenuItem Header="_Beenden" />
    </MenuItem>
    <MenuItem Header="_Bearbeiten">
      <MenuItem Command="ApplicationCommands.Copy" />
      <MenuItem Command="ApplicationCommands.Cut" />
      <MenuItem Command="ApplicationCommands.Paste" />
    </MenuItem>
  </Menu>
  <StackPanel>
    <TextBox Name="txtOben" Height="100"></TextBox>
    <TextBox Name="txtUnten" Height="100"></TextBox>
  </StackPanel>
 </DockPanel>
</Window>
```

Sie werden feststellen, dass die Menüpunkte nun nicht nur automatisch beschriftet werden, sondern dass darüber hinaus auch die allgemein üblichen Shortcuts eingeblendet werden.

Wenn Sie die Anwendung starten, funktioniert das Ausschneiden, Kopieren und Einfügen bereits einwandfrei. Wenn Sie Text in der oberen `TextBox` markieren und anschließend die untere fokussieren, können Sie den Text, der sich in der Zwischenablage befindet, in die untere `TextBox` einfügen. Kann eine Operation nicht ausgeführt werden, zum Beispiel weil sich keine Daten in der Zwischenablage befinden oder in der fokussierten `TextBox` keine Zeichen markiert sind, werden die entsprechenden Menüpunkte deaktiviert – und das, obwohl Sie keine Zeile Code geschrieben haben.

20.5.3 Commando-Ziel festlegen

Per Vorgabe ist das Ziel eines Kommandos das in dem Moment aktive Steuerelement. Bei Bedarf können Sie aber auch ein anderes Ziel festlegen. Neben dem `Command`-Attribut muss dann auch noch das Attribut `CommandTarget` angegeben werden. Dabei muss wieder die `Binding`-Syntax verwendet werden, wie das folgende Beispiel zeigt:

```
...
<MenuItem Header="_Bearbeiten">
  <MenuItem Command="ApplicationCommands.Copy"/>
  <MenuItem Command="ApplicationCommands.Cut" />
  <MenuItem Command="ApplicationCommands.Paste"
            CommandTarget="{Binding ElementName=txtUnten}" />
</MenuItem>
...
```

20.5.4 Commands an Ereignisse binden

Vielleicht ist Ihnen im Beispiel aufgefallen, dass die Untermenüpunkte von DATEI alle deaktiviert sind. Das liegt daran, dass sich hinter den Kommandos kein Code verbirgt. Das ist auch nicht verwunderlich, denn es gibt keinen allgemeingültigen Code, der alle Umstände einer öffnenden Operation abdeckt, wie es beispielsweise beim Kopieren der Fall ist.

Hier hilft nur die Bindung eines Commands an einen Ereignishandler. Dabei kommt ein Objekt vom Typ `CommandBinding` ins Spiel, das mit `Executed` und `CanExecute` zwei Ereignisse bereitstellt. `Executed` führt die gewünschte Operation aus, und mit `CanExecute` wird optionalerweise geprüft, ob bestimmte Bedingungen erfüllt sind, damit der Befehl ausgeführt werden kann. Dazu stellt der zweite Parameter im Ereignishandler, der vom Typ `CanExecuteRoutedEventArgs` ist, mit `CanExecute` eine Eigenschaft bereit, der entweder `true` oder `false` übergeben werden muss. Mit `CanExecute=false` wird das Kommando deaktiviert.

Ein `CommandBinding`-Objekt muss mit einem `Command` verbunden werden. Dazu dient die gleichnamige Eigenschaft `Command`. Mit dem Attribut `Excecuted` oder `CanExecute` wird der Ereignishandler festgelegt, der auf das Kommando reagieren soll. Üblicherweise werden alle `CommandBinding`-Objekte im Bereich von `Window` angegeben.

Mit diesen Kenntnissen wollen wir die Anwendung so ergänzen, dass das komplette Menü mit Kommandos ausgestattet ist. Dabei sollen die Menüpunkte SPEICHERN und SPEICHERN ALS nur dann aktiviert werden, wenn die obere der beiden Textboxen nicht leer ist.

```
// ---------------------------------------------------------
// Beispiel: ...\Kapitel 20\ApplicationCommands
// ---------------------------------------------------------
<Window ...>
  <Window.CommandBindings>
    <CommandBinding Command="ApplicationCommands.New"
                    Executed="New_Executed" />
   <CommandBinding Command="ApplicationCommands.Open"
                   Executed="Open_Executed" />
   <CommandBinding Command="ApplicationCommands.Save"
                   Executed="Save_Executed"
                   CanExecute="Save_CanExecute"/>
   <CommandBinding Command="ApplicationCommands.SaveAs"
                   Executed="SaveAs_Executed"
                   CanExecute="Save_CanExecute" />
  </Window.CommandBindings>
  <DockPanel>
  ...
</Window>
```

In der Code-Behind-Datei wird der erforderliche Code für die Operationen hinterlegt. Allerdings enthält er in unserem Beispiel nur die Anzeige von Nachrichtenfenstern. Im Ernstfall müssen Sie hier natürlich die gewünschte Logik hinterlegen.

```
public partial class Window1 : Window {
  public Window1() {
    InitializeComponent()
  }
  private void New_Executed(object sender, ExecutedRoutedEventArgs e) {
    MessageBox.Show("Menüpunkt 'Neu'");
  }
  private void Open_Executed(object sender, ExecutedRoutedEventArgs e) {
    MessageBox.Show("Menüpunkt 'Öffnen'");
  }
  private void Save_Executed(object sender, ExecutedRoutedEventArgs e) {
    MessageBox.Show("Menüpunkt 'Speichern'");
  }
  private void SaveAs_Executed(object sender, ExecutedRoutedEventArgs e) {
    MessageBox.Show("Menüpunkt 'Speichern als'");
  }
  private void Save_CanExecute(object sender, CanExecuteRoutedEventArgs e) {
    if (txtOben.Text == "")
      e.CanExecute = false;
    else
      e.CanExecute = true;
  }
}
```

20.5.5 Commands programmieren

Commands können auch per Code bereitgestellt werden. Der entsprechende Ereignishandler wird mit der bekannten Notation an das Ereignis gebunden:

```
public Window1() {
  InitializeComponent();
  CommandBinding cmdSave = new CommandBinding(ApplicationCommands.Save);
  cmdSave.Executed +=
         new ExecutedRoutedEventHandler(cmdSave_Executed);
}

void cmdSave_Executed(object sender, ExecutedRoutedEventArgs e) {
  // ...
}
```

Sie können auch die Execute-Methode eines Commands aufrufen, um das Ereignis auszulösen. Execute definiert zwei Parameter. Der erste erwartet ein benutzerdefiniertes Objekt, der zweite erwartet die Angabe des Ziels des Kommandos:

```
private void button1_Click(object sender, RoutedEventArgs e) {
  ApplicationCommands.Save.Execute(null, txtOben);
}
```

Hier wäre das Kommandoziel demnach eine Komponente namens txtOben.

21 Datenbindung

In WinForms konnten Sie recht einfach eine Datenbindung realisieren. Sie waren dabei aber auf bestimmte Controls beschränkt, die über entsprechende Eigenschaften verfügen. Die Datenbindung von WPF bietet viel flexiblere Möglichkeiten, denn alle Eigenschaften – genau genommen alle abhängigen Eigenschaften – sind datenbindungsfähig.

Die Datenquellen sind ausgesprochen vielfältig:

- Es kann sich bei der Datenquelle um die Eigenschaft einer anderen Komponente handeln.
- Die Daten können aus einer XML-Datei bezogen werden.
- Daten können einer Collection entnommen werden.
- Dass Datenbanken ebenfalls Datenquellen darstellen, versteht sich fast wie von selbst.

Eine andere Voraussetzung muss aber erfüllt sein: Die Datenbindung funktioniert nur zusammen mit *Dependency Propertys*. Eine Datenquelle kann also nur an eine Dependency Property gebunden werden. Erfreulicherweise können die meisten Eigenschaften diese Bedingung erfüllen.

21.1 Wichtige Klassen

Bei der WPF-Datenbindung spielen zwei Klassen eine besondere Rolle:

- `Binding`
- `DataContext`

Ehe wir uns mit den ersten Beispielen beschäftigen, möchte ich Ihnen diese Klassen kurz vorstellen.

21.1.1 Die Klasse »Binding«

Ein `Binding`-Objekt beschreibt die Bindung zwischen einer Datenquelle und einer bindenden Komponente. Meistens wird die Bindung im XAML-Code beschrieben, aber selbstverständlich kann die Bindung auch im C#-Code erfolgen. Die wichtigsten Eigenschaften des `Binding`-Objekts können Sie Tabelle 21.1 entnehmen. Viele der aufgeführten Eigenschaften werden Sie im Verlauf des Kapitels noch innerhalb der Beispielprogramme wiederfinden.

Eigenschaft	Beschreibung
Converter	Diese Eigenschaft gibt an, welches Objekt als Konverter zwischen zwei Datentypen dienen soll.
ElementName	Diese Eigenschaft gibt den Bezeichner des Elements an, das als Datenquelle dient.
Mode	Legt den Bindungsmodus fest. Damit lässt sich die Verhaltensweise einer eventuellen gegenseitigen Aktualisierung zwischen Datenquelle und Datenziel steuern.
NotifyOnSourceUpdate / NotifyOnTargetUpdate	Mit diesen Eigenschaften werden Ereignisse ermöglicht, die beim Aktualisieren der Datenquelle oder des Datenziels auftreten.
Path	Mit Path wird die Eigenschaft festgelegt, an die Daten gebunden werden sollen.
RelativeSource	Diese Eigenschaft legt die Datenquelle fest, allerdings relativ zum Datenziel.
UpdateSourceTrigger	Mit dieser Eigenschaft wird angegeben, wann die Datenquelle aktualisiert werden soll.

Tabelle 21.1 Die Eigenschaften eines »Binding«-Objekts

21.1.2 Die Klasse »DataContext«

Die Klasse DataContext kann man sich als Bindeglied zwischen der eigentlichen Datenquelle und den bindenden Steuerelementen vorstellen. DataContext stellt die Daten bereit; das Steuerelement weiß aber noch nicht, welche es anzeigen soll.

Jedes von FrameworkElement abgeleitete Steuerelement verfügt über die Eigenschaft DataContext. Darüber wird die Datenquelle festgelegt, die bei Verwendung des Binding-Objekts verwendet werden soll. Sie können mit

```
textBox1.DataContext = datenquelle;
```

dem Steuerelement zwar seinen Datenkontext mitteilen, aber flexibel ist diese Lösung nicht. Besser, Sie weisen die Datenquelle an DataContext des übergeordneten Containers oder der Form zu. Davon profitieren alle enthaltenen Elemente, die dann ebenfalls das in DataContext angegebene Objekt als Quelle nutzen. Eine geschickte Zuweisung kann also von vielen Steuerelementen genutzt werden.

Um alle Steuerelemente eines Window am gleichen DataContext teilhaben zu lassen, weisen Sie die Daten dem DataContext des Window zu. Am geeignetsten ist dafür der Konstruktor:

```
public MainWindow() {
  this.dataContext = datenquelle;
}
```

21.2 Einfache Datenbindung

Im einfachsten Fall einer Datenbindung können wir die Eigenschaften von zwei Komponenten miteinander verbinden. Eine definierte Eigenschaft einer Komponente dient als Datenquelle, und die Eigenschaft einer anderen Komponente ist der Datenempfänger, gewissermaßen also der Konsument.

Nehmen wir das folgende Beispiel. In einem `Window` sind zwei Textboxen integriert. Der Text, der in der oberen `TextBox` eingetragen wird, soll auch in der unteren `TextBox` angezeigt werden – und das bei jedem Tastendruck.

```
// ---------------------------------------------------------
// Beispiel: ...\Kapitel 21\SimpleBinding
// ---------------------------------------------------------
<Window ...>
  <StackPanel>
    <TextBox Name="txtOben" Height="50"
             FontSize="16"></TextBox>
    <TextBox Name="txtUnten" Height="50"
             Background="AliceBlue" FontSize="16">
      <Binding ElementName="txtOben" Path="Text" />
    </TextBox>
  </StackPanel>
</Window>
```

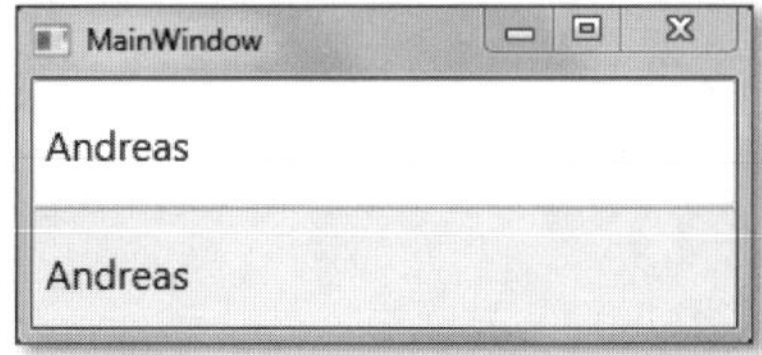

Abbildung 21.1 Ausgabe des Beispiels »SimpleBinding«

Für die Bindung sorgt der XAML-Code:

```
Binding ElementName="txtOben" Path="Text
```

Mit einem `Binding`-Objekt wird die Bindung beschrieben. Dessen Eigenschaft `ElementName` gibt den Namen der Datenquelle an, und `Path` beschreibt die Eigenschaft der Datenquelle, an die gebunden werden soll. Mit dieser Bindung wird also die Eigenschaft `Text` der unteren Textbox an die Eigenschaft `Text` einer Komponente mit dem Bezeichner `txtOben` gebunden.

Es gibt noch eine andere Schreibweise, bei der die Bindung in geschweiften Klammern beschrieben wird. Diese Notation haben wir schon in einigen Beispielen zuvor benutzt:

```
<TextBox Name="txtUnten" Height="50"
         Background="AliceBlue" FontSize="16"
         Text="{Binding ElementName=txtOben, Path=Text}">
```

Diese Schreibweise wird auch als *Binding Markup Extension* bezeichnet. Beachten Sie bei dieser Notation, dass die Name-Wert-Paare durch ein Komma getrennt werden.

Eine Voraussetzung für die Datenbindung ist, dass die Zieleigenschaft eine abhängige Eigenschaft ist. Die Zieleigenschaft bestimmt auch den Datentyp der Datenbindung. Ist eine implizite Konvertierung des Datentyps aus der Quelle in den Datentyp des Ziels nicht möglich, wird der Code als fehlerhaft bemängelt.

21.2.1 Bindung mit Code erzeugen

Bindungen, die im XAML-Code definiert sind, wirken sich sofort aus. Möchten Sie eine Bindung erst zur Laufzeit aktivieren, bietet sich die Erstellung im Code an. Zuerst wird dazu ein `Binding`-Objekt erzeugt. Dem Konstruktor kann man sofort die Zieleigenschaft mitteilen. Der Eigenschaft `ElementName` wird der Name der Quellkomponente als Zeichenfolge übergeben, und anschließend wird die Methode `SetBindung` der Zielkomponente aufgerufen. `SetBinding` erwartet im ersten Parameter den Typ der Datenquelle und deren Eigenschaft, die als Datenquelle betrachtet werden soll, und dem zweiten Parameter übergeben Sie das `Binding`-Objekt.

```
// ---------------------------------------------------------
// Beispiel: ...\Kapitel 21\SimpleBindingWithCode
// ---------------------------------------------------------
<Window ...>
  <StackPanel>
    <TextBox Name="txtOben" Height="50" FontSize="16">
    </TextBox>
    <TextBox Name="txtUnten" Height="50"
             Background="AliceBlue" FontSize="16" >
    </TextBox>
    <Button Height="23" Name="button1" Width="150"
            HorizontalAlignment="Right"
            Click="button1_Click">Bindung erzeugen
    </Button>
  </StackPanel>
</Window>
```

```
// C#-Programmcode
private void button1_Click(object sender, RoutedEventArgs e) {
  Binding binding = new Binding("Text");
```

```
  binding.ElementName = "txtOben";
  txtUnten.SetBinding(TextBox.TextProperty, binding);
}
```

21.2.2 Bindungsrichtung

In den letzten Beispielen haben Sie gesehen, wie Sie sehr einfach Eigenschaften verschiedener Objekte miteinander verbinden können. Bindungen gehen aber in ihren Fähigkeiten noch weiter. Mit dem Attribut `Mode` können Sie festlegen, in welchen Richtungen die Bindung aktiv ist, zum Beispiel:

```
<TextBox Name="TextBox1"
     Text="{Binding ElementName=TextBox2, Path=Text, Mode=OneWay}" />
```

Durch Angabe des Bindungsmodus lassen sich nicht nur Änderungen der Datenquelle in der Benutzeroberfläche darstellen. Auch Änderungen, die der Anwender vornimmt, können sofort zur Aktualisierung der Datenquelle führen.

Das Attribut `Mode` kann auf einen Wert der Enumeration `BindingMode` eingestellt werden. Die möglichen Werte können Sie Tabelle 21.2 entnehmen.

Bindungstyp	Beschreibung
`Default`	Hiermit wird der Standardmodus beschrieben, der für die Eigenschaft vordefiniert ist. Dabei handelt es sich meistens um den Mode `TwoWay`.
`OneTime`	Der Wert wird nur einmal von der Quelle zum Ziel übertragen. Danach findet keine Aktualisierung mehr statt. Geeignet ist dieser Modus bei statischen Daten oder bei einem Snapshot der Daten.
`OneWay`	Der Wert wird nur von der Quelle zum Ziel übertragen. Ändern sich die Daten im Zielobjekt, wird die datengebundene Zieleigenschaft Kenntnis von der Änderung nehmen und angepasst.
`OneWayToSource`	Der Wert wird von der Quelle zum Ziel übertragen. Ändert sich der Wert im Datenziel, wird auch die Datenquelle aktualisiert.
`TwoWay`	Die Werte sowohl von der Quelle als auch vom Ziel werden in beide Richtungen übertragen.

Tabelle 21.2 Bindungsarten der Enumeration »BindingMode«

Am besten lassen sich die Einstellungen verstehen, wenn der Effekt in einem Beispiel demonstriert wird. Dazu dient das folgende Beispielprogramm Bindungsarten, dessen Laufzeitdarstellung Sie in Abbildung 21.2 sehen.

```
// ---------------------------------------------------------
// Beispiel: ...\Kapitel 21\Bindungsmodus
// ---------------------------------------------------------
<Window ...>
```

```
<Window.Resources>
  <Style TargetType="{x:Type TextBox}">
    <Setter Property="Margin" Value="2" />
    <Setter Property="Background" Value="LightGray" />
  </Style>
</Window.Resources>
<Grid>
  <Grid.ColumnDefinitions>
    <ColumnDefinition Width="100" />
    <ColumnDefinition Width="*" />
    <ColumnDefinition Width="*" />
  </Grid.ColumnDefinitions>
  <Grid.RowDefinitions>
    <RowDefinition /> <RowDefinition /> <RowDefinition />
    <RowDefinition /> <RowDefinition /> <RowDefinition />
  </Grid.RowDefinitions>
  <Label Grid.Column="0" Grid.Row="0" Content="Bindungsart" />
  <Label Grid.Column="1" Grid.Row="0" Content="Quelle" />
  <Label Grid.Column="2" Grid.Row="0" Content="Ziel" />
  <Label Grid.Column="0" Grid.Row="1" Content="Default" />
  <TextBox Name="txtDefaultQuelle" Text="Test"
           Grid.Column="1" Grid.Row="1" />
  <TextBox Name="txtDefaultZiel" Grid.Column="2" Grid.Row="1"
           Text="{Binding ElementName=txtDefaultQuelle,
           Path=Text}"/>
  <Label Grid.Column="0" Grid.Row="2" Content="OneWay" />
  <TextBox Name="txtOneWayQuelle" Text="Test"
           Grid.Column="1" Grid.Row="2" />
  <TextBox Name="txtOneWayZiel" Grid.Column="2" Grid.Row="2"
           Text="{Binding ElementName=txtOneWayQuelle,
           Path=Text, Mode=OneWay}" />
  <Label Grid.Column="0" Grid.Row="3" Content="TwoWay" />
  <TextBox Name="txtTwoWayQuelle" Text="Test"
           Grid.Column="1" Grid.Row="3" />
  <TextBox Name="txtTwoWayZiel" Grid.Column="2" Grid.Row="3"
           Text="{Binding ElementName=txtTwoWayQuelle,
           Path=Text, Mode=TwoWay}" />
  <Label Grid.Column="0" Grid.Row="4" Content="OneTime" />
  <TextBox Name="txtOneTimeQuelle" Text="Test"
           Grid.Column="1" Grid.Row="4" />
  <TextBox Name="txtOneTimeZiel" Grid.Column="2" Grid.Row="4"
           Text="{Binding ElementName=txtOneTimeQuelle,
           Path=Text, Mode=OneTime}" Focusable="False" />
  <Label Grid.Column="0" Grid.Row="5" Content="OneWayToSource" />
  <TextBox Name="txtOneWayToSourceQuelle" Text="Test"
           Grid.Column="1" Grid.Row="5"/>
  <TextBox Name="txtOneWayToSourceZiel" Grid.Column="2" Grid.Row="5"
           Text="{Binding ElementName=txtOneWayToSourceQuelle,
```

```
                  Path=Text,
                  Mode=OneWayToSource, FallbackValue=Test}" />
  </Grid>
</Window>
```

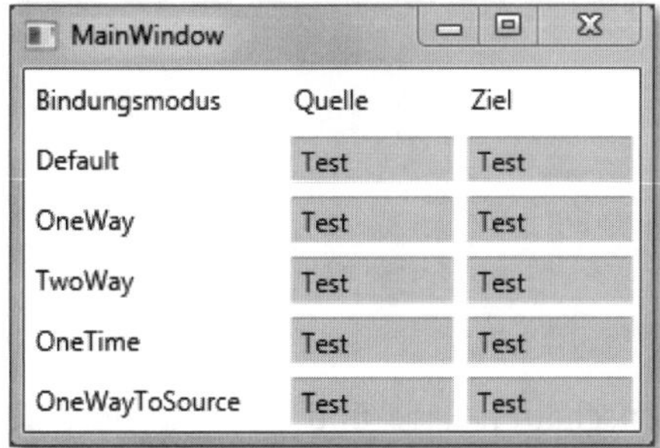

Abbildung 21.2 Testprogramm zur Bindungsrichtung

In der mittleren Spalte des `Grid`-Steuerelements sind die Textboxen zu finden, die sich an eine Datenquelle binden. Die Datenquelle selbst wird durch die jeweils rechts angeordnete `TextBox` repräsentiert. Sie können in beiden `TextBoxen`, also sowohl denjenigen, die als Datenquelle dienen, als auch in denjenigen, die als Datenziel fungieren, Änderungen eintragen und dabei beobachten, wie sich der entsprechende Mitspieler verhält. Beachten Sie dabei aber, dass Sie auch die `TextBox` verlassen müssen, in der Sie eine Änderung vorgenommen haben.

Hinweis

Der Modus `OneTime` wird zur Laufzeit keine Änderung nach sich ziehen, da die Datenquelle bereits beim Laden den Wert zum Datenziel überträgt.

21.2.3 Änderung der Datenquelle

Nehmen wir an, wir hätten in unserer Anwendung die Klasse `Person` wie folgt definiert:

```
public class Person {
  // Eigenschaften
  private string _Name;
  private int _Alter;

  public int Alter {
    get { return _Alter; }
    set {
      _Alter = value;
    }
  }
```

```
  public string Name {
    get { return _Name; }
    set {
      _Name = value;
    }
  }

  // Konstruktor
  public Person(string name, int alter) {
    Name = name;
    Alter = alter;
  }
}
```

Ein Objekt dieser Klasse soll mit den beiden Eigenschaften Name und Alter an je eine TextBox gebunden werden. Das ist mit dem Binding-Objekt nicht weiter schwierig. Wir wollen jetzt aber noch einen Schritt weiter gehen, indem wir die in den TextBoxen angezeigten Eigenschaftswerte automatisch an geänderte Eigenschaftswerte anpassen lassen.

Um diese Forderung zu erfüllen, ist die Klasse Person nicht ausreichend implementiert, denn die Steuerelemente müssen auch von einer Änderung in Kenntnis gesetzt werden. Dazu muss Person die Schnittstelle INotifyPropertyChanged implementieren, die zum Namespace System.ComponentModel gehört. Diese Schnittstelle schreibt nur das Ereignis PropertyChanged vor. Sie sollten neben der Definition des Ereignisses die Auslösung des Events durch eine geschützte On-Methode kapseln.

```
public class Person : INotifyPropertyChanged {
  public event PropertyChangedEventHandler PropertyChanged;

  protected virtual void OnPropertyChanged(PropertyChangedEventArgs e) {
    if (PropertyChanged != null)
      PropertyChanged(this, e);
  }
  ...
}
```

PropertyChanged wird ausgelöst, wenn sich eine Eigenschaft ändert, also innerhalb des Setters der Eigenschaftsmethode. Sie übergeben dabei ein EventArgs-Objekt, dem Sie über den Konstruktor mitteilen, wie die Bezeichnung der geänderten Eigenschaft lautet.

```
public int Alter {
  get { return _Alter; }
  set {
    _Alter = value;
    OnPropertyChanged(new PropertyChangedEventArgs("Alter"));
  }
```

```
}
public string Name {
  get { return _Name; }
  set {
      _Name = value;
      OnPropertyChanged(new PropertyChangedEventArgs("Name"));
  }
}
```

Die Klasse Person ist nun so weit vorbereitet, dass die an ein Objekt dieses Typs gebundenen Steuerelemente Notiz von einer Änderung an Alter oder Name nehmen und den angezeigten Inhalt danach an die neuen Daten in der Quelle anpassen können.

Im Beispielprogramm *PropertyChangedSample* wird die Klasse Person benutzt. Die GUI enthält neben zwei Textboxen, die die beiden Eigenschaften der Person anzeigen, eine Schaltfläche. Im Click-Ereignis der Schaltfläche werden sowohl der Name als auch das Alter geändert. Die Änderungen werden vom WPF-Subsystem an die gebundenen Textboxen weitergeleitet und dort angezeigt. Die Bindung des Person-Objekts erfolgt im Konstruktor des Window durch Zuweisung an die Eigenschaft DataContext.

```
// -------------------------------------------------------------
// Beispiel: ...\Kapitel 21\PropertyChangedSample
// -------------------------------------------------------------
<Window ...>
  <StackPanel>
    <TextBox Margin="10" Height="25" Name="txtName"
             Text="{Binding Path=Name}"></TextBox>
    <TextBox Margin="10" Height="25" Name="txtAlter"
             Text="{Binding Path=Alter}"></TextBox>
    <Button Height="30" Width="120" Name="btnChangePerson"
            Click="btnChangePerson_Click">Person ändern</Button>
  <StackPanel>
</Window>
```

```
// in der Code-Datei
public partial class MainWindow : Window {
  // Datenquelle bereitstellen
  private Person person = new Person("Franz", 67);

  public MainWindow() {
    InitializeComponent();
    this.DataContext = person;
  }

  private void btnChangePerson_Click(object sender, RoutedEventArgs e) {
    person.Name = "Gerald";
```

```
    person.Alter = 34;
  }
}
```

21.2.4 Weitere Möglichkeiten im Zusammenhang mit der Datenbindung

Eine der Stärken von WPF sind die Datenbindungsmöglichkeiten. Im Abschnitt zuvor haben Sie nur einen ersten Vorgeschmack bekommen. Damit sind aber noch lange nicht die Grenzen erreicht, die Flexibilität reicht noch deutlich weiter. Das möchte ich Ihnen nun zeigen, wobei ich das Beispielprogramm des letzten Abschnitts um weitere Fähigkeiten erweitern werde.

Die bereits vorgestellte Einstellung der Bindungsrichtung der Eigenschaft `Mode` (siehe auch Tabelle 21.1) gilt natürlich auch in unserem Beispiel. Ergänzen wir im XAML-Code die beiden `TextBox`-Steuerelemente um `Mode=TwoWay`, wird die Änderung in einer der Textboxen zwangsläufig dazu führen, dass auch die Objektdaten geändert werden.

```
<TextBox Margin="10" Height="25" Name="txtName"
         Text="{Binding Path=Name, Mode=TwoWay}"></TextBox>
<TextBox Margin="10" Height="25" Name="txtAlter"
         Text="{Binding Path=Alter, Mode=TwoWay}"></TextBox>
```

Nun stellt sich die Frage, wann die Änderungen wirksam werden. Ganz allgemein lässt sich eine für alle Steuerelemente gültige Aussage nicht machen, da hierbei die Standardeinstellungen unterschiedlich sind: Bei einigen Steuerelementen werden sie wirksam, wenn sich die Eigenschaft ändert, bei anderen hingegen, wenn sie ihren Fokus verlieren. Sie können aber das Verhalten für jedes datengebundene Steuerelement individuell einstellen, indem Sie die Eigenschaft `UpdateSourceTrigger` auf einen der in Tabelle 21.3 aufgeführten Werte einstellen.

Wert	Beschreibung
`Default`	Die Standardeinstellung variiert von Komponente zu Komponente. Oft ist es `PropertyChanged`, in selteneren Fällen `LostFocus` (wie bei einer `TextBox`).
`Explicit`	Die Änderung muss explizit durch den Aufruf der `UpdateSource`-Methode des Zielobjekts erfolgen.
`LostFocus`	Die Quelle wird aktualisiert, wenn die Zielkomponente den Fokus verliert.
`PropertyChanged`	Die Aktualisierung erfolgt bei jeder Änderung. Allerdings beansprucht diese Einstellung die Ressourcen sehr intensiv.

Tabelle 21.3 Einstellungen der Eigenschaft »UpdateSourceTrigger«

Bei einer `TextBox` sieht die Voreinstellung vor, dass eine Änderung bei Verlust des Fokus zurückgeschrieben wird. Ist dieses Verhalten gewünscht, erübrigt sich für dieses Steuerelement die explizite Angabe von `UpdateSourceTrigger`. Betrachten wir daher einen anderen Fall, nämlich den der Einstellung `Explicit`.

Hierbei wird der Anstoß zur Aktualisierung der Werte von außen gegeben. Das könnte beispielsweise das Drücken der [↵]-Taste sein oder auch das Click-Ereignis einer Schaltfläche. Dazu wird eine zweite Schaltfläche im Window platziert. Im Ereignishandler wird zuerst die Bindung des Steuerelements vom Typ BindingExpression abgerufen. Bereitgestellt wird dieses Objekt von der Methode GetBindingExpression des betreffenden Steuerelements. Als Übergabewert an die Methode dient die datengebundene Eigenschaft des Controls. Auf dem BindingExpression-Objekt ruft man die Methode UpdateSource auf, um die ursprüngliche Datenquelle zu aktualisieren.

```
private void btnUpdate_Click(object sender, RoutedEventArgs e) {
  BindingExpression binding =
              txtName.GetBindingExpression(TextBox.TextProperty);
  binding.UpdateSource();
}
```

21.2.5 Die Ereignisse »SourceUpdated« und »TargetUpdated«

Ändert sich die Datenquelle, wird die datengebundene Komponente durch die Auslösung des Ereignisses PropertyChanged der Schnittstelle INotifyPropertyChanged über die Änderung informiert und kann sich aktualisieren. Der Aufruf der Methode UpdateSource auf das BindingExpression-Objekt des Steuerelements führt zu einer Aktualisierung der eigentlichen Datenquelle.

Zwischen diese beiden Aktualisierungen lassen sich auch noch weitere Ereignisse schalten, in denen Sie Code implementieren können, der im Zusammenhang mit der anstehenden Aktualisierung steht. Es handelt sich um die beiden Ereignisse SourceUpdated und TargetUpdated.

Ereignis	Beschreibung
SourceUpdated	Dieses Ereignis wird ausgelöst, wenn sich das Steuerelement ändert.
TargetUpdated	Dieses Ereignis tritt bei einer Änderung der ursprünglichen Datenquelle auf.

Tabelle 21.4 Ereignisse bei der Aktualisierung datengebundener Komponenten

Vielleicht erscheint Ihnen im ersten Moment die Bezeichnung der Ereignisse sinnverdreht. Tatsächlich ist es aber so, dass bei den beiden Ereignissen unter *Source* die datengebundene Komponente verstanden wird, beispielsweise eine TextBox, und unter *Target* die ursprüngliche Datenquelle. Natürlich können Sie die Ereignisse nicht nur paarweise nutzen, sondern auch je nach Bedarf nur das eine oder andere.

Die beiden Ereignisse werden nicht standardmäßig ausgelöst – sie müssen regelrecht aktiviert werden. Dazu dienen die beiden Eigenschaften NotifyOnSourceUpdated und NotifyOnTargetUpdated, die beide auf True festgelegt werden müssen. Darüber hinaus sind natürlich die Ereignishandler der beiden Ereignisse zu registrieren, die übrigens als »Attached Events« in der Klasse `Binding` definiert sind.

```
<TextBox Binding.SourceUpdated="txt_SourceUpdated"
         Binding.TargetUpdated="txt_TargetUpdated"
         Margin="10" Height="25" Name="txtName"
         Text="{Binding Path=Name,
                UpdateSourceTrigger=Explicit,
                NotifyOnTargetUpdated=True,
                NotifyOnSourceUpdated=True}" />
```

Hinweis

Sie finden den gesamten Beispielcode zu den Ereignissen `SourceUpdated` und `TargetUpdated` auf der Buch-DVD unter *Beispiele\Kapitel 21\ SourceUpdated_und_TargetUpdated*.

21.3 Verschiedene Datenbindungsquellen

21.3.1 Bindung an einfache Objekte

Im letzten Abschnitt hatten wir bereits die Klasse `Person` bereitgestellt und mit dieser Datenbindung betrieben. Fassen wir an dieser Stelle alle wesentlichen Gesichtspunkte zusammen, die beim Entwurf einer bindungsfähigen Klasse beachtet werden sollten:

- Die Klasse muss die Schnittstelle `INotifyPropertyChanged` implementieren. Diese ist im Namespace `System.ComponentModel` enthalten.
- Die Klasse sollte einen parameterlosen Konstruktor haben.
- Als Datenquelle kommen nur Eigenschaften in Betracht, die über eine Eigenschaftsmethode veröffentlicht werden, da öffentliche Felder nicht gebunden werden können.

In den Beispielen zuvor hatten wir mit

```
this.DataContext = person;
```

ein Objekt vom Typ `Person` an den `DataContext` des `Window` gebunden. Hier ist der parameterlose Konstruktor nicht unbedingt notwendig. `Person`-Objekte lassen sich aber auch direkt im XAML-Code angeben. Dazu ist zum Beispiel der `Resources`-Abschnitt im `Window` gut geeignet. Im XAML-Code wird zuvor die Angabe des Namespaces benötigt, in dem `Person` definiert ist. Deshalb muss der Namespace des Typs `Person` in der XAML-Datei bekannt gegeben werden:

```
xmlns:src="clr-namespace:NamespaceOfPerson"
```

Nun kann die Klasse Person auch im Resources-Abschnitt der XAML-Datei verwendet werden. Dabei wird der parameterlose Konstruktor aufgerufen. Optional können den Eigenschaften sofort Werte zugewiesen werden:

```
<Window.Resources>
  <src:Person x:Key="pers1" Name="Schmidt" Alter="43" />
  <src:Person x:Key="pers2" Name="Müller" Alter="21" />
</Window.Resources>
```

Anschließend können Sie die Möglichkeiten der Datenbindung benutzen.

Möchten Sie mit C#-Code auf das im XAML-Code erzeugts Objekt zugreifen, müssen Sie sich zuerst die Referenz auf das im XAML-Code erzeugte Objekt besorgen. Hier hilft Ihnen die Methode FindResource der Klasse FrameworkElement weiter, einer Klasse, von der auch Window abgeleitet ist. Der Methode wird als Argument das im XAML-Code erzeugte Objekt übergeben. Der Rückgabewert muss noch in den richtigen Typ konvertiert werden.

```
private void button1_Click(object sender, RoutedEventArgs e) {
  Person pers = (Person)FindResource("pers1");
  MessageBox.Show("Name und Alter: " + pers.Name + ", " + pers.Alter);
  pers.Zuname = "Fischer";
}
```

21.3.2 Auflistungen binden

Im Abschnitt zuvor haben Sie gesehen, dass an eine Klasse besondere Anforderungen gestellt werden müssen, damit sie XAML-bindungsfähig wird. Das gilt in gleichem Maße auch für eine Auflistung. Hier lautet die Forderung, dass die Auflistung neben INotifyPropertyChanged eine weitere Schnittstelle implementieren muss, nämlich INotifyCollectionChanged. Mit der generischen Klasse ObservableCollection<> stellt .NET Ihnen bereits eine solche Klasse zur Verfügung. Sie gehört zum Namespace System.Collections.ObjectModel. Sie kann ähnlich benutzt werden wie eine herkömmliche Auflistung – mit dem Unterschied, dass sie unter WPF bindungsfähig ist.

Damit wird es sehr einfach, eine Liste mehrerer Objekte vom Typ Person zu beschreiben:

```
ObservableCollection<Person> personen = new ObservableCollection<Person>();
```

Damit steht uns ein Auflistungsobjekt zur Verfügung, das wir zum Füllen von Steuerelementen wie der ComboBox oder der ListBox einsetzen können.

Im Kapitel habe ich beschrieben, wie Sie mit Elementen vom Typ ListBoxItem und ComboBoxItem Einträge erstellen können. Diese Elemente spielen bei der Datenbindung keine Rolle mehr. Stattdessen betritt nun die Eigenschaft ItemSource die Bühne. Diese Eigenschaft bietet die Möglichkeit der Anbindung von Objektmengen. Grundsätzlich lässt sich jede Objektmenge anbinden, vorausgesetzt, diese implementiert die Schnittstelle `IEnumerable`. Das gilt nicht nur für `ObservableCollection<T>`, sondern auch gleichermaßen für `ArrayList`, `List<T>` und jedes klassische Array.

Ein komplettes Beispiel, in dem eine `ListBox` an eine Collection gebunden wird, wollen wir uns nun ansehen.

```
// -----------------------------------------------------------
// Beispiel: ...\Kapitel 21\ListBoxBinding
// -----------------------------------------------------------
<Window ... >
<Grid>
  <Grid.RowDefinitions>
    <RowDefinition Height="120" />
    <RowDefinition Height="30"/>
    <RowDefinition Height="30"/>
  </Grid.RowDefinitions>
  <ListBox Grid.Column="0" Name="lstPersonen"
           ItemsSource="{Binding}"
           DisplayMemberPath="Name"/>
  <Button Grid.Row="1" Height="30" Name="btnAddPerson"
          Click="btnAddPerson_Click">Hinzufügen
  </Button>
  <Button Grid.Row="2" Height="30" Name="btnShowPerson"
          Click="btnShowPerson_Click">Abrufen
  </Button>
</Grid>
</Window>
```

Hier ist noch der C#-Code dazu:

```
public partial class MainWindow : Window {
  private ObservableCollection<Person> personen =
                        new ObservableCollection<Person>();

  public MainWindow() {
    personen.Add(new Person("Meier", 67));
    personen.Add(new Person("Fischer", 23));
    personen.Add(new Person("Schmidt", 45));
    personen.Add(new Person("Serna", 26));
    personen.Add(new Person("Müller", 39));
    InitializeComponent();
    this.DataContext = personen;
    lstPersonen.SelectedIndex = 3;
  }

  private void btnAddPerson_Click(object sender, RoutedEventArgs e){
```

```
      personen.Add(new Person("Walter", 54));
    }

    private void btnShowPerson_Click(object sender, RoutedEventArgs e){
      Person p = (Person)lstPersonen.SelectedItem;
      MessageBox.Show(p.Name + " / " + p.Alter);
    }
}
```

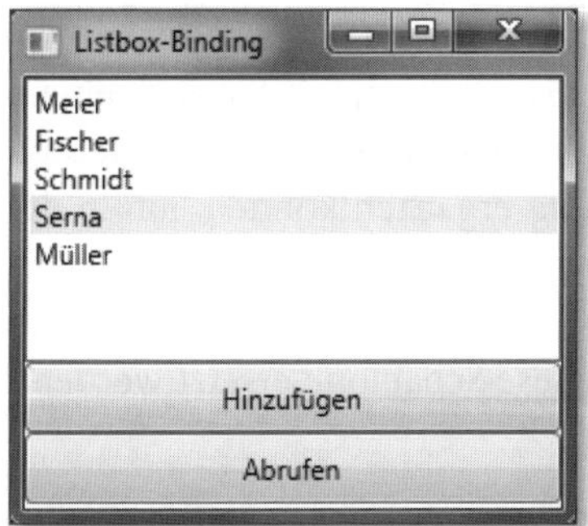

Abbildung 21.3 Ausgabe des Beispielprogramms »ListBoxBinding«

Im Konstruktor des `Window` wird eine Liste vom Typ der generischen Collection `ObservableCollection` mit `Person`-Objekten gefüllt. Die Bindung der Collection erfolgt an die Eigenschaft `DataContext` des `Window`. Mit `SelectedIndex` wird das Element mit dem Index 3 in der Liste vorselektiert. Des Weiteren enthält der Code zwei Ereignishandler für zwei sich im `Window` befindliche `Buttons`. Der erste `Button` gestattet das Hinzufügen eines weiteren `Person`-Objekts, der zweite wertet mit `SelectedItem` den aktuell selektierten Eintrag in der `ListBox` aus. Bei dem zurückgelieferten Element handelt es sich um das entsprechende `Person`-Objekt. Nach vorhergehender Konvertierung können die Eigenschaften des Objekts ausgewertet werden.

Im XAML-Codes wird die `ListBox` mit

```
ItemsSource="{Binding}"
```

an die Datenquelle gebunden. Mit der Eigenschaft `DisplayMemberPath` geben wir eine zusätzliche Information, was aus dem Datenobjekt angezeigt werden soll.

21.4 DataTemplates festlegen

In der `ListBox` des vorhergehenden Beispiels wird nur der Name angezeigt. Im Grunde genommen erstaunt das nicht, denn woher soll auch die `ListBox` wissen, welche Darstellungsform der Anzeige wir uns wünschen. Die ListBox reagiert nur auf die Angabe, die wir unter der Eigenschaft DisplayMemberPath gemacht haben. Die Eigenschaft selbst erlaubt keine komplexeren Darstellungsmöglichkeiten.

DataTemplates schaffen hier Abhilfe. Sie gestatten, die Inhalte und deren Darstellung exakt festzulegen. Damit wird es uns möglich, nicht nur mehrere Inhalte in einer Zeile auszugeben. Wir können darüber hinaus auch in jeglicher anderer Weise die Darstellung manipulieren, beispielsweise durch alternierende Farben.

DataTemplates ähneln den ControlTemplates. Sie können sie im Window.Resources-Abschnitt festlegen und die Darstellung der Daten ähnlich beschreiben, wie Sie auch einem Steuerelement mit einem ControlTemplate zu einer anderen Darstellung verhelfen. Der folgende XAML-Code zeigt, wie Sie das Beispiel *ListBoxBinding* ergänzen können, um in der ListBox neben dem Namen der Person auch deren Alter auszugeben. Beachten Sie die Angabe des Datenobjekts mit DataType als Eigenschaft des DataTemplate-Elements. Damit wird zum Ausdruck gebracht, dass Person-Objekte durch diese Schablone ersetzt werden.

```
<Window.Resources>
  <DataTemplate x:Key="PersonTemplate" DataType="{x:Type local:Person}">
    <Grid>
      <Grid.ColumnDefinitions>
        <ColumnDefinition />
        <ColumnDefinition />
      </Grid.ColumnDefinitions>
      <TextBlock Width="100" Grid.Column="0" Text="{Binding Path=Name}" />
      <TextBlock Width="30" Grid.Column="1" Text="{Binding Path=Alter}" />
    </Grid>
  </DataTemplate>
</Window.Resources>
```

Eine Anpassung des ListBox-Elements ist ebenfalls notwendig. Es benötigt nun nicht mehr die Angabe der Eigenschaft DisplayMemberPath. Dafür geben Sie der Eigenschaft ItemTemplate den Key der Ressource an.

```
<ListBox Grid.Column="0" Name="lstPersonen" ItemsSource="{Binding}"
         ItemTemplate="{StaticResource PersonTemplate}" />
```

In Abbildung 21.4 sehen Sie, wie die ListBox unter Zuhilfenahme der DataTemplate die Elemente anzeigt.

Die Schablone lässt sich auch direkt im Steuerelement angeben. Hierfür für die Eigenschaft ItemTemplate bereitgestellt, in die das DataTemplate eingebettet wird.

```
<ListBox Grid.Column="0" Name="lstPersonen" ItemsSource="{Binding}">
  <ListBox.ItemTemplate>
    <DataTemplate DataType="{x:Type local:Person}">
```

```
      <Grid>
        <Grid.ColumnDefinitions>
          <ColumnDefinition /><ColumnDefinition />
        </Grid.ColumnDefinitions>
        <TextBlock Width="100" Grid.Column="0" Text="{Binding Path=Name}" />
        <TextBlock Width="30" Grid.Column="1" Text="{Binding Path=Alter}" />
      </Grid>
    </DataTemplate>
  </ListBox.ItemTemplate>
</ListBox>
```

Der Nachteil ist, dass dieses `DataTemplate` nicht von anderen Steuerelementen genutzt werden kann.

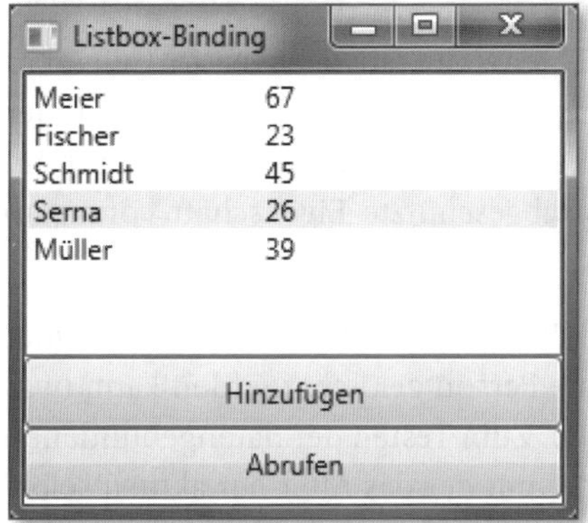

Abbildung 21.4 ListBox mit DataTemplate

21.4.1 Trigger

Vorlagen können mit Triggern ausgestattet werden. Das gilt nicht nur für `ControlTemplate`, sondern auch für `DataTemplate`. Trigger gestatten es einem Template, auf Veränderungen von Daten zu reagieren und die Darstellung anzupassen. Wenn Sie Trigger wie in Kapitel 20, »Konzepte der WPF«, beschrieben einsetzen, kann der Trigger nur auf die Veränderung des Steuerelements selbst reagieren. Um auf eine Veränderung der Datenquelle reagieren zu können, gibt es mit `DataTrigger` und `MultiDataTrigger` zwei weitere Klassen.

`DataTrigger` arbeiten mit der Datenverbindung. Sie können eine beliebige Eigenschaft des Objekts abfragen und dann entsprechend darauf reagieren. Das sei am Beispiel der Klasse `Person` gezeigt. Dabei sollen die `Person`-Objekte, die das Rentenalter erreicht oder überschritten haben, in der `ListBox` mit rotem Hintergrund dargestellt werden. Aus diesem Grund erweitern wir die Klasse um die Eigenschaft `Rente`.

```
public class Person : INotifyPropertyChanged {
  private bool _Rente;

  public bool Rente {
    get {
      return _Rente;
    }

    private set {
      _Rente = value;
      OnPropertyChanged(new PropertyChangedEventArgs("Rente"));
    }
  }
  ...
}
```

Eigentlich würde uns hier eine schreibgeschützte Eigenschaft ausreichen. Da wir aber erwarten, dass datenbindende Objekte bei einer Änderung der Eigenschaft Notiz von der Änderung nehmen, muss das Ereignis `PropertyChanged` ausgelöst werden. Das kann nur im Setter passieren. Um dennoch nach außen eine schreibgeschützte Eigenschaft vorzugaukeln, ist der Setter `private`.

Das Window soll gegenüber dem vorhergehenden Beispiel ein ansehnlicheres Layout erfahren. Darüber hinaus soll gezeigt werden, wie eine Person gelöscht werden kann (was im Grunde genommen kein großes Problem sein sollte). Zum Testen der datengebundenen Eigenschaft `Rente` enthält das Fenster eine Schaltfläche, mit der das Alter der aktuell selektierten Person auf einen statischen Wert vergrößert wird, der dem definierten Rentenalter entspricht (siehe Abbildung 21.5).

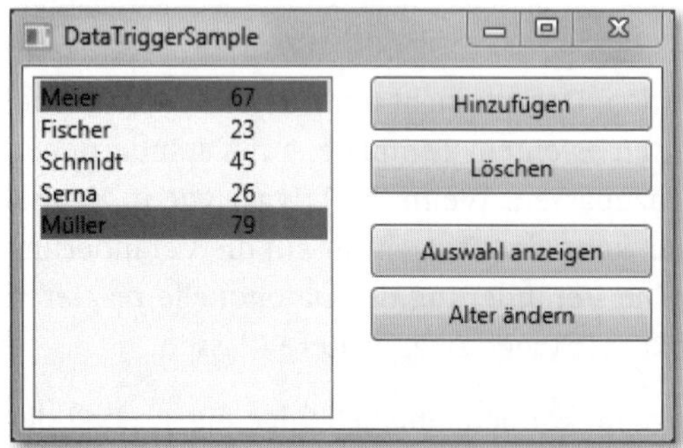

Abbildung 21.5 Fenster des Beispiels »DataTriggerSample«

Der `DataTrigger` ähnelt einem Eigenschaftstrigger. Er wird an die Eigenschaft `Rente` der Datenbindung gebunden. Ist die Eigenschaft `True`, wird der Hintergrund des `Grid`-Elements auf die Farbe Rot gesetzt.

```
<DataTemplate x:Key="PersonTemplate" DataType="{x:Type local:Person}">
  <Grid Name="personzeile">
    ...
  </Grid>
  <DataTemplate.Triggers>
    <DataTrigger Binding="{Binding Path=Rente}" Value="True">
      <Setter Property="Background" Value="Red" TargetName="personzeile" />
    </DataTrigger>
  </DataTemplate.Triggers>
</DataTemplate>
```

Aus Platzgründen soll an dieser Stelle der XAML-Code nicht vollständig wiedergegeben werden. Einzig und allein der C#-Code der vier `Click`-Ereignisse sei an dieser Stelle gezeigt:

```
// ---------------------------------------------------------
// Beispiel: ...\Kapitel 21\DataTriggerSample
// ---------------------------------------------------------
private void btnAddPerson_Click(object sender, RoutedEventArgs e) {
  personen.Add(new Person("Walter", 54));
}

private void btnSelectedPerson_Click(object sender, RoutedEventArgs e) {
  Person p = (Person)lstPersonen.SelectedItem;
  string str = "Folgende Person wurde ausgewählt:\n";
  MessageBox.Show(str + p.Name + " / " + p.Alter);
}

private void btnDeletePerson_Click(object sender, RoutedEventArgs e) {
  personen.Remove((Person)lstPersonen.SelectedItem);
}

private void btnEditAlter_Click(object sender, RoutedEventArgs e) {
  ((Person)lstPersonen.SelectedItem).Alter = 69;
}
```

21.5 Daten konvertieren

Haben Sie sich schon einmal darüber Gedanken gemacht, wie die folgende Angabe umgesetzt wird?

```
<Button Background="Blue" />
```

Wir übergeben der Eigenschaft `Background` eine Zeichenfolge, obwohl die Eigenschaft vom Typ `Brush` ist. Die Zeichenfolge wird anscheinend in ein Objekt vom Typ `Brush` umgewandelt. Dabei spielen Klassen eine wichtige Rolle, die als *Konvertierungsklassen* oder *Value Converter* bezeichnet werden.

Konvertierungsklassen kommen zum Einsatz, wenn man gewisse Eigenschaften eines Objekts anders anzeigen möchte, als es die `ToString`-Methode vorgibt. Darüber hinaus kann man auch Konvertierungsklassen bereitstellen, die darzustellende Werte berechnen, beispielsweise

```
<TextBlock Text="{Binding Nettopreis*1.19}"
```

oder:

```
<TextBlock Text="{Binding Vorname} {Binding Zuname}" />
```

Wie schon die Bezeichnung zum Ausdruck bringt, wird eine Konvertierung durch eine Klassendefinition beschrieben. Die Klasse muss die Schnittstelle `IValueConverter` implementieren. Die Schnittstelle, die zum Namespace `System.Windows.Data` gehört, erzwingt die Implementierung der beiden Methoden `Convert` und `ConvertBack`. `Convert` beschreibt hierbei die Konvertierung der Quelle in Richtung Ziel, `ConvertBack` die entgegengesetzte Richtung.

Das Interface ist wie folgt definiert:

```
public interface IValueConverter {
  public object Convert(object value, Type targetType,
                        object parameter, CultureInfo culture);

  public object ConvertBack(object value, Type targetType,
                            object parameter, CultureInfo culture)
}
```

Der erste Parameter beschreibt den Wert der Bindungsquelle, der zweite den Typ der Bindungsziel-Eigenschaft. Benötigt der Konverter weitere Parameter, können diese dem dritten Parameter übergeben werden. Mit dem vierten Parameter vom Typ `CultureInfo` kann der Konverter für eine bestimmte Kultur spezifiziert werden.

Haben Sie die Konvertierungsklasse geschrieben (z. B. die Klasse `MyConverter`), müssen Sie den Namespace, zu dem die Klasse gehört, dem `Window` bekannt geben:

```
<Window x:Class="WpfApplication.MainWindow"
        xmlns="http://schemas.microsoft.com/winfx/2006/xaml/presentation"
        xmlns:x="http://schemas.microsoft.com/winfx/2006/xaml"
        xmlns:local="clr-namespace:WpfApplication"
        Title="MainWindow" Height="350" Width="525">
```

Danach erstellen Sie im `Resources`-Abschnitt des `Window` ein Objekt des Konverters:

```
<Window.Resources>
  <local:MyConverter x:Key="converter" />
</Window.Resources>
```

Und von nun an können Sie den Converter überall dort einsetzen, wo Datenbindung verwendet wird, z. B. hier:

```
<Button Content="{Binding SomeFunction,
                  Converter={StaticResource converter}}" />
```

21.5.1 Beispielprogramm

Sehen wir uns noch die Theorie anhand eines Beispiels an. Dem Programm liegt die Klasse `Aktie` zugrunde, die mit den beiden Eigenschaften `Unternehmen` und `Wert` die notdürftigsten Elemente aufweist.

```
// ---------------------------------------------------------
// Beispiel: ...\Kapitel 21\ConverterSample
// ---------------------------------------------------------
class Aktie {
  public string Unternehmen { get; set; }
  public double Wert { get; set; }
}
```

Der Wert der Aktie soll in einem WPF-`Window` als Zahl mit zwei Stellen hinter dem Komma dargestellt werden. Hierzu ist eine Konverterklasse notwendig, die wie folgt definiert ist:

```
using System.Globalization;

[ValueConversion(typeof(Double), typeof(String))]
class NumberConverter : IValueConverter {
  public object Convert(object value, Type targetType, object parameter,
                        CultureInfo culture)
  {
    return ((double)value).ToString(parameter as string,
           culture.NumberFormat);
  }

  public object ConvertBack(object value, Type targetType, object parameter,
                            CultureInfo culture)
  {
    return System.Convert.ToDouble(value as string, culture.NumberFormat);
  }
}
```

Die Klasse implementiert die Schnittstelle `IValueConverter` mit den beiden Methoden `Convert` und `ConvertBack`. Auf die Beschreibung des Codes der beiden Methoden sei an dieser Stelle verzichtet. Darüber hinaus ist die Klasse mit dem Attribut `ValueConversionAttribute` verknüpft. Das Attribut ist generell nicht zwingend notwendig, es zu verwenden, ist aber guter Programmierstil, um den Entwicklungstools die Datentypen anzuzeigen.

Was zum Schluss noch bleibt, ist der XAML-Code.

```
<Window ...
        xmlns:local="clr-namespace:WpfApplication" >
  <Window.Resources>
    <local:NumberConverter x:Key="converter" />
    <local:Aktie x:Key="aktie" Unternehmen="Tollsoft" Wert="211.73536"  />
  </Window.Resources>
  <StackPanel>
    <TextBlock Height="30"
        Text="{Binding Source={StaticResource aktie},
        Path=Wert,
        Converter={StaticResource converter},
        ConverterParameter='#.##'}" />
    <TextBlock Height="30" Text="{Binding Source={StaticResource aktie},
               Path=Unternehmen}" />
  </StackPanel>
</Window>
```

Im ersten Moment scheint die Angabe des oberen TextBlocks schwer verständlich. Doch gehen wir der Reihe nach die Angaben zu der Eigenschaft Text durch. Zuerst wird die Text-Eigenschaft an die statische Ressource aktie gebunden. Dazu bedienen wir uns eines Binding-Objekts. Binding-Objekte haben aber nicht nur die schon bekannten Eigenschaft ElementName und Path, sondern weisen mit Converter, ConverterParameter und auch ConverterCulture weitere auf. Über Converter wird der Konverter als StaticResource genannt. Soll das Converter-Objekt auch mit einem Parameter oder mit zusätzlichen Informationen zur Kultur »gefüttert« werden, dann werden die Eigenschaften ConverterParameter und ConverterCulture berücksichtigt.

Anmerkung

Weiter unten in diesem Kapitel finden Sie das Beispielprogramm *WPF_ADOSample2*, in dem ebenfalls eine Converter-Klasse zum Einsatz kommt.

21.5.2 Mehrfachbindungen und »Converter«-Klassen

Bisher haben wir nur mit Datenbindungen gearbeitet, die eine Steuerelementeigenschaft mit genau einer Eigenschaft des Datenobjekts zuließen. Liegt der Datenbindung ein Objekt der Klasse Person zugrunde, müssen wir mit dem derzeitigen Kenntnisstand den Vor- und den Zunamen in zwei separaten Steuerelementen anzeigen lassen, beispielsweise:

```
<Window.Resources>
  <local:Person x:Key="pers" Vorname="Peter" Zuname="Holzschuh" />
</Window.Resources>
```

```
<StackPanel>
  <TextBlock Text="{Binding  Source={StaticResource pers}, Path=Vorname}" />
  <TextBlock Text=", " />
  <TextBlock Text="{Binding  Source={StaticResource pers}, Path=Zuname}" />
</StackPanel>
```

Wir möchten aber die Angaben in einem TextBlock-Element zusammenfassen. Für solche Anwendungsfälle bietet die WPF mit dem *Multiple Binding* eine Lösung an. Die Klasse, die uns diese Möglichkeit eröffnet, heißt MultiBinding. Grundsätzlich könnte die Lösung wie folgt aussehen:

```
<TextBlock>
  <TextBlock.Text>
    <MultiBinding>
      <Binding Source="{StaticResource person}" Path="Zuname" />
      <Binding Source="{StaticResource person}" Path="Vorname" />
    </MultiBinding>
  </TextBlock.Text>
</TextBlock>
```

Tippen Sie diesen Code in den Code-Editor, wird eine Fehlermeldung auftauchen. Der Grund ist sehr einfach: Das MultiBinding-Objekt weiß nicht, wie es die Daten verarbeiten soll. Dazu ist ein Konverter notwendig. Da mehrere Daten an den Konverter übertragen werden müssen, eignet sich ein Konverter vom Typ IValueConverter nicht mehr. Stattdessen kommt jetzt die Schnittstelle IMultiValueConverter ins Spiel.

Die Schnittstelle IMultiValueConverter ist der Schnittstelle IValueConverter sehr ähnlich. Der Unterschied bei der Methode Convert ist im ersten Übergabeparameter zu finden, der vom Typ object[] ist, um mehrere Daten empfangen zu können. Bei ConvertBack ist es dementsprechend der zweite Parameter, der vom Typ Type[] ist.

```
[ValueConversion(typeof(String), typeof(String))]
class PersonConverter : IMultiValueConverter {
  public object Convert(object[] values, Type targetType, object parameter,
                        CultureInfo culture) {
    return (string)values[0] + ", " + (string)values[1];
  }

  public object[] ConvertBack(object value, Type[] targetTypes,
                    object parameter, CultureInfo culture) {
    throw new NotSupportedException();
  }
}
```

Hinweis

Es ist nicht unüblich, dass die Methode ConvertBack nicht implementiert wird. Sie sollten in einem solchen Fall eine Ausnahme vom Typ NotSupportedException auslösen.

Zum Schluss müssen wir noch das MultiBinding-Element um den entsprechenden Konverter ergänzen.

```
<Window ...
        xmlns:local="clr-namespace:WpfApplication">
<Window.Resources>
  <local:PersonConverter x:Key="converter" />
  <local:Person x:Key="pers" Vorname="Peter" Zuname="Holzschuh" />
</Window.Resources>
<StackPanel>
  <TextBlock>
    <TextBlock.Text>
      <MultiBinding Converter="{StaticResource converter}">
        <Binding Source="{StaticResource pers}" Path="Zuname" />
        <Binding Source="{StaticResource pers}" Path="Vorname" />
      </MultiBinding>
    </TextBlock.Text>
  </TextBlock>
</StackPanel>
</Window>
```

21.6 Die Klasse »ObjectDataProvider«

Fassen wir an dieser Stelle kurz zusammen, wie wir Objekte im Resource-Abschnitt eines Elements definieren:

```
<Window.Resources>
  <local:Person x:Key="pers" Name="Meier" />
</Window.Resources>
```

Sie geben die Klasse unter Voranstellung des Namespace an und geben dem Objekt sofort Daten mit auf den Lebensweg. Diese Form der Instanziierung verwendet den parameterlosen Konstruktor.

Die Klasse ObjectDataProvider gestattet es ebenfalls, Objekte im XAML-Code zu erstellen. Aber die Möglichkeiten dieser Klasse gehen über die angesprochene Instanziierung hinaus, denn mit dieser Klasse können Sie auch Parameter an den Konstruktor übergeben und sogar Methoden des Objekts aufrufen.

Die Klasse, an der wir ObjectDataProvider testen wollen, soll wieder Person sein. Sie ist mit der Methode DoSomething ausgestattet, die im Grunde genommen nichts mit einer Person zu tun hat. Aber für unsere Testzwecke ...

```
class Person {
  public string Name {get;set;}
  public Person() { }
  public Person(string name) {
    Name = name;
  }

  public string DoSomething(int value){
    return Math.Pow(value, 2).ToString();
  }
}
```

Im weiteren Verlauf des Beispiels werden wir zwei Namespaces benutzen, die wir zuerst bekannt geben:

```
xmlns:local="clr-namespace:ObjectDataProviderSample"
xmlns:sys="clr-namespace:System;assembly=mscorlib"
```

Widmen wir uns zunächst dem ObjectDataProvider, mit dem wir den parametrisierten Konstruktor von Person aufrufen:

```
<ObjectDataProvider x:Key="pers1" ObjectType="{x:Type local:Person}">
  <ObjectDataProvider.ConstructorParameters>
    <sys:String>Conie Serna</sys:String>
  </ObjectDataProvider.ConstructorParameters>
</ObjectDataProvider>
```

Dem ObjectDateProvider-Objekt teilen wir mit der Eigenschaft ObjectType mit, von welchem Typ das von uns angeforderte Objekt ist. Über die Eigenschaft ConstructorParameters übergeben wir dem parametrisierten Konstruktor das erforderliche Argument. Eingefasst wird das Übergabeargument in ein Element, das den Datentyp beschreibt.

Um uns vom Erfolg des Konstruktoraufrufs zu überzeugen, reicht ein einfaches TextBlock-Element:

```
<TextBlock Text="{Binding Source={StaticResource pers1}, Path=Name}" />
```

Sehr ähnlich, wie wir einen parametrisierten Konstruktor ansprechen, rufen wir auch eine Methode auf. Hierzu stellt uns das ObjectDataProvider-Objekt mit MethodName eine Eigenschaft zur Verfügung, der wir die aufzurufende Methode übergeben. Definiert die aufzurufende Methode darüber hinaus auch noch Parameter, werden diese der Eigenschaft MethodParameters bekannt gegeben.

```
<ObjectDataProvider x:Key="pers2"
                    ObjectType="{x:Type local:Person}"
                    MethodName="DoSomething">
  <ObjectDataProvider.MethodParameters>
    <sys:Int32>12</sys:Int32>
  </ObjectDataProvider.MethodParameters>
</ObjectDataProvider>
```

Der XAML-Code zum Testen des Methodenaufrufs bedarf keiner weiteren Erläuterung.

```
<TextBlock Text="{Binding Source={StaticResource pers2}}" />
```

Hinweis

Sie finden das komplette Beispiel auf der Buch-DVD unter *Beispiele\Kapitel 21\ObjectDataProvider*.

21.7 WPF und ADO.NET

Anmerkung

In diesem Abschnitt werden wir uns mit der Bindung an Daten beschäftigen, die aus einer Datenbank stammen. Das Thema Datenbanken wird uns erst später in diesem Buch begegnen. Möglicherweise werden Ihnen daher einige Klassen und der datenbankspezifische Code noch vollkommen unbekannt sein. Als Autor steht man aber des Öfteren vor dem Problem, den Weg eines thematisch sinnvollen Aufbaus des Buches verlassen zu müssen, weil Themen getriebeartig ineinandergreifen. Sollten Sie mit ADO.NET bzw. Datenbankzugriffen unter .NET ganz allgemein noch keine Erfahrungen haben, sollten Sie mit dem nächsten Kapitel fortfahren und erst später die folgenden Seiten lesen.

In der Praxis werden Sie in der Regel weniger einzelne Objekte oder Listen an Steuerelemente binden. Vielmehr wird es sich eher um Daten aus Datenbanken handeln, die – in unterschiedlicher Form aufbereitet – ihren Weg in die Benutzeroberfläche nehmen. Deshalb sei in diesem letzten Abschnitt des Kapitels anhand einiger Beispiele gezeigt, wie Sie die Daten an die Steuerelemente binden. Dazu werden wir zuerst mit ADO.NET-Objekten arbeiten, anschließend auch noch mit LINQ to SQL.

21.7.1 Ausgabe in einer ListBox

Das erste, einfach gehaltene Beispiel soll den Inhalt der Tabelle `Products` der *Northwind*-Datenbank in einem `ListBox`-Steuerelement anzeigen. Angezeigt werden sollen die Inhalte der Spalten `ProductName`, `UnitPrice` und `UnitsInStock`. Um alle drei Angaben in einem

Item zusammenzufassen, wird die Angabe eines `DataTemplate` notwendig sein. Das Ergebnis zur Laufzeit sehen Sie in Abbildung 21.6.

Lassen Sie uns zuerst die Daten bereitstellen. Das ist im Grunde genommen sehr simpel: Wir besorgen uns zuerst das `DataSet` und binden dieses an den Datenkontext der `ListBox`:

```
// --------------------------------------------------------
// Beispiel: ...\Kapitel 21\WPF_ADOSample1
// --------------------------------------------------------
public MainWindow() {
  InitializeComponent();
  SqlConnection con = new SqlConnection( @"...");
  SqlCommand cmd = new SqlCommand(
        "SELECT ProductName, UnitPrice, UnitsInStock FROM Products", con);
  DataSet ds = new DataSet();
  SqlDataAdapter da = new SqlDataAdapter(cmd);
  da.Fill(ds);
  listBox1.DataContext = ds;
}
```

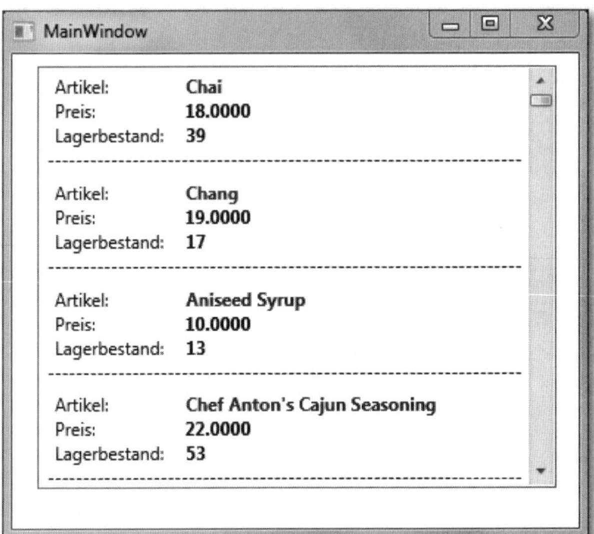

Abbildung 21.6 Ausgabe des Beispiels »WPF_ADOSample1«

Sehen wir uns nun den XAML-Code an:

```
<Window ...>
  <Window.Resources>
    <DataTemplate x:Key="listBoxTemplate">
```

```
      <StackPanel Margin="3">
        <DockPanel>
          <TextBlock Text="Artikel:" DockPanel.Dock="Left"
                     Margin="5,0,10,0"/>
          <TextBlock Text="                " />
          <TextBlock Text="{Binding ProductName}"
                     Foreground="Blue" FontWeight="Bold" />
        </DockPanel>
        <DockPanel>
          <TextBlock Text="Preis:" DockPanel.Dock="Left" Margin="5,0,5,0"/>
          <TextBlock Text="                  " />
          <TextBlock Text="{Binding UnitPrice}"  FontWeight="Bold" />
        </DockPanel>
        <DockPanel>
          <TextBlock Text="Lagerbestand:" DockPanel.Dock="Left"
                     Margin="5,0,5,0"/>
          <TextBlock Text="   " />
          <TextBlock Text="{Binding UnitsInStock}" FontWeight="Bold" />
        </DockPanel>
        <DockPanel>
          <TextBlock Text="----------------------------------------------"/>
        </DockPanel>
      </StackPanel>
    </DataTemplate>
  </Window.Resources>
  <Grid>
    <ListBox Margin="17,8,15,26" Name="listBox1"
             ItemsSource="{Binding Tables[0]}"
             ItemTemplate="{StaticResource listBoxTemplate}" />
  </Grid>
</Window>
```

Die ListBox müssen wir mit der Eigenschaft ItemSource an die Datenquelle binden. Dabei wird die Tabelle im DataSet angegeben:

```
ItemsSource="{Binding Tables[0]}"
```

Sie können dem Datenkontext auch direkt die gewünschte Tabelle übergeben und müssen dann nur die Bindung von ItemSource an den Datenkontext beschreiben:

```
listBox1.DataContext = ds.Tables[0];
...
ItemsSource="{Binding}"
```

Jeder Listeneintrag eines Produkts wird durch ein StackPanel in DataTemplate beschrieben. Da wir mit jedem Listeneintrag auch drei Ausgabezeilen produzieren wollen, wird jede Zeile durch ein DockPanel beschrieben, das in sich wieder drei TextBlock-Elemente hat. Das TextBlock-Element, das entweder den Produktbezeichner, den Preis oder den Lagerbestand anzeigen soll, binden wir an die entsprechende Spalte der gebundenen Tabelle, z. B. so:

```
<TextBlock Text="{Binding ProductName}"
```

21.7.2 Eine Tabelle im DataGrid-Steuerelement

Bindung des DataGrid

Tabellensteuerelemente gehören sicherlich zu den am häufigsten eingesetzten Controls in grafischen Benutzeroberflächen. Mit Einführung von Visual Studio 2008 und dem .NET-Framework 3.5 waren viele Entwickler überrascht, dass Microsoft für die WPF ein solches Steuerelement nicht vorgesehen hatte. Nur Drittanbieter oder das später veröffentlichte WPF-Toolkit konnten diese Lücke füllen.

In Visual Studio 2010 wird nun ein WPF-Tabellensteuerelement standardmäßig angeboten. Wie nicht anders zu erwarten, glänzt dieses Steuerelement durch zahllose Eigenschaften, die zusammen mit den WPF-typischen Möglichkeiten nur noch wenige Wünsche offenlassen (zumindest so weit diese nicht ganz spezifischer Natur sind).

Es ist sehr einfach, das DataGrid-Control mit einer ADO.NET-Datenquelle zu verbinden. Sie übergeben das DataSet der Eigenschaft DataContext entweder des Windows oder des DataGrids, zum Beispiel:

```
public MainWindow() {
  InitializeComponent();
  ...
  da.Fill(ds, "Orders");
  this.DataContext = ds;
}
```

Die Variable da beschreibt den DataAdapter, und ds beschreibt das DataSet.

Da ein DataGrid zu den Listensteuerelementen zählt, wird mit der Eigenschaft ItemSource die Bindung an die Datenquelle beschrieben. Mit der Eigenschaft AutoGenerateColumns legen Sie fest, ob die Spalten automatisch erzeugt werden sollen. Im einfachsten Fall können Sie hier true angeben, den Rest erledigt das Steuerelement selbst.

```
<DataGrid ItemsSource="{Binding Orders}"
          AutoGenerateColumns="true" HorizontalAlignment="Left"
          Name="dataGrid1"/>
```

In Abbildung 21.7 sehen Sie die Ausgabe des Fensters zur Laufzeit.

MainWindow

OrderID	ShippedDate	ShipAddress	ShipCity	ShipPostalCode	ShipCountr
10248	7/16/1996 12:00:00 AM	59 rue de l'Abbaye	Reims	51100	France
10249	7/10/1996 12:00:00 AM	Luisenstr. 48	Münster	44087	Germany
10250	7/12/1996 12:00:00 AM	Rua do Paço, 67	Rio de Janeiro	05454-876	Brazil
10251	7/15/1996 12:00:00 AM	2, rue du Commerce	Lyon	69004	France
10252	7/11/1996 12:00:00 AM	Boulevard Tirou, 255	Charleroi	B-6000	Belgium
10253	7/16/1996 12:00:00 AM	Rua do Paço, 67	Rio de Janeiro	05454-876	Brazil
10254	7/23/1996 12:00:00 AM	Hauptstr. 31	Bern	3012	Switzerland
10255	7/15/1996 12:00:00 AM	Starenweg 5	Genève	1204	Switzerland
10256	7/17/1996 12:00:00 AM	Rua do Mercado, 12	Resende	08737-363	Brazil
10257	7/22/1996 12:00:00 AM	Carrera 22 con Ave. Carlos Soublette #8-35	San Cristóbal	5022	Venezuela
10258	7/23/1996 12:00:00 AM	Kirchgasse 6	Graz	8010	Austria
10259	7/25/1996 12:00:00 AM	Sierras de Granada 9993	México D.F.	05022	Mexico
10260	7/29/1996 12:00:00 AM	Mehrheimerstr. 369	Köln	50739	Germany
10261	7/30/1996 12:00:00 AM	Rua da Panificadora, 12	Rio de Janeiro	02389-673	Brazil

Abbildung 21.7 Das DataGrid-Steuerelement

Spalten modifizieren

Wenn Sie die Eigenschaft `AutoGenerateColumns` auf `false` festlegen, müssen Sie selbst für die Anzeige der Spalten sorgen. Was sich im ersten Moment nach unnötigem Codierungsaufwand anhört, eröffnet weitreichende Möglichkeiten in der individuellen Gestaltung der einzelnen Spalten.

Per Vorgabe werden alle Spalte als reine Textspalten angezeigt. Daneben werden auch Spalten vom Typ `Hyperlink`, `CheckBox` und `ComboBox` angeboten, beschrieben durch die Klassen `DataGridHyperlinkColumn`, `DataGridCheckBoxColumn` und `DataGridComboBoxColumn`. Sollte Ihnen auch das noch nicht ausreichen, können Sie mit `DataGridTemplateColumn` auch eigene Spaltentypen definieren. `DataGridTemplateColumn` ermöglicht es mit seinen Eigenschaften `CellTemplate` und `CellEditingTemplate` sogar, Templates für den Anzeige- und Änderungszustand bereitzustellen.

Damit ist noch nicht alles beschrieben. Mit der Eigenschaft `RowsDetailsTemplate` kann unterhalb der ausgewählten Datenzeile ein Bereich geöffnet werden, der beliebige Informationen beinhalten kann (siehe Abbildung 21.8).

Wir wollen uns auch sofort das Beispielprogramm ansehen, das zu der Ausgabe des Fensters in Abbildung 21.8 führt. Dabei gehen wir noch einen Schritt weiter und machen uns zur Aufgabe, in der Spalte `Lieferdatum` im Editiermodus das Steuerelement `DatePicker` einzublenden (siehe Abbildung 21.9).

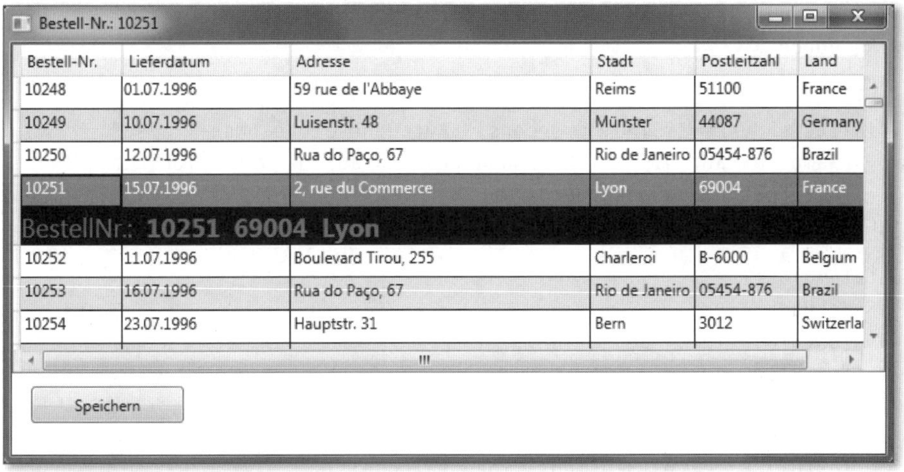

Abbildung 21.8 DataGrid mit Detailbereich

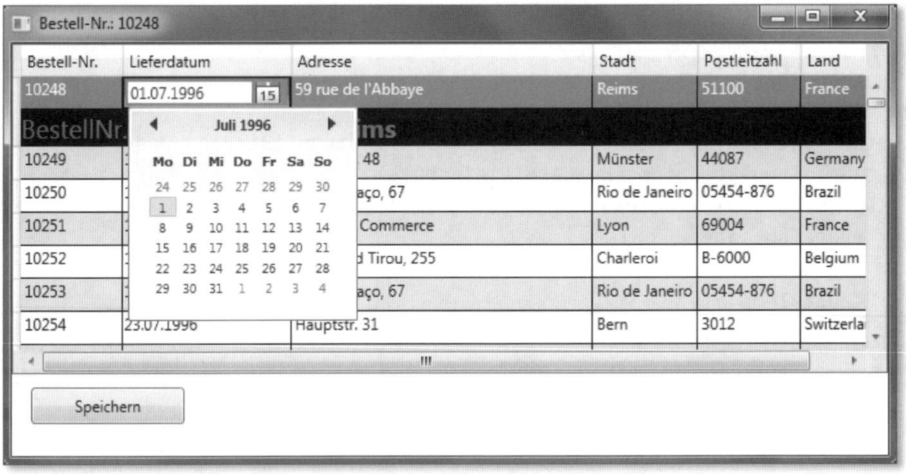

Abbildung 21.9 Das DatePicker-Steuerelement zum Editieren

Per Vorgabe wird danach neben dem Datum auch die Uhrzeit angezeigt. Da uns die Uhrzeit allerdings bei der Anzeige des Lieferdatums nicht interessiert, soll ein Konverter bereitgestellt werden, der die Uhrzeit ausblendet.

```
// ---------------------------------------------------------
// Beispiel: ...\Kapitel 21\WPF_ADOSample2
// ---------------------------------------------------------
<Window ... xmlns:local="clr-namespace:WPF_ADOSample2">
<Window.Resources>
```

```
    <local:DateConverter x:Key="dateConverter"></local:DateConverter>
  </Window.Resources>

  <StackPanel>
    <DataGrid ItemsSource="{Binding Orders}" AutoGenerateColumns="False"
              Name="dataGrid1" SelectionChanged="dataGrid1_SelectionChanged"
              AlternatingRowBackground="#FFBBF0D1">
      <DataGrid.RowDetailsTemplate>

        <DataTemplate>
          <StackPanel>
            <TextBlock Text="BestellNr.:"/>
            <TextBlock Text="  "/>
            <TextBlock Text="{Binding OrderID}" />
            <TextBlock Text="  "/>
            <TextBlock Text="{Binding ShipPostalCode}"/>
            <TextBlock Text="  "/>
            <TextBlock Text="{Binding ShipCity}"/>
          </StackPanel>
        </DataTemplate>
      </DataGrid.RowDetailsTemplate>

      <DataGrid.Columns>
        <DataGridTextColumn Header="Bestell-Nr." Binding="{Binding OrderID}"/>
        <DataGridTemplateColumn Header="Lieferdatum">
          <DataGridTemplateColumn.CellEditingTemplate>
            <DataTemplate>
              <DatePicker SelectedDate="{Binding ShippedDate}" />
            </DataTemplate>
          </DataGridTemplateColumn.CellEditingTemplate>

          <DataGridTemplateColumn.CellTemplate>
            <DataTemplate>
              <TextBlock Text="{Binding Path=ShippedDate,
                         ConverterCulture=de-DE,
                         Converter={StaticResource dateConverter}}" />
            </DataTemplate>
          </DataGridTemplateColumn.CellTemplate>
        </DataGridTemplateColumn>
        <DataGridTextColumn Header="Adresse"
                            Binding="{Binding ShipAddress}" />
        <DataGridTextColumn Header="Stadt" Binding="{Binding ShipCity}" />
        <DataGridTextColumn Header="Postleitzahl"
                            Binding="{Binding ShipPostalCode}" />
        <DataGridTextColumn Header="Land"
                            Binding="{Binding ShipCountry}" />
      </DataGrid.Columns>
```

```
  </DataGrid>
  <Grid>
    <Grid.ColumnDefinitions>
      <ColumnDefinition Width="150" />
      <ColumnDefinition Width="150" />
      <ColumnDefinition Width="150" />
    </Grid.ColumnDefinitions>
     <Button Name="btnUpdate" Click="btnUpdate_Click" Content="Speichern" />
  </Grid>
</StackPanel>
</Window>
```

Der XAML-Code wurde hier um die Layout-Eigenschaftseinstellungen gekürzt, die im Zusammenhang mit der Datenbindung unwichtig sind.

Betrachten wir nun einzelne Passagen im Detail. Mit

```
<DataGridTemplateColumn.CellEditingTemplate>
  <DataTemplate>
    <DatePicker SelectedDate="{Binding ShippedDate}" />
  </DataTemplate>
</DataGridTemplateColumn.CellEditingTemplate>
```

wird die Spalte `Lieferdatum` im Editiermodus beschrieben. Definiert wird dieser durch ein `DataTemplate`, das an die Eigenschaft `CellEditingTemplate` übergeben wird und ein `DatePicker`-Control anzeigt. Der Anwender kann aus dem Control ein anderes Datum auswählen.

Die Eigenschaft `CellTemplate` des `DataGridTemplateColumn`-Objekts steht für den Anzeigemodus der Spalte `Lieferdatum`.

```
<DataGridTemplateColumn.CellTemplate>
  <DataTemplate>
    <TextBlock Text="{Binding Path=ShippedDate,
               ConverterCulture=de-DE,
               Converter={StaticResource dateConverter}}" />
  </DataTemplate>
</DataGridTemplateColumn.CellTemplate>
```

Innerhalb des Templates stellen wir mit der Eigenschaft `ConverterCulture` sicher, dass für die Anzeige des Datums das übliche deutsche Format verwendet wird. Hat der Benutzer aus dem `DatePicker`-Steuerelement ein anderes Datum ausgewählt, würde dieses zusammen mit der Uhrzeit angezeigt. Da die Uhrzeit nicht interessiert, filtern wir sie mit dem Converter `dateConverter` heraus. Die Klasse des `Converters` ist folgendermaßen codiert:

```
class DateConverter : IValueConverter {
  public object Convert(object value, Type targetType, object parameter,
                        System.Globalization.CultureInfo culture)
  {
    return ((DateTime)value).ToShortDateString();
  }

  public object ConvertBack(object value, Type targetType, object parameter,
                            System.Globalization.CultureInfo culture)
  {
    return DateTime.Parse(value.ToString());
  }
}
```

Die `Converter`-Klasse ist im `Resources`-Abschnitt des `Window` eingetragen.

Kommen wir zum nächsten interessanten Teilbereich des XAML-Codings: dem Detailbereich der ausgewählten Datenzeile im `DataGrid`. Dieser wird durch die Eigenschaft `RowDetailsTemplate` des Tabellensteuerelements beschrieben, in der ein `DataTemplate` eingebettet ist.

```
<DataGrid.RowDetailsTemplate>
  <DataTemplate>
    <StackPanel>
      <TextBlock Text="BestellNr.:"/>
      <TextBlock Text="  "/>
      <TextBlock Text="{Binding OrderID}" />
        ...
      </StackPanel>
    </DataTemplate>
 </DataGrid.RowDetailsTemplate>
```

Es bleibt natürlich Ihnen überlassen, wie Sie diesen Bereich darstellen. In unserem Beispiel werden nur einige Informationen der ausgewählten Datenzeile im Großformat angezeigt.

Zum Schluss bleibt uns noch, einen Blick in den Code-Behind zu werfen. Im Konstruktor wird die Verbindung zur Datenbank aufgebaut und das `DataSet` gefüllt. Eine Schaltfläche im `Window` gestattet es uns, die Änderungen in die Datenbank zu schreiben. Es genügt hierzu der Aufruf der Methode `Update` des `SqlDataAdapters`.

Um zu zeigen, wie Sie auf den Inhalt einer bestimmten Zelle des selektierten Datensatzes zugreifen können, wurde das Ereignis `SelectionChanged` des `DataGrids` programmiert. Das Ereignis wird immer dann ausgelöst, wenn sich die Datenzeilenauswahl ändert. Der Ereignishandler benutzt das Ereignis, um die Bestellnummer in die Titelleiste des `Window` einzutragen.

```
private void btnUpdate_Click(object sender, RoutedEventArgs e) {
  da.Update(ds, "Orders");
}

private void dataGrid1_SelectionChanged(object sender,
             SelectionChangedEventArgs e) {
  string orderID =
        ((DataRowView)dataGrid1.SelectedItem)["OrderID"].ToString();
  this.Title = "Bestell-Nr.: " + orderID;
}
```

21.7.3 WPF und LINQ to SQL

Das letzte Beispiel, mit dem ich Ihnen die Datenbindung unter WPF zeigen möchte, ist ein Beispiel, bei dem *LINQ to SQL* zum Einsatz kommt. Das Beispiel ist sehr einfach gehalten und glänzt mehr durch sein farbenfrohes Layout als durch besondere Finessen.

Es werden einfach nur die Kunden abgefragt, die in Deutschland wohnen. Angezeigt wird das Resultat der Abfrage in einem `ListView`-Steuerelement.

```
// ---------------------------------------------------------
// Beispiel: ...\Kapitel 21\WPF_LINQ_To_SQL
// ---------------------------------------------------------
public MainWindow() {
  InitializeComponent();
  NorthwindDataContext db = new NorthwindDataContext();
  var customers = from c in db.Customers
                  where c.Country == "Germany"
                  select c;
  listView1.ItemsSource = customers;
}
```

Dazu noch der XAML-Code:

```
<Window ... >
  <Window.Resources>
    <DataTemplate x:Key="ShowCustomer">
      <StackPanel Orientation="Horizontal">
        <StackPanel Margin="10">
          <TextBlock Text="{Binding ContactName}" FontWeight="Bold"/>
          <TextBlock Text="{Binding ContactTitle}" FontStyle="Italic"/>
          <TextBlock Text="{Binding ContactName}"/>
        </StackPanel>
      </StackPanel>
    </DataTemplate>
  </Window.Resources>
```

```
  <ScrollViewer>
    <DockPanel>
      <ListView Name="listView1"
                ItemTemplate="{StaticResource ShowCustomer}">
        <ListView.Background>
          <RadialGradientBrush>
            <GradientStop Color="Aqua"  Offset="0"/>
            <GradientStop Color="Bisque" Offset="1"/>
          </RadialGradientBrush>
        </ListView.Background>
      </ListView>
    </DockPanel>
  </ScrollViewer>
</Window>
```

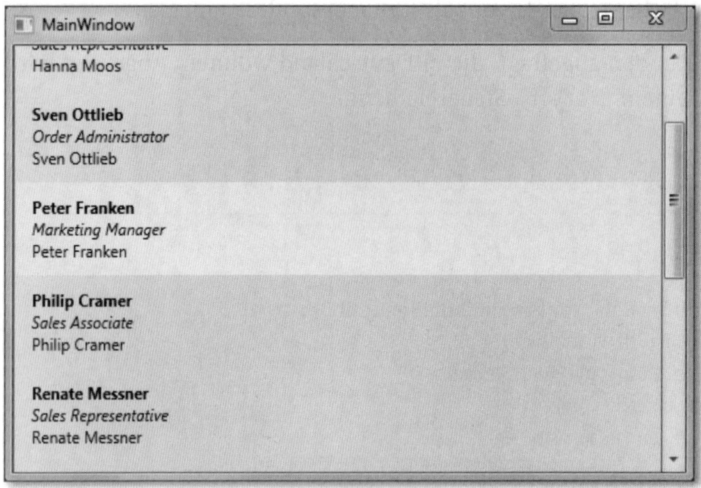

Abbildung 21.10 Ausgabe des Beispielprogramms »WPF_LINQ_to_SQL«

22 2D-Grafik

Langsam nähern wir uns dem Ende des WPF-Teils dieses Buches. In diesem letzten Kapitel zur WPF möchte ich Ihnen einen kurzen Einblick in die grafischen Fähigkeiten der WPF geben. Mehr noch als in den anderen Kapiteln zuvor gilt hier, dass wir uns nur auf einen oberflächlichen Streifzug durch die 2D-Grafik begeben. Auf die Betrachtung der 3D-Fähigkeiten und auch auf das Erzeugen von Animationen müssen wir leider aus Platzgründen verzichten. Eigentlich schade, denn insbesondere diese Themen bieten viele reizvolle Effekte. Allerdings wären für diese Themen bei intensiver Behandlung auch ein paar hundert Seiten mehr erforderlich. So beschränken wir uns in diesem Buch auf die Grundzüge der 2D-Grafik, was immerhin erahnen lässt, welche Fähigkeiten, jetzt rein aus grafischer Sicht, in WPF stecken.

22.1 Shapes

22.1.1 Allgemeine Beschreibung

Die einfach zu verwendenden *Shapes* stellen grafische Elemente dar, die sich auf der Oberfläche platzieren lassen. Allen gemeinsam ist die Basisklasse `Shape`, von der es sechs Ableitungen gibt. Sie haben also eine gemeinsame Grundfunktionalität. `Shape` selbst leitet sich aus `UIElement` ab, so wie auch beispielsweise der `Button` oder die `TextBox`. Somit können Sie `Shapes` genauso wie diese Steuerelemente behandeln: Sie zeichnen sich selbst und reagieren sogar auf Maus- und Tastatureingaben.

Eine Besonderheit sollte nicht unerwähnt bleiben. Shapes können keine anderen Elemente aufnehmen, wie es üblicherweise bei den Steuerelementen der Fall ist. Shapes eignen sich, um durch die Kombination mehrerer Shapes komplexere grafische Gebilde zu schaffen. Dazu sollten Sie einen `Canvas`-Container benutzen, da sich UI-Elemente darin beliebig positionieren lassen.

Als Basisklasse stellt `Shape` einige spezifische Eigenschaften bereit. Dazu gehört beispielsweise die Eigenschaft `Fill`, mit der ein Füllmuster angegeben werden kann. Füllmuster werden durch die Klasse `Brush` beschrieben, der wir uns später ebenfalls noch zuwenden werden. Zur Anpassung an den Umgebungsbereich dient die Eigenschaft `Stretch`. Zudem werden mit mehreren `StrokeXxx`-Eigenschaften Möglichkeiten zur Definition von Rahmen, Linien und Linienzügen angeboten.

Die von Shape abgeleiteten Klassen können Sie Tabelle 22.1 entnehmen.

Klasse	Beschreibung
Ellipse	Beschreibt Ellipsen und Kreise.
Line	Beschreibt eine durch Koordinaten definierte Linie.
Path	Beschreibt eine komplexe Struktur, die aus Linien, Bögen und Rechtecken besteht.
Polygon	Beschreibt eine Reihe von Koordinatenpunkten. Der letzte Koordinatenpunkt wird mit dem ersten verbunden, sodass eine geschlossene Fläche entsteht.
Polyline	Beschreibt eine geometrische Struktur, bei der der letzte Punkt nicht mit dem ersten verbunden wird, wie das bei Polygon der Fall ist.
Rectangle	Beschreibt ein Rechteck.

Tabelle 22.1 Die von Shape abgeleiteten Klassen

22.1.2 Line-Elemente

Linien werden über zwei Punkte definiert. Dafür dienen die Eigenschaften X1, Y1 und X2, Y2. X1 und Y1 beschreiben den Startpunkt der Linie, wobei als Ursprungspunkt der linke obere Eckpunkt des Containers dient. Die Farbe der Linie wird durch Stroke beschrieben, die Zeichenbreite durch StrokeThickness. Setzen Sie zum Zeichnen die Klasse Pen ein, können Sie die Charakteristik der Linien auch frei gestalten. Beispielsweise ließen sich damit gestrichelte Linien darstellen, oder Sie könnten das Linienende abrunden:

```
<Canvas>
   <Line X1="10" X2="100" Y1="110" Y2="40"
         Stroke="Blue" StrokeThickness="4" />
   <Line X1="0" X2="120" Y1="0" Y2="100"
         Stroke="Red" StrokeThickness="2" />
</Canvas>
```

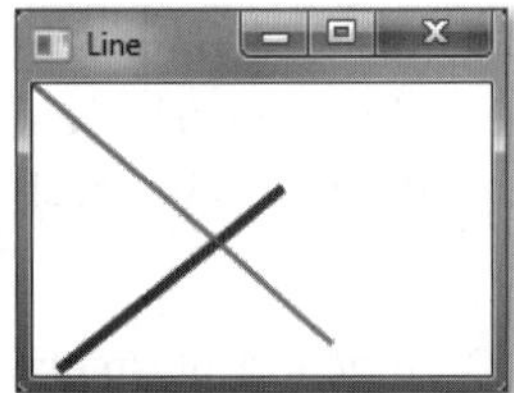

Abbildung 22.1 Liniendarstellung

22.1.3 Ellipse- und Rectangle-Elemente

Im XAML-Code sind sich Rectangle und Ellipse sehr ähnlich. Über Height und Width wird die Ausdehnung der beiden grafischen Elemente beschrieben. Auch hier ist der Bezugsstartpunkt der linke obere Eckpunkt des umgebenden Containers. Eine Besonderheit hat `Rectangle` zu bieten. Mit `RadiusX` und `RadiusY` können Sie abgerundete Ecken erzeugen. Im Gegensatz zu `Line` macht die Eigenschaft `Fill` hier Sinn, da es sich um flächenbeschreibende grafische Figuren handelt.

```
<Canvas>
  <Rectangle Width="120" Height="40" Stroke="Blue"
             StrokeThickness="2" Fill="AntiqueWhite"
             RadiusX="10" RadiusY="30" />
  <Ellipse Width="100" Height="100" Stroke="Black" StrokeThickness="2" />
</Canvas>
```

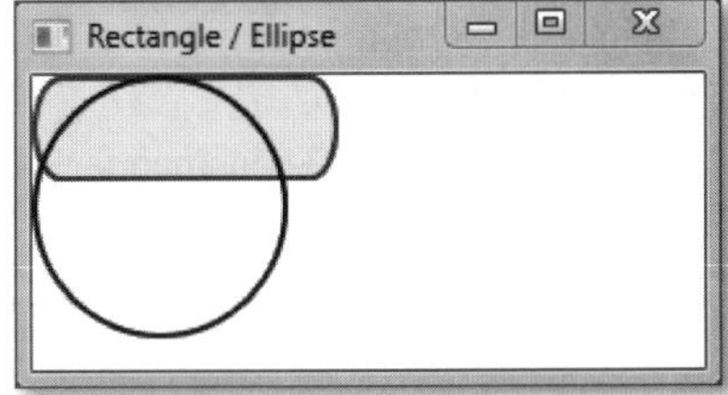

Abbildung 22.2 Rechteck und Ellipe

22.1.4 Polygon- und Polyline-Elemente

Zum Zeichnen eines `Polygon`- oder `Polyline`-Objekts werden die einzelnen Punkte durch den Typ `Point` beschrieben und einer `PointCollection` übergeben. Diese wird mit der Eigenschaft `Points` angesprochen. Bei einem Polygon werden der erste und der letzte Punkt automatisch miteinander verbunden, sodass daraus eine geschlossene Fläche resultiert.

In XAML werden die Punkte als Wertepaare angegeben. Jedes Wertepaar kann durch ein Komma getrennt werden, aber das ist optional. Somit sind die beiden folgenden XAML-Ausdrücke identisch:

```
<Polyline Points="0 0 20 30 40 70 60 30" Stroke="Black" />
<Polyline Points="0,0 20,30 40,70 60,30" Stroke="Black" />
```

22.1.5 Darstellung der Linien

Eine Vielzahl von Eigenschaften ermöglicht es, die Darstellung der Linien von `Shape`-Objekten zu beeinflussen. `Stroke` und `StrokeThickness` haben wir bereits benutzt. In Tabelle 22.2 sind einige der beeinflussenden Eigenschaften aufgeführt.

Eigenschaft	Beschreibung
`Stroke`	Gibt das Füllmuster an. Die Eigenschaft erwartet ein `Brush`-Objekt. Im einfachsten Fall geben Sie hier nur die Farbe an.
`StrokeDashArray`	Gibt das Strichmuster der Linie an.
`StrokeDashCap`	Definiert die Form der Linienenden innerhalb der Linie bei Verwendung von Mustern. Diese Eigenschaft ist vom Typ der Enumeration `PenLineCap`.
`StrokeDashOffset`	Beschreibt den Versatz, der beim Zeichnen einer Strich-Punkt-Linie verwendet wird.
`StrokeEndLineCap`	Definiert die Form des Linienendes und ist vom Typ der Aufzählung `PenLineCap`.
`StrokeLineJoin`	Definiert, wie zwei Linienenden miteinander verbunden werden. Die Eigenschaft ist vom Typ der Enumeration `PenLineJoin`.
`StrokeMiterLimit`	Legt fest, wie zwei Linienenden beim Aufeinandertreffen ineinander übergehen.
`StrokeStartLineCap`	Definiert die Form des Linienanfangs und ist vom Typ der Aufzählung `PenLineCap`.
`StrokeThickness`	Legt die Zeichenbreite fest.

Tabelle 22.2 Eigenschaften zur Darstellung der Linien

Linienenden werden durch einen Wert der Enumeration `PenLineCap` beschrieben. Diese Aufzählung beschreibt die Werte `Flat`, `Round`, `Square` und `Triangle`. Das dürfte keiner weiteren Erläuterung bedürfen.

Erklärungsbedürftig sind aber auf jeden Fall die beiden Eigenschaften `StrokeDashArray` und `StrokeDashOffset`. Beide gestatten die freie Definition der Linie mit `Double`-Werten. Die `Double`-Werte werden in einer Collection gelistet. Es wird immer ein Pärchen gebildet, bei dem die erste Zahl die Länge der Teillinie beschreibt und die zweite die Lücke zwischen zwei Linien. Dabei ist eine Besonderheit zu beachten: Die Werte werden immer mit der Linienbreite `StrokeThickness` multipliziert.

In Abbildung 22.3 sind drei Linien dargestellt, die einige der aufgeführten Eigenschaften nutzen. Die Ausgabe basiert auf dem folgenden XAML-Code:

```
<Canvas>
  <Line X1="10" X2="400" Y1="10" Y2="10" Stroke="Black"
        StrokeThickness="10"
        StrokeDashArray="2 3 2 3 2 3" StrokeStartLineCap="Square"
        StrokeDashOffset="2"
        StrokeDashCap="Round" />

  <Line X1="10" X2="400" Y1="30" Y2="30" Stroke="Blue" StrokeThickness="10"
        StrokeDashArray="1 2 4 2"
```

```
        StrokeDashCap="Triangle"/>
  <Line X1="10" X2="400" Y1="50" Y2="50" Stroke="Red" StrokeThickness="10"
        StrokeDashArray="1 0.5 5 0.5"/>
</Canvas>
```

Abbildung 22.3 Verschiedene Linienmuster

22.2 Path-Elemente

In den vorhergehenden Abschnitten haben wir uns einige von `Shape` abgeleitete Klassen angesehen. Eine Klasse haben wir noch nicht betrachtet: `Path`. Von allen Shapes ist `Path` sicherlich das mächtigste und vielseitigste mit den meisten Möglichkeiten, denn mit `Path` lassen sich auch komplexeste Figuren darstellen.

Ein `Path` beschreibt eine geometrische Figur natürlich ebenfalls mit Linien, Kreisen, usw. Sollten Sie jetzt aber der Meinung sein, hier die bereits behandelten Elemente wie `Line` der `Ellipse` verwenden zu können, liegen Sie falsch. Stattdessen verwendet `Path` andere Elemente, die von der Klasse `Geometry` abgeleitet sind und in ihrem Bezeichner das Suffix `Geometry` haben. Dazu gehören `LineGeometry`, `EllipseGeometry` und `RectangleGeometry`. Ein wesentliches Unterscheidungsmerkmal zwischen `Line` und `LineGeometry` ist beispielsweise, dass `LineGeometry` nicht auf Ereignisse reagiert – ganz im Gegensatz zu `Line`. Das gilt auch für die anderen `Geometry`-Objekte.

Ein anderes Merkmal ist, dass sich `Geometry`-Elemente nicht selbst zeichnen können – sie sind beispielsweise auf `Path` angewiesen. Die Eigenschaften `Fill` oder `Stroke` werden Sie daher vergeblich in `Geometry`-Elementen suchen.

Die geometrische Figur, die durch `Path` beschrieben wird, gibt man der `Path`-Eigenschaft `Data` an, die `Geometry`-Elemente akzeptiert. Dabei kann es sich im einfachsten Fall um genau ein Element handeln, aber auch um mehrere.

Genug der Worte, sehen wir uns nun die Festlegung einer Ellipse mit `Path` an:

```
<Path Stroke="Black">
  <Path.Data>
    <EllipseGeometry Center="100,100" RadiusX="100" RadiusY="60" />
```

```
  </Path.Data>
</Path>
```

Es fällt vermutlich sofort auf, dass die Größe der Ellipse nun nicht mehr durch Height und Width bestimmt wird, sondern mit der Eigenschaft Center. Die Größe der Ellipse wird durch RadiusX und RadiusY festgelegt. RadiusX beschreibt dabei den Radius in X-Richtung, RadiusY den Radius in Y-Richtung.

Ein ähnlicher Unterschied findet sich auch zwischen den Klassen Rectangle und RectangleGeometry. Hier wird die Eigenschaft Rect dazu benutzt, die relative Position und die Abmessungen festzulegen.

```
<Path Stroke="Black">
  <Path.Data>
    <RectangleGeometry Rect="40,10,100,150" RadiusX="20" RadiusY="50" />
  </Path.Data>
</Path>
```

Die beiden ersten Zahlen geben die Position des Bezugspunktes an (das ist die linke obere Ecke), die beiden letzten die Breite und Höhe. Mit RadiusX und RadiusY können Sie die Ecken sogar mit den angegebenen Radien runden.

22.2.1 GeometryGroup

So wie in den beiden Listings zuvor gezeigt, können Sie nur eine geometrische Figur ausgeben. Natürlich ließen sich mehrere Path-Elemente angeben, um zumindest optisch eine komplexe Figur zu erstellen. Aber es gibt auch einen anderen Weg, bei dem Hilfsklassen zum Einsatz kommen. Unter Zuhilfenahme von Hilfsklassen lassen sich mehrere geometrische Figuren zu einer Gesamtfigur zusammenfassen

Zu diesen Hilfsklassen gehört GeometryGroup, die im folgenden Listing ein EllipseGeometry- und ein RectangleGeometry-Element kombiniert. Die Ausgabe sehen Sie in Abbildung 22.4.

```
<Path Fill="Blue">
  <Path.Data>
    <GeometryGroup FillRule="Nonzero">
      <EllipseGeometry Center="200,185" RadiusX="30" RadiusY="20" />
      <RectangleGeometry Rect="110,110,100,150" RadiusX="20" RadiusY="50" />
    </GeometryGroup>
  </Path.Data>
</Path>
```

Mit Fill wird die Füllfarbe Blau festgelegt, die für den gesamten umschlossenen Bereich der Figur steht. In die Data-Eigenschaft ist das GeometryGroup-Element eingebettet, das seinerseits die Geometry-Elemente des Rechtecks und der Ellipse enthält.

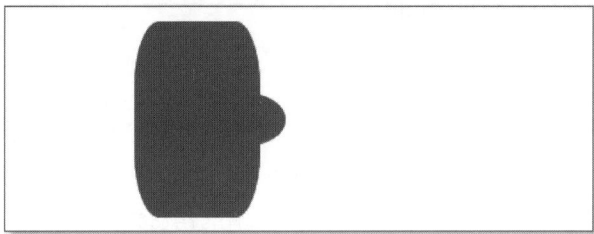

Abbildung 22.4 Die durch »GeometryGroup« beschriebene geometrische Figur

Beachten Sie hierbei auch die Eigenschaft `FillRule`, mit der beschrieben wird, wie die sich überschneidenden Bereiche der Objekte kombiniert werden. `FillRule` kann durch `EvenOdd` und `Nonzero` beschrieben werden. In Abbildung 22.5 ist die Einstellung `EvenOdd`.

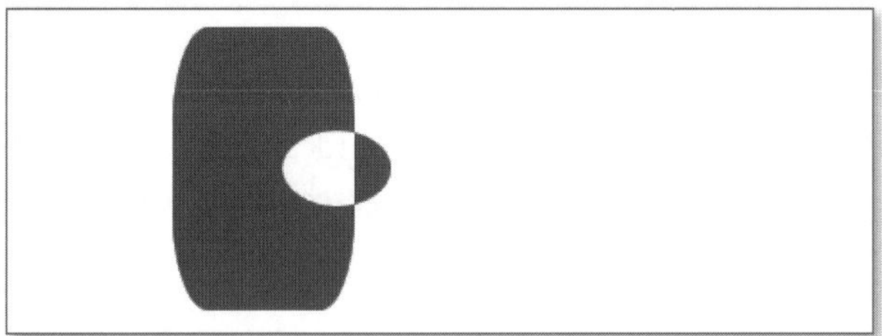

Abbildung 22.5 Auswirkung der Einstellung »EvenOdd« der Eigenschaft »FillRule«

22.2.2 CombinedGeometry

Mit `GeometryGroup` lassen sich beliebig viele `Geometry`-Elemente kombinieren, mit `CombinedGeometry` nur zwei. `CombinedGeometry` weist mit `GeometryCombineMode` eine besondere Eigenschaft auf, mit der die Kombination der beiden Elemente beschrieben wird. Die Eigenschaft ist vom Typ der Enumeration `GeometryCombineMode`, die die Werte `Exclude`, `Intersect`, `Union` und `Xor` enthält. Die Auswirkungen sehen Sie in Abbildung 22.6.

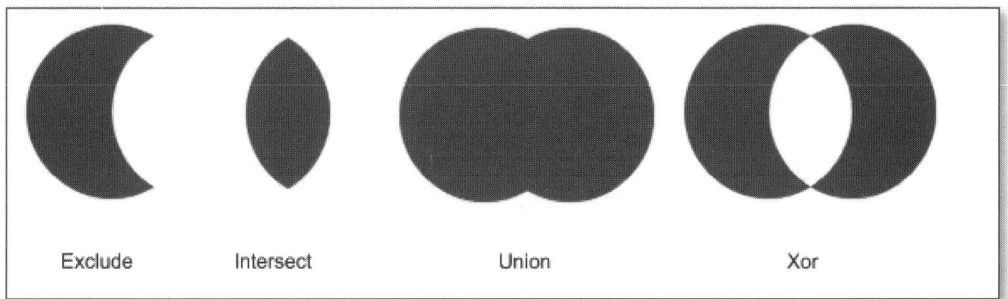

Abbildung 22.6 Auswirkungen der Eigenschaft »GeometryCombineMode«

Abbildung 22.6 liegt der folgende XAML-Code zugrunde:

```
<Canvas>
  <Path Fill="Blue">
    <Path.Data>
      <CombinedGeometry GeometryCombineMode="Xor">
        <CombinedGeometry.Geometry1>
          <EllipseGeometry Center="100,100" RadiusX="50" RadiusY="50" />
        </CombinedGeometry.Geometry1>
        <CombinedGeometry.Geometry2>
          <EllipseGeometry Center="150,100" RadiusX="50" RadiusY="50" />
        </CombinedGeometry.Geometry2>
      </CombinedGeometry>
    </Path.Data>
  </Path>
</Canvas>
```

Die beiden `Geometry`-Objekte müssen mit den beiden Eigenschaften `Geometry1` und `Geometry2` zugeordnet werden. Anders als bei einer `GeometryGroup` wird aus der durch die blaue Farbe gekennzeichnete Fläche eine neue geometrische Figur geschaffen.

22.2.3 PathGeometry

`GeometryGroup` und `CombinedGeometry` sind in ihren Möglichkeiten noch beschränkt. Zur Darstellung auch komplexester geometrischer Figuren ist das Element `PathGeometry` bestens geeignet. Die resultierende Gesamtfigur wird dabei in mehrere einzelne Figuren zerlegt, deren Linien schrittweise zusammengefügt werden. Diese Vorgehensweise erfordert viel Detailarbeit, woraus am Ende auch ein unter Umständen sehr komplexer XAML-Code resultiert.

Das folgende Codebeispiel demonstriert den Einsatz des `PathGeometry`-Elements. Die Ausgabe ist kaum der Rede wert, es handelt sich um ein einfaches Quadrat.

```
<Canvas>
  <Path Stroke="#FF000000">
    <Path.Data>
      <PathGeometry>
        <PathGeometry.Figures>
          <PathFigure StartPoint="0,0" IsClosed="True">
            <LineSegment Point="100,0" />
            <LineSegment Point="100,100" />
            <LineSegment Point="0,100" />
          </PathFigure>
        </PathGeometry.Figures>
      </PathGeometry>
```

```
    </Path.Data>
  </Path>
</Canvas>
```

Innerhalb des PathGeometry-Elements ist in der Eigenschaft Figures ein PathFigure-Element eingebettet. In diesem Beispiel handelt es sich nur um ein PathFigure-Element, es können aber x-beliebig viele sein. In PathFigure sind die grafischen Elemente eingebettet. An der namentlichen Kennzeichnung können Sie bereits erkennen, dass es sich um eine ganz besondere Gruppe von Elementen handelt. Tatsächlich müssen sie von PathSegment abgeleitet sein.

PathSegment zeichnet sich nur durch zwei Eigenschaften aus: Mit IsStroked kann festgelegt werden, ob ein Element gezeichnet werden soll, und mit IsSmoothJoin legen Sie fest, ob die Verbindung zum Vorgängerelement abgerundet werden soll oder nicht.

Im Element PathFigure wird über StartPoint der Startpunkt des geometrischen Objekts definiert. Mit IsClosed lässt sich der letzte Endpunkt des letzten geometrischen Objekts mit dem Startpunkt des ersten verbinden, um so ein geschlossenes Objekt zu erhalten.

22.3 Brush-Objekte

Die grafischen Elemente, auf die wohl am häufigsten zugegriffen wird, sind die Brush-Elemente, zu Deutsch auch *Pinsel* genannt. Sie beschreiben die Darstellung von Hintergründen, Füllmustern und auch anderer grafischer Elemente.

Die Basis aller Füllmuster ist die Klasse Brush, die zum Namespace System.Windows.Media gehört. Die Klasse Brush ist abstrakt definiert und stellt neben anderen Eigenschaften auch die Möglichkeit zur Verfügung, mit der Eigenschaft Opacity die Transparenz einzustellen. Brush wird durch TileBrush, GradientBrush und SolidColorBrush abgeleitet. Die beiden erstgenannten Klassen sind ihrerseits selbst abstrakt und dienen nur der Bereitstellung weiterer Gemeinsamkeiten an deren Ableitungen. Die Hierarchie sehen Sie in Abbildung 22.7.

Eine Kurzbeschreibung der Klassen finden Sie in Tabelle 22.3. Wir werden uns im Verlauf dieses Kapitels die Klassen noch etwas genauer ansehen.

Klasse	Beschreibung
DrawingBrush	Dient zur Füllung eines Bereichs mit grafischen Elementen, Videos und Bildern.
ImageBrush	Füllt einen Bereich mit Bildern.
LinearGradientBrush	Wird verwendet, um einen linearen Farbverlauf darzustellen.
RadialGradientBrush	Wird verwendet, um einen radialen Farbverlauf darzustellen.

Tabelle 22.3 Die konkreten Ableitungen der Klasse »Brush«

Klasse	Beschreibung
SolidColorBrush	Dient zum Füllen mit genau einer Farbe.
VisualBrush	Füllt einen Bereich mit einem grafischen Element.

Tabelle 22.3 Die konkreten Ableitungen der Klasse »Brush« (Forts.)

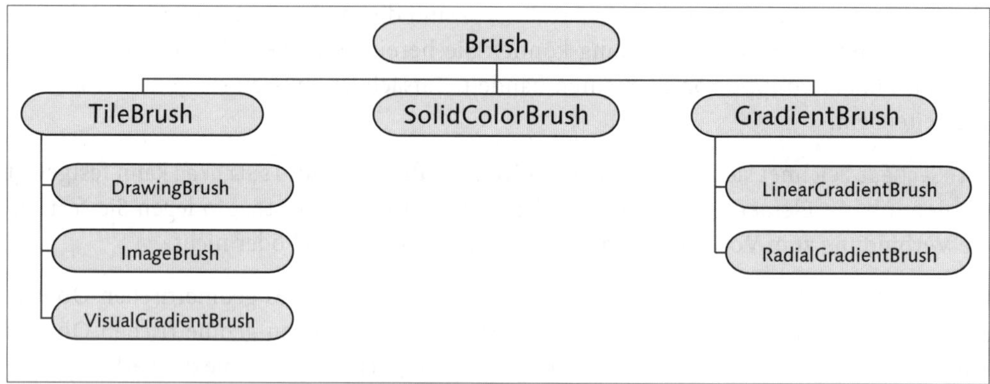

Abbildung 22.7 Die Hierarchie der Brush-Klassen

22.3.1 SolidColorBrush

Möchten Sie eine Fläche mit einer Farbe füllen oder Linien in einer bestimmten Farbe zeichnen, verwenden Sie `SolidColorBrush`. Geben Sie die Farbe an, können Sie auf die vordefinierten Eigenschaften der Klasse `Brushes` zurückgreifen, beispielsweise:

```
<Rectangle Width="100" Height="60">
  <Rectangle.Fill>
    <SolidColorBrush Color="BlanchedAlmond" />
  </Rectangle.Fill>
</Rectangle>
```

Der gewünschte Farbwert wird mit der Eigenschaft `Color` angegeben. Er kann auch ein Hexadezimalwert sein:

```
<SolidColorBrush Color="#AA8790" />
```

Bei der Angabe eines Hexadezimalwertes können Sie neben dem eigentlichen Wert des Farbtons die Angabe auch um eine Transparenz erweitern. Beabsichtigen Sie, eine Farbe mit 50 % Transparenz anzuzeigen, würde der Farbton wie folgt beschrieben:

```
<SolidColorBrush Color="#80AA8790" />
```

Hier wird einfach vor der sechsstelligen Hexadezimalzahl der Farbe eine zweistellige Transparenz für den sogenannten Alphakanal angegeben.

Alternativ bietet sich auch die gleichwertige Übergabe der Transparenz an die Eigenschaft `Opacity` an:

```
<SolidColorBrush Opacity="0.5" Color="#AA8790" />
```

22.3.2 LinearGradientBrush

Die Klasse `LinearGradientBrush` beschreibt einen Farbverlauf zwischen zwei Punkten. Die Achse des Farbverlaufs wird als Verlaufslinie oder auch Gradientenachse bezeichnet. Diese Linie gibt die Richtung des Farbverlaufs an und wird durch die Eigenschaften `StartPoint` und `EndPoint` beschrieben. Die Definition des Koordinatensystems für den Gradienten sehen Sie in Abbildung 22.8.

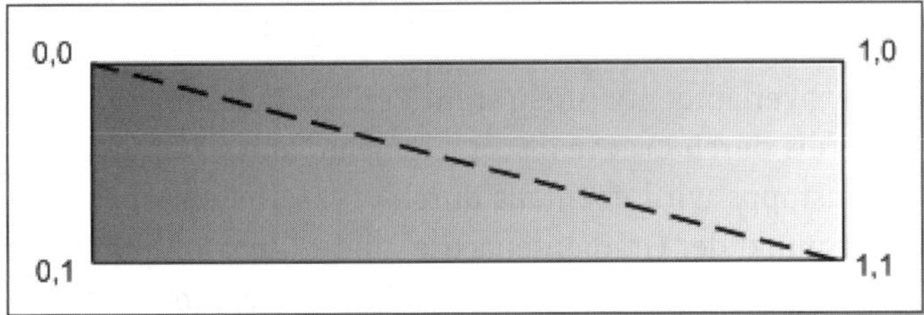

Abbildung 22.8 Koordinatendefinition

Ein Gradient, der von links nach rechts verlaufen soll, beginnt im Punkt `0,0` und endet im Punkt `1,0`. Ein diagonaler Verlauf von rechts unten nach links oben beginnt im Punkt `1,1` und endet im Punkt `0,0`. Um den Effekt des Gradienten zu erfahren, betrachten Sie Abbildung 22.9, in der vier Rechtecke eine jeweils anders verlaufende Gradientenachse haben. Von links nach rechts sind die Farbverläufe wie folgt definiert:

```
<LinearGradientBrush StartPoint="0,0" EndPoint="1,0">
<LinearGradientBrush StartPoint="0,0" EndPoint="1,1">
<LinearGradientBrush StartPoint="1,1" EndPoint="0,0">
<LinearGradientBrush StartPoint="0,1" EndPoint="0,0">
```

Abbildung 22.9 Farbverläufe mit unterschiedlichen Gradientenachsen

Einen Farbverlauf zu produzieren bedeutet, mindestens zwei Farben anzugeben. Hierzu wird die Klasse `GradientStop` benötigt. Diese versetzt uns sogar in die Lage, beliebig viele Zwischenpunkte innerhalb des Farbverlaufs festzulegen. Der relative Punkt auf der Gradientenachse wird mit der Eigenschaft `Offset` angegeben, die zwischen dem Startpunkt `0` und dem Endpunkt `1` liegen muss. Für jedes `GradientStop`-Element wird mit `Color` die gewünschte Farbe in dem betreffenden Punkt beschrieben.

Sehen wir uns zuerst einen einfachen Farbverlauf von Weiß nach Grau an:

```
<LinearGradientBrush StartPoint="0,0" EndPoint="1,0">
  <GradientStop Offset="0.0" Color="White" />
  <GradientStop Offset="1.0" Color="Black" />
</LinearGradientBrush>
```

Die Darstellung entspricht dann der des linken Quadrats in Abbildung 22.9.

Beeindruckender sind natürlich Farbverläufe mit mehreren Verlaufsänderungen. Dazu geben Sie die Zwischenstopps ebenfalls durch `GradientStop`-Elemente unter Nennung der Farbe an. Die Position des Zwischenstopps wird ebenfalls durch `Offset` beschrieben, was dann natürlich zwischen `0` (dem Startpunkt der Gradientenachse) und `1` (dem Endpunkt der Gradientenachse) liegen muss. Da Offset vom Typ `Double` ist, können Sie den Zwischenstopp sehr präzise festlegen.

Im folgenden Listing sind zwei Zwischenstopps in den Farben Grau und Blau in dem an sich ansonsten von Weiß nach Schwarz definierten Farbverlauf enthalten.

```
<LinearGradientBrush StartPoint="0,0" EndPoint="1,0">
  <GradientStop Offset="0.0" Color="White" />
  <GradientStop Offset="0.4" Color="Gray" />
  <GradientStop Offset="0.6" Color="Blue" />
  <GradientStop Offset="1.0" Color="Black" />
</LinearGradientBrush>
```

In Abbildung 22.10 sehen Sie den Farbverlauf.

Abbildung 22.10 Mehrstufiger Farbverlauf

Hinweis

Je nach Farbwahl und der zu füllenden Fläche sind manchmal recht deutliche Sprünge im Farbverlauf zu erkennen. Diese können unter Umständen mit der Einstellung `ScRGBLinearInterpolation` der Eigenschaft `ColorInterpolationMode` beseitigt oder doch zumindest deutlich reduziert werden.

22.3.3 RadialGradientBrush

Die Klasse RadialGradientBrush ähnelt der zuvor beschriebenen Klasse LinearGradientBrush mit dem Unterschied, dass keine rechteckigen Grundrisse gefüllt werden, sondern runde.

Für die Angabe des Farbverlaufs benutzt man erneut die Klasse GradientStop. Auch hier werden die Koordinaten zwischen 0,0 und 1,0 angegeben und beziehen sich (zunächst) auf den Mittelpunkt des zu füllenden Objekts. Sie können den Bezugspunkt aber auch mit GradientOrigin beliebig verschieben. Mit 0.0, 0.0 befindet er sich wie bei einem rechteckigen Umriss in der linken oberen Ecke. Folglicherweise wird der Punkt 0.5, 0.5 dem Mittelpunkt der Ellipse entsprechen.

Zur Verdeutlichung der Eigenschaft GradientOrigin werden wieder Farbverläufe von Weiß nach Blau beschrieben. Die vier XAML-Zeilen beschreiben die Kreise (besser: Kugeln), die in Abbildung 22.11 von links nach rechts zu sehen sind.

```
<RadialGradientBrush>
<RadialGradientBrush GradientOrigin="0.3, 0.3">
<RadialGradientBrush GradientOrigin="0.5, 0.5">
<RadialGradientBrush GradientOrigin="0.8, 0.8">
```

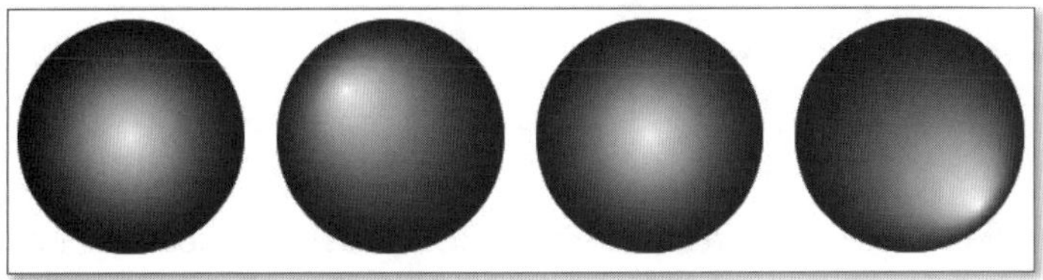

Abbildung 22.11 Die Auswirkungen von »GradientOrigin«

Optisch erinnert die Ausgabe an die Bestrahlung durch einen Scheinwerfer. Mit weiteren Eigenschaften von RadialGradientBrush lässt sich der Lichtkegel nahezu beliebig einstellen. Es handelt sich dabei um die Eigenschaften RadiusX/RadiusY sowie um Center. Um den damit zu erzielenden optischen Effekt zu sehen, schauen Sie sich bitte die beiden folgenden Abbildungen an, in denen verschiedene Eigenschaftseinstellungen gezeigt werden.

Die Eigenschaften »RadiusX« und »RadiusY«

```
<RadialGradientBrush RadiusX="0" RadiusY="0">
<RadialGradientBrush RadiusX="0.3" RadiusY="0.3">
<RadialGradientBrush RadiusX="0.6" RadiusY="0.6">
<RadialGradientBrush RadiusX="1.0" RadiusY="1.0">
```

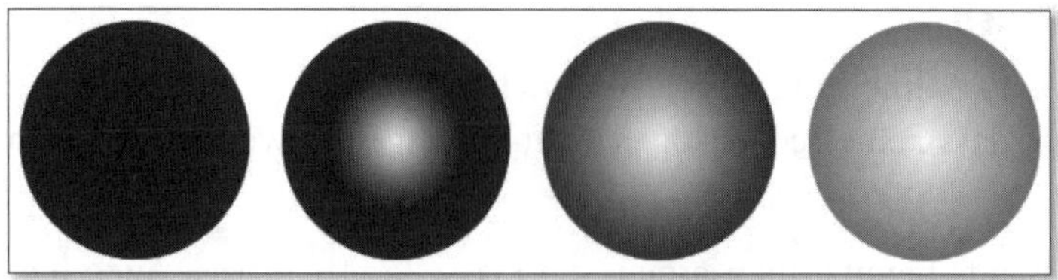

Abbildung 22.12 Die Auswirkungen der Eigenschaften »RadiusX« und »RadiusY«

Die Eigenschaft »Center«

```
<RadialGradientBrush Center="0.0, 0.0">
<RadialGradientBrush Center="0.3, 0.3">
<RadialGradientBrush Center="0.6, 0.6">
<RadialGradientBrush Center="1.0, 1.0">
```

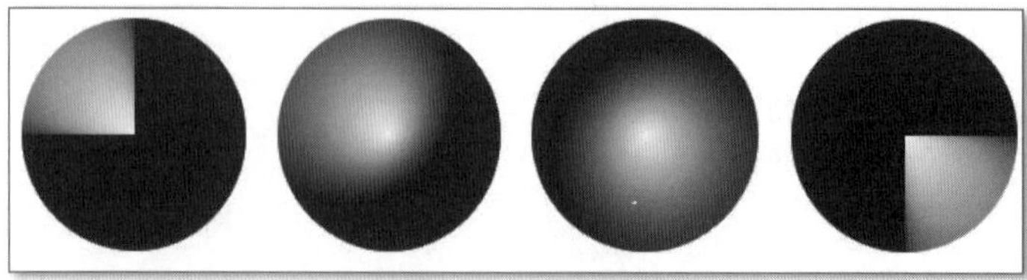

Abbildung 22.13 Die Auswirkungen der Eigenschaft »Center«

22.3.4 TileBrush

`TileBrush` ist die abstrakte Basisklasse der drei Klassen `DrawingBrush`, `ImageBrush` und `VisualBrush`. Es bietet sich, zunächst die wesentlichsten Fähigkeiten der Klasse `TileBrush` zu betrachten, um nachher nur noch einen Blick auf die spezifischen Möglichkeiten der Ableitungen zu werfen.

Mit `TileBrush` wird ein Muster erzeugt, das wiederholt in der Oberfläche angezeigt wird. Das erinnert an Kacheln, wodurch sich auch die Bezeichnung der Klasse erklärt (*tile*, zu dt. *Kachel*). Zur Ausgabe mehrerer Kacheln ist zumindest die Angabe der Eigenschaften `TileMode` und `Viewport` notwendig. Mit `TileMode` geben Sie an, ob Sie überhaupt Kacheln anzeigen wollen und in welche Richtung diese verlaufen. Per Vorgabe ist `TileMode=Tile` eingestellt. Damit werden die Kacheln in horizontaler und vertikaler Richtung auf der Fläche verteilt; mit `TileMode=None` wird keine Wiederholung des `Brushes` durchgeführt. Darüber hinaus gibt es mit `FlipX`, `FlipY` und `FlipXY` noch weitere drei Einstellungen. Mit `FlipX` wird die `Brushes`-Vorlage entlang der X-Achse gespiegelt, mit `FlipY` um die Y-Achse. Dass `FlipXY` gleichzeitig um beide Achsen spiegelt, werden Sie sich nun schon denken können.

`Viewport` dient der Einstellung des Versatzes und der Wiederholungsrate in X- und Y-Richtung. Sehen wir uns das an einem Beispiel an.

```
<Canvas Margin="10">
  <Rectangle Height="300" Width="350">
    <Rectangle.Fill>
      <ImageBrush Stretch="Fill" TileMode="Tile" ImageSource="Woman.jpg"
                  Viewport="0, 0, 0.333, 0.5" />
    </Rectangle.Fill>
  </Rectangle>
</Canvas>
```

Beim Anwenden eines Brushes auf eine Fläche kann es passieren, dass die Fläche zu klein ist oder nicht ganz ausgefüllt werden kann. Über die Eigenschaft Stretch wird festgelegt, wie der Brush die Fläche ausfüllt.

Die TileMode-Eigenschaft ist hier auf Tile eingestellt, sodass Bildwiederholungen möglich sind. Der Eigenschaft Viewport werden vier Zahlen übergeben: Die ersten beiden beschreiben den Versatz, die beiden letzten die Anzahl der Wiederholungen. Letztere beziehen sich auf die Gesamtfläche. Dabei entspricht der Wert 1.0 der Gesamtbreite bzw. -höhe. Mit einer Breitenangabe von 0.333 beträgt die Gesamtbreite einer Kachel 1/3 der zur Verfügung stehenden Gesamtbreite. Analog hat die Höhenangabe 0.5 zur Folge, dass die Höhe einer Kachel 1/2 der Gesamthöhe der Fläche ist. Das Bild wird demnach in der Breite dreimal angezeigt, und in der vertikalen Richtung bilden sich zwei Reihen (siehe Abbildung 22.14).

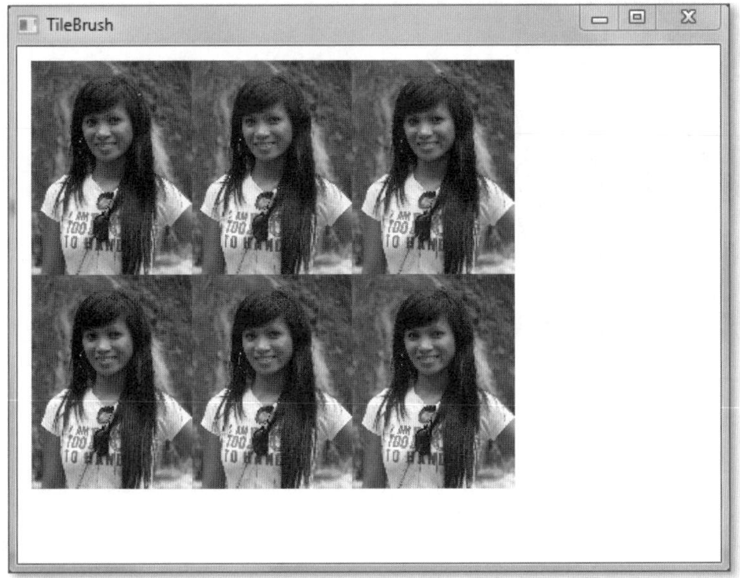

Abbildung 22.14 Gekacheltes Bild

Um den Einfluss des Versatzes zu testen, genügt eine geringe Änderung der an Viewport übermittelten Werte:

```
<ImageBrush Stretch="Fill" TileMode="Tile" ImageSource="Woman.jpg"
            Viewport="0.5, 0.33, 0.333, 0.5" />
```

Die Auswirkungen können Sie in Abbildung 22.15 deutlich sehen.

In den Listings wurde die Abmessung einer Kachel abhängig von der Gesamtbreite oder Höhe festgelegt. Soll die einzelne Kachel unabhängig von der Fläche gezeichnet werden, kann die Eigenschaft ViewportUnits auf Absolute gesetzt werden (die Vorgabe ist RelativeToBoundingBox). Dadurch wird es möglich, für die Breite und Höhe einer Kachel absolute Zahlen zu verwenden. Im folgenden Beispiel sind diese auf 120 × 160 Pixel festgelegt.

```
ViewportUnits="Absolute" TileMode="Tile" ImageSource="Woman.jpg" Viewport="0,
0, 120, 160" />
```

Zwei letzte Eigenschaften sollten an dieser Stelle ebenfalls erwähnt werden. Mit AlignmentX und AlignmentY kann die Startposition der ersten Kachel festgelegt werden. Beide Eigenschaften lassen die Einstellungen Left, Center und Right zu.

Abbildung 22.15 Der Einfluss der Eigenschaft »Viewport«

22.3.5 ImageBrush

Die Klasse ImageBrush zur Anzeige eines beliebigen Bildes haben wir bereits im letzten Abschnitt benutzt. Der Eigenschaft ImageSource teilen wir die Quelle des Bildes mit. Die

Darstellung des Bildes kann mit `Stretch` beeinflusst werden. Die Eigenschaft ist vom Typ der gleichnamigen Enumeration `Stretch`, die vier Werte beschreibt.

Wert	Beschreibung
`None`	Bei dieser Einstellung bleibt die ursprüngliche Größe des Bildes erhalten.
`Fill`	Die Größe des Inhalts wird geändert, sodass er die Abmessungen des Ziels ausfüllt. Das Seitenverhältnis wird nicht beibehalten.
`Uniform`	Die Größe des Bildes passt sich den Abmessungen der Fläche so an, dass es komplett angezeigt wird, ohne dass das Seitenverhältnis verändert wird.
`UniformToFill`	Die Größe des Bildes passt sich den Abmessungen der Fläche so an, dass es die Fläche komplett ausgefüllt wird, ohne dass das Seitenverhältnis des Bildes dabei verändert wird.

Tabelle 22.4 Die Werte der Enumeration »Stretch«

Wie sich die Einstellungen auf die Darstellung eines Bildes auswirken, zeigt Abbildung 22.16.

Abbildung 22.16 Der Einfluss der Eigenschaft »Stretch«

22.3.6 VisualBrush

`VisualBrush` dürfte wohl das leistungsfähigste aller `Brush`-Elemente sein. Zur Füllung dienen `VisualBrush` alle die Elemente, die von `Visual` abgeleitet sind. Dazu gehören demnach neben `Buttons` und `TextBox`en auch Bilder vom Typ `Image`.

Prinzipiell können Sie auf zwei Weisen den Inhalt eines `VisualBrush`-Elements erstellen:

- Sie weisen der Eigenschaft `Visual` ein neues Element zu.
- Sie verwenden ein bereits vorhandenes Element.

Mit VisualBrush lassen sich tolle Effekte erzielen. Hierbei kommen Eigenschaften ins Spiel, die wir bereits vorher angesprochen haben: Stretch, Opacity, Viewport und TileMode. Sie werden aber auch Eigenschaften finden wie Transform und RelativeTransform. Transformationen sind ein mächtiges Werkzeug der WPF und werden dazu verwendet, geometrische Objekte und UI-Komponenten zu manipulieren. Das heißt, Sie können geometrische Objekte drehen, sie rotieren lassen, sie skalieren oder gar scheren.

Das Zusammenspiel von VisualBrush und Transformationen soll das folgende Beispielprogramm demonstrieren. Bevor wir uns dem XAML-Code widmen, sehen wir uns die Ausgabe des Beispielprogramms an.

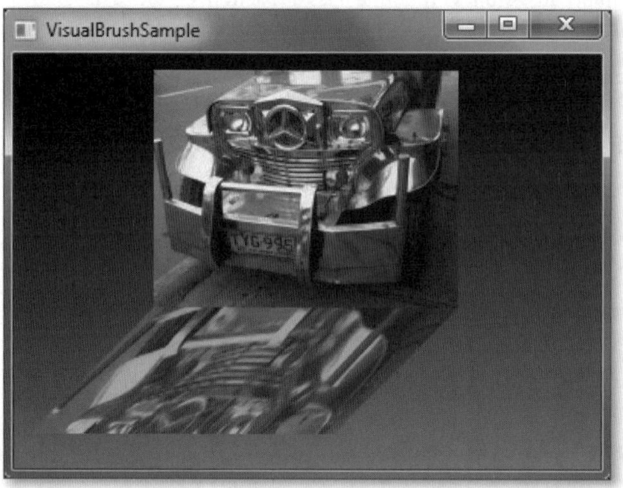

Abbildung 22.17 Ausgabe des Beispielprogramms »VisualBrushSample«

```
// ---------------------------------------------------------
// Beispiel: ...\Kapitel 22\VisualBrushSample
// ---------------------------------------------------------
<Window ...
        Title="VisualBrushSample" Height="300" Width="400">
  <Grid>
    <StackPanel>
      <StackPanel.Background>
        <LinearGradientBrush StartPoint="0,0" EndPoint="0,1">
          <GradientStop Offset="0.0" Color="Black" />
          <GradientStop Offset="1.0" Color="Gray" />
        </LinearGradientBrush>
      </StackPanel.Background>
      <Image Margin="0,10,0,0" Source="Jeepney.jpg" Name="Jeepney"
             Height="150" Width="200" Stretch="Uniform" />
```

```
      <Rectangle Height="80">
        <Rectangle.Fill>
          <VisualBrush Visual="{Binding ElementName=Jeepney}"
                       Stretch="None" Opacity="0.6">
            <VisualBrush.RelativeTransform>
              <TransformGroup>
                <ScaleTransform ScaleY="-1.5" />
                <TranslateTransform Y="1" />
                <SkewTransform AngleX="-12" />
              </TransformGroup>
            </VisualBrush.RelativeTransform>
          </VisualBrush>
        </Rectangle.Fill>
      </Rectangle>
    </StackPanel>
  </Grid>
</Window>
```

Irgendwo im XAML-Code muss die Komponente, die mit Effekten versehen werden soll, bereits definiert sein. In unserem Beispiel handelt es sich um das durch ein `Image`-Element beschriebene Bildchen. Die Eigenschaft `Visual` des `VisualBrush`-Elements wird an das `Image` gebunden und steht somit für effektvolle Manipulationen zur Verfügung. Gleichzeitig wird die Transparenz mit der Eigenschaft `Opacity` auf 60 % festgelegt.

Mit `RelativeTransform` leiten wir die Transformation mit relativen Koordinaten ein. Eine Transformation kann sich aus mehreren Einzeleffekten zusammensetzen. Um diese zusammenzufassen, wird ein `TransformGroup`-Element benötigt. Dieses fasst mehrere Elemente zusammen, deren Basis die Klasse `Transform` ist. Dazu gehören auch die Elemente `TranslateTransform`, `ScaleTransform` und `SkewTransform`. `ScaleTransform` skaliert das visuelle Element, `TranslateTransform` verschiebt es, und `SkewTransform` beschreibt einen Neigungswinkel.

22.3.7 DrawingBrush

Das letzte `Brush`-Objekt, über das ich noch viele Worte verlieren könnte, ist `DrawingBrush`. `DrawingBrush` verwendet zum Füllen der Kacheln Grafiken. Man kann erheblichen Einfluss auf die Zeichnung nehmen – es bleiben fast keine Wünsche offen.

Der Inhalt selbst wird durch ein `Drawing`-Objekt beschrieben, das der gleichnamigen Eigenschaft zugewiesen wird. Mit `DrawingGroup`, `GeometryDrawing`, `GlyphRunDrawing`, `ImageDrawing` und `VideoDrawing` stehen gleich fünf verschiedene `Drawing`-Objekte zur Verfügung.

Es sei an dieser Stelle nur so viel gesagt: Der Aufwand ist enorm. Deshalb werden solche `Brush`-Objekte auch eher mit Tools wie beispielsweise *Expression Blend* erstellt. Im Rahmen eines Buches, das nicht nur speziell auf WPF eingeht, belassen wir es an dieser Stelle dabei, die klasse einfach zu erwähnen. Sollten Sie irgendwann einmal beabsichtigen, sich näher mit dem `DrawingBrush` zu beschäftigen, stehen Ihnen zahlreiche spezielle Bücher zur Verfügung.

23 ADO.NET – verbindungsorientierte Objekte

Vor der Einführung von ADO.NET im Jahr 2002 hat Microsoft verschiedene Technologien für den Zugriff und das Speichern von Daten eingesetzt. Der direkte Vorgänger von ADO.NET war Microsoft *ActiveX Data Objects* (ADO), eine verbindungsorientierte Datenzugriffstechnologie, der allerdings Schlüsselfunktionen für große, verteilte Anwendungen fehlen.

Von der Idee her soll ADO.NET den Entwicklern dabei helfen, mehrschichtige Datenbankanwendungen über Intranets und das Internet hinweg zu erstellen. Daraus resultiert eine zweischichtige Klassenarchitektur: Es gibt einerseits Klassen, deren Objekte sich direkt mit der Datenbank austauschen, und andererseits Klassen, deren Objekte als unverbundene Objekte bezeichnet werden. Letztgenannte sind völlig unabhängig von der Datenquelle, aus der die Daten stammen. In Konsequenz dieser Aussage sind alle Objekte von ADO.NET zwei Gruppen zuzuordnen:

- verbundene Objekte
- unverbundene Objekte

Zu den verbundenen Objekten zählen unter anderem die Klassen `Connection`, `Command` und `DataAdapter`, zu den unverbundenen die Klasse `DataSet` und `DataTable`. Auf alle werden wir im Verlauf dieses und der folgenden Kapitel noch eingehen.

ADO.NET beschränkt sich nicht nur auf Datenbanken. Im Grunde genommen können Sie jede beliebige Datenquelle ansprechen, so sie denn ODBC- oder OleDB-fähig ist. Beispielsweise ist es kein Problem, Daten aus einer Microsof-Excel-Tabelle zu importieren oder in diese zu exportieren. Da man im Grunde genommen davon ausgehen kann, dass jede ernstzunehmende Datenbank entweder ODBC oder OleDB unterstützt, kann ADO.NET mit praktisch jeder Datenbank kommunizieren.

Mit Visual Studio 2010 wird standardmäßig auch die SQL Server 2008 Express Edition installiert. Was liegt also näher, als diesen Datenbank-Server als Grundlage aller weiteren Betrachtungen zu nehmen. Leider fehlen dieser Version Administrationsprogramme, die mit der Vollversion ausgeliefert werden. Sie können aber das *SQL Server 2008 Management Studio Express* kostenlos bei Microsoft herunterladen.

Was Ihnen anschließend noch fehlt, ist eine gute Beispieldatenbank. In diesem und den folgenden Kapiteln werde ich mit einer allbekannten und bewährten Datenbank arbeiten, die ich für Lernzwecke für ausgezeichnet halte: *Northwind*. Diese Datenbank kann ebenfalls aus dem Internet kostenlos heruntergeladen und anschließend installiert werden. Folgen Sie dazu dem folgenden Link:

http://msdn.microsoft.com/de-de/library/ms143221.aspx

Sie erhalten dann die Datei *SQL2000SampleDb.msi*. Wenn Sie auf die Datei doppelklicken, werden Sie durch einen Installationsprozess geführt, der das Verzeichnis *SQL Server 2000 Sample Databases* erzeugt und dort die entsprechenden Skriptdateien ablegt. Im Microsoft SQL Server Management Studio können Sie über Datei • Öffnen • Datei die Skriptdatei auswählen. Abschließend klicken Sie noch auf den Button Ausführen in der Symbolleiste. Das war's.

Damit sind alle vorbereitenden Maßnahmen zum Einstieg in dieses und die folgenden Kapitel erfolgt. Zumindest Grundkenntnisse in der Datenmodellierung und in SQL werden in diesem Kapitel vorausgesetzt.

23.1 Datenprovider

Die erste Frage, die es zu klären gilt, ist die, aus welcher Datenquelle die Daten bezogen werden sollen. Damit entscheidet sich auch, welcher Datenprovider zum Einsatz kommt. Das .NET Framework stellt vier zur Verfügung:

- SqlClient-Provider
- OleDb-Provider
- Odbc-Provider
- Oracle-Provider

Ein Datenprovider ist eine Klassenbibliothek, die für den Zugriff auf einen bestimmten Datenspeichertyp geprägt ist. Jeder .NET-Datenprovider implementiert dabei die gleichen Klassen, beispielsweise `Connection`, `Command` oder `DataAdapter`. Der tatsächliche Name hängt vom gewählten Provider ab. So bietet der SqlClient-Provider beispielsweise die Klasse `SqlConnection` an und der OleDb-Datenprovider die Klasse `OleDbConnection`. Unabhängig davon, für welchen Datenprovider Sie sich entscheiden, bleiben die Schnittstellen und damit die Funktionalitäten gleich. Nahezu unabhängig von der Providerwahl ist auch der Programmcode. Sollten Sie gezwungenermaßen zu einem späteren Zeitpunkt den Provider wechseln, brauchen Sie möglicherweise den Programmcode überhaupt nicht oder nur geringfügig zu überarbeiten.

Häufig sind Sie nicht auf einen einzigen Datenprovider festgelegt, sondern können für den Zugriff auf eine Datenquelle zwischen mehreren auswählen. Ist die Datenquelle ein Microsoft SQL Server in der Version 7.0 oder höher, empfiehlt sich der SqlClient-Datenprovider, weil dieser für die genannten Versionen des SQL Servers optimiert ist. Aber auch über den OleDb- oder Odbc-Provider kann der SQL Server abgefragt werden.

Jeder .NET-Datenprovider hat einen eigenen Namespace, der ein Unter-Namespace von `System.Data` ist und mit `using` bekannt gegeben werden sollte. Beabsichtigen Sie den Zugriff auf eine Oracle-Datenbank mit dem Oracle-Provider, müssen Sie die Assembly *System.Data.OracleClient.dll* in die Anwendung einbinden.

In den Beispielen dieses Kapitels werden wir ausschließlich den SqlClient-Datenprovider benutzen.

23.2 Verbindung zu einer Datenbank herstellen

23.2.1 Das »Connection«-Objekt

Die erste Entscheidung, die Sie treffen müssen, ist die Wahl des Datenproviders. Oben wurden die entscheidenden Kriterien erörtert, die die Wahl beeinflussen. Für die einzelnen Klassen jedes .NET-Datenproviders ist ein separater Namespace in der .NET-Klassenbibliothek vorgesehen. Da wir als Datenquelle den SQL Server 2008 benutzen, bietet sich der Einsatz des SqlClient-Datenproviders an. Daher sollten Sie mit

```
using System.Data.SqlClient;
```

den entsprechenden Namespace zuerst bekanntgeben.

Die Verbindung zu einer Datenbank wird durch ein `Connection`-Objekt beschrieben. Um präzise zu sein, gibt es die Klasse `Connection` unter ADO.NET nicht. Stattdessen wird, abhängig vom verwendeten .NET-Datenprovider, ein Präfix vorangestellt. Benutzen Sie den SqlClient-Datenprovider, heißt die Klasse `SqlConnection`, beim OleDb-Datenprovider heißt sie `OleDbConnection`. Der Einfachheit halber wird aber im Folgenden oft einfach nur vom `Connection`-Objekt die Rede sein. Damit wird die Allgemeingültigkeit dieses Typs unterstrichen, denn wie Sie in den folgenden Abschnitten noch sehen werden, unterscheiden sich die providerspezifischen `Connection`-Objekte nur geringfügig.

Um auf eine Datenquelle wie Microsoft SQL Server 2008 zuzugreifen, werden mehrere Informationen benötigt:

- der Name des Rechners, auf dem die SQL Server-Instanz läuft
- der Name der Datenbank, deren Dateninformationen ausgewertet oder manipuliert werden sollen
- die Anmeldeinformationen, mit denen sich der Anwender authentifiziert

Diese Verbindungsinformationen werden nach einem bestimmten Muster in einer Zeichenfolge zusammengefasst, die als *Verbindungszeichenfolge* bezeichnet wird. Grundsätzlich haben Sie drei Möglichkeiten, die Verbindungsinformationen zu einer Datenquelle anzugeben:

- Sie rufen den parameterlosen Konstruktor der `Connection`-Klasse auf und übergeben dem erzeugten Objekt die Verbindungsinformationen.
- Sie rufen einen parametrisierten Konstruktor auf.
- Sie benutzen die Klasse `SqlConnectionStringBuilder`.

23.2.2 Verbindungszeichenfolge

Sehen wir uns zuerst den parameterlosen Konstruktor an.

```
SqlConnection con = new SqlConnection();
```

Damit erzeugen wir bereits das Verbindungsobjekt, das aber noch sehr »dumm« ist, da ihm sämtliche Informationen fehlen, die zum Aufbau einer Verbindung zu einer Datenquelle notwendig sind. Diese müssen der Eigenschaft `ConnectionString` des `Connection`-Objekts zugewiesen werden:

```
SqlConnection con = new SqlConnection();
con.ConnectionString = "<Verbindungszeichenfolge>";
```

Der parametrisierte Konstruktor gestattet es, die Verbindungszeichenfolge direkt als Argument zu übergeben:

```
SqlConnection con = new SqlConnection("<Verbindungszeichenfolge>");
```

Werte der Verbindungszeichenfolge

Alle Informationen, die zum Aufbau einer Verbindung zu einer Datenquelle erforderlich sind, werden in der Verbindungszeichenfolge beschrieben. Eine Verbindungszeichenfolge besteht aus einer Reihe von Attributen (bzw. Schlüsseln), denen Werte zugewiesen werden. Die Attribute sind untereinander durch ein Semikolon getrennt. Die allgemeine Syntax lässt sich wie folgt beschreiben:

```
string strCon = "Attribut1=Wert1;Attribut2=Wert2;Attribut3=Wert3;...";
```

Die Bezeichner der einzelnen Attribute sind festgelegt und hängen vom verwendeten .NET-Datenprovider ab. In Tabelle 23.1 sind die Bezeichner des SqlClient-Datenproviders aufgeführt. Groß-/Kleinschreibung spielt dabei ebenso wenig eine Rolle wie die Reihenfolge der Attribute. Beachten Sie, dass es meistens mehrere Attributbezeichner gibt, die gleichwertig eingesetzt werden können.

Schlüssel	Beschreibung
`Connect Timeout`, `Connection Timeout`	Dieser Schlüssel beschreibt die Zeitdauer in Sekunden, die auf eine Verbindung zum Server gewartet werden soll, bevor der Versuch abgebrochen und ein Fehler generiert wird. Der Standardwert beträgt 15 Sekunden.
`Data Source`, `Server`, `Address`, `Addr`, `Network Address`	Entweder der Name oder die Netzwerkadresse der Instanz des SQL Servers, mit dem eine Verbindung hergestellt werden soll.
`Initial Catalog`, `Database`	Hier wird der Name der Datenbank angegeben.
`Integrated Security`, `Trusted_Connection`	Bei `false` werden die Benutzer-ID und das Kennwort für die Verbindung angegeben. Bei `true` werden die aktuellen Anmeldeinformationen des Windows-Kontos für die Authentifizierung verwendet. Gültige Werte sind `true`, `false`, `yes`, `no` und `sspi`, das äquivalent zu `true` ist.
`Packet Size`	Gibt die Größe der Netzwerkpakete in Byte an, die zum Kommunizieren mit einer Instanz von SQL Server verwendet werden. Die Standardgröße eines Pakets beträgt 8192 Byte, kann aber zwischen 512 und 32.767 variieren.
`Password`, `Pwd`	Das Kennwort für das SQL Server-Konto
`User ID`	Das SQL Server-Anmeldekonto
`Workstation ID`	Der Name des Computers, der mit dem SQL Server eine Verbindung aufbauen möchte.

Tabelle 23.1 Attribute der Verbindungszeichenfolge des SQL-Datenproviders

23.2.3 Verbindung mit einer SQL Server-Instanz aufbauen

Befindet sich der SQL Server auf dem lokalen Rechner und beabsichtigen Sie, die Beispieldatenbank *Northwind* zu öffnen, könnte die Verbindungszeichenfolge wie folgt lauten:

```
SqlConnection con = new SqlConnection();
con.ConnectionString = "Data Source=(local);" +
                       "Initial Catalog=Northwind;" +
                       "Integrated Security=sspi";
```

`Data Source` beschreibt den Rechner, auf dem sich die laufende SQL Server-Instanz befindet. Hier können Sie den Rechnernamen und eine TCP/IP-Adresse eintragen. Handelt es sich dabei um den lokalen Rechner, dürfen Sie anstatt des Rechnernamens auch `(local)`, `localhost` oder einfach nur einen Punkt angeben –die beiden letztgenannten allerdings ohne runde Klammern.

Auf einem Computer können durchaus mehrere Instanzen von SQL Server installiert sein. Das Codefragment oben greift auf die sogenannte Standardinstanz zu. Möchten Sie auf eine andere, benannte Instanz zugreifen, geben Sie zuerst den Rechnernamen und darauf folgend einen Backslash (\) an. Dahinter folgt die Angabe der SQL Server-Instanz. Möchten Sie sich beispielsweise mit der Instanz SQLExpress auf der lokalen Maschine verbinden, sieht das `Data Source`-Attribut wie folgt aus:

```
Data Source=.\\SQLExpress
```

Hier sind zwei Backslashs notwendig, da C# einen einfachen Backslash als Escape-Sequenz interpretiert. Alternativ können Sie auch vor die Zeichenfolge das Zeichen @ setzen. Hinter `Initial Catalog` ist die Datenbank angegeben, und zum Schluss folgen noch Informationen zur Authentifizierung.

Gleichwertig können Sie auch dem parametrisierten Konstruktor des `Connection`-Objekts die Verbindungszeichenfolge übergeben:

```
SqlConnection con = new SqlConnection(@"Data Source=.\SQLEXPRESS;" +
                                      "Initial Catalog=Northwind;" +
                                      "Integrated Security=sspi");
```

Sie müssen nicht unbedingt alle Attribute verwenden. Das Attribut `Packet Size` wird hier beispielsweise nicht benutzt. Somit werden alle Daten auf der Verbindung in 8192 Byte großen Paketen verschickt. Müssen große Datenmengen vom Server geladen werden, zum Beispiel Bilder, können größere Pakete die Leistung durchaus deutlich steigern.

Authentifizierung

Soll die Verbindung zu einer Datenbank aufgebaut werden, muss sich der Anwender bei der Datenbank authentifizieren. Das `Connection`-Objekt benutzt hierfür die Authentifizierungsinformationen, die in der Verbindungszeichenfolge enthalten sind. Diese werden vom Datenbankserver überprüft.

SQL Server kennt zwei Verfahren zur Authentifizierung:

- Die integrierte Windows-Authentifizierung
  Zur Authentifizierung benutzt SQL Server das Authentifizierungssystem von Windows (NT/2000/XP/2003/Vista/Windows 7...). Mit Ausnahme der Benutzer mit administrativen Rechten muss der Datenbankadministrator für jeden anderen Benutzer eine entsprechende Datenbankanmeldung definieren.
- Die SQL Server-Authentifizierung
  Diese basiert auf der internen Benutzerliste, die von SQL Server verwaltet wird. Die Liste beinhaltet keine Windows-Benutzer. Stattdessen werden Benutzer mithilfe des SQL Server Management Studios erstellt und konfiguriert. Den Benutzern werden die gewünschten Berechtigungen für die entsprechende Datenbank eingerichtet. (Hinweis: Bei der SQL Server Express Edition ist nur die Windows-Authentifizierung möglich.)

Die Authentifizierungsart können Sie bereits bei der Installation von SQL Server festlegen. Per Vorgabe ist die SQL Server-Authentifizierung deaktiviert. Sie können aber auch einen gemischten Modus aus beiden Authentifizierungen wählen. Eine nachträgliche Änderung der Server-Authentifizierung erfolgt im SQL Server Management Studio. Markieren Sie hierzu die SQL Server-Instanz, öffnen Sie über deren Kontextmenü die Eigenschaftsliste, und wählen Sie den Reiter SICHERHEIT.

Bei der integrierten Windows-Authentifizierung müssen weder der Benutzername noch das Passwort explizit gesendet werden. Mit der Angabe von `Integrated Security=sspi` verwendet das System automatisch das Windows-Benutzerkonto des aktuellen Users, das aus Benutzername und Passwort besteht, und reicht es an SQL Server weiter. Vorausgesetzt, der Kontoinhaber hat ausreichende Rechte, kann damit die Verbindung zur Datenbank hergestellt werden.

Die SQL Server-Authentifizierung setzt voraus, dass der Administrator des SQL Servers ein Benutzerkonto mit Passwort eingerichtet hat. Sowohl der Benutzername als auch das Passwort müssen bei diesem Authentifizierungsverfahren in der Verbindungszeichenfolge stehen, beispielsweise folgendermaßen:

```
SqlConnection con = new SqlConnection();
con.ConnectionString = "Data Source=DBServer;" +
                       "Initial Catalog=Northwind;" +
                       "User ID=Testuser;" +
                       "Password=26gf28";
```

SQL Server führt die Authentifizierung durch, indem er überprüft, ob ein Benutzerkonto mit diesem Namen eingerichtet ist und ob das angegebene Kennwort stimmt. Falls die übermittelten Anmeldeinformationen falsch sind, misslingt die Authentifizierung und der Benutzer erhält eine Fehlermeldung.

Es ist grundsätzlich nicht empfehlenswert, die Daten zur Benutzer-Authentifizierung statisch in der Verbindungszeichenfolge zu speichern. Besser ist es, in einem Dialog den Anwender zur Eingabe von Benutzernamen und Passwort aufzufordern, und mit diesen Informationen zur Laufzeit die Verbindungszeichenfolge zu bilden.

Änderung des Passwortes bei der SQL Server-Authentifizierung

Bei der SQL Server-Authentifizierung bilden Benutzername und Passwort eine Einheit, die den Zugriff auf Datenressourcen ermöglicht. Seit ADO.NET 2.0 und auch nur im Zusammenspiel mit SQL Server 2008 kann der Benutzer sein Passwort ändern, ohne dass der Datenbankadministrator eingreifen muss. Hier hilft die statische Methode `ChangePassword` der Klasse `SqlConnection` weiter. Vorausgesetzt, es wurde die Verbindung zu der Datenbank zuvor mit bekannten Verbindungsinformationen geöffnet, kann unter vorheriger

Angabe der alten Authentifizierungsinformationen (Benutzername und Kennwort) im zweiten Argument das neue Kennwort übermittelt werden.

```
SqlConnection con = new SqlConnection();
con.ConnectionString = "Data Source=DBServer;" +
                       "Initial Catalog=Northwind;" +
                       "User ID=Testuser;" +
                       "Password=26gf28";
con.Open();
SqlConnection.ChangePassword("User ID=Testuser;PWD=26gf28",
                             "4711password");
```

Diese Technik bietet sich auch an, wenn das alte Kennwort abgelaufen ist.

Verbindungszeichenfolgen mit dem »SqlConnectionStringBuilder«-Objekt

Wenn Sie den Anwender dazu auffordern, seine Authentifizierungsinformationen aus Benutzername und Passwort in einem Dialog einzutragen, besteht die Gefahr, dass »böse Buben« im Log-in- oder Kennwortfeld zusätzliche Parameter eintragen. Im Extremfall kann dies zu Sicherheitsproblemen führen, die als *SQL-Injection* bekannt sind. Es müssen aber nicht gleich Bösewichte am Werk sein – der Anwender könnte auch einfach Zeichen gewählt haben, die in der Verbindungszeichenfolge eine besondere Bedeutung haben, beispielsweise »;« oder »=«. Die Eingabe dieser Zeichen würde zu einer Fehlermeldung führen.

Um diesen Problemen aus dem Wege zu gehen, benutzen Sie die Klasse `SqlConnectionStringBuilder`. Diese Klasse stellt für alle Attribute der Verbindungszeichenfolge Eigenschaften zur Verfügung, denen Sie nur noch die passenden Werte zuweisen müssen. Das Ergebnis wird der Eigenschaft `ConnectionString` des `SqlConnectionStringBuilder`-Objekts zugeführt. Sie müssen diese Eigenschaft am Ende nur noch dem Konstruktoraufruf von `SqlConnection` übergeben.

```
SqlConnectionStringBuilder conBuilder =
           new SqlConnectionStringBuilder();
conBuilder.DataSource = ".\\sqlexpress";
conBuilder.InitialCatalog = "Northwind";
conBuilder.IntegratedSecurity = true;
SqlConnection con =
           new SqlConnection(conBuilder.ConnectionString);
```

Lassen Sie sich die erzeugte Verbindungszeichenfolge im Befehlsfenster ausgeben, wird Folgendes angezeigt:

```
Data Source=.\sqlexpress;Initial Catalog=Northwind;Integrated Security=True
```

23.2.4 Öffnen und Schließen einer Verbindung

Verbindung öffnen

Das Instanziieren der Klasse `SqlConnection` und das Bekanntgeben der Verbindungszeichenfolge sind noch nicht ausreichend, um die Verbindung zu einer Datenbank zu öffnen und auf die in ihr enthaltenen Daten zugreifen. Dazu muss noch die Methode `Open` auf das `Connection`-Objekt aufgerufen werden:

```
SqlConnection con = new SqlConnection(@"Data Source=.\sqlexpress;" +
                                      "Initial Catalog=Northwind;" +
                                      "Integrated Security=True");
con.Open();
```

Weist die Verbindungszeichenfolge keinen Fehler auf, können Sie nun auf die Daten von *Northwind* zugreifen. Es gibt allerdings eine Reihe potenzieller Fehlerquellen, die zu einem Laufzeitfehler beim Verbindungsaufbau führen können:

- In der Verbindungszeichenfolge gibt es einen Fehler.
- Der Anwender hat keine Zugriffsrechte auf die Datenbank.
- Der SQL Server ist nicht gestartet.
- Der Rechner, auf dem die SQL Server-Instanz läuft, ist im Netzwerk nicht erreichbar.

Sie sollten daher das Öffnen einer Datenbankverbindung immer in einen Fehlerbehandlungsblock einschließen:

```
try {
  SqlConnection con = new SqlConnection(...);
  con.Open();
}
catch(Exception e) {
  // Anweisungen
}
```

Wenn in diesem Buch in den folgenden Codebeispielen auf die Fehlerbehandlung verzichtet wird, dann nur deswegen, um den Programmcode übersichtlich zu halten.

Versuchen Sie, ein bereits geöffnetes `SqlConnection`-Objekt ein zweites Mal zu öffnen, wird die Ausnahme `InvalidOperationException` ausgelöst. Sollten Sie sich über den Zustand der Verbindung nicht im Klaren sein, können Sie sie mit der Eigenschaft `State` abfragen:

```
if(con.State == ConnectionState.Closed)
  con.Open();
```

Obwohl die Enumeration `ConnectionState` insgesamt sechs verschiedene Zustände beschreibt, sind aktuell nur zwei, nämlich `Closed` und `Open`, abfragbar. Alle anderen sind für zukünftige Versionen reserviert.

Verbindung schließen

Man könnte der Meinung sein, dass eine geöffnete Verbindung geschlossen wird, wenn das `Connection`-Objekt aufgegeben wird. Das wäre zum Beispiel dann der Fall, wenn die Referenz des `Connection`-Objekts auf `null` gesetzt wird oder die Objektvariable ihren Gültigkeitsbereich verlässt. Das stimmt aber nur aus Sicht des zugreifenden Prozesses, denn tatsächlich werden auch auf dem Datenbankserver Ressourcen für die Verbindung reserviert, die nicht freigegeben werden, wenn das `Connection`-Objekt nur aufgegeben, aber noch nicht vom Garbage Collector bereinigt wird. Stellen Sie sich dazu vor, Sie hätten den folgenden Code in einer Methode programmiert:

```
SqlConnection con = new SqlConnection(...);
con.Open();
...
con = null;
```

Das `SqlConnection`-Objekt wird erzeugt und nach dem Öffnen der Verbindung durch Setzen von `null` aufgegeben. Mit dem Öffnen werden auch Ressourcen auf dem SQL Server für die Verbindung reserviert. Obwohl das clientseitige Objekt nach dem Verlassen des Handlers `null` ist, nimmt der Datenbankserver von dieser Tatsache keine Notiz. Er wird weiterhin die Verbindung als geöffnet betrachten. Sie können das sehr schön sehen, wenn Sie im *SQL Server Management Studio* das Tool *SQL Server Profiler* öffnen und eine Ablaufverfolgung starten. Erst nach dem Schließen der Anwendung wird die Verbindung seitens der Datenbank geschlossen (siehe Abbildung 23.1).

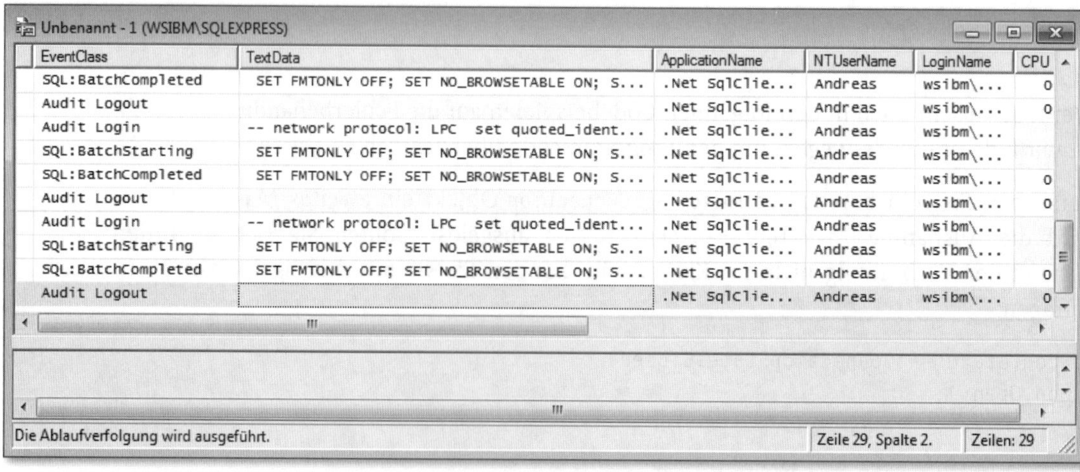

Unbenannt - 1 (WSIBM\SQLEXPRESS)

EventClass	TextData	ApplicationName	NTUserName	LoginName	CPU
SQL:BatchCompleted	SET FMTONLY OFF; SET NO_BROWSETABLE ON; S...	.Net SqlClie...	Andreas	wsibm\...	0
Audit Logout		.Net SqlClie...	Andreas	wsibm\...	0
Audit Login	-- network protocol: LPC set quoted_ident...	.Net SqlClie...	Andreas	wsibm\...	
SQL:BatchStarting	SET FMTONLY OFF; SET NO_BROWSETABLE ON; S...	.Net SqlClie...	Andreas	wsibm\...	
SQL:BatchCompleted	SET FMTONLY OFF; SET NO_BROWSETABLE ON; S...	.Net SqlClie...	Andreas	wsibm\...	0
Audit Logout		.Net SqlClie...	Andreas	wsibm\...	0
Audit Login	-- network protocol: LPC set quoted_ident...	.Net SqlClie...	Andreas	wsibm\...	
SQL:BatchStarting	SET FMTONLY OFF; SET NO_BROWSETABLE ON; S...	.Net SqlClie...	Andreas	wsibm\...	
SQL:BatchCompleted	SET FMTONLY OFF; SET NO_BROWSETABLE ON; S...	.Net SqlClie...	Andreas	wsibm\...	0
Audit Logout		.Net SqlClie...	Andreas	wsibm\...	0

Die Ablaufverfolgung wird ausgeführt. Zeile 29, Spalte 2. Zeilen: 29

Abbildung 23.1 Die Ablaufverfolgung im »SQL Server Profiler«-Tool

Sie sollten daher immer so schnell wie möglich eine geöffnete Verbindung durch Aufruf der Close-Methode auf dem Connection-Objekt wieder schließen.

```
...
con.Open();
// Anweisungen
con.Close();
```

In unserem Beispiel mit der Schaltfläche wurde zu keinem Zeitpunkt Close aufgerufen. Dass dennoch spätestens beim Beenden der Anwendung die Datenbankressourcen für die Verbindungen freigegeben werden, liegt daran, dass der Garbage Collector mit dem Schließen der Windows-Anwendung implizit die Close-Methode aufruft. Der Aufruf von Close auf einer geschlossenen Verbindung löst übrigens keine Ausnahme aus.

Die Möglichkeiten zum Schließen einer Datenbankverbindung sind damit aber noch nicht ausgeschöpft. Sie können auch die Methode Dispose des SqlConnection-Objekts aufrufen, die ihrerseits implizit Close aufruft. Sie sollten sich aber darüber im Klaren sein, dass das Verbindungsobjekt damit endgültig aus dem Speicher entfernt wird.

Kurzlebige Ressourcen können auch innerhalb eines using-Blocks geöffnet werden, so auch das SqlConnection-Objekt:

```
using(SqlConnection con = new SqlConnection())
{
  ...
  con.Open();
  ...
}
```

using stellt sicher, dass die Dispose-Methode am Ende des Blocks aufgerufen wird, selbst wenn eine Ausnahme auftritt, die nicht behandelt wird.

Dauer des Verbindungsaufbaus

Standardmäßig wird 15 Sekunden lang versucht, die Verbindung aufzubauen. Verstreicht diese Zeit, ohne dass der Datenbankserver erreicht wird, wird eine Ausnahme ausgelöst. Äußere Umstände wie die Netzwerk- oder Serverbelastung können dazu führen, dass diese Zeitspanne unter Berücksichtigung aller Umstände zu knapp bemessen ist. In der Verbindungszeichenfolge kann daher mithilfe des Attributs Connect Timeout (bzw. Connection Timeout) eine andere Zeitspanne eingestellt werden. Die Angabe erfolgt in Sekunden:

```
SqlConnection con = new SqlConnection("Data Source=localhost;" +
     "Initial Catalog=Northwind;" +
     "Connect Timeout=30;" +
     "Integrated Security=true");
```

Das `SqlConnection`-Objekt verfügt auch über eine Eigenschaft `ConnectionTimeout`, die allerdings schreibgeschützt ist. Ihr kann daher auch keine vom Standard abweichende Zeitspanne zugewiesen werden. Somit bleibt Ihnen nur übrig, eine etwaige Änderung der Standardvorgabe über die Verbindungszeichenfolge vorzunehmen.

Wie lange sollte eine Verbindung geöffnet bleiben?

Grundsätzlich sollte eine Verbindung so schnell wie möglich wieder geschlossen werden, um die dafür beanspruchten Ressourcen eines Datenbankservers möglichst gering zu halten. Im Zusammenhang mit mehrschichtigen Anwendungen (ASP.NET, Webservices), bei denen man davon ausgehen kann, dass zu einem gegebenen Zeitpunkt sehr viele User gleichzeitig Dateninformationen bearbeiten wollen, ist diese Grundregel immer zu beherzigen.

Etwas anders könnte die Argumentation ausfallen, wenn es sich bei dem Client um ein Windows-Programm handelt, aus dem heraus die Datenbank direkt ohne Zwischenschaltung einer weiteren Schicht auf die Datenressourcen zugreift. Nehmen wir an, dass zur Laufzeit des Programms immer wieder Daten abgerufen und geändert werden und nicht sehr viele Anwender gleichzeitig dieses Programm einsetzen. Sie haben dann die Wahl, sich zwischen zwei Strategien zu entscheiden:

- Sie lassen die Verbindung offen. Damit beansprucht das Programm während der gesamten Laufzeit den Datenbankserver, ist jedoch hinsichtlich der Performance optimal ausgerüstet.
- Sie öffnen die Verbindung nur, wenn Sie Befehle gegen die Datenbank absetzen, und schließen die Verbindung anschließend umgehend. Die Datenbank ist dann nicht so belastet wie bei einer permanent geöffneten Verbindung, Sie bezahlen diesen Vorteil aber mit einem Performance-Verlust.

An dieser Stelle sei bereits darauf hingewiesen, dass einige ADO.NET-Objekte Ihnen nur eine eingeschränkte Entscheidungsfreiheit zugestehen. Hier sei die `Fill`-Methode des `SqlDataAdapter`-Objekts exemplarisch angeführt, die Sie später noch kennenlernen.

Es kann keinen auf alle denkbaren Einsatzfälle projizierbaren Tipp geben, um Ihnen die Entscheidung abzunehmen. Zu viele Kriterien können dafür entscheidend sein. Wenn Sie keine Entscheidungstendenz erkennen können, sollten Sie das Verhalten von Anwendung und Datenbankserver zumindest in einer simulierten Realumgebung einfach testen.

23.2.5 Verbindungspooling

Stellen Sie sich eine Datenbank im Internet vor. Es könnte sich dabei beispielsweise um eine Datenbank handeln, in der die Angebote eines Touristikunternehmens enthalten sind. Man kann davon ausgehen, dass sich innerhalb einer kurzen Zeitspanne mehrere Anwender über die Angebote des Touristikunternehmens informieren wollen. Das ständige Auf- und Abbauen der Verbindungen ist jedoch nachteilig, denn mit jedem Aufbau- und Abbau einer physischen Verbindung werden die Ressourcen belastet, was zu einer schlechteren Antwortzeit des Datenbankservers führt.

Um die Leistung von Datenbankanwendungen zu verbessern, unterstützt ADO.NET das Konzept der Verbindungspools. Eben wurde noch gesagt, dass mit dem Aufruf der Methode `Close` die Verbindung zu der Datenbank geschlossen wird. Wollen wir präzise sein, stimmt diese Aussage nicht (wenn man von den Standardeinstellungen ausgeht). `Close` bewirkt lediglich, dass die Verbindung in einen Pool geschoben wird. Die physische Verbindung bleibt auch dann bestehen, wenn das `SqlConnection`-Objekt aufgegeben wird.

Ein Verbindungspool beherbergt nur Verbindungen, die exakt dieselbe Verbindungszeichenfolge aufweisen. Unterscheidet sich diese, wird ein neuer, zusätzlicher Pool eröffnet. Versucht ein Client, die Verbindung mit einer Datenbank herzustellen, werden zunächst alle vorhandenen Pools daraufhin untersucht, ob es nicht bereits einen Pool mit einer passenden Verbindung gibt. Wenn ja, wird sie dem anrufenden Client zugeordnet, wenn nicht, wird die angeforderte Verbindung neu erstellt. Der Client bearbeitet auf dieser Verbindung die Daten und kann sie am Ende mit `Close` wieder aufgeben. In jedem Fall wird die Verbindung danach einem Pool zugeführt.

Ein Verbindungspool beherbergt nur Datenbankverbindungen, deren Verbindungszeichenfolge identisch ist. Für jeden Client, der nicht aus einem vorhandenen Verbindungspool versorgt werden kann, wird eine neue Verbindung erstellt. Bei stark frequentierten Datenbanken würde das auf die Dauer zu einem inakzeptablen Anwachsen des Pools führen. Daher wird eine Verbindung aus dem Pool gelöscht, wenn sie eine bestimmte Zeit lang nicht mehr aktiviert worden ist. Standardmäßig ist das nach circa fünf Minuten der Fall.

ADO.NET gestattet es Ihnen, das Poolen der Verbindungen zu steuern. Sie können sowohl die maximale als auch die minimale Poolgröße festlegen, gepoolte Verbindungen manuell freigeben und das Verbindungspooling sogar deaktivieren.

Beispiel für ein Verbindungspooling

Wir wollen uns das Poolen jetzt an einem Beispiel verdeutlichen. Dazu wird im folgenden Code eine Verbindung zehnmal angefordert.

```
// ---------------------------------------------------------------
// Beispiel: ...\Kapitel 23\VerbindungsPooling
// ---------------------------------------------------------------
class Program {
  static void Main(string[] args) {
    SqlConnection con = new SqlConnection( ... );
```

```
    // Verbindung 10-mal öffnen und schließen
    for (int i = 0; i < 10; i++) {
      con.Open();
      con.Close();
      Thread.Sleep(100);
    }
    Console.ReadLine();
  }
}
```

Weiter oben in diesem Kapitel haben wir bereits das Tool *SQL Server Profiler* aus dem *SQL Server Management Studio* eingesetzt, um uns von den Auswirkungen der Methode `Close` zu überzeugen. Natürlich spielte auch bei diesen Beispielen das Verbindungspooling eine Rolle, es musste aber zum grundlegenden Verständnis der `Close`-Methode noch nicht berücksichtigt werden.

Nun verwenden wir den Profiler, um das Poolen von Verbindungen zu erleben. In Abbildung 23.2 sehen Sie die Aufzeichnung nach dem Ausführen des Beispielprogramms *VerbindungsPooling*. Beachten Sie, dass im Code zwar zehnmal eine Verbindung aufgebaut wird, aber dennoch nur ein Log-in- und ein abschließendes Log-out-Ereignis auftritt. Dies geschieht, weil jede Verbindung nach dem Öffnen und dem sich anschließenden Schließen mit `Close` zwar aus Sicht des Clients geschlossen wird, tatsächlich jedoch in einen Pool wandert, aus dem sie bei jedem weiteren Schleifendurchlauf mit `Open` wieder in Anspruch genommen wird.

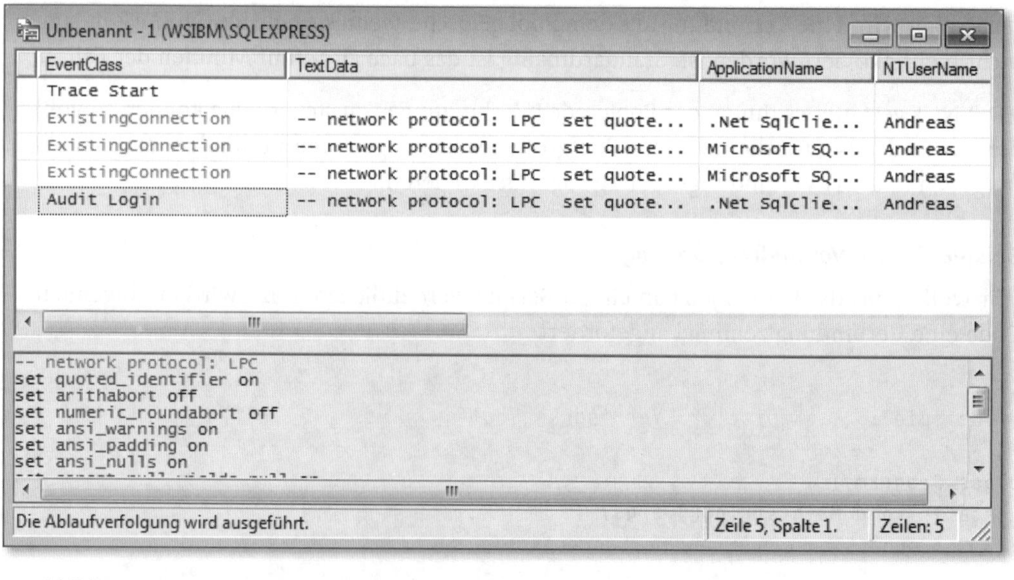

Unbenannt - 1 (WSIBM\SQLEXPRESS)

EventClass	TextData	ApplicationName	NTUserName
Trace Start			
ExistingConnection	-- network protocol: LPC set quote...	.Net SqlClie...	Andreas
ExistingConnection	-- network protocol: LPC set quote...	Microsoft SQ...	Andreas
ExistingConnection	-- network protocol: LPC set quote...	Microsoft SQ...	Andreas
Audit Login	-- network protocol: LPC set quote...	.Net SqlClie...	Andreas

```
-- network protocol: LPC
set quoted_identifier on
set arithabort off
set numeric_roundabort off
set ansi_warnings on
set ansi_padding on
set ansi_nulls on
```

Die Ablaufverfolgung wird ausgeführt. | Zeile 5, Spalte 1. | Zeilen: 5

Abbildung 23.2 Ablaufverfolgungsprotokoll des SQL Server Profilers beim Poolen

Verbindungspooling deaktivieren

Standardmäßig ist das Pooling aktiviert. Um es zu deaktivieren, ergänzen Sie die Verbindungszeichenfolge wie folgt:

```
SqlConnection con = new SqlConnection(" ...;Pooling=False");
```

Wenn Sie die Verbindungszeichenfolge mit einem `SqlConnectionStringBuilder`-Objekt erzeugen, so legen Sie dessen Eigenschaft `Pooling` auf `False` fest.

In *SQL Server Profiler* kann der Effekt, den das Abschalten des Poolings nach sich zieht, wieder anschaulich beobachtet werden. Für jedes Verbindungsgesuch wird ein Log-in- und ein Log-out-Ereignis protokolliert. Abbildung 23.3 zeigt das Protokoll des Beispiels *VerbindungsPooling*, nunmehr jedoch mit ausgeschaltetem Pooling.

Unbenannt - 1 (WSIBM\SQLEXPRESS)

EventClass	TextData	ApplicationName	NTUserName	L
Audit Login	-- network protocol: LPC set quote...	.Net SqlClie...	Andreas	v
Audit Logout		.Net SqlClie...	Andreas	v
Audit Login	-- network protocol: LPC set quote...	.Net SqlClie...	Andreas	v
Audit Logout		.Net SqlClie...	Andreas	v
Audit Login	-- network protocol: LPC set quote...	.Net SqlClie...	Andreas	v
Audit Logout		.Net SqlClie...	Andreas	v
Audit Login	-- network protocol: LPC set quote...	.Net SqlClie...	Andreas	v
Audit Logout		.Net SqlClie...	Andreas	v
Audit Login	-- network protocol: LPC set quote...	.Net SqlClie...	Andreas	v
Audit Logout		.Net SqlClie...	Andreas	v
Audit Login	-- network protocol: LPC set quote...	.Net SqlClie...	Andreas	v
Audit Logout		.Net SqlClie...	Andreas	v
Audit Login	-- network protocol: LPC set quote...	.Net SqlClie...	Andreas	v
Audit Logout		.Net SqlClie...	Andreas	v
Audit Login	-- network protocol: LPC set quote...	.Net SqlClie...	Andreas	v
Audit Logout		.Net SqlClie...	Andreas	v
Audit Login	-- network protocol: LPC set quote...	.Net SqlClie...	Andreas	v
Audit Logout		.Net SqlClie...	Andreas	v
Audit Login	-- network protocol: LPC set quote...	.Net SqlClie...	Andreas	v
Audit Logout		.Net SqlClie...	Andreas	v

Die Ablaufverfolgung wird ausgeführt. | Zeile 24, Spalte 1. | Zeilen: 24

Abbildung 23.3 Ablaufverfolgungsprotokoll des SQL Server Profilers, wenn das Poolen abgeschaltet ist

Verbindungspoolgröße beeinflussen

Sowohl die Maximalgröße als auch die Minimalgröße eines Verbindungspools lassen sich steuern. Per Vorgabe ist die Minimalgröße auf 0 festgelegt, die Maximalgröße auf 100 gepoolte Verbindungen.

Betrachten wir zuerst die Minimalgröße etwas genauer. Fordert ein Client eine Verbindung an, die sich in keinem Pool befindet, und ist die Minimalgröße auf 10 Verbindungen festgelegt, dann werden über die angeforderte Verbindung hinaus neun weitere geöffnet und im Pool abgelegt. Es gibt dann also mindestens zehn Verbindungen im Pool. Diese bedienen eventuell anfordernde Clients. Sind mehr Verbindungen notwendig, wird der Pool vergrößert, aber die Mindestanzahl wird nicht mehr unterschritten, auch wenn zeitweise keine Verbindung mehr benötigt wird. Die Lebensdauer von circa fünf Minuten, die ansonsten für gepoolte Verbindungen gilt, betrifft nicht die zehn Verbindungen, die zur Sicherung der Mindestpoolgröße erforderlich sind.

Die Festlegung der Maximalpoolgröße gewährleistet, dass ein Datenbankserver zu Spitzenzeiten nicht überstrapaziert wird. Zu einem gegebenen Zeitpunkt könnte der Pool ausgeschöpft sein, weil alle darin enthaltenen Verbindungen aktiv von Clients beansprucht werden. Kommt es dann zu einem weiteren Verbindungsgesuch, wird versucht, für die Zeitspanne, die in `Connect Timeout` festgelegt ist, dem anfordernden Client eine Verbindung bereitzustellen. Gelingt das nicht innerhalb der Zeitspanne, wird eine Exception (`InvalidOperationException`) ausgelöst.

Zur Festlegung der minimalen und maximalen Verbindungspoolgröße dienen uns wieder zwei Attribute in der Verbindungszeichenfolge: `Min Pool Size` und `Max Pool Size`. Passend dazu werden von einem `SqlConnectionStringBuilder`-Objekt die beiden Eigenschaften `MinPoolSize` und `MaxPoolSize` angeboten.

```
SqlConnection con = new SqlConnection("...;Min Pool Size=5;
                                        Max Pool Size=200");
```

Freigabe gepoolter Verbindungen

Gepoolte Verbindungen können mit den beiden statischen Methoden `ClearPool` und `ClearAllPools` freigegeben werden.

Die Methode `ClearPool` erwartet als Argument ein `SqlConnection`-Objekt:

```
SqlConnection.ClearPool(con);
```

Das `Connection`-Objekt ist notwendig, weil die Methode daraus die Verbindungszeichenfolge bezieht, um zu wissen, in welchem Verbindungspool die Verbindungen aufgegeben werden sollen. Dabei handelt es sich nur um die freien Verbindungen und nicht um die, die in diesem Moment aktiv sind, also von anderen Clients beansprucht werden.

Die Methode ClearAllPools definiert keinen Parameter. Sie löscht alle freien Verbindungen in den Verbindungspools.

23.2.6 Ereignisse eines »Connection«-Objekts

Mit InfoMessage und StateChange besitzt das SqlConnection-Objekt nur zwei Ereignisse.

Das Ereignis »InfoMessage«

Bei auftretenden Problemen gibt SQL Server eine Informationsmeldung an den Aufrufer zurück, die das Problem beschreibt. Ein Problem kann mehr oder weniger schwerwiegend sein. Um das genauer zu beschreiben, unterscheidet der SQL Server Fehler in ihrem Schweregrad und definiert dazu 25 Stufen. Die Schweregrade 0 bis 10 stehen ausschließlich für Informationsmeldungen zur Verfügung. Fehler des Schweregrads 11 bis 16 kann ein Anwender selbst beheben, ab Schweregrad 17 muss der Datenbankadministrator aktiv werden.

Das InfoMessage-Ereignis wird ausgelöst, wenn vom SQL Server eine Meldung mit einem Schweregrad von 10 oder weniger zurückgegeben wird. Im folgenden Beispiel wird die Anweisung PRINT an den SQL Server geschickt. Die hinter PRINT angeführte Zeichenfolge wird von der Datenbank als Informationsquelle an den Client gesendet, was zur Auslösung des InfoMessage-Ereignisses führt. Die Servermeldung wird der Eigenschaft Message des Args-Objekts entnommen. Wenn Sie sich den Programmcode dieses Beispiels ansehen, sollten Sie die Anweisungen nach dem Öffnen der Verbindung ignorieren, da Sie die dazu notwendigen Informationen erst im nächsten Kapitel erhalten.

```
// ---------------------------------------------------------------
// Beispiel: ...\Kapitel 23\InfoMessageEvent
// ---------------------------------------------------------------
class Program {

  static void Main(string[] args) {
    SqlConnection con = new SqlConnection();
    con.ConnectionString = "...";
    con.InfoMessage += new SqlInfoMessageEventHandler(con_InfoMessage);
    con.Open();
    SqlCommand cmd = con.CreateCommand();
    cmd.CommandText = "PRINT 'Informationsmeldung'";
    cmd.ExecuteNonQuery();
    con.Close();
    Console.ReadLine();
  }

  static void con_InfoMessage(object obj,SqlInfoMessageEventArgs e) {
    Console.WriteLine("Meldung vom Server: {0}", e.Message);
  }
}
```

Das InfoMessage-Ereignis wird normalerweise nur bei Informations- und Warnmeldungen des Servers ausgelöst. Bei einem tatsächlichen Fehler wird eine Ausnahme ausgelöst. Das könnte im Zusammenhang mit den Methoden ExecuteNonQuery oder ExecuteReader, die wir im nächsten Kapitel behandeln, der Fall sein.

Wollen Sie die Verarbeitung der restlichen Anweisungen unabhängig von den vom Server erzeugten Fehlern dennoch fortsetzen, legen Sie die FireInfoMessageEventOnUserErrors-Eigenschaft des SqlConnection-Objekts auf true fest. Bei dieser Vorgehensweise wird beim Auftreten von Fehlern von der Verbindung das InfoMessage-Ereignis ausgelöst, anstatt eine Ausnahme auszulösen und die Verarbeitung zu unterbrechen.

Das Ereignis »StateChange«

Das Ereignis StateChange tritt auf, wenn sich die State-Eigenschaft ändert. Im Ereignishandler können Sie die Eigenschaften OriginalState und CurrentState des Args-Objekts auswerten, um den alten und den neuen Zustand der Verbindung zu überprüfen.

```
// ---------------------------------------------------------------------
// Beispiel: ...\Kapitel 23\InfoMessageEvent
// ---------------------------------------------------------------------
class Program {

  static void Main(string[] args) {
    SqlConnection con = new SqlConnection();
    con.ConnectionString = "...";
    con.StateChange += new StateChangeEventHandler(con_StateChange);
    con.Open();
    con.Close();
    Console.ReadLine();
  }

  static void con_StateChange(object obj,StateChangeEventArgs e) {
    Console.Write("Zustand: von {0}", e.OriginalState.ToString());
    Console.WriteLine(" nach {0}", e.CurrentState.ToString());
  }
}
```

23.2.7 Verbindungszeichenfolgen aus einer Konfigurationsdatei abrufen

Bisher haben wir die Verbindungszeichenfolgen immer im Code geschrieben (und werden es in diesem Buch auch weiter tun). Das spiegelt die Anforderungen in der täglichen Praxis nicht wider, denn Sie werden nur selten eine Datenbankanwendung entwickeln, die unter Einbeziehung der Produktionsserverdatenbank getestet wird. Stattdessen werden Sie bestenfalls mit einer Kopie der Datenbank arbeiten, die sich auf einem anderen Rechner befindet und somit eine andere Verbindungszeichenfolge erfordert als die Produktionsdatenbank. Nach dem bisherigen Kenntnisstand bedeutet dies, dass Sie nach dem erfolgreichen Testen und vor Auslieferung und Installation der Anwendung die Verbindungsinformationen abschließend ändern und noch einmal kompilieren müssen.

Auch ein anderes, typisches Szenario ist denkbar: Die Produktionsdatenbank wird »verschoben«, beispielsweise auf einem anderen Rechner installiert, oder der Rechner, auf dem die Datenbank installiert ist, erhält eine andere TCP/IP-Adresse. Auch hier muss die Anwendung neu kompiliert werden, um mit der neuen Verbindungszeichenfolge den Zugriff auf die Dateninformationen zu gewährleisten.

Eine gute Lösung ist es, die Verbindungszeichenfolge isoliert zu betrachten. .NET bietet mit den Konfigurationsdateien dazu die passende Lösung an. Konfigurationsdateien gibt es auf mehreren Ebenen: beispielsweise die Maschinenkonfigurationsdatei für eine lokale Maschine oder die Anwendungskonfigurationsdatei für ein bestimmtes Programm. Konfigurationsdateien werden, soweit vorhanden, vor dem Starten einer .NET-Anwendung ausgewertet. Verbindungszeichenfolgen lassen sich in Konfigurationsdateien hinterlegen. Der Vorteil dabei ist, dass eine Verbindungszeichenfolge ohne Neukompilierung der Anwendung geändert werden kann, sogar mit jedem einfachen Texteditor, denn Konfigurationsdateien sind XML-Dateien.

An einem Beispiel möchte ich Ihnen zeigen, wie Sie nicht nur eine Anwendungskonfigurationsdatei hinsichtlich der Verbindungszeichenfolge auswerten können, sondern auch, wie Sie mittels Programmcode in die Konfigurationsdatei schreiben.

```
// ---------------------------------------------------------------
// Beispiel: ...\Kapitel 23\InfoMessageEvent
// ---------------------------------------------------------------
...
using System.Configuration;

namespace ConnectionstringInKonfdatei {
  class Program {

    static void Main(string[] args) {
      ConnectionStringSettings setting =
          ConfigurationManager.ConnectionStrings["SQL2008"];

      // prüfen, ob es in der Konfigurationsdatei einen
      // Eintrag 'SQL2008' gibt
      if (setting == null) {
        setting = new ConnectionStringSettings();
        setting.Name = "SQL2008";
        setting.ConnectionString =
            @"Data Source=.\sqlexpress;Initial Catalog=Northwind;" +
            "Integrated Security=true";
        Configuration config = ConfigurationManager.OpenExeConfiguration
```

```
                                (ConfigurationUserLevel.None);
          config.ConnectionStrings.ConnectionStrings.Add(setting);
          config.Save();
        }
        SqlConnection con = new SqlConnection(setting.ConnectionString);
        con.Open();
        Console.WriteLine("Verbindung geöffnet");
        con.Close();
        Console.ReadLine();
      }
    }
}
```

Beachten Sie bitte, dass Sie die Bibliothek *System.Configuration.dll* unter VERWEISE einbinden müssen. Im Code wird zuerst überprüft, ob es in der Anwendungskonfigurationsdatei einen Eintrag namens *SQL2008* gibt. Wenn nicht, wird er angelegt und eine Verbindungszeichenfolge definiert. Sollte es noch keine Anwendungskonfigurationsdatei geben, wird diese im Code erzeugt. Danach wird der entsprechende Eintrag aus der Konfigurationsdatei als Argument dem `SqlConnection`-Konstruktoraufruf übergeben.

Nun sollten wir uns auch noch die Anwendungskonfigurationsdatei ansehen:

```
<?xml version="1.0" encoding="utf-8"?>
<configuration>
    <connectionStrings>
        <add name="SQL2008"
             connectionString="Data Source=wsak\\SQL2008;
                               Initial Catalog=Northwind;
                               Integrated Security=sspi" />
    </connectionStrings>
</configuration>
```

Anwendungskonfigurationsdateien werden standardmäßig im Verzeichnis der ausführbaren Programmdatei (*exe*-Datei) gespeichert. Der Dateibezeichner lautet genauso wie der Dateibezeichner der ausführbaren Datei, ergänzt um *.config*. Innerhalb des Stammelements `<configuration>` können eine Vielzahl auswertbarer untergeordneter Elemente definiert werden, zu denen auch `<connectionStrings>` zählt. Jeder Eintrag einer Verbindungszeichenfolge wird mit dem Element `<add>` eingeleitet, das sich `<connectionStrings>` unterordnet. `<add>` definiert drei Attribute, von denen zwei zwingend angegeben werden müssen: `connectionString` und `name`. Das dritte, `providerName`, ist optional und hat die Standardeinstellung `System.Data.SqlClient`. Es gestattet, den Datenprovider für die beschriebene Verbindungszeichenfolge festzulegen.

Ändert sich im laufenden Betrieb die Verbindungszeichenfolge, beispielsweise wegen einer Änderung der TCP/IP-Adresse des Datenbankservers, passen Sie die Verbindungszeichenfolge in der Konfigurationsdatei entsprechend an. Eine Neukompilierung der Anwendung mit nachfolgender Neuverteilung ist nicht notwendig.

23.2.8 Verbindungen mit dem »OleDb«-Datenprovider

Im Gegensatz zum SqlClient-Datenprovider, der nur den Zugriff auf SQL Server ab Version 7.0 ermöglicht, ist der OleDb-Datenprovider sehr flexibel einsetzbar. Sie können ihn zur Kommunikation mit dem SQL Server benutzen. Er unterstützt aber gleichzeitig auch alle OLE DB-Datenbanken, zu denen beispielsweise auch Oracle und Access zählen.

Prinzipiell ändert sich nur wenig, wenn Sie anstelle des SqlClient-Datenproviders den OleDb-Provider einsetzen. Sie sollten aber daran denken, vorher den richtigen Namespace bekannt zu geben:

```
using System.Data.OleDb;
```

Zum Aufbau einer Verbindung benötigt auch der OleDb-Provider ein `Connection`-Objekt. Der exakte Name der Klasse lautet, angelehnt an den ausgewählten Provider, `OleDbConnection`. Die Verbindungszeichenfolge wird ebenfalls entweder über dem parametrisierten Konstruktor oder über die Eigenschaft `ConnectionString` bereitgestellt. Die Attribute der Verbindungszeichenfolge gleichen denen des SqlClient-Datenproviders, werden jedoch noch um das Attribut `Provider` ergänzt, mit dem die Datenquelle genauer zu spezifizieren ist. In Tabelle 23.2 sind die wichtigsten Attribute aufgeführt.

Wert	Beschreibung
`SQLOLEDB`	Der SQL Server-Datenprovider
`Microsoft.Jet.OLEDB.4.0`	Datenprovider der Jet-Datenbanken (Microsoft Access)
`MSDAORA`	OleDb-Datenprovider für Oracle

Tabelle 23.2 Werte des Attributs »Provider« (Auszug)

In der Tabelle ist ein Wert für den Zugriff auf ODBC-Datenquellen nicht angegeben, denn für diese sollten die Klassen des Namespace `System.Data.Odbc` benutzt werden.

Verbindungsaufbau zu einer SQL Server-Datenbank

Das folgende Codefragment zeigt, wie eine Verbindung zur Beispieldatenbank *Northwind* einer SQL Server-Instanz hergestellt wird, die sich auf dem lokalen Rechner befindet. Als OleDb-Provider dient der Providername SQLOLEDB. Der Authentifizierungsmodus ist bei diesem Codefragment die SQL Server-Authentifizierung.

```
string strCon = @"Provider=SQLOLEDB;Data Source=(local)\sqlexpress;" +
                "Initial Catalog=Northwind;" +
                "User ID=testuser;" +
                "Password=2zz6s13";
```

```
OleDbConnection con = new OleDbConnection(strCon);
con.Open();
// Anweisungen
con.Close();
```

Verbindungsaufbau zu einer Access-Datenbank

Um die Verbindung zu einer Access-Datenbank herzustellen, wird der spezifische Datenprovider *Microsoft.Jet.OLEDB.4.0* benutzt. Handelt es sich um eine andere Version der Datenbank, müssen Sie nur die Ziffern austauschen, die die Version beschreiben. Die Verbindungszeichenfolge sieht etwas anders aus als die, mit der die Verbindung zum SQL Server hergestellt wird. Hinter dem Attribut `Data Source` wird nun nicht mehr der Rechnername angegeben, sondern die Pfadangabe zur *mdb*-Datei, da es sich um eine dateibasierte Datenbank handelt.

```
OleDbConnection con = new OleDbConnection();
con.ConnectionString = @"Provider=Microsoft.Jet.OLEDB.4.0;" +
                        "Data Source=C:\FPNWIND.mdb";
con.Open();
```

Um die Verbindung genauer zu beschreiben, steht eine Reihe weiterer Schlüsselwörter zur Verfügung. Sie können diese der *Microsoft Data Access SDK* entnehmen.

Authentifizierung mit dem »OleDb«-Provider

Der OleDb-Datenprovider bietet für SQL Server eine weitere interessante Möglichkeit zur Authentifizierung des Anwenders. Dazu muss weder der Benutzername noch das Kennwort in der Verbindungszeichenfolge angegeben werden. Ergänzen Sie diese vielmehr um `prompt=prompt`, also beispielsweise:

```
con.ConnectionString = "Provider=SQLOLEDB;Data Source=(local);" +
   "Initial Catalog=Northwind;prompt=prompt";
```

Beim Verbindungsaufbau mit der Methode `Open` wird daraufhin ein Dialog geöffnet, wie in Abbildung 23.4 gezeigt.

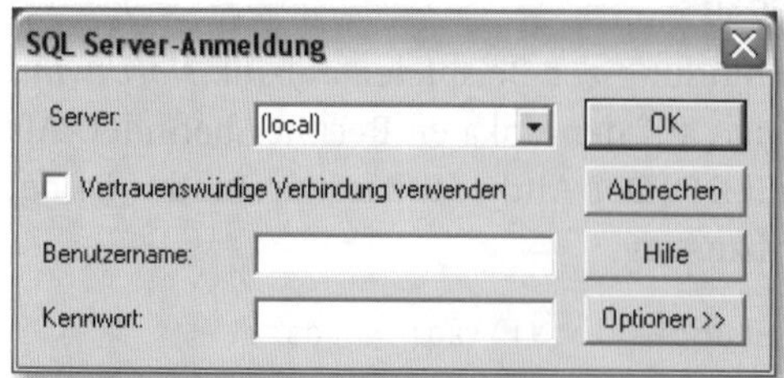

Abbildung 23.4 Der Anmeldedialog des »OleDb«-Datenproviders

Beabsichtigt der Anwender, sich über sein aktuelles Windows-Benutzerkonto zu authentifizieren, setzt er ein Häkchen in die Auswahlbox VERTRAUENSWÜRDIGE VERBINDUNG VERWENDEN. Soll die Verbindung über die spezifische SQL Server-Authentifizierung hergestellt werden, muss der Anwender den entsprechenden Benutzernamen und das dazu passende Passwort eingeben.

24 ADO.NET – Das Command-Objekt

Die Grundlage einer Datenbankabfrage ist die Verbindung zu der Datenquelle. Wie Sie ein SqlConnection-Objekt dazu erzeugen, habe ich im letzten Kapitel gezeigt. Nun gehen wir den nächsten Schritt und wollen uns damit beschäftigen, wie Daten aus der Datenbank abgerufen werden. Damit wird auch in einem Zug erklärt, wie Daten in der Originaldatenbank verändert, hinzugefügt und gelöscht werden. Für solche Operationen stellt ADO.NET eine weitere Klasse zur Verfügung, die je nach eingesetztem Datenprovider SqlCommand, OleDbCommand oder OdbcCommand heißt. Command-Objekte gehören zur Gruppe derjenigen Objekte, die auf die Verbindung zum Datenbankserver angewiesen sind.

Neben der Klasse SqlCommand werden Sie weitere wichtige Klassen kennenlernen, allen voran die Klasse SqlDataReader, die die Datensätze einer Ergebnisliste durchläuft oder Schema-Informationen einer Tabelle abruft. SqlDataReader ist tatsächlich in der gesamten ADO.NET-Klassenbibliothek das einzige Objekt, das Dateninformationen abrufen kann. Auch wenn wir uns später mit der Klasse SqlDataAdapter beschäftigen, die über die Methode Fill ein DataSet zu füllen vermag, hält der DataReader im Hintergrund die Fäden in der Hand. Von außen betrachtet, können wir das allerdings nicht direkt erkennen.

24.1 Das »SqlCommand«-Objekt

Das SqlCommand-Objekt repräsentiert einen SQL-Befehl oder eine gespeicherte Prozedur. In der Eigenschaft CommandText wird die SQL-Anweisung bzw. die gespeicherte Prozedur festgelegt. Die Ausführung wird mit einer der Execute-Methoden gestartet.

Als kleiner Vorgeschmack soll das folgende Beispiel dienen. Darin wird die Verbindung zu der Datenbank *Northwind* des SQL Servers aufgebaut. In der Tabelle Products, in der alle Artikel geführt sind, ist u.a. ein Artikel mit der Bezeichnung Chai (Spalte ProductName) vorhanden. Angenommen, dieser sei falsch und soll nun in Sojasauce geändert werden. Dazu übergeben wir der Eigenschaft CommandText des SqlCommand-Objekts ein entsprechendes UPDATE-Kommando und führen es mit ExecuteNonQuery aus. Der Rückgabewert der Methode ist vom Typ int und gibt an, wie viele Datensätze von der Änderung betroffen sind.

```
// ---------------------------------------------------------
// Beispiel: ...\Kapitel 24\ExecuteNonQuerySample
// ---------------------------------------------------------
SqlConnection con = new SqlConnection("...");
```

```
SqlCommand cmd = new SqlCommand();
cmd.CommandText =
  "UPDATE Products SET ProductName='Sojasauce' WHERE ProductName='Chai'";
cmd.Connection = con;
con.Open();
if( cmd.ExecuteNonQuery() > 0)
  Console.WriteLine("Erfolgreich aktualisiert!") ;
con.Close();
```

Die genaue Angabe der Verbindungszeichenfolge ist hier ausgelassen – so wie in den meisten folgenden Beispielen auch. Sie können diese dem zweiten Kapitel entnehmen und, falls notwendig, entsprechend Ihrer eigenen lokalen Installation anpassen.

Vom Erfolg der Operation können Sie sich auf verschiedene Weisen überzeugen. Sie können sich einerseits mit dem Tool *SQL Server Management Studio* von SQL Server 2008 den Inhalt der nun geänderten Tabelle anzeigen lassen. Sie können das aber auch aus dem *Server-Explorer* von Visual Studio 2010 heraus, den Sie über das Menü ANSICHT öffnen. Fügen Sie über das Kontextmenü des Knotens DATENVERBINDUNGEN die Verbindung zu der Datenbank *Northwind* hinzu. Ein Assistent, den wir uns später in diesem Buch noch genauer ansehen werden, begleitet Sie durch den gesamten Prozess, an dessen Ende Sie die Möglichkeit haben, sich den aktuellen Inhalt der Tabelle `Products` in Visual Studio 2010 anzeigen zu lassen.

24.1.1 Erzeugen eines »SqlCommand«-Objekts

Um ein Kommando gegen eine Datenbank abzusetzen, wird ein `SqlCommand`-Objekt benötigt. Es spielt dabei keine Rolle, ob es sich um eine Auswahlabfrage (SELECT) oder Aktionsabfrage (INSERT, UPDATE oder DELETE) handelt. Das SQL-Kommando wird der Eigenschaft `CommandText` des `SqlCommand`-Objekts zugewiesen. Das ist aber noch nicht ausreichend, denn zusätzlich zum Befehl muss das `SqlCommand`-Objekt auch den Datenbankserver und die Datenbank kennen. Das heißt nichts anderes, als dass das `SqlCommand`-Objekt wissen muss, welches `SqlConnection`-Objekt die Verbindung zur Datenbank beschreibt.

Um diese Anforderungen zu erfüllen, stehen Ihnen mehrere Konstruktoren zur Verfügung. Sie können, wie im Beispiel zuvor gezeigt, den parameterlosen Konstruktor bemühen, müssen dann aber der Eigenschaft `SqlConnection` des `SqlCommand`-Objekts die Referenz auf `SqlConnection` mitteilen. Einer anderen Konstruktorüberladung können Sie neben dem abzusetzenden Kommando auch die Referenz auf das `SqlConnection`-Objekt übergeben.

```
SqlCommand cmd = new SqlCommand("UPDATE Products " +
                                "SET ProductName='Sojasauce' " +
                                "WHERE ProductName='Chai'", con);
```

24.1.2 Die Methode »CreateCommand« des »Connection«-Objekts

Es gibt noch eine zweite Variante, eine Referenz auf ein `SqlCommand`-Objekt zu erhalten. Dazu wird die Methode `CreateCommand` auf dem `SqlConnection`-Objekt aufgerufen, die als Rückgabewert das providerspezifische `SqlCommand`-Objekt liefert.

```
SqlConnection con = new SqlConnection("...");
SqlCommand cmd = con.CreateCommand();
```

24.1.3 Ausführen des »SqlCommand«-Objekts

Die `CommandText`-Eigenschaft legt das Kommando fest, das ausgeführt werden soll. Es kann sich dabei um ein SQL-Kommando oder eine gespeicherte Prozedur handeln. Bei den SQL-Kommandos werden zwei Kategorien unterschieden:

- Auswahlabfragen
- Aktionsabfragen

Eine Auswahlabfrage basiert auf dem SELECT-Statement und liefert ein Ergebnis zurück. Dazu gehören auch die Abfragen, die eine Aggregatfunktion wie SUM oder COUNT aufrufen und nur einen Ergebniswert liefern. Eine typische Auswahlabfrage wäre zum Beispiel:

```
SELECT ProductName, UnitPrice FROM Products WHERE UnitPrice < 100
```

Das Resultat dieser Abfrage bilden alle Datensätze der Datenbank *Northwind*, die diejenigen Produkte beschreiben, deren Preis kleiner 100 ist.

Eine Aktionsabfrage manipuliert die Datenbank. Dabei kann es sich um Folgendes handeln:

- die Aktualisierung der Daten (DML-Abfrage – *Data Manipulation Language*-Abfrage) oder
- die Änderung der Datenbankstruktur (DDL-Abfrage – *Data Definition Language*-Abfrage)

Mit

```
UPDATE Products
SET ProductName='Sojasauce'
WHERE ProductName='Chai'
```

hatten wir eingangs eine DML-Abfrage abgesetzt, die zwar einen Datensatz in `Products` änderte, selbst aber keine Ergebnismenge lieferte.

Wie Sie sehen, führt das Absetzen eines Befehls zu ganz unterschiedlichen Reaktionen des Datenbankservers. Das `SqlCommand`-Objekt trägt dem Rechnung und stellt mit

- `ExecuteNonQuery`,
- `ExecuteReader`,
- `ExecuteScalar` und
- `ExecuteXmlReader`

vier Methoden zur Verfügung, die speziell auf die einzelnen Abfragen abgestimmt sind und synchron ausgeführt werden. Synchron bedeutet, dass die Clientanwendung nach dem Methodenaufruf so lange wartet, bis das Ergebnis der Frage vom Datenbankserver eintrifft. Gegebenenfalls kann das eine längere Zeitspanne beanspruchen. Daher wurde mit der Einführung von ADO.NET 2.0 auch die Möglichkeit eingeräumt, Datenbankabfragen asynchron auszuführen. Der Client muss dann nicht warten, bis die Abfrageausführung beendet ist, sondern kann weiterarbeiten, bis ihm signalisiert wird, dass die Ergebnisse vollständig vorliegen.

24.1.4 Die Eigenschaft »CommandTimeout« des »SqlCommand«-Objekts

Wird eine Abfrage mit einer der vier `Execute`-Methoden ausgeführt, wartet das `SqlCommand`-Objekt per Vorgabe 30 Sekunden auf das Eintreffen der ersten Abfrageergebnisse. Das Überschreiten dieser Zeitspanne hat eine Ausnahme zur Folge.

Mittels der Eigenschaft `CommandTimeout` kann die Voreinstellung verändert werden. Mit der Einstellung 0 wartet das `SqlCommand`-Objekt eine unbegrenzte Zeit. Empfehlenswert ist das allerdings nicht. Eine Abfrage könnte durchaus so lange andauern, dass die voreingestellte Zeit überschritten wird. Das hat keine weiteren Auswirkungen, weil eine laufende Abfrage nicht unterbrochen wird.

24.2 Aktionsabfragen absetzen

Abfragen, die Änderungen an den Originaldaten der Datenbank nach sich ziehen (UPDATE, DELETE INSERT) oder die Struktur einer Datenbank verändern (CREATE TABLE), werden mit der Methode `ExecuteNonQuery` abgesetzt.

Handelt es sich bei dem Befehl um ein UPDATE-, INSERT- oder DELETE-Kommando, können Sie über den Rückgabewert die Anzahl der von der Anweisung betroffenen Datenzeilen feststellen.

24.2.1 Datensätze hinzufügen

Im folgenden Beispielprogramm wird der Tabelle `Products` ein Datensatz hinzugefügt. Dabei wird der parametrisierte Konstruktor der Klasse `SqlCommand` verwendet, der im ersten Parameter den SQL-Befehl und im zweiten die Referenz auf das SqlConnection-Objekt entgegennimmt.

```
// ---------------------------------------------------------------
// Beispiel: ...\Kapitel 24\DatensätzeHinzufügen
// ---------------------------------------------------------------
SqlConnection con = new SqlConnection("...");

// SQL-Befehl
string strSQL =
       "INSERT INTO Products(ProductName, Discontinued) " +
       "VALUES('Schweizer Käse',0)";
try {
  con.Open();
  SqlCommand cmd = new SqlCommand(strSQL, con);
  // Kommando absetzen
  cmd.ExecuteNonQuery();
}
catch (Exception e) {
  Console.WriteLine("Fehlermeldung: {0}", e.Message);
}
con.Close();
```

24.2.2 Datensätze löschen

Der Datensatz aus dem vorhergehenden Beispiel soll nun wieder gelöscht werden. Da wir nun daran interessiert sind, ob und wie viele Datenzeilen von einer Löschanweisung betroffen sind, werten wir den Rückgabewert der Methode ExecuteNonQuery an der Konsole aus.

```
// ---------------------------------------------------------------
// Beispiel: ...\Kapitel 24\DatensätzeLöschen
// ---------------------------------------------------------------
SqlConnection con = new SqlConnection("...");
try {
  con.Open();
  string strSQL = "DELETE FROM Products " +
                  "WHERE ProductName='Schweizer Käse'";
  SqlCommand cmd = new SqlCommand(strSQL, con);
  Console.Write("Anzahl der gelöschten Datensätze = ");
  Console.WriteLine(cmd.ExecuteNonQuery());
}
catch (Exception e) {
  Console.WriteLine("Fehlermeldung: {0}", e.Message);
}
con.Close();
```

Nach dem ersten Start des Programms wird der im Abschnitt zuvor hinzugefügte Datensatz gelöscht. An der Konsole sehen wir das bestätigt, da die Zahl 1 ausgegeben wird. Rufen wir das Programm ein zweites Mal auf, wird kein Datensatz gefunden, der dem Kriterium `ProductName='Schweizer Käse'` entspricht. Das spiegelt sich in der Ausgabe

```
Die Anzahl der gelöschten Datensätze = 0
```

wider.

24.2.3 Datensätze ändern

Zu Beginn dieses Abschnitts wurde in dem Beispiel *ExecuteNonQueryDemo* bereits gezeigt, wie Sie Datensätze in der Datenbank editieren können. Daher soll an dieser Stelle auf ein weiteres Beispiel verzichtet werden.

24.2.4 Abfragen, die genau ein Ergebnis liefern

Mit der SELECT-Anweisung können Sie eine Datensatzliste nach bestimmten Auswahlkriterien aus einer Datenbank abrufen. Der Befehl SELECT wird aber auch dann benutzt, wenn eine Aggregatfunktion definiert werden soll. Aggregatfunktionen liefern ein Ergebnis zurück. Beispielsweise können Sie mit

```
SELECT COUNT(*) FROM Products
```

die Anzahl der Artikel in der Tabelle `Products` ermitteln und mit

```
SELECT COUNT(*) FROM Products WHERE CategoryID = 1
```

feststellen, wie viele Artikel zur Kategorie 1 gehören. Neben COUNT stehen noch weitere Aggregatfunktionen zur Verfügung: SUM, um die Summe eines numerischen Ausdrucks zu ermitteln, AVG, um einen Durchschnittswert zu bilden, sowie MIN und MAX, um aus einem gegebenen Ausdruck den Maximal- bzw. Minimalwert zu erhalten.

Um den Rückgabewert einer Aggregatfunktion entgegenzunehmen, rufen Sie die Methode `ExecuteScalar` auf das `SqlCommand`-Objekt auf. Der Typ der Rückgabe ist `Object`, daher muss das Ergebnis noch in den passenden Datentyp konvertiert werden.

```
string textSQL = "SELECT COUNT(*) FROM Products WHERE CategoryID=1";
SqlCommand cmd = new SqlCommand(textSQL, con);
int anzahlDS = Convert.ToInt32(cmd.ExecuteScalar());
```

24.3 Das »SqlDataReader«-Objekt

Mit der Methode `ExecuteNonQuery` des `SqlCommand`-Objekts können Sie Datensätze in der Originaldatenbank manipulieren und mit `ExecuteScalar` ein einzelnes Abfrageergebnis abrufen. Möchte man sich die Datensätze einer Tabelle in einer Anwendung anzeigen lassen, wird die Methode `ExecuteReader` des `SqlCommand`-Objekts aufgerufen.

```
public SqlDataReader ExecuteReader()
```

Das Ergebnis des Methodenaufrufs ist ein Objekt vom Typ `SqlDataReader`. Dieses ähnelt den anderen `Reader`-Objekten des .NET-Frameworks (`TextReader`, `StreamReader` usw.). Ein `SqlDataReader`-Objekt liest aus einer Ergebnisliste, die schreibgeschützt ist und sich in einem serverseitigen Puffer befindet, also auf der Seite der Datenbank. Sie sollten daher den Ratschlag beherzigen, die Ergebnisliste so schnell wie möglich abzurufen, damit die beanspruchten Ressourcen wieder freigegeben werden.

In einer von einem `SqlDataReader`-Objekt bereitgestellten Datensatzliste kann immer nur zum folgenden Datensatz navigiert werden. Eine beliebige Navigation in der Ergebnisliste ist nicht möglich – ebensowenig wie das Ändern der gelieferten Daten. Damit hat ein `SqlDataReader` nur sehr eingeschränkte Funktionalität. Dieses Manko wird andererseits durch die sehr gute Performance wettgemacht – das ist die Stärke des `SqlDataReaders`.

Das Erzeugen eines `DataReader`-Objekts funktioniert nur über den Aufruf der Methode `ExecuteReader` auf die `SqlCommand`-Referenz, denn die Klasse `SqlDataReader` weist keinen öffentlichen Konstruktor auf.

```
SqlDataReader reader = cmd.ExecuteReader();
```

24.3.1 Datensätze einlesen

Im folgenden Beispielprogramm wird ein `SqlDataReader` dazu benutzt, alle Artikel zusammen mit ihrem Preis nach dem Preis sortiert auszugeben.

```
// ---------------------------------------------------------------
// Beispiel: ...\Kapitel 24\DataReaderSample
// ---------------------------------------------------------------
SqlConnection con = new SqlConnection("...");
string strSQL = "SELECT ProductName, Unitprice " +
                "FROM Products " +
                "ORDER BY[UnitPrice]";
SqlCommand cmd = new SqlCommand(strSQL, con);
con.Open();
SqlDataReader reader = cmd.ExecuteReader();
while (reader.Read())
  Console.WriteLine("{0,-35}{1}", reader["ProductName"], reader["UnitPrice"]);
reader.Close();
con.Close();
```

Zuerst wird die Zeichenfolge des SELECT-Statements definiert, die im nächsten Schritt zusammen mit der Referenz auf das `SqlConnection`-Objekt dazu dient, ein `SqlCommand`-Objekt zu erzeugen. Auf dem `SqlCommand`-Objekt wird nach dem Öffnen der Verbindung die Methode `ExecuteReader` ausgeführt. Der Rückgabewert wird in der Objektvariablen `reader` vom Typ `SqlDataReader` gespeichert.

`SqlDataReader` liefert alle Datensätze, die der Reihe nach durchlaufen werden müssen. Um auf die Datensätze zuzugreifen, gibt es nur eine Möglichkeit: die Methode `Read` des `DataReader`-Objekts.

```
public override bool Read()
```

Jeder Aufruf von `Read` legt die Position des `SqlDataReaders` neu fest. Die Ausgangsposition vor dem ersten `Read`-Aufruf ist vor dem ersten Datensatz. Nach dem Aufruf von `Read` ist der Rückgabewert `true`, falls noch eine weitere Datenzeile abgerufen werden kann. Ist der Rückgabewert `false`, ist kein weiterer Datensatz mehr verfügbar. Damit eignet sich `Read`, um die Datensatzliste in einer `while`-Schleife zu durchlaufen.

Beabsichtigen Sie, wiederholt die Datensätze im `SqlDataReader` auszuwerten, müssen Sie die Methode `ExecuteReader` erneut aufrufen.

Auswerten der einzelnen Spalten in DataReader

Mit `Read` wird die Position des `SqlDataReaders` auf die folgende Datenzeile verschoben. In unserem Beispiel hat jede Datenzeile zwei Feldinformationen, nämlich die der Spalten `ProductName` und `UnitPrice`. Die einzelnen Spalten einer Abfrage werden in einer Auflistung geführt, auf die Sie über den Index des `SqlDataReader`-Objekts zugreifen können:

```
reader[0]
```

Sie können auch den Spaltenbezeichner angeben, also:

```
reader["ProductName"]
```

Diese Angaben sind gleichwertig. Bezüglich der Performance gibt es jedoch einen Unterschied. Geben Sie den Spaltennamen an, muss das `SqlDataReader`-Objekt zuerst die Spalte in der Auflistung suchen – und das bei jeder Datenzeile.

```
while (reader.Read())
  Console.WriteLine("{0,-35}{1}", reader["ProductName"], reader["UnitPrice"]);
```

Um die Leistung Ihrer Anwendung zu steigern, sollten Sie daher den Index der betreffenden Spalte angeben:

```
while(reader.Read())
  Console.WriteLine("{0,-35}{1}",reader[0], reader[1]);
```

Ist Ihnen nur der Spaltenbezeichner, jedoch nicht der dazugehörige Index bekannt, haben Sie mit der Methode GetOrdinal der Klasse DataReader unter Angabe des Spaltenbezeichners die Möglichkeit, vor dem Aufruf von Read den Index zu ermitteln:

```
int intName = reader.GetOrdinal("ProductName");
int intPrice = reader.GetOrdinal("UnitPrice");
while(reader.Read())
   Console.WriteLine("{0,-20}{1,-20}{2,-20}",
                reader[intName], reader[intPrice]);
```

Spalten mit den typspezifischen Methoden abrufen

Mit dem Indexer der Methode ExecuteReader werden die Spaltenwerte vom Typ Object zurückgegeben. Das hat Leistungseinbußen zur Folge, weil der tatsächliche Typ erst in Object umgewandelt werden muss. Anstatt über den Indexer die Daten auszuwerten, können Sie auch eine der vielen GetXxx-Methoden anwenden, die für die wichtigsten .NET-Datentypen bereitgestellt werden, beispielsweise GetString, GetInt32 oder GetBoolean. Sie müssen nur die passende Methode aus einer (langen) Liste auswählen und beim Aufruf die Ordinalzahl der entsprechenden Spalte übergeben. Wählen Sie eine nicht typgerechte Methode aus, kommt es zur Ausnahme InvalidCastException.

```
SqlDataReader reader = cmd.ExecuteReader();
while (reader.Read()) {
  Console.WriteLine(reader.GetString(0));
  Console.WriteLine(reader.GetString(1));
}
```

Auch wenn der Programmieraufwand größer ist, zur Laufzeit werden Sie dafür mit einem besseren Leistungsverhalten belohnt.

NULL-Werte behandeln

Spalten einer Tabelle können, sofern sie zugelassen sind, NULL-Werte enthalten. In der Tabelle Products betrifft das zum Beispiel die Spalte UnitPrice. Rufen Sie die Datenwerte über eine der typisierten Methoden ab und ist der Spaltenwert NULL, führt das zu einer Ausnahme.

Um diesem Problem zu begegnen, können Sie mit der Methode IsDBNull des SqlDataReaders prüfen, ob die entsprechende Spalte einen gültigen Wert oder NULL enthält.

```
SqlDataReader reader = cmd.ExecuteReader();
while (reader.Read()) {
  Console.WriteLine(reader.GetString(0));
  if(! reader.IsDBNull(1))
    Console.WriteLine(reader.GetString(1));
}
```

24.3.2 Schließen des »SqlDataReader«-Objekts

Der `SqlDataReader` blockiert standardmäßig das `SqlConnection`-Objekt. Solange `SqlDataReader` durch den Aufruf von `ExecuteReader` geöffnet ist, können keine anderen Aktionen auf Basis der Verbindung durchgeführt werden, auch nicht das Öffnen eines zweiten `SqlDataReader`-Objekts. Daher sollte die Sperre so schnell wie möglich mit

```
reader.Close();
```

aufgehoben werden.

24.3.3 MARS (Multiple Active Resultsets)

Der SQL Server hat ein Feature, das es gestattet, mehrere Anforderungen auf einer Verbindung auszuführen. Damit wird eine Verbindung nicht mehr blockiert, wenn diese einem geöffneten `SqlDataReader` zugeordnet ist. Diese Technik von SQL Server wird als *Multiple Active Resultsets*, kurz MARS, bezeichnet. MARS ist per Vorgabe deaktiviert und muss zuvor aktiviert werden, um es zu nutzen. Sie aktivieren MARS entweder durch Ergänzen der Verbindungszeichenfolge um

```
MultipleActiveResultSets=True;
```

oder durch Setzen der gleichnamigen Eigenschaft im `SqlConnectionStringBuilder`.

MARS bietet sich an, wenn auf Basis der Ergebnismenge eines `SqlDataReaders` eine untergeordnete Tabellenabfrage gestartet werden soll. Das folgende Beispiel demonstriert dies. Dazu soll zu jedem Artikel auch der dazugehörige Lieferant ausgegeben werden. Damit stehen die beiden Tabellen `Products` und `Suppliers` im Mittelpunkt unserer Betrachtung. Sie stehen in einer 1:n-Beziehung zueinander.

Für jede Tabelle werden ein `SqlCommand`-Objekt sowie ein `SqlDataReader`-Objekt benötigt. Das erste `DataReader`-Objekt durchläuft die Artikeltabelle. Mit der in der Spalte `SupplierID` enthaltenen ID des Lieferanten wird eine untergeordnete Ergebnisliste – die der Tabelle `Suppliers` – durchlaufen. Hier wird die ID des Lieferanten gesucht und dessen Firmenbezeichnung zusätzlich zum Artikel ausgegeben.

```
// ---------------------------------------------------------------
// Beispiel: ...\Kapitel 24\MarsSample
// ---------------------------------------------------------------
SqlConnection con = new SqlConnection(
                    " ...;MultipleActiveResultSets=true");
string textProducts =
       "SELECT ProductName, UnitsInStock, SupplierID " +
       "FROM Products";
string textSupplier =
       "SELECT CompanyName " +
```

```
        "FROM Suppliers " +
        "WHERE SupplierID=@SupplierID";
// SqlCommand-Objekte erzeugen
SqlCommand cmdProducts, cmdSupplier;
cmdProducts = new SqlCommand(textProducts, con);
cmdSupplier = new SqlCommand(textSupplier, con);
SqlParameter param = cmdSupplier.Parameters.Add(
                  "@SupplierID", SqlDbType.Int);
// Verbindung öffnen
con.Open();
SqlDataReader readerProducts = cmdProducts.ExecuteReader();

// Einlesen und Ausgabe der Datenzeilen an der Konsole
while (readerProducts.Read()) {
  Console.Write("{0,-35}{1,-6}",
  readerProducts["ProductName"], readerProducts["UnitsInStock"]);
  param.Value = readerProducts["SupplierID"];
  SqlDataReader readerSupplier = cmdSupplier.ExecuteReader();
  while (readerSupplier.Read()) {
    Console.WriteLine(readerSupplier["Companyname"]);
  }
  readerSupplier.Close();
  Console.WriteLine(new string('-', 80));
}
readerProducts.Close();
con.Close();
```

Der Vorteil von MARS wird in diesem Beispiel deutlich: Es genügt eine Verbindung, um mit den beiden `SqlDataReader`-Objekten zu operieren. Selbstverständlich kann die dem Programmcode zugrunde liegende Forderung auch ohne die Nutzung von MARS erfüllt werden. Allerdings wären dazu zwei Verbindungen notwendig, die einen gewissen Overhead verursachen.

Ein SQL-Statement kann eine parametrisierte Abfrage beschreiben. `SqlCommand`-Objekte unterstützen parametrisierte Abfragen durch eine Parameterliste. Weiter unten werden wir uns den parametrisierten Abfragen im Detail widmen.

24.3.4 Batch-Abfragen mit »NextResult« durchlaufen

Wenn Sie mehrere Abfragen hintereinander absetzen müssen, können Sie eine Batch-Abfrage ausführen. Allerdings werden Batch-Abfragen nicht von allen Datenbanken unterstützt, der SQL Server gehört aber dazu.

Nehmen wir an, Sie benötigen alle Datensätze sowohl der Tabelle `Orders` als auch der Tabelle `Customers`. Um eine syntaktisch korrekte Batch-Abfrage zu formulieren, werden die beiden SELECT-Statements innerhalb einer Zeichenfolge durch ein Semikolon getrennt angegeben:

```
SELECT * FROM Orders;SELECT * FROM Customers
```

Der Vorteil einer Batch-Abfrage ist, dass Sie die Methode `ExecuteReader` nicht zweimal aufrufen und nach dem ersten Aufruf den `SqlDataReader` schließen müssen. Selbstverständlich sind Batch-Abfragen nicht nur auf zwei SELECT-Anweisungen beschränkt, es können beliebig viele festlegt werden.

Das von einer Batch-Abfrage gefüllte `SqlDataReader`-Objekt enthält nach dem Aufruf der `ExecuteReader`-Methode mehrere Ergebnislisten. Um zwischen diesen zu wechseln, verwendet man die Methode `NextResult`. Die Funktionsweise ähnelt der von `Read`. Sie liefert `true`, wenn eine Datensatzliste durchlaufen wurde und sich noch eine weitere im `DataReader` befindet.

```
do {
  while(dr.Read())
    Console.WriteLine("{0}{1}{2}", dr[0], dr[1], dr[2]);
  Console.WriteLine();
} while(dr.NextResult());
```

Die Überprüfung mit `NextResult` muss in jedem Fall im Schleifenfuß erfolgen. Eine Prüfung im Schleifenkopf hätte zur Folge, dass die erste Datensatzliste überhaupt nicht durchlaufen wird.

Gemischte Batch-Abfragen

Manchmal ist es erforderlich, eine Batch-Abfrage zu definieren, die sich aus einer oder mehreren Auswahl- und Aktionsabfragen zusammensetzt. Vielleicht möchten Sie eine SELECT-, eine DELETE- sowie eine UPDATE-Abfrage in einer Batch-Abfrage behandeln? Kein Problem. Erstellen Sie eine solche Abfrage genauso wie jede andere, also beispielsweise mit:

```
SELECT * FROM Products;
UPDATE Products SET ProductName='Senfsauce' WHERE ProductName='Chai'
```

In dieser Weise gemischte Abfragen rufen Sie ebenfalls mit der Methode `ExecuteReader` auf.

24.3.5 Schema eines »SqlDataReader«-Objekts untersuchen

Das Haupteinsatzgebiet des `SqlDataReader`-Objekts ist sicherlich die Abfrage von Daten. Darüber hinaus weist dieser Typ aber auch weitere Fähigkeiten auf. Im Einzelnen handelt es sich dabei um die folgenden:

- Abrufen der Schemadaten der Spalten mit der Methode GetSchemaTable. Die gelieferten Informationen beschreiben unter anderem, ob eine Spalte Primärschlüsselspalte ist, ob sie schreibgeschützt ist, ob der Spaltenwert innerhalb der Tabelle eindeutig ist oder ob die Spalte einen NULL-Wert zulässt.
- Der Name einer bestimmten Spalte lässt sich mit der Methode GetName ermitteln.
- Die Ordinalposition einer Spalte lässt sich anhand des Spaltenbezeichners ermitteln. Die Methode GetOrdinal liefert den entsprechenden Index.

Die Methode »GetSchemaTable«

Der Rückgabetyp der Methode GetSchemaTable ist ein Objekt vom Typ DataTable. An dieser Stelle wollen wir diesen Typ nicht weiter betrachten. Es genügt am Anfang, zu wissen, dass sich ein DataTable-Objekt aus Datenzeilen und Spalten zusammensetzt, ähnlich einer Excel-Tabelle.

Dieser Tabelle liegt ein SELECT-Statement zugrunde, das mit ExecuteReader gegen die Datenbank ausgeführt wird. ExecuteReader haben wir bisher nur parameterlos kennengelernt; es akzeptiert aber auch einen Übergabeparameter vom Typ der Enumeration CommandBehavior. Das Member CommandBehavior.SchemaOnly gibt vor, dass die Abfrage nur Spalteninformationen zurückliefert.

```
SqlDataReader reader = cmd.ExecuteReader(CommandBehavior.SchemaOnly);
```

Auf der SqlDataReader-Referenz kann man anschließend die Methode GetSchemaTable aufrufen. Das ist vorteilhaft, denn die übermittelten Metadaten werden nun für alle Spalten, die im SELECT-Statement angegeben sind, in der Tabelle eingetragen. Dabei wird für jede im SELECT-Statement angegebene Spalte der Originaltabelle eine Datenzeile geschrieben.

```
DataTable table = reader.GetSchemaTable();
```

Die Spalten in der Schema-Tabelle werden durch festgelegte Bezeichner in einer bestimmten Reihenfolge ausgegeben. Die erste Spalte ist immer ColumnName, die zweite ColumnOrdinal, die dritte ColumnSize. Insgesamt werden 28 Spalten zur Auswertung bereitgestellt. Falls Sie nähere Informationen benötigen, sehen Sie sich in der .NET-Dokumentation die Hilfe zur Methode GetSchemaTable an.

Das folgende Beispiel untersucht die Spalten ProductID, ProductName und UnitsInStock der Tabelle Products. Es soll dabei genügen, nur die ersten vier Metainformationen zu ermitteln.

```
// ---------------------------------------------------------
// Beispiel: ...\Kapitel 24\GetSchemaTableSample
// ---------------------------------------------------------
SqlConnection con = new SqlConnection("...");
```

```
string strSQL = "SELECT ProductID, ProductName, " +
                "UnitsInStock FROM Products";
SqlCommand cmd = new SqlCommand(strSQL, con);
con.Open();
// Schema-Informationen einlesen
SqlDataReader reader = cmd.ExecuteReader(CommandBehavior.SchemaOnly);
// Schema-Tabelle erstellen
DataTable table = reader.GetSchemaTable();
// Ausgabe der Schema-Tabelle
for(int col = 0; col < 4; col++)
  Console.Write("{0,-15}", table.Columns[col].ColumnName);
Console.WriteLine("\n" + new string('-', 60));
for(int i = 0; i < table.Rows.Count; i++) {
  for(int j = 0; j < 4; j++) {
    Console.Write("{0,-15}", table.Rows[i][j]);
  }
  Console.WriteLine();
}
```

Die resultierende Konsolenausgabe sehen Sie in Abbildung 24.1.

Abbildung 24.1 Ausgabe des Beispiels »GetSchemaTableSample«

Bezeichner einer Spalte ermitteln

Möchten Sie den Bezeichner einer bestimmten Spalte in der Ergebnisliste ermitteln, rufen Sie die Methode `GetName` des `SqlDataReader`-Objekts auf und übergeben dabei den Index der betreffenden Spalte in der Ergebnisliste. Der Rückgabewert ist eine Zeichenfolge.

```
Console.WriteLine(reader.GetName(3));
```

Index einer Spalte ermitteln

Ist der Index einer namentlich bekannten Spalte in der Ergebnisliste nicht bekannt, können Sie diesen mit `GetOrdinal` unter Angabe des Spaltenbezeichners ermitteln.

```
Console.WriteLine(reader.GetOrdinal("UnitPrice"));
```

Datentyp einer Spalte ermitteln

Sie können sowohl den .NET-Datentyp als auch den Datenbank-Datentyp eines bestimmten Feldes im `SqlDataReader` abfragen. Interessieren Sie sich für den .NET-Datentyp, rufen Sie die Methode `GetFieldType` des `DataReaders` auf, ansonsten `GetDataTypeName`.

```
Console.WriteLine(reader.GetFieldType(4));
Console.WriteLine(reader.GetDataTypeName(0));
```

Beide Methoden erwarten den Ordinalwert der betreffenden Spalte.

24.4 Parametrisierte Abfragen

Die Suche nach einem bestimmten Datensatz einer Tabelle wird durch die WHERE-Klausel einer SELECT-Abfrage bestimmt:

```
SELECT ProductName FROM Products WHERE ProductName='Tunnbröd'
```

Unstrittig ist, dass die Hartcodierung dieser Abfrage weder anwender- noch praxisgerecht ist. Was ist, wenn der Anwender nicht nach dem Artikel `Tunnbröd` suchen möchte, sondern die Informationen über den Artikel `Tofu` benötigt? Die Abfrage muss allgemeiner formuliert werden, und zwar so, dass der Anwender zur Laufzeit des Programms den Artikel beliebig bestimmen kann.

Die Lösung lautet: Wir müssen eine parametrisierte Abfrage formulieren. Berücksichtigen Sie bei den folgenden Ausführungen jedoch, dass die Wahl des .NET-Datenproviders maßgeblich die Syntax des SELECT-Statements und des Programmcodes einer parametrisierten Abfrage beeinflusst.

24.4.1 Parametrisierte Abfragen mit dem SqlClient-Datenprovider

Ist die Entscheidung auf den SqlClient-Datenprovider gefallen, könnte das Statement wie folgt lauten:

```
SELECT * FROM Products
WHERE ProductName = @Productname OR CategoryID = @CatID
```

`@ProductName` und `@CatID` sind benannte Parameter, denen das @-Zeichen vorangestellt wird. Dieses gilt jedoch nur im Zusammenhang mit dem SqlClient-Datenprovider. Die Datenprovider OleDb und Odbc unterstützen benannte Parameter nicht, sondern nur den generischen Parametermarker. Dabei handelt es sich um das Fragezeichen (?). Der Grund für diese Abweichung der Datenprovider ist sehr einfach: Während der OleDb- bzw. Odbc-Datenprovider eine datenbankunabhängige Syntax erlaubt, ist der SqlClient-Provider für den SQL Server gedacht, der benannte Parameter mit diesem Präfix unterstützt.

Die Parameter einer parametrisierten Abfrage werden vom SqlCommand-Objekt gesammelt. Dieses besitzt eine Parameters-Auflistung, der die einzelnen Parameter hinzugefügt werden. Wenn Sie den SqlClient-Datenprovider verwenden, handelt es sich um den Typ SqlParameter. Sie können einen Parameter hinzufügen, indem Sie entweder die Add-Methode der Auflistung oder die Methode AddWithValue aufrufen.

Das Beispiel *ParametrisierteAbfrage* verwendet zum Hinzufügen die Methode AddWithValue. Die beiden Parameter werden mit statischen Werten gefüllt. In der Praxis würden Sie die Werte dem Eingabestrom oder beispielsweise einem Eingabefeld entnehmen.

```
// ---------------------------------------------------------------
// Beispiel: ...\Kapitel 24\ParametrisierteAbfrage
// ---------------------------------------------------------------
SqlConnection con = new SqlConnection("...");
string strSQL = "SELECT * FROM Products " +
                "WHERE ProductName = @Productname OR " +
                       "CategoryID = @CatID";
SqlCommand cmd = new SqlCommand(strSQL, con);

// Parameter hinzufügen und Werte übergeben
cmd.Parameters.AddWithValue("@Productname", "Konbu");
cmd.Parameters.AddWithValue("@CatID", "1");
con.Open();
SqlDataReader rd = cmd.ExecuteReader();
while (rd.Read())
  Console.WriteLine("{0,-5}{1,-35}{2}",
             rd["ProductID"], rd["ProductName"], rd["UnitPrice"]);
rd.Close();
con.Close();
```

Bei benannten Parametern ist die Reihenfolge der Parameter innerhalb der Parameters-Auflistung des SqlCommand-Objekts unbedeutend.

Bei beiden Parametern handelt es sich in diesem Beispiel um Zeichenfolgen, die auch als solche an die Datenbank weitergeleitet werden. Sie können hier jeden Datentyp angeben, denn das zweite Argument von AddWithValue ist vom Typ Object definiert.

Einen Haken kann der sehr einfache Einsatz der Methode AddWithValue dennoch haben. Verwenden Sie bei der Wertübergabe einen ungeeigneten Datentyp, dann behandelt die Datenbank die im Parameter gespeicherte Information vielleicht nicht so, wie Sie es erwarten. Unter Umständen gibt der SQL Server sogar eine Ausnahme vom Typ SqlException zurück, weil der übermittelte Parameter mit der Typdefinition der entsprechenden Spalte nicht übereinstimmt. Sie können das sehr leicht selbst testen, indem Sie im Code des Beispiels anstelle des Artikelbezeichners Konbu eine Integerzahl eintragen.

Der Datenbank diese Verantwortung zu übertragen, ist keine gute Lösung. Der richtige Datentyp sollte zumindest weitgehend im Code des Clients sichergestellt sein. Dazu bietet sich die vielfach überladene Methode Add an, die über den Parameterbezeichner hinaus auch den an die Datenbank übergebenen Datentyp steuert. Zudem gibt es noch die Möglichkeit, den Datentyp genauer zu spezifizieren. Beispielsweise können Zeichenfolgen eine unterschiedliche Länge aufweisen. Die Länge kann als drittes Übergabeargument bekannt gegeben werden. In unserem Beispiel oben könnten die beiden Anweisungen

```
cmd.Parameters.AddWithValue("@Name", "Konbu");
cmd.Parameters.AddWithValue("@CatID", 1);
```

durch

```
cmd.Parameters.Add("@Productname", SqlDbType.VarChar, 40).Value =
"Konbu";
cmd.Parameters.Add("@CatID", SqlDbType.Int).Value = 1;
```

ersetzt werden.

Übergeben Sie einem der beiden Parameter einen Integer-Wert, wird keine Ausnahme ausgelöst. Das Ergebnis erscheint im ersten Moment ernüchternd und der vorher gemachten Aussage zu widersprechen, dass die Methode Add eine Typüberprüfung gewährleistet. Die Ursache ist allerdings einfach zu erklären: Die Integerzahl wird implizit als Zeichenfolge im Parameter eingetragen. Anders sieht es jedoch aus, wenn ein Parameter als Integer festgelegt wird und Sie versuchen, diesem eine Zeichenfolge zuzuweisen:

```
cmd.Parameters.Add("@Param", SqlDbType.Int).Value = "White";
```

Beim Aufruf von ExecuteReader wird die Ausnahme FormatException ausgelöst. Diese stammt nicht vom SQL Server, sondern wird von ADO.NET in der Client-Anwendung ausgelöst. Damit haben wir ein Ziel erreicht: Die Entlastung der Datenbank.

Hinweis

Der Datentyp, den Sie der Add-Methode übergeben, stammt aus der Enumeration SqlDbType. Die Mitglieder dieser Aufzählung beschreiben die Datentypen, die SQL Server standardmäßig bereitstellt.

24.4.2 Die Klasse »SqlParameter«

Solange nicht ausdrücklich Parameter hinzugefügt werden, ist die Parameters-Auflistung des SqlCommand-Objekts leer. Die Referenz auf die Auflistung erhalten Sie über die Eigenschaft Parameters. Ein Parameter wird durch den Aufruf der Methode Add oder AddWithValue hinzugefügt. Alle anderen Methoden der Auflistung gleichen denen aller anderen üblichen Auflistungen von .NET: Mit Count ruft man die Anzahl der Parameter ab, mit Remove wird ein Parameter gelöscht usw.

Die Methode Add ist vielfach überladen, AddWithValue überhaupt nicht. Beiden ist aber eines gemein: Der Rückgabewert ist die Referenz auf das hinzugefügte SqlParameter-

Objekt. Meistens können Sie den Rückgabewert ignorieren. Er ist dann interessant, wenn man die Eigenschaften des Parameters auswerten oder vor dem Absetzen des SQL-Kommandos ändern möchte.

Zum Füllen des Parameters wird der Eigenschaft `Value` des `SqlParameter`-Objekts der entsprechende Wert zugewiesen:

```
cmd.Parameters["@ParameterName"].Value = "Chai";
```

Sie rufen den Indexer der `SqlParameterCollection` auf und übergeben den Bezeichner des Parameters. Alternativ können Sie auch den Index des entsprechenden `Parameter`-Objekts in der Auflistung verwenden.

24.4.3 Asynchrone Abfragen

Die Methoden `ExecuteReader`, `ExecuteNonQuery` oder `ExecuteXmlReader` arbeiten synchron. Das bedeutet, dass die Anwendung erst dann weiterarbeiten kann, wenn der SQL Server die Anfrage verarbeitet und die erste Datenzeile der Ergebnismenge zurückliefert. Dauert diese Operation eine längere Zeit, wirkt die Clientanwendung wie eingefroren.

ADO.NET löst dieses Problem durch die Bereitstellung asynchroner Methoden. Ergänzt werden die synchronen Methoden durch jeweils ein Methodenpaar: eine Methode hat das Präfix `Begin`, die zweite das Präfix `End`. Beispielsweise lauten die asynchronen Varianten von `ExecuteReader` `BeginExecuteReader` und `EndExecuteReader`, die wie folgt definiert sind:

```
public IAsyncResult BeginExecuteReader(IAsyncResult, Object)
public SqlDataReader EndExecuteReader(IAsyncResult)
```

Mit `BeginExecuteReader` wird die asynchrone Operation gestartet. Der aufrufende Code wartet jedoch nicht darauf, bis das Resultat vorliegt, sondern führt die Anweisungen aus, die dem asynchronen Aufruf folgen. Es stellt sich nur noch die Frage, wie das Clientprogramm darüber informiert wird, dass die asynchrone Operation beendet ist, und wie die Ergebnismenge abgefragt werden kann. Dazu bieten sich zwei Möglichkeiten an:

- Sie fragen in einer Schleife permanent ab, ob die asynchrone Operation bereits beendet ist. Dieses Verfahren wird als *Polling* bezeichnet.
- Sie definieren eine Rückrufmethode (Callback-Methode), die aufgerufen wird, sobald das Ergebnis vorliegt.

Beide Varianten werde ich Ihnen gleich an einem Beispiel vorstellen.

Asynchrone Operationen sind per Vorgabe nicht aktiviert. Damit das `SqlConnection`-Objekt auch asynchrone Abfragen ermöglicht, muss die Verbindungszeichenfolge um

```
Asynchronous Processing=true
```

ergänzt werden. Alternativ steht Ihnen auch die Eigenschaft `AsynchronousProcessing` des `SqlConnectionStringBuilder` zur Verfügung.

Damit wir in den folgenden beiden Beispielprogrammen auch eine Verzögerung der SQL Server-Anfrage simulieren können, schreiben wir eine Batch-Abfrage, der wir als erste Anweisung WAITFOR DELAY übergeben. Dieser Anweisung teilen wir mit, wie lange die Batch-Abfrage blockiert werden soll – beispielsweise zwei Sekunden:

```
WAITFOR DELAY '00:00:02'
```

Das Polling-Verfahren

Das erste asynchrone Beispielprogramm stellt das Polling-Verfahren vor. Sehen Sie sich zuerst den Beispielcode an.

```
// ---------------------------------------------------------------------
// Beispiel: ...\Kapitel 24\ParametrisierteAbfrage
// ---------------------------------------------------------------------
class Program {
  static void Main(string[] args) {
    SqlConnection con = new SqlConnection("...;
                         Asynchronous Processing=true");
    string strSQL = "WAITFOR DELAY '00:00:01';SELECT * FROM Products";
    SqlCommand cmd = new SqlCommand(strSQL, con);
    con.Open();
    // asynchroner Aufruf
    IAsyncResult result = cmd.BeginExecuteReader();
    int counter = 0;
    while (!result.IsCompleted) {
      DoSomething(counter);
      counter++;
    }
    Console.WriteLine("Das Ergebnis liegt vor: .....");
    SqlDataReader rd = cmd.EndExecuteReader(result);
    while(rd.Read())
      Console.WriteLine(rd["ProductName"]);
    Console.ReadLine();
  }
  static void DoSomething(int counter) {
    Console.WriteLine(counter);
  }
}
```

Beim Polling wird nicht darauf gewartet, bis das Vorliegen der Ergebnismenge der Clientanwendung signalisiert wird. Stattdessen wird in einer Schleife abgefragt, ob der Datenbankserver die Anfrage fertig bearbeitet hat. Der Aufruf der Methode `BeginExecuteReader` liefert ein Objekt zurück, das die Schnittstelle IAsyncResult implementiert. Dieses Objekt beschreibt den Status der asynchronen Abfrage, unter anderem durch die Eigenschaft IsCompleted. Der Wert lautet false, falls die Anfrage noch nicht beendet ist, ansonsten true. Beachten Sie, dass in diesem Beispiel die parameterlose Methode BeginExecute-Reader eingesetzt wird.

Wir werten im Beispielprogramm IsCompleted aus. Solange die Ergebnismenge noch nicht vorliegt, wird von der Clientanwendung eine andere Aufgabe erledigt. Hierbei handelt es sich um den Aufruf der Methode DoSomething, die einen einfachen Zählerstand in das Konsolenfenster schreibt. Ist die Anfrage an den Datenbankserver beendet, kann das Ergebnis geholt werden. Dazu dient die Methode EndExecuteReader, die ihrerseits die Referenz auf ein SqlDataReader-Objekt bereitstellt, das wir zur Ausgabe der Spalte ProductName benutzen.

Rückrufmethode bereitstellen

Während beim Polling fortwährend geprüft wird, ob der Datenbankserver die Anfrage bearbeitet hat, wird durch das Bereitstellen einer Rückrufmethode auf das Signal der Datenbank gewartet, dass die Operation beendet ist. Das Signal ist der Aufruf einer Methode im Client, der sogenannten Rückrufmethode.

Die »Adresse« der Rückrufmethode, die im folgenden Beispiel CallbackMethodSample heißt, wird dem ersten Parameter der überladenen Methode BeginExecuteReader übergeben. Es handelt sich dabei um einen Parameter vom Typ des Delegate AsyncCallback, der eine Rückrufmethode vorschreibt, die einen Parameter vom Typ IAsyncResult hat und die ihrerseits selbst void ist. BeginExecuteReader definiert mindestens noch einen zweiten Parameter. Dieser ist vom Typ Object und akzeptiert somit jedes beliebige Objekt. Das Objekt wird der Eigenschaft AsyncState der IAsyncResult-Schnittstelle zugewiesen und kann in der Callback-Methode abgerufen werden. Im Beispiel wird die Referenz auf das SqlCommand-Objekt übergeben.

Nach Beendigung der asynchronen Operation wird die Rückrufmethode ausgeführt, aus der heraus EndExecuteReader aufgerufen wird. Das dazu notwendige SqlCommand-Objekt wurde dem zweiten Parameter der Methode BeginExecuteReader übergeben und kann nach Auswertung der Eigenschaft AsyncState des IAsyncResult-Parameters und vorheriger Konvertierung benutzt werden. Danach steht auch der DataReader zur Verfügung.

Nun aber das vollständige Beispiel:

```
// ---------------------------------------------------------------
// Beispiel: ...\Kapitel 24\CallbackMethodSample
// ---------------------------------------------------------------
class Program {
  static void Main(string[] args) {
    SqlConnection con = new SqlConnection("...;
                        Asynchronous Processing=true");
```

```
    string strSQL = "SELECT * FROM Products";
    SqlCommand cmd = new SqlCommand(strSQL, con);
    con.Open();
    // Delegate initialisieren
    AsyncCallback callback = new AsyncCallback(CallbackMethod);
    // asynchrone Operation starten
    cmd.BeginExecuteReader(callback, cmd);
    // Simulation eines asynchronen Szenarios
    for (int counter = 0; counter < 100; counter++)
    {
        Console.WriteLine(new string('-', 50));
        Console.WriteLine("Counter = {0}", counter);
        Console.WriteLine(new string('-', 50));
    }
    Console.ReadLine();
  }

  static void CallbackMethod(IAsyncResult result) {
    SqlCommand cmd = (SqlCommand)result.AsyncState;
    // Ergebnisliste holen
    SqlDataReader rd = cmd.EndExecuteReader(result);
    while(rd.Read())
      Console.WriteLine(rd["ProductName"]);
    rd.Close();
  }
}
```

Diese Konsolenausgabe des Beispielcodes ist in Abbildung 24.2 zu sehen. Es ist sehr schön zu erkennen, wie beide Operationen parallel ablaufen.

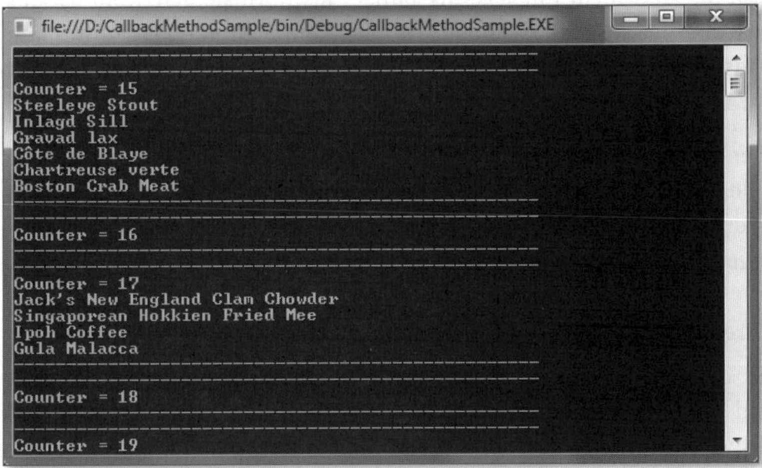

Abbildung 24.2 Die Ausgabe des Beispielprogramms »CallbackMethodSample«

24.4.4 Gespeicherte Prozeduren (Stored Procedures)

Bei einer gespeicherten Prozedur (Stored Procedure) handelt es sich um eine Gruppe von SQL-Anweisungen, die kompiliert werden. Das hat einen entscheidenden Vorteil: Die Leistung verbessert sich deutlich, wenn die gespeicherte Prozedur ausgeführt wird, da die SQL-Anweisungen nicht bei jedem Aufruf neu kompiliert werden müssen.

Eine gespeicherte Prozedur ist nicht schwierig zu verstehen. Wir wollen uns das an einem Beispiel ansehen.

```
CREATE PROCEDURE SearchProducts
(
   @Price money,
   @OrderedUnits smallint
)
AS
   SELECT *
   FROM Products
   WHERE UnitPrice < @Price AND UnitsOnOrder = @OrderedUnits
```

Diese gespeicherte Prozedur beschreibt eine Auswahlabfrage, die alle Artikel der Tabelle `Products` liefert, die eine bestimmte Preisgrenze unterschreiten und eine bestimmte Anzahl von Bestelleinheiten haben. Damit ist die Stored Procedure gleichbedeutend mit folgendem SqlClient-Datenprovider-Befehl:

```
SELECT *
FROM Products
WHERE UnitPrice < @Price AND UnitsOnOrder = @OrderedUnits
```

Gespeicherte Prozeduren bieten sich besonders dann an, wenn ein Kommando sehr häufig ausgeführt werden soll. Sie sind nicht nur leistungsfähiger als normale SQL-Kommandos, sondern bieten auch darüber hinaus weitergehende Möglichkeiten: Stored Procedures können Berechnungen ausführen, Ein- und Ausgabeparameter entgegennehmen (ähnlich Wert- und Referenzparametern) oder ein Resultat an den Aufrufer liefern.

Mehr möchte ich Ihnen an dieser Stelle nicht zu den gespeicherten Prozeduren sagen. Es gibt viel Literatur zu diesem Thema, wenn Sie es vertiefen möchten. Ich werde Ihnen nachher an einem komplexeren Beispiel zeigen, wie gespeicherte Prozeduren, die die aufgeführten Features haben, mit ADO.NET-Code behandelt werden.

Gespeicherte Prozeduren in Visual Studio 2010 erstellen

Ein herkömmlicher SQL-Befehl wird vom Client gegen die Datenbank abgesetzt. Gespeicherte Prozeduren sind, soweit die Datenbank diese unterstützt, Elemente der Datenbank selbst, so wie beispielsweise die Tabellen oder Sichten. Wenn Sie wollen, können Sie sehr einfach aus Visual Studio 2010 heraus gespeicherte Prozeduren zu einer Datenbank hinzufügen. Öffnen Sie dazu den *Server-Explorer* in Visual Studio 2010. In diesem finden Sie den Knoten DATENVERBINDUNGEN. Im Kontextmenü dieses Knotens wählen Sie VERBINDUNG HINZUFÜGEN. Es öffnet sich ein Dialog, wie er in Abbildung 24.3 zu sehen ist. Tragen Sie im oberen Kombinationslistenfeld den Namen des Servers ein, auf dem die SQL Server-Datenbank installiert ist, zu der Sie Verbindung aufnehmen wollen. Per Vorgabe ist der Dialog bereits so voreingestellt, dass davon ausgegangen wird, es handele sich um SQL Server. Sie können die Verbindung natürlich auch zu einer anderen Datenbank aufbauen, müssen dann aber zuvor die eingetragene Datenquelle entsprechend anpassen.

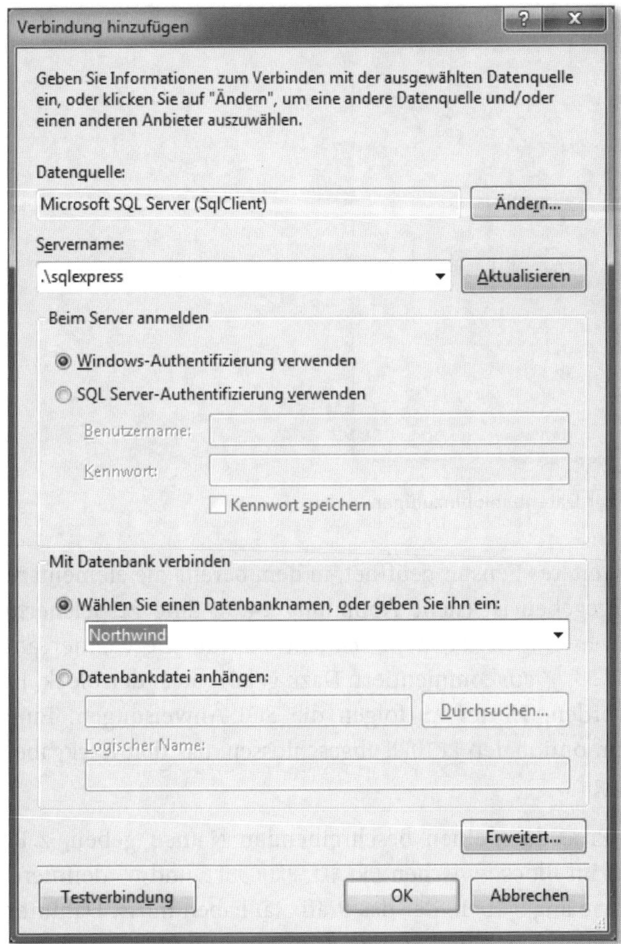

Abbildung 24.3 Dialog zum Hinzufügen einer Datenbankverbindung

Haben Sie die Installationsvorgaben des SQL Servers unverändert übernommen, so ist die Windows-Authentifizierung eingestellt, und Sie brauchen, soweit Sie mit entsprechenden administrativen Rechten ausgestattet sind, keine Änderungen an den Anmeldeinformationen vornehmen. Anschließend wählen Sie die gewünschte Datenbank aus. Sie können die eingestellten Verbindungsdaten nun testen.

Im Server-Explorer wird die neue Verbindung zur Datenbank eingetragen. Unter den datenbankspezifischen Knoten finden Sie nun auch GESPEICHERTE PROZEDUREN. Klicken Sie dann im Kontextmenü des Knotens auf NEUE GESPEICHERTE PROZEDUR HINZUFÜGEN (siehe Abbildung 24.4).

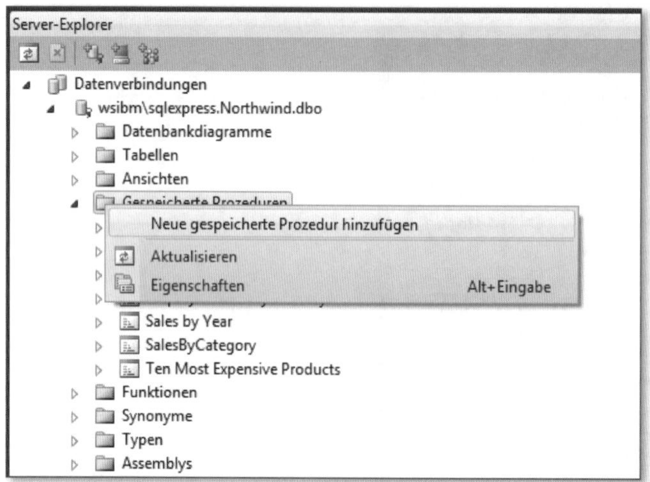

Abbildung 24.4 Gespeicherte Prozedur zur Datenbank hinzufügen

Im Codeeditor wird daraufhin ein weiteres Fenster geöffnet, in dem bereits die elementare Struktur der Stored Procedure vorgegeben ist (siehe Abbildung 24.5). Eine gespeicherte Prozedur wird mit `CREATE PROCEDURE` eingeleitet; dem schließt sich der Bezeichner an. Einige Teile der Struktur sind mit `/*...*/` auskommentiert. Dazu gehört auch der Block, in dem die Parameter angegeben werden. Hinter `AS` folgen die SQL-Anweisungen. Eine gespeicherte Prozedur wird mit dem optionalen `RETURN` abgeschlossen, das den Rückgabewert der gespeicherten Prozedur angibt.

Als Erstes sollten Sie der Stored Procedure einen beschreibenden Namen geben, z. B. `SearchProducts`. Parameter werden im Block zwischen `CREATE PROCDURE` und `AS` definiert. Dabei wird zuerst der Parametername angegeben, der das Präfix @ haben muss. Dahinter folgt der Datentyp. Mehrere Parameter in einer Stored Procedure werden durch ein Komma getrennt.

Standardmäßig sind alle Parameter Eingabeparameter, die von der Stored Procedure zur Ausführung benötigt werden, selbst aber kein Resultat zurückliefern. Gespeicherte Prozeduren kennen aber auch Ausgabeparameter, die mit Referenzparametern vergleichbar sind.

Diese liefern dem Aufrufer ein Ergebnis. Ausgabeparameter werden mit `OUTPUT` gekennzeichnet.

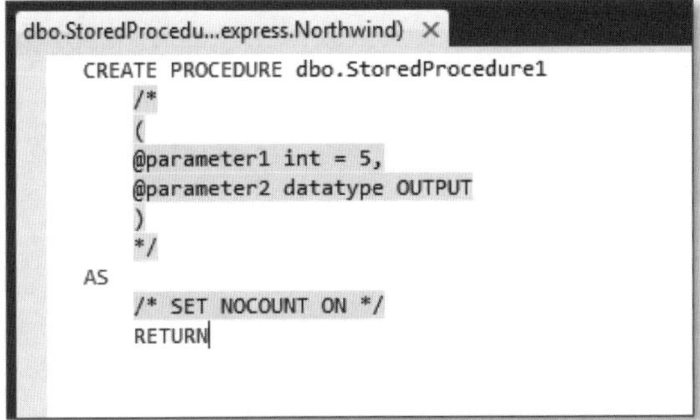

dbo.StoredProcedu...express.Northwind)
CREATE PROCEDURE dbo.StoredProcedure1
/*
(
@parameter1 int = 5,
@parameter2 datatype OUTPUT
)
*/
AS
/* SET NOCOUNT ON */
RETURN

Abbildung 24.5 Das Fenster einer neuen gespeicherten Prozedur im Codeeditor

Nachdem der SQL-Code im Codeeditor eingetragen ist, können Sie die Stored Procedure speichern. Gespeichert wird die Stored Procedure allerdings nicht im Projekt, sondern in der Datenbank, was Sie auch sofort im Server-Explorer erkennen. Beim Speichervorgang wird die Syntax überprüft. Sollte die SQL-Syntax einen Fehler aufweisen, werden Sie mit einer Fehlermeldung darauf aufmerksam gemacht.

Damit hört die Unterstützung von Visual Studio 2010 aber nicht auf. Sie können Ihre neue gespeicherte Prozedur auch in der Entwicklungsumgebung testen. Dazu sollte sich der Mauszeiger über dem Code-Fenster der Stored Procedure befinden. Öffnen Sie dann das Kontextmenü, und wählen Sie Ausführen. Es öffnet sich ein Dialog, in dem Sie in der Spalte `Wert` den Parametern die gewünschten Daten zuweisen (siehe Abbildung 24.6).

Gespeicherte Prozedur ausführen

Folgende Parameter sind für "gespeicherte prozedur <[dbo].[SearchProducts]>" erforderlich:

Typ	Richtung	Name	Wert
money	Ein	@Preis	50

OK Abbrechen

Abbildung 24.6 In diesem Dialog weisen Sie den Parametern Werte zu.

Wenn Sie anschließend auf OK klicken, sehen Sie im Fenster Ausgabe das Ergebnis des Aufrufs (siehe Abbildung 24.7).

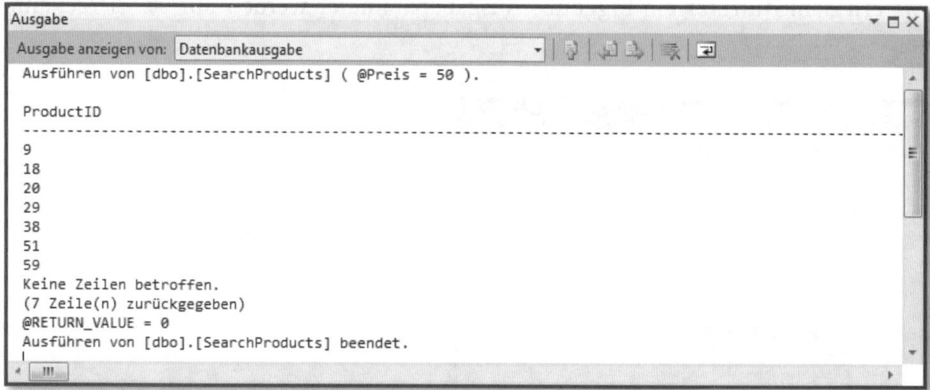

Abbildung 24.7 Ergebnis des Aufrufs der Stored Procedure »SearchProducts«

Gespeicherte Prozedur aufrufen

Die soeben entwickelte gespeicherte Prozedur `SearchProducts` soll nun aufgerufen werden. Prinzipiell ist der Weg ähnlich dem, den wir beim Aufruf einer parametrisierten Abfrage beschritten haben. Es gibt aber einen ganz wichtigen Unterschied: Wir müssen dem `SqlCommand`-Objekt ausdrücklich mitteilen, dass es kein SQL-Kommando, sondern eine gespeicherte Prozedur ausführen soll. Um dem Objekt den Typ eines Kommandos mitzuteilen, wird der Eigenschaft `CommandType` die passende Information übergeben.

Die Eigenschaft ist vom Typ der gleichnamigen Enumeration, die angibt, wie das unter der Eigenschaft `CommandText` angegebene Kommando zu interpretieren ist.

Member	Beschreibung
`StoredProcedure`	`CommandText` enthält den Namen einer gespeicherten Prozedur.
`TableDirect`	`CommandText` enthält den Namen einer Tabelle.
`Text`	(Standard) `CommandText` enthält ein SQL-Kommando.

Tabelle 24.1 Mitglieder der Enumeration »CommandType«

Hinweis

Lautet die Einstellung `CommandType.TableDirect`, können Sie der Eigenschaft einen Tabellennamen zuweisen. Das ist gleichwertig mit dem SQL-Befehl `SELECT * FROM <Tabellenname>`.

Bisher haben wir die Eigenschaft `CommandType` nicht benutzt, weil wir immer ein SQL-Kommando abgesetzt haben, das durch die Standardeinstellung `Text` beschrieben wird. Da wir nun eine Stored Procedure ausführen wollen, müssen wir `CommandType` den Wert `CommandType.StoredProcedure` zuweisen. Das `SqlCommand`-Objekt benutzt diese Information, um die Syntax für den Aufruf der gespeicherten Prozedur zu generieren.

Komplexe gespeicherte Prozeduren

Eine gespeicherte Prozedur ist nicht immer so einfach aufgebaut wie `SearchProducts`, die nur Datensätze als Ergebnis der Ausführung zurückliefert. Eine gespeicherte Prozedur kann sowohl über die Parameterliste als auch über `RETURN` Werte an den Aufrufer zurückliefern. Dazu ein Beispiel:

```
CREATE PROCEDURE GetProduct
(
  @id int,
  @Artikel varchar(40) OUTPUT,
  @Preis money OUTPUT
)
AS
  SELECT @Artikel=ProductName, @Preis=UnitPrice
  FROM Products
  WHERE ProductID=@id
RETURN @@ROWCOUNT
```

Die Stored Procedure definiert neben dem Eingabeparameter `@id` mit `@zuname` und `@vorname` auch zwei Ausgabeparameter, denen beim Aufruf zwar kein Wert übergeben wird, die aber einen Wert zurückliefern. Der Rückgabewert `@@ROWCOUNT` ist eine Systemfunktion von SQL Server, die die Anzahl der Zeilen angibt, auf die sich die letzte Anweisung ausgewirkt hat.

```
// --------------------------------------------------------------
// Beispiel: ...\Kapitel 24\KomplexeStoredProcedure
// --------------------------------------------------------------
class Program {
  static void Main(string[] args) {
    SqlConnection con = new SqlConnection("...");

    // SqlCommand-Objekt definieren
    SqlCommand cmd = new SqlCommand();
    cmd.Connection = con;
    cmd.CommandType = CommandType.StoredProcedure;
    cmd.CommandText = "GetProduct";

    // SqlParameter definieren
    cmd.Parameters.Add("@RetValue", SqlDbType.Int);
    cmd.Parameters.Add("@id", SqlDbType.Int);
    cmd.Parameters.Add("@Artikel", SqlDbType.VarChar, 40);
    cmd.Parameters.Add("@Preis", SqlDbType.Money);
    cmd.Parameters["@RetValue"].Direction = ParameterDirection.ReturnValue;
    cmd.Parameters["@Artikel"].Direction = ParameterDirection.Output;
    cmd.Parameters["@Preis"].Direction = ParameterDirection.Output;
```

```
    // Übergabewert angeben
    cmd.Parameters["@id"].Value = 1;
    con.Open();
    cmd.ExecuteNonQuery();

    // SqlParameterCollection auswerten
    if ((int)(cmd.Parameters["@RetValue"].Value) == 1) {
      Console.WriteLine("Zuname: {0}", cmd.Parameters["@Artikel"].Value);
      Console.WriteLine("Vorname:{0}", cmd.Parameters["@Preis"].Value);
    }
    Console.WriteLine("{0} Datensatz gefunden.",
                        cmd.Parameters["@RetValue"].Value);
    con.Close();
    Console.ReadLine();
  }
}
```

Im ersten Schritt wird nach dem Öffnen der Verbindung das SqlCommand-Objekt definiert. Anschließend wird für jeden Parameter der gespeicherten Prozedur der Parameter-Auflistung ein SqlParameter-Objekt hinzugefügt. Als Parameter wird auch der von RETURN gelieferte Rückgabewert verstanden. Damit benötigt der Aufruf insgesamt vier Parameter-Objekte.

SqlParameter können unterschiedliches Verhalten haben. Dies muss ADO.NET wissen, um die gespeicherte Prozedur richtig zu verarbeiten. Standardmäßig beschreibt ein SqlParameter-Objekt einen Eingabeparameter. Abweichungen davon müssen über die Direction-Eigenschaft des Parameter-Objekts festgelegt werden, die vom Typ ParameterDirection ist, einer Enumeration mit vier Konstanten.

Member	Beschreibung
Input	Der Parameter ist ein Eingabeparameter.
InputOutput	Der Parameter unterstützt sowohl die Eingabe als auch die Ausgabe.
Output	Der Parameter ist ein Ausgabeparameter.
ReturnValue	Der Parameter stellt einen Rückgabewert dar.

Tabelle 24.2 Mitglieder der Enumeration »ParameterDirection«

Jetzt muss die Parameterliste gefüllt werden, um das SqlCommand-Objekt anschließend auszuführen. Dazu wird dem Parameter @id die Spalte ProductID zugewiesen, anhand derer der gesuchte Artikel identifiziert werden soll. Weil die gespeicherte Prozedur keine Datensatzliste zurückgibt, genügt der Aufruf der Methode ExecuteNonQuery auf dem SqlCommand-Objekt. Das Ergebnis des Aufrufs kann danach ausgewertet werden, indem sowohl der Inhalt des Rückgabewertes als auch der Inhalt der Ausgabeparameter abgerufen werden.

25 ADO.NET – Der SqlDataAdapter

Das `Command`-Objekt dient der Datenabfrage. Es liefert jedoch Daten, die nicht editiert werden können, was in den meisten Fällen nicht den Anforderungen an eine Software entspricht. Damit Daten auch verändert werden können, müssen einige Voraussetzungen geschaffen werden. Eine davon liefert das `DataAdpter`-Objekt, mit dem wir uns in diesem Kapitel beschäftigen werden.

25.1 Was ist ein »DataAdapter«?

Weiter oben haben Sie erfahren, wie Sie ein SQL-Kommando gegen eine Datenbank absetzen. Sie wissen, dass mit der Methode `ExecuteNonQuery` des `SqlCommand`-Objekts eine Aktionsabfrage ausgeführt werden kann und dass von `ExecuteReader` ein `SqlDataReader`-Objekt zurückgeliefert wird, in dem wir eine Datenzeile nach der anderen durchlaufen. Für ganz einfache Anforderungen mag das durchaus genügen. Für die Praxis sind die Anforderungen damit aber nicht ausreichend abgedeckt.

Was ist, wenn wir es dem Anwender ermöglichen wollen, beliebig zwischen den einzelnen Datensätzen zu navigieren? Wie kann ein Anwender die eingelesenen Datensätze aktualisieren? Wie kann seitens der Anwendung sichergestellt werden, dass bei der Aktualisierung Einschränkungen (*Constraints*) berücksichtigt werden?

Grundsätzlich ließen sich diese und viele weitere Fragen mit dem `SqlCommand`- und dem `SqlDataReader`-Objekt beantworten. Aber denken wir einen Schritt weiter. Beide Objekte sind von einer geöffneten Verbindung zur Datenbank abhängig. Wollen wir es einem Anwender ermöglichen, durch die Datensätze zu navigieren, müssten wir entweder die Verbindung zur Datenquelle für einen längeren Zeitraum geöffnet halten oder die einzelnen Datensätze lokal zwischenspeichern.

Eine Verbindung länger als unbedingt notwendig geöffnet zu halten, ist aus vielerlei Hinsicht nicht akzeptabel. Stellen Sie sich beispielsweise eine Datenbank im Internet vor: Eine geöffnete Verbindung kostet Geld, und die Netzwerkressourcen werden belastet. Zudem ist die Anzahl der gleichzeitigen Zugriffe auf eine Datenbank begrenzt.

Eine optimale Lösung müsste mindestens die folgende Fähigkeit haben: einlesen und zwischenspeichern aller Datensätze im lokalen Speicher. Wir brauchen diesen Ansatz jedoch nicht selbst zu programmieren, er wird uns von ADO.NET angeboten. Als Bindeglied zwischen der Datenquelle und dem lokalen Speicher dient dazu ein spezielles Objekt vom Typ SqlDataAdapter. Es hat die Fähigkeit, Daten aus einer Datenquelle abzufragen und sie in einer oder mehreren Tabellen des lokalen Speichers abzulegen. Darüber hinaus kann hat ein SqlDataAdapter-Objekt aber auch Änderungen in den Tabellen des lokalen Speichers an die Datenquelle übermitteln. Um die Netzwerk- und Datenbankbelastung so gering wie möglich zu halten, baut das SqlDataAdapter-Objekt nur dann eine Verbindung zur Datenbank auf, wenn dies notwendig ist. Sind alle Operationen beendet, wird die Verbindung wieder geschlossen.

Im Zusammenhang mit einem SqlDataAdapter spielen auch SqlConnection- und SqlCommand-Objekte eine wichtige Rolle. Alle drei sind providerspezifisch und werden zu den verbundenen Typen des ADO.NET-Objektmodells gezählt. Die Daten im lokalen Speicher, die von speziellen Objekten verwaltet und organisiert werden, werden zu den unverbundenen Typen des ADO.NET-Objektmodells gerechnet. Ein SqlDataAdapter kann daher als Bindeglied zwischen den verbundenen und den unverbundenen Objekten angesehen werden.

Ein SqlDataAdapter spielt in zwei Situationen eine wichtige Rolle:

- beim Füllen eines DataSets oder einer DataTable
- beim Aktualisieren der geänderten Inhalte von DataSet bzw. DataTable

In diesem Kapitel werden wir uns ausschließlich mit dem Abrufen von Dateninformationen und dem sich daran anschließenden Füllen der lokalen Objekte beschäftigen. Die andere Fähigkeit des SqlDataAdapters sehen wir uns an, wenn wir das DataSet ausgiebig studiert haben.

Ein Programmbeispiel

Ehe wir uns mit dem DataAdapter-Objekt genauer beschäftigen, möchte ich Ihnen ein Beispiel vorstellen, das einen SqlDataAdapter benutzt, um den lokalen Speicher mit allen Datensätzen der Tabelle Products zu füllen. Abgefragt werden nur die Spalten ProductName und UnitPrice. Die lokale Datensatzliste wird anschließend an der Konsole ausgegeben. Dazu werden alle Datensätze in einer Schleife durchlaufen.

```
// ---------------------------------------------------------------
// Beispiel: ...\Kapitel 25\DataAdapterSample
// ---------------------------------------------------------------
SqlConnection con = new SqlConnection("...");
string strSQL = "SELECT ProductName, UnitPrice FROM products";
SqlDataAdapter da = new SqlDataAdapter(strSQL, con);
DataTable tbl = new DataTable();
da.Fill(tbl);
```

```
// Anzeige der Daten im lokalen Speicher
for (int i = 0; i < tbl.Rows.Count; i++) {
  DataRow row = tbl.Rows[i];
  Console.WriteLine("{0,-35} {1} ", row[0], row[1]);
}
```

Vorausgesetzt, Sie haben die Verbindungszeichenfolge so eingerichtet, dass Sie die *Northwind*-Datenbank auf Ihrem eigenen Rechner adressiert haben, sollten Sie das Ergebnis im Konsolenfenster sehen. Auf die genaue Erklärung des Codes soll hier noch verzichtet werden.

25.2 Konstruktoren der Klasse »DataAdapter«

Der `SqlDataAdapter` stellt die Verbindung zwischen einer Datenquelle und einem `DataSet` bzw. einer `DataTable` her und füllt diese mit den angefragten Daten. Die `DataAdapter`-Klassen (`OleDbDataAdapter`, `SqlDataAdapter` und `OdbcDataAdapter`) verfügen jeweils über vier Konstruktoren mit identischer Parameterliste.

```
public SqlDataAdapter();
public SqlDataAdapter(SqlCommand command);
public SqlDataAdapter(string selectCommand, SqlConnection);
public SqlDataAdapter(string selectCommand, string connectionString);
```

Der `SqlDataAdapter` muss wissen, auf welcher Verbindung er einen Befehl absetzen soll; ebenso muss er selbstverständlich auch den Befehl kennen. Die Konstruktoren bieten daher mehrere Kombinationsmöglichkeiten an, dem `SqlDataAdapter` die von ihm benötigten Informationen zu übergeben.

»Connection«-Objekt dem Konstruktor übergeben

Wenn Sie in Ihrer Anwendung mehrere `SqlDataAdapter`-Objekte verwenden, sollten Sie mit Bedacht den Konstruktor wählen. Übergeben Sie den Konstruktoraufrufen der `SqlDataAdapter`-Objekte eine Zeichenfolge, wird für jedes `DataAdapter`-Objekt eine neue Verbindung eingerichtet. Also beispielsweise:

```
string strCon =@"Data Source=.\sqlexpress;" +
               "Initial Catalog=northwind;Trusted_Connection=Yes";
SqlDataAdapter da1 = new SqlDataAdapter(textSQL1, strCon);
SqlDataAdapter da2 = new SqlDataAdapter(textSQL2, strCon);
```

War das von Ihnen beabsichtigt, gibt es daran nichts zu kritisieren. Reicht Ihnen aber eine Verbindung aus, sollten Sie stattdessen den Konstruktor verwenden, der neben der Abfragezeichenfolge die Referenz auf das `SqlConnection`-Objekt erwartet.

25.3 Mit dem »SqlDataAdapter« arbeiten

25.3.1 Die Eigenschaft »SelectCommand«

Verwenden Sie den parameterlosen Konstruktor, müssen Sie der Eigenschaft `SelectCommand` die Referenz auf ein `Command`-Objekt zuweisen:

```
SqlDataAdapter da = new SqlDataAdapter();
da.SelectCommand = cmd;
```

Die Klasse `SqlDataAdapter` stellt weder eine Eigenschaft noch eine Methode bereit, mit der wir eine Verbindungszeichenfolge oder ein `SqlConnection`-Objekt festlegen können. Das ist aber nicht von Bedeutung, da das `SqlCommand`-Objekt bereits selbst alle Verbindungsinformationen enthält.

```
string strCon = @"Data Source=.\sqlexpress;" +
                "Initial Catalog=Northwind;Trusted_Connection=yes";
SqlConnection con = new SqlConnection(strCon);
SqlCommand cmd = new SqlCommand("SELECT * FROM Products", con);
SqlDataAdapter da = new SqlDataAdapter();
da.SelectCommand = cmd;
```

25.3.2 Lokalen Datenspeicher mit »Fill« füllen

Es lässt sich trefflich darüber streiten, welche Methode eines bestimmten Typs die wichtigste ist. Bei einem `SqlDataAdapter`-Objekt sind es wohl zwei Methoden, die den Kern dieses Typs ausmachen:

- die Methode `Fill`
- die Methode `Update`

Mithilfe der Methode `Fill` wird der lokale Datenspeicher mit dem Ergebnis einer SELECT-Abfrage gefüllt. Dazu wird für die Dauer der Operation eine Verbindung zur Datenquelle geöffnet und nach ihrer Beendigung wieder geschlossen. Die empfangenen Daten werden in einem `DataTable`-Objekt vorgehalten, das sich in einem `DataSet` befindet. `DataTable` beschreibt alle Spalten, die in der SELECT-Abfrage angegeben sind; die Spaltenbezeichner werden aus der Originaldatenbank übernommen. Der Anwender kann die Daten ändern, Datensätze löschen oder neue hinzufügen. Während dieser Zeit besteht kein Kontakt zur Datenbank. Somit wird er (zunächst) nichts von den Änderungen im `DataSet` bzw. der `DataTable` erfahren.

Zu irgendeinem Zeitpunkt sollen die Änderungen natürlich in die Originaldatenquelle zurückgeschrieben werden. Dazu muss die Methode `Update` des `SqlDataAdapters` aufgerufen werden. Der `SqlDataAdapter` sorgt dann dafür, dass die Verbindung erneut aufgebaut wird und die geänderten Daten in die Originaldatenbank geschrieben werden. Ist die Aktualisierung beendet, wird die Verbindung automatisch geschlossen. Die Aktualisierung der Datenquelle ist ein komplexes Thema, auf das ich später noch genauer eingehen werde.

Die Methode `Fill` wollen wir an dieser Stelle etwas genauer betrachten. `Fill` ist vielfach überladen. Zwei Überladungen stelle ich hier vor:

```
public int Fill(DataTable)
public int Fill(DataSet)
```

Dem Aufruf wird im einfachsten Fall entweder ein `DataTable`- oder ein `DataSet`-Objekt übergeben. Beide Typen sind unabhängig vom .NET-Datenprovider und gehören zum Namespace `System.Data`. Ein `DataTable`-Objekt entspricht einer Tabelle in der Datenbank. Es hat die Spalten, die in der SELECT-Abfrage angegeben worden sind, und enthält die Datensätze, die das Ergebnis der SELECT-Abfrage bilden. Der Rückgabewert der `Fill`-Methode gibt Auskunft darüber, wie viele Datenzeilen dem `DataSet` oder der `DataTable` hinzugefügt worden sind.

Ein `DataSet`-Objekt können Sie sich als einen Container für mehrere `DataTable`-Objekte vorstellen. Im Beispiel oben hätten wir auch anstelle eines `DataTable`-Objekts ein `DataSet` füllen können. Allerdings würde der Code in der Schleife ein wenig anders aussehen:

```
...
DataSet ds = new DataSet();
da.Fill(ds);
for(int i=0; i < ds.Tables[0].Rows.Count; i++) {
  DataRow row = ds.Tables[0].Rows[i];
  Console.WriteLine("{0,1-35} {1}", row[0], row[1]);
}
```

Nach dem Füllen einer `DataTable` oder eines `DataSets` gibt es keine Verbindung mehr zum `SqlDataAdapter`. Das bedeutet, dass weder der `SqlDataAdapter` eine Referenz auf das Objekt, das er gefüllt hat, besitzt, noch dass das gefüllte Objekt weiß, von wem es gefüllt worden ist.

25.3.3 Öffnen und Schließen von Verbindungen

Kommen wir noch einmal auf das einführende Beispiel oben zurück. Mit

```
SqlDataAdapter da = new SqlDataAdapter(strSQL, con);
```

wird das `SqlDataAdapter`-Objekt erzeugt. Dabei wird unter anderem die Referenz auf das Verbindungsobjekt `con` übergeben. Es fällt auf, dass die `Open`-Methode nicht aufgerufen wird, um die Abfrage zu übermitteln. Das ist auch nicht nötig, denn mit

```
da.Fill(tbl);
```

wird der DataAdapter die Verbindung selbstständig öffnen, die Ergebnisse abfragen und die Verbindung ebenso selbstständig schließen. Das steht ganz im Gegensatz zu den Execute-Methoden des SqlCommand-Objekts, die dieses Verhalten nicht zeigen und auf das explizite Öffnen der Verbindung angewiesen sind.

Sie können allerdings explizit eine Verbindung vor dem Aufruf von Fill mit Open öffnen. Der SqlDataAdapter wird das bemerken und weigert sich schlichtweg, die Verbindung von sich aus zu schließen, wenn die Resultate der Abfrage eingetroffen sind. Es liegt dann in Ihrer Verantwortung, die offene Verbindung zu schließen.

```
...
con.Open();
da.Fill(tbl);
con.Close();
```

25.3.4 Doppelter Aufruf der »Fill«-Methode

Angenommen, Sie rufen zweimal hintereinander die Fill-Methode auf, ohne vor dem zweiten Aufruf das DataSet oder die DataTable zu leeren:

```
...
da.Fill(tbl);
da.Fill(tbl);
```

Die Idee, die dem doppelten Aufruf zugrundeliegt, könnte die Aktualisierung des DataSets sein. Allerdings werden nun die Datensätze in der Tabelle doppelt erscheinen. Mit dem ersten Aufruf der Fill-Methode wird das DataTable-Objekt erzeugt, und die Datensätze werden hineingeschrieben. Mit dem zweiten Aufruf werden die Datensätze einfach noch einmal aus der Datenquelle bezogen und in die schon vorhandene Tabelle kopiert.

Der Grund für dieses im ersten Moment etwas sonderbare Verhalten ist, dass die Primärschlüsselspalte der Originaltabelle nicht automatisch zur Primärschlüsselspalte der DataTable wird. Primärschlüssel dienen unter anderem zur Vermeidung von duplizierten Datensätzen und müssen in der Datenquelle festgelegt werden. Die DataTable übernimmt diese jedoch nicht.

Hinweis

Das DataTable-Objekt besitzt die Eigenschaft PrimaryKey. Wird diese gesetzt, wird der DataAdapter die doppelten Zeilen finden und die alten Werte verwerfen. Mehr Informationen darüber erhalten Sie in Kapitel 26, »ADO.NET – Daten im lokalen Speicher«.

25.3.5 Mehrere »DataAdapter«-Objekte aufrufen

Wird die Methode `Fill` hintereinander auf verschiedenen `DataAdapter`n aufgerufen, wird jeweils eine neue Verbindung benötigt. Daran ändert sich auch nichts, wenn allen Aufrufen die gleiche Verbindungszeichenfolge zugrunde liegt.

```
...
SqlDataAdapter daProducts = new SqlDataAdapter(strSQL1, con);
SqlDataAdapter daCategories = new SqlDataAdapter(strSQL2, con);
DataSet ds = new DataSet();
daProducts.Fill(ds);
...
daCategories.Fill(ds);
```

Obwohl sich der Aufruf von `Fill` auf `daCategories` aus dem Verbindungspool bedient, darf das nicht darüber hinwegtäuschen, dass in diesem Codefragment unnötigerweise Leistungseinbußen in Kauf genommen werden müssen, weil in jedem Fall ein impliziter `Open`- bzw. `Close`-Aufruf auf die Verbindung erfolgt.

Wollen Sie sicherstellen, dass eine Verbindung von beiden `SqlDataAdapter`-Objekten gleichermaßen benutzt wird, müssen Sie die Steuerung selbst übernehmen und mit der `Open`-Methode die Verbindung vor dem ersten Füllen des `DataSets` bzw. der `DataTable` öffnen.

```
...
con.Open();
daProducts.Fill(dsProducts);
daCategories.Fill(dsCategories);
con.Close();
```

25.3.6 Spalten- und der Tabellenbezeichner einer »DataTable«

Intern bedient sich ein `SqlDataAdapter` des `SqlDataReader`-Objekts, um die Ergebnisse einer Abfrage abzurufen. Bevor die Resultate der Abfrage in der `DataTable` gespeichert werden, benutzt der `SqlDataAdapter` das `SqlDataReader`-Objekt, um sich elementare Schema-Informationen zu besorgen. Dazu gehören die Spaltenbezeichner und die Datentypen. Aus diesem Grund können Sie über die Spaltenbezeichner auf bestimmte Spalten zugreifen, wenn Sie die Datenzeilen auswerten. Der `SqlDataReader` ist jedoch nicht in der Lage, den Tabellennamen zu liefern. Standardmäßig heißt die erste Tabelle `Table`, die zweite `Table1`, die dritte `Table2` usw. Im nächsten Abschnitt werden wir uns in diesem Zusammenhang mit der `TableMappingsCollection` des `SqlDataAdapters` beschäftigen. Anstatt einer `TableMapping`-Auflistung einen Eintrag hinzuzufügen, können Sie auch eine Überladung der `Fill`-Methode benutzen, der Sie im zweiten Parameter den Namen der Tabelle übergeben:

```
daProducts.Fill(ds, "Artikel");
```

Nun wird die im DataSet befindliche Tabelle unter dem Namen Artikel angesprochen, nicht mehr unter Table.

25.3.7 Paging mit der »Fill«-Methode

Eine interessante Überladung der Fill-Methode möchten wir Ihnen zum Abschluss noch vorstellen. Sie gestattet es, die DataTable mit nur einem Teil des Abfrageergebnisses zu füllen.

```
daProducts.Fill(ds, 0, 10, "Artikel");
```

Dieser Aufruf bewirkt, dass nur die ersten zehn Datenzeilen des nullbasierten Abfrageergebnisses im DataSet gespeichert werden. Tatsächlich werden dabei aber immer noch alle Datenzeilen von der Abfrage zurückgegeben. Der SqlDataAdapter, der sich bekannterweise intern des SqlDataReaders bedient, ruft dabei nur zehnmal die Read-Methode des SqlDataReaders auf.

25.4 Tabellenzuordnung mit der Klasse »TableMappings«

Um ein DataSet mit mehreren Tabellen zu füllen, können Sie eine Batch-Abfrage absetzen:

```
string strSQL = "SELECT * FROM Products;" +
                "SELECT * FROM Suppliers;" +
                "SELECT * FROM Categories";

SqlDataAdapter da = new SqlDataAdapter(strSQL, con);
DataSet ds = new DataSet();
da.Fill(ds);
```

Das DataSet beherbergt nun drei Tabellen. In jeder sind alle Datensätze der entsprechenden Originaltabellen Products, Suppliers und Categories enthalten. Allerdings stehen wir vor folgender Frage: Wie können wir eine bestimmte Tabelle im DataSet ansprechen, wenn darin mehrere Tabellen enthalten sind?

Ein DataSet verwaltet alle in ihm enthaltenen Tabellen in einer Auflistung vom Typ DataTableCollection. Die Referenz auf diese Auflistung liefert die Eigenschaft Tables des DataSet-Objekts.

Jetzt sollte man auch noch wissen, dass ein DataTable-Objekt seinen Tabellennamen über die Eigenschaft TableName preisgibt. Mit diesen Kenntnissen können wir jetzt die Namen der Tabellen im DataSet abfragen:

```
foreach(DataTable table in ds.Tables)
  Console.WriteLine(table.TableName);
```

Die Ausgabe wird nicht – wie vielleicht zu vermuten wäre – `Products`, `Suppliers` und `Categories` lauten, sondern, wie schon vorher behauptet:

```
Table
Table1
Table2
```

Die Zuordnung von `Table` zu `Products`, `Table1` zu `Suppliers` und `Table2` zu `Categories` ist aber in den meisten Fällen nicht wünschenswert. Besser geeignet wären sprechende Bezeichner, die zudem zur Verbesserung der Lesbarkeit des Codes beitragen. Der `SqlDataAdapter` bietet daher einen Mechanismus, um den Tabellen im Abfrageergebnis einen anderen Namen zuzuordnen: die Eigenschaft `TableMappings`, die die Referenz auf ein `DataTableMappingCollection`-Objekt liefert.

```
public DataTableMappingCollection TableMappings{get;}
```

In der Auflistung `DataTableMappingCollection` werden Objekte vom Typ `DataTableMapping` verwaltet. Jedes dieser Objekte ordnet einer Tabelle im `DataSet` einen Tabellennamen zu.

Am einfachsten ist es, mit der `Add`-Methode die Auflistung zu füllen. Dazu wird dem ersten Parameter die Zeichenfolge übergeben, unter der die Tabelle per Vorgabe in das `DataSet` gefüllt wird. Dem zweiten Parameter teilt man den gewünschten Tabellennamen mit.

```
public DataTableMapping Add(string, string)
```

Das folgende Codefragment zeigt, wie Sie die `DataTableMappingCollection` des `DataAdapter`-Objekts füllen können. Dabei wird davon ausgegangen, dass die oben angeführte Batch-Abfrage abgesetzt wird. Die Zuordnung muss vor dem Füllen des `DataSets` mit `Fill` erfolgen, ansonsten bleibt sie wirkungslos.

```
da.TableMappings.Add("Table", "Artikel");
da.TableMappings.Add("Table1", "Lieferanten");
da.TableMappings.Add("Table2", "Kategorien");
DataSet ds = new DataSet();
da.Fill(ds);
...
```

`Add` ruft implizit den `DataTableMapping`-Konstruktor auf. Sie können das natürlich auch selbst in die Hand nehmen, müssen dann aber jeder Tabelle über die Eigenschaft `SourceTable` sagen, welchen Standardnamen sie im `DataSet` hat, und ihr über `DataSetTable` mitteilen, welcher Bezeichner der Tabelle neu zugeordnet werden soll. Das folgende Beispiel zeigt, wie der Code dazu aussieht:

```
DataTableMapping dtm1 = new DataTableMapping();
dtm1.SourceTable = "Table";
```

```
dtm1.DataSetTable = "Artikel";
da.TableMappings.Add((object)dtm1);

DataTableMapping dtm2 = new DataTableMapping();
dtm2.SourceTable = "Table1";
dtm2.DataSetTable = "Lieferanten";
da.TableMappings.Add((object)dtm2);

DataTableMapping dtm3 = new DataTableMapping();
dtm3.SourceTable = "Table2";
dtm3.DataSetTable = "Kategorien";
da.TableMappings.Add((object)dtm3);
DataSet ds = new DataSet();
da.Fill(ds);
...
```

Die Klasse `DataTableMapping` gehört zum Namespace `System.Data.Common`, der vorher mit `using` bekannt gegeben werden sollte. Sie erkennen, dass diese Art der Zuordnung mehr Programmieraufwand bedeutet.

25.4.1 Spaltenzuordnungen in einem »DataSet«

Jeder Spalte der SELECT-Abfrage wird eine Spalte in der `DataTable` zugeordnet. Als Spaltenbezeichner verwendet ADO.NET dabei den Spaltennamen der Originaltabelle in der Datenbank. Wenn Sie die Datenquelle mit

```
SELECT ProductName, UnitPrice FROM Products
```

abfragen, lauten die Spalten in der `DataTable` ebenfalls `ProductName` und `UnitPrice`. Wünschen Sie andere Spaltenbezeichner, können Sie im SELECT-Statement für die einzelnen Spalten ein Alias angeben, zum Beispiel:

```
SELECT ProductName AS Artikelname, UnitPrice As Einzelpreis FROM Products
```

Nun würden in der `DataTable` die Spaltenbezeichner `Artikelname` und `Einzelpreis` lauten.

Sie können aber auch alternativ einen anderen Mechanismus einsetzen. Ein `DataTableMapping`-Objekt hat eine eigene Auflistung, mit der den obligatorischen Spaltenbezeichnern neue zugeordnet werden können. Diese Auflistung ist vom Typ `DataColumnMappingCollection` und enthält `DataColumnMapping`-Objekte. Jedes `DataColumnMapping`-Objekt beschreibt für sich eine Neuzuordnung eines Spaltenbezeichners in einer `DataTable`. Die vielleicht ein wenig komplex anmutenden Zusammenhänge zwischen `DataAdapter`, `DataTableMapping` und `DataColumnMapping` sind in Abbildung 25.1 anschaulich dargestellt.

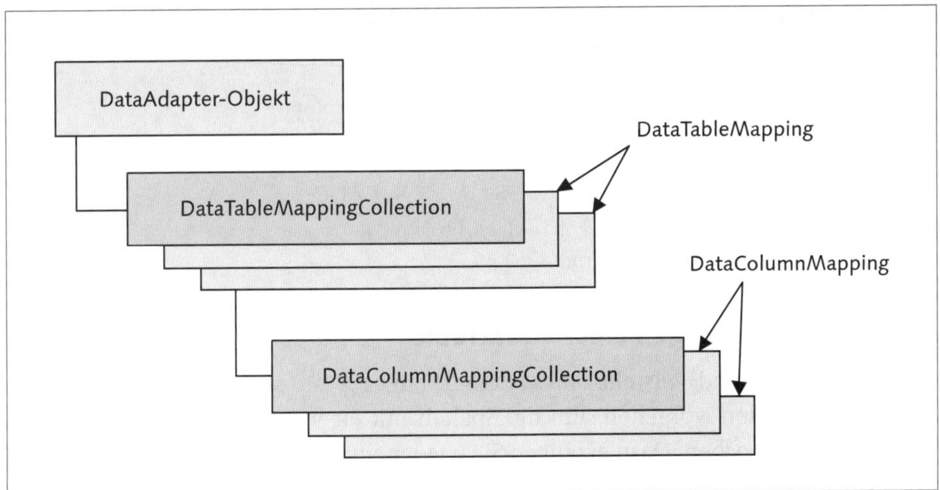

Abbildung 25.1 Hierarchie der Zuordnungsklassen

Die Referenz auf die `DataColumnMappingCollection` stellt die Eigenschaft `ColumnMappings` der Klasse `DataTableMapping` bereit:

```
public DataColumnMappingCollection ColumnMappings {get;}
```

Um eine Neuzuordnung festzulegen, bietet sich auch hier der Weg über die `Add`-Methode des `DataColumnMappingCollection`-Objekts an.

```
public DataColumnMapping Add(string, string);
```

Analog zur `Add`-Methode der `DataTableMappingCollection` wird dem ersten Parameter der ursprüngliche Spaltenbezeichner und dem zweiten Parameter der gewünschte Spaltenbezeichner übergeben.

Das folgende Codefragment zeigt den kompletten Code, der notwendig ist, um neben dem Tabellennamen auch die Spaltenbezeichner einer Abfrage neu festzulegen. Zum Schluss werden die Spaltenneuzuordnungen zur Bestätigung an der Konsole ausgegeben. Der Code im Schleifenkopf zur Ausgabe der Spaltenbezeichner dürfte ohne weitere Erläuterungen verständlich sein.

```
string strCon = @"...";
SqlConnection con = new SqlConnection(strCon);
string strSQL = "SELECT ProductName, UnitPrice FROM Products";
SqlDataAdapter da = new SqlDataAdapter(strSQL, con);

// Neuzuordnung des Tabellennamens
DataTableMapping dtm = da.TableMappings.Add("Table", "Autoren");
```

```
// Neuzuordnung der Tabellenbezeichner
dtm.ColumnMappings.Add("ProductName", "Artikelname");
dtm.ColumnMappings.Add("UnitPrice", "Einzelpreis");
DataSet ds = new DataSet();
da.Fill(ds);

// Konsolenausgabe der Spaltenbezeichner
foreach(DataColumn column in ds.Tables[0].Columns)
   Console.WriteLine(column.ColumnName);
```

25.4.2 Spaltenzuordnungen einer »DataTable«

Wenn Sie der `Fill`-Methode anstelle eines `DataSet`- ein `DataTable`-Objekt übergeben, müssen Sie ein wenig anders vorgehen, um die Spalten mit eigenen Bezeichnern im lokalen Datenspeicher anzusprechen. Dazu erzeugen Sie wieder ein `DataTableMapping`-Objekt, dem Sie die gewünschten Spaltenbezeichner zuordnen. Bei der Instanziierung von `DataTable` rufen Sie allerdings den parametrisierten Konstruktor auf, dem der im `DataTableMappping` zugeordnete Tabellenname übergeben wird.

```
...
DataTableMapping dtm = da.TableMappings.Add("Table", "Products");

// Neuzuordnung der Spaltenbezeichner
dtm.ColumnMappings.Add("ProductName", "Artikelname");
dtm.ColumnMappings.Add("UnitPrice", "Einzelpreis");
DataTable tbl = new DataTable("Artikel");
da.Fill(tbl);
...
```

25.4.3 Die Eigenschaft »MissingMappingAction« des »DataAdapter«

Die Neuzuordnung der Tabellen- und Spaltenbezeichner ist eine Option, die vor dem Aufruf der Methode `Fill` wahrgenommen werden kann. Der `DataAdapter` prüft vor dem Füllen des `DataSets`, ob die Zuordnungsauflistungen gefüllt sind. Dabei interessiert er sich besonders für die Spaltenzuordnungen.

Für jede Spalte des Abfrageergebnisses überprüft der `DataAdapter`, ob dafür eine Zuordnung in der `DataColumnMappingCollection` angegeben ist. Existiert eine solche nicht, überprüft er im nächsten Schritt seine `MissingMappingAction`-Eigenschaft. Hier findet er die Antwort darauf, wie er mit einer fehlenden Spaltenangabe umzugehen hat. Wie Sie bisher erfahren haben, werden Spalten, die nicht im `DataColumnMapping`-Objekt angegeben sind, mit dem Namen, den sie in der Originaltabelle haben, in die entsprechende `DataTable` eingetragen. Der `DataAdapter` kann aber auch angewiesen werden, alle Spalten, die nicht in der Zuordnungstabelle enthalten sind, zu ignorieren. Eine dritte Möglichkeit wäre es, eine Ausnahme auszulösen, wenn keine Zuordnung angegeben ist.

MissingMappingAction ist vom Typ der gleichnamigen Enumeration MissingMappingAction. Die drei Member der Enumeration lauten Error, Ignore und Passthrough. Letzteres ist die Standardeinstellung.

Member	Beschreibung
Error	Fehlt eine Spaltenzuordnung, wird eine Ausnahme ausgelöst.
Ignore	Fehlt eine Spaltenzuordnung, wird die Spalte in der DataTable ignoriert.
Passthrough	Fehlt eine Spaltenzuordnung, wird die Spalte unter ihrem ursprünglichen Namen der DataTable hinzugefügt.

Tabelle 25.1 Mitglieder der Enumeration »MissingMappingAction«

25.5 Das Ereignis »FillError« des »SqlDataAdapter«

Sollte beim Füllen des DataSets oder der DataTable ein Fehler auftreten, löst der SqlDataAdapter das Ereignis FillError aus. Sie können das Ereignis dazu benutzen, um zum Beispiel die Ereignisursache zu protokollieren. Per Vorgabe wird nach Beendigung des Ereignisses eine Exception ausgelöst. Sie können die Ausnahme im Code behandeln, was allerdings nicht sinnvoll ist, weil dazu eigentlich schon der Ereignishandler dient. Sie haben aber auch die Möglichkeit, im Ereignishandler die Fortsetzung des Programms ohne Ausnahme zu erzwingen. Dazu übergeben Sie der Eigenschaft Continue des zweiten Parameters des Ereignishandlers mit true die entsprechende Anweisung.

Im folgenden Programmbeispiel wird ein Fehler beim Füllen des DataSets ausgelöst, indem die Eigenschaft MissingMappingAction des SqlDataAdapters auf Error gesetzt wird. Im Ereignishandler wird die Folgeausnahme mit e.Continue=true unterdrückt.

```
// ---------------------------------------------------------
// Beispiel: ...\Kapitel 25\FillErrorSample
// ---------------------------------------------------------
class Program {

  static void Main(string[] args) {
    SqlConnection con = new SqlConnection();
    con.ConnectionString = "...";
    SqlCommand cmd = new SqlCommand();
    cmd.Connection = con;
    cmd.CommandText = "SELECT * FROM Products";
    DataSet ds = new DataSet();
    SqlDataAdapter da = new SqlDataAdapter();
    da.FillError += new FillErrorEventHandler(da_FillError);
    da.SelectCommand = cmd;
    da.MissingMappingAction = MissingMappingAction.Error;
```

```
    da.Fill(ds, "Artikel"); // InvalidOperationException
    Console.ReadLine();
  }

  static void da_FillError(object sender, FillErrorEventArgs e) {
    Console.WriteLine(e.Errors.Message);
    e.Continue = true;
  }
}
```

26 ADO.NET – Daten im lokalen Speicher

Wäre man gezwungen, eine Rangfolge der ADO.NET-Typen nach ihrer Wichtigkeit aufzustellen, würde `DataSet` zweifelsfrei an erster Position stehen. Diese Klasse bildet den Kern von ADO.NET, um den herum sich fast alles andere rankt.

Ein `DataSet` ist in erster Linie ein Datencontainer. Organisiert und verwaltet werden die Daten in Form von Tabellen. Wenn Sie sich darunter Tabellen ähnlich denen von Microsoft-Excel vorstellen, liegen Sie gar nicht so falsch. Ob es sich um eine oder auch mehrere Tabellen handelt, hängt von der zugrunde liegenden Abfrage ab, die durch das `SqlCommand`-Objekt beschrieben wird. Enthält das `DataSet` mehrere Tabellen, so können zwischen den Tabellen Beziehungen eingerichtet werden – ganz so wie in der Originaldatenbank.

In Kapitel 24, »ADO.NET – Das Command-Objekt«, haben Sie den Typ `SqlDataReader` kennengelernt. Mit einem Objekt dieses Typs können Sie Daten basierend auf einer Abfrage abrufen. Ein `SqlDataReader` ist aber nicht so weit ausgebildet, dass er die üblichen Aufgaben einer Datenbankanwendung erfüllen kann. Wie Sie wissen, können Sie nur vorwärts navigieren, zudem sind die Daten schreibgeschützt. Damit ist der `SqlDataReader` in seiner Funktionalität sehr eingeschränkt, er ist allerdings enorm effizient, denn er ist auf Performance ausgelegt. Ein `DataSet` hingegen bietet Ihnen im Vergleich dazu deutlich mehr Funktionalitäten, schneidet hinsichtlich der Performance aber schlechter ab.

Die Daten im `DataSet` stehen in keinem Kontakt zur Datenbank. Nachdem das `DataSet` über das `SqlDataAdapter`-Objekt gefüllt worden ist, gibt es keine Verbindung zwischen `DataSet` und Datenbank mehr. Nimmt ein Anwender Änderungen an den Daten vor, schreiben sich diese nicht sofort in die Originaldatenbank zurück, sondern werden vielmehr zunächst im `DataSet` gespeichert. Zum Zurückschreiben der geänderten Daten muss ein Anstoß erfolgen. Häufig kann man sich dazu wieder des `SqlDataAdapters` bedienen, der die notwendige Aktualisierungslogik bereitstellt. Sollten Sie Erfahrungen mit Datenbanken haben, werden Sie jetzt sicherlich sofort einwenden, dass damit Konfliktsituationen vorprogrammiert sind, wenn ein zweiter Anwender zwischenzeitlich Änderungen am gleichen Datensatz vorgenommen hat. Der Einwand ist korrekt, andererseits gibt uns ADO.NET alle Mittel an die Hand, um eine benutzerdefinierte Konfliktsteuerung und Konfliktanalyse zu codieren. Darüber hinaus können Sie eine Konfliktlösung realisieren, ganz so, wie es Sie es sich vorstellen. Mit der Aktualisierung der Originaldatenbank werden wir uns in diesem Kapitel jedoch noch nicht beschäftigen.

Damit sind noch nicht alle Fähigkeiten des DataSets erwähnt. In einem DataSet lässt sich die Ansicht der Abfrageergebnisse ändern. Sie können die Daten basierend auf einer oder mehreren Spalten sortieren. Setzen Sie im DataSet einen Filter, sehen Sie nur Daten, die bestimmte Kriterien erfüllen. Zudem ist die Zusammenarbeit eines DataSets mit XML ausgezeichnet. Der Inhalt eines DataSets kann als XML-Dokument in einer Datei gespeichert und der Inhalt einer XML-Datei in ein DataSet eingelesen werden. Darüber hinaus lassen sich die Schema-Informationen eines DataSets in einer XML-Schema-Datei speichern.

26.1 »DataSet«-Objekte verwenden

26.1.1 »DataSet«-Objekte erzeugen

Die Klasse DataSet befindet sich, wie viele andere Klassen auch, die nicht providerspezifisch sind, im Namespace System.Data. In den meisten Fällen ist der parameterlose Konstruktor vollkommen ausreichend, um ein DataSet-Objekt zu erzeugen.

```
DataSet ds = new DataSet();
```

Soll das DataSet einen Namen erhalten, bietet sich alternativ der einfach parametrisierte Konstruktor an:

```
DataSet ds = new DataSet("Bestellungen");
```

Der Name kann auch über die Eigenschaft DataSetName festgelegt oder abgerufen werden.

26.1.2 Anatomie einer »DataTable«

Zum Leben erweckt wird ein DataSet-Objekt nicht durch die Instanziierung der Klasse, sondern vielmehr durch den Aufruf der Fill-Methode des DataAdapters:

```
...
string strSQL = "SELECT * FROM Products";
SqlDataAdapter da = new SqlDataAdapter(strSQL, con);
DataSet ds = new DataSet();
da.Fill(ds);
...
```

Das Ergebnis der Abfrage enthält alle Datensätze der Tabelle Products. Die Datensätze sind in einer Tabelle enthalten, die durch ein DataTable-Objekt beschrieben wird. Ein DataTable-Objekt beschreibt die Spalten, die im SELECT-Statement der Abfrage angegeben sind. Jede Spalte wird dabei als Objekt vom Typ DataColumn behandelt. Um eine einfache Verwaltung und einen einfachen Zugriff auf bestimmte Spalten zu gewährleisten, werden alle Spalten in eine Auflistung der DataTable eingetragen. Über die Eigenschaft Columns der DataTable erhalten Sie Zugriff auf die DataColumnCollection.

In ähnlicher Weise ist auch das Ergebnis der Abfrage organisiert. Jeder zurückgelieferte Datensatz wird durch ein Objekt vom Typ `DataRow` beschrieben. Alle Datenzeilen in einer Tabelle werden von einer Auflistung verwaltet, der `DataRowCollection`, auf die Sie über die `DataTable`-Eigenschaft `Rows` zugreifen können.

Eine `DataTable` hat eine `DataColumn`- und eine `DataRowCollection`. Da ein `DataSet` nicht nur eine, sondern prinzipiell beliebig viele Tabellen enthalten kann, muss auch der Zugriff auf eine bestimmte `DataTable` im `DataSet` möglich sein. Wie kaum anders zu erwarten ist, werden auch alle Tabellen in einem `DataSet` von einer Auflistung organisiert. Diese ist vom Typ `DataTableCollection`, deren Referenz die Eigenschaft `Tables` des `DataSets` liefert.

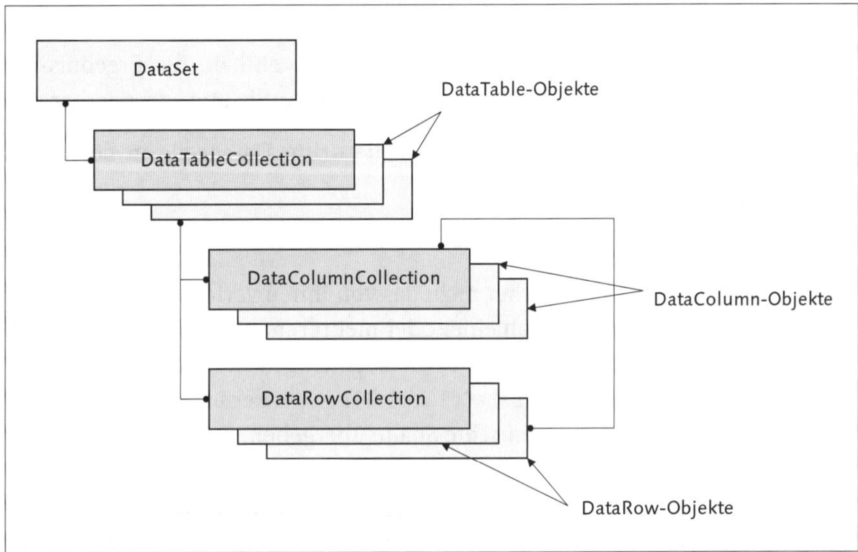

Abbildung 26.1 Die Struktur eines »DataSets«

26.1.3 Zugriff auf eine Tabelle im »DataSet«

Wenn `ds` das `DataSet`-Objekt beschreibt, genügt eine Anweisung wie die folgende, um auf eine bestimmte Tabelle im `DataSet` zuzugreifen:

```
ds.Tables[2]
```

Enthält das `DataSet` mehrere Tabellen, lassen sich die Indizes oft nur schwer einer der Tabellen zuordnen. Wie Sie wissen, weist der `SqlDataAdapter` per Vorgabe den Tabellen im `DataSet` ebenfalls Bezeichner (`Table`, `Table1`, `Table2` usw.) zu. Sowohl die Indizes als auch die Standardbezeichner sind aber wenig geeignet, um den Code gut lesbar zu gestalten. Der `SqlDataAdapter` unterstützt eine `DataTableMappingCollection`, um lesbare Tabellennamen abzubilden. Zudem bietet die Überladung der Methode des `SqlDataAdapters` die Möglichkeit, einer Tabelle einen sprechenden Bezeichner zuzuordnen. Sie sollten eines dieser Angebote nutzen, denn die Anweisung

```
ds.Tables["Artikel"]
```

wird Ihnen später eher hilfreich sein, den eigenen Programmcode zu verstehen, als die Angabe eines nur schlecht zuzuordnenden Index.

26.1.4 Zugriff auf die Ergebnisliste

Ein `DataRow`-Objekt stellt den Inhalt eines Datensatzes dar und kann sowohl gelesen als auch geändert werden. Um in einer `DataTable` von einem Datensatz zum anderen zu navigieren, benutzen Sie Eigenschaft `Rows` der `DataTable`, die die Referenz auf das `DataRowCollection`-Objekt der Tabelle zurückgibt und alle Datensätze enthält, die Ergebnis der Abfrage sind. Die einzelnen `DataRows` sind über den Index der Auflistung adressierbar.

Mit der folgenden Anweisung wird der Verweis auf die dritte Datenzeile in der ersten Tabelle des `DataSets` der Variablen `row` zugewiesen:

```
DataRow row = ds.Tables["Artikel"].Rows[2];
```

Eine Datenzeile nur zu referenzieren, ist sicher nicht das von Ihnen verfolgte Ziel. Vielmehr werden Sie daran interessiert sein, den Inhalt einer oder mehrerer Spalten der betreffenden Datenzeile auszuwerten. Dazu veröffentlicht die `DataRow` einen Indexer, dem Sie entweder den Namen der Spalte, deren Index in der `DataColumnCollection` der `DataTable` (die Ordinalposition) oder die Referenz auf die gewünschte Spalte übergeben. Der Rückgabewert ist jeweils vom Typ `Object` und enthält die Daten der angegebenen Spalte. Häufig ist eine anschließende Konvertierung in den richtigen Datentyp notwendig. Wenn Sie die Überladung einsetzen, die den Spaltenbezeichner erwartet, müssen Sie zwei Ausgangssituationen beachten: Per Vorgabe setzen Sie diejenigen Spaltenbezeichner ein, die auch in der Originaldatenbank bekannt sind. Haben Sie jedoch der `DataColumnMappingCollection` Spaltenzuordnungen hinzugefügt, müssen Sie diese angeben.

Wir wollen uns dies nun an einem Beispiel ansehen.

```
// ---------------------------------------------------------------
// Beispiel: ...\Kapitel 26\ShowDataRows
// ---------------------------------------------------------------
class Program {
  static void Main(string[] args) {
    SqlConnection con = new SqlConnection();
    con.ConnectionString = "...";
    SqlCommand cmd = new SqlCommand();
    cmd.Connection = con;
    cmd.CommandText = "SELECT ProductName, UnitPrice " +
```

```
                    "FROM Products " +
                    "WHERE UnitsOnOrder > 0";
    DataSet ds = new DataSet();
    SqlDataAdapter da = new SqlDataAdapter(cmd);
    da.Fill(ds, "Artikel");

    // Ausgabe der Ergebnisliste
    DataTable tbl = ds.Tables["Artikel"];
    for (int i = 0; i < tbl.Rows.Count; i++) {
      Console.WriteLine("{0,-35}{1}",
        tbl.Rows[i]["ProductName"], tbl.Rows[i]["UnitPrice"]);
    }
    Console.ReadLine();
  }
}
```

Gefragt ist nach allen Artikeln, zu denen aktuell Bestellungen vorliegen. Nach dem Füllen des `DataSets` wird die Ergebnisliste in einer Schleife durchlaufen. Der Schleifenzähler wird dabei als Index der Datenzeile eingetragen. Damit die einzelnen Anweisungen nicht zu lang werden, wird vor Beginn des Schleifendurchlaufs die `DataTable` im `DataSet` in einer Variablen gespeichert.

```
DataTable tbl = ds.Tables["Artikel"];
```

Da alle Datenzeilen von einer Auflistung verwaltet werden, stehen die üblichen Methoden und Eigenschaften zur Verfügung. In diesem Code wird die Eigenschaft `Count` abgefragt, um festzustellen, wie viele Datenzeilen sich in der Ergebnisliste befinden.

Sie können auch statt der `for`-Schleife eine `foreach`-Schleife einsetzen. Der folgende Codeausschnitt ersetzt daher vollständig die `for`-Schleife unseres Beispiels:

```
foreach(DataRow row in tbl.Rows)
  Console.WriteLine("{0,-35}{1}", row["ProductName"], row["UnitPrice"]);
```

26.1.5 Dateninformationen in eine XML-Datei schreiben

Sie können die Dateninformationen eines `DataSets` in eine XML-Datei schreiben und später im Bedarfsfall auch wieder laden. Hierzu stehen Ihnen mit `WriteXml` und `ReadXml` die passenden Methoden zur Verfügung, die auf die Referenz des `DataSet`-Objekts aufgerufen werden. Beiden Methoden können Sie als Parameter den Namen der Datei mitgeben, in die die Daten gespeichert bzw. aus der die XML-Daten gelesen werden sollen:

```
ds.WriteXml(@"D:\Daten\ContentsOfDataset.xml");
...
ds.ReadXml(@"D:\Daten\ContentsOfDataset.xml");
```

Der Parameter beschränkt sich nicht nur auf Dateien. Sie können auch einen `TextReader`, einen `Stream` oder einen `XmlReader` angeben.

Nachfolgend sehen Sie den Teilausschnitt eines XML-Dokuments, dem die Abfrage

```
SELECT ProductID, ProductName FROM Products
```

zugrunde liegt.

```
<?xml version="1.0" standalone="yes"?>
<NewDataSet>
  <Table>
    <ProductID>1</ProductID>
    <ProductName />
  </Table>
  <Table>
    <ProductID>17</ProductID>
    <ProductName>Alice Mutton</ProductName>
  </Table>
  <Table>
    <ProductID>3</ProductID>
    <ProductName>Aniseed Syrup</ProductName>
  </Table>
  <Table>
    <ProductID>40</ProductID>
    <ProductName>Boston Crab Meat</ProductName>
  </Table>
  <Table>
    <ProductID>60</ProductID>
    <ProductName>Camembert Pierrot</ProductName>
  </Table>
  ...
</NewDataSet>
```

26.2 Gültigkeitsprüfung im »DataSet«

26.2.1 Dem »DataSet« Schema-Informationen übergeben

Die Daten in einer `DataTable` können editiert werden. Sie können auch neue Datenzeilen hinzufügen oder vorhandene löschen. Wie das gemacht wird, werden Sie noch später in diesem Kapitel sehen. Unabhängig davon, welche Änderungen Sie vorgenommen haben, betreffen diese zunächst nur das `DataSet`. Die Produktionsdatenbank weiß davon nichts. Erst zu einem späteren Zeitpunkt werden die Aktualisierungen mit der `Update`-Methode des `SqlDataAdapters` zur Originaldatenbank übermittelt und dort gespeichert.

Viele Spalten der Tabelle in der Datenbank unterliegen Gültigkeitsregeln: Beispielsweise lassen einige nur eine maximale Zeichenanzahl zu, andere schreiben einen eindeutigen Eintrag innerhalb der Datensätze der Tabelle vor oder lassen keinen NULL-Wert zu. Eine `DataTable`, die wir mit `Fill` füllen, ist hingegen sehr »dumm«. Sie enthält zwar alle angeforderten Daten, weiß aber nichts von den Gültigkeitsregeln, die in der Datenbank festgelegt sind. Die Folge ist, dass in der Anwendung die Daten beliebig verändert werden können, ohne dass eine Überprüfung erfolgt. Der anschließende Versuch, die Änderungen in die Datenbank zu schreiben, wird jedoch scheitern, weil die Datenbank vor der endgültigen Aktualisierung zuerst die Änderungen mit den Gültigkeitsregeln vergleicht und eine Verletzung feststellt. Es kommt zu einer Ausnahme.

Im folgenden Beispielprogramm können Sie dies ausprobieren. Hierzu dient uns wieder die schon reichlich bekannte Tabelle `Products` der Datenbank *Northwind*. Das Programm ermöglicht es, den Bezeichner des ersten Artikels (es handelt sich dabei um `Chai`) zu ändern. Dazu werden Sie an der Konsole aufgefordert. Die Änderung wird zuerst in das `DataSet` geschrieben, anschließend wird die Originaldatenbank aktualisiert. Die Aktualisierungslogik mit der Methode `Update` des `SqlDataAdapters` sowie das zuvor erzeugte Objekt vom Typ `SqlCommandBuilder` sollen uns an dieser Stelle nicht interessieren.

```
// ---------------------------------------------------------------------
// Beispiel: ...\Kapitel 26\FehlgeschlageneAktualisierung
// ---------------------------------------------------------------------
class Program {
  static void Main(string[] args) {
    SqlConnection con = new SqlConnection();
    con.ConnectionString = "...";
    SqlCommand cmd = new SqlCommand();
    cmd.Connection = con;
    cmd.CommandText = "SELECT ProductID, ProductName, UnitsInStock " +
                      "FROM Products";
    DataSet ds = new DataSet();
    SqlDataAdapter da = new SqlDataAdapter(cmd);
    da.Fill(ds);
    // Ausgabe der Ergebnisliste
    Console.WriteLine("Abfrageergebnis:\n");
    foreach (DataRow row in ds.Tables[0].Rows)
      Console.WriteLine("{0,-35}{1}", row[0], row[1]);
    Console.WriteLine(new string('-',60));
    // Datenänderung
    Console.Write("Namensänderung von 'Chai': ");
    ds.Tables[0].Rows[0]["ProductName"] = Console.ReadLine();
    SqlCommandBuilder cmb = new SqlCommandBuilder(da);
    da.Update(ds);
    Console.ReadLine();
  }
}
```

Beachten Sie bitte, dass das Feld `ProductName` in der Datenbank auf eine Maximallänge von 40 Zeichen begrenzt ist. Ändern Sie den Artikelbezeichner innerhalb dieser Grenzen, wird die Datenbank die Änderung annehmen. Sollten Sie jedoch gegen die Beschränkung verstoßen, wird eine Ausnahme vom Typ `SqlException` ausgelöst, die von der Datenbank initiiert wird. Die geänderte Spalte im `DataSet` hatte keinen Einwand gegen die vorgenommene Änderung, denn bekanntlich sind die Daten im `DataSet` »dumm«. Der Versuch der endgültigen Aktualisierung scheitert jedoch an der Feldlängenbegrenzung in der Datenbank.

Obwohl aufgrund der Einschränkungen in der Datenbank sichergestellt ist, dass keine unzulässigen Daten geschrieben werden, stellt der gezeigte Ansatz keine gute Lösung dar. Denken Sie nur an eine stark frequentierte Datenbank im Internet. Jeder Anwender, der unzulässige Daten übermittelt, würde von der Datenbank in Form einer Ausnahme über das Scheitern der Aktualisierung informiert. Der Datenfluss von der Datenbank zum Anwender würde nicht nur das Netz belasten, sondern darüber hinaus auch die Performance der Anwendung verschlechtern.

Besser ist es, wenn bereits das `DataSet` die Gültigkeitsregeln kennt. Das hat zur Folge, dass Änderungen überprüft werden, bevor sie der Datenbank übermittelt werden. In unserem Beispiel hätte dann das `DataSet` eine Änderung des Artikelbezeichners abgelehnt, ohne dabei die Datenbank zu kontaktieren.

Um eine Gültigkeitsüberprüfung vom `DataSet` vornehmen zu lassen, werden Schema-Informationen benötigt, die auf drei verschiedene Weisen einer Anwendung bereitgestellt werden können:

- Die Schema-Informationen werden mittels Programmcode für alle betreffenden Tabellen und Spalten explizit festgelegt.
- Die Schema-Informationen werden von der Datenbank mit dem `SqlDataAdapter` bezogen. Dazu bieten sich die Methode `FillSchema` sowie die Eigenschaft `MissingSchemaAction` an.
- Die Schema-Informationen werden aus einer XML-Schema-Datei bezogen.

Schema-Informationen beschreiben Datenüberprüfungsmechanismen, die sogenannten *Einschränkungen (Constraints)*. Dabei handelt es sich um Einschränkungen auf Spalten- und Tabellenebene, die auch von einer `DataTable` und einer `DataColumn` unterstützt werden. Ehe ich Ihnen zeige, wie Sie ein `DataSet` davon überzeugen, eine Gültigkeitsüberprüfung vorzunehmen, sollten wir uns ansehen, wie die Beschränkungen von ADO.NET realisiert werden.

26.2.2 Eigenschaften einer »DataColumn«, die zur Gültigkeitsprüfung dienen

Um die in der Anwendung eingegebenen Daten mittels Programmcode zu überprüfen, veröffentlicht das `DataColumn`-Objekt, mit dem eine Spalte der Abfrage beschrieben wird, einige Eigenschaften.

Eigenschaft	Beschreibung
AllowDBNull	Mit dieser Eigenschaft legen Sie fest, ob eine Spalte den Wert NULL akzeptiert oder nicht.
MaxLength	Mit dieser Eigenschaft legen Sie die Länge einer Zeichenfolge in einer Spalte fest.
ReadOnly	Sollen die Daten einer Spalte schreibgeschützt sein, setzen Sie diese Eigenschaft für die betreffende Spalte auf true.
Unique	Mit dieser Eigenschaft geben Sie an, ob die Werte in einer Spalte eindeutig sein müssen. Ist diese Eigenschaft einer Spalte auf true gesetzt, prüft ADO.NET die Werte in jeder Zeile dieser Tabelle, wenn Sie in einer Datenzeile den Wert einer UNIQUE-Spalte ändern oder einen neuen Datensatz hinzufügen. Wird gegen die Regel verstoßen, wird die Ausnahme ConstraintException ausgelöst.

Tabelle 26.1 Gültigkeitsbeschreibende Eigenschaften einer »DataColumn«

26.2.3 Die »Constraints«-Klassen einer »DataTable«

Die folgenden beiden Klassen beschreiben Einschränkungen einer DataTable:

- UniqueConstraint
- ForeignKeyConstraint

Beide Klassen sind von der gleichen Basisklasse Constraint abgeleitet. Da eine DataTable mehrere Einschränkungen beschreiben kann, werden alle Constraint-Objekte in einer Auflistung (Typ: ConstraintCollection) verwaltet. Die Eigenschaft Constraint der DataTable liefert die Referenz auf diese Collection.

Die Klasse »UniqueConstraint«

Ein UniqueConstraint-Objekt wird automatisch angelegt, wenn die Eigenschaft Unique einer Spalte auf true gesetzt wird. Gleichzeitig wird das Objekt der ConstraintCollection hinzugefügt. Sie können ein UniqueConstraint-Objekt natürlich auch per Code erzeugen und dessen Eigenschaft Columns der Spalte übergeben, auf der die Einschränkung gesetzt wird. Das Setzen der Eigenschaft Unique einer Spalte ist aber einfacher. Trotzdem kann das explizite Erzeugen sinnvoll sein. Das ist der Fall, wenn Sie sicherstellen müssen, dass die Kombination von Werten aus mehreren Spalten eindeutig ist.

Die Klasse »ForeignKeyConstraint«

Mit einem ForeignKeyConstraint-Objekt können Sie festlegen, wie sich eine Beziehung zwischen Tabellen bezüglich Datenänderungen auswirken soll. In der Tabelle Products der *Northwind*-Datenbank muss die Spalte CategoryID einen Wert enthalten, der in der Tabelle Categories enthalten ist. Der Spalte CategoryID wird dazu ein ForeignKeyConstraint-Objekt zugeordnet. Allerdings müssen Sie dieses nicht explizit erzeugen. Wenn Sie im DataSet eine Beziehung zwischen zwei Tabellen einrichten, wird automatisch ein

ForeignKeyConstraint-Objekt erzeugt. Wir werden auf das Thema der Einrichtung einer Beziehung zwischen zwei Tabellen später noch einmal zurückkommen.

Primärschlüsselfelder

Primärschlüssel werden in der DataTable definiert. Die entsprechende Eigenschaft lautet PrimaryKey. Dass ein Primärschlüssel nicht die Eigenschaft einer DataColumn besitzt, liegt daran, dass viele Tabellen mehrere Spalten zu einem gemeinsamen Primärschlüssel kombinieren. Die PrimaryKey-Eigenschaft der DataTable beschreibt deshalb auch ein Array von DataColumn-Objekten. Beim Festlegen der PrimaryKey-Eigenschaft wird ein UniqueConstraint-Objekt erzeugt, um die Primärschlüsseleinschränkung durchzusetzen.

26.2.4 Schema mit Programmcode erzeugen

Die Bereitstellung eines Schemas ist verhältnismäßig aufwendig. Mit den Eigenschaften AllowDBNull, MaxLength und Unique einer DataColumn sowie PrimaryKey einer DataTable können Sie Datenmechanismen implementieren. Mit ReadOnly=true haben Sie zudem die Möglichkeit, gültige Daten vor einer Veränderung durch den Benutzer zu schützen.

Auch im folgenden Beispiel soll der Bezeichner eines Artikels der Tabelle Products geändert werden. Etwas Ähnliches habe ich ein paar Seiten zuvor schon einmal gezeigt. Diesmal wird die DataTable im DataSet jedoch mit den Schema-Informationen für die abgefragten Felder gefüllt. Aus Gründen der Übersichtlichkeit wird der entsprechende Code in eine spezielle Methode ausgelagert, die nach dem Füllen des DataSets aufgerufen wird.

```
// ------------------------------------------------------------------
// Beispiel: ...\Kapitel 26\SchemaPerCode
// ------------------------------------------------------------------
class Program {
  static void Main(string[] args) {
    SqlConnection con = new SqlConnection();
    con.ConnectionString = "...";
    SqlCommand cmd = new SqlCommand();
    cmd.Connection = con;
    cmd.CommandText = "SELECT ProductID, ProductName, " +
         "QuantityPerUnit, Discontinued FROM Products";
    DataSet ds = new DataSet();
    SqlDataAdapter da = new SqlDataAdapter(cmd);
    da.Fill(ds);
    FillSchemaInfos(ds.Tables[0]);

    // Der Artikelbezeichner des Artikels in der ersten Datenzeile
    // soll geändert werden.
    DataRow row = ds.Tables[0].Rows[0];
```

```
      Console.Write("Produktname ändern: ");
      row["ProductName"] = Console.ReadLine();

      // Änderung in die Originaldatenbank schreiben
      SqlCommandBuilder cmb = new SqlCommandBuilder(da);
      da.Update(ds);
      Console.WriteLine("Aktualisierung erfolgreich.");
      Console.ReadLine();
    }

    // Diese Methode füllt die Tabelle mit Schema-Informationen.
    static void FillSchemaInfos(DataTable tbl) {

      // ProductID
      tbl.PrimaryKey = new DataColumn[]{ tbl.Columns["ProductID"]};

      // ProductName
      tbl.Columns["ProductName"].MaxLength = 40;
      tbl.Columns["ProductName"].AllowDBNull = false;

      // QuantityPerUnit
      tbl.Columns["QuantityPerUnit"].MaxLength = 20;

      // Discontinued
      tbl.Columns["Discontinued"].AllowDBNull = false;
    }
  }
```

Sie können selbst bestimmen, welchen Bezeichner der Artikel bekommen soll. Entscheiden Sie sich für einen Bezeichner mit maximal 40 Zeichen, wird die Änderung in die Datenbank geschrieben. Geben Sie aber mehr als 40 Zeichen ein, wird eine Ausnahme vom Typ `ArgumentException` ausgelöst. Vielleicht erinnern Sie sich an das ähnliche Aktualisierungsbeispiel weiter oben. Dort wurde das Überschreiten der zulässigen Maximallänge des Feldes `ProductName` mit einer Ausnahme vom Typ `SqlException` beantwortet. Diese kam vom SQL Server. Die Ausnahme `ArgumentException` hingegen wird von ADO.NET in der Clientanwendung ausgelöst.

Vergleichen Sie auch, in welcher Codezeile die Ausnahme auslöst wird: Aktualisieren Sie ohne Schema-Informationen, ist die `Update`-Methode des `SqlDataAdapters` der Urheber. Liegen Schema-Informationen im `DataSet` vor und wird gegen die Einschränkungen verstoßen, handelt es sich um die Anweisung mit der fehlschlagenden Zuweisung, in unserem Beispiel also:

```
row["ProductName"] = Console.ReadLine();
```

Das DataSet nimmt die Änderung überhaupt nicht entgegen. Damit ist gezeigt, dass ein DataSet mit Schema-Informationen zur Entlastung des Datenbankservers beiträgt.

26.2.5 Schema-Informationen mit »SqlDataAdapter« abrufen

Schema-Informationen mit »FillSchema« abrufen

Enthält ein DataSet mehrere Tabellen mit jeweils vielen Spalten, kann die Codierung der Schema-Informationen ziemlich aufwendig sein. Ebenso können Sie mit der Methode FillSchema des SqlDataAdapters alle Schema-Informationen für das DataSet oder die DataTable abrufen. Die Methode ruft das Schema bei der Datenbank ab. Grundlage ist dabei das in SelectCommand beschriebene SELECT-Kommando. Als Ergebnis des Methodenaufrufs werden die Eigenschaften ReadOnly, AllowDBNull, AutoIncrement, Unique und MaxLength der in der Abfrage enthaltenen Spalten gesetzt. Außerdem werden die Eigenschaften PrimaryKey und Constraints der entsprechenden Tabelle festgelegt.

FillSchema ist mehrfach überladen. Alle Überladungen erwarten ein Argument vom Typ der Enumeration SchemaType. Die Aufzählung hat zwei Mitglieder: Source und Mapped. Über diese Parameter wird gesteuert, ob der SqlDataAdapter die Zuordnungen verwenden soll, die in der DataTableMappingCollection und der DataColumnMappingCollection angegeben sind.

Beschreiben Sie mittels Programmcode die Gültigkeitsregeln, können diese zu jedem beliebigen Zeitpunkt gesetzt werden. Es muss nur vor der Aktualisierung der Daten im DataSet sein. Benutzen Sie dagegen die Methode FillSchema, muss dies vor dem Füllen des DataSets erfolgen.

```
...
DataSet ds = new DataSet();
da.FillSchema(ds, SchemaType.Source);
da.Fill(ds);
...
```

Der Aufruf der Methode ist einerseits natürlich sehr bequem, aber andererseits dürfen Sie nicht vergessen, dass dabei sowohl das Netzwerk als auch die Datenbank selbst belastet werden.

Die Eigenschaft »MissingSchemaAcion« des »SqlDataAdapter«

Per Vorgabe ist der SqlDataAdapter so eingestellt, dass Spalten zu einer DataTable hinzugefügt werden, wenn diese in der DataTable noch nicht existieren. Damit stellt der SqlDataAdapter sicher, die Ergebnisse einer Abfrage speichern zu können. Gesteuert wird dieses Verhalten von der Eigenschaft MissingSchemaAction, die Werte der gleichnamigen Aufzählung beschreibt.

Wert	Beschreibung
Add	Fügt die erforderlichen Spalten zum Vervollständigen des Schemas hinzu.
AddWithKey	Findet der SqlDataAdapter eine Spalte, die noch nicht in der DataTable existiert, fügt er die Spalte hinzu und setzt die Eigenschaften MaxLength und AllowDBNull. Falls die DataTable noch nicht existiert, wird die Datenbank zudem nach Primärschlüsselinformationen abgefragt.
Error	Wenn die angegebene Spaltenzuordnung fehlt, wird die Ausnahme InvalidOperation ausgelöst.
Ignore	Ignoriert die zusätzlichen Spalten.

Tabelle 26.2 Die Werte der Enumeration »MissingSchemaAction«

Legen Sie die Eigenschaft MissingSchemaAction auf den Wert AddWithKey fest, werden ähnlich wie mit der Methode FillSchema die Schema-Informationen abgerufen. Diese sind jedoch auf den Primärschlüssel der Tabelle sowie die Einschränkungen AllowDBNull und MaxLength der Spalten beschränkt. Unique, AutoIncrement und ReadOnly werden hierbei nicht berücksichtigt.

Schema-Informationen aus einer XML-Schema-Datei beziehen

Nun kennen Sie zwei Varianten, Metadaten einer Tabelle im DataSet bereitzustellen. Sie wissen, dass es sehr einfach ist, mit FillSchema oder MissingSchemaAction=AddWithKey zu arbeiten. Der Nachteil dabei ist die erhöhte Belastung des Netzes und der Datenbank. Daher ist dies wohl eher nur für Ad-hoc-Abfragen geeignet. Alternativ können Sie die Schema-Informationen auch mittels Programmcode beschreiben. Zur Laufzeit ist das sicher effektiv, weil das Netz und die Datenbank nur die tatsächlich benötigten Dateninformationen liefern müssen, während die Metadaten im Code beschrieben werden. Allerdings bedeutet das einen nicht zu vernachlässigenden Programmieraufwand.

Die nun vorgestellte dritte Möglichkeit ist wohl in den meisten Fällen diejenige, die sich am besten eignet. Ausgangspunkt sind zwei Methoden des DataSets: WriteXmlSchema und ReadXmlSchema. Mit WriteXmlSchema können Sie die Schema-Informationen eines DataSets in ein XML-Dokument schreiben und es später mit ReadXmlSchema auswerten. Das Schema enthält Definitionen von Tabellen, Beziehungen und Einschränkungen. XML-Schema-Dateien haben üblicherweise die Dateiendung *.XSD*.

Bevor Sie das Schema eines DataSets in einer Schema-Datei speichern, muss das Schema im DataSet bekannt sein. Sie können sich dieses daher zur Entwicklungszeit mit FillSchema besorgen und anschließend mit WriteXmlSchema in einer Datei speichern.

```
ds.WriteXmlSchema(@"D:\Products.xsd");
```

Die erzeugte Schema-Datei muss zusammen mit der Anwendung ausgeliefert werden. In Abbildung 26.2 sehen Sie die Schema-Datei, die auf einer Abfrage basiert, die die Spalten `ProductID` und `ProductName` der Tabelle `Products` wiedergibt.

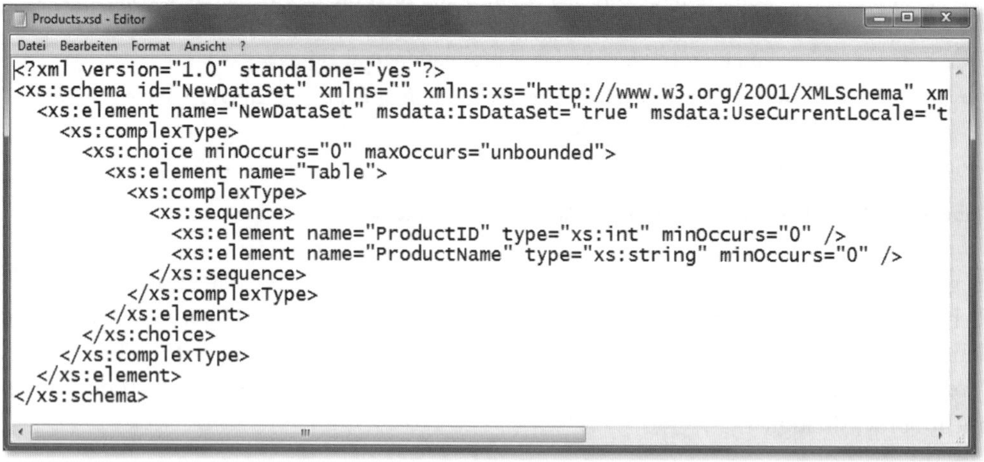

```
Products.xsd - Editor
Datei  Bearbeiten  Format  Ansicht  ?
<?xml version="1.0" standalone="yes"?>
<xs:schema id="NewDataSet" xmlns="" xmlns:xs="http://www.w3.org/2001/XMLSchema" xm
  <xs:element name="NewDataSet" msdata:IsDataSet="true" msdata:UseCurrentLocale="t
    <xs:complexType>
      <xs:choice minOccurs="0" maxOccurs="unbounded">
        <xs:element name="Table">
          <xs:complexType>
            <xs:sequence>
              <xs:element name="ProductID" type="xs:int" minOccurs="0" />
              <xs:element name="ProductName" type="xs:string" minOccurs="0" />
            </xs:sequence>
          </xs:complexType>
        </xs:element>
      </xs:choice>
    </xs:complexType>
  </xs:element>
</xs:schema>
```

Abbildung 26.2 Beispiel für eine mit der Methode »WriteXmlSchema« erzeugte Schema-Datei

Sie erkennen, dass die Spalte `ProductID` die Primärschlüsselspalte der Tabelle beschreibt. `AutoIncrement=True` signalisiert, das der Spaltenwert bei einer neu hinzugefügten Spalte automatisch erhöht wird. Infolgedessen gilt für die Spalte `ProductID` auch `ReadOnly=True`. Die Spalte `ProductName` weist lediglich eine Einschränkung auf, nämlich die Begrenzung auf maximal 40 Zeichen.

Die Auswertung einer Schema-Datei ist sehr einfach. Zur Laufzeit erzeugen Sie zuerst das `DataSet`-Objekt, lesen anschließend die Schema-Datei ein und füllen danach das `DataSet` mit den Daten.

```
...
DataSet ds = new DataSet();
ds.ReadXmlSchema(@"D:\Products.xsd");
da.Fill(ds);
```

Dateninformationen und Schema-Daten in eine Datei schreiben

Mit `WriteXmlSchema` erzeugen Sie eine Schema-Datei, die die Metadaten des `DataSets` beinhaltet. Mit der einfach parametrisierten Methode `WriteXml` des `DataSets` lassen sich die Daten in einer XML-Datei sichern.

Benötigen Sie beide Informationen, müssen Sie nicht zwangsläufig Metadaten und Dateninformationen jeweils in einer separaten Datei speichern. Mit einer Überladung von

WriteXml lässt sich der aktuelle Inhalt des DataSets als XML-Daten mit den Metadaten als XSD-Inline-Schema beschreiben. Sowohl Daten als auch Schema sind in einer Datei gespeichert.

```
ds.WriteXml(@"D:\Products.xml", XmlWriteMode.WriteSchema);
```

Der Vorgabewert von XmlWriteMode ist IgnoreSchema. Das ist die Einstellung, wenn Sie die einfach parametrisierte Methode aufrufen.

26.3 Änderungen in einer DataTable vornehmen

Sehen wir uns nun an, wie wir einer DataTable eine neue DataRow hinzufügen und eine vorhandene DataRow löschen oder editieren können. Um einen wichtigen Punkt gleich vorwegzunehmen: Jegliche Änderung betrifft zunächst nur das DataSet. Die Originaldatenbank weiß davon nichts. Erst zu einem späteren Zeitpunkt werden alle Änderungen zur Datenbank übermittelt. Wir behandeln daher in diesem Abschnitt nur die lokalen Aktualisierungen. Im Kapitel 27, »ADO.NET – Aktualisieren der Datenbank«, werden wir uns der Aktualisierung der Originaldatenquelle zuwenden.

26.3.1 Editieren einer DataRow

Es gibt drei Möglichkeiten, eine Zeile zu aktualisieren. Im einfachsten Fall weisen Sie der betreffenden Spalte nur den neuen Inhalt zu:

```
ds.Tables[0].Rows[3]["ProductName"] = "Kirschkuchen";
```

Die Änderung wird sofort in die angegebene Spalte der entsprechenden Datenzeile geschrieben.

Die zweite Möglichkeit puffert die Änderung. Dazu wird vor Beginn der Änderung die Methode BeginEdit auf der zu ändernden Datenzeile aufgerufen und die Änderung mit EndEdit bestätigt. Sie können die eingeleitete Änderung auch zurücksetzen und anstelle von EndEdit die Methode CancelEdit aufrufen. Die Zeile wird dann in den Zustand zurückversetzt, den sie vor BeginEdit hatte.

```
DataRow row = ds.Tables[0].Rows[3];
row.BeginEdit();
row["ProductName"] = "Kirschkuchen";
row.EndEdit();
// alternativ: row.cancelEdit();
```

Die Pufferung der Änderung ist nicht der einzige Unterschied zwischen den beiden Aktualisierungsmöglichkeiten. Die `DataTable` verfügt über mehrere Ereignisse, die nur im Zusammenhang mit `BeginEdit` und `EndEdit` ausgelöst werden. Es handelt sich hierbei um:

- `RowChanging`
- `RowChanged`
- `ColumnChanging`
- `ColumnChanged`

Diese Ereignisse spielen eine Rolle, wenn Änderungen an einer Datenzeile oder Spalte überprüft werden müssen. Die Ereignisse werden nicht ausgelöst, wenn Sie `CancelEdit` aufrufen. Wenn wir uns später dem Zurückschreiben der Änderungen in die Originaldatenbank zuwenden, werden wir noch einmal auf diese Ereignisse zurückkommen.

Die dritte Möglichkeit bietet uns die Eigenschaft `ItemArray`, die ein `Object`-Array beschreibt. Mit dieser Eigenschaft können Sie den Inhalt einer Datenzeile abrufen oder verändern. `ItemArray` arbeitet mit einem Array, in dem jedes Element einer Spalte entspricht. Mit einer Codezeile können Sie mehrere Spaltenwerte abrufen und editieren. Ist in einer Zeile nur eine Teilmenge der verfügbaren Werte zu modifizieren, verwenden Sie `null`, um anzuzeigen, dass der Wert dieser Spalte nicht geändert werden soll.

Im folgenden Codefragment werden drei Spalten der Tabelle `Products` abgefragt. In der ersten Datenzeile soll mit der Eigenschaft `ItemArray` der Produktbezeichner modifiziert werden. Weil der Schlüsselwert nicht geändert wird, muss an der ersten Position `null` in das Objekt-Array geschrieben werden.

```
SqlCommand cmd = new SqlCommand();
cmd.Connection = con;
cmd.CommandText = "SELECT ProductID, ProductName, UnitPrice FROM Products";
DataSet ds = new DataSet();
SqlDataAdapter da = new SqlDataAdapter(cmd);
da.Fill(ds);
DataRow row = ds.Tables[0].Rows[0];
row.ItemArray = new Object[] {null, "Kirschkuchen"};
```

Spaltenwert auf »NULL« festlegen

Möchten Sie den Wert einer Spalte auf NULL setzen, verwenden Sie die Klasse `DBNull`, die sich im Namespace `System` befindet. Mit der Eigenschaft `Value` legen Sie den Wert einer Spalte in einer `DataRow` auf NULL fest.

```
DataRow row = ds.Tables[0].Rows[4];
row["UnitPrice"] = DBNull.Value;
```

26.3.2 Datenzeile löschen

Das Löschen einer Datenzeile ist sehr einfach: Sie rufen hierzu die Methode `Delete` der `DataRow` auf, die gelöscht werden soll.

```
row.Delete();
```

Es ist falsch anzunehmen, dass die betreffende Datenzeile nun aus der `DataTable` entfernt wird. Sie ist immer noch vorhanden, allerdings kennzeichnet ADO.NET sie als gelöscht. Der Grund für die Markierung ist) dass das Löschen zunächst nur das aktuelle `DataSet` betrifft und zu einem späteren Zeitpunkt der Originaldatenbank mitgeteilt werden muss. Es wäre daher auch falsch, eine Datenzeile mit `Remove` oder `RemoveAt` aus der `DataRowCollection` der Tabelle zu entfernen, denn dann findet der Aktualisierungsprozess die Datenzeile nicht mehr.

26.3.3 Neue Datenzeile hinzufügen

Eine Datenzeile zu einer `DataTable` hinzuzufügen, ist auch nicht schwierig. Allerdings stellt die Klasse `DataRow` keinen öffentlichen Konstruktor zur Verfügung, denn woher sollte ein auf diese Weise konstruiertes `DataRow`-Objekt etwas von den Spalten wissen, durch die es beschrieben wird?

ADO.NET bietet Ihnen genauso wie zum Editieren einer Datenzeile drei Varianten an, um eine neue Datenzeile zu einer `DataTable` hinzuzufügen. Zunächst einmal sei die Methode `NewRow` der `DataTable` erwähnt. Eine so erzeugte neue Zeile enthält alle Informationen über die Spalten in der Tabelle. Werden im Schema keine Standardwerte vorgegeben, sind die Inhalte der Spalten auf NULL gesetzt. Haben Sie alle Einträge in der neuen Zeile vorgenommen, müssen Sie die neue Zeile der `DataRowCollection` anhängen, denn das leistet der Aufruf von `NewRow` nicht.

```
DataTable tbl = ds.Tables[0];
DataRow row = tbl.NewRow();
row["ProductName"] = "Erbsensuppe";
row["UnitPrice"] = 2;
row["SupplierID"] = 3;
// ...
tbl.Rows.Add(row);
```

Die zweite Möglichkeit, eine neue Datenzeile hinzuzufügen, bietet eine Überladung der Methode `Add` der `DataRowCollection`. Übergeben Sie dem Methodenaufruf die Spaltenwerte in der Reihenfolge, die der Reihenfolge der Spalten in der SELECT-Abfrage entspricht. Basierend auf der Auswahlabfrage

```
SELECT ProductName, Unitprice, UnitsInStock FROM Products
```

könnte eine neue Datenzeile wie folgt hinzugefügt werden:

```
ds.Tables[0].Rows.Add("Mehl", 20, 0);
```

Im Gegensatz zur Methode `NewRow` wird die neue Datenzeile automatisch der `DataRowCollection` hinzugefügt.

Die dritte Möglichkeit stellt die Methode `LoadDataRow` der `DataTable` dar. Diese Methode arbeitet ähnlich wie die zuvor gezeigte `Add`-Methode der `DataRowCollection`, verlangt aber die Angabe von zwei Parametern. Geben Sie im ersten Parameter ein Array von Werten an, dessen Elemente den Spalten in der Tabelle entsprechen. Tragen Sie im zweiten Parameter `false` ein. Der Grund dafür ist, dass die so gekennzeichnete Datenzeile als neue Datenzeile interpretiert wird. `LoadDataRow` eignet sich nämlich auch dazu, eine bestimmte Datenzeile zu suchen und zu modifizieren. Dann muss dem zweiten Parameter jedoch `true` übergeben werden.

```
ds.Tables[0].LoadDataRow(new object[] {"Mehl", 20, 0}, false);
```

26.3.4 Der Sonderfall: Autoinkrementspalten

Viele Tabellen in Datenbanken beschreiben das Primärschlüsselfeld mit Autoinkrementwerten. Das ist vorteilhaft, weil eine zentrale Logik immer eindeutige Ganzzahlen erzeugt. Fügen wir jedoch eine neue Datenzeile zu einer `DataTable` hinzu, die ein solches Schlüsselfeld definiert, haben wir keine Verbindung zur Originaldatenbank. Mit anderen Worten: Wir kennen den neuen Wert des Schlüsselfeldes nicht. Den erfahren wir erst, wenn wir die Datenbank aktualisiert haben und eine entsprechende Abfrage starten.

ADO.NET unterstützt uns mit drei Eigenschaften der `DataColumn`, um auch diese scheinbare Problematik zu lösen:

- `AutoIncrement`
- `AutoIncrementSeed`
- `AutoIncrementStep`

Um von ADO.NET in einer `DataTable` Autoinkrementwerte generieren zu lassen, muss die Eigenschaft `AutoIncrement` der betreffenden Spalte auf `true` gesetzt werden. Mit `AutoIncrementSeed` und `AutoIncrementStep` werden die von ADO.NET erzeugten Werte gesteuert. `AutoIncrementSeed` beschreibt dabei den Startwert der Autoinkrementspalte für die erste neu hinzugefügte Datenzeile. `AutoIncrementStep` gibt die Schrittweite an, mit der neue Schlüsselwerte generiert werden. Legen Sie für eine Autoinkrementspalte beispielsweise `AutoIncrementSeed=1` und `AutoIncrementStep=2` fest, lauten die Werte für die drei nachfolgend hinzugefügten Datenzeilen 1, 3 und 5.

Die Werte, die ADO.NET erzeugt, müssen Sie als Platzhalter verstehen. Sie werden später bei der Aktualisierung der Originaldatenbank nicht mit zurückgeschrieben. Die tatsächlichen Schlüsselwerte erzeugt die Datenbank selbst.

Doch welche Werte sollten Sie in der `DataTable` vergeben? Eigentlich müssen Sie nur sicherstellen, dass neue Schlüsselwerte nicht mit den Schlüsselwerten in Konflikt geraten, die bereits in der `DataTable` enthalten sind. Sie können auch davon ausgehen, dass negative Werte in der Datenbank nicht verwendet werden. Empfehlenswert ist daher, die beiden Eigenschaften `AutoIncrementSeed` und `AutoIncrementStep` auf jeweils `-1` festzulegen. Zudem sollten diese Einstellungen erfolgen, ehe das `DataSet` mit den Daten gefüllt wird.

Sehen wir uns dazu nun ein Beispiel an.

```
// --------------------------------------------------------------------
// Beispiel: ...\Kapitel 26\AutoIncrementSample
// --------------------------------------------------------------------
class Program {
  static void Main(string[] args) {
    SqlConnection con = new SqlConnection();
    con.ConnectionString = "...";
    SqlCommand cmd = new SqlCommand();
    cmd.Connection = con;
    cmd.CommandText = "SELECT ProductID, ProductName FROM Products";
    DataSet ds = new DataSet();
    SqlDataAdapter da = new SqlDataAdapter(cmd);

    // Schema-Informationen abrufen
    da.FillSchema(ds, SchemaType.Source);

    // festlegen, wie die neuen Schlüsselwerte erzeugt werden
    ds.Tables[0].Columns[0].AutoIncrementSeed = -1;
    ds.Tables[0].Columns[0].AutoIncrementStep = -1;

    // DataSet füllen
    da.Fill(ds);

    // neue Datenzeilen hinzufügen
    DataRow row = ds.Tables[0].NewRow();
    row["ProductName"] = "Kaffee";
    ds.Tables[0].Rows.Add(row);
    row = ds.Tables[0].NewRow();
    row["ProductName"] = "Milch";
    ds.Tables[0].Rows.Add(row);
    row = ds.Tables[0].NewRow();
    row["ProductName"] = "Zucker";
    ds.Tables[0].Rows.Add(row);
```

```
      // Ausgabe des DataSets
      foreach (DataRow tempRow in ds.Tables[0].Rows)
        Console.WriteLine("{0,-6}{1}",tempRow[0],tempRow[1]);
      Console.ReadLine();
    }
}
```

Damit der Code überschaubar bleibt, werden aus der Datenbank nur zwei Spalten der Tabelle `Products` abgefragt. Die Primärschlüsselspalte `ProductID` ist als Autoinkrementspalte definiert. Mit `FillSchema` werden die Metadaten der Tabelle bezogen. In der Praxis würde man diese Methode in einer Anwendung wohl aus den weiter oben angeführten Gründen nicht benutzen, aber für ein Beispielprogramm ist sie durchaus geeignet. Da `FillSchema` auch `AutoIncrement=true` für die Spalte `ProductID` setzt, muss diese Eigenschaft der `DataColumn` nicht mehr gesetzt werden.

Später werden der `DataTable` drei Datenzeilen hinzugefügt. Der temporäre Schlüsselwert der ersten ist auf –1 festgelegt. Alle weiteren neuen Schlüsselwerte werden mit der Schrittweite –1 generiert, sodass der Schlüsselwert der zweiten neuen Datenzeile –2 ist, der der dritten neuen Datenzeile –3. Beachten Sie, dass die Autoinkrementeigenschaften vor dem Füllen des `DataSets` gesetzt werden müssen. Ansonsten wirken sich die Eigenschaftswerte nicht auf die Autoinkrementwerte aus, die die `DataTable` generiert.

Zum Abschluss unserer Betrachtungen zu den Autoinkrementwerten noch eine Anmerkung: Vergessen Sie nicht, dass die generierten Schlüsselwerte nur Platzhalter innerhalb der `DataTable` darstellen. Erst nach der Übermittlung zur Originaldatenbank werden die tatsächlichen und endgültigen Schlüsselwerte von der Datenbank erzeugt. Sie sollten daher vermeiden, die temporären Schlüsselwerte dem Anwender anzuzeigen. Es könnte zu unabsehbaren Folgen führen, wenn der Anwender sich eine ADO.NET-Schlüsselnummer notiert, die später nach der Aktualisierung nicht mehr existiert.

26.3.5 Was passiert bei der Änderung einer Datenzeile?

Die Eigenschaft »RowState«

Ein `DataSet` ist im lokalen Cache der Anwendung abgelegt. Während des Löschens, Änderns und Hinzufügens von Datenzeilen besteht zu der Originaldatenbank keine Verbindung. Wenn der Benutzer die geänderten Daten später an die Datenbank übermitteln möchte, muss sich das `DataSet` daran erinnern können, welche Zeilen von einer Änderung betroffen sind, und natürlich auch daran, welcher Natur diese Änderung ist. Haben Sie beispielsweise eine Datenzeile gelöscht, muss für die betreffende Datenzeile ein DELETE-SQL-Statement zur Datenbank geschickt werden, das das Löschen in der Originaltabelle bewirkt. Haben Sie eine Datenzeile geändert, brauchen Sie noch ein passend formuliertes UPDATE-Statement. Wie die Aktualisierungsabfragen erzeugt werden, erläutere ich an dieser Stelle noch nicht. Das werden wir uns im Detail später noch ansehen. Aber Sie sollten an dieser

Stelle erkennen, wie wichtig es ist, dass jede Datenzeile ihren eigenen Aktualisierungszustand beschreiben kann.

ADO.NET speichert die notwendigen Zustandsinformationen in der Eigenschaft `RowState` jeder Datenzeile. Die Eigenschaft wird durch die Enumeration `DataRowState` beschrieben, wie in Tabelle 26.3 aufgelistet.

Member	Beschreibung
`Added`	Die Zeile wurde einer `DataRowCollection` hinzugefügt.
`Deleted`	Die Zeile wurde mit der `Delete`-Methode der `DataRow` gelöscht.
`Detached`	Die Zeile wurde erstellt, ist jedoch nicht Teil einer `DataRowCollection`. Eine `DataRow` befindet sich in diesem Zustand, wenn sie unmittelbar nach ihrer Erstellung noch keiner Auflistung hinzugefügt wurde oder wenn sie aus einer Auflistung entfernt wurde.
`Modified`	Die Zeile wurde geändert.
`Unchanged`	Die Zeile wurde nicht geändert.

Tabelle 26.3 Mitglieder der Enumeration »DataRowState«

Ursprünglicher und aktualisierter Inhalt einer Datenzeile

Sie wissen nun, dass eine Datenzeile beschreibt, ob und wie sie modifiziert wurde. Um später die Änderung zur Datenbank zu übermitteln, reicht das aber noch nicht aus: Es fehlen noch dringend notwendige Informationen. Stellen Sie sich dazu nur vor, Sie würden den Artikelbezeichner einer Datenzeile der Tabelle `Products` ändern und die Änderung mit einem UPDATE-Statement der Datenbank mitteilen. Das SQL-Statement könnte wie folgt lauten:

```
UPDATE Products
SET ProductName = @Param1
WHERE ProductID = @Param2 AND ProductName = @Param3
```

Im Parameter `@Param1` wird der geänderte, also neue Wert übermittelt, in `@Param2` der Schlüsselwert der Datenzeile und in `@Param3` der ursprüngliche Wert der Spalte `ProductID`. Wenn Sie ein solches Statement absetzen, darf natürlich zwischen dem Abrufen der Dateninformationen und der Aktualisierung kein zweiter Benutzer den Produktnamen geändert haben. Die Folge wäre eine Konfliktsituation, weil die anstehende Änderung nicht in die Datenbank geschrieben werden kann. Dieser (scheinbaren) Problematik wollen wir an dieser Stelle noch nicht weiter nachgehen.

Sie sollten Folgendes erkennen: Um das UPDATE-Statement erfolgreich absetzen zu können, brauchen Sie außer den geänderten Werten auch den Originalwert, um die Datenzeile in der Datenbank zu identifizieren. Für diesen Zweck ist der Indexer einer `DataRow` überladen. Anstatt mit

```
row["Productname"]
```

den aktuellen, also möglicherweise geänderten Wert der Spalte `ProductName` abzurufen, können Sie auch mit

```
row["Productname", DataRowVersion.Original]
```

auf den von der Datenbank bezogenen Originalwert zurückgreifen.

`DataRowVersion` ist eine Aufzählung, mit der die gewünschte Version der betreffenden Spalte in der Datenzeile angegeben werden kann.

Member	Beschreibung
`Current`	Die Zeile enthält aktuelle Werte.
`Default`	Die Zeile enthält einen vorgeschlagenen Wert.
`Original`	Die Standardversion der Zeile, dem aktuellen `DataRowState` entsprechend
`Proposed`	Die Zeile enthält ihre ursprünglichen Werte.

Tabelle 26.4 Werte der Enumeration »DataRowVersion«

Sie können sich jetzt sicher vorstellen, dass es von jeder `DataRow` immer zwei Versionen gibt: Zunächst einmal `DataRowVersion.Original` für die Werte, die aus der Datenbank bezogen worden sind, und unter `DataRowVersion.Current` die aktuellen und möglicherweise geänderten Werte. Jetzt wird auch verständlich, warum es nach der Einleitung einer Änderung mit `BeginEdit` mittels `CancelEdit` möglich ist, den ursprünglichen Zustand einer `DataRow` wiederherzustellen.

Rufen Sie mit

```
row["ProductName"]
```

den Inhalt einer Spalte ab, wird immer `DataRowVersion.Current` ausgewertet. Das ist wichtig zu wissen, denn sollten Sie die `DataRowCollection` in einer Schleife durchlaufen, innerhalb der zum Beispiel auf Spalten aller geänderten Zeilen zugegriffen wird, dürfen Sie von einer gelöschten Zeile nicht `DataRowVersion.Current` abrufen. Sie können aber sehr wohl `DataRowVersion.Original` auswerten, weil eine als gelöscht markierte Datenzeile nicht aus der `DataRowCollection` entfernt wird.

Das nächste Beispiel zeigt Ihnen die prinzipielle Vorgehensweise: Nachdem das `DataSet` aus der Artikeltabelle mit Daten gefüllt ist, wird zuerst ein weiterer Datensatz hinzugefügt. Anschließend wird in der Tabelle nach einem bestimmten Artikel gesucht (Tofu). Hierzu wird die Methode `Select` der `DataTable` aufgerufen, die mehrere Überladungen aufweist. Benutzt wird in diesem Beispiel die einfach parametrisierte Version, der ein Suchkriterium als Zeichenfolge übergeben wird. Die Zeichenfolge entspricht der WHERE-Klausel in einer SELECT-Abfrage ohne die Angabe von WHERE. Zum Schluss wird auch noch die fünfte Datenzeile aus der Liste »gelöscht«.

An der Konsole werden abschließend nur die Datenzeilen angezeigt, die in irgendeiner Form gegenüber dem Original eine Änderung erfahren haben.

```
// ---------------------------------------------------------
// Beispiel: ...\Kapitel 26\AusgabeModifizierterDaten
// ---------------------------------------------------------
class Program {
  static void Main(string[] args) {
    SqlConnection con = new SqlConnection();
    con.ConnectionString = "...";
    SqlCommand cmd = new SqlCommand();
    cmd.Connection = con;
    cmd.CommandText = "SELECT ProductID, ProductName, UnitsInStock " +
                      "FROM Products";
    DataSet ds = new DataSet();
    SqlDataAdapter da = new SqlDataAdapter(cmd);
    da.FillSchema(ds, SchemaType.Source);
    ds.Tables[0].Columns["ProductID"].AutoIncrementSeed = -1;
    ds.Tables[0].Columns["ProductID"].AutoIncrementStep = -1;
    da.Fill(ds);

    // neue Datenzeile hinzufügen
    DataRow newRow = ds.Tables[0].NewRow();
    newRow["ProductName"] = "Camembert";
    newRow["UnitsInStock"] = 100;
    ds.Tables[0].Rows.Add(newRow);

    // Datenzeile ändern
    DataRow[] editRow = ds.Tables[0].Select("ProductName='Tofu'");
    if (editRow.Length == 1) {
      editRow[0].BeginEdit();
      editRow[0]["UnitsInStock"] = 1000;
      editRow[0].EndEdit();
    }
    else
      Console.WriteLine("Datenzeile 'Tofu' nicht gefunden.");

    // Datenzeile löschen
    ds.Tables[0].Rows[4].Delete();

    // Ausgabe
    foreach (DataRow tempRow in ds.Tables[0].Rows) {
      if (tempRow.RowState == DataRowState.Added)
        Console.WriteLine("Neue Datenzeile: {0}", tempRow["Productname"]);
      else if (tempRow.RowState == DataRowState.Modified) {
```

```
          Console.WriteLine("Modifiziert: {0}", tempRow["Productname"]);
          Console.WriteLine("Alter Wert: {0}",
                     tempRow["UnitsInStock", DataRowVersion.Original]);
          Console.WriteLine("Neuer Wert: {0}", tempRow["UnitsInStock"]);
        }
        else if (tempRow.RowState == DataRowState.Deleted)
          Console.WriteLine("Gelöscht: {0}",
               tempRow["ProductName", DataRowVersion.Original]);
        else
          continue;
        Console.WriteLine(new string('-', 40));
      }
      Console.ReadLine();
    }
  }
```

26.3.6 Manuelles Steuern der Eigenschaft »DataRowState«

Die Eigenschaft `RowState` ist für jede Datenzeile nach dem Füllen des `DataSets` auf `Unchanged` gesetzt. Je nachdem, ob Sie eine Datenzeile ändern, löschen oder hinzufügen, wird ihr Zustand automatisch auf `Modified`, `Deleted` oder `Added` gesetzt.

Mit zwei Methoden können Sie den `RowState` per Code beeinflussen: `AcceptChanges` und `RejectChanges`. Es handelt sich hierbei um Methoden, die Sie auf dem `DataSet`, der `DataTable` oder einer bestimmten `DataRow` aufrufen können.

Die Methode »AcceptChanges«

`AcceptChanges` setzt den `RowState` einer Datenzeile von `Added` oder `Modified` auf `Unchanged`. Dabei wird der Inhalt von `DataRowVersion.Original` durch den von `DataRowVersion.Current` beschriebenen Inhalt ersetzt.

Trifft die Methode auf eine gelöschte Datenzeile, wird die Datenzeile aus der `DataRowCollection` entfernt und `RowState auf DataRowState.Detached` gesetzt. Rufen Sie `AcceptChanges` auf die Referenz des `DataSets` auf, wird mit allen Datenzeilenänderungen in sämtlichen Tabellen so verfahren. Der Aufruf auf eine bestimmte Tabelle im `DataSet` wirkt sich dementsprechend nur auf die betreffenden Datenzeilen der Tabelle aus. Analog können Sie auch den Zustand einer bestimmten Datenzeile ändern.

Die Methode »RejectChanges«

Mit `RejectChanges` verwerfen Sie alle Änderungen. Die Methode setzt die aktuellen Werte der `DataRow` auf ihre ursprünglichen Werte zurück. Dabei werden die in der `DataRow` enthaltenen Änderungen verworfen, also:

```
DataRowVersion.Current = DataRowVersion.Original
```

Der `RowState` hängt nach dem Aufruf von `RejectChanges` vom anfänglichen `RowState` ab. Der Zustand `Deleted` oder `Modified` wird zu `Unchanged`, eine hinzugefügte Datenzeile wird zu `Detached`.

Die Methoden »SetAdded« und »SetModified«

`SetAdded` ändert den Zustand einer Datenzeile in `Added` und kann nur für eine `DataRow` aufgerufen werden, deren `RowState` den Wert `Unchanged` oder `Added` hat. Ist der Ausgangszustand ein anderer, wird die Ausnahme `InvalidOperationException` ausgelöst.

Dementsprechend ändert `SetModified` den Zustand in `Modified`. Der Einsatz dieser Methode beschränkt sich auf Datenzeilen, deren Ausgangszustand `Unchanged` ist. Ansonsten wird ebenfalls die eben erwähnte Ausnahme ausgelöst.

26.4 Mit mehreren Tabellen arbeiten

26.4.1 Der Weg über JOIN-Abfragen

Bisher haben wir immer nur eine Tabelle im `DataSet` betrachtet. Das entspricht aber nur in wenigen Fällen den üblichen Anforderungen in der Praxis. Um beispielsweise die Frage zu beantworten, welche Artikel von den einzelnen Lieferanten stammen, sind zwei Tabellen notwendig: `Products` und `Suppliers`. Die meisten Tabellen einer Datenbank stehen mit anderen Tabellen in Beziehung. Meistens handelt es sich dabei um eine 1:n-Beziehung. Beispielsweise stammen von einem Lieferanten mehrere Artikel. Allerdings berücksichtigt die *Northwind*-Datenbank nicht, dass ein bestimmtes Produkt durchaus auch von mehreren Lieferanten angeboten werden könnte. Dann müsste die Beziehung zwischen den beiden Tabellen durch eine m:n-Beziehung beschrieben werden, die normalerweise in drei Tabellen aufgelöst wird, die miteinander jeweils in einer 1:n-Beziehung stehen.

Wenden wir uns für die weiteren Ausführungen nun den beiden Tabellen `Products` und `Suppliers` zu, deren Beziehung Sie in Abbildung 26.3 sehen.

Um Daten aus mehreren Tabellen auszuwerten, werden üblicherweise JOIN-Abfragen benutzt. Wollen Sie zum Beispiel wissen, welche Produkte von den einzelnen Lieferanten angeboten werden, könnte die Abfrage wie folgt lauten:

```
SELECT Suppliers.CompanyName, Suppliers.ContactName,
       Products.ProductName, Products.UnitPrice
FROM Suppliers INNER JOIN
     Products ON Suppliers.SupplierID = Products.SupplierID
```

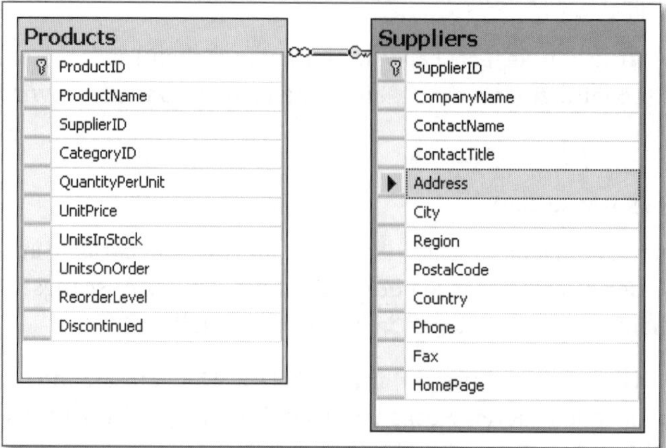

Abbildung 26.3 Die Beziehung zwischen den Tabellen »Products« und »Suppliers«

Das Ergebnis der Abfrage sehen Sie in Abbildung 26.4.

JOIN-Abfragen haben einige Vorteile:

- Das Ergebnis lässt sich filtern.
- Das Resultat steht in einer überschaubaren Ergebnismenge.
- JOIN-Abfragen sind anerkannter Standard.

Ergebnisse | Meldungen

	CompanyName	ContactName	ProductName	UnitPrice
1	Exotic Liquids	Charlotte Cooper		18,00
2	Exotic Liquids	Charlotte Cooper	Chang	19,00
3	Exotic Liquids	Charlotte Cooper	Aniseed Syrup	10,00
4	New Orleans Cajun Delights	Shelley Burke	Chef Anton's Cajun Seasoning	22,00
5	New Orleans Cajun Delights	Shelley Burke	Chef Anton's Gumbo Mix	21,35
6	Grandma Kelly's Homestead	Regina Murphy	Grandma's Boysenberry Spread	25,00
7	Grandma Kelly's Homestead	Regina Murphy	Uncle Bob's Organic Dried Pears	30,00
8	Grandma Kelly's Homestead	Regina Murphy	Northwoods Cranberry Sauce	40,00
9	Tokyo Traders	Yoshi Nagase	Mishi Kobe Niku	97,00
10	Tokyo Traders	Yoshi Nagase	Ikura	31,00
11	Cooperativa de Quesos 'Las Cabras'	Antonio del Valle Saavedra	Queso Cabrales	21,00
12	Cooperativa de Quesos 'Las Cabras'	Antonio del Valle Saavedra	Queso Manchego La Pastora	38,00
13	Mayumi's	Mayumi Ohno	Konbu	6,00
14	Mayumi's	Mayumi Ohno	Tofu	23,25
15	Mayumi's	Mayumi Ohno	Genen Shouyu	15,50

Abbildung 26.4 Ergebnisliste einer JOIN-Abfrage

Bei kritischer Betrachtung stehen den Vorteilen auf der anderen Seite aber auch schwerwiegende Nachteile gegenüber:

- Die Daten einer JOIN-Abfrage sind schwierig zu aktualisieren. Insbesondere beim Löschen oder Hinzufügen einer Datenzeile in einer JOIN-Abfrage wird die Problematik deutlich. Löschen Sie beispielsweise eine Datenzeile, stellt sich sofort die Frage, ob nur die Datenzeile in der Detailtabelle, also auf der n-Seite einer Beziehung, gelöscht werden soll oder gleichzeitig auch die Datenzeile in der übergeordneten Mastertabelle, also der 1-Seite.
- JOIN-Abfragen geben redundante Daten zurück. Lassen Sie sich beispielsweise die Artikelliste und zu jedem Artikel auch noch die notwendigen Informationen des entsprechenden Lieferanten ausgeben, werden die Lieferanteninformationen mehrfach zurückgeliefert (siehe dazu auch Abbildung 26.4).
- Änderungen in einer JOIN-Abfrage sind schwer zu synchronisieren. Firmiert sich einer der Lieferanten um und tragen Sie das im Abfrageergebnis ein, muss die Änderung sofort zur Datenbank übermittelt und die gesamte Abfrage erneut ausgeführt werden.

26.4.2 Mehrere Tabellen in einem »DataSet«

ADO.NET löst die Nachteile, die eine JOIN-Abfrage hat, auf eine eigene Art und Weise. Dazu wird die JOIN-Abfrage in Einzeltabellen aufgeteilt, die miteinander in Beziehung gesetzt werden. Mit anderen Worten: Es wird ein Teil der Originaldatenbank abgebildet. Die Beziehung zwischen zwei Tabellen wird durch ein Objekt vom Typ `DataRelation` beschrieben.

Obschon solchermaßen strukturierte `DataSets` schwer zu filtern sind, überwiegen die Vorteile. So werden weniger Daten zurückgegeben als bei einer JOIN-Abfrage. Damit wird sowohl die Netzbelastung als auch die Auslastung des lokalen Speichers so gering wie möglich gehalten. Zudem ist es viel einfacher, Daten zu aktualisieren. Löschen Sie zum Beispiel einen Datensatz aus der Detailtabelle (n-Seite), möchten Sie vermutlich nicht auch gleichzeitig den entsprechenden Datensatz der Mastertabelle (1-Seite) löschen. Beide Informationen sind in einer JOIN-Abfrage jedoch in einer Datenzeile zusammengefasst. Operieren Sie mit einer `DataRelation` zwischen zwei `DataTable`-Objekten, lässt sich der Datensatz aus der Detailtabelle löschen, ohne dass zwangsläufig auch die entsprechende Datenzeile der Mastertabelle gelöscht wird.

26.4.3 Eine »DataRelation« erzeugen

Mithilfe einer `DataRelation` werden zwei `DataTable`-Objekte über `DataColumn`-Objekte miteinander verknüpft. In der `Products/Suppliers`-Beziehung ist die Tabelle `Suppliers` das übergeordnete und die Tabelle `Products` das untergeordnete Element der Beziehung. Dies ist vergleichbar mit einer Primärschlüssel/Fremdschlüssel-Beziehung. Beziehungen werden zwischen einander entsprechenden Spalten in der übergeordneten und der untergeordneten Tabelle erstellt. Das heißt, dass der Datentyp für beide Spalten identisch sein muss.

Aus einer längeren Liste möchten wir Ihnen einen der DataRelation-Konstruktoren vorstellen.

```
public DataRelation(string relationName, DataColumn parentColumn,
                    DataColumn childColumn)
```

Dem ersten Parameter teilen Sie mit, unter welchem Namen die DataRelation angesprochen werden soll, der zweite Parameter erwartet die Referenz auf die übergeordnete Spalte der Mastertabelle (1-Seite), der dritte Parameter die Referenz auf die untergeordnete Spalte der Detailtabelle (n-Seite).

Nachdem eine DataRelation erzeugt worden ist, muss sie dem DataSet bekanntgegeben werden. Dazu enthält das DataSet eine Auflistung vom Typ DataRelationCollection. Die Eigenschaft Relations des DataSets gibt die Referenz auf die Auflistung zurück.

Das folgende Beispiel zeigt, wie die Beziehung zwischen den beiden Tabellen Suppliers und Products festgelegt wird:

```
SqlConnection con = new SqlConnection();
con.ConnectionString = "...";
SqlCommand cmd = new SqlCommand();
cmd.Connection = con;
cmd.CommandText = "SELECT * FROM Suppliers; " +
                  "SELECT * FROM Products";
DataSet ds = new DataSet();
SqlDataAdapter da = new SqlDataAdapter(cmd);
da.TableMappings.Add("Table", "Lieferanten");
da.TableMappings.Add("Table1", "Produkte");
da.Fill(ds);
// Erzeugen einer Beziehung zwischen den beiden Tabellen
DataColumn colMaster = ds.Tables["Lieferanten"].Columns["SupplierID"];
DataColumn colDetail = ds.Tables["Produkte"].Columns["SupplierID"];
DataRelation rel = new DataRelation("LieferantenProdukte",
                                    colMaster, colDetail);
ds.Relations.Add(rel);
```

26.4.4 »DataRelation« und Einschränkungen

Erzeugen Sie eine DataRelation zwischen zwei Tabellen wie zuvor gezeigt, werden ein UniqueConstraint auf der Mastertabelle sowie ein ForeignKeyConstraint auf der Detailtabelle erstellt.

Haben Sie vor dem Erstellen der DataRelation Einschränkungen definiert, die einer Unique- und einer Fremdschlüsseleinschränkung entsprechen, übernimmt die neue DataRelation die vorhandenen Einschränkungen und erzeugt implizit keine neuen.

Andererseits können Sie auch das implizite Erzeugen der Einschränkungen unterdrücken. Dazu übergeben Sie dem Konstruktor der DataRelation im vierten Parameter false:

```
DataRelation rel = new DataRelation("LieferantenProdukte",
                   colMaster, colDetail, false);
```

Das »ForeignKeyConstraint«-Objekt im Detail

Das ForeignKeyConstraint-Objekt gehört zur ConstraintCollection der Detailtabelle, also der Tabelle auf der n-Seite einer 1:n-Beziehung. Es weist nicht nur eine Reihe von Eigenschaften auf, um die Beziehung zwischen den beiden Tabellen zu untersuchen, sondern legt darüber hinaus fest, wie sich die beiden Tabellen verhalten, wenn in der übergeordneten Mastertabelle Daten geändert oder Datenzeilen gelöscht werden.

Das folgende Codefragment zeigt, wie Sie die Eigenschaften Table, RelatedTable, Columns und RelatedColumns auswerten. Die Auswertung basiert auf der Beziehung, die weiter oben zwischen den beiden Tabellen Suppliers und Products codiert worden ist.

```
ConstraintCollection constr = ds.Tables["Produkte"].Constraints;
foreach (Constraint cTemp in constr) {
  if (cTemp is ForeignKeyConstraint) {
    Console.Write("Untergeordnete Tabelle: ");
    Console.WriteLine(((ForeignKeyConstraint)cTemp).Table);
    Console.Write("Untergeordnete Spalte(n): ");
    foreach (DataColumn col in ((ForeignKeyConstraint)cTemp).Columns)
      Console.WriteLine(col.ColumnName);
      Console.Write("Übergeordnete Tabelle: ");
      Console.WriteLine(((ForeignKeyConstraint)cTemp).RelatedTable);
      Console.Write("Übergeordnete Spalte(n): ");
      foreach (DataColumn col in ((ForeignKeyConstraint)cTemp).
      RelatedColumns)
        Console.WriteLine(col.ColumnName);
  }
}
```

Table liefert die Referenz auf die untergeordnete Tabelle, RelatedTable die Referenz auf die übergeordnete Tabelle (Mastertabelle). Columns beschreibt die Spalten der untergeordneten Tabelle der Einschränkung, RelatedColumns die Spalten der übergeordneten Tabelle. Beide zuletzt genannten Eigenschaften liefern ein DataColumn-Array zurück, weil mehrere Spalten ein gemeinsames Merkmal für die Beziehung zwischen zwei Tabellen darstellen können.

Wichtiger als die Auswertung der Eigenschaften einer Beziehung sind diejenigen Eigenschaften, über die das Verhalten der Relation festgelegt wird. Löschen Sie beispielsweise eine Datenzeile in der Mastertabelle, stellt sich die Frage, wie sich die verknüpften Datenzeilen in der untergeordneten Detailtabelle verhalten sollen. Sollen sie ebenfalls gelöscht werden? Oder sollen sie in der Detailtabelle erhalten bleiben? Was ist, wenn in der Mastertabelle ein Wert geändert wird? Wird dann der Wert in der untergeordneten Tabelle ebenfalls aktualisiert?

Die Steuerung dieses Verhaltens wird von den Eigenschaften `UpdateRule` und `DeleteRule` bestimmt. Beide Eigenschaften sind vom Typ `Rule`. Dabei handelt es sich um eine Enumeration im Namespace `System.Data`. Die Werte der Enumeration sind in Tabelle 26.5 angegeben.

Wert	Beschreibung
`Cascade`	Hierbei handelt es sich um den Standardwert. Wird eine Datenzeile in der Mastertabelle gelöscht (geändert), werden auch alle Detaildatenzeilen gelöscht (geändert).
`None`	Es wird keine Aktion ausgeführt und stattdessen eine Ausnahme ausgelöst.
`SetDefault`	Die Werte in den verknüpften Datenzeilen der Detailtabelle werden auf Standardwerte eingestellt. Die Standardwerte werden über die Eigenschaft `DefaultValue` des `DataColumn`-Objekts festgelegt.
`SetNull`	Die Werte in den verknüpften Datenzeilen werden auf `DBNull` festgelegt.

Tabelle 26.5 Werte der Enumeration »Rule«

Eine dritte Eigenschaft, die in diesem Zusammenhang auch noch erwähnt werden sollte, ist `AcceptRejectRule`. Sie gibt an, wie mit den verknüpften Datenzeilen umgegangen wird, wenn in der Mastertabelle `AcceptChanges` oder `RejectChanges` aufgerufen wird.

Die Eigenschaft kann nur zwei Werte annehmen: Entweder `AcceptRejectRule.None` oder `AcceptRejectRule.Cascade`. Der Vorgabewert ist `None`. Das bedeutet, dass der Aufruf von `AcceptChanges` oder `RejectChanges` auf einer Datenzeile sich nicht auf die untergeordneten Datenzeilen auswirkt. Wenn Sie die Eigenschaft `AcceptRejectRule` auf `Cascade` setzen, wird die Aktion an diejenige untergeordnete Datenzeile weitergegeben, die vom `ForeignKeyConstraint`-Objekt definiert ist.

26.4.5 In Beziehung stehende Daten suchen

`DataRelation`-Objekte werden hauptsächlich dazu benutzt, um Daten zu suchen, die in verschiedenen `DataTable`-Objekten enthalten sind. Zu diesem Zweck stellt eine `DataRow` drei Methoden zur Verfügung, die auf einer `DataRelation` basieren:

- `GetChildRows`
- `GetParentRow`
- `GetParentRows`

GetChildRows sucht, ausgehend von einer Datenzeile in der Mastertabelle, alle zugehörigen untergeordneten Datenzeilen in der Detailtabelle. Dazu übergeben Sie der Methode die DataRelation, die beide Tabellen miteinander verknüpft. Sie erhalten als Ergebnis ein DataRow-Array.

```
DataRow[] GetChildRows(DataRelation)
```

Ausgehend von der untergeordneten Zeile einer Detailtabelle ruft GetParentRow die zugehörige übergeordnete Datenzeile aus einer Mastertabelle ab. Auch dieser Methode müssen Sie die DataRelation zwischen den beiden Tabellen angeben; der Rückgabewert ist eine einzige Datenzeile.

```
DataRow getParentRow(DataRelation)
```

Sollte zwischen zwei Tabellen eine n:m-Beziehung bestehen, können Sie die GetParentRow-Methode einsetzen.

```
DataRow[] GetParentRows(DataRelation)
```

Ich möchte Ihnen nun in einem Beispielprogramm die Benutzung der Methoden zeigen. Die Aufgabenstellung dazu lautet, dass zu den einzelnen Aufträgen (Tabelle Orders) die bestellten Produkte (Tabelle Products) aufgelistet werden sollen. Zwischen diesen beiden Tabellen besteht eine m:n-Beziehung, die durch die Tabelle Order Details in zwei 1:n-Beziehungen aufgelöst wird (siehe Abbildung 20.5).

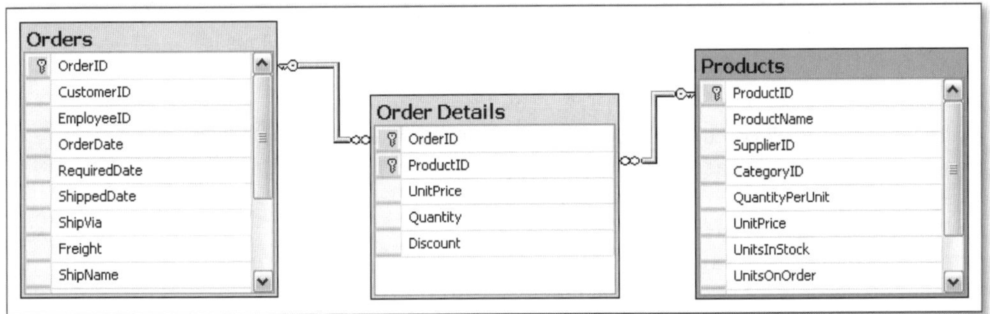

Abbildung 26.5 Die Beziehungen zwischen den Tabellen »Orders«, »Order Details« und »Products«

```
// ---------------------------------------------------------------
// Beispiel: ...\Kapitel 26\DataRelationNavigation
// ---------------------------------------------------------------
static void Main(string[] args) {
  SqlConnection con = new SqlConnection();
  con.ConnectionString = "...";
  SqlCommand cmd = new SqlCommand();
  cmd.Connection = con;
```

```
  cmd.CommandText = "SELECT * FROM Orders; " +
                    "SELECT * FROM [Order Details]; " +
                    "SELECT * FROM Products";
  DataSet ds = new DataSet();
  SqlDataAdapter da = new SqlDataAdapter(cmd);
  da.TableMappings.Add("Table", "Bestellungen");
  da.TableMappings.Add("Table1", "Bestelldetails");
  da.TableMappings.Add("Table2", "Produkte");
  da.Fill(ds);

  // DataRelation zwischen Orders und OrderDetails erzeugen
  DataColumn colMaster = ds.Tables["Bestellungen"].Columns["OrderID"];
  DataColumn colDetail = ds.Tables["Bestelldetails"].Columns
  ["OrderID"];
  DataRelation rel =
          new DataRelation("Bestellungen_Bestelldetails",
          colMaster, colDetail);
  ds.Relations.Add(rel);

  // DataRelation zwischen OrderDetails und Products erzeugen
  colMaster = ds.Tables["Produkte"].Columns["ProductID"];
  colDetail = ds.Tables["Bestelldetails"].Columns["ProductID"];
  rel = new DataRelation("Produkte_Bestelldetails", colMaster, colDetail);
  ds.Relations.Add(rel);

  // zu jeder Bestellung die bestellten Artikel anzeigen
  foreach (DataRow rowOrder in ds.Tables["Bestellungen"].Rows)
  {
    Console.WriteLine("Autor: {0}", rowOrder["OrderID"]);
    foreach (DataRow rowOrderDetail in rowOrder.GetChildRows(
              ds.Relations["Bestellungen_Bestelldetails"]))
    {
      DataRow rowProduct;
      rowProduct = rowOrderDetail.GetParentRow(
              ds.Relations["Produkte_Bestelldetails"]);
      Console.WriteLine("Artikel: {0}", rowProduct["ProductName"]);
    }
    Console.WriteLine(new string('-', 40));
  }
  Console.ReadLine();
}
```

In diesem Beispiel werden vor dem Füllen des `DataSets` den drei beteiligten Tabellen zunächst über `TableMappings` sprechende Bezeichner zugewiesen. Hier ist ein solches Vorgehen besonders empfehlenswert, um den Code besser lesbar zu gestalten. Nachdem der `SqlDataAdapter` die Daten abgerufen hat, werden in einer äußeren `foreach`-Schleife alle

Datenzeilen der Tabelle Orders nacheinander durchlaufen. Auf jeder Datenzeile (also Bestellnummer) wird GetChildRows aufgerufen. Diese Methode liefert ein DataRow-Array zurück, das alle Datenzeilen aus Order Details enthält, die dieser Bestellnummer entsprechen. Aus der gefundenen Datenzeile wird anschließend das Feld ProductID extrahiert und mit GetParentRow die entsprechende Datenzeile in der Tabelle Products gesucht. Letztere liefert uns den Artikelnamen.

26.4.6 Ergänzung zum Speichern von Schema-Informationen in einer XML-Schema-Datei

In Abschnitt 26.2.5, »Schema-Informationen mit »SqlDataAdapter« abrufen«, habe ich gezeigt, wie Sie die Schema-Informationen mit der Methode WriteXmlSchema des DataSets in einer XML-Schema-Datei speichern können. Ich hatte Ihnen das auch an einem Beispiel demonstriert, das die Metadaten einer Tabelle in die Schema-Datei schrieb. Sie können selbstverständlich auf die gleiche Weise auch die Metadaten mehrerer sich in einem DataSet befindlicher Tabellen in einer Datei bereitstellen. Allerdings gibt es dabei einen besonderen Punkt zu beachten: Beabsichtigen Sie, auch die Beziehungen zwischen den Tabellen in der Schema-Datei zu speichern, müssen Sie die Beziehungen zwischen den Tabellen zuerst mit Programmcode definieren, bevor Sie die Methode WriteXmlSchema aufrufen.

26.5 Filtern und Suchen in einer DataTable

26.5.1 Die Methode »Find«

Wenn Sie in einer DataTable nach einer bestimmten Datenzeile suchen wollen, bietet sich die Methode Find der DataRowCollection an. Die Methode nimmt ein Objekt entgegen, das den Primärschlüssel der zu suchenden Zeile enthält. Wegen der Eindeutigkeit des Primärschlüssels ist sichergestellt, dass nur eine Zeile zurückgegeben wird. Es gibt auch eine Überladung, die ein Object-Array erwartet. Diese ist für die Tabellen gedacht, die einen Primärschlüssel aus mehreren Spalten bilden.

Die Methode Find setzt voraus, dass die entsprechende Spalte auch als Primärschlüsselspalte in der DataTable bekannt ist. Dazu bietet es sich an, entweder manuell mit der Eigenschaft PrimaryKey der DataTable die Primärschlüsselspalte als solche zu kennzeichnen oder vorher die Methode FillSchema des SqlDataAdapters aufzurufen.

Im folgenden Codebeispiel wird die Datenzeile mit dem Primärschlüssel 10 in der Tabelle Products gesucht.

```
SqlConnection con = new SqlConnection("...");
SqlCommand cmd = new SqlCommand("SELECT * FROM Products", con);
```

```
DataSet ds = new DataSet();
SqlDataAdapter da = new SqlDataAdapter(cmd);
da.FillSchema(ds, SchemaType.Source);
da.Fill(ds);
// nach der Dateizeile mit PS = 10 suchen
DataRow row = ds.Tables[0].Rows.Find(10);
if (row == null)
  Console.WriteLine("Datenzeile nicht gefunden.");
else
  Console.WriteLine(row["ProductName"]);
```

Das Beispiel einer Tabelle mit einem Primärschlüssel, der aus mehreren Spalten gebildet wird, ist die Tabelle `OrderDetails` der *Northwind*-Datenbank, in der der Primärschlüssel durch die Spalten `OrderID` und `ProductID` gebildet wird. Möchten Sie in dieser Tabelle nach einem bestimmten Datensatz suchen, müssen Sie die Find-Methode wie folgt aufrufen:

```
DataRow row = ds.Tables[0].Rows.Find(new Object[]{10248,11});
```

26.5.2 Die Methode »Select«

Die `Find`-Methode liefert nur maximal eine Datenzeile. Mit der `Select`-Methode lassen sich auch mehrere Datenzeilen aus einer `DataTable` filtern. Im Gegensatz zur `Find`-Methode ist `Select` eine Methode des `DataTable`-Objekts und ebenfalls mehrfach überladen.

Die einfachste Version ist parameterlos und liefert alle Datenzeilen zurück, allerdings in Form eines `DataRow`-Arrays, beispielsweise:

```
DataRow[] liste = ds.Tables[0].Select();
```

Eine Überladung von `Select` erwartet eine Zeichenfolge als Übergabeargument. Die Zeichenfolge beschreibt ein Filterkriterium, ähnlich der WHERE-Klausel in einer SQL-Abfrage, allerdings ohne WHERE. Auch hier wird die Ergebnisliste durch ein `DataRow`-Array gebildet.

Angenommen, Sie sind an allen Artikeln interessiert, die zur `CategoryID=2` gehören und einen Preis größer `20` haben, dann können Sie die Liste wie folgt bilden:

```
DataTable tbl = ds.Tables[0];
DataRow[] liste = tbl.Select("CategoryID=2 AND UnitPrice > 20");
foreach (DataRow item in liste)
  Console.WriteLine("{0}, {1}", item["ProductName"], item["UnitPrice"]);
```

Die zweiparametrige Überladung der Methode können Sie im ersten Parameter das Filterkriterium angeben, im zweiten die Sortierreihenfolge. Das entspricht der ORDER BY-Klausel eines SQL-Statements, wiederum ohne ORDER BY selbst angeben zu müssen. Mit ASC und DESC können Sie auch die Sortierreihenfolge auf- und absteigend festlegen.

```
DataRow[] liste = tbl.Select("CategoryID=6", "ProductName ");
```

Um die Datenzeilenliste ohne zu filtern zu sortieren, geben Sie im ersten Parameter `null` an.

Die vielleicht interessanteste Überladung definiert drei Parameter: im ersten den Filter, im zweiten die Sortierung, und der dritte Parameter ist vom Typ `DataViewRowState`. Diese Enumeration beschreibt den Zustand der Datenzeilen, die die Ergebnismenge bilden. Beispielsweise können Sie alle als gelöscht markierten Datenzeilen in einem `DataRow`-Array zusammenfassen – oder alle geänderten. Da die Enumeration `DataViewRowState` das `FlagsAttribute` aufweist, lassen sich auch mehrere Enumerationsmember miteinander kombinieren. In Tabelle 26.6 sind alle Mitglieder der Enumeration aufgeführt.

Member	Beschreibung
`None`	keine
`Unchanged`	unveränderte Datenzeile
`Added`	hinzugefügte Datenzeile
`Deleted`	gelöschte Datenzeile
`ModifiedCurrent`	aktuelle Version einer geänderten Datenzeile
`ModifiedOriginal`	ursprüngliche Version einer geänderten Datenzeile
`OriginalRows`	ursprüngliche Zeilen, einschließlich unveränderter und gelöschter Zeilen
`CurrentRows`	aktuelle Zeilen, einschließlich unveränderter, neuer und geänderter Zeilen

Tabelle 26.6 Die Enumeration »DataViewRowState«

Interessieren Sie sich ausschließlich für alle gelöschten und hinzugefügten Datenzeilen einer `DataTable`, müssen Sie mit der folgenden Anweisung filtern:

```
DataRow[] liste = tbl.Select(null, null,
                  DataViewRowState.Added | DataViewRowState.Deleted);
```

26.6 Objekte vom Typ »DataView«

Wenn Sie die `Select`-Methode der `DataTable` benutzen, sollten Sie sich über zwei Nachteile im Klaren sein:

- Sie arbeitet nicht effizient mit den Daten.
- Der Rückgabewert ist immer ein `DataRow`-Array, das von WinForms und Webformularen nicht unterstützt wird.

Diese Nachteile hat ein `DataView`-Objekt nicht. `DataViews` repräsentieren eine einfache Möglichkeit, verschiedene Sichten auf einen Datenbestand anzubieten – ähnlich den Views einer Datenbank. Ausgangsbasis für eine `DataView` ist jedoch kein SQL, sondern eine

DataTable. So könnte man zum Beispiel eine DataTable mit den Bestellungen eines Kunden füllen und eine DataView erzeugen, die nur die Bestellungen anzeigt, die noch offen sind. Eine weitere DataView könnte gleichzeitig alle Bestellungen darstellen, die schon abgeschlossen sind.

Im Gegensatz zur Select-Methode können mehrere Sichten gleichzeitig angezeigt werden, ohne eine Kopie der Daten erstellen zu müssen. Außerdem werden DataView-Objekte automatisch aktualisiert, sobald sich die Daten in der DataTable ändern. Zudem bietet eine DataView eine bessere Unterstützung für das Filtern von Daten als das DataTable-Objekt.

Ein DataView-Objekt verwaltet keine eigene Kopie der Daten. Stattdessen greift eine DataView auf Daten zurück, die in einer DataTable gespeichert sind. Daten, die in zwei verschiedenen Tabellen gespeichert sind, lassen sich mit einer DataView nicht verknüpfen. Mit anderen Worten: Eine DataView kann nur auf eine DataTable zugreifen.

26.6.1 »DataView« erzeugen

Die Klasse DataView definiert drei Konstruktoren. Der einfachste ist der parameterlose. Wenn Sie diesen benutzen, müssen Sie in einer weiteren Anweisung das DataView-Objekt mit einer DataTable verknüpfen. Dazu dient die Eigenschaft Table.

```
DataView view = new DataView();
view.Table = ds.Tables[0];
```

Der einfach parametrisierte Konstruktor nimmt direkt die Referenz auf die DataTable entgegen.

```
DataView view = new DataView(ds.Tables[0]);
```

Der dritte Konstruktor erinnert an die Select-Methode der Klasse DataTable. Im ersten Parameter erwartet er die Referenz auf die DataTable, im zweiten wird ein Filterkriterium angegeben, im dritten das Sortierkriterium und schließlich im vierten ein Wert vom Typ DataViewRowState.

```
DataView view = new DataView(tbl, "", "", DataViewRowState.Unchanged);
```

Der letztgenannte Konstruktor weist den Eigenschaften

- Table,
- RowFilter,
- Sort und
- RowStateFilter

der DataView sofort die entsprechenden Werte zu.

26.6.2 Auf die Datenzeilen in einer »DataView« zugreifen

Während Sie über die Eigenschaft `Rows` einer `DataTable` an die Auflistung aller Datenzeilen einer `DataTable` gelangen, verhält sich eine `DataView` selbst wie eine Collection. Sie können sie daher in einer `foreach`-Schleife durchlaufen. Die zurückgelieferte Datenzeile ist vom Typ `DataRowView`.

Die `DataRowView` werten Sie aus, indem Sie dem Indexer den Bezeichner der Spalte oder dessen Index übergeben.

```
DataView view = new DataView(ds.Tables["Artikel"]);
foreach (DataRowView rowView in view)
  Console.WriteLine(rowView["ProductName"]);
```

Da sich eine `DataView` wie eine Auflistung verhält, verwundert es nicht, dass die Eigenschaft `Count` die Anzahl der `DataRowView`-Objekte zurückliefert. Damit haben Sie die Möglichkeit, eine `DataView` auch in einer `for`-Schleife zu durchlaufen.

26.6.3 Die Eigenschaft »Sort« und die Methode »Find«

Die `Find`-Methode einer `DataView` dient dazu, eine ganz bestimmte Datenzeile zu suchen. Allerdings ist daran eine Bedingung geknüpft: der `Sort`-Methode muss zuvor ein gültiger Spaltenbezeichner übergeben werden. `Sort` beschreibt immer nur einen Spaltennamen, optional gefolgt von `ASC` (aufsteigend) oder `DESC` (absteigend). Der `Find`-Methode wird dann der Wert übergeben, nach dem in der unter `Sort` angegebenen Spalte gesucht wird.

Ungewöhnlich ist der Rückgabewert der `Find`-Methode. Es ist ein Integer, der den Index der gefundenen Datenzeile in der `DataView` angibt. Wird keine Datenzeile gefunden, ist der Wert –1.

```
DataView view = new DataView(ds.Tables[0]);
view.Sort = "ProductName";
int index = view.Find("Chai");
if (index != -1)
  Console.WriteLine("Artikel: {0}", view[index]["UnitPrice"]);
else
  Console.WriteLine("Keine Datenzeile gefunden.");
```

26.6.4 Die Methode »FindRows«

Die `Find`-Methode einer `DataRowCollection` und die `Find`-Methode einer `DataView` ähneln sich in gewisser Hinsicht, denn beide liefern nur eine Datenzeile zurück. Die `Find`-Methode der `DataRowCollection` tut dies, weil diese `Find`-Methode die Angabe des Primärschlüssels des zu suchenden Datensatzes erwartet, und die `Find`-Methode der `DataView` verhält sich so, weil sie per Definition nur einen Integer-Wert liefert.

Wenn Sie aber zum Beispiel eine Sicht auf die DataTable der Lieferanten erstellen und der Sort-Eigenschaft eine Stadt übergeben, könnte es sein, dass mehrere Lieferanten in der angegebenen Stadt sesshaft sind. In diesem Fall ist die Find-Methode denkbar ungeeignet. Eine DataView stellt dafür die Methode FindRows bereit. Im Unterschied zu Find ist der Rückgabewert ein DataRowView-Array.

```
DataView view = new DataView(ds.Tables[0]);
view.Sort = "CategoryID";
DataRowView[] rowArr = view.FindRows(1);
foreach (DataRowView row in rowArr)
  Console.WriteLine("Artikel: {0}", row["ProductName"]);
```

Das Codefragment beantwortet die Frage, welche Artikel der Tabelle Products alle der Kategorie-Nummer 1 zugeordnet werden.

26.6.5 Die Eigenschaft »RowFilter«

Die Eigenschaft RowFilter dient zum Selektieren von Datenzeilen. Sie ist vom Typ einer Zeichenfolge und unterscheidet sich nicht vom Filterausdruck der Select-Methode der DataTable. Sie geben also das Filterkriterium an, als würden Sie in einem SQL-Statement eine WHERE-Klausel definieren. Nur die Angabe von WHERE ist nicht notwendig.

```
DataView view = new DataView(ds.Tables[0]);
view.RowFilter = "ProductName LIKE 'C*'";
foreach (DataRowView rowView in view)
  Console.WriteLine(rowView["ProductName"]);
```

26.6.6 Die Eigenschaft »RowStateFilter«

Die Eigenschaft RowStateFilter akzeptiert Werte der Enumeration DataViewRowState (siehe Tabelle 26.6). Während bei der Ausgabe einer DataTable unabhängig davon, ob bei der Filterung ModifiedCurrent und ModifiedOriginal benutzt wurden, kein Unterschied festzustellen war, werden bei einer DataView tatsächlich entweder die aktuellen oder die ursprünglichen Werte in der Ausgabe erscheinen.

```
DataView view = new DataView(ds.Tables[0]);
view.RowStateFilter = DataViewRowState.Added |
                      DataViewRowState.Deleted;
foreach (DataRowView rowView in view)
  Console.WriteLine(rowView["ProductName"]);
```

26.6.7 Änderungen an einem »DataView«-Objekt

Eine `DataView` ist nicht statisch. Sie können zusätzliche `DataRowView`-Objekte hinzufügen, oder Sie können eine `DataRowView` löschen oder deren Inhalt ändern.

Um eine `DataRowView` hinzuzufügen, stellt die `DataView` die Methode `AddNew` bereit. Diese gibt ein neues `DataRowView`-Objekt zurück, dessen Spalten mit Daten gefüllt werden können. Zum Schluss muss auf der `DataRowView` die Methode `EndEdit` aufgerufen werden. Die Änderung ähnelt der einer `DataRow`. Mit `BeginEdit` wird die Änderung eingeleitet, und mit `EndEdit` wird sie abgeschlossen. Ein Abbruch kann mit `CancelEdit` erzwungen werden. Alles sind Methoden des `DataRowView`-Objekts. Um eine `DataRowView` zu löschen, brauchen Sie nur die Methode `Delete` aufzurufen.

Das folgende Beispielprogramm zeigt Ihnen alle zuvor beschriebenen Änderungsmöglichkeiten. Ausgegeben werden sollen am Ende des Programms nur die geänderten `DataRowViews`. Dazu wird der Eigenschaft `RowStateFilter` eine passende Kombination aus den erforderlichen `DataRowViewState`-Konstanten übergeben.

```
// ---------------------------------------------------
// Beispiel: ...\Kapitel 26\EditDataView
// ---------------------------------------------------
class Program {
  static void Main(string[] args) {
    SqlConnection con = new SqlConnection();
    con.ConnectionString = "...";
    SqlCommand cmd = new SqlCommand();
    cmd.Connection = con;
    cmd.CommandText = "SELECT ProductName, UnitPrice FROM Products";
    DataSet ds = new DataSet();
    SqlDataAdapter da = new SqlDataAdapter(cmd);
    da.Fill(ds);
    // DataView erzeugen
    DataView dv = new DataView(ds.Tables[0]);
    // DataRowView hinzufügen
    DataRowView newRow = dv.AddNew();
    newRow["ProductName"] = "Schokolade";
    newRow["UnitPrice"] = 15.99;
    newRow.EndEdit();
    // DataRowView ändern
    dv[0].BeginEdit();
    dv[0]["ProductName"] = "Eisbein";
    dv[0].EndEdit();
    // DataRowView löschen
    dv[1].Delete();
    dv.RowStateFilter = DataViewRowState.Added |
```

```
                    DataViewRowState.Deleted |
                    DataViewRowState.ModifiedOriginal;
    // Ausgabe der DataView
    foreach (DataRowView rowView in dv)
      Console.WriteLine(rowView["ProductName"]);
    Console.ReadLine();
  }
}
```

26.6.8 Aus einer »DataView« eine »DataTable« erzeugen

Ihnen liegt eine `DataView` vor, und Sie möchten diese nun als `DataTable` speichern? Kein Problem, denn mit der Methode `ToTable` werden alle Datenzeilen einer `DataTable` zugeführt, die über die Einstellung der Eigenschaft `RowFilter` verfügbar sind.

Da `ToTable` überladen ist, haben Sie mehrere Alternativen, diesen Vorgang zu steuern. So können Sie den Namen der `DataTable` schon beim Methodenaufruf festlegen und die Spalten festlegen, die der `DataTable` übergeben werden sollen. Ein weiterer Parameter gestattet es Ihnen, zu spezifizieren, ob die resultierende `DataTable` nur eindeutige Zeilen basierend auf den angegebenen `DataColumns` erhält.

Ein Beispiel mit `ToTable` soll dieses Kapitel abschließen. Zuerst werden die Spalten `ProductName`, `UnitPrice` und `UnitsInStock` der Tabelle `Products` in eine `DataTable` geladen. Eine `DataView` beschränkt die Sicht auf einen Teilbereich dieser `DataTable` und enthält nur die Datenzeilen der Artikel, die mit dem Buchstaben »C« beginnen und deren Einzelpreis kleiner 30 ist. Mit

```
DataTable tbl = dv.ToTable("C_Products", false,
                new string[]{"UnitPrice", "ProductName" });
```

wird die `DataView` danach in eine `DataTable` geschrieben, deren Bezeichner auf `C_Products` festgelegt ist. Die neue `DataTable` enthält aber nur die Spalten `UnitPrice` und `ProductName`. Der boolesche Parameter gibt Auskunft darüber, ob alle Zeilen eindeutig sein sollen. Er ist hier auf `false` festgelegt, sodass durchaus auch zwei inhaltsgleiche Zeilen in der resultierenden `DataTable` erscheinen könnten.

```
// ---------------------------------------------------
// Beispiel: ...\Kapitel 26\ToTableMethod
// ---------------------------------------------------
class Program {
  static void Main(string[] args){
    SqlConnection con = new SqlConnection();
    con.ConnectionString = "...";
    SqlCommand cmd = new SqlCommand();
    cmd.Connection = con;
```

```
    cmd.CommandText = "SELECT ProductName, UnitPrice, UnitsInStock"'
                     +" FROM Products";
    DataSet ds = new DataSet();
    SqlDataAdapter da = new SqlDataAdapter(cmd);
    da.Fill(ds);
    // DataView erzeugen
    DataView dv = new DataView(ds.Tables[0]);
    dv.RowFilter = "ProductName LIKE 'C*' AND UnitPrice < 30";
    // DataView einer DataTable übergeben
    DataTable tbl = dv.ToTable("C_Products", false,
           new string[] { "UnitPrice", "ProductName" });
    foreach (DataRow row in tbl.Rows)
      Console.WriteLine("{0,-10}{1}", row[0], row[1]);
    Console.ReadLine();
  }
}
```

27 ADO.NET – Aktualisieren der Datenbank

Im letzten Kapitel haben Sie gelernt, wie das Ergebnis einer Abfrage in einem DataSet organisiert ist. In diesem Kapitel werden wir uns ansehen, wie die lokalen Daten ediert werden können.

27.1 Aktualisieren mit dem »CommandBuilder«

Eine `DataTable` können Sie mit Daten aus jeder Datenquelle füllen. Handelt es sich dabei um eine Datenbank und können die Benutzer die Daten auch ändern, müssen die Änderungen zu einem bestimmten Zeitpunkt an die Datenbank übermittelt werden. Des Öfteren habe ich bereits die `Update`-Methode des `DataAdapters` erwähnt, die eine Verbindung zu der Datenbank aufbaut, um deren Datenbestand zu aktualisieren. Vielleicht haben Sie auch schon die `Update`-Methode getestet, nachdem Sie Zeilen Ihres `DataSets` geändert hatten. Sie werden dabei bestimmt einen Laufzeitfehler erhalten haben. Sehen Sie sich dazu das folgende Beispiel an, in dem eine neue Datenzeile hinzugefügt und eine vorhandene geändert wird. Nach Abschluss der Änderungen wird die Methode `Update` des `SqlDataAdapters` aufgerufen.

```
// ---------------------------------------------------------------
// Beispiel: ...\Kapitel 27\CommandBuilderSample
// ---------------------------------------------------------------
class Program {
  static void Main(string[] args) {
    SqlConnection con = new SqlConnection();
    con.ConnectionString = "...";
    SqlCommand cmd = new SqlCommand();
    cmd.Connection = con;
    cmd.CommandText = "SELECT ProductID, ProductName, " +
                      "UnitsInStock, Discontinued FROM Products";
    DataSet ds = new DataSet();
    SqlDataAdapter da = new SqlDataAdapter(cmd);
    da.FillSchema(ds, SchemaType.Source);
    ds.Tables[0].Columns["ProductID"].AutoIncrementSeed = -1;
    ds.Tables[0].Columns["ProductID"].AutoIncrementStep = -1;
    da.Fill(ds);
```

```
    // neue Datenzeile hinzufügen
    DataRow newRow = ds.Tables[0].NewRow();
    newRow["ProductName"] = "Camembert";
    newRow["UnitsInStock"] = 100;
    newRow["Discontinued"] = false;
    ds.Tables[0].Rows.Add(newRow);
    // Datenzeile ändern
    DataRow[] editRow = ds.Tables[0].Select("ProductName='Tofu'");
    if (editRow.Length == 1) {
      editRow[0].BeginEdit();
      editRow[0]["UnitsInStock"] = 1000;
      editRow[0].EndEdit();
    }
    else
      Console.WriteLine("Datenzeile 'Tofu' nicht gefunden.");
    // Datenbank aktualisieren
    int count = da.Update(ds);
    Console.WriteLine("{0} Datenzeilen aktualisiert", count);
    Console.ReadLine();
  }
}
```

Wo liegt aber nun die Ursache des Laufzeitfehlers, der in der Anweisung auftritt, die die Methode `Update` aufruft?

Denken wir einmal daran, wie die Abfolge ist, bis der `SqlDataAdapter` eine Auswahlabfrage an die Datenbank schickt. Wir hatten ein `SqlCommand`-Objekt erzeugt und diesem das SELECT-Statement übergeben. Bei der Instanziierung haben wir dem `SqlDataAdapter` das `SqlCommand`-Objekt über den Konstruktoraufruf bekanntgegeben. Der `SqlDataAdapter` speichert das in seiner Eigenschaft `SelectCommand`.

Der `SqlDataAdapter` hat aber noch drei weitere Eigenschaften, die nach einem `SqlCommand`-Objekt verlangen:

- `InsertCommand`
- `DeleteCommand`
- `UpdateCommand`

So wie über `SelectCommand` die vom `SqlDataAdapter` abzusetzende Auswahlabfrage bekannt ist, benötigt der Adapter auch noch `SqlCommand`-Objekte, die die SQL-Statements INSERT, DELETE und UPDATE beschreiben.

Erfreulicherweise stellt der SqlDataAdapter nicht nach festgeschriebenen Regeln automatisch Aktualisierungsstatements bereit. Dieses Verhalten gibt uns jedoch die Möglichkeit, selbst Einfluss auf die Aktualisierung zu nehmen. Darauf werden wir später noch genauer eingehen. Die Folge ist jedenfalls, dass die Eigenschaften Insert-, Update- und DeleteCommand zunächst den Inhalt null haben.

Für das Erzeugen von SQL-Aktualisierungsstatements bietet uns ADO.NET die Klasse SqlCommandBuilder. Übergeben Sie bei der Instanziierung dieser Klasse dem Konstruktor die Referenz auf den SqlDataAdapter.

```
SqlCommandBuilder cmb = new SqlCommandBuilder(da);
```

Da der SqlCommandBuilder nun das SqlDataAdapter-Objekt kennt, weiß er, wie die SELECT-Auswahlabfrage aussieht. Auf dieser Grundlage erzeugt SqlCommandBuilder die SQL-Befehle INSERT, DELETE und UPDATE, verpackt sie in eine Zeichenfolge und weist sie jeweils einem neuen SqlCommand-Objekt zu. Die drei SqlCommand-Objekte werden den Eigenschaften UpdateCommand, InsertCommand und DeleteCommand des SqlDataAdapters übergeben. Unabhängig davon, ob im DataSet eine Zeile gelöscht, hinzugefügt oder editiert worden ist, wird der SqlDataAdapter mit den vom SqlCommandBuilder erzeugten Kommandos die Originaldatenbank aktualisieren.

Kommen wir zu dem eingangs gezeigten Beispiel zurück. Wenn Sie vor dem Aufruf von Update ein SqlCommandBuilder-Objekt erzeugen und dessen Konstruktor die Instanz des SqlDataAdapters übergeben, wird die Aktualisierung erfolgreich sein.

```
...
SqlCommandBuilder cmb = new SqlCommandBuilder(da);
da.Update(ds);
```

27.1.1 Von »SqlCommandBuilder« generierte Aktualisierungsstatements

SqlCommandBuilder erzeugt Aktualisierungscode auf Grundlage des SELECT-Statements. Doch wie sieht die Aktualisierungslogik exakt aus? Wir wollen uns das nun ansehen. Die Grundlage dafür bildet folgende Abfrage:

```
SELECT ProductID, ProductName, UnitsInStock FROM Products
```

Sie können sich die Aktualisierungsstatements ausgeben lassen, indem Sie die Methoden GetUpdateCommand, GetInsertCommand oder GetDeleteCommand des SqlCommandBuilders aufrufen. Alle liefern ein Objekt vom Typ SqlCommand, über dessen Eigenschaft CommandText Sie das jeweilige SQL-Statement abfragen können. Es genügt, wenn wir uns nur eines der drei ansehen.

```
UPDATE [Products]
SET [ProductName] = @p1, [UnitsInStock] = @p2
```

```
WHERE (([ProductID] = @p3) AND ([ProductName] = @p4) AND
((@p5 = 1 AND [UnitsInStock] IS NULL) OR ([UnitsInStock] = @p6)))
```

Sie erkennen, dass hinter der WHERE-Klausel alle Spalten der SELECT-Abfrage als Suchkriterium nach dem zu editierenden Datensatz aufgeführt sind. Die Parameter `@p3` bis `@p6` werden mit den Daten gefüllt, die unter `DataRowVersion.Original` aus dem `Dataset` bezogen werden, und `@p1` bis `@p3` erhalten die Daten aus `DataRowVersion.Current`. In gleicher Weise werden auch die INSERT- und DELETE-Anweisungen vom `SqlCommandBuilder` generiert.

27.1.2 Konfliktsteuerung in einer Mehrbenutzerumgebung

Meistens werden Datenbanken in einem Netzwerk betrieben. Das ist ein ganz wesentlicher Gesichtspunkt bei der Bereitstellung der SQL-Aktualisierungsstatements, denn in solchen Umgebungen müssen wir nun noch die Möglichkeit betrachten, dass ein zweiter User gleichzeitig mit denselben Daten arbeitet. Dann stellt sich auch sofort die Frage, was passiert, wenn versucht wird, eine Datenzeile zu aktualisieren, die ein anderer Benutzer zwischenzeitlich geändert hat. Möglicherweise tritt dabei ein Konflikt auf. Ob ein Konflikt auftritt, hängt ganz entscheidend davon ab, wie die WHERE-Klausel des Aktualisierungsstatements formuliert ist. Dabei müssen wir mehrere Fälle betrachten, die wir nun theoretisch untersuchen wollen.

Die WHERE-Klausel enthält alle Spalten

Betrachten wir sofort ein Beispiel, bei dem alle Spalten der SELECT-Abfrage in der WHERE-Klausel angegeben sind, und nehmen wir an, Anwender A und Anwender B rufen praktisch gleichzeitig dieselbe Datenzeile in der Produkttabelle auf. Ändert Anwender A die Spalte `ProductName`, könnte das UPDATE-Statement beispielsweise wie folgt aussehen:

```
UPDATE Products
SET ProductName="Kuchen", UnitsInStock=18
WHERE ProductID=1 AND ProductName="Chai" AND
UnitsInStock=18
```

In der WHERE-Klausel sind den Spaltenangaben genau die Werte zugeordnet, die Anwender A aus der Datenbank bezogen hat. Anwender A aktualisiert erfolgreich, weil die Datenzeile, die von der WHERE-Klausel beschrieben wird, in der Datenbank gefunden wird.

Danach versucht Anwender B seine Aktualisierung der Datenbank mitzuteilen. Ob er dabei die Spalte `ProductName` geändert hat oder `UnitsInStock`, spielt keine Rolle. Entscheidend ist, dass die WHERE-Klausel die Spalten `ProductID`, `UnitsInStock` und `ProductName` enthält.

```
UPDATE Products
SET ProductName="Senf", UnitsInStock=56
WHERE ProductID=1 AND ProductName="Chai" AND
UnitsInStock=18
```

Der Aktualisierungsversuch wird scheitern. Schade, aber ein Datensatz mit dem Primärschlüssel 1 und den Spalteninhalten `ProductName = Chai` und `UnitsInStock = 18` wird nicht mehr gefunden, weil Anwender A den Produktnamen vorher geändert hat.

> **Hinweis**
>
> Immer dann, wenn beim Absetzen eines UPDATE- oder DELETE-Statements in der WHERE-Klausel eine Datenzeile beschrieben wird, die nicht in der Datenbank gefunden wird, haben wir es mit einem Konflikt zu tun.

Bei diesem Szenario »gewinnt« immer der Anwender, der als Erster seine Änderungen an die Datenbank übermittelt. Der Anwender, der seine Änderungen später zur Datenbank schickt, hat das Nachsehen. Sein Aktualisierungsversuch misslingt. Es kommt zu einem Parallelitätskonflikt. Dieses Szenario wird auch als *First-in-wins* bezeichnet.

Die WHERE-Klausel enthält nur die Primärschlüsselspalte

Betrachten wir nun einen anderen Fall. Wieder helfen uns die beiden fiktiven Anwender A und B dabei, den Sachverhalt zu verstehen. Beide Anwender rufen praktisch gleichzeitig dieselbe Datenzeile ab und nehmen Änderungen an einer der Spalten vor. Anwender A aktualisiert die Originaldatenbank zuerst, beispielsweise die Spalte `ProductName` des ersten Datensatzes:

```
UPDATE Products
SET ProductName="Marmorkuchen", UnitsInStock=56
WHERE ProductID=1
```

Anwender B übermittelt seine Änderung, nachdem Anwender A den ersten Datensatz geändert hat. Nehmen wir an, Anwender B hat den Inhalt in der Spalte `UnitsInStock` editiert, so könnte sein vollständiges Aktualisierungsstatement wie folgt lauten:

```
UPDATE Products
SET ProductName="Chai", UnitsInStock=56
WHERE ProductID=1
```

Die Aktualisierung wird erfolgreich sein, wenn der Datensatz mit der angegebenen `ProductID` in der Tabelle gefunden wird. Die Änderungen von Anwender A sieht Anwender B nicht; er wird vielleicht auch niemals erfahren, welche Daten Anwender A geändert hat, denn er überschreibt die Änderung von Anwender A in der Spalte `ProductName` mit dem alten Wert. Dieses Szenario, bei dem die letzte Änderung grundsätzlich immer erfolgreich an die Datenbank übermittelt werden kann, wird als *Last-in-wins* bezeichnet.

Die Identifizierung der zu ändernden Datenzeile nur anhand der Primärschlüsselspalte ist folglich denkbar ungeeignet, wenn Sie vermeiden müssen, dass Anwender B unwissentlich geänderte Daten überschreibt. Können Sie davon ausgehen, dass die letzte Aktualisierung zweifelsfrei diejenige mit den »besten« Daten ist, sollten Sie sich für diese Variante entscheiden.

Hinweis

Natürlich wird es auch hier zu einem Konfliktfall kommen, sollte Anwender A dieselbe Datenzeile nicht geändert, sondern bereits gelöscht haben.

Weitere Szenarien

Die beiden zuvor beschriebenen Szenarien stellen Grenzfälle dar. Zwischen diesen beiden gibt es, abhängig von der zugrunde liegenden Tabelle, unzählige weitere Optionen. Gehen wir beispielsweise wieder davon aus, dass zwei Benutzer mit

```
SELECT ProductID, ProductName, UnitsInStock FROM Products
```

Datenzeilen abrufen. Stellen wir uns weiter vor, dass der Artikelbestand `UnitsInStock` durchaus überschrieben werden darf, aber eine Änderung der Spalte `ProductName` nicht erlaubt ist. Unabhängig davon, mit welchem UPDATE-Statement Benutzer A die Datenbank aktualisiert hat, muss unser fiktiver Benutzer B das folgende UPDATE-Statement zur Datenbank schicken:

```
UPDATE Products
SET ProductName="Kuchen", UnitsInStock=18
WHERE ProductID=1 AND ProductName="Chai"
```

Hat Anwender A nur den Lagerbestand `UnitsInStock` geändert, wird der Datensatz gefunden und die in der SET-Klausel angegebenen Werte werden eingetragen. Dabei werden die neuen Daten des Anwenders A durch die alten Daten überschrieben, weil die Spalte `UnitsInStock` in der SET-Klause von Anwender B enthalten ist.

Hat Anwender A jedoch den Artikelbezeichner `ProductName` editiert, kommt es zu einem Konflikt.

Selbstverständlich könnte man sich auch eine Abfrage vorstellen, in der die SET-Klausel nur die veränderten Spaltenwerte beschreibt und die WHERE-Klausel neben der Angabe der Primärschlüsselspalte nur die Spalten, die als konfliktverursachend eingestuft werden und darüber hinaus auch verändert worden sind. Bezogen auf unser letztes Beispiel sollte das UPDATE-Statement wie folgt aussehen:

```
UPDATE Products
SET ProductName="Kuchen"
WHERE ProductID=1 AND ProductName="Chai"
```

Jetzt wird die Spalte `UnitsInStock` nicht mehr in der SET-Klausel angeführt. Falls Anwender A diese Spalte geändert hat, ist seine Aktualisierung weiterhin gültig und in der Datenzeile wird nur der Produktbezeichner editiert.

Sollten die beiden Extremszenarien *Last-in-wins* und *First-in-wins* nicht Ihren Anforderungen an die Aktualisierung entsprechen, eröffnet sich ein weites Feld der Möglichkeiten, das mit der Komplexität einer Tabelle steigt. Hier bedarf es sicherlich einer gründlichen Analyse, was im Einzelfall als Konflikt zu betrachten ist.

27.1.3 Die Eigenschaft »ConflictOption« des »SqlCommandBuilder«

Grundsätzlich ist das Aktualisieren einer Datenquelle mit dem `SqlCommandBuilder`-Objekt sehr einfach. Aber diese Einfachheit hat ihren Preis, denn wir müssen uns mit den Charakteristika des Objekts abfinden und haben nur wenig Einfluss darauf, wie die Daten zurückgeschrieben werden. Der `SqlCommandBuilder` generiert, wie Sie weiter oben gesehen haben, Abfragen, die zur Identifikation einer Datenzeile in der Tabelle einer Datenbank alle Spalten einschließen, die mit SELECT abgefragt worden sind. Er bildet demnach per Vorgabe das *First-in-wins*-Szenario ab. Eine Änderung der Daten in der Datenbank führt zu der Ausnahme `DBConcurrencyException`, wenn ein anderer User eine dieser Spalten genau in dem Zeitraum verändert hat, in dem die ursprünglichen Daten für die Zeile abgerufen und neue Werte für die Zeile übermittelt werden.

Dieses Verhalten ist nicht immer wünschenswert. Daher stellt Ihnen der `SqlCommandBuilder` mit der Eigenschaft `ConflictOption` eine Möglichkeit zur Verfügung, das Aktualisierungsverhalten zu beeinflussen. Die Eigenschaft ist vom Typ der gleichnamigen Enumeration, deren Mitglieder Sie Tabelle 27.1 entnehmen können.

Konstante	Beschreibung
`CompareAllSearchableValues`	UPDATE- und DELETE-Anweisungen schließen alle Spalten aus der Tabelle, nach denen gesucht werden kann, in die WHERE-Klausel ein. Das ist der Standard.
`CompareRowVersion`	Wenn in der Tabelle eine Timestamps-Spalte vorhanden ist, wird sie in der WHERE-Klausel für alle generierten UPDATE-Anweisungen verwendet.
`OverwriteChanges`	Alle UPDATE- und DELETE-Anweisungen enthalten nur die Spalten des Primärschlüssels in der WHERE-Klausel.

Tabelle 27.1 Die Enumeration »ConflictOption«

Der Wert `ConflictOption.CompareAllSearchableValues` ist der Standardwert. In diesem Szenario wird immer die erste Änderung in einer Datenzeile zum Erfolg und die dann folgende Änderung zu einem Konflikt führen. Dieses Szenario entspricht dem *First-in-Wins*-Szenario. Das ist die Vorgabe.

Mit `ConflictOption.OverwriteChanges` teilen Sie dem `SqlCommandBuilder` mit, nur die Primärschlüsselspalte(n) in die WHERE-Klausel einzubeziehen. Das hat zur Folge, dass die Änderungen des ersten Benutzers von den nachfolgenden Änderungen überschrieben werden. Diese Einstellung bildet das *Last-in-Wins*-Szenario ab.

Ein Timestamp ist ein automatisch generierter, eindeutiger 8-Byte-Wert. Mithilfe der Timestamp-Spalte einer Zeile können Sie sehr einfach ermitteln, ob sich ein Wert in der Datenzeile geändert hat, seit er eingelesen wurde. Der Timestamp-Wert wird bei jeder Aktualisierung geändert. Ist er beim Absetzen des UPDATE-Statements identisch, liegt keine andere zwischenzeitliche Aktualisierung vor. Mit `ConflictOption.CompareRowVersion` weisen Sie den `SqlCommandBuilder` an, in der WHERE-Klausel nur die Primärschlüsselspalte(n) und die Timestamp-Spalte aufzunehmen.

27.1.4 Die Eigenschaft »SetAllValues«

Betrachten Sie noch einmal das Beispiel mit Benutzer A und Benutzer B. Es wäre denkbar, dass weder das *Last-in-Wins-* noch das *First-in-Wins*-Szenario die Forderung passend erfüllt.

Vielleicht soll auch jede Änderung an einer Datenzeile akzeptiert werden, solange dieselbe Spalte nicht von einem anderen User verändert worden ist. Das bedeutet, dass in der WHERE-Klausel neben dem Primärschlüssel auch die jeweils geänderte Spalte mit ihrem Ursprungswert angegeben werden muss. Benutzer A müsste in einem solchen Fall das folgende UPDATE absetzen:

```
UPDATE Products
SET ProductName = 'Cheese'
WHERE ProductID = 55 AND ProductName = 'Käse'
```

Ändert Benutzer B unter den gleichen Voraussetzungen die Spalte `UnitsInStock`, wird diese Spalte seinem UPDATE-Statement hinzugefügt:

```
UPDATE Products
SET UnitsInStock = 2
WHERE ProductID = 55 AND UnitsInStock = 13
```

Die Aktualisierung wird erfolgreich sein. Mehr noch, die betroffene Datenzeile in der Datenbank wird beide Änderungen aufweisen.

Setzen Sie die Eigenschaft `SetAllValues` des `SqlCommandBuilders` auf `false`, werden neben der Primärschlüsselspalte nur die Spalten der WHERE-Klausel als Suchkriterium hinzugefügt, deren Inhalte sich verändert haben. Das entspricht genau dem gezeigten Muster.

27.2 Manuell gesteuerte Aktualisierung

Mit komplexen Aktualisierungsszenarien kann der `SqlCommandBuilder` nicht umgehen. Er scheidet in solchen Fällen aus und muss durch manuellen Aktualisierungscode ersetzt werden. Wir können dazu durchaus auf das `SqlDataAdapter`-Objekt und dessen `Update`-Methode zurückgreifen. Den Aktualisierungscode, den uns in einfacheren Umgebungen der `SqlCommandBuilder` zur Verfügung stellt, müssen wir allerdings selbst schreiben.

Grundsätzlich ist bei der Aktualisierung mit der `Update`-Methode des `SqlDataAdapters` entscheidend, dass die Eigenschaften

- `UpdateCommand`
- `InsertCommand`
- `DeleteCommand`

des `SqlDataAdapters` ein passendes `SqlCommand`-Objekt beschreiben. Die `Update`-Methode arbeitet im Grunde genommen sehr einfach. Sie sucht in einem `DataSet` bzw. in der `DataTable` nach den Datenzeilen, deren `DataRowState` nicht `Unchanged` ist. Trifft die Methode auf eine in welcher Weise auch immer geänderte Datenzeile, greift sie auf ein entsprechendes `Command`-Objekt zurück, weist die entsprechenden Parameter zu und setzt die Änderung ab.

Der entscheidende Punkt ist, dass der `DataAdapter` sich nicht dafür interessiert, wie das `Command`-Objekt gestaltet ist und aus welcher Quelle es stammt. Wichtig ist ihm nur, dass ein gültiges `Command`-Objekt vorliegt. Damit haben wir auch schon den ersten Ansatz gefunden. Wir stellen eigene `Command`-Objekte zur Verfügung – nennen wir sie `updateCommand`, `deleteCommand` und `insertCommand` – und weisen sie den entsprechenden Eigenschaften des `DataAdapters` zu:

```
<SqlDataAdapter>.UpdateCommand = updateCommand;
<SqlDataAdapter>.InsertCommand = insertCommand;
<SqlDataAdapter>.DeleteCommand = deleteCommand;
```

Alle drei Eigenschaften sind vom Typ `SqlCommand`. Ein `Command`-Objekt kennt durch seine Eigenschaft `CommandText` das SQL-Kommando, das gegen die Datenbank abgesetzt werden soll. Damit sind alle Forderungen erfüllt, die die Methode `Update` des `DataAdapters` stellt.

Etwas erleichtern können wir uns das manuelle Aktualisieren, wenn wir daran denken, dass meistens keine besonderen Anforderungen sowohl hinsichtlich des Einfügens einer neuen Datenzeile als auch hinsichtlich des Löschens einer Datenzeile gestellt werden. Hier leistet der `SqlCommandBuilder` dann oft sehr gute Dienste, um das entsprechende INSERT- und DELETE-Statement zu erzeugen. Sie müssen in diesen Fällen nur ein `SqlCommand`-Objekt bereitstellen, das den Aktualisierungsanforderungen an eine geänderte Datenzeile entspricht, und dieses der Eigenschaft `UpdateCommand` des `SqlDataAdapters` übergeben.

27.2.1 Eigene Aktualisierungslogik

Den Ausführungen in diesem Abschnitt liegt das folgende SQL-Statement zugrunde:

```
SELECT ProductID, ProductName, Unitprice, UnitsInStock, Discontinued
FROM Products
```

Sehen wir uns nun die Methode an, die für das Erzeugen des Kommandos zum Absetzen einer Datenzeilenänderung verantwortlich ist. Auch bei dieser Methode sei angenommen, dass zwischenzeitliche Änderungen durch andere Benutzer bei der Aktualisierung überschrieben werden. Dabei sei gefordert, dass etwaige Änderungen eines anderen Benutzers in der Spalte `ProductName` und `UnitPrice` nicht akzeptiert werden können und zu einem Konflikt führen sollen. Im Suchkriterium sind daher die Angabe des Primärschlüssels sowie die Angabe des Originalwertes der Spalten `ProductName` und `UnitPrice` erforderlich.

```
static SqlCommand CreateUpdateCommand(SqlConnection con) {
  string sql = "UPDATE Products SET ProductName=@p1, UnitPrice=@p2,
UnitsInStock=@p3 WHERE ProductID=@p4 AND ProductName= @p5 AND UnitPrice=@p6";
  SqlCommand cmd = new SqlCommand(sql, con);
  cmd.Parameters.Add("@p1", SqlDbType.VarChar, 40, "ProductName");
  cmd.Parameters.Add("@p2", SqlDbType.Money, 8, "UnitPrice");
  cmd.Parameters.Add("@p3", SqlDbType.SmallInt, 2, "UnitsInStock");
  cmd.Parameters.Add("@p4", SqlDbType.Int, 4, "ProductID");
  SqlParameter param;
  param = cmd.Parameters.Add("@p5", SqlDbType.VarChar, 40, "ProductName");
  param.SourceVersion = DataRowVersion.Original;
  param = cmd.Parameters.Add("@p6", SqlDbType.Money, 8, "UnitPrice");
  param.SourceVersion = DataRowVersion.Original;
  return cmd
}
```

Wird der `DataAdapter` zur Aktualisierung eingesetzt, muss jedem Parameter mitgeteilt werden, aus welcher Spalte der zu editierenden `DataRow` der Wert für den betreffenden Parameter abgerufen werden soll, beispielsweise:

```
cmd.Parameters.Add("@p1", SqlDbType.VarChar, 40, "ProductName");
```

Hier teilen wir dem Parameter mit, dass er den Wert aus der Spalte `ProductName` beziehen soll. Standardmäßig wird der Wert aus `DataRowVersion.Current` bezogen. Vergessen Sie die Angabe des vierten Parameters, kann der `DataAdapter` die Datenzeile nicht an die Datenbank übermitteln. Haben Sie eine explizite Referenz auf den Parameter, können Sie die Spalte auch der Eigenschaft `SourceColumn` bekanntgeben.

Die Parameter der Suchkriterien benötigen den Originalwert, um die betreffende Datenzeile in der Tabelle der Datenbank aufzuspüren. Damit der `DataAdapter` die erforderlichen Werte aus `DataRowVersion.Original` einträgt, teilen Sie das dem Parameter in seiner Eigenschaft `SourceVersion` mit:

```
param.SourceVersion = DataRowVersion.Original;
```

Das auf diese Weise in der Methode erzeugte `Command`-Objekt wird an den Aufrufer zurückgeliefert. Wie Sie weiter oben schon gesehen haben, weisen wir dessen Referenz der Eigenschaft UpdateCommand des DataAdapters zu, der automatisch die Parameter füllt, wenn er auf eine geänderte Datenzeile trifft.

Anmerkung

Die Primärschlüsselspalte ProductID stellt hierbei in der Tabelle Products einen Sonderfall dar, da sie als Autoinkrement-Spalte definiert ist und somit grundsätzlich nicht verändert werden kann. Somit entfällt für diese Spalte die Notwendigkeit, auf die Original-Version zuzugreifen.

27.2.2 Beispielprogramm

Wenn Sie eine eigene Aktualisierungslogik planen, unterscheidet sich der Programmcode kaum von dem, den Sie auch unter Benutzung des CommandBuilders schreiben würden. Wir wollen im nächsten Beispiel die Methode CreateUpdateCommand testen und dabei auf die Dienste des SqlCommandBuilders nicht vollständig verzichten. Denn wie ich bereits weiter oben erwähnt habe, können die von diesem Objekt erzeugten Command-Objekte zum Löschen oder Hinzufügen einer Datenzeile durchaus verwendet werden, weil an diese Vorgänge in der Regel keine besonderen Anforderungen gestellt werden.

```
// ------------------------------------------------------------------
// Beispiel: ...\Kapitel 27\ManuelleAktualisierung
// ------------------------------------------------------------------
static void Main(string[] args) {
  SqlConnection con = new SqlConnection();
  con.ConnectionString = "...";
  SqlCommand cmd = new SqlCommand();
  cmd.CommandText = "SELECT ProductID, ProductName, UnitPrice, UnitsInStock,
Discontinued FROM Products";
  cmd.Connection = con;
  DataSet ds = new DataSet();
  SqlDataAdapter da = new SqlDataAdapter(cmd);
  SqlCommandBuilder cmb = new SqlCommandBuilder(da);
  da.UpdateCommand = CreateUpdateCommand(con);
  da.FillSchema(ds, SchemaType.Source);
  ds.Tables[0].Columns[0].AutoIncrementSeed = -1;
  ds.Tables[0].Columns[0].AutoIncrementStep = -1;
  da.Fill(ds);

  // Datenzeilen ändern
  ChangeDataRows(ds);

  // Datenzeilen hinzufügen
  AddDataRows(ds);

  // Simulation eines Konflikts
  Console.Write("Konflikt simulieren ...");
```

```
  Console.ReadLine();
  // Datenbank aktualisieren
  da.Update(ds);
  Console.WriteLine("Datenbank ist aktualisiert.");
  Console.ReadLine();
}

static void ChangeDataRows(DataSet ds){
  ds.Tables[0].Rows[0]["ProductName"] = "Pfeffer";
  ds.Tables[0].Rows[1]["Productname"] = "Salz";
  ds.Tables[0].Rows[2]["Productname"] = "Banane";
  ds.Tables[0].Rows[3]["Productname"] = "Orange";
  ds.Tables[0].Rows[4]["Productname"] = "Mango";
  ds.Tables[0].Rows[5]["UnitsInStock"] = 125;
  ds.Tables[0].Rows[6]["UnitsInStock"] = 55;
}

static void AddDataRows(DataSet ds) {
  DataRow row1 = ds.Tables[0].NewRow();
  row1["Productname"] = "Suppenhuhn";
  row1["Discontinued"] = 0;
  ds.Tables[0].Rows.Add(row1);
  DataRow row2 = ds.Tables[0].NewRow();
  row2["Productname"] = "Aachener Printe";
  row2["Discontinued"] = 0;
  ds.Tables[0].Rows.Add(row2);
}
```

Die Methoden `ChangeDataRows` und `AddDataRows` beschreiben die an der Tabelle `Products` vorgenommenen Änderungen. Es werden insgesamt sieben Datenzeilen editiert: Fünf Änderungen betreffen die Spalte `ProductName`, zwei die Spalte `UnitsInStock`. Darüber hinaus werden zwei weitere Datenzeilen zur Tabelle hinzugefügt.

In `Main` werden dem `DataAdapter` die Aktualisierungsstatements zugewiesen. Um neue Datenzeilen hinzuzufügen, ohne dafür eine eigene Methode schreiben zu müssen, wird der `SqlCommandBuilder` bemüht. Anschließend erfolgt der Aufruf der Methode `CreateUpdateCommand`, um die manuelle Aktualisierungslogik editierter Datenzeilen durchzusetzen.

Erscheint zur Laufzeit die Meldung `Konflikt simulieren` an der Konsole, können Sie das Konfliktverhalten testen. Öffnen Sie dazu beispielsweise den *Server-Explorer* und stellen Sie eine Verbindung zu der betreffenden Datenbank *Northwind* her. Öffnen Sie danach die Tabelle `Products`, und ändern Sie in einer der ersten fünf Datensätze den Lagerbestand. Setzen Sie danach die Ausführung des Beispielprogramms fort, wird am Ende die erfolgreiche Aktualisierung angezeigt.

Eine Änderung in der Spalte `ProductName` hingegen wird bei einem solchen Test zu einer Ausnahme vom Typ `DBConcurrencyException` führen, die einen Parallelitätskonflikt signalisiert. Das angestrebte Ziel wäre somit erreicht: Wir verursachen einen Konflikt, wenn zwei Anwender in der Spalte `ProductName` (und natürlich auch `UnitPrice`) derselben Datenzeile eine sich überschneidende Änderung vornehmen.

27.3 Konfliktanalyse

Stehen mehrere Datenzeilen zur Aktualisierung an, wird der `DataAdapter` versuchen, eine nach der anderen an die Datenbank zu senden. Wie im letzten Beispielprogramm zu sehen war, wird der `DataAdapter` eine `DBConcurrencyException` auslösen und die verbleibenden Änderungen nicht mehr an die Datenbank schicken. Das ist das Standardverhalten.

Sie können den `DataAdapter` anweisen, nach einem etwaigen Konflikt seine Aufgabe fortzusetzen und die verbleibenden Änderungen zu übermitteln. Dazu setzen Sie seine Eigenschaft `ContinueUpdateOnError=true`. Eine Exception wird in diesem Fall nicht ausgelöst. Stattdessen stehen Ihnen zwei andere Optionen zur Verfügung, mit den aufgetretenen Konflikten umzugehen:

- Sie informieren den Benutzer lediglich darüber, welche Datenzeilen nicht aktualisiert werden konnten.
- Sie implementieren über die reine Information zum fehlgeschlagenen Aktualisierungsversuch hinaus auch eine Konfliktlösung. Dazu benötigt der Benutzer alle zur Verfügung stehenden Informationen, unter anderem auch diejenige, wie der neue aktuelle Inhalt der konfliktverursachenden Datenzeile in der Datenbank lautet.

Beide Szenarien wollen wir uns nun ansehen.

27.3.1 Benutzer über fehlgeschlagene Aktualisierungen informieren

Wenn Sie vor dem Aufruf der Update-Methode die Eigenschaft `ContinueUpdateOnError` auf `true` festlegen, verursacht ein fehlgeschlagener Aktualisierungsversuch keine Ausnahme mehr. Stattdessen wird die Eigenschaft `HasErrors` des entsprechenden `DataRow`-Objekts auf `true` gesetzt, ebenso die gleichnamige Eigenschaft des `DataSets` und der `DataTable`. Eine `DataRow` hat eine Eigenschaft `RowError`. Diese enthält nach dem misslungenen Versuch eine Fehlermeldung.

Im folgenden Beispielprogramm wird der Einsatz der Eigenschaften `ContinueUpdateOnError`, `HasErrors` und `RowError` gezeigt. Das Beispiel setzt das Beispielprogramm des vorhergehenden Abschnitts fort und ergänzt nur noch die notwendigen Passagen.

```
// ---------------------------------------------------------------------
// Beispiel: ...\Kapitel 27\HasErrorsSample
// ---------------------------------------------------------------------
static void Main(string[] args) {
  ...
  // Simulation eines Konflikts
  Console.Write("Konflikt simulieren ...");
  Console.ReadLine();
  // Datenbank aktualisieren
  da.ContinueUpdateOnError = true;
  da.Update(ds);
  if (ds.HasErrors) {
    string text = "Folgende Zeilen konnten nicht aktualisiert werden:";
    foreach (DataRow row in ds.Tables[0].Rows)
      if (row.HasErrors) {
        Console.WriteLine(text);
        Console.WriteLine("ID: {0}, Fehler: {1}",
                          row["ProductID"], row.RowError);
      }
  }
  else
    Console.WriteLine("Die Aktualisierung war erfolgreich.");
  Console.ReadLine();
}
```

Nach dem Aufruf von `Update` auf dem `DataAdapter` wird zuerst mit

```
if (ds.HasErrors)
```

das `DataSet` dahingehend untersucht, ob tatsächlich ein Konflikt vorliegt. `HasErrors` ist `false`, wenn die Datenbank die Änderungen angenommen hat. `true` signalisiert hingegen, dass wir alle Datenzeilen in der Tabelle des `DataSets` durchlaufen müssen, um die konfliktverursachenden Zeilen zu finden. Der Code wird fündig, wenn er auf eine Datenzeile mit `HasErrors=true` trifft.

```
foreach (DataRow row in ds.Tables[0].Rows)
  if (row.HasErrors) {
    ...
  }
```

Jetzt können wir reagieren. Im einfachsten Fall lassen wir uns zumindest die ID des betreffenden Übeltäters ausgeben – so wie in diesem Beispiel. Sie können die Information natürlich auch dazu benutzen, dem Benutzer die Möglichkeit zu geben, die Konfliktursache zu beseitigen, denn der Verursacher ist ermittelt.

27.3.2 Konfliktverursachende Datenzeilen bei der Datenbank abfragen

Meist genügt es nicht, nur zu wissen, wer der Konfliktverursacher ist. Es wird darüber hinaus auch eine Lösung angestrebt. Dies bedarf aber einer genaueren Analyse der Umstände, die zu einem Konflikt führen können. Dabei sind vier Situationen zu beachten:

- Ein Anwender versucht, eine Datenzeile mit einem neuen Primärschlüssel hinzuzufügen, der bereits in der Tabelle existiert.
- Ein Anwender versucht, einen Datensatz zu ändern, den ein zweiter Benutzer zuvor geändert hat.
- Es wird versucht, eine Datenzeile zu ändern, die zwischenzeitlich gelöscht worden ist.
- Es wird versucht, eine Datenzeile zu löschen, die bereits gelöscht ist. In der Regel wird man aber diesem Konflikt keine Beachtung schenken müssen.

Wird versucht, einen bereits vorhandenen Primärschlüssel für einen neuen Datensatz ein zweites Mal zu vergeben, scheint die Lösung des Problems noch recht einfach zu sein: Es muss nur ein anderer Primärschlüssel vergeben werden. Aber das könnte eine falsche Entscheidung sein. Können Sie denn sicherstellen, dass nicht zwei Anwender versuchen, den gleichen Datensatz zur Tabelle hinzuzufügen? Falls Sie diese Situation nicht berücksichtigen, liegen im schlimmsten Fall zwei identische Datensätze vor.

Um eine präzise Konfliktlösung der beiden anderen relevanten Konflikte zu ermöglichen, fehlen uns Informationen, die nur in der Datenbank zu finden sind. Was wir brauchen, ist eine neue Originalversion der konfliktverursachenden Datenzeile.

Der `DataAdapter` hilft uns an dieser Stelle weiter. Er löst nämlich für jede zu aktualisierende Datenzeile zwei Ereignisse aus, wenn anstehende Änderungen über die Methode `Update` an die Datenbank übermittelt werden:

- `RowUpdating`
- `RowUpdated`

`RowUpdating` wird ausgelöst, bevor eine Zeile übermittelt wird, `RowUpdated` tritt unmittelbar nach der Übermittlung auf.

Für unsere Lösung interessiert uns natürlich nur das Ereignis `RowUpdated`, dessen zweiter Parameter vom Typ `SqlRowUpdatedEventArgs` uns mit allen Informationen versorgt, die wir zur Konfliktanalyse und zur anschließenden Konfliktlösung benötigen. In Tabelle 27.2 sind die Eigenschaften des `EventsArgs`-Parameters des `RowUpdated`-Ereignisses aufgeführt.

Eigenschaft	Beschreibung
`Command`	Ruft das beim Aufruf von `Update` ausgeführte `SqlCommand` ab.
`Errors`	Ruft alle Fehler ab, die während der Ausführung generiert wurden.

Tabelle 27.2 Eigenschaften des »SqlRowUpdatedEventArgs«-Objekts

Eigenschaft	Beschreibung
`RecordsAffected`	Ruft die Anzahl der durch die Ausführung der SQL-Anweisung geänderten, eingefügten oder gelöschten Zeilen ab.
`Row`	Ruft die durch ein `Update` gesendete `DataRow` ab.
`StatementType`	Ruft den Typ der ausgeführten SQL-Anweisung ab.
`Status`	Ruft einen Wert der Enumeration `UpdateStatus` ab oder legt diesen fest.
`TableMapping`	Ruft das durch ein `Update` gesendete `DataTableMapping` ab.

Tabelle 27.2 Eigenschaften des »SqlRowUpdatedEventArgs«-Objekts (Forts.)

Der Vollständigkeit halber folgt jetzt auch noch die Tabelle mit den Membern der Enumeration `UpdateStatus`, die von der Eigenschaft `Status` des `SqlRowUpdatedEventArgs`-Objekts offengelegt wird.

Member	Beschreibung
`Continue`	Der `DataAdapter` soll mit der Verarbeitung von Zeilen fortfahren.
`ErrorsOccured`	Der Ereignishandler meldet, dass die Aktualisierung als Fehler behandelt werden soll.
`SkipAllRemainingRows`	Die aktuelle Zeile und alle restlichen Zeilen sollen nicht aktualisiert werden.
`SkipCurrentRow`	Die aktuelle Zeile soll nicht aktualisiert werden.

Tabelle 27.3 Member der Enumeration »UpdateStatus«

Wie können wir nun das Ereignis zu unserem Nutzen einsetzen?

Wir müssen zunächst herausfinden, ob das Update einer Datenzeile zu einem Konflikt geführt hat. Hierzu prüfen wir, ob die Eigenschaft `Status` des `SqlRowUpdatedEventArgs`-Objekts den Enumerationswert `UpdateStatus.ErrorsOccured` aufweist.

```
private void da_RowUpdated(object sender, SqlRowUpdatedEventArgs e) {
  if (e.Status == UpdateStatus.ErrorsOccurred) {
    ...
  }
}
```

Um zu einer Konfliktlösung zu kommen, werden die konfliktverursachenden Datenzeilen in ihrer neuen, aktuellen Version aus der Datenbank benötigt. Deshalb wird innerhalb des Ereignishandlers eine erneute Abfrage an die Datenbank geschickt und der Primärschlüssel der konfliktverursachenden Datenzeile als Filter benutzt. Da uns das `EventArgs`-Objekt in seiner Eigenschaft `Row` die Referenz auf die entsprechende Datenzeile mitteilt, stellt das kein Problem dar.

Sinnvollerweise stellt man ein eigenes DataSet-Objekt für alle abgefragten Datenzeilen zur Verfügung (hier: dsConflict), ebenso einen separaten SqlDataAdapter (hier: daConflict). Der Aufruf der Fill-Methode bewirkt, dass entweder genau eine Datenzeile das Ergebnis des Aufrufs bildet oder keine. Die Fill-Methode teilt uns über ihren Rückgabewert die Anzahl der Datensätze mit, die die Ergebnismenge bilden. Der Rückgabewert ist ganz entscheidend, um festzustellen, welche Ursache der Konflikt hat. Sehen wir uns nun zuerst das entsprechende Codefragment zu dem Gesagten an:

```
DataSet dsConflict = new DataSet();
SqlDataAdapter daConflict = new SqlDataAdapter();
...
private void da_RowUpdated(object sender, SqlRowUpdatedEventArgs e) {
  if (e.Status == UpdateStatus.ErrorsOccurred) {
    SqlCommand cmdConflict = new SqlCommand();
    string sql = "SELECT ProductID, ProductName, UnitPrice, UnitsInStock
                  FROM Products WHERE ProductID = " + e.Row["ProductID"];
    cmdConflict = new SqlCommand();
    cmdConflict.Connection = con;
    cmdConflict.CommandText = sql;
    daConflict.SelectCommand = cmdConflict;
    int result = daConflict.Fill(dsConflict);
  }
}
```

Grundsätzlich können beim Aktualisieren einer Datenzeile zwei verschiedene Exceptions auftreten:

- SqlException
- DBConcurrencyException

SqlException beschreibt Ausnahmen, die der SQL Server zurückgibt. Das wäre beispielsweise der Fall, wenn ein Datensatz mit einem Primärschlüssel hinzugefügt wird, der in der Tabelle bereits existiert.

DBConcurrencyException hingegen wird ausgelöst, wenn eine Parallelitätsverletzung vorliegt. Das ist der Fall, wenn die Anzahl der aktualisierten Datenzeilen 0 ist.

Um festzustellen, welche Ausnahme ausgelöst worden ist, brauchen Sie nur den Ausnahmetyp zu untersuchen, der in der Eigenschaft Errors des SqlRowUpdatedEventArgs-Objekts enthalten ist.

```
if (e.Errors.GetType() == typeof(SqlException)) {
  // Anweisung
}
```

```
else if (e.Errors.GetType() == typeof(DBConcurrencyException)) {
  // Anweisungen
}
```

Anschließend kommt es zur Auswertung der Anzahl der Datensätze, die in der Variablen *result* stehen. Es kann sich nur um die Zahl 0 oder 1 handeln, woraus weitere Rückschlüsse gezogen werden können.

Betrachten wir zuerst den Fall, dass `Errors` ein `SqlException`-Objekt enthält:

```
if (e.Errors.GetType() == typeof(SqlException)) {
  if (result == 1)
    Console.WriteLine("Der PS existiert bereits.");
}
```

Ist in diesem Fall der Inhalt von *result* eins, handelt es sich um den Versuch, einen neuen Datensatz mit einem Primärschlüssel hinzuzufügen, wobei der Primärschlüssel in der Originaltabelle bereits vergeben ist. Beschreibt *result* die Zahl 0, liegt ein anderer Datenbankfehler vor.

Handelt es sich um den Ausnahmetyp `DBConcurrencyException`, wurde der Versuch, die Änderung an einer Datenzeile in die Originaltabelle zu schreiben, abgelehnt. Die Parallelitätsverletzung kann zwei Ursachen haben:

- Ein anderer Anwender hat den Datensatz zwischenzeitlich geändert. Der Inhalt der Variablen `result` muss in diesem Fall die Zahl 1 sein. Mit anderen Worten: Der Datensatz existiert noch.
- Wird der Inhalt von `result` mit der Zahl 0 beschrieben, wurde der Datensatz von einem anderen Anwender gelöscht. Der entsprechende Primärschlüssel existiert nicht mehr.

Der `else if`-Zweig muss demnach wie folgt codiert werden:

```
...
else if (e.Errors.GetType() == typeof(DBConcurrencyException)) {
  // ist Anzahl=1 -> anderer Benutzer hat DS geändert
  if (result == 1)
    Console.WriteLine("Ein anderer User hat den Datensatz geändert.");
  else
    Console.WriteLine("Datensatz existiert nicht in der Datenbank.");
}
```

Das folgende Programm zeigt den Code im Zusammenhang. Ausgangspunkt ist wieder das Programm *ManuelleAktualisierung*, das entsprechend ergänzt wird. Neben der Implementierung des Ereignishandlers des `RowUpdated`-Ereignisses wird nach der Aktualisierung auch das `DataSet` mit den konfliktverursachenden Datenzeilen abgefragt und ausgegeben.

```
// ------------------------------------------------------------------
// Beispiel: ...\Kapitel 27\KonfliktAnalyse
// ------------------------------------------------------------------
class Program {
  static DataSet dsConflict = new DataSet();
  static SqlDataAdapter daConflict = new SqlDataAdapter();
  static SqlConnection con = new SqlConnection();
  static void Main(string[] args) {
    ...
    // Datenbank aktualisieren
    da.ContinueUpdateOnError = true;
    da.RowUpdated += new SqlRowUpdatedEventHandler(da_RowUpdated);
    da.Update(ds);
    // Konflikt-DataSet abrufen
    if (dsConflict.Tables.Count > 0) {
      Console.WriteLine("\n{0,-5}{1,-35}{2,-12}{3}",
                 "ID", "ProductName", "UnitPrice", "UnitsInStock");
      Console.WriteLine(new string('-', 65));
      foreach (DataRow item in dsConflict.Tables[0].Rows)
        Console.WriteLine("{0,-5}{1,-35}{2,-12}{3}",
                          item["ProductID"], item["ProductName"],
                          item["UnitPrice"], item["UnitsInStock"]);
    }
    Console.ReadLine();
  }

  static void da_RowUpdated(object sender, SqlRowUpdatedEventArgs e) {
    if (e.Status == UpdateStatus.ErrorsOccurred) {
      SqlCommand cmdConflict = new SqlCommand();
      string sql = "SELECT ProductID, ProductName, UnitPrice, UnitsInStock " +
      "FROM Products WHERE ProductID = " + e.Row["ProductID"];
      cmdConflict = new SqlCommand();
      cmdConflict.Connection = con;
      cmdConflict.CommandText = sql;
      daConflict.SelectCommand = cmdConflict;
      int result = daConflict.Fill(dsConflict);
      if (e.Errors.GetType() == typeof(SqlException)) {
        // prüfen, ob es einen DS mit einem bestimmten PS gibt
        if (result == 1)
          Console.WriteLine("Der PS existiert bereits.");
      }
      else if (e.Errors.GetType() == typeof(DBConcurrencyException)) {
        // ist Anzahl=1 -> anderer Benutzer hat DS geändert
        if (result == 1)
          Console.WriteLine("Ein anderer User hat den Datensatz geändert.");
```

```
          else
            Console.WriteLine("Datensatz existiert nicht in der Datenbank.");
        }
      }
    }
  }
```

27.4 Neue Autoinkrementwerte abrufen

Wenn Sie der Tabelle `Products` eine neue Datenzeile hinzufügen, wird ein Primärschlüsselwert generiert, der automatisch von der Datenbank erzeugt wird. Nicht alle Datenbanken unterstützen dieses Feature, aber der SQL Server gehört dazu. Das Problem bei der Aktualisierung durch Hinzufügen einer neuen Datenzeile ist, dass der `DataRow` im `DataSet` nach der Aktualisierung der von der Datenbank erzeugte Primärschlüssel nicht zur Verfügung steht, während jede andere Aktualisierung dazu führt, dass die `DataRowVersion.Original` den Wert von `DataRowVersion.Current` annimmt.

Wie also erhalten wir nach dem Hinzufügen den neuen, aktuellen Primärschlüssel einer Autoinkrementspalte? Hier hilft uns der SQL Server mit seiner integrierten Funktion `@@IDENTITY`. Sie liefert den letzten erzeugten Autoinkrementwert zurück.

Wir können das Beispiel aus dem letzten Abschnitt nun in der Weise ergänzen, dass wir für unsere beiden hinzuzufügenden Datenzeilen die entsprechenden Werte im Ereignishandler zu `RowUpdated` abfragen und der Spalte `ProduktID` der betreffenden Datenzeile zuordnen.

```
static void da_RowUpdated(object sender, SqlRowUpdatedEventArgs e) {
  // Konfliktanalyse
  if (e.Status == UpdateStatus.ErrorsOccurred) {
    ...
  }
  // Abfrage der neuen Autoinkrementwerte
  else if ((e.Status == UpdateStatus.Continue) &&
           (e.StatementType == StatementType.Insert)) {
    SqlCommand cmdPS = new SqlCommand();
    cmdPS.CommandText = "SELECT @ProductID = @@IDENTITY";
    cmdPS.Connection = con;
    SqlParameter param = cmdPS.Parameters.Add("@ProductID", SqlDbType.Int);
    param.Direction = ParameterDirection.Output;
    cmdPS.ExecuteNonQuery();
    e.Row["ProductID"] = cmdPS.Parameters["@ProductID"].Value;
  }
}
```

Zunächst muss sichergestellt werden, dass nur die erfolgreiche Aktualisierung einer neu hinzugefügten Datenzeile vom folgenden Code behandelt wird. Die Eigenschaften `Status` und `StatementType` des `EventsArgs`-Objekts gestatten uns eine entsprechende Filterung.

Im Anweisungsblock wird zuerst ein `SqlCommand`-Objekt erzeugt. Der `CommandText`-Eigenschaft weisen wir mit

```
SELECT @ProductID = @@IDENTITY
```

den Rückgabewert von `@@IDENTITY` zu. Der Parameter `@ProductID` muss als Ausgabeparameter festgelegt werden. Nach dem Aufruf der Methode `ExecuteNonQuery` können wir dem Parameter den neuen Wert entnehmen und ihn in die Spalte `ProductID` der entsprechenden Datenzeile schreiben. Bevor Sie die Anwendung testen, müssen Sie noch berücksichtigen, dass aufgrund des Aufrufs von `FillSchema` die Spalte `ProductID` schreibgeschützt ist. Sie müssen deshalb mit

```
ds.Tables[0].Columns["ProductID"].ReadOnly = false;
```

vor dem Aufruf der `Update`-Methode des `SqlDataAdapters` den Schreibschutz wieder aufheben.

Hinweis

Das komplette Beispiel finden Sie auf der Buch-DVD unter: ...*\Beispiele\Kapitel27\AutoInkrementSample*

28 Stark typisierte DataSets

In den beiden vorangegangenen Kapiteln haben Sie alles Wesentliche im Zusammenhang mit der Klasse `DataSet` erfahren. Grundsätzlich wird aber zwischen zwei verschiedenen `DataSet`s unterschieden: dem ***untypisierten*** `DataSet` und dem ***typisierten*** `DataSet`. Das untypisierte `DataSet` war der Schwerpunkt aller bisherigen Ausführungen. In diesem Kapitel werde ich Ihnen die typisierten `DataSet`s vorstellen und dabei zeigen, welche Stärken und Schwächen diese Gruppe aufweist. Dabei werden wir auch den Designer von Visual Studio verwenden.

Wenn Sie ein typisiertes `DataSet` erzeugen, werden auch automatisch `TableAdapter` angelegt. Hierbei handelt es sich um typisierte `DataAdapter`, über die Sie eine `DataTable` mit Daten aus der Datenbank füllen und die Aktualisierungen wieder zurückschreiben können.

28.1 Stark typisierte DataSets erzeugen

Lassen Sie uns zunächst einmal ganz allgemein formulieren, was ein typisiertes `DataSet` ist. Ein stark typisiertes `DataSet` ist eine Klassendefinition, die von der Klasse `DataSet` abgeleitet ist. Es enthält Eigenschaften und Methoden, die auf der Struktur der Datenbankabfrage basieren. Darüber hinaus sind in einem typisierten `DataSet` Klassen für die `DataTable`- und `DataRow`-Objekte definiert.

Es bieten sich zwei Wege an, um ein stark typisiertes DataSet zu erzeugen:

- Sie benutzen den Designer von Visual Studio.
- Sie verwenden das Befehlszeilendienstprogramm *XSD.exe*.

Der einfachere Weg ist natürlich der über den Designer, den ich Ihnen auch als ersten vorstellen möchte.

28.1.1 Typisierte DataSets mit dem Visual Studio Designer erstellen

An einem Beispiel möchte ich Ihnen zeigen, wie Sie auf einfache Weise ein typisiertes `DataSet` erzeugen. Das typisierte `DataSet` soll die beiden Tabellen `Products` und `Categories` beschreiben. Aus der Tabelle `Products` interessieren uns dabei die Spalten `ProductID`, `CategoryID`, `ProductName` und `UnitPrice`, aus `Categories` die Spalten `CategoryID` und `CategoryName`.

Nachdem Sie ein neues Projekt angelegt haben, fügen Sie über den *Projektmappen-Explorer* ein neues Element hinzu. Markieren Sie dazu den Knoten des Projekts im Projektmappen-Explorer, öffnen Sie dessen Kontextmenü, und wählen Sie NEUES ELEMENT HINZUFÜGEN. Im sich öffnenden Dialogfenster wählen Sie die Vorlage DATASET aus und geben dem Element einen passenden Namen. Ich habe mich hier für *NWDataSet.xsd* entschieden (siehe Abbildung 28.1).

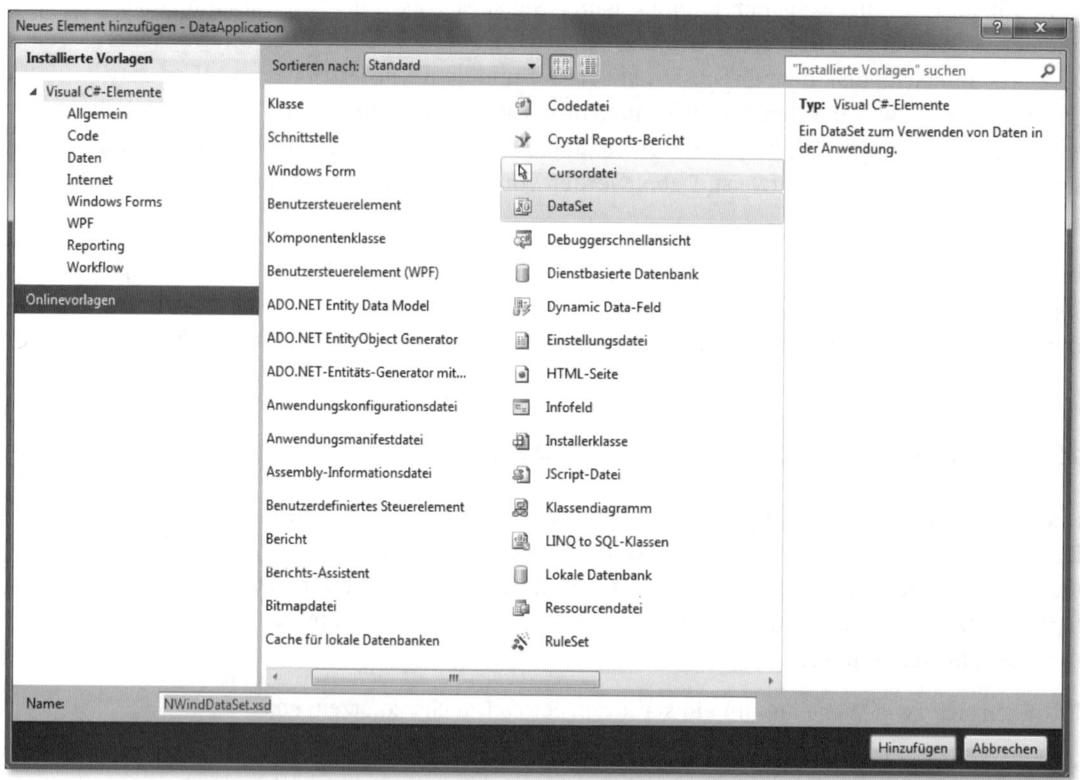

Abbildung 28.1 So fügen Sie dem Projekt ein typisiertes »DataSet« hinzu.

Im Designer wird nun ein leeres Fenster angezeigt, dem die gewünschten Tabellen hinzugefügt werden müssen. Dazu setzen wir den Server-Explorer ein, dem wir die benötigte Datenbankverbindung zuvor noch hinzufügen müssen. Sollten Sie das Fenster des Server-Explorers nicht sehen, können Sie es über das Menü ANSICHT öffnen.

Ganz oben im Server-Explorer sehen Sie den Knoten DATENVERBINDUNGEN. Markieren Sie diesen Knoten, und wählen Sie in dessen Kontextmenü den Eintrag VERBINDUNG HINZUFÜGEN. Es wird daraufhin der gleichnamige Dialog angezeigt. Achten Sie darauf, dass im Feld DATENQUELLE »Microsoft SQL Server (SqlClient)« eingetragen ist. Wenn nicht, können Sie über die Schaltfläche ÄNDERN die Datenquelle wechseln.

Geben Sie nun den Servernamen an. Sollte sich der Datenbankserver auf der lokalen Maschine befinden, reicht die Angabe eines Punktes (.). Gleichwertig können Sie auch »(local)« eintragen, einschließlich der runden Klammern. Vielleicht haben Sie auch die *Northwind*-Datenbank in einer benannten Instanz von SQL Server installiert, beispielsweise *SQL Express*. Geben Sie dann den Instanzbezeichner von SQL Server, getrennt durch ein \-Zeichen, hinter dem Rechnernamen an, z. B. so:

```
(local)\SQLExpress
```

Als Authentifizierungsinformationen wird per Vorgabe die Windows-Anmeldung vorselektiert. Wollen Sie die SQL Server-Anmeldung verwenden, müssen Sie auch Benutzername und Kennwort eintragen. Diese Option führt natürlich auch nur dann zum Erfolg, wenn der SQL Server die SQL Server-Authentifizierung unterstützt. Wählen Sie zum Schluss noch die gewünschte Datenbank aus, und testen Sie die Verbindung über die Schaltfläche TESTVERBINDUNG. Danach können Sie die Einstellungen mit OK bestätigen.

Wenn Sie alles richtig gemacht haben, wird die Datenbankverbindung nun im Server-Explorer angezeigt. Erweitern Sie deren Knoten, werden alle Elemente der *Northwind*-Datenbank angezeigt (TABELLEN, ANSICHTEN, TYPEN usw.).

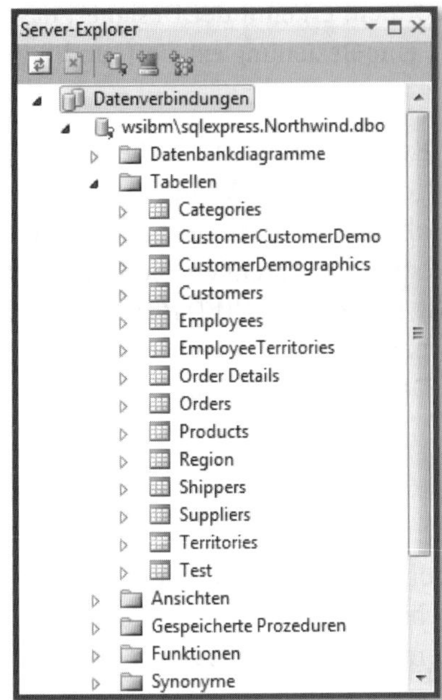

Abbildung 28.2 Der Server-Explorer

Aus dem Server-Explorer heraus können Sie eine markierte Tabelle in den Designer des typisierten `DataSet` ziehen. Dann wären alle Spalten der Tabelle Elemente des typisierten

DataSet. Da wir uns vorgenommen haben, nur bestimmte Spalten hinzuzufügen, öffnen wir den Knoten der entsprechenden Tabelle und markieren nur die gewünschten Spalten. Halten Sie dabei die [Strg]-Taste gedrückt. Ziehen Sie nun die markierten Spalten in den Designer. Haben Sie die ausgewählten Spalten der ersten Tabelle (z. B. Products) in den Designer gezogen, markieren Sie die erforderlichen Spalten der Tabelle Categories im Server-Explorer und ziehen diese ebenfalls in den Designer. Das Resultat sollte dann so aussehen wie in Abbildung 28.3.

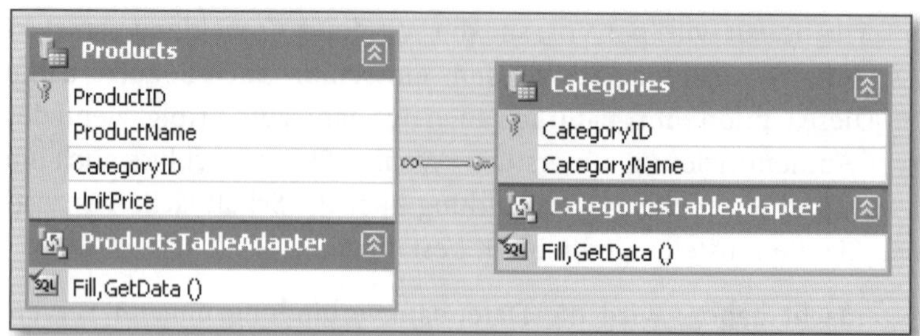

Abbildung 28.3 Typisiertes DataSet im Designer

Das war bereits alles. Wie Sie in der Abbildung sehen können, erkennt der Designer, dass zwischen den beiden Tabellen Categories und Products eine Beziehung existiert, und fügt diese auch automatisch hinzu.

Sie sollten jetzt noch einen Blick in den Projektmappen-Explorer wagen. Die Schema-Datei für das typisierte DataSet ist hier als *NWDataSet.xsd* eingetragen. Wenn Sie sich alle Dateien im Projektmappen-Explorer anzeigen lassen (klicken Sie dazu auf die entsprechende Symbolleistenschaltfläche im Projektmappen-Explorer), erkennen Sie, dass der XSD-Datei drei Dateien untergeordnet sind: *NWDataSet.Designer.cs*, *NWDataSet.xsc* und *NWDataSet.xss*. Die beiden Letzteren interessieren uns nicht, denn hierbei handelt es sich nur um Dateien, die den Designer unterstützen. Die *.cs*-Datei werden wir aber gleich noch genauer unter die Lupe nehmen.

28.1.2 Das Kommandozeilentool »XSD.exe«

Aufwendiger ist der Weg über das Kommandozeilentool *xsd.exe*. Obwohl Sie vermutlich nur in seltenen Fällen darauf zurückgreifen werden, möchte ich an dieser Stelle kurz darauf eingehen. Intern wird es natürlich auch vom Designer benutzt, den Sie im letzten Abschnitt kennengelernt haben.

Um ein typisiertes DataSet mit dem Tool zu erzeugen, müssen wir zuerst ein nicht typisiertes DataSet bereitstellen, in dem alle Schema-Informationen enthalten sind. Damit auch die DataRelation zwischen den Tabellen Products und Categories richtig erkannt wird, müssen wir die Beziehung mittels Code beschreiben. Alle anderen Metadaten besorgen wir uns über die Methode FillSchema. Zum Schluss rufen wir die Methode WriteXmlSchema des DataSet auf und schreiben die Schema-Informationen in eine XSD-Datei.

```
SqlConnection con = new SqlConnection();
con.ConnectionString = "...";
SqlCommand cmd = new SqlCommand();
cmd.Connection = con;
cmd.CommandText = "SELECT ... FROM Products; " +
                  "SELECT ... FROM Categories";
DataSet ds = new DataSet();
SqlDataAdapter da = new SqlDataAdapter(cmd);
da.FillSchema(ds, SchemaType.Source);
DataColumn colDetail = ds.Tables[0].Columns["CategoryID"];
DataColumn colMaster = ds.Tables[1].Columns["CategoryID"];
DataRelation rel = new DataRelation("KategorieProdukte",
                                    colMaster, colDetail);
ds.Relations.Add(rel);
ds.WriteXmlSchema(@"D:\DataSetSchema.xsd");
```

Nun wollen wir das Tool *xsd.exe* dazu benutzen, um aus der Schema-Datei eine Datei zu generieren, die das typisierte DataSet enthält. Es wird sich dabei um eine Datei mit der Dateierweiterung *.cs* handeln.

Rufen Sie das Tool an der Kommandozeile auf, und übergeben Sie ihm im ersten Parameter die zuvor erzeugte Schema-Datei. Dem zweiten Parameter übergeben Sie /dataset, also:

```
xsd.exe DataSetSchema.xsd /dataset
```

Damit ist eine Klassendatei für das typisierte DataSet erzeugt worden, die Sie nun in andere Projekte einfügen und nutzen können.

28.2 Anatomie eines typisierten DataSet

Werfen wir einen Blick in die Klassendatei des typisierten DataSet. Öffnen Sie dazu die Datei *NWDataSet.Designer.cs* im Editor.

Die Datei enthält mehrere Klassendefinitionen:

```
public partial class NWDataSet : DataSet
public partial class ProductsTableAdapter : Component
public partial class CategoriesTableAdapter : Component
```

Die Klassendefinition, die in direktem Zusammenhang mit dem typisierten DataSet steht, ist die Klasse NWDataSet. Diese Klasse ist von DataSet abgeleitet. Des Weiteren enthält die Datei für jede der beiden Tabellen eine TableAdapter-Klassendefinition: ProductsTable-

Adapter und CategoriesTableAdapter. Die Letztgenannten sind direkt von System.ComponentModel.Component abgeleitet. Darauf werde ich später noch eingehen.

Die Klasse NWDataSet ist prall mit automatisch generiertem Code gefüllt. Sie enthält unter anderem auch die beiden Klassen CategoriesDataTable und ProductsDataTable. Beide sind von DataTable abgeleitet. Um die Datenzeilen der beiden Tabellen zugänglich zu machen, sind im typisierten DataSet auch noch die beiden Klassen CategoriesRow und ProductsRow spezifiziert, die die gemeinsame Basisklasse DataRow haben.

28.2.1 Datenzeilen einer Tabelle ausgeben

Damit Sie sehen, wie mit einem typisierten DataSet gearbeitet wird, möchte ich Ihnen zunächst ein ganz einfaches Beispiel vorstellen. Es basiert auf dem eben erzeugten typisierten DataSet, das mit NWDataSet bezeichnet worden ist. Dieses DataSet bildet die Grundlage, um uns alle Produktnamen an der Konsole auszugeben. Hier ist zuerst der dazu notwendige Code:

```
// ---------------------------------------------------------
// Beispiel: ...\Kapitel 28\TypisiertesDataSet
// ---------------------------------------------------------
using System;
using System.Collections.Generic;
using System.Text;
using TypisiertesDataSet.NWDataSetTableAdapters;
namespace TypisiertesDataSet {
  class Program {
    static void Main(string[] args) {
      NWDataSet ds = new NWDataSet();
      ProductsTableAdapter tblAd = new ProductsTableAdapter();
      tblAd.Fill(ds.Products);
      foreach(NWDataSet.ProductsRow row in ds.Products) {
        Console.WriteLine("{0}", row.ProductName);
      }
      Console.ReadLine();
    }
  }
}
```

Wir benötigen weder ein SqlConnection-Objekt noch ein SqlCommand-Objekt. Alle Informationen, die wir bisher diesen Objekten mitgeteilt haben, stecken nun im typisierten DataSet. Wie Sie weiter oben gesehen haben, lautet dessen Klassenbezeichner NWDataSet. Diese Klasse wird als Erstes instanziiert.

In der Datei *NWDataSet.Designer.cs* ist nicht nur NWDataSet definiert, sondern darüber hinaus auch die beiden Klassen ProductsTableAdapter und CategoriesTableAdapter. Ein

`TableAdapter` ist ein Objekt, das zum Laden und Speichern einer Tabelle im typisierten `DataSet` dient und zusammen mit der Klasse des typisierten `DataSet` automatisch erzeugt wird.

Schauen Sie sich noch einmal den Code in der Datei *NWDataSet.Designer.cs* an. Sie werden feststellen, dass die beiden `TableAdapter`-Klassen dem Namespace `TypisiertesDataSet.NWDataSetTableAdapters` angehören, einem dem Stamm-Namespace untergeordneten Namespace also. Aus diesem Grund ist der Namespace der Klasse `TableAdapter` mit `using` bekannt gegeben worden.

Ähnlich wie ein `DataAdapter` muss auch ein `TableAdapter` instanziiert werden. Gefüllt wird das `DataSet` durch den Aufruf von `Fill` des `TableAdapters`. Allerdings ist diese Methode typisiert, ihr muss also ein ganz bestimmter Datentyp übergeben werden. Wenn Sie sich die Definition der Methode `Fill` in der Klasse `ProductsTableAdapter` ansehen, wissen Sie, welche Tabelle mit Daten gefüllt werden kann:

```
public virtual int Fill(NWDataSet.ProductsDataTable dataTable)
```

Die `Fill`-Methode, die auf der Referenz eines `ProductsTableAdapters` aufgerufen wird, kann demnach nur ein Objekt vom Typ `NWDataSet.ProductsDataTable` füllen. (Beachten Sie, dass die Klasse `ProductsDataTable` eine innere Klasse der Klasse `NWDataSet` ist. Öffentliche innere Klassen können instanziiert werden, allerdings beinhaltet der Klassenbezeichner immer die Nennung der äußeren Klasse. Sie wird, durch einen Punkt getrennt, vor den Namen der inneren Klasse gesetzt.

Doch was ist nun als Argument der Methode `Fill` zu übergeben? Die Antwort liefert wieder ein Blick in die Klasse `NWDataSet`. Das folgende Codefragment zeigt den in diesem Zusammenhang wichtigen Ausschnitt:

```
public partial class NWDataSet : DataSet {
  private ProductsDataTable tableProducts;
  private CategoriesDataTable tableCategories;
  private void InitClass() {
    ...
    this.tableProducts = new ProductsDataTable();
    ...
    this.tableCategories = new CategoriesDataTable();
  }

  public ProductsDataTable Products {
    get {
      return this.tableProducts;
    }
}
```

Auf Klassenebene sind die beiden Variablen `tableProducts` und `tableCategories` deklariert. In der Methode `InitClass`, die intern bei der Instanziierung des typisierten `DataSet` aufgerufen wird, erfolgt die Initialisierung der beiden Variablen. Genau genommen beherbergt das typisierte `DataSet` also die beiden Tabellen `Products` und `Categories`. Die Referenz auf die beiden Tabellen wird über schreibgeschützte Eigenschaftsmethoden offengelegt, von denen im Codefragment nur die Eigenschaftsmethode der `Products`-Tabelle angegeben ist. Daher muss das typisierte DataSet `NWDataSet` mit

```
tblAd.Fill(ds.Products);
```

gefüllt werden.

Es gilt nun, die Datenzeilen der `Products`-Tabelle zu durchlaufen. In der Klasse `NWDataSet` sind dazu die beiden inneren Klassen `ProductsRow` und `CategoriesRow` definiert. Sie ersetzen im typisierten `DataSet` die generische Klasse `DataRow`. Doch wie kommt man an ein Array oder eine Auflistung aller Datenzeilen einer Tabelle?

Jetzt wird das Klassenkonzept interessant. Das `ProductsDataTable`-Objekt repräsentiert nämlich genau genommen nicht nur die Tabelle `Products`, sondern gleichzeitig auch alle darin enthaltenen Datenzeilen. Sie sehen das bestätigt, wenn Sie sich die Klassendefinition von `ProductsDataTable` ansehen. Hier finden Sie die Überladung des `this`-Operators, der als Parameter einen Integer erwartet, der als Index einer bestimmten Datenzeile interpretiert wird.

```
public ProductsRow this[int index] {
  get {
    return ((ProductsRow)(this.Rows[index]));
  }
}
```

Mit dieser Erkenntnis kann nun auch die `foreach`-Schleife konstruiert werden:

```
foreach(NWDataSet.ProductsRow row in ds.Products)
  ...
```

Sie haben nun gesehen, wie Sie sich mit einem typisierten `DataSet` die Datenzeilen einer der beiden Tabellen ausgeben lassen können. Wahrscheinlich bleibt bei Ihnen ein flaues Gefühl im Magen zurück. Um dasselbe Resultat zu erzielen, hätten Sie vermutlich effektiver mit den generischen Klassen von ADO.NET gearbeitet. Ganz unrecht kann ich Ihnen nicht geben. Auch mir ging es am Anfang nicht anders, als ich mich zum ersten Mal mit den typisierten `DataSets` auseinandergesetzt habe. Aber wir sind mit der Thematik auch noch nicht am Ende angelangt, denn mit einem typisierten `DataSet` werden noch viele andere Dinge möglich – und vielleicht sogar einfacher.

Zugegeben, ein wenig abschreckend und auch unübersichtlich sind die automatisch vom Designer erzeugten Klassendefinitionen schon. Um Ihnen ein wenig die Hemmung davor zu nehmen, bin ich in diesem Abschnitt etwas intensiver auf deren Code eingegangen – zumindest im Zusammenhang mit der selbst auferlegten Aufgabenstellung. Wenn Sie mit typisierten DataSets arbeiten, werden Sie nicht umhinkommen, den Code eventuell an die eigenen Anforderungen und Bedürfnisse anzupassen. Werfen Sie daher ruhig auch einen Blick in die Klassendefinitionen, wenn ich Ihnen in den folgenden Abschnitten weitere Möglichkeiten des Einsatzes der typisierten DataSets vorstellen werde.

28.2.2 Datenzeilen hinzufügen

Um eine Datenzeile zu einer typisierten Tabelle hinzuzufügen, wird in der typisierten Tabelle eine Methode mit der folgenden Namenskonvention bereitgestellt:

```
New<Tabellenname>Row
```

Diese Methode ersetzt die Methode NewRow in einem untypisierten DataSet. Ferner finden wir auch eine Methode, um die neue Datenzeile zur Auflistung der Datenzeilen hinzuzufügen:

```
Add<Tabellenname>Row
```

Es stellt sich nun nur noch die Frage, wie man die Werte in die neue Datenzeile eintragen kann. Das ist sehr einfach, weil die Spaltenbezeichner der zugrunde liegenden Abfrage als gleichnamige Eigenschaften der typisierten DataRows abgebildet werden. Im folgenden Codefragment wird das deutlich:

```
NWDataSet ds = new NWDataSet();
ProductsTableAdapter tblAd = new ProductsTableAdapter();
// Tabelle füllen
tblAd.Fill(ds.Products);
// neue Datenzeile
NWDataSet.ProductsRow row = ds.Products.NewProductsRow();
row.ProductName = "Gewürzgurke";
row.CategoryID = 2;
row.UnitPrice = 100;
ds.Products.AddProductsRow(row);
```

Sie werden mir zustimmen, dass dieser Code recht intuitiv aussieht und einfach zu lesen ist. Sie werden auch feststellen, dass Sie bei der Codierung durch die IntelliSense-Hilfe eine hervorragende Unterstützung erfahren. Zumindest haben Sie gut lesbaren Programmcode, ohne dass Sie explizit die Spaltenbezeichner angeben müssen (falls Sie keine Indizes verwenden).

Wie die Add-Methode der DataRowCollection ist auch die Methode Add<Tabellenname>Row der typisierten DataTable überladen. Rufen Sie diese Überladung auf, wird intern automatisch eine temporäre Datenzeile mit allen Spalten angelegt, und die Spalten werden mit den Daten aus der Argumentenliste gefüllt. Anschließend wird die neue Datenzeile an die Auflistung der Datenzeilen angehängt.

```
ds.Products.AddProductsRow("Gewürzgurke",1, 100);
```

28.2.3 Datenzeilen bearbeiten

Das Ändern von Datenzeilen ähnelt dem Vorgehen in einem nicht typisierten DataSet. Es stehen Ihnen auch in einem typisierten DataSet die Methoden BeginEdit, EndEdit und CancelEdit zur Verfügung.

```
// zu ändernde Datenzeile referenzieren
NWDataSet.ProductsRow row = ds.Products[0];
// gewünschte Spalte ändern
row.BeginEdit();
row.ProductName = "Hartkäse";
row.EndEdit();
```

Alternativ dürfen Sie auch ohne vorherigen Aufruf von BeginEdit sofort den Wert in die betreffende Spalte schreiben. Die Möglichkeit, die Änderung zurückzunehmen, haben Sie dann allerdings nicht.

28.2.4 Datenzeilen suchen

Eine Datenzeile in einer typisierten DataTable anhand ihres Primärschlüssels zu finden ist eine ganz simple Angelegenheit. Jede typisierte Tabelle veröffentlicht dazu eine typisierte Find-Methode. In der typisierten Products-Tabelle lautet sie FindByProductID, in der typisierten Categories-Tabelle FindByCategoryID.

```
NWDataSet.ProductsRow row = ds.Products.FindByProductID(5);
```

Handelt es sich um einen kombinierten Primärschlüssel aus mehreren Spalten, wie beispielsweise in der Tabelle Order Details, werden in den Bezeichner der Find-Methode die Namen der Spalten übernommen, die den Primärschlüssel bilden. In dieser Reihenfolge geben Sie auch die Werte für die Spalten in der Argumentenliste an.

28.2.5 NULL-Werte im typisierten DataSet

Jede typisierte DataRow, die NULL-Werte enthalten kann, bietet zwei Methoden an, um mit den NULL-Werten zu arbeiten. Die erste Methode dient dazu, Werte einer Spalte auf NULL zu setzen, die zweite Methode dient dazu, den Wert einer Spalte auf NULL zu untersuchen.

In der Tabelle Products ist die Spalte UnitPrice eine der Spalten, die NULL-Werte erlaubt. Die beiden Methoden, die im Zusammenhang mit den NULL-Werten stehen, heißen SetUnitPriceNull und IsUnitPriceNull.

```
NWDataSet ds = new NWDataSet();
ProductsTableAdapter tblAd = new ProductsTableAdapter();
// Tabelle füllen
tblAd.Fill(ds.Products);
// neue Datenzeile hinzufügen
NWDataSet.ProductsRow newRow = ds.Products.NewProductsRow();
newRow.ProductName = "Gewürzgurke";
newRow.CategoryID = 2;
// Wert der Spalte 'UnitPrice' auf NULL setzen
newRow.SetUnitPriceNull();
ds.Products.AddProductsRow(newRow);
// Datenzeilenliste ausgeben
foreach(NWDataSet.ProductsRow row in ds.Products) {
  Console.Write("{0,-4}", row.ProductID);
  Console.Write("{0,-35}", row.ProductName);
  if (!row.IsUnitPriceNull())
    Console.WriteLine("{0}", row.UnitPrice);
  else
    Console.WriteLine("NULL");
}
```

28.2.6 Daten in einem hierarchischen DataSet

In einem nicht typisierten DataSet können Sie mit den Methoden GetChildRows, GetParentRow und GetParentRows durch ein hierarchisches DataSet navigieren. Dabei müssen Sie nicht nur die DataRelation angeben, über die die Daten abgefragt werden, sondern darüber hinaus auch die beiden verknüpften Spalten aufseiten der Master- und Detailtabelle.

Beim Erzeugen eines typisierten DataSet wird automatisch die Beziehung zwischen zwei oder auch mehr Tabellen erkannt. Sie konnten das im Designer erkennen. Es wird daher ein wenig einfacher, durch das typisierte DataSet zu navigieren. Dazu stellt die Klasse CategoriesRow die Methode GetProductsRows bereit, die ohne Übergabe eines Arguments aufgerufen werden kann und alle verknüpften Datenzeilen der Detailtabelle liefert.

Um von einer Detailtabelle auf eine verknüpfte Datenzeile in der Mastertabelle zuzugreifen, weicht der Methodenbezeichner leider die eingeschlagene Konvention auf und verzichtet auf das Präfix Get. Hier heißt die Methode schlichtweg CategoriesRow.

```
NWDataSet ds = new NWDataSet();
ProductsTableAdapter adProducts = new ProductsTableAdapter();
CategoriesTableAdapter adCategories = new CategoriesTableAdapter();
```

```
// Tabelle füllen
adProducts.Fill(ds.Products);
adCategories.Fill(ds.Categories);
// Datenzeilen der Tabelle 'Categories' durchlaufen
foreach (NWDataSet.CategoriesRow rowCat in ds.Categories) {
  Console.WriteLine("Kategorie: {0}\n", rowCat.CategoryName);
  // Datenzeilen der Tabelle 'Products' durchlaufen
  foreach (NWDataSet.ProductsRow rowProduct in rowCat.GetProductsRows())
  {
    Console.WriteLine("  {0}", rowProduct.ProductName);
  }
  Console.WriteLine(new string('-',40));
}
```

28.3 Typisierte DataSets manuell im Designer erzeugen

Ganz am Anfang haben Sie gesehen, dass es ganz einfach ist, unter Zuhilfenahme des Designers ein typisiertes `DataSet` zu erzeugen. Manchmal kommen Sie aber auch in die Situation, am typisierten `DataSet` Änderungen vornehmen zu müssen. Vielleicht wollen Sie sogar das komplette typisierte `DataSet` manuell anlegen.

28.3.1 DataTable manuell erzeugen

Um eine `DataTable` bereitzustellen, aktivieren Sie die Toolbox und ziehen das Element `DataTable` mittels Drag & Drop in den Designer des typisierten `DataSet`. Alternativ bietet sich dazu auch das Kontextmenü des Designers an. Wählen Sie hier den Befehl HINZUFÜGEN, hinter dem sich auch das Angebot einer `DataTable` verbirgt. Die dritte Alternative ist im Menü ANSICHT • HINZUFÜGEN zu finden.

Per Vorgabe heißt die neue Tabelle `DataTable1`. Sie können sie aber umbenennen. Markieren Sie dazu das Element in der Designeransicht. Im Eigenschaftsfenster können Sie danach den Namen festlegen.

28.3.2 Der DataTable Spalten hinzufügen

Die neue Tabelle hat noch keine Spalten. Diese werden im nächsten Schritt festgelegt. Markieren Sie dazu die `DataTable` im Designer, und öffnen Sie deren Kontextmenü. Wählen Sie hier HINZUFÜGEN. Im sich öffnenden Untermenü wird Ihnen daraufhin SPALTE angeboten. Auch zu dieser Vorgehensweise gibt es über das Menü DATEN eine alternative Möglichkeit.

Spalten zeichnen sich durch viele Eigenschaften aus. Ist eine Spalte im Designer markiert, können Sie im Eigenschaftsfenster deren Eigenschaften spezifisch einstellen (siehe Abbildung 28.4). Was Sie im Eigenschaftsfenster nicht finden, ist die Angabe, ob die Spalte eine Primärschlüsselspalte ist. Wie Sie sich erinnern, ist das auch eine Eigenschaft der `DataTable`, da mehrere Spalten auch den kombinierten Primärschlüssel einer Tabelle bilden können. Um eine oder auch mehrere Spalten zu Primärschlüsselspalten zu erklären, markieren Sie die in Frage kommenden Spalten im Designer, öffnen danach das Kontextmenü und wählen den Unterpunkt PRIMÄRSCHLÜSSEL FESTLEGEN. Auch über das Menü DATEN können Sie den Primärschlüssel festlegen.

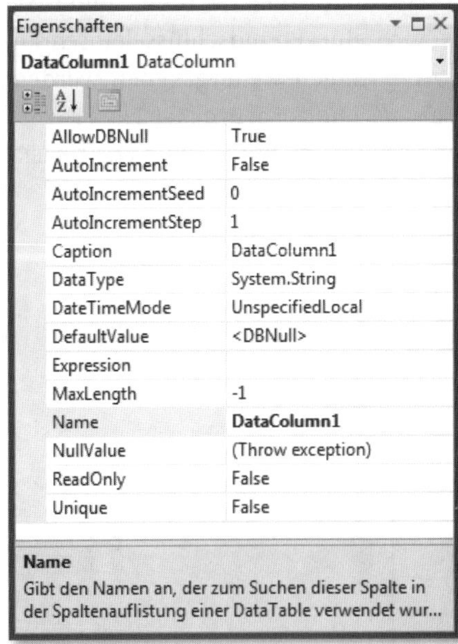

Abbildung 28.4 Die Eigenschaften einer DataColumn im Eigenschaftsfenster

28.3.3 Beziehungen zwischen den Tabellen erstellen

Haben Sie dem typisierten `DataSet` mehrere Tabellen hinzugefügt, möchten Sie vielleicht auch die Beziehung zwischen den Tabellen definieren. Klicken Sie mit der Maustaste auf ein beliebiges Element im Designer, öffnen Sie wieder das Kontextmenü, und wählen Sie HINZUFÜGEN und BEZIEHUNG. Daraufhin öffnet sich ein Dialogfenster (siehe Abbildung 28.5), in dem Sie alle Einstellungen der neuen `DataRelation` vornehmen können.

Im oberen Teil des Fensters legen Sie den Namen der `DataRelation` fest. In den darunter angeordneten Dropdown-Listen wählen Sie die ÜBERGEORDNETE TABELLE (Mastertabelle) und die UNTERGEORDNETE TABELLE (Detailtabelle) aus. Die SCHLÜSSELSPALTEN der über- und untergeordneten Tabelle werden im Listenfeld meist korrekt angepasst, können aber auch auf andere Spalten eingestellt werden.

In der unteren Hälfte des Dialogs definieren Sie die Eigenschaften der Beziehung. Der Dialog ist per Vorgabe so eingestellt, dass zwar die Beziehung erzeugt wird, nicht jedoch ein `ForeignKeyConstraint`-Objekt. Vielleicht erinnern Sie sich an die Aussagen in Kapitel 26, »ADO.NET – Daten im lokalen Speicher«: Ein `ForeignKeyConstraint`-Objekt hat die Aufgabe, zu steuern, wie Änderungen zwischen der Master- und der Detailtabelle im `DataSet` weitergegeben werden. Dient das typisierte `DataSet` nur dazu, Dateninformationen anzuzeigen, können Sie die Vorgabe des Dialogs beibehalten.

Wenn Sie jedoch davon ausgehen, dass Daten im `DataSet` modifiziert werden, sollten Sie die Option wählen, die sowohl eine Beziehungs- als auch eine Fremdschlüsseleinschränkung erzeugt. Sie können dann auch festlegen, wie Änderungen weitergegeben werden. Mit REGEL AKTUALISIEREN legen Sie die Eigenschaft `UpdateRule` des `ForeignKeyConstraints` fest, mit REGEL LÖSCHEN die Eigenschaft `DeleteRule` und schließlich mit REGEL AKZEPTIEREN/ABLEHNEN die Eigenschaft `AcceptRejectRule`.

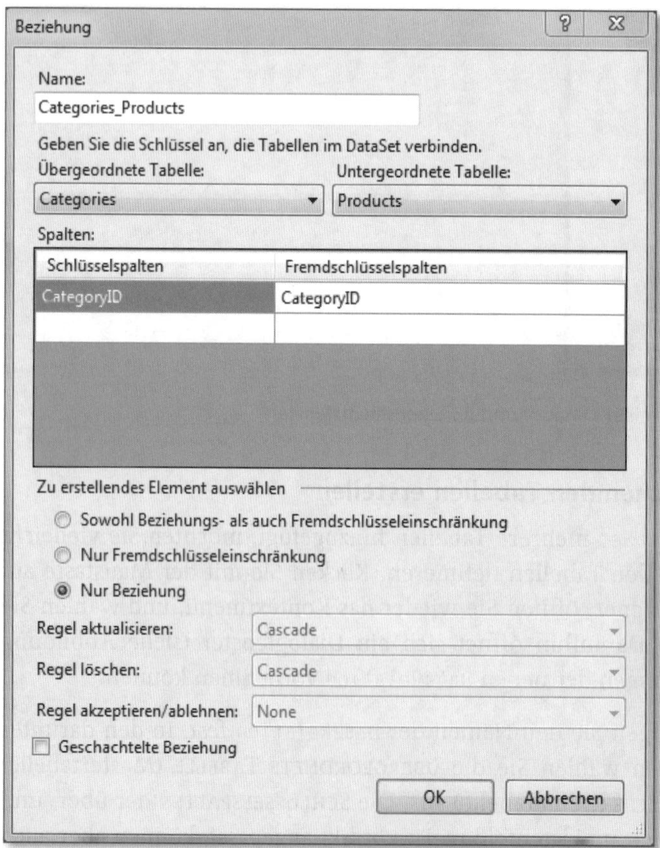

Abbildung 28.5 Dialogfenster zum Festlegen der Eigenschaften einer »DataRelation«

28.3.4 Weitergehende Betrachtungen

Da Ihnen der Quellcode des typisierten `DataSet` zur Verfügung steht, spricht nichts dagegen, daran auch Anpassungen vorzunehmen, ganz so, wie es Ihren Erfordernissen entspricht. Ebenso ist es möglich, weitere Features hinzuzufügen, beispielsweise Eigenschaften und Methoden.

28.4 Der TableAdapter

`TableAdapter`-Objekte habe ich in den Beispielen der letzten Seite schon verwendet, ohne dass ich näher darauf eingegangen bin. Nun wird es Zeit, das nachzuholen.

Der `TableAdapter` ist eine Klasse, die Sie vergeblich in der Dokumentation suchen werden. Er wird nur vom Designer des Visual Studios erzeugt und nimmt eine besondere Stellung im Zusammenhang mit dem typisierten `DataSet` ein. Seine besondere Stellung können Sie auch schon daran erkennen, dass der `TableAdapter` trotz ähnlicher operativer Fähigkeiten nicht von der Klasse `DbDataAdapter` abgeleitet ist, wie beispielsweise alle `DataAdapter`. Stattdessen ist seine Basisklasse `System.ComponentModel.Component`.

Ziehen Sie zum Beispiel die Spalten `ProductID`, `ProductName` und `UnitPrice` der Tabelle `Products` in den Designer, was dem SQL-Statement

```
SELECT ProductID, ProductName, UnitPrice FROM Products
```

entspricht, enthält der `TableAdapter` ein `SqlDataAdapter`-Objekt, das entsprechend dem SQL-Statement konfiguriert ist. Mit einem `TableAdapter` können Sie somit eine `DataTable` in einem typisierten `DataSet` füllen oder die in einer `DataTable` anstehenden Änderungen zur Datenbank übermitteln.

28.4.1 TableAdapter mit Visual Studio erzeugen

Wenn Sie ein neues typisiertes `DataSet` generieren, indem Sie aus dem Server-Explorer Tabellen oder Spalten per Drag & Drop in den Designer ziehen, wird in der zugrunde liegenden Quellcodedatei neben der Klasse des typisierten `DataSet` auch eine `TableAdapter`-Klasse erzeugt – und zwar für jede Tabelle des typisierten `DataSet` genau ein `TableAdapter`. Dieses Verfahren habe ich Ihnen am Anfang des Kapitels bereits gezeigt.

Ein `TableAdapter` lässt sich aber auch über Visual Studio 2010 erzeugen. Legen Sie dazu zuerst ein leeres typisiertes `DataSet` an. Wie Sie sich vielleicht erinnern, markieren Sie dazu das Projekt im Projektmappen-Explorer und wählen NEUES ELEMENT HINZUFÜGEN. Im Vorlagendialog suchen Sie die Vorlage DATASET. Einen `TableAdapter` können Sie nun über das Menü DATEN, das Kontextmenü des Designers oder durch Ziehen des Elements `TableAdapter` in den Designer bereitstellen. Danach öffnet sich ein Assistent, der Sie durch alle Konfigurationsschritte führt. Abbildung 28.6 zeigt dessen erste Seite. Hier wählen Sie entweder eine im Server-Explorer verfügbare Verbindung aus oder richten über die Schaltfläche NEUE VERBINDUNG eine neue ein.

Nachdem Sie die Verbindung eingerichtet haben, verlangt der Assistent im nächsten Schritt die Angabe des Befehlstyps (siehe Abbildung 28.7). Sie können hier eine SQL-Anweisung angeben, eine neue gespeicherte Prozedur erstellen oder eine schon vorhandene gespeicherte Prozedur auswählen, um Daten abzurufen, zu aktualisieren, zu löschen oder hinzuzufügen.

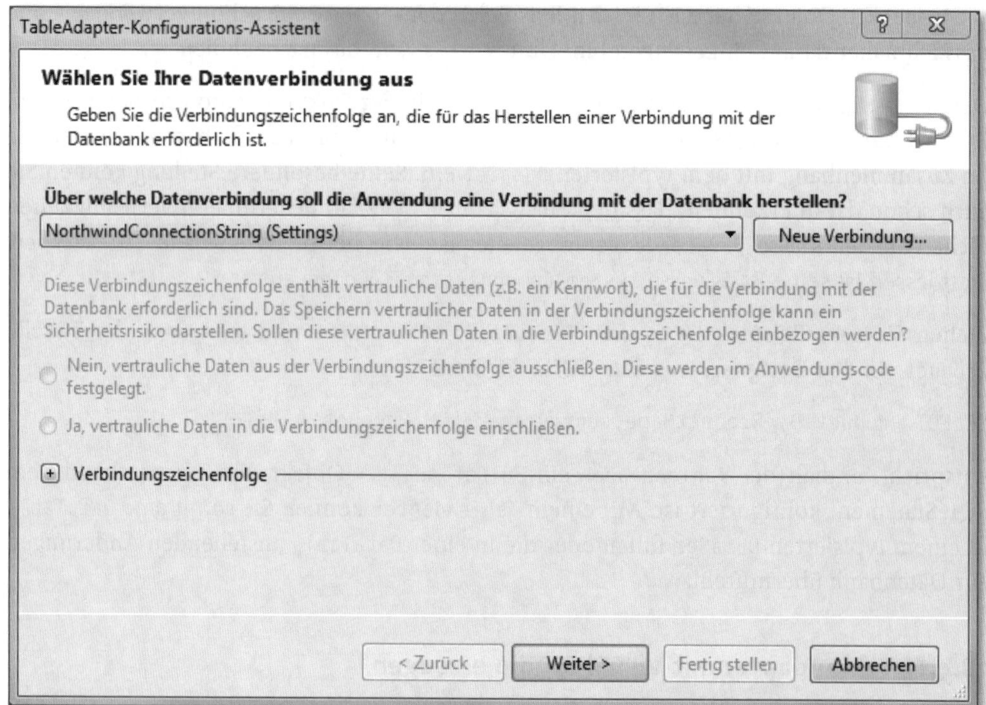

Abbildung 28.6 Dialog zum Konfigurieren der Verbindung eines »TableAdapters«

Unabhängig davon, für welche Option Sie sich entscheiden, werden Sie vom Assistenten weiter begleitet. Ich möchte Ihnen an dieser Stelle den Weg zeigen, sollten Sie sich für die oberste Option (SQL-ANWEISUNGEN VERWENDEN) entschieden haben. Im dann folgenden Dialog (siehe Abbildung 28.8) geben Sie das SQL-Statement ein. Sollten Sie aber weiterhin dem Assistenten vertrauen, können Sie auch auf die Schaltfläche ABFRAGE-GENERATOR klicken.

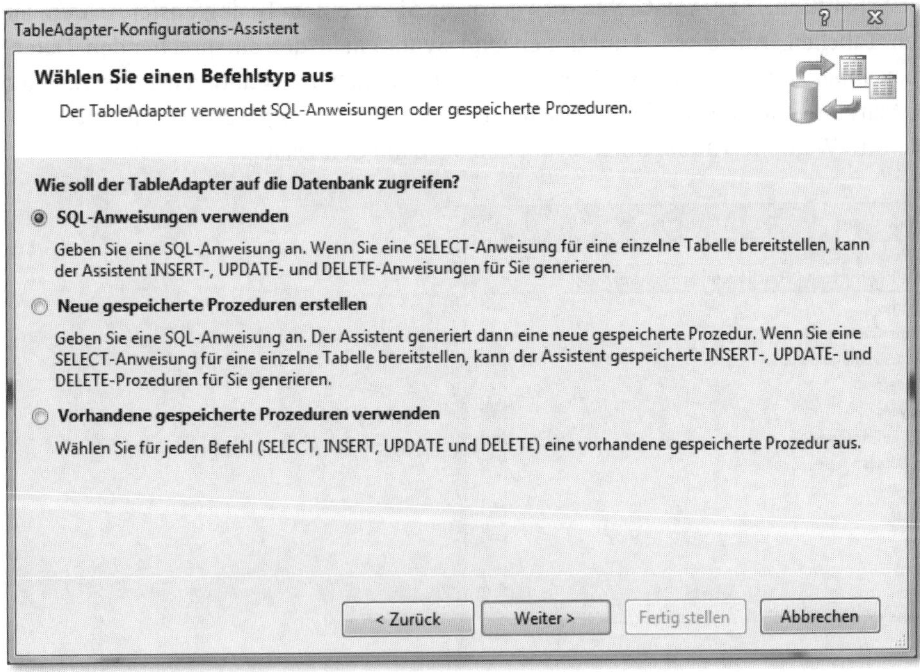

Abbildung 28.7 Festlegen des Befehlstyps

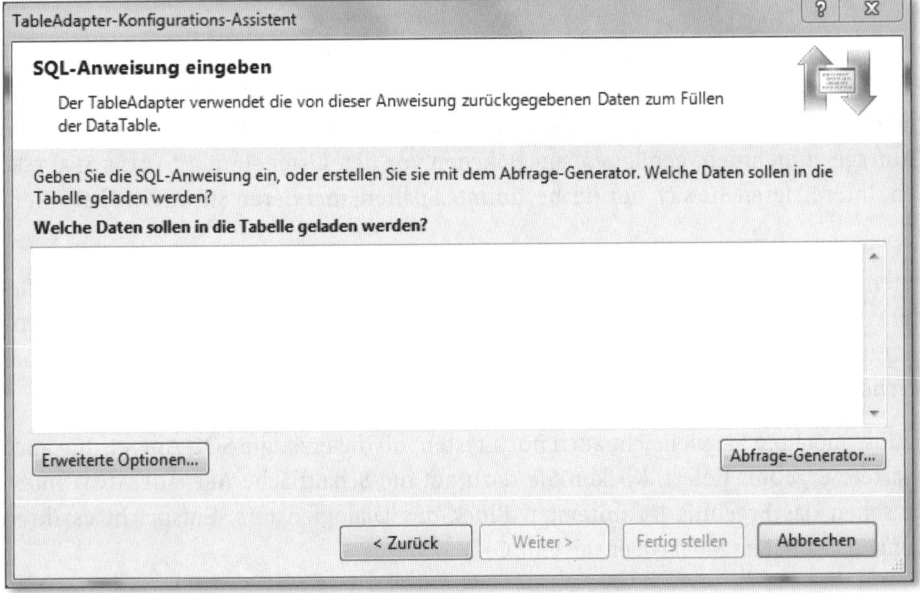

Abbildung 28.8 Erstellen einer SQL-Anweisung im Assistenten

Über die Schaltfläche ABFRAGE-GENERATOR gelangen Sie zu einem Dialogfenster, in dem Sie zwischen Tabellen, Ansichten, Funktionen und Synonymen der entsprechenden Datenbank auswählen können (siehe Abbildung 28.9). Unter ANSICHTEN finden Sie alle Tabellen wieder. Markieren Sie die Tabelle, für die der `TableAdapter` erzeugt werden soll, und bestätigen Sie Ihre Wahl mit HINZUFÜGEN. Schließen Sie dann den Dialog.

Abbildung 28.9 Die Tabelle für den »TableAdapter« festlegen

Nachdem Sie das Dialogfenster geschlossen haben, können Sie im nächsten Fenster das SQL-Statement spezifizieren (siehe Abbildung 28.10). In der oberen Hälfte sehen Sie eine grafische Anzeige der ausgewählten Tabelle mit allen ihren Spalten. Wollen Sie alle Spalten in die Abfrage aufnehmen, genügt es, ein Häkchen vor den Listeneintrag * (ALLE SPALTEN) zu setzen. Interessieren Sie sich nur für bestimmte Spalten, markieren Sie nur die betreffenden.

Im zweiten Block des Dialogs sind alle ausgewählten Spalten aufgeführt. Sie haben in diesem Block noch die Möglichkeit, spezifische Spaltenbezeichner vorzugeben, die SORTIERUNGSART und SORTIERREIHENFOLGE festzulegen sowie Auswahlkriterien zu bestimmen. Das resultierende SQL-Statement sehen Sie im dritten Block von oben.

Zum Schluss möchten Sie vielleicht auch noch testen, ob die erzeugte SQL-Anweisung auch das erwartete Ergebnis liefert. Klicken Sie dazu auf die Schaltfläche ABFRAGE AUSFÜHREN, und Sie sehen das Ergebnis im untersten Block des Dialogfensters. Entspricht es Ihren Erwartungen, schließen Sie das Fenster mit OK.

Nun gelangen Sie wieder zu dem Dialogfenster zurück, das Sie in Abbildung 28.8 sehen können. Für Szenarien mit Aktualisierungen stellt der `TableAdapter`-Konfigurationsassistent weitere Optionen bereit. Diese erreichen Sie, wenn Sie auf die Schaltfläche Erweiterte Optionen klicken. Der Dialog, der danach geöffnet wird, ist in Abbildung 28.11 zu sehen.

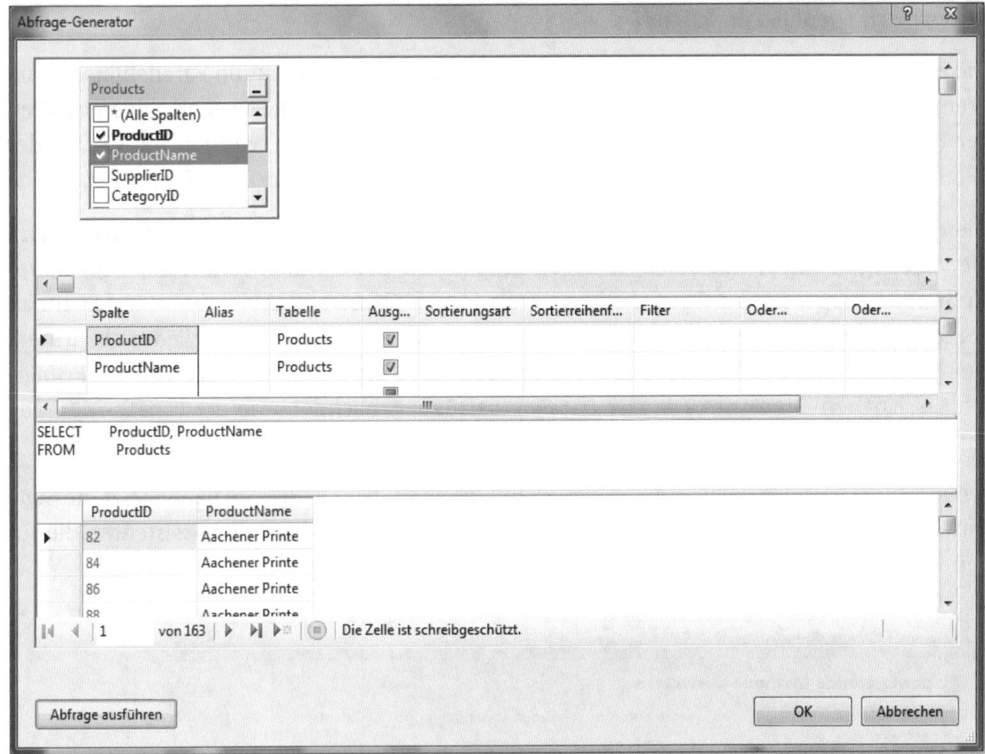

Abbildung 28.10 Abfrage-Generator zum Erstellen einer Abfrage

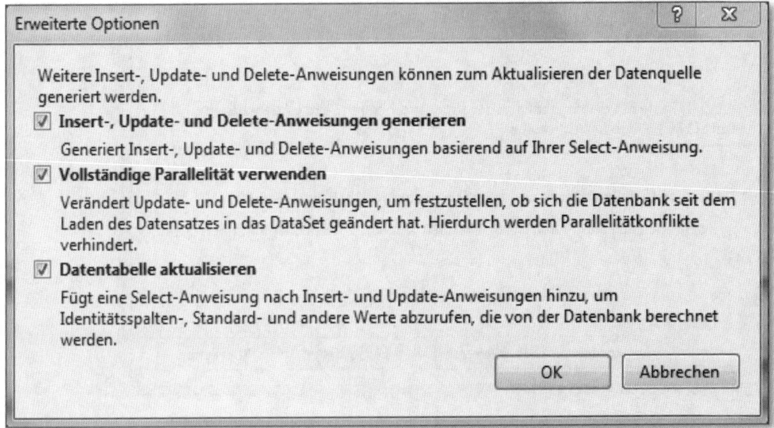

Abbildung 28.11 Die erweiterten Optionen des »TableAdapter«-Konfigurationsassistenten

Sollten Sie Ihren `TableAdapter` nur dafür benötigen, Dateninformationen aus der Datenbank abzurufen, können Sie das erste Kontrollkästchen (INSERT-, UPDATE- UND DELETE-ANWEISUNGEN GENERIEREN) deaktivieren. Die anderen angebotenen Optionen werden dann automatisch ebenfalls deaktiviert.

Die Einstellung VOLLSTÄNDIGE PARALLELITÄT VERWENDEN beschreibt die Parallelitätsoption. Wenn Sie die Markierung entfernen, nimmt der Assistent nur die Primärschlüsselspalten der Tabelle in der WHERE-Klausel auf. Behalten Sie die Option bei, werden alle Spalten der SELECT-Abfrage in der WHERE-Klausel von INSERT, UPDATE und DELETE verwendet.

Die dritte und letzte Option, DATENTABELLE AKTUALISIEREN, ist nur dann verfügbar, wenn die abgefragte Datenbank Batch-Abfragen unterstützt. Bekanntlich gehört der SQL Server zu dieser Gruppe. Ist die Option aktiviert, erzeugt der Assistent Abfragen, um den Inhalt der geänderten Datenzeilen nach Übermittlung der Änderungen sofort wieder abzurufen. Neue Werte, die serverseitig generiert werden (z. B. Autoinkrementwerte von Primärschlüsselspalten) sind sofort in der `DataRow` verfügbar, nachdem Sie die `Update`-Methode aufgerufen haben.

Schließen Sie nach Festlegung der erweiterten Optionen den Dialog. Sie haben jetzt die SQL-Anweisungen vollständig definiert und werden im nächsten Schritt des Assistenten die für den `TableAdapter` verfügbaren Methoden festlegen können (siehe Abbildung 28.12).

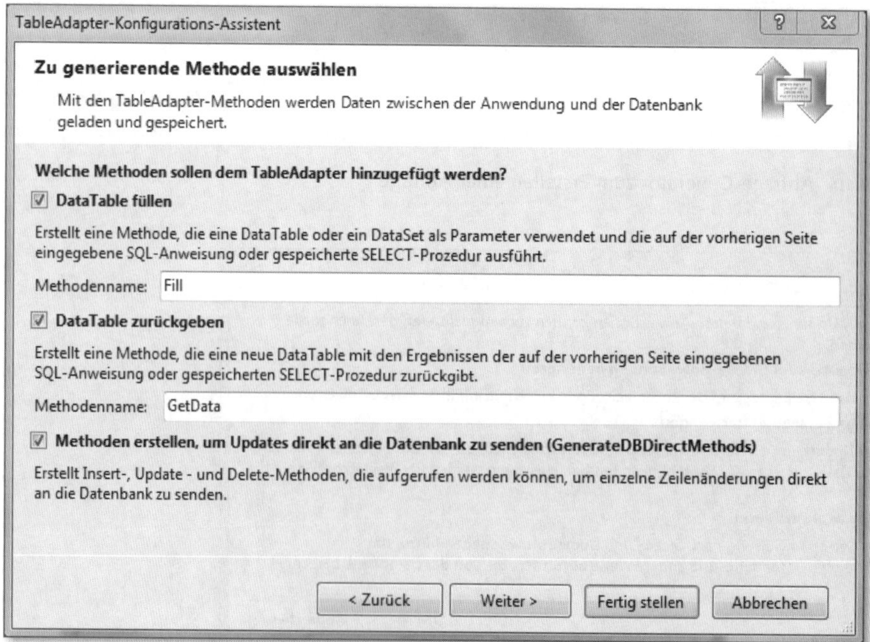

Abbildung 28.12 Methoden des TableAdapters festlegen

Per Vorgabe erzeugt der Assistent eine `Fill`-Methode, die die entsprechende `DataTable` im typisierten `DataSet` mit dem Resultat der Abfrage füllt. Die Methode `GetData` gibt eine neue Instanz der typisierten `DataTable` zurück, die zugleich das Ergebnis der Abfrage enthält. Beide Methoden können Sie auch nach eigenem Ermessen umbenennen.

Mit der dritten Option werden Methoden erzeugt, um Werte direkt zur Datenbank zu senden, ohne dabei eine `DataRow` zu erzeugen. Diese sogenannten *DBDirect-Methoden* werden wir uns später noch einmal ansehen. Damit ist der `TableAdapter` konfiguriert. Klicken Sie auf die Schaltfläche WEITER des in Abbildung 28.12 gezeigten Dialogs.

28.4.2 Die Methode »Fill« des TableAdapters

`TableAdapter` haben die Aufgabe, ein typisiertes `DataSet` zu füllen. Ein `TableAdapter` vereinfacht dieses Unterfangen, weil Sie bis auf die Instanziierung nichts weiter machen müssen – weder Eigenschaften festlegen noch irgendwelche Argumente an Parameterlisten übergeben.

Per Vorgabe werden `TableAdapter` zusammen mit der Klasse des typisierten `DataSet` erzeugt. Dabei ist zu beachten, dass die Klassen der `TableAdapter` einem anderen Namespace zugeordnet sind als das typisierte `DataSet`. Damit die Ausdrücke nicht zu lang werden, sollten Sie den Namespace des oder der `TableAdapter` mit `using` bekannt geben.

```
using MyApplication.NWDataSetTableAdapters;
// typisiertes DataSet erzeugen
NWDataSet ds = new NWDataSet();
// TableAdapter instanziieren
ProductsTableAdapter productsTA = new ProductsTableAdapter();
// Tabelle 'Products' des typisierten DataSet
// mit der Methode Fill des TableAdapters füllen
productsTA.Fill(ds.Products);
```

Die `Fill`-Methode der Klasse `SqlDataAdapter` wartet mit einer Reihe von Überladungen auf. Im Gegensatz dazu erwartet die `Fill`-Methode des `TableAdapters` nur die Instanz der typisierten Tabelle.

Rufen Sie mehrfach hintereinander die `Fill`-Methode des `TableAdapters` auf, werden die abgefragten Datenzeilen nicht einfach nur hinzugefügt, weil die »alten« Inhalte der typisierten `DataTable` gelöscht werden. Dieses Verhalten wird von der Eigenschaft `ClearBeforeFill` des `TableAdapters` gesteuert, die per Vorgabe `true` gesetzt ist. Möchten Sie die mit `Fill` abgefragten Datenzeilen an den bestehenden Inhalt anhängen, müssen Sie die Eigenschaft vorher auf `false` setzen.

28.4.3 Die Methode »GetData«

Ähnlich wie `Fill` arbeitet auch die Methode `GetData`. Allerdings müssen Sie sich vorher keine Instanz des typisierten `DataSet` besorgen. Der Code wird etwas kürzer.

```
ProductsTableAdapter productsTA = new ProductsTableAdapter();
NWDataSet.ProductsDataTable tbl = productsTA.GetData();
foreach (NWDataSet.ProductsRow row in tbl)
  Console.WriteLine("{0,-35}{1}", row.ProductName, row.UnitPrice);
```

28.4.4 Die Methode »Update«

Das `TableAdapter`-Objekt hat eine Methode `Update`, um Änderungen an die Datenbank zu übermitteln. Die Methode akzeptiert ein typisiertes `DataSet` oder eine typisierte `DataTable` als Argument, ebenso auch eine einzelne `DataRow` oder ein Array von `DataRows`. Damit unterscheidet sich die `Update`-Methode des `TableAdapters` nur unwesentlich von der `Update`-Methode des `SqlDataAdapters`.

Eine fünfte Überladung habe ich noch nicht erwähnt. Aber diese ist den DBDirect-Methoden zuzurechnen, die ich Ihnen jetzt vorstellen möchte.

28.4.5 Aktualisieren mit den »DBDirect«-Methoden

Der `TableAdapter` verfügt über die Methoden `Insert`, `Update` und `Delete`. Diese Methoden erlauben es, eine Änderung zur Datenbank zu übermitteln, ohne dass dafür eine Änderung an den Datenzeilen in der typisierten `DataTable` erfolgen muss.

Nehmen wir an, der `TableAdapter` beschreibt das folgende SQL-Statement:

```
SELECT ProductID, ProductName, CategoryID, UnitPrice FROM Products
```

Möchten Sie auf Basis dieser Abfrage einen Datensatz editieren, löschen oder hinzufügen, müssten Sie nach Ihren bisherigen Kenntnissen zunächst ein `DataSet` füllen und würden anschließend die Datenbank aktualisieren. Mit den DBDirect-Methoden können Sie auf das Füllen des `DataSet` verzichten und die gewünschten Änderungen direkt der Datenbank übermitteln. Wie Sie die DBDirect-Methoden einsetzen, zeigt das folgende Codefragment. Ausgangspunkt dafür sei die erste Datenzeile der Tabelle `Products`, die folgende Werte enthält:

```
ProductID = 1
ProductName = Chai
CategoryID = 8
UnitPrice = 18.000
```

Sie können mit den beiden folgenden Codezeilen den Produktnamen durch Aufruf der `Update`-Methode ändern:

```
ProductsTableAdapter productsTA = new ProductsTableAdapter();
productsTA.Update("Möhren", 8, 100, 1, "Chai", 8, (decimal)18.0, 1);
```

Dem `TableAdapter` ist die SQL-Abfrage bekannt, anhand derer er die Parameterliste der DBDirect-Methoden definiert. In diesem Beispiel werden den ersten vier Parametern der Reihe nach die Werte für `ProductName`, `CategoryID`, `UnitPrice` und `ProductID` übergeben. Aktualisierungen, die Sie an der Datenzeile vornehmen wollen, übergeben Sie dieser Parametergruppe. Den letzten vier Parametern teilen Sie die ursprünglichen Originalwerte mit, die beim Aktualisierungsvorgang zur Identifizierung der Datenzeile in der Datenbank dienen.

Wird die Datenzeile in der Datenbank nicht gefunden, wird keine Exception ausgelöst. Um darüber Kenntnis zu erlangen, ob die Aktualisierung erfolgreich verlaufen ist, können Sie den Rückgabewert abfragen, der die Anzahl der in der Datenbank aktualisierten Datenzeilen widerspiegelt.

28.4.6 TableAdapter mit mehreren Abfragen

`TableAdapter` genießen im Vergleich zu einem `SqlDataAdapter` den Vorzug, dass sie mehrere Abfragen unterstützen. Die Basis bildet hierbei immer das Schema des `TableAdapters`. Mit anderen Worten: Sie müssen die Spalten der »Basisabfrage« beibehalten (z. B. in unserem Beispiel bei der Tabelle `Products` die Spalten `ProductID`, `ProductName`, `CategoryID` und `UnitPrice`), können diese Spalten aber nach verschiedenen Kriterien selektieren.

Verdeutlichen wir uns das Gesagte, und nehmen wir an, dass wir uns nur Produkte einer bestimmten Kategorie anzeigen lassen wollen. Öffnen Sie dazu in Visual Studio den Designer des typisierten `DataSet`, und markieren Sie den `TableAdapter`, der die Tabelle `Products` beschreibt. Im Kontextmenü des `TableAdapters` finden Sie den Befehl ABFRAGE HINZUFÜGEN, den Sie anklicken. Im sich daraufhin öffnenden Assistenten haben Sie die Wahl, eine SQL-Anweisung zu verwenden, eine gespeicherte Prozedur zu erstellen oder eine vorhandene gespeicherte Prozedur zu verwenden. Wählen Sie die erstgenannte Option.

Im nächsten Schritt geben Sie den Abfragetyp an. Da uns die Produkte einer bestimmten Kategorie interessieren, entscheiden wir uns für die SELECT-ANWEISUNG, DIE ZEILEN ZURÜCKGIBT (siehe Abbildung 28.13).

Bestätigen Sie mit WEITER, wird die Basisabfrage des `TableAdapters` angezeigt. Diese können Sie gemäß Ihren Anforderungen erweitern. Tragen Sie also

```
WHERE CategoryID = @CategoryID
```

in das Fenster des Assistenten ein, oder benutzen Sie alternativ dazu wieder den Abfrage-Generator.

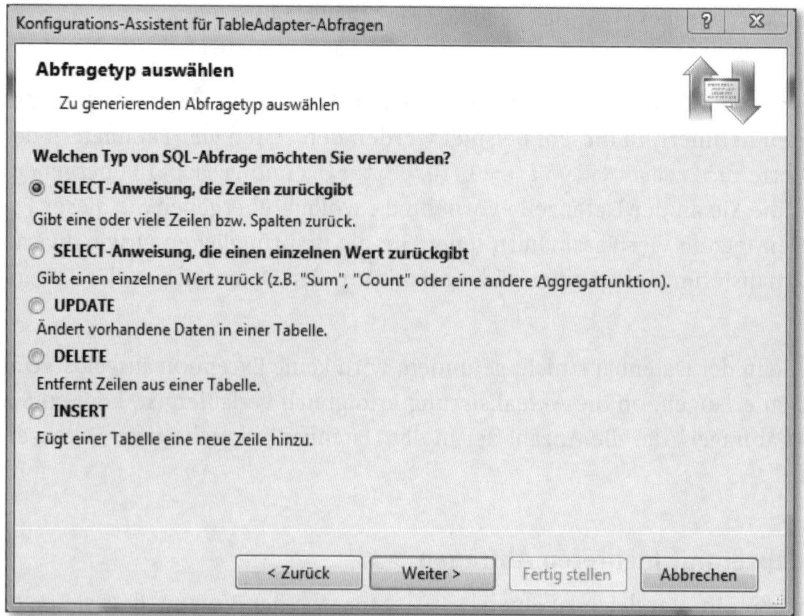

Abbildung 28.13 Festlegen des Abfragetyps

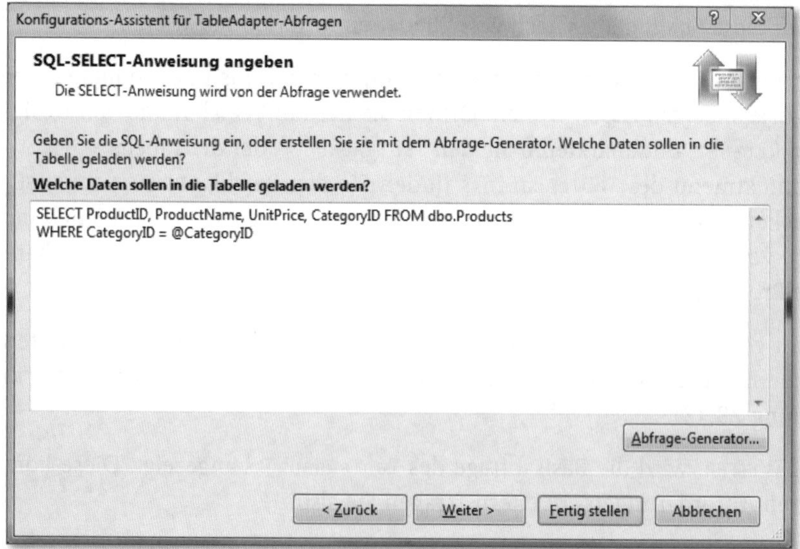

Abbildung 28.14 Ergänzung der Basisabfrage des TableAdapters

Auf der folgenden Seite (siehe Abbildung 28.15) werden Bezeichner für die beiden Methoden `GetData` und `Fill` der neuen Abfrage verlangt. Die Vorschläge lauten `FillBy` und

`GetDataBy`. Geben Sie den beiden Methoden sprechende Namen, beispielsweise `FillByCategoryID` und `GetDataByCategoryID`. Nach diesem Schritt ist die dem `TableAdapter` hinzugefügte Abfrage fertig.

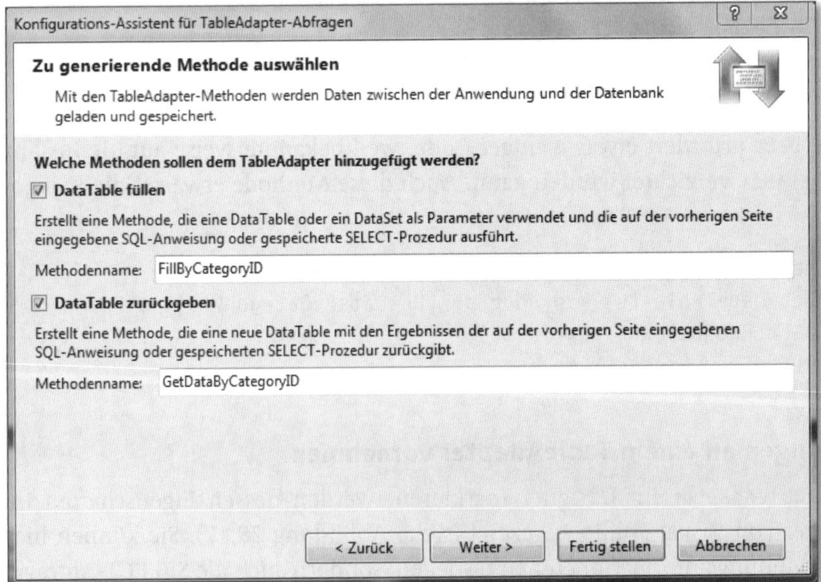

Abbildung 28.15 Die Methoden »Fill« und »GetData« umbenennen

Das Ergebnis sehen Sie anschließend im Designer. Es liegen jetzt zwei parametrisierte Abfragen vor, denen wir `CategoryID` als Argument übergeben müssen.

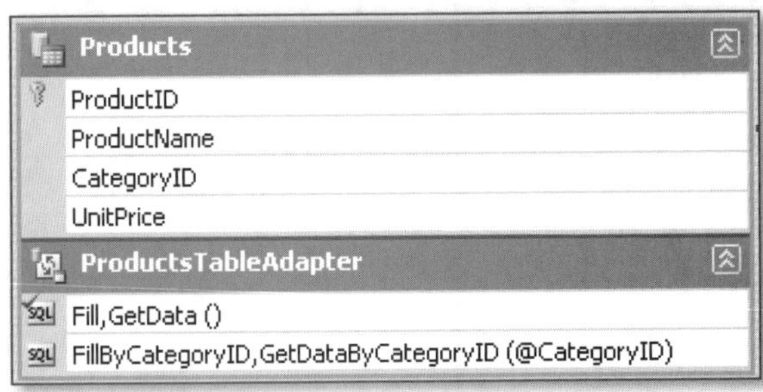

Abbildung 28.16 TableAdapter mit einer hinzugefügten Abfrage

Testen wir zuerst die Methode `FillByCategoryID`. Hierzu benötigen wir zuerst eine Instanz des typisierten `DataSet` sowie eine Instanz des `TableAdapter`. Liegen beide Objekte vor, kann die Methode `FillByCategoryID` des `TableAdapter`-Objekts aufgerufen werden. Dabei teilen wir dem ersten Parameter mit, welche Tabelle des typisierten `DataSet` gefüllt werden soll, und geben im zweiten Parameter schließlich die Kategorienummer der auszugebenden Produkte an.

```
NWDataSet ds = new NWDataSet();
ProductsTableAdapter productsTA = new ProductsTableAdapter();
productsTA.FillByCategoryID(ds.Products, 5);
foreach (NWDataSet.ProductsRow row in ds.Products)
  Console.WriteLine(row.ProductName);
```

Die Methode `GetData` erfordert etwas weniger Code, weil bekannterweise auf die Instanz des typisierten `DataSet` verzichtet werden kann. Auch diese Methode erwartet die Kategorienummer.

```
ProductsTableAdapter productsTA = new ProductsTableAdapter();
NWDataSet.ProductsDataTable tbl = productsTA.GetDataByCategoryID(5);
foreach (NWDataSet.ProductsRow row in tbl)
  Console.WriteLine(row.ProductName);
```

28.4.7 Änderungen an einem TableAdapter vornehmen

Wenn Sie den `TableAdapter` im Designer markieren, werden dessen Eigenschaften im Eigenschaftsfenster von Visual Studio angezeigt (siehe Abbildung 28.17). Sie können hier nicht nur die Verbindungsinformationen neu festlegen, sondern auch die SELECT-Abfrage. Ergänzen Sie diese beispielsweise um eine Spalte, werden die Aktualisierungsabfragen UPDATE, INSERT und DELETE nach vorheriger Bestätigung der Änderung angepasst.

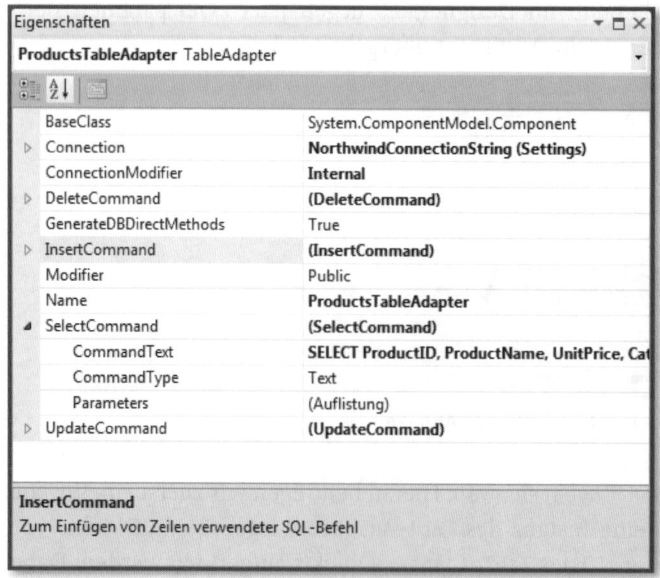

Abbildung 28.17 Eigenschaftsfenster eines TableAdapters

Besonders interessant sind die Manipulationsmöglichkeiten, die sich hinter den Eigenschaften `DeleteCommand` und `UpdateCommand` verbergen. Wie Sie wissen, sind die in der WHERE-Klausel aufgeführten Spalten entscheidend dafür, wann eine Änderung zu einem möglichen Konflikt führt. Möchten Sie ein vom Standard abweichendes Konfliktszenario realisieren, können Sie über das Eigenschaftsfenster manuell Einfluss darauf nehmen.

In der Klasse des typisierten `DataSet` können Sie bei Bedarf Eigenschaften und Methoden hinzufügen. Gleiches gilt natürlich auch für die Klasse des `TableAdapter`.

28.5 Fazit: Typisierte oder nicht typisierte DataSets?

Sie kennen nun den Unterschied zwischen einem typisierten und einem nicht typisierten `DataSet`. Doch für welchen Typ sollten Sie sich entscheiden? Wenn Sie eine Windows-Anwendung entwickeln und dabei die automatische Datenbindung verwenden, wird Ihnen die Entscheidung bereits abgenommen, denn dabei werden, wie Sie noch sehen werden, typisierte `DataSet`s verwendet. Aber was ist, wenn Sie Entscheidungsfreiheit haben?

Grundsätzlich ist zu sagen, dass typisierte `DataSet`s im Vergleich zu nicht typisierten starrer sind, weniger beeinflussbar. Sie können zwar den Code typisierter `DataSet`s ändern und die Klasse ergänzen, aber dazu müssen Sie sich zuerst durch den Quellcode arbeiten, was bei dem teilweise enormen Umfang nicht ganz einfach ist. Das hat zur Folge, dass Sie im Fall einer Anpassung oder Änderung sehr viel Zeit und Hintergrundwissen benötigen. Zudem wird der Gesamtumfang einer Anwendung durch typisierte `DataSet`s deutlich erhöht.

Das Schema eines typisierten `DataSet` ist starr. Ändert sich das zugrunde liegende Schema in der Datenbank, passt sich das typisierte `DataSet` nicht automatisch an die neuen Gegebenheiten an. Das wirkt sich besonders tragisch zur Laufzeit aus, weil eine Exception ausgelöst wird.

Die Vorteile des typisierten `DataSet` bestehen meiner Meinung nach in erster Linie in zwei Punkten: Erstens erfolgt eine Datentypenüberprüfung bereits zur Laufzeit, was die Gefahr einer falschen Datentypangabe deutlich reduziert. Laufzeitfehler können dadurch nahezu ausgeschlossen werden. Zudem bietet der `TableAdapter` Möglichkeiten, an die ein `SqlDataAdapter` nicht heranreicht. Besonders gefällt mir dabei die Fähigkeit, mehrere Kommandos anzulegen, die mit spezifischen Methoden aufgerufen werden können.

Dass der Programmcode sich im Vergleich zum Einsatz der generischen ADO.NET-Klassen reduziert, ist vermutlich weniger ein Argument. Der Einsatz der generischen Klassen ist intuitiver, besser kontrollierbar und besser lesbar. Die spezifischen Methoden machen die Lesbarkeit nicht einfacher und erfordern auch immer eine gewisse Einarbeitung und Analyse des zugrunde liegenden typisierten `DataSet`.

29 LINQ to SQL

Nachdem wir uns in den vorangegangenen Kapiteln mit dem Datenzugriff mit ADO.NET beschäftigt haben, wollen wir uns nun *LINQ to SQL* zuwenden. LINQ to SQL vereinfacht das Arbeiten mit Daten, deren Quelle eine relationale Datenbank ist. Derzeit beschränkt sich LINQ to SQL auf den SQL Server, kann also momentan nicht zusammen mit anderen Datenbankservern benutzt werden. Wie Sie noch sehen werden, vereinfachen sich der Zugriff und auch die Manipulation der Daten mit LINQ to SQL im Vergleich mit ADO.NET drastisch, was Ihnen viele Zeilen Code erspart.

29.1 Allgemeine Grundlagen

Im Vordergrund steht bei LINQ to SQL das sogenannte *Object Relational Mapping (ORM)*. Bekanntermaßen speichert ein Datenbankserver wie der SQL Server die Daten in Tabellen. Beim Object Relational Mapping werden die Tabellendaten von der Datenbank bezogen und in der Clientanwendung einem Objektmodell zugeordnet. Die datenbeschreibenden Objekte können anschließend von der Anwendung beliebig verarbeitet werden.

LINQ to SQL kann nicht nur die empfangenen Daten in Objekte umwandeln. Es hat auch die Fähigkeit, sprachintegrierte LINQ-Abfragen in SQL-Statements zu übersetzen und bei Bedarf die Objekte wieder zurück in relationale Daten zu portieren. Damit ist es möglich, Änderungen, die an den datenbeschreibenden Objekten vorgenommen worden sind, als Aktualisierung in der Datenbank zu speichern.

Im Wesentlichen spielen zwei Komponenten bei LINQ to SQL eine wichtige Rolle:

- die Entitätsklassen
- die Klasse `DataContext`

Da die relationalen Daten aus einer Datenbank einem Objektmodell zugeordnet werden müssen, muss für jede benötigte Tabelle eine Entitätsklasse geschaffen werden. Eine Instanz der Entitätsklasse beschreibt einen Datensatz und liefert darüber hinaus auch die Metadaten für das LINQ-Abfragemodell. Dazu wird in der Entitätsklasse jede Spalte der Tabelle durch eine Eigenschaft der Entitätsklasse beschrieben. Über ein Attribut werden die Metadaten der Spalte definiert, beispielsweise ob es sich um die Spalte handelt, die den Primärschlüssel der Tabelle beschreibt. Ein anderes Attribut dient der Zuordnung der Klasse zu einer bestimmten Tabelle.

Eine Instanz von DataContext bildet das Herzstück des Programmcodes. Es beschreibt die Verbindung zur Datenquelle und gestattet uns über Methoden den Zugriff auf die gemappten Datensätze, die mit LINQ-Anweisungen gefiltert werden können. DataContext verfolgt auch Änderungen, die an den gemappten Datensätzen vorgenommen werden, und schreibt diese in die Originaldatenbank zurück.

29.2 Objektzuordnung mit Entitätsklassen

Das Ergebnis einer Datenbankabfrage ist eine mehr oder minder große Menge gleich strukturierter Datensätze. Beim Mapping wird eine Datenbanktabelle auf einer Entitätsklasse abgebildet. Die Information, um welche Tabelle es sich dabei handelt, beschreibt ein Attribut, das der Klassendefinition vorangestellt wird.

Um die Spalten einer Datenbanktabelle abzubilden, wird jede gewünschte Spalte in der Entitätsklasse üblicherweise durch ein privates Feld und eine öffentliche Eigenschaft beschrieben. Folgerichtig steht eine Instanz der Entitätsklasse demnach für genau einen Datensatz. Da in der Regel mehrere Datensätze vorliegen, wundert es nicht, dass die gesamte Ergebnismenge von einer Auflistung verwaltet wird.

Ein Datensatz setzt sich normalerweise aus mehreren Feldern zusammen, die als Eigenschaften innerhalb der Entitätsklasse beschrieben werden. Datenbankfelder haben eigene Eigenschaften. Beispielsweise wird mindestens eine Spalte einer Tabelle als Primärschlüsselspalte definiert, andere Spalten dürfen keine NULL-Werte haben. Zur Beschreibung dieser Metadaten sind Attribute ein wichtiges Hilfsmittel.

Der folgende C#-Code zeigt die Entitätsklasse Product, die die Tabelle Products der *Northwind*-Datenbank beschreibt. Der Code ist nicht vollständig wiedergegeben. Er soll nur dazu dienen, Ihnen eine Vorstellung davon zu vermitteln, wie die Definition einer Entitätsklasse aussieht.

```
[Table(Name="dbo.Products")]
public class Product {
  private int _ProductID;
  private string _ProductName;
  private System.Nullable<decimal> _UnitPrice;
  private System.Nullable<short> _UnitsInStock;
  [Column(Storage="_ProductID", AutoSync=AutoSync.OnInsert,
          DbType="Int NOT NULL IDENTITY",
          IsPrimaryKey=true, IsDbGenerated=true)]

  public int ProductID {
    get {
      return this._ProductID;
```

```
      }
      set {
        if ((this._ProductID != value)) {
          this._ProductID = value;
        }
      }
    }

    [Column(Storage="_ProductName", DbType="NVarChar(40) NOT NULL",
            CanBeNull=false)]
    public string ProductName {
      get {
        return this._ProductName;
      }
      set {
        if ((this._ProductName != value)) {
          this._ProductName = value;
        }
      }
    }

    [Column(Storage="_UnitPrice", DbType="Money")]
    public System.Nullable<decimal> UnitPrice {
      get {
        return this._UnitPrice;
      }
      set {
        if ((this._UnitPrice != value)) {
          this._UnitPrice = value;
        }
      }
    }

    [Column(Storage="_UnitsInStock", DbType="SmallInt")]
    public System.Nullable<short> UnitsInStock {
      get {
        return this._UnitsInStock;
      }
      set {
        if ((this._UnitsInStock != value)) {
          this._UnitsInStock = value;
        }
      }
    }
  }
```

29.3 Mapping von Objekten

Wie bereits erwähnt wurde und im C#-Code der Entitätsklasse `Product` deutlich zu erkennen ist, spielen Attribute in Entitätsklassen eine wichtige Rolle. Zu den wichtigsten Attributen zählen:

- `Table`
- `Column`
- `Association`

Diese sind nebst weiteren Attributen im Namespace `System.Data.Linq.Mapping` definiert.

29.3.1 Das »Table«-Attribut

Mit dem Attribut `Table` wird eine Klasse zu einer Entitätsklasse. Um zu beschreiben, dass eine Klasse mit dem Bezeichner `Products` mit der `Products`-Tabelle in Beziehung gesetzt werden soll, genügt die einfache Angabe des Attributs:

```
[Table()]
public partial class Products { ... }
```

Diese Angabe sagt aus, dass der Name der Klasse, hier `Products`, dem Namen der Datenbanktabelle entspricht.

Meist werden Sie aber einen anderen Klassenbezeichner wählen. Zur Erinnerung: Ein Objekt der Entitätsklasse entspricht einem gemappten Datensatz und nicht einer Liste von Datensätzen. Insofern sollte die Entitätsklasse besser `Product` heißen. Sie müssen dann den `Name`-Parameter des `Table`-Attributs angeben. Der Wert gibt den Originalnamen der Tabelle in der Datenbank als Zeichenfolge an:

```
[Table(Name="dbo.Products")]
public partial class Product { ... }
```

29.3.2 Das »Column«-Attribut

In einer Entitätsklasse sind die Felder oder Eigenschaften nicht automatisch einer Tabellenspalte zugeordnet. Um eine konkrete Zuordnung zu beschreiben, ist das Attribut `Column` notwendig, das auf eine Eigenschaft oder ein Feld angewendet werden kann.

Durch Setzen zusätzlicher Parameter kann den Spalten zusätzliches Verhalten vorgegeben werden (siehe Tabelle 29.1).

Parameter	Beschreibung
`CanBeNull`	Gibt an, ob das Datenbankfeld `null` sein kann. Der Standardwert ist `false`.
`DbType`	Dieser Parameter bestimmt den Datentyp der Spalte. Wenn Sie beispielsweise `Int NOT NULL IDENTITY` angeben, legen Sie fest, dass der Feldinhalt nicht `null` sein darf. Der Zusatz `IDENTITY` legt fest, dass der SQL Server den Spaltenwert automatisch generiert.
`IsPrimaryKey`	Mit diesem Parameter wird das Datenbankfeld als Primärschlüssel der Datenbanktabelle definiert.
`Name`	Dieser Parameter beschreibt den Originalnamen des Datenbankfelds in der Datenbanktabelle. Der Parameter ist nur dann notwendig, wenn Sie einen Eigenschaftsnamen in der Entitätsklasse wählen, der vom Originalbezeichner der entsprechenden Spalte in der Datenbanktabelle abweicht.
`Storage`	Dieser Parameter mappt eine Spalte direkt an das darunter liegende private Feld einer Klasse, statt an die Eigenschaft.

Tabelle 29.1 Die Parameter des »Column«-Attributs

29.4 Verknüpfungen zwischen Entitäten

In einer relationalen Datenbank wird die Beziehung zwischen zwei Tabellen mit einem Konzept realisiert, bei dem der Fremdschlüssel einer Tabelle auf den Primärschlüssel einer anderen Tabelle verweist. Dieses Konzept wird in LINQ to SQL mit dem `Association`-Attribut umgesetzt. Dabei werden beide Seiten einer 1-n-Beziehung beschrieben.

Im folgenden Codeausschnitt sind die beiden Tabellen `Categories` und `Products` miteinander in Beziehung gesetzt. `Categories` beschreibt die 1-Seite der Beziehung (Mastertabelle) und `Products` die n-Seite der Beziehung (Detailtabelle). Auf Code, der nicht im Zusammenhang mit der Beziehung steht, wird in diesem Codefragment komplett verzichtet. Sehen Sie sich zuerst die Entität `Category` an.

```
public class Category {
  private EntitySet<Product> _Products;
  [Association(Name="Categories_Products",
               Storage="_Products",
               ThisKey="CategoryID",
               OtherKey="CategoryID")]

  public EntitySet<Product> Products {
    get {
      return this._Products;
    }
    set {
      this._Products.Assign(value);
```

```
    }
  }
}
```

Jetzt folgt die Beschreibung der Entität `Product`.

```
public class Product {
  private EntityRef<Category> _Category;
  [Association(Name="Category_Product",
               Storage="_Categories",
               ThisKey="CategoryID",
               OtherKey="CategoryID",
               IsForeignKey=true)]

  public Category Category {
    get {
      return this._Category.Entity;
    }
    set {
      this._Category.Entity = value;
    }
  }
}
```

In beiden der miteinander in Beziehung stehenden Tabellen wird die Beziehung durch ein privates Feld und eine öffentliche Eigenschaft abgebildet. Da eine Instanz vom Typ der Entitätsklasse `Product` genau einer Kategorie zugeordnet wird, kann im Feld der `Product`-Instanz die Information der zugeordneten Kategorie gespeichert werden. Ähnliches gilt für eine Instanz der Entität `Category`. Der Unterschied ist nur der, dass sich einer bestimmten Kategorie mehrere Produkte zuordnen lassen.

Dass wir es auf der einen Seite mit einer eindeutigen Zuordnung zu tun haben (eine Kategorie je Produkt), auf der anderen Seite sich aber mehrere Produkte einer Kategorie zuordnen lassen, findet Berücksichtigung im Datentyp der Felder: `EntityRef<T>` und `EntitySet<T>`. Beide nehmen im Kontext des *Object Relational Mappings* eine wichtige Rolle ein.

Zur Beschreibung einer Beziehung zwischen zwei Datenbanktabellen sind die beiden Eigenschaften (`Category` in der `Product`-Entität und `Product` in der `Category`-Entität) mit dem `Association`-Attribut verknüpft. LINQ to SQL bezieht hieraus alle notwendigen Informationen, um bei Bedarf ein passendes SQL-Statement zu erzeugen, das die erforderlichen Daten aus der Datenbank besorgt.

Mit `EntityRef<T>`, `EntitySet<T>` und dem Attribut `Association` wollen wir uns nun etwas genauer beschäftigen.

29.4.1 Der Typ »EntityRef<T>«

Die Beziehung zwischen den beiden von uns betrachteten Tabellen besteht zwischen der Spalte `CategoryID` der Tabelle `Products` und der gleichnamigen Spalte der Tabelle `Categories`. Jeder Artikel ist einer bestimmten Kategorie zugeordnet. Die Eigenschaft `Category` der Entität `Product` speichert die entsprechende Information in einem Feld vom Typ `EntityRef<Category>`.

```
private EntityRef<Category> _Category;
```

Die Eigenschaftsmethode ist mit dem Attribut `Association` versehen, dessen Parameter entscheidende Informationen enthalten. `ThisKey` beschreibt hier die Schlüsselspalte der Entität `Products` und `OtherKey` die Schlüsselspalte der in Beziehung gesetzten Entität. Bilden mehrere Spalten den Schlüsselwert, sind die entsprechenden Spaltennamen durch ein Komma getrennt in der Zeichenfolge anzugeben. Mit `IsForeignKey=true` wird das unter `ThisKey` genannte Feld zur Fremdschlüsselspalte erklärt.

Parameter	Beschreibung
`IsForeignKey`	Das Feld ist ein Fremdschlüsselfeld.
`Name`	Spezifiziert den Namen des Fremdschlüssels.
`OtherKey`	Bezeichnet die Spalte in der Entität, die auf der anderen Seite der Zuordnung liegt.
`Storage`	Bezeichnet das Feld, das verwendet wird, um das in Beziehung stehende Entitätsobjekt zu speichern.
`ThisKey`	Bezeichnet die Eigenschaft, die das lokale ID-Feld enthält. Fehlt dieser Parameter, wird das Feld genommen, dessen `Column`-Attribut die Angabe `IsPrimary` enthält.

Tabelle 29.2 Parameter des Attributs »Association«

Die Beschreibung der Beziehung mit dem `Association`-Attribut vereinfacht die Formulierung einer LINQ-Abfrage. Nehmen wir an, Sie möchten eine Liste aller Artikel ausgeben, die einer bestimmten Kategorie zugeordnet sind. Sie müssen keinen JOIN mehr definieren und können die Eigenschaft `Category` nutzen, die in Beziehung zur Entität `Category` steht. Auf der Eigenschaft `Category` rufen Sie die Primärschlüsselspalte ab und filtern die Ergebnisse wie gewünscht.

```
var query = from prod in products
            where prod.Category.CategoryID == 2
            select prod.ProductName;
```

Hinweis

Das komplette Beispiel finden Sie auf der Buch-DVD unter:
..\Beispiele\Kapitel 29\LINQ_to_SQL\Example_1

Anmerkung

Um die LINQ-Abfrage zu testen, benötigen Sie ein DataContext-Objekt und die Liste aller Produkte. Obwohl wir auf den Typ DataContext erst in Abschnitt 29.6 näher eingehen, möchte ich Ihnen nicht verschweigen, wie diese Klasse einsetzt wird:

```
DataContext context = new DataContext(con);
Table<Product> products = context.GetTable<Product>();
Table<Category> categories = context.GetTable<Category>();
```

Zunächst sollten Sie den Namensraum System.Data.Linq mit using bekannt geben. Dem Konstruktor der DataContext-Klasse übergeben Sie eine Verbindungszeichenfolge. Diese gleicht der eines SqlConnection-Objekts von ADO.NET. Das DataContext-Objekt hat mit GetTable<T> eine Methode, deren generischer Typparameter die Angabe einer Entitätsklasse erwartet. Sie rufen GetTable<T> für die Entität Product und – falls erforderlich – auch für Category auf.

Der Rückgabewert der Methode GetTable<T> ist vom Typ Table<T> und beschreibt die als Objekte abgebildete Liste aller Datensätze der Tabellen Products und Categories. Der Rückgabewert wird in den Variablen products und categories vorgehalten. products beschreibt hier die Liste, die von unserer LINQ-Abfrage durchlaufen wird.

29.4.2 Verzögertes Laden

LINQ to SQL arbeitet mit einer Technik, die als verzögertes Laden bezeichnet wird. Das bedeutet, dass die Entität Category erst dann von der Datenbank in den lokalen Speicher geladen wird, wenn darauf lesend oder schreibend zugegriffen wird, zum Beispiel innerhalb einer Schleife:

```
foreach (var item in query)
  Console.WriteLine(item);
```

LINQ to SQL lädt jedoch keine Daten in den Speicher, die sich bereits darin befinden. Deshalb wird vorher intern geprüft, ob sich die entsprechende Category-Entität möglicherweise bereits im Arbeitsspeicher befindet. Ist das der Fall, wird diese Entität genutzt.

Müssen Daten von der Datenbank bezogen werden, wird die LINQ-Abfrage von LINQ to SQL in einen SQL-JOIN-Befehl übersetzt, der wie folgt aussieht:

```
SELECT [t0].[ProductName]
FROM [dbo].[Products] AS [t0]
LEFT OUTER JOIN [dbo].[Categories] AS [t1]
     ON [t1].[CategoryID] = [t0].[CategoryID]
WHERE [t1].[CategoryID] = 2
```

29.4.3 Der Typ »EntitySet<T>«

Vielleicht interessiert Sie, welchen Kategorien mehr als 10 Artikel aus der Tabelle Products zugeordnet sind? Um diese Frage zu beantworten, müssen Sie in der Entität Category eine Eigenschaft definieren, die die zugehörige Gruppe der Product-Entitäten repräsentiert.

Das Konzept ähnelt dem aus dem letzten Abschnitt. Allerdings ist eine Product-Entität mit genau einer Category-Entität verknüpft, während eine Category-Entität potenziell mehrere Product-Entitäten beschreiben kann. Daher ist die Eigenschaft, die wir der Entität Category hinzufügen müssen, nicht vom Typ EntityRef<T>, sondern wird durch EntitySet<T> beschrieben.

```
public class Categories {
  private EntitySet<Product> _Products;
  ...
}
```

Das private Feld wird durch die Eigenschaft Products veröffentlicht, bei der durch das Attribut Association ebenfalls die Verknüpfung der beiden Entitäten beschrieben wird. Dabei kommen dieselben Parameter ins Spiel, die weiter oben schon erläutert worden sind.

```
[Association(Name="Category_Product", Storage="_Products",
             ThisKey="CategoryID", OtherKey="CategoryID")]
public EntitySet<Product> Products {
  get {
    return this._Products;
  }
  set {
    this._Products.Assign(value);
  }
}
```

Mit dieser Ergänzung in der Entität Category können wir die eingangs gestellte Frage mit einer passenden LINQ-Abfrage beantworten:

```
var query = from cat in categories
            where cat.Products.Count > 10
            select cat;
// Ausgabe der Daten
foreach (var item in query) {
  Console.WriteLine(item.CategoryName);
}
```

Hierbei beschreibt categories die Menge aller Kategorien, die durch Category-Entitäten abgebildet werden. Auch die LINQ-Abfrage wird erst in dem Moment ausgeführt, wenn von der Datenbank Daten angefordert werden. Dabei wird ein SQL-Statement erzeugt, das dem folgenden entspricht:

```
SELECT [t0].[CategoryID], [t0].[CategoryName]
FROM [dbo].[Categories] AS [t0]
WHERE ((
    SELECT COUNT(*)
```

```
FROM [dbo].[Products] AS [t1]
WHERE [t1].[CategoryID] = [t0].[CategoryID]
)) > 10
```

Hinweis

Das komplette Beispiel zu diesem Code finden Sie auf der Buch-DVD unter:
..\Beispiele\Kapitel 29\LINQ_to_SQL\Example_2

29.4.4 Ein weiteres Beispiel

Möglicherweise wollen Sie aber eine Liste aller Produkte ausgeben lassen, die nach Kategoriezugehörigkeit sortiert ist. Da die Entitätsklassen `Product` und `Category` die Verknüpfung der Entitäten beschreiben, ist die LINQ-Abfrage extrem einfach zu formulieren:

```
var query = from cat in categories
            select cat;
```

Jetzt kommt es nur darauf an, aus den vorliegenden Datenformationen diejenigen herauszufiltern, die von Interesse sind. Dabei hilft uns die Eigenschaft `Products` der Entität `Category` weiter. `Products` beschreibt die Liste all jener Artikel, die der betreffenden Kategorie zugeordnet sind. Um Detailinformationen zu jedem Artikel zu erhalten, müssen wir nur die durch die Eigenschaft `Products` bereitgestellte Liste Element für Element in einer Schleife durchlaufen:

```
foreach (var item in query) {
  Console.WriteLine(item.CategoryName);
  foreach (var product in item.Products)
    Console.WriteLine("  {0}", product.ProductName);
  Console.WriteLine(new String('-', 40));
}
```

Auch in diesem Codefragment wird die Technik des verzögerten Ladens verwendet. Greifen Sie das erste Mal auf die `Products`-Eigenschaft einer Kategorie zu (im Code ist das mit `product.ProductName` der Fall), wird LINQ to SQL die Datenbank abfragen, um die entsprechenden Dateninformationen bereitstellen zu können.

29.4.5 Sofortiges Laden der Daten

Um wiederholtes Abfragen der Datenbank zu vermeiden, können Sie alle Daten sofort laden. Das kann das Laufzeitverhalten Ihrer Anwendung positiv beeinflussen.

Um Daten komplett zu laden, bieten sich Ihnen zwei Möglichkeiten. Die erste gibt explizit die `Products`-Eigenschaft des Artikels in der Ergebnismenge an:

```
var query = from cat in categories
            select new { cat.CategoryName, cat.Products };
```

Auch wenn diese LINQ-Abfrage wieder sehr einfach zu formulieren ist, ist das SQL-Statement, das zur SQL Server-Datenbank geschickt wird, schon recht komplex:

```
SELECT [t0].[CategoryName], [t1].[ProductID],
[t1].[ProductName], [t1].[CategoryID], (
    SELECT COUNT(*)
    FROM [dbo].[Products] AS [t2]
    WHERE [t2].[CategoryID] = [t0].[CategoryID]
    ) AS [value]
FROM [dbo].[Categories] AS [t0]
LEFT OUTER JOIN [dbo].[Products] AS [t1] ON
[t1].[CategoryID] = [t0].[CategoryID]
ORDER BY [t0].[CategoryID], [t1].[ProductID]
```

Die Alternative zu der Angabe der Eigenschaft bietet die Klasse `DataLoadOptions`. Der Methode `LoadWith<T>` des `DataLoadOptions`-Objekts geben Sie über einen Lambda-Ausdruck an, welche untergeordneten Objekte abgerufen werden sollen. Anschließend müssen Sie der Eigenschaft `LoadOptions` des `DataContext`-Objekts noch die Referenz auf das `DataLoadOptions`-Objekt übergeben.

```
DataContext context = new DataContext(con);
Table<Category> categories = context.GetTable<Category>();
DataLoadOptions dlo = new DataLoadOptions();
dlo.LoadWith<Category>(cat => cat.Products);
context.LoadOptions = dlo;
var query = from cat in categories
            select new { cat.CategoryName, cat.Products };
```

Angenommen, Sie möchten sich in allen Kategorien die zugehörigen Artikel anzeigen lassen, die mehr als 50 EUR kosten. Den entsprechenden Filter auf die gemappten Daten anzusetzen, würde bedeuten, dass zu viele Daten unnützerweise den Weg von der Datenbank in die Clientanwendung suchen. Besser ist es, den Filter bereits vorher festzulegen. Die Klasse `DataLoadOptions` bietet diese Möglichkeit. Sie müssen nur vor `LoadWith<T>` die Methode `AssociateWith<T>` aufrufen und dort den Filter als Argument angeben.

```
DataLoadOptions dlo = new DataLoadOptions();
dlo.AssociateWith<Category>(
    cat => cat.Products.Where(prod => prod.UnitPrice > 50));
dlo.LoadWith<Category>(cat => cat.Products);
            context.LoadOptions = dlo;
var query = from cat in categories
            select new { cat.CategoryName, cat.Products };
```

In manchen Fällen ist das sofortige Laden sämtlicher Daten sicherlich eine bessere Lösung als das verzögerte Laden nach Bedarf, bei dem es immer wieder zu Wartezeiten kommen kann. Der Nachteil dieser Technik liegt allerdings auch auf der Hand, denn es wird viel Speicher in Anspruch genommen, und das Netz wird belastet.

29.5 Tools zur Erzeugung von Entitätsklassen

Die Beispiele haben bisher eines ganz deutlich gezeigt: Abfragen mit LINQ to SQL sind sehr einfach zu formulieren. Schon an dieser Stelle sei angedeutet, dass die Klasse `DataContext` ebenfalls sehr einfach einzusetzen ist und viele andere Vorgänge im Zusammenhang mit Datenbankoperationen auf ein Minimum an Programmcode reduziert. Vermutlich werden Sie sich aber dennoch die Frage stellen, ob sich diese Vorteile letztendlich auszahlen, da der Aufwand für die Erstellung einer Entitätsklasse immens hoch ist.

Dazu lässt sich sagen, dass Sie die Entitätsklasse nicht von Hand schreiben müssen. Visual Studio stellt Ihnen zwei Tools zur Verfügung, mit den die Generierung der Entitätsklasse zu einem Kinderspiel wird:

- das Kommandozeilentool *SQLMetal*
- den O/R-Designer (Object Relational Designer)

Mit Letzterem werden wir uns später in diesem Kapitel noch sehr ausführlich beschäftigen. Beschränken wir uns daher an dieser Stelle auf *SQLMetal*.

Das Tool »SQLMetal«

Das von LINQ to SQL angebotene Tool unterstützt das Erzeugen von Entitätsklassen direkt aus der Datenbank. Als Ergebnis werden alle Tabellen der Datenbank als Entitätsklassen in C# erstellt. Um die notwendigen Informationen zur Erstellung der Entitätsklassen zu erhalten, ruft *SQLMetal* die Metadaten der Datenbank ab. Auf deren Basis werden die Datentypen der einzelnen Datenbankfelder und die Beziehungen zwischen den Tabellen ermittelt.

Die Datei *SQLMetal.exe* finden Sie standardmäßig im Verzeichnis *\Programme\Microsoft SDKs\Windows\v6.0A\bin.*

Mit den Optionsschaltern des Tools können Sie festlegen, ob Views, gespeicherte Prozeduren oder Funktionen in die Erstellung mit einbezogen werden sollen. Sie können eine XML-Ausgabedatei generieren und zudem optional festlegen, welchem Namespace die Klassen zugeordnet werden sollen.

Das folgende Beispiel gencriert die Entitätsklassen der *Northwind*-Datenbank:

```
SQLMetal /server:. /database:Northwind /code:C:\NET\NWindEntities.cs /language:csharp
```

Die Datei, die die in C# erstellten Entitätsklassen enthält, wird unter dem Bezeichner *NWindEntities.cs* im Verzeichnis *C:\NET* abgelegt.

Sie können die Ausgabedatei bei Bedarf im Visual Studio ändern – beispielsweise, wenn Sie nicht alle Entitätsklassen benötigen. Zudem können Sie auch die Datenbankfelder in den Klassen auf diejenigen beschränken, auf die Sie tatsächlich in Ihrer Anwendung zugreifen. Erwähnt werden sollte an dieser Stelle auch, dass Sie noch eine Klassendefinition vorfinden, über die wir bisher noch nicht gesprochen haben. Dabei handelt es sich um eine Klasse, die `DataContext` ableitet. Wir werden auf die abgeleitete `DataContext`-Klasse im Zusammenhang mit dem O/R-Designer noch zu sprechen kommen.

29.6 Die Klasse »DataContext«

Die schon öfter erwähnte Klasse `DataContext` bildet die Schnittstelle zwischen der relationalen Datenbank und der Anwendung. Eine Instanz von `DataContext` hat zuerst immer die Aufgabe, die Verbindung zur Datenbank aufzubauen. Darüber hinaus werden die benötigten Daten aus der Datenbank gelesen und in den dafür vorgesehenen Entitätsobjekten abgelegt. Damit sind aber noch nicht alle Aufgaben beschrieben. Das `DataContext`-Objekt verfolgt die Änderung an den Daten im Speicher und übermittelt diese bei Bedarf an die Datenbank. Zusammenfassend kann man sagen, dass die `DataContext`-Instanz den Einstiegspunkt in LINQ to SQL bildet und die Kommunikation zwischen der Datenbank und der Anwendung abwickelt.

29.6.1 Verbindungsaufbau

Bei der Instanziierung der Klasse `DataContext` müssen Sie dem Konstruktor die Datenbankverbindung als Argument übergeben. Dafür eignet sich sowohl ein `SqlConnection`-Objekt als auch eine Zeichenfolge, die der der Klasse `SqlConnection` gleicht, zum Beispiel:

```
string con = "Data Source=.\sqlexpress;Initial Catalog=Northwind;
              Integrated Security=True";
DataContext context = new DataContext(con);
```

`DataContext` besitzt zwar auch eine Eigenschaft `Connection`, diese ist aber schreibgeschützt.

29.6.2 Daten abfragen

Das `DataContext`-Objekt hat die Fähigkeit, mit der Methode `GetTable<TEntity>` Daten von der Datenbank abzufragen. Bei dem Abfrageergebnis handelt es sich um eine Collection vom Typ `Table<TEntity>`. Möchten Sie zum Beispiel die Tabelle der Produkte abfragen, müsste die Anweisung

```
Table<Product> products = context.GetTable<Product>();
```

lauten. Das setzt natürlich voraus, dass in der Anwendung die Entitätsklasse `Product` definiert ist.

Der Rückgabetyp `Table<Product>` ist vergleichbar mit einer Collection des Typs `List<Products>`, ist aber auf die Belange von LINQ to SQL hin optimiert. Er enthält nach Absetzen der LINQ-Abfrage alle gemappten Datensätze, die vom Typ `Product` sind.

Auf die Ergebnisliste `products` können wir alle Standard-Abfrageoperationen anwenden. Die folgende Anweisung fragt alle Artikelbezeichner und deren Preis in der Datenbank ab:

```
// alle Datensätze abrufen
var query = from prod in products
            select new { prod.ProductName, prod.UnitPrice };
foreach (var item in query)
  Console.WriteLine("{0,-35}{1}",item.ProductName, item.UnitPrice);
```

Tatsächlich ausgeführt wird die Abfrage erst in dem Moment, wenn die Daten in der Schleife angefordert werden.

29.6.3 Von einer LINQ-Abfrage erzeugtes SQL-Statement ausgeben

Um die Datenbank abzufragen, verwendet LINQ to SQL die Definition der LINQ-Abfrage, um daraus ein für die Datenbank verständliches SQL-Statement zu erzeugen. Sie können sich dieses anzeigen lassen, wenn Sie mit der Methode `GetCommand` unter Angabe der Abfrage die `CommandText`-Eigenschaft aufrufen, beispielsweise so:

```
Console.WriteLine(context.GetCommand(query).CommandText);
```

Das Ergebnis für unsere Abfrage wird wie folgt lauten:

```
SELECT [t0].[ProductName], [t0].[UnitPrice]
FROM [dbo].[Products] AS [t0]
```

Dass nicht alle Felder abgefragt werden, liegt daran, dass wir nur die Felder `ProductName` und `UnitPrice` in das Ergebnis projiziert haben (siehe das Codefragment im vorigen Abschnitt). LINQ to SQL bewertet also unsere Anforderung an die Datenbank und liefert nur die wirklich benötigten Ergebnisse. Für Sie bedeutet das aber auch, dass Sie sich keine Gedanken darüber machen müssen, welche Datenbankfelder Sie in der Entitätsklasse abbilden müssen. Sprechen nicht wichtige Gründe dagegen, können Sie bedenkenlos alle abbilden. Auf die Performance und den Netzwerkverkehr hat das keinen Einfluss.

Zwei weitere Möglichkeiten, um das von LINQ to SQL erzeugte SQL-Statement abzurufen, möchte ich Ihnen nicht vorenthalten. Die erste benutzt die Eigenschaft `Log` des

DataContext-Objekts. Diese Eigenschaft leitet die Ausgabe an einen TextWriter um, bei dem es sich beispielsweise um Console.Out handeln könnte:

```
context.Log = Console.Out;
```

Sie können auch mittels Reflection das SQL-Statement als Zeichenfolge abrufen, wie die folgende Anweisung zeigt. Den Namenspace System.Reflection sollten Sie vorher importieren.

```
string strSQL = context.GetType().
    GetMethod("GetChangeText", BindingFlags.Instance |
    BindingFlags.NonPublic).Invoke(context, null) as string;
```

29.6.4 Aktualisieren der Daten

Unter Verwendung des DataContext-Objekts können wir Datensätze ändern, löschen und hinzufügen. Das DataContext-Objekt verfolgt alle Änderungen und kann durch einen einzigen Methodenaufruf die Datenbank aktualisieren.

Daten ändern

Sehen wir uns am Anfang ein Beispiel an, in dem wir alle Artikel der Products-Tabelle, deren Preis höher als 50 EUR ist, um 10% billiger anbieten. Dazu besorgen wir uns zuerst eine Liste aller Artikel, die der Bedingung UnitPrice > 50 genügen. Das soll uns jedoch noch nicht genügen. Wir wollen uns die geänderten Datensätze auch an der Konsole ausgeben lassen, ehe wir sie in die Datenbank schreiben.

```
// ---------------------------------------------------------------
// ...\Beispiele\Kapitel 29\Aktualisieren-Mit_LINQ_to_SQL\Editieren
// ---------------------------------------------------------------
string con = "...";
DataContext context = new DataContext(con);
Table<Product> products = context.GetTable<Product>();
// alle Datensätze abrufen
var query = from prod in products
            where prod.UnitPrice > 50
            select prod;
foreach (Product prod in query)
  Console.WriteLine("{0,-35}{1}", prod.ProductName, prod.UnitPrice);
Console.WriteLine();
// Preis reduzieren
foreach (var item in query)
  item.UnitPrice = item.UnitPrice * 0.9m;
// Abrufen der geänderten Datensätze aus der 'products'-Liste
ChangeSet set = context.GetChangeSet();
var liste = set.Updates;
```

```
Console.WriteLine("Geänderte Datensätze");
foreach(Product prod in liste)
  Console.WriteLine("{0,-35}{1}", prod.ProductName, prod.UnitPrice);
// Datenbank aktualisieren
context.SubmitChanges();
Console.WriteLine("Datenbank ist aktualisiert ...");
```

Die Datensätze, die wir ändern wollen, müssen in der Ergebnisliste der LINQ-Abfrage stehen. In einer Schleife wird die Liste Element für Element durchlaufen und der Preis jedes Produkts verringert. Der Code sollte auch ohne weitere Erklärungen verständlich sein.

Das `DataContext`-Objekt verfolgt die Änderungen an den Datensätzen. Die protokollierten Änderungen können wir mit der Methode `GetChangeSet` abrufen, die ein Objekt vom Typ `ChangeSet` zurückliefert. Das `ChangeSet`-Objekt ist ein Container, der drei Listen beherbergt: die der geänderten Datensätze, die der gelöschten und die der neu hinzugefügten. Auf diese Listen, die vom Typ `List<Object>` sind, haben wir Zugriff über die Eigenschaften `Updates`, `Deletes` und `Inserts`. Mit

```
ChangeSet set = context.GetChangeSet();
var liste = set.Updates;
```

wird im Code die Liste aller von der Änderung betroffenen Datensätze abgerufen und in der Variablen `liste` gespeichert. Da wir wissen, dass die Liste nur `Product`-Entitäten enthält, können wir in der `foreach`-Schleife die Artikel mit ihrem neuen Preis abfragen.

Zu diesem Zeitpunkt sind nur die Daten im lokalen Speicher von der Änderung betroffen. Um auch die Datenbank zu aktualisieren, müssen Sie nur die `SubmitChanges`-Methode des `DataContext`-Objekts aufrufen:

```
context.SubmitChanges();
```

Das Aktualisierungsverhalten des `DataContext`-Objekts erinnert sehr an das Verhalten eines `DataSet`, das zunächst ebenfalls erst alle Änderungen intern speichert.

Im Beispiel sind von der Änderung des Preises mehrere Entitäten gleichzeitig betroffen. Soll nur ein Datensatz editiert werden, hilft die Erweiterungsmethode `Single` weiter. Im folgenden Beispiel wird ein Datensatz unter Angabe des Primärschlüssels ausgewählt:

```
var query = products.Single(prod => prod.ProductID == 17);
```

`Single` hat aber einen Nachteil. Wird der gesuchte Datensatz in der Datenbank nicht gefunden, wird eine `Exception` ausgelöst, die Sie mit einer `try/catch`-Fehlerbehandlung behandeln müssen. Verwenden Sie anstelle von `Single` die nahezu gleichwertige Methode `SingleOrDefault`, können Sie auf die Fehlerbehandlung verzichten. `SingleOrDefault` löst keine Ausnahme aus, wenn der Datensatz nicht gefunden wird, sondern liefert `null` zurück.

```
var query = products.SingleOrDefault(prod => prod.ProductID == 171789);
if (query != null) {
  Console.Write("'{0}' ändern in ", query.ProductName);
  query.ProductName = Console.ReadLine();
  context.SubmitChanges();
  Console.WriteLine("Datenbank ist aktualisiert ...");
}
else {
  Console.WriteLine("Datensatz nicht gefunden.");
}
```

Beachten Sie beim Einsatz der Methoden `Single` bzw. `SingleOrDefault`, dass der Rückgabewert vom Typ `Product` ist. Sie können damit direkt auf die Spalten zugreifen und deren Inhalt, wie im Codefragment gezeigt, ändern.

Datensatz hinzufügen

Um einen neuen Datensatz in die Datenbank zu schreiben, benötigen wir zuerst ein Entitätsobjekt zur Übergabe der neuen Daten an das `DataContext`-Objekt. Anschließend weisen wir dem Objekt die neuen Werte zu und fügen es der Liste aller Entitäten hinzu. Dazu rufen Sie die Methode `InsertOnSubmit` auf der Entitätenliste `products` auf. Die Methode `SubmitChanges` fügt den neuen Datensatz der Datenbank hinzu.

Den Programmcode, der erforderlich ist, um ein neues Entitätsobjekt zu erzeugen und als Datensatz in der Datenbank zu speichern, können Sie dem folgenden Beispielprogramm entnehmen:

```
// ---------------------------------------------------------------
// ...\Beispiele\Kapitel 29\Aktualisieren-Mit_LINQ_to_SQL\Hinzufügen
// ---------------------------------------------------------------
string con = "...";
DataContext context = new DataContext(con);
Table<Product> products = context.GetTable<Product>();
// neue 'Product'-Entität
Product newProduct = new Product();
newProduct.ProductName = "Kartoffelsalat";
newProduct.Discontinued = true;
// zur Liste hinzufügen
products.InsertOnSubmit(newProduct);
// Datenbank aktualisieren
context.SubmitChanges();
Console.WriteLine("Datensatz hinzugefügt.");
Console.ReadLine();
```

Datensatz löschen

Jetzt fehlt uns nur noch das Löschen eines Datensatzes. Es können nur Datensätze gelöscht werden, die in der vom DataContext-Objekt gefüllten Entitätsliste enthalten sind. Das Prinzip des Löschens ähnelt dem des Änderns. Zuerst muss der zu löschende Datensatz ermittelt werden. Hierzu bieten sich wieder die beiden Methoden Single und SingleOrDefault an. Die Methode DeleteOnSubmit, die auf der Liste der Product-Entitäten aufgerufen wird, markiert den Datensatz als zur Löschung anstehend. SubmitChanges löscht den Datensatz endgültig in der Datenbank.

```
// ---------------------------------------------------------------
// ...\Beispiele\Kapitel 29\Aktualisieren-Mit_LINQ_to_SQL\Löschen
// ---------------------------------------------------------------
string con = "...";
DataContext context = new DataContext(con);
Table<Product> products = context.GetTable<Product>();
// zu löschenden Datensatz suchen
var prod = products
       .SingleOrDefault(delProd => delProd.ProductID == 13);
if (prod != null) {
  // Datensatz markieren
  products.DeleteOnSubmit(prod);
  // Datenbank aktualisieren
  context.SubmitChanges();
  Console.WriteLine("Datensatz gelöscht.");
}
else {
  Console.WriteLine("Datensatz nicht gefunden.");
}
Console.ReadLine();
```

29.6.5 Konflikte behandeln

Schreiben wir eine Anwendung für einen Benutzer, brauchen wir uns nicht allzu viele Gedanken um eventuell auftretende Konflikte zu machen. Aber der Alltag sieht meist anders aus, denn die Systeme werden von mehreren Usern gleichzeitig benutzt. In diesen Situationen muss damit gerechnet werden, dass zwei oder noch mehr Benutzer gleichzeitig denselben Datensatz bearbeiten. Da LINQ to SQL genauso wie auch ADO.NET mit verbindungslosen Daten arbeitet, müssen Sie als Entwickler die potenziell möglichen Konfliktszenarien berücksichtigen.

Beim Zurückschreiben gilt per Vorgabe von LINQ to SQL das *First-In-Wins*-Szenario. Mit anderen Worten: Der erste Benutzer, der einen geänderten Datensatz in der Datenbank aktualisiert, hat Erfolg. Der andere Benutzer wird bei dem Versuch scheitern, seine eigene

Änderung an demselben Datensatz in die Datenbank zu schreiben. Er wird zwar darüber informiert, dass die Daten zwischenzeitlich in der Datenbank geändert wurden, aber der beabsichtigte Speichervorgang kann nicht ausgeführt werden. Dieses Konfliktverhalten wird auch als *Optimistic Concurrency* bezeichnet.

Konfliktverhalten steuern

Bereits beim Bereitstellen der Entitätsklassen haben wir bisher, ohne es zu wissen, *Optimistic Concurrency* eingestellt. Rufen wir die Methode `SubmitChanges` auf dem `DataContext`-Objekt auf, wird automatisch ein passendes SQL-Statement erzeugt, in dem alle Spalten der SELECT-Abfrage in der WHERE-Klausel zur Identifizierung des Datensatzes in der Datenbanktabelle angegeben werden.

Nehmen wir an, Sie würden die Tabelle `Products` durch die Entitätsklasse `Product` abbilden. In der Klasse seien nur die drei Spalten `ProductID`, `ProductName` und `UnitPrice` beschrieben. Ändern Sie an einem der gemappten Datensätze im Feld `ProductName` den Wert, würde LINQ to SQL das folgende parametrisierte UPDATE-Statement erzeugen:

```
UPDATE [dbo].[Products]
SET [ProductName] = @p3
WHERE ([ProductID] = @p0) AND
      ([ProductName] = @p1) AND
      ([UnitPrice] = @p2)
```

Die Parameter werden mit den entsprechenden Daten des betroffenen Datensatzes gefüllt, wobei die Parameter in der WHERE-Klausel die ursprünglichen Originalwerte aus der Datenbank beschreiben. Wird in der Datenbank kein Datensatz gefunden, der den durch WHERE beschriebenen Kriterien entspricht, kann auch keine Aktualisierung erfolgen, was als Konflikt bewertet wird. Anschließend wird eine `ChangeConflictException` ausgelöst.

Sie können das Aktualisierungsverhalten beliebig an Ihre eigenen Anforderungen anpassen. Dazu müssen Sie das Attribut `Column`, das mit jeder Spalte der von der Entitätsklasse beschriebenen Tabelle verknüpft ist, um den Parameter `UpdateCheck` ergänzen, beispielsweise:

```
[Column(Storage="_ProductName",
        DbType="NVarChar(40) NOT NULL",
        CanBeNull=false,
        UpdateCheck=UpdateCheck.WhenChanged)]
public string ProductName {
  ...
}
```

Dieser Parameter kann drei Werte annehmen, die durch die Enumeration `UpdateCheck` beschrieben werden. Die möglichen Werte können Sie Tabelle 29.3 entnehmen.

Konstante	Beschreibung
`Always`	Die Spalte wird immer in die WHERE-Klausel einbezogen.
`Never`	Die Spalte wird nie in die WHERE-Klausel einbezogen.
`WhenChanged`	Die Spalte wird nur bei einer Änderung in die WHERE-Klausel einbezogen.

Tabelle 29.3 Die Mitglieder der Enumeration »UpdateCheck«

Wird der Parameter `UpdateCheck` nicht angegeben, gilt die Vorgabe `UpdateCheck.Always`. Alle zur Entität gehörenden Spalten werden dann zur Bestimmung der zu aktualisierenden Datenzeile herangezogen. Daraus resultiert das zuvor beschriebene *First-In-Wins*-Szenario. In einem *Last-In-Wins*-Szenario wird zur Identifizierung des betroffenen Datensatzes ausschließlich die Primärschlüsselspalte angegeben. Das erreichen Sie, indem Sie für alle anderen Spalten den Parameter auf den Wert `UpdateCheck.Never` einstellen.

Sie können übrigens auch die mit einem Primärschlüssel gekennzeichnete Spalte mit `UpdateCheck.Never` kennzeichnen. Allerdings wird diese Einstellung keine Auswirkungen haben, da diese Spalte grundsätzlich immer im Filter der WHERE-Klausel verwendet wird.

Auf Konflikte reagieren

LINQ to SQL weist eine hohe Flexibilität auf, wenn es darum geht, Einfluss darauf auszuüben, wann ein Konflikt auftreten soll. Trotz der vielen Beeinflussungsmöglichkeiten kann in einer Mehrbenutzerumgebung ein Konflikt nicht vermieden werden, wenn zwei User Änderungen am gleichen Datensatz vornehmen. Der Benutzer, der als zweiter versucht, den Datensatz in der Datenbank zu aktualisieren, wird mit einer `ChangeConflictException` konfrontiert, die behandelt werden muss.

Abhängig von der vom `DataContext`-Objekt protokollierten Anzahl an Aktualisierungen können beim Aufruf der Methode `SubmitChanges` durchaus mehrere Datensätze einen Konflikt auslösen. Rufen Sie `SubmitChanges` parameterlos auf, wird die Aktualisierung beim ersten Parallelitätskonflikt abgebrochen. Eine Überladung der Methode gestattet es jedoch, alle aufgetretenen Parallelitätskonflikte zu sammeln. Übergeben Sie `SubmitChanges` dazu das Argument `ConflictMode.ContinueOnConflict`, z. B. so:

```
context.SubmitChanges(ConflictMode.ContinueOnConflict)
```

`ConflictMode` ist eine Enumeration, die nur zwei Konstanten beschreibt. Die zweite, `FailOnFirstConflict`, ist die Vorgabe, wenn Sie keine spezifische Angabe machen.

Konstante	Beschreibung
`FailOnFirstConflict`	Gibt an, dass weitere Versuche zur Aktualisierung der Datenbank sofort abgebrochen werden sollen, wenn der erste Konflikt gefunden wird.

Tabelle 29.4 Mitglieder der Enumeration »ConflictMode«

Konstante	Beschreibung
`ContinueOnConflict`	Gibt an, dass alle Aktualisierungen für die Datenbank geprüft und dass Parallelitätskonflikte zusammengefasst und am Ende der Aktualisierungsoperation zurückgegeben werden sollen.

Tabelle 29.4 Mitglieder der Enumeration »ConflictMode« (Forts.)

Tritt ein Konflikt auf, haben Sie prinzipiell zwei Lösungsmöglichkeiten:

- Sie lösen das aufgetretene Problem pauschal, ohne dass Sie den Benutzer mit Detailinformationen zum Konflikt versorgen.
- Sie zeigen dem Benutzer detailliert den Grund des Konflikts an. Der Anwender kann dann seinerseits entscheiden, wie im Einzelfall auf den Konflikt reagiert werden muss.

Beide Varianten wollen wir nun untersuchen.

Allgemeine Konfliktlösung

Das `DataContext`-Objekt verfolgt nicht nur die Änderungen an den Entitätsobjekten, es hilft uns auch bei einem oder mehreren aufgetretenen Konflikten weiter. Diese werden vom `DataContext` in einer Collection gesammelt, auf die wir Zugriff über die Eigenschaft `ChangeConflicts` haben. Um festzulegen, wie Parallelitätskonflikte gelöst werden sollen, bietet uns die Collection die Methode `ResolveAll` an, der wir ein Argument vom Typ der Enumeration `RefreshMode` übergeben müssen, also zum Beispiel:

```
context.ChangeConflicts.ResolveAll(RefreshMode.KeepChanges);
```

In der Enumeration `RefreshMode` sind drei Konstanten definiert, die Sie Tabelle 29.5 entnehmen können.

Konstante	Beschreibung
`KeepCurrentValues`	Kombiniert die neuen Werte in der Datenbank mit den aktuellen Werten.
`KeepChanges`	Die aktuellen Werte werden beibehalten, die neuen Werte in der Datenbank ignoriert.
`OverwriteCurrentValues`	Die neuen Werte in der Datenbank überschreiben die aktuellen Werte.

Tabelle 29.5 Mitglieder der Enumeration »RefreshMode«

Möchten Sie die Änderungen, die ein zweiter Benutzer zuvor vorgenommen hat, mit den Änderungen des aktuellen Benutzers kombinieren, stellen Sie die Option `RefreshMode.KeepCurrentValues` ein. Das hört sich zwar verlockend an, hat aber einen Nachteil: Haben beide Anwender dieselbe Spalte geändert, wird der Wert des Anwenders, der zuerst aktualisiert hat, einfach überschrieben.

Mit `RefreshMode.OverwriteCurrentValues` werden die Werte des konfliktverursachenden Datensatzes aus der Datenbank gelesen. Diese überschreiben die aktuellen Werte. Damit hat der Anwender, der mit dem Konflikt konfrontiert wird, einerseits die neuesten Daten vorliegen, muss aber andererseits seine eigenen Änderungen noch einmal überarbeiten.

`RefreshMode.KeepChanges` ist die brutale Art, auf einen Konflikt zu reagieren. Änderungen, die ein zweiter Anwender zuvor vorgenommen hat, werden einfach ignoriert und durch die eigenen beim folgenden `SubmitChanges`-Aufruf überschrieben.

```
try {
 context.SubmitChanges(ConflictMode.ContinueOnConflict);
}
catch (ChangeConflictException ex) {
  context.ChangeConflicts.ResolveAll(RefreshMode.KeepChanges);
  context.SubmitChanges();
}
```

Detaillierte Konfliktbeschreibung

Eine gute Lösung eines Parallekitätskonflikts setzt voraus, dass dem Anwender alle notwendigen Detailangaben dazu zur Verfügung gestellt werden. Dazu gehört der Name der Tabelle, in der der Konflikt verursacht worden ist, ebenso wie die betroffene Spalte. Darüber hinaus müssen auch drei Feldinformationen vorliegen:

- der neue Wert in der Datenbank
- der aktuelle Wert, der sich als Konfliktverursacher erwiesen hat
- der ursprüngliche Originalwert, von dem ausgehend das Feld des Datensatzes aktualisiert worden ist

An alle benötigten Informationen zu kommen, stellt kein Problem dar. Dazu müssen wir die `ChangeConflicts`-Collection durchlaufen. Alle dort registrierten Konflikte werden durch Objekte vom Typ `ObjectChangeConflict` beschrieben. Da ein Konflikt seine Ursache auch in mehreren Feldern eines Datensatzes haben kann, werden diese Felder in einer Collection gesammelt, auf die wir Zugriff über die Eigenschaft `MemberConflicts` des `ObjectChangeConflict`-Objekts haben.

Da wir nun in Form einer Referenz genau das Feld in Erfahrung gebracht haben, das für den Konflikt verantwortlich ist, können wir alle notwendigen Informationen zusammentragen. Das wollen wir uns nun an einem konkreten Beispiel ansehen. In der Entitätsklasse werden die drei Spalten `ProductID`, `ProductName` und `UnitPrice` beschrieben. Für alle drei Spalten ist der Parameter `UpdateCheck` des Attributs `Column` auf seinen Standardwert `Always` festgelegt.

```
// ---------------------------------------------------------
// ...\Beispiele\Kapitel 29\Konfliktanalyse
// ---------------------------------------------------------
string con = "...";
DataContext context = new DataContext(con);
Table<Product> products = context.GetTable<Product>();
var prod = products.SingleOrDefault(delProd =>
                                    delProd.ProductID == 1);
// Feldwert aktualisieren
prod.ProductName = "Senf";
prod.UnitPrice = 115;
Console.WriteLine("Jetzt 2. User simulieren ...");
Console.ReadLine();
try {
  // Versuch der Datenbankaktualisierung
  context.SubmitChanges(ConflictMode.ContinueOnConflict);
}
catch (ChangeConflictException ex) {
  // Detailinformationen abrufen und anzeigen
  var detail = from conflict in context.ChangeConflicts
               from member in conflict.MemberConflicts
               select new {
                      Membername = member.Member.Name,
                      CurrentValue = member.CurrentValue,
                      Originalvalue = member.OriginalValue,
                      DataBaseValue = member.DatabaseValue
               };
  foreach (var item in detail) {
    Console.WriteLine("Feldname:      {0}", item.Membername);
    Console.WriteLine("CurrentValue:  {0}", item.CurrentValue);
    Console.WriteLine("Originalvalue: {0}", item.Originalvalue);
    Console.WriteLine("DataBaseValue: {0}", item.DataBaseValue);
  }
}
Console.ReadLine();
```

Sie können das Programmbeispiel testen, indem Sie die Anwendung starten und der Aufforderung an der Konsole folgen, einen zweiten Benutzer zu simulieren. Dazu ist das *SQL Server Management Studio* sehr gut geeignet. Ändern Sie hier in der ersten Datenzeile der Tabelle `Products` den Wert der beiden Spalten `ProductName` und `UnitPrice`. Wechseln Sie danach wieder an die Konsole, und setzen Sie durch Drücken der ↵-Taste die Ausführung fort. Danach sehen Sie, dass beide geänderten Spalten für den Konflikt verantwortlich sind. Zudem zeigt die Auswertung neben dem alten Originalwert und dem aktuellen Wert auch den neuen Wert in der Datenbank an.

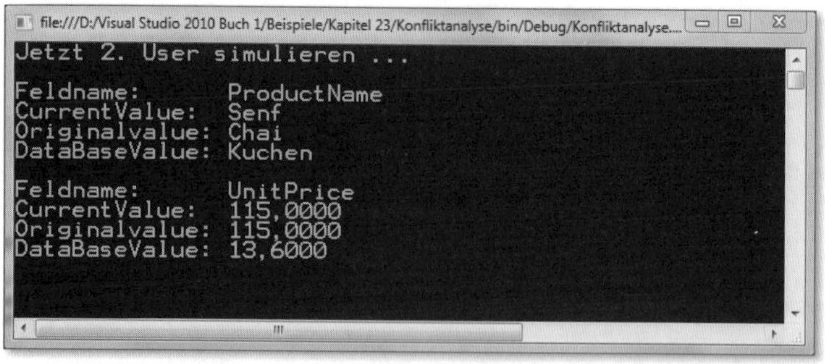

```
file:///D:/Visual Studio 2010 Buch 1/Beispiele/Kapitel 23/Konfliktanalyse/bin/Debug/Konfliktanalyse...
Jetzt 2. User simulieren ...

Feldname:       ProductName
CurrentValue:   Senf
Originalvalue:  Chai
DataBaseValue:  Kuchen

Feldname:       UnitPrice
CurrentValue:   115,0000
Originalvalue:  115,0000
DataBaseValue:  13,6000
```

Abbildung 29.1 Ausgabe des Beispielprogramms »Konfliktanalyse«

Sehen wir uns nun den catch-Zweig etwas genauer an. Mit

```
var detail = from conflict in context.ChangeConflicts
```

besorgen wir uns zuerst die Liste aller aufgetretenen Konflikte. Dabei handelt es sich um Objekte vom Typ ObjectChangeConflict. Jedes dieser Objekte beschreibt eine eigene Collection, die MemberChangedConflict-Objekte verwaltet. Diese Liste wird mit

```
from member in conflict.MemberConflicts
```

abgerufen. Über die Eigenschaft Member des MemberChangedConflict-Objekts können wir die für uns interessanten Details erfahren und einem anonymen Typ übergeben. Dazu gehören der Name der konfliktauslösenden Spalte sowie der aktuelle Wert, der Originalwert und der in der Datenbank gespeicherte neue Wert.

```
select new {
              Membername = member.Member.Name,
              CurrentValue = member.CurrentValue,
              Originalvalue = member.OriginalValue,
              DataBaseValue = member.DatabaseValue
           };
```

Im Beispielprogramm werden die gelieferten Informationen nur dazu benutzt, sie an der Konsole anzuzeigen. Sie lassen sich aber auch so verwenden, dass der Benutzer selbst darüber entscheiden kann, welche Daten tatsächlich in die Datenbank geschrieben werden sollen.

29.7 Der LINQ to SQL-Designer (O/R-Designer)

29.7.1 Handhabung des O/R-Designers

Wenn Sie die Kapitel 23 bis 28 zu ADO.NET aufmerksam gelesen haben und jetzt an dieser Stelle einen Vergleich zwischen ADO.NET und LINQ to SQL anstellen, werden Sie vermutlich zu dem Schluss kommen, dass der technologische Hintergrund von LINQ to SQL auf ADO.NET basiert. Beide Bibliotheken ähneln sich in vielfacher Hinsicht, aber die Codeimplementierung ist mit LINQ to SQL einfacher und überschaubarer geworden, während sich gleichzeitig die Anzahl der eingesetzten Klassen deutlich reduziert hat. Im Grunde genommen rankt sich alles nur noch um das `DataContext`-Objekt.

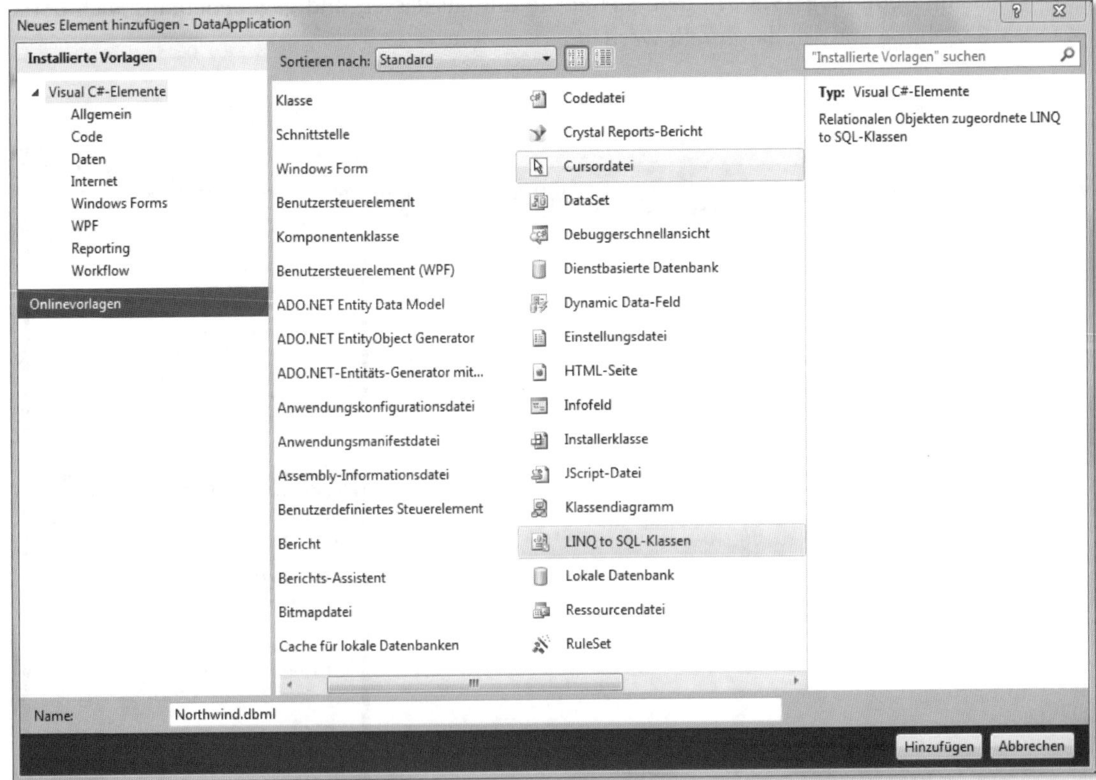

Abbildung 29.2 Das Element »LINQ to SQL-Klassen« hinzufügen

Allerdings gibt es momentan auch einen Wermutstropfen: Die Definition der Entitätsklassen ist sehr aufwendig und scheint die programmiertechnischen Vorteile zunichte zu machen. Aber diese scheinbare Problematik wird von Visual Studio selbst gelöst, denn es stellt einen integrierten Designer zur Verfügung, der es ermöglicht, mittels Drag & Drop die notwendigen Klassen zu erzeugen.

Wir wollen uns das Arbeiten mit dem Designer sofort an einem konkreten Beispiel ansehen und dazu die Tabelle `Products` der *Northwind*-Datenbank benutzen. Deshalb starten wir ein Windows Forms-Projekt. Nach dem Anlegen des Projekts markieren Sie im Projektmappen-Explorer das Projekt und öffnen dessen Kontextmenü. Über Hinzufügen • Neues Ele-

MENT... gelangen Sie zu dem in Abbildung 29.2 gezeigten Auswahldialog, in dem Sie LINQ TO SQL-KLASSEN auswählen. Da wir anschließend auf eine Tabelle der *Northwind*-Datenbank zugreifen wollen, bietet es sich an, abweichend von der Vorgabe die erzeugte Datei *Northwind.dbml* zu nennen.

Nach der Bestätigung im Dialogfenster wird in Visual Studio der O/R-Designer geöffnet (siehe Abbildung 29.3), in dem später die Entitätsklassen und gegebenenfalls auch deren Beziehung grafisch dargestellt werden.

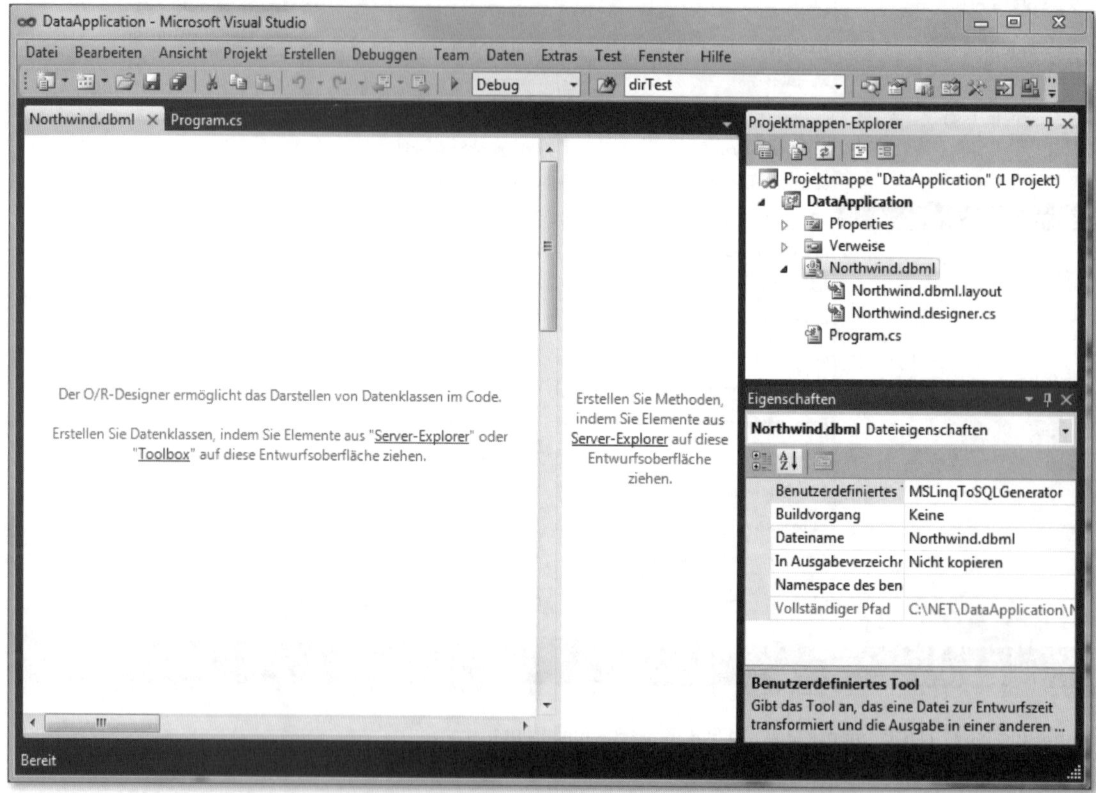

Abbildung 29.3 Der O/R-Designer

Als Nächstes müssen wir die Datenbankverbindung definieren und anschließend die Tabelle `Products` angeben. Dazu dient das Tool SERVER-EXPLORER, das über das Menü ANSICHT von Visual Studio geöffnet werden kann. Im SERVER-EXPLORER werden über den Knoten DATENVERBINDUNGEN die Verbindungen angezeigt, die Sie in Visual Studio angelegt haben. Wird Ihnen hier bereits die *Northwind*-Datenbank angeboten, können Sie diese benutzen. Ansonsten legen Sie eine neue Datenverbindung über das Kontextmenü DATENVERBINDUNGEN an.

Sobald im SERVER-EXPLORER die Verbindung zur *Northwind*-Datenbank erstellt ist, markieren Sie im untergeordneten Knoten TABELLEN die Tabelle `Products` und ziehen diese in den linken Fensterbereich des O/R-Designers. Danach wird die Tabelle im Designer mit allen ihren Feldern visualisiert dargestellt (siehe Abbildung 29.4). Möchten Sie mit gespeicherten Prozeduren oder Funktionen arbeiten, müssen Sie diese aus dem SERVER-EXPLORER in den rechten Fensterbereich des Designers ziehen.

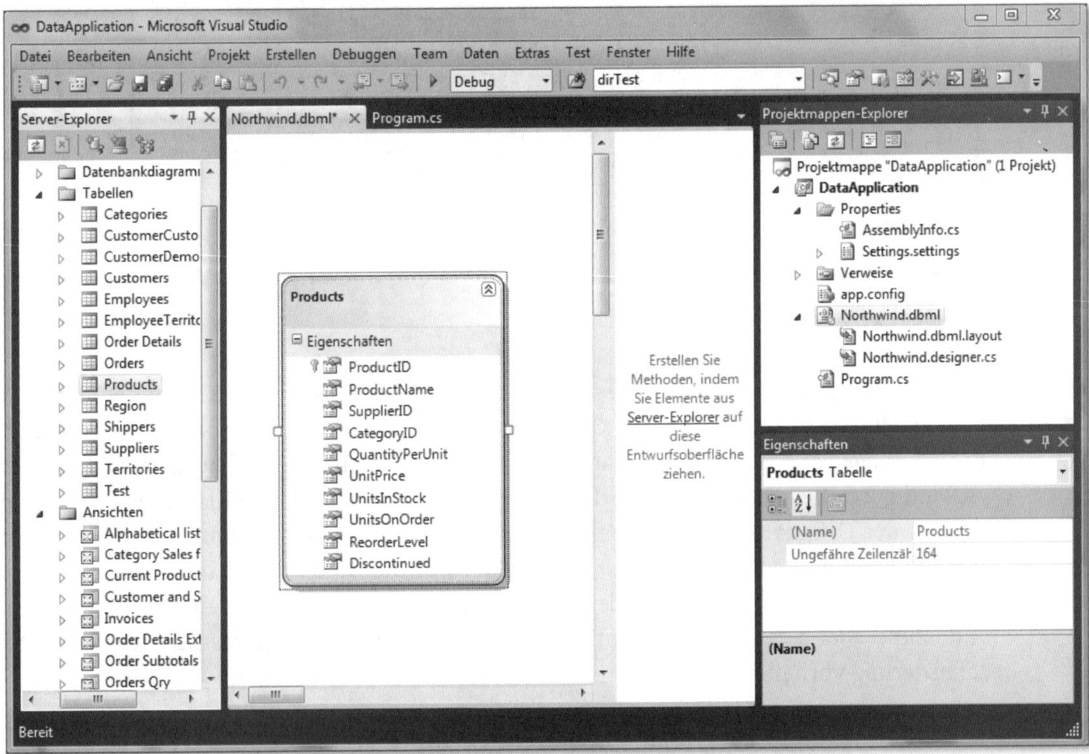

Abbildung 29.4 Die Entity-Klasse der Tabelle »Products« im O/R-Designer

Bis jetzt wurden mehrere Dateien dem aktuellen Projekt hinzugefügt:

- eine DBML-Datei (hier: *Northwind.dbml*), hinter der sich die Definition der Metadaten der Entitätsklasse im XML-Format verbirgt. In Abbildung 29.5 sehen Sie den Inhalt der generierten DBML-Datei.
- die Datei *Northwind.dbml.layout*, die Informationen für das Layout im Designer enthält
- die Datei *Northwind.designer.cs*, die die generierten Klassen enthält

Darüber hinaus wird dem Projekt auch die Anwendungskonfigurationsdatei *app.config* hinzugefügt, in der die Verbindungsinformationen zu der ausgewählten Datenbank eingetragen sind. Sie können also zu einem späteren Zeitpunkt die Verbindungsdaten jederzeit an die der Produktivumgebung anpassen.

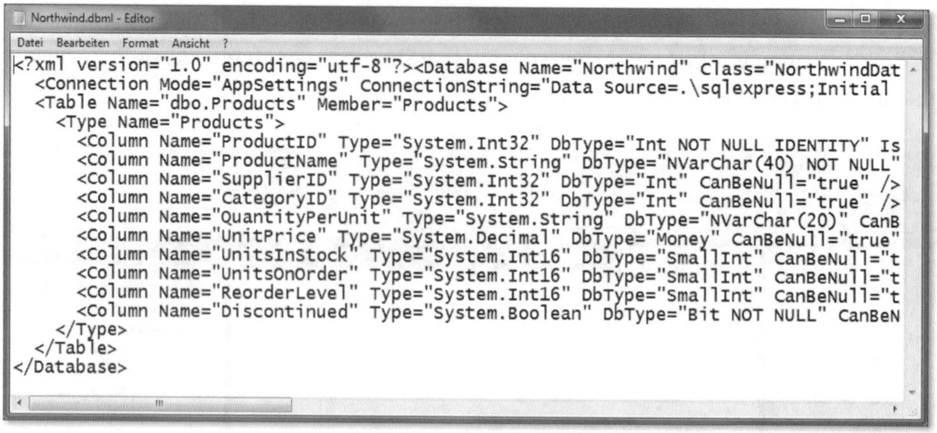

Northwind.dbml - Editor

Datei Bearbeiten Format Ansicht ?

```
<?xml version="1.0" encoding="utf-8"?><Database Name="Northwind" Class="NorthwindDat
  <Connection Mode="AppSettings" ConnectionString="Data Source=.\sqlexpress;Initial
  <Table Name="dbo.Products" Member="Products">
    <Type Name="Products">
      <Column Name="ProductID" Type="System.Int32" DbType="Int NOT NULL IDENTITY" Is
      <Column Name="ProductName" Type="System.String" DbType="NVarChar(40) NOT NULL"
      <Column Name="SupplierID" Type="System.Int32" DbType="Int" CanBeNull="true" />
      <Column Name="CategoryID" Type="System.Int32" DbType="Int" CanBeNull="true" />
      <Column Name="QuantityPerUnit" Type="System.String" DbType="NVarChar(20)" CanB
      <Column Name="UnitPrice" Type="System.Decimal" DbType="Money" CanBeNull="true"
      <Column Name="UnitsInStock" Type="System.Int16" DbType="SmallInt" CanBeNull="t
      <Column Name="UnitsOnOrder" Type="System.Int16" DbType="SmallInt" CanBeNull="t
      <Column Name="ReorderLevel" Type="System.Int16" DbType="SmallInt" CanBeNull="t
      <Column Name="Discontinued" Type="System.Boolean" DbType="Bit NOT NULL" CanBeN
    </Type>
  </Table>
</Database>
```

Abbildung 29.5 Inhalt der ».dbml«-Datei

Die Datei *Northwind.designer.cs* beschreibt in unserem Beispiel zwei Klassendefinitionen: Es handelt sich einerseits um die Klasse `NorthwindDataContext`, die von der Klasse `DataContext` abgeleitet ist und unter anderem für den Verbindungsaufbau zum SQL Server zuständig ist. Die zweite Klasse ist die Entitätsklasse `Products`. Diese Klasse beschreibt alle Spalten der Originaltabelle, die aber bei Bedarf auch auf die benötigten Spalten reduziert werden können. Bedenken Sie aber, dass später nur die Daten der Spalten abgefragt werden, die tatsächlich benötigt werden. Sprechen nicht schwerwiegende Gründe gegen die Aufnahme aller Spalten in der Entitätsklasse (z. B. Sicherheitsaspekte), sollten Sie keine Reduzierung vornehmen.

Sowohl die Definition der `DataContext`-Klasse als auch die Definition der Entitätsklasse sollten wir uns etwas genauer ansehen. Beide beherbergen Klassenmitglieder, die über das hinausgehen, was in Abschnitt 29.6, »Die Klasse ›DataContext‹«, erörtert worden ist.

29.7.2 Die abgeleitete »DataContext«-Klasse

Die Klasse `NorthwindDataContext` ist von der Klasse `DataContext` abgeleitet. Im Wesentlichen bietet sie uns für jede verwaltete Entitätsklasse einen vereinfachten Zugriff über eine Eigenschaft, die so heißt wie die Entitätsklasse selbst. Haben wir im O/R-Designer die Tabelle `Products` hinzugefügt (und den Klassenbezeichner in `Product` geändert), sieht der automatisch generierte Code wie folgt aus:

```
public System.Data.Linq.Table<Product> Product {
  get {
```

```
    return this.GetTable<Product>();
  }
}
```

Damit ist es möglich, mit

```
NorthwindDataContext context = new NorthwindDataContext();
Table<Product> products = context.Product;
```

direkt eine Liste der `Product`-Entitäten zu erstellen. Ein wenig erinnert uns das an typisierte `DataSets`.

Neben mehreren Konstruktoren, deren Parameterlisten sich nicht von denen der Basisklasse unterscheiden, weist die abgeleitete `DataContext`-Klasse eine Reihe partieller Methoden auf. Partielle Methoden sind mit C# 3.0 eingeführt worden. Sie sind eine logische Fortsetzung der Idee partieller Klassen. Sind in einer Klasse partielle Methoden definiert, können diese in einer Erweiterung der partiellen Klasse definiert werden. Betrachten wir dazu ein einfaches Beispiel:

```
partial class DataObject {
  partial void OnCreated();
  public DataObject() {
    OnCreated();
  }
}
```

In der Klasse `DataObject` ist die partielle Methode `OnCreated` definiert. Grundsätzlich dürfen partielle Methoden nur `void` sein. Ein Zugriffsmodifizierer ist unzulässig, partielle Methoden sind daher immer `private`. Wird ein Objekt der Klasse `DataObject` erzeugt, passiert noch nichts, denn der Compiler ignoriert die partielle Methode, da sie keinen Code enthält.

Eine partielle Methode müssen Sie als ein Angebot ansehen, das Sie annehmen können oder nicht – vergleichbar mit dem Angebot, auf ein Ereignis zu reagieren oder nicht. Deshalb finden Sie sehr häufig Hinweise auf die nahe Verwandtschaft von Ereignissen und partiellen Methoden.

Erweitern Sie die Klasse `DataObject`, können Sie die partielle Methode implementieren.

```
partial class DataObject {
  partial void OnCreated() {
    Console.WriteLine("In der partiellen Methode");
  }
}
```

Beim Kompilieren wird aus den beiden separaten Klassendefinitionen eine Klasse erzeugt, wobei nun auch die partielle Methode berücksichtigt wird. Wird beim Instanziieren der Klasse `DataObject` der Konstruktor aufgerufen, wird auch die partielle Methode ausgeführt.

Nach dieser Erläuterung kehren wir zu der `DataContext`-Klasse zurück, die in unserem Beispiel vier partielle Methoden anbietet:

```
partial void OnCreated();
partial void InsertProduct(Product instance);
partial void UpdateProduct(Product instance);
partial void DeleteProduct(Product instance);
```

`OnCreated` wird in jedem Konstruktor aufgerufen. Möchten Sie bei der Instanziierung noch weitere Operationen begleitend ausführen lassen, fügen Sie dem Projekt eine neue Klassendefinition hinzu und implementieren die Methode `OnCreated`, wie im folgenden Codefragment zu sehen ist:

```
partial class NorthwindDataContext {
  partial void OnCreated() {
    // Anweisungen
  }
}
```

Kommen wir nun zu den anderen drei partiellen Methoden `InsertXxx`, `UpdateXxx` und `DeleteXxx`. Diesen drei Methoden ist als Suffix der Bezeichner der Entitätsklasse angehängt. Wie Sie wissen, wird die Datenbank durch den Aufruf der Methode `SubmitChanges` aktualisiert. Die erforderlichen SQL-Statements werden dabei automatisch erzeugt und können durch das Attribut `UpdateCheck` beeinflusst werden. In den meisten Fällen ist das vollkommen ausreichend, um Einfluss auf die Aktualisierung auszuüben.

Ist eine Aktualisierungsoperation gefordert, die über die vorgegebenen Möglichkeiten hinausgeht, können Sie durch Implementierung der drei Methoden die Vorgabe überschreiben. Wenn wir beispielsweise annehmen, Sie möchten die Preise aller Artikel der `Products`-Tabelle verdoppeln, dann könnten Sie mit

```
partial class NorthwindDataContext {
  partial void UpdateProduct(Product instance) {
    this.ExecuteCommand(
       "UPDATE Products SET UnitPrice= UnitPrice *2");
  }
}
```

den Aktualisierungsprozess selbst festlegen. Die Methode `ExecuteCommand` des `DataContext`-Objekts können Sie natürlich auch außerhalb einer partiellen Methode aufrufen.

29.7.3 Entitätsklassen

Werfen wir nun einen Blick in die vom O/R-Designer erzeugte Entitätsklasse. Diese ist bereits mit dem Table-Attribut verknüpft. Alle spaltenbeschreibenden Eigenschaften weisen das Attribut Column auf, dessen Parameter auf die üblichen Standardwerte eingestellt sind. Möchten Sie diese spezifisch einstellen, ist das im Eigenschaftsfenster am einfachsten. Markieren Sie dazu nur die betreffende Spalte im Designer.

Etwas unglücklich ist die Bezeichnung der Entitätsklasse, die für die Tabelle Products erzeugt wird. Sie heißt so wie die Tabelle, also Products. Inzwischen wissen Sie, dass eine Instanz dieser Klasse einen einzelnen Datensatz abbildet und nicht mehrere, wie man der Pluralisierung entnehmen könnte. Daher sollten Sie Products in Product ändern. Da Sie später häufig eine Liste mehrerer gemappter Datensätze benötigen, können Sie die Liste Products oder products nennen und vermeiden so Irritationen.

Den Bezeichner der Entitätsklasse können Sie im Eigenschaftsfenster ändern. Sie müssen das aber auch bei jeder weiteren Entitätsklasse tun. Eine Alternative ist es, die Vorgabe der Pluralisierung grundsätzlich in Visual Studio zu ändern. Eine solche Einstellungsmöglichkeit gibt es. Sie können sie im OPTIONEN-Dialog vornehmen, den Sie über EXTRAS • OPTIONEN öffnen. Wählen Sie aus der linken Liste das Element DATENBANKTOOLS aus und anschließend den Eintrag O/R-DESIGNER. Im rechten Bereich des Dialogs wird die Eigenschaft AKTIVIERT angezeigt, die Sie von False auf True einstellen.

Jede vom O/R-Designer erzeugte Entitätsklasse implementiert mit INotifyPropertyChanging und INotifyPropertyChanging zwei Schnittstellen. Über diese Interfaces werden der Entitätsklasse die beiden Ereignisse PropertyChanging und PropertyChanged aufgezwungen. Entsprechend der üblichen Namenskonvention wird das Ereignis PropertyChanging ausgelöst, ehe ein Feldwert der Entität aktualisiert wird, und PropertyChanged wird ausgelöst, nachdem der Feldwert aktualisiert worden ist. Sie können in Ihrem Code auf die beiden Ereignisse reagieren, wenn Sie im Zusammenhang mit einer Feldaktualisierung noch weitere Operationen ausführen lassen wollen. Sehen wir uns exemplarisch die Definition der Spalte ProductName in der Entitätsklasse an:

```
public string ProductName {
  get {
    return this._ProductName;
  }
  set {
    if ((this._ProductName != value)) {
      this.OnProductNameChanging(value);
      this.SendPropertyChanging();
      this._ProductName = value;
      this.SendPropertyChanged("ProductName");
```

```
      this.OnProductNameChanged();
    }
  }
}
```

Mit der Anweisung

```
this._ProductName = value;
```

wird ein neuer Wert in das Feld `ProductName` der Entität geschrieben. Ehe die Aktualisierung der Eigenschaft erfolgt, wird mit `SendPropertyChanging` eine Methode aufgerufen, und direkt nach der Aktualisierung folgt `SendPropertyChanged`. Diese beiden Methoden kapseln die Ereignisauslösung und prüfen dabei, ob sich ein Abnehmer des Ereignisses registriert hat.

```
protected virtual void SendPropertyChanging() {
  if ((this.PropertyChanging != null)) {
    this.PropertyChanging(this, emptyChangingEventArgs);
  }
}

protected virtual void SendPropertyChanged(String propertyName) {
  if ((this.PropertyChanged != null)) {
    this.PropertyChanged(this, new PropertyChangedEventArgs(propertyName));
  }
}
```

Schauen Sie sich noch einmal den dynamisch erzeugten Code der Spalte `ProductName` an. Sie werden mit `OnProductNameChanging` und `OnProductNameChanged` noch zwei weitere Methoden erkennen. Hierbei handelt es sich um den Aufruf von zwei partiellen Methoden, die in der Entitätsklasse ebenfalls vordefiniert sind.

Da partielle Methoden als Ereignis interpretiert werden können, stellt sich an dieser Stelle die Frage, worin der Unterschied zwischen einer partiellen Methode (beispielsweise `OnProductNameChanging`) und einem Ereignis (`PropertyChanging`) besteht?

Implementieren Sie eine partielle Methode, sind alle Komponenten Nutznießer dieses »Ereignisses«. Die zugrunde liegende Entitätsklasse wird also um ein allgemeines Feature erweitert, von dem alle zugreifenden Komponenten profitieren. Ein Ereignis, wie zum Beispiel `PropertyChanging`, bleibt weiterhin eine Option, die Sie als Entwickler im Einzelfall nutzen können – oder auch nicht.

30 Weitergabe von Anwendungen

In diesem Kapitel erfahren Sie, wie Sie Ihre Anwendungen zur lokalen Installation oder zur Bereitstellung via ClickOnce auf einem Webserver weitergeben können.

30.1 Weitergabe mit MS-Installer

Im Grunde genommen ist es ganz einfach, ein .NET-Programm zu installieren. Sie brauchen nur die Programmdatei (EXE-Datei) und die möglicherweise dazugehörigen Bibliotheken (DLL-Dateien) in das gewünschte Zielverzeichnis zu kopieren. Das ist bereits alles. Der aus DOS-Zeiten bekannte Befehl `Xcopy` reicht dazu völlig aus, da von einer .NET-Anwendung in der Regel weder Einträge in der Registrierungsdatenbank vorgenommen werden noch eine Manipulation der Systemdateien von Windows erfolgt.

Gegen dieses einfache Verfahren, so vorteilhaft es im ersten Augenblick auch erscheinen mag, spricht zumindest das Anspruchsdenken der Benutzer, die es gewohnt sind, grafisch durch ein Installationsprogramm geführt zu werden. Darüber hinaus bietet eine übliche Installationsroutine aber noch einige Vorzüge, die sich erst beim zweiten Hinsehen offenbaren. So werden installierte Programme in das Startmenü eingetragen, und viele legen darüber hinaus noch ein Symbol auf dem Desktop ab. Das ist sehr komfortabel, nimmt es doch den Anwendern einige zusätzliche Arbeit ab. Allein diese Punkte sprechen schon dafür, ein Programm zusammen mit einer benutzerfreundlichen Installationsroutine auszuliefern.

Aber auch aus Sicht des Anwendungsentwicklers lassen sich Argumente für eine Installationsroutine finden. Vielleicht soll das Programm ein eigenes Dateiformat registrieren, oder die Eingabe einer Seriennummer soll die unerlaubte Weitergabe der Anwendung weitestgehend erschweren; möglicherweise soll sich der Benutzer auch mit Lizenzbedingungen einverstanden erklären. Diese Dinge werden durch eine einfache *Xcopy*-Installation natürlich nicht abgedeckt.

Visual Studio 2010 unterstützt die Weitergabe von Programmen durch einen eigenen Projekttyp, der im Projektauswahldialog unter dem Knoten SETUP UND BEREITSTELLUNG zu finden ist. Die Möglichkeiten, die mit den einzelnen Projekttypen abgedeckt werden, sind sehr vielseitig, und es bleiben nur noch wenige Wünsche offen.

30.1.1 Weitergabeprojekte

In Visual Studio 2010 stehen Ihnen fünf verschiedene Weitergabeprojekttypen zur Verfügung:

- Setup-Projekt
- Websetup-Projekt
- Merge-Modulprojekt
- CAB-Projekt
- CAB-Projekt für intelligente Geräte

Ergänzt werden diese um einen Setup-Assistenten, der die schrittweise Erstellung eines Weitergabeprojekts unterstützt, aber bei Weitem nicht die Fähigkeiten der anderen Projekttypen aufweist. Allerdings kann ein mit dem Assistent erstelltes Weitergabeprojekt auch nachträglich noch an die Anforderungen angepasst werden.

Websetup-Projekt und Setup-Projekt

Diese beiden Typen unterscheiden sich darin, wo das Installationsprogramm die zu installierenden Dateien bereitstellt. Bei einem Setup-Projekt ist es das Dateisystem auf einem Rechner, bei einem Websetup-Projekt ein virtuelles Verzeichnis auf einem Webserver.

Bei den Dateien, die bei der Kompilierung des Projekts erzeugt werden, handelt es sich im Wesentlichen nur um *setup.exe* und eine Datei mit der Dateierweiterung .MSI. Die Datei *setup.exe* hat die Aufgabe, zu überprüfen, ob auf dem Zielrechner der *Windows Installer* installiert ist. Ist das Ergebnis der Prüfung negativ, wird in Abhängigkeit vom Betriebssystem entweder die Datei *InstMsiW.exe* oder die Datei *InstMsiW.exe* installiert. Erst danach kann die MSI-Datei installiert werden, die alle Dateien und Informationen zum Installationsprozess enthält.

Merge-Modulprojekte

Ein Merge-Modulprojekt ist kein Setup-Projekt im eigentlichen Sinne und kann daher auch nicht eigenständig installiert werden. Ein Merge-Modul wird in andere Weitergabeprojekte integriert und erleichtert damit nur das Erstellen mehrerer Installationsprogramme, die identische Komponenten beinhalten. Merge-Module lassen sich daher besser mit DLL-Dateien vergleichen, denen eine ähnliche Aufgabe zukommt.

CAB-Projekte

CAB-Dateien beinhalten komprimierte Dateien, die zu einem leicht zu verteilenden Paket zusammengeschnürt werden. Eine CAB-Datei kann wie ein Merge-Modul in anderen Projekten verwendet werden, eignet sich aber auch zur Weitergabe von Dateien über das Internet.

Anmerkung

Wir werden uns in diesem Kapitel nur mit dem Setup-Projekt beschäftigen. Wenn Sie sich auch für die anderen Projekttypen interessieren, finden Sie in der Online-Hilfe weitergehende Informationen.

30.1.2 Der Windows Installer

Die Weitergabeprojekte in Visual Studio 2010 basieren auf dem *Microsoft Windows Installer*. Der Windows Installer ist ein Dienst und gilt somit als Betriebssystemerweiterung. Er ist nicht .NET-spezifisch und hat die Aufgabe, die Installation und Deinstallation zu verwalten. Seit Windows 2000 gehört dieser Dienst zum Lieferumfang der Microsoft-Betriebssysteme, er kann aber unter Windows 95, Windows 98 und Windows NT 4.0 auch nachträglich installiert werden.

Die Installationsdatei eines Windows Installer-Weitergabeprojekts hat die Endung MSI. Alle Dateien, die zu dem Weitergabeprojekt gehören, befinden sich in komprimierter Form in dieser Datei. Eine Programminstallation kann bereits durch einen Doppelklick auf die MSI-Datei im Windows Explorer gestartet werden. Üblicherweise gesellt sich aber zur Installationsdatei auch noch eine Datei namens *setup.exe*, die die Aufgabe hat, zu überprüfen, ob auf dem Zielcomputer der Windows Installer bereits installiert ist. Ist er nicht installiert, wird im gleichen Verzeichnis nach einer Datei namens *InstMsiA.exe* bzw. *InstMsiW.exe* gesucht, und anschließend wird diese ausgeführt. Welche von den beiden Dateien das ist, hängt vom Betriebssystem ab.

Das Problem, auf einen Rechner zu stoßen, auf dem der Windows Installer noch nicht installiert ist, dürften Sie aber nie haben. Denn spätestens mit der Installation des .NET Frameworks wird auch gleichzeitig der Windows Installer bereitgestellt.

30.1.3 Weitergabeprojekte mit dem Setup-Assistenten

Bevor Sie ein Projekt in einem Installationsprogramm zur Weitergabe verpacken, sollten Sie eine Release-Version des Projekts kompilieren. Die Umschaltung dazu erfolgt in der Symbolleiste der Entwicklungsumgebung.

Sie können ein Weitergabeprojekt natürlich auch in einer separaten Instanz von Visual Studio 2010 erstellen. Es erleichtert aber die Einbindung der zu verteilenden Dateien, wenn Sie das Projekt, das Sie weitergeben wollen, zuerst in die Entwicklungsumgebung laden und anschließend der Projektmappe ein weiteres Projekt vom Typ *Setup-Assistent* hinzufügen. Den vorgeschlagenen Projektbezeichner sollten Sie allerdings durch einen aussagekräftigeren ersetzen, da der Bezeichner bei der Installation des Programms in der Titelleiste der Installationsdialoge angezeigt wird und auch als Dateiname der MSI-Datei dient.

Nach dem Bestätigen des Dialogs NEUES PROJEKT öffnet sich zuerst ein allgemeiner Begrüßungsdialog. Im darauf folgenden Dialogfenster werden die verschiedenen Projekttypen angeboten (siehe Abbildung 30.1). Die Vorgabe, ein Setup für eine Windows-Anwendung zu erstellen, kann man meist übernehmen.

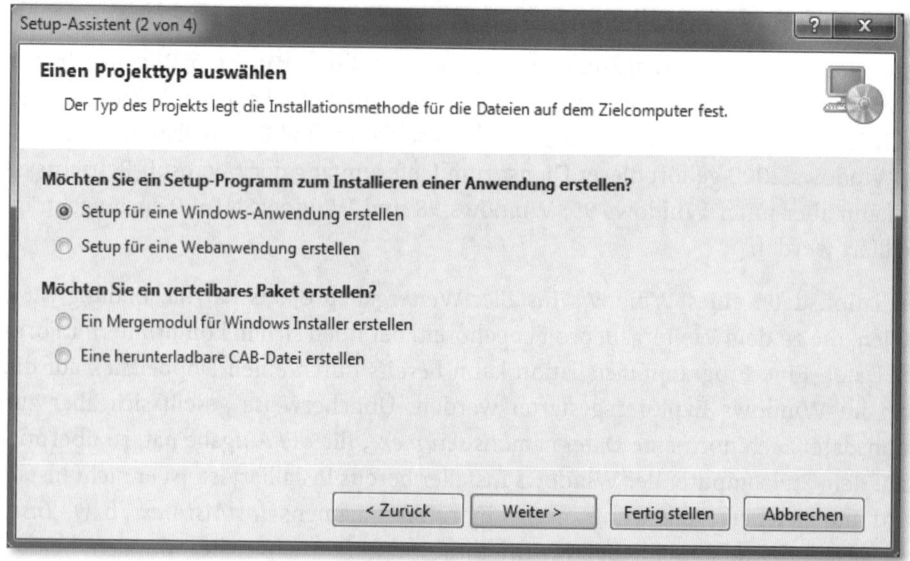

Abbildung 30.1 Zweite Dialogseite des Setup-Assistenten

Im dritten Schritt werden die Dateien angegeben, die in den Verteilungsprozess mit einbezogen werden sollen. Hier müssen Sie zumindest die zum Projekt gehörenden EXE-Dateien angeben, möglicherweise auch die Ressourcen- und die etwaige Anwendungskonfigurationsdatei (siehe Abbildung 30.2). DLL-Dateien, auf die innerhalb des Projekts verwiesen wird, werden automatisch in die Setup-Routine mit eingebunden.

Nach dem Beenden des Assistenten wird in der Entwicklungsumgebung ein neues Fenster geöffnet (siehe Abbildung 30.3). Hier können Sie Ergänzungen und Änderungen vornehmen, um beispielsweise festzulegen, dass nach der Installation der Anwendung auf dem Desktop des Benutzers ein Symbol angezeigt wird oder ein Eintrag in das Startmenü von Windows erfolgt. Die Möglichkeiten sind sehr umfangreich und auf den ersten Blick nicht sofort zu erkennen. Wir werden darauf in den folgenden Abschnitten dieses Kapitels noch zu sprechen kommen.

Dieses Fenster wird übrigens auch geöffnet, wenn Sie als Vorlage des Weitergabeprojekts nicht den SETUP-ASSISTENTEN, sondern SETUP-PROJEKT auswählen. Auch hier müssen Sie die zu verteilenden Dateien auswählen, die in die Setup-Routine eingebunden werden sollen. Da der Setup-Assistent Ihnen allerdings kaum etwas von der notwendigen Arbeit abnimmt und normalerweise auch noch erheblicher Nacharbeit bedarf, muss man sich die Frage nach dem Sinn dieser Projektvorlage stellen. Der Setup-Assistent wird seinem Namen nicht gerecht und kann kaum als hilfreich angesehen werden.

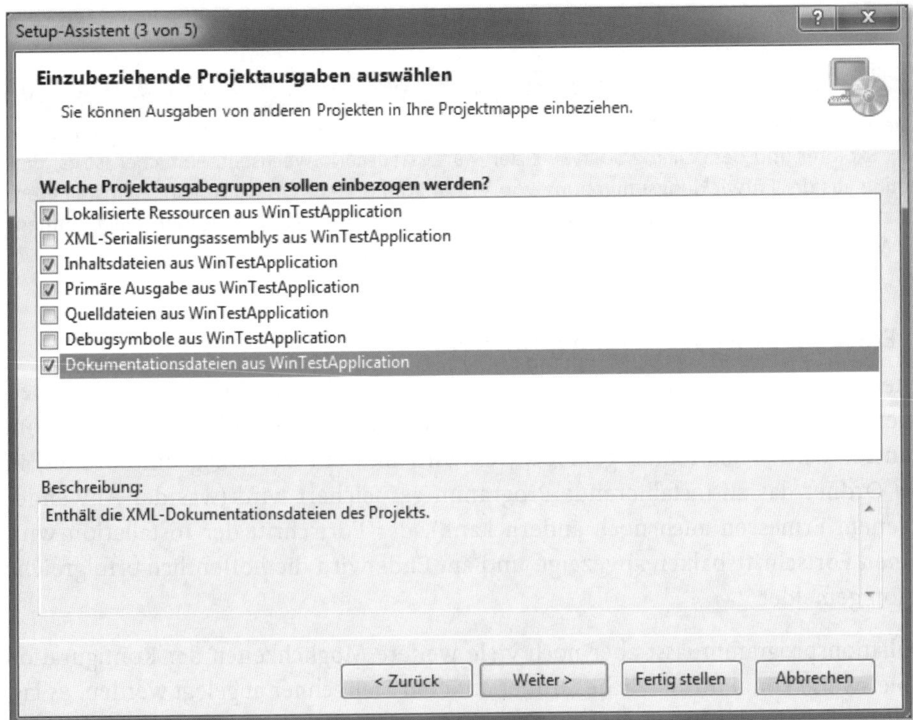

Abbildung 30.2 Auswahldialog für die zu verteilenden Dateien

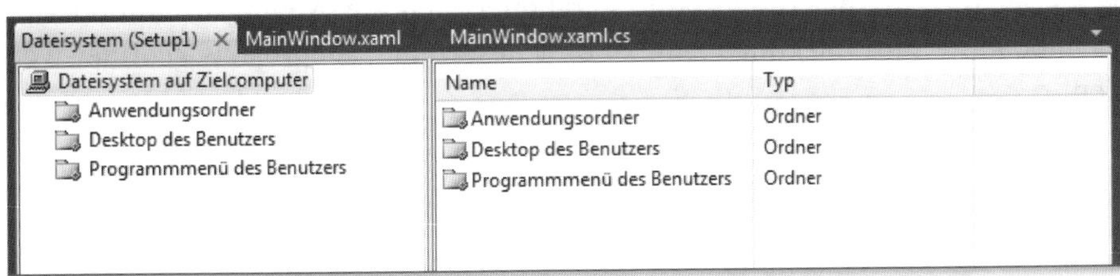

Abbildung 30.3 Fenster nach dem Fertigstellen des Setup-Assistenten

Kompilieren des Weitergabeprojekts

Sind alle Einstellungen vorgenommen, einschließlich der, die wir noch erörtern werden, muss das Projekt nur noch kompiliert werden. Die vorgenommenen Einstellungen werden in einer Datei mit der Erweiterung *VDPROJ* gespeichert. Dabei handelt es sich um eine reine Textdatei, die allerdings nicht verändert werden sollte. Vorausgesetzt, die Release-Konfiguration wurde eingestellt, befinden sich die zu verteilenden Dateien im Unterordner *Release* des Setup-Projekts. Es handelt sich dabei um die Datei *setup.exe*, mit der die Installation gestartet wird, sowie um eine MSI-Datei mit den komprimierten Dateien des Projekts.

Hinweis

Wenn Sie ein Weitergabeprojekt testen wollen, müssen Sie nicht immer wieder zwischen dem Windows Explorer und dem Dialog Software der Systemsteuerung wechseln. Einfacher ist es, die Anwendung aus der Entwicklungsumgebung von Visual Studio 2010 heraus sowohl zu installieren als auch zu deinstallieren. Dazu müssen Sie nur das Kontextmenü des Weitergabeprojekts öffnen und den Menüeintrag Installieren oder Deinstallieren auswählen.

30.1.4 Editoren eines Weitergabeprojekts

Ein Weitergabeprojekt, das mit dem Setup-Assistenten erstellt und nicht weiter bearbeitet worden ist, genügt kaum den minimalen Anforderungen einer geführten Installation. Der Benutzer wird willkommen geheißen, es wird ihm ein Vorschlag unterbreitet, in welchem Ordner das zu installierende Programm gespeichert wird (was der Anwender nach eigenem Ermessen auch noch ändern kann), der Fortschritt der Installation wird durch einen Fortschrittsbalken angezeigt, und am Ende wird die hoffentlich erfolgreiche Installation gemeldet.

Ein Installationsprogramm lässt aber noch viele weitere Möglichkeiten der Konfiguration zu. Beispielsweise können zusätzliche Ordner auf dem Zielrechner angelegt werden, es lassen sich Bedingungen zur Installation bestimmter Dateien festlegen, die Standardinstallationsroutine kann durch weitere Dialogfenster erweitert werden, in denen beispielsweise eine Seriennummer eingetragen werden muss, bestimmte Dateitypen können registriert werden usw. Der Ausgangspunkt aller Konfigurationen sind die Weitergabeeditoren, die über die Symbolleiste im Projektmappen-Explorer des Weitergabeprojekts geöffnet werden können.

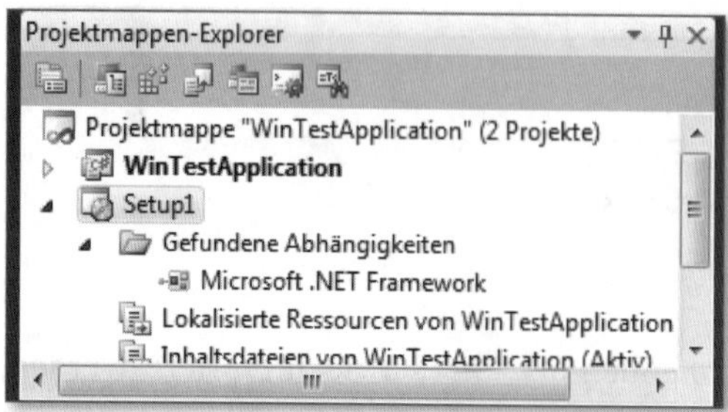

Abbildung 30.4 Symbolleiste eines Weitergabeprojekts im Projektmappen-Explorer

Es ist zunächst einmal sinnvoll, sich mit den verschiedenen Aufgaben der Editoren vertraut zu machen. Daher folgt nun zuerst eine Kurzbeschreibung, später werden wir noch etwas mehr ins Detail gehen. Da die Möglichkeiten der Einflussnahme auf den Installationsprozess sehr groß und vielschichtig sind, können wir uns im Rahmen dieses Buches nicht mit allen Gesichtspunkten beschäftigen.

Von links nach rechts (siehe Abbildung 30.4) werden in der Symbolleiste die folgenden Editoren angeboten:

- Dateisystem-Editor: In diesem Editor werden die weiterzugebenden Dateien angegeben sowie die Ordner auf dem Zielrechner, in denen die Dateien installiert werden.
- Registrierungs-Editor: In diesem Editor lassen sich Registrierungsschlüssel und Registrierungswerte angeben, die in der Registrierungsdatenbank auf dem Zielrechner eingetragen werden. Schon beim ersten Start nach einer erfolgreichen Installation kann ein Programm direkt gültige Werte abfragen.
- Dateityp-Editor: Mit dem Dateityp-Editor können Dateizuordnungen auf dem Zielcomputer eingerichtet werden, die eine bestimmte Dateierweiterung mit der Anwendung verknüpfen. Darüber hinaus werden die für den Dateityp zulässigen Aktionen festgelegt.
- Benutzeroberflächen-Editor: Mit diesem Editor können Sie zusätzliche Dialoge bestimmen, die während des Installationsvorgangs angezeigt werden. Dieser Editor bietet die größte Einflussnahme auf den Installationsprozess.
- Editor für benutzerdefinierte Aktionen: Hiermit lassen sich benutzerdefinierte Aktionen definieren, die während der Installationsphase auf dem Zielrechner ausgeführt werden. Damit können beispielsweise Operationen festgelegt werden, die nur dann ausgeführt werden, wenn während der Installation ein Fehler auftritt oder wenn die Anwendung später deinstalliert werden soll.
- Editor für Startbedingungen: Die Lauffähigkeit mancher Anwendungen ist davon abhängig, dass bestimmte Dateien auf dem Zielcomputer installiert sind. Deren Existenz muss daher vor dem Beginn des eigentlichen Installationsprozesses geprüft werden. Ist das Suchergebnis negativ, lassen sich mit diesem Editor Aktionen festlegen, um die erforderlichen Dateien vor Beginn der Programminstallation zu installieren. Ein ganz typischer Fall ist, dass die Lauffähigkeit eines .NET-Programms von der Installation des .NET Frameworks abhängt. Ist das Framework noch nicht installiert, muss der Benutzer das noch nachholen.
- Eigenschaften: Dieses ganz links stehende Symbol im Projektmappen-Explorer öffnet keinen Editor, sondern ein Dialogfenster, in dem sich allgemeine Verteilungsbedingungen festlegen lassen.

Hinweis

Alle aufgeführten Editoren stehen gleichermaßen sowohl für ein Weitergabeprojekt, das mit dem Setup-Assistenten gestartet wird, als auch für ein Weitergabeprojekt vom Typ SETUP-PROJEKT zur Verfügung.

30.1.5 Der Dateisystem-Editor

Der Dateisystem-Editor wird nach dem Beenden des Setup-Assistenten angezeigt oder direkt, wenn ein neues SETUP-PROJEKT angelegt wird. Der Editor dient als Container aller Dateien und Verknüpfungen, die auf dem Zielrechner installiert beziehungsweise eingerichtet werden müssen. Darüber hinaus enthält er auch alle Dateien, die vom Installationsprogramm benötigt werden, beispielsweise die Symboldateien.

Kennzeichnend für den Dateisystem-Editor ist der zweigeteilte Anzeigebereich. Im linken Teilfenster sind Ordner aufgelistet. Diese entsprechen den Standardordnern von Windows, von denen drei sofort angegeben werden:

- Anwendungsordner
- Desktop des Benutzers
- Programmmenü des Benutzers

Wenn Sie das Kontextmenü des übergeordneten Knotens DATEISYSTEM AUF ZIELORDNER öffnen, werden noch viele zusätzliche Ordner angeboten, z. B. WINDOWS-ORDNER, SYSTEM-ORDNER oder CACHEORDNER FÜR GLOBALE ASSEMBLY. Wenn Sie wollen, können Sie sogar eigene Ordner definieren, sodass Ihnen keine Grenzen gesetzt sind.

Wenn Sie einen Ordnerknoten markieren, werden im Eigenschaftsfenster dessen Eigenschaften angezeigt. Tabelle 30.1 listet die wichtigsten Eigenschaften auf.

Eigenschaft	Beschreibung
`AlwaysCreate`	Mit dieser Eigenschaft wird ein boolescher Wert festgelegt, der dem Installationsprozess mitteilt, dass ein Ordner anzulegen ist. Ist der Wert `true`, wird der Ordner auch dann angelegt, wenn er keine Dateien enthält.
`Condition`	Mit dieser Eigenschaft wird eine bestimmte Bedingung festgelegt, die erfüllt sein muss, damit das Element, in diesem Fall der Ordner, installiert wird.
`DefaultLocation`	Diese Eigenschaft beschreibt den Standardspeicherort, an dem ein Ordner auf dem Zielcomputer installiert wird. Der Wert kann beliebig verändert werden.
`Transitive`	Diese Eigenschaft legt fest, wie die Eigenschaft `Condition` des Elements ausgewertet wird. Ist `Transitive=true` gesetzt, wird bei jeder Installation der Anwendung die `Condition`-Eigenschaft ausgewertet, andernfalls nur bei der ersten Installation.

Tabelle 30.1 Eigenschaften eines Dateisystemordners

Wenn wir uns den Eintrag der Eigenschaft `DefaultLocation` ansehen, finden wir folgende Angabe:

```
[ProgramFilesFolder][Manufacturer]\[ProductName]
```

Ist der eingetragene Firmenname »Tollsoft« und der Produktname »MyFirstApp«, werden üblicherweise alle Dateien, die diesem Ordner zugeordnet sind, unter

C:\Programme\Tollsoft\MyFirstApp

gespeichert. Als Produktname wird der Bezeichner des Setup-Projekts übernommen. Sie können sowohl den Produktnamen als auch den Firmenbezeichner, der von der Installation des Visual Studio 2010 übernommen wird, beliebig einstellen. Markieren Sie dazu im Projektmappen-Explorer der Entwicklungsumgebung den Knoten des Setup-Projekts, und öffnen Sie dessen Eigenschaftsfenster. Hier stellen Sie die Eigenschaft `Manufacturer` und `ProductName` wie gewünscht ein.

Hinweis

Die meisten anderen Eigenschaftseinstellungen des Setup-Projekts werden ausgewertet, wenn im Windows-Explorer der Dialog EIGENSCHAFTEN der MSI-Datei geöffnet wird. Weitere Informationen entnehmen Sie bitte der .NET-Dokumentation.

Der Speicherort für die Anwendungsdateien, der während der Installation vorgeschlagen wird, kann beliebig unter `DefaultLocation` eingestellt werden. Beispielsweise wird das Installationsprogramm mit der Voreinstellung

```
[ProgramFilesFolder]\[ProductName]
```

den Vorschlag machen, die Anwendung in einem Verzeichnis zu installieren, das dem Namen des Produkts entspricht und dem Verzeichnis *Programme* direkt untergeordnet ist. Sie können sogar einen x-beliebigen Verzeichnisnamen vorschlagen, der keine Entsprechung durch ein Attribut finden, zum Beispiel:

```
[ProgramFilesFolder]\HierhinInstallieren
```

`ProgramFilesFolder`, `ProductName` und `Manufacturer` sind Eigenschaften des Windows Installers, von denen der Installer eine unüberschaubar große Menge für die unterschiedlichsten Zwecke anbietet. Hier alle aufzuführen, würde viele Seiten des Buchs in Anspruch nehmen. Wenn Sie weitere Informationen benötigen, finden Sie diese in der MSDN-Library unter dem Stichwort *Windows Installer* unter *Properties*.

Nichtsdestotrotz werden in Tabelle 30.2 die im Zusammenhang mit der Dateiinstallation wichtigsten Eigenschaften aufgeführt, um Ihnen zumindest in diesem Punkt die Arbeit etwas zu erleichtern.

Eigenschaft	Beschreibung
`AppDataFolder`	Liefert den Pfad zum Verzeichnis *Anwendungsdaten* des aktuellen Benutzers.
`CommonAppDataFolder`	Liefert den Pfad zum Verzeichnis *Anwendungsdaten* für alle Benutzer.
`CommonFilesFolder`	Liefert den Pfad zum Verzeichnis *\Programme\Gemeinsame Dateien* des aktuellen Benutzers.
`DesktopFolder`	Liefert den Pfad zum *Desktop*-Verzeichnis.
`FavoritesFolder`	Liefert den Pfad zum Verzeichnis *Favoriten* des aktuellen Benutzers.
`MyPicturesFolder`	Liefert den Pfad zum Verzeichnis *Eigene Bilder* des aktuellen Benutzers.
`ProgramFilesFolder`	Liefert den Pfad zum Verzeichnis *Programme*.
`SendToFolder`	Liefert den Pfad zum Verzeichnis *SendTo* des aktuellen Benutzers.
`StartMenuFolder`	Liefert den Pfad zum Verzeichnis *Startmenü* des aktuellen Benutzers.
`SystemFolder`	Liefert den Pfad zum Verzeichnis *Sytem32*.
`TempFolder`	Liefert den Pfad zum Verzeichnis *Temp*.
`TemplateFolder`	Liefert den Pfad zum Verzeichnis *Vorlagen* des aktuellen Benutzers.
`WindowsFolder`	Liefert den Pfad zum Verzeichnis *Winnt*.

Tabelle 30.2 Eigenschaften des Windows Installers, die Pfadinformationen liefern

Hinzufügen von Dateien

Haben Sie den *Setup-Assistenten* benutzt, brauchen Sie sich eigentlich nicht weiter um das Hinzufügen der zu installierenden Dateien zu kümmern. Ihnen ist zumindest ein Teil der Arbeit abgenommen worden. Sollten Sie sich allerdings für SETUP-PROJEKT entschieden haben, steht jetzt die wichtige Aufgabe an, alle notwendigen Dateien einzubinden. Markieren Sie dazu im Dateisystem-Editor den Eintrag ANWENDUNGSORDNER, und öffnen Sie das dazugehörige Kontextmenü. Unter dem Menüpunkt HINZUFÜGEN werden in einem Untermenü ORDNER, PROJEKTAUSGABE, DATEI und ASSEMBLY angeboten. Wählen Sie aus der Liste DATEI aus, und navigieren Sie anschließend im Auswahldialog zu der EXE-Datei der Anwendung.

Die Entwicklungsumgebung fügt nicht nur die ausgewählte Programmdatei in das Weitergabeprojekt ein, sondern erkennt darüber hinaus auch alle Abhängigkeiten, sowohl die Abhängigkeit vom .NET Framework als auch die Abhängigkeit von benutzerdefinierten Bibliotheken (DLL-Dateien), die automatisch in das Projekt einbezogen werden.

Dateien, auf die mit Programmcode zugegriffen wird

Ausgesprochen problematisch ist es, im Programmcode eine Pfadangabe zu machen, die sich auf das lokale Dateisystem des Entwicklungsrechners bezieht. Dabei kann es sich um Bilder, eine Datenbankdatei oder auch um ganz einfache Datendateien handeln. Angenommen, zur Laufzeit einer Anwendung soll in einer Picturebox eine Bitmap angezeigt werden. Die Anweisung zum Laden der Bitmap könnte wie folgt codiert sein:

```
pictureBox1.Image = Image.FromFile(@"C:\Bitmap1.bmp");
```

Beim Testen der Anwendung wird die Anweisung keinen Fehler verursachen – vorausgesetzt natürlich, dass die Grafikdatei auch unter der codierten Pfadangabe zu finden ist. Nach der Installation der Anwendung auf dem Zielcomputer ist die Wahrscheinlichkeit aber gering, dass die Anweisung unter der Pfadangabe eine Datei mit diesem Namen finden wird. Die Folge ist ein Laufzeitfehler.

Wenn Sie davon ausgehen müssen, dass eine bestimmte Datei nicht auf dem Zielrechner in einem bestimmten Verzeichnis vorgefunden wird, müssen Sie die Datei in die Installationsroutine mit aufnehmen. Dazu eignet sich grundsätzlich jedes Verzeichnis, das auf dem Zielrechner identifiziert werden kann. Möchten Sie die Datei im Anwendungsordner verteilen, fügen Sie die Datei dem gleichnamigen Knoten im Dateisystem-Editor hinzu. Die Anweisung im Programmcode muss dann wie folgt lauten:

```
pictureBox1.Image = Image.FromFile(@"Bitmap1.bmp");
```

Weitere Unterordner hinzufügen

Häufig werden zusätzliche Dateien auch in einem Unterordner des Programmordners abgelegt. Einen Unterordner anzulegen ist nicht schwierig. Markieren Sie dazu im Dateisystem-Editor nur den Ordner, der den Unterordner enthalten soll, und wählen Sie im Kontextmenü HINZUFÜGEN und dann ORDNER aus. Anschließend müssen Sie nur noch einen aussagekräftigen Namen finden.

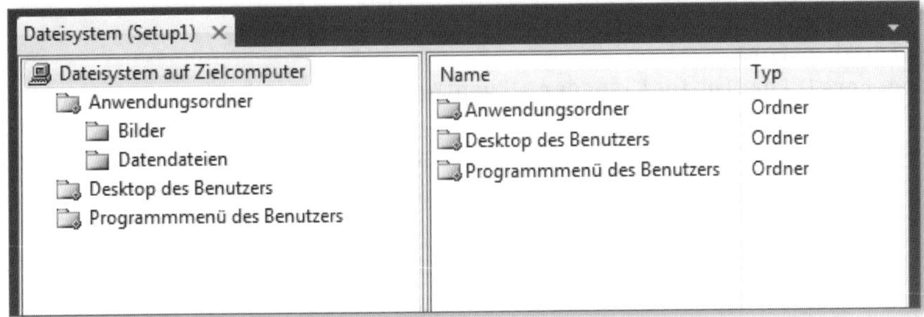

Abbildung 30.5 Unterordner des Anwendungsordners

Unabhängig davon, ob von der Anwendung benötigte Dateien im Anwendungsverzeichnis oder in einem Unterverzeichnis von diesem installiert werden, müssen Sie das Verzeichnis in der Anweisung berücksichtigen, die auf die Datei zugreift. Damit stehen Sie aber auch vor einem entwicklungstechnischen Problem: Entweder Sie kopieren die Dateien auf dem

Entwicklungsrechner in einen Pfad, der dem relativen Pfad auf dem Zielrechner entspricht, oder Sie passen alle Pfadangaben vor der endgültigen Kompilierung an die relativen Pfade der auf dem Zielrechner installierten Anwendung an.

Sie können sich Ärger und zumindest einen weiteren ausgiebigen Testlauf ersparen, wenn Sie bei der Entwicklung der Anwendung dieser Situation von Anfang an Rechnung tragen. Dazu bietet es sich an, ein benutzerdefiniertes Attribut bereitzustellen, das den Pfad zu den Ressourcen beschreibt. Angenommen, Sie beabsichtigen, mit einer Anwendung Grafiken weiterzugeben. Während der Entwicklungsphase sei dieser Ordner ein Unterordner des Projektverzeichnisses. Wahrscheinlich werden Sie zu diesem Zeitpunkt auch noch keinen Gedanken daran verschwenden, in welchem Verzeichnis auf dem Zielrechner später die Grafikdateien zu finden sind bzw. wie der Ordner heißen wird.

Im benutzerdefinierten Attribut wird eine öffentliche Variable deklariert, die den Zugriffspfad zu dem Ordner der Grafikdateien beschreibt. Dabei gibt man am besten einen relativen Pfad bezogen auf die Programmdatei an. Das Attribut könnte dann gemäß der oben beschriebenen Annahme wie folgt definiert sein:

```
[AttributeUsage(AttributeTargets.All)]
public class BitmapLocationAttribute : Attribute {
   public string Loacation = "..\\..\\..\\Bilder\\";
}
```

Eine Form, aus deren Programmcode heraus auf eine Grafik im Ordner *Bilder* zugegriffen wird, muss mit dem Attribut `BitmapLocationAttribute` verknüpft werden. Sie müssen sich anschließend nur noch die Referenz auf das Attribut besorgen und können dann dessen Eigenschaft `Location` auswerten, z. B. so:

```
[BitmapLocation]
public class Form1 : Form    {
  private void Form1_Load(object sender, EventArgs e) {
    BitmapLocationAttribute attr =
            (BitmapLocationAttribute)Attribute.GetCustomAttribute
            (typeof(Form1),typeof(BitmapLocationAttribute));
    ...
    pictureBox1.Image = Image.FromFile(Application.StartupPath
                              + attr.Loacation + "Bitmap1.bmp");
  }
}
```

Den Pfad auf die Programmdatei liefert die statische Eigenschaft `StartupPath` der Klasse `Application`. Der Rückgabewert wird mit dem Inhalt der Eigenschaft `Location` des Attributs verknüpft. Damit ist die Pfadangabe beschrieben, und es fehlt nur noch der Dateiname. In diesem Codefragment ist es die Datei *Bitmap1.bmp*.

Der Vorteil, den Sie aus dem Attribut ziehen können, kommt besonders dann zum Tragen, wenn Sie öfter auf die Ressourcen des Ordners zugreifen. Wenn Sie beabsichtigen, die Anwendung zu verteilen und den Ressourcenordner als Unterordner des Anwendungsverzeichnisses auf dem Zielrechner zu installieren, müssen Sie nur die Pfadangabe der Eigenschaft `Location` anpassen:

```
[AttributeUsage(AttributeTargets.All)]
public class BitmapLocationAttribute : Attribute {
   public string Loacation = "\\Bilder\\";
}
```

Damit erübrigt sich alles Weitere. Wenn zur Entwicklungszeit der Zugriff auf die Ressourcen fehlerfrei möglich war, wird ein kurzes Testen der Installation ausreichen, um die korrekte Pfadangabe im Attribut zu beweisen.

Desktop-Icon und Eintrag in das Startmenü

Wenn Sie mir bis hierher gefolgt sind und auch schon eine Anwendung mit dem Installationsassistenten installiert haben, werden Sie festgestellt haben, dass das Programm nicht im Startmenü eingetragen worden ist und dass auch keine Desktop-Verknüpfung den schnellen Start der Anwendung ermöglicht. Dieser Mangel soll nun behoben werden.

Im linken Teilfenster des Dateisystem-Editors werden bereits die dafür notwendigen Ordner angeboten. Sie müssen jeweils nur noch eine Verknüpfung zur Programmdatei einrichten. Dazu bieten sich zwei Wege an, die für beide Knoten identisch sind:

- Markieren Sie den Knoten Desktop des Benutzers bzw. Programmmenü des Benutzers. Ziehen Sie dann die Maus in das rechte Teilfenster, öffnen Sie das Kontextmenü, und wählen Sie Neue Verknüpfung erstellen. Es wird daraufhin ein Dialog angezeigt, in dem alle Knoten des Dateisystem-Editors aufgelistet sind. Doppelklicken Sie auf Anwendungsordner, und wählen Sie die Programmdatei aus (siehe Abbildung 30.6).
- Sie können auch im aktiven Knoten Anwendungsordner das Kontextmenü der Programmdatei öffnen und den Menüpunkt Verknüpfung erstellen zu... ausführen. Die erzeugte Verknüpfung gehört jetzt zum Anwendungsordner und muss nur noch mit der Maus in den Ordner Desktop des Benutzers bzw. Programmmenü des Benutzers verschoben werden. Für jeden Ordner ist eine eigene Verknüpfung zu erstellen.

Sie können die Einträge im Programmmenü auch in einem Untermenü zur Auswahl anbieten. Dazu müssen Sie den Ordner Programmmenü des Benutzers im Dateisystem-Editor nur um einen weiteren Ordner ergänzen, in dem Sie anschließend die Verknüpfung zu der Programmdatei eintragen. Auf diese Weise lassen sich beliebige Gliederungsebenen im Programmmenü realisieren. Häufig werden diese dazu benutzt, um dem Benutzer einen direkten Zugriff auf zusätzlich ausgelieferte Programme oder die Hilfe der Anwendung anzubieten. Ähnlich machen es auch das Visual Studio 2010 und viele andere Anwendungen.

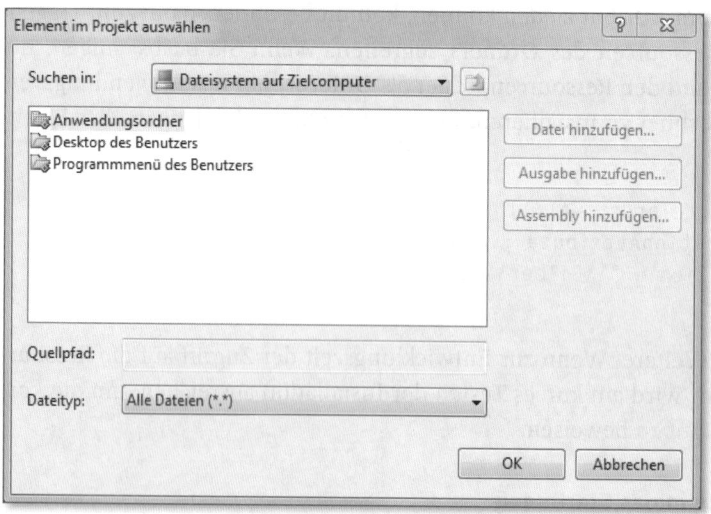

Abbildung 30.6 Elementauswahldialog

Wenn Sie alle Verknüpfungen erstellt haben, sollten Sie keinesfalls vergessen, deren Namen neu festzulegen. Dazu bietet sich entweder das Kontextmenü des jeweiligen Eintrags an oder eine Änderung der Eigenschaft `Name` im Eigenschaftsfenster.

Auf dem Desktop wird ein Standardsymbol in der Größe 32 × 32 Pixel angezeigt, und der Link im Programmmenü benutzt ein Standardsymbol in der Größe 16 × 16 Pixel. Sie können auch eigene Symbole (Dateierweiterung *ICO*) benutzen, um der Anzeige ein gefälligeres Aussehen zu verleihen. Dazu müssen die beiden Symboldateien vorliegen und in das Weitergabeprojekt eingebunden werden. Sinnvollerweise eignet sich dazu der ANWENDUNGSORDNER, es darf aber auch ein beliebiger anderer Ordner sein.

Um einer Verknüpfung ein individuelles Symbol zuzuordnen, markieren Sie die Verknüpfung, klicken im Eigenschaftsfenster auf ICON und wählen aus der Dropdown-Liste die Option DURCHSUCHEN aus. Daraufhin wird der Dialog SYMBOL angezeigt, in dem Sie zu der Symboldatei navigieren, die Sie vorher dem Dateisystem-Editor hinzugefügt haben.

Da die Symboldateien zur Liste der zu verteilenden Dateien hinzugefügt worden sind, werden sie normalerweise auf dem Zielrechner installiert. Um das zu vermeiden, können Sie die Eigenschaft `Exclude` dieser Dateien auf `false` einstellen. Die Folge ist, dass die Dateien dann nicht installiert werden, wohl aber bei der Installation zur Einrichtung verwendet werden.

Hinweis

Im Projektordner der Anwendung befindet sich bei Windows-Anwendungen die Symboldatei *App.ico*. Diese dient als Symbol, wenn im Windows-Explorer die Ansicht GROSSE SYMBOLE ausgewählt ist.

Der »Cacheordner für globale Assembly«

Eine besondere Bedeutung kommt dem *Cacheordner für globale Assembly* zu. Dateien, die Sie diesem Ordner hinzufügen, müssen einen starken Namen haben und werden automatisch im GAC (Global Assembly Cache) eingetragen. Intern wird demnach bei der Installation jede hier eingetragene Datei mit dem `gacutil`-Tool registriert.

Globale Assemblys, die Sie diesem Ordner hinzufügen, müssen nicht zwangsläufig auch unter ANWENDUNGSORDNER aufgeführt sein. Verzichten Sie darauf, wird die Assembly nur im GAC eingetragen, kann aber nicht von anderen Anwendungen benutzt werden, denn über VERWEISE können in der Entwicklungsumgebung nur DLL-Dateien eingebunden werden. Möchten Sie die Dienste auch anderen Anwendungen zur Verfügung stellen, müssen Sie die Assemblierung deswegen zusätzlich in einem anderen Ordner eintragen. Meistens wird das auch der Anwendungsordner oder eines seiner Unterverzeichnisse sein.

Hinweis

Wenn Sie zusammen mit der globalen Assembly eine Publisher-Richtlinien-Assembly verteilen, muss diese zusätzlich im *Cacheordner für globale Assembly* angegeben werden.

30.1.6 Der Registrierungs-Editor

Möglicherweise wollen Sie bei der Installation einer Anwendung Informationen in die Registrierungsdatenbank schreiben, die auch schon beim ersten Start der Anwendung das Laufzeitverhalten beeinflussen. Beispielsweise könnten Sie alternativ zum oben vorgestellten benutzerdefinierten Attribut `BitmapLocationAttribute`, das zur Lokalisierung bestimmter Ressourcen dient, in der Registrierungsdatenbank eine Pfadangabe eintragen. Die Möglichkeiten, die sich mit der internen Datenbank von Windows anbieten, sind ausgesprochen vielseitig.

Im *Registrierungs-Editor* werden die Registrierungsschlüssel angezeigt, die den Standardregistrierungsschlüsseln von Windows entsprechen:

- HKEY_CLASSES_ROOT
- HKEY_CURRENT_USER
- HKEY_LOCAL_MACHINE
- HKEY_USERS
- *Benutzer/Computer-Hive*

Für die beiden Registrierungsschlüssel HKEY_CURRENT_USER\SOFTWARE und HKEY_LOCAL_MACHINE\SOFTWARE werden außerdem automatisch zusätzliche Schlüssel angezeigt, die der `Manufacturer`-Eigenschaft des Weitergabeprojekts entsprechen.

Die unter BENUTZER/COMPUTER-HIVE eingegebenen Unterschlüssel und Werte werden im Knoten HKEY_CURRENT_USER installiert, wenn ein Benutzer bei der Installation die Option AKTUELLER BENUTZER wählt. Wenn ein Benutzer bei der Installation ALLE BENUTZER auswählt, werden die Angaben im Schlüssel HKEY_USERS eingetragen.

Anmerkung

Die Auswahl AKTUELLER BENUTZER beziehungsweise ALLE BENUTZER erfolgt in demjenigen Dialog bei der Installation, in dem der Benutzer den Installationsordner bestätigt oder neu angibt.

Einen neuen Unterschlüssel legen Sie über das Kontextmenü des Knotens an, zu dem der Unterschlüssel hinzugefügt werden soll. Auf diese Weise können Sie eine beliebig tiefe Gliederungsstruktur schon beim ersten Start der Anwendung gewährleisten. Soll zu einem Schlüssel ein Wert definiert werden, müssen Sie zuerst den Datentyp festlegen. Es kann sich dabei um eine Zeichenfolge, einen Umgebungs-Zeichenfolgewert, einen Binärwert oder einen DWORD-Wert handeln. Anschließend wird dem Wert ein passender Name zugewiesen. Das kann sowohl im rechten Teilfenster des Registrierungs-Editors erfolgen als auch im Eigenschaftsfenster unter `Value`.

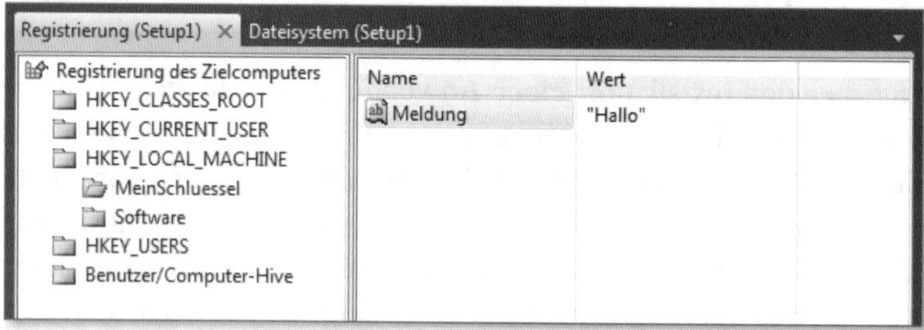

Abbildung 30.7 Der Registrierungs-Editor mit einem zusätzlichen Schlüssel

In Abbildung 30.7 ist im Registrierungs-Editor ein Schlüssel eingetragen, der MELDUNG heißt. Der Wert ist vom Typ `string` und beschreibt eine zugewiesene Zeichenfolge, die zumindest einmal nach der Installation angezeigt werden soll.

Hinweis

Für jeden Registrierungswert kann man einen Standardwert festlegen, allerdings darf es für jeden Schlüssel nur ein Standardwert sein. Um einen Standardwert festzulegen, markieren Sie den entsprechenden Wert, öffnen das Kontextmenü und klicken auf UMBENENNEN. Danach löschen Sie den Namen und bestätigen sofort mit der Eingabetaste. Der ursprüngliche Bezeichner wird dann durch (STANDARD) ersetzt.

Mit der Eigenschaft `DeleteAtUninstall` kann das Verhalten eines Schlüssels einschließlich aller seiner Unterschlüssel bei der Deinstallation einer Anwendung beschrieben werden.

Mit `true` wird der Schlüssel aus der Registrierung gelöscht; mit `false`, der Standardeinstellung, soll das nicht der Fall sein. Allerdings haben Versuche gezeigt, dass es keinen Unterschied zwischen der Einstellung `true` und `false` gibt, da die Schlüsseleinträge einer Anwendung nach der Deinstallation grundsätzlich immer gelöscht werden.

30.1.7 Der Dateityp-Editor

Wenn Sie im Windows-Explorer auf eine Dokumentendatei mit der Erweiterung *.DOC* doppelklicken, öffnet sich automatisch Microsoft Word, und das Dokument wird angezeigt. Die Ursache für dieses Verhalten ist die Verknüpfung des Dateityps mit der Anwendung. Mit dem Dateityp-Editor können Sie dieses Verhalten nach der Installation einer Anwendung erreichen. Wählen Sie dazu im Projektmappen-Explorer des Weitergabeprojekts die vierte Schaltfläche von links in der Symbolleiste.

Im Arbeitsbereich der Entwicklungsumgebung öffnet sich ein neues Fenster, das im Gegensatz zu den beiden vorher besprochenen nur einen Anzeigebereich mit dem Knoten DATEITYPEN AUF DEM ZIELCOMPUTER aufweist. Über dessen Kontextmenü können Sie einen oder mehrere Dateitypen hinzufügen. Diese Dateitypen werden bei der Installation mit der Anwendung verknüpft, sodass bestimmte Aktionen, beispielsweise das Öffnen mit einem Doppelklick, automatisch erfolgen. Ist ein neuer Datentyp hinzugefügt worden, erscheint im Dateityp-Editor ein untergeordneter Knoten, dem Sie einen passenderen Namen geben sollten. Ferner ist mit &OPEN dem Knoten sofort eine Aktion zugeordnet.

Eigenschaften eines Dateityps

Der Knoten eines zu verknüpfenden Dateityps weist mehrere Eigenschaften auf, die wir uns nun zuerst im Überblick ansehen wollen.

Eigenschaft	Beschreibung
`Command`	Diese Eigenschaft gibt die ausführbare Datei an, die beim Ausführen einer Aktion mit diesem Dateityp gestartet wird.
`Description`	Der Inhalt dieser Eigenschaft wird im Windows Explorer in der Detailansicht in der Spalte `Typ` angezeigt.
`Extensions`	In dieser Eigenschaft wird ohne vorangestelltes Sternchen der Dateityp angegeben, der auf dem Zielrechner registriert werden soll. Mehrere Dateierweiterungen werden durch ein Semikolon getrennt.
`Icon`	Gibt das Symbol an, das für die Dateien dieses Typs angezeigt werden soll.
`MIME`	Gibt einen oder mehrere MIME-Typen (Multipurpose Internet Mail Extension) an, die dem Dateityp auf dem Zielcomputer zugeordnet werden sollen. (Anmerkung: MIME-Typen werden verwendet, um anzugeben, wie Client-Webbrowser und E-Mail-Anwendungen binäre Daten verarbeiten.)
`Name`	Gibt den im Dateityp-Editor verwendeten Namen an.

Tabelle 30.3 Eigenschaften eines registrierten Dateityps

Nachdem Sie der Eigenschaft Extensions eine oder auch mehrere Dateierweiterungen zugeordnet haben, sollten diese Dateitypen mit der Anwendung verknüpft werden, die für die Aktionen mit den Dateien verantwortlich ist. Markieren Sie dazu die Eigenschaft Command, und klicken Sie auf die Schaltfläche in der Wertespalte des Eigenschaftsfensters. Im sich daraufhin öffnenden Dialog werden alle Knoten des Dateisystem-Editors aufgelistet. Sie müssen nur noch die Datei auswählen, die bei den Aktionen mit diesem Dateityp ausgeführt werden soll. Meistens wird es eine EXE-Datei sein, die unter ANWENDUNGSORDNER zu finden ist.

Schicker und auch professioneller sieht es aus, wenn der Dateityp im Windows Explorer ein individuelles Symbol anzeigt. Die dazugehörige ICO-Datei muss ebenfalls im Dateisystem-Editor dem Weitergabeprojekt hinzugefügt worden sein. Wenn Sie bei markierter Icon-Eigenschaft auf die Pfeilschaltfläche klicken und dann DURCHSUCHEN wählen, öffnet sich ein Dialogfenster, in dem Sie zu der Symboldatei navigieren können. Zuletzt tragen Sie unter Description noch eine Zeichenfolge ein, die in der Detailansicht des Windows Explorers den Benutzern eine informative Beschreibung des Dateityps anzeigt.

Eigenschaften der Aktionen

Unter jedem neuen Dateitypeintrag wird mit &OPEN sofort eine Aktion beschrieben. An der Fettschrift lässt sich erkennen, dass es sich dabei um die Standardaktion handelt, die mit einem Doppelklick auf eine Datei ausgelöst wird.

Anmerkung

Bei der Standardaktion handelt es sich um die Aktion, die sich an oberster Position eines Dateitypknotens befindet. Wenn Sie noch weitere Aktionen hinzugefügt haben und eine davon zur Standardaktion erklären wollen, muss diese nur mittels Drag & Drop auf die oberste Position gezogen werden.

Eine andere typische Aktion ist das Drucken eines Dokuments. Wird im Windows Explorer das Kontextmenü einer markierten Datei geöffnet, werden die für den Dateityp spezifizierten Aktionen als Menüelemente angezeigt. Der Inhalt der Name-Eigenschaft einer im Dateityp-Editor definierten Aktion dient als Befehl für das Kontextmenü. Daher sollten Sie die Standardvorgabe von &OPEN in &ÖFFNEN ändern – zumindest wenn Sie eine deutschsprachige Anwendung ausliefern wollen. Das kaufmännische Und-Zeichen (&) vor einem Buchstaben kennzeichnet auch hier nur ein Tastenkürzel für den schnelleren Zugriff.

Über das Kontextmenü einer Datei können die festgelegten Aktionen ausgeführt werden. Nehmen wir an, es würde sich dabei um das Öffnen und das Drucken handeln. Die Wahl einer Aktion führt natürlich nicht sofort dazu, dass die Aktion auch ausgeführt wird. Vielmehr muss dem startenden Programm ein Befehlszeilenargument übermittelt werden, dessen Auswertung erst die gewünschte Operation in die Wege leitet. Das Befehlszeilenargument wird in die Eigenschaft Arguments der Aktion eingetragen.

Entscheidet sich der Benutzer zur Laufzeit für eine bestimmte Aktion, wird der mit der Aktion verbundene `Arguments`-Eintrag als Befehlszeilenargument an die startende Anwendung übergeben. (Sie erinnern sich: Die Anwendung wird unter `Command` eingetragen.) Ausgewertet werden muss das übergebene Argument in der `Main`-Methode, die normalerweise parameterlos ist, aber auch ein Zeichenfolge-Array entgegennehmen kann. Das Befehlszeilenargument dient zur Identifizierung der ausgewählten Aktion. Das reicht allerdings noch nicht aus, denn der startenden Anwendung muss auch noch mitgeteilt werden, welche Datei den Start der Anwendung verursacht hat.

Damit könnte die `Arguments`-Eigenschaft der Aktion ÖFFNEN beispielsweise wie folgt aussehen:

```
"%1" OpenDocument
```

Für die zweite Aktion, das Drucken des Dateiinhalts, könnte `Arguments` die folgende Zeichenfolge enthalten:

```
"%1" PrintDocument
```

Das Argument `"%1"` stellt die Datei einschließlich der Pfadangabe im ersten Befehlszeilenargument zur Verfügung. Die durch ein Leerzeichen getrennte, sich anschließende Zeichenfolge `OpenDocument` bzw. `PrintDocument` wird von der Anwendung zur Identifizierung der auslösenden Aktion herangezogen. Es steht Ihnen natürlich auch frei, noch weitere Argumente zu definieren.

In Abbildung 30.8 ist der Dateityp-Editor zu sehen, wie er sich nach dem Eintragen der beiden Aktionen ÖFFNEN und DRUCKEN darstellt.

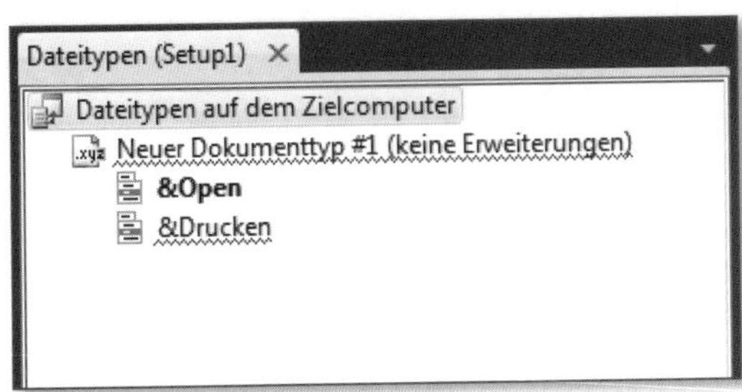

Abbildung 30.8 Der Dateityp-Editor

Das folgende Codefragment zeigt eine `Main`-Methode, die in Abhängigkeit von den übergebenen Argumenten gestartet wird.

```
static void Main(string[] args) {
  if(args.Length == 0)
    Application.Run(new Form1());
```

```
  else {
    string file = args[0];
    if(args[1] == "OpenDocument") {
      // Anweisungen, die das Öffnen des Dokuments bewirken
    }
    else if(args[1] == "PrintDocument") {
      // Anweisungen, die das Drucken des Dokuments bewirken
    }
  }
}
```

30.1.8 Der Benutzeroberflächen-Editor

Der Editor, der die meisten Möglichkeiten bietet, ist der Benutzeroberflächen-Editor. Er dient dazu, das Standardinstallationsprogramm um zusätzliche Dialoge zu erweitern, die während der Installation ausgewertet werden. In Abbildung 30.9 ist der Editor so abgebildet, wie er sich nach dem Öffnen zeigt. Bemerkenswert ist, dass zwischen einer gewöhnlichen Installation und einer Administratorinstallation unterschieden wird. Dabei beschreibt der Knoten INSTALLIEREN den Installationsprozess eines normalen Endanwenders, während der Knoten ADMINISTRATORINSTALLATION ein Upload des Installationsprogramms aus dem Netzwerk vorsieht. In diesem Abschnitt werden wir uns nur mit der gewöhnlichen Installation beschäftigen, die ein einzelner Benutzer durchführt.

Abbildung 30.9 Der Benutzeroberflächen-Editor

Jeder der beiden Abschnitte INSTALLIEREN und ADMINISTRATORINSTALLATION gliedert sich in die drei Bereiche STARTEN, STATUS und BEENDEN. Jedem Bereich sind bereits Dialoge zugeordnet, deren Aussehen sich – wenn auch in einem geringen Umfang – verändern lässt. Jeder einzelne Abschnitt kann auch noch durch weitere Dialoge ergänzt werden. Sie müssen nicht alle Dialoge der Standardinstallation übernehmen und können sogar im Extremfall eine automatische Installation der Anwendung ohne die Anzeige eines einzigen Dialogs erzwingen. Die Reihenfolge der Anzeige der Dialogfenster bei der Installation entspricht der Reihenfolge im Benutzeroberflächen-Editor von oben nach unten.

Allerdings hat dieser Editor einen nicht unbedeutenden Nachteil: Sie können sich die Dialogfenster nicht anzeigen lassen und erhalten somit auch kein Feedback zu den resultierenden Änderungen. Ihnen bleibt daher nichts anderes übrig, als auf Verdacht hin mit den Dialogen zu arbeiten und das Ergebnis bei einer Probeinstallation zu begutachten.

Eigenschaften der Standard-Installationsdialoge

Die Standard-Installationsdialoge weisen einige Eigenschaften auf, um die Optik ein wenig zu beeinflussen. Allerdings sind dabei sehr enge Grenzen gesetzt. Verschaffen wir uns zunächst einen Überblick über alle Eigenschaften, die jedoch nicht von allen Dialogen gleichermaßen veröffentlicht werden.

Eigenschaft	Beschreibung
`BannerBitmap`	Gibt die Bitmap- oder JPEG-Grafikdatei an, die im Dialog angezeigt wird.
`CopyrightWarning`	Gibt den Text für einen Copyright-Vermerk im Dialog WILLKOMMEN an.
`ShowProgressBar`	Gibt an, ob der Fortschrittsbalken im Dialog STATUS angezeigt werden soll.
`UpdateText`	Gibt den Text an, der im Dialog FERTIG angezeigt werden soll.
`WelcomeText`	Gibt den Text an, der im Dialog WILLKOMMEN angezeigt werden soll.

Tabelle 30.4 Eigenschaften der Standard-Installationsdialoge

Per Voreinstellung wird in den Dialogen in einem Bildfeld eine Standardbitmap angezeigt, die dann rechts im Fenster erscheint. Mit der Eigenschaft `BannerBitmap` können Sie die Standardbitmap gegen eine eigene Bitmap (oder alternativ eine JPEG-Grafikdatei) austauschen. Damit diese weder gestaucht noch gestreckt dargestellt wird, sollte sie eine Größe von 500 × 70 Pixel haben. Die Bitmap muss vorher mit dem Dateisystem-Editor eingefügt werden. Mit Ihrer Bitmap ersetzen Sie aber nicht die Beschriftung, die im gleichen Bereich angezeigt wird. Damit kommt der Bitmap eher die Funktion einer Hintergrundbitmap zu. Es scheint auch keine Möglichkeit zu geben, die Beschriftung durch eine andere zu ersetzen.

Der Dialog WILLKOMMEN zeigt einen Text an, der vor Urheberrechtsverletzungen warnt:

> *Warnung: Dieses Programm ist durch US-amerikanische Urheberrechtsgesetze und internationale Urheberrechtsverträge geschützt. Unbefugte Vervielfältigung oder unbefugter Vertrieb*

dieses Programms oder eines Teils davon wird sowohl straf- als auch zivilrechtlich verfolgt und kann schwere Strafen und Schadenersatzforderungen zur Folge haben.

Sie können diese Vorgabe durch eine eigene ersetzen. Dazu müssen Sie die Eigenschaft `CopyrightWarning` überschreiben. Darüber hinaus zeigt derselbe Dialog auch einen Begrüßungstext an, der durch die Eigenschaft `WelcomeText` bereitgestellt wird und mit kurzen Worten die Funktion des Installationsprogramms beschreibt:

Der Installer wird Sie durch die zur Installation von [ProductName] erforderlichen Schritte führen.

Wenn Sie wollen, können Sie auch diesen Text durch einen eigenen ersetzen.

Während der Installation wird der Anwender durch einen Fortschrittsbalken im Dialog STATUS über den Fortschritt des Installationsprozesses informiert. Mit der Eigenschaft `ShowProgressBar` kann der Balken auch ausgeschaltet werden, was allerdings nicht empfehlenswert ist.

Der letzte Dialog der Standardinstallation lautet FERTIG. Neben der obligatorischen Möglichkeit, eine eigene Bitmap anzuzeigen, wird der in der Eigenschaft `UpdateText` angegebene Text angezeigt, der den Anwender dazu auffordert, gegebenenfalls das .NET Framework zu aktualisieren:

Prüfen Sie mit Windows Update, ob wichtige Aktualisierungen für .NET Framework zur Verfügung stehen.

Dass Sie auch bei diesem Text Anpassungen vornehmen können, braucht kaum noch erwähnt zu werden.

Weitere Dialoge einfügen

In jede der drei Gruppen STARTEN, STATUS und BEENDEN können Sie bei Bedarf noch weitere Dialoge einfügen, mit denen sich der Ablauf der Installation steuern lässt. Jeder Dialog darf allerdings nur einmal in einem Weitergabeprojekt verwendet werden. Es wäre auch falsch zu glauben, diese Dialoge wie normale WinForms behandeln zu können. Tatsächlich ist die jeweilige Einflussnahme auf nur wenige Eigenschaften beschränkt.

Verschaffen wir uns zunächst einen Überblick über das Angebot:

- Mit einem SPLASH-Dialog kann eine Begrüßungsbitmap angezeigt werden.
- Mithilfe des Dialogs BENUTZER REGISTRIEREN kann der Benutzer Registrierungsinformationen durch eine von Ihnen zur Verfügung gestellte ausführbare Datei übermitteln.
- Im Dialog KUNDENINFORMATIONEN wird der Anwender zur Eingabe seines Namens, des Namens der Firma und optional auch zur Eingabe einer Seriennummer aufgefordert.

- Das Dialogfeld LIZENZVERTRAG zeigt einen Lizenzvertrag an, den der Benutzer lesen und bestätigen muss.
- Dazu kommt ein Dialog zur Anzeige von zusätzlichen Informationen, der dem zuvor angeführten Dialog LIZENZVERTRAG ähnelt.
- Es stehen Dialoge zur Verfügung, die es erlauben, zwischen zwei und maximal vier Optionsschaltflächen anzuzeigen.
- Dialoge mit bis zu vier Kontrollkästchen ermöglichen die Auswahl optionaler Komponenten. Somit können in einem Weitergabeprojekt maximal drei verschiedene Dialoge mit Kontrollkästchen angeboten werden.
- Insgesamt stehen drei Dialogfenster zur Verfügung, die bis zu maximal vier Textfelder einzeigen können, in denen der Anwender Einträge vornehmen kann.

Um das Weitergabeprojekt um einen der aufgeführten zusätzlichen Dialoge zu ergänzen, markieren Sie zuerst einen der drei Bereiche und öffnen dann das Kontextmenü. Nach dem Klicken auf DIALOGFELD HINZUFÜGEN können Sie aus dem sich öffnenden Fenster den gewünschten Dialog auswählen (siehe Abbildung 30.10). Dialoge, die Sie dem Projekt bereits hinzugefügt haben, werden bei einem erneuten Öffnen nicht mehr angeboten.

Abbildung 30.10 Hinzufügen von Dialogen zum Weitergabeprojekt

Dialog »Splash«

Ähnlich wie beim Starten einer Anwendung kann auch eine Programminstallation mit der Anzeige eines Splash-Fensters eröffnet werden. Bedauerlicherweise weist dieses Fenster jedoch eine Titelleiste auf, die sich nicht ausblenden lässt. Um zum nächsten Dialog zu gelangen, muss der Anwender auf eine WEITER-Schaltfläche klicken.

Fast über den gesamten Clientbereich des Fensters erstreckt sich eine Picturebox zur Aufnahme einer Bitmap oder JPEG-Datei (Eigenschaft `SplashBitmap`). Die Größe des Bildes sollte eine Abmessung von 480 × 320 Pixel haben, damit es weder gestreckt noch gestaucht angezeigt wird. Die einzige Möglichkeit, die Bildanzeige zu manipulieren, bietet die Eigenschaft `Sunken`. Mit der Voreinstellung `true` wird die Grafik innerhalb des Rahmens abgesenkt dargestellt.

Dialog »Benutzer registrieren«

Mithilfe dieses Dialogs, der meist nach der Installation der Anwendung angezeigt wird, kann der Benutzer Registrierungsinformationen durch eine von Ihnen zur Verfügung gestellte ausführbare Datei übermitteln. Diese Datei wird unter der Eigenschaft `Executable` eingetragen und muss zum Weitergabeprojekt gehören. Sollen der Datei zusätzliche Befehlszeilenargumente übergeben werden, tragen Sie diese in der Eigenschaft `Arguments` ein. Der Dialog enthält die Schaltfläche JETZT REGISTRIEREN, über die die ausführbare Datei während der Installation gestartet wird.

In Abbildung 30.11 sehen Sie diesen Dialog für ein Weitergabeprojekt, dessen `ProductName`-Eigenschaft `Setup1` lautet.

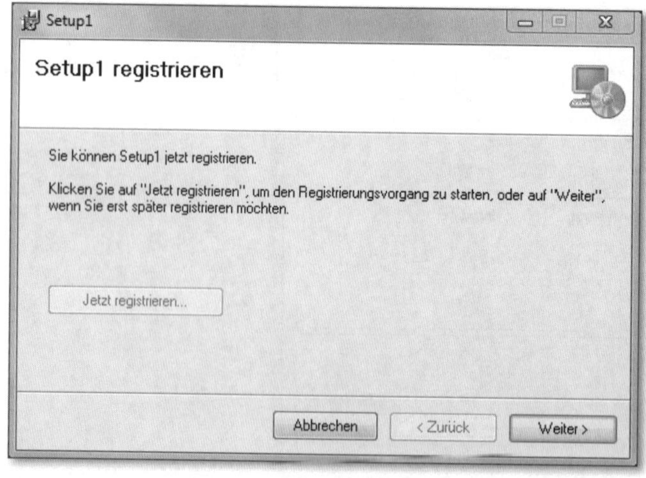

Abbildung 30.11 Dialog »Benutzer registrieren«

Dialog »Kundeninformationen«

Das Dialogfeld KUNDENINFORMATIONEN fordert vom Benutzer die Eingabe seines Namens, seiner Firma und die Eingabe der Seriennummer (siehe Abbildung 30.12).

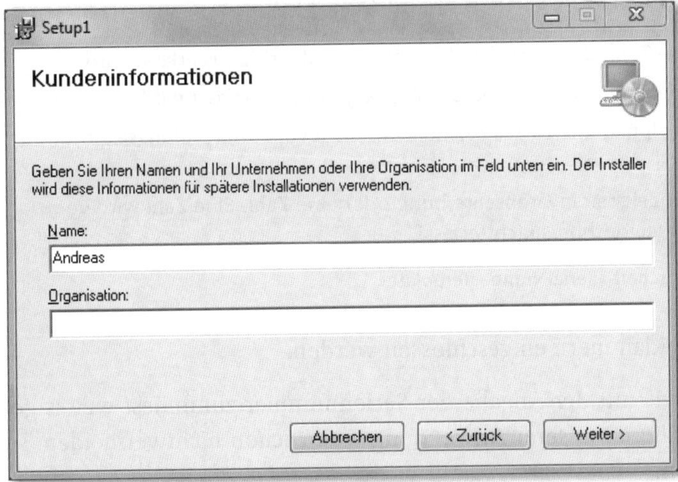

Abbildung 30.12 Dialog »Kundeninformationen«

Neben `BannerBitmap` besitzt dieser Dialog drei spezielle Eigenschaften, die Sie Tabelle 30.5 entnehmen können.

Eigenschaft	Beschreibung
`SerialNumberTemplate`	Definiert eine Vorlage, die zur Überprüfung der eingegebenen Seriennummer verwendet wird.
`ShowOrganization`	Legt fest, ob das Feld Organisation angezeigt wird.
`ShowSerialNumber`	Legt fest, ob das Feld Seriennummer angezeigt wird.

Tabelle 30.5 Eigenschaften des Dialogs »Kundeninformationen«

Wird vom Anwender die Angabe einer Seriennummer verlangt, legt die Eigenschaft `SerialNumberTemplate` die Eingabeschablone fest, an die sich der Anwender halten muss. Abhängig davon, wie die Schablone vorgegeben ist, wird eine unterschiedliche Anzahl von Eingabefeldern angezeigt.

Die Eingabe der Seriennummer wird von einem internen Algorithmus des Windows Installers überprüft, der bestimmte Zahlen addiert und die resultierende Summe durch sieben dividiert. Bleibt als Divisionsrest null, kann der Anwender die Installation fortsetzen, ansonsten weist ein Meldungsfenster ihn darauf hin, dass die Seriennummer falsch ist. Welche Zahlen vom Überprüfungsalgorithmus erfasst werden, legt die Schablone der Eigenschaft `SerialNumberTemplate` fest, für die mehrere Platzhalter vordefiniert sind (siehe Tabelle 30.6).

Platzhalter	Beschreibung
#	Steht für eine Zahl, die nicht vom Überprüfungsalgorithmus erfasst wird.
%	Steht für eine Zahl, die vom Überprüfungsalgorithmus erfasst wird.
?	Steht für ein alphanumerisches Zeichen, das nicht vom Überprüfungsalgorithmus erfasst wird.
^	Erfordert ein Zeichen in Großschreibung oder eine Zahl. Eine Zahl wird vom Überprüfungsalgorithmus nicht erfasst.

Tabelle 30.6 Platzhalter der Eigenschaft »SerialNumberTemplate«

Die Schablone muss in spitze Klammern eingeschlossen werden.

Sehen wir uns nun an, wie wir mit der Angabe der Seriennummer zumindest weitestgehend das unberechtigte Installieren unserer Anwendung wenn schon nicht vermeiden, so aber doch erschweren können.

Angenommen, die Eigenschaft `SerialNumberTemplate` würde die folgende Einstellung aufweisen:

```
<###-%%%%%%%>
```

Bei der Installation werden zwei Eingabefelder angezeigt: In das erste muss der Anwender drei Zahlen eingeben, in das zweite sieben. Zwei Eingabefelder werden erzwungen, weil zwischen dem dritten und vierten Platzhalter ein Bindestrich steht.

Nur dann, wenn die Quersumme eine durch sieben teilbare Zahl ergibt, wird die Installation fortgesetzt. Damit wären unter anderem die Zahlenkombinationen 0000000, 0000007 oder auch 2002003 zulässig. Das sieht natürlich im ersten Moment noch sehr einfach und durchschaubar aus, aber halten Sie sich vor Augen, dass der Benutzer – selbst wenn er den Überprüfungsalgorithmus kennen sollte – nicht weiß, welche der insgesamt zehn Zahlen zur Bildung der Quersumme herangezogen werden. Beispielsweise könnte die Schablone auch folgendermaßen definiert sein:

```
<#%%-##%#%%#>
```

Nun ist es die Summe aus der ersten, vierten, fünften, siebten und zehnten Zahl, die darüber entscheidet, ob die Installation durchgeführt werden kann.

Nur die beiden Platzhalterkombinationen ^ mit ? und # mit % werden gemeinsam in einem Eingabefeld angezeigt – es sei denn, mit einem Bindestrich werden separate Eingabefelder erzwungen. Alle anderen Kombinationen führen dazu, dass zwischen den Platzhaltern intern ein Bindestrich gesetzt wird.

Damit haben Sie nun alle Mittel in der Hand, um durch eine genügend komplexe Seriennummer einer unzulässigen Verteilung Ihrer Anwendung entgegenzuwirken.

Dialog »Lizenzvertrag«

Dieser Dialog zeigt einen Lizenzvertrag an, den der Benutzer lesen (sollte) und bestätigen muss. Die WEITER-Schaltfläche wird erst dann aktiviert, wenn der Benutzer auf die Optionsschaltfläche ICH STIMME ZU klickt.

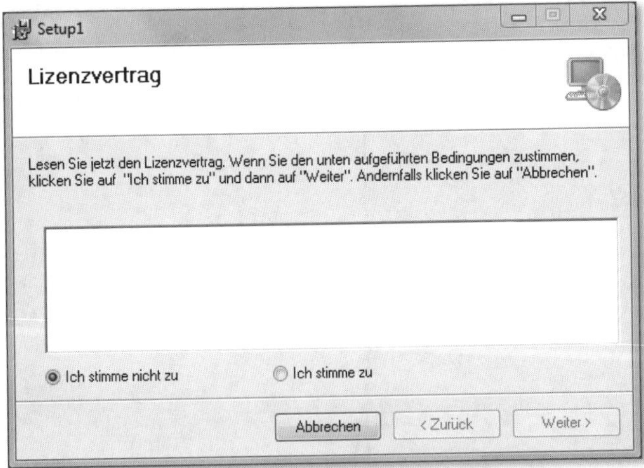

Abbildung 30.13 Dialog »Lizenzvertrag«

Die Lizenzinformationen müssen in einer RTF-Datei gespeichert sein, die natürlich auch im Dateisystem-Editor hinzugefügt sein muss. Ein RTF-Dokument können Sie beispielsweise mit MS Word erstellen. In der Eigenschaft `LicenseFile` des Dialogs geben Sie die Datei an. Außer bei der Eigenschaft `BannerBitmap` können Sie mit der Eigenschaft `Sunken` den Inhalt der Lizenzinformationen in einem abgesenkten Rahmen darstellen.

Dialog »Infodatei«

Der Dialog INFODATEI gleicht dem Dialog LIZENZVERTRAG, der im vorhergehenden Abschnitt besprochen wurde und in Abbildung 30.13 zu sehen ist. Eine Abbildung erübrigt sich daher auch. Der einzige Unterschied besteht darin, dass der Anwender nicht gezwungen wird, den Bedingungen des Lizenzvertrages zuzustimmen. Die WEITER-Schaltfläche ist deshalb auch immer aktiviert. Der Inhalt des Anzeigefelds des Dialogs wird wiederum einer RTF-Datei entnommen. Die Eigenschaft, die der Datei zugewiesen wird, lautet bei diesem Dialog allerdings `ReadmeFile`.

Dialoge mit Optionsschaltflächen

Wollen Sie dem Benutzer Auswahloptionen anbieten, müssen Sie in der Installationsroutine Dialogfelder mit sich gegenseitig ausschließenden Optionen anbieten. Es stehen insgesamt drei verschiedene Dialoge mit zwei, drei oder vier Auswahlmöglichkeiten zur Verfügung. Jeder Dialog darf einmal zum Weitergabeprojekt hinzugefügt werden. Auf diese

Weise könnten Sie beispielsweise dem Anwender die Entscheidung überlassen, ob er eine zusätzliche Anwendung oder Datei installieren möchte oder nicht. Die Auswahl des Anwenders wird während des Installationsprozesses ausgewertet und berücksichtigt.

In Abbildung 30.14 wird exemplarisch der Dialog mit zwei Optionsschaltflächen gezeigt, wie er sich ohne Eigenschaftsänderung präsentiert.

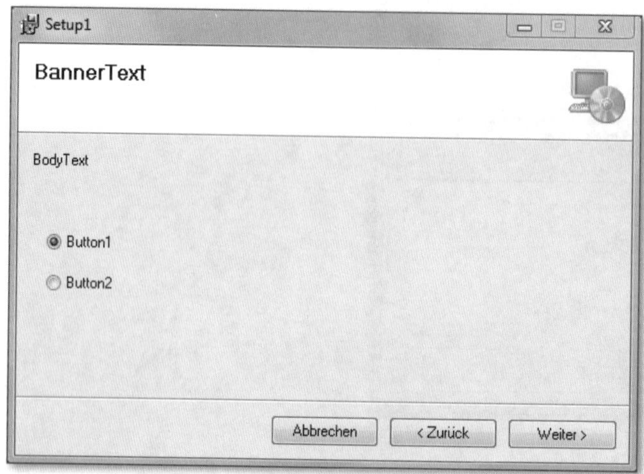

Abbildung 30.14 Dialog mit zwei Optionsschaltflächen

Natürlich können Sie, wie bei allen anderen Dialogen, eine anwendungsspezifische Bitmap anzeigen, aber darüber hinaus bietet dieser Dialog mit der Eigenschaft `BannerText` auch die Möglichkeit, Einfluss auf die über der Bitmap angezeigte Zeichenfolge zu nehmen. Dem Benutzer müssen Sie natürlich auch mitteilen, welche Auswirkungen die Wahl einer der Optionsschaltflächen hat. Den entsprechenden Text tragen Sie im Eigenschaftsfenster in der Eigenschaft `BodyText` ein.

Jede Optionsschaltfläche wird durch zwei Eigenschaften beschrieben: `Label` und `Value`. Genau genommen heißen die beiden Eigenschaften beispielsweise `Button1Label` und `Button1Value`, sind also um ein Präfix ergänzt worden, um innerhalb des Eigenschaftsfensters eine eindeutige Zuordnung zu einer bestimmten Schaltfläche sicherzustellen. Der Einfachheit halber wird aber im Folgenden auf das Präfix verzichtet. Die Eigenschaft `Label` enthält die Beschriftung der Optionsschaltfläche, und `Value` ist der Wert, den eine Optionsschaltfläche zurückliefert, wenn sie ausgewählt ist.

Die Eigenschaft `ButtonProperty` enthält den Namen, der dem Dialog zugeordnet ist. Er lautet bei einem Dialog mit zwei Optionsschaltflächen `BUTTON2`, bei einem Dialog mit drei Optionsschaltflächen analog `BUTTON3`. Sie sollten diese Einträge nach Möglichkeit nicht ändern, da bei einer späteren Auswertung sonst möglicherweise Installationsergebnisse vorliegen, die der Anwender nicht gewünscht hat. Der Windows Installer prüft nämlich nicht die Eindeutigkeit. Wenn Sie zum Beispiel die Eigenschaft `Value` von zwei Optionsschaltflächen auf `1` einstellen, wird das Weitergabeprojekt zwar anstandslos kompiliert, aber eine Fehlermeldung wird den Installationsprozess unbarmherzig beenden.

Die letzte Eigenschaft ist `DefaultValue`. Sie weist standardmäßig den Wert `1` auf. Damit wird festgelegt, dass diejenige Optionsschaltfläche vorselektiert ist, die in ihrer Eigenschaft `Value` genau diese Zahl aufweist.

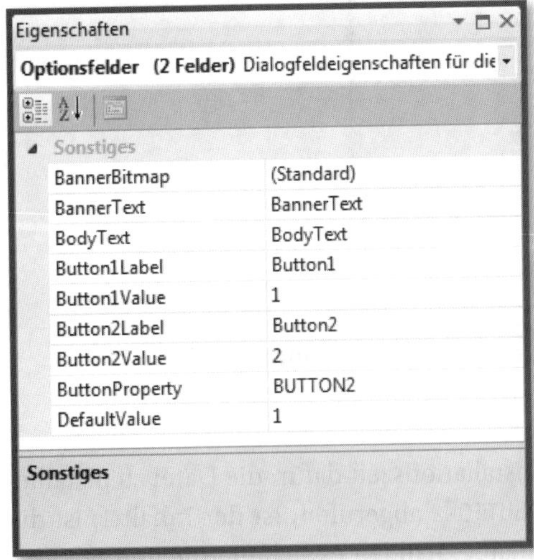

Abbildung 30.15 Eigenschaftsfenster des Dialogs mit zwei Optionsschaltflächen

Nun bleibt noch die Frage zu klären, wie der Windows Installer die Auswahl während der Anwendungsinstallation verarbeitet. Dazu weisen viele Elemente des Setup-Projekts eine `Condition`-Eigenschaft auf, zum Beispiel jede Datei, die im Dateisystem-Editor eingetragen ist. Per Voreinstellung ist diese Eigenschaft leer, was der Installationsprozess dahingehend interpretiert, dass die entsprechende Komponente installiert werden soll. Sollte jedoch eine Bedingung formuliert sein, muss diese zu `true` ausgewertet werden, andernfalls wird das Element nicht installiert. Elemente, die eine `Condition`-Eigenschaft bereitstellen, sind Dateien, Ordner, Registrierungseinträge sowie benutzerdefinierte Aktionen und Startbedingungen.

Kommen wir noch einmal zu unserem Ausgangsbeispiel zurück. Angenommen, Sie haben dem Dateisystem-Editor die Datei *xyz.exe* hinzugefügt, deren Installation von der Wahl des Benutzers abhängig gemacht werden soll. Der Dialog mit den Optionsschaltflächen könnte so aussehen, wie in Abbildung 30.16 gezeigt. Als Vorgabe ist hier die zweite Optionsschaltfläche selektiert, was der Einstellung `DefaultValue=2` entspricht (die `Value`-Eigenschaften sind nicht verändert worden).

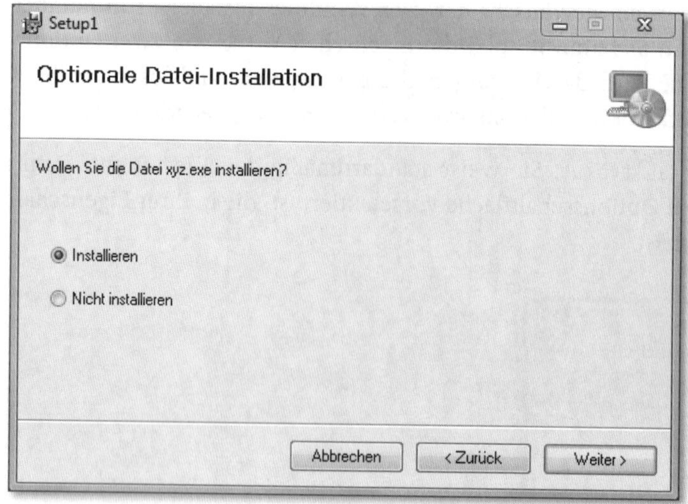

Abbildung 30.16 Beispiel eines Dialogs mit Optionsschaltflächen

Die Eigenschaft `Condition` der Datei *xyz.exe* ist im Dateisystem-Editor auf

```
BUTTON2=1
```

eingestellt. Entscheidet sich der Anwender zur Installationszeit dafür, die Datei zu installieren, wird die Eigenschaft `ButtonProperty`, also `BUTTON2` abgerufen. Ist der Inhalt `1`, ist die obere Optionsschaltfläche ausgewählt; ist der Inhalt `2`, handelt es sich um die untere.

Dialoge mit Kontrollkästchen

Die Dialogfelder mit Kontrollkästchen sind denen mit Optionsschaltflächen sehr ähnlich. Sie werden zur Darstellung von bis zu vier Auswahlmöglichkeiten verwendet und geben deren Werte gleichermaßen während der Installation zurück. Insgesamt können in einem Weitergabeprojekt drei dieser Dialoge aufgenommen werden, die als Typ A, B und C bezeichnet werden. Jeder einzelne Typ kann jedoch nur einmal hinzugefügt werden.

Alle drei Dialogfenster sind identisch und können mit den Eigenschaften `BannerBitmap`, `BannerText` und `BodyText` anforderungsgerecht gestaltet beziehungsweise beschriftet werden. Per Vorgabe weisen die Dialoge vier Kontrollkästchen auf. Benötigen Sie weniger, müssen Sie nur die Eigenschaft `Visible=false` setzen. Jedes Kontrollkästchen weist eine ihm eigene Eigenschaft `Label` auf, die den Beschreibungstext enthält, und eine Eigenschaft `Value`, die entweder auf `Checked` oder `Unchecked` eingestellt ist. Der Standard ist `Unchecked`.

Ausgewertet wird der Zustand eines Kontrollkästchens wiederum mit der Eigenschaft `Condition`. Angenommen, eine Datei soll genau dann installiert werden, wenn im Dialog

Kontrollkästchen A ausgewählt ist, dann tragen Sie in der `Condition`-Eigenschaft der Datei den Inhalt der Eigenschaft `CheckBox1Property` ein, die standardmäßig `CHECKBOXA1` lautet.

Hinweis

Beachten Sie, dass der Identifizierer des Kontrollkästchendialogs, also A, B oder C, einen Teil des Eigenschaftwerts ausmacht und somit eine Unterscheidungsmöglichkeit zwischen den Kontrollkästchen der drei identischen Dialoge ermöglicht.

Dialog mit Textfeldern

Dialoge mit Textfeldern werden verwendet, um dem Benutzer bis zu maximal vier Möglichkeiten für individuelle Einträge anzubieten. Während der Installation können die Einträge ausgewertet werden. Wie bei den Dialogen mit Kontrollkästchen stehen einem Weitergabeprojekt maximal drei Eingabedialoge zur Verfügung (Typ A, B und C), wobei jeder einzelne nur einmal je Weitergabeprojekt hinzugefügt werden kann. Den gesamten Dialog betreffende Eigenschaften sind `BannerBitmap`, `BannerText` und `BodyText`.

Jedes Eingabefeld wird durch eine `Label`-, `Property`- und `Value`-Eigenschaft beschrieben. Beim ersten, zuoberst angezeigten Eingabefeld im Dialog A lauten die Eigenschaften `Edit1Label`, `Edit1Property` und `Edit1Value`. Die Eigenschaft `Label` enthält den Text, der rechts vom Eingabefeld angezeigt wird, und die `Value`-Eigenschaft gibt den Text im Eingabefeld an. `Property` gibt den Eigenschaftsnamen an, der ausgewertet werden kann.

Einträge in die Textfelder können beispielsweise dazu benutzt werden, in der Registrierung gespeichert zu werden. Dazu muss die `Condition`-Eigenschaft des entsprechenden Registrierungseintrags auf den Wert der `Property`-Eigenschaft gesetzt werden.

30.1.9 Editor für benutzerdefinierte Aktionen

Mit dem Editor für benutzerdefinierte Aktionen lassen sich weitere Aktionen festlegen, die während der Installation auf dem Zielrechner ausgeführt werden sollen. Beispielsweise könnte mit einer benutzerdefinierten Aktion eine Datenbank erzeugt werden. Schlägt die Installation der Anwendung fehl, kann die Datenbank auch wieder gelöscht werden. Benutzerdefinierte Aktionen sind in Dateien programmiert. Dabei kann es sich um EXE-, DLL- oder Skriptdateien handeln.

Der Editor beschreibt vier Bereiche: INSTALLIEREN, COMMIT AUSFÜHREN, ROLLBACK und DEINSTALLIEREN. Jedem dieser Bereiche kann über sein Kontextmenü eine benutzerdefinierte Aktion zugeteilt werden – also nichts anderes als eine Datei, die ausgeführt wird und die gewünschte Operation bereitstellt. Die angegebenen Dateien müssen natürlich zum Weitergabeprojekt gehören.

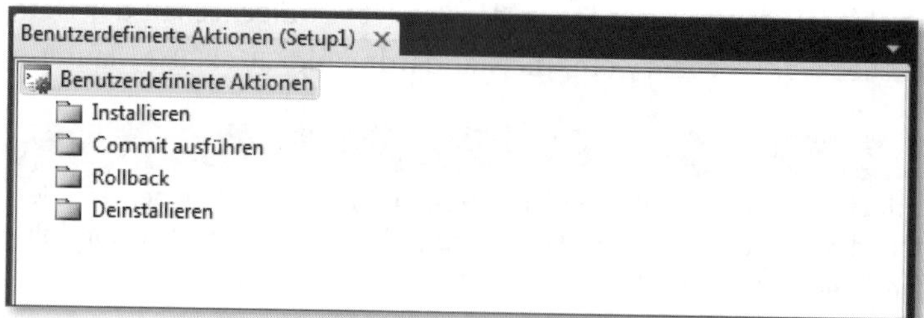

Abbildung 30.17 Der Editor für benutzerdefinierte Aktionen

Dem Knoten Installieren werden die Aktionen hinzugefügt, die am Ende der Installationsphase ausgeführt werden sollen, also wenn alle anderen Dateien bereits installiert worden sind. Während der Installation kann es zu Fehlern kommen. Wollen Sie in dieser Situation bestimmte Operationen automatisch ausführen lassen, tragen Sie diese unter dem Knoten Rollback ein. Nach einer erfolgreichen Installation werden alle Aktionen ausgeführt, die unter dem Knoten Commit ausführen eingetragen sind.

Auch an die Deinstallation einer Anwendung wird mit diesem Editor gedacht. Benutzerdefinierte Aktionen im Knoten Deinstallieren werden aufgerufen, wenn eine Anwendung deinstalliert wird.

30.1.10 Editor für Startbedingungen

Möglichkeiten des Editors

Ob eine Anwendung überhaupt installiert werden kann beziehungsweise in welchem Umfang eine Installation erfolgt, kann mit dem Editor für Startbedingungen festgelegt werden. So können Sie zum Beispiel nach einer bestimmten Datei suchen, nach Registrierungseinträgen oder auch nach der Information, ob auf dem Zielcomputer das passende .NET Framework installiert ist.

Die Einstellungen im Editor für Startbedingungen werden vor Beginn der Installation überprüft. Das Ergebnis fällt entweder positiv oder negativ aus. In den meisten Fällen muss der Installationsprozess reagieren, wenn die Überprüfung ein negatives Ergebnis liefert. Das Installationsprogramm kann dann zwei Verhaltensweisen zeigen:

- Die Installation wird mit einer Fehlermeldung abgebrochen.
- Die Installation wird fortgesetzt. Möglicherweise werden dabei auch die Voraussetzungen dafür geschaffen, dass die Anwendung später problemlos ausgeführt werden kann.

Oberfläche des Editors

Die Oberfläche des Editors zeigt sich in einem einteiligen Fenster, in dem bereits Knoten vordefiniert sind. Unterhalb des Stammknotens Anforderungen für den Zielcomputer sind mit ZIELCOMPUTER DURCHSUCHEN und STARTBEDINGUNGEN zwei untergeordnete Knoten eingetragen. Letzterer hat auch schon mit .NET FRAMEWORK einen Eintrag, der auf dem Zielrechner nach dem .NET Framework sucht. Dieser Eintrag kann nicht gelöscht werden.

Öffnen wir das Kontextmenü des Stammknotens, werden uns drei mögliche Startkonditionen angeboten (siehe Abbildung 30.18).

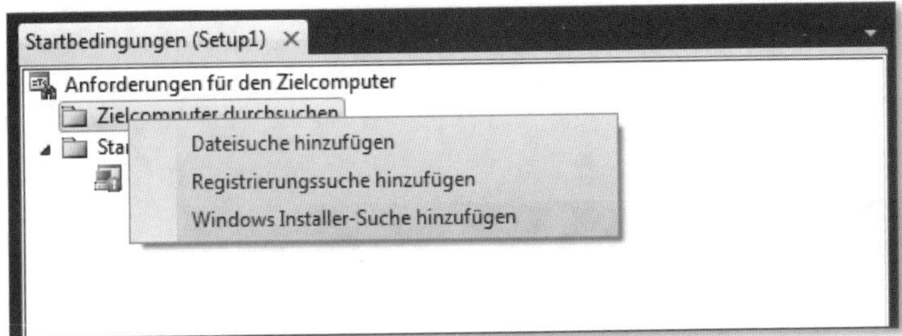

Abbildung 30.18 Editor für Startbedingungen

Suche nach einer Datei

Mit einer *Dateistartkondition* können wir den Zielcomputer nach einer bestimmten Datei durchsuchen. Mit einer *Registrierungsstartkondition* durchsuchen wir die Registrierung nach einem bestimmten Schlüssel, und mit der *Windows Installer-Startbedingung* fahnden wir auf dem Zielrechner nach einer bestimmten Komponente. Wenn Sie aus dem Kontextmenü eine dieser Bedingungen auswählen, wird der Knoten ZIELCOMPUTER DURCHSUCHEN um das ausgewählte Element ergänzt.

Elemente, die dem Knoten ZIELCOMPUTER DURCHSUCHEN untergeordnet sind, definieren die Eigenschaften der Suche. Markieren Sie den Elementeintrag, werden im Eigenschaftsfenster die dem Element zugeordneten Eigenschaften angezeigt. Wird nach einer Datei gesucht, tragen Sie den Namen der Datei unter der Eigenschaft `FileName` ein. Der zu durchsuchende Ordner entspricht der Angabe unter `Folder`. Wenn es notwendig ist, lassen sich darüber hinaus die Testkriterien durch weitere Eigenschaften noch weiter einschränken. Beispielsweise kann mit `MaxSize` die maximale Größe in Bytes für eine Datei bei einer Dateisuche auf dem Zielcomputer angegeben werden. Das Ergebnis des Tests wird in eine Variable geschrieben, die der Eigenschaft `Property` zugeordnet ist. Bei der Suche nach einer Datei ist es die Variable `FILEEXISTS1`. Sie enthält entweder `true` oder `false`.

Damit dürfte die Aufgabe eines Elements im Knoten ZIELCOMPUTER DURCHSUCHEN klar sein: Einer booleschen Variablen wird das Testergebnis mitgeteilt. Wie das Ergebnis jedoch ausgewertet wird, steht noch auf einem anderen Blatt. Wie am Anfang des Abschnitts bereits erläutert wurde, kann das Ergebnis dazu verwendet werden, den Installationsprozess abzubrechen, oder es wird an anderer Stelle der Installation benutzt, um fehlende Komponenten entsprechend einzurichten oder zu installieren.

Ist das Vorhandensein einer Komponente von existenzieller Bedeutung, muss diese installiert werden oder die Installation muss beendet werden. Doch wie wertet man das Ergebnis der Prüfung aus und reagiert entsprechend?

Dazu müssen Sie nur noch unter dem Knoten STARTBEDINGUNGEN einen neuen Eintrag hinzufügen. Das Ergebnis im Dialog STARTBEDINGUNGEN sehen Sie in Abbildung 30.19. Eine Bedingung hat drei Eigenschaften:

- `Condition`
- `InstallUrl`
- `Message`

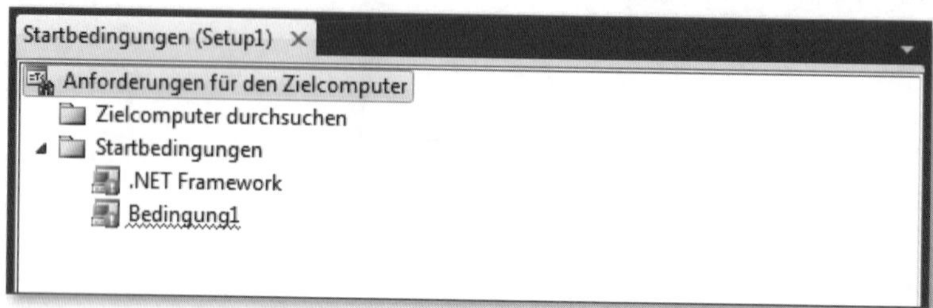

Abbildung 30.19 Dialog »Startbedingungen« mit einem Eintrag zum Suchen einer Datei

Im Knoten ZIELCOMPUTER DURCHSUCHEN können durchaus auch mehrere Einträge gemacht worden sein, die die Voraussetzung für das einwandfreie Laufzeitverhalten der Anwendung beschreiben. Daher muss zuerst ein Bezug zwischen dem Eintrag unter ZIELCOMPUTER DURCHSUCHEN und der hinzugefügten Bedingung hergestellt werden. Diesen Bezug stellt die Eigenschaft `Condition` her. In der Wertespalte im Eigenschaftsfenster muss dazu aus einer Auswahlliste die zugehörige Property ausgewählt werden (beispielsweise `FILEEXISTS1`). Ist der Wert der Variablen `false`, wird ein Meldungsfenster angezeigt, dessen Meldungstext Sie in der Eigenschaft `Message` festlegen. Damit der Anwender nicht im Stich gelassen wird und weiß, woher er die fehlende Datei beziehen kann, sollten Sie unter der Eigenschaft `InstallUrl` einen Speicherort angeben, von dem der Benutzer die Datei laden kann. Bei dem Speicherort kann es sich um eine Internetadresse, aber auch um einen Dateipfad handeln, der relativ zum Speicherort des Installationsprogramms angegeben werden muss. Weist `InstallUrl` einen Eintrag auf, hat der Anwender die Wahl, entweder zu der angegebenen Adresse zu navigieren oder die Installation sofort abzubrechen.

Wenn Sie im Voraus wissen, dass Sie die Programminstallation nicht abbrechen wollen, wenn die Datei nicht auf dem Zielrechner installiert ist, können Sie eine Dateisuche auch ohne zusätzliche Bedingung einrichten, indem Sie die Dateisuche über das Kontextmenü des Knotens ZIELCOMPUTER DURCHSUCHEN hinzufügen.

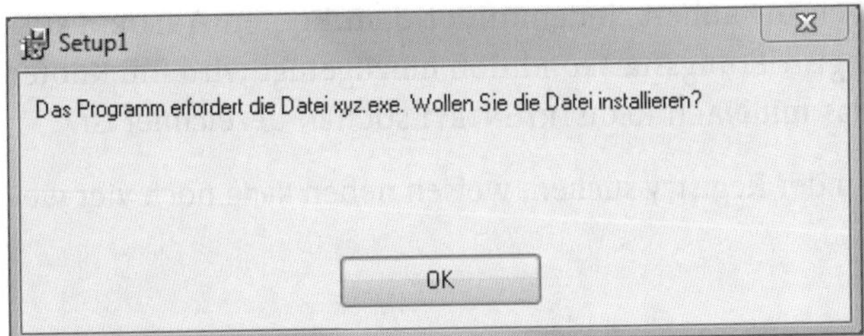

Abbildung 30.20 Fehlermeldung, wenn die Suche nach einer Datei auf dem Zielrechner negativ verläuft

Nehmen wir jetzt an, dass die Programminstallation nicht abgebrochen werden soll, der Installationsprozess das Ergebnis der Suche aber dahingehend auswertet, dass die Datei bei der Programminstallation auf dem Zielrechner automatisch installiert wird. Um das zu realisieren, muss die Datei dem Dateisystem-Editor hinzugefügt worden sein. Der Eigenschaft `Condition` der Datei teilen Sie nur noch die Bedingung mit, wann die Datei zu installieren ist. Dazu wird auch wieder die Variable `FILEEXISTS1` ausgewertet:

```
Condition = NOT FILEEXISTS1
```

Eine Aktion wird immer dann ausgeführt, wenn die Eigenschaft `Condition` wahr ist, also `true` liefert. Da `FILEEXISTS1` `false` ist, wenn die Datei sich nicht auf dem Zielrechner befindet, müssen Sie den Inhalt der Variablen `FILEEXISTS1` negieren.

Hinweis

Zur Formulierung einer Bedingung, die der Windows Installer auswerten soll, stehen neben `NOT` noch weitere Operatoren zur Verfügung. Beispielsweise können Sie mit den booleschen Operatoren `AND` und `OR` zwei Ausdrücke gemeinsam auswerten oder mit Vergleichsoperatoren zwei Ausdrücke miteinander vergleichen. Mehr Informationen darüber erhalten Sie in der Online-Dokumentation des Windows Installers.

Suche nach Registrierungseinträgen

Nun wollen wir uns auch noch ansehen, wie nach einem bestimmten Eintrag in der Registrierungsdatenbank gesucht wird. Dazu bedienen wir uns eines konkreten Beispiels, mit dem Sie in der Praxis häufig konfrontiert werden.

Sehr viele Anwendungen greifen auf Daten zu, die in einer Datenbank gespeichert sind. Programme mit Datenzugriff sind aber darauf angewiesen, dass auf dem Computer eine Version 2.7 oder höher von *Microsoft Data Access Components* (MDAC) installiert ist. Diese Komponentensoftware ist unter dem Stammschlüssel *HKEY_LOCAL_MACHINE* und dort unter *SOFTWARE/Microsoft/DataAccess* eingetragen.

Damit eine Anwendung mit Datenbankzugriff ordnungsgemäß funktioniert, muss überprüft werden, ob MDAC 2.7 oder höher auf dem Zielrechner installiert ist. Die Bedingung wird im Editor für Startbedingungen formuliert, indem unter dem Knoten ANFORDERUNGEN FÜR DEN ZIELCOMPUTER eine Registrierungsstartkondition hinzugefügt wird. Im Knoten erscheint daraufhin ein Element, das mit NACH REGISTRYENTRY1 SUCHEN bezeichnet ist.

Elemente, die nach einem Eintrag in der Registry suchen, weisen neben `Name` noch vier weitere Eigenschaften auf:

- `Property`
- `RegKey`
- `Root`
- `Value`

In der Eigenschaft `Root` wird der Registrierungsstamm eingetragen. Im Eigenschaftsfenster wird Ihnen dazu eine Liste mit vier Konstanten eingeblendet, aus der Sie die gewünschte auswählen müssen. Wollen Sie HKEY_LOCAL_MACHINE durchsuchen, lautet die entsprechende Konstante `vsdrrHKLM`. Unter `RegKey` tragen Sie den gesuchten Registrierungsschlüssel ein. In unserem Beispiel wäre das *Software\Microsoft\DataAccess*.

Die Eigenschaft `Value` beschreibt den zu suchenden Registrierungswert. Wenn Sie die Registrierungsdatenbank mit `regedit.exe` öffnen, werden Sie unter dem oben genannten Registrierungsschlüssel mehrere Einträge finden. Für uns ist `FullInstallVer` von Bedeutung ist, weil er die gesuchte Versionsnummer der auf dem Zielrechner installierten MDAC-Komponente enthält.

Unter `Property` hat der Editor bereits eine Variable eingetragen, der das Ergebnis der Suche zugewiesen wird. Standardmäßig lautet sie für die erste Registrierungssuche `REGISTRYVALUE1`.

Nun müssen wir noch das Suchergebnis auswerten. Dazu müssen wir nur eine entsprechende Bedingung unter dem Knoten STARTBEDINGUNGEN formulieren. Die Eigenschaften der Bedingung sind identisch mit denen, die Sie im vorhergehenden Abschnitt kennengelernt haben: `Condition`, `InstallUrl` und `Message`. Ist eine Nachinstallation erforderlich, können Sie unter `InstallUrl` einen Link zu der Microsoft-Website angeben. Die MDAC-Komponenten befinden sich in der Installationsdatei *MDAC_typ.exe*. Eine bessere Alternative ist es, diese Datei sofort auf der Installations-CD bzw. im Netzwerk zur Verfügung zu stellen.

Neben einem passendem Text und der Angabe eines Pfades, über den die fehlende Komponente bezogen werden kann, muss nur noch die Bedingung, die zum Abbruch der Programminstallation führt, der Eigenschaft `Condition` mitgeteilt werden:

```
REGISTRYVALUE1 >= "2.7"
```

Sie müssen berücksichtigen, dass die Startbedingung nur dann zum Abbruch führt, wenn die Auswertung von `Condition` das Ergebnis `false` liefert.

Suche nach einer Windows-Installer-Startbedingung

Die Formulierung einer Windows-Installer-Startbedingung dient der Suche nach einer Komponente, die in der Registrierungsdatenbank mit einer GUID (Globally Unique Identifier) eingetragen ist. Die GUID, eine 128-Bit-Zahl, die als Zeichenfolge beschrieben wird, muss in der Eigenschaft `ComponentID` eingetragen werden. Ansonsten unterscheiden sich die Suche nach der Komponente und die Auswertung des Suchergebnisses nicht von der Suche nach einer Datei oder eines Registrierungseintrags.

Die .NET Framework-Startbedingung

Die wichtigste Voraussetzung zur Installation und Ausführung eines .NET-Programms ist, dass das .NET Framework auf dem Zielcomputer vorhanden ist – natürlich in der richtigen Version. Die Common Language Runtime sowie die .NET Framework-Komponenten sind in der Datei *dotnetfx.exe* enthalten, die es in mehreren Sprachversionen gibt.

Der Editor für Startbedingungen trägt dieser Bedingung Rechnung und fügt automatisch eine entsprechende Startbedingung hinzu, die auch nicht gelöscht werden kann. Die für die Anwendung erforderliche Version des .NET Frameworks tragen Sie in der Eigenschaft `Version` ein. Diese Eigenschaft muss auch zusammen mit der Eigenschaft `AllowLaterVersions` betrachtet werden, mit der angegeben wird, ob auch höhere Versionen von .NET Framework als die angegebene Version die Startbedingung erfüllen.

Ist das erforderliche .NET Framework nicht auf dem Rechner des Anwenders installiert, wird dem User ein Dialog angezeigt, über den er die notwendige Nachinstallation bestätigen kann. Tut er das, wird der Pfad angesteuert, der unter der Eigenschaft `InstallUrl` angegeben ist. Hier ist per Vorgabe von Visual Studio 2010 bereits der Link zu der entsprechenden Webseite eingetragen. Sie können diesen Eintrag natürlich auch ändern, zum Beispiel wenn Sie auf der Installations-CD der Anwendung das .NET Framework bereitstellen.

30.2 ClickOnce-Verteilung

30.2.1 Allgemeine Beschreibung

Visual Studio 2010 bietet neben dem auf einer MSI-Datei basierenden Installationsassistenten eine zweite Möglichkeit, eine Windows-Anwendung zu verteilen. Diese wird als *ClickOnce* bezeichnet. Ganz neu ist die Idee, die hinter ClickOnce steckt, nicht, sie ist aber im Vergleich zu ähnlichen Verfahren deutlich verbessert worden.

Doch was steckt hinter ClickOnce? Während eine herkömmliche Windows-Anwendung auf dem lokalen Rechner installiert wird, kann eine mit ClickOnce veröffentlichte Anwendung auf einem Server zur Verfügung gestellt werden. Dabei kann es sich um einen Webserver oder um eine Netzwerkdateifreigabe handeln. Zudem ist die Veröffentlichung auf einem Datenträger möglich.

Wird eine Anwendung mit ClickOnce auf einem Webserver veröffentlicht, wird dem Benutzer innerhalb einer Webseite nur ein Link auf die Programmdatei zur Verfügung gestellt. Öffnet der Anwender den Link, werden die Programmdateien auf die lokale Maschine heruntergeladen und dort ausgeführt. Dabei werden die heruntergeladenen Dateien nicht etwa in einem Unterordner von *Programme* abgelegt, sondern in einem verschlüsselten Pfad im Benutzerprofil des aktuell angemeldeten Anwenders (*Dokumente und Einstellungen\<Benutzer>\Lokale Einstellungen\Apps*). Aus Sicherheitsgründen nimmt eine mit ClickOnce verteilte Anwendung weder Einträge in der Registrierungsdatenbank noch unter *Desktop* vor.

Ein besonderes Merkmal ist auch die Art und Weise der Aktualisierung. Bei der Bereitstellung mit der Installationsroutine muss der Benutzer bei jeder Aktualisierung einer Anwendung die gesamte Anwendung neu installieren. Bei der ClickOnce-Bereitstellung werden Aktualisierungen der Anwendung automatisch zur Verfügung gestellt. Der Client ist dabei selbst in der Lage festzustellen, ob eine neue Version vorliegt. Bei der Aktualisierung werden nur die Teile der Anwendung heruntergeladen, die geändert wurden. Anschließend wird die vollständige aktualisierte Anwendung von einem neuen parallelen Ordner aus neu installiert.

ClickOnce bietet die Möglichkeit, Anwendungen so einzurichten, dass der Benutzer sowohl online als auch offline mit der Anwendung arbeiten kann. Im Offline-Modus wird ein Programmpunkt im Startmenü angelegt, der die Anwendung startet. Diesen Eintrag gibt es nicht, wenn der Benutzer nur online mit der Anwendung arbeiten kann. Er kann die Anwendung nur starten, wenn er auf den erwähnten Link klickt.

Der Kern der neuen Architektur beruht auf zwei XML-Manifestdateien:

- dem Anwendungsmanifest
- dem Bereitstellungsmanifest

Das *Anwendungsmanifest* beschreibt die Anwendung einschließlich der Assemblys und der Dateien, aus denen die Anwendung besteht, sowie des Speicherorts, an dem Updates verfügbar sein werden. Das *Bereitstellungsmanifest* beschreibt, wie die Anwendung bereitgestellt wird, einschließlich des Speicherorts des Anwendungsmanifests sowie der Version der Anwendung, die auf den Clients ausgeführt wird. Beide Manifeste werden automatisch vom Visual Studio 2010 erzeugt.

Das Ziel von ClickOnce ist, die Verteilung von Anwendungen zentral zu verwalten und zu vereinfachen. Aber es gibt auch Einschränkungen, die schon in der Planungsphase zu berücksichtigen sind. Während der Einrichtung einer ClickOnce-Anwendung sind keine Operationen erlaubt, die administrative Rechte voraussetzen. Dazu gehören der Zugriff auf das Dateisystem und der Zugriff auf die Registrierungsdatenbank. Genauso wenig können Assemblys in den Global Assembly Cache (GAC) eingetragen oder Windows-Dienste eingerichtet werden.

30.2.2 Erstellen einer ClickOnce-Anwendung

So viel zur Theorie. Nun wollen wir uns das Ganze natürlich auch in der praktischen Entwicklung ansehen. Legen Sie ein neues Windows-Projekt an. Um ClickOnce zu verstehen, müssen Sie überhaupt keinen Code schreiben, die »nackte« WinForm reicht vollkommen aus.

Alle Optionen, die ClickOnce anbietet, können Sie innerhalb eines Dialogs festlegen. Öffnen Sie dazu das Eigenschaftsfenster des Projekts, und aktivieren Sie die Lasche VERÖFFENTLICHEN. In Abbildung 30.21 sehen Sie die Registerkarte. Alle Einstellungen, die Sie hier vornehmen, werden gespeichert und stehen beim Veröffentlichen auf dem Server zur Verfügung.

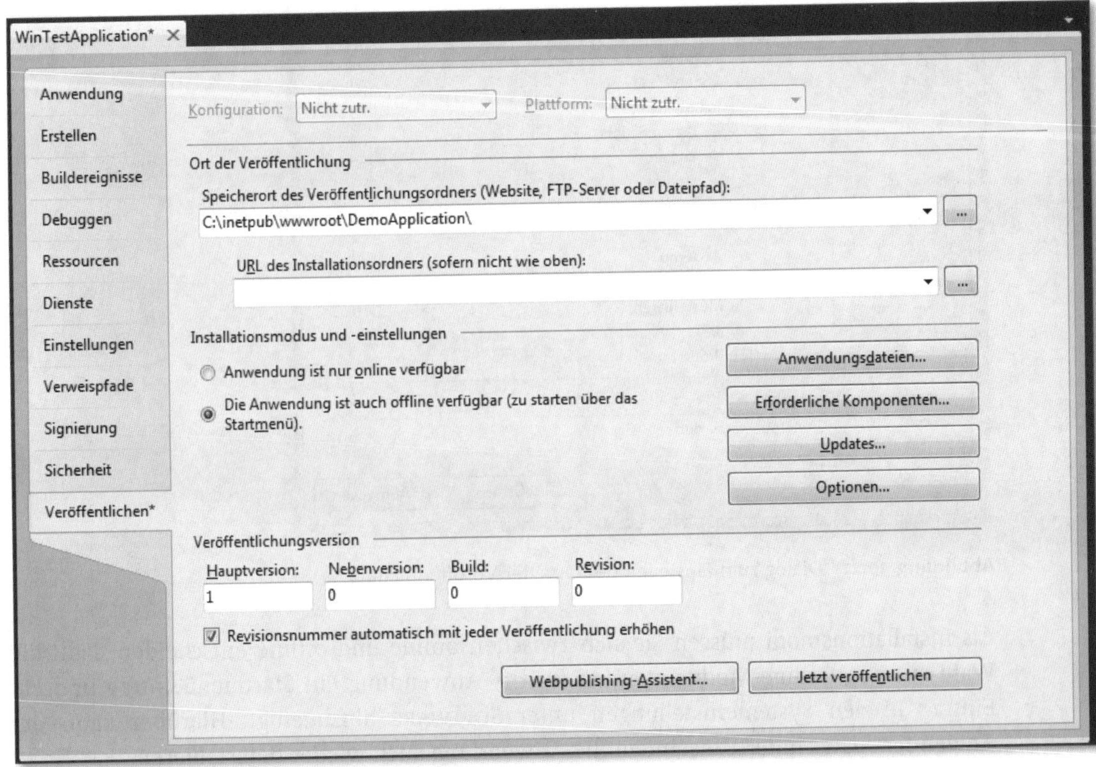

Abbildung 30.21 ClickOnce-Optionen einer Windows-Anwendung

Entscheidend ist zunächst einmal der Ort, an dem die ClickOnce-Komponente abgelegt wird. Als ORT DER VERÖFFENTLICHUNG ist per Vorgabe ein virtuelles Verzeichnis auf dem lokalen Webserver eingetragen. Über die Schaltfläche gelangen Sie aber zu einem Dialog, der Ihnen alle Möglichkeiten offen lässt. Sie können einen der folgenden Orte angeben, an den die Anwendung kopiert werden soll:

- einen Dateipfad
- auf den lokalen Webserver (IIS)
- auf einen FTP-Server
- auf eine entfernte Website, die mit den FrontPage-Servererweiterungen konfiguriert ist

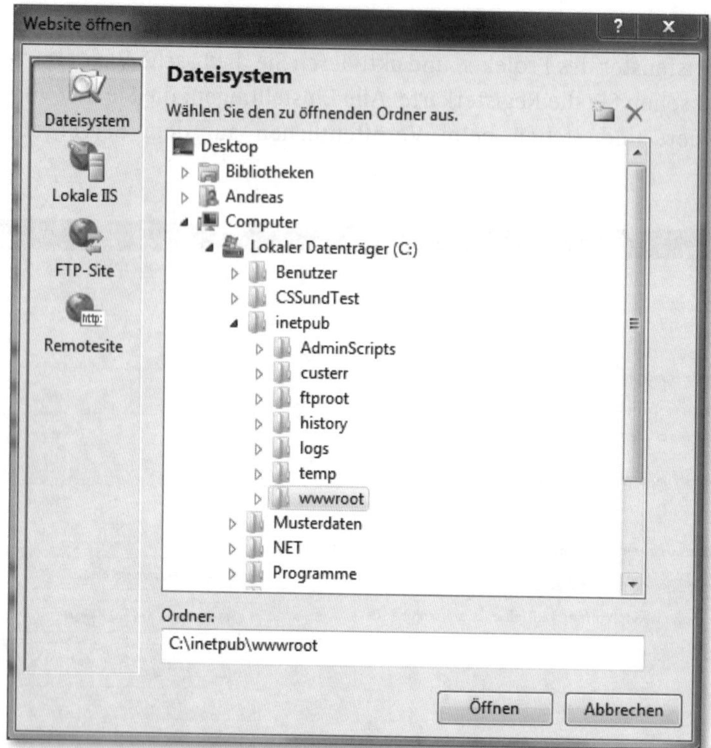

Abbildung 30.22 Dialog zum Einstellen des Orts der Veröffentlichung

Als Installationsmodi müssen Sie sich zwischen online und offline entscheiden. Fällt die Wahl auf den Offline-Modus, werden für die Anwendung ein Startmenüeintrag und ein Eintrag in den Systemeinstellungen unter SOFTWARE hinzugefügt. Hierüber kann der Anwender später unter Umständen die Anwendung auch wieder deinstallieren.

Beachten Sie, dass Sie im Offline-Modus über die dann aktivierte Schaltfläche UPDATES... auch das Aktualisieren beeinflussen können. Den Dialog sehen Sie in Abbildung 30.23. Vorgegeben ist, dass die Anwendung nach Updates suchen soll. Wenn Sie sicher sind, dass Ihre Software so gut ist, dass kein Update zu erwarten ist, können Sie diese Option auch deaktivieren. Andernfalls können Sie die Häufigkeit der Update-Prüfung konfigurieren.

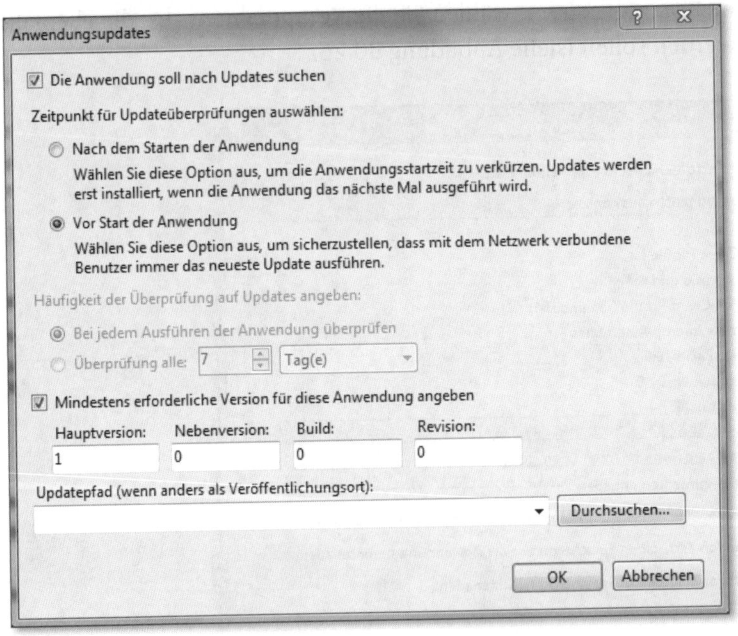

Abbildung 30.23 Konfiguration der Update-Suche

Ein Klick auf die Schaltfläche ANWENDUNGSDATEIEN... in der Registerkarte VERÖFFENTLICHEN (siehe Abbildung 30.21) öffnet den Dialog, den Sie in Abbildung 30.24 sehen. Hier können Sie angeben, welche Dateien auf den Server kopiert werden sollen. Im vorliegenden Fall handelt es sich nur um die Programmdatei. Wäre eine benutzerdefinierte Klassenbibliothek unter Verweise eingebunden, würde die DLL automatisch mit in den Verteilungsprozess einbezogen.

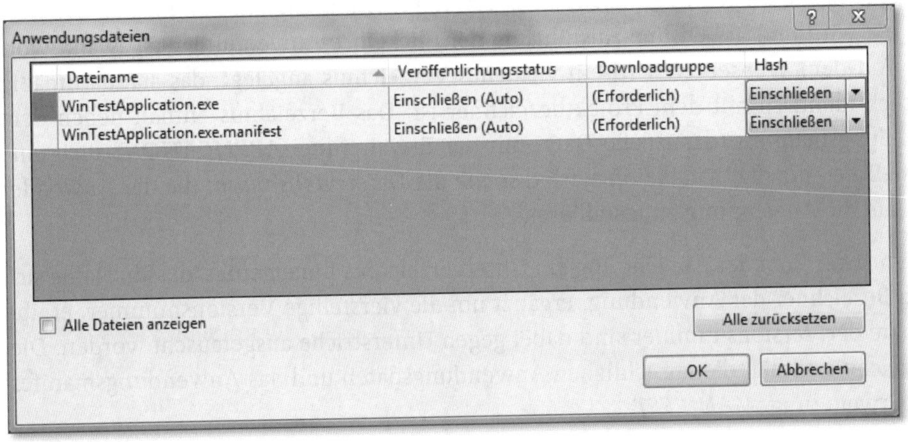

Abbildung 30.24 Die zur Installation notwendigen Dateien

Im Dialog ERFORDERLICHE KOMPONENTEN... wählen Sie die Komponenten aus, die ebenfalls auf den Server kopiert werden sollen (siehe Abbildung 30.25).

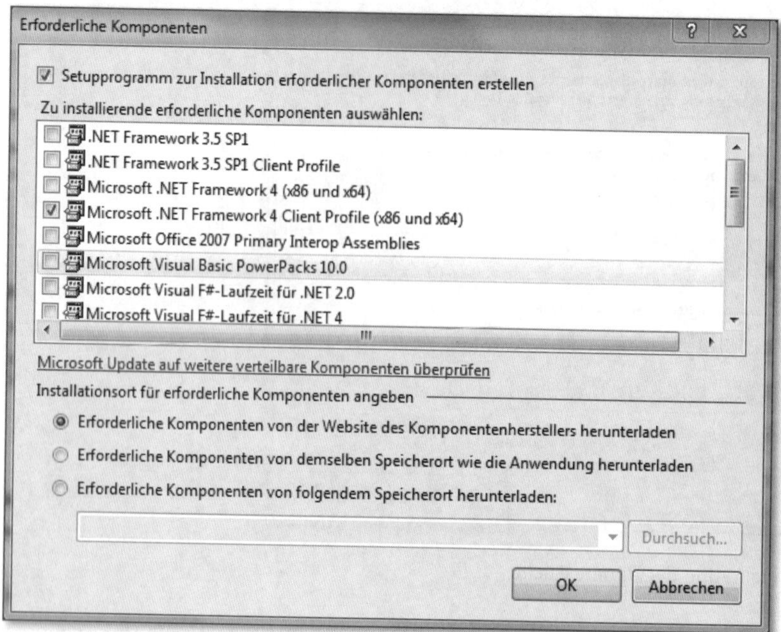

Abbildung 30.25 Bereitstellung zusätzlicher Komponenten

Zuletzt können Sie noch unter OPTIONEN... diverse Einstellungen vornehmen, die mehr allgemeiner Natur sind.

Nachdem Sie die Konfiguration fertiggestellt haben, steht der Veröffentlichung nichts mehr im Wege. Ich gehe im Weiteren davon aus, dass die Anwendung auf den lokalen Webserver kopiert wird und die Offline-Ausführung der ClickOnce-Anwendung ausgewählt worden ist. Auf dem Webserver wird ein virtuelles Verzeichnis angelegt, das standardmäßig namentlich identisch mit dem Projektbezeichner ist. Das Verzeichnis enthält neben dem Bereitstellungsmanifest (das ist die Datei mit der Erweiterung *.APPLICATION*) auch eine *setup.exe*-Datei, die die Installation startet, sowie die Datei *publish.htm*, die der Anwender aufruft, um die Anwendung zu installieren.

Zudem wird der Root der Anwendung ein Unterverzeichnis hinzugefügt, dessen Name sich aus dem Bezeichner der Anwendung, ergänzt um die vierstellige Versionsnummer, ergibt. Die Punkte der Versionsnummer sind dabei gegen Unterstriche ausgetauscht worden. Dieses Verzeichnis enthält die tatsächlichen Anwendungsdaten und das Anwendungsmanifest mit der Erweiterung *.MANIFEST*.

30.2.3 Installation einer ClickOnce-Anwendung

Nun wollen wir auch noch die Anwendung installieren. Dazu öffnen wir im Internet Explorer die Datei *publish.htm*. Die Webseite enthält eine Schaltfläche, über die die Anwendung im lokalen Cache eingerichtet wird. Zuvor müssen Sie jedoch die Installation der Anwendung bestätigen, da der Herausgeber als nicht vertrauenswürdig eingestuft wird – obwohl Sie in diesem Fall selbst der Herausgeber sind. Anschließend wird das Programm gestartet.

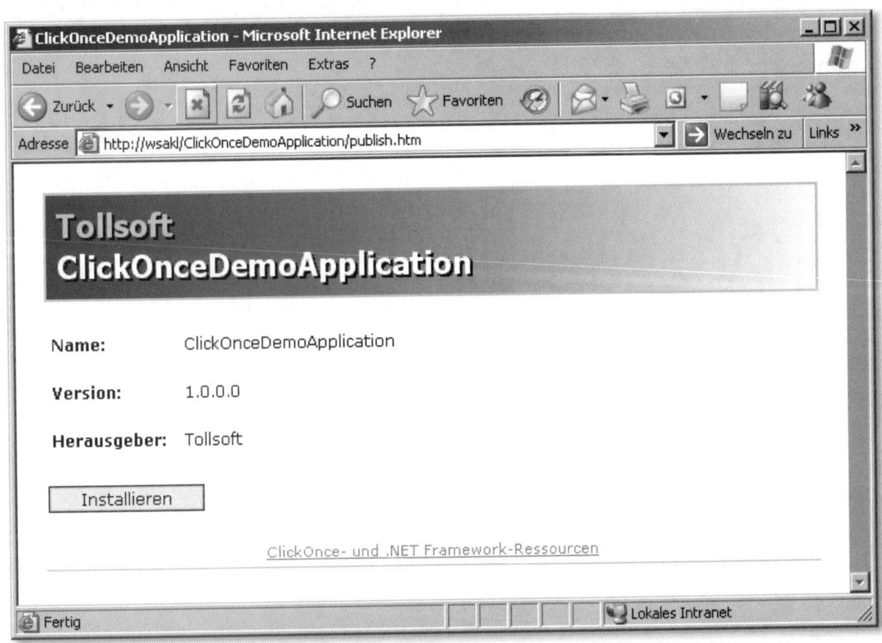

Abbildung 30.26 Ansicht der Seite »publish.htm«

Da die Anwendung für den Offline-Modus eingerichtet worden ist, können Sie diese anschließend über das Startmenü starten. Dazu ist keine Verbindung zum Webserver notwendig. Sie können das selbst testen, indem Sie im Internetdienste-Manager den Webserver anhalten. Es wird zwar versucht, Kontakt zum Webserver aufzunehmen, aber das Starten der Laufzeitumgebung ist nicht davon abhängig. Hätten Sie sich für den Online-Modus bei der Kompilierung der Anwendung entschieden, wäre ein Aufruf von *publish.htm* notwendig gewesen. Diese Datei steht aber nur dann zur Verfügung, wenn der Webserver seine Dienste ausführt.

Wie verhält sich nun die Anwendung, wenn sie in irgendeiner Weise verändert und erneut veröffentlicht wird? Sie können das sehr einfach testen, indem Sie der Form eine Schaltfläche hinzufügen oder einfach nur die Hintergrundfarbe ändern. Veröffentlichen Sie die Anwendung erneut, wird automatisch die Versionsnummer erhöht – falls Sie auf der Registerkarte VERÖFFENTLICHEN des Projekteigenschaftsfensters keine andere Vorgabe getroffen haben. Die erste Versionsnummer lautete 1.0.0.0, die neue lautet 1.0.0.1. Auf dem Webserver wird ein zweites Unterverzeichnis für die neue Version angelegt, und im Bereitstellungsmanifest wird die Umleitung darauf eingetragen.

Wenn Sie die Anwendung über das Startmenü aufrufen, sucht der Client nach eventuellen Updates. Ist der Webserver in Betrieb, wird die neue Version erkannt, geladen und ausgeführt. Der Anwender braucht in diesem Fall in keiner Weise einzugreifen oder selbst für die Neuinstallation der Anwendung zu sorgen. Der ClickOnce-Prozess übernimmt das vollkommen automatisch.

Index

A

B

C

D

E

F

G

H

I

J

K

L

M

N

O

Q

R

S

T

U

V

W

X

Y

Z

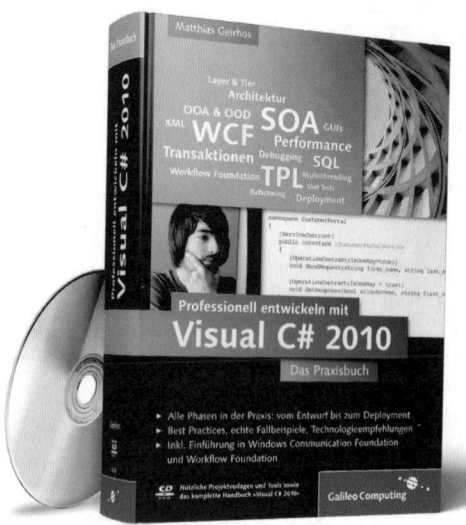